CAMPING
FRANCE 2018

Sélection 2018
2 300 terrains sélectionnés dont :
2 100 avec chalets, mobile homes, cabanes perchées
1 300 équipés pour camping-cars

Selection 2018	Auswahl 2018	Selectie 2018
2,300 selected camping sites including: **2,100** with chalets, bungalows, mobile homes **1,300** with campervan facilities	Eine Auswahl von **2300** Campingplätzen, darunter : **2100** mit Chalets, Bungalows, Mobilhiemen **1300** ausgestattet für Wohnmobile	Een selectie van **2300** campings, waarvan : **2100** met huisjes, bungalows, stacaravans **1300** geschikt voor campingcars

ÉDITORIAL

  Cher lecteur,

Amateur d'« hébergement au grand air », sous tente, en caravane, en camping-car, dans un bungalow ou dans un mobile home à louer, pour vous Michelin a préparé avec le plus grand soin ce guide qui est une sélection des meilleurs terrains et emplacements en France, ceux qui offrent les cadres les plus agréables et des services de qualité.

Fidèle à l'esprit de classification cher à Michelin, ce guide vous propose en outre de connaître en un coup d'œil le niveau de chaque terrain grâce à un symbole, allant de 1 à 5 tentes (△ à △△△△ tentes). Les terrains 4 et 5 tentes sont listés p. 12.

Quelques clefs pour utiliser ce guide

→ **Pour choisir un terrain**

Le guide est découpé en 22 régions. Reportez-vous donc d'abord au sommaire (p. 6) et à la carte des régions (p. 7). Votre choix fait, vous trouverez pour chaque région, reconnaissable à son bandeau de couleur, une carte détaillée de toutes les localités où est sélectionné au moins un terrain.

→ **Pour retrouver une localité**

Reportez-vous à l'index en fin de guide qui répertorie par ordre alphabétique toutes les localités citées.

→ **Pour décider selon certains thèmes**

Dans le tableau thématique par régions (p. 34) sont spécifiés des aménagements et activités particuliers : tranquillité, ouverture permanente, structure adaptée aux enfants, parc aquatique, centre balnéo et animations.

→ **Pour une description détaillée**

Pour bien profiter de la présentation de chaque terrain, consultez dans votre langue la légende des « Signes conventionnels » (p. 14), puis reportez-vous aux descriptions des terrains à partir de la page 43.

→ **Pour les non francophones**

Reportez-vous au lexique (p. 28) : il vous permettra de mieux comprendre les renseignements et descriptions.

 **Dear Reader,**

If you love the outdoor life – in a tent, a caravan, a camper van, a bungalow or a rental mobile home – this Michelin guide is for you. We have carefully prepared this selection of the best camping grounds in France, those with the nicest surroundings and the best facilities.

Using the traditional Michelin classification method, this guide provides you with an easy, speedy reference for assessing the category of each site: 1 to 5 tents (△ to △△△△ tents). The 4 and 5 tents campsites are listed p. 12.

Here are a few tips on how to use the guide

→ **To select a campsite**

The guide covers all 22 regions of France. First, look at the list (p. 6) and map of regions (p .7). Once you have selected a region, turn to the detailed map at the start of that region's section, easily recognized by the coloured band. It shows all the localities that have at least one campsite.

→ **To find a specific locality**

Refer to the index at the end of the guide, where all the places are listed in alphabetical order.

→ **To make a selection based on specific themes**

See the list of localities (p. 34) for a at-a-glance summary of selected facilities available at sites: tranquility, opening perms, structures for children, aquatic park, balneo center and animations.

→ **Descriptions of the sites start on page 43**

The essential information and brief descriptiion given for each site are supplemented by symbols, wich provide a wealth of additional information an detai. See page 18-21 for the key to the symbols used in both the campsite entries ans the maps.

→ **To understand French terms**

For a list of useful words, turn to the Glossary (p. 28) for a translation of common terms.

© akarelias/iStock

 # ÉDITORIAL

 ## Liebe Leser,

für Sie als Liebhaber der „Freiluftunterkunft" jeglicher Art – ob im Zelt, im Wohnwagen, in einem gemieteten Bungalow oder Mobilheim – hat Michelin mit größter Sorgfalt diesen Führer zusammengestellt. Er enthält eine Auswahl der besten Camping- und Stellplätze in Frankreich, die eine angenehme Umgebung und gute Dienstleistungen bieten.

Dank der von Michelin vorgenommenen Art der Klassifizierung können Sie außerdem anhand dieses Führers durch das Zelte-Symbol (△ bis △△△△ Zelte) auf einen Blick die Einstufung der Plätze erkennen. Die 4 und 5 Zelte Campingplätze sind Seite 12 aufgelistet.

Einige Hinweise zur Benutzung des Führers

→ *Auswahl eines Campingplatzes*

Der Führer ist in 22 Regionen unterteilt. Schauen Sie sich zunächst das Verzeichnis (S. 6) und die Karte der Regionen (S. 7) an. Nachdem Sie so eine Auswahl getroffen haben, finden Sie zu jeder Region, die an ihrer farbigen Markierung zu erkennen ist, eine Detailkarte mit allen Orten, die denen es mindestens einen Platz gibt.

→ *Ortswahl*

Im alphabetischen Ortsregister (am Ende des Führers) sind alle im Buch aufgeführten Orte aufgelistet.

→ *Auswahl nach bestimmten Thematiken*

In der thematische Tabelle (S. 34) sind Besonderheiten der Ausstattung oder Dienstleistungen angegeben : Ruhe, dauerhafte Öffnung, Kinderfreundliches Konzept, Wasserpark, Balneozentrum und Animation.

→ *Detaillierte Beschreibung*

Um die Beschreibung eines jeden Platzes voll nutzen zu können, sollten Sie sich zunächst mit der Zeichenerklärung (S. 22) vertraut machen. Ab S. 43 finden Sie die Beschreibung der Campingplätze.

→ *Für nicht französischsprachige Leser*

Das Glossar (S. 28) hilft Ihnen, Informationen und Beschreibungen besser zu verstehen.

Beste lezer,

Als liefhebber van een "verblijf in de buitenlucht", waarbij u in een tent, caravan, camper, bungalow of stacaravan overnacht, heeft Michelin met de grootste zorg deze gids voor u gemaakt, een selectie van de beste kampeerterreinen in Frankrijk, die stuk voor stuk in een mooie omgeving liggen en uitstekende kwaliteit bieden.

Zoals u weet maakt Michelin graag een indeling in categorieën, zodat u in deze gids in één oogopslag kunt zien welke klasse elk kampeerterrein heeft, dankzij een symbool (van △ tot △△△△ tenten). 4 en 5 tenten campings vermelde pagina 12.

Aanwijzingen voor een optimaal gebruik van deze gids

→ *Om een kampeerterrein te kiezen*

De gids is onderverdeeld in 22 streken. U kunt dus het beste eerst naar de kaart (blz. 6) en het overzicht van de streken (blz. 7) gaan. Als u uw keuze hebt bepaald, vindt u voor elke streek een gedetailleerde kaart waarop alle plaatsnamen staan vermeld die ten minste één kampeerterrein hebben. De streken zijn gemakkelijk terug te vinden dankzij de kleurstroken.

→ *Om een plaatsnaam terug te vinden*

In de index achter in de gids staan alle genoemde plaatsen op alfabetische volgorde.

→ *Om op basis van bepaalde criteria te beslissen*

In de thematische beeld per streken (blz. 34) staat vermeld welke voorzieningen of bijzondere diensten worden aangeboden : rust, opening perms, structuren voor kinderen, waterpark, balnoetherapie centrum en animaties.

→ *Voor een gedetailleerde beschrijving*

Om een zo goed mogelijk beeld te krijgen van elk kampeerterrein, kunt u in uw taal de legenda van de "tekens" (blz. 25) raadplegen en daarna de beschrijvingen van de kampeerterreinen doornemen (vanaf blz. 43).

→ *Voor wie geen Frans spreekt*

Aan de hand van de woordenlijst (blz. 28) kunt u de gegevens en beschrijvingen beter begrijpen.

SOMMAIRE / CONTENTS / INHALT / INHOUD

Carte des régions	Page 7
Mode d'emploi	Page 8
Classement Michelin	Page 10
Signes conventionnels	Page 14
Lexique	Page 28
Liste thématique des campings	Page 32
Les terrains sélectionnés	Page 43
Index des localités citées	Page 540

Regional map	Page 7
How to use this guide	Page 8
Michelin classification	Page 10
Key to symbols	Page 18
Glossary	Page 28
Themed list of campsites	Page 32
Selected camping sites	Page 43
Index of localities	Page 540

Karte der Regionen	Seite 7
Gebrauchsanweisung	Seite 8
Michelin-Klassifizierung	Seite 10
Zeichenerklärung	Seite 22
GlossarSeite	Seite 28
Themenliste von Campingplätzen	Seite 32
Ausgewählte Campingplätze	Seite 43
Ortsregister alphabetisch	Seite 540

Kaart van de streken	Blz. 7
Gebruiksaanwijzing	Blz. 8
Classificatie Michelin	Blz. 10
Tekens en afkortingen	Blz. 25
Woordenlijst	Blz. 28
Thematische lijst van de campings	Blz. 32
De geselecteerde terreinen	Blz. 43
Lijst van plaatsnamen	Blz. 540

ENVIE DE BONS MOMENTS ENTRE COPAINS ?

Réservez votre restaurant sur
restaurant.michelin.fr :

- Plus de 8400 restaurants en France
- Une sélection pour tous les budgets

Ou téléchargez gratuitement l'application
MICHELIN Restaurants

CARTE DES RÉGIONS — REGIONAL MAP

ALSACE	p. 45
AQUITAINE	p. 55
AUVERGNE	p. 105
BOURGOGNE	p. 123
BRETAGNE	p. 137
CENTRE VAL-DE-LOIRE	p. 181
CHAMPAGNE-ARDENNE	p. 199
CORSE	p. 207
FRANCHE-COMTÉ	p. 221
ÎLE-DE-FRANCE	p. 233
LANGUEDOC-ROUSSILLON	p. 239
LIMOUSIN	p. 283
LORRAINE	p. 295
MIDI-PYRÉNÉES	p. 305
NORD-PAS-DE-CALAIS	p. 345
NORMANDIE	p. 349
PAYS-DE-LA-LOIRE	p. 371
PICARDIE	p. 415
POITOU-CHARENTES	p. 423
PROVENCE-ALPES-CÔTE D'AZUR	p. 447
RHÔNE-ALPES	p. 487
ANDORRE	p. 539

Que pensez-vous de nos produits ?

Déposez votre avis

satisfaction.michelin.com

KARTE DER REGIONEN   KAART VAN DE STREKENSTREKEN

MODE D'EMPLOI HOW TO USE THIS GUIDE

Informations pratiques sur la localité et référence aux cartes Michelin Départements
Practical information for each location with cross-reference to Michelin maps
Praktische Hinweise zu den Orten und anderen Michelin-Karten
Praktische inlichtingen over de plaats en verwijzing naar de Michelin-kaarten

Classement Michelin des terrains
Michelin classification of selected sites
Michelin-Klassifizierung des Campingplatzes
Classificatie van de kampeerterreinen volgens Michelin

Types de locations proposées et tarifs
Rental options and rates
Ausstattung und Preise (Vermietung)
Huurmogelijkheden en tarieven

Descriptif du terrain
Description of the site
Beschreibung des Campingplatzes
Beschrijving van het kampeerterrein

Confort, services et loisirs proposés
Confort, services and leisure facilities available
Komfort, Serviceangebot und Freizeitmöglichkeiten
Comfort, voorzieningen en ontspanningsmogelijkhed

Tarifs haute saison
Peak season rates
Tarif in der Hochsaison
Tarieven hoogseizoen

AQUITAINE

SARLAT-LA-CANÉDA
24200 - Carte Michelin **329** i6 - 9 541 h. - alt. 145
Paris 526 - Bergerac 74 - Brive-la-Gaillarde 52 - Cahors 60

La Palombière
0553594234, www.lapalombiere.fr - peu d'emplacements pour tentes et caravanes

Pour s'y rendre : à Ste-Nathalène, lieu-dit : Galmier (9 km au nord-est sur D 43 et à gauche)

Ouverture : de déb. avr. à mi-sept.

8,5 ha/4 campables (177 empl.) en terrasses, peu incliné, plat, herbeux, pierreux

Empl. camping : 10,10€ 14,40€ – (10A) 3,30€ - frais de réservation 25€

Location : (de déb. avr. à mi-sept.) - 64 - 10 . Nuitée 52 à 252€ - Sem. 365 à 1 770€ - frais de réservation 25€

Agréable chênaie autour d'un joli parc aquatique en partie couvert.

Nature :
Loisirs : hammam jacuzzi
Services : laverie

GPS E : 1.29157 N : 44.90639

Les Castels Le Moulin du Roch
0553592027, www.moulin-du-roch.com

Pour s'y rendre : à St-André d'Allas, sur la D 47 (10 km au nord-ouest, rte des Eyzies, au bord d'un ruisseau)

Ouverture : de mi-mai à mi-sept.

8 ha (200 empl.) non clos, en terrasses, peu incliné, plat, herbeux, petit étang

Empl. camping : 42€ (10A) - pers. suppl. 10,50€ - frais de réservation 16€

Location : (de mi-mai à mi-sept.) - (de mi-mai à mi-sept.) - 54 - 17 cabanons. Nuitée 43 à 127€ - Sem. 258 à 1 169€ - frais de réservation 16€

Emplacements autour d'un ancien moulin périgourdin, sur les rochers ou près de l'étang, mais préférer les plus éloignés de la route.

Nature :
Loisirs : terrain multisports
Services : laverie

GPS E : 1.11481 N : 44.90843

Flower La Châtaigneraie
0553590361, www.camping-lachataigneraie24.com

Pour s'y rendre : à Prats-de-Carlux, lieu-dit : La Garrigue Basse (10 km à l'est par la D 47 et à drte)

Ouverture : de fin avr. à fin sept.

9 ha (193 empl.) en terrasses, plat, herbeux, sablonneux

Empl. camping : 16€ (10A) - pers. suppl. 8€ - frais de réservation 20€

Location : (de fin avr. à fin sept.) - 58 - 11 - 1 - 5 tentes lodges - 5 cabanons. Nuitée 39 à 243€ - Sem. 196 à 1 701€ - frais de réservation 20€

borne artisanale 33€ - 15 33€

8

GEBRAUCHS-ANWEISUNG   GEBRUIKSAANWIJZING

i parc aquatique et ludique entouré de murets en pierre du
ys et grands espaces verts propices à la détente ou les sports
llectifs.

ature : 🏊 ≤ ♨
oisirs : 🍹 ✕ 🎱 🚴 🎯 ✕ 🎣 ⛰
ervices : 🔑 🛒 🧺 🚿 🛜 laverie 🏪 🚲

E : 1.29871
N : 44.90056
GPS

Domaine de Loisirs le Montant 👥

0553591850, www.camping-sarlat.com
ur s'y rendre : lieu-dit : Nègrelat (2 km au sud-ouest par D 57, rte
Bergerac puis 2,3 km par chemin à dr.)
ha/8 campables (135 empl.) fort dénivelé, vallonné, en terrasses,
t, herbeux
cation : 26  - 26 🏠 - 2 gîtes.
catif varié et de qualité dans un cadre sauvage, vallonné et
isé.

ature : 🏊 ≤ ♨
oisirs : 🍹 ✕ 🎱 🌙 nocturne 🎯 jacuzzi 🚴
: 🎣 ⛰ terrain multisports
ervices : 🔑 🛒 🧺 🚿 🛜 laverie 🚲

E : 1.18903
N : 44.86573
GPS

🏕 Huttopia Sarlat 👥

0553590584, www.huttopia.com
ur s'y rendre : r. Jean-Gabin (1 km au nord-est, à la sortie de la
e)
verture : de déb. avr. à déb. nov.
ha/5 campables (195 empl.) fort dénivelé, en terrasses, plat,
rbeux
mpl. camping : 43,50€ 👥👥 🚗 📧 🚿 (10A) - pers. suppl. 7,90€ -
cation : (de déb. avr. à déb. nov.) - 20  - 4 🏠 -
tentes lodges - 4 roulottes - 15 gîtes. Nuitée 43 à 172€ - Sem.
8 à 1 204€
, borne artisanale 7€
terrasses souvent ombragées, beaux emplacements et loca-
s variés, de bon confort.

ature : 🏊 ≤ ♨
oisirs : 🍹 ✕ 🎱 🚴 🎯 ✕ 🎣
ervices : 🔑 🛒 🧺 🚿 🛜 laverie 🚲

E : 1.22767
N : 44.89357
GPS

Domaine des Chênes Verts 👥

0553592107, www.chenes-verts.com - peu d'emplacements pour
ntes et caravanes
our s'y rendre : rte de Sarlat et Souillac (8,5 km au sud-est)
verture : de déb. avr. à fin sept.
ha (176 empl.) en terrasses, peu incliné, plat, herbeux
mpl. camping : 31€ 👥👥 🚗 📧 🚿 (10A) - pers. suppl. 7€ - frais de
servation 20€
cation : (de déb. avr. à fin sept.) - 🦽 (1chalet) - 70  - 70 🏠
bungalows toilés. Nuitée 32 à 180€ - Sem. 224 à 1 290€ - frais
e réservation 20€
pace vie et animations au pied d'une jolie bâtisse périgour-
ne et bon confort des chalets en location.

ature : 🏊 ≤ ♨
oisirs : 🍹 ✕ 🎱 🚴 🎯 🚲 🎣 ⛰ mini
erme terrain multisports
ervices : 🔑 🚿 🛜 laverie 🏪 🚲

E : 1.2972
N : 44.86521
GPS

Coordonnées du terrain
Adress of campsite
Adresse des Campingplatzes
Adressen van het kampeerterrein

Mentions d'accès au camping
Directions to campsite
Anfahrtsweg zum Campingplatz
Aanduiding toegangswegen naar het terrein

Type de borne et tarifs des services -
nombre d'emplacements pour camping-cars et tarifs
Type of service point and rates - Number of pitches for
campervans and rates
Art der Ver- u. Entsortgungsstation und Preis -
Anzahl der Plätze für Wohnmobile und Preis
Type aansluitpalen en prijs -
Aantal plaatsen voor camping cars en prijs

GPS

Pour les légendes détaillées, se reporter aux pages 14 à 17
For detailed legends, see pages 18 to 21
Einzelheiten der Zeichenerklärung, siehe Seite 22 bis 24
Gedetailleerde verklaring van de tekens, zie blz. 25 en 27

CLASSEMENT	CLASSIFICATION

Le guide Camping Michelin retient dans sa sélection les meilleures adresses dans chaque catégorie de confort :

- Très confortable, parfaitement aménagé
- Confortable, très bien aménagé
- Bien aménagé, de bon confort
- Assez bien aménagé
- Simple mais convenable

Il distingue les terrains exceptionnels dans chaque catégorie :

particulièrement agréable pour le cadre, la qualité et la variété des services.

Ce qu'il faut savoir sur la sélection :

• Les terrains sont cités par ordre de préférence dans chaque catégorie.

• Pour garder un point de vue parfaitement objectif, la sélection s'effectue en toute indépendance et l'inscription des terrains dans le guide est totalement gratuite.

• Notre classification indiquée par un nombre de tentes (...) est indépendante du classement officiel établi en étoiles par les préfectures.

• Toutes les informations pratiques, tous les classements sont revus et mis à jour chaque année afin d'offrir l'information la plus fiable.

• Les terrains sont visités régulièrement par nos inspecteurs ; le courrier des lecteurs nous fournit par ailleurs de précieuses informations qui sont prises en compte lors des visites des inspecteurs.

En 2018, 26 campings ont été classés / et 110 / . Cette sélection se trouve page 12.

The Michelin Camping Guide selection lists the best sites in each 'comfort' category:

- Extremly comfortable, equipped to a very high standard
- Very comfortable, equipped to a high standard
- Confortable and well equipped
- Reasonably comfortable
- Satisfactory

Exceptional campsites in each category are awarded an additional rating:

Particularly pleasant setting, good quality and range of services available

How the selection works:

• Campsites are listed in order of preference within each category.

• In order for the guide to remain wholly objective, the selection is made on an entirely independent basis. There is no charge for being selected for the guide.

• The Michelin classification (...) is totally independent of the official star classification system awarded by the local prefecture.

• All the practical information and the classification are revised and updated annually so that the information is as reliable and up to date as possible.

• Our inspectors make regular visits to campsites; our readers' comments are also a valuable source of information, and regular follow-up visits are undertaken.

26 campsites have been classified / and 110 / in 2018. This selection can be found page 12.

KLASSIFIZIERUNG	CLASSIFICATIE

🇩🇪	🇳🇱
Der Michelin Camping-Führer bietet in seiner Auswahl die besten Adressen jeder Komfortkategorie :	**De guide Camping Michelin in haar selectie de beste adressen in elke categorie van comfort:**
▲▲▲▲ ▲▲▲▲ Sehr komfortabel, ausgezeichnet ausgestattet	▲▲▲▲ ▲▲▲▲ Buitengewoon comfortabel, uitstekende inrichting
▲▲▲ ▲▲▲ Komfortabel, sehr gut ausgestattet	▲▲▲ ▲▲▲ Comfortabel, zeer goede inrichting
▲▲ ▲▲ Mit gutem Komfort ausgestattet	▲▲ ▲▲ Goed ingericht, geriefelijk
▲▲ ▲▲ Ausreichend ausgestattet	▲▲ ▲▲ Behoorlijk ingericht
▲ ▲ Einfach, aber ordentlich	▲ ▲ Eenvoudig maar behoorlijk

Die besonders bemerkenswerte Adressen haben eine Auszeichnung erhalten :

▲▲▲▲ … ▲ Besonders schöne Lage, gutes und vielfältiges Serviceangebot

Was man von der Auswahl kennen muß:

• Die Reihenfolge der Campingplätze innerhalb einer Kategorie entspricht unserer Empfehlung.

• Um einen objektiven Standpunkt zu bewahren, wird die Auswahl der Campingplätze in kompletter Unabhängigkeit erstellt. Die Empfehlung im dieser Führer ist daher kostenlos.

• Unsere Klassifizierung, durch eine entsprechende Anzahl von Zelten (▲▲▲▲ … ▲) ausgedrückt, ist unabhängig von der offiziellen Klassifizierung durch Sterne, die von den Präfekturen vorgenommen wird.

• Alle praktischen Hinweise, alle Klassifizierungen werden jährlich aktualisiert, um die genauestmögliche Information zu bieten.

• Die Inspektoren testen regelmässig die Campingplätze ; die Zuschriften unserer Leser stellen darüber hinaus wertvolle Erfahrungsberichte für uns dar und wir benutzen diese Hinweise, um unsere Besuche vorzubereiten.

In den 2018, 26 Campingplätze sind ▲▲▲▲ / ▲▲▲▲ und 110 ▲▲ / ▲▲ geordnet. Diese Auswahl findet sich Zeite 12.

Uitzonderlijke camping ontving een award in elke categorie :

▲▲▲▲ … ▲ Bijzonder aangenaam vanwege de omgeving, de kwaliteit en de diversiteit van de voorzieningen.

Wat het noodzakelijk over de selectie te weten is:

• De terreinen worden voor iedere categorie opgegeven in volgorde van voorkeur.

• Om objectief te blijven gebeurt de selectie van de terreinen in alle onafhankelijkheid en is een vermelding in de Gids volledig gratis.

• Onze classificatie wordt aangegeven met een aantal tenten (▲▲▲▲ … ▲). Zij staat los van de officiële classificatie die wordt uitgedrukt in sterren.

• Ieder jaar worden alle praktische inlichtingen en classificaties herzien en eventueel aangepast om zo de meest betrouwbare en actuele informatie te kunnen bieden.

• Onze inspecteurs testen regelmatig de adressen ; brieven en e-mails van lezers zijn voor ons ook een belangrijke bron van informatie.

In 2018, zijn 26 kampeerterreinen ▲▲▲▲ / ▲▲▲▲ en 110 ▲▲ / ▲▲ ingedeeld. De selectie pagina 12.

CLASSEMENT / CLASSIFICATION

⛰️⛰️⛰️⛰️⛰️ 2018

ARGELÈS-SUR-MER	La Sirène et l'Hippocampe
BERNY-RIVIÈRE	La Croix du Vieux Pont
BISCARROSSE	Club Airotel Domaine de la Rive
CANET-PLAGE	Yelloh! Village Le Brasilia
CARNAC	La Grande Métairie
DOL-DE-BRETAGNE	Les Castels Domaine des Ormes
GHISONACCIA	Arinella Bianca
LABENNE-OCÉAN	Yelloh! Village Le Sylvamar
LECTOURE	Yelloh! Village Le Lac des 3 Vallées
PERROS-GUIREC	Yelloh! Village Le Ranolien

⛰️⛰️⛰️⛰️ 2018

ARZANO	Iris Parc Ty Nadan
AZUR	Capfun La Paillotte
BELVÈS	RCN Le Moulin de la Pique
BIRON	Capfun Le Moulinal
BISCARROSSE	Mayotte Vacances
CANET-DE-SALARS	Les Castels Le Caussanel
CARANTEC	Yelloh! Village Les Mouettes
LA CHAPELLE-HERMIER	Le Pin Parasol
CHASSIERS	Sunêlia Domaine Les Ranchisses
CONTIS-PLAGE	Yelloh! Village Lou Seurrots
DIENNÉ	DéfiPlanet à Dienné
FRÉJUS	Yellow! Village Domaine du Colombier
GHISONACCIA	Homair Vacances Marina d'Erba Rossa
GRANVILLE	Les Castels Le Château de Lez-Eaux
GRIMAUD	Les Prairies de la Mer
GUÉRANDE	Domaine de Léveno
HOURTIN-PLAGE	Club Airotel La Côte d'Argent
LACANAU-OCÉAN	Yelloh! Village Les Grands Pins
LONGEVILLE-SUR-MER	MS Vacances Les Brunelles
MARSEILLAN-PLAGE	Les Méditerranées Beach Club Nouvelle Floride
MARSEILLAN-PLAGE	Les Méditerranées Beach Garden
MÉZOS	Club Airotel Le Village de Sen Yan
MONTCLAR	Yelloh! Village Domaine d'Arnauteille
MUROL	Sunêlia La Ribeyre
PORNIC	Club Airotel La Boutinardière
PYLA-SUR-MER	Yelloh! Village Panorama du Pyla
QUIMPER	Les Castels L'Orangerie de Lanniron
RAMATUELLE	Village Vacances Toison d'Or
RUOMS	Sunêlia Aluna Vacances
ST-BREVIN-LES-PINS	Sunêlia le Fief
ST-CAST-LE-GUILDO	Les Castels Le Château de Galinée
ST-CRÉPIN-ET-CARLUCET	Les Peneyrals
ST-JUST-LUZAC	Le Séquoia Parc
ST-LÉON-SUR-VÉZÈRE	Le Paradis
SAMPZON	Yelloh! Village Soleil Vivarais
SARLAT-LA-CANÉDA	La Palombière
SERIGNAN-PLAGE	Yelloh! Village Aloha
SOMMIÈRES	Le Domaine de Massereau
SOUSTONS	Sandaya Soustons
TALMONT-ST-HILAIRE	Yelloh! Village Le Littoral
VALLON-PONT-D'ARC	Village Nature Parc L'Ardéchois
VIAS-PLAGE	Yelloh! Village Club Farret
VITRAC	Domaine Soleil Plage

⛰️⛰️⛰️ 2018

AGAY	Esterel Caravaning
ARGELÈS-GAZOST	Sunêlia Les Trois Vallées
BADEN	Yelloh! Village Mané Guernehué
BÉNODET	Sunêlia L'Escale St-Gilles
FRÉJUS	La Baume - La Palmeraie
MESSANGES	Club Airotel Le Vieux Port
PIERREFITTE-SUR-SAULDRE	Les Alicourts
RAMATUELLE	Yellow! Village Les Tournels
ROQUEBRUNE-SUR-ARGENS	Domaine de la Bergerie
ST-ALBAN	Sunêlia Le Ranc Davaine
ST-AVIT-DE-VIALARD	Les Castels St-Avit Loisirs
ST-RAPHAËL	Sandaya Douce Quiétude
SÉRIGNAN	Yelloh! Village Le Sérignan Plage
VALRAS-PLAGE	Domaine de La Yole
VIAS-PLAGE	Sunêlia Domaine de la Dragonnière
VIELLE-ST-GIRONS	Sandaya Le Col Vert

KLASSIFIZIERUNG / CLASSIFICATIE

2018

AIGUES-MORTES	Yelloh! Village La Petite Camargue
L'AIGUILLON-SUR-MER	Camp'Atlantique Bel Air
ARGELÈS-SUR-MER	Le Front de Mer
ARGELÈS-SUR-MER	Club Airotel Le Soleil
AVRILLÉ	Capfun Les Forges
LE BARCARÈS	Club Airotel Le Floride et l'Embouchure
BELVÈS	Capfun Les Hauts de Ratebout
BÉNODET	Le Letty
BIDART	Les Castels Le Ruisseau des Pyrénées
BIDART	Yelloh! Village Ilbarritz
BONIFACIO	Pertamina Village - U-Farniente
BORMES-LES-MIMOSAS	Le Camp du Domaine
BOURDEAUX	Yelloh! Village Les Bois du Châtelas
CARNAC-PLAGE	Les Menhirs
CASTELLANE	Les Castels Le Domaine du Verdon
CHAMBON-SUR-LAC	Yelloh! Village Le Pré Bas
CHÂTEAU-D'OLONNE	Cybele Vacances Le Bel Air
CHÂTEAU-D'OLONNE	Les Pirons Aloa Vacances
CHÂTEAUNEUF-DE-GALAURE	Iris Parc Le Château de Galaure
COL-ST-JEAN	Yelloh! Village L'Étoile des Neiges
CORCIEUX	Yelloh! Village Le Domaine des Bans
LE CROISIC	L'Océan
DEAUVILLE	La Vallée de Deauville
DOUCIER	Domaine de Chalain
FOUESNANT	Sunêlia L'Atlantique
FRÉJUS	Sunêlia Holiday Green
GHISONACCIA	Sunêlia Village Vacances Perla Di Mare
GIEN	Les Bois du Bardelet
ÎLE DE RÉ	Sunêlia Interlude
ÎLE DE RÉ	L'Océan
ÎLE D'OLÉRON	Club Airotel Les Gros Joncs
LACANAU-OCÉAN	Club Airotel L'Océan
LARNAS	Capfun Le Domaine d'Imbours
LIT-ET-MIXE	Tohapi Les Vignes
MARIGNY	Capfun La Pergola
LES MATHES	La Pinède
MIMIZAN-PLAGE	Club Airotel Marina-Landes
MOLIETS-ET-MAA	Le Saint-Martin
MONTERBLANC	Le Haras
MONTREVEL-EN-BRESSE	La Plaine Tonique
OLONNE-SUR-MER	Sunêlia La Loubine
OLONNE-SUR-MER	MS Vacances Le Trianon
LA PALMYRE	Siblu Villages Bonne Anse Plage
PARENTIS-EN-BORN	Yelloh! Village Au Lac de Biscarrosse
PORT-CAMARGUE	Yelloh! Village Les Petits Camarguais
PORTIRAGNES-PLAGE	Les Sablons
PORTO-VECCHIO	Golfo di Sogno
RUOMS	Tohapi Domaine de Chaussy
RUOMS	Yelloh! Village La Plaine
ST-AYGULF	L'Étoile d'Argens
ST-CYPRIEN-PLAGE	Cala Gogo
ST-CYPRIEN-PLAGE	Le Soleil de la Méditerranée
ST-HILAIRE-DE-RIEZ	Les Biches
ST-JEAN-DE-LUZ	Club Airotel Itsas Mendi
ST-JEAN-DE-MONTS	Les Amiaux
ST-JEAN-DE-MONTS	Le Bois Joly
ST-JULIEN-DES-LANDES	Les Castels La Garangeoire
STE-MARIES-DE-LA-MER	Sunêlia Le Clos du Rhône
SARLAT-LA-CANÉDA	Les Castels Le Moulin du Roch
SÉRIGNAN-PLAGE	Yelloh! Village Aloha
TORREILLES-PLAGE	Les Dunes
TORREILLES-PLAGE	Sunêlia Les Tropiques
TORREILLES-PLAGE	Marisol
VARENNES-SUR-LOIRE	Les Castels Domaine de la Brèche
VIAS-PLAGE	Cap Soleil
VINSOBRES	Capfun Le Sagittaire
VOGÜÉ	Domaine du Cros d'Auzon
VOLONNE	Sunêlia L'Hippocampe

Pour retrouver une localité dans le guide, consultez l'index en fin de guide.
You can find a particular village or town the index at the end of the guide.
Um eine Örtlichkeit im Führer wiederzufinden, sehen Sie die Inhaltsangabe am Ende des Führers.
Op zoek naar een dorp in de gids, raadpleeg de index achter in de gids.

SIGNES CONVENTIONNELS

TERRAINS

Classement Michelin

- ⌂⌂⌂⌂ ⌂⌂⌂⌂ Très confortable, parfaitement aménagé
- ⌂⌂⌂ ⌂⌂⌂ Confortable, très bien aménagé
- ⌂⌂ ⌂⌂ Bien aménagé, de bon confort
- ⌂⌂ ⌂⌂ Assez bien aménagé
- ⌂ ⌂ Simple mais convenable

• **Les terrains sont cités par ordre de préférence dans chaque catégorie.**

• **Notre classification indiquée par un nombre de tentes (⌂⌂⌂⌂ ... ⌂) est indépendante du classement officiel établi en étoiles par les préfectures.**

Ouvertures

Permanent — terrain ouvert toute l'année

Sélections particulières

- ❄ caravaneige – campings spécialement équipés pour les séjours d'hiver (chauffage, branchements électriques de forte puissance, salle de séchage, etc.).
- 👥 structure adaptée à l'accueil des enfants, proposant, entre autres, des sanitaires pour les tout-petits, des aires de jeux et des animations encadrées par des professionnels

Exceptionnel dans sa catégorie

- ⌂⌂⌂⌂ ... ⌂ particulièrement agréable pour le cadre, la qualité et la variété des services.
- 🕊🕊 terrain très tranquille, isolé – tranquille surtout la nuit
- ≤ ≤ vue exceptionnelle – vue intéressante ou étendue

Situation et fonctionnement

Pour s'y rendre	adresse indiquée par rapport au centre de la localité
✆	Téléphone
☛	Présence d'un gardien ou d'un responsable pouvant être contacté 24h/24 ; attention, ceci ne signifie pas nécessairement une surveillance effective
⌐	Gardé le jour seulement
🐕̸	Accès interdit aux chiens ; en l'absence de ce signe, la présentation d'un carnet de vaccination à jour est obligatoire.
Ⓟ	Parking obligatoire pour les voitures en dehors des emplacements
℞	Pas de réservation
💳̸	Cartes Bancaires non acceptées
✓̸	Chèques-vacances non acceptés

Caractéristiques générales

3 ha	Superficie en hectares
60 ha/ 3 campables	Superficie totale (d'un domaine) et superficie du camping proprement dit
(90 empl.)	Capacité d'accueil en nombre d'emplacements
⊏⊐	Emplacements nettement délimités
♀ ♀♀ ♣♣♣	Ombrage léger – moyen – fort (sous-bois)
⚠	Au bord de l'eau avec possibilité de baignade

Services

▥	Installations chauffées
🛁	Salle de bains pour bébés
🚰	Branchements individuels : Eau – Évacuation

Le Guide Vert MICHELIN
emmène les curieux plus loin !

SIGNES CONVENTIONNELS

- Lave-linge
- Supermarché – Magasin d'alimentation
- Plats cuisinés à emporter
- Wifi

Services pour camping-cars

- Service pour camping-cars
- borne Raclet   Type de borne et prix
- 4 €
- 3   15,50 €   Emplacements aménagés pour camping-cars – nombre d'emplacements – redevance journalière pour l'emplacement
- Formule Stop accueil camping-car FFCC
- 8 à 13 €   Redevance journalière pour la formule (avec ou sans électricité)

Loisirs

- Bar (licence III ou IV)
- Restauration, snack
- Salle de réunion, de séjour, de jeux
- Animations diverses (sportives, culturelles, détente)
- Club pour enfants
- Salle de remise en forme
- Sauna
- Jeux pour enfants
- Location de vélos
- Tennis découvert – couvert
- Golf miniature
- Piscine couverte – découverte
- Bains autorisés ou baignade surveillée
- Toboggan aquatique

- Pêche
- Canoë
- Voile (école ou centre nautique)
- Ponton d'amarrage, halte fluviale
- Promenade à cheval ou centre équestre

• **La plupart des services et certains loisirs de plein air ne sont généralement accessibles qu'en saison, en fonction de la fréquentation du terrain et indépendamment de ses dates d'ouverture.**

À prox.   Nous n'indiquons que les aménagements ou installations qui se trouvent dans les proches environs (500 m)

Tarifs en €

Redevances journalières :

- 5 €   par personne
- 2 €   pour le véhicule
- 7,50 €   pour l'emplacement (tente/caravane)
- 2,50 € (4A)   pour l'électricité (nombre d'ampères)

Redevances forfaitaires :

25 €   (10A)   emplacement pour 2 personnes, véhicule et électricité compris

• **Les prix ont été établis à l'automne 2017 et s'appliquent à la haute saison (à défaut, nous mentionnons les tarifs pratiqués l'année précédente). Dans tous les cas, ils sont donnés à titre indicatif et susceptibles d'être modifiés si le coût de la vie subit des variations importantes.**

• **Le nom des campings est inscrit en caractères maigres lorsque les propriétaires ne nous ont pas communiqué tous leurs tarifs.**

SIGNES CONVENTIONNELS

Locations et tarifs

12	🚐	Nombre de mobile homes
20	🏠	Nombre de chalets
6	🛏	Nombre de chambres
Nuitée 30 à 50€		Prix mini/maxi à la nuitée
Sem. 300 à 800€		Prix mini/maxi à la semaine
	♿	Locatif accessibles aux personnes à mobilité réduite

LOCALITÉS

23700	Numéro de code postal
343 B8	N° de la carte Michelin Départements et coordonnées de carroyage
Rennes 47	Distance en kilomètres
1050 h.	Population
alt. 675	Altitude de la localité
♨	Station thermale
1200/1900 m	Altitude de la station et altitude maximum atteinte par les remontées mécaniques

• **Certaines prestations (piscine, tennis) de même que la taxe de séjour peuvent être facturées en sus.**

• **Les enfants bénéficient parfois de tarifs spéciaux ; se renseigner auprès du propriétaire.**

• **En cas de contestation ou de différend, lors d'un séjour sur un terrain de camping, au sujet des prix, des conditions de réservation, de l'hygiène ou des prestations, efforcez-vous de résoudre le problème directement sur place avec le propriétaire du terrain ou son représentant.**

• **Faute de parvenir à un arrangement amiable, et si vous êtes certain de votre bon droit, adressez-vous aux Services compétents de la Préfecture du département concerné.**

• **En ce qui nous concerne, nous examinons attentivement toutes les observations qui nous sont adressées afin de modifier, le cas échéant, les mentions ou appréciations consacrées aux campings recommandés dans notre guide, mais nous ne possédons ni l'organisation, ni la compétence ou l'autorité nécessaires pour arbitrer et régler les litiges entre propriétaires et usagers.**

KEY TO SYMBOLS

CAMPSITES

Michelin classification

⛰⛰⛰⛰⛰ ⛰⛰⛰⛰⛰	Extremely comfortable, equipped to a very high standard
⛰⛰⛰⛰ ⛰⛰⛰⛰	Very comfortable, equipped to a high standard
⛰⛰⛰ ⛰⛰⛰	Confortable and well equipped
⛰⛰ ⛰⛰	Reasonably comfortable
⛰ ⛰	Satisfactory

• Camping sites are ranked according to their location, facilities, etc., within each category.

• Michelin classification (⛰⛰⛰⛰⛰ … ⛰) is totally independent of the official star classification system awarded by the local prefecture.

Opening times

Permanent — Site open all year round

Special features

❄ Winter caravan sites – These sites are specially equipped for a winter holiday in the mountains. Facilities generally include central heating, electricity and drying rooms for clothes and equipment.

👥 Child-friendly sites, including washing facilities for young children, playgrounds and activities monitored by professionals

Exceptional in its category

⛰⛰⛰⛰⛰…⛰ Particularly pleasant setting, quality and range of services available

🕊🕊 Tranquil, isolated site – Quiet site, particularly at night

≪ ≪ Exceptional view – Interesting or panoramic view

General information

Pour s'y rendre	Direction from the city center
📞	Telephone
🗝	24 hour security: a warden usually lives on site and can be contacted during reception hours, although this does not mean round-the-clock surveillance outside normal hours
🗝	Day security only
🐕	No dogs (if dogs are permitted, a current vaccination certificate is required)
🅿	Cars must be parked away from pitches
🈲	Reservations not accepted
💳	Credit cards not accepted
	Chèque-vacances (French holiday vouchers) not accepted

General characteristics

3 ha	Area available (in hectares; 1ha = 2.47 acres)
60 ha/ 3 campables	Total area of the property/ total area available for camping
(90 empl.)	Number of pitches
▭	Marked-off pitches
🌱 🌱🌱 🌳	Shade – Fair amount of shade – Well shaded
⛵	Waterside location with swimming area

Facilities

♨	Heating facilities
🚼	Baby changing facilities
🚰 🚰	Each bay is equipped with water – drainage

Le guide MICHELIN

A dévorer d'urgence

Plus de 8000 adresses dans toute la France.
Disponible dans toutes les bonnes librairies.

KEY TO SYMBOLS

- Washing machines
- Supermarket – Grocery
- Takeaway meals
- Wifi

Facilities for campervans

- Services for campervans
- borne Raclet 4 € — Type of service points and rates
- 3 E 15,50 € — Number of pitches equipped for campervans – daily rate per site
- Special FFCC price for campervans at the site (Fédération Française de Camping et Caravaning)
- 8 à 13 € [⚡] — Daily charge for this special price (with or without electricity)

Sports and leisure facilities

- Bar (serving alcohol)
- Eating places (restaurant, snack-bar, etc.)
- Common room or games room
- Miscellaneous activities (sports, culture, leisure)
- Children's club
- Exercice room
- Sauna
- Playground
- Cycle hire
- Tennis courts: open air – indoor
- Minigolf
- Swimming pool: indoor – open air
- Bathing allowed or super-vised bathing
- Waterslide
- Fishing
- Canoeing
- Sailing (school or centre)
- Mooring pontoon (river mooring)
- Pony trekking or riding

• The majority of outdoor leisure facilities are only open in season and during peak periods; opening times are not necessarily the same as those of the site and some facilities are only available during the summer season.

À prox. — The guide only features facilities that are in the vicinity of the campsite (500 m)

Charges in euros (€)

Daily charge:

- 5 € per person
- 2 € per vehicle
- 7,50 € per pitch (tent/caravan)
- 2,50 € (4A) for electricity (calculated by number of ampere units)

Inclusive rates:

- 25 € 👤👤 🚗 pitch for 2 people
- E ⚡ (10A) including vehicle and electricity

• The prices listed were supplied by the campsites owners in Autumn 2017 (if prices were not available, those from the previous year are given). The fees should be regarded as basic charges and may fluctuate with inflation.

• Listings shown in light type (i.e. not bold) indicate that not all revised charges have been provided by the owners.

• Additional charges may apply for some facilities (e.g., swimming pool, tennis courts), as well as for long stays.

• Special rates may apply for children – ask owner for details.

KEY TO SYMBOLS

Rentals

12		Number of mobile homes
20		Number of chalets
6		Number of rooms to rent
Nuitée 30 à 50€		Minimum/maximum rates per night
Sem. 300 à 800€		Minimum/maximum rates per week
	♿	Facilities for the disabled

LOCALITY INFORMATION

23700	Postcode
343 B8	Michelin map reference
Rennes 47	Distance in kilometres
1 050 h.	Population
alt. 675	Altitude (in meters)
⛲	Spa
1200/1900 m	Altitude (in metres) of resort / highest point reached by lifts

• **Should you have grounds for complaint during your stay at a campsite about your reservation, the prices, standards of hygiene or facilities available, we recommend that you first try to resolve the problem with the proprietor or the person responsible.**

• **If you are unable to resolve the disagreement, and if you are sure that you are within your rights, you could take the matter up with the relevant prefecture of the departement.**

• **We welcome all suggestions and comments, wether in criticism or praise, relating to the campsites recommended in our guide. However, we must stress that we have neither the facilities, nor the authority to deal with complaints between campers and proprietors.**

ZEICHENERKLÄRUNG

CAMPINGPLÄTZE

Michelin-Klassifizierung

⋀⋀⋀⋀ ⋀⋀⋀⋀	Sehr komfortabel, ausgezeichnet ausgestattet
⋀⋀⋀ ⋀⋀⋀	Komfortabel, sehr gut ausgestattet
⋀⋀ ⋀⋀	Mit gutem Komfort ausgestattet
⋀⋀ ⋀⋀	Ausreichend ausgestattet
⋀ ⋀	Einfach, aber ordentlich

- Die Reihenfolge der Campingplätze innerhalb einer Kategorie entspricht unserer Empfehlung.

- Unsere Klassifizierung, durch eine entsprechende Anzahl von Zelten (⋀⋀⋀⋀ … ⋀) ausgedrückt, ist unabhängig von der offiziellen Klassifizierung durch Sterne, die von den Präfekturen vorgenommen wird.

Öffnungszeiten

Permanent	Campingplatz ganzjährig geöffnet

Besondere Merkmale

❄	Diese Gelände sind speziell für Wintercamping ausgestattet (Heizung, Starkstromanschlüsse, Trockenräume usw.)
👥	Kinderfreundliches Konzept, das u.a. Sanitäranlagen für die Kleinsten, Spielplätze und ein Animations-Programm durch geschultes Personal bietet

Besonders schöne und ruhige Lage

⋀⋀⋀⋀ … ⋀	Besonders schöne Lage, gutes und vielfältiges Serviceangebot
🤚 🤚	Ruhiger, abgelegener Campingplatz – Ruhiger Campingplatz, besonders nachts
⇐ ⇐	Eindrucksvolle Aussicht – Interessante oder weite Sicht

Lage und Dienstleistungen

Pour s'y rendre	Richtung vom Stadtzentrum entfernt
☏	Telefon
⚷	Eine Aufsichtsperson kann Tag und Nacht bei Bedarf erreicht werden: Dies bedeutet jedoch nicht, dass der Platz nachts bewacht ist.
⚷	– nur tagsüber
🐕	Hunde nicht erlaubt – wenn dieses Zeichen nicht vorhanden ist, muss ein gültiger Impfpass vorgelegt werden
Ⓟ	Parken nur auf vorgeschriebenen Parkplätzen außerhalb der Stellplätze.
℞	Keine Reservierung
💳	Keine Kreditkarten
	Keine « Chèques vacances »

Allgemeine Beschreibung

3 ha	Nutzfläche (in Hektar)
60 ha / 3 campables	Gesamtfläche (eines Geländes) und Nutzfläche für Camping
(90 empl.)	Anzahl der Stellplätze
▭	Abgegrenzte Stellplätze
🌳 🌳🌳 🌳🌳🌳	Leicht schattig – ziemlich schattig – sehr schattig
▲	Am Wasser – mit Bademöglichkeit

Service

⌘	Beheizte sanitäre Anlagen
👶	Wickelraum
🚰 🚰	Individuelle Anschlüsse : Wasser – Abwasser
	Waschmaschinen
🛒 🛒	Supermarkt – Lebensmittelgeschäft
🍱	Fertiggerichte zum Mitnehmen
📶	Wifi

ZEICHENERKLÄRUNG

Service für Wohnmobile

- Service-Einrichtungen für Wohnmobile (Stromanschluss, Ver-/Entsorgung Wasser)
- borne Raclet 4 € — Art der Ver- u. Entsorgungsstation und Preis
- 3 🅴 15,50 € — Stellplatz für Wohnmobile – Anzahl der Stellplätze – Pauschalpreis/Stellplatz.
- Sonderpreis für FFCC-Karteninhaber mit Wohnmobil auf dem Campingplatz
- 8 à 13 € — Pauschalpreis (mit oder ohne Strom)

Freizeitmöglichkeiten

- Bar mit Alkoholausschank
- Restaurant, Snack-Bar
- Gemeinschaftsraum, Aufenthaltsraum, Spielhalle ...
- Diverse Freizeitangebote (Sport, Kultur, Entspannung)
- Kinderspielraum
- Fitnesscenter
- Sauna
- Kinderspielplatz
- Fahrradverleih
- Tennisplatz – Hallentennisplatz
- Minigolfplatz
- Hallenbad – Freibad
- Baden erlaubt, teilweise mit Aufsicht
- Wasserrutschbahn
- Angeln
- Kanu
- Segeln (Segelschule oder Segelclub)
- Festmachen Ponton, Flußhalt
- Reiten

• Die meisten dieser Freizeitmöglichkeiten stehen nur in der Hauptsaison zur Verfügung oder sie sind abhängig von der Belegung des Platzes. Auf keinen Fall sind sie identisch mit der Öffnungszeit des Platzes.

À prox. — Wir geben nur die Einrichtun-gen an, welche sich in der Nähe des Platzes befinden (500 m)

Preise in €

Tagespreise:

- 5 € pro Person
- 2 € für das Auto
- 🅴 7,50 € Platzgebühr (Zelt/Wohnwagen)
- 2,50 € (4A) Stromverbrauch (Anzahl der Ampere)

Pauschalpreise:

25 € 👥 🚗 Stellplatz für 2 Personen
🅴 (A) Fahrzeug und Strom

• Die Preise wurden uns im Herbst 2017 mitgeteilt, es sind Hochsaisonpreise (falls nicht, sind die Preise des Vorjahres angegeben). Die Preise sind immer nur als Richtpreise zu betrachten. Sie können sich seit Redaktionsschluss noch einmal geändert haben.

• Der Name eines Campingplatzes ist dünn gedruckt, wenn der Eigentümer uns keine Preise genannt hat.

• Für einige Einrichtungen (Schwimmbad, Tennis) sowie die Kurtaxe können separate Gebühren erhoben werden.

• Für Kinder erhält man im Allgemeinen spezielle Kindertarife. Erkundigen Sie sich beim Eigentümer.

ZEICHENERKLÄRUNG

Vermietung und Preise

12	Anzahl der Mobilheime
20	Anzahl der Chalets
6	Anzahl der Zimmer
Nuitée 30 à 50€	Mindest-/Höchstpreis pro Nacht
Sem. 300 à 800€	Mindest-/Höchstpreis pro Woche
	Mietunterkünfte behindertengerecht

ORTE

23700	Postleitzahl
343 B8	Nr. der Michelin-Karte und Planquadrat
Rennes 47	Entfernung in Kilometern
1 050 h.	Einwohnerzahl
alt. 675	Höhe in Metern
	Heilbad
1200/1900 m	Höhe des Wintersportgebietes und Maximalhöhe, die mit Kabinenbahn oder Lift erreicht werden kann

• **Falls bei Ihrem Aufenthalt auf dem Campingplatz Schwierigkeiten bezüglich der Preise, Reservierung, Hygiene o.ä. auftreten, sollten Sie versuchen, diese direkt an Ort und Stelle mit dem Campingplatzbesitzer oder seinem Vertreter zu regeln.**

• **Wenn Sie von Ihrem Recht überzeugt sind, es Ihnen jedoch nicht gelingt, zu einer allseits befriedigenden Lösung zu kommen, können Sie sich an die entsprechende Stelle bei der zuständigen Präfektur wenden.**

• **Unsererseits überprüfen wir sorgfältig alle bei uns eingehenden Leserbriefe und ändern gegebenenfalls die Platzbewertung im Führer. Wir besitzen jedoch weder die rechtlichen Möglichkeiten noch die nötige Autorität, um Rechtsstreitigkeiten zwischen Platzeigentümern und Platzbenutzern zu schlichten.**

TEKENS

TERREINEN

Classificatie Michelin

⚠️⚠️ ⚠️⚠️ Buitengewoon comfortabel, uitstekende inrichting

⚠️⚠️ ⚠️⚠️ Comfortabel, zeer goede inrichting

⚠️⚠️ ⚠️⚠️ Goed ingericht, geriefelijk

⚠️ ⚠️ Behoorlijk ingericht

⚠️ ⚠️ Eenvoudig maar behoorlijk

• **De terreinen worden voor iedere categorie opgegeven in volgorde van voorkeur.**

• **Onze classificatie wordt aangegeven met een aantal tenten (). Zij staat los van de officiële classificatie die wordt uitgedrukt in sterren.**

Openingstijden

Permanent   Terrein het gehele jaar geopend

Bijzondere kenmerken

❄️ Geselecteerd caravaneige – Deze terreinen zijn speciaal ingericht voor winterverblijf in de bergen (verwarming, electriciteitsaansluiting met hoog vermogen, droogkamer, enz.).

👥 Kindvriendelijk etablissement met o.a. speciaal sanitair voor de kleintjes, speeltuintje en kinderactiviteiten onder begeleiding van professionals

Aangenaam en rustig verblijf

⚠️⚠️ ... ⚠️   Bijzonder aangenaam vanwege de omgeving, de kwaliteit en de diversiteit van de voorzieningen.

🤚🤚   Zeer rustig, afgelegen terrein – Rustig, vooral 's nachts

≤ ≤   Bijzonder mooi uitzicht – Interessant uitzicht of vergezicht

Ligging en service

Pour s'y rendre   Richting van het stadscentrum

📞   Telefoon

🔑   Er is een bewaker of een toezichthouder aanwezig die 24 uur per dag bereikbaar is. Dit betekent echter niet noodzakelijkerwijs dat er sprake is van een daad-werkelijke bewaking

🔑   – alleen overdag bewaakt.

🐕   Honden niet toegelaten – Bij afwezigheid van dit teken dient men een recent vaccinatieboekje te kunnen tonen.

Ⓟ   Verplichte parkeerplaats voor auto's buiten de staanplaatsen

₨   Reservering niet mogelijk

❌   Creditcards niet geaccepteerd

❌   « Chèques vacances » niet geaccepteerd

Algemene kenmerken

3 ha   Oppervlakte in hectaren

60 ha/   Totale oppervlakte (van
3 campables   een landgoed) en oppervlakte van het eigenlijke kampeerterrein

(90 empl.)   Maximaal aantal staanplaatsen

▱   Duidelijk begrensde staanplaatsen

🌳 🌳🌳 🌳🌳🌳   Weinig tot zeer schaduwrijk

⚓   Aan de waterkant met mogelijkheid tot zwemmen

Voorzieningen

♨   Verwarmde installaties

👶   Wasplaats voor baby's

🚿   Waslokalen – Stromend water

🚰 🚰   Individuele aansluitingen : Watertoevoer en-afvoer

25

TEKENS

Wasmachines
Supermarkt – Kampwinkel
Dagschotels om mee te nemen
Wifi

Voorzieningen voor campingcars

Serviceplaats voor campingcars

borne Raclet 4 € — Type aansluitpalen en prijs

3 · 15,50 € — Serviceplaats voor campingcars – aantal plaatsen – dagtarief voor de plaats.

Ter plaatse speciale formule voor camper

8 à 13 € — Dagtarief voor formule (met of zonder elektriciteit)

Ontspanning

Bar (met vergunning)
Eetgelegenheid (restaurant, snackbar)
Zaal voor bijeenkomsten, dagverblijf of speelzaal
Diverse activiteiten (sport, cultuur, ontspanning)
Kinderopvang
Fitness
Sauna
Kinderspelen
Verhuur van fietsen
Tennis: overdekt – openlucht
Mini-golf
Zwembad : overdekt – openlucht
Vrije zwemplaats of zwemplaats met toezicht
Waterglijbaan

Hengelsport
Kano
Zeilsport (school of water-sportcentrum)
Afmeren ponton, rivier stilstand
Tochten te paard, paardrijden

• **De meeste voorzieningen en bepaalde recreatiemogelijkheden in de open lucht zijn over het algemeen alleen toegankelijk tijdens het seizoen. Dit is afhankelijk van het aantal gasten op het terrein en staat los van de openingsdata.**

À prox. — Wij vermelden alleen de faciliteiten of voorzieningen die zich in de omgeving van de camping bevinden (500 m)

Tarieven in €

Dagtarieven:

5 € — per persoon
2 € — voor het voertuig
7,50 € — voor de staanplaats (tent, caravan)
2,50 € (4A) — voor elektriciteit (aantal ampères)

Vaste tarieven:

25 € (10A) — Staanplaats voor 2 personen, voertuig en elektriciteit inbegrepen

• **De prijzen zijn vastgesteld in het najaar van 2017 en gelden voor het hoogseizoen (indien deze niet beschikbaar zijn, vermelden wij de tarieven van het afgelopen jaar).**

• **De prijzen worden steeds ter indicatie gegeven en kunnen gewijzigd worden indien de kosten voor levensonderhoud belangrijke veranderingen ondergaan.**

TEKENS

Verhuur en tarieven

12	🚍	Aantal stacaravans
20	🏠	Aantal huisjes
6	🛏	Aantal kamers
Nuitée 30 à 50€		Minimum/maximum prijs voor één nacht
Sem. 300 à 800€		Minimum/maximum prijs voor een week
	♿	Huuraccomodaties voor lichamelijk gehandicapten

PLAATSEN

23700	Postcodenummer
343 B8	Nummer Michelinkaart en vouwbladnummer
G. Bretagne	Zie de Groene Michelingids Bretagne
Rennes 47	Afstanden in kilometers
1 050 h.	Aantal inwoners
alt. 675	Hoogte
⛲	Kuuroord
1200/1900 m	Hoogte van het station en maximale hoogte van de mechanische skiliften

• **Indien er tijdens uw verblijf op een kampeerterrein een meningsverschil zou ontstaan over prijzen, reserveringsvoorwaarden, hygiëne of dienstverle-ning, tracht dan ter plaatse met de eigenaar van het terrein of met zijn vervanger een oplossing te vinden.**

• **Mocht u op deze wijze niet tot overeenstemming komen, terwijl u over-tuigd bent van uw goed recht, dan kunt u zich wenden tot de prefectuur van het betreffende departement.**

• **Van onze kant bestuderen wij zorgvuldig alle opmerkingen die wij ontvangen, om zo nodig wijzigingen aan te brengen in de omschrijving en waarde-ring van door onze gids aanbevolen terreinen. Onze mogelijkheden zijn echter beperkt en ons personeel is niet bevoegd om als scheidsrechter op te treden of geschillen te regelen tussen eigenaren en kampeerders.**

LEXIQUE	GLOSSARY	GLOSSAR	WOORDENLIJST

accès difficile	difficult access	schwierige Zufahrt	moeilijke toegang
accès direct à	direct access to...	Zufahrt zu...	rechtstreekse toegang tot...
accidenté	uneven, hilly	uneben	heuvelachtig
adhésion	membership	Beitritt	lidmaatschap
août	August	August	augustus
après	after	nach	na
Ascension	Feast of the Ascension	Himmelfahrt	Hemelvaartsdag
assurance obligatoire	insurance cover compulsory	Versicherungspflicht	verzekering verplicht
automne	autumn	Herbst	herfst
avant	before	vor	voor
avenue (av.)	avenue	Avenue	laan
avril	April	April	april
baie	bay	Bucht	baai
base de loisirs	leisure and activity park	Freizeitanlagen	recreatiepark
bois, boisé	wood, wooded	Wald, bewaldet	bebost
bord de...	shore, riverbank	Ufer, Rand	aan de oever van...
boulevard (bd)	boulevard	Boulevard	boulevard
au bourg	in town	im Ort	in het dorp
«Cadre agréable»	attractive setting	angenehme Umgebung	aangename omgeving
«Cadre sauvage»	natural setting	urwüchsige Umgebung	woeste omgeving
carrefour	crossroads	Kreuzung	kruispunt
cases réfrigérées	refrigerated food storage facilities	Kühlboxen	Koelvakken
centre équestre	equestrian center	Reitzentrum	manege
château	castle	Schloss, Burg	kasteel
chemin	path	Weg	weg
conseillé	advised	empfohlen	aanbevolen
cotisation obligatoire	membership charge obligatory	ein Mitgliedsbeitrag wird verlangt	verplichte bijdrage
en cours d'aménagement,	work in progress rebuilding	wird angelegt, wird umgebaut	in aanbouw, wordt verbouwd
croisement difficile	difficult access	schwierige Überquerung	gevaarlijk Kruispunt
crêperie	pancake restaurant/stall	Pfannkuchen-Restaurant	pannekoekenhuis
décembre (déc.)	December	Dezember	december
«Décoration florale»	floral decoration	Blumenschmuck	bloemversiering
derrière	behind	hinter	achter
discothèque	disco	Diskothek	discotheek
à droite	on/to the right	nach rechts	naar rechts
église	church	Kirche	kerk
électricité (élect.)	electricity	Elektrizität	elektriciteit
emplacement (empl.)	pitch	Stellplatz	Staanplaats
entrée	way in, entrance	Eingang	ingang
«Entrée fleurie»	flowered entrance	blumengeschmückter Eingang	door bloemen omgeven ingang
étang	pond, pool	Teich	vijver
été	summer	Sommer	zomer
exclusivement	exclusively	ausschließlich	uitsluitend
falaise	cliff	Steilküste	steile kust
famille	family	Familie	gezin
fermé	closed	geschlossen	gesloten
février (fév.)	February	Februar	februari
forêt	forest	Wald	bos
garage	parking	überdachter Abstellplatz	parkeergelegenheid
garage pour caravanes	covered parking for caravans	Unterstellmöglichkeit für Wohnwagen	garage voor caravans

LEXIQUE	GLOSSARY	GLOSSAR	WOORDENLIJST

garderie (d'enfants)	children's crèche	Kindergarten	kinderdagverblijf
gare (S.N.C.F.)	railway station	Bahnhof	station
à gauche	on/to the left	nach links	naar links
gorges	gorges	Schlucht	bergengten
goudronné	surfaced road	geteert	geasfalteerd
gratuit	free, no charge	kostenlos	kosteloos
gravier	gravel	Kies	grint
gravillons	fine gravel	Rollsplitt	steenslag
hammam	Turkish-style steam bath	Türkisches Bad	Turks bad
herbeux	grassy	mit Gras bewachsen	grasland
hiver	winter	Winter	winter
hors saison	out of season	außerhalb der Saison	buiten het seizoen
île	island	Insel	eiland
incliné	sloping	abfallend	hellend
indispensable	essential	unbedingt erforderlich	noodzakelijk, onmisbaar
intersection	junction	Kreuzung	kruispunt
janvier (janv.)	January	Januar	januari
juillet (juil.)	July	Juli	juli
juin	June	Juni	juni
lac	lake	See	meer
lande	heath/moorland	Heide	hei
licence obligatoire	camping licence/ international camping carnet compulsory	Lizenz wird verlangt	vergunning verplicht
lieu-dit	small locality	Flurname, Weiler	oord
mai	May	Mai	mei
mairie	town hall	Bürgermeisteramt	stadhuis
mars	March	März	maart
matin	morning	Morgen	morgen
mer	sea	Meer	zee
mineurs non-accompagnés/non admis	under 18s must be accompanied by an adult	Minderjährige ohne Begleitung nicht zugelassen	minderjarigen zonder geleide niet toegelaten
montagne	mountain	Gebirge	gebergte
Noël	Christmas	Weihnachten	Kerstmis
non clos	open site	nicht eingefriedet	niet omheind
novembre (nov.)	November	November	november
océan	ocean	Ozean	oceaan
octobre (oct.)	October	Oktober	oktober
ouverture prévue	opening scheduled	Eröffnung vorgesehen	vermoedelijke opening
Pâques	Easter	Ostern	Pasen
parcours de santé	fitness trail	Fitness-Pfad	trimbaan
passage non admis	no touring pitches	kein Kurzaufenthalt	niet toegankelijk voor kampeerders op doorreis
pente	slope	Steigung, Gefälle	helling
Pentecôte	Whitsun	Pfingsten	Pinksteren
personne (pers.)	person	Person	persoon
pierreux	stony	steinig	steenachtig
pinède	pine trees, pine wood	Kiefernwäldchen	dennenbos
place (pl.)	square	Platz	plein
places limitées pour le passage	limited number of touring pitches	Plätze für kurzen Aufenthalt in begrenzter Zahl vorhanden	beperkt aantal plaatsen voor kampeerders op doorreis

29

LEXIQUE	**GLOSSARY**	**GLOSSAR**	**WOORDENLIJST**

plage	beach	Strand	strand
plan d'eau	stretch of water	Wasserfläche	watervlakte
plat	flat	eben	vlak
poneys	ponies	Ponys	pony's
pont	bridge	Brücke	brug
port	port, harbour	Hafen	haven
prairie	grassland	Wiese	weide
près de…	near	nahe bei…	bij…
presqu'île	peninsula	Halbinsel	schiereiland
prévu	projected	geplant	verwacht, gepland
printemps	spring	Frühjahr	voorjaar
en priorité	as a priority	mit Vorrang	voorrangs…
à proximité	nearby	in der Nähe von	in de nabijheid
quartier	quarter, district	Stadtteil	wijk
Rameaux	Palm Sunday	Palmsonntag	Palmzondag
réservé	reserved, booked	reserviert	gereserveerd
rive droite, gauche	right, left bank	rechtes, linkes Ufer	rechter, linker oever
rivière	river	Fluss	rivier
rocailleux	stony	steinig	vol kleine steentjes
rocheux	rocky	felsig	rotsachtig
route (rte)	road	Landstraße	weg
rue (r.)	street	Straße	straat
ruisseau	stream	Bach	beek
sablonneux	sandy	sandig	zanderig
saison	tourist season	Reisesaison	seizoen
avec sanitaires individuels	with individual sanitary facilities	mit sanitären Anlagen für jeden Stellplatz	met eigen sanitair
schéma	local map	Kartenskizze	schema
semaine	week	Woche	week
septembre (sept.)	September	September	september
site	site	Landschaft	landschap
situation	situation	Lage	ligging
sortie	way out, exit	Ausgang	uitgang
sous-bois	undergrowth	Unterholz	geboomte
à la station	at the filling station	an der Tankstelle	bij het benzinestation
supplémentaire (suppl.)	extra	zuzüglich	extra
en terrasses	terraced	in Terrassen	terrasvormig
toboggan aquatique	waterslide	Wasserrutschbahn	waterglijbaan
torrent	torrent	Wildbach	bergstroom
Toussaint	All Saints' Day	Allerheiligen	Allerheiligen
tout compris	all inclusive	alles inbegriffen	alles inbegrepen
vacances scolaires	school holidays	Schulferien	schoolvakanties
vallonné	undulating	hügelig	heuvelachtig
verger	orchard	Obstgarten	boomgaard
vers	in the direction of/towards	nach (Richtung)	naar (richting)
voir	see	sehen, siehe	zien, zie

Ma route des vacances

18 CARTES DES RÉGIONS DE FRANCE

Nos cartes REGIONAL

511 Nord-Pas-de-Calais, Picardie
512 Bretagne
513 Normandie
514 Île-de-France
515 Champagne-Ardenne
516 Alsace, Lorraine
517 Pays de la Loire
518 Centre
519 Bourgogne
520 Franche-Comté
521 Poitou-Charentes
522 Auvergne, Limousin
523 Rhône-Alpes
524 Aquitaine
525 Midi-Pyrénées
526 Languedoc-Roussillon
527 Provence Alpes-Côte d'Azur
528 Corse

LISTE THÉMATIQUE DES CAMPINGS | THEMED LIST OF CAMPSITES

Légende | Key

Vous trouverez dans le tableau des pages suivantes un classement par région des localités dont au moins un camping offre les prestations suivantes :

On the following pages you will find a region-by-region selection of localities with at least one site with the following facilities:

BRETAGNE	Nom de la région	**BRETAGNE**	Name of the region
Carnac	Nom de la localité	Carnac	Name of the locality
🌙	Localité possédant au moins un terrain très tranquille	🌙	Locality with at least one very quiet and peaceful site
P	Localité possédant au moins un terrain sélectionné ouvert toute l'année	P	Locality with at least one campsite open all year round
👥	Localité possédant au moins un camping « famille » : structure adaptée à l'accueil des enfants, proposant, entre autres, des sanitaires pour les tout-petits, des aires de jeux et des animations encadrées par des professionnels	👥	Locality with at least one campsite suitable for families: child-friendly site including washing facilities for young children, playgrounds and activities monitored by professionals
🛝	Localité dont un terrain au moins possède un toboggan aquatique	🛝	Locality with at least one campsite with a water slide
B	Localité dont un terrain au moins possède un centre balnéo	B	Locality with at least one campsite with a spa center
🎭	Localité dont un terrain au moins propose des animations diverses (sportives, culturelles, détente)	🎭	Locality with at least one campsite offering miscellaneous activities (sports, culture, leisure)

● Se reporter à la nomenclature pour la description complète des campings sélectionnés.

● For more details on specific sites, refer to the individual campsite entries.

THEMENLISTE VON CAMPINGPLÄTZEN   THEMATISCHE LIJST VAN DE CAMPINGS

Zeichenerklärung

Im folgenden Ortsregister werden Orte mit mindestens die folgenden Leistungen nach Region geordnet aufgelistet :

BRETAGNE	Name der Region
Carnac	Ortsname
🤚	Ort mit mindestens einem sehr ruhigen Campingplatz
P	Ort mit mindestens einem ganzjährig geöffneten Campingplatz
👥	Ort mit mindestens einem Familien-Campingplatz : Kinderfreundliches Konzept, das u. a. Sanitäranlagen für die Kleinsten, Spielplätze und ein Animations-Programm durch geschultes Personal bietetr
🛝	Ort mit mindestens einem Campingplatz mit Wasserrutsche
B	Ort mit mindestens einem Campingplatz mit einem balneo Zentrum
🎭	Ort mit mindestens einem Campingplatz mit Diverse Freizeitangebote (Sport, Kultur, Entspannung)

• Die vollständige Beschreibung der ausgewählten Plätze befindet sich im Hauptteil des Führers.

Verklaring van de tekens

Vindt u volgende pagina's een indeling van de regio's met de dorpen een camping waarvan ten minste biedt de volgende diensten :

BRETAGNE	Naam van de streek
Carnac	Plaatsnaam
🤚	Plaats met minstens één zeer rustig terrein
P	Plaats met minstens één gedurende het gehele jaar geopend kampeerterrein
👥	Plaats met minstens één Kampeerterrein voor families : kindvriendelijk etablissement met o.a. speciaal sanitair voor de kleintjes, speeltuintje en kinderactiviteiten onder begeleiding van professionals
🛝	Plaats met minstens één kampeerterrein met een waterglijbaan
B	Plaats met minstens één kampeerterrein met een balneotherapie centrum
🎭	Plaats met minstens één kampeerterrein met diverse activiteiten (sport, cultuur, ontspanning)

• Raadpleeg het deel met gegevens over de geselecteerde terreinen voor een volledige beschrijving.

LISTE THÉMATIQUE DES CAMPINGS — THEMED LIST OF CAMPSITES

Camping	Page	🔶	Permanent	👥	🏊	Balnéo	⛺
ALSACE							
Bassemberg	47						⛺
Biesheim	47						⛺
Geishouse	48		P				
Heimsbrunn	48		P				
Mittlach	50	🔶					
Moosch	50	🔶					
Munster	50						⛺
Oberbronn	50		P				
Ranspach	51		P				
Rhinau	51				🏊		
Seppois-le-Bas	52						⛺
Strasbourg	52		P	👥			⛺
Wattwiller	53			👥			⛺
AQUITAINE							
Ainhoa	58		P		🏊		
Anglet	58				🏊		⛺
Angoisse	59						⛺
Antonne-et-Trigonant	59			👥			⛺
Arcachon	59	🔶		👥			⛺
Arès	60				🏊		
Atur	60	🔶	P	👥	🏊		⛺
Audenge	60			👥			
Azur	61	🔶		👥	🏊		⛺
Baudreix	61				🏊		
Bazas	61	🔶		👥	🏊		⛺
Beauville	62	🔶					
Bélus	62				🏊		
Belvès	62	🔶		👥	🏊		⛺
Bias	63			👥			⛺
Bidart	63			👥	🏊		⛺
Biron	64			👥	🏊		⛺
Biscarrosse	65			👥	🏊	B	
Biscarrosse-Plage	66			👥	🏊		⛺
Blasimon	66	🔶					
Bordeaux	67		P				
Brantôme	67	🔶		👥			
Le Bugue	67	🔶		👥			
Le Buisson-de-Cadouin	67	🔶		👥	🏊		
Bunus	68	🔶					
Campagne	68			👥			
Carsac-Aillac	68	🔶					
Castelmoron-sur-Lot	69	🔶				B	
Castelnaud-la-Chapelle	69	🔶		👥			
La Chapelle-Aubareil	69	🔶					
Contis-Plage	70			👥	🏊		⛺
Courbiac	70						
Coux-et-Bigaroque	70			👥			
Dax	71	🔶		👥			
Domme	71	🔶		👥			
Douville	72				🏊		
Les Eyzies-de-Tayac	72	🔶		👥	🏊		
Fumel	73	🔶	P				
Gradignan	73		P				
Groléjac	73			👥	🏊		
Hendaye	74			👥	🏊		⛺
Hourtin	74	🔶		👥			⛺
Hourtin-Plage	75			👥			⛺
La Hume	75	🔶					
Labenne-Océan	75			👥	🏊	B	⛺
Lacanau	76			👥	🏊		
Lacanau-Océan	76			👥	🏊	B	
Lamonzie-Montastruc	76			👥	🏊		
Lanouaille	77	🔶					
Larrau	77	🔶					
Laruns	77		P				
Lescun	77	🔶					
Linxe	78				🏊		⛺
Lit-et-Mixe	78			👥	🏊		
Mauléon-Licharre	78	🔶					
Messanges	79			👥	🏊	B	
Mézos	79			👥	🏊	B	⛺
Mimizan-Plage	80			👥	🏊		⛺
Moliets-et-Maa	80	🔶		👥			
Moliets-Plage	80			👥			
Monpazier	81			👥	🏊		⛺
Le Nizan	81	🔶					
Ondres	82			👥			⛺
Parentis-en-Born	83			👥	🏊	B	
Peyrignac	84		P				
Peyrillac-et-Millac	84	🔶		👥			
Pissos	84	🔶					
Plazac	84			👥			
Pomport	84			👥	🏊		⛺
Le Porge	85			👥			⛺
Pujols	85			👥	🏊		⛺
Pyla-sur-Mer	85	🔶		👥	🏊		
Rauzan	86	🔶					
Réaup	86			👥			
Rivière-Saas-et-Gourby	86		P				
La Roque-Gageac	86			👥			⛺
Rouffignac	87	🔶					
Saint-Amand-de-Coly	87			👥	🏊		
Saint-Antoine-d'Auberoche	87				🏊		
Saint-Avit-de-Vialard	88			👥			⛺
Saint-Crépin-et-Carlucet	88			👥			⛺
Saint-Émilion	89			👥			
Saint-Étienne-de-Villeréal	89	🔶		👥			
Saint-Geniès	89			👥	🏊		⛺
Saint-Girons-Plage	89			👥	🏊		
Saint-Jean-de-Luz	90			👥	🏊		⛺
Saint-Laurent-Médoc	92						
Saint-Léon-sur-Vézère	92			👥		B	
Saint-Martin-de-Seignanx	93			👥			
Saint-Paul-lès-Dax	93	🔶		👥			
Saint-Pée-sur-Nivelle	93	🔶		👥	🏊		
Saint-Saud-Lacoussière	94	🔶		👥	🏊		⛺
Salignac-Eyvigues	95	🔶					

THEMENLISTE VON CAMPINGPLÄTZEN — THEMATISCHE LIJST VAN DE CAMPINGS

	Page	🖐	Permanent	👥	⛰	Balnéo	🎭
Salles	95			👥	⛰		
Salles	95				⛰		
Sanguinet	95			👥			🎭
Sarlat-la-Canéda	96	🖐		👥	⛰		🎭
Saubion	97		P		⛰		
Soulac-sur-Mer	98			👥	⛰		
Soustons	98	🖐			⛰	B	
Le Teich	99			👥			
Terrasson-Lavilledieu	99		P				
La Teste-de-Buch	99			👥	⛰		🎭
Thiviers	100		P				
Tournon-d'Agenais	100				⛰		🎭
Tursac	100	🖐					
Urrugne	101		P	👥			
Le Verdon-sur-Mer	102			👥			🎭
Vielle-Saint-Girons	102			👥	⛰	B	🎭
Villeréal	102	🖐		👥	⛰		🎭
Vitrac	103			👥	⛰		🎭

AUVERGNE

	Page	🖐	Permanent	👥	⛰	Balnéo	🎭
Abrest	107	🖐		👥			
Ambert	107		P				
Arnac	107						🎭
Aydat	108						🎭
Bellerive-sur-Allier	108			👥	⛰		
Billom	108	🖐					
La Bourboule	109				⛰		
Chambon-sur-Lac	109	🖐		👥	⛰	B	🎭
Le Chambon-sur-Lignon	110	🖐					
Champagnac-le-Vieux	110						🎭
Champs-sur-Tarentaine	110						🎭
Châtelguyon	111			👥			
Courpière	111	🖐					
Langeac	112						🎭
Lanobre	112						🎭
Lempdes-sur-Allagnon	113		P				
Mauriac	113		P				🎭
Le Mont-Dore	114	🖐					
Murol	114			👥	⛰		🎭
Neuvéglise	116						🎭
Nonette	116	🖐			⛰		
Orcet	116		P		⛰		
Paulhaguet	117	🖐					
Royat	117			👥			🎭
Saint-Gérons	119	🖐					
Saint-Martin-Cantalès	119	🖐					
Saint-Nectaire	120	🖐			⛰		
Saint-Rémy-sur-Durolle	120	🖐					
Sainte-Sigolène	121			👥			🎭
Singles	121	🖐		👥			
Vic-sur-Cère	122				⛰		🎭
Vorey	122				⛰		

NORMANDIE

	Page	🖐	Permanent	👥	⛰	Balnéo	🎭
Annoville	352	🖐					
Aumale	353	🖐					
Barneville-Carteret	353			👥			🎭
Baubigny	353	🖐					
Beauvoir	354				⛰		
Le Bec-Hellouin	354	🖐					
Blangy-le-Château	354			👥			🎭
Bréhal	355						
Bréville-sur-Mer	355			👥	⛰		
Courseulles-sur-Mer	356			👥	⛰		
Courtils	356			👥			
Deauville	356			👥	⛰	B	
Dieppe	357						
Donville-les-Bains	357			👥			
Étréham	357	🖐					
Fiquefleur-Équainville	358			👥	⛰		
Flers	358	🖐					
Genêts	358						
Granville	359			👥	⛰		🎭
Honfleur	359			👥	⛰		🎭
Houlgate	359						🎭
Isigny-sur-Mer	359	🖐					
Martragny	361						
Maupertus-sur-Mer	361			👥	⛰		
Merville-Franceville-Plage	361			👥			
Moyaux	362	🖐					
Les Pieux	362	🖐					
Pontorson	363			👥			🎭
Port-en-Bessin	363			👥			
Ravenoville	364				⛰		
Le Rozel	364	🖐					
Saint-Aubin-sur-Mer	364			👥	⛰		
Saint-Jean-de-la-Rivière	365			👥	⛰		
Saint-Martin-en-Campagne	365						
Saint-Symphorien-le-Valois	366			👥	⛰		
Saint-Vaast-la-Hougue	366			👥			
Saint-Valery-en-Caux	366				⛰		
Surrain	367						
Surtainville	367		P				
Touffreville-sur-Eu	367		P				P
Le Tréport	368		P				
Le Vey	368	🖐					
Vierville-sur-Mer	368	🖐					🎭
Villers-sur-Mer	369						🎭

BOURGOGNE

	Page	🖐	Permanent	👥	⛰	Balnéo	🎭
Andryes	125	🖐					
Arnay-le-Duc	125						🎭
Avallon	125	🖐					
Chambilly	126	🖐					
Charolles	127			👥			
Clamecy	127	🖐					
Crux-la-Ville	128	🖐					
Dompierre-les-Ormes	128	🖐			⛰		🎭
Épinac	129		P				
Gigny-sur-Saône	129	🖐		👥			
Laives	130		P				

LISTE THÉMATIQUE DES CAMPINGS — THEMED LIST OF CAMPSITES

	Page	Permanent	👥	🏊	Balnéo	🧖
Luzy	130	🐾	👥			🧖
Matour	131			🏊		
Meursault	131			🏊		
Montbard	131					🧖
Nolay	132	P				
Saint-Honoré-les-Bains	132			🏊		
Saint-Léger-de-Fougeret	133	🐾		🏊		
Vandenesse-en-Auxois	135		👥	🏊		
Vermenton	135	P				
Vincelles	136		👥			
BRETAGNE						
Arradon	140	🐾		🏊		
Arzano	140	🐾	👥	🏊		🧖
Baden	140	🐾	👥	🏊	B	🧖
Bégard	141	P				🧖
Beg-Meil	141		👥	🏊		
Belle-Île	141	🐾				🧖
Bénodet	142		👥	🏊	B	🧖
Binic	143			🏊		
Callac	143	🐾				
Camaret-sur-Mer	143	🐾		🏊		
Carantec	144		👥	🏊	B	🧖
Carnac	144		👥	🏊		🧖
Carnac-Plage	145		👥	🏊		
Concarneau	147	🐾	👥			
Crach	147			🏊		
Dinéault	148	P				
Dol-de-Bretagne	148	🐾				🧖
Douarnenez	148	🐾	👥	🏊		
Erdeven	149			🏊		
Erquy	149	P	👥	🏊		🧖
La Forêt-Fouesnant	150	🐾	👥	🏊		
Fouesnant	151		👥	🏊	B	🧖
Guidel	152	🐾	👥	🏊		
Hillion	152	🐾				
Jugon-les-Lacs	152		👥	🏊		🧖
Kervel	153		👥	🏊		🧖
Landéda	153		👥			
Lannion	154	🐾	P	🏊		
Larmor-Baden	155	🐾	👥			
Lesconil	155			🏊		
Louannec	156					🧖
Marcillé-Robert	157	P				
Milizac	158	P				
Monterblanc	158	🐾		🏊	B	🧖
Morgat	158	🐾		🏊		
Mousterlin	158		👥	🏊		🧖
Névez	159	🐾				
Noyal-Muzillac	159	🐾		🏊		🧖
Pénestin	159		👥	🏊		🧖
Penmarch	160		👥	🏊		🧖
Pentrez-Plage	160		👥	🏊		🧖
Perros-Guirec	160		👥	🏊	B	
Pléneuf-Val-André	160		👥			

	Page	Permanent	👥	🏊	Balnéo	🧖
Pleubian	161	🐾				
Pleumeur-Bodou	162	🐾		🏊		
Plobannalec-Lesconil	162		👥	🏊		🧖
Ploemel	162		👥	🏊		
Plomeur	163	🐾				
Plomodiern	163			🏊		
Plouézec	163	🐾				
Plougasnou	164	🐾				
Plougastel-Daoulas	164		👥	🏊		🧖
Plougoumelen	164					
Plouguerneau	165	🐾				
Plouharnel	165			🏊		🧖
Plouhinec	165	🐾				
Plouhinec	165		👥	🏊		
Plouigneau	166	🐾				
Plozévet	166		👥			
Pontrieux	166	P				
Pont-Scorff	166	P				
Port-Manech	167			🏊		
Le Pouldu	167			🏊	B	
Poullan-sur-Mer	168		👥	🏊		
Primel-Trégastel	168			🏊		
Priziac	168	🐾	P			
Quiberon	169		👥	🏊		🧖
Quimper	169	P	👥	🏊		🧖
Raguenès-Plage	170		👥	🏊		🧖
Rennes	171	P				
Rochefort-en-Terre	171	🐾				
Le Roc-Saint-André	171	🐾				
Saint-Briac-sur-Mer	172			🏊		
Saint-Cast-le-Guildo	172	🐾	👥	🏊	B	🧖
Saint-Coulomb	172	🐾				
Saint-Gildas-de-Rhuys	173		👥	🏊		
Saint-Jouan-des-Guérets	173		👥	🏊		🧖
Saint-Lunaire	174					
Saint-Malo	174		👥	🏊		
Saint-Marcan	174	🐾				
Saint-Philibert	174					
Saint-Pol-de-Léon	174		👥	🏊		🧖
Saint-Yvi	175	🐾				🧖
Sarzeau	175	🐾	👥	🏊		🧖
Sulniac	177	🐾		🏊		
Taupont	177	🐾				
Telgruc-sur-Mer	177			🏊		
Theix	178			🏊		
Treffiagat	178	🐾				
Trédrez	178			🏊		🧖
Trégunc	179		👥	🏊		🧖
Trélévern	179			🏊		🧖
La Trinité-sur-Mer	179	🐾	👥	🏊		🧖
Vannes	180		👥			🧖
CENTRE VAL-DE-LOIRE						
Bessais-le-Fromental	185	🐾		🏊		
Châteauroux	186		P			

36

THEMENLISTE VON CAMPINGPLÄTZEN / THEMATISCHE LIJST VAN DE CAMPINGS

	Page	Permanent	👥	⛰	Balnéo	🎭
Chécy	187	🔥				
Chemillé-sur-Indrois	187			⛰		
Cheverny	187		👥			
Cloyes-sur-le-Loir	188			⛰		
Éguzon	188	P				
Fontaine-Simon	189	P				
Gargilesse	189	🔥				
Gien	189		👥	⛰		🎭
Mesland	191		👥	⛰		
Muides-sur-Loire	192		👥	⛰		🎭
Nouan-le-Fuzelier	192		👥	⛰		
Pierrefitte-sur-Sauldre	193	🔥	👥	⛰	B	🎭
Rillé	194					🎭
Saint-Père-sur-Loire	194	P				
Sainte-Catherine-de-Fierbois	195		👥	⛰		
Senonches	196	🔥	👥			
Sonzay	196		👥	⛰		
Suèvres	196		👥	⛰		🎭
La Ville-aux-Dames	197	P				

CHAMPAGNE-ARDENNE

	Page	Permanent	👥	⛰	Balnéo	🎭
Bannes	201	🔥				
Bourg-Sainte-Marie	201	🔥				
Braucourt	201		👥			🎭
Buzancy	201	🔥				
Eaux-Puiseaux	202	🔥 P				
Éclaron	202		👥			🎭
Ervy-le-Châtel	203	🔥				
Giffaumont-Champaubert	203	🔥				🎭
Langres	203	🔥	👥	⛰		
Mesnil-Saint-Père	203		👥	⛰		
Sézanne	204			⛰		
Thonnance-les-Moulins	204		👥			🎭

CORSE

	Page	Permanent	👥	⛰	Balnéo	🎭
Aléria	209	🔥	👥			🎭
Bastia	209		👥			
Bonifacio	209	🔥	👥	⛰		🎭
Calvi	211		👥	⛰		
Casaglione	212	🔥				
Castellare-di-Casinca	212	🔥	👥		B	🎭
Centuri	212	🔥				
Cervione	212	🔥		⛰		🎭
Corte	212	🔥				
Ghisonaccia	213		👥		B	🎭
Lumio	214	🔥				
Moltifao	214	🔥				
Patrimonio	214	🔥				
Piana	214	🔥				
Pinarellu	215	🔥				
Porto	215	🔥	👥		B	
Porto-Vecchio	216		👥	⛰		🎭
Saint-Florent	217		👥			
Sainte-Lucie-de-Porto-Vecchio	218		👥	⛰		🎭
Sartène	218	🔥				

	Page	Permanent	👥	⛰	Balnéo	🎭
Solenzara	219		👥			🎭
Tiuccia	219	🔥				

FRANCHE-COMTÉ

	Page	Permanent	👥	⛰	Balnéo	🎭
Bonnal	223		👥	⛰		🎭
Champagnole	224		👥	⛰		🎭
Châtillon	224	🔥		⛰		🎭
Clairvaux-les-Lacs	224		👥	⛰		🎭
Dole	224					
Doucier	225		👥	⛰		
Foncine-le-Haut	225	🔥				
Huanne-Montmartin	225			⛰		
Lachapelle-sous-Rougemont	226	🔥 P				
Malbuisson	227		👥	⛰		
Marigny	227		👥	⛰		
Mesnois	227			⛰		
Ornans	228		👥			
Ounans	228		👥	⛰		🎭
Uxelles	231	🔥				🎭
Vesoul	231	P				🎭

ÎLE-DE-FRANCE

	Page	Permanent	👥	⛰	Balnéo	🎭
Boulancourt	235	🔥				
Champigny-sur-Marne	235	P				
Paris	236	P				
Pommeuse	236		👥			🎭
Rambouillet	236		👥			
Touquin	237	🔥		⛰		
Tournan-en-Brie	237			⛰		
Villiers-sur-Orge	237	P				

LANGUEDOC-ROUSSILLON

	Page	Permanent	👥	⛰	Balnéo	🎭
Agde	242	🔥	👥	⛰	B	🎭
Aigues-Mortes	242		👥	⛰		🎭
Alet-les-Bains	243	P				
Allègre-les-Fumades	243		👥	⛰		🎭
Anduze	243	🔥	👥	⛰	B	🎭
Argelès-sur-Mer	244	🔥	👥	⛰	B	🎭
Balaruc-les-Bains	247	🔥	👥			
Le Barcarès	248		👥			🎭
Barjac	249	🔥				
Bessèges	249	🔥				
Blavignac	250	🔥				
Boisset-et-Gaujac	250	🔥	👥			🎭
Boisson	250		👥	⛰		
Le Bosc	250				B	
Brissac	250		👥			🎭
Brousses-et-Villaret	251			⛰		
Canet	251	P		⛰		
Canet-Plage	251		👥	⛰		🎭
Carcassonne	252		👥			
Castries	253	🔥 P				
Cendras	253		👥			🎭
Clermont-l'Hérault	254		👥			
Connaux	254	P				
Crespian	254		👥			
Égat	255	🔥 P				

37

LISTE THÉMATIQUE DES CAMPINGS — THEMED LIST OF CAMPSITES

	Page		Permanent			Balnéo	
Err	255		P				
Estavar	255	🐾		👥			
Fabrezan	255		P		🏕		
Florac	256			👥			💧
Font-Romeu	256			👥			
Formiguères	256	🐾					
Frontignan-Plage	256			👥			💧
Gallargues-le-Montueux	257			👥			💧
Le Grau-du-Roi	258			👥	🏕		💧
Lanuéjols	259	🐾					
Laroque-des-Albères	259	🐾			🏕		
Lattes	260		P				
Laurens	260			👥			💧
Marseillan-Plage	260	🐾		👥	🏕	B	💧
Marvejols	261						💧
Massillargues-Attuech	262			👥			
Matemale	262	🐾	P				
Maureillas-Las-Illas	262		P				
Mende	262		P				
Meyrueis	262	🐾					💧
Mirepeisset	263	🐾		👥			💧
Montagnac	263	🐾					💧
Montclar	263	🐾		👥	🏕		💧
Narbonne	264			👥	🏕		💧
Naussac	264	🐾					
Palau-de-Cerdagne	264	🐾	P				
Palavas-les-Flots	265			👥	🏕	B	
Port-Camargue	265			👥	🏕	B	
Portiragnes-Plage	266	🐾		👥	🏕		💧
Port-la-Nouvelle	266	🐾			🏕		
Preixan	267				🏕		
Remoulins	267			👥			
Rochegude	267			👥			
Rocles	268	🐾					
La Roque-sur-Cèze	268			👥			💧
Le Rozier	268			👥			
Saint-Alban-sur-Limagnole	269	🐾					
Saint-Cyprien-Plage	269		P	👥	🏕		💧
Saint-Georges-de-Lévéjac	270	🐾					
Saint-Hippolyte-du-Fort	270	🐾					
Saint-Jean-du-Gard	271			👥			💧
Saint-Victor-de-Malcap	271			👥			
Sainte-Enimie	271	🐾					
Sainte-Marie	272			👥			💧
Sérignan	272			👥			💧
Sérignan-Plage	273			👥	🏕	B	
Sommières	274	🐾			🏕	B	
Soubès	274	🐾					
Torreilles-Plage	274			👥	🏕	B	
Tuchan	275	🐾					
Uzès	275	🐾		👥			
Valras-Plage	276	🐾		👥			💧
Vernet-les-Bains	277	🐾					
Vers-Pont-du-Gard	278			👥	🏕		

	Page		Permanent			Balnéo	
Vias-Plage	278			👥	🏕	B	
Villefort	280		P				
Villeneuve-lès-Avignon	281			👥			💧

LIMOUSIN

	Page		Permanent			Balnéo	
Argentat	285			👥			💧
Aubazines	285	🐾		👥			
Auriac	286	🐾	P				
Beaulieu-sur-Dordogne	286			👥			
Beynat	286	🐾			🏕		💧
Bonnac-la-Côte	287	🐾					
Boussac-Bourg	287			👥	🏕		
Chamberet	288	🐾					
Châteauponsac	288		P				
Corrèze	289		P				
Laguenne	290						
Liginiac	290						
Limoges	290			👥			
Lissac-sur-Couze	290			👥			
Magnac-Laval	291	🐾					
Meyssac	291				🏕		
Neuvic	291	🐾		👥			💧
Reygade	292		P				
Saint-Germain-les-Belles	292		P				
Saint-Yrieix-la-Perche	293		P				

LORRAINE

	Page		Permanent			Balnéo	
La Bresse	297				🏕		
Burtoncourt	297	🐾	P				
Bussang	298		P	👥	🏕	B	
Celles-sur-Plaine	298			👥			
Corcieux	298				🏕		
Plombières-les-Bains	301		P				
Saint-Avold	302		P				
Saint-Maurice-sous-les-Côtes	302	🐾					
Saint-Maurice-sur-Moselle	302				🏕		
Sanchey	302		P				💧
Saulxures-sur-Moselotte	302		P				
Vagney	303	🐾					
Verdun	303				🏕		
Villers-lès-Nancy	303						
Xonrupt-Longemer	304		P	👥			

MIDI-PYRÉNÉES

	Page		Permanent			Balnéo	
Agos-Vidalos	308			👥	🏕		
Aigues-Vives	308	🐾					
Albi	308					B	
Arcizans-Avant	309	🐾	P				
Argelès-Gazost	309			👥	🏕		💧
Auch	310	🐾					
Aucun	310		P				
Augirein	311	🐾					
Aulus-les-Bains	311		P				
Ax-les-Thermes	311		P	👥			💧
Ayzac-Ost	312				🏕		
Bagnères-de-Bigorre	312				🏕		
Bagnères-de-Luchon	312			👥			

38

THEMENLISTE VON CAMPINGPLÄTZEN / THEMATISCHE LIJST VAN DE CAMPINGS

Name	Page	🐾	Permanent	👥	⛺	Balnéo	🎭
Barbotan-les-Thermes	313			👥	⛺		
Beaumont-de-Lomagne	313			👥	⛺		🎭
Le Bez	314	🐾					
Boisse-Penchot	314		P				
Bor-et-Bar	314	🐾					
Bourisp	314		P	👥			🎭
Brusque	314	🐾					🎭
Calmont	315		P				
Canet-de-Salars	315	🐾		👥			🎭
Carennac	316			👥			
Carlucet	316	🐾					
Castelnau-de-Montmiral	316				⛺		
Cayriech	318			👥			
Cordes-sur-Ciel	318				⛺		
Cos	319		P				
Crayssac	319	🐾		👥			🎭
Damiatte	320			👥	⛺		🎭
Duravel	320	🐾		👥	⛺		🎭
Entraygues-sur-Truyère	320	🐾					
Estang	321		P	👥			🎭
Figeac	321						🎭
Flagnac	322				⛺		
La Fouillade	322	🐾					
Gondrin	322			👥			
Lacam-d'Ourcet	324	🐾					
Lacave	324			👥			
Lau-Balagnas	324						🎭
Lectoure	325			👥	⛺		🎭
Loupiac	325			👥	⛺		
Luz-Saint-Sauveur	326				⛺	B	
Martres-Tolosane	327	🐾		👥			🎭
Mérens-les-Vals	327		P				
Millau	328			👥			🎭
Mirandol-Bourgnounac	329	🐾					
Mirepoix	329	🐾					
Moissac	329			👥			
Monclar-de-Quercy	329	🐾	P				
Nages	330			👥			🎭
Nailloux	330		P				
Nant	330			👥	⛺		🎭
Padirac	331			👥	⛺		🎭
Payrac	332			👥	⛺		
Pont-de-Salars	332			👥			🎭
Puybrun	332			👥			
Rieux-de-Pelleport	333	🐾	P				
Rivière-sur-Tarn	333			👥	⛺		🎭
Rocamadour	334	🐾					🎭
Rodez	334	🐾					🎭
La Romieu	335	🐾		👥			
Roquelaure	335			👥			🎭
Saint-Amans-des-Cots	335			👥	⛺		🎭
Saint-Antonin-Noble-Val	335			👥			
Saint-Bertrand-de-Comminges	336		P				
Saint-Cirgue	336	🐾					
Saint-Cirq-Lapopie	336	🐾		👥			
Saint-Geniez-d'Olt	336	🐾		👥	⛺		🎭
Saint-Girons	337			👥			🎭
Saint-Pantaléon	337				⛺		
Saint-Pierre-de-Trivisy	337		P		⛺	B	
Saint-Pierre-Lafeuille	338						
Saint-Rome-de-Tarn	338						🎭
Saint-Salvadou	338	🐾					
Sainte-Marie-de-Campan	338		P				
Salles-Curan	338	🐾		👥			🎭
Salles-et-Pratviel	339		P				
Sénergues	339						
Séniergues	340						
Septfonds	340	🐾	P				
Serviès	340	🐾			⛺		
Sévérac-l'Église	340			👥			🎭
Sorgeat	341	🐾	P				
Souillac	341	🐾		👥			🎭
Tarascon-sur-Ariège	341			👥			
Thégra	342			👥			
Thérondels	342						
Thoux	342				⛺		
Vayrac	343	🐾					
Vers	343	🐾					🎭
Le Vigan	344	🐾					

NORD-PAS-DE-CALAIS

Name	Page	🐾	Permanent	👥	⛺	Balnéo	🎭
Condette	347			👥			
Guînes	348			👥	⛺		
Willies	348	🐾					

PAYS-DE-LA-LOIRE

Name	Page	🐾	Permanent	👥	⛺	Balnéo	🎭
L'Aiguillon-sur-Mer	374			👥	⛺	B	
Ancenis	374		P		⛺		
Angers	375			👥			
Angles	375			👥	⛺		🎭
Assérac	376			👥			
Aubigny-les Clouzeaux	376		P				
Avrillé	376			👥	⛺		🎭
La Baule	376			👥	⛺		
La Bernerie-en-Retz	377			👥	⛺		🎭
Brem-sur-Mer	378			👥	⛺		🎭
Brétignolles-sur-Mer	378		P	👥	⛺		
La Chaize-Giraud	379				⛺		
Château-d'Olonne	380			👥	⛺		🎭
La Chapelle-Hermier	380	🐾		👥		B	
Château-Gontier	381		P				
Cholet	381			👥	⛺		🎭
Coëx	381	🐾		👥	⛺		
Commequiers	382	🐾			⛺		🎭
Les Conches	382						🎭
Concourson-sur-Layon	382			👥			
Coutures	383				⛺		
Le Croisic	383			👥	⛺	B	🎭
Fresnay-sur-Sarthe	384			👥			

LISTE THÉMATIQUE DES CAMPINGS / THEMED LIST OF CAMPSITES

Ville	Page	🐾	Permanent	👥	🏊	Balnéo	🛡
Fromentine	384			👥			🛡
Givrand	385			👥	🏊		
Le Givre	385	🐾					
Le Grez	385	🐾					
Guémené-Penfao	386				🏊		
Guérande	386	🐾		👥			
La Guyonnière	386	🐾					
Île-de-Noirmoutier	386	🐾		👥	🏊		
L'Île-d'Olonne	387			👥			
Jard-sur-Mer	388		P	👥			🛡
Landevieille	388			👥			🛡
Longeville-sur-Mer	389			👥			🛡
Luché-Pringé	389		P				
Luçon	390	🐾			🏊		🛡
Maulévrier	391		P				
Mesquer	392			👥			
Mézières-sous-Lavardin	393	🐾	P				
Montreuil-Bellay	393			👥			🛡
Mouilleron-le-Captif	393		P				
Nantes	394		P				
Nort-sur-Erdre	394	🐾					
Notre-Dame-de-Monts	394	🐾					
Olonne-sur-Mer	395			👥	🏊		🛡
Piriac-sur-Mer	396			👥	🏊		
La Plaine-sur-Mer	396			👥			
Les-Ponts-de-Cé	397			👥			
Pornic	397			👥	🏊	B	🛡
Préfailles	398						🛡
Les Sables-d'Olonne	398			👥			
Sablé-sur-Sarthe	398						
Saint-Brevin-les-Pins	399		P	👥	🏊	B	
Saint-Étienne-du-Bois	400	🐾					
Saint-Hilaire-de-Riez	400	🐾		👥	🏊	B	
Saint-Hilaire-la-Forêt	403				🏊		
Saint-Hilaire-Saint-Florent	403	🐾		👥			
Saint-Jean-de-Monts	403	🐾		👥	🏊	B	
Saint-Julien-des-Landes	406	🐾		👥	🏊	B	
Saint-Michel-Chef-Chef	407				🏊		
Saint-Révérend	407						
Saint-Vincent-sur-Jard	408				🏊		
Sainte-Luce-sur-Loire	408	🐾	P				
Saumur	408			👥			🛡
La Selle-Craonnaise	408						🛡
Sillé-le-Guillaume	408	🐾					
Sillé-le-Philippe	409	🐾		👥			🛡
Talmont-Saint-Hilaire	409			👥	🏊	B	
La Tranche-sur-Mer	410	🐾		👥	🏊		🛡
La Turballe	412	🐾					
Varennes-sur-Loire	412			👥	🏊		🛡
Vendrennes	412				🏊		🛡
Villiers-Charlemagne	413		P				🛡

PICARDIE

Ville	Page	🐾	Permanent	👥	🏊	Balnéo	🛡
Berny-Rivière	417		P	👥	🏊	B	🛡
Bresles	417		P				
Cayeux-sur-Mer	418			👥			
Le Crotoy	418	🐾					
Fort-Mahon-Plage	419			👥	🏊		
Moyenneville	420			👥			
Nampont-Saint-Martin	420						
Le Nouvion-en-Thiérache	420						
Saint-Leu-d'Esserent	421						
Saint-Quentin-en-Tourmont	421				🏊		
Saint-Valery-sur-Somme	421			👥	🏊		🛡
Seraucourt-le-Grand	422						
Villers-sur-Authie	422			👥			

POITOU-CHARENTES

Ville	Page	🐾	Permanent	👥	🏊	Balnéo	🛡
Angoulins	426				🏊	B	
Châtelaillon-Plage	427	🐾		👥			
Couhé	428			👥			
Coulon	428			👥			
Dienné	429	🐾	P			B	🛡
Fouras	429		P				🛡
Île-de-Ré	430			👥	🏊	B	🛡
Île d'Oléron	431			👥	🏊	B	🛡
Le Lindois	434	🐾					
Les Mathes	435						🛡
Montbron	436			👥	🏊		🛡
La Palmyre	437			👥			
Pressac	438						
Rochefort	439	🐾					
La Roche-Posay	439			👥	🏊		🛡
Ronce-les-Bains	439	🐾		👥	🏊		
Royan	440			👥	🏊		
Saint-Augustin	441	🐾					
Saint-Cyr	441			👥	🏊		
Saint-Georges-de-Didonne	441			👥			
Saint-Georges-lès-Baillargeaux	442		P				
Saint-Hilaire-la-Palud	442	🐾					
Saint-Just-Luzac	442			👥	🏊	B	🛡
Saint-Laurent-de-la-Prée	442			👥	🏊		🛡
Saint-Yrieix-sur-Charente	444	🐾					
Saujon	444			👥			
Secondigny	444				🏊		
Semussac	445				🏊		
Vaux-sur-Mer	445						🛡

PROVENCE-ALPES-CÔTE D'AZUR

Ville	Page	🐾	Permanent	👥	🏊	Balnéo	🛡
Agay	450			👥	🏊	B	
Aix-en-Provence	452	🐾	P	👥			
Ancelle	452	🐾					
Apt	452	🐾					
Arles	452			👥	🏊		🛡
Avignon	453			👥			
Baratier	453			👥			🛡
Barret-sur-Méouge	454	🐾					
Beaumont-du-Ventoux	454	🐾	P				
Bollène	454	🐾					
Bormes-les-Mimosas	455	🐾	P	👥			🛡

40

THEMENLISTE VON CAMPINGPLÄTZEN — THEMATISCHE LIJST VAN DE CAMPINGS

Camping	Page	🔥	Permanent	👥	⛺	Balnéo	🎭
Cadenet	455				⛺		🎭
Callas	456				⛺		
Carpentras	456			👥			🎭
Carro	456	🔥					🎭
Castellane	457	🔥		👥	⛺		
Cavalaire-sur-Mer	457	🔥					🎭
Charleval	458			👥			
Clamensane	459			👥	⛺		
La Colle-sur-Loup	459			👥			
Col-Saint-Jean	459			👥		B	🎭
La Couronne	460			👥			🎭
La Croix-Valmer	461			👥			🎭
Cros-de-Cagnes	461			👥			🎭
Cucuron	461	🔥					
Curbans	461				⛺		🎭
Embrun	462			👥			
Fréjus	463	🔥		👥	⛺	B	🎭
Gap	464			👥	⛺		
Giens	464	🔥		👥			🎭
La Grave	465	🔥					
Gréoux-les-Bains	465	🔥					
Grillon	466	🔥		👥	⛺		
Grimaud	466	🔥		👥	⛺	B	🎭
Guillestre	466		P				
Hyères	467			👥			🎭
Isola	468		P				
Lourmarin	468			👥	⛺		
Malemort-du-Comtat	468	🔥					
Méolans-Revel	470			👥			🎭
Mondragon	470		P	👥	⛺		
Montgenèvre	470		P				
Montpezat	471			👥			🎭
Mornas	471			👥	⛺		🎭
Moustiers-Sainte-Marie	471	🔥					
Le Muy	471			👥	⛺		🎭
Nans-les-Pins	472			👥			
Niozelles	472			👥			🎭
Orgon	472	🔥					
Orpierre	472				⛺		
Pertuis	473	🔥		👥	⛺		
Pont-du-Fossé	473		P				
Puget-sur-Argens	473			👥			
Ramatuelle	474			👥		B	🎭
Régusse	474				⛺		🎭
La Roche-de-Rame	474		P				
La Roche-des-Arnauds	475		P				
Roquebrune-sur-Argens	475	🔥		👥	⛺	B	🎭
La Roque-d'Anthéron	476				⛺		🎭
Rousset	476				⛺		
Saint-Apollinaire	476	🔥					
Saint-Aygulf	477			👥	⛺		🎭
Saint-Laurent-du-Verdon	478	🔥		👥			🎭
Saint-Mandrier-sur-Mer	478						🎭
Saint-Martin-de-Queyrières	478		P	👥			

Camping	Page	🔥	Permanent	👥	⛺	Balnéo	🎭
Saint-Martin-d'Entraunes	478	🔥					
Saint-Paul-en-Forêt	479	🔥		👥			🎭
Saint-Raphaël	479			👥	⛺		🎭
Saintes-Maries-de-la-Mer	480			👥	⛺		🎭
Sanary-sur-Mer	481			👥			
Serres	481	🔥					
Seyne	481	🔥					
Sorgues	482				⛺		
Taradeau	482		P				🎭
Le Thor	482			👥	⛺		🎭
Vaison-la-Romaine	483			👥	⛺		🎭
Vallouise	483			👥			🎭
Vence	483	🔥					
Veynes	484	🔥					
Les Vigneaux	484				⛺		🎭
Villar-Loubière	485	🔥					
Villars-Colmars	485		P				
Villecroze	485			👥	⛺		
Villeneuve-Loubet-Plage	485						🎭
Volonne	486			👥	⛺		🎭

RHÔNE-ALPES

Camping	Page	🔥	Permanent	👥	⛺	Balnéo	🎭
Les Abrets	490	🔥		👥			
Anse	490				⛺	B	
Aussois	491	🔥	P				
Autrans	491			👥	⛺	B	
La Balme-de-Sillingy	491	🔥					
Barbières	492	🔥					
Beaufort	492	🔥					
Bénivay-Ollon	492	🔥			⛺		
Berrias-et-Casteljau	492			👥			
Bourdeaux	493			👥	⛺	B	🎭
Le-Bourg-d'Oisans	493		P	👥			🎭
Le-Bourget-du-Lac	494						
Buis-les-Baronnies	495	🔥			⛺		
Casteljau	495	🔥					
Chabeuil	496	🔥		👥	⛺		
Champdor	497		P				
Chassagnes	497						
Chassiers	497			👥		B	🎭
Châteauneuf-de-Galaure	497			👥	⛺		
Châteauneuf-sur-Isère	497	🔥		👥	⛺		🎭
Châtel	498			👥			
Châtillon-en-Diois	498	🔥					
Cordelle	499	🔥					
Cormoranche-sur-Saône	499			👥			
Crest	500			👥			🎭
Dardilly	501		P				
Die	501			👥		B	🎭
Dieulefit	501			👥			
Divonne-les-Bains	502		P	👥			
Doussard	502			👥			
Eclassan	503	🔥					
Excenevex	503						🎭
La Ferrière	504	🔥					

LISTE THÉMATIQUE DES CAMPINGS / THEMED LIST OF CAMPSITES

	Page	🐾	Permanent	👥	⛱	Balnéo	💧
Gravières	505	🐾					
Gresse-en-Vercors	505	🐾					
Issarlès	506	🐾					
Joannas	506	🐾			⛱		
Lagorce	507	🐾					
Larnas	508			👥	⛱		💧
Lathuile	509			👥	⛱		
Lépin-le-Lac	509	🐾					
Lescheraines	509	🐾					
Mars	510	🐾					
Matafelon-Granges	511	🐾					
Les Mazes	511	🐾		👥	⛱		💧
Menglon	512	🐾		👥	⛱		💧
Montrevel-en-Bresse	513			👥	⛱		💧
Murs-et-Gélignieux	514			👥	⛱		
Neydens	514						💧
Novalaise-Lac	514	🐾					
Les Ollières-sur-Eyrieux	514		P	👥	⛱		💧
Pélussin	515	🐾		👥			
Le Poët-Célard	516				⛱		
Poncins	516	🐾					
Pont-de-Vaux	516			👥			💧
Pradons	517			👥			💧
Privas	518			👥	⛱		
Rosières	518						
Ruoms	520	🐾		👥	⛱	B	💧
Sablières	521	🐾					
Sahune	521	🐾					💧
Saint-Agrève	522	🐾					
Saint-Alban-Auriolles	522			👥	⛱	B	💧
Saint-Avit	522	🐾		👥			
Saint-Christophe-en-Oisans	522	🐾					
Saint-Clair-du-Rhône	523	🐾			⛱		
Saint-Donat-sur-l'Herbasse	523				⛱		💧
Saint-Ferréol-Trente-Pas	523				⛱		
Saint-Galmier	524			👥			💧
Saint-Jorioz	525			👥	⛱		💧
Saint-Laurent-du-Pont	526	🐾					
Saint-Laurent-les-Bains	526	🐾					
Saint-Martin-d'Ardèche	526			👥			
Saint-Martin-en-Vercors	527	🐾					
Saint-Maurice-d'Ardèche	527	🐾		👥	⛱		
Saint-Paul-de-Vézelin	527	🐾					💧
Sainte-Catherine	529	🐾					💧
Sallanches	529						💧
La Salle-en-Beaumont	530		P				💧
Samoëns	530	🐾					💧
Sampzon	530			👥			
Séez	531		P				
Serrières-de-Briord	531						💧
Sévrier	531						💧
Taninges	532		P				
La Toussuire	532						💧
Trept	532			👥	⛱		
Tulette	533	🐾					
Ucel	533			👥			💧
Vagnas	533	🐾					
Vallon-Pont-d'Arc	533			👥		B	
Verchaix	535		P				
Vernioz	535	🐾			⛱		
Villard-de-Lans	535			👥	⛱		
Villars-les-Dombes	535			👥	⛱		
Vinsobres	536			👥	⛱		💧
Vogüé	536			👥	⛱		💧

Les **terrains** sélectionnés
Selected **campisites**
Ausgewählten **Campingplätze**
De geselekteerde **campings**

StevanZZ/iStock

ALSACE

Si l'Alsace vous était contée, l'histoire décrirait le romantisme des châteaux forts érigés au pied des Vosges, les douces collines submergées d'une mer de ceps ou la féerie des villages de poupée égayant la plaine. Elle exalterait Colmar et l'adorable « petite Venise » avec ses balcons fleuris et ses cigognes, et inviterait à flâner dans Strasbourg dont le marché de Noël fait resplendir la cathédrale… Il se dégage de la capitale de l'Europe une chaleur que même la rudesse de l'hiver ne peut atténuer : nid douillet de la « Petite France » dont les belles maisons à colombages se reflètent dans l'Ill, ambiance conviviale des brasseries propices à la dégustation d'une bonne bière, et pittoresque décor des winstubs aptes à calmer les appétits les plus féroces avec force choucroutes, bäeckeoffes et kouglofs.

Alsace is perhaps the most romantic of France's regions, a place of fairy-tale castles, gentle vine-clad hills and picture-perfect villages perched on rocky outcrops or nestling in lush green valleys. From Colmar's Little Venice with its flower-decked balconies and famous storks to the lights of Strasbourg's Christmas market or the half-timbered houses reflected in the meanders of the River Ill, Alsace radiates a warmth that even the winter winds cannot chill. So make a beeline for the boisterous atmosphere of a brasserie and sample a real Alsace beer or head for a local "winstub" and tuck into a steaming dish of choucroute — sauerkraut with smoked pork — and a huge slice of kugelhof cake, all washed down with a glass of fruity Sylvaner or Riesling

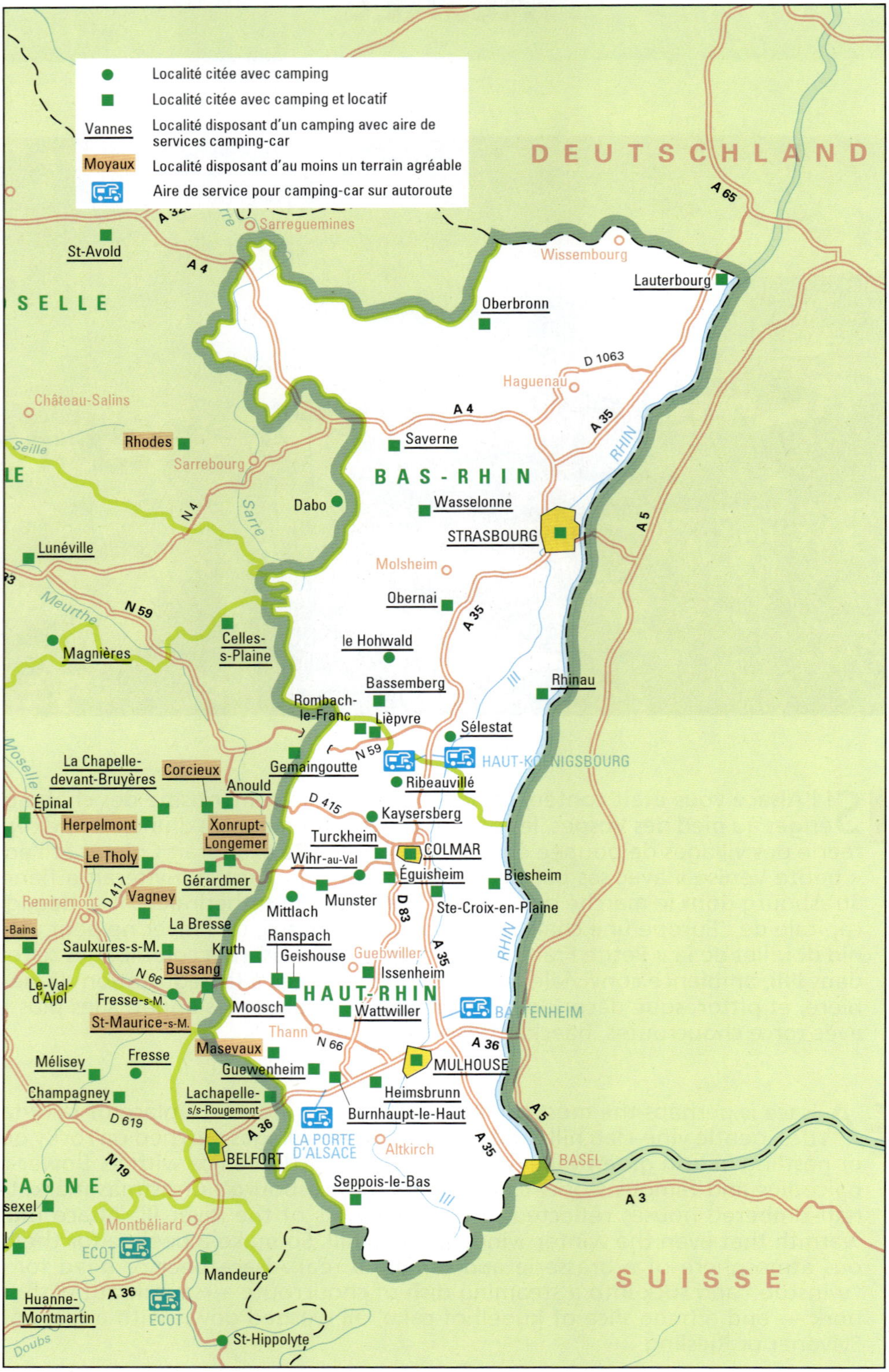

Localité citée avec camping
Localité citée avec camping et locatif
Vannes
Localité disposant d'un camping avec aire de services camping-car
Moyaux
Localité disposant d'au moins un terrain agréable
Aire de service pour camping-car sur autoroute
DEUTSCHLAND
SUISSE
BAS-RHIN
HAUT-RHIN
SELLE
LE
SAÔNE
RHIN
Sarreguemines
St-Avold
A 4
A 65
Wissembourg
Lauterbourg
Oberbronn
D 1063
Haguenau
Château-Salins
A 4
A 35
Saverne
Rhodes
Seille
Sarrebourg
N 4
Sarre
Dabo
Wasselonne
STRASBOURG
A 5
Lunéville
Molsheim
Obernai
Meurthe
N 59
A 35
Celles-s-Plaine
Magnières
le Hohwald
Bassemberg
Rhinau
Rombach-le-Franc
Lièpvre
Sélestat
N 59
HAUT-KOENIGSBOURG
Moselle
La Chapelle-devant-Bruyères
Corcieux
Gemaingoutte
Anould
Ribeauvillé
Épinal
D 415
Kaysersberg
Herpelmont
Xonrupt-Longemer
Turckheim
COLMAR
Le Tholy
Wihr-au-Val
Éguisheim
Biesheim
Gérardmer
D 417
Remiremont
Vagney
Munster
Mittlach
D 83
Ste-Croix-en-Plaine
La Bresse
-Bains
Ranspach
Saulxures-s-M.
Kruth
Geishouse
Guebwiller
A 35
N 66
Bussang
Issenheim
Le-Val-d'Ajol
Fresse-s-M.
Moosch
Wattwiller
BANTZENHEIM
St-Maurice-s-M.
Thann
N 66
A 36
Masevaux
Mélisey
Fresse
MULHOUSE
Guewenheim
Champagney
Heimsbrunn
Lachapelle-s/s-Rougemont
Burnhaupt-le-Haut
A 5
D 619
A 36
LA PORTE D'ALSACE
Altkirch
A 35
BASEL
N 19
BELFORT
Seppois-le-Bas
A 3
sexel
Montbéliard
ECOT
Mandeure
A 36
Huanne-Montmartin
ECOT
Doubs
St-Hippolyte

ALSACE

BASSEMBERG

67220 - Carte Michelin **315** H7 - 268 h. - alt. 280
▶ Paris 432 - Barr 21 - St-Dié 35 - Sélestat 19

▲ Campéole Le Giessen

☎ 03 88 58 98 14, www.campeole.com/fr/le-giessen

Pour s'y rendre : rte de Villé (sortie nord-est sur D 39, au bord du Giessen)

Ouverture : de fin mars à fin sept.

4 ha (79 empl.) plat, herbeux

Empl. camping : (Prix 2017) 31,50 € - pers. suppl. 7,10 € - frais de réservation 25 €

Location : (Prix 2017) (de fin mars à fin sept.) - (1 mobile home) - 45 - 20 - 8 bungalows toilés - 8 cabanons. Nuitée 34 à 149 €. Sem. 238 à 1 043 € - frais de réservation 25 €

borne AireService 5,20 € - 24 31,50 €

Beau terrain près d'un complexe aquatique.

Nature :
Loisirs : diurne
Services : réfrigérateurs
À prox. : skate parc

GPS : E : 7.28911 N : 48.33602

BIESHEIM

68600 - Carte Michelin **315** J8 - 2 398 h. - alt. 189
▶ Paris 520 - Strasbourg 85 - Freiburg-im-Breisgau 37 - Basel 68

▲ Tohapi L'Ile du Rhin

☎ 0825 00 20 30, www.tohapi.fr

Pour s'y rendre : zone touristique de l'Île du Rhin (5 km à l'est par N 415, rte de Fribourg)

Ouverture : de déb. avr. à mi-sept.

3 ha (220 empl.) plat et peu incliné, herbeux

Empl. camping : (Prix 2017) 19 € (6A) - pers. suppl. 7 € - frais de réservation 10 €

Location : (Prix 2017) (de mi-avr. à mi-sept.) - 27 . Nuitée 45 à 120 €. Sem. 315 à 840 € - frais de réservation 10 €

Site et cadre agréables entre le Rhin et le canal d'Alsace, à la frontière France-Allemagne.

Nature :
Loisirs : diurne
Services : laverie
À prox. : ski nautique

GPS : E : 7.57278 N : 48.02746

BURNHAUPT-LE-HAUT

68520 - Carte Michelin **315** G10 - 1 596 h. - alt. 300
▶ Paris 454 - Altkirch 16 - Belfort 32 - Mulhouse 17

▲ Les Castors

☎ 03 89 48 78 58, www.camping-les-castors.fr

Pour s'y rendre : 4 rte de Guewenheim (2,5 km au nord-ouest par D 466)

2,5 ha (135 empl.) plat, herbeux

Location : 5 - 3 - 1 cabane perchée - 1 cabanon.
borne artisanale - 3

Cadre champêtre avec grande pelouse en bordure de rivière et d'un étang.

Nature :
Loisirs :
Services : laverie

GPS : E : 7.12383 N : 47.77455

*La catégorie (1 à 5 tentes, **noires** ou **rouges**) que nous attribuons aux terrains sélectionnés dans ce guide est une appréciation qui nous est propre. Elle ne doit pas être confondue avec le classement (1 à 5 étoiles) établi par les services officiels.*

Campéole
www.campeole.com

LE GIESSEN ★★★★

Aux pieds du massif, les Vosges en trail... ou en VTT !

Piscine chauffée ou accès au complexe aquatique attenant au camping du Giessen. En haute saison : espaces restauration et animations.

Route de Villé
67220 Bassemberg
+33 (0)3 88 58 98 14
giessen@campeole.com

ALSACE

COLMAR

68000 - Carte Michelin 315 I8 - 67 214 h. - alt. 194
▶ Paris 450 - Basel 68 - Freiburg 51 - Nancy 140

L'Ill Colmar

☎ 03 89 41 15 94, www.campingdelill.fr

Pour s'y rendre : 2 km à l'est par N 415, rte de Fribourg, au bord de l'Ill

Ouverture : de fin mars à déb. janv.

2,2 ha (150 empl.) plat, herbeux, terrasse

Empl. camping : (Prix 2017) 26,70€ ✶✶ 🚗 🔌 (10A) - pers. suppl. 6,60€

Location : (Prix 2017) Permanent - 8 🏠 - 12 🏠 - 10 tentes lodges. Nuitée 54 à 86€ - Sem. 304 à 534€

🚐 borne flot bleu

Terrain ombragé établi sur les rives paisibles de l'Ill.

Nature : 🌳🌿
Loisirs : 🍴✕ 🏠 🐎 🎣 🛶
Services : 🔑 🚻 📶 ♨ 🧺 🚿

GPS E : 7.38676 N : 48.07838

ÉGUISHEIM

68420 - Carte Michelin 315 H8 - 1 622 h. - alt. 210
▶ Paris 452 - Belfort 68 - Colmar 7 - Gérardmer 52

Des Trois Châteaux

☎ 03 89 23 19 39, www.camping-eguisheim.fr

Pour s'y rendre : 10 r. du Bassin (à l'ouest)

Ouverture : de fin mars à mi-déc.

2 ha (133 empl.) plat et peu incliné, gravier, herbeux

Empl. camping : (Prix 2017) 19€ ✶✶ 🚗 🔌 (16A) - pers. suppl. 7,50€ - frais de réservation 10€

Location : (Prix 2017) (de fin mars à mi-déc.) - 22 🏠. Nuitée 50 à 150€ - Sem. 350 à 800€ - frais de réservation 10€

🚐 borne artisanale 5€

Sanitaires vieillissants, mais situation agréable près du vignoble et du très beau village d'Eguisheim.

Nature : 🌿 ⛰ 🌳
Services : 🔑 📶 ♨

GPS E : 7.29909 N : 48.04274

GEISHOUSE

68690 - Carte Michelin 315 G9 - 484 h. - alt. 730
▶ Paris 467 - Belfort 53 - Bussang 23 - Colmar 55

Au Relais du Grand Ballon

☎ 03 89 82 30 47, www.aurelaisdugrandballon.com - peu d'emplacements pour tentes et caravanes

Pour s'y rendre : 17 Grand-Rue (sortie sud)

Ouverture : Permanent

0,3 ha (24 empl.) plat, herbeux

Empl. camping : (Prix 2017) ✶ 5,80€ 🚗 1,90€ 🔌 4,50€ – 🔌 (10A) 4,80€

Location : (Prix 2017) (de déb. mars à fin oct.) - 4 🏠. Sem. 338 à 408€

Beau petit terrain familial en pleine montagne, avec restaurant très prisé.

Nature : 🌿 🌳
Loisirs : 🍴✕ 🏠 🛶
Services : 🔑 🚻 ♨ 📶 🧺 laverie

GPS E : 7.05852 N : 47.88056

GUEWENHEIM

68116 - Carte Michelin 315 G10 - 1 256 h. - alt. 323
▶ Paris 458 - Altkirch 23 - Belfort 36 - Mulhouse 21

La Doller

☎ 03 89 82 56 90, www.campingdoller.com

Pour s'y rendre : r. du Cdt-Charpy (1 km au nord par D 34, rte de Thann et chemin à dr., au bord de la Doller)

0,8 ha (40 empl.) plat, herbeux

Location : 6 🏠.

🚐

Ambiance familiale dans un cadre verdoyant et fleuri. Très belle salle de restauration.

Nature : 🌿 🌳
Loisirs : 🍴 🏠 🐎 🎣
Services : 🔑 🚻 ♨ 🚿 📶 🧺
À prox. : ✂ 🎣

GPS E : 7.09827 N : 47.75597

Pour choisir et suivre un itinéraire,
pour calculer un kilométrage,
pour situer exactement un terrain (en fonction des indications fournies dans le texte) :
utilisez les **cartes MICHELIN,**
compléments indispensables de cet ouvrage.

HEIMSBRUNN

68990 - Carte Michelin 315 H10 - 1 453 h. - alt. 280
▶ Paris 456 - Altkirch 14 - Basel 50 - Belfort 34

Parc la Chaumière

☎ 03 89 81 93 43, www.camping-lachaumiere.com - peu d'emplacements pour tentes et caravanes

Pour s'y rendre : 62 r. de Galfingue (sortie sud par D 19, rte d'Altkirch)

Ouverture : Permanent

1 ha (53 empl.) plat, herbeux, gravillons

Empl. camping : (Prix 2017) 14,64€ ✶✶ 🚗 🔌 (10A) - pers. suppl. 3,60€

Location : (Prix 2017) Permanent - 5 🏠 - 1 🏠 - 2 bungalows toilés - 2 cabanons. Nuitée 15 à 70€ - Sem. 105 à 500€

🚐 borne artisanale 4€ - 5 🔌 11,14€ - 🚿 10€

Convivial et familial, dans un agréable cadre arbustif.

Nature : 🌿 🏠 🌳
Loisirs : 🐎 🛶 (petite piscine)
Services : 🔑 🚻 ♨ 📶 🧺

GPS E : 7.22477 N : 47.72242

48

ALSACE

LE HOHWALD

67140 - Carte Michelin **315** H6 - 496 h. - alt. 570 - Sports d'hiver : 600/1100 m
▶ Paris 430 - Lunéville 89 - Molsheim 33 - St-Dié 46

▲ Municipal

✆ 03 88 08 30 90, lecamping.herrenhaus@orange.fr - alt. 615

Pour s'y rendre : 28 r. du Herrenhaus (sortie ouest par D 425, rte de Villé)

Ouverture : de mi-juin à mi-sept.

2 ha (100 empl.) fort dénivelé, en terrasses, gravillons, plat, herbeux

Empl. camping : (Prix 2017) ♦ 4€ ⟷ 1,80€ 🅴 2,20€ – 🔌 (6A) 2,30€

Cadre agréable en pleine montagne au milieu des épicéas, hêtres et sapins.

Nature : 🌳
Loisirs : 🏠 🐎 parcours sportif
Services : 🏛 🚿

GPS : E : 7.32328 N : 48.4063

ISSENHEIM

68500 - Carte Michelin **315** H9 - 3 418 h. - alt. 245
▶ Paris 487 - Strasbourg 98 - Colmar 24 - Mulhouse 22

▲ Le Florival

✆ 03 89 74 20 47, www.camping-leflorival.com

Pour s'y rendre : rte de Soultz (2,5 km au sud-est par D 430, rte de Mulhouse et D 5 à gauche, rte d'Issenheim)

Ouverture : de déb. mai à fin sept.

3,5 ha (73 empl.) plat, herbeux, pierreux

Empl. camping : (Prix 2017) 20,20€ ♦♦ ⟷ 🅴 🔌 (10A) - pers. suppl. 3,90€

Location : (Prix 2017) (de déb. mai à fin sept.) - ♿ (2 chalets) - 🚐 - 20 🏠. Nuitée 52 à 74€ - Sem. 300 à 460€

Cadre agréable, à l'orée du bois. Piscine avec bassin olympique à proximité.

Nature : ≤ 🏞
Loisirs : 🏠 🐎
Services : 🛂 🏛 🚿 🛠 🚿 laverie
À prox. : 🚴 🏊 🛶

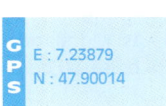

GPS : E : 7.23879 N : 47.90014

KAYSERSBERG

68240 - Carte Michelin **315** H8 - 2 721 h. - alt. 242
▶ Paris 438 - Colmar 12 - Gérardmer 46 - Guebwiller 35

▲ Municipal

✆ 03 89 47 14 47, www.camping-kaysersberg.com 🚐 (de déb. avr. à fin juin)

Pour s'y rendre : r. des Acacias (sortie nord-ouest par N 415, rte de St-Dié et à droite)

Ouverture : de déb. avr. à fin sept.

1,6 ha (115 empl.) plat, herbeux

Empl. camping : (Prix 2017) 20€ ♦♦ ⟷ 🅴 🔌 (13A) - pers. suppl. 4,30€

🚐 borne artisanale

Terrain charmant au bord de la rivière la Weiss.

Nature : ≤ 🌳
Loisirs : 🏠 🐎 🛝
Services : 🛂 🏛 🚿 🚿 laverie

GPS : E : 7.25404 N : 48.14887

KRUTH

68820 - Carte Michelin **315** F9 - 1 029 h. - alt. 498
▶ Paris 453 - Colmar 63 - Épinal 68 - Gérardmer 31

▲ Le Schlossberg

✆ 03 89 82 26 76, www.schlossberg.fr

Pour s'y rendre : r. du Bourbaach (2,3 km au nord-ouest par D 13b, rte de La Bresse et rte à gauche)

5,2 ha (200 empl.) terrasse, peu incliné, herbeux

Location : 12 🏠.

Site agréable au cœur du Parc des Ballons, à proximité du magnifique lac de Kruth. Piste cyclable à l'entrée.

Nature : 🌳 ≤ 🏞
Loisirs : 🍹 🐎
Services : 🛂 🏛 🚿 🚿 laverie

GPS : E : 6.9546 N : 47.94535

Choisissez votre restaurant sur **restaurant.michelin.fr**

LAUTERBOURG

67630 - Carte Michelin **315** N3 - 2 266 h. - alt. 115
▶ Paris 519 - Haguenau 40 - Karlsruhe 22 - Strasbourg 63

▲ Municipal des Mouettes

✆ 03 88 54 68 60, camping-lauterbourg@wanadoo.fr - peu d'emplacements pour tentes et caravanes 🚐

Pour s'y rendre : chemin des Mouettes (1,5 km au sud-ouest par D 3 et chemin à gauche, à 100 m d'un plan d'eau (accès direct))

Ouverture : de mi-mars à mi-nov.

2,7 ha (136 empl.) plat, herbeux

Empl. camping : (Prix 2017) ♦ 4,40€ ⟷ 4,50€ – 🔌 (10A) 4,70€

Location : (Prix 2017) (de mi-avr. à fin sept.) - 🚐 - 5 🏠 - 4 tentes sur pilotis - 4 tipis - 5 cabanons. Nuitée 25 à 100€ - Sem. 400€
🚐 borne Sanistation 5€

À côté d'une grande base de loisirs.

Loisirs : 🍹 ✕
Services : 🛂 🏛 🚿 🚿
À prox. : 🐎 🚣 🛶 ✏

GPS : E : 8.1654 N : 48.9708

LIEPVRE

68660 - Carte Michelin **315** H7 - 1 751 h. - alt. 272
▶ Paris 428 - Colmar 35 - Ribeauvillé 27 - St-Dié-des-Vosges 31

▲ Haut-Koenigsbourg

✆ 03 89 58 43 20, www.liepvre.fr/camping

Pour s'y rendre : rte de La Vancelle (900 m à l'est par C 1 rte de la Vancelle)

Ouverture : de mi-mars à mi-oct.

1 ha (56 empl.) plat et peu incliné, herbeux

Empl. camping : (Prix 2017) 15,70€ ♦♦ ⟷ 🅴 🔌 (8A) - pers. suppl. 4€

Location : (Prix 2017) (de mi-mars à mi-oct.) - 🚐 - 6 🏠. Nuitée 60€ - Sem. 280 à 450€

Entrée bordée par un séquoia centenaire. Calme absolu au milieu de la verdure.

Nature : 🌳 ≤ 🏞
Loisirs : 🏠 🐎
Services : 🛂 🏛 🚿 🚿

GPS : E : 7.2903 N : 48.27303

ALSACE

MASEVAUX

68290 - Carte Michelin **315** F10 - 3 278 h. - alt. 425

▶ Paris 440 - Altkirch 32 - Belfort 24 - Colmar 57

⚠ Le Masevaux

📞 03 89 39 83 94, www.masevaux-camping.fr

Pour s'y rendre : 3 r. du Stade (au bord de la Doller)

Ouverture : de déb. avr. à fin oct.

3,5 ha (133 empl.) plat, herbeux

Empl. camping : (Prix 2017) 16,10€ ✶✶ ⇔ 🅿 [⚡] (6A) - pers. suppl. 4,10€

Location : (Prix 2017) (de déb. fév. à fin oct.) - 2 🚐 - 5 🏠 - 2 tentes lodges. Nuitée 55 à 69€ - Sem. 289 à 549€ - frais de réservation 8€

Agréable cadre boisé et fleuri. Nombreux sentiers au départ du site.

Nature : 🌳🌳
Loisirs : 🍴 🏠 🎠 🏊 🛶
Services : 🔑 🚻 ♿ 🚿 laverie
À prox. : 🛒 ✂ ⛳ ⛸ terrain multisports

GPS : E : 6.99093 N : 47.77833

MITTLACH

68380 - Carte Michelin **315** G8 - 323 h. - alt. 550

▶ Paris 467 - Colmar 28 - Gérardmer 42 - Guebwiller 44

⚠ Municipal Langenwasen

📞 03 89 77 63 77, www.mittlach.fr - alt. 620

Pour s'y rendre : chemin du Camping (3 km au sud-ouest, au bord d'un ruisseau)

3 ha (77 empl.) terrasse, plat et peu incliné, gravier, herbeux

Site boisé au fond d'une vallée au calme.

Nature : 🏞 ⛰ 🌲
Loisirs : 🏠 🎠
Services : 🔑 🚻

GPS : E : 7.01867 N : 47.98289

MOOSCH

68690 - Carte Michelin **315** G9 - 1 764 h. - alt. 390

▶ Paris 463 - Colmar 51 - Gérardmer 42 - Mulhouse 28

⚠ La Mine d'Argent

📞 03 89 82 30 66, www.camping-la-mine-argent.com - peu d'emplacements pour tentes et caravanes

Pour s'y rendre : r. de la Mine-d'Argent (1,5 km au sud-ouest par r. de la Mairie, au bord d'un ruisseau)

2 ha (85 empl.) en terrasses, peu incliné, plat, herbeux

Location : 4 🚐

🚐 borne artisanale

Dans un site vallonné et verdoyant de pleine montagne.

Nature : 🏞 ⛰ 🌲
Loisirs : 🏠 🎠
Services : 🔑 🚿 laverie

GPS : E : 7.03054 N : 47.85102

MULHOUSE

68100 - Carte Michelin **315** I10 - 111 156 h. - alt. 240

▶ Paris 465 - Basel 34 - Belfort 43 - Besançon 130

⛰ L'Ill

📞 03 89 06 20 66, www.camping-de-lill.com

Pour s'y rendre : 1 r. Pierre-de-Coubertin (au sud-ouest, par autoroute A 36, sortie Dornach)

Ouverture : de mi-juin à fin sept.

5 ha (193 empl.) plat, herbeux

Empl. camping : (Prix 2017) 21€ ✶✶ ⇔ 🅿 [⚡] (10A) - pers. suppl. 6€ - frais de réservation 5€

Location : (Prix 2017) (de mi-juin à fin sept.) - 8 🚐 - 15 chalets (sans sanitaire). Nuitée 70 à 90€ - Sem. 350 à 522€ - frais de réservation 15€

🚐 borne eurorelais 6€ - 11 🅿 21€

Cadre boisé en bordure de rivière, le long de l'Eurovéloroute 6.

Nature : 🌳🌳
Loisirs : 🏠 🛶
Services : 🔑 🚿 ♿
À prox. : 🏊 🛝 patinoire, bi-cross

GPS : E : 7.32283 N : 47.73424

MUNSTER

68140 - Carte Michelin **315** G8 - 4 889 h. - alt. 400

▶ Paris 458 - Colmar 19 - Gérardmer 34 - Guebwiller 40

⚠ Tohapi Le Parc de la Fecht

📞 0825 00 20 30, www.tohapi.fr/113

Pour s'y rendre : rte de Gunsbach (1 km à l'est par D 10, rte de Turckheim)

Ouverture : de fin avr. à déb. sept.

4 ha (192 empl.) plat, herbeux

Empl. camping : (Prix 2017) 15€ ✶✶ ⇔ 🅿 [⚡] (6A) - pers. suppl. 4€ - frais de réservation 15€

Location : (Prix 2017) (de fin avr. à déb. sept.) - 24 🚐. Sem. 56 à 1 036€ - frais de réservation 15€

Cadre boisé, au bord de la Fecht. Sanitaires vieillissants.

Nature : 🌳🌳
Loisirs : 🏠 🎠 🚴
Services : 🔑 🚿 ♿
À prox. : 🛶

GPS : E : 7.15102 N : 48.04316

OBERBRONN

67110 - Carte Michelin **315** J3 - 1 543 h. - alt. 260 - 🌳

▶ Paris 460 - Bitche 25 - Haguenau 24 - Saverne 36

⛰ Flower L'Oasis

📞 06 85 92 65 99, www.opale-dmcc.fr

Pour s'y rendre : 3 r. du Frohret (1,5 km au sud par D 28, rte d'Ingwiller et chemin à gauche)

Ouverture : Permanent

2,5 ha (139 empl.) plat et peu incliné, pierreux, herbeux

Empl. camping : (Prix 2017) 23,50€ ✶✶ ⇔ 🅿 [⚡] (10A) - pers. suppl. 5€

Location : (Prix 2017) Permanent ♿ (2 chalets) - 5 🚐 - 39 🏠 - 7 tentes lodges. Nuitée 35 à 80€ - Sem. 200 à 639€ - frais de réservation 15€

🚐 borne eurorelais - 10 🅿 16,50€

ALSACE

À la lisière d'une forêt, magnifique vue dégagée sur la montagne et sur le village d'Oberbronn.

Nature :
Loisirs : jacuzzi, parcours sportif
Services : laverie
À prox. :

GPS : E : 7.60347 / N : 48.9286

OBERNAI

67210 - Carte Michelin **315** I6 - 10 803 h. - alt. 185

▶ Paris 488 - Colmar 50 - Erstein 15 - Molsheim 12

Municipal le Vallon de l'Ehn

☎ 03 88 95 38 48, www.obernai.fr

Pour s'y rendre : 1 r. de Berlin (sortie ouest par D 426, rte d'Ottrott, pour caravanes : accès conseillé par rocade au sud de la ville)

Ouverture : de mi-mars à déb. janv.

3 ha (150 empl.) plat et peu incliné, herbeux

Empl. camping : (Prix 2017) 21,90€ ★★ ⇔ 回 ⚡ (16A) - pers. suppl. 5,25€

Location : (Prix 2017) (de mi-mars à déb. janv.) - 🐕 - 4 🏠. Nuitée 70 à 90€ - Sem. 440 à 580€

🚐 borne eurorelais 3€

Site au calme avec jolie vue sur le mont Sainte-Odile.

Nature :
Loisirs :
Services : laverie
À prox. :

GPS : E : 7.46715 / N : 48.46505

RANSPACH

68470 - Carte Michelin **315** G9 - 852 h. - alt. 430

▶ Paris 459 - Belfort 54 - Bussang 15 - Gérardmer 38

Flower Les Bouleaux

☎ 03 89 82 64 70, www.alsace-camping.com

Pour s'y rendre : 8 r. des Bouleaux (au sud du bourg par N 66)

Ouverture : Permanent

1,75 ha (75 empl.) plat, herbeux

Empl. camping : (Prix 2017) 27,50€ ★★ ⇔ 回 ⚡ (6A) - pers. suppl. 6€ - frais de réservation 10€

Location : (Prix 2017) Permanent ♿ (2 chalets) - 28 🏠. Nuitée 50 à 116€ - Sem. 250 à 812€ - frais de réservation 10€

🚐 borne artisanale 4€ - 5 回 19,30€

Belles étendues verdoyantes sous les bouleaux. Sanitaires vieillissants.

Nature :
Loisirs : hammam, spa, massages
Services : laverie

GPS : E : 7.01037 / N : 47.88084

RHINAU

67860 - Carte Michelin **315** K7 - 2 698 h. - alt. 158

▶ Paris 525 - Marckolsheim 26 - Molsheim 38 - Obernai 28

Ferme des Tuileries

☎ 03 88 74 60 45, www.fermedestuileries.com

Pour s'y rendre : 1 r. des Tuileries (sortie nord-ouest, rte de Benfeld)

Ouverture : de déb. avr. à fin sept.

4 ha (150 empl.) plat, herbeux

Empl. camping : (Prix 2017) ★ 4,20€ ⇔ 回 4,20€ – ⚡ (6A) 3,20€

Location : (Prix 2017) (de déb. avr. à fin déc.) - 🐕 - 5 🏠. Nuitée 50 à 85€ - Sem. 350 à 600€

🚐 borne artisanale 2€ - 15 回 16,50€

Terrain confortable parsemé d'arbres fruitiers, attenant à un magnifique plan d'eau.

Nature :
Loisirs : (plan d'eau)
Services : laverie

GPS : E : 7.6986 / N : 48.32224

The Guide changes, so renew your guide every year.

RIBEAUVILLÉ

68150 - Carte Michelin **315** H7 - 4 798 h. - alt. 240

▶ Paris 439 - Colmar 16 - Gérardmer 56 - Mulhouse 60

Municipal Pierre-de-Coubertin

☎ 03 89 73 66 71, camping-alsace.com/camping-pierre-coubertin-ribeauville

Pour s'y rendre : 23 r. de Landau (sortie est par D 106 puis r. à gauche)

Ouverture : de mi-mars à mi-nov.

3,5 ha (208 empl.) plat, herbeux

Empl. camping : (Prix 2017) 18,20€ ★★ ⇔ 回 ⚡ (16A) - pers. suppl. 4,50€

🚐 borne artisanale - 18 回

Jolie vue sur montagne, vignobles et château.

Nature :
Loisirs :
Services :
À prox. :

GPS : E : 7.336 / N : 48.195

ROMBACH-LE-FRANC

68660 - Carte Michelin **315** H7 - 877 h. - alt. 290

▶ Paris 431 - Colmar 38 - Ribeauvillé 30 - St-Dié 34

Municipal les Bouleaux

☎ 03 89 58 41 56, www.valdargent.com/camping-rombach-les-bouleaux.htm - croisement difficile pour caravanes

Pour s'y rendre : rte de la Hingrie (1,5 km au nord-ouest)

1,3 ha (38 empl.) non clos, plat et peu incliné, herbeux

Location : 5 🏠.

Dans un vallon entouré de sapins et traversé par un ruisseau.

Nature :
Loisirs :
Services : laverie

GPS : E : 7.2402 / N : 48.2877

51

ALSACE

STE-CROIX-EN-PLAINE

68127 - Carte Michelin 315 I8 - 2 661 h. - alt. 192
▶ Paris 471 - Belfort 78 - Colmar 10 - Freiburg-im-Breisgau 49

Clair Vacances

☎ 03 89 49 27 28, www.clairvacances.com

Pour s'y rendre : rte de Herrlisheim (sur la D1)

Ouverture : de mi-avr. à déb. oct.

4 ha (145 empl.) plat, herbeux

Empl. camping : (Prix 2017) 20,50 € ✱✱ ⇔ 🅴 ⚡ (16A) - pers. suppl. 7,50 € - frais de réservation 10 €

Location : (Prix 2017) (de mi-avr. à déb. oct.) - ✀ - 13 🚐 - 1 cabane perchée. Nuitée 80 à 180 € - Sem. 400 à 900 € - frais de réservation 10 €

Agréable décoration arbustive, terrain au calme avec beaucoup de charme.

Nature : 🌳
Loisirs : 🏊 🐎 ⛱
Services : 🔑 🚻 ♨ 📶 laverie

GPS E : 7.35289 N : 48.01454

SAVERNE

67700 - Carte Michelin 315 I4 - 12 046 h. - alt. 200
▶ Paris 450 - Lunéville 88 - St-Avold 89 - Sarreguemines 65

Seasonova Les Portes d'Alsace

☎ 03 88 91 35 65, www.camping-lesportesdalsace.com

Pour s'y rendre : 40 r. du Père-Libermann (1,3 km au sud-ouest par D 171)

Ouverture : de fin mars à déb. nov.

2,1 ha (145 empl.) peu incliné, plat, herbeux

Empl. camping : (Prix 2017) 27 € ✱✱ ⇔ 🅴 ⚡ (10A) - pers. suppl. 5 € - frais de réservation 15 €

Location : (Prix 2017) (de fin mars à déb. nov.) - ✀ - 16 🚐. Nuitée 55 à 770 € - Sem. 380 à 770 € - frais de réservation 15 €

🛻 borne artisanale 3 € - 12 🅴 14 € - 🛢 13,30 €

Un petit coin de campagne dans un cadre urbain, terrain paisible et confortable.

Nature : ≤ 🌳
Loisirs : 🏊 🐎 ⛱ (découverte en saison)
Services : 🔑 🚻 ♨ 📶 laverie
À prox. : ✂ 🐎

GPS E : 7.35539 N : 48.73095

SÉLESTAT

67600 - Carte Michelin 315 I7 - 19 332 h. - alt. 170
▶ Paris 441 - Colmar 24 - Gérardmer 65 - St-Dié 44

Municipal les Cigognes

☎ 03 88 92 03 98, www.selestat-haut-koenigsbourg.com

Pour s'y rendre : 1 r. de la 1re-Division-France-Libre

Ouverture : de déb. avr. à mi-oct. et du mi-nov. à fin déc.

0,7 ha (48 empl.) plat, herbeux

Empl. camping : (Prix 2017) 17,85 € ✱✱ ⇔ 🅴 ⚡ (10A) - pers. suppl. 4,70 €

🛻 borne eurorelais - 16 🅴

Charmant terrain à 5mn du centre-ville, ouvert pendant le marché de Noël.

Nature : 🌳
Loisirs : 🐎
Services : 🚻 📶 🅰
À prox. : ✂ 🎣 ⛵

GPS E : 7.44828 N : 48.25444

SEPPOIS-LE-BAS

68580 - Carte Michelin 315 H11 - 1 164 h. - alt. 390
▶ Paris 454 - Altkirch 13 - Basel 42 - Belfort 38

Les Lupins

☎ 03 89 25 65 37, www.camping-les-lupins.fr

Pour s'y rendre : 1 r. de la Gare (sortie nord-est par D 17 2, rte d'Altkirch)

Ouverture : de déb. avr. à fin oct.

3,5 ha (158 empl.) terrasse, plat, herbeux

Empl. camping : (Prix 2017) 18 € ✱✱ ⇔ 🅴 ⚡ (16A) - pers. suppl. 2 €

Location : (Prix 2017) (de déb. mars à fin déc.) - 🅿 - 1 🚐 - 10 🏠 - 1 bungalow toilé. Nuitée 25 à 99 € - Sem. 175 à 690 €

🛻 7 🅴 17 €

Sur le site verdoyant de l'ancienne gare, terrain tout en longueur.

Nature : 🌊 🌳
Loisirs : 🏊 🛶 🐎 ⛱
Services : 🔑 🚻 ♨ 📶 laverie
À prox. : ✂

GPS E : 7.17893 N : 47.53956

Ne prenez pas la route au hasard !
MICHELIN *vous apporte à domicile*
ses conseils routiers,
touristiques, hôteliers : **viamichelin.fr** !

STRASBOURG

67000 - Carte Michelin 315 K5 - 271 708 h. - alt. 143
▶ Paris 488 - Stuttgart 160 - Baden-Baden 63 - Karlsruhe 87

Indigo Strasbourg

☎ 03 88 30 19 96, www.citykamp.com

Pour s'y rendre : 9 r. de l'Auberge-de-Jeunesse

Ouverture : Permanent

3 ha (195 empl.) plat, herbeux

Empl. camping : (Prix 2017) 27,40 € ✱✱ ⇔ 🅴 ⚡ (16A) - pers. suppl. 5 € - frais de réservation 45 €

Location : (Prix 2017) Permanent - 24 🚐 - 35 🏠 - 29 tentes lodges - 4 roulottes. Nuitée 43 à 126 € - Sem. 301 à 888 €

🛻 borne flot bleu 9 € - 19 🅴 19,50 €

Terrain urbain bien ombragé, au calme.

Nature : 🌳 🌿
Loisirs : 🍴 ✂ 🏊 🎣 🐎 🚴
Services : 🔑 🚻 ♨ 📶 laverie réfrigérateurs

GPS E : 7.71441 N : 48.57537

ALSACE

TURCKHEIM

68230 - Carte Michelin **315** H8 - 3 747 h. - alt. 225

▶ Paris 471 - Colmar 7 - Gérardmer 47 - Munster 14

⛰ Le Médiéval

📞 03 89 27 02 00, www.camping-turckheim.com

Pour s'y rendre : quai de la Gare (à l'ouest du bourg, derrière le stade - accès par chemin entre le passage à niveau et le pont)

Ouverture : de déb. avr. à fin déc.

2,5 ha (117 empl.) plat, herbeux

Empl. camping : (Prix 2017) 18 € ✶✶ 🚙 🔌 (16A) - pers. suppl. 6 € - frais de réservation 10 €

Location : (Prix 2017) (de déb. avr. à mi-déc.) - 16 🛖. Nuitée 50 à 150 € - Sem. 350 à 800 € - frais de réservation 10 €

🚐 borne artisanale 4 €

Au bord d'un petit canal et près de la Fecht.

Nature : 🏕 🌳
Loisirs : 🛝
Services : 🔑 🍴 📶 laverie
À prox. : ✂

GPS E : 7.27144 N : 48.08463

WASSELONNE

67310 - Carte Michelin **315** I5 - 5 562 h. - alt. 220

▶ Paris 464 - Haguenau 42 - Molsheim 15 - Saverne 15

⛰ Municipal

📞 03 88 87 00 08, www.camping-hauts-ratebout.fr

Pour s'y rendre : r. des Sapins (1 km à l'ouest par D 224, rte de Wangenbourg)

Ouverture : de mi-mars à mi-oct.

1,5 ha (100 empl.) en terrasses, herbeux

Empl. camping : (Prix 2017) ✶ 4,60 € 🚙 📧 9 € – 🔌 (16A) 3,50 €

Location : (Prix 2017) (de mi-avr. à fin oct.) - ♿ (1 chalet) - 12 🛖. Nuitée 50 à 80 € - Sem. 310 à 500 €

🚐 borne AireService 2 € - 10 📧 9 €

Belles étendues verdoyantes dans l'enceinte du centre de loisirs.

Nature : ≤ 🌳
Loisirs : 🛝 🏊
Services : 🔑 📶 laverie 🚿
À prox. : ✂ 🎿 🎣

GPS E : 7.44869 N : 48.63691

WATTWILLER

68700 - Carte Michelin **315** H10 - 1 734 h. - alt. 356

▶ Paris 478 - Strasbourg 116 - Freiburg-im-Breisgau 81 - Basel 56

⛰ Huttopia Wattwiller 👥

📞 03 89 75 44 94, www.huttopia.com

Pour s'y rendre : rte des Crêtes

Ouverture : de fin avr. à fin sept.

15 ha (200 empl.) en terrasses, gravier, pierreux

Empl. camping : (Prix 2017) 29,50 € ✶✶ 🚙 📧 🔌 (10A) - pers. suppl. 6 €

Location : (Prix 2017) (de fin avr. à fin sept.) - 58 🛖 - 20 🏠. Nuitée 35 à 115 € - Sem. 245 à 875 €

🚐 borne artisanale 7 €

Agréable site boisé. Installations et sanitaires vieillissants.

Nature : 🌳 🌊
Loisirs : 🍴 🍽 🎦 diurne 🎿 🏊 🎣 🚴
Services : 🔑 🚿 📶 laverie 🧺 🚐
À prox. : 🐎

GPS E : 7.16736 N : 47.83675

WIHR-AU-VAL

68230 - Carte Michelin **315** H8 - 1 237 h. - alt. 330

▶ Paris 463 - Colmar 14 - Gérardmer 38 - Guebwiller 35

⛰ La Route Verte

📞 03 89 71 10 10, www.camping-routeverte.com

Pour s'y rendre : 13 r. de la Gare (sortie Sud par D 43 rte de Soultzbach-les-Bains)

Ouverture : de fin avr. à fin sept.

1,2 ha (55 empl.) plat et peu incliné, herbeux

Empl. camping : (Prix 2017) ✶ 3,30 € 🚙 📧 4,15 € – 🔌 (10A) 5,40 €

🚐 borne artisanale 5 €

Beau petit terrain familial au sein d'un charmant village entouré de vignobles.

Nature : 🌳 🌊
Loisirs : 🎿
Services : 🔑 🚿 📶 📧
À prox. : 🍷 ✂

GPS E : 7.20513 N : 48.05159

53

Eric Cowez/iStock

AQUITAINE

Bienvenue en Aquitaine, immuable terre d'accueil où déjà l'homme préhistorique avait élu domicile. La région se compose d'une mosaïque de paysages, mais tous ses habitants partagent le même sens de l'hospitalité. Après une visite aux maîtres ès foies gras et confits du Périgord et du Quercy, suivie d'un crochet par le Bordelais, ses châteaux et son vignoble si justement réputé, direction la Côte d'Argent, ses surfeurs, ses bars à tapas et ses amateurs de rugby ou de corridas élevés au gâteau basque et au piment d'Espelette… On cultive ici le goût du défi et de la fête, comme en témoignent ces paisibles villages préparant derrière leurs façades à colombages et volets rouges de fougueuses réjouissances où danses, jeux et chants célèbrent l'identité d'un peuple aux traditions toujours vivantes.

Aquitaine has welcomed mankind throughout the ages. Its varied mosaic of landscapes is as distinctive as its inhabitants' hospitality and good humour: a quick stop to buy confit of goose can easily lead to an invitation to look around the farm! No stay in Aquitaine would be complete without visiting at least one of Bordeaux' renowned vineyards. Afterwards head for the « Silver Coast », loved by surfers and rugby fans alike, have a drink in a tapas bar or even take ringside seats for a bullfight! This rugged, sunny land between the Pyrenees and the Atlantic remains fiercely proud of its identity: spend a little time in a sleepy Basque village and you'll soon discover that, at the first flourish of the region's colours, red and green, the locals still celebrate their traditions in truly vigorous style.

La Palmyre
St-Augustin
St-Palais-s-M.
Vaux-s-M.
Royan
St-Georges-de-Didonne
Le Verdon-sur-Mer
Soulac-s-M.
Saujon
Médis
Semussac
Cozes
ST-LÉGER OUEST
Mortagne-s-Gironde
A 10
Pons
Mosnac
Archiac
Jonzac
Cognac
N 141
Saint-Yrieix-sur-Charente
Charente
Sireuil
CHARENTE
GIRONDE
Vendays-Montalivet
Lesparre-Médoc
D 1215
N 10
Hourtin-Plage
Hourtin
Pauillac
SAUGON EST
SAUGON OUEST
St-Laurent-Médoc
La Roche-Chalais
Lacanau-Océan
Lacanau
D 1
L'ESTALOT
Montpon-Ménestérol
Petit-Palais-et-Cornemps
GIRONDE
St-Émilion
St-Rémy
Libourne
le Porge
N 89
St-Antoine-de-Breuilh
Lège-Cap-Ferret
Bordeaux
Dordogne
Ste-Foy-la-Grande
Arès
Bassin d'Arcachon
Audenge
Gradignan
Rauzan
Blasimon
Arcachon
la Hume
Biganos
Pyla-sur-Mer
A 660
A 63
TERRES DES GRAVES NORD
la Test-de-Buch
le Teich
GARONNE
A 62
Salles
TERRES DES GRAVES SUD
Langon
Marmande
Biscarrosse-Plage
Sanguinet
Le Nizan
Bazas
Biscarrosse
Parentis-en-Born
PORTE DES LANDES-EST
A 62
PORTE DES LANDES-OUEST
Pissos
Casteljaloux
LOT-
Ste-Eulalie-en-Born
COEUR D'AQUITAINE
COEUR D'AQUITAINE
Mimizan-Plage
Mimizan
Eyre
A 65
D 933
Bias
A 63
Sabres
Réaup
Contis-Plage
Mézos
St-Julien-en-Born
D 834
Lit-et-Mixe
L'OCÉAN-OUEST
Gabarret
St-Girons-Plage
LANDES
Linxe
Douze
St-Justin
Vielle-St-Girons
D 933
Barbotan-les-Thermes
Moliets-Plage
Moliets-et-Maa
Mont-de-Marsan
Midouze
Messanges
Estang
Gondrin
Azur
D 30
Midou
Vieux-Boucau-les-Bains
D 824
A 63
Adour
N 124
Soustons
Dax
D 931
Saubion
St-Paul-lès-Dax
Rivière-Saas-et-Gourby
Aire-s-l'Adour
Golfe de Gascogne
Labenne-Océan
A 63
St-Martin-de-Seignanx
Bélus
Ondres
Sorde-l'Abbaye
Plaisance
Biarritz
BIDART OUEST
Bidart
Anglet
Urt
D 935
St-Jean-de-Luz
HASTINGUES
LACQ-AUDEJOS NORD
Socoa
A 64
Adour
Urrugne
BIDART EST
la Bastide-Clairence
A 65
A 63
Hendaye
St-Pée-s-Nivelle
Cambo-les-Bains
Gave d'Oloron
LACQ-AUDEJOS SUD
DONOSTIA-SAN SEBASTIÁN
Sare
Itxassou
PYRÉNÉES-
Navarrenx
A 64
Gave de Pau
N 21
Rio Bidasoa
Ainhoa
Nive
PAU
PYRÉNÉES
TARBES
Mauléon-Licharre
N 134
Baudreix
A 64
St-Étienne-de-Baïgorry
Bunus
Aramits
LES PYRÉNÉES
St-Jean-Pied-de-Port
Gave d'Ossau
N 21
ATLANTIQUES
Lourdes
Ouzous
Agos-Vidalos
Bagnères-de-Bigorre
Ayzac-Ost
Larrau
Gave d'Aspe
Laruns
Arras-en-Lavedan
Argelès-Gazost
ESPAÑA
Aucun
Lau-Balagnas
Arrens-Marsous
Arcizans-Avant
Ste-Marie-de-Campan
N 134
Lescun
Estaing
Urdos
Luz-St-Sauveur
Cauterets
Vielle-Aure
Sassis
Gavarnie
Aragnouet

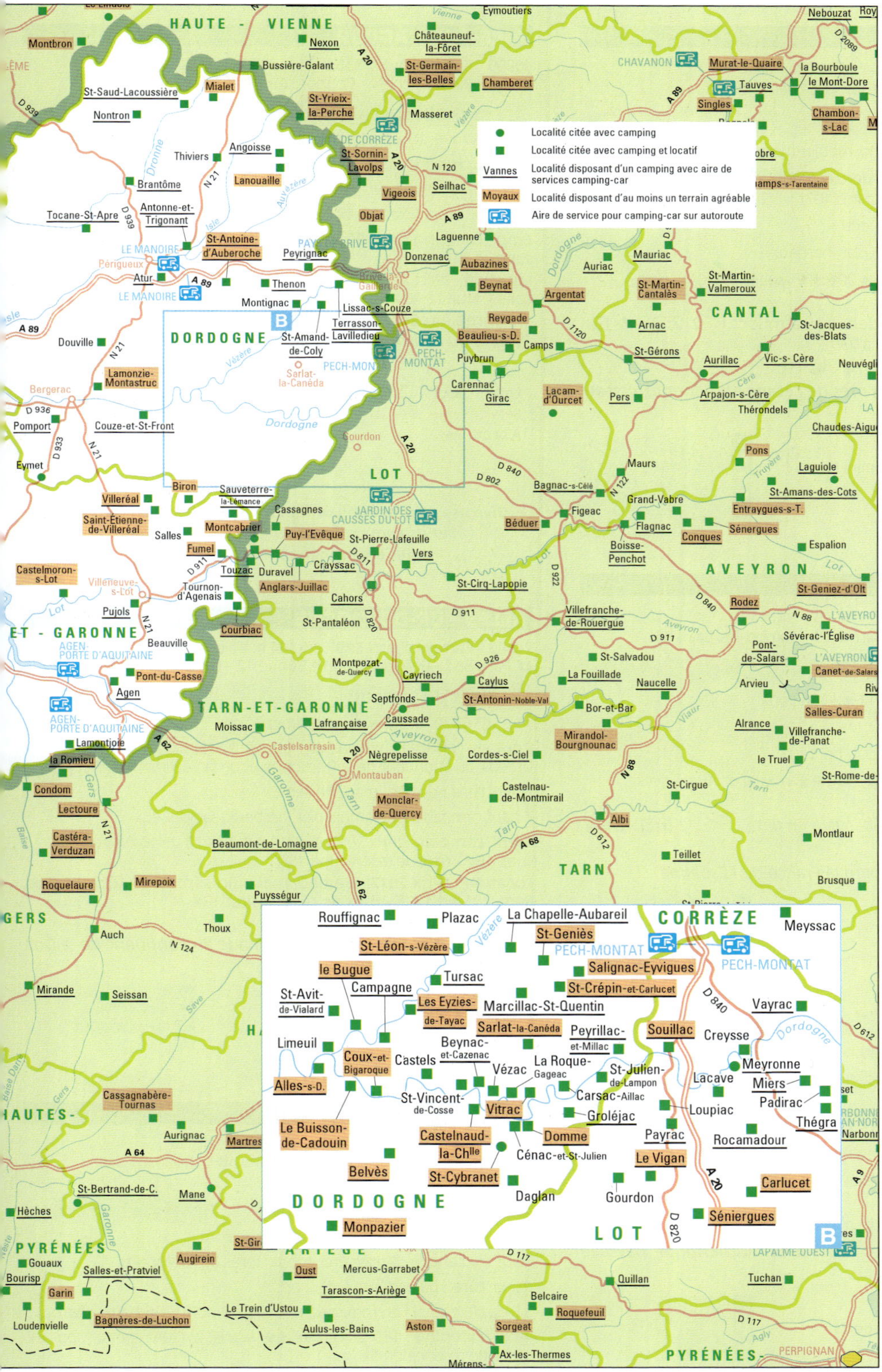
Localité citée avec camping
Localité citée avec camping et locatif
Vannes
Localité disposant d'un camping avec aire de services camping-car
Moyaux
Localité disposant d'au moins un terrain agréable
Aire de service pour camping-car sur autoroute
HAUTE - VIENNE
DORDOGNE
CORRÈZE
CANTAL
LOT
AVEYRON
TARN-ET-GARONNE
TARN
GERS
PYRÉNÉES
Montbron
Nexon
Bussière-Galant
Eymoutiers
Châteauneuf-la-Fôret
St-Germain-les-Belles
Chamberet
Masseret
St-Saud-Lacoussière
Mialet
Nontron
St-Yrieix-la-Perche
Thiviers
Angoisse
Lanouaille
Brantôme
St-Sornin-Lavolps
Vigeois
Seilhac
Objat
Tocane-St-Apre
Antonne-et-Trigonant
St-Antoine-d'Auberoche
Peyrignac
Périgueux
Atur
LE MANOIRE
Thenon
Montignac
Lissac-s-Couze
Terrasson-Lavilledieu
St-Amand-de-Coly
Sarlat-la-Canéda
PECH-MONTAT
Douville
Lamonzie-Montastruc
Bergerac
Pomport
Couze-et-St-Front
Eymet
Gourdon
Biron
Sauveterre-la-Lémance
Villeréal
Saint-Étienne-de-Villeréal
Salles
Cassagnes
Montcabrier
Puy-l'Évêque
JARDIN DES CAUSSES DU LOT
Fumel
Touzac
Duravel
Crayssac
Castelmoron-s-Lot
Villeneuve-s-Lot
Tournon-d'Agenais
Anglars-Juillac
Cahors
Pujols
St-Pantaléon
Courbiac
Beauville
AGEN-PORTE D'AQUITAINE
Pont-du-Casse
Agen
Montpezat-de-Quercy
Cayriech
Moissac
Lafrançaise
Septfonds
Caussade
Castelsarrasin
Lamontjoie
la Romieu
Nègrepelisse
Montauban
Condom
Lectoure
Monclar-de-Quercy
Castéra-Verduzan
Beaumont-de-Lomagne
Roquelaure
Mirepoix
Puysségur
Auch
Thoux
Mirande
Seissan
Cassagnabère-Tournas
Aurignac
Martres
St-Bertrand-de-C.
Mane
Hèches
Gouaux
Bourisp
Garin
Loudenvielle
Salles-et-Pratviel
Bagnères-de-Luchon
Augirein
Oust
Le Trein d'Ustou
Mercus-Garrabet
Tarascon-s-Ariège
Aulus-les-Bains
Aston
Belcaire
Roquefeuil
Sorgeat
Ax-les-Thermes
Mérens
Quillan
Tuchan
PERPIGNAN
LAPALME OUEST
Laguenne
Donzenac
Aubazines
Beynat
PAYS DE BRIVE
Brive-la-Gaillarde
Argentat
Auriac
Mauriac
St-Martin-Cantalès
St-Martin-Valmeroux
Reygade
Beaulieu-s-D.
Camps
Arnac
St-Jacques-des-Blats
Puybrun
Carennac
Girac
Lacam-d'Ourcet
Pers
St-Gérons
Aurillac
Vic-s-Cère
Neuvéglise
Arpajon-s-Cère
Thérondels
Chaudes-Aigues
Pons
Laguiole
Maurs
Bagnac-s-Célé
Figeac
Grand-Vabre
St-Amans-des-Cots
Entraygues-s-T.
Béduer
Flagnac
Conques
Sénergues
Espalion
Boisse-Penchot
St-Pierre-Lafeuille
Vers
St-Cirq-Lapopie
St-Geniez-d'Olt
Rodez
Villefranche-de-Rouergue
Sévérac-l'Église
Pont-de-Salars
St-Salvadou
La Fouillade
Naucelle
Caylus
St-Antonin-Noble-Val
Bor-et-Bar
Arvieu
Canet-de-Salars
Salles-Curan
Alrance
Villefranche-de-Panat
Mirandol-Bourgnounac
Cordes-s-Ciel
Le Truel
St-Rome-de-
Castelnau-de-Montmirail
St-Cirgue
Albi
Montlaur
Teillet
Brusque
CHAVANON
Murat-le-Quaire
la Bourboule
le Mont-Dore
Tauves
Singles
Chambon-s-Lac
Nebouzat
Rouffignac
Plazac
La Chapelle-Aubareil
St-Geniès
Meyssac
St-Léon-s-Vézère
le Bugue
Tursac
Salignac-Eyvigues
St-Crépin-et-Carlucet
St-Avit-de-Vialard
Campagne
Les Eyzies-de-Tayac
Marcillac-St-Quentin
Vayrac
Sarlat-la-Canéda
Peyrillac-et-Millac
Souillac
Creysse
Limeuil
Beynac-et-Cazenac
Coux-et-Bigaroque
Castels
Vézac
La Roque-Gageac
St-Julien-de-Lampon
Meyronne
Lacave
Miers
Alles-s-D.
St-Vincent-de-Cosse
Carsac-Aillac
Padirac
Vitrac
Loupiac
Grolejac
Thégra
Le Buisson-de-Cadouin
Castelnaud-la-Chlle
Domme
Payrac
Rocamadour
Cénac-et-St-Julien
Le Vigan
Belvès
St-Cybranet
Carlucet
Daglan
Gourdon
Monpazier
Sèniergues

AQUITAINE

AGEN

47000 - Carte Michelin 336 F4 - 33 920 h. - alt. 50
▶ Paris 662 - Auch 74 - Bordeaux 141 - Pau 159

▲ Le Moulin de Mellet

☎ 05 53 87 50 89, www.camping-moulin-mellet.com

Pour s'y rendre : à St-Hilaire-de-Lusignan, rte de Prayssas (8 km au nord-ouest par D 813 et à dr. par D 107)

Ouverture : de déb. avr. à mi-oct.

5 ha/3,5 campables (65 empl.) plat, herbeux

Empl. camping : (Prix 2017) 24,90€ ✶✶ ⇔ 🅴 ⚡ (10A) - pers. suppl. 7,15€

Location : (Prix 2017) (de déb. avr. à mi-oct.) - 2 🏠 - 6 🛏. Nuitée 65 à 155€ - Sem. 255 à 730€

🚐 borne artisanale - 10 🅴 17€ - 🚽 11€

Préférer les emplacements près de l'étang et du petit ruisseau, plus éloignés de la route.

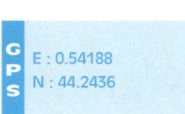

Nature : 🌳 🌿🌿	
Loisirs : 🍴 ✕ 🏠 🏊 🎣 mini ferme	**G** E : 0.54188
Services : 🔑 🚿 🛜 🍴 🚿	**P** N : 44.2436
À prox. : 🛒	**S**

AINHOA

64250 - Carte Michelin 342 C3 - 672 h. - alt. 130
▶ Paris 791 - Bayonne 28 - Biarritz 29 - Cambo-les-Bains 11

▲ Xokoan

☎ 05 59 29 90 26, www.camping-xokoan.com

Ouverture : Permanent

0,6 ha (30 empl.) peu incliné, plat, herbeux

Empl. camping : (Prix 2017) 21,50€ ✶✶ ⇔ 🅴 ⚡ (10A) - pers. suppl. 8€

Location : (Prix 2017) (de déb. avr. à fin oct.) - 🚲 - 2 🏠 - 2 🛏. Nuitée 90€ - Sem. 430€

Le long du ruisseau qui sépare la France de l'Espagne.

Nature : 🌳 🌿🌿	
Loisirs : 🍴 ✕ 🏠	**G** W : 1.50369
Services : 🔑 🏛 🚿 🛜 laverie 🚿	**P** N : 43.29139
À prox. : 🛒	**S**

▲ Harazpy

☎ 05 59 29 89 38, www.camping-harazpy.com

Pour s'y rendre : quartier Gastelu-Gaïna (au nord-ouest du bourg, derrière l'église)

Ouverture : de déb. mars à fin oct.

1 ha (25 empl.) terrasse, peu incliné, herbeux

Empl. camping : (Prix 2017) 21,50€ ✶✶ ⇔ 🅴 ⚡ (10A) - pers. suppl. 8€

Location : (Prix 2017) (de déb. mars à fin oct.) - 1 gîte.

Belle prairie au calme avec vue sur un authentique paysage basque.

Nature : 🌳 ≤ ♀ 🌿	
Loisirs : 🏠 🏊 terrain multisports	**G** W : 1.50172
Services : 🔑 🛜 laverie	**P** N : 43.3089
	S

AIRE-SUR-L'ADOUR

40800 - Carte Michelin 335 J12 - 6 275 h. - alt. 80
▶ Paris 722 - Auch 84 - Condom 68 - Dax 77

▲ Les Ombrages de l'Adour

☎ 05 58 71 75 10, www.camping-adour-landes.com

Pour s'y rendre : r. des Graviers (près du pont, derrière les arènes)

Ouverture : de mi-avr. à mi-oct.

2 ha (100 empl.) plat, herbeux

Empl. camping : (Prix 2017) 20€ ✶✶ ⇔ 🅴 ⚡ (10A) - pers. suppl. 4,75€

Location : (Prix 2017) (de mi-avr. à mi-oct.) - 8 🏠 - 2 bungalows toilés. Nuitée 40 à 69€ - Sem. 180 à 405€

🚐 borne AireService 3€ - 20 🅴

Proche du centre-ville, des arènes et au bord de l'Adour.

Nature : 🌳 🌿🌿	
Loisirs : 🚴 🏇 🏊 (petite piscine)	**G** W : 0.25793
Services : 🔑 🚿 🛜 laverie	**P** N : 43.70257
À prox. : 🛶	**S**

*Give use your opinion of the camping sites we recommend.
Let us know of your remarks and discoveries :
leguidecampingfrance@tp.michelin.com.*

ALLES-SUR-DORDOGNE

24480 - Carte Michelin 329 G6 - 344 h. - alt. 70
▶ Paris 534 - Bergerac 36 - Le Bugue 12 - Les Eyzies-de-Tayac 22

▲ Port de Limeuil

☎ 05 53 63 29 76, www.leportdelimeuil.com

Pour s'y rendre : 3 km au nord-est sur D 51E, près du pont de Limeuil, au confluent de la Dordogne et de la Vézère

Ouverture : de déb. mai à fin sept.

7 ha/4 campables (90 empl.) plat, herbeux, sablonneux

Empl. camping : (Prix 2017) 35,50€ ✶✶ ⇔ 🅴 ⚡ (10A) - pers. suppl. 8€ - frais de réservation 15€

Location : (Prix 2017) (de déb. mai à fin sept.) - 15 🏠 - 1 gîte. Sem. 175 à 1 150€ - frais de réservation 15€

🚐 borne artisanale - 14 🅴 35,50€

Beaucoup d'espaces verts et baignade au confluent de la Dordogne et de la Vézère.

Nature : 🌳 🌿🌿 🌊	
Loisirs : 🍴 ✕ 🏠 🚴 🏇 🎣 🏊 🚿	**G** E : 0.88599
Services : 🔑 🚿 🛜 laverie 🏛 🚿	**P** N : 44.87968
	S

ANGLET

64600 - Carte Michelin 342 C2 - 37 661 h. - alt. 20
▶ Paris 773 - Bordeaux 187 - Pamplona 108 - Donostia-San Sebastián 51

▲ Le Parme

☎ 05 59 23 03 00, www.campingdeparme.com

Pour s'y rendre : 2 allée Etchecopar (près de l'aéroport)

Ouverture : de déb. avr. à déb. oct.

3,5 ha (187 empl.) en terrasses, plat et peu incliné, herbeux, pierreux

Empl. camping : (Prix 2017) 19€ ✶✶ ⇔ 🅴 ⚡ (10A) - pers. suppl. 6€ - frais de réservation 5€

58

AQUITAINE

Location : (Prix 2017) (de déb. avr. à déb. oct.) - 77 - 14 - 13 bungalows toilés. Nuitée 29 à 185€ - Sem. 200 à 1 295€ - frais de réservation 15€

Locatif de confort varié. Préférer les emplacements éloignés de la route.

Nature :
Loisirs : terrain multisports
Services : laverie

GPS W : 1.53238 N : 43.4643

ANGOISSE

24270 - Carte Michelin **329** H3 - 610 h. - alt. 345
▶ Paris 445 - Bordeaux 180 - Périgueux 51 - Limoges 53

Rouffiac en Périgord

📞 05 53 52 68 79, www.semitour.com

Pour s'y rendre : à la base de loisirs de Rouffiac (4 km au sud-est par D 80, rte de Payzac, à 150 m d'un plan d'eau (accès direct))

Ouverture : de déb. mai à fin sept.

54 ha/6 campables (78 empl.) peu incliné, plat, herbeux

Empl. camping : (Prix 2017) 22€ ✱✱ ⇔ 📧 [⚡] (10A) - pers. suppl. 5,50€

Location : (Prix 2017) (de déb. avr. à fin oct.) ♿ (1 chalet) - 4 - 31. Nuitée 44 à 104€ - Sem. 220 à 728€ - frais de réservation 10€

🚐 borne artisanale

Cadre verdoyant qui domine en partie la base de loisirs aux nombreuses activités. Quelques locatifs de bon confort.

Nature :
Loisirs : diurne
Services : laverie
À prox. : (plage) télé-ski nautique pédalos tyrolienne, tir à l'arc

GPS E : 1.16648 N : 45.41449

ANTONNE-ET-TRIGONANT

24420 - Carte Michelin **329** F4 - 1 203 h. - alt. 106
▶ Paris 484 - Bordeaux 139 - Périgueux 10 - Limoges 91

Au Fil de l'Eau

📞 05 53 06 17 88, www.campingaufildeleau.com

Pour s'y rendre : à Antonne, 6 allée des Platanes (sortie nord-est et rte d'Escoire à dr., au bord de l'Isle, sur la D 6)

Ouverture : de mi-avr. à mi-sept.

1,5 ha (50 empl.) non clos, plat, herbeux

Empl. camping : (Prix 2017) 21,50€ ✱✱ ⇔ 📧 [⚡] (6A) - pers. suppl. 5€

Location : (Prix 2017) Permanent - 13 - 4 bungalows toilés. Nuitée 60 à 115€ - Sem. 200 à 800€

🚐 borne AireService 2€

Cadre verdoyant avec beaucoup d'espaces verts qui s'étendent jusqu'à la rivière.

Nature :
Loisirs : mini ferme
Services : laverie

GPS E : 0.83754 N : 45.213

Huttopia Lanmary Forest Camp

📞 05 53 45 88 63, www.huttopia.com

Pour s'y rendre : Camp forestier ONF - RD 69 (5 km au nord-est par N21 rte de Thiviers et D 69 à gauche)

Ouverture : de fin avr. à fin sept.

20 ha (140 empl.) fort dénivelé, en terrasses, pierreux, gravier

Empl. camping : (Prix 2017) 48€ ✱✱ ⇔ 📧 [⚡] (10A) - pers. suppl. 7,90€

Location : (Prix 2017) (de fin avr. à fin sept.) - 20 - 34 tentes lodges - 30 cabanons. Nuitée 39 à 195€ - Sem. 218 à 1 365€

Cadre naturel au milieu de la forêt de Lanmary et traversé par le GR 36.

Nature :
Loisirs :
Services : laverie

GPS E : 0.82906 N : 45.24033

ARAMITS

64570 - Carte Michelin **342** H4 - 677 h. - alt. 293
▶ Paris 829 - Mauléon-Licharre 27 - Oloron-Ste-Marie 15 - Pau 49

Barétous-Pyrénées

📞 05 59 34 12 21, www.camping-pyrenees.com

Pour s'y rendre : quartier Ripaude (sortie ouest par D 918, rte de Mauléon-Licharre, au bord du Vert de Barlanes)

Ouverture : de déb. avr. à mi-oct.

2 ha (61 empl.) plat, herbeux

Empl. camping : (Prix 2017) 28,85€ ✱✱ ⇔ 📧 [⚡] (10A) - pers. suppl. 6,50€ - frais de réservation 16€

Location : (Prix 2017) (de fin déc. à mi-oct.) ♿ (chalet) - 10 - 11 - 3 bungalows toilés. Nuitée 37 à 102€ - Sem. 260 à 715€ - frais de réservation 19€

🚐 borne AireService

Joli village de chalets en bois de bon confort (en formule hôtelière sur demande).

Nature :
Loisirs : jacuzzi
Services : laverie

GPS W : 0.73243 N : 43.12135

*Créez votre voyage sur **voyages.michelin.fr***

ARCACHON

33120 - Carte Michelin **335** D7 - 12 153 h. - alt. 5
▶ Paris 651 - Bordeaux 73 - Mont-de-Marsan 125

Camping Club d'Arcachon

📞 05 56 83 24 15, www.camping-arcachon.com

Pour s'y rendre : 5 allée de la Galaxie (au sud de la ville, quartier des Abatilles)

6 ha (300 empl.) vallonné, en terrasses, peu incliné, plat, sablonneux

Location : 80 - 4 - 4 roulottes.

🚐 borne AireService - 50

Nombreux emplacements en petites terrasses individuelles sous les pins.

Nature :
Loisirs : jacuzzi
Services : laverie cases réfrigérées

GPS W : 1.17667 N : 44.65194

AQUITAINE

ARÈS

33740 - Carte Michelin 335 E6 - 5 548 h. - alt. 6
▶ Paris 627 - Arcachon 47 - Bordeaux 48

Les Goëlands

☎ 05 56 82 55 64, www.goelands.com

Pour s'y rendre : 64 av. de la Libération (1,7 km au sud-est, près d'étangs et à 500 m du bassin)

Ouverture : de déb. mars à fin oct.

10 ha/6 campables (400 empl.) plat, sablonneux

Empl. camping : (Prix 2017) 38 € ♛♛ ⇌ ⊟ [≡] (6A) - pers. suppl. 9,50 € - frais de réservation 25,50 €

Location : (Prix 2017) (de mi-avr. à fin oct.) - 10 ⛺. Sem. 315 à 995 € - frais de réservation 25,50 €

Agréable ombrage sous les pins avec beaucoup de mobile homes de propriétaires-résidents.

Nature : 🌳 🌲 ♤♤	GPS
Loisirs : 🍴✕ 🏠 🎯 🚴 🚣 terrain multisports	W : 1.11979
Services : ⚷ ⇌ 📶 laverie 🧺 🚿	N : 44.75747
À prox. : 🚣 (étang) 🎣 🏊	

La Cigale

☎ 05 56 60 22 59, www.camping-lacigale-ares.com - peu d'emplacements pour tentes et caravanes

Pour s'y rendre : 53 r. du Gén.-de-Gaulle (sortie nord)

Ouverture : de mi-avr. à fin sept.

2,4 ha (75 empl.) plat, herbeux, sablonneux

Empl. camping : (Prix 2017) 39 € ♛♛ ⇌ ⊟ [≡] (10A) - pers. suppl. 8,50 € - frais de réservation 18 €

Location : (Prix 2017) (de déb. avr. à déb. nov.) - 4 ⛺ - 6 🏠 - 2 chalets sur pilotis - 3 tentes lodges. Nuitée 50 à 140 € - Sem. 280 à 1 010 € - frais de réservation 20 €

🚐 borne artisanale - 🚻 14 €

Cadre verdoyant avec du locatif varié.

Nature : 🌳 🌲 ♤♤	GPS
Loisirs : 🍴✕ 🏠 🚴 🚣	W : 1.14188
Services : ⚷ ⇌ 📶 laverie 🚿	N : 44.77287

Les Abberts

☎ 05 56 60 26 80, www.lesabberts.com

Pour s'y rendre : 17 r. des Abberts (sortie nord puis r. à gauche)

Ouverture : de mi-juin à déb. sept.

2 ha (125 empl.) plat, herbeux, sablonneux

Empl. camping : (Prix 2017) 42,80 € ♛♛ ⇌ ⊟ [≡] (10A) - pers. suppl. 9,50 € - frais de réservation 24 €

Location : (Prix 2017) (de déb. avr. à mi-sept.) - ⛺ - 25 ⛺ - 1 🏠. Sem. 180 à 1 430 € - frais de réservation 24 €

Ambiance familiale autour de la piscine et du toboggan aquatique.

Nature : 🌳 🌲 ♤♤	GPS
Loisirs : 🍴 🏠 🚴 🚴 🚣	W : 1.1444
Services : ⇌ 📶 laverie 🚿	N : 44.77163

Pasteur

☎ 05 56 60 33 33, www.atlantic-vacances.com - peu d'emplacements pour tentes et caravanes ⇌

Pour s'y rendre : 1 r. du Pilote (sortie sud-est, à 300 m du bassin)

Ouverture : de déb. mars à fin sept.

1 ha (50 empl.) plat, herbeux, sablonneux

Empl. camping : (Prix 2017) 34,50 € ♛♛ ⇌ ⊟ [≡] (6A) - pers. suppl. 6 € - frais de réservation 18 €

Location : (Prix 2017) Permanent ⇌ - 25 ⛺ - 8 🏠. Nuitée 55 à 120 € - Sem. 260 à 800 € - frais de réservation 19 €

🚐 borne artisanale 16 € - 🚻 12 €

Cadre soigné au milieu d'une zone pavillonnaire.

Nature : 🌳 ♤♤	GPS
Loisirs : 🏠 🚴 🚣 (petite piscine)	W : 1.13681
Services : ⚷ ⇌ 📶	N : 44.76174

ATUR

24750 - Carte Michelin 329 F5 - 1 744 h. - alt. 224
▶ Paris 499 - Bordeaux 134 - Périgueux 6 - Brive-la-Gaillarde 83

Iris Parc Le Grand Dague

☎ 05 53 04 21 01, www.irisparc.com - peu d'emplacements pour tentes et caravanes

Pour s'y rendre : rte du Grand-Dague (3 km au sud-est par rte de St-Laurent-sur-Manoire - Par déviation sud, venant de Brive ou Limoges : prendre dir. Bergerac et chemin à dr.)

Ouverture : de fin avr. à mi-sept.

22 ha/12 campables (420 empl.) en terrasses, plat, herbeux

Empl. camping : (Prix 2017) 42 € ♛♛ ⇌ ⊟ [≡] (10A) - pers. suppl. 6 € - frais de réservation 20 €

Location : (Prix 2017) (de fin avr. à mi-sept.) - ⇌ - 🅿 - 280 ⛺ - 100 tentes lodges. Nuitée 40 à 85 € - Sem. 120 à 1 705 € - frais de réservation 20 €

🚐 borne Sanistation 2 €

Important parc locatif de mobile homes et de tentes avec des installations adaptées aux familles, autour d'une ancienne ferme rénovée.

Nature : 🌳 ♤	GPS
Loisirs : 🍴✕ 🏠 🎯 🚴 🚣 terrain multisports	E : 0.77656
Services : ⚷ ⇌ 🅿 🚿 📶 laverie 🧺 🚿	N : 45.14816

AUDENGE

33980 - Carte Michelin 335 E6 - 5 225 h. - alt. 12
▶ Paris 638 - Bordeaux 59 - Mont-de-Marsan 112

Municipal Le Braou

☎ 05 56 26 90 03, www.camping-audenge.com

Pour s'y rendre : 26 r. de Bordeaux

5 ha (200 empl.) plat, herbeux, sablonneux

Location : 42 ⛺ - 2 🏠 - 2 bungalows toilés - 9 roulottes.

🚐 borne eurorelais

Préférer les emplacements les plus éloignés de la route. Nombreux mobile homes de propriétaires-résidents.

Nature : ⇌ ♤	GPS
Loisirs : 🍴✕ 🚴 🚣 🏊	W : 1.00444
Services : ⚷ 🚿 📶 laverie cases réfrigérées	N : 44.68416

60

AQUITAINE

AZUR

40140 - Carte Michelin **335** D12 - 575 h. - alt. 9
▶ Paris 730 - Bayonne 54 - Dax 25 - Mimizan 79

Capfun La Paillotte

(pas d'emplacement tentes et caravanes)

☎ 05 58 48 12 12, www.capfun.com

Pour s'y rendre : 66 rte des Campings (1,5 km au sud-ouest, au bord du lac de Soustons)

7 ha (314 empl.) plat, herbeux, sablonneux

Location : (Prix 2017) (de déb. avr. à mi-sept.) - (2 mobile homes) - 262 - 50 - 2 roulottes. Nuitée 31 à 210€ - Sem. 217 à 1 470€ - frais de réservation 27€

Joli village de chalets à la décoration exotique et important parc aquatique en bordure du lac.

Nature :
Loisirs :
Services :
À prox. : pédalos

GPS : W : 1.30475   N : 43.78731

Azur Rivage

☎ 05 58 48 30 72, www.campingazurivage.com

Pour s'y rendre : 720 rte des Campings (2 km au sud, à 100 m du lac de Soustons)

Ouverture : de déb. avr. à fin sept.

6,5 ha (250 empl.) plat, herbeux, pierreux, sablonneux

Empl. camping : (Prix 2017) 32,80€ ✶✶ (6A) - pers. suppl. 7,30€ - frais de réservation 17€

Location : (Prix 2017) (de déb. avr. à fin sept.) - (1 mobile home) - 62 - 2 bungalows toilés. Nuitée 35 à 105€ - Sem. 210 à 1 035€ - frais de réservation 17€

Accueil de groupes et colonies sur une partie réservée du camping.

Nature :
Loisirs : diurne terrain multisports
Services : cases réfrigérées réfrigérateurs
À prox. : pédalos

GPS : W : 1.30461   N : 43.78452

LA BASTIDE-CLAIRENCE

64240 - Carte Michelin **342** E4 - 984 h. - alt. 50
▶ Paris 767 - Bayonne 26 - Hasparren 9 - Peyrehorade 29

Village Vacances Les Collines Iduki

(pas d'emplacement tentes et caravanes)

☎ 05 59 70 20 81, www.location-vacances-paysbasque.com

Pour s'y rendre : lieu-dit : Pont de Port

2,5 ha fort dénivelé, en terrasses

Location : (1 appartement) - 6 - 30 appartements.

Jolies constructions basques et restaurant de qualité.

Nature :
Loisirs : laverie
Services :
À prox. :

GPS : W : 1.25742   N : 43.43324

BAUDREIX

64800 - Carte Michelin **342** K3 - 537 h. - alt. 245
▶ Paris 791 - Argelès-Gazost 39 - Lourdes 26 - Oloron-Ste-Marie 48

Les Ôkiri

☎ 05 59 92 97 73, www.lesokiri.com

Pour s'y rendre : av. du Lac (à la base de loisirs)

Ouverture : de déb. avr. à fin sept.

20 ha/2 campables (60 empl.) plat, herbeux

Empl. camping : (Prix 2017) 20€ ✶✶ (10A) - pers. suppl. 12€

Location : (Prix 2017) Permanent - 10 - 24 - 6 bungalows toilés. Nuitée 99 à 120€ - Sem. 320 à 715€ - frais de réservation 10€

Camping sur une importante base de loisirs avec des chalets en bois de confort simple et des mobile homes avec ou sans sanitaires.

Nature :
Loisirs : (plage) pédalos terrain multisports
Services : (juil.-août) laverie

GPS : W : 0.26124   N : 43.20439

BAZAS

33430 - Carte Michelin **335** J8 - 4 585 h. - alt. 70
▶ Paris 637 - Agen 84 - Bergerac 105 - Bordeaux 62

Capfun Le Paradis

☎ 05 56 65 13 17, www.capfun.com/camping-france-aquitaine-paradis_de_bazas-FR.htm

Pour s'y rendre : lieu-dit : Harbieu (3 km au sud-est par D 655, rte de Grignols et chemin à drte.)

Ouverture : de déb. avr. à déb. sept.

17 ha (387 empl.) plat, herbeux

Empl. camping : (Prix 2017) 32€ ✶✶ (10A) - pers. suppl. 7€ - frais de réservation 11€

Location : (Prix 2017) (de déb. avr. à déb. sept.) - (1 mobile home) - 241 - 8 tentes lodges. Nuitée 37 à 166€ - Sem. 147 à 1 162€ - frais de réservation 27€

Nombreux mobile homes avec une petite partie en sous-bois et baignade possible dans un plan d'eau écologique.

Nature :
Loisirs : (découverte en saison)
Services : laverie

GPS : W : 0.19753   N : 44.42698

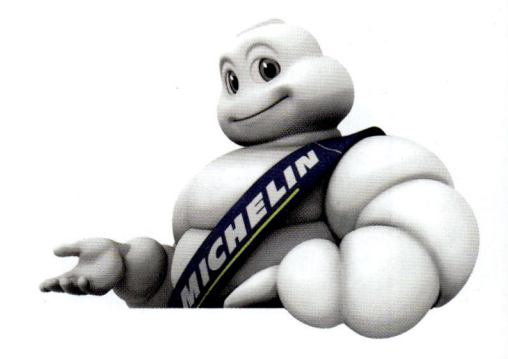

AQUITAINE

BEAUVILLE

47470 - Carte Michelin 336 H4 - 584 h. - alt. 208
▶ Paris 641 - Agen 26 - Moissac 32 - Montaigu-de-Quercy 16

Les 2 Lacs

☎ 05 53 95 45 41, www.les2lacs.com

Pour s'y rendre : lieu-dit : Vallon de Gerbal (900 m au sud-est par D 122, rte de Bourg de Visa)

Ouverture : de déb. avr. à fin oct.

22 ha/2,5 campables (80 empl.) non clos, terrasse, plat, herbeux, bois, étang

Empl. camping : (Prix 2017) ⚑ 6,25€ ⛺ 🚗 12€ – (10A) 3,25€

Location : (Prix 2017) (de déb. avr. à fin oct.) - 2 🏠 - 1 🏡 - 7 bungalows toilés. Sem. 180 à 725€

Au fond de la vallée, cadre boisé avec deux grands étangs pour la pêche et la baignade.

Nature : 🌳 🏞️
Loisirs : 🍴 🍽️ 🏊 🎣 ⚽ (plage) 🚣 barques
Services : 🔑 🚿 📶 laverie

GPS : E : 0.88819 N : 44.27142

BÉLUS

40300 - Carte Michelin 335 E13 - 605 h. - alt. 135
▶ Paris 749 - Bayonne 37 - Dax 18 - Orthez 36

La Comtesse

☎ 05 58 57 69 07, www.campinglacomtesse.com

Pour s'y rendre : lieu-dit : Claquin (2,5 km au nord-ouest par D 75 et rte à dr.)

6 ha (100 empl.) plat, herbeux

Location : 14 🏠.

Emplacements à l'ombre des peupliers et autour de l'étang.

Nature : 🌳 🏞️
Loisirs : 🍴 🍽️ 🏊 🎣 ⚽ 🎾 🏓
Services : 🔑 🚿 📶 laverie 🚗

GPS : W : 1.13055 N : 43.60534

BELVÈS

24170 - Carte Michelin 329 H7 - 1 432 h. - alt. 175
▶ Paris 553 - Bergerac 52 - Le Bugue 24 - Les Eyzies-de-Tayac 25

RCN Le Moulin de la Pique

☎ 05 53 29 01 15, www.rcn.nl/fr

Pour s'y rendre : lieu-dit : Moulin de la Pique (3 km au sud-est par D 710, rte de Fumel, au bord de la Nauze, d'un étang et d'un bief)

Ouverture : de mi-avr. à fin sept.

15 ha/6 campables (219 empl.) terrasse, plat, herbeux

Empl. camping : (Prix 2017) 58€ ⚑ ⛺ 🚗 📧 (10A) - pers. suppl. 8€ - frais de réservation 20€

Location : (Prix 2017) (de mi-avr. à fin sept.) - ♿ (1 mobile home) - 69 🏠 - 4 bungalows toilés - 5 tentes lodges - 3 appartements. - frais de réservation 20€

🚐 borne artisanale

Implantés autour d'un joli moulin du 18ᵉ s. avec ses dépendances, et du locatif de bon confort. Préférer les emplacements les plus éloignés de la route.

Nature : 🏞️ 🌳
Loisirs : 🍴 🍽️ 🏊 🎣 ⚽ 🎾 🏓 🚴
Services : 🔑 🛒 🚿 📶 laverie ♻️

GPS : E : 1.01438 N : 44.76192

Capfun Les Hauts de Ratebout

☎ 05 53 29 02 10, www.camping-hauts-ratebout.fr - peu d'emplacements pour tentes et caravanes 🚫

Pour s'y rendre : à Ste-Foy-de-Belvès, lieu-dit : Ratebout (7 km au sud-est par D 710, rte de Fumel, D 54 et rte à gauche)

Ouverture : de mi-avr. à mi-sept.

12 ha/6 campables (220 empl.) non clos, en terrasses, plat et peu incliné, herbeux

Empl. camping : (Prix 2017) ⚑ 5€ 🚗 3,50€ ⛺ 36€ (10A) - frais de réservation 27€

Location : (Prix 2017) (de mi-avr. à mi-sept.) - ♿ (1 mobile home) - 🚐 202 🏠 - 12 tentes lodges - 4 roulottes - 5 gîtes. - frais de réservation 27€

Jolie ferme périgourdine restaurée ; jeux pour enfants de qualité.

Nature : 🌳 🏞️
Loisirs : 🍴 🍽️ 🏊 🎣 ⚽ 🎾 🏓 🚴 cinéma terrain multisports
Services : 🔑 🛒 🚿 📶 laverie ♻️

GPS : E : 1.04529 N : 44.74151

Flower Les Nauves

☎ 05 53 29 12 64, www.lesnauves.com

Pour s'y rendre : lieu-dit : Le Bos Rouge (4,5 km au sud-ouest par D 53, rte de Monpazier et rte de Larzac à gauche)

Ouverture : de déb. avr. à mi-sept.

40 ha/5 campables (100 empl.) peu incliné à incliné, herbeux

Empl. camping : (Prix 2017) 28€ ⚑ ⛺ 🚗 📧 (6A) - pers. suppl. 6€

Location : (Prix 2017) (de déb. avr. à mi-sept.) - 36 🏠 - 3 🏡 - 4 bungalows toilés - 7 tentes lodges. Nuitée 32 à 130€ - Sem. 160 à 910€

Nature : 🌳 🏞️
Loisirs : 🍴 🍽️ 🏊 🎣 ⚽ 🎾 🏓 mini ferme
Services : 🔑 🛒 🚿 📶 laverie
À prox. : 🐴

GPS : E : 0.98167 N : 44.75306

BEYNAC-ET-CAZENAC

24220 - Carte Michelin 329 H6 - 522 h. - alt. 75
▶ Paris 537 - Bergerac 62 - Brive-la-Gaillarde 63 - Fumel 60

Le Capeyrou

☎ 05 53 29 54 95, www.campinglecapeyrou.com

Pour s'y rendre : au bourg, rte de Sarlat (sortie est, par la D 57, au bord de la Dordogne)

Ouverture : de déb. mai à fin sept.

4,5 ha (120 empl.) plat, herbeux

Empl. camping : (Prix 2017) ⚑ 7,95€ 🚗 ⛺ 9,90€ – (10A) 4,70€ - frais de réservation 10€

Location : (Prix 2017) (de déb. mai à fin sept.) - 🚫 - 4 tentes lodges. Nuitée 45 à 100€ - Sem. 370 à 720€ - frais de réservation 10€

🚐 borne artisanale

Préférer les emplacements près de la rivière, plus éloignés de la route.

Nature : ≤ château de Beynac 🌳
Loisirs : 🍴 🍽️ 🏊 🎣
Services : 🔑 🛒 🚿 📶 laverie
À prox. : 🚣 🛶 ⛵ (plage)

GPS : E : 1.14843 N : 44.83828

62

AQUITAINE

BIARRITZ
64200 - Carte Michelin 342 C4 - 25 397 h. - alt. 19
▶ Paris 772 - Bayonne 9 - Bordeaux 190 - Pau 122

▲ Club Airotel Biarritz-Camping
☎ 05 59 23 00 12, www.biarritz-camping.fr

Pour s'y rendre : 28 r. Harcet
Ouverture : de déb. avr. à déb. oct.
3 ha (170 empl.) en terrasses, peu incliné, plat, herbeux
Empl. camping : (Prix 2017) 51 € ✦✦ 🚗 🔲 ⚡ (10A) - pers. suppl. 9 € - frais de réservation 26 €
Location : (Prix 2017) (de déb. avr. à déb. oct.) - 🚫 - 72 🛖 - 14 bungalows toilés. Nuitée 55 à 107 € - Sem. 330 à 1 155 € - frais de réservation 25 €
🚐 borne eurorelais 5 €

À 300 m de la Cité de l'Océan et à 700 m de la plage. Bus pour la ville.

Nature : 🌊 ♤♤
Loisirs : 🍴 ✕ jacuzzi ⛱ 🏊 ♨
Services : 🔌 🛁 ☕ 📶 laverie 🧺 🚿
À prox. : 🐎
GPS : W : 1.56685 N : 43.46199

BIAS
40170 - Carte Michelin 335 D10 - 736 h. - alt. 41
▶ Paris 706 - Castets 33 - Mimizan 7 - Morcenx 30

▲ Municipal Le Tatiou 👥
☎ 05 58 09 04 76, www.campingletatiou.com

Pour s'y rendre : rte de Lespecier (2 km à l'ouest)
Ouverture : de déb. avr. à fin sept.
10 ha (501 empl.) plat, herbeux, sablonneux
Empl. camping : (Prix 2017) ✦ 6,20 € 🚗 3,50 € 🔲 23,80 € – ⚡ (10A) 4,10 € - frais de réservation 22 €
Location : (Prix 2017) (de déb. avr. à fin sept.) - ♿ (1 mobile home) - 11 🛖 - 20 bungalows toilés - 2 tentes lodges - 4 cabanons. Nuitée 50 à 100 € - Sem. 209 à 700 € - frais de réservation 22 €

Beaucoup d'emplacements pour tentes et caravanes et du locatif varié en gamme et en confort.

Nature : 🌊 ♤
Loisirs : 🍴 ✕ 🏠 🏊 ⛱ 🚴 🎣
Services : 🔌 🛁 ☕ 📶 laverie 🧺 🚿 cases réfrigérées
GPS : W : 1.24029 N : 44.14531

BIDART
64210 - Carte Michelin 342 C2 - 6 117 h. - alt. 40
▶ Paris 783 - Bordeaux 196 - Pau 119 - Bayonne 13

▲ Le Ruisseau des Pyrénées 👥
(pas d'emplacement tentes et caravanes)
☎ 05 59 41 94 50, www.camping-le-ruisseau.fr - empl. traditionnels également disponibles

Pour s'y rendre : r. Burruntz (2 km à l'est, au bord de l'Ouhabia et d'un ruisseau - en deux parties distinctes)
Ouverture : de mi-avr. à fin sept.
15 ha/7 campables (440 empl.) en terrasses, plat, herbeux
Location : (Prix 2017) (de mi-avr. à fin sept.) - ♿ (1 mobile home) - 200 🛖 - 7 🏠 - 4 tentes lodges. Nuitée 42 à 308 € - Sem. 294 à 2 156 €
🚐 borne flot bleu

En deux parties distinctes, avec beaucoup d'espaces verts pour les loisirs ou la détente et deux parcs aquatiques, un zen en partie couvert et un équipé de nombreux toboggans...

Nature : 🌊 🌳♤♤
Loisirs : 🍴 ✕ 🏠 🎮 🏊 🚴 ♨ hammam jacuzzi ⛱ 🎣 🏓 🎾 🏐 parcours de santé ferme animalière parcours dans les arbres terrain multisports
Services : 🔌 🛁 ☕ 📶 laverie 🧺 🚿
À prox. : 🐎
GPS : W : 1.56835 N : 43.43704

▲ Yelloh! Village Ilbarritz 👥
☎ 05 59 23 00 29, www.camping-ilbarritz.com

Pour s'y rendre : av. de Biarritz (2 km au nord)
6 ha (374 empl.) en terrasses, plat et peu incliné, herbeux, sablonneux
Location : ♿ (1 mobile home) - 166 🛖 - 24 🏠

Belle et vaste entrée avec de jolis bâtiments à l'architecture basque.

Nature : 🌳♤♤
Loisirs : 🍴 ✕ 🏠 🎮 🏊 jacuzzi ⛱ 🎣 🏓 surf terrain multisports
Services : 🔌 🍴 🛁 ☕ 📶 laverie 🛒 🚿 cases réfrigérées
À prox. : 🎵 discothèque
GPS : W : 1.57374 N : 43.45315

▲ Ur-Onea 👥
☎ 05 59 26 53 61, www.uronea.com

Pour s'y rendre : r. de la Chapelle (300 m à l'est, à 500 m de la plage)
Ouverture : de déb. avr. à fin sept.
5 ha (269 empl.) en terrasses, peu incliné, herbeux, sablonneux
Empl. camping : (Prix 2017) 45,50 € ✦✦ 🚗 🔲 ⚡ (10A) - pers. suppl. 8 € - frais de réservation 25 €
Location : (Prix 2017) (de déb. avr. à fin sept.) - 🚫 - 29 🛖 - 5 🏠. Nuitée 42 à 150 € - Sem. 295 à 1 050 € - frais de réservation 35 €

Camping Ur-Onea

Nature : ♤♤
Loisirs : 🍴 ✕ 🏠 🏊 ⛱ 🎣 🏓 terrain multisports
Services : 🔌 🛁 🚐 📶 laverie 🚿 cases réfrigérées
GPS : W : 1.59035 N : 43.43416

▲ Sunêlia Berrua 👥
☎ 05 59 54 96 66, www.berrua.com

Pour s'y rendre : r. Berrua (500 m à l'est, rte d'Arbonne)
Ouverture : de déb. avr. à fin sept.
5 ha (261 empl.) en terrasses, peu incliné, herbeux
Empl. camping : (Prix 2017) 50,50 € ✦✦ 🚗 🔲 ⚡ (6A) - pers. suppl. 8,90 € - frais de réservation 35 €
Location : (Prix 2017) (de fin mars à fin sept.) - 173 🛖 - 10 🏠 - 8 tentes lodges. Nuitée 43 à 283 € - Sem. 301 à 1 981 € - frais de réservation 36 €
🚐 borne AireService

Cadre soigné, fleuri. Certains locatifs sont de grand confort.

Nature : 🌳♤♤
Loisirs : 🍴 ✕ 🏠 🎮 🏊 hammam jacuzzi ⛱ 🚴 ✕ 🎣 🏓 terrain multisports
Services : 🔌 🛁 ☕ 📶 laverie 🚿
À prox. : surf
GPS : W : 1.58176 N : 43.43824

AQUITAINE

▲ Club Airotel Oyam

☎ 05 59 54 91 61, www.camping-oyam.com

Pour s'y rendre : chemin Oyhamburua (1 km à l'est par rte d'Arbonne puis rte à dr.)

Ouverture : de déb. avr. à fin sept.

7 ha (350 empl.) terrasse, peu incliné, plat, herbeux

Empl. camping : (Prix 2017) 44,30 € ♦♦ ⇔ 🔲 🗲 (6A) - pers. suppl. 7,90 €

Location : (Prix 2017) (de déb. avr. à fin sept.) - ♿ (1 mobile home) - 136 🏠 - 18 🏠 - 10 bungalows toilés - 33 tentes lodges - 16 appartements. Nuitée 32 à 219 € - Sem. 161 à 1 533 €

🚐 borne artisanale - 11 🔲 38 €

Nombreux locatifs variés et quelques emplacements pour tentes et caravanes autour d'un très agréable parc aquatique végétalisé.

Nature : 🌳 🌿
Loisirs : 🍴 ✖ 🏠 🎣 🏊 🚴 terrain multisports
Services : 🔑 🚿 🛜 laverie 🧺

GPS : W : 1.58278 N : 43.43501

▲ Pavillon Royal

☎ 05 59 23 00 54, www.pavillon-royal.com 🚫

Pour s'y rendre : av. du Prince-de-Galles (2 km au nord, au bord de la plage)

Ouverture : de déb. mai à fin sept.

5 ha (303 empl.) en terrasses, plat, herbeux

Empl. camping : (Prix 2017) 64 € ♦♦ ⇔ 🔲 🗲 (10A) - pers. suppl. 14 € - frais de réservation 25 €

Location : (Prix 2017) (de déb. mai à fin sept.) - 🚫 - 3 🏠 - 2 appartements - 4 studios. Sem. 339 à 419 € - frais de réservation 25 €

🚐 borne artisanale

Situation privilégiée entre golf, château et océan.

Nature : 🏔 ≤ 🌳 🌿
Loisirs : 🍴 ✖ 🏠 🎬 diurne 🎣 🏊 soins esthétiques surf
Services : 🔑 🅿 🚿 🛜 laverie 🧺
À prox. : 🎬 nocturne 🎵 discothèque

GPS : W : 1.57642 N : 43.45469

▲ Harrobia

☎ 05 59 26 54 71, www.harrobia.fr - peu d'emplacements pour tentes et caravanes

Pour s'y rendre : r. Maurice-Pierre (1,2 km au sud, à 400 m de la plage)

Ouverture : de déb. juin à fin sept.

3 ha (145 empl.) en terrasses, herbeux

Empl. camping : (Prix 2017) 20 € ♦♦ ⇔ 🔲 🗲 (10A) - pers. suppl. 4,50 € - frais de réservation 25 €

Location : (Prix 2017) (de déb. avr. à fin sept.) - 130 🏠 - 2 🏠 - 3 appartements. Nuitée 40 à 165 € - Sem. 219 à 1 155 € - frais de réservation 25 €

Proche de la voie ferrée, parc de mobile homes et très peu d'emplacements pour tentes et caravanes.

Nature : 🌳 🌿
Loisirs : 🍴 ✖ 🏠 🎣 🏊
Services : 🔑 🚿 🛜 laverie

GPS : W : 1.59903 N : 43.42773

BIGANOS

33380 - Carte Michelin **335** F7 - 9 464 h. - alt. 16

▶ Paris 629 - Andernos-les-Bains 15 - Arcachon 27 - Bordeaux 47

▲ Le Marache

☎ 05 57 70 61 19, www.marachevacances.com

Pour s'y rendre : 25 r. Gambetta (sortie nord par D 3, rte d'Audenge et rte à dr.)

Ouverture : de déb. avr. à fin sept.

2 ha (113 empl.) plat, herbeux, sablonneux

Empl. camping : (Prix 2017) 37,30 € ♦♦ ⇔ 🔲 🗲 (16A) - pers. suppl. 6,50 € - frais de réservation 15 €

Location : (Prix 2017) (de déb. avr. à fin sept.) - 43 🏠 - 7 🏠 - 2 chalets sur pilotis - 6 bungalows toilés. Sem. 250 à 1 050 € - frais de réservation 20 €

🚐 borne artisanale 6,50 €

Préférer les emplacements au fond du terrain, plus éloignés de la route.

Nature : 🌳 🌿
Loisirs : 🍴 ✖ 🏠 jacuzzi 🏊 terrain multisports
Services : 🔑 🚿 🛜 laverie 🧺

GPS : W : 0.97943 N : 44.65081

BIRON

24540 - Carte Michelin **329** G8 - 182 h. - alt. 200

▶ Paris 583 - Beaumont 25 - Bergerac 46 - Fumel 20

▲ Capfun Le Moulinal

☎ 05 53 40 84 60, www.franceloc.fr/camping-france-aquitaine-moulinal-FR.html - peu d'emplacements pour tentes et caravanes

Pour s'y rendre : lieu-dit : Étang du Moulinal (4 km au sud, rte de Lacapelle-Biron puis 2 km par rte de Villeréal à dr.)

Ouverture : de déb. avr. à mi-sept.

10 ha/5 campables (320 empl.) fort dénivelé, en terrasses, plat, herbeux

Empl. camping : (Prix 2017) 49 € ♦♦ ⇔ 🔲 🗲 (10A) - pers. suppl. 7 € - frais de réservation 27 €

Location : (Prix 2017) (de déb. avr. à mi-sept.) - 231 🏠 - 37 🏠 - 23 tentes lodges. Nuitée 25 à 217 € - Sem. 175 à 1 519 € - frais de réservation 27 €

En deux parties distinctes de chaque côté de la route, important parc de mobile homes au bord d'un joli plan d'eau avec une végétation variée et luxuriante.

Nature : 🏞 🌳 🌿
Loisirs : 🍴 ✖ 🏠 salle d'animations 🎣 🚴 🏊 (plage) 🛶 terrain multisports
Services : 🔑 🚿 🛜 laverie 🧺

GPS : E : 0.87116 N : 44.60031

▲ Village Vacances Castelwood

(pas d'emplacement tentes et caravanes)

☎ 05 53 57 96 08, www.castelwood.fr

Pour s'y rendre : lieu-dit : Bois du Château-Les Fargues (1 km au sud par D 53, rte de Lacapelle-Biron)

1 ha en terrasses, peu incliné, bois

Location : (Prix 2017) (de déb. avr. à fin sept.) - ♿ (1 chalet) - 15 🏠. Nuitée 76 à 133 € - Sem. 399 à 931 €

Chalets grand confort nichés dans la forêt du Périgord pourpre.

Nature : 🌳 🌿
Loisirs : 🎣 🏊
Services : 🔑 🛜 laverie

GPS : E : 0.87701 N : 44.62495

AQUITAINE

BISCARROSSE

40600 - Carte Michelin **335** E8 - 12 163 h. - alt. 22

▶ Paris 656 - Arcachon 40 - Bayonne 128 - Bordeaux 74

▲▲▲▲ Club Airotel Domaine de la Rive

☎ 05 58 78 12 33, www.larive.fr

Pour s'y rendre : rte de Bordeaux (8 km au nord-est par D 652, rte de Sanguinet, puis 2,2 km par rte à gauche, au bord de l'étang de Cazaux)

Ouverture : de déb. avr. à déb. sept.

15 ha (764 empl.) plat, herbeux, sablonneux

Empl. camping : (Prix 2017) 69 € ♦♦ 🚗 🅿 ⚡ (10A) - pers. suppl. 13 € - frais de réservation 30 €

Location : (Prix 2017) (de déb. avr. à déb. sept.) - ♿ (1 mobile home) – 250 🚍 – 20 🏠. Nuitée 90 à 399 € - Sem. 660 à 2 823 € - frais de réservation 30 €

🚐 borne Sanistation

Nombreux loisirs et animations autour d'un impressionnant parc aquatique en partie couvert. Accès direct à la plage au bord du lac.

Nature : 🌳 🏞 ♨♨ ⛰
Loisirs : 🍽 ✕ 🎭 salle d'animations 🏸 🚴 centre balnéo ♨ hammam jacuzzi 🐎 ✂ ⛵ 🏊 (plage) 🤿 🏄 ski nautique terrain multisports skate parc
Services : 🔑 🚿 💈 📶 laverie 🛒 cases réfrigérées
GPS : W : 1.1299 N : 44.46022

▲▲▲ Mayotte Vacances

☎ 05 58 78 82 00 52, www.mayottevacances.com

Pour s'y rendre : 368 chemin des Roseaux (6 km au nord par rte de Sanguinet puis, à Gouberm, 2,5 km par rte à gauche)

Ouverture : de fin mars à fin sept.

15 ha (714 empl.) plat, herbeux, sablonneux

Empl. camping : (Prix 2017) 63 € ♦♦ 🚗 🅿 ⚡ (10A) - pers. suppl. 9,50 € - frais de réservation 30 €

Location : (Prix 2017) (de fin mars à fin sept.) - 395 🚍 - 21 tentes lodges. Nuitée 22 à 571 € - Sem. 154 à 3 997 € - frais de réservation 30 €

Cadre verdoyant, ombragé, avec du locatif varié et de grand confort pour certains. Accès direct au lac et à la plage.

Nature : 🌳 🏞 ♨♨ 🌲
Loisirs : 🍽 ✕ 🎭 salle d'animations 🏸 🚴 centre balnéo ♨ hammam jacuzzi 🐎 ⛵ parcours de santé parcours dans les arbres terrain multisports
Services : 🔑 🚿 💈 📶 laverie 🛒 cases réfrigérées
GPS : W : 1.1538 N : 44.43488

▲▲ Bimbo

☎ 05 58 09 82 33, www.campingbimbo.fr - peu d'emplacements pour tentes et caravanes

Pour s'y rendre : 176 chemin de Bimbo (3,5 km au nord par rte de Sanguinet et rte de Navarrosse à gauche)

Ouverture : de déb. avr. à fin sept.

6 ha (177 empl.) plat, herbeux, sablonneux

Empl. camping : (Prix 2017) 53 € ♦♦ 🚗 🅿 ⚡ (10A) - pers. suppl. 9 € - frais de réservation 17 €

Location : (Prix 2017) (de déb. avr. à fin oct.) - 🏠 (de déb. juil. à mi-août) - 40 🚍 - 12 🏠 - 2 chalets sur pilotis - 5 tentes lodges. Nuitée 58 à 137 € - Sem. 290 à 959 € - frais de réservation 27 €

Certains locatifs de grand confort. Accueil de groupes de jeunes enfants.

Nature : 🌳 🏞 ♨♨
Loisirs : 🍽 ✕ 🎭 🏸 🚴 jacuzzi 🐎 🚴 ✂ ⛵ terrain multisports
Services : 🔑 🚿 💈 📶 laverie 🛒 cases réfrigérées
À prox. : 🐎
GPS : W : 1.16137 N : 44.42588

▲▲▲ Les Écureuils

☎ 05 58 09 80 00, www.ecureuils.fr - peu d'emplacements pour tentes et caravanes

Pour s'y rendre : 646 chemin de Navarrosse (4,2 km au nord par rte de Sanguinet et rte de Navarrosse à gauche, à 400 m de l'étang de Cazaux)

Ouverture : de déb. mai à déb. sept.

6 ha (183 empl.) plat, herbeux, sablonneux

Empl. camping : (Prix 2017) 54 € ♦♦ 🚗 🅿 ⚡ (10A) - pers. suppl. 10 € - frais de réservation 32 €

Location : (Prix 2017) (de déb. mai à déb. sept.) - 🏠 - 8 🚍 - 1 tente lodge. Sem. 390 à 1 250 € - frais de réservation 32 €

🚐 borne artisanale

Ambiance très familiale avec une majorité de mobile homes de propriétaires-résidents.

Nature : 🌳 🏞 ♨
Loisirs : 🍽 ✕ 🎭 🏸 jacuzzi 🐎 🚴 ✂ 🏊 (plage)
Services : 🔑 🚿 💈 📶 laverie 🛒
À prox. : 🚣 ⛵
GPS : W : 1.16765 N : 44.42947

▲▲ Campéole de Navarrosse

☎ 05 58 09 84 32, www.campeole.com/fr/navarrosse

Pour s'y rendre : 712 chemin de Navarrosse (5 km au nord, rte de Sanguinet et rte de Navarrosse à gauche)

Ouverture : de fin mars à fin sept.

9 ha (500 empl.) non clos, plat, herbeux, sablonneux

Empl. camping : (Prix 2017) 23,20 € ♦♦ 🚗 🅿 ⚡ (10A) - pers. suppl. 4,90 € - frais de réservation 25 €

Location : (Prix 2017) (de fin mars à fin sept.) - ♿ (1 mobile home) - 44 🚍 - 11 🏠 - 114 bungalows toilés - 17 tentes lodges. Nuitée 34 à 208 € - Sem. 392 à 1 456 € - frais de réservation 25 €

Entre le canal et la belle plage de sable du lac.

Nature : 🌳 ♨♨ 🌲
Loisirs : 🍽 ✕ 🎭 🎬 🏸 🚴 ✂ 🏄 🏊
Services : 🔑 🚿 💈 📶 laverie 🛒
À prox. : 🚣 🚴 ⛵ ⚓
GPS : W : 1.16765 N : 44.42822

Wilt u een stad of streek bezichtigen ?
Raadpleeg de groene Michelingidsen.

AQUITAINE

Campéole - NOS CAMPINGS DANS LES LANDES - www.campeole.com

PLAGE SUD ★★★
Au cœur de Biscarrosse-Plage, au plus près de l'océan
230 Rue des Bécasses
40600 Biscarrosse-Plage
+33 (0)5 58 78 21 24
plagesud@campeole.com

LE VIVIER ★★★
Accès direct à la plage et aux pistes cyclables de la Vélodyssée
681 Rue du Tit
40600 Biscarrosse-Plage
+33 (0)5 58 78 39 43
vivier@campeole.com

NAVARROSSE ★★★★
Plage du lac directe d'accès et petit port landais
712 Chemin de Navarrosse
40600 Biscarrosse
+33 (0)5 58 09 84 32
navarrosse@campeole.com

LE LAC DE SANGUINET ★★★
Le lac de Sanguinet, un trésor à partager en famille
526 Rue de Pinton
40460 Sanguinet
+33 (0)5 58 82 70 80
lac-sanguinet@campeole.com

BISCARROSSE-PLAGE

40600 - Carte Michelin **335** E8
▶ Paris 669 - Bordeaux 91 - Mont-de-Marsan 100

Campéole le Vivier

☎ 05 58 78 25 76, www.campeole.com

Pour s'y rendre : 681 r. du Tit (au nord de la station, à 700 m de la plage)

Ouverture : de fin avr. à mi-sept.

17 ha (830 empl.) vallonné, plat, herbeux, sablonneux

Empl. camping : (Prix 2017) 22,80 € ✶✶ 🚗 📧 ⚡ (10A) - pers. suppl. 4,90 € - frais de réservation 15 €

Location : (Prix 2017) (de fin avr. à mi-sept.) - ♿ (1 mobile home) - 79 🚐 - 50 🏠 - 190 bungalows toilés - 30 tentes lodges - 45 tentes sur pilotis. Nuitée 34 à 207 € - Sem. 300 à 1 200 € - frais de réservation 15 €

🚰 borne AireService

Nature : 🌳 🌲🌲
Loisirs : 🍹 ✕ 🎱 🎵 salle d'animations 🏃 🛶 🚴 🎯 terrain multisports
Services : 🔑 🛒 📶 laverie 🧺
À prox. : 🚣

GPS W : 1.24056 N : 44.45938

Campéole Plage Sud 👥

☎ 05 58 78 21 24, www.campeole.com/campeole/camping-plage-sud-landes.html

Pour s'y rendre : 230 r. des Bécasses (au sud de la station, à 500 m de la plage)

Ouverture : de fin mars à mi-oct.

28 ha (1179 empl.) vallonné, en terrasses, plat, sablonneux

Empl. camping : (Prix 2017) 34,50 € ✶✶ 🚗 📧 ⚡ (6A) - pers. suppl. 8,60 € - frais de réservation 25 €

Location : (Prix 2017) (de fin mars à mi-oct.) - ♿ (1 mobile home) - 100 🚐 - 72 🏠 - 60 bungalows toilés - 30 tentes lodges - 10 tentes sur pilotis. Nuitée 28 à 177 € - Sem. 196 à 1 239 € - frais de réservation 25 €

🚰 borne AireService

Nombreux loisirs et animations.

Nature : 🌲🌲
Loisirs : 🍹 ✕ 🎱 🎵 salle d'animations 🏃 🛶 🚴 🎯 parcours dans les arbres terrain multisports
Services : 🔑 🛒 📶 laverie 🧺
À prox. : 🛒

GPS W : 1.24575 N : 44.4412

BLASIMON

33540 - Carte Michelin **335** K6 - 866 h. - alt. 80
▶ Paris 607 - Bordeaux 47 - Mérignac 63 - Pessac 60

⛺ Le Lac

☎ 05 56 71 59 62, www.gironde.fr/jcms/c_5115/les-domaines-d-hostens-et-blasim

Pour s'y rendre : Domaine départemental Volny Favory (à la base de loisirs)

Ouverture : de déb. avr. à fin oct.

50 ha/1 campable (39 empl.) plat, herbeux

Empl. camping : (Prix 2017) 🚗 📧 12,50 € – ⚡ (20A) 3 €

Location : (Prix 2017) Permanent - 9 🚐. Nuitée 35 à 50 € - Sem. 200 à 300 €

Beaux emplacements bien délimités tout proches de la base de loisirs.

Nature : 🏖️ 🌳 🌲
Loisirs : 🎵
Services : 🔑 🚿
à la base de loisirs : ✕ 🚣 🚴 🎯 🏊 (plage) 🚣 🏄 paddle

GPS W : 0.08757 N : 44.75541

▲▲ ... ▲
Besonders angenehme Campingplätze, ihrer Kategorie entsprechend.

AQUITAINE

BORDEAUX

33000 - Carte Michelin 335 H5 - 236 725 h. - alt. 4

▶ Paris 572 - Mont-de-Marsan 138 - Bayonne 191 - Arcachon 72

⛺ Village du Lac

📞 05 57 87 70 60, www.camping-bordeaux.com

Pour s'y rendre : à Bordeaux Lac, commune de Bruges, bd Jacques Chaban-Delmas (rocade sortie n° 5 : Parc des expositions)

Ouverture : Permanent

13 ha/6 campables (340 empl.) plat, herbeux

Empl. camping : (Prix 2017) 34€ ✶✶ 🚗 📧 (10A) - pers. suppl. 9,50€

Location : (Prix 2017) Permanent♿ (2 mobile homes) - 165 🏠 - 9 🏡. Nuitée 30 à 159€ - Sem. 40 à 159€

🚐 borne artisanale 5€

Locatif varié, parfois en formule hôtelière dans un cadre boisé autour de plusieurs jolis petits étangs. Bus pour le centre-ville.

Nature : 🌳🌳	
Loisirs : 🍴✕ 🏛 ⛹ 🚴 ⛱ terrain multisports	**GPS**: W : 0.5827
Services : 🚰 🛒 🚿 ♿ 📶 laverie ♨ 🧺	N : 44.89759
À prox. : 🎣	

BRANTÔME

24310 - Carte Michelin 329 E3 - 2 140 h. - alt. 104

▶ Paris 470 - Angoulême 58 - Limoges 83 - Nontron 23

⛺ Brantôme Peyrelevade 👥

📞 05 53 05 75 24, www.camping-dordogne.net

Pour s'y rendre : av. André-Maurois (1 km à l'est par D 78, au bord de la Dronne)

5 ha (150 empl.) plat, herbeux

Location : 18 🏠 - 5 tentes lodges.

🚐 borne raclet - 10 📧

Cadre soigné, ombragé avec une jolie petite plage de sable blanc au bord de la rivière la Dronne.

Nature : 🏖 ⛲🌳🌳	
Loisirs : 🍴✕ 🏛 ⛹ 🚴 ⛱ 🏊 (plage) 🎣	**GPS**: E : 0.66043
Services : 🚰 🛒 🚿 ♿ 📶 laverie ♨	N : 45.36107
À prox. : ✂ 🎣	

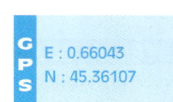

LE BUGUE

24260 - Carte Michelin 329 G6 - 2 800 h. - alt. 62

▶ Paris 522 - Bergerac 47 - Brive-la-Gaillarde 72 - Cahors 86

⛺ La Linotte 👥

📞 05 53 04 50 01, www.campinglalinotte.com - peu d'emplacements pour tentes et caravanes

Pour s'y rendre : rte de Rouffignac (3,5 km au nord-est par D 710 rte de Périgueux et D 32e à dr.)

Ouverture : de fin avr. à mi-sept.

13 ha/2,5 campables (128 empl.) en terrasses, plat et peu incliné, herbeux

Empl. camping : (Prix 2017) 40€ ✶✶ 🚗 📧 (10A) - pers. suppl. 7€ - frais de réservation 19€

Location : (Prix 2017) (de fin avr. à mi-sept.) - 94 🏠 - 7 🏡 - 7 tentes lodges - 2 roulottes. Nuitée 30 à 195€ - Sem. 210 à 1 365€ - frais de réservation 19€

Cadre très vallonné, locatif de bon confort mais peu d'emplacements pour tentes et caravanes.

Nature : 🏖 ⛲🌳🌳	
Loisirs : 🍴✕ 🏛 ⛹ 🚴 jacuzzi ⛱ 🏊 ⛹ terrain multisports	**GPS**: E : 0.93659
Services : 🚰 🛒 🚿 ♿ 📶 laverie ♨	N : 44.93386

⛺ Les Trois Caupain

📞 09 77 79 80 12, www.camping-des-trois-caupain.com

Pour s'y rendre : allée Paul-Jean-Souriau

Ouverture : de déb. avr. à fin oct.

4 ha (160 empl.) plat, herbeux

Empl. camping : (Prix 2017) 20,15€ ✶✶ 🚗 📧 (16A) - pers. suppl. 4,10€ - frais de réservation 6€

Location : (Prix 2017) (de déb. avr. à fin oct.) - 40 🏠. Nuitée 25 à 100€ - Sem. 169 à 700€ - frais de réservation 16€

🚐 borne artisanale - 🛒 9,90€

Cadre verdoyant tout proche des bords de la Dordogne.

Nature : 🏖 ⛲🌳	
Loisirs : ✕ 🏛 ⛹ terrain multisports	**GPS**: E : 0.93178
Services : 🚰 🛒 🚿 ♿ 📶 laverie ♨	N : 44.90916
À prox. : 🎣 🏊 grand aquarium	

*The classification (1 to 5 tents, **black** or **red**) that we award to selected sites in this Guide is a system that is our own. It should not be confused with the classification (1 to 5 stars) of official organisations.*

LE BUISSON-DE-CADOUIN

24480 - Carte Michelin 329 G6 - 2 143 h. - alt. 63

▶ Paris 532 - Bergerac 38 - Périgueux 52 - Sarlat-la-Canéda 36

⛺ Domaine de Fromengal 👥

📞 05 53 63 11 55, www.domaine-fromengal.com

Pour s'y rendre : lieu-dit : La Combe de Cussac (6,5 km au sud-ouest par D 29, rte de Lalinde, D 2 à gauche, rte de Cadouin et chemin à dr.)

Ouverture : de déb. avr. à fin sept.

22 ha/3 campables (93 empl.) en terrasses, herbeux, bois attenant

Empl. camping : (Prix 2017) 37,50€ ✶✶ 🚗 📧 (16A) - pers. suppl. 9€ - frais de réservation 23€

Location : (Prix 2017) (de déb. avr. à fin sept.) - 29 🏠 - 23 🏡 - 4 bungalows toilés - 4 mobile homes (sans sanitaire). Nuitée 41 à 200€ - Sem. 205 à 1 400€ - frais de réservation 23€

Cadre vallonné, quelques locatifs grand confort et beaucoup d'espaces verts pour la détente ou les jeux collectifs.

Nature : 🏖 ⛲🌳🌳	
Loisirs : ✕ 🏛 ⛹ 🚴 🏊 ⛹ terrain multisports	**GPS**: E : 0.86006
Services : 🚰 🛒 🚿 ♿ 📶 laverie	N : 44.82292

67

AQUITAINE

BUNUS

64120 - Carte Michelin **342** F3 - 147 h. - alt. 186
▶ Paris 820 - Bayonne 61 - Hasparren 38 - Mauléon-Licharre 22

⚠ Inxauseta

☏ 05 59 37 81 49, www.inxauseta.fr

Pour s'y rendre : au bourg, près de l'église et du fronton.
Ouverture : de déb. juin à fin sept.
0,8 ha (40 empl.) peu incliné
Empl. camping : (Prix 2017) ♦ 4,80 € ⇔ 🅿 4,80 € – (5A) 3,30 €

Belles salles de détente dans une ancienne maison basque rénovée avec organisation d'expositions (peintures...).

Nature : 🌳 ≤ 🌲🌲
Loisirs : 🎮
Services : ⚬━ 🚗 📶

GPS
W : 1.06794
N : 43.20974

CAMBO-LES-BAINS

64250 - Carte Michelin **342** D2 - 6 466 h. - alt. 67 - ♨
▶ Paris 783 - Bayonne 20 - Biarritz 21 - Pau 115

⚠ Bixta Eder

☏ 05 59 29 94 23, www.campingbixtaeder.com

Pour s'y rendre : 52 av. d'Espagne (1,3 km au sud-ouest par D 918, rte de St-Jean-de-Luz)
Ouverture : de mi-avr. à mi-oct.
1 ha (90 empl.) peu incliné, plat, herbeux, gravier
Empl. camping : (Prix 2017) 21 € ♦ ⇔ 🅿 (10A) - pers. suppl. 5 € - frais de réservation 15 €
Location : (Prix 2017) (de mi-avr. à fin oct.) - 19 🏠 - 3 🏕. Nuitée 40 à 100 € - Sem. 260 à 650 € - frais de réservation 15 €

Agréable petite structure avec quelques mobile homes de bon confort.

Nature : 🌳 🌲🌲
Loisirs : 🎮
Services : ⚬━ 🛁 📶 laverie 🚗
À prox. : ✂ 🏊

GPS
W : 1.41448
N : 43.35567

CAMPAGNE

24260 - Carte Michelin **329** G6 - 367 h. - alt. 60
▶ Paris 542 - Bergerac 51 - Belvès 19 - Les Eyzies-de-Tayac 7

⛰ Le Val de la Marquise 👥

☏ 05 53 54 74 10, www.camping-dordogne-marquise.com

Pour s'y rendre : lieu-dit : Le Moulin (500 m à l'est par D 35, rte de St-Cyprien)
Ouverture : de fin avr. à fin sept.
4 ha (104 empl.) en terrasses, plat, herbeux, étang
Empl. camping : (Prix 2017) 29 € ♦ ♦ ⇔ 🅿 (16A) - pers. suppl. 6,60 €
Location : (Prix 2017) (de fin avr. à fin sept.) - 🏊 - 19 🏠 - 8 🏕. Nuitée 29 à 128 € - Sem. 203 à 896 € - frais de réservation 20 €
🚐 borne artisanale 12,90 €

Terrain tout en longueur bordant l'étang idéal pour la pêche. Préférer les emplacements les plus éloignés de la route.

Nature : 🌳 🌲🌲
Loisirs : ✂ 🍴 🎠 🏊 🚣
Services : ⚬━ 🛁 📶 laverie 🚗

GPS
E : 0.9743
N : 44.90537

CARSAC-AILLAC

24200 - Carte Michelin **329** I6 - 1 479 h. - alt. 80
▶ Paris 536 - Brive-la-Gaillarde 59 - Gourdon 18 - Sarlat-la-Canéda 9

⛰ Le Plein Air des Bories

☏ 05 53 28 15 67, www.camping-desbories.com

Pour s'y rendre : lieu-dit : Les Bories (1,3 km au sud par D 703, rte de Vitrac et chemin à gauche, au bord de la Dordogne)
Ouverture : de déb. mai à déb. sept.
3,5 ha (120 empl.) plat, herbeux, sablonneux
Empl. camping : (Prix 2017) 28,50 € ♦ ♦ ⇔ 🅿 (16A) - pers. suppl. 6,50 € - frais de réservation 15 €
Location : (Prix 2017) (de déb. mai à déb. sept.) - 55 🏠. Nuitée 30 à 65 € - Sem. 190 à 780 € - frais de réservation 15 €

Emplacements ombragés jusqu'au bord de la Dordogne et bon confort sanitaire.

Nature : 🌳 🌲🌲 🏖
Loisirs : 🍴 ✂ 🎠 🏊 🚣 🎣 (découverte en saison)
Services : ⚬━ 🛁 📶 🛒 🚗

GPS
E : 1.2684
N : 44.83299

⛰ Le Rocher de la Cave

☏ 05 53 28 14 26, www.rocherdelacave.com

Pour s'y rendre : lieu-dit : La Pommarède (1,7 km au sud par D 703, rte de Vitrac et chemin à gauche, au bord de la Dordogne)
Ouverture : de déb. mai à fin sept.
5 ha (190 empl.) en terrasses, plat, herbeux
Empl. camping : (Prix 2017) ♦ 7 € ⇔ 🅿 9 € – (10A) 4,30 €
Location : (Prix 2017) (de déb. mai à fin sept.) - 26 🏠 - 7 🏕 - 15 bungalows toilés - 15 tentes lodges. Nuitée 30 à 100 € - Sem. 200 à 1 055 €

Emplacements plein soleil ou ombragés au bord de la Dordogne et locatif varié.

Nature : 🌳 🌲🌲 🏖
Loisirs : 🍴 ✂ 🎠 🏊 🚣 (plage) 🎣
Services : ⚬━ 🛁 📶 laverie 🚗

GPS
E : 1.26719
N : 44.82977

Benutzen Sie den Hotelführer des laufenden Jahres.

CASTELJALOUX

47700 - Carte Michelin **336** C4 - 4 773 h. - alt. 52
▶ Paris 674 - Agen 55 - Langon 55 - Marmande 23

⚠ Village Vacances Castel Chalets du Lac

(pas d'emplacement tentes et caravanes)
☏ 05 53 93 07 45, www.castel-chalets.com

Pour s'y rendre : rte de Mont-de-Marsan, au Lac de Clarens (2,5 km au sud-ouest par D 933, rte de Mont-de-Marsan)
4 ha plat, sablonneux
Location : (Prix 2017) Permanent ♿ (1 chalet) - 25 🏕. Nuitée 120 à 185 € - Sem. 320 à 750 €
🚐 borne eurorelais 15 € - 15 🅿 15 €

Petit village de chalets de confort simple, au bord du lac, face à la base de loisirs très bien aménagée.

Nature : 🌳 ≤ 🌲🌲 🏖
Loisirs : 🎠 🚣
Services : ⚬━ 🛒 📶
À prox. : 🍴 ✂ 🏊 🐎 parcours dans les arbres pédalos paintball, golf (18 trous) casino

GPS
E : 0.0725
N : 44.29278

AQUITAINE

CASTELMORON-SUR-LOT

47260 - Carte Michelin 336 E3 - 1 755 h. - alt. 49
▶ Paris 600 - Agen 33 - Bergerac 63 - Marmande 35

Village Vacances Port-Lalande
(pas d'emplacement tentes et caravanes)

✆ 04 68 37 65 65, www.grandbleu.fr

Pour s'y rendre : 1,5 km au sud-est

4 ha plat, herbeux

Location : (Prix 2017) (de déb. avr. à fin sept.) - ♿ (1 chalet) - Ⓟ - 80 🏠. Nuitée 80 à 150€ - Sem. 252 à 994€ - frais de réservation 20€

Agréable village de chalets de différents conforts, au bord du Lot et d'un petit port de plaisance.

Nature : 🏊 ≤ 🌳
Loisirs : 🍽️ 👣 centre balnéo 🧖 hammam jacuzzi 🏊
Services : 🔑 📶 🖥️
À prox. : ✗ ⚓ location de bateaux

GPS : E : 0.50661 N : 44.38803

CASTELNAUD-LA-CHAPELLE

24250 - Carte Michelin 329 H7 - 477 h. - alt. 140
▶ Paris 539 - Le Bugue 29 - Les Eyzies-de-Tayac 27 - Gourdon 25

⛺ Lou Castel 👥

✆ 05 53 29 89 24, www.loucastel.com

Pour s'y rendre : lieu-dit : Prente Garde (sortie sud par D 57 puis 3,4 km par rte du château à dr. - pour caravanes, accès fortement conseillé par Pont-de-Cause et D 50, rte de Veyrines-de-Domme)

5,5 ha/2,5 campables (117 empl.) plat, herbeux, pierreux, bois attenant

Location : 50 🚐 - 5 🏠 - 11 bungalows toilés - 3 tentes lodges - 2 roulottes - 4 gîtes.

Ambiance très familiale avec des emplacements sous une agréable chênaie.

Nature : 🏊 🌳 🌲
Loisirs : 🍽️ 🏠 👣 🛝 🏊 🏊 terrain multisports
Services : 🔑 ♿ 🚿 📶 laverie ♻️

GPS : E : 1.1315 N : 44.79755

⛺ Maisonneuve

✆ 05 53 29 51 29, www.campingmaisonneuve.com

Pour s'y rendre : chemin de Maisonneuve (1 km au sud-est par D 57 et chemin à gauche, au bord du Céou)

Ouverture : de déb. avr. à fin oct.

6 ha/3 campables (140 empl.) non clos, plat, herbeux

Empl. camping : (Prix 2017) ♂ 7,80€ 🚗 🖥️ 9,80€ – 🔌 (10A) 6€ - frais de réservation 15€

Location : (Prix 2017) (de déb. avr. à fin oct.) - 🚫 - 10 🚐 - 2 tentes lodges - 3 cabanons - 1 gîte. Nuitée 16 à 66€ - Sem. 300 à 920€ - frais de réservation 15€

🚐 borne AireService

Autour d'une ancienne ferme restaurée et fleurie.

Nature : ≤ 🌳 🌲
Loisirs : 🍽️ 🏠 🛝 🏊 🏊
Services : 🔑 🚿 📶 laverie

GPS : E : 1.15822 N : 44.80482

CASTELS

24220 - Carte Michelin 329 H6 - 647 h. - alt. 50
▶ Paris 551 - Bordeaux 181 - Montauban 145 - Brive-la-Gaillarde 73

Village Vacances La Noyeraie
(pas d'emplacement tentes et caravanes)

✆ 05 53 31 24 43, www.chaletlanoyeraie.fr

Pour s'y rendre : lieu-dit : Le Grelat (1 km au sud-est par la D 703, rte de Sarlat)

1,5 ha plat, herbeux

Location : (Prix 2017) Permanent Ⓟ - 19 🏠. Nuitée 45 à 110€ - Sem. 240 à 757€ - frais de réservation 15€

Petit village de chalets à l'ombre des noyers et chênes verts du Périgord.

Nature : 🌳 🌲
Loisirs : 🏠 🏊 🏊 (découverte en saison)
Services : 🔑 Ⓟ 🚿 🖥️ laverie

GPS : E : 1.08071 N : 44.85004

CÉNAC-ET-ST-JULIEN

24250 - Carte Michelin 329 I7 - 1 218 h. - alt. 70
▶ Paris 537 - Le Bugue 34 - Gourdon 20 - Sarlat-la-Canéda 12

⛺ Le Pech de Caumont

✆ 05 53 28 21 63, www.pech-de-caumont.com

Pour s'y rendre : 2 km au sud sur D 46 rte de Cahors

Ouverture : de déb. avr. à fin sept.

2,2 ha (100 empl.) en terrasses, plat, herbeux

Empl. camping : (Prix 2017) 24,40€ ♂♂ 🚗 🖥️ 🔌 (16A) - pers. suppl. 6,20€ - frais de réservation 12,50€

Location : (Prix 2017) (de déb. avr. à fin sept.) - 🚫 - 16 🚐 - 6 🏠. Nuitée 35 à 100€ - Sem. 210 à 700€ - frais de réservation 12,50€

Domine la vallée de la Dordogne, face au village de Domme.

Nature : 🏊 ≤ 🌳 🌲
Loisirs : 🍽️ ✗ 🏠 🛝 🏊
Services : 🔑 ♿ 🚿 📶 laverie ♻️

GPS : E : 1.20908 N : 44.78654

LA CHAPELLE-AUBAREIL

24290 - Carte Michelin 329 I5 - 471 h. - alt. 230
▶ Paris 515 - Brive-la-Gaillarde 40 - Les Eyzies-de-Tayac 21 - Montignac 9

⛺ La Fage

✆ 05 53 50 76 50, www.camping-lafage.com

Pour s'y rendre : lieu-dit : La Fage (1,2 km au nord-ouest par rte de St-Amand-de-Coly, vers D 704 et chemin à gauche)

Ouverture : de mi-avr. à mi-oct.

5 ha (92 empl.) en terrasses, peu incliné, plat, herbeux

Empl. camping : (Prix 2017) 18,30€ ♂♂ 🚗 🖥️ 🔌 (10A) - pers. suppl. 2€ - frais de réservation 10€

Location : (Prix 2017) (de mi-avr. à mi-oct.) - 20 🚐 - 4 🏠 - 8 tentes lodges - 1 cabanon. Nuitée 40 à 125€ - Sem. 160 à 875€ - frais de réservation 10€

🚐 borne artisanale 18,30€

Beaucoup d'espaces verts, idéal pour la détente ou les jeux collectifs.

Nature : 🏊 🌳 🌲
Loisirs : ✗ 🏠 🛝 🏊 (découverte en saison)
Services : 🔑 ♿ 🚿 📶 laverie ♻️

GPS : E : 1.1882 N : 45.01745

69

AQUITAINE

CONTIS-PLAGE

40170 - Carte Michelin 335 D10
▶ Paris 714 - Bayonne 87 - Castets 32 - Dax 52

⛺ Yelloh! Village Lous Seurrots

📞 05 58 42 85 82, www.lous-seurrots.com

Pour s'y rendre : 606 av. de l'Océan (sortie sud-est par D 41, près du Courant de Contis, à 700 m de la plage)

Ouverture : de fin mars à fin sept.

14 ha (571 empl.) vallonné, plat et peu incliné, herbeux, sablonneux

Empl. camping : (Prix 2017) 60 € ✶✶ 🚗 📧 ⚡ (10A) - pers. suppl. 9 €

Location : (Prix 2017) (de fin mars à fin sept.) - ♿ (1 chalet) - 189 🏠 - 109 🏕 - 15 bungalows toilés - 20 tentes lodges. Nuitée 55 à 195 € - Sem. 385 à 1 365 €

Des plages du parc aquatique, vue imprenable sur la dune et l'océan. Quelques locatifs grand confort à l'ombre d'une jolie pinède.

Nature : 🌲 🏞 ♒♒ ▲
Loisirs : 🍽 ✗ 🏠 (théâtre de plein air) 🏃 🏊 🚴 ♨ 🎾 terrain multisports
Services : 🔑 🏧 🚿 🛜 laverie 🧺 🔄 cases réfrigérées
À prox. : 🚣 surf

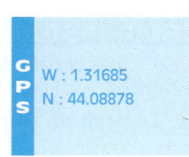

GPS : W : 1.31685 N : 44.08878

COURBIAC

47370 - Carte Michelin 336 I3 - 110 h. - alt. 145
▶ Paris 623 - Bordeaux 172 - Agen 46 - Montauban 59

⛺ Le Pouchou

📞 06 42 83 37 62, www.camping-le-pouchou.com

Pour s'y rendre : 1,8 km à l'ouest par rte de Tournon-d'Agenais et chemin à gauche

Ouverture : de déb. mai à fin sept.

15 ha/2 campables (30 empl.) non clos, peu incliné, herbeux

Empl. camping : (Prix 2017) ✶ 4,80 € 🚗 7,30 € – ⚡ (10A) 4 €

Location : (Prix 2017) Permanent ♿ (1 chalet) - 1 🏠 - 8 🏕 - 2 cabanons. Nuitée 39 à 100 € - Sem. 175 à 661 €

🚐 borne eurorelais 5 € - 🚐 13 €

Cadre agréable, vallonné, autour d'un petit étang.

Nature : ! ≤ ♒♒
Loisirs : 🍽 🏠 🚴 🏊 🚶 sentiers pédestres
Services : 🔑 🛁 🚿 🛜 laverie

GPS : E : 1.02293 N : 44.37854

COUX-ET-BIGAROQUE

24220 - Carte Michelin 329 G7 - 993 h. - alt. 85
▶ Paris 548 - Bergerac 44 - Le Bugue 14 - Les Eyzies-de-Tayac 17

⛺ Les Valades

📞 05 53 29 14 27, www.lesvalades.com

Pour s'y rendre : lieu-dit : Les Valades (4 km au nord-ouest par D 703, rte des Eyzies puis à gauche)

Ouverture : de déb. avr. à fin sept.

14 ha (95 empl.) fort dénivelé, en terrasses, vallonné, herbeux, petit plan d'eau, sous bois

Empl. camping : (Prix 2017) 33 € ✶✶ 🚗 📧 ⚡ (10A) - pers. suppl. 8 € - frais de réservation 15 €

Location : (Prix 2017) (de déb. avr. à fin sept.) - ♿ (1 chalet) - 6 🏠 - 27 🏕 - 1 chalet sur pilotis - 4 tentes lodges - 4 tentes sur pilotis. Nuitée 30 à 206 € - Sem. 170 à 1 440 € - frais de réservation 15 €

Emplacements ombragés, locatif de bon confort sur un terrain vallonné avec de grands espaces verts pour la détente.

Nature : 🌊 ≤ 🏞 ♒♒
Loisirs : ✗ 🏠 🏃 🛶 🏊 🚣 (plage) 🎣
Services : 🔑 🏧 🚿 – 10 sanitaires individuels (🚿🚽 wc) 🧺 🛜 laverie 🔄

GPS : E : 0.96367 N : 44.8599

COUZE-ET-ST-FRONT

24150 - Carte Michelin 329 F7 - 775 h. - alt. 45
▶ Paris 544 - Bergerac 21 - Lalinde 4 - Mussidan 46

⛺ Les Moulins

📞 06 89 85 76 24, www.campingdesmoulins.com - peu d'emplacements pour tentes et caravanes

Pour s'y rendre : lieu-dit : Les Maury Bas (sortie sud-est par D 660, rte de Beaumont et à dr., près du terrain de sports, au bord de la Couze)

Ouverture : de déb. avr. à fin oct.

2,5 ha (50 empl.) peu incliné, plat, herbeux

Empl. camping : (Prix 2017) 28 € ✶✶ 🚗 📧 ⚡ (10A) - pers. suppl. 9 € - frais de réservation 10 €

Location : (Prix 2017) Permanent - 7 🏠. Nuitée 70 à 100 € - Sem. 280 à 580 € - frais de réservation 10 €

🚐 borne artisanale - 14 📧 20 €

Cadre verdoyant face au village perché sur un éperon rocheux. Nombreux mobile homes de propriétaires-résidents.

Nature : ≤ 🏞 ♀
Loisirs : 🍽 🏠 🏃 🏊 ♨ 🎣
Services : 🔑 🛜 laverie

GPS : E : 0.70448 N : 44.82646

Use this year's Guide.

DAGLAN

24250 - Carte Michelin 329 I7 - 555 h. - alt. 101
▶ Paris 547 - Cahors 48 - Fumel 40 - Gourdon 18

⛺ La Peyrugue

📞 05 53 28 40 26, www.peyrugue.com

Pour s'y rendre : lieu-dit : La Peyrugue (1,5 km au nord par D 57, rte de St-Cybranet, à 150 m du Céou)

Ouverture : de déb. avr. à fin sept.

5 ha/2,5 campables (85 empl.) en terrasses, peu incliné, plat, herbeux, pierreux, bois

Empl. camping : (Prix 2017) ✶ 8,20 € 🚗 📧 13 € – ⚡ (10A) 4,50 € - frais de réservation 15 €

Location : (Prix 2017) (de déb. avr. à fin sept.) - ♿ (2 chalets) - 10 🏠 - 1 gîte. Nuitée 45 à 160 € - Sem. 315 à 1 160 € - frais de réservation 15 €

Beaucoup d'espaces verts en partie boisés, dédiés à la détente ou aux activités sportives.

Nature : 🌲 ♒♒
Loisirs : 🍽 ✗ 🏠 🏊
Services : 🔑 🛁 🛜 laverie 🔄

GPS : E : 1.18798 N : 44.75267

70

AQUITAINE

DAX

40100 - Carte Michelin **335** E12 - 21 003 h. - alt. 12 -
▶ Paris 727 - Bayonne 54 - Biarritz 61 - Bordeaux 144

▲ Les Chênes

☎ 05 58 90 05 53, www.camping-les-chenes.fr

Pour s'y rendre : allée du Bois-de-Boulogne (1,8 km à l'ouest du centre ville, au bois de Boulogne, à 200 m de l'Adour)

Ouverture : de mi-mars à déb. nov.

5 ha (230 empl.) plat, herbeux, gravillons, sablonneux

Empl. camping : (Prix 2017) 22€ - pers. suppl. 6€ - frais de réservation 8€

Location : (Prix 2017) (de mi-mars à déb. nov.) - (1 appartement) - 39 - 20 appartements. Nuitée 47 à 83€ - Sem. 325 à 1 371€ - frais de réservation 8€

borne artisanale - 96 26€

Agréable chênaie près d'un étang. Tarifs séjours "cure thermale".

Nature :
Loisirs :
Services : laverie
À prox. : practice de golf

GPS : W : 1.07174 N : 43.71138

▲ Le Bascat

☎ 05 58 56 16 68, www.campinglebascat.com

Pour s'y rendre : r. de Jouandin (2,8 km à l'ouest du centre ville par le bois de Boulogne, accès à partir du Vieux Pont (rive gauche) et av. longeant les berges de l'Adour)

Ouverture : de déb. mars à mi-nov.

3,5 ha (160 empl.) en terrasses, plat, herbeux, gravillons

Empl. camping : (Prix 2017) 16,90€ (6A) - pers. suppl. 4,50€ - frais de réservation 7€

Location : (Prix 2017) (de mi-mars à mi-nov.) - 45 . Nuitée 45 à 55€ - Sem. 238 à 385€ - frais de réservation 7€

borne artisanale - 50 16,90€ - 11€

Emplacements souvent bien ombragés et une tenue exemplaire.

Nature :
Loisirs :
Services : laverie

GPS : W : 1.07043 N : 43.70517

DOMME

24250 - Carte Michelin **329** I7 - 989 h. - alt. 250
▶ Paris 538 - Cahors 51 - Fumel 50 - Gourdon 20

▲ Village Vacances Les Ventoulines

(pas d'emplacement tentes et caravanes)

☎ 05 53 28 36 29, www.gites-dordogne-sarlat.fr

Pour s'y rendre : lieu-dit : Les Ventoulines (3,6 km au sud-est, rte de St-Martial-de-Nabirat)

3 ha non clos, en terrasses

Location : - 6 - 18 - 1 yourte - 24 gîtes.

Possibilité de repas terroir sur commande (produits de la ferme toute proche).

Nature :
Loisirs :
Services : laverie

GPS : E : 1.22587 N : 44.78408

▲ Perpetuum

☎ 05 53 28 35 18, www.campingleperpetuum.com

Pour s'y rendre : 2 km au sud par la D 50 et chemin à droite, au bord de la Dordogne

Ouverture : de mi-mai à déb. oct.

4,5 ha (120 empl.) plat, herbeux

Empl. camping : (Prix 2017) 31,40€ (10A) - pers. suppl. 8,40€ - frais de réservation 12€

Location : (Prix 2017) (de mi-mai à déb. oct.) - 35 . Nuitée 38 à 127€ - Sem. 266 à 889€ - frais de réservation 12€

borne eurorelais - 5

Emplacements jusqu'au bord de la Dordogne et une salle d'animations dans un ancien séchoir à tabac.

Nature :
Loisirs : salle d'animations terrain multisports
Services : laverie

GPS : E : 1.22065 N : 44.81542

▲ Village Vacances de la Combe

(pas d'emplacement tentes et caravanes)

☎ 06 31 40 53 41, www.sarlat-gites-dordogne.com

Pour s'y rendre : lieu-dit : Le Pradal (1,5 km au sud-est)

2 ha en terrasses, plat, herbeux

Location : (Prix 2017) (de mi-avr. à fin oct.) - (1 chalet) - - 12 . Nuitée 70 à 180€ - Sem. 130 à 1 200€ - frais de réservation 18€

Petit village de chalets idéal pour ceux qui aiment le calme. Petite piscine couverte et chauffée.

Nature :
Loisirs : (découverte en saison)
Services :

GPS : E : 1.22243 N : 44.8161

▲ Le Bosquet

☎ 05 53 28 37 39, www.lebosquet.com

Pour s'y rendre : lieu-dit : La Rivière (à 900 m au sud de Vitrac-Port, par la D 46)

Ouverture : de déb. avr. à fin sept.

1,5 ha (57 empl.) non clos, plat, herbeux

Empl. camping : (Prix 2017) 23€ (10A) - pers. suppl. 5,50€ - frais de réservation 8€

Location : (Prix 2017) (de déb. avr. à fin sept.) - 21 . Sem. 230 à 710€ - frais de réservation 8€

borne artisanale

Emplacements bien ombragés dans une ambiance calme et familiale.

Nature :
Loisirs :
Services : laverie
À prox. :

GPS : E : 1.22555 N : 44.82185

Si vous désirez réserver un emplacement pour vos vacances, faites-vous préciser au préalable les conditions particulières de séjour, les modalités de réservation, les tarifs en vigueur et les conditions de paiement.

AQUITAINE

▲ Le Moulin de Caudon

📞 05 53 31 03 69, www.moulindecaudon.fr

Pour s'y rendre : lieu-dit : Caudon (6 km au nord-est par la D 46e et la D 50, rte de Groléjac, près de la Dordogne - Pour les caravanes, accès conseillé par Vitrac-Port)

Ouverture : de fin avr. à mi-sept.

2 ha (60 empl.) plat, herbeux

Empl. camping : (Prix 2017) 18€ ✶✶ 🚗 🔲 (10A) - pers. suppl. 5€

Location : (Prix 2017) (de fin avr. à mi-sept.) - 🚫 - 4 🏠. Sem. 220 à 500€

🚐 borne artisanale

Nature : 🌳 🌊
Loisirs : 🎣 🏊 🛶
Services : (saison) 🔧 🚿 📶
À prox. : 🏊

GPS : E : 1.24466 N : 44.82061

Pour visiter une ville ou une région : utilisez le Guide Vert MICHELIN.

DOUVILLE

24140 - Carte Michelin **329** E6 - 451 h. - alt. 125
▶ Paris 571 - Bordeaux 119 - Périgueux 29 - Agen 111

⛺ Orpheo Negro

📞 05 53 82 96 58, www.orpheonegro.com

Pour s'y rendre : lieu-dit : Les Trois Frères, RN 21 (5 km au nord par rte de Périgueux)

Ouverture : de mi-avr. à mi-oct.

11 ha/2,5 campables (60 empl.) en terrasses, peu incliné, plat, herbeux, pierreux

Empl. camping : (Prix 2017) 24,50€ ✶✶ 🚗 🔲 (6A) - pers. suppl. 5,50€ - frais de réservation 10€

Location : (Prix 2017) (de mi-avr. à mi-oct.) - 9 🏠 - 3 🏕. Sem. 210 à 739€ - frais de réservation 12€

En sous-bois, surplombant l'étang et la piscine.

Nature : 🌳 🌊 🌲
Loisirs : 🍽 🎣 🏊 🛶 🚣 barques pédalos
Services : 🔧 🚿 📶 🧺 🧹
À prox. : 🍴

GPS : E : 0.61695 N : 45.02765

EYMET

24500 - Carte Michelin **329** D8 - 2 563 h. - alt. 54
▶ Paris 560 - Bergerac 24 - Castillonnès 19 - Duras 22

▲ Le Château

📞 05 53 23 80 28, www.eymetcamping.com

Pour s'y rendre : r. de la Sole (derrière le château, au bord du Dropt)

Ouverture : de mi-avr. à fin sept.

1,5 ha (66 empl.) plat, herbeux

Empl. camping : (Prix 2017) ✶ 4€ 🚗 🔲 4€ – (10A) 4€

Site agréable bordé par la rivière, le jardin public et les remparts.

Nature : 🌳 🌊
Loisirs : 🚴 🎣
Services : 🔧 🚿 📶

GPS : E : 0.39584 N : 44.66925

LES EYZIES-DE-TAYAC

24620 - Carte Michelin **329** H6 - 839 h. - alt. 70
▶ Paris 536 - Brive-la-Gaillarde 62 - Fumel 62 - Lalinde 35

⛺ Tohapi Le Mas

📞 06 07 90 40 18, www.campinglemas.com - peu d'emplacements pour tentes et caravanes

Pour s'y rendre : 7 km à l'Est par D 47 rte de Sarlat-la-Canéda puis 2,5 km par rte de Sireuil à gauche

Ouverture : de mi-avr. à mi-sept.

5 ha (137 empl.) en terrasses, plat, herbeux, pierreux

Empl. camping : (Prix 2017) 19€ ✶✶ 🚗 🔲 (6A) - pers. suppl. 7€ - frais de réservation 10€

Location : (Prix 2017) (de mi-avr. à mi-sept.) - 97 🏠 - 6 🏡 - 10 tentes lodges. Nuitée 41 à 144€ - Sem. 287 à 1 008€ - frais de réservation 10€

Nombreux locatifs et plus que quelques places pour tentes ou caravanes.

Nature : 🌳 🌊
Loisirs : 🍽 🎣 🏊 🛶 🚣
Services : 🔧 🚿 📶 laverie 🧺

GPS : E : 1.0849 N : 44.93675

⛺ La Rivière

📞 05 53 06 97 14, www.lariviereleseyzies.com

Pour s'y rendre : 3 rte du Sorcier (1 km au nord-ouest par D 47, rte de Périgueux et rte à gauche apr. le pont, à 200 m de la Vézère)

Ouverture : de déb. avr. à mi-oct.

7 ha/3 campables (120 empl.) plat, herbeux

Empl. camping : (Prix 2017) 30,20€ ✶✶ 🚗 🔲 (10A) - pers. suppl. 7,20€ - frais de réservation 4€

Location : (Prix 2017) (de déb. avr. à mi-oct.) - 13 🏠 - 6 🏡 - 1 tente lodge. Nuitée 38 à 140€ - Sem. 174 à 976€ - frais de réservation 4€

🚐 borne artisanale 5€ - 🚰 15€

Tout près de la rivière avec la base de canoës à côté.

Nature : 🌳 🌊
Loisirs : 🍽 🎣 🏊 🛶 🚣
Services : 🔧 🚿 📶 laverie 🧺

GPS : E : 1.00582 N : 44.93732

▲ La Ferme du Pelou

📞 05 53 06 98 17, www.lafermedupelou.com

Pour s'y rendre : lieu-dit : Le Pelou (4 km au nord-est par D 706, rte de Montignac puis rte à dr.)

Ouverture : de mi-mars à mi-nov.

1 ha (65 empl.) peu incliné, plat, herbeux

Empl. camping : (Prix 2017) 17€ ✶✶ 🚗 🔲 (10A) - pers. suppl. 4,50€

Location : (Prix 2017) (de mi-mars à mi-nov.) - 9 🏠. Nuitée 28 à 71€ - Sem. 200 à 500€

🚐 borne artisanale - 5 🔲 13,50€

Camping à la ferme avec les animaux en liberté : poules, coqs, dindons...et aussi trois ânesses et deux juments. Point de vue panoramique sur le village de Tursac.

Nature : 🌳 🌊
Loisirs : 🎣 🏊
Services : 🔧 🚿 📶 laverie

GPS : E : 1.04472 N : 44.95527

AQUITAINE

FUMEL

47500 - Carte Michelin **336** H3 - 5 186 h. - alt. 70
▶ Paris 594 - Agen 55 - Bergerac 64 - Cahors 48

▲ Village Vacances Domaine de Guillalmes
(pas d'emplacement tentes et caravanes)
☎ 05 53 71 01 99, www.domainedeguillalmes.com
Pour s'y rendre : lieu-dit : La Gaillarde (3 km à l'est par D 911, rte de Cahors puis à la sortie de Condat, 1 km par rte à dr.)
Ouverture : Permanent
3 ha plat, herbeux
Location : (Prix 2017) Permanent - (1 chalet) - 18 - 2 - 2 gîtes. Nuitée 80 à 100€ - Sem. 410 à 720€
borne artisanale 22€ - 6 ⚡ 22€
Chalets simples en confort sur un site verdoyant qui s'étend jusqu'au bord du Lot. Quelques emplacements pour camping-car.

Nature :
Loisirs : bateaux électriques
Services :
GPS : E : 1.00955 / N : 44.48343

▲ Les Catalpas
☎ 05 53 71 11 99, www.les-catalpas.com
Pour s'y rendre : lieu-dit : La Tour, chemin de la plaine de Condat (2 km à l'est par D 911, rte de Cahors puis, à la sortie de Condat, 1,2 km par rte à dr.)
Ouverture : de déb. avr. à fin oct.
2 ha (61 empl.) plat, herbeux, goudronné
Empl. camping : (Prix 2017) 22,50€ ★★ 🚗 ⚡ (10A) - pers. suppl. 5,50€
Location : (Prix 2017) Permanent - 8 - 2 - 2 bungalows toilés - 1 gîte. Nuitée 50 à 60€ - Sem. 155 à 700€
10 ⚡ 17€
Cadre verdoyant et fleuri avec des emplacements jusqu'au bord du Lot.

Nature :
Loisirs :
Services :
GPS : E : 0.99737 / N : 44.48916

GABARRET

40310 - Carte Michelin **335** L11 - 1 270 h. - alt. 153
▶ Paris 715 - Agen 66 - Auch 76 - Bordeaux 140

⚠ Parc Municipal Touristique la Chêneraie
☎ 05 58 44 92 62, la-cheneraie@orange.fr
Pour s'y rendre : sortie est par D 35, rte de Castelnau-d'Auzan et chemin à dr.
Ouverture : de déb. mars à fin oct.
0,7 ha (50 empl.) peu incliné, plat, herbeux, sablonneux, gravillons
Empl. camping : (Prix 2017) 12,64€ ★★ 🚗 ⚡ (10A) - pers. suppl. 3,22€
Location : (Prix 2017) Permanent - 4 - 10 gîtes. Nuitée 55 à 75€ - Sem. 175 à 380€
borne artisanale
Locatif de qualité et emplacements bien ombragés autour de la piscine municipale.

Nature :
Loisirs :
Services :
À prox. :
GPS : E : 0.01622 / N : 43.98361

GRADIGNAN

33170 - Carte Michelin **335** H6 - 23 386 h. - alt. 26
▶ Paris 592 - Bordeaux 9 - Lyon 550 - Nantes 336

⚠ Beausoleil
☎ 05 56 89 17 66, www.camping-gradignan.com
Pour s'y rendre : 371 cours du Gén.-de-Gaulle (sur rocade : sortie 16, Gradignan)
Ouverture : Permanent
0,5 ha (31 empl.) peu incliné, plat, herbeux, gravillons
Empl. camping : (Prix 2017) 20€ ★★ 🚗 ⚡ (10A) - pers. suppl. 3,50€
Location : (Prix 2017) Permanent - 4 . Sem. 320 à 420€
Navettes bus pour le tram de Bordeaux.

Nature :
Services : laverie
GPS : W : 0.6278 / N : 44.75573

GROLÉJAC

24250 - Carte Michelin **329** I7 - 654 h. - alt. 67
▶ Paris 537 - Gourdon 14 - Périgueux 80 - Sarlat-la-Canéda 13

▲▲▲ Les Granges
☎ 05 53 28 11 15, www.lesgranges-fr.com - peu d'emplacements pour tentes et caravanes
Pour s'y rendre : au bourg
Ouverture : de mi-avr. à mi-sept.
6 ha (188 empl.) en terrasses, plat et peu incliné, herbeux
Empl. camping : (Prix 2017) 31,80€ ★★ 🚗 ⚡ (6A) - pers. suppl. 8,50€ - frais de réservation 25€
Location : (Prix 2017) (de mi-avr. à mi-sept.) - ♿ (1 chalet) - 66 - 20 - 12 tentes lodges. Sem. 150 à 997€ - frais de réservation 25€
Cadre verdoyant avec des emplacements en terrasse bien délimités et du locatif varié.

Nature :
Loisirs :
Services : laverie
À prox. :
GPS : E : 1.29117 / N : 44.81579

▲ Le Lac de Groléjac
☎ 05 53 59 48 70, www.camping-dulac-dordogne.com
Pour s'y rendre : lieu-dit : Le Roc Percé (2 km au sud par D 704, D 50, rte de Domme et rte de Nabirat à gauche)
Ouverture : de mi-avr. à mi-sept.
2 ha (96 empl.) non clos, plat, herbeux
Empl. camping : (Prix 2017) 16,30€ ★★ 🚗 ⚡ (10A) - pers. suppl. 3,80€
Location : (Prix 2017) (de mi-avr. à mi-sept.) - 24 - 2 bungalows toilés - 5 tentes lodges. Nuitée 40 à 55€ - Sem. 250 à 790€ - frais de réservation 15€
borne artisanale - ⚡14,70€
Emplacements délimités au bord du lac et de la plage de sable blanc.

Nature :
Loisirs :
Services :
À prox. : pédalos
GPS : E : 1.29441 / N : 44.802

AQUITAINE

HENDAYE

64700 - Carte Michelin 342 B4 - 14 412 h. - alt. 30
▶ Paris 799 - Biarritz 31 - Pau 143 - St-Jean-de-Luz 12

Eskualduna

☏ 05 59 20 04 64, www.camping-eskualduna.fr

Pour s'y rendre : rte de la Corniche (2 km à l'est, au bord d'un ruisseau)

Ouverture : de déb. avr. à fin sept.

10 ha (330 empl.) vallonné, plat, herbeux

Empl. camping : (Prix 2017) ♦ 6,50€ ⇔ 4,50€ 🅴 6,50€ – ⚡ (10A) 6,50€ - frais de réservation 20€

Location : (Prix 2017) (de déb. avr. à fin sept.) - ♿ (2 mobile homes) - 84 🏠 - 11 🏕. Sem. 250 à 1 730€ - frais de réservation 20€

🚐 borne eurorelais 13€ - 30 🅴 13€

Agréable parc aquatique mais préférer les emplacements éloignés de la route. Navette gratuite pour la plage.

Nature : ♢♢
Loisirs : 🍴✕ 🎱 🏊 🎯 🚴 🎿 terrain multisports
Services : ⚙ ♿ 🅿 📶 laverie ♨ 🧊 réfrigérateurs

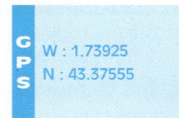

GPS : W : 1.73925 N : 43.37555

Club Airotel Ametza

☏ 05 59 20 07 05, www.camping-ametza.com

Pour s'y rendre : bd de l'Empereur (1 km à l'est)

Ouverture : de déb. avr. à fin oct.

4,5 ha (230 empl.) en terrasses, peu incliné, plat, herbeux

Empl. camping : (Prix 2017) 43,50€ ♦♦ ⇔ 🅴 ⚡ (6A) - pers. suppl. 8€ - frais de réservation 15€

Location : (Prix 2017) (de mi-avr. à fin sept.) - ♿ (1 mobile home) - 🏠 - 33 🏡 - 3 🛖 - 2 tentes lodges. Sem. 210 à 1 370€ - frais de réservation 15€

🚐 3 🅴 37€

Emplacements tentes et caravanes mais aussi des mobile homes de propriétaires-résidents et à la location.

Nature : 🌳 ♢♢
Loisirs : 🍴✕ 🎱 🏊 🎯 ✕ 🎿
Services : ⚙ 📶 laverie ♨ 🧊

GPS : W : 1.75578 N : 43.37285

Dorrondeguy

☏ 05 59 20 26 16, www.camping-dorrondeguy.com

Pour s'y rendre : r. de la Glacière

4 ha (127 empl.) terrasse, peu incliné, plat, herbeux

Location : ♿ (1 mobile home) - 🅿 - 32 🏡 - 13 🛖 - 4 bungalows toilés.

Joli petit village de chalets.

Nature : ♢ ♢♢
Loisirs : 🍴✕ 🎱 🏊 🎯 🎿 fronton pelote basque
Services : ⚙ 🅿 📶 laverie ♨

GPS : W : 1.74727 N : 43.36867

HOURTIN

33990 - Carte Michelin 335 E3 - 3 001 h. - alt. 18
▶ Paris 638 - Andernos-les-Bains 55 - Bordeaux 65 - Lesparre-Médoc 17

Les Castels Le Village Western

☏ 05 56 09 10 60, www.village-western.com

Pour s'y rendre : chemin de Bécassine (1,5 km à l'ouest par av. du Lac et chemin à gauche, à 500 m du lac (accès direct))

Ouverture : de mi-avr. à fin sept.

17 ha/11 campables (300 empl.) plat, herbeux, sablonneux

Empl. camping : (Prix 2017) 31€ ♦♦ ⇔ 🅴 ⚡ (10A) - pers. suppl. 8€ - frais de réservation 20€

Location : (Prix 2017) Permanent♿ (1 mobile home) - 92 🏠 - 4 🏡 - 5 bungalows toilés - 5 tentes lodges - 12 tipis. Nuitée 40 à 190€ - Sem. 210 à 1 330€ - frais de réservation 20€

Original décor Western autour d'un important centre équestre.

Nature : 🌳 ♢
Loisirs : 🍴✕ 🎱 🏊 🎯 🚴 🎿 🐎
Services : ⚙ ♿ 🅿 📶 laverie ♨ 🧊
À prox. : ✕ 🎯 🐎

GPS : W : 1.07468 N : 45.17935

Les Ourmes

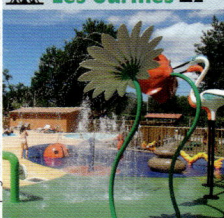

☏ 05 56 09 12 76, www.lesourmes.com

Pour s'y rendre : 90 av. du Lac (1,5 km à l'ouest)

Ouverture : de mi-avr. à mi-sept.

7 ha (300 empl.) plat, herbeux, sablonneux

Empl. camping : (Prix 2017) 38€ ♦♦ ⇔ 🅴 ⚡ (10A) - pers. suppl. 7,50€ - frais de réservation 20€

Location : (Prix 2017) (de mi-avr. à mi-sept.) - ♿ (2 mobile homes) - 🏠 - 32 🏡 - 2 tentes lodges. Nuitée 35 à 128€ - Sem. 245 à 895€ - frais de réservation 20€

🚐 borne artisanale 18€ - 🚐 23€

Emplacements bien ombragés et du locatif varié.

Nature : 🌳 🏠 ♢♢
Loisirs : 🍴✕ 🎱 nocturne 🎯 ✕ 🎿 terrain multisports
Services : ⚙ (juil.-août) 🅿 📶 laverie ♨ cases réfrigérées
À prox. : ✕ 🎯 🐎

GPS : W : 1.07584 N : 45.18204

Aires Naturelles l'Acacia et le Lac

☏ 05 56 73 80 80, www.campinglacacia.com

Pour s'y rendre : rte de Carcans (7 km au sud-ouest par D 3 et chemin à dr.)

Ouverture : de mi-juin à fin sept.

5 ha/2 campables (50 empl.) plat, herbeux, sablonneux, pinède attenante

Empl. camping : (Prix 2017) 23,50€ ♦♦ ⇔ 🅴 ⚡ (6A) - pers. suppl. 6€

Prairie, ombrage et calme pour tous les emplacements.

Nature : 🌳 ♢♢
Loisirs : 🎱 🎯 🚴
Services : ⚙ 🚐 laverie

GPS : W : 1.06361 N : 45.13561

Utilisez le guide de l'année.

AQUITAINE

HOURTIN-PLAGE

33990 - Carte Michelin **335** D3
▶ Paris 556 - Andernos-les-Bains 66 - Bordeaux 76 - Lesparre-Médoc 26

⛰ Club Airotel La Côte d'Argent

☎ 05 56 09 10 25, www.cca33.com

Pour s'y rendre : à 500 m de la plage
Ouverture : de mi-mai à mi-sept.
20 ha (870 empl.) vallonné, en terrasses, plat, sablonneux
Empl. camping : (Prix 2017) 65€ ✶✶ 🚗 🔌 (10A) - pers. suppl. 13€ - frais de réservation 35€
Location : (Prix 2017) (de mi-mai à mi-sept.) - 🚫 - 252 🏠. Nuitée 53 à 279€ - Sem. 212 à 1 953€ - frais de réservation 35€
🚐 150 🅿 65€

Jolie pinède vallonnée à 500 m de l'océan avec un parc aquatique très ludique.

Nature : 🐟 ♠♠
Loisirs : 🍴✗ 🏠 🎠 🚴 🎣 🏊
🐎 terrain multisports
Services : 🔑 👤 📶 laverie 🛒 🛒 cases réfrigérées

GPS W : 1.16446 N : 45.22259

LA HUME

33470 - Carte Michelin **335** E7
▶ Paris 645 - Bordeaux 59 - Mérignac 62 - Pessac 56

⛺ Municipal Le Verdalle

☎ 05 56 66 11 62, www.campingdeverdalle.com

Pour s'y rendre : 2 allée de l'Infante (au nord, par av. de la Plage et chemin à dr., au bord du bassin, accès direct à la plage)
Ouverture : de déb. avr. à fin sept.
1,5 ha (108 empl.) plat, pierreux, sablonneux
Empl. camping : (Prix 2017) 30€ ✶✶ 🚗 🔌 (10A) - pers. suppl. 6,50€ - frais de réservation 12€
Location : (Prix 2017) Permanent🚫 - 6 bungalows toilés - 2 tentes lodges - 2 tentes sur pilotis. Nuitée 30 à 150€ - Sem. 210 à 850€ - frais de réservation 12€

Quelques locatifs variés, tout près du bassin d'Arcachon.

Nature : 🐟 🌳 ♠♠
Services : 🔑 📶 laverie

GPS W : 1.11099 N : 44.64397

ITXASSOU

64250 - Carte Michelin **342** D3 - 2 031 h. - alt. 39
▶ Paris 787 - Bayonne 24 - Biarritz 25 - Cambo-les-Bains 5

⛰ Hiriberria

☎ 05 59 29 98 09, www.hiriberria.com

Pour s'y rendre : 1 km au nord-ouest par D 918, rte de Cambo-les-Bains et chemin à dr.
4 ha (228 empl.) terrasse, peu incliné, plat, herbeux, gravillons
Location : 15 🏠 - 22 🏚
🚐 borne AireService - 10 🅿

Joli petit village de chalets. Pour les emplacements, préférer les plus éloignés de la route.

Nature : 🌳 ♠♠
Loisirs : 🏠 🎣 🏊 (découverte en saison)
Services : 🔑 🛒 👤 📶 laverie

GPS W : 1.40137 N : 43.33807

LABENNE-OCÉAN

40530 - Carte Michelin **335** C13
▶ Paris 763 - Bordeaux 185 - Mont-de-Marsan 98 - Pau 129

⛰ Yelloh! Village Sylvamar

☎ 05 59 45 75 16, www.sylvamar.fr

Pour s'y rendre : av. de l'Océan (par D 126, rte de la Plage, près du Boudigau)
Ouverture : de fin mars à fin sept.
25 ha (750 empl.) plat, herbeux, sablonneux
Empl. camping : (Prix 2017) 65€ ✶✶ 🚗 🔌 (16A) - pers. suppl. 9€
Location : (Prix 2017) Permanent♿ (2 chalets) - 331 🏠 - 65 🏚 - 1 cabane perchée. Nuitée 39 à 825€ - Sem. 273 à 5 775€
🚐 15 🅿 99€

Important parc aquatique avec pataugeoire ludique couverte. Locatif varié souvent de grand confort, et même très grand confort, adaptés aux groupes ou grande familles.

Nature : 🐟 🌳 ♠♠
Loisirs : 🍴✗ 🏠 (théâtre de plein air) salle d'animations 🎠 🎣 centre balnéo 🧖 hammam jacuzzi ♨ 🚴 🎣 🏊 terrain multisports
Services : 🔑 🛒 👤 📶 laverie 🛒 🛒 cases réfrigérées
À prox. : 🎣 🐎 mini ferme

GPS W : 1.45687 N : 43.59532

⛰ Capfun Sud Land

(pas d'emplacement tentes et caravanes)
☎ 05 59 45 42 02, www.capfun.com/camping-france-aquitaine-sud_land-FR.html

Pour s'y rendre : 60 av. de l'Océan (par D 126, rte de la plage)
4 ha (207 empl.) plat, herbeux, sablonneux
Location : (Prix 2017) (de déb. avr. à mi-oct.) - 142 🏠 - 32 🏚. Nuitée 39 à 103€ - Sem. 154 à 1 120€ - frais de réservation 27€

Préférer les emplacements les plus éloignés de la route.

Nature : 🌳 ♠♠
Loisirs : 🍴✗ 🏠 diurne 🎠 🚴 🎣 🏊 terrain multisports
Services : 🔑 🛒 👤 📶 laverie 🛒
À prox. : 🏊 🎣 parc aquatique

GPS W : 1.45687 N : 43.59532

⛰ Municipal Les Pins Bleus

☎ 05 59 45 41 13, www.lespinsbleus.com

Pour s'y rendre : av. de l'Océan (par D 126 rte de la plage, au bord du Boudigau)
Ouverture : de déb. avr. à fin oct.
6,5 ha (120 empl.) plat, herbeux, sablonneux
Empl. camping : (Prix 2017) 24,80€ ✶✶ 🚗 🔌 (16A) - pers. suppl. 6,60€ - frais de réservation 19€
Location : (Prix 2017) (de déb. avr. à fin oct.) - ♿ (2 chalets) - 16 🏠 - 20 🏚 - 11 bungalows toilés. Nuitée 39 à 49€ - Sem. 158 à 660€ - frais de réservation 19€
🚐 borne artisanale 10€ - 10 🅿 10€ - 💧 10€

Locatif varié en confort.

Nature : 🐟 ♠♠
Loisirs : 🍴✗ 🏠 🎠 🚴 🏊
Services : 🔑 📶 laverie cases réfrigérées
À prox. : 🛒

GPS W : 1.45687 N : 43.60229

AQUITAINE

LACANAU

33680 - Carte Michelin 335 E5 - 4 412 h. - alt. 17
▶ Paris 625 - Bordeaux 47 - Mérignac 45 - Pessac 51

Capfun Talaris Vacances
☎ 0556030415, www.talaris-vacances.fr
Pour s'y rendre : au Moutchic (5 km à l'ouest par D6, rte de Lacanau-Océan)
Ouverture : de déb. avr. à mi-sept.
10 ha (476 empl.) plat, herbeux, petit étang
Empl. camping : (Prix 2017) 7€ 3,50€ 50€ – (10A) 8€ - frais de réservation 27€
Location : (Prix 2017) (de déb. avr. à mi-sept.) - (1 mobile home) - 304 - 6 - 23 tentes lodges. Nuitée 44 à 187€ - Sem. 175 à 2 534€ - frais de réservation 27€
borne flot bleu
Agréable cadre boisé.

Nature :
Loisirs : terrain multisports
Services : laverie
GPS : W : 1.11236 N : 45.008

Le Tedey
☎ 0556030015, www.le-tedey.com
Pour s'y rendre : au Moutchic, rte de Longarisse (3 km au sud et chemin à gauche)
Ouverture : de fin avr. à fin sept.
14 ha (680 empl.) plat, sablonneux, dunes boisées attenantes
Empl. camping : (Prix 2017) 34,30€ (10A) - pers. suppl. 6,90€ - frais de réservation 20€
Location : (Prix 2017) (de fin avr. à fin sept.) - 40 . Sem. 355 à 900€ - frais de réservation 20€
22 34,30€
Agréable pinède au bord du lac, belle plage et très peu de mobile homes.

Nature :
Loisirs :
Services : laverie
GPS : W : 1.13652 N : 44.9875

LACANAU-OCÉAN

33680 - Carte Michelin 335 D4 - 3 142 h.
▶ Paris 636 - Andernos-les-Bains 38 - Arcachon 87 - Bordeaux 63

Yelloh! Village Les Grands Pins
☎ 0556032077, www.lesgrandspins.com
Pour s'y rendre : Plage Nord (au nord de la station, à 500 m de la plage -accès direct-)
Ouverture : de fin avr. à mi-sept.
11 ha (570 empl.) en terrasses, vallonné, sablonneux, pierreux
Empl. camping : (Prix 2017) 65€ (16A) - pers. suppl. 9€
Location : (Prix 2017) (de fin avr. à mi-sept.) - (1 mobile home) - 239 - 21 tentes lodges. Nuitée 35 à 353€ - Sem. 245 à 2 471€
Une partie du terrain est en zone piétonne ; quelques locatifs grand confort.

Nature :
Loisirs : centre balnéo hammam jacuzzi parcours de santé terrain multisports
Services : laverie cases réfrigérées
GPS : W : 1.19517 N : 45.01088

Club Airotel L'Océan
☎ 0556032445, www.airotel-ocean.com
Pour s'y rendre : 24 r. du Repos (Plage Nord)
Ouverture : de déb. avr. à déb. nov.
9 ha (550 empl.) en terrasses, vallonné, sablonneux
Empl. camping : (Prix 2017) 63€ (15A) - pers. suppl. 10€ - frais de réservation 28€
Location : (Prix 2017) (de déb. avr. à déb. nov.) - 320 . Nuitée 68 à 265€ - Sem. 363 à 1 856€ - frais de réservation 28€
borne Sanistation 63€ - 30 63€
Agréable pinède avec un espace aquatique et ludique en partie couvert complété d'un centre balnéo. Accueil de groupes (UCPA...).

Nature :
Loisirs : centre balnéo hammam jacuzzi discothèque surf terrain multisports
Services : laverie cases réfrigérées
GPS : W : 1.1928 N : 45.00868

LAMONTJOIE

47310 - 501 h. - alt. 130
▶ Paris 723 - Bordeaux 151 - Agen 21 - Toulouse 126

Sites et Paysages Le Saint-Louis
☎ 0553995938, www.campingagen.fr
Pour s'y rendre : Lac de Lamontjoie (600 m à l'est par D 131)
Ouverture : de déb. avr. à fin oct.
20 ha/2 campables (80 empl.) en terrasses, plat, herbeux
Empl. camping : (Prix 2017) 18€ (10A) - pers. suppl. 4€ - frais de réservation 10€
Location : (Prix 2017) (de déb. avr. à fin oct.) - 6 - 8 cabanes perchées - 8 cabanons. Nuitée 50 à 70€ - Sem. 350 à 490€ - frais de réservation 20€
borne artisanale - 11€
Cadre très ombragé au bord d'un grand lac réservé à la pêche et aux canoës.

Nature :
Loisirs : pédalos
Services : laverie
GPS : E : 0.51733 N : 44.07722

LAMONZIE-MONTASTRUC

24520 - Carte Michelin 329 E6 - 632 h. - alt. 50
▶ Paris 587 - Bordeaux 131 - Périgueux 46 - Agen 103

L'Escapade
☎ 0553572379, www.campinglescapade.com
Pour s'y rendre : lieu-dit : Les Roussilloux (rte de St-Alvère)
4,5 ha (107 empl.) fort dénivelé, en terrasses, vallonné, plat, herbeux
Location : 66 - 12 .
Emplacements et locatifs bien ombragés en bas et plein soleil sur le haut du terrain.

Nature :
Loisirs : hammam jacuzzi promenades à dos d'ânes terrain multisports
Services : laverie
GPS : E : 0.60793 N : 44.88636

AQUITAINE

LANOUAILLE

24270 - Carte Michelin 329 H3 - 989 h. - alt. 209
▶ Paris 446 - Brantôme 47 - Limoges 55 - Périgueux 46

▲ Village Vacances Le Moulin de la Jarousse
(pas d'emplacement tentes et caravanes)

☎ 05 53 52 37 91, www.location-en-dordogne.com

Pour s'y rendre : à Payzac, lieu-dit : La Jarousse (9 km au nord-est par la D 704 jusqu'à l'Hépital, puis à drte par la D 80)

8 ha en terrasses, étang, forêt

Location : (Prix 2017) Permanent - 8 🏠 - 6 yourtes - 13 cabanes perchées - 3 gîtes. Nuitée 45 à 290€ - Sem. 308 à 860€

Cadre sauvage et boisé dominant l'étang et nombreux locatifs insolites, de très grand confort pour certains.

Nature : 🌿 ≤ 〰️
Loisirs : 🚣 🚴 🏊 (découverte en saison) 🦆 pédalos ferme animalière
Services : 🔑 🅿 🚻 📶 🧺

GPS : E : 1.18411 N : 45.43694

LARRAU

64560 - Carte Michelin 342 G4 - 204 h. - alt. 636
▶ Paris 840 - Bordeaux 254 - Pamplona 110 - Donostia-San Sebastián 142

▲ Village Vacances Les Chalets d'Iraty
(pas d'emplacement tentes et caravanes)

☎ 05 59 28 51 29, www.chalets-iraty.com - alt. 1 327

Pour s'y rendre : au col de Bagargui (14 km à l'ouest par D 19, rte de St-Jean-Pied-de-Port)

Ouverture : de déb. juin à fin oct.

2 000 ha/4 campables vallonné

Location : (Prix 2017) Permanent 🅿 - 35 🏠 - 1 gîte. Nuitée 95 à 475€ - Sem. 340 à 1 470€ - frais de réservation 22€

Chalets disséminés dans la forêt d'Iraty, entre les cols de Bagargui et Hegui Xouri.

Nature : ≤ 〰️
Loisirs : 🚴 ✂️
Services : 🔑 🚻 📶 🧺
À prox. : 🅿 🍴 ✂️ 🐴 ski de fond

GPS : W : 1.03532 N : 43.03638

LARUNS

64440 - Carte Michelin 342 J5 - 1 326 h. - alt. 523
▶ Paris 811 - Argelès-Gazost 49 - Lourdes 51 - Oloron-Ste-Marie 34

▲ Les Gaves

☎ 05 59 05 32 37, www.campingdesgaves.com - peu d'emplacements pour tentes et caravanes

Pour s'y rendre : quartier Pon (1,5 km au sud-est par rte du col d'Aubisque et chemin à gauche, au bord du Gave d'Ossau)

Ouverture : Permanent

2,4 ha (101 empl.) plat, herbeux

Empl. camping : (Prix 2017) 30,30€ ⚹⚹ 🚗 📧 ⚡ (10A) - pers. suppl. 7,80€ - frais de réservation 20€

Location : (Prix 2017) Permanent 🅿 - 5 🛖 - 5 🏠 - 1 gîte - 5 appartements. Nuitée 79 à 143€ - Sem. 259 à 966€ - frais de réservation 20€

🚰 borne artisanale - 20 📧 25,20€ - 🚽 11€

Agréable partie campable avec du locatif varié mais un confort sanitaire faible, vieillissant et de nombreux mobile homes de propriétaires-résidents.

Nature : ❄ 🌳 ≤ 〰️
Loisirs : 🍴 🏠 🏊
Services : 🔑 🚻 🚗 📶 laverie

GPS : W : 0.41772 N : 42.98306

LÈGE-CAP-FERRET

33950 - Carte Michelin 335 E6 - 7 527 h. - alt. 9
▶ Paris 629 - Arcachon 65 - Belin-Beliet 56 - Bordeaux 50

▲ La Prairie

☎ 05 56 60 09 75, www.campinglaprairie.com

Pour s'y rendre : 93 av. du Médoc (1 km au nord-est par D 3, rte du Porge)

Ouverture : de déb. mars à mi-oct.

2,5 ha (118 empl.) plat, herbeux, sablonneux

Empl. camping : (Prix 2017) 24€ ⚹⚹ 🚗 📧 ⚡ (10A) - pers. suppl. 5€

Location : (Prix 2017) (de déb. avr. à fin sept.) - 16 🛖 - 4 tentes lodges - 1 cabanon. Nuitée 35 à 96€ - Sem. 235 à 665€

🚰 borne artisanale - 🚽 9€

Nature : 🌳 🍃
Loisirs : 🍴 🍽 🏠 🏊 🏊
Services : 🔑 📶 🧺 🚗

GPS : W : 1.13375 N : 44.80271

LESCUN

64490 - Carte Michelin 342 I5 - 178 h. - alt. 900
▶ Paris 846 - Lourdes 89 - Oloron-Ste-Marie 37 - Pau 70

▲ Le Lauzart

☎ 05 59 34 51 77, www.camping-lescun.com

Pour s'y rendre : 1.6 km au sud, après le pont du Gave de Lescun

1 ha (55 empl.) plat et peu incliné

🚰 borne artisanale

Magnifique site de montagne mais avec des installations sanitaires vieillissantes. Possibilité de 1/2 pension.

Nature : ≤ 〰️
Loisirs : 🏠
Services : 🔑 🚻 ♿ 📶 🧺

GPS : W : 0.64217 N : 42.92761

LIMEUIL

24510 - Carte Michelin 329 G6 - 328 h. - alt. 65
▶ Paris 528 - Bergerac 43 - Brive-la-Gaillarde 78 - Périgueux 48

▲ La Ferme des Poutiroux

☎ 05 53 63 31 62, www.poutiroux.com

Pour s'y rendre : sortie nord-ouest par D 31, rte de Trémolat puis 1 km par chemin de Paunat à dr.

Ouverture : de mi-avr. à fin sept.

2,5 ha (50 empl.) en terrasses, peu incliné, plat, herbeux

Empl. camping : (Prix 2017) 23,10€ ⚹⚹ 🚗 📧 ⚡ (6A) - pers. suppl. 6€ - frais de réservation 13€

Location : (Prix 2017) (de déb. avr. à fin sept.) - ♿ (1 mobile home) - 19 🛖 - 2 bungalows toilés - 1 tente lodge. Sem. 150 à 670€ - frais de réservation 13€

Agréable terrain très bien tenu.

Nature : ≤ 〰️
Loisirs : 🍴 🏠 🏊 🏊
Services : 🔑 ♿ 📶 🧺

GPS : E : 0.87946 N : 44.89332

77

AQUITAINE

LINXE

40260 - Carte Michelin 335 D11 - 1 236 h. - alt. 33
▶ Paris 712 - Castets 10 - Dax 31 - Mimizan 37

▲ Capfun Domaine de Lila

(pas d'emplacement tentes et caravanes)
☎ 05 58 43 96 25, www.capfun.com
Pour s'y rendre : 190, rte de Mixe (1,5 km au nord-ouest par D 42, rte de St-Girons et D 397, rte à dr.)
2 ha (241 empl.) plat, sablonneux
Location : (Prix 2017) (de déb. juin à déb. sept.) ♿ (2 mobile homes) - 317. Nuitée 39 à 316€ - Sem. 154 à 2 212€ - frais de réservation 27€
Au milieu de la forêt landaise avec des mobile homes autour d'un petit plan d'eau écologique.

Nature :
Loisirs : (plan d'eau) terrain multisports
Services : laverie

GPS : W : 1.25758 / N : 43.93185

LIT-ET-MIXE

40170 - Carte Michelin 335 D10 - 1 497 h. - alt. 13
▶ Paris 710 - Castets 21 - Dax 42 - Mimizan 22

▲ Tohapi Les Vignes

(pas d'emplacement tentes et caravanes)
☎ 05 58 42 85 60, www.tohapi.fr
Pour s'y rendre : 2,7 km au sud-ouest par D 652 et D 88, à dr., rte du Cap de l'Homy
15 ha (490 empl.) plat, sablonneux
Location : (Prix 2017) (de déb. avr. à fin sept.) ♿ (2 mobile homes) - 457 - 41. Nuitée 39 à 271€ - Sem. 273 à 1 897€ - frais de réservation 25€
Important village vacances avec de nombreuses animations.

Loisirs : (chapiteau d'animations) terrain multisports
Services : laverie

GPS : W : 1.28275 / N : 44.02401

▲ Municipal du Cap de l'Homy

☎ 05 58 42 83 47, www.camping-cap.com
Pour s'y rendre : à Cap-de-l'Homy, 600 av. de l'Océan (8 km à l'ouest par D 652 et D 88 à dr.)
10 ha (472 empl.) vallonné, plat, sablonneux
Location : 15 bungalows toilés.
borne AireService - 36
Sous une agréable pinède à 300 m de l'océan et de la plage.

Nature :
Loisirs :
Services : laverie cases réfrigérées
À prox. : surf

GPS : W : 1.33435 / N : 44.03712

MARCILLAC-ST-QUENTIN

24200 - Carte Michelin 329 I6 - 791 h. - alt. 235
▶ Paris 522 - Brive-la-Gaillarde 48 - Les Eyzies-de-Tayac 18 - Montignac 21

▲ Les Tailladis

☎ 05 53 59 10 95, www.tailladis.com
Pour s'y rendre : lieu-dit : Les Tailladis (2 km au nord, à prox. de la D 48, au bord de la Beune et d'un petit étang)
25 ha/8 campables (90 empl.) en terrasses, peu incliné, plat, herbeux, pierreux
Location : 3 - 4 - 2 tentes lodges.
borne artisanale
Vaste domaine en partie boisé avec du locatif varié et de très bon confort pour les chalets.

Nature :
Loisirs :
Services : laverie

GPS : E : 1.18789 / N : 44.97465

Renouvelez votre guide chaque année.

MAULÉON-LICHARRE

64130 - Carte Michelin 342 G5 - 3 205 h. - alt. 140
▶ Paris 802 - Oloron-Ste-Marie 31 - Orthez 39 - Pau 60

⚠ Aire Naturelle La Ferme Landran

☎ 05 59 28 19 55, www.ferme-landran-location.com
Pour s'y rendre : à Ordiarp, quartier Larréguy (4,5 km au sud-ouest par D 918, rte de St-Jean-Pied-de-Port puis 1,5 km par chemin de Lambarre à dr.)
Ouverture : de mi-avr. à fin sept.
1 ha (25 empl.) incliné, plat, herbeux
Empl. camping : (Prix 2017) 15,24€ ✶✶ 🚗 📧 [¥] (6A) - pers. suppl. 3,10€
Location : (Prix 2017) Permanent - 2. Nuitée 60€ - Sem. 300 à 400€
borne eurorelais 3€
Camping à la ferme.

Nature :
Loisirs :
Services :

GPS : W : 0.93933 / N : 43.20185

▲ Uhaitza - Le Saison

☎ 05 59 28 18 79, www.camping-uhaitza.com
Pour s'y rendre : 1,5 km au sud par D 918, rte de Tardets-Sorholus, au bord du Saison
Ouverture : de déb. avr. à fin oct.
1 ha (50 empl.) en terrasses, plat, herbeux
Empl. camping : (Prix 2017) 27,40€ ✶✶ 🚗 📧 [¥] (10A) - pers. suppl. 6,30€ - frais de réservation 10€
Location : (Prix 2017) (de déb. avr. à fin oct.) - 6 - 5. Nuitée 90 à 170€ - Sem. 300 à 720€ - frais de réservation 10€
borne artisanale 5€
Préférer les emplacements près du ruisseau, plus éloignés de la route.

Nature :
Loisirs :
Services : laverie

GPS : W : 0.8972 / N : 43.20789

AQUITAINE

MESSANGES

40660 - Carte Michelin 335 C12 - 986 h. - alt. 8
▶ Paris 734 - Bayonne 45 - Castets 24 - Dax 33

Club Airotel Le Vieux Port

☎ 0558482200, www.levieuxport.com

Pour s'y rendre : rte de la Plage Sud (2,5 km au sud-ouest par D 652, rte de Vieux-Boucau-les-Bains puis 800 m par chemin à dr., à 500 m de la plage - accès direct)

Ouverture : de fin mars à déb. nov.

40 ha/30 campables (1546 empl.) vallonné, plat, herbeux, sablonneux

Empl. camping : (Prix 2017) 82€ - pers. suppl. 9,90€ - frais de réservation 40€

Location : (Prix 2017) (de fin mars à déb. nov.) - (1 mobile home) - 463 - 75 - 69 tentes lodges - 8 tentes sur pilotis - 10 cabanons. Nuitée 45 à 599€ - Sem. 175 à 4 193€ - frais de réservation 40€

borne artisanale

Immense site avec un important parc aquatique paysagé, de nombreux et divers locatifs et une zone commerciale complète à l'entrée complétée d'une salle de spectacles de 2800 places.

Nature :
Loisirs : (salle de spectacle) centre balnéo hammam jacuzzi salle d'animation skate parc terrain multisports
Services : laverie cases réfrigérées

GPS : W : 1.39995 N : 43.79773

Club Airotel Lou Pignada

☎ 0558482200, www.loupignada.com

Pour s'y rendre : rte d'Azur (2 km au sud par D 652 puis 500 m par rte à gauche)

Ouverture : de fin mars à fin sept.

8 ha (430 empl.) plat, sablonneux

Empl. camping : (Prix 2017) 75€ (8A) - pers. suppl. 9,90€ - frais de réservation 40€

Location : (Prix 2017) (de fin mars à fin sept.) - (1 mobile home) - 134 - 25 - 1 tente lodge - 2 tentes sur pilotis - 4 cabanes perchées. Nuitée 45 à 259€ - Sem. 155 à 1 813€ - frais de réservation 40€

borne artisanale

Locatif très varié en confort et en modèles avec de grands espaces verts pour la détente ou les animations sportives.

Nature :
Loisirs : centre balnéo hammam jacuzzi terrain multisports
Services : laverie cases réfrigérées
À prox. :

GPS : W : 1.38245 N : 43.79747

La Côte

☎ 0558489494, www.campinglacote.com

Pour s'y rendre : chemin de la Côte (2,3 km au sud-ouest par D 652, rte de Vieux-Boucau-les-Bains et chemin à dr.)

Ouverture : de déb. avr. à fin sept.

3,5 ha (151 empl.) plat, herbeux, sablonneux

Empl. camping : (Prix 2017) 35,70€ (10A) - pers. suppl. 7,70€ - frais de réservation 20€

Location : (Prix 2017) (de déb. avr. à fin sept.) - 14 - 3 gîtes. Sem. 200 à 910€ - frais de réservation 20€

borne artisanale

Emplacements bien ombragés avec de grands espaces verts idéals pour la détente ou les activités sportives.

Nature :
Loisirs : jacuzzi terrain multisports
Services : laverie cases réfrigérées
À prox. :

GPS : W : 1.39171 N : 43.80035

Les Acacias

☎ 0558480178, www.lesacacias.com

Pour s'y rendre : 101 chemin du Houdin, quartier Delest (2 km au sud par D 652, rte de Vieux-Boucau-les-Bains puis 1 km par rte à gauche)

Ouverture : de fin mars à mi-oct.

1,7 ha (125 empl.) plat, herbeux, sablonneux

Empl. camping : (Prix 2017) 27€ (10A) - pers. suppl. 6,10€ - frais de réservation 15€

Location : (Prix 2017) (de fin mars à mi-oct.) - 14 - 1 - 2 cabanons. Nuitée 40 à 65€ - Sem. 550 à 760€ - frais de réservation 15€

borne artisanale - 8 12€

Un bon confort sanitaire et des espaces verts dédiés à la détente ou aux sports collectifs.

Nature :
Loisirs :
Services : laverie cases réfrigérées
À prox. :

GPS : W : 1.37567 N : 43.79757

MÉZOS

40170 - Carte Michelin 335 E10 - 866 h. - alt. 23
▶ Paris 700 - Bordeaux 118 - Castets 24 - Mimizan 16

Club Airotel Le Village Tropical Sen Yan

☎ 0558426005, www.sen-yan.com

Pour s'y rendre : av. de la Gare (1 km à l'est par rte du Cout)

Ouverture : de déb. juin à déb. sept.

8 ha (574 empl.) plat, sablonneux

Empl. camping : (Prix 2017) 46,90€ (10A) - pers. suppl. 9,50€ - frais de réservation 26€

Location : (Prix 2017) (de mi-mai à mi-sept.) - 200 - 40 . Nuitée 40 à 195€ - Sem. 280 à 1 365€ - frais de réservation 26€

Ambiance tropicale vers les piscines et une vraie équipe de professionnels pour les animations.

Nature :
Loisirs : salle d'animations centre balnéo hammam jacuzzi tyrolienne terrain multisports
Services : laverie

GPS : W : 1.15657 N : 44.07164

Avant de prendre la route, consultez **www.viamichelin.fr** :
votre meilleur itinéraire, le choix de votre hôtel, restaurant, des propositions de visites touristiques.

AQUITAINE

MIALET

24450 - Carte Michelin **329** G2 - 665 h. - alt. 320
▶ Paris 436 - Limoges 49 - Nontron 23 - Périgueux 51

⚠ Village Vacances L'Étang de Vivale

(pas d'emplacement tentes et caravanes)

📞 05 53 52 66 05, www.vivaledordogne.com

Pour s'y rendre : 32 av. de Nontron (700 m à l'ouest par D 79, au bord du lac)

30 ha plat, vallonné

Location : (Prix 2017) (de déb. avr. à déb. nov.) - 20 🏠. Sem. 540 à 820€

Tous les chalets dominent le grand étang, site idéal pour la pêche et le repos.

Nature : 🌳 ≤ 🏕 💧	G	E : 0.89788
Loisirs : 🍸 🏠 👥 🎣 🚣	P	N : 45.54793
Services : 🔑 🅿 📶 🗑	S	

MIMIZAN

40200 - Carte Michelin **335** D9 - 7 000 h. - alt. 13
▶ Paris 692 - Arcachon 67 - Bayonne 109 - Bordeaux 109

⛰ Le Lac

📞 05 58 09 01 21, www.mimizanlac-camping.com

Pour s'y rendre : 108 av. de Woolsack (2 km au nord par D 87, rte de Gastes, au bord de l'étang d'Aureilhan)

8 ha (459 empl.) plat, herbeux, sablonneux

Location : 15 bungalows toilés.

🚐 borne flot bleu - 21 🅿

Emplacements ombragés en partie par des pins jusqu'au bord du lac.

Nature : 💧💧🌲	G	W : 1.2299
Loisirs : ✖ 🛝 🚣 (plage)	P	N : 44.21968
Services : 🔑 🅿 - 2 sanitaires individuels (🚿🚽 wc) laverie 🛒 cases réfrigérées	S	
À prox. : 🚣 🚤 pédalos		

MIMIZAN-PLAGE

40200 - Carte Michelin **335** D9
▶ Paris 706 - Bordeaux 128 - Mont-de-Marsan 84

⛰ Club Airotel Marina-Landes 👥

📞 05 58 09 12 66, www.marinalandes.com

Pour s'y rendre : 8, r. Marina (500 m de la plage Sud)

Ouverture : de déb. mai à mi-sept.

9 ha (502 empl.) plat, sablonneux

Empl. camping : (Prix 2017) 62€ ★★ 🚗 🅿 (16A) - frais de réservation 35€

Location : (Prix 2017) (de déb. mai à mi-sept.) - ♿ (1 mobile home) - 100 🚐 - 6 🏠 - 13 chalets sur pilotis - 17 tentes lodges - 18 appartements. Nuitée 35 à 231€ - Sem. 196 à 1 615€ - frais de réservation 35€

🚐 borne artisanale

Emplacements bien ombragés et du locatif varié.

Nature : 🏕 💧💧	G	W : 1.2909
Loisirs : 🍸 ✖ 🏠 🎪 salle d'animations 🎣 🚴 🏊 🎯 🏀 🏓 terrain multisports	P	N : 44.2043
Services : 🔑 🅿 📶 🗑 laverie 🛒 cases réfrigérées	S	
À prox. : 🐎		

⛰ La Plage 👥

📞 05 58 09 00 32, www.mimizan-camping.com

Pour s'y rendre : bd de l'Atlantique (quartier nord)

16 ha (608 empl.) vallonné, plat, herbeux, sablonneux

Location : (🅿) - 36 🚐 - 15 🏠 - 4 tentes lodges - 2 cabanons. 🚐 50 🅿

Accueil de nombreux groupes de surfeurs.

Nature : 🏕	G	W : 1.28384
Loisirs : ✖ 👥 🎣 🚣 mur d'escalade terrain multisports	P	N : 44.21719
Services : 🔑 🅿 📶 laverie 🛒 cases réfrigérées	S	

MOLIETS ET MAA

40660 - Carte Michelin **335** C12 - 1 024 h. - alt. 15
▶ Paris 732 - Bordeaux 154 - Mont-de-Marsan 86 - Pau 129

⛰ Capfun Landisland 👥

(pas d'emplacement tentes et caravanes)

📞 05 58 47 13 78, www.camping-landisland.fr

Pour s'y rendre : r. des Templiers, lieu-dit : Maa (3,2 km au nord par D 328)

24 ha/12 campables (209 empl.) vallonné, sablonneux

Location : (Prix 2017) (de déb. juin à mi-sept.) - ♿ (2 mobile homes) - 286 🚐 - 6 🏠 - 6 tentes lodges. Nuitée 56 à 103€ - Sem. 203 à 1 344€ - frais de réservation 27€

Site agréable au milieu de la forêt landaise.

Nature : 🌳 💧	G	W : 1.34472
Loisirs : 🍸 ✖ 🏠 👥 🎣 🚴 🏊 🎯 🏀 🏓	P	N : 43.86111
Services : 🔑 🅿 📶 🗑	S	

MOLIETS-PLAGE

40660 - Carte Michelin **335** C11
▶ Paris 716 - Bordeaux 156 - Mont-de-Marsan 89 - Bayonne 67

⛰ Le Saint-Martin 👥

📞 05 58 48 52 30, www.camping-saint-martin.fr

Pour s'y rendre : av. de l'Océan (sur D 117)

18 ha (673 empl.) vallonné, plat et peu incliné, sablonneux

Location : 4 🚐 - 155 🏠 - 16 tentes lodges - 6 cabanes perchées. 🚐 borne artisanale

Cadre vallonné avec un promontoir central qui offre une vue à 360° sur l'océan et la forêt landaise. Accès direct à la plage.

Nature : 🏕 💧💧	G	W : 1.38731
Loisirs : 🍸 ✖ 🏠 👥 🎣 🚴 🏊 🎯 point d'informations touristiques terrain multisports	P	N : 43.85259
Services : 🔑 🅿 📶 🗑 laverie 🛒 cases réfrigérées	S	
À prox. : 🚴 🏄 skate-surf, golf		

AQUITAINE

MONPAZIER

24540 - Carte Michelin **329** G7 - 522 h. - alt. 180
▶ Paris 575 - Bergerac 47 - Fumel 26 - Périgueux 75

Le Moulin de David

☎ 05 53 22 65 25, www.moulindedavid.com

Pour s'y rendre : 3 km au sud-ouest par D 2, rte de Villeréal et chemin à gauche, au bord d'un ruisseau

Ouverture : de déb. mai à mi-sept.

16 ha/4 campables (160 empl.) terrasse, plat, herbeux, étang, bois

Empl. camping : (Prix 2017) 30€ (10A) - pers. suppl. 8€

Location : (Prix 2017) (de déb. mai à mi-sept.) - 57 - 3 bungalows toilés - 5 tentes lodges - 3 tentes sur pilotis. Nuitée 44 à 79€ - Sem. 169 à 950€

borne artisanale

Niché en partie dans la forêt autour d'une ancienne ferme rénovée qui abrite un snack et un restaurant gastronomique.

Nature :
Loisirs : (plan d'eau)
Services : laverie

GPS E : 0.87873 N : 44.65979

MONTIGNAC

24290 - Carte Michelin **329** H5 - 2 851 h. - alt. 77
▶ Paris 513 - Brive-la-Gaillarde 39 - Périgueux 54 - Sarlat-la-Canéda 25

Le Moulin du Bleufond

☎ 05 53 51 83 95, www.bleufond.com

Pour s'y rendre : av. Aristide-Briand (500 m au sud par D 65 rte de Sergeac, près de la Vézère)

Ouverture : de déb. avr. à mi-oct.

1,3 ha (82 empl.) plat, herbeux

Empl. camping : (Prix 2017) 30,10€ (10A) - pers. suppl. 7,20€ - frais de réservation 9€

Location : (Prix 2017) (de déb. avr. à mi-oct.) - 29 . Nuitée 90 à 185€ - Sem. 260 à 810€ - frais de réservation 9€

Emplacements disposés entre l'ancien moulin et le terrain de foot.

Nature :
Loisirs : jacuzzi location de voiture
Services : laverie
À prox. :

GPS E : 1.15864 N : 45.05989

MONTPON-MÉNESTÉROL

24700 - Carte Michelin **329** B5 - 5 535 h. - alt. 93
▶ Paris 532 - Bergerac 40 - Bordeaux 75 - Libourne 43

La Cigaline

☎ 05 53 80 22 16, www.camping-dordogne-lacigaline.com/fr/

Pour s'y rendre : 1 r. de la Paix (sortie nord par D 708, rte de Ribérac et à gauche av. le pont)

Ouverture : de déb. avr. à fin sept.

2 ha (120 empl.) plat, herbeux

Empl. camping : (Prix 2017) 18,80€ (10A) - pers. suppl. 5,35€ - frais de réservation 15€

Location : (Prix 2017) (de déb. avr. à fin sept.) - 15 - 3 tentes lodges. Nuitée 41 à 66€ - Sem. 180 à 644€ - frais de réservation 15€

borne eurorelais 13€

Belle terrasse du snack-bar au bord de l'Isle. Proche du centre-ville.

Nature :
Loisirs :
Services :
À prox. :

GPS E : 0.15839 N : 45.01217

NAVARRENX

64190 - Carte Michelin **342** H3 - 1 104 h. - alt. 125
▶ Paris 787 - Oloron-Ste-Marie 23 - Orthez 22 - Pau 43

Beau Rivage

☎ 05 59 66 10 00, www.beaucamping.com

Pour s'y rendre : allée des Marronniers (à l'ouest du bourg entre le Gave d'Oloron et les remparts du village)

Ouverture : de fin mars à mi-oct.

2,5 ha (70 empl.) en terrasses, plat, herbeux, gravillons

Empl. camping : (Prix 2017) 29,50€ (10A) - pers. suppl. 6,50€

Location : (Prix 2017) (de fin mars à mi-oct.) - (1 chalet) - 16 . Nuitée 40 à 115€ - Sem. 425 à 780€

borne artisanale

Entre le gave d'Oloron et les remparts du village.

Nature :
Loisirs :
Services : laverie
À prox. :

GPS W : 0.76121 N : 43.32003

Ne pas confondre :
△ ... à ... ᴀᴀᴀ : **appréciation MICHELIN**
et
★ ... à ... ★★★★★ : classement officiel

LE NIZAN

33430 - Carte Michelin **335** J8 - 423 h. - alt. 107
▶ Paris 635 - Agen 106 - Bordeaux 57 - Mont-de-Marsan 78

Village Vacances Domaine Ecôtelia

(pas d'emplacement tentes et caravanes)

☎ 05 56 65 35 38, www.domaine-ecotelia.com

Pour s'y rendre : 5 Tauzin (à 500 m du bourg)

10 ha/2,5 campables

Location : (Prix 2017) Permanent - 4 - 2 tentes lodges - 3 tentes sur pilotis - 4 yourtes - 3 roulottes - 4 cabanes perchées - 2 cabanons. Nuitée 54 à 169€ - Sem. 248 à 998€

Hébergements insolites reliant les 5 continents autour d'une piscine écologique.

Nature :
Loisirs :
Services :

GPS W : 0.25778 N : 44.47389

81

AQUITAINE

NONTRON

24300 - Carte Michelin 329 E2 - 3 421 h. - alt. 260
▶ Paris 464 - Bordeaux 175 - Périgueux 49 - Angoulême 47

⚠ L'Agrion Bleu

☎ 05 53 56 02 04, www.campinglagrionbleu.com

Pour s'y rendre : à St-Martial-de-Valette (1 km au sud sur D 675, rte de Périgueux)

Ouverture : de mi-janv. à mi-déc.

2 ha (70 empl.) plat, herbeux, bord de rivière

Empl. camping : (Prix 2017) 18,50 € ✦✦ ⇌ 🅴 🛇 (10A) - pers. suppl. 4 €

Location : (Prix 2017) Permanent - 7 🏕 - 1 🛏 - 6 studios. Nuitée 53 à 80 € - Sem. 230 à 590 €

🚐 borne artisanale 4 € - 3 🅴 17 € - 🍽 9 €

À côté d'un important parc aquatique couvert.

Nature : 🌿 🌳 ♨
Loisirs : 🍴 ✕ 🎱 🛶
Services : 🔑 🏛 👤 📶 🧺 🚣
À prox. : 🍸 hammam jacuzzi 🎣

G P S : E : 0.65807 N : 45.51951

ONDRES

40440 - Carte Michelin 335 C13 - 4 753 h. - alt. 37
▶ Paris 761 - Bayonne 8 - Biarritz 15 - Dax 48

⛺ Du Lac

☎ 05 59 45 28 45, www.camping-du-lac.fr

Pour s'y rendre : 518 r. de Janin (2,2 km au nord par N 10 puis D 26, rte d'Ondres-Plage puis dir. le Turc, chemin à dr., près d'un étang)

Ouverture : de mi-mars à mi-oct.

3 ha (115 empl.) en terrasses, plat, herbeux, sablonneux

Empl. camping : (Prix 2017) 46 € ✦✦ ⇌ 🅴 🛇 (10A) - pers. suppl. 9 € - frais de réservation 20 €

Location : (Prix 2017) (de mi-mars à mi-oct.) - ✈ - 31 🏕 - 3 🏠 - 7 bungalows toilés - 1 roulotte. Nuitée 32 à 251 € - Sem. 224 à 1 757 € - frais de réservation 20 €

🚐 borne artisanale 25 € - 🚿 🛇 15,20 €

Cadre agréable avec du locatif varié et de bon confort pour certains.

Nature : 🌿 ⇌ ♨
Loisirs : 🍴 ✕ 🎱 🛶 hammam 🚴 🏊
Services : 🔑 🏛 👤 📶 🧺 🚣
À prox. : 🎣

G P S : W : 1.45249 N : 43.56499

⛺ Lou Pignada 👥

☎ 05 59 45 30 65, www.camping-loupignada.com

Pour s'y rendre : 742 av. de la Plage

Ouverture : de déb. mai à fin sept.

6,5 ha/4,5 campables (214 empl.) plat, herbeux, sablonneux

Empl. camping : (Prix 2017) 42 € ✦✦ ⇌ 🅴 🛇 (10A) - pers. suppl. 7 € - frais de réservation 20 €

Location : (Prix 2017) (de déb. mars à fin oct.) - 30 🏕 - 50 🏠 - 4 cabanons. Sem. 250 à 1 100 € - frais de réservation 20 €

Emplacements bien ombragés mais préférer les plus éloignés de la route et de la voie de chemin de fer.

Nature : ⇌ ♨
Loisirs : 🍴 ✕ salle d'animations 🚴 🚵 🏊 🏓 terrain multisports
Services : 🔑 👤 📶 🧺 🚣
À prox. : 🏖

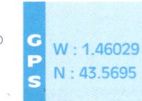

G P S : W : 1.46029 N : 43.5695

⛺ Campéole Ondres-Plage 👥

☎ 05 59 45 31 48, www.campeole.com/ - peu d'emplacements pour tentes et caravanes

Pour s'y rendre : av. de La Plage (3 km à l'ouest, à Ondres-Plage)

Ouverture : de déb. avr. à fin sept.

6 ha (211 empl.) vallonné, plat, sablonneux, herbeux

Empl. camping : (Prix 2017) 41,40 € ✦✦ ⇌ 🅴 🛇 (10A) - pers. suppl. 9,90 € - frais de réservation 25 €

Location : (Prix 2017) (de déb. avr. à fin sept.) - ♿ (2 mobile homes) - 143 🏕 - 52 bungalows toilés. Nuitée 35 à 176 € - Sem. 245 à 1 232 € - frais de réservation 25 €

🚐 5 🅴 33,50 €

Campéole
www.campeole.com

ONDRES-PLAGE ★★★

L'effet tonifiant de l'océan à 200 m seulement

Emplacements campeurs, bungalow toilés, mobil-homes.

Piscine chauffée, restaurant, animations en juillet/août. Site idéal pour la pratique du surf.

2511 Route de la Plage
40440 Ondres Plage
+33 (0)5 59 45 31 48
ondres@campeole.com

AQUITAINE

Cadre légèrement vallonné sous les pins, sans véhicule (parking obligatoire) à 500 m de la plage.

Nature : 🌳 ♦♦
Loisirs : 🎬 ⭐diurne salle d'animations 🏃
🚣 ✂ 🎿
Services : 🔑 🅿 ♿ 📶 laverie 🧺

GPS : W : 1.48107 / N : 43.57508

PARENTIS-EN-BORN

40160 - Carte Michelin **335** E8 - 5 187 h. - alt. 32
▶ Paris 658 - Arcachon 43 - Bordeaux 76 - Mimizan 25

⛺ Yelloh! Village Au Lac de Biscarrosse 👥

📞 05 58 08 06 40, www.camping-lac-de-biscarrosse.com

Pour s'y rendre : rte de Lahitte (3,2 km à l'ouest par la route du Lac)

Ouverture : de déb. avr. à fin sept.

14 ha (543 empl.) plat, sablonneux

Empl. camping : (Prix 2017) 60€ ♦♦ 🚗 📺 ⚡ (16A) - pers. suppl. 9€

Location : (Prix 2017) (de déb. avr. à fin sept.) - ♿ (1 mobile home) - 110 🏠 - 12 cabanons. Nuitée 39 à 286€ - Sem. 273 à 2 002€

🚐 borne eurorelais 2€

Nouveau terrain avec des emplacements plein soleil, du locatif varié de bon confort autour de très jolis bâtiments d'architecture landaise.

Nature : 🌳 ♦♦
Loisirs : 🍴 ✕ 🎬 ⭐salle d'animations 🏃
🛀 centre balnéo 🧖 hammam 🐴 🚴 ✂
🎿 🏊 pédalos parcours de santé terrain multisports
Services : 🔑 🅿 ♿ ♿ 📶 laverie 🧺 🧊
réfrigérateurs
À prox. : 🏖 (plage) 🎣 🐟 ⚓

GPS : W : 1.10139 / N : 44.35222

⛺ Le Pipiou 👥

📞 05 58 78 57 25, www.camping-pipiou.fr

Pour s'y rendre : 382 rte des Campings (2,5 km à l'ouest par D 43 et rte à dr., à 100 m de l'étang)

Ouverture : de déb. mai à fin sept.

9 ha (380 empl.) plat, sablonneux

Empl. camping : (Prix 2017) 31,50€ ♦♦ 🚗 📺 ⚡ (10A) - pers. suppl. 7€ - frais de réservation 20€

Location : (Prix 2017) Permanent - 35 🏠 - 3 bungalows toilés. Nuitée 41 à 70€ - Sem. 185 à 980€ - frais de réservation 20€

Emplacements ombragés ou plein soleil avec de nombreux mobile homes de propriétaires-résidents.

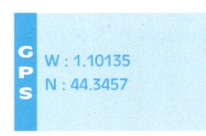

Nature : 🌳 ♦♦
Loisirs : 🍴 ✕ 🏃 🎬 🏊 🚴 🎿 terrain multisports
Services : 🔑 🅿 ♿ ♿ 📶 laverie 🧺 🧊
À prox. : 🏖 (plage) 🎣 🐟

GPS : W : 1.10135 / N : 44.3457

⛺ L'Arbre d'Or

📞 05 58 78 41 56, www.arbre-dor.com

Pour s'y rendre : 75 rte du lac (1,5 km à l'ouest par D 43, rte de l'Étang)

Ouverture : de déb. avr. à fin oct.

4 ha (200 empl.) plat, herbeux, sablonneux

Empl. camping : (Prix 2017) 31,80€ ♦♦ 🚗 📺 ⚡ (10A) - pers. suppl. 7,30€ - frais de réservation 15€

Location : (Prix 2017) (de déb. avr. à déb. nov.) - 20 🏠 - 1 🏕 - 2 bungalows toilés. Nuitée 65 à 200€ - Sem. 215 à 1 160€ - frais de réservation 15€

Ambiance familiale autour des piscines couvertes et découvertes.

Nature : 🌳 ♦♦
Loisirs : 🍴 ✕ 🎬 🏃 🚴 🏊 🎿 terrain multisports
Services : 🔑 ♿ 📶 laverie 🧺 réfrigérateurs

GPS : W : 1.09232 / N : 44.34615

PAUILLAC

33250 - Carte Michelin **335** G3 - 5 135 h. - alt. 20
▶ Paris 625 - Arcachon 113 - Blaye 16 - Bordeaux 54

▲ Municipal Les Gabarreys

📞 05 56 59 10 03, www.pauillac-medoc.com

Pour s'y rendre : rte de la Rivière (1 km au sud, près de la Gironde)

Ouverture : de fin mars à mi-oct.

1,6 ha (58 empl.) plat, herbeux, gravillons

Empl. camping : (Prix 2017) 24€ ♦♦ 🚗 📺 ⚡ (10A) - pers. suppl. 5€ - frais de réservation 13€

Location : (Prix 2017) (de fin mars à mi-oct.) - ♿ (1 mobile home) - 7 🏠. Nuitée 48 à 119€ - Sem. 260 à 620€ - frais de réservation 13€

🚐 borne artisanale 5€ - 🚰 14€

Jacuzzi à l'étage, en extérieur, avec vue panoramique sur la Gironde.

Nature : 🌳 🌲 ♦♦
Loisirs : 🎬 🧺 jacuzzi 🏃 🚴
Services : 🔑 ♿ 📶 laverie

GPS : W : 0.74226 / N : 45.18517

Benutzen Sie
– zur Wahl der Fahrtroute
– zur Berechnung der Entfernungen
– zur exakten Lokalisierung eines Campingplatzes (mit Hilfe der Angaben im Ortstext) die für diesen Führer unentbehrlichen
MICHELIN-Karten.

PETIT-PALAIS-ET-CORNEMPS

33570 - Carte Michelin **335** K5 - 676 h. - alt. 35
▶ Paris 532 - Bergerac 51 - Castillon-la-Bataille 18 - Libourne 20

⛺ Le Pressoir

📞 05 57 69 73 25, www.campinglepressoir.com

Pour s'y rendre : lieu-dit : 29 Queyrai (1,7 km au nord-ouest par D 21, rte de St-Médard-de-Guizières et chemin à gauche)

2 ha (100 empl.) peu incliné, plat, herbeux

Location : 29 🏠 - 3 🏕 - 8 bungalows toilés.

Totalement encerclé par les vignes bordelaises ; restaurant renommé.

Nature : 🌳 🌲 ♦♦
Loisirs : 🍴 ✕ 🧺 🏃 🚴 🎿
Services : 🔑 ♿ 📶 laverie

GPS : W : 0.06301 / N : 44.99693

AQUITAINE

PEYRIGNAC

24210 - Carte Michelin **329** I5 - 514 h. - alt. 200
▶ Paris 508 - Brive-la-Gaillarde 33 - Juillac 33 - Périgueux 44

⛰ La Garenne

✆ 05 53 50 57 73, www.lagarennedordogne.com

Pour s'y rendre : lieu-dit : Le Combal (800 m au nord du bourg, près du stade)

Ouverture : Permanent

4 ha/1,5 (70 empl.) terrasse, plat, herbeux, gravier

Empl. camping : (Prix 2017) 15 € ♠♠ 🚗 🔲 ♦ (16A) - pers. suppl. 5,50 € - frais de réservation 3,50 €

Location : (Prix 2017) Permanent - 18 🏕 - 12 🏠. Nuitée 34 à 112 € - Sem. 232 à 778 € - frais de réservation 13,70 €

🚐 3 🔲 21,50 €

En sous-bois avec jolie vue sur la campagne pour les emplacements côté piscine.

Nature : 🌳 ♨
Loisirs : 🍴 🎯 🏛 ≋ hammam jacuzzi 🚴 🏊
Services : ⚬ 🚿 🔌 🛜 laverie 🧺
À prox. : 🍴 🎯

GPS : E : 1.1837 N : 45.16575

PEYRILLAC-ET-MILLAC

24370 - Carte Michelin **329** J6 - 213 h. - alt. 88
▶ Paris 521 - Brive-la-Gaillarde 45 - Gourdon 23 - Sarlat-la-Canéda 22

⛰ Au P'tit Bonheur 👥

✆ 05 53 29 77 93, www.camping-auptitbonheur.com

Pour s'y rendre : à Millac, lieu-dit : Combe de Lafon (2,5 km au nord par rte du Bouscandier)

Ouverture : de mi-avr. à fin sept.

2,8 ha (100 empl.) en terrasses, peu incliné, pierreux, herbeux

Empl. camping : (Prix 2017) 23,90 € ♠♠ 🚗 🔲 ♦ (10A) - pers. suppl. 5,90 € - frais de réservation 16 €

Location : (Prix 2017) (de mi-avr. à fin sept.) - 16 🏕 - 9 🏠 - 3 bungalows toilés - 7 tentes lodges - 2 tentes sur pilotis - 2 cabanons - 1 gîte. Sem. 194 à 999 € - frais de réservation 16 €

🚐 borne artisanale

Cadre verdoyant et ombragé au calme.

Nature : 🌳 🌲 ♨
Loisirs : 🍴 🎯 🏛 🚴 ≋ jacuzzi 🚴 🏊
Services : ⚬ 🚿 🔌 🛜 laverie 🧺 cases réfrigérées

GPS : E : 1.40423 N : 44.89934

PISSOS

40410 - Carte Michelin **335** G9 - 1 315 h. - alt. 46
▶ Paris 657 - Arcachon 72 - Biscarrosse 34 - Bordeaux 75

⛰ Municipal de l'Arriu

✆ 05 58 08 90 38, www.pissos.fr

Pour s'y rendre : 525 chemin de l'Arriu (1,2 km à l'est par D 43, rte de Sore et chemin de dr., après la piscine)

Ouverture : de déb. juil. à mi-sept. - 🚵

3 ha (74 empl.) plat, sablonneux

Empl. camping : (Prix 2017) ♠ 3,50 € 🚗 🔲 8 € – ♦ (12A) 2,50 €

Agréable pinède.

Nature : 🌳 ♨
Services : 🚿 🔌 🛜
À prox. : 🔲 🍴 🏛 🎯 🏊

GPS : W : 0.76944 N : 44.305

PLAZAC

24580 - Carte Michelin **329** H5 - 725 h. - alt. 110
▶ Paris 527 - Bergerac 65 - Brive-la-Gaillarde 53 - Périgueux 40

⛰ Le Lac 👥

✆ 05 53 50 75 86, www.domainedulac-dordogne.com

Pour s'y rendre : au lac (800 m au sud-est par D 45, rte de Thonac)

Ouverture : de mi-mai à fin sept.

7 ha/2,5 campables (115 empl.) en terrasses, plat et peu incliné, herbeux

Empl. camping : (Prix 2017) ♠ 6,50 € 🚗 🔲 6,50 € – ♦ (10A) 4,20 € - frais de réservation 12 €

Location : (Prix 2017) (de mi-mai à fin sept.) - ♿ (1 mobile home) - 26 🏕 - 4 🏠 - 1 gîte. Nuitée 36 à 105 € - Sem. 240 à 730 € - frais de réservation 12 €

Au bord du lac, sous l'ombrage des noyers et chênes verts.

Nature : 🌳 🌲 ♨ ≋
Loisirs : 🍴 🎯 🏛 🚴 🏊 🎣 🛶 ≋ (étang) 🏓 terrain multisports
Services : ⚬ 🚿 🔌 🛜 laverie 🧺

GPS : E : 1.04778 N : 45.03139

*Créez votre voyage sur **voyages.michelin.fr***

POMPORT

24240 - Carte Michelin **329** D7 - 812 h. - alt. 120
▶ Paris 554 - Agen 89 - Bordeaux 92 - Périgueux 62

⛰ Pomport Beach 👥

✆ 05 24 10 61 13, www.pomport-beach.com

Pour s'y rendre : rte de la Gardonnette (1,8 km au sud par D 17 rte de Sigoulès, à la base de loisirs)

13 ha/5 campables (199 empl.) terrasse, plat, herbeux, pierreux, bois

🚐 borne artisanale

Locatif de bon confort autour du petit plan d'eau et des piscines.

Nature : 🌲 ♨
Loisirs : 🍴 🎯 🏛 🎱 🚴 🏊 🎣 ≋ (plage) 🛶 🚣 pédalos terrain multisports
Services : ⚬ 🚿 🔌 🛜 laverie 🧺

GPS : E : 0.41174 N : 44.77135

PONT-DU-CASSE

47480 - Carte Michelin **336** G4 - 4 305 h. - alt. 67
▶ Paris 658 - Bordeaux 147 - Toulouse 122 - Montauban 96

⛰ Village Vacances de Loisirs Darel

(pas d'emplacement tentes et caravanes)

✆ 05 53 67 96 41, accueil@ville-pontducasse.fr

Pour s'y rendre : lieu-dit : Darel (7 km au nord-est par D 656, rte de Cahors et à dr. dir. St-Ferréol)

34 ha/2 campables vallonné

Location : (Prix 2017) Permanent (1 chalet) - - 15 . Nuitée 53€ - Sem. 175 à 359€ - frais de réservation 27€

Situation agréable en sous-bois dominant un important centre équestre avec chevaux et poneys.

Nature :
Services :
À prox. :

GPS E : 0.68536 N : 44.21698

LE PORGE

33680 - Carte Michelin **335** E5 - 2 428 h. - alt. 8
Paris 624 - Andernos-les-Bains 18 - Bordeaux 47 - Lacanau-Océan 21

Municipal la Grigne

05 56 26 54 88, www.camping-leporge.fr

Pour s'y rendre : 35 av. de l'Océan (9,5 km à l'ouest par D 107, à 1 km du Porge-Océan)

Ouverture : de mi-avr. à fin sept.

30 ha (700 empl.) vallonné, plat, sablonneux

Empl. camping : (Prix 2017) 35,10€ (6A) - pers. suppl. 4,35€ - frais de réservation 21€

Location : (Prix 2017) (de déb. avr. à fin sept.) - (1 mobile home) - - 25 - 10 tentes lodges. Sem. 350 à 995€ - frais de réservation 21€

borne AireService 8€ - 30 8€

Jolie pinède vallonnée à 300 m de la plage et de l'océan. Accueil de groupes et colonies (UCPA...)

Nature :
Loisirs :
Services : laverie
À prox. : parcours dans les arbres

GPS W : 1.20314 N : 44.89363

PUJOLS

47300 - Carte Michelin **336** G3 - 3 607 h. - alt. 180
Paris 607 - Agen 28 - Bordeaux 145 - Cahors 73

Lot et Bastides

Camping Lot et Bastides

05 53 36 86 79, www.camping-lot-et-bastides.fr

Pour s'y rendre : r. Malbentre (2,7 km au nord par D 118)

Ouverture : de déb. avr. à déb. nov.

7 ha (117 empl.) plat, herbeux, pierreux

Empl. camping : (Prix 2017) 20€ (16A) - pers. suppl. 5€

Location : (Prix 2017) (de déb. avr. à déb. nov.) - (2 chalets) - 14 - 12 - 2 bungalows toilés - 4 tentes lodges. Sem. 203 à 777€

borne eurorelais 4€ - 11€

Emplacements bien ensoleillés avec du locatif varié au pied de la ville de Pujols.

Nature : Pujols
Loisirs : diurne jacuzzi
Services : laverie
À prox. : hammam

GPS E : 0.68733 N : 44.39564

The Guide changes, so renew your guide every year.

PYLA-SUR-MER

33115 - Carte Michelin **335** D7
Paris 648 - Arcachon 8 - Biscarrosse 34 - Bordeaux 66

Yelloh! Village Panorama du Pyla

05 56 22 10 44, www.camping-panorama.com

Pour s'y rendre : rte de Biscarrosse (7 km au sud par D 218)

Ouverture : de déb. avr. à fin sept.

15 ha/10 campables (450 empl.) fort dénivelé, vallonné, en terrasses, plat, sablonneux

Empl. camping : (Prix 2017) 50€ (15A) - pers. suppl. 9€

Location : (Prix 2017) (de déb. avr. à fin sept.) - 80 - 5 - 15 tentes lodges. Nuitée 34 à 273€ - Sem. 238 à 1 911€

borne artisanale

Accès à la plage par un chemin piétonnier. Vue sur le Banc d'Arguin pour de nombreux emplacements.

Nature : Ban d'Arguin
Loisirs : deltaplane skate parc
Services : laverie cases réfrigérées

GPS W : 1.22502 N : 44.57738

Capfun Le Petit Nice

05 56 22 74 03, www.petitnice.com

Pour s'y rendre : rte de Biscarrosse (7 km au sud par D218)

Ouverture : de déb. avr. à fin sept.

5 ha (225 empl.) fort dénivelé, en terrasses, plat, sablonneux

Empl. camping : (Prix 2017) 42€ (10A) - pers. suppl. 7€ - frais de réservation 30€

Location : (Prix 2017) (de déb. avr. à fin sept.) - 94 - 4 bungalows toilés - 10 tentes lodges - 4 roulottes. Nuitée 49 à 161€ - Sem. 196 à 1 442€ - frais de réservation 30€

borne artisanale

Au pied de la dune du Pyla avec accès direct à la plage.

Nature : Banc d'Arguin
Loisirs : terrain multisports
Services : laverie cases réfrigérées
À prox. : parapente

GPS W : 1.22043 N : 44.57274

Tohapi La Forêt

08 25 00 53 13, www.tohapi.fr

Pour s'y rendre : 3 km au sud sur la D 218, rte Biscarrosse

Ouverture : de déb. avr. à fin sept.

8 ha (460 empl.) vallonné, plat et peu incliné, sablonneux

Empl. camping : (Prix 2017) 46€ (16A) - pers. suppl. 9€

Location : (Prix 2017) (de déb. janv. à fin sept.) - (2 mobile homes) - 107 - 12 - 68 tentes lodges. Nuitée 16 à 48€ - Sem. 112 à 1 743€ - frais de réservation 10€

Au pied de la dune du Pyla.

Nature : la dune du Pyla
Loisirs : terrain multisports
Services : laverie cases réfrigérées

GPS W : 1.20857 N : 44.58542

AQUITAINE

RAUZAN

33420 - Carte Michelin **335** K6 - 1 148 h. - alt. 69
▶ Paris 596 - Bergerac 57 - Bordeaux 39 - Langon 35

▲ Le Vieux Château

✆ 05 57 84 15 38, www.vieuxchateau.fr

Pour s'y rendre : sortie nord rte de St-Jean-de-Blaignac et chemin à gauche (1,2 km)

Ouverture : de fin mars à mi-oct.

2,5 ha (78 empl.) non clos, peu incliné, plat, herbeux

Empl. camping : (Prix 2017) 25,90€ ✶✶ ⛺ 🚗 (6A) - pers. suppl. 5,50€ - frais de réservation 8€

Location : (Prix 2017) (de fin mars à mi-oct.) - 12 🏠 - 4 🏡 - 2 bungalows toilés - 2 cabanes perchées. Sem. 280 à 590€ - frais de réservation 8€

🚐 borne artisanale - 🔌 15,88€

Au pied des ruines d'une forteresse du 12e s. avec un chemin piétonnier reliant le village.

Nature : 🌳 ⚓
Loisirs : 🍽 ✗ 🏠 jacuzzi 🏊
Services : 🔑 📶 laverie

GPS : W : 0.12715
N : 44.78213

RÉAUP

47170 - Carte Michelin **336** D5 - 523 h. - alt. 168 - Base de loisirs
▶ Paris 708 - Agen 46 - Aire-sur-l'Adour 64 - Condom 24

▲ Le Lac de Lislebonne 🏕

✆ 05 53 65 65 28, www.camping-lac-lislebonne.com

Pour s'y rendre : 3,2 km au sud-est par D 149, rte de Mézin

Ouverture : de mi-avr. à fin sept.

15 ha/2 campables (74 empl.) en terrasses, peu incliné, plat, herbeux

Empl. camping : (Prix 2017) 28,50€ ✶✶ ⛺ 🚗 (10A) - pers. suppl. 6€

Location : (Prix 2017) Permanent♿ - 13 🏠 - 7 bungalows toilés - 3 tentes lodges - 18 gîtes. Nuitée 36 à 130€ - Sem. 160 à 938€

🚐 borne artisanale

Cadre boisé autour du plan d'eau et de sa petite plage de sable.

Nature : 🌳 ⚓ ▲
Loisirs : 🍽 ✗ 🏠 🚴 🎣 🏓 🎿 (plage) 🏊 terrain multisports
Services : 🔑 🏪 🚿 🛁 📶 laverie 🧊 réfrigérateurs
À prox. : parcours de santé, canoë, pédalos

GPS : E : 0.20971
N : 44.07325

RIVIÈRE-SAAS-ET-GOURBY

40180 - Carte Michelin **335** E12 - 1 168 h. - alt. 50
▶ Paris 742 - Bordeaux 156 - Mont-de-Marsan 68 - Bayonne 44

▲ Lou Bascou

✆ 05 58 97 57 29, www.campingloubascou.fr - peu d'emplacements pour tentes et caravanes

Pour s'y rendre : 250 rte de Houssat (au nord-est du bourg)

Ouverture : Permanent

1 ha (41 empl.) plat, herbeux

Empl. camping : (Prix 2017) 22€ ✶✶ 🚗 ⛺ (16A) - pers. suppl. 9€

Location : (Prix 2017) Permanent - 8 🏠. Nuitée 34 à 139€ - Sem. 238 à 714€

🚐 borne artisanale 13€ - 6 🏠 13€

Nature : 🌳 ⚓
Loisirs : 🏠 salle d'animations
Services : 🔑 📶 laverie
À prox. : 🍽 ✗

GPS : W : 1.14971
N : 43.68203

LA ROCHE-CHALAIS

24490 - Carte Michelin **329** B5 - 2 857 h. - alt. 60
▶ Paris 510 - Bergerac 62 - Blaye 67 - Bordeaux 68

▲ Municipal du Méridien

✆ 05 53 91 40 65, www.larochechalais.com

Pour s'y rendre : lieu-dit : Les Gerbes, r. de la Dronne (1 km à l'ouest, au bord de la rivière)

Ouverture : de mi-avr. à fin sept.

3 ha (100 empl.) terrasse, plat, herbeux, petit bois attenant

Empl. camping : (Prix 2017) 11,70€ ✶✶ 🚗 ⛺ (10A) - pers. suppl. 2,50€

Location : (Prix 2017) (de mi-avr. à fin sept.) - 7 🏠 - 1 bungalow toilé - 1 gîte. Nuitée 30 à 60€ - Sem. 135 à 450€ - frais de réservation 15€

🚐 borne artisanale 9€ - 🔌 9€

Cadre verdoyant avec quelques emplacements au bord de la rivière.

Nature : 🌳 ⚓
Loisirs : 🏠 🚴 🎣 🏊
Services : 📶 🏪

GPS : W : 0.00207
N : 45.14888

▲▲▲ ... ▲

*Besonders angenehme Campingplätze,
ihrer Kategorie entsprechend.*

LA ROQUE-GAGEAC

24250 - Carte Michelin **329** I7 - 416 h. - alt. 85
▶ Paris 535 - Brive-la-Gaillarde 71 - Cahors 53 - Fumel 52

▲ Le Beau Rivage 🏕

✆ 05 53 28 32 05, www.beaurivagedordogne.com

Pour s'y rendre : lieu-dit : Le Gaillardou (4 km à l'est sur la D 46, au bord de la Dordogne)

Ouverture : de fin avr. à déb. sept.

8 ha (200 empl.) en terrasses, plat, herbeux, sablonneux

Empl. camping : (Prix 2017) 29,90€ ✶✶ 🚗 ⛺ (6A) - pers. suppl. 5,80€ - frais de réservation 20€

Location : (Prix 2017) (de fin avr. à déb. sept.) - 45 🏠 - 8 bungalows toilés. Nuitée 35 à 139€ - Sem. 150 à 969€ - frais de réservation 20€

Préférer les emplacements près de la Dordogne, plus éloignés de la route.

Nature : ⚓
Loisirs : 🍽 ✗ 🏠 nocturne 🚴 🎣 🎿 🏊
Services : 🔑 📶 laverie 🧊

GPS : E : 1.21422
N : 44.81587

86

AQUITAINE

ROUFFIGNAC

24580 - Carte Michelin **329** G5 - 1 552 h. - alt. 300
▶ Paris 531 - Bergerac 58 - Brive-la-Gaillarde 57 - Périgueux 32

▲ L'Offrerie

📞 05 53 35 33 26, www.camping-ferme-offrerie.com

Pour s'y rendre : lieu-dit : Le Grand Boisset (2 km au sud par D 32, rte des Grottes de Rouffignac et à dr.)

3,5 ha (48 empl.) en terrasses, peu incliné, plat, herbeux

Location : 19 🏠

🚐 borne artisanale

Cadre verdoyant avec du locatif varié en gamme et en confort.

Nature : 🌳
Loisirs : 🍴 🛝 🏊 🎣 mini ferme
Services : 🔑 👤 📶 laverie

GPS : E : 0.97109 / N : 45.02775

▲ La Nouvelle Croze

📞 05 53 05 38 90, www.lanouvellecroze.com

Pour s'y rendre : 2,5 km au sud-est par D 31, rte de Fleurac et chemin à dr.

Ouverture : de déb. avr. à fin oct.

1,3 ha (43 empl.) plat, herbeux

Empl. camping : (Prix 2017) 26,60€ ✶✶ 🚗 🔌 (16A) - pers. suppl. 6,90€

Location : (Prix 2017) Permanent - 15 🏠 - 1 gîte. Nuitée 45 à 150€ - Sem. 185 à 828€

Beaucoup d'espaces verts ; idéal pour la détente. Locatif de bon confort.

Nature : 🌳
Loisirs : 🍴 🛝 🏊 🎣
Services : 🔑 👤 📶 laverie

GPS : E : 0.99783 / N : 45.02412

▲ Bleu Soleil

📞 05 53 05 48 30, www.camping-bleusoleil.com

Pour s'y rendre : lieu-dit : Domaine Touvent (1,5 km au nord par D 31, rte de Thenon et rte à dr.)

Ouverture : de déb. mai à fin sept.

41 ha/7 campables (110 empl.) en terrasses, peu incliné, plat, herbeux

Empl. camping : (Prix 2017) 23,90€ ✶✶ 🚗 🔌 (10A) - pers. suppl. 5,80€

Location : (Prix 2017) (de déb. avr. à fin sept.) - 7 🏠 - 22 🏡 - 2 bungalows toilés - 2 tentes lodges - 2 cabanons. Nuitée 30 à 109€ - Sem. 168 à 760€

Autour d'une ancienne ferme en pierre restaurée, avec beaucoup d'espaces verts et jolie vue sur la campagne périgourdine.

Nature : 🌳
Loisirs : 🍴 🛝 🏊 🎣 terrain multisports
Services : 🔑 👤 📶 laverie 🧊 cases réfrigérées

GPS : E : 0.98586 / N : 45.05507

SABRES

40630 - Carte Michelin **335** G10 - 1 200 h. - alt. 78
▶ Paris 676 - Arcachon 92 - Bayonne 111 - Bordeaux 94

▲ Le Domaine de Peyricat

📞 05 58 07 51 88, camping-sabres.com

Pour s'y rendre : sortie sud par D 327, rte de Luglon

Ouverture : de mi-juin à mi-sept.

20 ha/2 campables (69 empl.) plat, herbeux, sablonneux

Empl. camping : (Prix 2017) 20€ ✶✶ 🚗 🔌 (5A) - pers. suppl. 4€

Location : (Prix 2017) (de déb. avr. à fin oct.) - 🏕 - 4 🏠 - 8 🏡 - 40 🛏 - 10 bungalows toilés - 17 gîtes. Nuitée 35 à 126€ - Sem. 170 à 769€

🚐 borne eurorelais

Nombreuses activités avec le village vacances mitoyen.

Nature : 🌳
Services : 🔑 📶
au Village Vacances : laverie 🏆 🍴 🏊 🎣 🎯 🛝 🏓

GPS : W : 0.74235 / N : 44.144

ST-AMAND-DE-COLY

24290 - Carte Michelin **329** I5 - 382 h. - alt. 180
▶ Paris 515 - Bordeaux 188 - Périgueux 58 - Cahors 104

▲ Yelloh! Village Lascaux Vacances 👥

📞 05 53 50 81 57, www.campinglascauxvacances.com

Pour s'y rendre : lieu-dit : Les Malénies (1 km au sud par la D 64 rte de St-Geniès)

Ouverture : de fin avr. à mi-sept.

12 ha (150 empl.) fort dénivelé, en terrasses, plat, pierreux

Empl. camping : (Prix 2017) 40€ ✶✶ 🚗 🔌 (10A) - pers. suppl. 9€

Location : (Prix 2017) (de fin avr. à mi-sept.) - 80 🏠 - 5 🏡 - 10 tentes sur pilotis. Nuitée 35 à 125€ - Sem. 245 à 875€

🚐 borne artisanale

Emplacements en sous-bois pour partie avec du locatif varié et de qualité.

Nature : 🌳
Loisirs : 🍴 🛝 🏊 🚴 🎣 🎯 terrain multisports
Services : 🔑 👤 🧊 📶 laverie 🧺

GPS : E : 1.24191 / N : 45.05461

ST-ANTOINE-D'AUBEROCHE

24330 - Carte Michelin **329** G5 - 145 h. - alt. 152
▶ Paris 491 - Brive-la-Gaillarde 96 - Limoges 105 - Périgueux 24

▲ La Pélonie

📞 05 53 07 55 78, www.lapelonie.com

Pour s'y rendre : lieu-dit : La Pélonie (1,8 km au sud-ouest en dir. de Milhac-Gare - de Fossemagne : 6 km par RN 89 et chemin à dr.)

Ouverture : de mi-avr. à déb. oct.

5 ha (96 empl.) en terrasses, non clos, plat, herbeux, bois

Empl. camping : (Prix 2017) ✶ 6,10€ 🚗 7,20€ – 🔌 (10A) 3,90€ - frais de réservation 10€

Location : (Prix 2017) (de mi-avr. à déb. oct.) - 28 🏠. Nuitée 40 à 130€ - Sem. 220 à 910€ - frais de réservation 10€

🚐 borne artisanale 13€ - 4 🔌 13€

Cadre soigné, très ombragé autour des deux piscines.

Nature : 🌳
Loisirs : 🍴 🛝 🏊 🎣
Services : 🔑 👤 📶 laverie

GPS : E : 0.92845 / N : 45.13135

Choisissez votre restaurant sur restaurant.michelin.fr

AQUITAINE

ST-ANTOINE-DE-BREUIL

24230 - Carte Michelin **329** B6 - 2 073 h. - alt. 18
▶ Paris 555 - Bergerac 30 - Duras 38 - Libourne 34

▲▲ La Rivière Fleurie

✆ 05 53 24 82 80, www.la-riviere-fleurie.com

Pour s'y rendre : à St-Aulaye-de-Breuilh, 180 r. Théophile-Cart (3 km au sud-ouest, à 100 m de la Dordogne)

Ouverture : de mi-avr. à mi-sept.

2,5 ha (65 empl.) plat, herbeux

Empl. camping : (Prix 2017) 25,60€ ✶✶ 🚗 🏠 ⚡ (10A) - pers. suppl. 4,80€ - frais de réservation 8€

Location : (Prix 2017) (de mi-avr. à mi-sept.) - 🛖 (de mi-avr. à mi-sept.) - 21 🛏 - 3 bungalows toilés - 4 studios. Nuitée 40 à 98€ - Sem. 200 à 790€ - frais de réservation 10€

Jolie décoration arbustive, florale et locatif varié en confort.

Nature : 🌳 🏞 ♨♨
Loisirs : 🍴 ✕ 🏠 🎯 ⛵ 🚲
Services : ⚙ 🚿 🛜 laverie ✈
À prox. : ✕ 🎣

GPS : E : 0.12235 N : 44.82879

Des vacances réussies sont des vacances bien préparées !
Ce guide est fait pour vous y aider... mais :
– n'attendez pas le dernier moment pour réserver
– évitez la période critique du 14 juillet au 15 août.
Pensez aux ressources de l'arrière-pays,
à l'écart des lieux de grande fréquentation.

ST-AVIT-DE-VIALARD

24260 - Carte Michelin **329** G6 - 145 h. - alt. 210
▶ Paris 520 - Bergerac 39 - Le Bugue 7 - Les Eyzies-de-Tayac 17

▲▲ Les Castels St-Avit Loisirs 👥

✆ 05 53 02 64 00, www.saint-avit-loisirs.com - peu d'emplacements pour tentes et caravanes

Pour s'y rendre : lieu-dit : Malefon (1,8 km au nord-ouest)

Ouverture : de fin mars à fin sept.

55 ha/15 campables (400 empl.) en terrasses, vallonné, plat, herbeux, sous-bois

Empl. camping : (Prix 2017) 49€ ✶✶ 🚗 🏠 ⚡ (10A) - pers. suppl. 12,20€ - frais de réservation 19€

Location : (Prix 2017) (de fin mars à fin sept.) - 69 🛏 - 35 🛖 - 2 bungalows toilés - 1 gîte - 15 appartements. Nuitée 35 à 310€ - Sem. 245 à 2 170€ - frais de réservation 25 €
🚐 20 🛏 20€

Vaste domaine vallonné et boisé avec un bel et important espace aquatique. Des nouveaux locatifs grand confort.

Nature : 🌳 ≤ 🏞 ♨♨
Loisirs : 🍴 ✕ 🏠 🎪 salle d'animations 🏃 🏌 jacuzzi 🎯 🚲 🏊 🎱 ⛵ 🌊 quad terrain multisports
Services : ⚙ 🚿 🛜 laverie ✈ 🧺

GPS : E : 0.84971 N : 44.95174

ST-CRÉPIN-ET-CARLUCET

24590 - Carte Michelin **329** I6 - 493 h. - alt. 262
▶ Paris 514 - Brive-la-Gaillarde 40 - Les Eyzies-de-Tayac 29 - Montignac 21

▲▲▲ Les Peneyrals 👥

✆ 05 53 28 85 71, www.peneyrals.com

Pour s'y rendre : à St Crépin (1 km au sud par la D 56, rte de Proissans)

Ouverture : de déb. mai à mi-sept.

12 ha/8 campables (250 empl.) fort dénivelé, vallonné, en terrasses, plat, herbeux, pierreux, étang

Empl. camping : (Prix 2017) ✶ 8,40€ 🚗 🏠 11,60€ – ⚡ (10A) 3,80€ - frais de réservation 20€

Location : (Prix 2017) (de déb. mai à mi-sept.) - ♿ (1 chalet) - 50 🛏 - 32 🛖. Sem. 329 à 1 561€ - frais de réservation 20€
🚐 borne artisanale

Cadre vallonné, ombragé entre l'étang dédié à la pêche et le joli parc aquatique.

Nature : 🌳 🏞 ♨♨
Loisirs : 🍴 ✕ 🏠 🎯 🏌 🚲 🎱 ✕ 🌊 🎣
Services : ⚙ 🚿 🛜 laverie 🧺 ✈

GPS : E : 1.27267 N : 44.95785

▲▲ Village Vacances Les Gîtes de Combas

(pas d'emplacement tentes et caravanes)
✆ 05 53 28 64 00, www.perigordgites.com

Pour s'y rendre : lieu-dit : Les Combas (2 km au sud par la D 56, rte de Proissans)

4 ha vallonné, herbeux

Location : (Prix 2017) Permanent ♿ (1 gîte) - 🅿 - 23 gîtes. Sem. 345 à 1 495€

Joli cadre vallonné avec certains gîtes aménagés dans les anciens bâtiments de la ferme, en pierre du pays.

Nature : 🏞 ♨
Loisirs : 🍴 🏠 🛋 🚲 ✕ 🌊
Services : ⚙ 🧺 🛜 🏠 ✈

GPS : E : 1.27718 N : 44.94871

Gebruik de gids van het lopende jaar.

ST-CYBRANET

24250 - Carte Michelin **329** I7 - 376 h. - alt. 78
▶ Paris 542 - Cahors 51 - Les Eyzies-de-Tayac 29 - Gourdon 21

▲ Bel Ombrage

✆ 05 53 28 34 14, www.belombrage.com

Pour s'y rendre : sur la D 50 (800 m au nord-ouest, au bord du Céou)

Ouverture : de déb. juin à déb. sept.

6 ha (180 empl.) plat, herbeux

Empl. camping : (Prix 2017) ✶ 6,50€ 🚗 🏠 8€ – ⚡ (10A) 5 €
🚐 borne AireService

Uniquement des emplacements tentes ou caravanes très ombragés ; pas de locatif.

Nature : 🌳 🏞 ♨♨ 🌊
Loisirs : 🏠 🏃 🌊
Services : ⚙ 🛜 laverie
À prox. : ✕

GPS : E : 1.16244 N : 44.79082

AQUITAINE

ST-ÉMILION

33330 - Carte Michelin 335 K5 - 2 005 h. - alt. 30
▶ Paris 584 - Bergerac 58 - Bordeaux 40 - Langon 49

▲▲▲ Yelloh! Saint-Émilion

📞 05 57 24 75 80, www.camping-saint-emilion.com

Pour s'y rendre : lieu-dit : Les Combes (3 km au nord par D 122, rte de Lussac et rte à dr. - traversée de St-Émilion interdite aux caravanes et camping-cars)

Ouverture : de fin avr. à mi-sept.

4,5 ha (173 empl.) plat, herbeux

Empl. camping : (Prix 2017) 44€ ✶✶ 🚗 🗐 🔌 (10A) - pers. suppl. 9€

Location : (Prix 2017) (de fin avr. à mi-sept.) - 48 🏠. Nuitée 39 à 214€ - Sem. 273 à 1 498€

🅿️ borne eurorelais

Locatif de bon confort parfois même insolite. Navette gratuite pour St-Émilion.

Nature : 🌳 🏞️
Loisirs : 🍽️🍴 🏛️ 🚴 ⛹️ 🏊 🎣 🎱 🏓 🏸 pédalos
Services : 🔑 🚿 📶 laverie 🛒 ⛽

GPS : W : 0.14521 N : 44.91675

ST-ÉTIENNE-DE-BAÏGORRY

64430 - Carte Michelin 342 D3 - 1 618 h. - alt. 163
▶ Paris 820 - Bordeaux 241 - Pau 160 - Pamplona 69

▲ Municipal l'Irouleguy

📞 05 59 37 43 96, mairie.baigorri@orange.fr

Pour s'y rendre : quartier Borciriette (sortie nord-est par D 15, rte de St-Jean-Pied-de-Port et chemin à gauche devant la piscine et derrière la coopérative du vin Irouléguy, au bord de la Nive)

Ouverture : de mi-mars à fin nov.

1,5 ha (67 empl.) plat, herbeux

Empl. camping : (Prix 2017) 14€ ✶✶ 🚗 🗐 🔌 (6A) - pers. suppl. 4€

🅿️ borne AireService

Cadre verdoyant en partie bordé par la rivière.

Nature : 🏞️
Loisirs : 🎣
Services : 🔑 🚿 📶 🗑️
À prox. : 🛒 🍽️🍴 ✂️ 🏊

GPS : W : 1.33551 N : 43.18386

ST-ÉTIENNE-DE-VILLERÉAL

47210 - Carte Michelin 336 G2 - 302 h. - alt. 130
▶ Paris 577 - Agen 59 - Bordeaux 129 - Périgueux 84

▲▲ Les Ormes

📞 05 53 36 60 26, www.camping-lesormes.fr

Pour s'y rendre : lieu-dit : Fauquié Haut (1 km au sud)

4 ha (144 empl.) vallonné, peu incliné, plat, herbeux, pierreux, étang, bois

Location : 1 🏠 - 10 bungalows toilés - 25 tentes lodges.

Camping atypique pour le locatif comme pour la gestion avec un restaurant dédié aux enfants !

Nature : !
Loisirs : 🍽️🍴 🏛️ 🚴 ⛹️ 🏊 🎱 🏓 mini ferme
Services : 🔑 🚿 📶 laverie ⛽

GPS : E : 0.76241 N : 44.61017

ST-GENIÈS

24590 - Carte Michelin 329 I6 - 941 h. - alt. 232
▶ Paris 515 - Brive-la-Gaillarde 41 - Les Eyzies-de-Tayac 29 - Montignac 13

▲▲▲ La Bouquerie

📞 05 53 28 98 22, www.labouquerie.com - peu d'emplacements pour tentes et caravanes

Pour s'y rendre : 1,5 km au nord-ouest par D 704, rte de Montignac et chemin à dr.

Ouverture : de fin juin à déb. sept.

8 ha/4 campables (197 empl.) en terrasses, peu incliné, plat, herbeux, pierreux, étang

Empl. camping : (Prix 2017) ✶ 12€ 🚗 🗐 18€ 🔌 (10A) - frais de réservation 30€

Location : (Prix 2017) Permanent♿ (1 mobile home) - 90 🏠 - 50 🏕️. Nuitée 32€ - Sem. 720€ - frais de réservation 30€

🅿️ borne artisanale

Emplacements bien ombragés et bon confort locatif près d'un petit étang.

Nature : 🌳 🏞️ 🌲
Loisirs : 🍽️🍴 🏛️ 🚴 ⛹️ 🏊 🎣 🎱 🏓 paintball terrain multisports
Services : 🔑 🏪 - 3 sanitaires individuels (🚿🚽 wc) 🗑️ 📶 laverie 🛒 ⛽

GPS : E : 1.24594 N : 44.99892

ST-GIRONS-PLAGE

40560 - Carte Michelin 335 C11
▶ Paris 728 - Bordeaux 142 - Mont-de-Marsan 79 - Bayonne 73

▲▲▲ "C'est si bon" Eurosol

📞 05 58 47 90 14, www.camping-eurosol.com

Pour s'y rendre : rte de la Plage (350 m de la plage)

Ouverture : de mi-mai à mi-sept.

33 ha/18 campables (510 empl.) vallonné, peu incliné, plat, herbeux, sablonneux

Empl. camping : (Prix 2017) 41€ ✶✶ 🚗 🗐 🔌 (10A) - pers. suppl. 7€ - frais de réservation 25€

Location : (Prix 2017) (de mi-mai à mi-sept.) - 🏕️ - 🅿️ - 83 🏠 - 29 🏕️ - 14 tentes lodges - 4 tentes sur pilotis - 8 cabanons. Nuitée 55 à 199€ - Sem. 335 à 1 393€ - frais de réservation 25€

🅿️ borne artisanale 23€

Locatif varié et beaux emplacements sous une jolie pinède.

Nature : 🌳 🌲
Loisirs : 🍽️🍴 🏛️ 🚴 ⛹️ 🏊 🎣 🎱 🏓 terrain multisports
Services : 🔑 🚿 📶 laverie 🛒 ⛽
À prox. : 🐴

GPS : W : 1.35162 N : 43.95158

🛒 🍽️ 🏊 🎣 🐴

ATTENTION :
these facilities are not necessarily available throughout the entire period that the camp is open - some are only available in the summer season.

89

AQUITAINE

Campéole

LES TOURTERELLES ★★★

Une forêt de pins et 2 accès directs à l'océan

Emplacements campeurs, chalets, mobil-homes, Pagans Lodges Maasaï.
2 espaces aquatiques chauffés, spa. Destination idéale pour les familles et pour les amateurs de surf, skim ou bodyboard.

Route de la Plage
40560 Vielle-Saint-Girons
+33 (0)5 58 47 93 12
tourterelles@campeole.com

www.campeole.com

Campéole les Tourterelles

📞 05 58 47 93 12, www.campeole.com

Pour s'y rendre : rte de la Plage (5,2 km à l'ouest par D 42, à 300 m de l'océan -accès direct)

Ouverture : de fin mars à fin sept.

18 ha (822 empl.) vallonné, peu incliné, plat, sablonneux

Empl. camping : (Prix 2017) 33,50€ ✶✶ 🚗 ▣ ⚡ (10A) - pers. suppl. 8,30€ - frais de réservation 25€

Location : (Prix 2017) (de fin mars à fin sept.) - ♿ (2 mobile homes) - 136 🏠 - 20 🏡 - 94 bungalows toilés - 21 tentes lodges. Nuitée 34 à 148€ - Sem. 238 à 1 036€ - frais de réservation 25€

🚐 borne eurorelais 2,50€ - 49 ▣ 16€

Emplacements sous une jolie pinède. Accueil de groupes de jeunes surfeurs.

Nature : 🌳🌳
Loisirs : 🎣 🏊 🚴 terrain multisports
Services : 🔑 🚿 📶 laverie 🧺 cases réfrigérées

GPS W : 1.35691 N : 43.95439

ST-JEAN-DE-LUZ

64500 - Carte Michelin 342 C2 - 12 967 h. - alt. 3
▶ Paris 785 - Bayonne 24 - Biarritz 18 - Pau 129

Club Airotel Itsas Mendi

📞 05 59 26 56 50, www.itsas-mendi.com

Pour s'y rendre : quartier Acotz, chemin Duhartia (5 km au nord-est, à 500 m de la plage)

Ouverture : de fin mars à fin oct.

8,5 ha (475 empl.) en terrasses, plat et peu incliné, herbeux

Empl. camping : (Prix 2017) 48€ ✶✶ 🚗 ▣ ⚡ (10A) - pers. suppl. 8,20€ - frais de réservation 20€

Location : (Prix 2017) (de fin mars à fin oct.) - 🛩 - 163 🏠
Nuitée 36 à 175€ - Sem. 252 à 1 225€ - frais de réservation 20€

Espace verdoyant, en terrasses avec la moitié des emplacements pour les mobile homes.

Nature : 🌳🌳
Loisirs : 🍽 🍴 🏊 🏓 🚴 🛶 jacuzzi ⛳ 🎾 🏀 🏖 🏄 école de surf terrain multisports
Services : 🔑 🏦 📶 laverie 🧺 🛒 cases réfrigérées

GPS W : 1.61726 N : 43.41347

Atlantica

📞 05 59 47 72 44, atlantica.cielavillage.fr

Pour s'y rendre : quartier Acotz, chemin Miquélénia (5 km au nord-est, à 500 m de la plage)

Ouverture : de déb. avr. à fin sept.

3,5 ha (200 empl.) en terrasses, plat, herbeux

Empl. camping : (Prix 2017) 20€ ✶✶ 🚗 ▣ ⚡ (6A) - pers. suppl. 4€ - frais de réservation 25€

Location : (Prix 2017) (de déb. avr. à fin sept.) - 100 🏠 - 10 🏡 - 15 bungalows toilés - 9 tentes sur pilotis. Nuitée 26 à 174€ - Sem. 182 à 1 218€ - frais de réservation 25€

🚐 borne artisanale

Cadre verdoyant, en terrasses avec nombreux locatifs variés en modèles et confort.

Nature : 🏞 🌳🌳
Loisirs : 🍽 🍴 🏊 🏓 🚴 jacuzzi ⛳ 🎾 🏀 terrain multisports
Services : 🔑 🏦 🚿 📶 🏧 🧺 🛒 cases réfrigérées

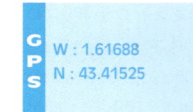

GPS W : 1.61688 N : 43.41525

Flower La Ferme Erromardie

📞 05 59 26 34 26, www.camping-erromardie.com

Pour s'y rendre : 40 chemin Erromardie (1,8 km au nord-est, près de la plage)

Ouverture : de mi-mars à déb. oct.

2 ha (176 empl.) plat, herbeux

Empl. camping : (Prix 2017) 40€ ✶✶ 🚗 ▣ ⚡ (16A) - pers. suppl. 8€ - frais de réservation 19€

AQUITAINE

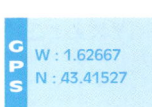

Location : (Prix 2017) (de mi-mars à déb. oct.) - 45 - 2 tentes lodges. Nuitée 36 à 178€ - Sem. 196 à 1 250€ - frais de réservation 19€
borne artisanale 15€

En trois parties distinctes pratiquement le long de la plage.

Nature :
Loisirs :
Services : laverie

W : 1.64202
N : 43.40564

▲ Inter-Plages

☎ 05 59 26 56 94, www.campinginterplages.com

Pour s'y rendre : quartier Acotz, 305 rte des Plages (5 km au nord-est, à 150 m de la plage (accès direct))

Ouverture : de déb. avr. à fin sept.

2,5 ha (91 empl.) peu incliné, plat, herbeux

Empl. camping : (Prix 2017) 41€ (6A) - pers. suppl. 9€ - frais de réservation 20€

Location : (Prix 2017) (de déb. avr. à fin sept.) - 21 - 5
Nuitée 45 à 150€ - Sem. 200 à 780€ - frais de réservation 20€
borne artisanale 4€ - 1 22€

Belle situation surplombant l'océan. Accès direct à la plage par escalier.

Nature :
Loisirs :
Services : laverie
À prox. : surf

W : 1.62667
N : 43.41527

▲ Merko-Lacarra

☎ 05 59 26 56 76, www.merkolacarra.com

Pour s'y rendre : quartier Acotz, 820 rte des Plages (5 km au nord-est, à 150 m de la plage d'Acotz)

Ouverture : de fin mars à fin sept.

2 ha (123 empl.) en terrasses, peu incliné, plat, herbeux

Empl. camping : (Prix 2017) 36€ (16A) - pers. suppl. 10€ - frais de réservation 16€

Location : (Prix 2017) (de fin mars à fin sept.) - 27
Nuitée 54 à 117€ - Sem. 308 à 819€ - frais de réservation 20€
borne raclet 6€ - 20,30€

Accueil charmant, un confort sanitaire de qualité et tout proche de la plage de Mayarco.

Loisirs :
Services : laverie
À prox. : surf

W : 1.62366
N : 43.41855

▲ Les Tamaris-Plage

☎ 05 59 26 55 90, www.tamaris-plage.com

Pour s'y rendre : quartier Acotz, 720 rte de Plages (5 km au nord-est, à 80 m de la plage)

Ouverture : de déb. avr. à déb. nov.

1,5 ha (79 empl.) plat et peu incliné, herbeux

Empl. camping : (Prix 2017) 43€ (7A) - pers. suppl. 13€

Location : (Prix 2017) (de déb. avr. à déb. nov.) - 29 - 10 tentes lodges - 5 studios. Nuitée 48 à 151€ - Sem. 336 à 1 143€ - frais de réservation 30€
borne artisanale 5€

Belle pelouse, quelques arbres ; tout proche de l'océan et de la plage de Mayarco.

Nature :
Loisirs : hammam jacuzzi
Services : laverie
À prox. : surf

W : 1.62387
N : 43.41804

▲ Duna Munguy

☎ 05 59 47 70 70, www.camping-dunamunguy.com - peu d'emplacements pour tentes et caravanes

Pour s'y rendre : quartier Acotz, 881 chemin Duhartia

Ouverture : de déb. avr. à mi-oct.

1 ha (36 empl.) plat, herbeux

Empl. camping : (Prix 2017) 40,50€ (10A) - pers. suppl. 6,50€

Location : (Prix 2017) (de déb. avr. à mi-oct.) - 25 - 3 appartements. Nuitée 54 à 135€ - Sem. 294 à 945€ - frais de réservation 16€
2 54,50€ - 24,50€

Petits emplacements bien entretenus, proche de l'océan.

Nature :
Loisirs : (découverte en saison)
Services : laverie

W : 1.62096
N : 43.41848

▲ Le Bord de Mer

☎ 05 59 26 24 61, www.camping-le-bord-de-mer.fr

Pour s'y rendre : 71 chemin d'Erromardie (1,8 km au nord-est)

Ouverture : de déb. avr. à déb. nov.

2 ha (78 empl.) en terrasses, peu incliné, plat, herbeux

Empl. camping : (Prix 2017) 37€ (10A) - pers. suppl. 10€ - frais de réservation 15€

Seul le petit sentier du littoral vous sépare de la falaise et de la plage.

Nature : l'océan et la Rhune
Loisirs :
Services : laverie
À prox. :

W : 1.64155
N : 43.40678

ST-JEAN-PIED-DE-PORT

64220 - Carte Michelin **342** E4 - 1 477 h. - alt. 159
▶ Paris 817 - Bayonne 54 - Biarritz 55 - Dax 105

▲▲▲ Narbaïtz Vacances

☎ 05 59 37 10 13, www.camping-narbaitz.com

Pour s'y rendre : à Ascarat (2.5 km au nord-ouest par D 918, rte de Bayonne et à gauche, à 50 m de la Nive et au bord d'un ruisseau)

Ouverture : de déb. mai à mi-sept.

3,2 ha (140 empl.) plat et peu incliné, herbeux

Empl. camping : (Prix 2017) 40€ (10A) - pers. suppl. 6,50€ - frais de réservation 20€

Location : (Prix 2017) Permanent - 12 - 4 - 4 gîtes. Sem. 300 à 1 235€ - frais de réservation 20€
borne artisanale

Vue imprenable sur le vignoble d'Irouléguy avec locatif chalets de grand confort. Préférer les emplacements les plus éloignés de la route.

Nature :
Loisirs : tyrolienne
Services : laverie
À prox. :

W : 1.25911
N : 43.17835

91

AQUITAINE

🏔 Europ'Camping

📞 05 59 37 12 78, www.europ-camping.com

Pour s'y rendre : à Ascarat (2 km au nord-ouest par D 918, rte de Bayonne et chemin à gauche)

Ouverture : de déb. avr. à fin sept.

2 ha (110 empl.) peu incliné, plat, herbeux

Empl. camping : (Prix 2017) 39 € ✶✶ 🚗 🔲 ⚡ (10A) - pers. suppl. 6,50 € - frais de réservation 22 €

Location : (Prix 2017) (de déb. avr. à fin sept.) - 45 🚐. Nuitée 60 à 80 € - Sem. 270 à 790 € - frais de réservation 22 €

Jolie vue sur le vignoble d'Irouléguy. Emplacements très bien entretenus.

Nature : 🌿 ≤ 🌳🌳
Loisirs : 🍴 ✗ 🛋 🛋 🚣
Services : 🔑 🚗 🚰 🛜 laverie 🧺
À prox. : 🏊

GPS : W : 1.25398 N : 43.17279

ST-JULIEN-DE-LAMPON

24370 - Carte Michelin **329** J6 - 613 h. - alt. 120

▶ Paris 528 - Brive-la-Gaillarde 51 - Gourdon 17 - Sarlat-la-Canéda 17

⛺ Le Mondou

📞 05 53 29 70 37, www.camping-dordogne.info

Pour s'y rendre : lieu-dit : Le Colombier (1 km à l'est par D 50, rte de Mareuil et chemin à dr.)

1,2 ha (60 empl.) peu incliné, herbeux, pierreux

Location : 4 🚐 - 1 🏠 - 8 bungalows toilés.

Nature : 🌿 🌳 🌳🌳
Loisirs : 🛋 🛋 🚴
Services : 🔑 🚰 🛜 laverie 🧺

GPS : E : 1.36691 N : 44.86295

ST-JULIEN-EN-BORN

40170 - Carte Michelin **335** D10 - 1 450 h. - alt. 22

▶ Paris 706 - Castets 23 - Dax 43 - Mimizan 18

🏔 Siblu Villages La Lette Fleurie

📞 05 58 58 52 60, www.camping-municipal-plage.com

Pour s'y rendre : lieu-dit : La Lette, rte de l'Océan (4 km au nord-ouest par D 41, rte de Contis-Plage)

Ouverture : de mi-fév. à mi-nov.

8,5 ha (457 empl.) vallonné, plat, sablonneux

Empl. camping : (Prix 2017) 33 € ✶✶ 🚗 🔲 ⚡ (10A) - pers. suppl. 8 €

Location : (Prix 2017) (de fin mai à déb. sept.) - 60 🚐. Nuitée 26 à 170 € - Sem. 182 à 1 190 € - frais de réservation 15 €

Emplacements à l'ombre d'une jolie pinède et un confort sanitaire simple. Nombreux mobile homes de propriétaires-résidents.

Nature : 🌿 🌳🌳
Loisirs : 🍴 ✗ 🛋 🛋 🛋 🚣
Services : 🔑 🚗 🛜 laverie 🧺 🍱 - cases réfrigérées

GPS : W : 1.26173 N : 44.08139

⛺ Municipal La Passerelle

📞 05 58 42 80 18, www.camping-municipal-bourg.com

Pour s'y rendre : 811 rte des Lacs (sortie Nord par D 652, rte de Mimizan, près d'un ruisseau)

2 ha (123 empl.) plat, sablonneux, herbeux

🚐 borne raclet - 11 🔲

Emplacements légèrement ombragés. Proche du bourg et des commerces.

Nature : 🌿 🌳🌳
Loisirs : 🛋 🛋
Services : 🔑 🚰
À prox. : canoë, surf

GPS : W : 1.22951 N : 44.06843

ST-JUSTIN

40240 - Carte Michelin **335** J11 - 922 h. - alt. 90

▶ Paris 694 - Barbotan-les-Thermes 19 - Captieux 41 - Labrit 31

🏔 Le Pin

📞 05 58 44 88 91, www.campinglepin.com

Pour s'y rendre : rte de Roquefort (2,3 km au nord sur D 626)

Ouverture : de déb. avr. à fin oct.

3 ha (80 empl.) plat, herbeux, sablonneux

Empl. camping : (Prix 2017) 26 € ✶✶ 🚗 🔲 ⚡ (10A) - pers. suppl. 6 €

Location : (Prix 2017) (de déb. avr. à fin sept.) - 9 🚐 - 7 🏠. Nuitée 45 à 120 € - Sem. 265 à 795 €

Préférer les emplacements bien ombragés les plus éloignés de la route, près d'un petit étang dédié à la pêche.

Nature : 🌳🌳
Loisirs : 🍴 ✗ 🛋 🛋 🚣
Services : 🔑 🚰 🛜 laverie 🧺

GPS : W : 0.23468 N : 44.00188

Benutzen Sie den Hotelführer des laufenden Jahres.

ST-LAURENT-MEDOC

33112 - Carte Michelin **335** G4 - 4 054 h. - alt. 6

▶ Paris 603 - Bordeaux 45 - Mérignac 41 - Pessac 48

🏔 Le Paradis 👥

📞 05 56 59 42 15, www.leparadis-medoc.com

Pour s'y rendre : lieu-dit : Fourthon (2,5 km au nord par la D 1215, rte de Lesparre)

3 ha (70 empl.) plat, herbeux

Location : ♿ (1 mobile home) - 33 🚐 - 4 🏠.

Nombreux locatifs variés en modèles et en confort.

Nature : 🌳 🌳🌳
Loisirs : 🍴 ✗ 🏃 🛋 🛋 🎱 🏊 (découverte en saison) 🚣
Services : 🔑 🚰 🛜 laverie 🧺

GPS : W : 0.83995 N : 45.17495

ST-LÉON-SUR-VÉZÈRE

24290 - Carte Michelin **329** H5 - 428 h. - alt. 70

▶ Paris 523 - Brive-la-Gaillarde 48 - Les Eyzies-de-Tayac 16 - Montignac 10

🏔 Le Paradis 👥

📞 05 53 50 72 64, www.le-paradis.fr

Pour s'y rendre : lieu-dit : La Rebeyrolle (4 km au sud-ouest par D 706, rte des Eyzies-de-Tayac, au bord de la Vézère)

Ouverture : de déb. avr. à mi-oct.

7 ha (200 empl.) plat, herbeux

Empl. camping : (Prix 2017) 40 € ✶✶ 🚗 🔲 ⚡ (10A) - pers. suppl. 9,50 € - frais de réservation 20 €

AQUITAINE

Location : (Prix 2017) (de déb. avr. à mi-oct.) - ♿ (1 mobile home) - 44 🚐 - 5 tentes lodges. Nuitée 51 à 233€ - Sem. 357 à 1 631€ - frais de réservation 20€

🚐 borne artisanale 2€

Installations de qualité et locatif de grand confort autour d'une ancienne ferme joliment restaurée.

Nature : 🌊 🌳 🌿	G
Loisirs : 🍴 🏠 🚴 centre balnéo 🏊 hammam jacuzzi 🚴 🛶 🎣 location voiture élec terrain multisports	E : 1.0712
Services : 🔑 🚿 🛁 📶 laverie 🍽	N : 45.00161

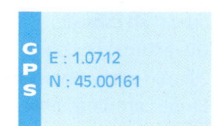

ST-MARTIN-DE-SEIGNANX

40390 - Carte Michelin **335** C13 - 4 724 h. - alt. 57

▶ Paris 766 - Bayonne 11 - Capbreton 15 - Dax 42

⛰ Sites et Paysages Lou P'tit Poun 👥

📞 05 59 56 55 79, www.louptitpoun.com

Pour s'y rendre : 110 av. du Quartier Neuf (4,7 km au sud-ouest par N 117, rte de Bayonne et un chemin à gauche)

Ouverture : de déb. juin à mi-sept.

6,5 ha (168 empl.) en terrasses, plat et peu incliné, herbeux

Empl. camping : (Prix 2017) 38,50€ ✦✦ 🚐 🔌 (10A) - pers. suppl. 8,90€ - frais de réservation 30€

Location : (Prix 2017) (de déb. juin à mi-sept.) - 🚫 - 10 🚐 - 16 🏠. Nuitée 35 à 140€ - Sem. 300 à 980€ - frais de réservation 30€

🚐 borne artisanale 9€ - 🚐 🛒 18€

Belle décoration arbustive et florale.

Nature : 🚐 🌿	G
Loisirs : 🏠 🚴 🛶 🎣	W : 1.41195
Services : 🔑 🚿 🛁 📶 laverie 🍽	N : 43.52437

ST-PAUL-LES-DAX

40990 - Carte Michelin **335** E12 - 12 343 h. - alt. 21

▶ Paris 731 - Bordeaux 152 - Mont-de-Marsan 53 - Pau 89

⛰ Les Pins du Soleil 👥

📞 05 58 91 37 91, www.pinsoleil.com

Pour s'y rendre : rte des Minières (5,8 km au nord-ouest par N 124, rte de Bayonne et à gauche par D 459)

Ouverture : de déb. avr. à fin oct.

6 ha (145 empl.) plat et peu incliné, sablonneux, herbeux

Empl. camping : (Prix 2017) 18,30€ ✦✦ 🚐 🔌 (10A) - pers. suppl. 6,30€ - frais de réservation 10€

Location : (Prix 2017) (de déb. avr. à fin oct.) - ♿ (1 chalet) - 31 🚐 - 10 🏠 - 4 bungalows toilés. Sem. 376 à 795€ - frais de réservation 17€

🚐 borne artisanale

Emplacements bien ombragés avec du locatif neuf ou plus ancien.

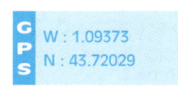

Nature : 🚐 🌿	G
Loisirs : 🍴 🏠 🚴 🎣 jacuzzi 🛶 🎣	W : 1.09373
Services : 🔑 🚿 🛁 📶 laverie 🍽	N : 43.72029

⛰ L'Étang d'Ardy

📞 05 58 97 57 74, www.camping-ardy.com

Pour s'y rendre : allée d'Ardy (5,5 km au nord-ouest par N 124, rte de Bayonne puis av. la bretelle de raccordement, 1,7 km par chemin à gauche)

Ouverture : de déb. avr. à fin oct.

5 ha/3 campables (102 empl.) plat, herbeux, sablonneux

Empl. camping : (Prix 2017) 29€ ✦✦ 🚐 🔌 (10A) - pers. suppl. 6,50€

Location : (Prix 2017) (de déb. avr. à fin oct.) - 29 🚐 - 7 🏠 - 1 tente lodge - 2 cabanons. Nuitée 58 à 100€ - Sem. 216 à 670€

Emplacements bien ombragés avec sanitaires individuels de confort simple autour d'un grand étang.

Nature : 🌊 🌳 🌿	G
Loisirs : 🎣 🛶 🚤	W : 1.12256
Services : 🔑 - 53 sanitaires individuels (🚿🛁 wc) 🚿 📶 laverie 🍽	N : 43.72643

⛰ Abesses

📞 05 58 91 65 34, www.thermes-dax.com

Pour s'y rendre : allée du Château (7,5 km au nord-ouest par rte de Bayonne, D 16 à dr. et chemin d'Abesse)

Ouverture : de mi-mars à fin oct.

4 ha (142 empl.) plat, herbeux, sablonneux, petit étang

Empl. camping : (Prix 2017) 18,40€ ✦✦ 🚐 🔌 (16A) - pers. suppl. 5,10€

Location : (Prix 2017) (de mi-mars à fin oct.) - ♿ (1 mobile home) - 52 🚐 - 4 studios. Nuitée 55 à 65€ - Sem. 340 à 400€

🚐 borne artisanale

Terrain tout en longueur, au milieu de la forêt avec de beaux emplacements. Locatif correct (20 nuits minimum).

Nature : 🌊 🌳 🌿	G
Loisirs : 🏠	W : 1.09715
Services : 🔑 🚿 📶 laverie	N : 43.74216
À prox. : 🎣	

ST-PÉE-SUR-NIVELLE

64310 - Carte Michelin **342** C2 - 5 550 h. - alt. 30

▶ Paris 785 - Bayonne 22 - Biarritz 17 - Cambo-les-Bains 17

⛰ Goyetchea 👥

📞 05 59 54 19 59, www.camping-goyetchea.com

Pour s'y rendre : quartier Ibarron (1,8 km au nord par D 855, rte d'Ahetze et à dr.)

Ouverture : de mi-mai à mi-sept.

3 ha (147 empl.) plat et peu incliné, herbeux

Empl. camping : (Prix 2017) 30€ ✦✦ 🚐 🔌 (10A) - pers. suppl. 6€ - frais de réservation 13€

Location : (Prix 2017) (de déb. mai à mi-sept.) - 🚫 - 38 🚐 - 6 tentes lodges - 2 roulottes. Nuitée 40 à 135€ - Sem. 180 à 950€ - frais de réservation 13€

🚐 6 🏠 14€ - 🚐 14€

Vue sur de jolies maisons basques et la Rhune.

Nature : 🌊 ≤ 🌿	G
Loisirs : 🎣 🏠 🚴 🛶	W : 1.56683
Services : 🔑 🛁 📶 laverie 🍽 réfrigérateurs	N : 43.36275

Use this year's Guide.

AQUITAINE

D'Ibarron

05 59 54 10 43, www.camping-ibarron.com

Pour s'y rendre : quartier Ibarron (2 km, sortie ouest, sur la D 918, rte de St-Jean-de-Luz, près de la Nivelle)

Ouverture : de fin avr. à déb. oct.

2,9 ha (142 empl.) plat, herbeux

Tarif : (Prix 2017) 29€ ✶✶ ⇔ 🅴 (6A) - pers. suppl. 5,60€ - frais de réservation 12€

Location : (Prix 2017) (de fin avr. à déb. oct.) - ⚘ - 23 🚐. Sem. 250 à 690€ - frais de réservation 12€

Préférer les emplacements les plus éloignés de la route.

- **Nature** : 🌳 ♒
- **Loisirs** : 🏠 🏖 🚣
- **Services** : 🔑 📶 laverie
- **À prox.** : 🍷 🍽 🚲

GPS : W : 1.5749 / N : 43.3576

ST-RÉMY

24700 - Carte Michelin **329** C6 - 432 h. - alt. 80

▶ Paris 542 - Bergerac 33 - Libourne 46 - Montpon-Ménestérol 10

Les Cottages en Périgord

(pas d'emplacement tentes et caravanes)

05 53 80 59 46, www.cottagesenperigord.com

Pour s'y rendre : lieu-dit : Les Pommiers (au nord rte de Montpon-Ménestérol par la D 708)

7 ha/1 campable plat, petit étang, bois attenant

Location : (Prix 2017) (de mi-janv. à mi-déc.) - ♿ (1 chalet) - 8 🛖 - 3 roulottes. Nuitée 70 à 100€ - Sem. 250 à 680€ - frais de réservation 10€

Vrais chalets et roulottes en bois autour du petit étang.

- **Nature** : 🌲 ♒
- **Loisirs** : 🏠 📶 jacuzzi 🏊
- **Services** : 🔑 🧺 📶 laverie

GPS : E : 0.16333 / N : 44.96024

ST-SAUD-LACOUSSIÈRE

24470 - Carte Michelin **329** F2 - 864 h. - alt. 370

▶ Paris 443 - Brive-la-Gaillarde 105 - Châlus 23 - Limoges 57

"C'est si bon" château Le Verdoyer 👥

05 53 56 94 64, www.verdoyer.fr

Pour s'y rendre : 2,5 km au nord-ouest par D 79, rte de Nontron et D 96, rte d'Abjat-sur-Bandiat, près d'étangs

Ouverture : de fin avr. à fin sept.

15 ha/5 campable (186 empl.) en terrasses, vallonné, peu incliné, plat, herbeux, pierreux, étang

Empl. camping : (Prix 2017) 37€ ✶✶ ⇔ 🅴 🔌 (10A) - pers. suppl. 7€ - frais de réservation 20€

Location : (Prix 2017) (de fin avr. à fin sept.) - ♿ (1 mobile home) - 25 🚐 - 20 🛖 - 5 🏕 - 2 tentes lodges - 2 roulottes. Nuitée 90 à 115€ - Sem. 270 à 805€ - frais de réservation 20€

🚐 borne artisanale - 🚰 18€

Cadre boisé autour du château et de ses dépendances aménagées en bar, restaurant et espaces d'animations.

- **Nature** : 🌲 🌳 ♒
- **Loisirs** : 🍷 🍽 🏠 🎣 🏖 🚲 ✂ 🏓
- **Services** : 🔑 🚿 - 14 sanitaires individuels (🚽 wc) 🛁 📶 laverie 🧺 🛒 réfrigérateurs
- **À prox.** : 🏖 (plage)

GPS : E : 0.79595 / N : 45.55133

ST-VINCENT-DE-COSSE

24220 - Carte Michelin **329** H6 - 374 h. - alt. 80

▶ Paris 540 - Bergerac 61 - Brive-la-Gaillarde 65 - Fumel 58

Le Tiradou

05 53 30 30 73, www.camping-le-tiradou.com

Pour s'y rendre : lieu-dit : Larrit (500 m au sud-ouest du bourg, au bord d'un ruisseau)

Ouverture : de déb. mai à mi-sept.

2 ha (66 empl.) plat, herbeux

Empl. camping : (Prix 2017) ✶ 6€ ⇔ 9€ – 🅴 🔌 (10A) 4,50€ - frais de réservation 10€

Location : (Prix 2017) (de déb. mai à mi-sept.) - 27 🚐 - 5 🛖 - 2 tentes lodges - 2 cabanons. Nuitée 50 à 114€ - Sem. 260 à 800€ - frais de réservation 15€

Cadre agréable avec des jeux de qualité pour enfants.

- **Nature** : 🌳 ♒
- **Loisirs** : ✗ 🏠 🏖 🚣
- **Services** : 🔑 🛁 📶 laverie 🧺

GPS : E : 1.11268 / N : 44.83747

*To visit a town or region : use the **MICHELIN** Green Guides.*

STE-EULALIE-EN-BORN

40200 - Carte Michelin **335** D9 - 1 116 h. - alt. 26

▶ Paris 673 - Arcachon 58 - Biscarrosse 98 - Mimizan 11

Les Bruyères

05 58 09 73 36, www.camping-les-bruyeres.com

Pour s'y rendre : 719 rte de Laffont (2,5 km au nord par D 652)

Ouverture : de déb. mai à fin sept.

3 ha (177 empl.) plat, herbeux, sablonneux

Empl. camping : (Prix 2017) 33,80€ ✶✶ ⇔ 🅴 🔌 (10A) - pers. suppl. 9,50€ - frais de réservation 16€

Location : (Prix 2017) Permanent - 18 🚐 - 1 🏠 - 3 yourtes. Nuitée 39 à 96€ - Sem. 252 à 947€ - frais de réservation 16€

Produits régionaux maison à déguster et à emporter.

- **Nature** : 🌲 🌳 ♒
- **Loisirs** : 🍷 🍽 🏠 ✗ 🚣
- **Services** : 🔑 🛁 📶 laverie 🧺 🛒

GPS : W : 1.17949 / N : 44.29387

STE-FOY-LA-GRANDE

33220 - Carte Michelin **335** M5 - 2 544 h. - alt. 10

▶ Paris 555 - Bordeaux 71 - Langon 59 - Marmande 53

La Bastide

05 57 46 13 84, www.camping-bastide.com

Pour s'y rendre : à Pineuilh, allée du Camping (sortie nord-est par D 130, au bord de la Dordogne)

1,2 ha (38 empl.) plat, herbeux

Location : 10 🚐

Emplacements ombragés pour certains, dominant la Dordogne. Sanitaires très anciens.

- **Nature** : 🌲 🌳 ♒
- **Loisirs** : 🏠 🏖 🚣
- **Services** : 🔑 📶 laverie
- **À prox.** : 🎣

GPS : E : 0.22462 / N : 44.84403

AQUITAINE

SALIGNAC-EYVIGUES
24590 - Carte Michelin 329 I6 - 1 141 h. - alt. 297
▶ Paris 509 - Brive-la-Gaillarde 34 - Cahors 84 - Périgueux 70

Flower Le Temps de Vivre
☎ 05 53 28 93 21, www.temps-de-vivre.com

Pour s'y rendre : lieu-dit : Malmont (1,5 km au sud par D 61 et chemin à dr.)

Ouverture : de fin avr. à fin sept.

4,5 ha (50 empl.) en terrasses, peu incliné, plat, herbeux, bois attenant

Empl. camping : (Prix 2017) 29€ ✶✶ ⇌ 🔲 (10A) - pers. suppl. 5,50€ - frais de réservation 10€

Location : (Prix 2017) (de fin mars à déb. oct.) - 18 🚐 - 4 bungalows toilés - 2 tentes lodges. Nuitée 36 à 125€ - Sem. 180 à 875€ - frais de réservation 20€

Beaucoup d'espaces verts pour la détente et du locatif de bon confort.

Nature : 🌳 ⛺ ♠♠
Loisirs : 🍴 ✕ 🏛 ♨ 🏊 🚣
Services : ⚬ 🛢 ♿ 🛜 laverie 🚿

GPS : E : 1.32817 / N : 44.96255

SALLES
33770 - Carte Michelin 335 F7 - 6 044 h. - alt. 23
▶ Paris 635 - Arcachon 36 - Bordeaux 56 - Mont-de-Marsan 88

Le Park du Val de l'Eyre ♠♠
☎ 05 56 88 47 03, www.camping-parcduvaldeleyre.com

Pour s'y rendre : 8 rte du Minoy (sortie sud-ouest par D 108e, rte de Lugos, au bord de l'Eyre et d'un étang - par A 63 : sortie 21)

Ouverture : de déb. avr. à fin oct.

13 ha/4 campables (150 empl.) vallonné, en terrasses, peu incliné, plat, herbeux, sablonneux

Empl. camping : (Prix 2017) 35€ ✶✶ ⇌ 🔲 (30A) - pers. suppl. 5 € - frais de réservation 10€

Location : (Prix 2017) (de déb. avr. à fin oct.) - 40 🚐 - 15 🏠 - 4 🛏. Nuitée 12 à 30€ - Sem. 253 à 850€ - frais de réservation 20€

🚐 borne artisanale

Cadre boisé au bord de l'Eyre et d'un étang de pêche.

Nature : 🌳 ♠♠
Loisirs : 🍴 ✕ 🏛 ♨ jacuzzi 🏊 🚣 ⛱
Services : ⚬ 🛢 ♿ 🛜 laverie 🚿
À prox. : 🛒

GPS : W : 0.87399 / N : 44.54606

SALLES
47150 - Carte Michelin 336 H2 - 314 h. - alt. 120
▶ Paris 588 - Agen 59 - Fumel 12 - Monflanquin 11

Des Bastides
☎ 05 53 40 83 09, www.campingdesbastides.com

Pour s'y rendre : lieu-dit : Terre Rouge (1 km au nord-est, rte de Fumel, au croisement des D 150 et D 162)

Ouverture : de mi-avr. à fin sept.

6 ha/3 campables (105 empl.) en terrasses, plat, herbeux, bois

Empl. camping : (Prix 2017) 32€ ✶✶ ⇌ 🔲 (10A) - pers. suppl. 6€ - frais de réservation 18€

Location : (Prix 2017) (de mi-avr. à fin sept.) - 7 🚐 - 5 🏠 - 2 bungalows toilés - 4 tentes lodges - 1 yourte. Nuitée 49 à 140€ - Sem. 343 à 980€ - frais de réservation 18€

Emplacements bien ombragés avec du locatif très varié en modèles comme en confort.

Nature : ⛺ ♠♠
Loisirs : 🍴 ✕ jacuzzi ♨ 🏊 🚣 terrain multisports
Services : ⚬ 🛢 ♿ – 2 sanitaires individuels (🚿 🛁 wc) 🛜 laverie 🚿

GPS : E : 0.88161 / N : 44.55263

SANGUINET
40460 - Carte Michelin 335 E8 - 3 133 h. - alt. 24
▶ Paris 643 - Arcachon 27 - Belin-Béliet 26 - Biscarrosse 120

Campéole Le lac de Sanguinet ♠♠
☎ 05 58 82 70 80, www.campeole.com

Pour s'y rendre : r. de Pinton (1,6 km à l'ouest, près du lac)

Ouverture : de fin mars à fin sept.

9 ha (389 empl.) plat, herbeux, sablonneux

Empl. camping : (Prix 2017) 39,10€ ✶✶ ⇌ 🔲 (10A) - pers. suppl. 9,90€ - frais de réservation 25€

Location : (Prix 2017) (de fin mars à fin sept.) - ♿ (1 mobile home) - 68 🚐 - 20 🏠 - 55 bungalows toilés. Nuitée 35 à 198€ - Sem. 245 à 1 386€ - frais de réservation 25€

🚐 borne artisanale - 🛢 21€

Locatifs nombreux, variés et emplacements tout près du lac.

Nature : 🌳 ♠♠
Loisirs : 🍴 ✕ 🏛 🎲 🏊 🚣
Services : ⚬ 🛢 ♿ 🛜 laverie 🚿
À prox. : 🏖 (plage) 🚤 pédalos

▲▲▲ ... ▲

Bijzonder prettige terreinen die bovendien opvallen in hun categorie.

SARE
64310 - Carte Michelin 342 C3 - 2 434 h. - alt. 70
▶ Paris 794 - Biarritz 26 - Cambo-les-Bains 19 - Pau 138

La Petite Rhune
☎ 05 59 54 23 97, www.lapetiterhune.com - peu d'emplacements pour tentes et caravanes

Pour s'y rendre : quartier Lehenbiscaye (2 km au sud par rte reliant D 406 et D 306)

Ouverture : de mi-juin à mi-sept.

1,5 ha (39 empl.) en terrasses, peu incliné, plat, herbeux

Empl. camping : (Prix 2017) 27,80€ ✶✶ ⇌ 🔲 (10A) - pers. suppl. 5,50€ - frais de réservation 15€

Location : (Prix 2017) Permanent - 15 🏠 - 4 gîtes. Sem. 250 à 690€ - frais de réservation 15€

Petit village tout aux couleurs basques !

Nature : 🌳 ≤ ♠♠
Loisirs : 🏛 🚣 🏊 (petite piscine) terrain multisports
Services : ⚬ 🛢 ♿ 🛜 laverie
À prox. : 🍴 ✕

GPS : W : 1.58771 / N : 43.30198

AQUITAINE

SARLAT-LA-CANÉDA

24200 - Carte Michelin **329** I6 - 9 541 h. - alt. 145
▶ Paris 526 - Bergerac 74 - Brive-la-Gaillarde 52 - Cahors 60

▲▲▲ La Palombière

✆ 05 53 59 42 34, www.lapalombiere.fr - peu d'emplacements pour tentes et caravanes

Pour s'y rendre : à Ste-Nathalène, lieu-dit : Galmier (9 km au nord-est sur D 43 et à gauche)

Ouverture : de déb. avr. à mi-sept.

8,5 ha/4 campables (177 empl.) en terrasses, peu incliné, plat, herbeux, pierreux

Empl. camping : (Prix 2017) ♦ 10,10€ 🚗 14,40€ – [⚡] (10A) 3,30€ - frais de réservation 25€

Location : (Prix 2017) (de déb. avr. à mi-sept.) - 64 🏠 - 10 🏡. Nuitée 52 à 252€ - Sem. 365 à 1 770€ - frais de réservation 25€

Agréable chênaie autour d'un joli parc aquatique en partie couvert.

Nature : 🌳 🏞 ♨♨
Loisirs : 🍽 🍴 👶 👥 🎣 hammam jacuzzi ⛹ 🚴 ✂ 🐴 🛶 ⛵
Services : 🔑 🚿 ♿ 🛒 📶 laverie 🏧

GPS : E : 1.29517 / N : 44.90639

▲▲▲ Les Castels Le Moulin du Roch

✆ 05 53 59 20 27, www.moulin-du-roch.com 🚭

Pour s'y rendre : à St-André d'Allas, sur la D 47 (10 km au nord-ouest, rte des Eyzies, au bord d'un ruisseau)

Ouverture : de mi-mai à mi-sept.

8 ha (200 empl.) non clos, en terrasses, peu incliné, plat, herbeux, petit étang

Empl. camping : (Prix 2017) 42€ ♦♦ 🚗 🍴 [⚡] (10A) - pers. suppl. 10,50€ - frais de réservation 16€

Location : (Prix 2017) (de mi-mai à mi-sept.) - 54 🏠 - 17 cabanons. Nuitée 43 à 127€ - Sem. 258 à 1 169€ - frais de réservation 16€

Emplacements autour d'un ancien moulin périgourdin, sur les rochers ou près de l'étang, mais préférer les plus éloignés de la route.

Nature : 🏞 ♨♨
Loisirs : 🍽 🍴 🍕 👶 👥 🎣 🐴 🛶 terrain multisports
Services : 🔑 🛒 ♿ 🚿 📶 laverie 🏧 ⛽

GPS : E : 1.11481 / N : 44.90843

▲▲▲ Flower La Châtaigneraie

✆ 05 53 59 03 61, www.camping-lachataigneraie24.com

Pour s'y rendre : à Prats-de-Carlux, lieu-dit : La Garrigue Basse (10 km à l'est par la D 47 et à drte)

Ouverture : de fin avr. à fin sept.

9 ha (193 empl.) en terrasses, plat, herbeux, sablonneux

Empl. camping : (Prix 2017) 16€ ♦♦ 🚗 🍴 [⚡] (10A) - pers. suppl. 8€ - frais de réservation 20€

Location : (Prix 2017) (de fin avr. à fin sept.) - 58 🏠 - 11 🏡 - 1 🛖 - 5 tentes lodges - 5 cabanons. Nuitée 39 à 243€ - Sem. 196 à 1 701€ - frais de réservation 20€

🚐 borne artisanale 33€ - 15 🔲 33€

Joli parc aquatique et ludique entouré de murets en pierre du pays et grands espaces verts propices à la détente ou les sports collectifs.

Nature : 🌳 🏞 ♨♨
Loisirs : 🍽 🍴 🍕 👶 👥 🎣 🐴 🛶 ⛵
Services : 🔑 🚿 ♿ 📶 laverie 🏧 ⛽

GPS : E : 1.29871 / N : 44.90056

▲▲▲ Domaine de Loisirs le Montant

✆ 05 53 59 18 50, www.camping-sarlat.com

Pour s'y rendre : lieu-dit : Négrelat (2 km au sud-ouest par D 57, rte de Bergerac puis 2,3 km par chemin à dr.)

70 ha/8 campables (135 empl.) fort dénivelé, vallonné, en terrasses, plat, herbeux

Location : 26 🏠 - 26 🏡 - 2 gîtes.

Locatif varié et de qualité dans un cadre sauvage, vallonné et boisé.

Nature : 🌳 🏞 ♨♨
Loisirs : 🍽 🍴 🍕 🏛 nocturne 👥 jacuzzi 🐴 🚴 🛶 terrain multisports
Services : 🔑 🛒 ♿ 🚿 📶 laverie 🏧

GPS : E : 1.18903 / N : 44.86573

▲▲▲ Huttopia Sarlat

✆ 05 53 59 05 84, www.huttopia.com

Pour s'y rendre : r. Jean-Gabin (1 km au nord-est, à la sortie de la ville)

Ouverture : de déb. avr. à déb. nov.

11 ha/5 campables (195 empl.) fort dénivelé, en terrasses, plat, herbeux

Empl. camping : (Prix 2017) 43,50€ ♦♦ 🚗 🍴 [⚡] (10A) - pers. suppl. 7,90€

Location : (Prix 2017) (de déb. avr. à déb. nov.) - 20 🏠 - 4 🏡 - 40 tentes lodges - 4 roulottes - 15 gîtes. Nuitée 43 à 172€ - Sem. 238 à 1 204€

🚐 borne artisanale 7€

En terrasses souvent ombragées, beaux emplacements et locatifs variés, de bon confort.

Nature : 🌳 🏞 ♨♨
Loisirs : 🍽 🍴 🍕 👶 👥 🎣 🐴 🛶 ⛵
Services : 🔑 🛒 ♿ 🚿 📶 laverie 🏧

GPS : E : 1.22767 / N : 44.89357

▲▲▲ Domaine des Chênes Verts

✆ 05 53 59 21 07, www.chenes-verts.com - peu d'emplacements pour tentes et caravanes

Pour s'y rendre : rte de Sarlat et Souillac (8,5 km au sud-est)

Ouverture : de déb. avr. à fin sept.

8 ha (176 empl.) en terrasses, peu incliné, plat, herbeux

Empl. camping : (Prix 2017) 31€ ♦♦ 🚗 🍴 [⚡] (10A) - pers. suppl. 7€ - frais de réservation 20€

Location : (Prix 2017) (de déb. avr. à fin sept.) - ♿ (1chalet) - 70 🏠 - 70 🏡 - 2 bungalows toilés. Nuitée 32 à 180€ - Sem. 224 à 1 290€ - frais de réservation 20€

Espace vie et animations au pied d'une jolie bâtisse périgourdine et bon confort des chalets en location.

Nature : 🌳 🏞 ♨♨
Loisirs : 🍽 🍴 🍕 👶 👥 🎣 🚴 🛶 ⛵ mini ferme terrain multisports
Services : 🔑 🚿 📶 laverie 🏧 ⛽

GPS : E : 1.2972 / N : 44.86321

AQUITAINE

▲ Les Terrasses du Périgord
☏ 05 53 59 02 25, www.terrasses-du-perigord.com
Pour s'y rendre : à Proissans, lieu-dit : Pech d'Orance (2,8 km au nord-est)
Ouverture : de mi-avr. à fin sept.
12 ha/5 campables (85 empl.) en terrasses, plat, herbeux
Empl. camping : (Prix 2017) 25,90 € ✦✦ 🚗 🏠 ⚡ (16A) - pers. suppl. 5,90 € - frais de réservation 8 €
Location : (Prix 2017) (de mi-avr. à fin sept.) - 🚫 (de déb. juil. à fin août) - 7 🏠 - 13 🏕 - 2 tentes lodges. Sem. 200 à 750 € - frais de réservation 10 €
🚰 borne artisanale 25,90 € - 10 ⚡ 25,90 €
Emplacements bien ombragés avec du locatif de grand confort en chalets.

Nature : 🌳 ≤ ▱ ♨
Loisirs : ✗ 🛁 jacuzzi 🚣 🚴 🏊 parcours sportif tyrolienne
Services : 🔑 🛒 🚻 ⚡ 📶 laverie 🧺 🚿

GPS E : 1.23658 N : 44.90617

▲ La Ferme de Villeneuve 👥
☏ 05 53 30 30 90, www.fermedevilleneuve.com
Pour s'y rendre : à St-André-d'Allas, lieu-dit : Villeneuve (8 km au nord-ouest par D 47, rte des Eyzies-de-Tayac et rte à gauche)
Ouverture : de déb. avr. à fin oct.
20 ha/2,5 campables (100 empl.) en terrasses, plat, peu incliné, herbeux, sous-bois, étang
Empl. camping : (Prix 2017) ✦ 7,20 € 🚗 🏠 7,80 € – ⚡ (10A) 4,30 € - frais de réservation 10 €
Location : (Prix 2017) (de déb. avr. à fin oct.) - 🚫 - 10 🏕 - 3 bungalows toilés - 2 tentes sur pilotis - 4 tipis - 2 roulottes - 9 cabanons. Nuitée 32 à 106 € - Sem. 220 à 739 € - frais de réservation 10 €
🚰 borne artisanale 2 €
Camping à la ferme.

Nature : 🌳 ≤ ▱ ♨
Loisirs : ✗ 🛁 🚣 🚴
Services : 🔑 🚻 📶 laverie 🚿
À prox. : salle d'animations

GPS E : 1.14051 N : 44.90438

▲ Les Acacias
☏ 05 53 31 08 50, www.acacias.fr
Pour s'y rendre : au bourg de la Canéda, r. Louis de Champagne (6 km au sud-est par D 704 et à dr. à l'hypermarché Leclerc)
Ouverture : de déb. avr. à fin sept.
4 ha (122 empl.) en terrasses, peu incliné, plat, herbeux
Empl. camping : (Prix 2017) 32 € ✦✦ 🚗 🏠 ⚡ (10A) - pers. suppl. 7 € - frais de réservation 10 €
Location : (Prix 2017) (de déb. avr. à fin sept.) - 🚫 - 20 🏕 - 2 gîtes. Nuitée 57 à 85 € - Sem. 250 à 960 € - frais de réservation 10 €
En deux parties distinctes séparées par une petite route très calme. Arrêt de bus pour Sarlat.

Nature : ≤ ▱ ♨
Loisirs : ✗ 🚣 🚴 🏊 terrain multisports
Services : 🔑 🛒 🚻 ⚡ 📶 laverie

GPS E : 1.23699 N : 44.85711

SAUBION
40230 - Carte Michelin **335** C12 - 1 323 h. - alt. 17
▶ Paris 747 - Bordeaux 169 - Mont-de-Marsan 79 - Pau 106

▲▲▲ Capfun La Pomme de Pin
☏ 05 58 77 00 71, www.camping-lapommedepin.com
Pour s'y rendre : 825 rte de Seignosse (2 km au sud-est par D 652 et D 337)
Ouverture : Permanent
5 ha (256 empl.) plat, herbeux, sablonneux
Empl. camping : (Prix 2017) 40 € ✦✦ 🚗 🏠 ⚡ (10A) - pers. suppl. 7 €
Location : (Prix 2017) Permanent - 170 🏕 - 24 bungalows toilés. Nuitée 40 à 98 € - Sem. 161 à 1 288 € - frais de réservation 27 €
🚰 borne AireService 20 €
Préférer les emplacements les plus éloignés de la route. Confort sanitaire simple et ancien.

Nature : ▱ ♨
Loisirs : ▼ ✗ 🛁 jacuzzi 🚣 🚴 🏊 (découverte en saison) 🏊 terrain multisports
Services : 🔑 🚻 📶 laverie 🧺 🚿 réfrigérateurs

GPS W : 1.35563 N : 43.67608

SAUVETERRE-LA-LÉMANCE
47500 - Carte Michelin **336** I2 - 587 h. - alt. 100
▶ Paris 572 - Agen 68 - Fumel 14 - Monflanquin 27

▲▲ Flower Le Moulin du Périé
☏ 05 53 40 67 26, www.camping-moulin-perie.com
Pour s'y rendre : lieu-dit : Moulin du Périé (3 km à l'est par rte de Loubejac, au bord d'un ruisseau)
Ouverture : de mi-mai à fin sept.
4 ha (125 empl.) plat, herbeux
Empl. camping : (Prix 2017) 27 € ✦✦ 🚗 🏠 ⚡ (10A) - pers. suppl. 6 € - frais de réservation 20 €
Location : (Prix 2017) (de mi-mai à fin sept.) - 🚫 - 14 🏕 - 4 🏠 - 12 bungalows toilés. Nuitée 30 à 110 € - Sem. 210 à 770 € - frais de réservation 35 €
🚰 borne artisanale - 5 ⚡ 25,10 €
Emplacements très ombragés autour de la piscine et du bassin d'eau naturel.

Nature : 🌳 ▱ ♨
Loisirs : ▼ ✗ 🛁 🚣 🚴 🏊
Services : 🔑 🚻 📶 laverie 🚿

GPS E : 1.04743 N : 44.5898

SORDE-L'ABBAYE
40300 - Carte Michelin **335** E13 - 646 h. - alt. 17
▶ Paris 758 - Bayonne 47 - Dax 27 - Oloron-Ste-Marie 63

▲ Municipal la Galupe
☏ 05 58 73 18 13, mairie.sordelabbaye@wanadoo.fr
Pour s'y rendre : 242 chemin du Camping (1,3 km à l'ouest par D 29, rte de Peyrehorade, D 123 à gauche et chemin av. le pont)
Ouverture : de déb. juil. à fin août
0,6 ha (28 empl.) plat, herbeux, pierreux
Empl. camping : (Prix 2017) 11,50 € ✦✦ 🚗 🏠 ⚡ (9A) - pers. suppl. 2,50 €
Emplacements ombragés dominant le gave d'Oloron.

Nature : 🌳 ▱ ♨
Services : 🚻

GPS W : 1.06472 N : 43.53139

AQUITAINE

SOULAC-SUR-MER

33780 - Carte Michelin **335** E1 - 2 711 h. - alt. 7

▶ Paris 515 - Bordeaux 99 - Lesparre-Médoc 31 - Royan 12

⛰ Les Lacs

📞 05 56 09 76 63, www.camping-les-lacs.com

Pour s'y rendre : 126 rte des Lacs (3 km à l'est par D 101)

Ouverture : de mi-avr. à fin oct.

5 ha (228 empl.) plat, herbeux, sablonneux

Empl. camping : (Prix 2017) 37€ ✶✶ 🚗 🏠 (10A) - pers. suppl. 6€ - frais de réservation 10€

Location : (Prix 2017) (de mi-avr. à fin oct.) - ♿ (1 mobile home) - 70 🚐 - 12 🏠. Nuitée 42 à 164€ - Sem. 294 à 1 148€ - frais de réservation 10€

🚐 2 🏠 11€

Organisation d'excursions en car.

Nature : 🌳 🌊
Loisirs : 🍴 🍽 🏠 🎭 🚴 🏇 🛶 🏊 terrain multisports
Services : 🔑 🚿 📶 laverie 🧺 🚙
À prox. : 🏇

GPS W : 1.11932 N : 45.48328

⛰ Siblu Villages Domaine de Soulac

(pas d'emplacement tentes et caravanes)

📞 05 56 09 77 63, www.siblu.fr/camping/gironde/domaine-de-soulac.php

Pour s'y rendre : 8 allée Michel-de-Montaigne (2,8 km à l'est par D 101E 2 et D 101)

4 ha (180 empl.) plat, sablonneux

Location : (Prix 2017) (de déb. mai à déb. sept.) - 🐾 - 85 🚐. Nuitée 60 à 226€ - Sem. 420 à 1 582€ - frais de réservation 15€

En sous-bois, parc de mobile homes de propriétaires-résidents ou à la location.

Nature : 🌳 🌊
Loisirs : 🍴 🍽 🏠 🎭 🚴 🛶 jacuzzi 🏇 🚴 🏊 🏖
Services : 🔑 🚿 📶 laverie 🧺 🚙

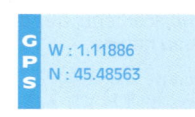

GPS W : 1.11886 N : 45.48563

⛰ Sandaya Soulac Plage

📞 05 56 09 87 27, www.sandaya.fr/sp

Pour s'y rendre : lieu-dit : L'Amélie-sur-Mer

Ouverture : de fin juin à déb. sept.

15 ha (764 empl.) vallonné, en terrasses, plat, sablonneux, pierreux

Empl. camping : 51€ ✶✶ 🚗 🏠 (10A) - pers. suppl. 9€

Location : (de fin juin à déb. sept.) - 350 🚐 - 15 tentes lodges. Nuitée 25 à 147€ - Sem. 235 à 1 645€

🚐 borne AireService - 26 €

En partie sous les pins avec quelques emplacements en bord de plage.

Nature : 🌳 🌊 🏖
Loisirs : 🍴 🍽 🏠 salle d'animations 🚴 🏊 🛶 🏖 terrain multisports
Services : 🔑 🚿 📶 laverie 🧺 🚙

GPS W : 1.15055 N : 45.4825

⛰ L'Océan

📞 05 56 09 76 10, perso.wanadoo.fr/camping.ocean

Pour s'y rendre : à l'Amélie-sur-Mer, 62 allée de la Négade (sortie est par D 101e 2 et D 101)

Ouverture : de déb. juin à mi-sept.

6 ha (300 empl.) plat, herbeux, sablonneux, gravier

Empl. camping : (Prix 2017) 35,70€ ✶✶ 🚗 🏠 (10A) - pers. suppl. 7€ - frais de réservation 20€

Cadre naturel et boisé à 300 m de la plage avec des emplacements uniquement pour tentes et caravanes, pas de locatif.

Nature : 🌳 🌊
Loisirs : 🍴 🏠 🚴 🛶
Services : 🔑 🚿 📶 laverie 🧺 🚙

GPS W : 1.14533 N : 45.48043

SOUSTONS

40140 - Carte Michelin **335** D12 - 7 240 h. - alt. 9

▶ Paris 732 - Biarritz 53 - Castets 23 - Dax 29

⛰ Sandaya Soustons Village

(pas d'emplacement tentes et caravanes)

📞 05 58 77 70 00, www.camping-nature-soustons.fr

Pour s'y rendre : lieu-dit : Nicot-les-Pins, 63 av. Port-d'Albret (rte des Lacs)

14 ha (250 empl.) vallonné, plat, sablonneux

Location : (de fin mars à mi-sept.) - ♿ (1 mobile home) - 🅿 - 200 🚐 - 12 🏠 - 38 tentes lodges. Nuitée 29 à 237€ - Sem. 203 à 1 659€

Organisation d'excursions. Piscine écologique. Nombreuses activités enfants et ados.

Nature : 🌳 🌿
Loisirs : 🍴 🍽 🏠 (théâtre de plein air) salle d'animations 🎭 🚴 centre balnéo 🛶 hammam jacuzzi 🏇 🚴 🏊 🏖 terrain multisports
Services : 🔑 📶 laverie 🧺 🚙

GPS W : 1.35999 N : 43.75593

⛰ L'Airial

📞 05 58 41 12 48, www.campinglairial.fr

Pour s'y rendre : 67 av. de Port-d'Albret (2 km à l'ouest par D 652, rte de Vieux-Boucau-les-Bains, à 200 m de l'étang de Soustons)

Ouverture : de fin mars à déb. oct.

13 ha (445 empl.) vallonné, plat, sablonneux

Empl. camping : (Prix 2017) 38€ ✶✶ 🚗 🏠 (10A) - pers. suppl. 7,50€ - frais de réservation 20€

Location : (Prix 2017) (de fin mars à déb. oct.) - ♿ (2 mobile homes) - 🐾 - 66 🚐 - 20 🏠 - 3 appartements. Nuitée 70 à 165€ - Sem. 265 à 1 055€ - frais de réservation 20€

🚐 7 🏠 30€ - 🍽 14€

Nombreux mobile homes et chalets à la location ou de propriétaires-résidents.

Nature : 🌿
Loisirs : 🍴 🍽 🏠 🎭 🚴 🏇 🚴 🛶 🏊 🏖 terrain multisports
Services : 🔑 🚿 📶 laverie 🧺 🚙 cases réfrigérées

GPS W : 1.35195 N : 43.75433

AQUITAINE

▲ Village Vacances Le Dunéa
(pas d'emplacement tentes et caravanes)
☎ 0558480059, www.club-dunea.com

Pour s'y rendre : à Souston-Plage, Port-d'Albret sud, 1 square de l'Herté (à 200 m du lac)

Ouverture :

0,5 ha vallonné, plat, sablonneux

Location : (Prix 2017) (de déb. avr. à mi-oct.) - 🚫 - 20 gîtes. Nuitée 80 à 150€ - Sem. 310 à 1 400€

Nature : 🌳
Loisirs : 🏓 ⛹
Services : 🅿 📶 ♨
À prox. : 🍴 🐎

G P S — W : 1.40065 N : 43.7731

LE TEICH
33470 - Carte Michelin **335** E7 - 6 485 h. - alt. 35
▶ Paris 633 - Arcachon 20 - Belin-Béliet 34 - Bordeaux 50

▲▲▲ Ker Helen 👥
☎ 0556660379, www.kerhelen.com

Pour s'y rendre : 119 av. de la Côte-d'Argent (2 km à l'ouest par D 650, rte de Gujan-Mestras)

Ouverture : de mi-avr. à mi-oct.

4 ha (170 empl.) plat, herbeux

Empl. camping : (Prix 2017) 🚶 4,90€ 🚗 🅿 8,50€ – 🔌 (10A) 3,70€
- frais de réservation 18€

Location : (Prix 2017) (de mi-avr. à mi-oct.) - 🚫 (1 chalet) - 45 🏠
- 5 🏠 - 12 bungalows toilés - 4 tentes lodges - 4 cabanons.
Nuitée 30€ - Sem. 210 à 350€ - frais de réservation 18€

🚰 borne artisanale

Cadre verdoyant, emplacements ombragés et un espace snack-bar très bien aménagé.

Nature : 🌳
Loisirs : 🏓 🍴 🎵 nocturne 👦 ⛹ 🚴
Services : 🏪 🧺 🚿 📶 laverie 🧺

G P S — W : 1.04284 N : 44.63975

TERRASSON-LAVILLEDIEU
24120 - Carte Michelin **329** I5 - 6 222 h. - alt. 90
▶ Paris 497 - Brive-la-Gaillarde 22 - Juillac 28 - Périgueux 53

▲▲▲ La Salvinie
☎ 0553500611, www.camping-salvinie.fr

Pour s'y rendre : lieu-dit : Bouillac Sud (sortie sud par D 63, rte de Chavagnac puis 3,4 km par rte de Condat, à dr. apr. le pont)

Ouverture : Permanent

2,5 ha (70 empl.) plat, herbeux

Empl. camping : (Prix 2017) 21€ 🚶 🚗 🅿 🔌 (10A) - pers. suppl. 6€

Location : (Prix 2017) (de déb. avr. à fin sept.) - 12 🏠. Nuitée 130 à 160€ - Sem. 300 à 900€

🚰 borne artisanale 11€ - 💧 11€

Des emplacements vraiment délimités par des haies de belle hauteur.

Nature : 🌲 🏞
Loisirs : 🏓 🍴 ⛹
Services : 🏪 📶 laverie

G P S — E : 1.26216 N : 45.12069

▲▲▲ Village Vacances le Clos du Moulin
(pas d'emplacement tentes et caravanes)
☎ 0553516895, www.leclosdumoulin.com

Pour s'y rendre : lieu-dit : Le Moulin de Bouch (6 km à l'ouest de Terrasson-Lavilledieu par N 89, rte de St-Lazare et D 62, rte de Coly, au bord de rivière)

1 ha plat, herbeux

Location : (Prix 2017) (de déb. mars à fin oct.) - 🅿 - 14 🏠 - 14 🏠. Nuitée 50 à 70€ - Sem. 340 à 920€

Nature : 🏞
Loisirs : 🏓 🍴 🎱 ⛹
Services : 🔑 🧺 📶 ♨

G P S — E : 1.26337 N : 45.10288

LA TESTE-DE-BUCH
33260 - Carte Michelin **335** E7 - 24 597 h. - alt. 5
▶ Paris 642 - Andernos-les-Bains 35 - Arcachon 5 - Belin-Béliet 44

▲▲▲ Capfun Village Vacances La Pinèda 👥
(pas d'emplacement tentes et caravanes)
☎ 0556222324, www.capfun.com

Pour s'y rendre : rte de Cazaux (11 km au sud par D 112, au bord du canal des Landes - à 2,5 km de Cazaux)

5 ha plat, herbeux, sablonneux

Location : (Prix 2017) (de déb. avr. à mi-sept.) - ♿ (1 mobile home) - 214 🏠. Nuitée 37 à 187€ - Sem. 147 à 1 358€ - frais de réservation 27€

Village de mobile homes avec de nombreuses activités et installations pour les enfants.

Nature : 🌳 🏞
Loisirs : 🏓 🍴 🎱 👦 ⛹ 🏊 🎿 terrain multisports
Services : 🔑 🧺 📶 laverie 🧺
À prox. : ski nautique

G P S — W : 1.15055 N : 44.55516

Renouvelez votre guide chaque année.

THENON
24210 - Carte Michelin **329** H5 - 1 283 h. - alt. 194
▶ Paris 515 - Brive-la-Gaillarde 41 - Excideuil 36 - Les Eyzies-de-Tayac 33

▲▲ Le Verdoyant
☎ 0553052078, www.campingleverdoyant.fr

Pour s'y rendre : rte de Montignac-Lascaux (4 km au sud-est par D 67, près de deux étangs)

Ouverture : de déb. avr. à fin sept.

9 ha/3 campables (67 empl.) non clos, en terrasses, plat, herbeux, étang

Empl. camping : (Prix 2017) 23,20€ 🚶 🚗 🅿 🔌 (10A) - pers. suppl. 6€ - frais de réservation 10€

Location : (Prix 2017) (de déb. avr. à fin sept.) - 18 🏠 - 3 🏠 - 2 bungalows toilés - 1 gîte. Nuitée 49 à 117€ - Sem. 245 à 680€ - frais de réservation 10€

🚰 borne artisanale

Emplacements en terrasses ombragées qui dominent le petit étang.

Nature : 🌲 🏞
Loisirs : 🏓 🍴 ⛹ 🏊
Services : 🔑 🧺 📶 ♨

G P S — E : 1.09102 N : 45.11901

99

AQUITAINE

THIVIERS

24800 - Carte Michelin **329** G3 - 3 121 h. - alt. 273
▶ Paris 449 - Brive-la-Gaillarde 81 - Limoges 62 - Nontron 33

▲▲ Le Repaire

🕿 05 53 52 69 75, www.camping-le-repaire.fr

Pour s'y rendre : 2 km au sud-est par D 707, rte de Lanouaille et chemin à dr.

Ouverture : Permanent

10 ha/4,5 campables (100 empl.) terrasse, peu incliné, plat, herbeux, bois attenants

Empl. camping : (Prix 2017) 23€ ✶✶ 🚗 🅿 (10A) - pers. suppl. 4€

Location : (Prix 2017) Permanent 🅿 - 4 🚐 - 10 🏠. Nuitée 29 à 80€ - Sem. 190 à 560€

Beaux emplacements autour d'un petit étang.

Nature : 🌳 ♨
Loisirs : 🍹 🏖 🚴 🎣 🏊 (découverte en saison)
Services : ⚡ 📶 laverie 🧺
À prox. : ✂

GPS : E : 0.9321 N : 45.41305

TOCANE-ST-APRE

24350 - Carte Michelin **329** D4 - 1 679 h. - alt. 95
▶ Paris 498 - Brantôme 24 - Mussidan 33 - Périgueux 25

▲ Municipal le Pré Sec

🕿 05 53 90 40 60, www.campingdupresec.com

Pour s'y rendre : au nord du bourg par D 103, rte de Montagrier, près du stade, au bord de la Dronne

Ouverture : de déb. mai à fin sept.

1,8 ha (80 empl.) non clos, plat, herbeux

Empl. camping : (Prix 2017) 11,30€ ✶✶ 🚗 🅿 (10A) - pers. suppl. 2€

Location : (Prix 2017) Permanent ♿ (1 chalet) - 14 🚐 - 1 yourte. Nuitée 30 à 43€ - Sem. 255 à 390€

🚐 borne eurorelais 2€

Au bord de la rivière et au centre des nombreuses installations sportives municipales.

Nature : 🌳 ♨
Loisirs : 🏖 (plage) 🎣
Services : ⚡ 🚿 📶 🧺
À prox. : 🚴 ✂ 🏊 skate parc

GPS : E : 0.49685 N : 45.25649

TOURNON-D AGENAIS

47370 - Carte Michelin **336** H3 - 751 h. - alt. 156
▶ Paris 620 - Agen 42 - Cahors 44 - Montauban 63

▲▲ Capfun Ullule

(pas d'emplacement tentes et caravanes)

🕿 05 53 40 90 12, www.camping-france-aquitaine-ullule.fr

Pour s'y rendre : Pont Ramio, rte de Fumel (1 km au nord par D 102)

Ouverture : de mi-juin à mi-sept.

12 ha (100 empl.) vallonné, en terrasses, peu incliné, plat, herbeux, pierreux, étang

Location : (Prix 2017) (de mi-juin à mi-sept.) - ♿ (1 mobile home) - 144 🚐. Nuitée 23 à 148€ - Sem. 217 à 1 036€ - frais de réservation 27€

Décoration sur le thème western avec piscine, étang.

Nature : 🌳
Loisirs : 🍹 🏖 🚴 🎣 🏊
Services : ⚡ laverie
À prox. : 🍹 ✂ 🐎

GPS : E : 0.99955 N : 44.40606

TURSAC

24620 - Carte Michelin **329** H6 - 319 h. - alt. 75
▶ Paris 536 - Bordeaux 172 - Périgueux 48 - Brive-la-Gaillarde 57

▲▲ Le Vézère Périgord

🕿 05 53 06 96 31, www.levezereperigord.com

Pour s'y rendre : 800 m au nord-est par D 706, rte de Montignac et chemin à dr.

Ouverture : de fin avr. à mi-sept.

3,5 ha (99 empl.) en terrasses, peu incliné, plat, herbeux, pierreux

Empl. camping : (Prix 2017) ✶ 6,70€ 🚗 🅿 10€ – 🅿 (10A) 4€

Location : (Prix 2017) (de fin avr. à mi-sept.) - 29 🚐 - 2 tentes lodges. Nuitée 40 à 120€ - Sem. 200 à 840€

🚐 borne artisanale

Emplacements en sous-bois avec du locatif de bon confort.

Nature : 🌳 ♨
Loisirs : 🍹 ✂ 🏖 🚴 ✂ 🎣 🏊
Services : ⚡ 🚿 📶 laverie 🧺
À prox. : 🎣

GPS : E : 1.04637 N : 44.97599

Avant de vous installer, consultez les tarifs en cours, affichés obligatoirement à l'entrée du terrain, et renseignez-vous sur les conditions particulières de séjour. Les indications portées dans le guide ont pu être modifiées depuis la mise à jour.

URDOS

64490 - Carte Michelin **342** I5 - 69 h. - alt. 780
▶ Paris 850 - Jaca 38 - Oloron-Ste-Marie 41 - Pau 75

▲ La Via Natura Le Gave d'Aspe

🕿 05 59 34 88 26, www.campingaspe.com

Pour s'y rendre : r. du Moulin-de-la-Tourette (1,5 km au nord-ouest par N 134 et chemin devant l'ancienne gare)

Ouverture : de déb. mai à fin sept.

1,5 ha (80 empl.) non clos, peu incliné, plat, herbeux

Empl. camping : (Prix 2017) ✶ 4,25€ 🚗 🅿 5€ – 🅿 (10A) 3,90€

Location : (Prix 2017) Permanent - 2 🏠 - 2 bungalows toilés. Nuitée 35€ - Sem. 310 à 415€

🚐 borne artisanale

Emplacements bien ombragés le long du gave d'Aspe.

Nature : 🌳 ≤ ♨
Loisirs : 🏖 🚴 🎣
Services : ⚡ 🚿 📶 🧺

GPS : W : 0.55642 N : 42.87719

100

AQUITAINE

URRUGNE

64122 - Carte Michelin 342 B4 - 8 427 h. - alt. 34

▶ Paris 791 - Bayonne 29 - Biarritz 23 - Hendaye 8

⛰ Sunêlia Col d'Ibardin

📞 05 59 54 31 21, www.col-ibardin.com

Pour s'y rendre : rte d'Olhette (4 km au sud par D 4, rte d'Ascain et du col d'Ibardin, au bord d'un ruisseau)

Ouverture : de déb. avr. à fin sept.

8 ha (203 empl.) vallonné, en terrasses, peu incliné, plat, herbeux

Empl. camping : (Prix 2017) 47,50€ ✚✚ 🚗 🔌 (10A) - pers. suppl. 8€ - frais de réservation 35€

Location : (Prix 2017) (de fin mars à déb. nov.) - ♿ (1 mobile home) - ✂ - 60 🏠 - 31 🏕 - 5 tentes lodges - 2 roulottes. Nuitée 48 à 141€ - Sem. 336 à 987€ - frais de réservation 35€

🚐 borne AireService 42,50€ - 2 🏠 42,50€

Au milieu d'une forêt de chênes, emplacements bordés par un ruisseau. Préférer les plus éloignés de la route.

Nature : 🌳 🏞
Loisirs : 🍴 🍽 🏠 🏊 ✂ 🏐 terrain multisports
Services : 🔑 🚿 🛁 📶 laverie 🏖 🛍

GPS : W : 1.68461 N : 43.33405

⛰ Larrouleta

📞 05 59 47 37 84, www.larrouleta.com

Pour s'y rendre : quartier Socoa, 210 rte de Socoa (3 km au sud)

Ouverture : Permanent

5 ha (327 empl.) plat, herbeux

Empl. camping : (Prix 2017) 40,50€ ✚✚ 🚗 🔌 (10A) - pers. suppl. 8,60€

🚐 borne AireService - 27 🏠 22€

Très agréable site autour du joli plan d'eau aménagé pour la baignade. Préférer les emplacements les plus éloignés de la route.

Nature : 🏞
Loisirs : 🍴 🍽 🏠 🏊 ✂ 🏐 (découverte en saison) ☀ (plage) 🚣 pédalos
Services : 🔑 🛒 🚿 🛁 📶 laverie 🏖 🛍

GPS : W : 1.6859 N : 43.37036

URT

64240 - Carte Michelin 342 E2 - 2 183 h. - alt. 41

▶ Paris 757 - Bayonne 17 - Biarritz 24 - Cambo-les-Bains 28

⛰ Etche Zahar

📞 05 59 56 27 36, www.etche-zahar.fr ✂ (août)

Pour s'y rendre : 175 allée de Mesplès (1 km à l'ouest par D 257, dir. Urcuit et à gauche)

Ouverture : de mi-mars à fin oct.

1,5 ha (47 empl.) non clos, plat et peu incliné, herbeux

Empl. camping : (Prix 2017) ✚ 4,60€ 🚗 3,20€ 🏠 12,40€ - 🔌 (10A) 3,85€ - frais de réservation 13€

Location : (Prix 2017) (de mi-mars à fin oct.) - ♿ (2 chalets) - ✂ (août) - 9 🏠 - 9 🏕 - 4 bungalows toilés - 4 tentes lodges. Nuitée 27 à 98€ - Sem. 189 à 686€ - frais de réservation 13€

🚐 2 🏠 20€

Cadre verdoyant et locatif varié.

Nature : 🌳 🏞
Loisirs : 🏠 🏊 🚲 🏐
Services : 🔑 📶 laverie

GPS : W : 1.2973 N : 43.4919

VENDAYS-MONTALIVET

33930 - Carte Michelin 335 E2 - 2 288 h. - alt. 9

▶ Paris 535 - Bordeaux 82 - Lesparre-Médoc 14 - Soulac-sur-Mer 21

⛰ Les Peupliers

📞 05 56 41 70 44, www.camping-montalivet-lespeupliers.com

Pour s'y rendre : 17 rte de Sarnac

Ouverture : de déb. avr. à fin oct.

2,5 ha (116 empl.) plat, herbeux

Empl. camping : (Prix 2017) 29€ ✚✚ 🚗 🏠 🔌 (6A) - pers. suppl. 6€ - frais de réservation 10€

Location : (Prix 2017) (de déb. avr. à fin oct.) - 25 🏠 - 5 bungalows toilés. Sem. 195 à 798€ - frais de réservation 10€

🚐 2 🏠 21,90€

Emplacements ombragés avec du locatif varié en modèles et en confort.

Nature : 🌳 🏞
Loisirs : 🍴 🏊 🚲 🏐
Services : 🔑 🚿 📶 laverie

GPS : W : 1.05694 N : 45.35027

⚠ La Chesnays

📞 05 56 41 72 74, www.camping-montalivet.com

Pour s'y rendre : 8 rte de Soulac, à Mayan

Ouverture : de fin mars à mi-oct.

1,5 ha (59 empl.) plat, herbeux

Empl. camping : (Prix 2017) 30,90€ ✚✚ 🚗 🏠 🔌 (6A) - pers. suppl. 6,20€ - frais de réservation 20€

Location : (Prix 2017) (de fin mars à mi-oct.) - 7 🏠 - 3 🏕 - 5 bungalows toilés - 4 tentes lodges. Nuitée 30 à 114€ - Sem. 150 à 792€ - frais de réservation 20€

Ambiance calme et familiale avec des emplacements bien ombragés. Locatif varié dans un cadre verdoyant.

Nature : 🏞 🏞
Loisirs : 🏠 🏊 🚲 🏐
Services : 🔑 🚿 📶 🧊 réfrigérateurs

GPS : W : 1.08262 N : 45.37602

⚠ Le Mérin

📞 05 56 41 78 64, www.campinglemerin.com

Pour s'y rendre : 7 rte du Mérin (3,7 km au nord-ouest par D 102, rte de Montalivet et chemin à gauche)

Ouverture : de déb. avr. à fin oct.

3,5 ha (165 empl.) plat, herbeux, sablonneux

Empl. camping : (Prix 2017) ✚ 4,20€ 🚗 🏠 6,70€ – 🔌 (10A) 9,70€

Location : (Prix 2017) (de déb. avr. à fin oct.) - ✂ - 11 🏠 - 3 🏕 - 2 gîtes. Nuitée 45 à 72€ - Sem. 210 à 500€

Cadre boisé au calme.

Nature : 🌳 🏞 🏞
Loisirs : 🏊
Services : 🔑 🚐 📶

GPS : W : 1.09932 N : 45.36703

---

*La catégorie (1 à 5 tentes, **noires** ou **rouges**) que nous attribuons aux terrains sélectionnés dans ce guide est une appréciation qui nous est propre. Elle ne doit pas être confondue avec le classement (1 à 5 étoiles) établi par les services officiels.*

AQUITAINE

LE-VERDON-SUR-MER

33123 - Carte Michelin **335** E2 - 1 334 h. - alt. 3
▶ Paris 514 - Bordeaux 100 - La Rochelle 80

Sunêlia La Pointe du Médoc

☎ 05 56 73 39 99, www.camping-lapointedumedoc.com

Pour s'y rendre : 18 r. Ausone (rte de la Pointe de Grave, D 1215)

Ouverture : de mi-avr. à mi-sept.

6,5 ha (260 empl.) en terrasses, plat, sablonneux

Empl. camping : (Prix 2017) 28€ ✶✶ ⇔ 🏠 (10A) - pers. suppl. 6€ - frais de réservation 10€

Location : (Prix 2017) (de mi-avr. à mi-sept.) - ♿ (1 mobile home) - 134 ⌂ - 31 🏠 - 2 tentes lodges. Nuitée 46 à 195€ - Sem. 322 à 1 365€ - frais de réservation 30€

🚐 borne AireService

Préférer les emplacements sur le haut du terrain, plus éloignés de la route.

Nature : 🌳 🌲
Loisirs : 🍴 ✕ 🎦 salle d'animations 🏃 hammam jacuzzi 🚲 🏊 terrain multisports
Services : 🔑 🚿 💧 📶 laverie 🧊 🛒

GPS W : 1.07965 N : 45.54557

VÉZAC

24220 - Carte Michelin **329** I6 - 617 h. - alt. 90
▶ Paris 535 - Bergerac 65 - Brive-la-Gaillarde 60 - Fumel 53

Les Deux Vallées

☎ 05 53 29 53 55, www.campingles2vallees.com

Pour s'y rendre : lieu-dit : La Gare (à l'ouest, derrière l'ancienne gare, au bord d'un petit étang)

Ouverture : de mi-mars à déb. oct.

2,5 ha (110 empl.) plat, herbeux

Empl. camping : (Prix 2017) ✶ 4,55€ ⇔ 5,50€ – 🏠 (10A) 4,25€ - frais de réservation 16,50€

Location : (Prix 2017) (de mi-mars à déb. oct.) - 19 ⌂ - 5 tentes lodges - 2 gîtes. Nuitée 35 à 146€ - Sem. 210 à 876€ - frais de réservation 16,50€

Vue imprenable sur le château de Beynac pour de nombreux emplacements.

Nature : 🌳 < château de Beynat 🌲
Loisirs : 🍴 ✕ 🎦 🚲 🏊
Services : 🔑 🏛 🚿 📶 laverie 🧊 réfrigérateurs

GPS E : 1.15844 N : 44.83542

VIELLE-ST-GIRONS

40560 - Carte Michelin **335** D11 - 1 160 h. - alt. 27
▶ Paris 719 - Castets 16 - Dax 37 - Mimizan 32

Sandaya Le Col Vert

☎ 05 58 42 94 06, www.sandaya.fr

Pour s'y rendre : 1548 rte de l'Étang (5,5 km au sud par D 652, au bord de l'Étang de Léon)

Ouverture : de déb. avr. à mi-sept.

24 ha (800 empl.) plat, herbeux, sablonneux

Empl. camping : (Prix 2017) 51€ ✶✶ ⇔ 🏠 (6A) - pers. suppl. 9€

Location : (Prix 2017) (de déb. avr. à mi-sept.) - ♿ (1 mobile home) - 343 ⌂ - 4 🏠 - 27 bungalows toilés - 18 tentes lodges - 21 cabanons. Nuitée 43 à 149€ - Sem. 182 à 973€

🚐 borne artisanale

Préférer les emplacements au bord du lac. En saison, navette gratuite pour St-Girons-Plage.

Nature : 🌳 🌲 🌊
Loisirs : 🍴 ✕ 🎦 🚲 🏃 🎠 centre balnéo 🧖 hammam jacuzzi 🚲 🏊 🎣 discothèque chapiteau d'animations terrain multisports
Services : 🔑 🚿 – 10 sanitaires individuels (🚿 WC) 🚽 📶 laverie 🛒 🧊 cases réfrigérées
À prox. : 🐎 ⛵ barques

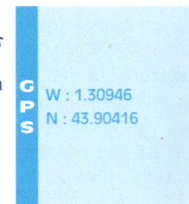

GPS W : 1.30946 N : 43.90416

VIEUX-BOUCAU-LES-BAINS

40480 - Carte Michelin **335** C12 - 1 577 h. - alt. 5
▶ Paris 740 - Bayonne 41 - Biarritz 48 - Castets 28

Municipal les Sablères

☎ 05 58 48 12 29, www.camping-les-sableres.com

Pour s'y rendre : bd du Marensin (au nord-ouest, à 250 m de la plage (accès direct))

Ouverture : de fin mars à mi-oct.

11 ha (517 empl.) vallonné, herbeux, sablonneux

Empl. camping : (Prix 2017) 26,50€ ✶✶ ⇔ 🏠 (10A) - pers. suppl. 4,80€ - frais de réservation 20€

Location : (Prix 2017) (de fin mars à mi-oct.) - 7 ⌂ - 11 🏠 - 2 tentes lodges. Sem. 190 à 924€ - frais de réservation 20€

Petit ombrage des emplacements bordés par la dune de sable.

Nature : 🌲
Loisirs : 🚲 terrain multisports
Services : 🔑 🚿 💧 📶 laverie cases réfrigérées
À prox. : 🏖 🍴 ✕ 🎿

GPS W : 1.40596 N : 43.79326

VILLERÉAL

47210 - Carte Michelin **336** G2 - 1 286 h. - alt. 103
▶ Paris 566 - Agen 61 - Bergerac 35 - Cahors 76

Yelloh! Village Le Château de Fonrives

☎ 05 53 36 63 38, www.campingchateaufonrives.com

Pour s'y rendre : rte d'Issigeac, lieu-dit : Rives (2,2 km au nord-ouest par D 207 et à gauche, au château)

Ouverture : de mi-juin à déb. sept.

20 ha/10 campables (370 empl.) en terrasses, peu incliné, plat, herbeux, pierreux, étang, bois

Empl. camping : (Prix 2017) 44€ ✶✶ ⇔ 🏠 (10A) - pers. suppl. 9€

Location : (Prix 2017) (de mi-juin à déb. sept.) - 110 ⌂ - 21 🏠. Nuitée 39 à 279€ - Sem. 273 à 1 953€

🚐 borne artisanale - 5 🏠 33€

De grands espaces verts bordés de noisetiers, idéals pour la détente. Loisirs installés dans les dépendances du château.

Nature : 🌳 🌲 🌲
Loisirs : 🍴 ✕ 🎦 🚲 🏃 🎠 jacuzzi 🚲 🏊 ✂ 🏊 🎣 parcours sportif
Services : 🔑 🚿 💧 📶 laverie 🧊 🛒 point d'informations touristiques

GPS E : 0.7314 N : 44.65739

AQUITAINE

▲ Sites et Paysages Fontaine du Roc
☎ 05 53 36 08 16, www.fontaineduroc.com

Pour s'y rendre : lieu-dit : Dévillac (7,5 km au sud-est par D 255 et à gauche)

Ouverture : de déb. avr. à mi-oct.

2 ha (60 empl.) plat, herbeux

Empl. camping : (Prix 2017) ⚹ 6€ ⇔ 🏕 8€ – (10A) 4,50€

Location : (Prix 2017) (de déb. avr. à mi-oct.) - ♿ (2 chalets) - 5 🚐 - 3 🏠 - 2 tentes lodges.

🚐 borne AireService - 2 🏕 - 🚙

Emplacements délimités et ombragés avec vue panoramique sur le château de Biron depuis l'entrée.

Nature : 🌳 ⛰ 〰
Loisirs : 🏕 🎣 🚣 jacuzzi 🐎 🏊
Services : ⚡ 🚿 ♿ 📶 laverie

GPS : E : 0.8187 N : 44.61414

VITRAC
24200 - Carte Michelin **329** I7 - 870 h. - alt. 150
▶ Paris 541 - Brive-la-Gaillarde 64 - Cahors 54 - Gourdon 23

▲ Domaine Soleil Plage 👫
☎ 05 53 28 33 33, www.soleilplage.fr

Pour s'y rendre : lieu-dit : Caudon (au bord de la Dordogne)

Ouverture : de déb. avr. à fin sept.

8 ha/5 campables (199 empl.) plat, herbeux

Empl. camping : (Prix 2017) 42,50€ ⚹⚹ ⇔ 🏕 📧 (16A) - pers. suppl. 9,50€ - frais de réservation 39,50€

Location : (Prix 2017) (de déb. avr. à fin sept.) - 🅿 - 96 🚐 - 19 🏠 - 4 chalets sur pilotis. Nuitée 48 à 267€ - Sem. 310 à 1 700€ - frais de réservation 39,50€

🚐 borne AireService 3€ - 10 🏕 42,50€

Emplacements en bord de rivière ou en locatif grand confort autour de l'ancienne ferme joliment restaurée.

Nature : 🌳 ≤ 〰
Loisirs : 🍽 🍺 🎬 🎣 🚣 🎿 ⛷ 🏊 ≋ (plage) 🛶 ✈ location voiture terrain multisports
Services : ⚡ 🚿 ♿ 🚻 📶 laverie 🧺 🚙

GPS : E : 1.25374 N : 44.82387

▲ La Bouysse de Caudon
☎ 05 53 28 33 05, www.labouysse.com

Pour s'y rendre : lieu-dit : Caudon (2,5 km à l'est, près de la Dordogne)

Ouverture : de mi-avr. à mi-sept.

6 ha/3 campables (160 empl.) plat, herbeux, noyeraie

Empl. camping : (Prix 2017) ⚹ 7,50€ ⇔ 🏕 9,20€ – (10A) 5,50€ - frais de réservation 20€

Location : (Prix 2017) (de mi-avr. à mi-sept.) - 🚿 (de mi-avr. à fin juin) - 🅿 - 4 🚐 - 9 🏠 - 2 gîtes - 4 appartements. Sem. 280 à 920€

🚐 borne artisanale 3€

Bel ombrage des emplacements tout proches de la Dordogne.

Nature : 🌳 ⛰ 〰
Loisirs : 🍽 🎣 🚣 🎿 ≋ (plage) 🛶 ✈
Services : ⚡ ♿ 📶 laverie 🧺 🚙 réfrigérateurs

GPS : E : 1.25063 N : 44.82357

LASCAUX⁴

Sarlat - Dordogne - Lascaux

Domaine de Soleil Plage
★★★★★

Un site exceptionnel au cœur des plus beaux châteaux du Périgord Noir

Au bord de la Dordogne :
Plage, baignade, pêche,
base de canoës

Parc aquatique chauffé
Piscine couverte chauffée
Nouveau sanitaire chauffé

Emplacements bord de rivière
Chalets & Mobile homes Premium

(33) 5 53 28 33 33 - www.soleilplage.fr

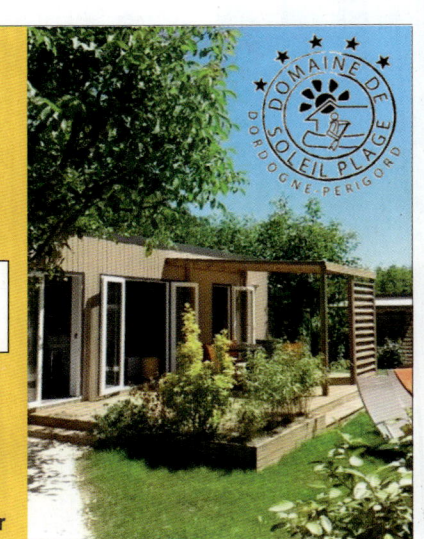

DOMAINE DE SOLEIL PLAGE
DORDOGNE-PÉRIGORD

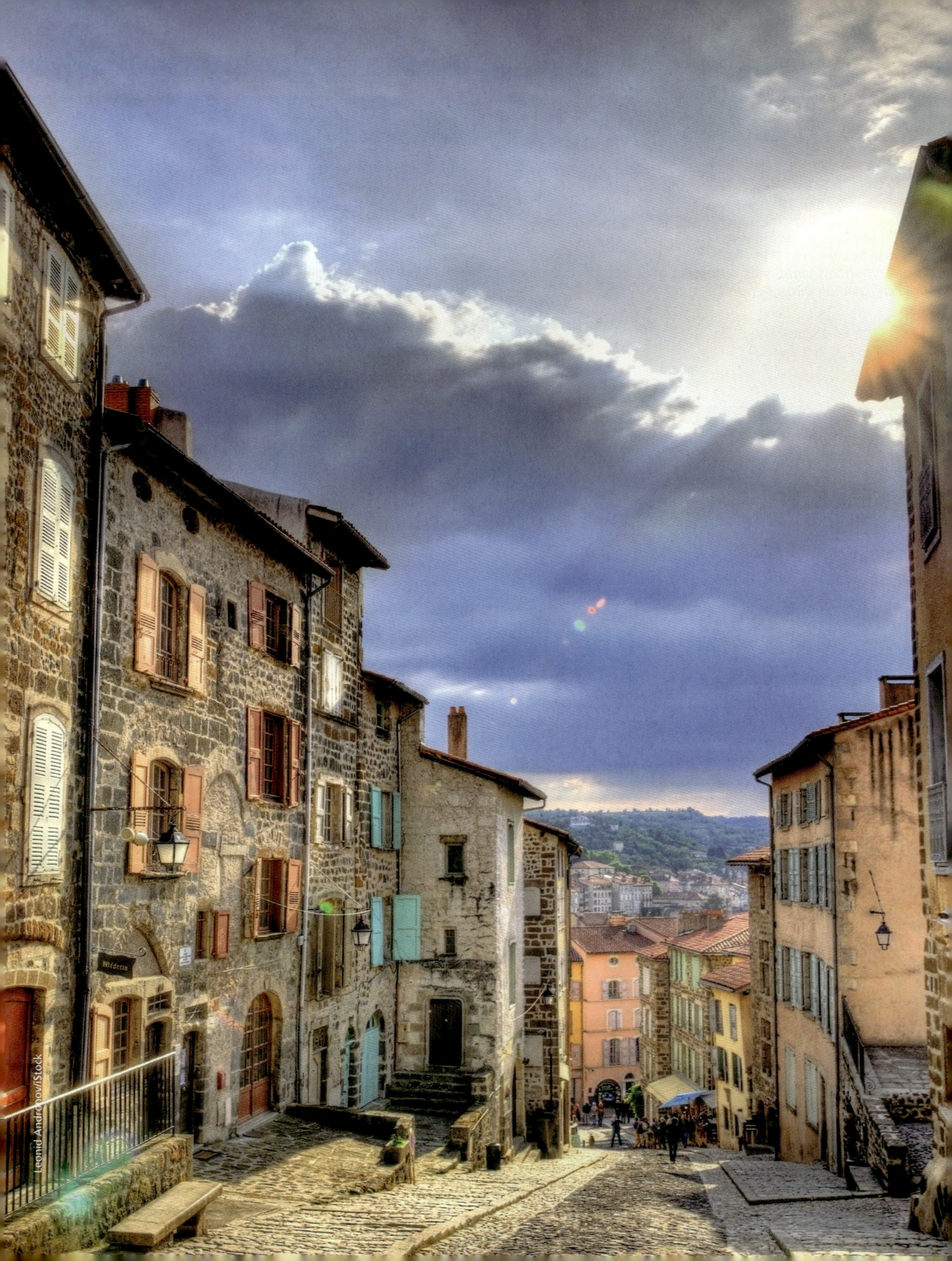

Leonid Andronov/iStock

AUVERGNE

🇫🇷 Chut... ! Chefs d'orchestre d'une symphonie muette depuis des millénaires, imperturbables sanctuaires de la nature à l'état brut, les volcans d'Auvergne dorment paisiblement. Seuls remous perceptibles : les grondements de Vulcania où de spectaculaires animations célèbrent ces titans assoupis... Dômes et puys sculptés par le feu forment un immense château d'eau se déversant en une multitude de lacs, de rivières et de sources pures, élixirs chargés de vertus légendaires. Pour mieux s'abandonner à ces « thermes de Jouvence », les curistes en quête de bien-être s'immergent dans l'ambiance élégante des villes d'eau où la tentation reste grande, malgré les conseils diététiques, de céder à la chaleur revigorante d'une potée, aux effluves d'un cantal affiné ou à l'inimitable saveur sucrée-salée d'un pounti.

🇬🇧 Shhh! Auvergne's volcanoes are dormant and have been for many millennia, forming a natural rampart against the inroads of man and ensuring that this beautiful wilderness will never be entirely tamed. If you listen very carefully, you may just make out a distant rumble from Vulcania, where spectacular theme park attractions celebrate these sleeping giants. The region's domes and peaks are the source of countless mountain springs that cascade down the steep slopes into brooks, rivers and crystal-clear lakes. Renowned for the therapeutic qualities of its waters, the region has long played host to well-heeled curistes in its elegant spa resorts, but many visitors find it impossible to follow doctor's orders when faced enticing aroma of a country stew or a full-bodied Cantal cheese!

Localité citée avec camping
Localité citée avec camping et locatif
Vannes
Localité disposant d'un camping avec aire de services camping-car
Moyaux
Localité disposant d'au moins un terrain agréable
Aire de service pour camping-car sur autoroute
NIÈVRE
ALLIER
CREUSE
PUY-DE-DÔME
CANTAL
HAUTE-LOIRE
LOIRE
LOZÈRE
AVEYRON
ARDÈCHE
SAÔNE-ET
Saulieu
les Settons
Arnay-le-Duc
Prémery
Crux-la-Ville
Montigny-en-Morvan
la Charité-sur-Loire
St-Péreuse
St-Léger-de-Fougeret
Nevers
Aubois
Vierzon
Issoudun
Lunery
Autun
Épinac
St-Honoré-les-Bains
Luzy
Issy-l'Evêque
Gueugnon
Bourbon-Lancy
Bessais-le-Fromental
Isle-et-Bardais
St-Bonnet-Tronçais
Châteaumeillant
Moulins
Dompierre-s-Besbre
Salornay-s-Guye
Palinges
Digoin
Pierrefitte-s-Loire
Paray-le-Monial
Charolles
Dompierre-les-Ormes
Matour
Boussac-Bourg
Treignat
L'ALLIER-SAULZET
MONTLUÇON
L'ALLIER-DOYET
le Bourg-d'Hem
Châtelus-Malvaleix
Néris-les-Bains
Lapeyrouse
Chambilly
Lapalisse
Chauffailles
St-Éloy-les-Mines
Guéret
Vichy
Abrest
La Pacaudière
Pouilly-s/s-Charlieu
Belmont-de-la-Loire
Poule-les-Écharmeaux
Gannat
Bellerive-sur-Allier
Cublize
Aubusson
St-Gervais-d'A.
Roanne
MANZAT
Puy-Guillaume
St-Rémy-s-Durolle
Cordelle
Châtelguyon
HAUT-FOREZ NORD
St-Paul-de-Vézelin
LA LOIRE
Volvic
Riom
Orléat
Balbigny
Pontgibaud
CLERMONT-FERRAND
HAUT-FOREZ SUD
Nebouzat
Royat
Cournon-d'A.
Courpière
Billom
Poncins
Aydat
Orcet
CHAVANON
AUTHEZAT
VEYRE
Murat-le-Quaire
la Bourboule
le Mont-Dore
Montaigut-le-Blanc
Ste-Catherin
Tauves
Singles
PLAINE-DU-FOREZ-OUEST
St-Galmier
Ambert
Chambon-s-Lac
St-Nectaire
Issoire
Murol
Bagnols
St-Germain-l'Herm
Nonette
ST-ÉTIENNE
Liginiac
Lanobre
Lempdes-sur-Allagnon
Usson-en-Forez
Neuvic
LA FAYETTE
Champs-s-Tarentaine
Champagnac-le-Vieux
St-Genest-Malifaux
La Chaise-Dieu
Saignes
St-Didier-en-Velay
Brioude
Ste-Sigolène
Mauriac
Paulhaguet
Vorey
Auriac
Yssingeaux
St-Martin-Cantalès
St-Martin-Valmeroux
Argentat
Neussargues-Moissac
St-Paulien
Langeac
Lalouvesc
Arnac
St-Jacques-des-Blats
le Chambon-s-Lignon
St-Agrève
Camps
Ruynes-en-Margeride
St-Gérons
Monistrol-d'Allier
Mars
Lamastre
Aurillac
Vic-s-Cère
Neuvéglise
Saugues
Lacam-d'Ourcet
Pers
Arpajon-s-Cère
St-Just
Blavignac
Le Cheylard
Alleyras
Thérondels
LA LOZÈRE
Issarlès
St-Sauveur-de-Montagut
Chaudes-Aigues
St-Alban-s-Limagnole
Naussac
Pons
Chastanier
Maurs
Laguiole
Rocles
Bagnac-s-Célé
St-Amans-des-Cots
Nasbinals
Grand-Vabre
Entraygues-s-T.
Figeac
Béduer
Flagnac
Sénergues
Conques
Aubenas
Boisse-Penchot
Espalion
Marvejols
Largentière
Mende
St-Germain-du-Teil
St-Bauzile
la Canourgue
St-Geniez-d'Olt
Villefort
Ste-Enimie
Ispagnac
Rodez
Canilhac
Villefranche-de-Rouergue
L'AVEYRON
Bédouès
Sévérac-l'Église
St-Georges-de-Lévéjac
Pont-de-Salars
St-Salvadou
Florac
Canet-de-Salars
les Vignes
La Fouillade

AUVERGNE

ABREST

03200 - Carte Michelin 326 H6 - 2 696 h. - alt. 290
▶ Paris 361 - Clermont-Ferrand 70 - Moulins 63 - Montluçon 94

▲ La Croix St-Martin

☎ 04 70 32 67 74, www.camping-vichy.com

Pour s'y rendre : 99 av. des Graviers (au nord, près de l'Allier)

Ouverture : de déb. avr. à déb. oct.

3 ha (89 empl.) plat, herbeux

Empl. camping : (Prix 2017) ♦ 5,40€ ⛟ 6,40€ – ⚡ (10A) 3,90€ - frais de réservation 6€

Location : (Prix 2017) (de déb. avr. à déb. oct.) - 20 🚐. Nuitée 28 à 92€ - Sem. 196 à 650€ - frais de réservation 6€

🚐 borne artisanale 5€

Emplacements ombragés le long du chemin pédestre et VTT qui longe l'Allier.

Nature : 🌳 🏞 ○○
Loisirs : 🏠 🚴 🎣 parcours de santé bike-parc
Services : 🔌 ♿ 📶 laverie 🚿
À prox. : 🐟

GPS
E : 3.44012
N : 46.10819

ALLEYRAS

43580 - Carte Michelin 331 E4 - 173 h. - alt. 779
▶ Paris 549 - Brioude 71 - Langogne 43 - Le Puy-en-Velay 32

▲ Municipal Au Fil de l'Eau

☎ 04 71 57 56 86, www.camping-municipal.alleyras.fr - alt. 660

Pour s'y rendre : Le Pont-d'Alleyras (2,5 km au nord-ouest, accès direct à l'Allier)

Ouverture : de fin avr. à fin sept.

0,9 ha (60 empl.) plat et peu incliné

Empl. camping : (Prix 2017) 12,20€ ♦♦ ⛟ 🚐 ⚡ (6A) - pers. suppl. 4,20€

🚐 borne flot bleu 3€

Nature : 🌳 🏞
Loisirs : 🎣
Services : (juil.-août) 📶 laverie
À prox. : 🏠 🐟

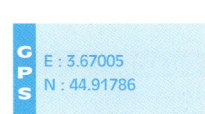

GPS
E : 3.67005
N : 44.91786

AMBERT

63600 - Carte Michelin 326 J9 - 6 962 h. - alt. 535
▶ Paris 438 - Brioude 63 - Clermont-Ferrand 77 - Montbrison 47

▲ Municipal Les Trois Chênes

☎ 04 73 82 34 68, www.camping-ambert.com

Pour s'y rendre : rte du Puy (1,5 km au sud par D 906, rte de la Chaise-Dieu, près de la Dore)

Ouverture : Permanent

3 ha (120 empl.) plat, herbeux

Empl. camping : (Prix 2017) 20,90€ ♦♦ ⛟ 🚐 ⚡ (10A) - pers. suppl. 4,80€

Location : (Prix 2017) Permanent - 18 🏠. Nuitée 81 à 175€ - Sem. 279 à 724€

🚐 borne eurorelais 2€ - 10 🚐 14,35€

Agréable cadre verdoyant mais préférer les emplacements les plus éloignés de la route.

Nature : 🌳 🏞 ○○
Loisirs : 🏠 🎣
Services : 🔌 ♿ 📶 laverie
À prox. : 🍴 🥤 🍔 🏠 🏊 🎣 parcours de santé parc aquatique terrain multisports

GPS
E : 3.7291
N : 45.53953

ARNAC

15150 - Carte Michelin 330 B4 - 148 h. - alt. 620
▶ Paris 541 - Argentat 38 - Aurillac 35 - Mauriac 36

▲ Village Vacances La Gineste

(pas d'emplacement tentes et caravanes)

☎ 04 71 62 91 90, www.village-vacances-cantal.com

Pour s'y rendre : lieu-dit : La Gineste (3 km au nord-ouest par D 61, rte de Pleaux puis 1,2 km par chemin à dr.)

3 ha en terrasses

Location : (Prix 2017) Permanent 🅿 - 80 🚐 - 40 🏠. Sem. 260 à 625€ - frais de réservation 15€

🚐 borne eurorelais 2€ - 2 🚐

Situation agréable sur une presqu'île du lac d'Enchanet.

Nature : 🏞 🌳 🏔
Loisirs : 🍴 🍔 🏠 🛥 jacuzzi 🎣 🏊 🚴 (plage)
Services : 🔌 📶 🏠 🚿 🍴
À prox. : base nautique

GPS
E : 2.2121
N : 45.08285

Avant de vous installer, consultez les tarifs en cours, affichés obligatoirement à l'entrée du terrain, et renseignez-vous sur les conditions particulières de séjour. Les indications portées dans le guide ont pu être modifiées depuis la mise à jour.

ARPAJON-SUR-CÈRE

15130 - Carte Michelin 330 C5 - 6 009 h. - alt. 613
▶ Paris 559 - Argentat 56 - Aurillac 5 - Maurs 44

▲ La Cère

☎ 04 71 64 55 07, camping.caba.fr

Pour s'y rendre : au sud de la ville, accès par D 920, face à la station Esso, au bord de la rivière

Ouverture : de déb. avr. à fin oct.

2 ha (78 empl.) plat, herbeux

Empl. camping : (Prix 2017) 21,30€ ♦♦ ⛟ 🚐 ⚡ (10A) - pers. suppl. 7,30€

Location : (Prix 2017) (de déb. avr. à fin oct.) - 10 🚐. Nuitée 37 à 71€ - Sem. 264 à 500€

🚐 borne artisanale

Cadre boisé et soigné.

Nature : 🌳 ○
Loisirs : 🏠 🎣 🚴 🏊
Services : 🔌 📶 🚿
À prox. : 🎾 🍴

GPS
E : 2.46246
N : 44.89858

107

AUVERGNE

AURILLAC

15000 - Carte Michelin 330 C5 - 28 207 h. - alt. 610
▶ Paris 557 - Brive-la-Gaillarde 98 - Clermont-Ferrand 158 - Montauban 174

▲ Municipal l'Ombrade

☎ 0471482887, www.camping.caba.fr

Pour s'y rendre : 1 km au nord par D 17 et chemin du Gué-Bouliaga à dr., de part et d'autre de la Jordanne

Ouverture : de mi-juin à fin sept.

7,5 ha (200 empl.) plat, herbeux

Empl. camping : (Prix 2017) 21,30€ ★★ 🚗 🔲 (10A) - pers. suppl. 8€

🚐 borne artisanale - 25 🔲 21,30€

Nature : 🌳🌊
Loisirs : 🏠 🚴
Services : 🔌 🚿 🛜 🛒
À prox. : 🛒

GPS E : 2.4559 N : 44.93562

AYDAT

63970 - Carte Michelin 326 E9 - 2 122 h. - alt. 850
▶ Paris 438 - La Bourboule 33 - Clermont-Ferrand 21 - Issoire 38

▲▲ Lac d'Aydat

☎ 0473793809, www.camping-lac-aydat.com

Pour s'y rendre : au bord du lac Forêt du lot (2 km au nord-est par D 90 et chemin à dr., près du lac)

Ouverture : de déb. avr. à mi-oct.

7 ha (150 empl.) en terrasses, plat, herbeux, pierreux

Empl. camping : (Prix 2017) 29€ ★★ 🚗 🔲 (16A) - pers. suppl. 6€ - frais de réservation 20€

Location : (Prix 2017) (de déb. avr. à mi-oct.) - ♿ (1 chalet) - 53 🏠 - 17 🏠. Nuitée 45 à 125€ - Sem. 315 à 875€ - frais de réservation 20€

Au bord du lac dans un cadre vallonné et très boisé.

Nature : 🌳🌊
Loisirs : 🏠 🎣 🛶
Services : 🔌 🚿 🛜 laverie
À prox. : 🚣 🚴 🏊 🚲 (plage) 🎣
parcours dans les arbres

GPS E : 2.98907 N : 45.66903

BAGNOLS

63810 - Carte Michelin 326 C9 - 496 h. - alt. 862
▶ Paris 483 - Bort-les-Orgues 19 - La Bourboule 23 - Bourg-Lastic 78

▲▲ Municipal la Thialle

☎ 0473222800, www.bagnols63.fr

Pour s'y rendre : rte de St-Donat (sortie sud-est par D 25, au bord de la Thialle)

Ouverture : de déb. avr. à déb. nov.

2,8 ha (70 empl.) plat, gravillons, herbeux

Empl. camping : (Prix 2017) ★ 4,20€ 🚗 2,20€ 🔲 2,20€ – 🔲 (10A) 10€

Location : (Prix 2017) Permanent - 17 🏠. Nuitée 18 à 92€ - Sem. 193 à 902€

🚐 borne artisanale

Nature : 🌊 🌳
Loisirs : 🏠 🎣 🛶 🔲 (découverte en saison)
Services : 🔌 (saison) 🚿 🛜 laverie
À prox. : 🍴 🛒

GPS E : 2.63466 N : 45.49758

BELLERIVE-SUR-ALLIER

03700 - Carte Michelin 326 H6 - 8 530 h. - alt. 340
▶ Paris 357 - Clermont-Ferrand 53 - Moulins 58 - Saint-Étienne 147

▲▲▲ Club Airotel Beau Rivage et les Isles 👥

☎ 0470322685, www.camping-beaurivage.com

Pour s'y rendre : r. Claude-Decloître

Ouverture : de déb. avr. à déb. oct.

7 ha (143 empl.) plat, herbeux, gravillons

Empl. camping : (Prix 2017) ★ 6,30€ 🚗 🔲 7,30€ – 🔲 (10A) 4,10€ - frais de réservation 5€

Location : (Prix 2017) (de déb. avr. à déb. oct.) - ♿ (1 mobile home) - 37 🏠 - 2 appartements. Nuitée 42 à 120€ - Sem. 295 à 830€ - frais de réservation 5€

🚐 borne artisanale 10€

En deux parties distinctes. Emplacements ombragés au bord de l'Allier face au parc de Vichy sur l'autre rive.

Nature : 🌊 🌳
Loisirs : 🍴 🎮 🏠 🎭 salle d'animations 🏃 🛶 🔲 (découverte en saison) ✈️ pédalos tir à l'arc
Services : 🔌 🚿 🚿 🛜 laverie
À prox. : 🛒

GPS E : 3.43192 N : 46.11482

Teneinde deze gids beter te kunnen gebruiken,
DIENT U DE VERKLARENDE TEKST AANDACHTIG TE LEZEN.

BILLOM

63160 - Carte Michelin 326 H8 - 4 637 h. - alt. 340
▶ Paris 437 - Clermont-Ferrand 28 - Cunlhat 30 - Issoire 31

▲ Municipal le Colombier

☎ 0473689150, www.billom.fr

Pour s'y rendre : r. Carnot (au nord-est de la localité par rte de Lezoux)

Ouverture : de déb. mai à fin sept.

1 ha (38 empl.) plat et peu incliné, herbeux

Empl. camping : (Prix 2017) 14,80€ ★★ 🚗 🔲 (16A) - pers. suppl. 3,20€

Location : (Prix 2017) Permanent - 12 🏠 - 2 🛏. Nuitée 75€ - Sem. 400€

🚐 borne flot bleu 2€

Emplacements ombragés bien délimités et village de chalets avec jolie vue.

Nature : 🌊 🌳
Loisirs : 🔲 🎣
Services : 🚿 🛜 laverie
À prox. : 🍴 🛒

GPS E : 3.3459 N : 45.72839

108

AUVERGNE

LA BOURBOULE
63150 - Carte Michelin 326 D9 - 1 961 h. - alt. 880
▶ Paris 469 - Aubusson 82 - Clermont-Ferrand 50 - Mauriac 71

Flower Les Vernières
☎ 04 73 81 10 20, www.camping-la-bourboule.fr

Pour s'y rendre : av. du Mar.-de-Lattre-de-Tassigny (sortie est par D 130, rte du Mont-Dore, près de la Dordogne)

Ouverture : de déb. fév. à mi-oct.

1,5 ha (174 empl.) terrasse, plat, herbeux

Empl. camping : (Prix 2017) 25€ ✦✦ ⇦ 🅴 (10A) - pers. suppl. 5,50€

Location : (Prix 2017) (de déb. fév. à mi-oct.) - 13 🏠 - 2 chalets sur pilotis - 2 tentes lodges - 4 cabanons. Nuitée 40 à 140€ - Sem. 250 à 890€

🚐 borne artisanale - 🚍 17€

Locatif très varié et beaucoup d'espaces verts. Préférer les emplacements les plus éloignés de la route.

Nature : 🌳 ♨♨
Loisirs : 🍽 ✕ 🏠 🏃 🏊 hammam jacuzzi
Services : 🔑 🚽 📶 laverie
À prox. : ✕ 🏊

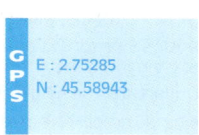

GPS E : 2.75285 N : 45.58943

Les Clarines
☎ 04 73 81 02 30, www.camping-les-clarines.com

Pour s'y rendre : 1424 av. du Mar.-Leclerc

Ouverture : de mi-déc. à mi-oct.

3,75 ha (187 empl.) en terrasses, peu incliné, plat, herbeux, gravillons

Empl. camping : (Prix 2017) 23,70€ ✦✦ ⇦ 🅴 (10A) - pers. suppl. 4,85€ - frais de réservation 15€

Location : (Prix 2017) (de fin déc. à mi-oct.) - 30 🚐. Sem. 198 à 686€ - frais de réservation 15€

🚐 borne artisanale 5€ - 10 🅴 10,90€

Navette gratuite pour les thermes et bus pour les stations de ski.

Nature : ❄ ♨♨
Loisirs : 🏠 🏃 🏊 parcours VTT
Services : 🔑 🚽 🚿 📶 laverie

GPS E : 2.76222 N : 45.59463

BRIOUDE
43100 - Carte Michelin 331 C2 - 6 688 h. - alt. 427
▶ Paris 487 - Clermont-Ferrand 71 - Le Puy-en-Velay 59 - Aurillac 105

Aquadis Loisirs La Bageasse
☎ 04 71 50 07 70, www.aquadis-loisirs.com/camping-la-bageasse

Pour s'y rendre : sortie sud-est par N 102, rte du Puy-en-Velay puis 1,5 km par r. à gauche et av. de la Bageasse, à droite, près de l'Allier (plan d'eau)

Ouverture : de déb. mars à déb. nov.

2,5 ha (49 empl.) en terrasses, plat, herbeux

Empl. camping : (Prix 2017) 17,90€ ✦✦ ⇦ 🅴 (10A) - pers. suppl. 4,60€ - frais de réservation 10€

Location : (Prix 2017) (de déb. mars à déb. nov.) - ♿ (1 chalet) - 4 🚐 - 15 🏠. Nuitée 65 à 79€ - Sem. 209 à 599€ - frais de réservation 10€

🚐 borne artisanale

Agréable terrain au bord de la rivière.

Nature : 🌳 ♨♨
Loisirs : 🍽 ✕ 🏠 🏊
Services : 🔑 🚽 🚿 📶 laverie
À prox. : 🏊 🏇 🚴 🛶

GPS E : 3.40479 N : 45.28123

LA CHAISE-DIEU
43160 - Carte Michelin 331 E2 - 730 h. - alt. 1 080
▶ Paris 503 - Ambert 29 - Brioude 35 - Issoire 59

Municipal les Prades
☎ 04 71 00 07 88, campinglesprades@orange.fr

Pour s'y rendre : 2 km au nord-est par D 906, rte d'Ambert, près du plan d'eau de la Tour (accès direct)

Ouverture : de fin avr. à fin sept.

3 ha (100 empl.) peu incliné, herbeux

Empl. camping : (Prix 2017) ✦ 3,50€ ⇦ 2€ – 🅴 (10A) 4€

Location : (Prix 2017) (de fin avr. à fin sept.) - 11 🏠. Nuitée 20 à 45€ - Sem. 120 à 270€ - frais de réservation 8€

🚐 borne artisanale

Nature : ♨♨
Loisirs : 🏃
Services : 🔑 🚽 📶 🅴
À prox. : ✕ 🏊 🏇

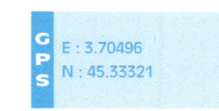

GPS E : 3.70496 N : 45.33321

CHAMBON-SUR-LAC
63790 - Carte Michelin 326 E9 - 352 h. - alt. 885 - Sports d'hiver : 1 150/1 760 m
▶ Paris 456 - Clermont-Ferrand 37 - Condat 39 - Issoire 32

Yelloh! Village Le Pré Bas 👥
☎ 04 73 88 63 04, www.leprebas.com

Pour s'y rendre : près du lac (accès direct)

Ouverture : de mi-avr. à fin sept.

3,8 ha (180 empl.) plat et peu incliné, herbeux

Empl. camping : (Prix 2017) 36€ ✦✦ ⇦ 🅴 (10A) - pers. suppl. 9€

Location : (Prix 2017) (de mi-avr. à fin sept.) - ♿ (1 mobile home) - 117 🚐 - 3 gîtes. Sem. 273 à 1 288€

Loisirs adaptés aux jeunes enfants, de qualité et en partie couverts.

Nature : 🌲 🌳 ♨
Loisirs : 🍽 ✕ 🏠 🏊 salle d'animations centre balnéo 🏊 hammam jacuzzi 🏇 🚴
Services : 🔑 🚽 🚿 📶 laverie 🧺
À prox. : 🏊 🚴 (plage) 🛶 pédalos

GPS E : 2.91427 N : 45.57516

Benutzen Sie
– zur Wahl der Fahrtroute
– zur Berechnung der Entfernungen
– zur exakten Lokalisierung eines Campingplatzes (mit Hilfe der Angaben im Ortstext) die für diesen Führer unentbehrlichen
MICHELIN-Karten.

AUVERGNE

▲ Les Bombes

📞 0473886403, www.camping-les-bombes.com

Pour s'y rendre : chemin de Pétary (à l'est de Chambon-sur-Lac vers rte de Murol et à dr., au bord de la Couze de Chambon)

Ouverture : de fin avr. à mi-sept.

5 ha (150 empl.) plat, herbeux

Empl. camping : (Prix 2017) 26,40€ ✯✯ 🚗 🖃 ⚡ (16A) - pers. suppl. 5,50€ - frais de réservation 13€

Location : (Prix 2017) (de fin avr. à mi-sept.) - 5 🛖 - 16 🏠 - 2 bungalows toilés - 1 tente lodge - 2 roulottes. Nuitée 42 à 58€ - Sem. 210 à 400€ - frais de réservation 13€

🚐 borne artisanale 3€ - 30 🖃 7€

Locatif varié et beaucoup d'espaces verts propices à la détente.

Nature : 🌿 ♀	
Loisirs : 🍽 🍴 🏠 🏊 🚴 🛶	**GPS** E : 2.90188
Services : 🔑 👤 📶 laverie 🚿	N : 45.56994

▲ Serrette

📞 0473886767, www.campingdeserrette.com - alt. 1 000

Pour s'y rendre : 2,5 km à l'ouest par D 996, rte du Mont-Dore et D 636 (à gauche) rte de Chambon-des-Neiges

Ouverture : de déb. mai à mi-sept.

2 ha (75 empl.) en terrasses, plat et peu incliné, pierreux, herbeux

Empl. camping : (Prix 2017) 26,30€ ✯✯ 🚗 🖃 ⚡ (10A) - pers. suppl. 5,50€ - frais de réservation 12€

Location : (Prix 2017) (de déb. mai à mi-sept.) - ♿ (1 chalet) - 11 🛖 - 3 🏠 - 4 bungalows toilés. Nuitée 35 à 60€ - Sem. 230 à 755€ - frais de réservation 12€

Magnifique vue dominant le lac et ses environs.

Nature : 🌿 ≤ lac et château de Murol ♀	
Loisirs : 🍽 🍴 🏠 📶 🏊 (découverte en saison)	**GPS** E : 2.89105
Services : 🔑 👤 📶 laverie 🚿	N : 45.57099

LE CHAMBON-SUR-LIGNON

43400 - Carte Michelin **331** H3 - 2 690 h. - alt. 967

▶ Paris 573 - Annonay 48 - Lamastre 32 - Le Puy-en-Velay 45

▲ Les Hirondelles

📞 0466140270, www.campingleshirondelles.fr - alt. 1 000

Pour s'y rendre : rte de la Suchère (1 km au sud par D 151 et D 7 à gauche)

Ouverture : de fin juin à fin août

1 ha (45 empl.) plat, herbeux

Empl. camping : (Prix 2017) 15,95€ ✯✯ 🚗 🖃 ⚡ (6A) - pers. suppl. 4,50€

Location : (Prix 2017) (de mi-avr. à fin oct.) - 🏕 - 3 🏠. Nuitée 35 à 70€ - Sem. 240 à 485€

🚐 borne artisanale 12€

Cadre agréable dominant le village.

Nature : 🌿 ≤ 🏞 ♀	
Loisirs : 🍽 🍴 🏠 📶 🏊	**GPS** E : 4.2986
Services : 🔑 👤 📶 🚿	N : 45.05436
Au plan d'eau : 🛶 🎣 🐎 parcours sportif	

▲ Le Lignon

📞 0471597286 - alt. 1 000

Pour s'y rendre : 7 rte du Stade (sortie sud-ouest par D 15, rte de Mazet-sur-Voy et à dr. av. le pont, près de la rivière)

2 ha (82 empl.) plat, herbeux

Location : 3 🏠.

Nature : ♀ ▲	
Loisirs : 🏠 🏊 🚴	**GPS** E : 4.29686
Services : 🔑 🖃 📶	N : 45.05944
au plan d'eau 🎣 🛶 🐎 parcours sportif	

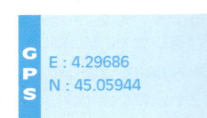

CHAMPAGNAC-LE-VIEUX

43440 - Carte Michelin **331** D1 - 234 h. - alt. 880

▶ Paris 486 - Brioude 16 - La Chaise-Dieu 25 - Clermont-Ferrand 76

▲ Le Chanterelle

📞 0471763400, www.champagnac.com

Pour s'y rendre : Le Prat Barrat (1,4 km au nord par D 5, rte d'Auzon, et chemin à dr.)

Ouverture : de mi-avr. à mi-oct.

4 ha (90 empl.) en terrasses, plat, herbeux

Empl. camping : (Prix 2017) 21,60€ ✯✯ 🚗 🖃 ⚡ (10A) - pers. suppl. 4,20€

Location : (Prix 2017) (de mi-avr. à mi-oct.) - 4 🛖 - 20 🏠 - 12 bungalows toilés. Nuitée 40 à 114€ - Sem. 200 à 798€ - frais de réservation 16€

Dans un site verdoyant, près d'un plan d'eau.

Nature : 🌿 ♀♀	
Loisirs : 🏊 🏠 🚴	**GPS** E : 3.50575
Services : 🔑 🖃 🚿 📶 laverie	N : 45.3657
À prox. : 🎣 🛶 (plage) 🐎 parcours de santé	

This Guide is not intended as a list of all the camping sites in France ; its aim is to provide a selection of the best sites in each category.

CHAMPS-SUR-TARENTAINE

15270 - Carte Michelin **330** D2 - 1 035 h. - alt. 450

▶ Paris 500 - Aurillac 90 - Clermont-Ferrand 82 - Condat 24

▲ Les Chalets de l'Eau Verte

(pas d'emplacement tentes et caravanes)

📞 0471787878, www.auvergne-chalets.fr

Pour s'y rendre : Le Jagounet

8 ha peu incliné

Location : (Prix 2017) Permanent ♿ (1 chalet) - 🅿 - 10 🏠 - 3 🛏. Nuitée 42 à 110€ - Sem. 294 à 840€ - frais de réservation 10€

Location 2 nuits minimum hors saison.

Nature : 🌿	
Loisirs : 🏠 🏃 📶 jacuzzi	**GPS** E : 2.63853
Services : 🔑 📶	N : 45.40595
À prox. : 🎣 🛶 🐎	

AUVERGNE

CHÂTELGUYON

63140 - Carte Michelin **326** F7 - 6 223 h. - alt. 430
Paris 411 - Aubusson 93 - Clermont-Ferrand 21 - Gannat 31

Le Ranch des Volcans

04 73 86 02 47, www.ranchdesvolcans.com

Pour s'y rendre : rte de la Piscine (sortie sud-est par D 985, rte de Riom)

Ouverture : de mi-mars à fin oct.

4 ha (285 empl.) plat et peu incliné, herbeux

Empl. camping : (Prix 2017) 27,50€ — (10A) - pers. suppl. 4,50€

Location : (Prix 2017) Permanent - 40 — 3 — 1 tente lodge - 3 tipis - 2 roulottes. Nuitée 64 à 199€ - Sem. 250 à 845€ - frais de réservation 10€

borne artisanale - 21 — 11€ - 11€

En partie ombragé sous les bouleaux avec une décoration sur le thème du ranch américain. Navettes pour le centre thermal.

Nature :
Loisirs :
Services : laverie

GPS E : 3.07732 N : 45.91491

La Croze

04 73 86 08 27, www.campingdelacroze.com

Pour s'y rendre : à St-Hippolyte, rte de Mozac (1 km au sud-est par D 227, rte de Riom)

Ouverture : de déb. avr. à mi-oct.

3,7 ha (98 empl.) en terrasses, peu incliné, plat, herbeux

Empl. camping : (Prix 2017) 17,70€ — (10A) - pers. suppl. 3,80€ - frais de réservation 10€

Location : (Prix 2017) (de déb. avr. à mi-oct.) - (1 chalet) - 17 — 9 . Nuitée 45 à 80€ - Sem. 290 à 560€ - frais de réservation 10€

Navette pour le centre thermal.

Nature :
Loisirs :
Services : laverie

GPS E : 3.06083 N : 45.90589

CHAUDES-AIGUES

15110 - Carte Michelin **330** G5 - 940 h. - alt. 750
Paris 538 - Aurillac 94 - Entraygues-sur-Truyère 62 - Espalion 54

Le Château du Couffour

04 71 23 57 08, www.camping-chaudesaigues.fr - alt. 900

Pour s'y rendre : au stade (2 km au sud par D 921, rte de Laguiole puis chemin à dr.)

Ouverture : de mi-avr. à mi-oct.

2,5 ha (90 empl.) plat, herbeux

Empl. camping : (Prix 2017) 15,80€ — (12A) - pers. suppl. 3€

borne artisanale 2€

Pleine nature, en altitude.

Nature :
Loisirs :
Services :
À prox. : casino

GPS E : 3.00071 N : 44.8449

COURNON-D'AUVERGNE

63800 - Carte Michelin **326** G8 - 19 494 h. - alt. 380
Paris 422 - Clermont-Ferrand 12 - Issoire 31 - Le Mont-Dore 54

Municipal le Pré des Laveuses

04 73 84 81 30, www.cournon-auvergne.fr/camping

Pour s'y rendre : r. des Laveuses (1,5 km à l'est par rte de Billom et rte de la plage à gauche)

5 ha (145 empl.) plat, herbeux, gravier, pierreux

Location : (2 chalets) - 15 — 18 — 12 bungalows toilés.

borne flot bleu - 10

Entre un plan d'eau avec sa plage et l'Allier.

Nature :
Loisirs :
Services : laverie
À prox. :

GPS E : 3.22271 N : 45.74029

Gebruik de gids van het lopende jaar.

COURPIÈRE

63120 - Carte Michelin **326** I8 - 4 514 h. - alt. 320
Paris 399 - Ambert 40 - Clermont-Ferrand 50 - Issoire 53

Municipal les Taillades

04 73 53 01 21, www.ville-courpiere.fr

Pour s'y rendre : Les Taillades (sortie sud par D 906, rte d'Ambert, D 7 à gauche, rte d'Aubusson-d'Auvergne et chemin à dr., à la piscine et près d'un ruisseau)

Ouverture : de mi-juin à fin août

0,5 ha (40 empl.) plat, herbeux

Empl. camping : (Prix 2017) 7€ — (5A) - pers. suppl. 2€

Location : (Prix 2017) (de mi-juin à fin août) - 3 . Nuitée 57 à 67€ - Sem. 327 à 383€ - frais de réservation 10€

Emplacements bien délimités avec accès gratuit à la piscine.

Nature :
Loisirs :
Services :
À prox. :

GPS E : 3.5487 N : 45.75354

DOMPIERRE-SUR-BESBRE

03290 - Carte Michelin **326** J3 - 3 184 h. - alt. 234
Paris 324 - Bourbon-Lancy 19 - Decize 46 - Digoin 27

Municipal Les Bords de Bresbre

04 70 34 55 57, www.mairie-dsb.fr

Pour s'y rendre : La Madeleine (sortie sud-est par N 79, rte de Digoin, près de la Besbre et à prox. d'un étang)

Ouverture : de mi-mai à mi-sept.

2 ha (70 empl.) plat, herbeux

Empl. camping : (Prix 2017) 3,40€ — 2,70€ – (10A) 3€

borne artisanale 2€

Autour du grand stade municipal et à 7 km du parc animalier Le Pal.

Nature :
Loisirs :
Services :

GPS E : 3.68289 N : 46.51373

AUVERGNE

GANNAT

03800 - Carte Michelin **326** G6 - 5 853 h. - alt. 345
▶ Paris 383 - Clermont-Ferrand 49 - Montluçon 78 - Moulins 58

▲ Municipal Le Mont Libre

✆ 04 70 90 12 16, www.camping-gannat.fr

Pour s'y rendre : 10 rte de la Batisse (1 km au sud par N 9 et rte à dr.)

Ouverture : de déb. avr. à fin oct.

1,5 ha (70 empl.) en terrasses, plat, herbeux

Empl. camping : (Prix 2017) 15,40€ ✶✶ 🚗 🏠 (10A) - pers. suppl. 3€

Location : (Prix 2017) (de déb. avr. à fin oct.) - 13 🏠. Sem. 252 à 538€

🚐 borne AireService 4,40€ - 6 🏠 15,20€

Nature : ≤ 🌳 ♀
Loisirs : 🏠 🎠 🏊 (petite piscine)
Services : ⛔ 🚿 laverie
À prox. : ✕

GPS E : 3.19403 N : 46.0916

ISLE-ET-BARDAIS

03360 - Carte Michelin **326** D2 - 275 h. - alt. 285
▶ Paris 280 - Bourges 60 - Cérilly 9 - Montluçon 52

▲ Les Écossais

✆ 04 70 66 62 57, www.campingstroncais.com

Pour s'y rendre : 1 km au sud par rte des Chamignoux

Ouverture : de déb. avr. à mi-oct.

2 ha (70 empl.) peu incliné, plat, herbeux

Empl. camping : (Prix 2017) 14€ ✶✶ 🚗 🏠 (10A) - pers. suppl. 3,15€ - frais de réservation 15€

Location : (Prix 2017) (de déb. avr. à fin oct.) - 2 🏠 - 8 🏠 - 7 gîtes. Nuitée 38 à 70€ - Sem. 149 à 455€ - frais de réservation 15€

Au bord du lac de Pirot et à l'orée de la forêt de Tronçais.

Nature : 🌳 🌳 ♀♀
Loisirs : 🍽 🏠 🎠 ✕ ♠
Services : 📶 laverie
À prox. : 🏖 (plage) 🎣

GPS E : 2.78814 N : 46.68278

ISSOIRE

63500 - Carte Michelin **326** G9 - 13 949 h. - alt. 400
▶ Paris 446 - Aurillac 121 - Clermont-Ferrand 36 - Le Puy-en-Velay 94

▲ Château La Grange Fort

✆ 04 73 71 02 43, www.lagrangefort.eu

Pour s'y rendre : 4 km au sud-est par D 996, rte de la Chaise-Dieu puis à dr, 3 km par D 34, rte d'Auzat-sur-Allier - Par A 75 sortie 13 dir. Parentignat

Ouverture : de déb. avr. à fin oct.

23 ha/4 campables (120 empl.) peu incliné, plat, herbeux, gravier

Empl. camping : (Prix 2017) ✶ 6,25€ 🚗 3,50€ 🏠 14€ – 🏠 (6A) 3,75€ - frais de réservation 17,50€

Location : (Prix 2017) Permanent - 18 🏠 - 9 🏠 - 7 bungalows toilés - 2 tentes lodges - 2 appartements. Nuitée 63 à 145€ - Sem. 265 à 895€ - frais de réservation 17,50€

🚐 borne artisanale - 8 🏠 14€

Autour d'un pittoresque château médiéval avec des emplacements qui dominent la vallée de l'Allier.

Nature : ≤ 🌳 ♀
Loisirs : 🍽 ✕ 🏠 📶 jacuzzi 🎠 🚲 ♠ 🏊
Services : ⛔ 🅿 🏠 ♿ 📶 laverie 🐕
À prox. : ✕

GPS E : 3.28501 N : 45.50859

▲ Municipal du Mas

✆ 04 73 89 03 59, www.camping-issoire.fr

Pour s'y rendre : r. du Dr-Bienfait (2,5 km à l'est par D 9, rte d'Orbeil et à dr., à 50 m d'un plan d'eau et à 300 m de l'Allier, par A 75 sortie 12)

Ouverture : de déb. avr. à déb. nov.

3 ha (148 empl.) plat, herbeux

Empl. camping : (Prix 2017) 21,70€ ✶✶ 🚗 🏠 (10A) - pers. suppl. 5,30€

Location : (Prix 2017) (de déb. avr. à déb. nov.) - ♿ (1 chalet) - 4 🏠 - 6 🏠 - 3 bungalows toilés. Nuitée 36 à 94€ - Sem. 252 à 658€

🚐 borne flot bleu 3,75€

Proche de l'Allier et d'un étang de pêche.

Nature : 🌳 ♀
Loisirs : 🏠 🎠 ♠
Services : ⛔ 🏠 🚿 ♿ 📶 laverie
À prox. : ✕ 🚲 ♠ 🎣 bowling

GPS E : 3.27397 N : 45.55108

LANGEAC

43300 - Carte Michelin **331** C3 - 4 004 h. - alt. 505
▶ Paris 513 - Clermont-Ferrand 97 - Le Puy-en-Velay 44 - Aurillac 134

▲ Les Gorges de l'Allier

✆ 04 71 77 05 01, www.campinglangeac.com

Pour s'y rendre : Domaine Le Pradeau (r. de Lille, au Nord par D 585 rte de Brioude, bord de l'Allier)

14 ha (214 empl.) plat, herbeux

Location : ♿ (2 chalets) - 10 🏠 - 27 🏠.

🚐 borne flot bleu

Nature : 🌳 ≤ ♀
Loisirs : 🍽 ✕ 🏠 📶 salle d'animations 🎠 🏊 ♠ terrain multisports
Services : ⛔ 🏠 ♿ 🚿 📶 laverie
À prox. : 🚣 🚲 ✕ 🎣

GPS E : 3.50069 N : 45.10389

Benutzen Sie den Hotelführer des laufenden Jahres.

LANOBRE

15270 - Carte Michelin **330** D2 - 1 400 h. - alt. 650
▶ Paris 493 - Bort-les-Orgues 7 - La Bourboule 33 - Condat 30

▲ Le Lac de la Siauve

✆ 04 71 40 31 85, www.camping-lac-siauve.fr - alt. 660

Pour s'y rendre : r. du Camping (3 km au sud-ouest par D 922, rte de Bort-les-Orgues et rte à dr., à 200 m du lac (accès direct))

Ouverture : de mi-avr. à mi-sept.

8 ha (220 empl.) en terrasses, plat, herbeux

Empl. camping : (Prix 2017) 23,50€ ✶✶ 🚗 🏠 (16A) - pers. suppl. 5,90€ - frais de réservation 12€

AUVERGNE

Location : (Prix 2017) (de mi-avr. à mi-sept.) - 17 ⛺ - 19 🚐 - 15 tentes lodges. Nuitée 48 à 95€ - Sem. 115 à 655€ - frais de réservation 12€
🚐 borne artisanale 4€

Nature : 🌳 🏞 ❀	
Loisirs : 🍷 🍴 🏠 ☀diurne 🚣 🚲	**GPS** E : 2.50407
Services : 🔌 🚿 🚻 📶 laverie	N : 45.4306
À prox. : 🏖 (plage) base nautique	

LAPALISSE

03120 - Carte Michelin **326** I5 - 3 162 h. - alt. 280
▶ Paris 346 - Digoin 45 - Mâcon 122 - Moulins 50

⚠ Municipal La Route Bleue

📞 04 70 99 26 31, www.lapalisse-tourisme.com
Pour s'y rendre : r. des Vignes (sortie sud-est par N 7)
Ouverture : de fin avr. à mi-oct.
0,8 ha (66 empl.) plat, herbeux
Empl. camping : (Prix 2017) 🚶 2,50€ 🚗 1,85€ 🏕 1,90€ – ⚡ (10A) 2,45€
Location : (Prix 2017) (de fin avr. à mi-oct.) - 🚫 - 2 🚐 - 6 🏠. Nuitée 30 à 60€ - Sem. 120 à 380€
🚐 borne artisanale 3€ - 🚿8€

Au bord de la Besbre avec un chemin piétonnier reliant le centre-ville.

Nature : 🏞 🌳🌳	
Loisirs : 🚣	**GPS** E : 3.6395
Services : 🔌 🚿 🚻 📶 🏪	N : 46.2433
À prox. : 🍴 parcours de santé	

Ne pas confondre :
⚠ ... à ... 🏔 : appréciation **MICHELIN**
et
★ ... à ... ★★★★★ : classement officiel

LAPEYROUSE

63700 - Carte Michelin **326** E5 - 561 h. - alt. 510
▶ Paris 350 - Clermont-Ferrand 74 - Commentry 15 - Montmarault 14

⚠ Municipal les Marins

📞 04 73 52 37 06, www.63lapeyrouse.free.fr
Pour s'y rendre : Étang de La Loge (2 km au sud-est par D 998, rte d'Echassières et D 100 à dr., rte de Durmignat)
Ouverture : de mi-avr. à mi-sept.
2 ha (68 empl.) plat, herbeux
Empl. camping : (Prix 2017) 20,80€ 🚶🚶 🚗 🏕 ⚡ (10A) - pers. suppl. 4,20€
Location : (Prix 2017) Permanent - 6 🏠. Nuitée 100€ - Sem. 220 à 570€

Décoration arbustive des emplacements, près d'un plan d'eau.

Nature : 🏞	
Loisirs : 🏠 🚣 🚴	**GPS** E : 2.8837
Services : 🔌 🚿 📶 🏪	N : 46.22105
À prox. : 🍷 🍴 🏖 (plage)	

LEMPDES-SUR-ALLAGNON

43410 - Carte Michelin **331** B1 - 1 324 h. - alt. 430
▶ Paris 472 - Clermont-Ferrand 56 - Le Puy-en-Velay 73 - Aurillac 102

🏔 Pont d'Allagnon

📞 04 71 76 53 69, www.campingenauvergne.com
Pour s'y rendre : r. René Filiol
Ouverture : Permanent
2 ha (60 empl.) plat, herbeux
Empl. camping : (Prix 2017) 🚗🏕 17,60€ – ⚡ (10A) 3,80€
Location : (Prix 2017) Permanent♿ (1 chalet) - 6 🚐 - 6 🏠 - 3 bungalows toilés. Nuitée 46 à 85€ - Sem. 220 à 543€
🚐 borne eurorelais 2€ - 2 🏕 10,10€

Accès direct au village par une petite passerelle au-dessus de l'Allagnon.

Nature : 🌳 🏞 ❀	
Loisirs : 🍷 🍴 🏠 🚣 🐟 🎣 🚣 location de voitures terrain multisports	**GPS** E : 3.26624
Services : 🔌 🚿 🚻 📶 laverie	N : 45.38697
À prox. : 🏖	

MAURIAC

15200 - Carte Michelin **330** B3 - 3 854 h. - alt. 722
▶ Paris 490 - Aurillac 53 - Le Mont-Dore 77 - Riom-ès-Montagnes 37

🏔 Val St-Jean

📞 04 71 67 31 13, www.tourismevalsaintjean.fr
Pour s'y rendre : base de Loisirs (2,2 km à l'ouest par D 681, rte de Pleaux et D 682 à dr., accès direct à un plan d'eau)
Ouverture : Permanent
3,5 ha (100 empl.) en terrasses, plat, herbeux
Empl. camping : (Prix 2017) 21€ 🚶🚶 🚗 🏕 ⚡ (16A) - pers. suppl. 5,50€
Location : (Prix 2017) Permanent♿ (1 chalet) - 30 🏠 - 5 bungalows toilés - 10 cabanons. Nuitée 30 à 100€ - Sem. 110 à 690€
🚐 borne eurorelais 2€ - 10 🏕 - 🚿12€

Au bord d'un lac, tout proche de la cité historique.

Nature : 🌳 🏞 ❀	
Loisirs : 🏠 ☀diurne 🏃	**GPS** E : 2.31657
Services : 🔌 🚿 🚻 📶 laverie	N : 45.21835
À prox. : 🍷 🍴 🚣 🚴 🐟 🎣 🏖 (plage) 🚣 pédalos	

MAURS

15600 - Carte Michelin **330** B6 - 2 213 h. - alt. 290
▶ Paris 568 - Aurillac 43 - Entraygues-sur-Truyère 50 - Figeac 22

🏔 Municipal Le Vert

📞 04 71 49 04 15, www.campinglevert-maurs.fr
Pour s'y rendre : 21 av. du stade (800 m au sud-est par D 663, rte de Décazeville, au bord de la Rance)
Ouverture : de déb. mai à fin sept.
1,2 ha (44 empl.) plat, herbeux
Empl. camping : (Prix 2017) 🚶 3,50€ 🚗 1,70€ 🏕 6,65€ ⚡ (10A)
Location : (Prix 2017) Permanent - 4 🏠. Sem. 220 à 460€

Nature : 🏞 🌳🌳	
Loisirs : 🏠 🚣🚴	**GPS** E : 2.2064
Services : 🔌 🚿 🚻 📶 🏪	N : 44.70507
À prox. : 🏇	

AUVERGNE

MONISTROL-D'ALLIER

43580 - Carte Michelin **331** D4 - 219 h. - alt. 590
▶ Paris 535 - Brioude 58 - Langogne 56 - Le Puy-en-Velay 28

⚠ Municipal le Vivier

☎ 04 71 57 24 14, www.monistrolallier.com

Pour s'y rendre : au sud, près de l'Allier (accès direct)

Ouverture : de mi-avr. à mi-sept.

1 ha (48 empl.) plat, herbeux, pierreux

Empl. camping : (Prix 2017) 17€ ✶✶ ⛺ 🚗 (6A) - pers. suppl. 5,50€

🚐 borne artisanale

Nature : ⩽ ♀	
Loisirs : 🏠	**GPS** E : 3.65348
Services : ⚡ 🚿 📶	N : 44.96923
À prox. : ✕ 🏊 ⚒ 🎣 🚣 sports en eaux vives	

---

*De categorie (1 tot 5 tenten, in **zwart** of **rood**) die wij aan de geselekteerde terreinen in deze gids toekennen, is onze eigen indeling. Niet te verwarren met de door officiële instanties gebruikte classificatie (1 tot 5 sterren).*

MONTAIGUT-LE-BLANC

63320 - Carte Michelin **326** F9 - 717 h. - alt. 500
▶ Paris 443 - Clermont-Ferrand 33 - Issoire 17 - Pontgibaud 46

⚠ Le Pré

☎ 04 73 96 75 07, www.campinglepre.com

Pour s'y rendre : pl. Amouroux (au bourg)

Ouverture : de mi-avr. à fin sept.

1,5 ha (100 empl.) plat, herbeux

Empl. camping : (Prix 2017) 23€ ✶✶ ⛺ 🚗 (10A) - pers. suppl. 5€ - frais de réservation 8€

Location : (Prix 2017) (de déb. fév. à mi-déc.) ♿ (1 chalet) - 7 🏠. Nuitée 45 à 50€ - Sem. 230 à 620€ - frais de réservation 8€

Au bord de la Couze Chambon avec vue sur le village haut perché.

Nature : ⩽ ♀♀	
Loisirs : 🏠 🏊	**GPS** E : 3.09162
Services : ⚡ 🚿 🛁 📶 laverie réfrigérateurs	N : 45.58482
À prox. : 🏊 ⚒ 🎣	

LE MONT-DORE

63240 - Carte Michelin **326** D9 - 1 391 h. - alt. 1 050 - ⛷ Sports d'hiver : 1 050/1 850 m
▶ Paris 462 - Aubusson 87 - Clermont-Ferrand 43 - Issoire 49

⚠ Municipal l'Esquiladou

☎ 04 73 65 23 74, www.mairie-mont-dore.fr

Pour s'y rendre : à Queureuilh, rte des Cascades (par D 996, rte de Murat-le-Quaire et rte à dr.)

Ouverture : de mi-avr. à mi-nov.

1,8 ha (100 empl.) en terrasses, plat, gravillons

Empl. camping : (Prix 2017) ✶ 4,30€ ⛺ 🚗 6,50€ – ⚡ (16A) 5€

Location : (Prix 2017) (de mi-déc. à mi-nov.) - 17 🏠. Nuitée 60 à 100€ - Sem. 285 à 550€

🚐 borne artisanale

Dans un site montagneux, verdoyant et boisé, proche du centre-ville.

Nature : 🌲 ⩽ 🏔	
Loisirs : 🏠 jacuzzi 🏊 🏊 (petite piscine) (découverte en saison)	**GPS** E : 2.80162
Services : ⚡ 🚿 📶 laverie	N : 45.58706

MURAT-LE-QUAIRE

63150 - Carte Michelin **326** D9 - 476 h. - alt. 1 050
▶ Paris 478 - Clermont-Ferrand 45 - Aurillac 120 - Cournon d'Auvergne 60

⚠ Le Panoramique

☎ 04 73 81 18 79, www.campingpanoramique.fr - peu d'emplacements pour tentes et caravanes

Pour s'y rendre : 1,4 km à l'est par D 219, rte du Mont-Dore et chemin à gauche

Ouverture : de déb. avr. à fin sept.

3 ha (85 empl.) fort dénivelé, en terrasses, plat, herbeux

Empl. camping : (Prix 2017) 23,30€ ✶✶ ⛺ 🚗 (6A) - pers. suppl. 6,50€

Location : (Prix 2017) (de déb. avr. à fin sept.) - 23 🏠 - 20 🏠 - 2 tentes lodges. Nuitée 41 à 119€ - Sem. 219 à 834€

🚐 borne artisanale 4,80€ - 4 ⚡ 18,20€

Belle situation dominante.

Nature : 🌲 ⩽ Les Monts Dore et la vallée	
Loisirs : 🍷 ✕ 🏠 🏊 🏊 mini ferme	**GPS** E : 2.74779
Services : ⚡ 🚿 🛁 📶 laverie	N : 45.596

⚠ Municipal les Couderts

☎ 04 73 65 54 81, www.camping-couderts.e-monsite.com

Pour s'y rendre : Les Couderts (sortie nord, au bord d'un ruisseau)

Ouverture : de mi-mai à mi-oct.

1,7 ha (62 empl.) en terrasses, peu incliné, plat, herbeux

Empl. camping : (Prix 2017) 13,20€ ✶✶ ⛺ 🚗 (10A) - pers. suppl. 3,50€

Location : (Prix 2017) Permanent - 1 🏠 - 6 🏠. Nuitée 60 à 90€ - Sem. 290 à 550€

Belle aire bien aménagée pour campings-cars à 500 m, ouverte à l'année.

Nature : 🌲 ⩽ 🏔 ♀	
Loisirs : 🎣 kota finlandais	**GPS** E : 2.73511
Services : 🚿 🛁 📶 laverie	N : 45.59937
À prox. : 🍷 ✕	

MUROL

63790 - Carte Michelin **326** E9 - 546 h. - alt. 830
▶ Paris 456 - Besse-en-Chandesse 10 - Clermont-Ferrand 37 - Condat 37

⛺ Sunêlia La Ribeyre 👥

© Pommier

☎ 04 73 88 64 29, www.laribeyre.com

Pour s'y rendre : lieu-dit : Jassat (1,2 km au sud, rte de Jassat, au bord d'un ruisseau)

Ouverture : de déb. mai à mi-sept.

13 ha (460 empl.) plat, herbeux, étang

Empl. camping : (Prix 2017) 45,50€ ✶✶ ⛺ 🚗 (10A) - pers. suppl. 8,70€ - frais de réservation 30€

114

AUVERGNE

Location : (Prix 2017) (de déb. mai à mi-sept.) - (1 mobile home) - 110 - 10 cabanons. Nuitée 41 à 234€ - Sem. 287 à 1 638€ - frais de réservation 30€

borne artisanale

Joli parc aquatique et petit plan d'eau pour la baignade et le canoë.

Nature :
Loisirs : jacuzzi (plan d'eau)
Services : laverie
À prox. :

GPS : E : 2.93719 / N : 45.56232

Le Repos du Baladin

04 73 88 61 93, www.camping-auvergne-france.com

Pour s'y rendre : à Groire (1,5 km à l'est par D 146, rte de St-Diéry)
Ouverture : de mi-avr. à mi-sept.

1,6 ha (88 empl.) en terrasses, peu incliné, plat, herbeux, rochers

Empl. camping : (Prix 2017) 26,80€ (10A) - pers. suppl. 5,90€ - frais de réservation 14€
Location : (Prix 2017) (de mi-avr. à mi-sept.) - 26 - 5 . Nuitée 45 à 108€ - Sem. 220 à 750€ - frais de réservation 14€

borne artisanale

Cadre verdoyant avec vue sur le château de Murol pour quelques emplacements.

Nature :
Loisirs :
Services : laverie

GPS : E : 2.95728 / N : 45.57379

Campeurs... N'oubliez pas que le feu est le plus terrible ennemi de la forêt. Soyez prudents !

Les Fougères - Domaine du Marais

04 73 88 67 08, www.camping-auvergne-sancy.com

Pour s'y rendre : au pont du Marais (0,6 km à l'ouest par D 996, rte de Chambon-Lac)
Ouverture : de déb. mai à mi-sept.

4 ha (135 empl.) fort dénivelé, en terrasses, plat, herbeux

Empl. camping : (Prix 2017) 27,40€ (10A) - pers. suppl. 5,50€ - frais de réservation 12€
Location : (Prix 2017) (de déb. avr. à fin oct.) - 30 - 40 - 2 tentes lodges. Nuitée 41 à 165€ - Sem. 226 à 1 135€ - frais de réservation 12€

En deux parties distinctes de chaque côté de la route.

Nature :
Loisirs : jacuzzi
Services : laverie
À prox. : (plage)

GPS : E : 2.93056 / N : 45.57583

NÉBOUZAT

63210 - Carte Michelin **326** E8 - 774 h. - alt. 860
▶ Paris 434 - La Bourboule 34 - Clermont-Ferrand 20 - Pontgibaud 19

Les Dômes

04 73 87 14 06, www.les-domes.com - alt. 815

Pour s'y rendre : Les Quatre Routes de Nébouzat (par D 216, rte de Rochefort-Montagne)

1 ha (62 empl.) plat, herbeux

Location : (1 chalet) - 10 - 5 - 5 bungalows toilés.
borne artisanale - 10

Cadre soigné et verdoyant.

Nature :
Loisirs : (découverte en saison)
Services : laverie
À prox. :

GPS : E : 2.89028 / N : 45.72538

Sunêlia LA RIBEYRE ★★★★★

Lac privé et parc aquatique en pleine nature

Cadre exceptionnel au coeur du Parc Régional des Volcans d'Auvergne

Plage privée avec paddles, canoës et kayaks gratuits.
Parc aquatique avec piscine couverte chauffée, toboggans, balnéo, spa, rivière à courant, lagon et pataugeoire...
Nombreuses animations et club enfant
Randonnées, VTT, beach-volley, football, tennis

Jassat 63790 Murol
Tél : +33 4 73 88 64 29
info@laribeyre.com
www.laribeyre.com

AUVERGNE

NÉRIS-LES-BAINS

03310 - Carte Michelin **326** C5 - 2 705 h. - alt. 364
▶ Paris 336 - Clermont-Ferrand 86 - Montluçon 9 - Moulins 73

Municipal du Lac

☎ 04 70 03 24 70, www.ville-neris-les-bains.fr

Pour s'y rendre : r. Marx-Dormoy (au sud par D 155, rte de Villebret)

Ouverture : de mi-mars à mi-nov.

3,5 ha (129 empl.) en terrasses, plat et peu incliné, herbeux, gravillons

Empl. camping : (Prix 2017) 17,60€ ✶✶ 🚗 🔌 (10A) - pers. suppl. 5€ - frais de réservation 20€

Location : (Prix 2017) Permanent ♿ (1 chalet) - 14 🏠 - 7 appartements. Nuitée 36 à 43€ - Sem. 248 à 300€

🚐 borne flot bleu 8€

En deux parties, haute près de l'accueil et de l'ancienne gare, basse autour du plan d'eau. Tarifs pour les curistes.

Nature : 🌊 🗻 ♨
Loisirs : 🍴 🏛 🎯 🏊
Services : ⚡ 🚿 📶 laverie
À prox. : 🚴 ⛳ 🎾 ⛰ 🏞 parcours de santé

GPS : E : 2.65174 / N : 46.28702

NEUSSARGUES-MOISSAC

15170 - Carte Michelin **330** F4 - 959 h. - alt. 834
▶ Paris 509 - Aurillac 58 - Brioude 49 - Issoire 64

Municipal de la Prade

☎ 04 71 20 50 21, www.neussargues-moissac.fr

Pour s'y rendre : rte de Murat (sortie ouest par D 304, rte de Murat, au bord de l'Alagnon)

2 ha (22 empl.) en terrasses, plat, herbeux, petit bois

Location : 🅿 - 8 🚐 - 6 🏠.

En bordure de rivière.

Nature : 🌊 🗻 ♨
Loisirs : 🏛 🎯
Services : 🔌 🚿 📶 📶

GPS : E : 2.96695 / N : 45.12923

NEUVÉGLISE

15260 - Carte Michelin **330** F5 - 1 130 h. - alt. 938
▶ Paris 528 - Aurillac 78 - Entraygues-sur-Truyère 70 - Espalion 66

Flower Le Belvédère

☎ 04 71 23 50 50, www.campinglebelvedere.com - accès aux emplacements par forte pente, mise en place et sortie des caravanes à la demande - alt. 670

Pour s'y rendre : Lanau (6,5 km au sud par D 48, D 921, rte de Chaudes-Aigues et chemin de Gros à dr.)

Ouverture : de déb. avr. à fin sept.

5 ha (116 empl.) en terrasses, plat, herbeux

Empl. camping : (Prix 2017) 30,50€ ✶✶ 🚗 🔌 (15A) - pers. suppl. 6€ - frais de réservation 10€

Location : (Prix 2017) (de déb. avr. à fin sept.) - 40 🚐 - 12 🏠 - 4 bungalows toilés - 4 tentes lodges. - frais de réservation 13€

Agréable situation dominante.

Nature : ≤ gorges de la Truyère 🗻 ♨
Loisirs : 🍴 🏛 🎯 ⛹ 🏊
Services : ⚡ 🚿 📶 laverie 🧺

GPS : E : 3.00045 / N : 44.89534

NONETTE

63340 - Carte Michelin **326** G10 - 322 h. - alt. 480
▶ Paris 467 - Clermont-Ferrand 51 - Cournon-d'Auvergne 47 - Riom 66

Les Loges

☎ 04 73 71 65 82, www.lesloges.com

Pour s'y rendre : 2 km au sud par D 722, rte du Breuil-sur-Couze puis 1 km par chemin près du pont

Ouverture : de fin avr. à mi-sept.

4 ha (126 empl.) plat, herbeux

Empl. camping : (Prix 2017) 15€ ✶✶ 🚗 🔌 (10A) - pers. suppl. 4,50€ - frais de réservation 6€

Location : (Prix 2017) (de fin avr. à mi-sept.) - 24 🚐. Nuitée 30 à 70€ - Sem. 200 à 600€ - frais de réservation 6€

Beaucoup d'espaces verts pour la détente et des emplacements au bord de l'Allier.

Nature : 🌊 🗻 ♨
Loisirs : 🍴 🏛 🎯 🏊 🚣
Services : ⚡ 🚿 📶 laverie 🧺

GPS : E : 3.27158 / N : 45.47367

ORCET

63670 - Carte Michelin **326** G8 - 2 729 h. - alt. 400
▶ Paris 424 - Billom 16 - Clermont-Ferrand 14 - Issoire 25

Clos Auroy

☎ 04 73 84 26 97, www.camping-le-clos-auroy.com

Pour s'y rendre : 15 r. de la Narse (200 m au sud du bourg, près de l'Auzon)

Ouverture : Permanent

3 ha (82 empl.) terrasse, plat, herbeux, gravillons

Empl. camping : (Prix 2017) ✶ 7,35€ 🚗 16€ – 🔌 (10A) 5,20€ - frais de réservation 20€

Location : (Prix 2017) (de déb. avr. à mi-oct.) - 🏠 - 11 🚐 - 2 tentes lodges. Nuitée 75 à 110€ - Sem. 250 à 800€ - frais de réservation 20€

🚐 borne raclet 3€

Belle délimitation arbustive des emplacements.

Nature : 🗻 ♨
Loisirs : 🍴 🏛 jacuzzi 🎯 🏊 🚣
Services : 🔌 🚿 📶 laverie
À prox. : 🍴

GPS : E : 3.16912 / N : 45.70029

ORLÉAT

63190 - Carte Michelin **326** H7 - 2 010 h. - alt. 380
▶ Paris 440 - Clermont-Ferrand 34 - Roanne 76 - Vichy 38

Le Pont-Astier

☎ 04 73 53 64 40, www.camping-lepont-astier.cm

Pour s'y rendre : base de loisirs (5 km à l'est par D 85, D 224 et chemin à gauche, au bord de la Dore)

Ouverture : de déb. mars à fin nov.

2 ha (90 empl.) plat, herbeux

Empl. camping : (Prix 2017) 17€ ✶✶ 🚗 🔌 (16A) - pers. suppl. 5€ - frais de réservation 8€

Location : (Prix 2017) (de déb. mars à fin nov.) - 6 🚐. Nuitée 60 à 65€ - Sem. 250 à 420€ - frais de réservation 8€

🚐 borne artisanale 2€

AUVERGNE

Quelques emplacements bien délimités surplombent la Dore.

Nature : 🌳 🏕 ♒
Services : 🔑 📶 laverie
À prox. : 🍽 🐴 🏇 🏊 🎣

GPS
E : 3.47664
N : 45.86813

PAULHAGUET

43230 - Carte Michelin **331** D2 - 959 h. - alt. 562
▶ Paris 495 - Brioude 18 - La Chaise-Dieu 24 - Langeac 15

⚠ La Fridière

📞 0471766554, www.campingfr.nl

Pour s'y rendre : 6 rte d'Esfacy (au sud-est par D 4, au bord de la Senoure)

Ouverture : de déb. avr. à fin sept.

3 ha (45 empl.) plat, herbeux

Empl. camping : (Prix 2017) 20€ 👥 🚗 🔲 ⚡ (16A) - pers. suppl. 3,50€

🚐 borne eurorelais

Nature : 🌳 🏕
Loisirs : 🍽 🏇 🏊
Services : 🔑 🚻 ♿ 📶 🛒

GPS
E : 3.52
N : 45.199

PERS

15290 - Carte Michelin **330** B5 - 303 h. - alt. 570
▶ Paris 547 - Argentat 45 - Aurillac 25 - Maurs 24

⛰ Le Viaduc

📞 0471647008, www.camping-cantal.com

Pour s'y rendre : Le Ribeyrès (5 km au nord-est par D 32 et D 61, au bord du lac de St-Etienne-Cantalès)

1 ha (54 empl.) en terrasses, plat, herbeux

Location : 9 🛏 - 1 🏠.

🚐 borne artisanale

Situation agréable.

Nature : 🌳 ⛱ 🏞
Loisirs : 🍽 🏇 🏊 🐠
Services : 🔑 📶 laverie 🔥
À prox. : base nautique

GPS
E : 2.2556
N : 44.90602

PIERREFITTE-SUR-LOIRE

03470 - Carte Michelin **326** J3 - 518 h. - alt. 228
▶ Paris 324 - Bourbon-Lancy 20 - Lapalisse 50 - Moulins 42

⚠ Municipal le Vernay

📞 0470470249, www.pierrefitte03.fr

Pour s'y rendre : Le Vernay (sortie nord-ouest par N 79, rte de Dompierre, D 295 à gauche, rte de Saligny-sur-Roudon puis 900 m par chemin à dr. apr. le pont, à 200 m du canal)

Ouverture : de déb. avr. à mi-oct.

2 ha (52 empl.) plat, herbeux, gravillons

Empl. camping : (Prix 2017) 👥 2,50€ 🚗 🔲 3,50€ – ⚡ (5A) 2€

🚐 borne artisanale

Près d'un plan d'eau, du canal et de la voie verte.

Nature : 🏕
Loisirs : 🚣 pédalos
Services : 🔑 (juil.août) 🛒 📶 🔥
À prox. : 🍽 🐴 🎣 🏊 (plage) 🚴
parcours de santé

GPS
E : 3.80342
N : 46.50857

PONTGIBAUD

63230 - Carte Michelin **326** E8 - 745 h. - alt. 735
▶ Paris 432 - Aubusson 68 - Clermont-Ferrand 23 - Le Mont-Dore 37

⚠ Municipal de la Palle

📞 0473889699, ville-pontgibaud.fr

Pour s'y rendre : rte de la Miouze (500 m au sud-ouest par D 986, rte de Rochefort-Montagne, au bord de la Sioule)

Ouverture : de mi-avr. à fin sept.

4,5 ha (86 empl.) plat, herbeux

Empl. camping : (Prix 2017) 👥 5,20€ 🚗 🔲 5€ – ⚡ (16A) 4,50€

Location : (Prix 2017) (de mi-avr. à fin sept.) - ♿ (1 chalet) - 6 🏠. Nuitée 75 à 120€ - Sem. 280 à 520€

🚐 borne artisanale

Préférer les emplacements les plus éloignés de la route.

Nature : 🌳 🏕 ♒
Loisirs : 🍽 🏇 🏊
Services : 🔑 🚿 📶 laverie
À prox. : 🍽 🍴

GPS
E : 2.84516
N : 45.82982

PUY-GUILLAUME

63290 - Carte Michelin **326** H7 - 2 631 h. - alt. 285
▶ Paris 374 - Clermont-Ferrand 53 - Lezoux 27 - Riom 35

⚠ Municipal de la Dore

📞 0473947851, www.puy-guillaume.fr

Pour s'y rendre : 86 r. Joseph-Claussat (sortie ouest par D 63, rte de Randan et à dr. av. le pont, près de la rivière)

Ouverture : de mi-juin à déb. sept. - 🏕

3 ha (100 empl.) plat, herbeux

Empl. camping : (Prix 2017) 👥 4€ 🚗 🔲 4,80€ – ⚡ (6A) 4€

🚐 borne flot bleu 2€

Préférer les emplacements les plus éloignés de la route.

Nature : ♒
Loisirs : 🍽 🏇 🏊 🐠
Services : 📶

GPS
E : 3.46623
N : 45.96223

ROYAT

63130 - Carte Michelin **326** F8 - 4 431 h. - alt. 450 - ♨
▶ Paris 423 - Aubusson 89 - La Bourboule 47 - Clermont-Ferrand 5

⛰⛰ Huttopia Royat 👥

📞 0473359705, www.huttopia.com

Pour s'y rendre : rte de Gravenoire (2 km au sud-est par D 941c, rte du Mont-Dore et à dr. D 5, rte de Charade)

Ouverture : de fin mars à déb. nov.

7 ha (200 empl.) en terrasses, peu incliné, plat, herbeux, gravillons

Empl. camping : (Prix 2017) 33,80€ 👥 🚗 🔲 ⚡ (10A) - pers. suppl. 6,80€ - frais de réservation 18€

Location : (Prix 2017) (de fin mars à déb. nov.) - 23 🛏 - 6 🏠
- 24 tentes lodges - 8 roulottes. Nuitée 49 à 142€ - Sem. 224 à 994€
- frais de réservation 18€

🚐 borne AireService 7€ - 🚰 30,42€

Agréable cadre verdoyant, ombragé, avec du locatif varié et une partie très tranquille sur le haut du terrain.

Nature : 🌳 🏕 ♒
Loisirs : 🍽 🍴 🏇 🎠 🏊 🚴 🐠 🐎
Services : 🔑 🚻 📶 laverie 🔥

GPS
E : 3.05452
N : 45.75868

AUVERGNE

RUYNES-EN-MARGERIDE

15320 - Carte Michelin 330 H4 - 640 h. - alt. 920

▶ Paris 527 - Clermont-Ferrand 111 - Aurillac 86 - Le Puy-en-Velay 88

⚠ Révéa Le Petit Bois

✆ 0471234226, www.revea-camping.fr/fr/camping-le-petit-bois.html

Pour s'y rendre : lieu-dit : Lesparot (0,5 km au sud-ouest par D 13, rte de Garabit)

Ouverture : de mi-avr. à fin sept.

4 ha (90 empl.) peu incliné, plat, herbeux

Empl. camping : (Prix 2017) 25€ ✶✶ 🚗 🏠 ⚡ (6A) - pers. suppl. 6€ - frais de réservation 10€

Dans une agréable pinède.

Nature : 🌳 ≤ 🌊
Services : ⚿ 📶 laverie
À prox. : 🎯 🍴 🐎 parcours dans les arbres

GPS — E : 3.21898 / N : 44.99899

SAIGNES

15240 - Carte Michelin 330 C2 - 892 h. - alt. 480

▶ Paris 483 - Aurillac 78 - Clermont-Ferrand 91 - Mauriac 26

⚠ Municipal Bellevue

✆ 0471406840, saignes.mairie@wanadoo.fr

Pour s'y rendre : sortie nord-ouest, au stade

Ouverture : de déb. juil. à fin août

1 ha (42 empl.) plat, herbeux

Empl. camping : (Prix 2017) ✶ 2,40€ 🚗 1,30€ 🏠 1,50€ – ⚡ (16A) 2,60€

Location : (Prix 2017) (de déb. juil. à fin août) - 3 🏕. Nuitée 41 à 51€ - Sem. 265 à 330€

Nature : ≤ 🌊 🌳
Loisirs : 🎪 🐎
Services : 🚻 🛒
À prox. : 🍴 🏊

GPS — E : 2.47416 / N : 45.33678

ST-BONNET-TRONÇAIS

03360 - Carte Michelin 326 D3 - 751 h. - alt. 224

▶ Paris 301 - Bourges 57 - Cérilly 12 - Montluçon 44

⛺ Centre de Tourisme de Champ Fossé

✆ 0470061130, www.campingtroncais.com

Pour s'y rendre : pl. du Champ-de-Foire (700 m au sud-ouest)

Ouverture : de déb. avr. à mi-oct.

3 ha (110 empl.) peu incliné, herbeux

Empl. camping : (Prix 2017) 21€ ✶✶ 🚗 🏠 ⚡ (16A) - pers. suppl. 5€ - frais de réservation 15€

Location : (Prix 2017) (de déb. avr. à fin oct.) - 12 🏕 - 10 gîtes. Nuitée 100 à 160€ - Sem. 205 à 540€ - frais de réservation 15€

Belle situation au bord du lac de St-Bonnet et de la petite base de loisirs.

Nature : 🌳 ≤ 🌊
Loisirs : 🍴 🎪 🏊
Services : ⚿ 📶 laverie
À prox. : 🎣 🚲 🎯 🏖 🏊 (plage) 🛶 pédalos

GPS — E : 2.68841 / N : 46.65687

ST-DIDIER-EN-VELAY

43140 - Carte Michelin 331 H2 - 3 313 h. - alt. 830

▶ Paris 538 - Annonay 49 - Monistrol-sur-Loire 11 - Le Puy-en-Velay 58

⚠ La Fressange

✆ 0471662528, www.camping-lafressange.com

Pour s'y rendre : 800 m au sud-est par D 45, rte de St-Romain-Lachalm et à gauche, au bord d'un ruisseau

Ouverture : de déb. avr. à mi-oct.

1,5 ha (72 empl.) peu incliné, herbeux

Empl. camping : (Prix 2017) 25€ ✶✶ 🚗 🏠 ⚡ (15A) - pers. suppl. 4€

Location : (Prix 2017) (de déb. avr. à mi-oct.) - 11 🏠 - 3 tentes lodges. Nuitée 79 à 117€ - Sem. 228 à 522€

Posé à flanc de colline.

Nature : 🌳
Loisirs : 🐎
Services : ⚿ 📶 🛒
À prox. : 🎯 🏊 🛶 parcours sportif

GPS — E : 4.28302 / N : 45.30119

ST-ÉLOY-LES-MINES

63700 - Carte Michelin 326 E6 - 3 703 h. - alt. 490

▶ Paris 358 - Clermont-Ferrand 64 - Guéret 86 - Montluçon 31

⚠ Municipal la Poule d'Eau

✆ 0473854547, www.sainteloylesmines.com

Pour s'y rendre : r. de la Poule-d'Eau (près des plans d'eau)

Ouverture : de déb. juin à fin sept.

1,8 ha (50 empl.) peu incliné, herbeux

Empl. camping : (Prix 2017) 12,10€ ✶✶ 🚗 🏠 ⚡ (10A) - pers. suppl. 2,80€

🚐 borne artisanale 2€ - 10 🏠 8€

Cadre verdoyant au bord de deux plans d'eau.

Nature : ≤ 🌳 🌊 ⛰
Loisirs : 🐎 🎣
Services : ⚿ 🚻 📶 🛒
À prox. : 🍴 🎯 🏊 🛶 (plage) parcours de santé pédalos

GPS — E : 2.83057 / N : 46.15064

ST-GERMAIN-L'HERM

63630 - Carte Michelin 326 I10 - 508 h. - alt. 1 050

▶ Paris 476 - Ambert 27 - Brioude 33 - Clermont-Ferrand 66

⛺ St-Éloy

✆ 0473720513, www.camping-le-saint-eloy.com

Pour s'y rendre : rte de la Chaise-Dieu (sortie sud-est, sur D 999)

Ouverture : de déb. mai à fin sept.

3 ha (63 empl.) en terrasses, plat, herbeux

Empl. camping : (Prix 2017) 21,90€ ✶✶ 🚗 🏠 ⚡ (10A) - pers. suppl. 4,60€

Location : (Prix 2017) Permanent 🏕 (1 chalet) - 4 🏠 - 13 🏡 - 9 cabanons. Nuitée 38 à 125€ - Sem. 105 à 765€

Locatif chalets de bon confort et jolie vue sur le village.

Nature : 🌳 ≤
Loisirs : 🍴 🎪 jacuzzi 🐎 🚲 🏊
Services : ⚿ 🚐 📶 laverie
À prox. : 🎣 🎯 🏊

GPS — E : 3.54781 / N : 45.45653

AUVERGNE

ST-GÉRONS

15150 - Carte Michelin **330** B5 - 209 h. - alt. 526
▶ Paris 538 - Argentat 35 - Aurillac 24 - Maurs 33

▲ Les Rives du Lac

☏ 06 25 34 62 89, www.lesrivesdulac.fr

Pour s'y rendre : 8,5 km au sud-est par rte d'Espinet, à 300 m du lac de St-Étienne-Cantalès

Ouverture : de déb. avr. à mi-nov.

3 ha (100 empl.) peu incliné, plat, herbeux

Empl. camping : (Prix 2017) 22 € ✶✶ ⇌ 🏠 🔌 (10A) - pers. suppl. 5 € - frais de réservation 10 €

Location : (Prix 2017) (de déb. avr. à mi-nov.) - 10 🚐 - 2 cabanons. Nuitée 50 à 74 € - Sem. 220 à 570 € - frais de réservation 16 €

🚐 borne artisanale - 5 🏠 10 €

Dans un site agréable.

Nature : 🌳 ⇌ ≈	G
Loisirs : 🍸 ♣ 🎣	P E : 2.23057
Services : 🔑 👤 📶 laverie 🧊	S N : 44.93523
À prox. : ✖ ✂ 🍴 (plage) 🏊	

En juin et septembre les campings sont plus calmes, moins fréquentés et pratiquent souvent des tarifs « hors saison ».

ST-GERVAIS-D'AUVERGNE

63390 - Carte Michelin **326** D6 - 1 304 h. - alt. 725
▶ Paris 377 - Aubusson 72 - Clermont-Ferrand 55 - Gannat 41

▲ Municipal de l'Étang Philippe

☏ 04 73 85 74 84, www.camping-loisir.com

Pour s'y rendre : à Mazières (sortie nord par D 987, rte de St-Éloy-les-Mines, près d'un plan d'eau)

Ouverture : de déb. avr. à fin sept.

3 ha (130 empl.) plat et peu incliné, herbeux

Empl. camping : (Prix 2017) 11 € ✶✶ ⇌ 🏠 🔌 (10A) - pers. suppl. 1,50 € - frais de réservation 20 €

Location : (Prix 2017) Permanent ♿ (1 chalet) - 11 🏠.

🚐 borne flot bleu 2 €

Locatif chalets de bon confort avec une jolie vue sur le lac.

Nature : 🌳 ⇌ ≈ ▲	G
Loisirs : 🎣	P E : 2.81804
Services : 🔑 👤 📶 🧊	S N : 46.03688
À prox. : 🚴 ✖ ✂ 🍴 (plage) 🏊 parcours de santé, skate parc	

ST-JACQUES-DES-BLATS

15800 - Carte Michelin **330** E4 - 325 h. - alt. 990
▶ Paris 536 - Aurillac 32 - Brioude 76 - Issoire 91

▲ des Blats

☏ 06 01 01 62 43, www.camping-des-blats.fr

Pour s'y rendre : à l'est du bourg par rte de Nierevèze, bord de la Cère

1,5 ha (50 empl.) plat, herbeux

Location : ♿ (1 chalet) - 4 🏠 - 1 tente lodge - 1 roulotte - 1 cabane perchée - 1 Tonneau - 1 Kota.

Emplacements bien ombragés et quelques locatifs insolites.

Nature : ⇌ ≈	G
Loisirs : 🍸 ✖ 🏛 🎣 🚴	P E : 2.71345
Services : 🔑 👤 📶 laverie	S N : 45.05182
À prox. : ✂ 🍴	

ST-JUST

15320 - Carte Michelin **330** H5 - 206 h. - alt. 950
▶ Paris 531 - Chaudes-Aigues 29 - Ruynes-en-Margeride 22 - St-Chély-d'Apcher 16

▲ Municipal

☏ 04 71 73 70 11, www.valdarcomie.fr

Pour s'y rendre : au Bourg (au sud-est, au bord d'un ruisseau - par A 75 : sortie 31 ou 32)

Ouverture : de déb. mai à fin sept.

2 ha (60 empl.) plat et peu incliné

Empl. camping : (Prix 2017) 12,50 € ✶✶ ⇌ 🏠 🔌 (10A) - pers. suppl. 2,20 €

Location : (Prix 2017) Permanent ♿ (1 mobile home) - 6 🚐 - 5 🏠 - 7 gîtes. Nuitée 63 à 86 € - Sem. 167 à 475 €

🚐 borne AireService 2 € - 6 🏠 10,20 € - 🏠 9,90 €

En pleine montagne, terrain traversé par un ruisseau.

Nature : 🌳 🎣	G
Loisirs : 🏛	P E : 3.20938
Services : 🔑 📶 laverie	S N : 44.88993
À prox. : 🧊 🍸 ✖ ✂ 🍴 🏊	

Avant de vous installer, consultez les tarifs en cours, affichés obligatoirement à l'entrée du terrain, et renseignez-vous sur les conditions particulières de séjour. Les indications portées dans le guide ont pu être modifiées depuis la mise à jour.

ST-MARTIN-CANTALES

15140 - Carte Michelin **330** B4 - 177 h. - alt. 630
▶ Paris 546 - Clermont-Ferrand 135 - Le Puy-en-Velay 180 - Aurillac 34

▲ Pont du Rouffet

☏ 04 71 69 42 76, www.campingpontdurouffet.com

Pour s'y rendre : Pont du Rouffet (6,5 km au sud-ouest par D 6 et D 42 à dr., bord du lac d'Enchanet)

Ouverture : de déb. mai à mi-sept.

1 ha (30 empl.) en terrasses, plat, herbeux

Empl. camping : (Prix 2017) 20,25 € ✶✶ ⇌ 🏠 🔌 (6A) - pers. suppl. 4,75 €

Location : (Prix 2017) (de déb. mai à mi-sept.) - ✂ - 4 🚐. Sem. 285 à 425 €

Nature : 🌳 ⇌ ≈	G
Loisirs : 🏛 ≈ 🏊	P E : 2.2585
Services : 🔑 👤 📶 réfrigérateurs	S N : 45.072

119

AUVERGNE

ST-MARTIN-VALMEROUX

15140 - Carte Michelin **330** C4 - 856 h. - alt. 646
▶ Paris 510 - Aurillac 33 - Mauriac 21 - Murat 53

⚠ Municipal Le Moulin du Teinturier

📞 04 71 69 43 12, mairie.saint-martin-valmeroux@wanadoo.fr

Pour s'y rendre : 9 r. de Montjoly (sortie ouest, sur D 37, rte de Ste-Eulalie-Nozières, au bord de la Maronne)

Ouverture : de mi-juin à mi-sept.

3 ha (100 empl.) plat, herbeux

Empl. camping : (Prix 2017) 17,30€ ★★ ⇔ 🅴 [🖥] (16A) - pers. suppl. 3,50€

Location : (Prix 2017) Permanent - 20 🏠. Nuitée 65 à 145€ - Sem. 230 à 510€

🚐 borne eurorelais

Nature : ≤ 🌳 🌴
Loisirs : 🐎 ⛵ 🎣
Services : 🔑 👤 📶 📦
À prox. : ✂ 🏊 🛶

ST-NECTAIRE

63710 - Carte Michelin **326** E9 - 732 h. - alt. 700 - 💧
▶ Paris 453 - Clermont-Ferrand 43 - Issoire 27 - Le Mont-Dore 24

⚠ Flower La Vallée Verte

📞 04 73 88 52 68, www.valleeverte.com 🌐

Pour s'y rendre : rte des Granges (1,5 km au sud-est par D 996 et rte à droite)

Ouverture : de mi-avr. à mi-sept.

2,5 ha (91 empl.) en terrasses, plat, herbeux

Empl. camping : (Prix 2017) 26€ ★★ ⇔ 🅴 [🖥] (10A) - pers. suppl. 7€ - frais de réservation 9,50€

Location : (Prix 2017) (de mi-avr. à mi-sept.) - 🎣 - 9 🏕 - 5 🏠. Nuitée 32 à 65€ - Sem. 210 à 860€ - frais de réservation 9,50€

🚐 borne artisanale 5€ - 🚐 13€

Près d'un ruisseau avec vue sur les alentours.

Nature : 🌳 🌴 🌴
Loisirs : 🍽 🏊 🎣 🛝
Services : 🔑 👤 📶 laverie 📦
À prox. : 🛶

GPS : E : 3.0008 / N : 45.575

⚠ Le Viginet

📞 04 73 88 53 80, www.camping-viginet.com

Pour s'y rendre : sortie sud-est par D 996 puis 600 m par chemin à gauche (face au garage Ford)

Ouverture : de déb. avr. à fin sept.

2 ha (90 empl.) en terrasses, peu incliné, plat, herbeux, pierreux

Empl. camping : (Prix 2017) 23,70€ ★★ ⇔ 🅴 [🖥] (10A) - pers. suppl. 5,60€ - frais de réservation 7€

Location : (Prix 2017) (de déb. avr. à fin sept.) - ♿ (1 chalet) - 12 🏠 - 14 cabanons. Nuitée 50 à 160€ - Sem. 150 à 895€ - frais de réservation 7€

🚐 borne artisanale 4€

Situation dominante avec vue sur la vallée pour certains chalets ou emplacements en sous-bois.

Nature : 🌊 ≤ 🌳 🌴 🌴
Loisirs : 🏊 🎣 (petite piscine)
Services : 🔑 👤 📶 📦 🚿 réfrigérateurs
À prox. : ✂ 🏃 parcours de santé

GPS : E : 3.00269 / N : 45.57945

⚠ La Clé des Champs

📞 04 73 88 52 33, www.campingcledeschamps.com

Pour s'y rendre : sortie sud-est par D 996 et D 642, rte des Granges, au bord d'un ruisseau et à 200 m de la Couze de Chambon

Ouverture : de déb. avr. à fin sept.

1 ha (64 empl.) en terrasses, plat, herbeux

Empl. camping : (Prix 2017) 25,50€ ★★ ⇔ 🅴 [🖥] (6A) - pers. suppl. 7€ - frais de réservation 9,50€

Location : (Prix 2017) Permanent - 20 🏕 - 9 🏠 - 3 cabanons. Nuitée 28 à 138€ - Sem. 160 à 960€ - frais de réservation 9,50€

🚐 borne eurorelais 4,50€ - 10 🅴 12€ - 🚰 12€

Locatif chalets de bon confort.

Nature : 🌳 🌴 🌴
Loisirs : 🍽 ✂ 🏊 🎣 🛝
Services : 🔑 👤 📶 laverie 📦

GPS : E : 2.99934 / N : 45.57602

ST-PAULIEN

43350 - Carte Michelin **331** E3 - 2 398 h. - alt. 795
▶ Paris 529 - La Chaise-Dieu 28 - Craponne-sur-Arzon 25 - Le Puy-en-Velay 14

⚠ Flower La Rochelambert

📞 04 71 00 54 02, www.camping-rochelambert.com

Pour s'y rendre : rte de Lanthenas (2,7 km au sud-ouest par D 13, rte d'Allègre et D 25 à gauche, rte de Loudes, près de la Borne (accès direct))

Ouverture : de déb. avr. à fin sept.

3 ha (100 empl.) plat, herbeux

Empl. camping : (Prix 2017) 24,50€ ★★ ⇔ 🅴 [🖥] (16A) - pers. suppl. 5€ - frais de réservation 15€

Location : (Prix 2017) (de déb. avr. à fin sept.) - 12 🏠 - 3 chalets sur pilotis - 2 bungalows toilés - 2 roulottes - 9 cabanons. Nuitée 33 à 106€ - Sem. 155 à 742€ - frais de réservation 15€

🚐 borne Urbaflux 3€

Nature : 🌳 🌴 🌴
Loisirs : 🍽 ✂ 🐎 🏊 🎣 🛝
Services : 🔑 👤 📶 laverie

GPS : E : 3.81192 / N : 45.13547

Dans notre guide, les indications d'accès à un terrain sont généralement indiquées à partir du centre de la localité.

ST-RÉMY-SUR-DUROLLE

63550 - Carte Michelin **326** I7 - 1 847 h. - alt. 620
▶ Paris 395 - Chabreloche 13 - Clermont-Ferrand 55 - Thiers 7

⚠ Révéa Les Chanterelles

📞 04 73 94 31 71, www.camping-lac.fr

Pour s'y rendre : 3 km au nord-est par D 201 et chemin à dr. - par A 72 : sortie 3

Ouverture : de mi-avr. à mi-oct.

5 ha (150 empl.) en terrasses, fort dénivelé, peu incliné, plat, herbeux

Empl. camping : (Prix 2017) 20,60€ ★★ ⇔ 🅴 [🖥] (10A) - pers. suppl. 4,10€

Location : (Prix 2017) Permanent - 8 🏠 - 7 bungalows toilés - 5 tentes lodges - 2 tentes sur pilotis. Nuitée 50 à 75€ - Sem. 150 à 620€

🚐 borne artisanale - 4 🅴 17€

AUVERGNE

Situation agréable de moyenne montagne à proximité d'un plan d'eau.

Nature : ! ≤ ♀
Loisirs :
Services :
Au plan d'eau : (plage) squash

GPS E : 3.59918
N : 45.90308

STE-SIGOLÈNE

43600 - Carte Michelin **331** H2 - 5 900 h. - alt. 808
▶ Paris 551 - Annonay 50 - Monistrol-sur-Loire 8 - Montfaucon-en-Velay 14

▲▲▲ Sites et Paysages Vaubarlet ♀♣

☎ 04 71 66 64 95, www.vaubarlet.com - alt. 600
Pour s'y rendre : 6 km au sud-ouest par D 43, rte de Grazac
Ouverture : de fin avr. à fin sept.
15 ha/3 campables (131 empl.) plat, herbeux
Empl. camping : (Prix 2017) 32 € ✶✶ 🚗 🔌 (16A) - pers. suppl. 3 €
- frais de réservation 15 €
Location : (Prix 2017) (de fin avr. à fin sept.) - ♿ (2 chalets)
- 18 🏠 - 5 🏡 - 10 tentes lodges - 1 roulotte - 3 cabanes perchées. Nuitée 50 à 125 € - Sem. 250 à 875 € - frais de réservation 30 €
🚐 borne artisanale 16 €
Dans une vallée verdoyante traversée par la Dunière.

Nature : ≤ ♀
Loisirs : ♀ ✗ diurne 🚴
Services : – 2 sanitaires individuels
(🚿 wc) 🛜 laverie

GPS E : 4.21254
N : 45.21634

SAUGUES

43170 - Carte Michelin **331** D4 - 1 873 h. - alt. 960
▶ Paris 529 - Brioude 51 - Mende 72 - Le Puy-en-Velay 43

▲▲▲ Municipal Sporting de la Seuge

☎ 04 71 77 80 62, www.saugues.fr/tourisme/hebergements/camping
Pour s'y rendre : av. du Gévaudan (sortie ouest par D 589, rte du Malzieu-Ville et à dr., au bord de la Seuge et près de deux plans d'eau et d'une pinède)
3 ha (92 empl.) plat, herbeux
Location : 15 🏠 - 5 🏡 - 1 Gîte d'étape (15 lits).
🚐 borne artisanale - 3 ⛳
Plan d'eau biologique.

Nature : ≤ ♀
Loisirs : salle d'animations (plan d'eau) terrain multisports
Services : laverie
À prox. : parcours sportif pédalos

GPS E : 3.54073
N : 44.95818

SINGLES

63690 - Carte Michelin **326** C9 - 170 h. - alt. 737
▶ Paris 484 - Bort-les-Orgues 27 - La Bourboule 23 - Bourg-Lastic 20

▲▲▲ Le Moulin de Serre ♣

☎ 04 73 21 16 06, www.moulindeserre.com
Pour s'y rendre : 1,7 km au sud de la Guinguette, par D 73, rte de Bort-les-Orgues, au bord de la Burande
Ouverture : de déb. avr. à mi-sept.
7 ha/2,6 campables (99 empl.) plat, herbeux
Empl. camping : (Prix 2017) 26,30 € ✶✶ 🚗 🔌 (10A) - pers. suppl. 5,20 € - frais de réservation 15 €
Location : (Prix 2017) (de déb. avr. à mi-sept.) - ♿ (1 mobile home) - 25 🏠 - 12 bungalows toilés - 3 tentes lodges. Nuitée 39 à 86 € - Sem. 189 à 889 € - frais de réservation 15 €
🚐 borne artisanale 4 € - 10 ⛳ 5 €
Cadre verdoyant au fond de la vallée, au bord d'une petite rivière.

Nature : ♀ ≤ ♀
Loisirs : ♀ ✗ jacuzzi 🚴
Services : 🔑 laverie

GPS E : 2.54235
N : 45.54357

TAUVES

63690 - Carte Michelin **326** C9 - 768 h. - alt. 820
▶ Paris 474 - Bort-les-Orgues 27 - La Bourboule 13 - Bourg-Lastic 29

▲▲▲ Aquadis Loisirs Les Aurandeix

☎ 04 73 21 14 06, www.aquadis-loisirs.com/camping-puy-de-dome-les-aurandeix
Pour s'y rendre : au stade (à l'est du bourg)
Ouverture : de déb. avr. à fin sept.
2 ha (50 empl.) en terrasses, peu incliné, plat, herbeux
Empl. camping : (Prix 2017) 18,50 € ✶✶ 🚗 🔌 (10A) - pers. suppl. 4,60 € - frais de réservation 10 €
Location : (Prix 2017) (de déb. avr. à fin sept.) - 7 🏠 - 12 cabanons. Nuitée 28 à 64 € - Sem. 109 à 569 € - frais de réservation 10 €
🚐 borne artisanale
Emplacements et locatif en terrasses dominant la piscine.

Nature : ♀
Loisirs : terrain multisports
Services : laverie
À prox. : parcours de santé

GPS E : 2.62473
N : 45.56101

TREIGNAT

03380 - Carte Michelin **326** B4 - 443 h. - alt. 450
▶ Paris 342 - Boussac 11 - Culan 27 - Gouzon 25

▲ Municipal d'Herculat

☎ 04 70 07 03 89, treignat-allier.weebly.com
Pour s'y rendre : 2,3 km au nord-est, accès par chemin à gauche, apr. l'église
Ouverture : de fin avr. à fin sept.
1,6 ha (35 empl.) non clos, peu incliné à incliné, plat, herbeux
Empl. camping : (Prix 2017) 7 € ✶✶ 🚗 🔌 (6A) - pers. suppl. 2 €
Location : (Prix 2017) (de fin avr. à fin sept.) - 6 🏠. Nuitée 35 € - Sem. 150 à 200 €
Situation agréable au bord d'un grand étang.

Nature : ♀
Loisirs :
Services :

GPS E : 2.3673
N : 46.35611

To select the best route and follow it with ease,
To calculate distances,
To position a site precisely from details given in the text :
Get the appropriate MICHELIN regional map.

AUVERGNE

VIC-SUR-CÈRE

15800 - Carte Michelin **330** D5 - 1 988 h. - alt. 678
▶ Paris 549 - Aurillac 19 - Murat 29

▲▲ Sites et Paysages La Pommeraie

📞 04 71 47 54 18, www.camping-auvergne-cantal.com - alt. 750

Pour s'y rendre : lieu-dit : Daïsses (2,5 km au sud-est par D 54, D 154 et chemin à dr.)

Ouverture : de déb. mai à mi-sept.

2,8 ha (100 empl.) en terrasses, plat, herbeux

Empl. camping : (Prix 2017) 32€ ♦♦ 🚗 🅿 ⚡ (10A) - pers. suppl. 7 € - frais de réservation 19€

Location : (Prix 2017) (de déb. mai à déb. sept.) - 43 🏠 - 3 tentes lodges - 4 cabanons. Nuitée 50 à 150€ - Sem. 258 à 1 050€ - frais de réservation 19€

🚐 borne artisanale - 10 🅿 20€ - 🚐 ⚡15€

Belle situation dominante.

Nature : 🌳 ≤ les monts, la vallée et la ville 🏕 ♀
Loisirs : 🍴 ✕ 🏠 🛝 nocturne ♣ 🎣 🏖 🛶 sentiers pédestres
Services : 🔑 🚽 🚿 🛁 📶 laverie 🧺
GPS : E : 2.63307 N : 44.9711

▲ Municipal Vic'Nature

📞 04 71 47 51 75, www.vicsurcere.fr

Pour s'y rendre : rte de Salvanhac (au bord de la Cère)

Ouverture : de déb. juil. à fin août - 🍴

3 ha (200 empl.) plat, herbeux

Empl. camping : (Prix 2017) ♦ 9,10€ 🚗 🅿 – ⚡ (16A) 8,50€

Nature : ≤ ♀ ♀
Loisirs : 🏠 🎣
Services : 📧 🚻 laverie
À prox. : 🛶 ✕ 🚣 🛝 🎿
GPS : E : 2.62492 N : 44.97986

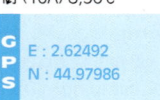

VOLVIC

63530 - Carte Michelin **326** F7 - 4 409 h. - alt. 510
▶ Paris 419 - Clermont-Ferrand 14 - Moulins 99 - Saint-Étienne 160

▲ Municipal Volvic Pierre et Sources

📞 04 73 33 50 16, www.camping-volvic.com

Pour s'y rendre : r. de Chancelas (à la sortie du bourg, rte de Châtel-Guyon)

Ouverture : de déb. mai à fin sept.

2 ha (68 empl.) peu incliné, plat, herbeux

Empl. camping : (Prix 2017) 20€ ♦♦ 🚗 🅿 ⚡ (16A) - pers. suppl. 3,50€

Location : (Prix 2017) Permanent ♿ (1 chalet) - 10 🏠. Nuitée 65 à 95€ - Sem. 260 à 570€

🚐 borne AireService 2€ - 5 🅿 - 🚐 ⚡18€

Emplacements bien délimités avec vue sur le château de Tournoël.

Nature : 🏕
Loisirs : 🏠
Services : 🔑 🚽 🚿 🛁 📶 laverie
À prox. : 🏊 ✕ terrain multisports
GPS : E : 3.04685 N : 45.87234

VOREY

43800 - Carte Michelin **331** F2 - 1 428 h. - alt. 540
▶ Paris 544 - Ambert 53 - Craponne-sur-Arzon 18 - Le Puy en Velay 23

▲▲ Pra de Mars

📞 04 71 03 40 86, www.leprademars.com

Pour s'y rendre : le Chambon-de-Vorey

Ouverture : de mi-avr. à mi-oct.

3,6 ha (100 empl.) plat, herbeux

Empl. camping : (Prix 2017) 22€ ♦♦ 🚗 🅿 ⚡ (5A) - pers. suppl. 4€

Location : (Prix 2017) (de mi-avr. à mi-oct.) - 6 🏠. Nuitée 43 à 68€ - Sem. 250 à 520€

🚐 borne artisanale 6€

Nature : 🌳 🏕 ♀ ♀
Loisirs : 🍴 ✕ 🏠 🛝 ♣ 🎣 ✂ 🛶 🎿
Services : 🔑 🚗 🚿 🛁 📶 laverie 🧺
À prox. : 🛶
GPS : E : 3.9429 N : 45.20352

▲▲ Les Moulettes

📞 04 71 03 70 48, www.camping-les-moulettes.fr

Pour s'y rendre : chemin de Félines (à l'ouest du centre bourg, au bord de l'Arzon)

Ouverture : de déb. mai à mi-sept.

1,3 ha (45 empl.) plat, herbeux

Empl. camping : (Prix 2017) ♦ 7€ 🚗 🅿 11 € – ⚡ (10A) 4€ - frais de réservation 10€

Location : (Prix 2017) (de déb. mai à fin sept.) - ✂ - 6 🏠 - 6 🏘. Nuitée 45 à 90€ - Sem. 250 à 620€ - frais de réservation 10€

🚐 borne artisanale 2€ - 5 🅿 2€

Nature : 🌳 🏕 ♀ ♀
Loisirs : 🍴 ✕ 🏠 🛝 🎿
Services : 🔑 🚗 🚿 🛁 📶 🧊
À prox. : ✂ 🛶
GPS : E : 3.90363 N : 45.18637

122

BOURGOGNE

🇫🇷 Découvrir la Bourgogne c'est un peu se transporter, avec une machine à remonter le temps, à l'époque des grands-ducs d'Occident. Nés de leur goût d'absolu, nobles châteaux et riches abbayes témoignent d'un passé où grandiloquence rimait avec prestige. Qui oserait leur reprocher cette folie des grandeurs après avoir visité Dijon, cité d'art par excellence ? Et comment leur contester le titre de « princes des meilleurs vins de la chrétienté » lorsque des légions de gourmets sillonnent la Côte d'Or pour explorer ses caves, antres capiteux où mûrissent des crus d'exception ? Les ripailles se poursuivent autour de moelleuses gougères, d'un odorant époisses ou d'un délicieux pain d'épice. Après ces péchés gourmands, un retour à des plaisirs plus sages s'impose, telle une promenade en péniche au fil des canaux.

🇬🇧 A visit to Burgundy takes travellers back through time to an era when its mighty Dukes rivalled even the kings of France; stately castles and rich abbeys still bear witness to a golden age of ostentation and prestige. As we look back now, it is difficult to reproach them for the flamboyance which has made Dijon a world-renowned city of art. And who would dispute Burgundy's claim to the "best wines in Christendom« when wine-lovers still flock to the region in search of the finest vintages? A dedication to time-honoured traditions also rules the region's cuisine, from strongsmelling époisses cheese to gingerbread dripping with honey. After such extravagant pleasures, what could be better than a barge trip down the region's canals and rivers to digest in peace amid unspoilt countryside?

Localité citée avec camping
Localité citée avec camping et locatif
Vannes
Localité disposant d'un camping avec aire de services camping-car
Moyaux
Localité disposant d'au moins un terrain agréable
Aire de service pour camping-car sur autoroute
MARNE
AUBE
HAUTE-MARNE
YONNE
CÔTE-D'OR
NIÈVRE
SAÔNE-ET-LOIRE
ALLIER
RHÔNE
AIN
Jablines
Pommeuse
Tournan-en-Brie
Revigny-s-Ornain
Commercy
Bar-le-Duc
Vitry-le-François
SOMMESOUS
St-Dizier
Éclaron
Lac du Der-Chantecoq
Braucourt
Giffaumont-Champaubert
Thonnance-les-Moulins
Nogent-sur-Seine
Soulaines-Dhuys
Radonvilliers
Dienville
Neufchâteau
TROYES
TROYES-LE PLESSIS
Lac de la Ft d'Orient
Mesnil-St-Père
Bar-s-Aube
Bourg-Ste-Marie
LES JONCHETS-LA GRANDE-PAROISSE
Sens
VILLEROY
VILLENEUVE-L'ARCHEVÊQUE
TROYES-FRESNOY-LE-CHÂTEAU
Eaux-Puiseaux
CHÂTEAUVILLAIN-ORGES
Chaumont
Ervy-le-Châtel
Montigny-le-Roi
MONTIGNY-LE-ROI
Migennes
Bannes
Langres
Ligny-le-Châtel
Tonnerre
Chablis
Châtillon-s-Seine
LANGRES-PERROGNEY
LANGRES-NOIDANT
Longeau
Auxerre
Villegusien
Vincelles
Vermenton
Montbard
St-Sauveur-en-Puisaye
l'Isle-s-Serein
Venarey-les-Laumes
Andryes
Asquins
Avallon
DIJON-BROGNON
LA CHAPONNE
Cosne-Cours-sur-Loire
Clamecy
Varzy
Lormes
LE CHIEN BLANC
LES LOCHÈRES
DIJON
Saulieu
GEVREY-CHAMBERTIN
PONT-VAL DE SAÔNE
Vandenesse-en-Auxois
PONT-CHÊNE-D'ARGENT
Prémery
Crux-la-Ville
les Settons
Montigny-en-Morvan
Arnay-le-Duc
LE CREUX-MOREAU
Dole
la Charité-sur-Loire
Savigny-lès-Beaune
St-Péreuse
Beaune
Vignoles
BEAUNE-TAILLY
BEAUNE-MERCEUIL
Nevers
St-Léger-de-Fougeret
Épinac
Meursault
Guerche-s-l'Aubois
Nolay
Autun
Santenay
St-Honoré-les-Bains
Chagny
Luzy
CHALON-S-SAÔNE
St-Germain-du-Bois
Bessais-le-Fromental
LA FERTÉ
ST-AMBREUIL
Lons-le-Saunier
Isle-et-Bardais
Issy-l'Evêque
Gigny-s-S.
Laives
St-Bonnet-Tronçais
Gueugnon
Louhans-Châteaurenaud
Bourbon-Lancy
Tournus
Moulins
Dompierre-s-Besbre
Salornay-s-Guye
Cormatin
Palinges
POULET DE BRESSE
Pierrefitte-s-Loire
Digoin
MÂCON-ST ALBAIN
Pont-de-Vaux
L'ALLIER-SAULZET
Paray-le-Monial
Charolles
Cluny
Montrevel-en-Bresse
Dompierre-les-Ormes
St-Point
L'ALLIER-DOYET
Chambilly
Matour
Mâcon
Crêches-s-Saône
Cormoranche-s-Saône
Lapalisse
Chauffailles
Fleurie
Hautecourt
Lapeyrouse
Vichy
La Pacaudière
Belmont-de-la-Loire
Poule-les-Écharmeaux
DRACÉ
Châtillon-s-Chalaronne
Abrest
Pouilly-s/s-Charlieu
Gannat
Bellerive-sur-Allier
Cublize
Villefranche-s-Saône
Villars-les-Dombes
Roanne
Trévoux
MANZAT
Puy-Guillaume
St-Rémy-s-Durolle
Cordelle
LA LOIRE
Châtelguyon
HAUT-FOREZ NORD
St-Paul-de-Vézelin
Anse
Volvic
Orléat

BOURGOGNE

ANDRYES

89480 - Carte Michelin **319** D5 - 471 h. - alt. 162
▶ Paris 204 - Auxerre 39 - Avallon 44 - Clamecy 10

⛰ Sites et Paysages Au Bois Joli

☎ 03 86 81 70 48, www.campingauboisjoli.fr

Pour s'y rendre : 2 rte de Villeprenoy (800 m au sud-ouest)
Ouverture : de déb. avr. à fin sept.
5 ha (100 empl.) incliné, plat, herbeux
Empl. camping : (Prix 2017) 31,50 € ★★ 🚗 🏠 ⚡ (10A) - pers. suppl. 6 € - frais de réservation 10 €
Location : (Prix 2017) (de déb. avr. à mi-oct.) - 🚐 - 5 🏠 - 1 🏡 - 2 tentes lodges. Sem. 350 à 875 € - frais de réservation 10 €
🚰 borne artisanale 5 € - 🚐 11 €
Cadre boisé.

Nature : 🌳 ♤♤
Loisirs : 🏠 🏊 🚴 🛶
Services : 🔑 🏪 🏕 🚿 📶 🛒
À prox. : ✖ ⚒

GPS : E : 3.47969 N : 47.51655

ARNAY-LE-DUC

21230 - Carte Michelin **320** G7 - 1 674 h. - alt. 375
▶ Paris 285 - Autun 28 - Beaune 36 - Chagny 38

⛰ L'Étang de Fouché

☎ 03 80 90 02 23, www.campingfouche.com/

Pour s'y rendre : r. du 8-Mai-1945 (700 m à l'est par D 17c, rte de Longecourt)
Ouverture : de déb. avr. à mi-oct.
8 ha (209 empl.) plat, herbeux
Empl. camping : (Prix 2017) 31 € ★★ 🚗 🏠 ⚡ (10A) - pers. suppl. 7,50 € - frais de réservation 15 €
Location : (Prix 2017) (de déb. avr. à mi-oct.) - 20 🏠 - 19 🏡 - 9 tentes lodges - 4 roulottes. Nuitée 39 à 108 € - Sem. 219 à 756 € - frais de réservation 15 €
🚰 borne artisanale 7 € - 🚐 18 €
Situation plaisante au bord d'un étang.

Nature : 🌳 ≤ 🏞 ♤
Loisirs : ♟ ✖ 🏠 ☀diurne 🏊 🚴 🛶 pédalos
Services : 🔑 🏪 🏕 🚿 📶 laverie 🛒
À prox. : ✖ ⚒ (plage) 🚣

GPS : E : 4.49802 N : 47.13414

ASQUINS

89450 - Carte Michelin **319** F7 - 324 h. - alt. 146
▶ Paris 219 - Dijon 123 - Auxerre 49 - Avallon 17

⚠ Municipal le Patis

☎ 03 86 33 30 80, www.asquins-sous-vezelay-camping-roulottes.com

Pour s'y rendre : rte de Givry (500 m, après le pont à gauche)
Ouverture : de fin mars à fin sept. - 🏕
1 ha (33 empl.) plat, herbeux
Empl. camping : (Prix 2017) ★ 2 € 🚗 2 € 🏠 3 € – ⚡ (20A) 3 €

Nature : 🌳 ♤
Loisirs : 🏠 🏊
Services : 🏕 🚿 📶 🛒
À prox. : ⚒

GPS : E : 3.75899 N : 47.48293

AUTUN

71400 - Carte Michelin **320** F8 - 14 496 h. - alt. 326
▶ Paris 287 - Auxerre 128 - Avallon 78 - Chalon-sur-Saône 51

⛰ Aquadis Loisirs La Porte d'Arroux

☎ 03 85 52 10 82, www.aquadis-loisirs.com/camping-de-la-porte-d-arroux

Pour s'y rendre : r. du Traité-d'Anvers, lieu-dit : Les Chaumottes (sortie nord par D 980, rte de Saulieu, faubourg d'Arroux, au bord du Ternin)
Ouverture : de déb. mars à déb. nov.
2,8 ha (81 empl.) plat, herbeux
Empl. camping : (Prix 2017) 20,30 € ★★ 🚗 🏠 ⚡ (10A) - pers. suppl. 4 € - frais de réservation 10 €
Location : (Prix 2017) (de déb. mars à déb. nov.) - 11 🏡. Nuitée 66 € - Sem. 209 à 499 € - frais de réservation 10 €
🚰 borne artisanale
Beaux emplacements ombragés au bord du Ternin.

Nature : 🏞 ♤♤
Loisirs : ♟ ✖ 🏠 🏊 🚴 🛶
Services : 🔑 📶 🛒

GPS : E : 4.29358 N : 46.96447

*To visit a town or region : use the **MICHELIN** Green Guides.*

AUXERRE

89000 - Carte Michelin **319** E5 - 36 702 h. - alt. 130
▶ Paris 166 - Bourges 144 - Chalon-sur-Saône 176 - Chaumont 143

⛰ Municipal

☎ 03 86 52 11 15, camping@auxerre.com

Pour s'y rendre : 8 rte de Vaux (au sud-est de la ville, près du stade, à 150 m de l'Yonne)
Ouverture : de mi-avr. à fin sept.
4,5 ha (164 empl.) plat, herbeux
Empl. camping : (Prix 2017) ★ 4,65 € 🚗 🏠 4 € – ⚡ (6A) 3,80 €
🚰 borne artisanale 3,60 €

Nature : ♤
Loisirs : 🏠 🚴 🛶
Services : 🔑 🏪 🏕 laverie 🛒
À prox. : ⚒ 🎣 🏊 🚣

GPS : E : 3.58703 N : 47.7865

AVALLON

89200 - Carte Michelin **319** G7 - 7 252 h. - alt. 250
▶ Paris 220 - Dijon 106 - Auxerre 55 - Autun 80

⚠ Municipal Sous Roches

☎ 03 86 34 10 39, www.campingsousroche.com

Pour s'y rendre : rte de Méluzien
Ouverture : de déb. avr. à mi-oct.
2,7 ha (98 empl.) en terrasses, plat, herbeux
Empl. camping : (Prix 2017) 18 € ★★ 🚗 🏠 ⚡ (12A) - pers. suppl. 4 €
Location : (Prix 2017) Permanent ♿ (1 chalet) - 🚐 (de déb. avr. à mi-oct.) - 4 🏠 - 2 tentes lodges - 3 cabanons. Nuitée 20 à 90 € - Sem. 120 à 520 €
🚰 borne artisanale 5 €

Nature : 🌳 ♤
Loisirs : 🏠 🏊
Services : 🔑 📶 laverie 🛒

GPS : E : 3.91293 N : 47.47993

125

BOURGOGNE

BEAUNE

21200 - Carte Michelin **320** I7 - 22 516 h. - alt. 220
▶ Paris 308 - Autun 49 - Auxerre 149 - Chalon-sur-Saône 29

Municipal les Cent Vignes

📞 03 80 22 03 91, campinglescentvignes@mairie-beaune.fr

Pour s'y rendre : 10 r. Auguste-Dubois (sortie nord par r. du Faubourg-St-Nicolas et D 18 à gauche)

Ouverture : de mi-mars à fin oct.

2 ha (116 empl.) plat, herbeux

Empl. camping : (Prix 2017) 25,50€ ★★ 🚗 🏠 ⚡ (16A) - pers. suppl. 4,80€

Belle délimitation des emplacements et entrée fleurie.

Nature : 🌳 🌲
Loisirs : 🍴 ✗ 🏠 🏊 terrain multisports
Services : 🔑 🚻 🚿 📶 laverie 🧺

GPS
E : 4.8386
N : 47.03285

BOURBON-LANCY

71140 - Carte Michelin **320** C10 - 5 275 h. - alt. 240 - ♨
▶ Paris 308 - Autun 62 - Mâcon 110 - Montceau-les-Mines 55

Aquadis Loisirs Les Chalets du Breuil

📞 03 85 89 20 98, www.aquadis-loisirs.com/camping-et-village-chalets-du-breuil

Pour s'y rendre : 11 r. des Eurimants (vers sortie sud-ouest, rte de Digoin, à la piscine)

Ouverture : de déb. mars à déb. nov.

2 ha (63 empl.) plat, herbeux

Empl. camping : (Prix 2017) 18,70€ ★★ 🚗 🏠 ⚡ (10A) - pers. suppl. 4,85€ - frais de réservation 10€

Location : (Prix 2017) (de déb. mars à déb. nov.) - ♿ (1 chalet) - 8 🏠 - 22 🏡 - 1 bungalow toilé. Nuitée 30 à 89€ - Sem. 169 à 599€ - frais de réservation 10€

🚐 borne artisanale

À 200 m d'un plan d'eau.

Nature : 🌳 🌲
Loisirs : 🏠 🐎
Services : 🔑 🚻 🚿 📶 🧺 ♨
À prox. : 🛒 🍴 🏊 ✗ 🚣 (plage) 🚤
casino terrain multisports

GPS
E : 3.76646
N : 46.62086

CHABLIS

89800 - Carte Michelin **319** F5 - 2 383 h. - alt. 135
▶ Paris 181 - Dijon 138 - Orléans 172 - Troyes 76

Municipal du Serein

📞 03 86 42 44 39, www.ville-chablis.fr

Pour s'y rendre : quai Paul-Louis-Courier (600 m à l'ouest par D 956, rte de Tonnerre et chemin à dr. apr. le pont, au bord du Serein)

Ouverture : de déb. mai à fin sept.

2 ha (43 empl.) plat, herbeux

Empl. camping : (Prix 2017) 14,50€ ★★ 🚗 🏠 ⚡ (10A) - pers. suppl. 3,20€

🚐 borne artisanale 3,50€ - 4 🏠 13,50€

Cadre verdoyant au bord du Serein.

Nature : 🌳 🌲
Loisirs : 🏊
Services : 🔑 🚿 📶
À prox. : 🚴

GPS
E : 3.80596
N : 47.81368

CHAGNY

71150 - Carte Michelin **320** I8 - 5 525 h. - alt. 215
▶ Paris 327 - Autun 44 - Beaune 15 - Chalon-sur-Saône 20

Le Pâquier Fané

📞 03 85 87 21 42, www.campingchagny.com

Pour s'y rendre : r. du Pâquier-Fané (à l'ouest, au bord de la Dheune)

Ouverture : de déb. avr. à fin oct.

1,8 ha (85 empl.) plat, herbeux

Empl. camping : (Prix 2017) 20,20€ ★★ 🚗 🏠 ⚡ (16A) - pers. suppl. 3,20€

Location : (Prix 2017) (de déb. avr. à fin oct.) - 6 🏠 - 4 🏡. Nuitée 55 à 104€ - Sem. 346 à 677€ - frais de réservation 15€

🚐 borne artisanale - 16 🏠 20,20€

Cadre agréable au bord de la Dheune.

Nature : 🌳 🌲
Loisirs : 🏊
Services : 🔑 🚿 📶 laverie 🧺
À prox. : 🚴 ✗ 🚣

GPS
E : 4.74574
N : 46.91193

CHAMBILLY

71110 - Carte Michelin **320** E12 - 523 h. - alt. 249
▶ Paris 363 - Chauffailles 28 - Digoin 27 - Dompierre-sur-Besbre 55

La Motte aux Merles

📞 03 85 25 37 67, campingpicard@yahoo.fr

Pour s'y rendre : rte de la Palisse (5 km au sud-ouest par D 990 et chemin à gauche)

Ouverture : de déb. avr. à fin oct.

1 ha (25 empl.) plat, herbeux

Empl. camping : (Prix 2017) ★ 3,50€ 🚗 🏠 4,50€ – ⚡ (8A) 2,50€

🚐 borne artisanale - 5 🏠 11,50€

Nature : 🏊 🌲
Loisirs : 🏊 🏊 (petite piscine)
Services : 🔑 🚐 📶 🧺

GPS
E : 3.95755
N : 46.26443

Utilisez le guide de l'année.

LA CHARITÉ-SUR-LOIRE

58400 - Carte Michelin **319** B8 - 5 203 h. - alt. 170
▶ Paris 212 - Bourges 51 - Clamecy 54 - Cosne-sur-Loire 30

Municipal la Saulaie

📞 03 86 70 00 83, www.campinglacharitesurloire.fr

Pour s'y rendre : quai de La Saulaie (sortie sud-ouest)

Ouverture : de déb. avr. à fin sept.

1,7 ha (90 empl.) plat, herbeux

Empl. camping : (Prix 2017) ★ 4,20€ 🚗 2,20€ 🏠 4€ – ⚡ (10A) 3€

BOURGOGNE

Location : (Prix 2017) (de déb. avr. à fin sept.) - 1 tente lodge - 2 roulottes - 3 cabanons. Nuitée 20 à 89€ - Sem. 120 à 540€
Dans l'Île de la Saulaie, près de la plage.

Nature :
Loisirs :
Services :
À prox. :

GPS : E : 3.00927 / N : 47.17879

*De categorie (1 tot 5 tenten, in **zwart** of **rood**) die wij aan de geselekteerde terreinen in deze gids toekennen, is onze eigen indeling. Niet te verwarren met de door officiële instanties gebruikte classificatie (1 tot 5 sterren).*

CHAROLLES

71120 - Carte Michelin **320** F11 - 2 807 h. - alt. 279
▶ Paris 374 - Autun 80 - Chalon-sur-Saône 67 - Mâcon 55

Municipal
☎ 03 85 24 04 90, www.ville-charolles.fr
Pour s'y rendre : rte de Viry (sortie nord-est, rte de Mâcon et D 33 à gauche)
Ouverture : de déb. avr. à fin sept.
1 ha (50 empl.) plat, herbeux
Empl. camping : (Prix 2017) ✝ 2,50€ ⇔ 2€ 🅴 4,20€ – ⚡ (16A) 2,50€
Location : (Prix 2017) (de déb. avr. à fin sept.) - ♿ (1 mobile home) - ⛺ - 7 🏠. Nuitée 31 à 53€ - Sem. 200 à 360€
🅿 borne eurorelais 2€ - 10 🅴 3€
Cadre agréable au bord de l'Arconce.

Nature :
Loisirs :
Services :
À prox. :

GPS : E : 4.28209 / N : 46.43959

CHÂTILLON-SUR-SEINE

21400 - Carte Michelin **320** H2 - 5 613 h. - alt. 219
▶ Paris 233 - Auxerre 85 - Avallon 75 - Chaumont 60

Municipal Louis-Rigoly
☎ 03 80 91 03 05, www.mairie-chatillon-sur-seine.fr
Pour s'y rendre : esplanade St-Vorles (par rte de Langres)
Ouverture : de déb. avr. à fin sept.
0,8 ha (46 empl.) plat et peu incliné, herbeux, goudronné
Empl. camping : (Prix 2017) 19,60€ ✝✝ ⇔ 🅴 ⚡ (6A) - pers. suppl. 4,40€
Location : (Prix 2017) (de déb. avr. à fin sept.) - ⛺ - 2 🏠. Nuitée 50 à 65€ - Sem. 255 à 370€
🅿 borne artisanale 4€
Sur les hauteurs ombragées de la ville.

Nature :
Loisirs :
Services :
À prox. :

GPS : E : 4.56969 / N : 47.87051

CHAUFFAILLES

71170 - Carte Michelin **320** G12 - 3 939 h. - alt. 405
▶ Paris 404 - Charolles 32 - Lyon 77 - Mâcon 64

Municipal les Feuilles
☎ 03 85 26 48 12, www.chauffailles.com
Pour s'y rendre : 18 r. de Châtillon (au sud-ouest par r. du Chatillon)
Ouverture : de mi-avr. à fin sept.
4 ha (67 empl.) plat et peu incliné, herbeux
Empl. camping : (Prix 2017) 17,90€ ✝✝ ⇔ 🅴 ⚡ (10A) - pers. suppl. 3,30€
Location : (Prix 2017) (de mi-avr. à fin sept.) - 4 🏠 - 13 cabanons. Nuitée 38 à 65€ - Sem. 162 à 500€
Cadre verdoyant au bord du Botoret.

Nature :
Loisirs :
Services :
À prox. :

GPS : E : 4.33817 / N : 46.20004

CLAMECY

58500 - Carte Michelin **319** E7 - 4 238 h. - alt. 144
▶ Paris 208 - Auxerre 42 - Avallon 38 - Bourges 105

Le Pont Picot
☎ 03 86 27 05 97, clamecycamping@orange.fr
Pour s'y rendre : r. de Chevroches (au sud, au bord de l'Yonne et du canal du Nivernais, accès conseillé par Beaugy)
Ouverture : de déb. avr. à fin sept.
1 ha (90 empl.) plat, herbeux
Empl. camping : (Prix 2017) 16€ ✝✝ ⇔ 🅴 ⚡ (6A) - pers. suppl. 3,50€
Location : (Prix 2017) (de déb. avr. à fin sept.) - 7 🏠. Nuitée 40 à 70€ - Sem. 300 à 400€
🅿 borne artisanale 3,50€
Situation agréable dans une petite île.

Nature :
Loisirs :
Services : laverie
À prox. :

GPS : E : 3.52784 / N : 47.45203

CLUNY

71250 - Carte Michelin **320** H11 - 4 624 h. - alt. 248
▶ Paris 384 - Chalon-sur-Saône 49 - Charolles 43 - Mâcon 25

Municipal St-Vital
☎ 03 85 59 08 34, www.cluny-camping.blogspot.com
Pour s'y rendre : 30 r. des Griottons (sortie est par D 15, rte d'Azé)
Ouverture : de déb. avr. à fin oct.
3 ha (174 empl.) plat, herbeux
Empl. camping : (Prix 2017) 19€ ✝✝ ⇔ 🅴 ⚡ (6A) - pers. suppl. 5€
Location : (Prix 2017) (de déb. avr. à fin oct.) - 2 🏠. Nuitée 79 à 89€ - Sem. 369 à 459€
🅿 borne AireService 5€
Vue sur la vieille ville de Cluny.

Nature :
Loisirs :
Services :
À prox. :

GPS : E : 4.66778 / N : 46.43088

BOURGOGNE

CORMATIN

71460 - Carte Michelin **320** I10 - 544 h. - alt. 212

▶ Paris 371 - Chalon-sur-Saône 37 - Mâcon 36 - Montceau-les-Mines 41

▲ Le Hameau des Champs

✆ 03 85 50 76 71, www.le-hameau-des-champs.com

Pour s'y rendre : sortie nord par D 981, rte de Chalon-sur-Saône

Ouverture : de déb. avr. à mi-oct.

5,2 ha (50 empl.) plat, herbeux

Empl. camping : (Prix 2017) ♣ 4,20€ ▭ 6,20€ – ⚡ (13A) 3,70€

Location : (Prix 2017) Permanent ♿ (1 chalet) - 10 ⌂. Nuitée 65 à 88€ - Sem. 360 à 510€

🚐 borne artisanale 3€

À 150 m d'un plan d'eau et de la Voie Verte Givry-Cluny.

Nature : 🌳
Loisirs : ♀ 🎠 🚴
Services : 🚗 ♿ 📶 🔥
À prox. : 🛶 ✖ ✂ 🎣

GPS E : 4.68391 N : 46.54868

CRÊCHES-SUR-SAÔNE

71680 - Carte Michelin **320** I12 - 2 838 h. - alt. 180

▶ Paris 398 - Bourg-en-Bresse 45 - Mâcon 9 - Villefranche-sur-Saône 30

▲ Port d'Arciat

✆ 03 85 37 11 83, www.camping-macon.com

Pour s'y rendre : rte du Port-d'Arciat (1,5 km à l'est par D 31, rte de Pont de Veyle)

Ouverture : de mi-mai à mi-sept.

5 ha (160 empl.) plat, herbeux

Empl. camping : (Prix 2017) 19€ ♣♣ 🚗 ▭ ⚡ (10A) - pers. suppl. 5€ - frais de réservation 5€

En bordure de Saône et près d'un plan d'eau, en accès direct.

Nature : 🌳
Loisirs : 🎠 🏊 🎣
Services : 🚗 📶 🔥
À prox. : ♀ ✖ ✂ 🎣

GPS E : 4.80581 N : 46.24037

CRUX-LA-VILLE

58330 - Carte Michelin **319** E9 - 410 h. - alt. 319

▶ Paris 248 - Autun 85 - Avallon 138 - La Charité-sur-Loire 45

▲ Le Merle

✆ 03 86 58 38 42, etangdumerle@orange.fr

Pour s'y rendre : lieu-dit : Le Merle (4,5 km au sud-ouest par D 34, rte de St-Saulge et D 181 à dr., rte de Ste-Marie, au bord de l'étang)

Ouverture : de déb. mars à fin oct.

2,6 ha (43 empl.) plat, herbeux

Empl. camping : (Prix 2017) 17,30€ ♣♣ 🚗 ▭ ⚡ (10A) - pers. suppl. 3,80€ - frais de réservation 10€

Location : (Prix 2017) (de déb. mars à fin oct.) - 11 🏠 - 5 ⌂ - 2 cabanons. Nuitée 68 à 85€ - Sem. 244 à 599€ - frais de réservation 20€

Nature : 🌳 🎣 🏊
Loisirs : ♀ 🎠 🏊 🎣
Services : 🔑 📶 🔥
À prox. : 🚣 pédalos

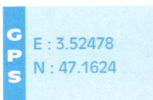

GPS E : 3.52478 N : 47.1624

DIGOIN

71160 - Carte Michelin **320** D11 - 8 460 h. - alt. 232

▶ Paris 337 - Autun 69 - Charolles 26 - Moulins 57

▲ La Chevrette

✆ 03 85 53 11 49, www.lachevrette.com

Pour s'y rendre : r. de la Chevrette (sortie ouest en dir. de Moulins, vers la piscine municipale, près de la Loire)

Ouverture : de déb. avr. à déb. oct.

1,6 ha (81 empl.) plat, herbeux

Empl. camping : (Prix 2017) ♣ 5€ 🚗 ▭ 7,50€ – ⚡ (10A) 3,70€

Location : (Prix 2017) (de déb. avr. à déb. oct.) - 🚫 - 2 🏠 - 2 ⌂. Nuitée 30 à 80€ - Sem. 210 à 560€

🚐 borne artisanale

Nature : 🌳 🎣
Loisirs : ✖ 🎠 🏊 (petite piscine)
Services : 🔑 🚗 ♿ 📶 laverie
À prox. : 🚴 🎣

GPS E : 3.96768 N : 46.47983

Avant de vous installer, consultez les tarifs en cours, affichés obligatoirement à l'entrée du terrain, et renseignez-vous sur les conditions particulières de séjour. Les indications portées dans le guide ont pu être modifiées depuis la mise à jour.

DOMPIERRE-LES-ORMES

71520 - Carte Michelin **320** G11 - 922 h. - alt. 480

▶ Paris 405 - Chauffailles 28 - Cluny 23 - Mâcon 35

▲ Sites et Paysages Le Village des Meuniers

✆ 03 85 50 36 60, www.villagedesmeuniers.com

Pour s'y rendre : 344 r. du Stade (sortie nord-ouest par D 41, rte de la Clayette et chemin à dr., près du stade)

Ouverture : de déb. avr. à mi-oct.

3 ha (113 empl.) en terrasses, plat, herbeux

Empl. camping : (Prix 2017) 34€ ♣♣ 🚗 ▭ ⚡ (10A) - pers. suppl. 7€ - frais de réservation 15€

Location : (Prix 2017) (de déb. avr. à mi-oct.) - ♿ (1 mobile home) - 18 🏠 - 10 ⌂ - 2 bungalows toilés - 3 tentes lodges. Nuitée 49 à 111€ - Sem. 245 à 777€ - frais de réservation 15€

🚐 borne artisanale 5€ - 🚽 14€

Situation dominante et panoramique.

Nature : 🌳 ≤ 🏞
Loisirs : ♀ ✖ 🎠 nocturne 🎠 🏊 🎣
Services : 🔑 🚗 ♿ 📶 🔥
À prox. : 🚴 terrain multisports

GPS E : 4.47468 N : 46.36393

BOURGOGNE

ÉPINAC
71360 - Carte Michelin **320** H8 - 2 357 h. - alt. 340
▶ Paris 304 - Arnay-le-Duc 20 - Autun 19 - Chagny 29

Le Pont Vert
📞 03 85 54 29 83, www.camping-epinac-bourgogne.com
Pour s'y rendre : r. de la Piscine (sortie sud par D 43 et chemin à dr., au bord de la Drée)
Ouverture : Permanent
2,9 ha (71 empl.) plat, herbeux
Empl. camping : (Prix 2017) 17€ ✶✶ 🚗 📧 (10A) - pers. suppl. 3,30€ - frais de réservation 12€
Location : (Prix 2017) Permanent - 4 🚐 - 12 🏠 - 12 cabanons. - frais de réservation 12€
🚐 borne AireService 2€
Nature : 🌳
Loisirs : 🎮
Services : 🔑 📶 🛒
À prox. : 🍴✕ 🚴 🏊

GPS E : 4.50617
N : 46.98577

GIGNY-SUR-SAÔNE
71240 - Carte Michelin **320** J10 - 522 h. - alt. 178
▶ Paris 355 - Chalon-sur-Saône 29 - Le Creusot 51 - Louhans 30

Les Castels Château de l'Épervière 👥
📞 03 85 94 16 90, www.domaine-eperviere.com - peu d'emplacements pour tentes et caravanes
Pour s'y rendre : 6 r. du Château (1 km au sud, à l'Épervière)
Ouverture : de déb. avr. à fin sept.
7 ha (100 empl.) plat, herbeux
Empl. camping : (Prix 2017) 42,10€ ✶✶ 🚗 📧 (10A) - pers. suppl. 9,50€ - frais de réservation 10€
Location : (Prix 2017) (de déb. avr. à fin sept.) - 🏕️ - 5 🚐 - 3 gîtes. Sem. 469 à 919€ - frais de réservation 20€
🚐 borne artisanale
Agréable parc boisé au bord d'un étang et dégustation de vin de Bourgogne dans la cave voûtée du château.

Nature : 🌳
Loisirs : 🍴✕ 🎮 🏊 jacuzzi 🚴 🎣 🌊 (bassin) 🏖️ pataugeoire
Services : 🔑 📶 🛒 🧺
À prox. : ✂️

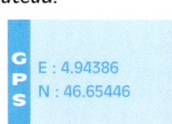

GPS E : 4.94386
N : 46.65446

GUEUGNON
71130 - Carte Michelin **320** E10 - 7 638 h. - alt. 243
▶ Paris 335 - Autun 53 - Bourbon-Lancy 27 - Digoin 16

Municipal de Chazey
📞 03 85 85 56 90, www.ccpaysgueugnon.fr
Pour s'y rendre : zone de Chazey (4 km au sud par D 994, rte de Digoin et chemin à dr.)
1 ha (20 empl.) plat, herbeux
Location : 2 🚐 - 3 🏠 - 3 bungalows toilés - 2 Chalets (sans sanitaire).
🚐 borne eurorelais

Près d'un petit canal et de deux plans d'eau.
Nature : 🌊
Loisirs : 🎮 🚴
Services : 🛒 🏠
À prox. : 🎣

GPS E : 4.05386
N : 46.57077

L'ISLE-SUR-SEREIN
89440 - Carte Michelin **319** H6 - 747 h. - alt. 190
▶ Paris 209 - Auxerre 50 - Avallon 17 - Montbard 36

Municipal le Parc du Château
📞 03 86 33 93 50, www.isle-sur-serein.fr
Pour s'y rendre : rte d'Avallon (800 m au sud par D 86, au stade, à 150 m du Serein)
Ouverture : de déb. avr. à fin oct.
1 ha (30 empl.) plat, herbeux
Empl. camping : (Prix 2017) 22€ ✶✶ 🚗 📧 (10A)
Location : (Prix 2017) (de déb. avr. à mi-oct.) - ♿ (1 mobile home) - 6 🚐. Nuitée 55€ - Sem. 190 à 240€
🚐 borne artisanale 3€ - 3 📧 4€ - 🚐 22€
Nature : 🌳
Services : 🔑 🛒 📶
À prox. : 🚴 ✂️ parcours sportif

GPS E : 4.00542
N : 47.58119

Si vous recherchez :
🌊 un terrain très tranquille,
P   un terrain ouvert toute l'année,
👥 des équipements et des loisirs adaptés aux enfants,
🏊 un parc aquatique,
B   un centre balnéo,
🎭 des animations sportives, culturelles ou de détente, consultez la liste thématique des campings.

ISSY-L'ÉVÊQUE
71760 - Carte Michelin **320** D9 - 842 h. - alt. 310
▶ Paris 325 - Bourbon-Lancy 25 - Gueugnon 17 - Luzy 12

Les Portes du Morvan
📞 03 85 24 96 05, www.camping-portesdumorvan.com
Pour s'y rendre : r. de l'Étang (1 km à l'ouest par D 42, rte de Grury et chemin à dr.)
Ouverture : de déb. avr. à mi-nov.
6 ha/3 campables (71 empl.) plat
Empl. camping : (Prix 2017) 20,90€ ✶✶ 🚗 📧 (10A) - pers. suppl. 3,50€
Location : (Prix 2017) Permanent - 2 🚐 - 7 🏠. Nuitée 28 à 95€ - Sem. 190 à 650€
🚐 borne AireService 5€ - 🚐 11€
Situation agréable en bordure d'un étang et d'un bois.

Nature : 🌊 🌳
Loisirs : 🍴✕ 🎮 🏊 🚴 🎣 🌊
Services : 🔑 📶 🛒
À prox. : 🏇 🚣 🎣

GPS E : 3.9602
N : 46.7078

129

BOURGOGNE

LAIVES

71240 - Carte Michelin **320** J10 - 997 h. - alt. 198
▶ Paris 355 - Chalon-sur-Saône 20 - Mâcon 48 - Montceau-les-Mines 49

Les Lacs de Laives - La Héronnière

☎ 03 85 44 98 85, www.camping-laheronniere.com

Pour s'y rendre : rte de la Ferté (4,2 km au nord par D 18, rte de Buxy et rte à dr.)

Ouverture : Permanent

1,5 ha (80 empl.) plat, herbeux

Empl. camping : (Prix 2017) 26,80€ ✶✶ 🚗 🔲 [⚡] (15A) - pers. suppl. 5,80€ - frais de réservation 5€

Location : (Prix 2017) Permanent - 2 🏠 - 2 🏕 - 1 cabanon. Nuitée 38 à 78€ - frais de réservation 10€

🅿️ borne artisanale 5€ - 10 🔲 17€

Près des lacs de Laives.

Nature : 🌳 🏞 ♨
Loisirs : 🚴 🏊
Services : 🔑 📶 📦
À prox. : 🍷 ✕ ⛵

GPS : E : 4.83426 N : 46.67448

LIGNY-LE-CHÂTEL

89144 - Carte Michelin **319** F4 - 1 334 h. - alt. 130
▶ Paris 178 - Auxerre 22 - Sens 60 - Tonnerre 28

Municipal Parc de la Noue Marrou

☎ 03 86 47 56 99, www.tourisme-camping-municipal-de-la-noue-marrou.fr

Pour s'y rendre : av. de la Noue-Marrou (sortie sud-ouest par D 8, rte d'Auxerre et chemin à gauche, au bord du Serein)

2 ha (50 empl.) plat, herbeux

🅿️ borne artisanale

En bordure de la forêt d'Othe et du Serein.

Nature : 🌳
Loisirs : 🎣
Services : 🔑 📶 📦
À prox. : 🛒 🚴 ✕ ⛵

GPS : E : 3.75274 N : 47.89597

LORMES

58140 - Carte Michelin **319** F8 - 1 389 h. - alt. 420
▶ Paris 255 - Dijon 135 - Nevers 73 - Auxerre 76

L'Étang du Goulot

☎ 06 79 15 19 33, www.campingetangdugoulot.com

Pour s'y rendre : 2 r. des Campeurs

2,5 ha (64 empl.) plat, herbeux

Location : 2 🏠 - 13 🛏 - 1 bungalow toilé - 3 tentes lodges - 1 tipi - 2 yourtes - 1 roulotte - 3 gîtes - 1 Chalet (sans sanitaire).

Nature : 🌳 🏞 ♨
Loisirs : 🍷 ✕ 🎣 🏊 ⛵
Services : 🔑 📶
À prox. : 🏊 🚴 ✕ ⛵

GPS : E : 3.82297 N : 47.28268

LOUHANS

71500 - Carte Michelin **320** L10 - 6 451 h. - alt. 179
▶ Paris 373 - Bourg-en-Bresse 61 - Chalon-sur-Saône 38 - Dijon 85

Municipal

☎ 03 85 75 19 02, www.louhans-chateaurenaud.fr

Pour s'y rendre : 10 chemin de La Chapellerie (1 km au sud-ouest par D 971, rte de Tournus et D 12, rte de Romenay, à gauche apr. le stade)

Ouverture : de déb. avr. à fin sept.

1 ha (60 empl.) plat, herbeux

Empl. camping : (Prix 2017) 15€ ✶✶ 🚗 🔲 [⚡] (6A) - pers. suppl. 2,50€

Location : (Prix 2017) (de déb. avr. à fin sept.) - 2 🏠 - 3 tentes lodges. Nuitée 70 à 80€ - Sem. 200 à 380€

🅿️ borne flot bleu 2€ - 25 🔲 4€

Cadre verdoyant en bordure de rivière.

Nature : 🏞 ♨
Services : 🔑 📶
À prox. : ✕ ⛵

GPS : E : 5.21714 N : 46.62436

Utilisez le guide de l'année.

LUZY

58170 - Carte Michelin **319** G11 - 2 018 h. - alt. 275
▶ Paris 314 - Autun 34 - Château-Chinon 39 - Moulins 62

Le Château de Chigy

☎ 03 86 30 10 80, www.chateaudechigy.com.fr

Pour s'y rendre : à Tazilly (4 km au sud-ouest par D 973, rte de Bourbon-Lancy puis chemin à gauche)

Ouverture : de déb. mai à fin sept.

70 ha/15 campables (135 empl.) plat, herbeux

Empl. camping : (Prix 2017) 29€ ✶✶ 🚗 🔲 [⚡] (6A) - pers. suppl. 5€ - frais de réservation 15€

Location : (Prix 2017) (de fin avr. à fin sept.) - 6 🏠 - 29 🏕 - 6 gîtes - 3 appartements. Nuitée 55 à 174€ - Sem. 284 à 879€ - frais de réservation 15€

Vaste domaine autour d'un château : prairies, bois, étangs.

Nature : 🌳 ⛰
Loisirs : 🍷 ✕ 🎣 🏊 🚴 ⛵ terrain multisports
Services : 🔑 📶 📦

GPS : E : 3.94445 N : 46.75716

MACON

71000 - Carte Michelin **320** I12 - 34 000 h. - alt. 175
▶ Paris 398 - Dijon 128 - Lyon 72 - Bourg-en-Bresse 37

Municipal

☎ 03 85 38 16 22, www.macon.fr/tourisme/camping

Pour s'y rendre : à Sancé, 1 r. des Grandes-Varennes

5 ha (266 empl.) plat, herbeux

🅿️ borne eurorelais

Nature : 🌳 ♨
Loisirs : 🍷 ✕ 🎣 🏊 ⛵
Services : 🔑 📶 laverie 🧺
À prox. : ⚓ port de plaisance parc aquatique

GPS : E : 4.84372 N : 46.3301

BOURGOGNE

MATOUR

71520 - Carte Michelin **320** G12 - 1 095 h. - alt. 500
▶ Paris 405 - Chauffailles 22 - Cluny 34 - Mâcon 36

▲ Flower Le Paluet

☎ 03 85 59 70 92, www.matour.fr

Pour s'y rendre : 2 r. de la Piscine (à l'ouest, rte de la Clayette et à gauche)

Ouverture : de déb. avr. à fin oct.

3 ha (73 empl.) plat et peu incliné

Empl. camping : (Prix 2017) 24€ ✶✶ ⛺ 🚗 📧 (10A) - pers. suppl. 5,10€ - frais de réservation 12€

Location : (Prix 2017) (de mi-mars à mi-nov.) - 10 🏠 - 24 🛏 - 2 bungalows toilés - 10 tentes lodges - 2 gîtes. Nuitée 40 à 115€ - Sem. 200 à 805€ - frais de réservation 12€

Au bord d'un étang et proche d'un complexe de loisirs.

Nature : 🌳 ♨
Loisirs : 🏊 ☀diurne 🚴 ✂ 🏓 🎿 terrain multisports
Services : ⛽ (saison) 🚿 📶 laverie

GPS : E : 4.48232 N : 46.30677

MEURSAULT

21190 - Carte Michelin **320** I8 - 1 542 h. - alt. 243
▶ Paris 326 - Dijon 56 - Chalon-sur-Saône 28 - Le Creusot 40

▲ La Grappe d'Or

☎ 03 80 21 22 48, www.camping-meursault.com

Pour s'y rendre : 2 rte de Volnay

4,5 ha (130 empl.) en terrasses, plat, herbeux

Location : 17 🚐 - 1 gîte.

🚐 borne artisanale

En surplomb du vieux village de Meursault et des vignobles.

Nature : ≤ ♨
Loisirs : ✗ 🚴 ✂ 🏓 🎿
Services : ⛽ 🚿 📶 🅿

GPS : E : 4.76987 N : 46.98655

MIGENNES

89400 - Carte Michelin **319** E4 - 7 360 h. - alt. 87
▶ Paris 162 - Dijon 169 - Auxerre 22 - Sens 46

▲ Les Confluents

☎ 03 86 80 94 55, www.les-confluents.com

Pour s'y rendre : allée Léo-Lagrange (près du stade)

Ouverture : de déb. avr. à fin oct.

1,5 ha (61 empl.) plat, herbeux

Empl. camping : (Prix 2017) 18€ ✶✶ 🚗 📧 (10A) - pers. suppl. 4,50€ - frais de réservation 25€

Location : (Prix 2017) (de déb. avr. à fin oct.) - 14 🚐 - 2 🏠. Sem. 287 à 510€ - frais de réservation 25€

🚐 borne AireService 3,40€ - 9 📧 18€

Sur les bords de l'Yonne.

Nature : 🌊 ♨
Loisirs : 🏠 🚴 ✂ 📶
Services : ⛽ 🚿 📶
À prox. : ✗ 🎣 base nautique

GPS : E : 3.5095 N : 47.95613

MONTBARD

21500 - Carte Michelin **320** G4 - 5 527 h. - alt. 221
▶ Paris 240 - Autun 87 - Auxerre 81 - Dijon 81

▲ Municipal les Treilles

☎ 03 80 92 69 50, www.montbard.fr

Pour s'y rendre : r. Michel Servet (par D 980 déviation nord-ouest de la ville, près du centre aquatique)

Ouverture : de déb. avr. à fin oct.

2,5 ha (80 empl.) plat, herbeux

Empl. camping : (Prix 2017) ✶ 5,10€ 🚗 1,50€ 📧 5,10€ - 🔌 (16A) 4€ - frais de réservation 4€

Location : (Prix 2017) (de déb. avr. à fin oct.) - 2 🚐 - 19 cabanons. Nuitée 32 à 96€ - Sem. 157 à 505€ - frais de réservation 6€

🚐 borne artisanale 3,10€ - 🚐 11€

Agréable décoration arbustive des emplacements.

Nature : ≤ ♨
Loisirs : 🏠 ☀diurne 🚴 terrain multisports
Services : ⛽ 🚿 📶
À prox. : 🏊 hammam 🎣 🎿 parc aquatique

GPS : E : 4.33129 N : 47.63111

MONTIGNY-EN-MORVAN

58120 - Carte Michelin **319** G9 - 319 h. - alt. 350
▶ Paris 269 - Château-Chinon 13 - Corbigny 26 - Nevers 64

▲ Municipal du Lac

☎ 03 86 84 71 77, www.montigny-en-morvan.fr

Pour s'y rendre : 2,3 km au nord-est par D 944, D 303 rte du barrage de Pannecière-Chaumard et chemin à dr.

Ouverture : de mi-avr. à mi-oct. - 🏕

2 ha (59 empl.) vallonné, plat, herbeux

Empl. camping : (Prix 2017) ✶ 2,80€ 🚗 1,90€ 📧 2,80€ - 🔌 (6A) 2,20€

Site agréable près d'un lac.

Nature : 🌳 ♨
Loisirs : 🏠
Services : ⛽ 🚿 📶
À prox. : 🛶

GPS : E : 3.8735 N : 47.15573

NEVERS

58000 - Carte Michelin **319** B10 - 36 762 h. - alt. 194
▶ Paris 247 - Dijon 187 - Bourges 68 - Moulins 57

▲ Aquadis Loisirs Nevers

☎ 03 86 36 40 75, www.aquadis-loisirs.com/camping-de-nevers

Pour s'y rendre : r. de la Jonction

Ouverture : de déb. mars à déb. nov.

1,6 ha (73 empl.) en terrasses, plat, herbeux

Empl. camping : (Prix 2017) 21,50€ ✶✶ 🚗 📧 (10A) - pers. suppl. 3,50€ - frais de réservation 10€

Location : (Prix 2017) (de déb. mars à déb. nov.) - 8 🚐 - 1 cabanon. Nuitée 30 à 72€ - Sem. 169 à 519€ - frais de réservation 10€

🚐 borne artisanale

Sur les bords de la Loire avec vue sur la cathédrale, le Palais Ducal et le pont en pierre.

Nature : ≤ ♨
Loisirs : 🍽 ✗ 🏠 🚴
Services : ⛽ 🚿 📶 laverie
À prox. : 🚲

GPS : E : 3.16095 N : 46.98222

131

BOURGOGNE

NOLAY
21340 - Carte Michelin **320** H8 - 1 510 h. - alt. 299
▶ Paris 316 - Autun 30 - Beaune 20 - Chalon-sur-Saône 34

⚠ La Bruyère
✆ 03 80 21 87 59, www.nolay.com/fr/?/Logement/Les-campings
Pour s'y rendre : r. de Moulin-Larché (1,2 km à l'ouest par D 973, rte d'Autun et chemin à gauche)
Ouverture : Permanent
1,2 ha (22 empl.) plat, herbeux
Empl. camping : (Prix 2017) 16 € ✦✦ ⛌ 🔌 (16A) - pers. suppl. 2 €
Location : (Prix 2017) Permanent - 3 🏠.
🚐 borne artisanale

Nature : 🌳 ≤
Loisirs : 🏊
Services : 🚻 📶 laverie

GPS E : 4.62202   N : 46.95055

PALINGES
71430 - Carte Michelin **320** F10 - 1 512 h. - alt. 274
▶ Paris 352 - Charolles 16 - Lapalisse 70 - Lyon 136

⚠ Le Lac
✆ 03 85 88 14 49, www.campingdulac.eu
Pour s'y rendre : lieu-dit : Lac du Fourneau (1 km au nord-est par D 128, rte de Génelard)
Ouverture : de déb. avr. à fin oct.
1,5 ha (44 empl.) en terrasses, plat, herbeux
Empl. camping : (Prix 2017) 23,70 € ✦✦ ⛌ 🔌 (10A) - pers. suppl. 4 €
Location : (Prix 2017) (de déb. avr. à fin oct.) - ♿ (1 chalet) - 1 🚐 - 6 🏠 - 1 cabanon. Nuitée 34 à 98 € - Sem. 220 à 788 €
🚐 borne artisanale
Près d'un plan d'eau.

Nature : 🌲
Loisirs : 🏊 🚣 pédalos
Services : 🔑 🚻 📶 réfrigérateurs
À prox. : 🍴 ✂ 🛒 (plage) 🏊

GPS E : 4.22521   N : 46.56106

PARAY LE MONIAL
71600 - Carte Michelin **320** E11 - 9 115 h. - alt. 245
▶ Paris 377 - Dijon 149 - Mâcon 66 - Moulins 69

⛰ Mambre
✆ 03 85 88 89 20, www.campingdemambre.com
Pour s'y rendre : 19 r. du Gué-Léger
6 ha (161 empl.) plat, herbeux
Location : 20 🚐.
🚐 borne artisanale

Nature : 🌳🌳
Loisirs : 🍴 🏊 🚴 🏊
Services : 🔑 🚻 ♨ 📶 laverie 🛒
À prox. : ✂

GPS E : 4.10479   N : 46.45743

PRÉMERY
58700 - Carte Michelin **319** C8 - 2 031 h. - alt. 237
▶ Paris 231 - La Charité-sur-Loire 28 - Château-Chinon 57 - Clamecy 41

⚠ Municipal
✆ 06 42 81 01 64, www.mairie-premery.fr rubrique camping
Pour s'y rendre : chemin des Prés-de-la-Ville (sortie nord-est par D 977, rte de Clamecy et chemin à dr.)
Ouverture : de déb. avr. à fin sept.
1,6 ha (50 empl.) plat et peu incliné
Empl. camping : (Prix 2017) 8 € ✦✦ ⛌ 🔌 (16A) - pers. suppl. 3,25 €
Location : (Prix 2017) (de déb. avr. à fin oct.) - 10 🏠. Nuitée 36 à 38 € - Sem. 159 à 245 €
🚐 borne AireService 8 €
Près de la Nièvre et d'un plan d'eau.

Loisirs : 🚴 🚣 terrain multisports
Services : 🔑 (juil.-août) ♨ 📶 🛒
À prox. : 🏊 🍴 ✂ 🛒

GPS E : 3.33683   N : 47.1781

Teneinde deze gids beter te kunnen gebruiken,
DIENT U DE VERKLARENDE TEKST AANDACHTIG TE LEZEN.

ST-GERMAIN-DU-BOIS
71330 - Carte Michelin **320** L9 - 1 935 h. - alt. 210
▶ Paris 367 - Chalon-sur-Saône 33 - Dole 58 - Lons-le-Saunier 29

⚠ Municipal de l'Étang Titard
✆ 03 85 72 06 15, www.saintgermaindubois.fr
Pour s'y rendre : rte de Louhans (sortie sud par D 13)
Ouverture : de déb. mai à mi-sept.
1 ha (40 empl.) plat, herbeux
Empl. camping : (Prix 2017) ✦ 2,30 € ⛌ 1,50 € 🔌 1,50 € – 🔌 (10A) 2,50 €
Location : (Prix 2017) Permanent ♿ (1 chalet) - ✂ - 5 🏠. Nuitée 42 à 57 € - Sem. 294 à 420 €
Près d'un étang.

Nature : 🌳
Loisirs : 🏓
Services : 🚻 ♨ 📶 🛒
À prox. : ✂ 🎣 🏊 parcours sportif

GPS E : 5.24617   N : 46.74635

ST-HONORÉ-LES-BAINS
58360 - Carte Michelin **319** G10 - 841 h. - alt. 300 - ♨
▶ Paris 303 - Château-Chinon 28 - Luzy 22 - Moulins 69

⛰ Camping et Gîtes des Bains
✆ 03 86 30 73 44, www.campinglesbains.com
Pour s'y rendre : 15 av. Jean-Mermoz (sortie ouest, rte de Vandenesse)
Ouverture : de fin mars à mi-oct.
4,5 ha (130 empl.) plat, herbeux
Empl. camping : (Prix 2017) 21 € ✦✦ ⛌ 🔌 (10A) - pers. suppl. 4,70 € - frais de réservation 8 €

132

BOURGOGNE

Location : (Prix 2017) (de fin mars à mi-oct.) - 4 🚐 - 20 🏠 - 2 tentes lodges - 3 appartements. Nuitée 45 à 84€ - Sem. 176 à 580€ - frais de réservation 9€

Nature : 🌳 ♀
Loisirs : 🍴 ✕ 🐎 🎣 🏊 🚣
Services : 🔑 🚿 📶 laverie
À prox. : ✂ 🐕

GPS
E : 3.82832
N : 46.90684

▲ Municipal Plateau du Gué

📞 03 86 30 76 00, www.st-honore-les-bains.com/index.php?cat=campings

Pour s'y rendre : 13 r. Eugène-Collin (au bourg, à 150 m de la poste)

1,2 ha (73 empl.) plat et peu incliné, herbeux

Location : 2 🚐.
🚐 borne eurorelais

Nature : ♀
Loisirs : 🏠 🐎
Services : 🔑 🚻 📶 🍴

GPS
E : 3.83918
N : 46.90376

ST-LÉGER-DE-FOUGERET

58120 - Carte Michelin **319** G9 - 289 h. - alt. 500
▶ Paris 308 - Dijon 122 - Nevers 65 - Le Creusot 69

▲ Sites et Paysages Étang de la Fougeraie

📞 03 86 85 11 85, www.campingfougeraie.com

Pour s'y rendre : lieu-dit : Hameau de champs (2,4 km au sud-est par D 157, rte d'Onlay)

Ouverture : de déb. avr. à fin sept.

7 ha (60 empl.) plat, herbeux

Empl. camping : (Prix 2017) 29€ ✱✱ 🚗 🗐 ⚡ (10A) - pers. suppl. 7,40€ - frais de réservation 9€

Location : (Prix 2017) Permanent - 3 🚐 - 5 🏠 - 3 tentes lodges - 1 tente sur pilotis. Nuitée 45 à 125€ - Sem. 250 à 695€ - frais de réservation 17€

🚐 borne artisanale - 🐟 🧺 15€

Cadre champêtre autour d'un étang.

Nature : 🌳 ⛵
Loisirs : 🍴 ✕ 🚴 🏊 🚣
Services : 🔑 🚿 📶 laverie 🧊 réfrigérateurs

GPS
E : 3.90492
N : 47.00616

ST-PÉREUSE

58110 - Carte Michelin **319** F9 - 280 h. - alt. 355
▶ Paris 289 - Autun 54 - Château-Chinon 15 - Clamecy 57

⛰ Le Manoir de Bezolle

📞 03 86 76 01 89, www.campingmanoirdebezolle.com

Pour s'y rendre : au sud-est par D 11, à 300 m de la D 978, rte de Château-Chinon

Ouverture : de déb. mai à fin sept.

8 ha/5 campables (140 empl.) en terrasses, plat, herbeux, petits étangs

Empl. camping : (Prix 2017) 25€ ✱✱ 🚗 🗐 ⚡ (16A) - pers. suppl. 5€ - frais de réservation 3€

Location : (Prix 2017) Permanent - 4 🏠 - 2 tentes lodges - 1 gîte. Sem. 250 à 550€ - frais de réservation 3€

🚐 borne artisanale

Dans le parc du manoir.

Nature : 🌳 ⛵ ♀♀
Loisirs : 🍴 ✕ 🐎 🎣 🏊 🚣
Services : 🔑 🚻 🚿 📶 laverie 🧊

GPS
E : 3.8158
N : 47.05732

ST-POINT

71520 - Carte Michelin **320** H11 - 341 h. - alt. 335
▶ Paris 396 - Beaune 90 - Cluny 14 - Mâcon 26

▲ Lac de St-Point-Lamartine

📞 03 85 50 52 31, www.campingsaintpoint.com

Pour s'y rendre : sortie sud par D 22, rte de Tramayes, au bord d'un lac

3 ha (102 empl.) plat et peu incliné, herbeux

Location : 11 🏠.
🚐 10 🗐

En bordure d'un lac.

Nature : 🌳 ⛵ 🏞
Loisirs : 🏠 🐎 🚴 🏊
Services : 🔑 🚿 🛁

À prox. : 🍴 ✕ 🍽 🐟 pédalos terrain multisports

GPS
E : 4.61175
N : 46.33703

ST-SAUVEUR-EN-PUISAYE

89520 - Carte Michelin **319** C6 - 946 h. - alt. 259
▶ Paris 174 - Dijon 184 - Moulins 146 - Tours 242

⛰ Parc des Joumiers

📞 03 86 45 66 28, www.camping-motel-joumiers.com

Pour s'y rendre : 2,3 km au nord-ouest par D 7 et chemin à dr.

21 ha/7 campables (100 empl.) plat et peu incliné, herbeux

Location : 13 🚐 - 3 🏠 - 10 🏕.
🚐 borne artisanale - 2 🗐

Au bord d'un étang.

Nature : 🌳 ⛵ 🏞
Loisirs : ✕ 🐎 🎣 🏊
Services : 🔑 🚿 🛁 📶 🍴
À prox. : barques

GPS
E : 3.19357
N : 47.63082

SALORNAY-SUR-GUYE

71250 - Carte Michelin **320** H10 - 826 h. - alt. 210
▶ Paris 377 - Chalon-sur-Saône 51 - Cluny 12 - Paray-le-Monial 44

▲ Municipal de la Clochette

📞 03 85 59 90 11, www.salornay-sur-guye.fr

Pour s'y rendre : pl. de la Clochette (au bourg, accès par chemin devant la poste)

Ouverture : de mi-mai à déb. sept.

1 ha (60 empl.) plat, herbeux

Empl. camping : (Prix 2017) ✱ 3,50€ 🚗 🗐 3€ – ⚡ (10A) 3€ - frais de réservation 5€

🚐 borne artisanale 5€

Au bord de la Gande.

Nature : ⛵ ♀
Loisirs : 🏠
Services : 🚽 🚻 📶 🍴
À prox. : 🐎 ✂

GPS
E : 4.59907
N : 46.51659

133

BOURGOGNE

SANTENAY

21590 - Carte Michelin **320** I8 - 827 h. - alt. 225 -

▶ Paris 330 - Autun 39 - Beaune 18 - Chalon-sur-Saône 25

Aquadis Loisirs Les Sources

☏ 03 80 20 66 55, www.aquadis-loisirs.com/camping-des-sources

Pour s'y rendre : av. des Sources (1 km au sud-ouest par rte de Cheilly-les-Maranges, près du centre thermal)

Ouverture : de déb. avr. à fin oct.

3,1 ha (150 empl.) plat et peu incliné, herbeux

Empl. camping : (Prix 2017) 19,90 € ♥♥ ⇔ 🅔 ⚡ (10A) - pers. suppl. 4,30 € - frais de réservation 10 €

Location : (Prix 2017) (de déb. avr. à fin oct.) - 8 🚐. Nuitée 66 € - Sem. 209 à 499 € - frais de réservation 10 €

🚐 borne artisanale

Nature : ≤ ♀
Loisirs : 🎣 m
Services : ⚡ 🚿 📶 🧺 🧴 ♨
À prox. : ✂ 🛶

GPS
E : 4.6857
N : 46.90716

Dans notre guide, les indications d'accès à un terrain sont généralement indiquées à partir du centre de la localité.

SAULIEU

21210 - Carte Michelin **320** F6 - 2 574 h. - alt. 535

▶ Paris 248 - Autun 40 - Avallon 39 - Beaune 65

Aquadis Loisirs Saulieu

☏ 03 80 64 16 19, www.aquadis-loisirs.com/camping-de-saulieu

Pour s'y rendre : 1 km au nord-ouest par N 6, rte de Paris, près d'un étang

Ouverture : de déb. avr. à fin oct.

6 ha (100 empl.) plat et peu incliné, herbeux

Empl. camping : (Prix 2017) 20,90 € ♥♥ ⇔ 🅔 ⚡ (10A) - pers. suppl. 4,10 € - frais de réservation 10 €

Location : (Prix 2017) (de déb. avr. à fin oct.) - 12 🚐 - 6 🏠. Nuitée 28 à 85 € - Sem. 109 à 649 € - frais de réservation 10 €

🚐 borne artisanale

Loisirs : 🍴 🎣 🎿 🚴 ✂ 🛝
Services : ⚡ 🛒 ♨ 🚿 📶

GPS
E : 4.22373
N : 47.28934

SAVIGNY-LÈS-BEAUNE

21420 - Carte Michelin **320** I7 - 1 371 h. - alt. 237

▶ Paris 314 - Dijon 39 - Mâcon 93 - Lons-le-Saunier 109

⚠ Les Premiers Prés

☏ 03 80 26 15 06, www.camping-savigny-les-beaune.fr

Pour s'y rendre : rte de Bouilland (1 km au nord-ouest par D 2)

Ouverture : de mi-mars à mi-oct.

1,5 ha (88 empl.) plat et peu incliné

Empl. camping : (Prix 2017) 15,40 € ♥♥ ⇔ 🅔 ⚡ (6A) - pers. suppl. 3,10 €

🚐 borne flot bleu

Cadre verdoyant au bord d'un ruisseau.

Nature : ♀
Loisirs : 🍴 🎣
Services : ⚡ 📶 🚿

GPS
E : 4.82190
N : 47.06246

LES SETTONS

58230 - Carte Michelin **319** H8

▶ Paris 259 - Autun 41 - Avallon 44 - Château-Chinon 25

Plage du Midi

☏ 03 86 84 51 97, www.settons-camping.com

Pour s'y rendre : rive droite Lac des Settons, Les Branlasses (2,5 km au sud-est par D 193 et rte à dr.)

Ouverture : de mi-mars à déb. oct.

4 ha (110 empl.) peu incliné, herbeux

Empl. camping : (Prix 2017) ♥ 4,80 € ⇔ 2,70 € 🅔 3,40 € – ⚡ (10A) 4 € - frais de réservation 25 €

Location : (Prix 2017) (de mi-avr. à déb. oct.) - ♿ (1 chalet) - 28 🚐 - 4 roulottes - 1 cabane perchée. Nuitée 56 à 110 € - Sem. 365 à 640 €

🚐 borne artisanale - 30 🅔 19 € - ♨ 16 €

Au bord d'un lac.

Nature : ≤ ♀ ⛰
Loisirs : 🍴 🎣 🏊 (découverte en saison)
Services : ⚡ 🛒 📶 laverie 🧺
À prox. : ✂ ✂ ♨ pédalos

GPS
E : 4.07056
N : 47.18578

⚠ Les Mésanges

☏ 03 86 84 55 77, www.campinglesmesanges.fr

Pour s'y rendre : rive gauche, L'Huis-Gaumont (4 km au sud par D193, D 520, rte de Planchez et rte de Chevigny à gauche, à 200 m du lac)

Ouverture : de mi-mai à mi-sept.

5 ha (100 empl.) peu incliné, plat, herbeux

Empl. camping : (Prix 2017) 21 € ♥♥ ⇔ 🅔 ⚡ (10A) - pers. suppl. 5,30 €

🚐 borne artisanale 11 € - ♨ 11 €

Situation agréable au bord d'un étang.

Nature : 🏞 🏕 ♀ ⛰
Loisirs : 🎣 🛶
Services : ⚡ 🛒 🧴 📶 laverie
À prox. : 🛥

GPS
E : 4.05385
N : 47.18077

⚠ La Plage des Settons

☏ 03 86 84 51 99, www.camping-chalets-settons.com

Pour s'y rendre : rive gauche Lac des Settons (300 m au sud du barrage)

Ouverture : de déb. mai à fin sept.

2,6 ha (60 empl.) en terrasses, plat, herbeux

Empl. camping : (Prix 2017) 19,10 € ♥♥ ⇔ 🅔 ⚡ (10A) - pers. suppl. 7,55 €

Location : (Prix 2017) (de déb. avr. à mi-nov.) - ♿ (2 chalets) - 14 🚐. Nuitée 120 à 190 € - Sem. 378 à 646 €

Agréables emplacements en terrasses, face au lac.

Nature : 🏞 ≤ 🏕
Loisirs : 🏊 🎣 pédalos
Services : 🧴 📶 🚿
À prox. : 🍴 ✂ 🛥

GPS
E : 4.06132
N : 47.18958

Ce guide n'est pas un répertoire de tous les terrains de camping mais une sélection des meilleurs campings dans chaque catégorie.

BOURGOGNE

TONNERRE

89700 - Carte Michelin **319** G4 - 5 246 h. - alt. 156
▶ Paris 199 - Auxerre 38 - Montbard 45 - Troyes 60

▲ La Cascade

📞 03 86 55 15 44, www.revea-camping.fr/fr/accueil-camping-la-cascade.html

Pour s'y rendre : av. Aristide-Briand (sortie nord par D 905, rte de Troyes et D 944, dir. centre-ville, au bord du canal de l'Yonne)

Ouverture : de fin mars à mi-oct.

3 ha (107 empl.) plat, herbeux

Empl. camping : (Prix 2017) 21,70€ ✶✶ 🚗 🗐 (10A) - pers. suppl. 4€ - frais de réservation 10€

Location : (Prix 2017) (de fin mars à mi-oct.) - 6 🏠. Nuitée 60 à 90€ - Sem. 190 à 460€ - frais de réservation 25€

Nature : 🌳	
Loisirs : 🏛 🚲	**GPS**
Services : 🔑 🚻 📶 ♻	E : 3.98415
À prox. : 🛶	N : 47.8603

TOURNUS

71700 - Carte Michelin **320** J10 - 5 884 h. - alt. 193
▶ Paris 360 - Bourg-en-Bresse 70 - Chalon-sur-Saône 28 - Lons-le-Saunier 58

▲▲ Camping de Tournus

📞 03 85 51 16 58, www.camping-tournus.com

Pour s'y rendre : 14 r. des Canes (1 km au nord de la localité par r. St-Laurent, en face de la gare, attenant à la piscine et à 150 m de la Saône (accès direct))

Ouverture : de déb. avr. à fin sept.

2 ha (90 empl.) plat, herbeux

Empl. camping : (Prix 2017) 28€ ✶✶ 🚗 🗐 (10A) - pers. suppl. 6,30€ - frais de réservation 5€

Loisirs : 🏛	
Services : 🔑 🚻 📶 ♻	**GPS**
À prox. : 🍴 🍽 🛶	E : 4.90932
	N : 46.57375

VANDENESSE-EN-AUXOIS

21320 - Carte Michelin **320** H6 - 279 h. - alt. 360
▶ Paris 275 - Arnay-le-Duc 16 - Autun 42 - Châteauneuf 3

▲▲▲ Sunêlia Le Lac de Panthier 👥

📞 03 80 49 21 94, www.lac-de-panthier.com

Pour s'y rendre : 2,5 km au nord-est par D 977bis, rte de Commarin et rte à gauche, près du lac

Ouverture : de déb. avr. à fin sept.

5,2 ha (210 empl.) en terrasses, plat, herbeux

Empl. camping : (Prix 2017) 19€ ✶✶ 🚗 🗐 (6A) - pers. suppl. 5€ - frais de réservation 15€

Location : (Prix 2017) (de fin mars à fin sept.) - 62 🏠 - 11 cabanons. Nuitée 45 à 123€ - Sem. 259 à 861€ - frais de réservation 30€

Nature : 🏞 🌊 🌳	
Loisirs : 🍴 🍽 🏛 👶 🏇 🏊 🚲 🎣	**GPS**
Services : 🔑 🚻 📶 ♻ 🧺 ⚡	E : 4.62507
À prox. : 🛶 ⛵	N : 47.24935

VARZY

58210 - Carte Michelin **319** D7 - 1 329 h. - alt. 249
▶ Paris 224 - La Charité-sur-Loire 37 - Clamecy 17 - Cosne-sur-Loire 43

▲ Municipal du Moulin Naudin

📞 03 86 29 43 12, mairievarzy@wanadoo.fr

Pour s'y rendre : rte de Corvol (1,5 km au nord par D 977)

Ouverture : de mi-mai à fin sept.

3 ha (50 empl.) plat, herbeux

Empl. camping : (Prix 2017) ✶ 2,90€ 🚗 1,90€ 🗐 12€ – (5A) 2,30€

Près d'un plan d'eau.

Nature : 🌊 🌳	
Loisirs : 🎣	**GPS**
Services : 🚻 🧺 ♻ ⚡	E : 3.38312
À prox. : 🍴 🍽	N : 47.3722

Renouvelez votre guide chaque année.

VENAREY-LES-LAUMES

21150 - Carte Michelin **320** G4 - 2 981 h. - alt. 235
▶ Paris 259 - Avallon 54 - Dijon 66 - Montbard 15

▲ Municipal Alésia

📞 03 80 96 07 76, www.venareyleslaumes.fr

Pour s'y rendre : r. du Dr-Roux (sortie ouest par D 954, rte de Semur-en-Auxois et r. à dr., av. le pont, au bord de la Brenne et près d'un plan d'eau)

1,5 ha (67 empl.) plat, herbeux

Location : ♿ (1 chalet) - 5 🏠.
🚐 borne eurorelais - 15 🗐

Nature : 🌊 🌳	
Loisirs : 🏛 🛶 🎣	**GPS**
Services : 🔑 🚻 🧺 📶 ♻	E : 4.45151
À prox. : 🍴 🍽 (plage)	N : 47.54425

VERMENTON

89270 - Carte Michelin **319** F6 - 1 183 h. - alt. 125
▶ Paris 190 - Auxerre 24 - Avallon 28 - Vézelay 28

▲▲ Municipal les Coullemières

📞 03 86 81 53 02, www.camping-vermenton.com

Pour s'y rendre : lieu-dit : Les Coullemières (au sud-ouest de la localité, derrière la gare)

Ouverture : Permanent

1 ha (53 empl.) plat, herbeux

Empl. camping : (Prix 2017) 16,50€ ✶✶ 🚗 🗐 (6A) - pers. suppl. 3,50€

Location : (Prix 2017) (de déb. avr. à fin sept.) - ♿ (1 mobile home) - 🚗 - 6 🏠. Nuitée 64 à 75€ - Sem. 370 à 420€

🚐 3 🗐 16,50€

Cadre agréable près de la Cure (plan d'eau).

Nature : 🌊🌊 🌳	
Loisirs : 🏛 🛶 🚲 🎣	**GPS**
Services : 🔑 (saison) 🚻 🧺 📶 ♻	E : 3.73123
À prox. : 🛒 🍴 (plage) 🏃 parcours sportif	N : 47.65843

BOURGOGNE

VIGNOLES

21200 - Carte Michelin **320** J7 - 810 h. - alt. 202
▶ Paris 317 - Dijon 40 - Chalon-sur-Saône 34 - Le Creusot 51

▲ Les Bouleaux

☎ 03 80 22 26 88, camping-les-bouleaux@hotmail.fr
Pour s'y rendre : 11 r. Jaune (à Chevignerot, au bord d'un ruisseau)
Ouverture : de déb. janv. à mi-déc.
1,6 ha (46 empl.) plat, herbeux
Empl. camping : (Prix 2017) 19,70€ ✶✶ 🚗 ▣ ⚡ (6A) - pers. suppl. 4,30€

Nature :
Loisirs :
Services :
À prox. :

GPS
E : 4.88298
N : 47.02668

VINCELLES

89290 - Carte Michelin **319** E5 - 841 h. - alt. 110
▶ Paris 180 - Auxerre 14 - Avallon 38 - Clamecy 39

▲ Les Ceriselles

☎ 03 86 42 50 47, www.campingceriselles.com
Pour s'y rendre : rte de Vincelottes (au nord du bourg, par D 38)
Ouverture : de fin mars à déb. oct.
1,5 ha (80 empl.) plat, herbeux
Empl. camping : (Prix 2017) 21€ ✶✶ 🚗 ▣ ⚡ (10A) - pers. suppl. 4,80€
Location : (Prix 2017) (de fin mars à déb. oct.) - ♿ (1 chalet) - 18 🏠 - 2 cabanons. Nuitée 59 à 90€ - Sem. 271 à 537€

Au bord du canal du Nivernais et à 150 m de l'Yonne.

Nature :
Loisirs : 🍷 ✕ 🏠 ⛹ 🏊 🚲 🏞 (découverte en saison)
Services : 🔑 🚻 ♿ 🚿 🛜 laverie
À prox. :

GPS
E : 3.63536
N : 47.70705

136

BRETAGNE

🇫🇷 Brute comme ses côtes de granit, riante comme ses petits ports de pêche avec leurs flottes colorées, émouvante comme ses calvaires et ses enclos paroissiaux, mystérieuse comme ses dolmens, ses menhirs et ses forêts enchantées, la Bretagne doit son charme à son essence maritime, à la variété de ses paysages et à l'originalité de sa culture. Attachés à leurs légendes, leur langue et leurs coutumes héritées d'un lointain passé celte, les Bretons cultivent leur identité à travers force manifestations folkloriques, festoù-noz et autres rassemblements où se défient bardes, sonneurs et bagadoùs. Des pauses friandes ponctuent généreusement cette riche palette festive de bolées de cidre, de crêpes, de galettes-saucisses et de tous les trésors gourmands qui font la réputation de la gastronomie locale.

🇬🇧 Brittany — Breizh to its inhabitants — is a region of harsh granite coastlines, mysterious forests, pretty ports and brightly painted fishing boats. Its charm lies in its brisk sea breeze, its incredibly varied landscapes and the people themselves, born, so they say, with a drop of salt water in their blood. Proud of the language handed down from their Celtic ancestors, today's Bretons nurture their identity with intense and vibrant celebrations of folklore and custom. Of course, such devotion to culture requires plenty of good, wholesome nourishment: sweet and savoury pancakes, thick slices of butter cake and mugs of cold cider. However, Brittany's gastronomic reputation extends much further and gourmets can feast on the oysters, lobster and crab for which it is famous.

MANCHE
Localité citée avec camping
Localité citée avec camping et locatif
Vannes
Localité disposant d'un camping avec aire de services camping-car
Moyaux
Localité disposant d'au moins un terrain agréable
Aire de service pour camping-car sur autoroute
Perros-Guirec
Plougrescant
Pleubian
Trégastel
Primel-Trégastel
Pleumeur-Bodou
Trélévern
Paimpol
Trébeurden
Louannec
D 786
Roscoff
Plougasnou
Brignogan-Plages
St-Pol-de-Léon
Trédrez
Lannion
Pontrieux
Plouézec
Plouguerneau
Plougoulm
St-Jean-du-Doigt
D 58
D 767
Plounévez-Lochrist
Carantec
Plestin-les-Grèves
Bégard
Lampaul-Ploudalmézeau
Landéda
Lant
Île d'Ouessant
N 12
Morlaix
Guingamp
Plouigneau
N 12
Milizac
St-Renan
Châtelaudren
Locmaria-Plouzané
BREST
Elorn
Sizun
Callac
le Conquet
Plougastel-Daoulas
Trieux
le Fret
FINISTÈRE
CÔTES
Camaret-s-Mer
Crozon
N 165
Morgat
Dinéault
Telgruc-s-Mer
D 887
Châteaulin
Pentrez-Plage
N 164
Ploéven
Plomodiern
Douarnenez
Aulne
Kervel
Poullan-s-M.
Locronan
Odet
Île de Sein
Plouhinec
D 765
Scaër
Priziac
Primelin
Quimper
St-Yvi
Pontivy
Plozévet
Fouesnant
Tréguennec
La Forêt-Fouesnant
Mousterlin
D 785
Bénodet
Concarneau
Quimperlé
Arzano
Plomeur
Blavet
Penmarch
Loctudy
Névez
N 165
Pont-Scorff
N 24
Treffiagat
Beg-Meil
Camors
Plobannalec-Lesconil
Le Pouldu
Lesconil
Guidel
N 165
LORIENT
Raguenès-Plage
Ste-Anne-d'Auray
Port-Manech
Plouhinec
Ploemel
Belz
Plougoumelen
Île de Groix
Erdeven
Crach
Baden
Plouharnel
Carnac-Plage
la Trinité
OCÉAN ATLANTIQUE
Quiberon
Arzon
St-Philibert
Locmariaquer
le Palais
Bangor
Belle-Île-en-Mer

Baubigny
St-Jean-de-la-Rivière
Denneville
le-Vicomte
St-Symphorien-le-Valois
Ste-Mère-Église
Vierville-s-M.
Isigny-s-M.
Port-en-Bessin
Arromanches-les
Surrain
Trévières
Étréham
Bayeux
N 13
Martragny
JERSEY
N 174
St-Lô
MANCHE
Torigny-les-Villes
A 84
Agon-Coutainville
Coutances
D 999
Annoville
D 971
LA VALLÉE DE LA VIRE-GOUVETS
Vire
Thury-Harcourt
Pont-Farcy
Îles Chausey
Bréville-s-M.
Bréhal
Donville-les-B.
Granville
D 924
D 973
Vire
Villedieu-les-Poêles
Lanloup
St-Cast-le-Guildo
St-Lunaire
St-Malo
Cancale
Genêts
Brécey
Fler
Étables-s-M.
Binic
Erquy
Plurien
St-Briac-s-M.
St-Coulomb
Roz-sur-Couesnon
Avranches
Sée
Pléneuf-Val André
Courtils
Pordic
Matignon
Cherrueix
Beauvoir
St-Hilaire-du-Harcouët
St-Jouan-des-Guérets
N 176
St-Marcan
N 175
Sélune
Pléven
St-Samson-s-R.
Dol-de-Bretagne
Pontorson
D 976
D 700
N 176
Taden
Dinan
la Chapelle-aux-Filtzméens
A 84
D'ARMOR
Jugon-les-Lacs
D 766
Rance
Tinténiac
Fougères
Ambrières-les-Vallées
Feins
Couesnon
D 175
Ille
N 12
Merdrignac
N 164
D 137
Châtillon-en-Vendelais
Mayenne
Loudéac
N 12
A 84
MAYENNE
D 766
Andouillé
Rohan
RENNES
Vilaine
A 81
Paimpont
N 157
Taupont
N 24
Châteaugiron
St-Berthevin
Laval
D 21
Josselin
ILLE-ET-VILAINE
MORBIHAN
Marcillé-Robert
Mayenne
N 162
Le Roc-Saint-André
D 771
la Selle-Craonnaise
Villiers-Charlemagne
Sérent
N 166
N 137
Vilaine
Martigné-Ferchaud
Bouère
Monterblanc
Craon
Château-Gontier
Sablé-s-S
Larmor-Baden
Sulniac
Rochefort-en-Terre
Ménil
Vannes
Noyal-Muzillac
Châteaubriant
Pouancé
Redon
Daon
Arradon
Nyoiseau
Châteaune
Theix
Île-aux-Moines
Guémené-Penfao
D 771
Segré
La Roche-Bernard
Kervoyal
D 775
Pruillé
Sarzeau
Le Tour-du-Parc
Loir
St-Gildas-de-Rhuys
LOIRE-ATLANTIQUE
MAINE-ET-
Pénestin
Assérac
N 137
Mesquer
N 165
Nort-sur-Erdre
Piriac-s-Mer
ANGERS
La Turballe
Guérande
N 171
A 11
Ancenis
Les Ponts-de
LOIRE
A 87
Le Croisic
La Baule
ST-NAZAIRE
Chalonnes-s-L.
Pornichet
St-Brévin-les-Pins
Ste-Luce-s-L.
Brissac-Quinc
NANTES
St-Julien-de-Concelles
St-Georges-s
D 751
TRÉMENTINES
Chemillé
N 249
Lac de Grand-Lieu
Sèvre Nantaise
Vihiers
Conc s-La
A 83
TRÉMENTINES
Machecoul
Boulogne
Cholet
St-Philbert-de-Grand-Lieu
Maulévrier
D 758
La Guyonnière
LES HERBIERS
LES BROUZILS
A 87
Arge les-V
St-Laurent-s-Sèvre
D 763
Chambretaud
St-Étienne-du-Bois
Les Epesses
N 149
Apremont
LES HERBIERS
Bress

BRETAGNE

ARRADON

56610 - Carte Michelin **308** O9 - 5 301 h. - alt. 40
▶ Paris 467 - Auray 18 - Lorient 62 - Quiberon 49

▲▲▲ Sites et Paysages de Penboch

☎ 02 97 44 71 29, www.camping-penboch.fr

Pour s'y rendre : 9 chemin de Penboch (2 km au sud-est par rte de Roguedas)

Ouverture : de déb. avr. à fin sept.

4 ha (192 empl.) plat et peu incliné, herbeux

Empl. camping : (Prix 2017) 41,30€ ✶ ✶ ⇔ ▤ (10A) - pers. suppl. 6,80€

Location : (Prix 2017) (de déb. avr. à fin sept.) - ♿ (1 mobile home) - 60 ⇔ - 6 gîtes. Nuitée 65 à 170€ - Sem. 343 à 1 190€ - frais de réservation 20€

⇔ borne artisanale 5€ - ⇔ 17€

Cadre verdoyant et fleuri autour de l'espace aquatique en partie couvert avec quelques emplacements en sous-bois à 200 m de la plage.

Nature : 🌳 🏞 🌊
Loisirs : 🍽 🏊 jacuzzi 🏄 🚴 🎯 🏊 terrain multisports
Services : ⚙ 🔑 🚿 – 4 sanitaires individuels (🚽 wc) 🚗 🛜 laverie 🧊 réfrigérateurs
À prox. : 🎣

GPS
W : 2.80085
N : 47.62217

▲ L'Allée

☎ 02 97 44 01 98, www.camping-allee.com

Pour s'y rendre : L'Allée (1,5 km à l'ouest par rte du Moustoir et à gauche)

Ouverture : de déb. avr. à fin sept.

3 ha (148 empl.) plat et peu incliné, herbeux

Empl. camping : (Prix 2017) ✶ 5,50€ ⇔ 2,50€ ▤ 9,95€ – ▤ (10A) 4,70€ - frais de réservation 20€

Location : (Prix 2017) (de déb. avr. à fin sept.) - ♿ (1 mobile home) - 36 ⇔ - 2 bungalows toilés - 2 gîtes. Nuitée 90 à 120€ - Sem. 270 à 690€ - frais de réservation 20€

⇔ borne AireService

Emplacements ensoleillés ou plus ombragés.

Nature : 🌳 🏞 🌊
Loisirs : 🍽 🏊 🎯 🏊
Services : ⚙ 🔑 (juil.-août) 🚗 🛜 laverie

GPS
W : 2.8403
N : 47.62189

ARZANO

29300 - Carte Michelin **308** K7 - 1 403 h. - alt. 91
▶ Paris 508 - Carhaix-Plouguer 54 - Châteaulin 82 - Concarneau 40

▲▲▲ Iris Parc Ty Nadan 👥

☎ 02 98 71 75 47, www.irisparc.fr/camping-le-ty-nadan/

Pour s'y rendre : à Locunolé, rte d'Arzano (3 km à l'ouest, au bord de l'Ellé)

Ouverture : de fin avr. à déb. sept.

20,5 ha/5 campables (325 empl.) plat et peu incliné, herbeux

Empl. camping : (Prix 2017) 50€ ✶ ✶ ⇔ ▤ (10A) - pers. suppl. 9€ - frais de réservation 20€

Location : (Prix 2017) (de fin avr. à déb. sept.) - 90 ⇔ - 7 🏠 - 2 bungalows toilés - 10 tentes lodges - 1 gîte - 2 appartements. Nuitée 60 à 100€ - Sem. 420 à 700€ - frais de réservation 20€

Parc aquatique en partie couvert et nombreuses activités sportives et de loisirs, baignade et canoë sur rivière.

Nature : 🌳 🏞 🌊
Loisirs : 🍽 🏊 salle d'animations 🏄 jacuzzi 🚴 🎯 🏊 🌊 (plage) 🚣 🐎 🐑 mini ferme mur d'escalade parcours dans les arbres
Services : ⚙ 🔑 🚿 – 4 sanitaires individuels (🚽 wc) 🚗 🛜 laverie 🧊 🧺

GPS
W : 3.47389
N : 47.905

ARZON

56640 - Carte Michelin **308** N9 - 2 132 h. - alt. 9
▶ Paris 487 - Auray 52 - Lorient 94 - Quiberon 81

▲ Municipal le Tindio

☎ 02 97 53 75 59, www.camping-arzon.fr

Pour s'y rendre : 2 r. du Bilouris, à Kerners (800 m au nord-est)

Ouverture : de fin mars à déb. nov.

5 ha (220 empl.) plat et peu incliné, herbeux

Empl. camping : (Prix 2017) ✶ 4,40€ ⇔ ▤ 8,70€ – ▤ (10A) 3,50€

Location : (Prix 2017) (de fin mars à déb. nov.) - ♿ (3 chalets) - 18 ⇔ - 3 cabanons. Sem. 145 à 659€

⇔ borne Urbaflux 2,50€ - 19 ▤ 10€ - ⇔ 10€

Au bord de l'océan avec un bon confort sanitaire et des chalets de qualité.

Nature : 🌊 🌳
Loisirs : 🏞 🏄 🎯 terrain multisports
Services : ⚙ 🔑 🚗 🛜 laverie

GPS
W : 2.8828
N : 47.55562

BADEN

56870 - Carte Michelin **308** N9 - 4 077 h. - alt. 28
▶ Paris 473 - Auray 9 - Lorient 52 - Quiberon 40

▲▲▲▲ Yelloh! Village Mané Guernehué 👥

☎ 02 97 57 02 06, www.camping-baden.com

Pour s'y rendre : 52 r. Mané Er Groëz (1 km au sud-ouest par rte de Mériadec et à dr.)

Ouverture : de déb. avr. à fin sept.

18 ha/8 campables (377 empl.) vallonné, en terrasses, plat et peu incliné, herbeux, étang, sous-bois

Empl. camping : (Prix 2017) 53€ ✶ ✶ ⇔ ▤ (10A) - pers. suppl. 9€

Location : (Prix 2017) (de déb. avr. à fin sept.) - ♿ (1 mobile home) - 162 ⇔ - 19 🏠 - 2 tentes lodges - 4 roulottes - 6 gîtes - 3 appartements - 1 studio. Nuitée 38 à 251€ - Sem. 266 à 1 757€

⇔ borne artisanale 6,50€ - ⇔ 19€

Bel espace balnéo couvert et centre équestre avec poneys et chevaux.

Nature : 🌳 🏞 🌊
Loisirs : 🍽 🍴 🏊 salle d'animations 🏄 🚴 centre balnéo 🧖 hammam jacuzzi 🚴 🎯 🏊 🌊 🐎 tyrolienne parcours dans les arbres terrain multisports parc aquatique
Services : ⚙ 🔑 🚿 – 8 sanitaires individuels (🚽 wc) 🚗 🛜 laverie 🧊 🧺
À prox. : 🍴

GPS
W : 2.92531
N : 47.61418

140

BRETAGNE

BÉGARD

22140 - Carte Michelin **309** C3 - 4 652 h. - alt. 142
▶ Paris 499 - Rennes 147 - St-Brieuc 51 - Quimper 132

⛰ Donant

☎ 02 96 45 46 46, www.camping-donant-bretagne.com

Pour s'y rendre : à Gwénézhan

Ouverture : Permanent

3 ha (91 empl.) en terrasses, plat, herbeux

Empl. camping : (Prix 2017) ♦ 4€ ⇔ 2,40€ 🅿 12,30€ – ⚡ (10A) 3,60€

Location : (Prix 2017) Permanent⚡, (1 chalet) - 15 🏠 - 12 🛏 - 2 bungalows toilés - 1 gîte. Nuitée 71 à 91€ - Sem. 202 à 548€

⛽ borne AireService 6€

Nature : 🌳
Loisirs : 🎣 salle d'animations 🏇
Services : 🔑 laverie
À prox. : 🍽 🎯 🎢 pédalos parc de loisirs

GPS
W : 3.2837
N : 48.61807

BEG-MEIL

29170 - Carte Michelin **308** H7
▶ Paris 562 - Rennes 211 - Quimper 23 - Brest 95

⛰ La Piscine 👥

☎ 02 98 56 56 06, www.camping-bretagne-delapiscine.com

Pour s'y rendre : 51 Hent Kerleya (4 km au nord-ouest)

Ouverture : de fin avr. à déb. sept.

3,8 ha (199 empl.) plat, herbeux, petit étang

Empl. camping : (Prix 2017) 37€ ♦♦ ⇔ 🅿 ⚡ (10A) - pers. suppl. 7,50€ - frais de réservation 25€

Location : (Prix 2017) (de mi-avr. à déb. sept.) - 🎣 - 36 🏠. Sem. 200 à 1 330€ - frais de réservation 25€

⛽ borne artisanale - 🚽 ⚡25€

Cadre agréable en bord de mer autour d'un étang clos.

Nature : 🌳 🏖
Loisirs : 🎣 🏊 💆 hammam jacuzzi 🏇 🏖 🎯 🚴 bi-cross
Services : 🔑 🍽 🧺 🚿 laverie ⚡

GPS
W : 4.01579
N : 47.86671

⛰ Le Kervastard

☎ 02 98 94 91 52, www.campinglekervastard.com

Pour s'y rendre : 56 chemin de Kervastard (à 150 m du bourg)

Ouverture : de déb. avr. à fin oct.

2 ha (122 empl.) plat, herbeux

Empl. camping : (Prix 2017) 32,90€ ♦♦ ⇔ 🅿 ⚡ (10A) - pers. suppl. 6,10€ - frais de réservation 15€

Location : (Prix 2017) (de déb. avr. à fin oct.) - 23 🏠. Nuitée 34 à 105€ - Sem. 236 à 730€ - frais de réservation 15€

⛽ borne AireService 2,50€ - 🚽 ⚡13€

Cadre agréable légèrement ombragé tout proche des commerces.

Nature : 🌳
Loisirs : 🎣 🏇 🚴 🏊
Services : 🔑 🧺 🚿 laverie
À prox. : 🍽 🎯 💧

GPS
W : 3.98825
N : 47.86015

BELLE-ÎLE

56360 - Carte Michelin **308** - 2 457 h. - alt. 7

🚢 En été réservation indispensable pour le passage des véhicules et des caravanes. Départ Quiberon (Port-Maria), arrivée au Palais - Traversée 45 mn- renseignements et tarifs : Société Morbihannaise de Navigation, 56360 Le Palais (Belle-Île), ☎ 08 20 05 60 00 et Compagnie Océane, 56170 Quiberon, et 56360 Le Palais (Belle-Île), ☎ 0 820 056 156 (0,12 €/mn + prix appel)

Bangor 56360 - Carte Michelin **308** L11 - 926 h. - alt. 45
▶ Paris 513 - Rennes 162 - Vannes 53

⛰ Le Kernest

☎ 02 97 31 56 26, www.camping-kernest.com

Pour s'y rendre : lieu-dit Kernest (1,2 km à l'ouest)

Ouverture : de déb. avr. à fin sept.

2 ha (74 empl.) plat, herbeux

Empl. camping : (Prix 2017) ♦ 5,50€ ⇔ 🅿 11€ – ⚡ (6A) 3,50€ - frais de réservation 15€

Location : (Prix 2017) (de déb. avr. à fin sept.) - 25 🏠 - 15 🏠 - 8 bungalows toilés - 14 tentes lodges. Nuitée 52 à 137€ - Sem. 364 à 959€ - frais de réservation 15€

⛽ borne artisanale

Des emplacements bien ensoleillés, du locatif nombreux et varié autour de la piscine couverte.

Nature : 🏖 🌳
Loisirs : 🍽 🎣 🏇 ✂ 🏊 (découverte en saison) terrain multisports
Services : 🔑 🛒 🚿 🧺 laverie ⚡ 💧

GPS
W : 3.20076
N : 47.31182

⛺ Municipal de Bangor

☎ 02 97 31 89 75, www.bangor.fr/hebergements_camping.html

Pour s'y rendre : 18 r. Pierre-Cadre (à l'ouest du bourg)

Ouverture : de déb. avr. à fin sept.

0,8 ha (75 empl.) peu incliné à incliné, herbeux

Empl. camping : (Prix 2017) ♦ 3,70€ ⇔ 1,75€ 🅿 3,10€ – ⚡ (5A) 3,10€

Location : (Prix 2017) (de déb. avr. à fin sept.) - 6 🏠 - 16 🛏 - 2 cabanons. Nuitée 47 à 85€ - Sem. 296 à 597€

Terrain simple et agréable à 200 m du bourg et des commerces.

Nature : 🏖 🌳
Loisirs : 🏇
Services : 🔑 🚿 laverie

GPS
W : 3.19103
N : 47.31453

Le Palais 56360 - Carte Michelin **308** M10 - 2 545 h. - alt. 7
▶ Paris 508 - Rennes 157 - Vannes 48

⛰ Bordénéo

☎ 02 97 31 88 96, www.bordeneo.com

Pour s'y rendre : lieu-dit : Bordénéo (1,7 km au nord-ouest par rte de Port Fouquet, à 500 m de la mer)

Ouverture : de mi-avr. à fin sept.

5,5 ha (202 empl.) plat, herbeux **Empl. camping** : (Prix 2017) ♦ 7,50€ ⇔ 2,70€ 🅿 11,50€ – ⚡ (6A) 3,90€ - frais de réservation 16€

Location : (Prix 2017) (de déb. avr. à fin sept.) - 48 🏠 - 12 🏠 - 10 bungalows toilés - 4 studios. Nuitée 65 à 150€ - Sem. 290 à 960€ - frais de réservation 16€

Décoration florale et arbustive avec un espace aquatique en partie couvert.

Nature : 🌳 🏖 🎋
Loisirs : 🍽 🎣 🏊 nocturne 🏇 🚴 ✂ 🎯 🎢
Services : 🔑 🚿 🛒 🧺 laverie ⚡ 💧

GPS
W : 3.16711
N : 47.35532

BRETAGNE

▲ L'Océan

☎ 02 97 31 83 86, www.camping-ocean-belle-ile.com

Pour s'y rendre : à Rosboscer (au sud-ouest du bourg, à 500 m du port)

Ouverture : de déb. mai à mi-sept.

2,8 ha (108 empl.) plat et peu incliné, herbeux

Empl. camping : (Prix 2017) 24,50 € ♂♀ 🚗 🔌 (10A) - pers. suppl. 6 € - frais de réservation 5 €

Location : (Prix 2017) (de déb. mars à mi-nov.) - ♿ (1 mobile home) - 17 🏠 - 35 ⛺ - 5 tentes lodges - 2 roulottes. Nuitée 47 à 111 € - Sem. 329 à 759 € - frais de réservation 13 €

Cadre agréable et locatifs variés sous une jolie pinède.

Nature : 🌳 🌿 🌲	
Loisirs : 🍴 ✕ 🏊	**GPS**
Services : 🔑 🚿 🧺 📶 laverie 🛒	W : 3.13996
À prox. : 🛒 🎣	N : 47.53473

Avant de vous installer, consultez les tarifs en cours, affichés obligatoirement à l'entrée du terrain, et renseignez-vous sur les conditions particulières de séjour. Les indications portées dans le guide ont pu être modifiées depuis la mise à jour.

BELZ

56550 - Carte Michelin **308** L8 - 3 476 h. - alt. 12

▶ Paris 494 - Rennes 143 - Vannes 34 - Lorient 25

▲ Le Moulin des Oies

☎ 02 97 55 53 26, www.lemoulindesoies.bzh

Pour s'y rendre : 21 r. de la Côte

Ouverture : de déb. avr. à fin sept.

1,9 ha (90 empl.) plat, herbeux

Empl. camping : (Prix 2017) 19 € ♂♀ 🚗 🔌 (6A) - pers. suppl. 5 € - frais de réservation 12 €

Location : (Prix 2017) (de déb. avr. à fin sept.) - 16 🏠. Nuitée 66 à 93 € - Sem. 217 à 658 € - frais de réservation 12 €

🚐 borne eurorelais

En bordure de la Ria d'Étel avec un grand bassin d'eau de mer, idéal pour la baignade.

Nature : 🌳 🌿 🌲	
Loisirs : 🍴 ✕ 🏊 🎣 🛶 (bassin d'eau de mer) terrain multisports	**GPS**
Services : 🔑 🚿 🧺 📶 laverie 🛒	W : 3.17603
	N : 47.68045

BÉNODET

29950 - Carte Michelin **308** G7 - 3 453 h.

▶ Paris 563 - Concarneau 19 - Fouesnant 8 - Pont-l'Abbé 13

▲▲▲ Sunêlia L'Escale St-Gilles 👥

☎ 02 98 57 05 37, www.escale-stgilles.fr - peu d'emplacements pour tentes et caravanes 🐕 (de déb. juil. à fin août)

Pour s'y rendre : corniche de la Mer (à la Pointe St-Gilles)

Ouverture : de fin avr. à mi-sept.

11 ha/7 campables (467 empl.) plat, herbeux

Empl. camping : (Prix 2017) 46 € ♂♀ 🚗 🔌 (12A) - pers. suppl. 10 € - frais de réservation 35 €

Location : (Prix 2017) (de fin avr. à mi-sept.) - ♿ (1 mobile home) - 🚐 - 155 🏠 - 2 tentes lodges. Nuitée 42 à 193 € - Sem. 235 à 1 351 € - frais de réservation 35 €

Agréable situation face à l'océan, près de la plage. Un espace aquatique très complet et moderne. Possibilité de séjours en pension et 1/2 pension.

Nature : 🌳 🌿 🌲	
Loisirs : 🍴 ✕ 🏊 🎣 salle d'animations 🚴 ⛳ centre balnéo 🧖 hammam jacuzzi 🛶 🏓 🎾 🛝 parc aquatique	**GPS** W : 4.09669 N : 47.86325
Services : 🔑 🚿 🧺 📶 laverie 🛒	
À prox. : 🎣	

▲▲ Le Letty 👥

☎ 02 98 57 04 69, www.campingduletty.com

Pour s'y rendre : impasse de Creisanguer

Ouverture : de fin juin à déb. sept.

10 ha (542 empl.) plat, herbeux

Empl. camping : (Prix 2017) 48,50 € ♂♀ 🚗 🔌 (10A) - pers. suppl. 11 € - frais de réservation 15 €

Location : (de fin juin à déb. sept.) - 12 tentes lodges. Sem. 530 à 890 €

🚐 borne artisanale

Agréable situation en bordure de plage avec vue exceptionnelle sur les dunes de Mousterlin. Beaucoup de places pour tentes et caravanes. Espace aquatique complet et exotique.

Nature : 🌳 🌲	
Loisirs : 🍴 🏊 salle d'animations 🚴 ⛳ 🧖 hammam jacuzzi 🛶 ✕ 🏓 🎾 🛝 soins esthétiques	**GPS** W : 4.08995 N : 47.86537
Services : 🔑 🚿 🧺 📶 laverie 🛒	
À prox. : 🎣 🏖 ⚓ squash	

▲ Le Poulquer

☎ 02 98 57 04 19, www.campingdupoulquer.com

Pour s'y rendre : 23 r. du Poulquer (150 m de la mer)

Ouverture : de déb. mai à fin sept.

3 ha (215 empl.) plat et peu incliné, herbeux

Empl. camping : (Prix 2017) 7,30 € ✱ 3,30 € 🚗 7,80 € – 🔌 (10A) 5,50 € - frais de réservation 20 €

Location : (Prix 2017) (de déb. mai à fin sept.) - 35 🏠. Nuitée 50 à 134 € - Sem. 350 à 940 € - frais de réservation 20 €

🚐 borne AireService

Emplacements spacieux, verdoyants et ombragés.

Nature : 🌿 🌲	
Loisirs : 🍴 ✕ 🏊 salle d'animations 🚴 ⛳ 🛶 🏓	**GPS** W : 4.09844 N : 47.86794
Services : 🔑 📶 laverie	
À prox. : ✕ 🎣 🏖 ⚓	

Donnez-nous votre avis sur les terrains que nous recommandons. Faites-nous connaître vos observations et vos découvertes par mail à l'adresse : leguidecampingfrance@tp.michelin.com.

142

BRETAGNE

BINIC
22520 - Carte Michelin **309** F3 - 3 602 h. - alt. 35
▶ Paris 463 - Guingamp 37 - Lannion 69 - Paimpol 31

Le Panoramic
📞 02 96 73 60 43, www.lepanoramic.net
Pour s'y rendre : r. Gasselin
Ouverture : de déb. avr. à fin sept.
4 ha (150 empl.) terrasse, peu incliné, plat, herbeux
Empl. camping : (Prix 2017) 21€ ✶✶ 🚗 📧 ⚡ (10A) - pers. suppl. 4€ - frais de réservation 15€
Location : (Prix 2017) (de déb. avr. à fin sept.) - ♿ (1 mobile home) - 76 🏠 - 8 🏡 - 2 tentes lodges - 1 roulotte. Nuitée 50 à 132€ - Sem. 230 à 920€ - frais de réservation 15€
🚐 borne artisanale

Préférer les emplacements les plus éloignés du bruit de la route. Bel espace aquatique.

Nature : 🌳 ⛱ ≤≤
Loisirs : 🍴✕ 🏠 🛝 🏊 ♨ terrain multisports
Services : 🔑 🛒 ♿ 🛜 laverie

GPS : W : 2.82304 N : 48.59098

Municipal des Fauvettes
📞 02 96 73 60 83, www.binic-etables-sur-mer.fr
Pour s'y rendre : r. des Fauvettes
Ouverture : de fin mars à fin sept.
1 ha (88 empl.) en terrasses, plat et peu incliné, herbeux
Empl. camping : (Prix 2017) 23,55€ ✶✶ 🚗 📧 ⚡ (6A) - pers. suppl. 5,15€
Location : (Prix 2017) (de fin mars à fin sept.) - ♿ (1 mobile home) - 4 🏠 - 2 studios. Sem. 267 à 428€
🚐 borne artisanale - 5 🏕 9€ - 🚙 9€

Vue panoramique sur la mer, le Cap Fréhel et la baie de St-Brieuc. Terrain bordé par le GR 34 et accès à la plage par un sentier.

Nature : 🌳 ≤ sur la baie de St-Brieuc ♀
Loisirs : 🏇
Services : 🔑 🛒 ♿ 🛜 🧺

GPS : W : 2.82122 N : 48.60635

BRIGNOGAN-PLAGES
29890 - Carte Michelin **308** F3 - 848 h. - alt. 17
▶ Paris 585 - Brest 41 - Carhaix-Plouguer 83 - Landerneau 27

La Côte des Légendes
📞 02 98 83 41 65, www.campingcotedeslegendes.com
Pour s'y rendre : r. Douar ar Pont (2 km au nord-ouest)
Ouverture : de déb. avr. à mi-nov.
3,5 ha (147 empl.) plat, herbeux, sablonneux
Empl. camping : (Prix 2017) 21,45€ ✶✶ 🚗 📧 ⚡ (10A) - pers. suppl. 5€
Location : (Prix 2017) (de déb. avr. à mi-nov.) - 13 🏠 - 1 🏡 - 4 tentes lodges. Nuitée 35 à 100€ - Sem. 243 à 699€
🚐 borne artisanale 3,10€ - 3 📧 7,30€

Au bord de la plage des Crapauds, site sensibilisé à l'écologie.

Nature : 🌳 ≤ ♀ ≤≤
Loisirs : 🏠 ♨
Services : 🔑 (juil.- août) ♿ 🛜 🧺
À prox. : 🏄

GPS : W : 4.32928 N : 48.67284

CALLAC
22160 - Carte Michelin **309** B4 - 2 359 h. - alt. 172
▶ Paris 510 - Carhaix-Plouguer 22 - Guingamp 28 - Morlaix 41

Municipal Verte Vallée
📞 02 96 45 58 50, 22commune025@mairie-callac.fr
Pour s'y rendre : av. Ernest-Renan (sortie ouest par D 28, rte de Morlaix et av. Ernest-Renan à gauche, à 50 m d'un plan d'eau)
Ouverture : de mi-juin à mi-sept.
1 ha (60 empl.) peu incliné, plat, herbeux, étang
Empl. camping : (Prix 2017) ✶ 2,75€ 🚗 1,40€ 📧 2,15€ – ⚡ (10A) 2,15€
🚐 borne eurorelais 2€ - 4 📧

Cadre verdoyant au-dessus d'un bel étang, idéal pour la pêche.

Nature : 🌳 ⛱ ≤≤
Loisirs : ✕ 🏓 🎣
Services : 🔑 (juil.-août) 🧺

GPS : W : 3.43765 N : 48.40174

CAMARET-SUR-MER
29570 - Carte Michelin **308** D4 - 2 576 h. - alt. 4
▶ Paris 597 - Brest 4 - Châteaulin 45 - Crozon 11

Le Grand Large
📞 02 98 27 91 41, www.campinglegrandlarge.com
Pour s'y rendre : à Lambézen (3 km au nord-est par D 355 et rte à dr., à 400 m de la plage)
Ouverture : de déb. avr. à fin sept.
2,8 ha (123 empl.) plat et peu incliné, herbeux
Empl. camping : (Prix 2017) 29,10€ ✶✶ 🚗 📧 ⚡ (10A) - pers. suppl. 5,40€ - frais de réservation 16€
Location : (Prix 2017) (de déb. avr. à fin sept.) - 27 🏠 - 3 🏡. Sem. 221 à 787€ - frais de réservation 16€
🚐 borne artisanale

Une vraie vigie d'observation sur l'entrée de la rade de Brest, vue spectaculaire depuis la moitié des emplacements.

Nature : 🌳 ≤ la mer
Loisirs : 🍴 🏠 🛝 🏊 ♨
Services : 🔑 🛒 ♿ 🛜 laverie 🧺 🏇

GPS : W : 4.56472 N : 48.28083

CAMORS
56330 - Carte Michelin **308** M7 - 2 788 h. - alt. 113
▶ Paris 472 - Auray 24 - Lorient 39 - Pontivy 31

Le Village Insolite
📞 06 33 76 66 77, www.camping-levillageinsolite.com
Pour s'y rendre : r. des Mésanges (1 km à l'ouest par D 189, rte de Lambel-Camors)
Ouverture : de déb. avr. à fin sept.
1 ha (34 empl.) en terrasses, plat, herbeux
Empl. camping : (Prix 2017) ✶ 4,60€ 🚗 2,50€ 📧 6,20€ – ⚡ (16A) 5,50€ - frais de réservation 3€
Location : (Prix 2017) (de déb. mars à fin sept.) - 2 🏠 - 4 🏡 - 1 tipi - 1 yourte - 1 roulotte. Nuitée 42 à 110€ - Sem. 235 à 620€ - frais de réservation 7€
🚐 borne artisanale 6,20€ - 🚙 17,90€

Plusieurs locatifs insolites autour de la piscine couverte.

Nature : 🌳 ♀
Loisirs : 🏊 (découverte en saison)
Services : 🔑 ♿ 🚿 🛜 🧺
À prox. : 🏇 parcours dans les arbres

GPS : W : 3.01304 N : 47.84613

143

BRETAGNE

CANCALE
35260 - Carte Michelin **309** K2 - 5 374 h. - alt. 50
▶ Paris 398 - Avranches 61 - Dinan 35 - Fougères 73

Le Bois Pastel
☎ 02 99 89 66 10, www.campingboispastel.fr

Pour s'y rendre : 13 r. de la Corgnais (7 km au nord-ouest par D 201, rte côtière et à gauche)

Ouverture : de déb. avr. à fin sept.

5,2 ha (247 empl.) plat, herbeux

Empl. camping : (Prix 2017) ★ 4,90€ 🚗 2€ 🅴 11€ – 🔌 (10A) 4€ - frais de réservation 15€

Location : (Prix 2017) (de déb. avr. à fin sept.) - 20 🏠 - 6 bungalows toilés. Nuitée 43 à 146€ - Sem. 230 à 730€ - frais de réservation 15€

🚰 borne artisanale 5€

Emplacements verdoyants pour tentes et caravanes souvent bien ombragés.

Nature : 🌳 ♤♤
Loisirs : 🍴 🎱 🏊 (découverte en saison) terrain multisports
Services : 🔑 📶 laverie 🧺 ✈

GPS
W : 1.86561
N : 48.68875

CARANTEC
29660 - Carte Michelin **308** H2 - 3 249 h. - alt. 37
▶ Paris 552 - Brest 71 - Lannion 53 - Morlaix 14

Yelloh! Village Les Mouettes ⛺
☎ 02 98 67 02 46, www.les-mouettes.com - peu d'emplacements pour tentes et caravanes

Pour s'y rendre : 50 rte de la Grande-Grève (1,5 km au sud-ouest par rte de St-Pol-de-Léon et rte à dr.)

Ouverture : de mi-avr. à déb. sept.

4 ha (474 empl.) plat, herbeux

Empl. camping : (Prix 2017) 65€ ★★ 🚗 🅴 (16A) - pers. suppl. 9€

Location : (Prix 2017) (de mi-avr. à déb. sept.) - ♿ - 🅿 - 320 🏠 - 34 🛖. Nuitée 39 à 316€ - Sem. 273 à 2 212€

Un magnifique parc aquatique en bord de mer, des toboggans géants. Locatif de qualité.

Nature : 🌳 ♤♤
Loisirs : 🍴 🎱 🏊 salle d'animations centre balnéo 🧖 jacuzzi 🚴 🐎 ⛸ 🏓 bibliothèque
Services : 🔑 📶 💈 laverie 🧺 ✈

GPS
W : 3.92802
N : 48.65922

CARNAC
56340 - Carte Michelin **308** M9 - 4 362 h. - alt. 16
▶ Paris 490 - Auray 13 - Lorient 49 - Quiberon 19

Les Castels La Grande Métairie ⛺
☎ 02 97 52 24 01, www.lagrandemetairie.com - peu d'emplacements pour tentes et caravanes

Pour s'y rendre : rte de Kerlescan (2,5 km au nord-est, près des Alignements de Kerlescan)

Ouverture : de déb. avr. à fin sept.

15 ha/11 campables (581 empl.) plat et peu incliné, herbeux

Empl. camping : (Prix 2017) 66€ ★★ 🚗 🅴 (16A) - pers. suppl. 8,40€ - frais de réservation 30€

Location : (Prix 2017) Permanent ♿ (1 mobile home) - 240 🏠 - 8 roulottes - 2 cabanes perchées. Sem. 189 à 1 946€ - frais de réservation 30€

🚰 borne artisanale 8€

Domaine au bord de l'étang de Kerloquet. Locatif varié, de bon confort mais parfois un peu serré et nombreux mobile homes de tour-opérateurs.

Nature : 🏞 ♤♤
Loisirs : 🍴 🎱 🏊 (théâtre de plein air) 🚴 jacuzzi 🏇 🚲 🐎 🏓 ⛸ tyrolienne parcours dans les arbres ferme animalière skate parc
Services : 🔑 🚿 💈 📶 laverie 🧺 ✈
À prox. : 🐎

GPS
W : 3.05975
N : 47.59647

Le Moustoir ⛺
☎ 02 97 52 16 18, www.lemoustoir.com

Pour s'y rendre : 71 rte du Moustoir (3 km au nord-est)

Ouverture : de mi-avr. à déb. sept.

5 ha (165 empl.) plat et peu incliné, herbeux

Empl. camping : (Prix 2017) 28€ ★★ 🚗 🅴 (10A) - pers. suppl. 7,50€ - frais de réservation 12€

Location : (Prix 2017) (de mi-avr. à déb. sept.) - 100 🏠 - 8 - 6 🛖. Sem. 215 à 1 200€ - frais de réservation 12€

🚰 borne artisanale

Locatifs variés avec pour certains de grandes terrasses et bon confort.

Nature : 🏞 ♤♤
Loisirs : 🍴 🎱 🏊 🚴 🐎 🏓 ⛸ mini ferme terrain multisports
Services : 🔑 💈 📶 laverie 🧺 ✈

GPS
W : 3.06689
N : 47.60829

Moulin de Kermaux ⛺
☎ 02 97 52 15 90, www.camping-moulinkermaux.com

Pour s'y rendre : rte de Kerlescan (2,5 km au nord-est, près des Alignements de Kerlescan)

Ouverture : de mi-avr. à fin sept.

3 ha (150 empl.) plat et peu incliné, herbeux

Empl. camping : (Prix 2017) 38€ ★★ 🚗 🅴 (15A) - pers. suppl. 6,50€ - frais de réservation 18€

Location : (Prix 2017) (de mi-avr. à fin sept.) - ♿ (1 mobile home) - 67 🏠 - 3 bungalows toilés - 3 gîtes. Nuitée 70 à 210€ - Sem. 270 à 954€ - frais de réservation 20€

🚰 borne raclet 3,50€ - 🚙 16€

Préférer les locations, mieux situées que les emplacements tentes ou caravanes.

Nature : 🌳 🏞 ♤
Loisirs : 🍴 🎱 🏊 🚴 jacuzzi 🐎 🏓 ⛸ (découverte en saison) 🏓 terrain multisports
Services : 🔑 🚿 💈 📶 laverie 🧺
À prox. : 🐎

GPS
W : 3.06523
N : 47.59512

Le Lac ⛺
☎ 02 97 55 78 78, www.lelac-carnac.com

Pour s'y rendre : passage du Lac (6,3 km au nord-est, au bord du lac)

Ouverture : de mi-avr. à fin sept.

2,5 ha (132 empl.) en terrasses, plat, herbeux

Empl. camping : (Prix 2017) 25€ ★★ 🚗 🅴 (6A) - pers. suppl. 5€

144

BRETAGNE

Location : (Prix 2017) (de mi-avr. à fin sept.) - 24 - 2 bungalows toilés - 4 tentes lodges - 1 tipi - 3 roulottes. Sem. 196 à 715€
borne artisanale
Situation privilégiée au bord du lac.

Nature :
Loisirs : terrain multisports
Services : laverie

GPS W : 3.02912 N : 47.61117

▲ Les Bruyères

☎ 02 97 52 30 57, www.camping-lesbruyeres.com

Pour s'y rendre : à Kérogile (4 km au nord)

Ouverture : de déb. avr. à fin sept.

2 ha (115 empl.) plat, herbeux

Empl. camping : (Prix 2017) 28,50€ ✶✶ 🚗 🔌 (10A) - pers. suppl. 6,60€ - frais de réservation 10€

Location : (Prix 2017) (de déb. avr. à fin sept.) - 42 - 6 bungalows toilés - 2 tentes sur pilotis. Nuitée 27 à 135€ - Sem. 189 à 945€ - frais de réservation 20€
borne artisanale

Ambiance très familiale avec beaucoup d'espaces verts en sous-bois et jeux pour enfants. Locatif varié, de grand confort pour certains.

Nature :
Loisirs : (découverte en saison) tyrolienne ferme animalière labyrinthe
Services : laverie
À prox. : bowling

GPS W : 3.08884 N : 47.60437

▲ Kérabus

☎ 02 97 52 24 90, www.camping-kerabus.com

Pour s'y rendre : 13 allée des Alouettes (2 km au nord-est)

Ouverture : de déb. avr. à mi-sept.

1,4 ha (86 empl.) plat, herbeux

Empl. camping : (Prix 2017) 28€ ✶✶ 🚗 🔌 (10A) - pers. suppl. 6,50€ - frais de réservation 10€

Location : (Prix 2017) (de déb. avr. à fin sept.) - 15 - 1 tente lodge. Sem. 190 à 695€ - frais de réservation 12€
borne eurorelais 5€ - 13€

Cadre fleuri et ambiance calme et familiale.

Nature :
Loisirs : terrain multisports
Services : laverie

GPS W : 3.07648 N : 47.59641

▲ Tohapi Le Domaine de Kermario

☎ 0825 00 20 30, www.tohapi.fr

Pour s'y rendre : 1 chemin de Kerluir (2 km au nord-est, près des Alignements de Kermario)

Ouverture : de mi-avr. à fin sept.

4 ha plat, étang

Empl. camping : (Prix 2017) 29€ ✶✶ 🚗 🔌 (6A) - pers. suppl. 8€ - frais de réservation 10€

Location : (Prix 2017) (de mi-avr. à fin sept.) - 🅿 - 56 - 9 gîtes. Nuitée 39 à 187€ - Sem. 273 à 1 309€ - frais de réservation 10€

Gîtes aménagés dans un ancien corps de ferme joliment restauré.

Nature :
Loisirs : salle d'animations terrain multisports
Services : laverie

GPS W : 3.06636 N : 47.59521

*Choisissez votre restaurant sur **restaurant.michelin.fr***

CARNAC-PLAGE

56340 - Carte Michelin **308** M9

▶ Paris 494 - Rennes 143 - Vannes 34

▲▲▲ Les Menhirs

(pas d'emplacement tentes et caravanes)

☎ 02 97 52 94 67, www.lesmenhirs.com

Pour s'y rendre : allée St-Michel

6 ha (342 empl.) plat, herbeux

Location : (Prix 2017) (de déb. avr. à fin sept.) - ♿ (1 mobile home) - 🐕 - 333 - 1 - 4 cabanons. Nuitée 38 à 191€ - Sem. 317 à 1 285€ - frais de réservation 20€

À 400 m de la plage et du centre-ville.

Nature :
Loisirs : salle d'animations jacuzzi terrain multisports
Services : laverie
À prox. :

GPS W : 3.06979 N : 47.57683

▲ Les Druides

☎ 02 97 52 08 18, www.camping-les-druides.com

Pour s'y rendre : 55 chemin de Beaumer (à l'est, quartier Beaumer)

Ouverture : de mi-avr. à déb. sept.

2,5 ha (110 empl.) plat et peu incliné, herbeux

Empl. camping : (Prix 2017) 40,30€ ✶✶ 🚗 🔌 (10A) - pers. suppl. 6,80€

Location : (Prix 2017) (de mi-avr. à mi-sept.) - 17 - 3 appartements. Sem. 250 à 820€

Cadre verdoyant avec de nombreux espaces pour la détente, à 500 m de la plage.

Nature :
Loisirs : terrain multisports
Services : laverie
À prox. :

GPS W : 3.05689 N : 47.58012

Si vous désirez réserver un emplacement pour vos vacances, faites-vous préciser au préalable les conditions particulières de séjour, les modalités de réservation, les tarifs en vigueur et les conditions de paiement.

BRETAGNE

▲ Le Men-Du

✆ 02 97 52 04 23, www.camping-mendu.fr

Pour s'y rendre : 22bis chemin de Beaumer (quartier le Men-Du, à 300 m de la plage)

Ouverture : de déb. avr. à fin sept.

1,5 ha (91 empl.) plat et peu incliné, herbeux

Empl. camping : (Prix 2017) 28,50€ ✦✦ 🚗 🅿 ⚡ (10A) - pers. suppl. 5€ - frais de réservation 15€

Location : (Prix 2017) (de déb. avr. à fin sept.) - ♿ (1 mobile home) - 20 🏠. Sem. 260 à 680€ - frais de réservation 15€

Espace verdoyant avec des arbres et des haies parfaitement taillées, sculptées.

Nature : 🌳 🏕 ♀
Loisirs : ✗
Services : 🔑 🚐 📶 laverie
À prox. : ✂

GPS W : 3.05522 N : 47.57941

LA CHAPELLE-AUX-FILTZMÉENS

35190 - Carte Michelin **309** L4 - 726 h. - alt. 40
▶ Paris 388 - Rennes 39 - Saint-Malo 42 - Fougères 83

▲▲▲ Le Domaine du Logis

✆ 02 99 45 25 45, www.domainedulogis.com

Pour s'y rendre : lieu-dit : Le Logis (1,5 km à l'ouest sur D 13, rte de St-Domineuc)

Ouverture : de déb. avr. à déb. oct.

20 ha/6 campables (188 empl.) plat, herbeux

Empl. camping : 35€ ✦✦ 🚗 🅿 ⚡ (16A) - pers. suppl. 6€

Location : (de déb. avr. à déb. oct.) - ♿ - 19 🏠. Sem. 375 à 1 000€

Cadre champêtre magnifique autour d'un ancien corps de ferme traditionnel breton.

Nature : 🌳 🏕 ♀
Loisirs : 🍴 ✗ 🎮 🏊 🚴 🐎 ⛳ bi-cross
Services : 🔑 🚐 🏧 📶 laverie
À prox. : 🎣

GPS W : 1.83566 N : 48.38306

CHÂTEAUGIRON

35410 - Carte Michelin **309** M6 - 6 450 h. - alt. 45
▶ Paris 336 - Angers 114 - Châteaubriant 45 - Fougères 56

▲ Les Grands Bosquets

✆ 02 99 37 89 02, www.tourisme-payschateaugiron.fr

Pour s'y rendre : rte d'Ossé (sortie est par D 34)

Ouverture : de déb. avr. à fin sept.

0,6 ha (33 empl.) plat, herbeux

Empl. camping : (Prix 2017) ✦ 3€ 🚗 🅿 4€ – ⚡ (6A) 3€

Au bord d'un plan d'eau ouvert à la baignade, cadre champêtre.

Nature : ♀♀
Loisirs : 🏖 (plage) 🎣
Services : 🚐
À prox. : 🚴 ✂ terrain multisports

GPS W : 1.49734 N : 48.04983

CHÂTEAULIN

29150 - Carte Michelin **308** G5 - 5 337 h. - alt. 10
▶ Paris 548 - Brest 49 - Douarnenez 27 - Châteauneuf-du-Faou 24

▲ Le Rodaven

✆ 06 83 01 52 67, www.campingderodaven.fr

Pour s'y rendre : au Sud de la ville, bord de l'Aulne (rive droite)

Ouverture : de déb. avr. à fin sept.

2,3 ha (94 empl.) plat, herbeux

Empl. camping : (Prix 2017) 16,50€ ✦✦ 🚗 🅿 ⚡ (10A) - pers. suppl. 4€

Location : (Prix 2017) (de déb. avr. à fin sept.) - 7 🏠 - 2 roulottes - 3 cabanons. Nuitée 28 à 84€ - Sem. 196 à 590€

🚐 borne artisanale

Le long d'une rivière, beaux emplacements pour tentes et caravanes. Commerces et restaurants à proximité.

Nature : ♀
Loisirs : 🍴 🎣 🎮
Services : 🔑 📶 laverie 🏧
À prox. : 🛒 ✗ 🚴 ✂ 🛶 canoë

GPS W : 4.08995 N : 48.19012

*Créez votre voyage sur **voyages.michelin.fr***

CHÂTELAUDREN

22170 - Carte Michelin **309** E3 - 1 047 h. - alt. 105
▶ Paris 469 - Guingamp 17 - Lannion 49 - St-Brieuc 18

▲ Municipal de l'Étang

✆ 02 96 74 10 38, www.chatelaudren.fr

Pour s'y rendre : r. de la Gare (au bourg, au bord d'un grand et bel étang)

Ouverture : de déb. mai à fin sept. - 🏪

0,2 ha (17 empl.) non clos, plat, herbeux

Empl. camping : (Prix 2017) ✦ 2,60€ 🚗 1,30€ 🅿 2,60€ – ⚡ (10A) 3€

🚐 borne Urbaflux 2€

Proche du bourg et face à un bel étang dédié à la pêche.

Nature : 🌳 🏕 ♀
Loisirs : 🎣
Services : 🚐
À prox. : 🚴

GPS W : 2.9709 N : 48.53883

CHÂTILLON-EN-VENDELAIS

35210 - Carte Michelin **309** O5 - 1 698 h. - alt. 133
▶ Paris 311 - Fougères 17 - Rennes 49 - Vitré 13

▲ Le Lac

✆ 06 03 33 64 35, www.chatillon-en-vendelais.fr

Pour s'y rendre : r. des Rouxières, lieu-dit : l'Épine (500 m au nord par D 108, au bord de l'étang de Châtillon)

0,6 ha (61 empl.) peu incliné, herbeux

Location : 1 🏡

Site agréable et sauvage au bord de l'eau.

Nature : 🌳 🎣 🏕 ♀♀ ⛺
Loisirs : 🎣
Services : 🚿
À prox. : 🍴 ✗ ✂

GPS W : 1.18026 N : 48.22909

146

BRETAGNE

CHERRUEIX

35120 - Carte Michelin **309** L3 - 1 141 h. - alt. 3
▶ Paris 377 - Cancale 20 - Dinard 32 - Dol-de-Bretagne 9

L'Aumône

☎ 02 99 48 84 82, www.camping-de-laumone.com

Pour s'y rendre : 0.5 km au sud par D 797

1,6 ha (70 empl.) plat, herbeux

Location : 11 🚐 - 1 tipi - 2 gîtes.

Derrière une belle bâtisse en pierre, cadre verdoyant et sanitaires un peu anciens.

Nature : 🌳
Loisirs : 🍴✖ 🏖 jacuzzi 🚴 🏊
Services : 🔑 📶 laverie

GPS W : 1.71248 N : 48.60172

CONCARNEAU

29900 - Carte Michelin **308** H7 - 19 352 h. - alt. 4
▶ Paris 546 - Brest 96 - Lorient 49 - Quimper 22

Les Sables Blancs 👥

☎ 02 98 97 16 44, www.camping-lessablesblancs.com

Pour s'y rendre : r. des Fleurs (à 100 m de la plage)

Ouverture : de déb. avr. à fin oct.

3 ha (149 empl.) en terrasses, peu incliné, plat, herbeux

Empl. camping : (Prix 2017) 35,20€ ✶✶ 🚗 🏠 (10A) - pers. suppl. 7€

Location : (Prix 2017) Permanent - 35 🚐. Sem. 299 à 847€

🚐 borne artisanale

Un terrain proche du centre-ville et des plages offrant une jolie vue sur mer pour certains emplacements.

Nature : 🌊 ≤ baie de Concarneau 🌳 🌲
Loisirs : 🍴✖ 🏖 🏋 jacuzzi 🚴 🏊
Services : 🔑 🛒 📶 laverie ⚙
À prox. : 🛶

GPS W : 3.92836 N : 47.88203

Les Prés Verts

☎ 02 98 97 09 74, www.presverts-campingconcarneau.com

Pour s'y rendre : Kernous-Plage (3 km au nord-ouest par rte du bord de mer et à gauche, à 250 m de la plage (accès direct))

Ouverture : de fin avr. à mi-sept.

3 ha (142 empl.) peu incliné à incliné, plat, herbeux

Empl. camping : (Prix 2017) 34€ ✶✶ 🚗 🏠 (10A) - pers. suppl. 8€

Location : (Prix 2017) (de fin avr. à mi-sept.) - ♿ (1 mobile home) - 🌿 - 10 🚐. Sem. 245 à 825€

🚐 borne artisanale

Cadre tranquille et agréable, peu ombragé avec une vue sur la baie de Concarneau pour certains emplacements.

Nature : 🌊
Loisirs : 🏖 🚴 🎿 🏊
Services : 🔑 📶 laverie

GPS W : 3.93333 N : 47.88333

Guide Michelin (hôtels et restaurants),
Guide Vert (sites et circuits touristiques) et
cartes routières Michelin sont complémentaires.
Utilisez-les ensemble.

LE CONQUET

29217 - Carte Michelin **308** C4 - 2 635 h. - alt. 30
▶ Paris 619 - Brest 24 - Brignogan-Plages 59 - St-Pol-de-Léon 85

Les Blancs Sablons

☎ 02 98 36 07 91, www.les-blancs-sablons.com

Pour s'y rendre : lieu-dit : Le Théven (5 km au nord-est par D 67 et D 28, rte de la plage des Blancs Sablons, à 400 m de la plage - passerelle pour piétons reliant la ville)

Ouverture : de déb. avr. à mi-sept.

12 ha (360 empl.) plat, herbeux, sablonneux

Empl. camping : (Prix 2017) 20€ ✶✶ 🚗 🏠 (16A) - pers. suppl. 4,50€ - frais de réservation 9€

Location : (Prix 2017) (de déb. avr. à mi-oct.) - 10 🚐 - 3 🏠. Sem. 260 à 675€ - frais de réservation 9€

🚐 borne artisanale

Cadre un peu sauvage, naturel.

Nature : 🌊
Loisirs : 🍴 🚴 🏊
Services : 🔑 📶 laverie

GPS W : 4.76071 N : 48.36687

CRACH

56950 - Carte Michelin **308** M9 - 3 276 h. - alt. 35
▶ Paris 482 - Auray 6 - Lorient 46 - Quiberon 29

Flower Le Fort Espagnol

☎ 02 97 55 14 88, www.fort-espagnol.com

Pour s'y rendre : rte du Fort-Espagnol (800 m à l'est, rte de la Rivière d'Auray)

Ouverture : de fin mars à fin sept.

5 ha (209 empl.) peu incliné, plat, herbeux

Empl. camping : (Prix 2017) 29€ ✶✶ 🚗 🏠 (10A) - pers. suppl. 7€ - frais de réservation 26€

Location : (Prix 2017) (de fin mars à fin sept.) - 90 🚐 - 4 🏠 - 4 tentes lodges. Sem. 192 à 925€ - frais de réservation 26€

Locatifs variés souvent de bon confort et encore quelques emplacements pour tentes et caravanes.

Nature : 🌊 🌳 🌲
Loisirs : 🍴✖ 🏖 🚴 🎿 🏊 🎣
Services : 🔑 🛒 📶 laverie 🧺 ♻
À prox. : 🛒 ✂ 🛶

GPS W : 2.98988 N : 47.61539

CROZON

29160 - Carte Michelin **308** E5 - 7 697 h. - alt. 85
▶ Paris 587 - Brest 60 - Châteaulin 35 - Douarnenez 40

Les Pins

☎ 06 60 54 40 09, www.camping-crozon-lespins.com

Pour s'y rendre : rte de Dinan (2 km au sud-ouest par D 308 rte de la Pointe de Dinan)

Ouverture : de déb. mai à mi-sept.

4 ha (155 empl.) non clos, plat et peu incliné, herbeux, sablonneux

Empl. camping : (Prix 2017) ✶ 5,15€ 🚗 9,50€ – 🏠 (10A) 4,10€

Location : (Prix 2017) (de déb. avr. à fin oct.) - ♿ (1 mobile home) - 12 🚐 - 13 🏠 - 4 tentes lodges. Nuitée 40 à 100€ - Sem. 250 à 700€

Tranquille sous les pins, idéal pour le repos.

Nature : 🌊 🌲
Loisirs : 🚴 🏊 (petite piscine)
Services : 🔑 🛒 ♿ 📶 🍳
À prox. : parcours dans les arbres

GPS W : 4.51462 N : 48.24153

147

BRETAGNE

Plage de Goulien

📞 06 08 43 49 32, www.camping-crozon-laplagedegoulien.com/

Pour s'y rendre : plage de Goulien (5 km à l'ouest par D 308 rte de la Pointe de Dinan et rte à dr., à 200 m de la plage)

Ouverture : de mi-avr. à mi-sept.

3,5 ha (135 empl.) en terrasses, peu incliné, plat, herbeux

Empl. camping : (Prix 2017) 24,80€ - (8A) - pers. suppl. 5,50€

Location : (Prix 2017) (de mi-avr. à fin sept.) - 24 - 4. Nuitée 65 à 100€ - Sem. 330 à 695€

À proximité d'une plage de sable.

GPS : W : 4.54437 N : 48.23908

DINÉAULT

29150 - Carte Michelin **308** G5 - 1 739 h. - alt. 160
▶ Paris 560 - Rennes 208 - Quimper 36 - Brest 54

Panoramique Ty Provost

📞 02 98 86 29 23, www.typrovost.com

Pour s'y rendre : 4 km au sud-est par C 1, rte de Châteaulin et chemin à gauche

Ouverture : Permanent

1,2 ha (44 empl.) en terrasses, plat et peu incliné, herbeux

Empl. camping : (Prix 2017) 22,70€ (10A) - pers. suppl. 4,90€

Location : (Prix 2017) Permanent (2 chalets) - 5 - 7 - 2 gîtes. Nuitée 39 à 89€ - Sem. 196 à 597€

borne artisanale

Belle situation autour d'un magnifique corps de ferme traditionnel offrant une vue panoramique sur les méandres de l'Aulne.

GPS : W : 4.12421 N : 48.20706

DOL-DE-BRETAGNE

35120 - Carte Michelin **309** L3 - 5 163 h. - alt. 20
▶ Paris 378 - Alençon 154 - Dinan 26 - Fougères 54

Les Castels Domaine des Ormes

📞 02 99 73 53 00, www.lesormes.com - peu d'emplacements pour tentes et caravanes

Pour s'y rendre : lieu-dit : Épiniac (7,5 km au sud par D 795, rte de Combourg puis chemin à gauche)

Ouverture : de mi-avr. à mi-sept.

200 ha/40 campables (630 empl.) peu incliné, plat, herbeux, forêt

Empl. camping : (Prix 2017) 60,40€ (10A) - pers. suppl. 9,20€ - frais de réservation 20€

Location : (Prix 2017) (de mi-avr. à déb. nov.) - 87 - 34 - 1 roulotte - 26 cabanes perchées - 6 gîtes - 23 appartements - 7 studios - 51 chambres (hôtel). Sem. 434 à 1 939€ - frais de réservation 20€

Autour d'un château du 16e s., grands espaces et nombreuses activités dont un parc aquatique en partie couvert.

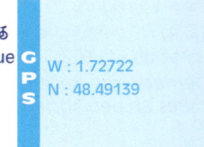

Loisirs : salle d'animations, discothèque, mur d'escalade, parcours dans les arbres, paintball, tyrolienne, golf, practice de golf, terrain multisports

GPS : W : 1.72722 N : 48.49139

Le Vieux Chêne

📞 02 99 48 09 55, www.camping-doldebretagne.com

Pour s'y rendre : rte de Pontorson (5 km à l'est, par N 176, rte de Pontorson, à l'est de Baguer-Pican sur D 57 - Accès conseillé par la déviation, sortie Dol-de-Bretagne-Est et D 80, D 576)

Ouverture : de fin avr. à fin sept.

4 ha/2 campables (213 empl.) peu incliné, plat, herbeux

Empl. camping : (Prix 2017) 39,20€ (10A) - pers. suppl. 7,60€ - frais de réservation 15€

Location : (Prix 2017) (de fin avr. à fin sept.) - 16 - 18. Nuitée 47 à 122€ - Sem. 230 à 854€ - frais de réservation 15€

borne artisanale 7€

Situation plaisante autour de deux étangs sauvages, lieu de prédilection pour la pêche et le repos.

GPS : W : 1.68361 N : 48.54945

DOUARNENEZ

29100 - Carte Michelin **308** E6 - 14 815 h. - alt. 25
▶ Paris 589 - Quimper 24 - Rennes 238

Huttopia Douarnenez

📞 02 98 74 05 67, www.huttopia.com

Pour s'y rendre : av. du Bois-d'Isis, à Tréboul (3.7 km au nord-ouest)

Ouverture : de fin avr. à fin sept.

3,2 ha (124 empl.) en terrasses, plat, herbeux

Empl. camping : (Prix 2017) 30,90€ (13A) - pers. suppl. 5,50€ - frais de réservation 15€

Location : (Prix 2017) (de fin avr. à fin sept.) - 47 tentes lodges - 8 roulottes. Nuitée 45 à 102€ - Sem. 252 à 714€ - frais de réservation 15€

borne artisanale 7€

Emplacements en sous-bois, nature, qui dominent la baie de Douarnenez.

Nature : baie de Douarnenez

GPS : W : 4.3589 N : 48.10299

De gids wordt jaarlijks bijgewerkt.
Doe als wij, vervang hem, dan blijf je bij.

BRETAGNE

▲ Flower Kerleyou
📞 02 98 74 13 03, www.camping-kerleyou.com
Pour s'y rendre : 15 chemin de Kerleyou, à Tréboul (3.2 km à l'ouest)
Ouverture : de mi-avr. à fin sept.
3,5 ha (100 empl.) peu incliné, plat, herbeux
Empl. camping : (Prix 2017) 25€ ✶✶ 🚗 📧 (16A) - pers. suppl. 5,50€ - frais de réservation 12€
Location : (Prix 2017) (de mi-avr. à fin sept.) - ♿ (1 chalet) - 43 🚐 - 4 🏠 - 3 tentes lodges. Nuitée 42 à 131€ - Sem. 210 à 917€ - frais de réservation 15€

Séduisants emplacements pour tentes ou caravanes au beau milieu des dolmens et menhirs.

Nature : 🌳 ⛱ ♀
Loisirs : 🍽 🏠 🎣 🏊 🏖
Services : 🔑 📶 laverie 🧺

GPS : W : 4.36198 N : 48.09842

▲ Trézulien
📞 02 98 74 12 30, www.camping-trezulien.com
Pour s'y rendre : 14 rte de Trézulien, à Tréboul (2.5 km au nord-ouest par r. Frédéric-Le-Guyader)
Ouverture : de déb. avr. à mi-oct.
5 ha (199 empl.) fort dénivelé, en terrasses, peu incliné, plat, herbeux
Empl. camping : (Prix 2017) ✶ 5,30€ 🚗 3€ 📧 5,80€ – ⚡ (10A) 3,80€
Location : (Prix 2017) (de déb. avr. à mi-oct.) - ♿ (1 chalet) - 13 🚐 - 7 🏠 - 1 tente lodge - 1 roulotte - 2 cabanons - 1 gîte - 2 kotas - 2 cabanes des Fées (avec sanitaires). Nuitée 45 à 90€ - Sem. 180 à 890€ - frais de réservation 13€
🚐 50 📧 18,80€

Cadre agréable partiellement arboré, vastes emplacements sous les peupliers et locatif varié, parfois insolite.

Nature : 🌳 ⛱ ♀
Loisirs : 🍽 🏠 🎣 🏊 🏖 🛝
Services : 🔑 (saison) 📶 laverie
À prox. : 🐴

GPS : W : 4.34931 N : 48.09311

ERDEVEN
56410 - Carte Michelin **308** M9 - 3 402 h. - alt. 18
▶ Paris 492 - Auray 15 - Carnac 10 - Lorient 28

▲ La Croëz-Villieu
📞 02 97 55 90 43, www.la-croez-villieu.com - peu d'emplacements pour tentes et caravanes
Pour s'y rendre : lieu-dit : Kernogan, rte de Kerhillio (1 km au sud-ouest par rte de la plage de Kerhillio)
Ouverture : de déb. mai à fin sept.
3 ha (158 empl.) plat, herbeux
Empl. camping : (Prix 2017) ✶ 7€ 🚗 📧 12,90€ – ⚡ (6A) 4,60€
Location : (Prix 2017) (de déb. avr. à fin sept.) - 32 🚐 - 2 tentes lodges. Sem. 200 à 925€

Préférer les emplacements les plus éloignés de la route.

Nature : 🏕 ♀
Loisirs : 🍽 🏠 🛁 hammam jacuzzi 🏖 🏊 🛝 🏞
Services : 🔑 🛁 📶 laverie
À prox. : 🚴

GPS : W : 3.15838 N : 47.63199

ERQUY
22430 - Carte Michelin **309** H3 - 3 802 h. - alt. 12
▶ Paris 451 - Dinan 46 - Dinard 39 - Lamballe 21

▲▲▲ Sites et Paysages Bellevue 🅿️
📞 02 96 72 33 04, campingbellevue.fr
Pour s'y rendre : rte de la Libération (5,5 km au sud-ouest)
Ouverture : de déb. avr. à mi-sept.
3,5 ha (160 empl.) plat, herbeux
Empl. camping : (Prix 2017) 30€ ✶✶ 🚗 📧 (10A) - pers. suppl. 5,90€
Location : (Prix 2017) (de déb. avr. à mi-sept.) - ♿ (1 chalet) - 23 🚐 - 5 🏠 - 2 tentes lodges. Sem. 287 à 889€
🚐 borne artisanale - 🚐 ⚡ 17€

Entrée fleurie et décoration arbustive des emplacements.

Nature : 🏕 ♀♀
Loisirs : 🍽 🏠 🎣 🏊 🏖 (découverte en saison) terrain multisports
Services : 🔑 🛁 📶 laverie 🧺
À prox. : 🍴

GPS : W : 2.48528 N : 48.59444

▲▲▲ Le Vieux Moulin 🅿️
📞 02 96 72 34 23, www.camping-vieux-moulin.com
Pour s'y rendre : 14 r. des Moulins (2 km à l'est)
Ouverture : de déb. avr. à déb. sept.
2,5 ha (199 empl.) plat, herbeux
Empl. camping : (Prix 2017) 19€ ✶✶ 🚗 📧 (10A) - pers. suppl. 6€
Location : (Prix 2017) (de déb. avr. à déb. sept.) - 70 🚐. Nuitée 55 à 175€ - Sem. 280 à 1 100€
🚐 borne artisanale

Cadre verdoyant et soigné.

Nature : 🏕 ♀♀
Loisirs : 🍽 🍴 🏠 🎱 🏊 🎣 🏖 🛝 🏞 terrain multisports
Services : 🔑 🚻 🛁 📶 laverie 🧺 ❄
À prox. : 🍴 🎣

GPS : W : 2.44222 N : 48.63805

▲ Des Hautes Grées
📞 02 96 72 34 78, www.camping-hautes-grees.com
Pour s'y rendre : 123 r. St-Michel, lieu-dit : Les Hôpitaux (3,5 km au nord-est, à 400 m de la plage St-Michel)
Ouverture : Permanent
3 ha (177 empl.) plat, herbeux
Empl. camping : (Prix 2017) 28,50€ ✶✶ 🚗 📧 (10A) - pers. suppl. 5,85€
Location : (Prix 2017) Permanent - 33 🚐. Nuitée 45 à 116€ - Sem. 290 à 810€
🚐 borne artisanale 3€ - 10 📧 17€ - 🚐 ⚡ 17€

Cadre agréable et verdoyant à 400 m de la plage St-Michel.

Nature : 🌳 🏕 ♀
Loisirs : 🍴 🏠 🛁 🎱 hammam 🏖 🏊 terrain multisports
Services : 🔑 🛁 📶 laverie 🧺

GPS : W : 2.42491 N : 48.64254

Give us your opinion of the camping sites we recommend.
Let us know of your remarks and discoveries :
leguidecampingfrance@tp.michelin.com.

BRETAGNE

La Plage de St-Pabu et La Ville de Berneuf

02 96 72 24 65, www.saintpabu.com

Pour s'y rendre : lieu-dit : St-Pabu (à la plage de Saint-Pabu, 4 km au sud-ouest)

5,5 ha (435 empl.) en terrasses, plat, herbeux

Location : 45.

borne artisanale

Dominant la baie d'Erquy et la grande plage de St-Pabu.

Nature :
Loisirs :
Services : laverie
À prox. : plongée kite-surf char à voile

GPS : W : 2.49459 N : 48.60878

Les Roches

02 96 72 32 90, www.camping-les-roches.com

Pour s'y rendre : r. Pierre-Vergos, à Caroual-Village (3 km au sud-ouest)

Ouverture : de déb. avr. à fin sept.

3 ha (175 empl.) terrasse, plat, herbeux

Empl. camping : (Prix 2017) 24€ ★★ 🚗 📧 ⚡ (10A) - pers. suppl. 3€

Location : (Prix 2017) Permanent - 18 - 1 tente lodge. Nuitée 33 à 98€ - Sem. 180 à 690€

borne artisanale

Sur les hauteurs de Caroual Village avec par endroit vue panoramique au loin sur la baie d'Erquy.

Nature :
Loisirs :
Services : laverie

GPS : W : 2.4769 N : 48.6094

LET OP :
deze gegevens gelden in het algemeen alleen in het seizoen, wat de openingstijden van het terrein ook zijn.

ÉTABLES-SUR-MER

22680 - Carte Michelin **309** E3 - 3 091 h. - alt. 65

▶ Paris 467 - Guingamp 31 - Lannion 56 - St-Brieuc 19

Village Vacances Glamping Terre & Mer

(pas d'emplacement tentes et caravanes)

02 96 70 61 57, www.glamping-terre-mer.fr

Pour s'y rendre : r. de la Ville Rouxel (1 km au nord par rte de St-Quay-Portrieux et à gauche)

3 ha (185 empl.) plat et peu incliné, herbeux

Location : (Prix 2017) Permanent - 20 - 4 - 4 tentes lodges. Nuitée 60 à 120€ - Sem. 350 à 850€

À 600 m de la plage et en deux parties distinctes avec de grands espaces verts pour la détente.

Nature :
Loisirs : jacuzzi
Services : laverie
À prox. :

GPS : W : 2.83529 N : 48.6354

FEINS

35440 - Carte Michelin **309** M5 - 798 h. - alt. 104

▶ Paris 369 - Avranches 55 - Fougères 44 - Rennes 30

Domaine de Boulet

02 99 69 63 23, www.domaine-de-boulet.fr

Pour s'y rendre : lieu-dit : La Bijouterie (2 km au nord-est par D 91, rte de Marcillé-Raoul et chemin à gauche)

Ouverture : de déb. avr. à fin oct.

1,5 ha (62 empl.) plat, herbeux

Empl. camping : (Prix 2017) 14€ ★★ 🚗 📧 ⚡ (16A) - pers. suppl. 4€

Location : (Prix 2017) (de déb. avr. à fin oct.) - 1 - 6 - 3 cabanons. Nuitée 50 à 95€ - Sem. 298 à 565€

Situation agréable au bord du lac, hébergements insolites.

Nature :
Loisirs :
Services : (juil.-août) laverie cases réfrigérées
À prox. : base nautique

GPS : W : 1.63863 N : 48.33845

The Guide changes, so renew your guide every year.

LA FORÊT-FOUESNANT

29940 - Carte Michelin **308** H7 - 3 299 h. - alt. 19

▶ Paris 553 - Rennes 202 - Quimper 18 - Brest 94

Club Airotel Kérantérec

02 98 56 98 11, www.camping-keranterec.com

Pour s'y rendre : lieu-dit : Kerleven (2,8 km au sud-est)

Ouverture : de déb. avr. à mi-sept.

6,5 ha (265 empl.) fort dénivelé, en terrasses, peu incliné, plat, herbeux

Empl. camping : (Prix 2017) 35€ ★★ 🚗 📧 ⚡ (16A) - pers. suppl. 8,50€ - frais de réservation 30€

Location : (Prix 2017) (de déb. avr. à mi-sept.) - 58. Nuitée 80 à 130€ - Sem. 310 à 1 000€ - frais de réservation 30€

borne AireService 5€ - 10€

Accès à une petite plage privilégiée et rare, en bas d'un terrain coquet et jouissant d'une tranquillité absolue.

Nature :
Loisirs : salle d'animations
Services : laverie

GPS : W : 3.95538 N : 47.89903

Kerleven

02 98 56 98 83, www.campingdekerleven.com - peu d'emplacements pour tentes et caravanes

Pour s'y rendre : lieu-dit : Kerleven, 4 rte de Port La Forêt, (2 km au sud-est, à 200 m de la plage)

Ouverture : de mi-avr. à fin sept.

4 ha (235 empl.) en terrasses, plat, herbeux

Empl. camping : (Prix 2017) 33,20€ ★★ 🚗 📧 ⚡ (10A) - pers. suppl. 7,80€ - frais de réservation 10€

Location : (Prix 2017) (de mi-avr. à mi-sept.) - 39 - 3 cabanons. Nuitée 50 à 105€ - Sem. 199 à 865€ - frais de réservation 10€

borne eurorelais 2€

BRETAGNE

Site agréable autour d'une ancienne longère bretonne.

Nature : 🏕 ♠♠
Loisirs : 🍽 ✕ 🎪 🎮 🏊 🚲 🛝 🎯 🏓
Services : 🔌 🧺 📶 laverie 🚐 🚿
À prox. : 🎣

GPS W : 3.96788 N : 47.89807

▲▲▲ Les Saules 👥

📞 02 98 56 98 57, www.camping-les-saules.com

Pour s'y rendre : lieu-dit : Kerléven, 54 rte de la Plage (2,5 km au sud-est, au bord de la plage de Kerléven (accès direct))

Ouverture : de mi-mai à mi-sept.

4 ha (235 empl.) peu incliné, plat, herbeux

Empl. camping : (Prix 2017) 34,30€ ⚤ 🚗 📧 ⚡ (6A) - pers. suppl. 8,50€ - frais de réservation 19€

Location : (Prix 2017) (de déb. avr. à fin sept.) - ♿ (1 mobile home) - 🏄 - 37 🏠 - 1 appartement. Sem. 205 à 995€ - frais de réservation 19€

En deux parties distinctes, emplacements privilégiés peu nombreux dans la partie basse en bord de mer.

Nature : 🏕 🌊 ♠♠
Loisirs : 🍽 ✕ 🎪 🏊 🚲 🛝 🏓
Services : 🔌 🧺 🚿 📶 laverie 🚐
À prox. : 🎣

GPS W : 3.9611 N : 47.899

▲ Manoir de Penn ar Ster

📞 02 98 56 97 75, www.camping-pennarster.com

Pour s'y rendre : 2 chemin de Penn-Ar-Ster (sortie nord-est, rte de Quimper et à gauche)

Ouverture : de déb. mars à mi-nov.

3 ha (97 empl.) en terrasses, plat, herbeux

Empl. camping : (Prix 2017) 29,50€ ⚤ 🚗 📧 ⚡ (10A) - pers. suppl. 7€ - frais de réservation 10€

Location : (Prix 2017) (de déb. mars à mi-nov.) - ♿ (2 chalets) - 8 🏠 - 2 🏕 - 1 tente lodge. Nuitée 50 à 100€ - Sem. 300 à 650€ - frais de réservation 15€

🚐 borne artisanale 5€ - 5 📧 17€ - 🚐 15€

Terrain tout en longueur à l'arrière d'un joli manoir en pierre agrémenté d'un jardin.

Nature : 🏕 ♠♠
Loisirs : 🎪 ✕ 🏓
Services : 🔌 🛁 🚿 🧺 📶 laverie 🚐
À prox. : 🍽 ✕

GPS W : 3.97977 N : 47.91215

▲ Capfun Le St-Laurent

📞 02 98 56 97 65, www.capfun.com

Pour s'y rendre : lieu-dit : Kerleven (3 km au sud-est, à 500 m de la grande plage de Kerleven)

Ouverture : de déb. avr. à fin sept.

5,4 ha (260 empl.) en terrasses, plat, herbeux

Empl. camping : (Prix 2017) 19€ ⚤ 🚗 📧 ⚡ (10A) - pers. suppl. 3,50€ - frais de réservation 27€

Location : (Prix 2017) (de déb. avr. à fin sept.) - ♿ (1 mobile home) - 211 🏠. Nuitée 35 à 96€ - Sem. 140 à 1 288€ - frais de réservation 27€

Vue sur mer et les îles de Glénan pour quelques emplacements. Grand toboggan aquatique.

Nature : 🌊 🏕 ♠♠
Loisirs : 🍽 ✕ 🎪 🎮 🏊 🎯 🚲 🛝 🏓
terrain multisports
Services : 🔌 🛁 📶 laverie 🚿
À prox. : 🍴 🎣

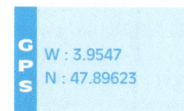

GPS W : 3.9547 N : 47.89623

FOUESNANT

29170 - Carte Michelin **308** G7 - 9 356 h. - alt. 30

▶ Paris 555 - Carhaix-Plouguer 69 - Concarneau 11 - Quimper 16

▲▲▲ Sunêlia L'Atlantique 👥

📞 02 98 56 14 44, www.latlantique.fr - peu d'emplacements pour tentes et caravanes

Pour s'y rendre : 4,5 km au sud, vers la Chapelle de Kerbader, à 400 m de la plage (accès direct)

Ouverture : de fin avr. à mi-sept.

10 ha (432 empl.) plat, herbeux

Empl. camping : (Prix 2017) 46€ ⚤ 🚗 📧 ⚡ (6A) - pers. suppl. 9€

Location : (Prix 2017) (de fin avr. à mi-sept.) - ♿ (1 mobile home) - 170 🏠 - 14 bungalows toilés - 4 yourtes. Sem. 400 à 1 450€

🚐 borne artisanale - 12 📧

Bel ensemble aquatique avec balnéo et accès à la plage par un sentier cheminant à travers le marais de Fouesnant.

Nature : 🌊 🏕 ♠♠
Loisirs : 🍽 ✕ 🎪 🎭 salle d'animations 🏊 🎯 centre balnéo 🧖 hammam jacuzzi 🚲 🛝
✕ 🏓
Services : 🔌 🛁 🚿 📶 laverie 🚐 🚿

GPS W : 4.01854 N : 47.85487

Jährlich eine neue Ausgabe.
Aktuellste Informationen, jährlich für Sie.

FOUGÈRES

35300 - Carte Michelin **309** O4 - 19 820 h. - alt. 115

▶ Paris 326 - Caen 148 - Le Mans 132 - Nantes 158

▲ Municipal de Paron

📞 02 99 99 40 81, camping@fougeres.fr

Pour s'y rendre : rte de la Chapelle-Janson (1,5 km à l'est par D 17, accès recommandé par rocade est)

Ouverture : de fin avr. à mi-sept.

2,5 ha (90 empl.) peu incliné, plat, herbeux

Empl. camping : (Prix 2017) 🚶 3,60€ 🚗 2,90€ 📧 3,60€ – ⚡ (10A) 4,30€

🚐 borne Urbaflux - 17 📧 6,45€

Cadre arbustif idyllique à deux pas de la cité médiévale de Fougères.

Nature : 🌊 🏕 ♠♠
Loisirs : 🎠
Services : 🔌 🛁 📶 laverie
À prox. : ✕ 🎯 🐎 parc aquatique

GPS W : 1.18193 N : 48.35371

To select the best route and follow it with ease,
To calculate distances,
To position a site precisely from details given in the text :
Get the appropriate MICHELIN regional map.

151

BRETAGNE

LE FRET

29160 - Carte Michelin **308** D5
▶ Paris 591 - Rennes 239 - Quimper 56 - Brest 10

⚠ Gwel Kaër

📞 02 98 27 61 06, www.camping-bretagne-crozon.com

Pour s'y rendre : 40 r. de Pen-An-Ero (sortie sud-est par D 55, rte de Crozon, au bord de mer)

Ouverture : de déb. avr. à fin sept.

2,2 ha (98 empl.) en terrasses, plat et peu incliné, herbeux

Empl. camping : (Prix 2017) 4,85 € – 8 € – (10A) 3,80 €

Location : (Prix 2017) (de déb. avr. à fin sept.) - 9. Nuitée 45 à 65 € - Sem. 295 à 565 €

Site calme au bord de l'eau, jolie vue sur le port du Fret et la rade de Brest.

Nature :
Loisirs :
Services : (de mi-juin à mi-sept.)
GPS : W : 4.50237 N : 48.28132

GUIDEL

56520 - Carte Michelin **308** K8 - 10 174 h. - alt. 38
▶ Paris 511 - Nantes 178 - Quimper 60 - Rennes 162

⛺ Les Jardins de Kergal

📞 02 97 05 98 18, www.camping-lorient.com

Pour s'y rendre : rte des Plages (3 km au sud-ouest par D 306, rte de Guidel-Plages et chemin à gauche)

Ouverture : de déb. avr. à déb. nov.

5 ha (200 empl.) plat, herbeux

Empl. camping : (Prix 2017) 7 € – 17 € – (16A) - frais de réservation 20 €

Location : (Prix 2017) (de déb. avr. à déb. nov.) - (1 chalet) - 40 - 20. Nuitée 65 à 170 € - Sem. 199 à 1 200 € - frais de réservation 20 €

10 – 15 €

Agréable cadre boisé.

Nature :
Loisirs : terrain multisports
Services : laverie, réfrigérateurs
À prox. : paintball
GPS : W : 3.50734 N : 47.77464

HILLION

22120 - Carte Michelin **309** F3 - 3 786 h. - alt. 28
▶ Paris 445 - Rennes 94 - Saint-Brieuc 13 - Vannes 116

⛺ Bellevue Mer

📞 02 96 32 20 39, www.bellevuemer.com

Pour s'y rendre : lieu-dit : Lerno (2,5 km au nord rte de la pointe des Guettes, à 500 m de la plage)

Ouverture : de déb. avr. à fin sept.

0,9 ha (55 empl.) en terrasses, plat, herbeux

Empl. camping : (Prix 2017) 20 € – (10A) - pers. suppl. 5 €

Location : (de déb. avr. à fin sept.) - (1 mobile home) - 11. Sem. 306 à 690 €

borne AireService - 2 – 15 €

Emplacements sur la falaise avec vue imprenable sur la mer et la baie de St-Brieuc. Bordé par la Voie Verte et le GR 34.

Nature : Baie de St-Brieuc
Loisirs :
Services : laverie, cases réfrigérées
GPS : W : 2.67212 N : 48.53301

ÎLE-AUX-MOINES

56780 - Carte Michelin **308** N9 - 601 h. - alt. 16
▶ Paris 483 - Rennes 132 - Vannes 15 - Lorient 59

⚠ Municipal du Vieux Moulin

📞 02 97 26 30 68, www.mairie-ileauxmoines.fr

Pour s'y rendre : lieu-dit : Le Vieux Moulin (sortie sud-est du bourg, rte de la Pointe de Brouel)

1 ha (44 empl.) plat et peu incliné, herbeux

Location : 4 tentes lodges.

Terrain réservé aux tentes, sans branchement électrique sauf pour les locatifs. Sanitaires de bon confort.

Nature :
Loisirs :
Services :
À prox. :
GPS : W : 2.84514 N : 47.59292

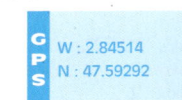

JOSSELIN

56120 - Carte Michelin **308** P7 - 2 533 h. - alt. 58
▶ Paris 428 - Dinan 86 - Lorient 76 - Pontivy 35

⛺ Domaine de Kerelly

📞 02 97 22 22 20, www.camping-josselin.com

Pour s'y rendre : lieu-dit : Le Bas de la Lande (2 km à l'ouest par D 778 et D 724, rte de Guégon à gauche, à 50 m de l'Oust, sortie ouest Guégon par voie rapide)

Ouverture : de déb. avr. à fin sept.

2 ha (55 empl.) en terrasses, peu incliné, plat, herbeux, bois

Empl. camping : (Prix 2017) 20 € – (10A) - pers. suppl. 4 €

Location : (Prix 2017) (de déb. avr. à fin oct.) - 11. Nuitée 45 à 60 € - Sem. 250 à 660 €

borne artisanale - 10 – 14 € – 14 €

Accueil cyclo-tourisme. Près du canal de Nantes à Brest.

Nature :
Loisirs :
Services : laverie
À prox. :
GPS : W : 2.57352 N : 47.95239

JUGON-LES-LACS

22270 - Carte Michelin **309** I4 - 1 683 h. - alt. 29
▶ Paris 417 - Lamballe 22 - Plancoët 16 - St-Brieuc 59

⛺ "C'est si bon" Au Bocage du Lac

📞 02 96 31 60 16, www.camping-location-bretagne.com

Pour s'y rendre : r. du Bocage (1 km au sud-est par D 52, rte de Mégrit)

Ouverture : de déb. avr. à mi-sept.

4 ha (183 empl.) plat et peu incliné, herbeux

Empl. camping : (Prix 2017) 4,20 € – 7,60 € – (10A) 3,60 € - frais de réservation 18 €

BRETAGNE

Location : (Prix 2017) (de déb. avr. à déb. oct.) - 14
- 36 - 1 cabane perchée - 1 cabanon - 3 gîtes. Nuitée 99 à 124€
- Sem. 313 à 1 599 € - frais de réservation 18€
borne eurorelais 2,50€ - 2 17€
Au bord du lac de Jugon avec un bel espace aquatique en partie couvert et certains locatifs de grand confort.

Nature :
Loisirs : mini ferme
Services : laverie
À prox. : terrain multisports

GPS W : 2.31663 N : 48.40165

KERVEL

29550 - Carte Michelin **308** F6
Paris 586 - Rennes 234 - Quimper 24 - Brest 67

Capfun Domaine de Kervel

02 98 92 51 54, www.capfun.com/camping-france-bretagne-kervel-FR.html
Pour s'y rendre : lieu-dit : Kervel
Ouverture : de mi-avr. à mi-sept.
7 ha (316 empl.) plat, herbeux
Empl. camping : (Prix 2017) 22€ (10A) - pers. suppl. 4,50€ - frais de réservation 27€
Location : (Prix 2017) (de mi-avr. à mi-sept.) - (1 mobile home) - 194 - 3 . Nuitée 35 à 145€ - Sem. 140 à 1 015€ - frais de réservation 27€
Nombreux mobile homes autour d'un important parc aquatique en partie couvert.

Nature :
Loisirs : terrain multisports
Services : laverie

GPS W : 4.26737 N : 48.11517

Ce guide n'est pas un répertoire de tous les terrains de camping mais une sélection des meilleurs campings dans chaque catégorie.

KERVOYAL

56750 - Carte Michelin **308** P9
Paris 471 - Rennes 124 - Vannes 30 - Lorient 87

Oasis

02 97 41 10 52, www.campingloasis.com
Pour s'y rendre : r. Port-Lestre (100 m de la plage)
Ouverture : de déb. avr. à fin oct.
3 ha (153 empl.) plat, herbeux
Empl. camping : (Prix 2017) 23,60€ (6A) - pers. suppl. 3,75€
Location : (Prix 2017) (de déb. avr. à fin oct.) - 5 . Sem. 225 à 600€
borne artisanale
Nombreux propriétaires-résidents et vue sur la mer pour quelques emplacements.

Nature :
Loisirs :
Services : laverie

GPS W : 2.55013 N : 47.51803

LAMPAUL-PLOUDALMEZEAU

29830 - Carte Michelin **308** D3 - 753 h. - alt. 24
Paris 613 - Brest 27 - Brignogan-Plages 36 - Ploudalmézeau 4

Municipal des Dunes

02 98 48 14 29, lampaul-ploudalmezeau.mairie@wanadoo.fr
Pour s'y rendre : lieu-dit : Le Vourc'h (700 m au nord du bourg, à côté du terrain de sports et à 100 m de la plage (accès direct))
Ouverture : de mi-juin à mi-sept.
1,5 ha (150 empl.) non clos, plat, herbeux, sablonneux, dunes
Empl. camping : (Prix 2017) 5€ – (12A) 4,10€
borne artisanale 3,60€
Site sauvage dans les dunes.

Nature :
Loisirs :
Services : (juil.-août) laverie

GPS W : 4.65639 N : 48.56785

LANDÉDA

29870 - Carte Michelin **308** D3 - 3 620 h. - alt. 52
Paris 604 - Brest 28 - Brignogan-Plages 25 - Ploudalmézeau 17

Les Abers

02 98 04 93 35, www.camping-des-abers.com
Pour s'y rendre : 51 Toull-Tréaz (2,5 km au nord-ouest, aux dunes de Ste-Marguerite)
Ouverture : de déb. mai à fin sept.
4,5 ha (180 empl.) en terrasses, plat, sablonneux, herbeux, dunes
Empl. camping : (Prix 2017) 4,50€ 2€ 7,50€ – (10A) 3€
Location : (Prix 2017) (de déb. mai à fin sept.) - (1 mobile home) - 22 - 4 bungalows toilés - 1 appartement - 1 studio. Sem. 220 à 700€
Situation agréable au bord d'une jolie plage, table d'orientation explicative au milieu du site bien intégré dans les dunes. Village locatif mobile homes sans véhicule.

Nature :
Loisirs :
Services : laverie
À prox. :

GPS W : 4.60306 N : 48.59306

LANLOUP

22580 - Carte Michelin **309** E2 - 272 h. - alt. 58
Paris 484 - Guingamp 29 - Lannion 44 - St-Brieuc 36

Le Neptune

02 96 22 33 35, www.leneptune.com
Ouverture : de fin mars à déb. oct.
2 ha (97 empl.) peu incliné, plat, herbeux
Empl. camping : (Prix 2017) 30,50€ (10A) - pers. suppl. 6,50€ - frais de réservation 12€
Location : (Prix 2017) (de fin mars à déb. oct.) - 18 - 4 . Nuitée 26 à 119€ - Sem. 226 à 873€ - frais de réservation 12€
Agréable décoration arbustive et florale autour des emplacements. Préférer les plus éloignés de la route.

Nature :
Loisirs : (découverte en saison) petite ferme animalière terrain multisports
Services : laverie
À prox. :

GPS W : 2.96704 N : 48.71372

153

BRETAGNE

LANNION
22300 - Carte Michelin **309** B2 - 19 847 h. - alt. 12
▶ Paris 516 - Brest 96 - Morlaix 42 - St-Brieuc 65

▲▲▲ Les Plages de Beg-Léguer
✆ 02 96 47 25 00, www.campingdesplages.com
Pour s'y rendre : rte de la Côte (6 km à l'ouest par rte de Trébeurden et rte à gauche, à 500 m de la plage)
Ouverture : de déb. mai à fin sept.
5 ha (196 empl.) peu incliné, plat, herbeux
Empl. camping : (Prix 2017) ★ 9€ ⇌ 9€ – (6A) 4,10€
Location : (Prix 2017) (de déb. mai à fin sept.) - ♿ (1 chalet) - Ⓟ - 30 🏠 - 7 🏡 - 4 tentes sur pilotis. Nuitée 45 à 128€ - Sem. 270 à 896€
Site agréable avec vue sur la mer pour certains emplacements.

Nature : 🌊 🌳🌳
Loisirs : 🍴✕ 🎮 🛝 🚴 🎯 🏊 🏓 ⛸ terrain multisports
Services : 🔑 ♨ 🛜 laverie 🚿

GPS : W : 3.545 / N : 48.73834

▲▲▲ Les Alizés
✆ 02 96 47 28 58, www.camping-lesalizes.fr
Pour s'y rendre : r. Champollion (5,4 km au nord-ouest)
Ouverture : de déb. mai à déb. sept.
4,4 ha (184 empl.) plat, herbeux
Empl. camping : (Prix 2017) 38€ ★★ ⇌ 🚗 🅴 🔌 (6A) - pers. suppl. 9€ - frais de réservation 19€
Location : (Prix 2017) (de déb. avr. à fin sept.) - 108 🏠. Sem. 199 à 1 289€ - frais de réservation 19€
Préférer les emplacements les plus éloignés de la route. Parc aquatique avec plusieurs toboggans.

Nature : 🌳 🌳🌳
Loisirs : 🍴✕ 🎮 🛝 🏊 🚴 🎯 🏓 ⛸ terrain multisports
Services : 🔑 🛜 laverie 🚿

GPS : W : 3.50611 / N : 48.75167

▲▲▲ Municipal des 2 Rives
✆ 02 96 46 31 40, www.ville-lannion.fr
Pour s'y rendre : r. du Moulin-du-Duc (2 km au sud-est par D 767, rte de Guingamp et rte à dr. apr. le centre commercial Leclerc)
Ouverture : Permanent
2,3 ha (110 empl.) plat, herbeux
Empl. camping : (Prix 2017) ★ 4€ ⇌ 2,40€ 🅴 4,80€ – 🔌 (10A) 3€
Location : (Prix 2017) Permanent ♿ (1 chalet) - 14 🏠. Sem. 290 à 500€
🚐 8 🅴 15,30€
Plaisante décoration arbustive sur les deux rives du Léguer ; terrain traversé par le GR 34.

Nature : 🌊 🌳
Loisirs : 🎯 🏓
Services : 🔑 ♨ 🛒 🛜 laverie
À prox. : 🏞 🚴 parcours dans les arbres, GR 34, BMX

GPS : W : 3.44584 / N : 48.72293

LANTIC
22410 - Carte Michelin **309** E3 - 1 483 h. - alt. 50
▶ Paris 466 - Brest 139 - Lorient 133 - Rennes 116

▲▲ Les Étangs
✆ 02 96 71 95 47, www.campinglesetangs.com
Pour s'y rendre : r. des Terres-Neuvas, lieu-dit : Le Pont de la Motte (2 km à l'est par D 4, rte de Binic, près de deux étangs)
Ouverture : de mi-mars à mi-nov.
1,5 ha (108 empl.) terrasse, peu incliné, plat, herbeux
Empl. camping : (Prix 2017) 18,50€ ★★ ⇌ 🚗 🅴 🔌 (10A) - pers. suppl. 4,70€
Location : (Prix 2017) (de déb. avr. à fin oct.) - 18 🏠 - 1 🏡 - 2 bungalows toilés - 1 tipi - 5 cabanons. Nuitée 80 à 100€ - Sem. 310 à 630€
🚐 borne AireService 2€

Gebruik de gids van het lopende jaar.

---

www.campeole.com

Campéole — PENN MAR ★★★

Plages et criques : bienvenue dans le Golfe du Morbihan !

Emplacements campeurs, mobil-homes, Pagans Lodges Maasaï. Piscine couverte et chauffée et son jacuzzi. Location de salle de mariage et séminaire, snack-bar en juillet/août.

21 route de Port Blanc
56870 Baden
+33 (0)2 97 57 49 90
pennmar@campeole.com

154

BRETAGNE

Cadre verdoyant avec divers niveaux de confort pour le locatif.

Nature :
Loisirs :
Services : laverie
À prox. :

GPS
W : 2.86254
N : 48.6068

LARMOR-BADEN

56870 - Carte Michelin **308** N9 - 810 h. - alt. 10
▶ Paris 477 - Rennes 127 - Vannes 15 - Nantes 129

▲ Campéole Penn Marr

☎ 02 97 57 49 90, www.campeole.com/fr/penn-mar

Pour s'y rendre : 21 rte de Port-Blanc (5 km au nord-est par D 316A)

Ouverture : de fin mars à fin sept.

6 ha (199 empl.) vallonné, plat, herbeux

Empl. camping : (Prix 2017) 33,20€ ✦✦ 🚗 🗂 ⚡ (10A) - pers. suppl. 8,10€

Location : (Prix 2017) (de fin mars à fin sept.) - ♿ (1 mobile home) - 71 🏠 - 38 bungalows toilés - 10 tentes lodges. Nuitée 37 à 146€ - Sem. 259 à 1 022€ - frais de réservation 25€

🅿️ borne AireService 4€ - 🚐 16,78€

Préférer les emplacements au fond du terrain éloigné des bruits de la route.

Nature :
Loisirs : nocturne 🏃 terrain multisports
Services : laverie cases réfrigérées

GPS
W : 2.87556
N : 47.60694

▲ Le Diben

☎ 02 97 57 29 12, www.campingledelben.com

Pour s'y rendre : lieu-dit : Le Diben (1,3 km au nord-ouest par D 316, rte d'Auray)

Ouverture : de déb. mai à mi-sept.

2,5 ha (118 empl.) peu incliné, plat, herbeux

Empl. camping : (Prix 2017) 21,50€ ✦✦ 🚗 🗂 ⚡ (10A) - pers. suppl. 5,40€ - frais de réservation 8€

Location : (Prix 2017) (de déb. mai à mi-sept.) - 15 🏠 - 2 bungalows toilés. Nuitée 70€ - Sem. 240 à 730€ - frais de réservation 8€

🅿️ borne artisanale 13,90€

Ambiance familiale avec des emplacements plus ou moins ombragés.

Nature :
Loisirs :
Services : laverie

GPS
W : 2.90556
N : 47.59389

▲ Ker Eden

☎ 02 97 57 05 23, www.camping-larmorbaden.com

Pour s'y rendre : rte d'Auray

Ouverture : de déb. mai à mi-sept.

2 ha (100 empl.) plat, herbeux

Empl. camping : (Prix 2017) 24€ ✦✦ 🚗 🗂 ⚡ (10A) - pers. suppl. 6€

Location : (Prix 2017) (de déb. mai à mi-sept.) - 10 🏠 - 3 tentes lodges. Nuitée 37 à 104€ - Sem. 260 à 730€

Les pieds dans l'eau, avec vue sur le Golfe du Morbihan.

Nature : golf du Morbihan
Loisirs :
Services : laverie

GPS
W : 2.90608
N : 47.59384

LESCONIL

29740 - Carte Michelin **308** F8
▶ Paris 581 - Douarnenez 41 - Guilvinec 6 - Loctudy 7

▲ Flower La Grande Plage

☎ 02 98 87 88 27, www.campinggrandeplage.com

Pour s'y rendre : 71 r. Paul-Langevin (1 km à l'ouest, rte de Guilvenec, à 300 m de la plage (accès direct))

Ouverture : de mi-avr. à mi-sept.

2,5 ha (120 empl.) plat, peu incliné, herbeux

Empl. camping : (Prix 2017) 28€ ✦✦ 🚗 🗂 ⚡ (10A) - pers. suppl. 6€

Location : (Prix 2017) (de mi-avr. à mi-sept.) - 20 🏠 - 5 bungalows toilés - 3 tentes lodges. Nuitée 41 à 160€ - Sem. 205 à 1 120€

🅿️ borne eurorelais 2€

Un site fort agréable récemment rénové avec une jolie piscine. Accès à la plage à 200 m.

Nature :
Loisirs : 🍴 🏊 🎾 🚴
Services : laverie

GPS
W : 4.22897
N : 47.79804

▲ Les Dunes

☎ 02 98 87 81 78, www.camping-desdunes.com

Pour s'y rendre : 67 r. Paul-Langevin (1 km à l'ouest, rte de Guilvinec, à 150 m de la plage (accès direct))

Ouverture : de déb. avr. à fin sept.

2,8 ha (120 empl.) plat, herbeux

Empl. camping : (Prix 2017) 25,60€ ✦✦ 🚗 🗂 ⚡ (10A) - pers. suppl. 5,10€

Location : (Prix 2017) (de déb. avr. à fin sept.) - 7 🏠. Sem. 300 à 800€

🅿️ borne artisanale

Cadre agréable un peu en retrait du bord de mer.

Nature :
Loisirs :
Services : laverie

GPS
W : 4.22856
N : 47.79716

▲ Keralouet

☎ 02 98 82 23 05, www.campingkeralouet.com

Pour s'y rendre : 11 r. Eric-Tabarly (1 km à l'est sur rte de Loctudy)

Ouverture : de déb. avr. à mi-sept.

1 ha (64 empl.) plat, herbeux

Empl. camping : (Prix 2017) 24,10€ ✦✦ 🚗 🗂 ⚡ (10A) - pers. suppl. 4,80€ - frais de réservation 6€

Location : (Prix 2017) (de déb. avr. à mi-sept.) - ♿ (1 chalet) - 9 🏠 - 10 🏠 - 4 bungalows toilés - 2 tentes lodges. Nuitée 43 à 82€ - Sem. 155 à 719€ - frais de réservation 6€

Ensemble soigné et agréable. Accueil cyclo-tourisme.

Nature :
Loisirs :
Services :
À prox. :

GPS
W : 4.20595
N : 47.80424

Donnez-nous votre avis sur les terrains que nous recommandons.
Faites-nous connaître vos observations et vos découvertes par mail à l'adresse : leguidecampingfrance@tp.michelin.com.

BRETAGNE

LOCMARIA-PLOUZANÉ

29280 - Carte Michelin **308** D4 - 4 837 h. - alt. 65
▶ Paris 610 - Brest 15 - Brignogan-Plages 50 - Ploudalmézeau 23

⛺ Municipal de Portez

📞 02 98 48 49 85, www.locmaria-plouzane.fr/spip.php?rubrique9

Pour s'y rendre : lieu-dit : Portez (3,5 km au sud-ouest par D 789 et rte de la plage de Trégana, à 200 m de la plage)

Ouverture : de mi-avr. à fin sept.

2 ha (110 empl.) non clos, en terrasses, plat, herbeux

Empl. camping : (Prix 2017) 16,44€ ✶✶ ⇔ 🅴 ⚡ (8A) - pers. suppl. 4,22€

Location : (Prix 2017) (de déb. avr. à fin sept.) - 7 🏠. Sem. 280 à 600€

🅿️ borne AireService 5€

Site agréable avec de beaux emplacements offrant une jolie vue sur l'anse de Bertheaume.

Nature : 🌳 ≤ 🏞 ♨	**GPS**
Loisirs : 🎠 ⛱	W : 4.66344
Services : ⚡ 🚿 (15 juin-15 sept.) 🛁 laverie	N : 48.3582
À prox. : 🍴 ✕	

LOCMARIAQUER

56740 - Carte Michelin **308** N9 - 1 692 h. - alt. 5
▶ Paris 488 - Auray 13 - Quiberon 31 - La Trinité-sur-Mer 10

⛺ Lann-Brick

📞 02 97 57 32 79, www.camping-lannbrick.com

Pour s'y rendre : lieu-dit : Lann Brick, rte de Kérinis (2,5 km au nord-ouest par rte de Kérinis, à 200 m de la plage)

Ouverture : de mi-mars à fin oct.

1,2 ha (97 empl.) plat, herbeux

Empl. camping : (Prix 2017) ⇔ 🅴 23€ – ⚡ (10A) 5€ - frais de réservation 15€

Location : (Prix 2017) (de déb. mars à fin oct.) - ♿ (1 mobile home) - 27 🏠 - 2 bungalows toilés - 5 cabanons. Sem. 155 à 805€ - frais de réservation 15€

🅿️ borne artisanale 2,50€

Locatifs divers et variés et un bon confort sanitaire.

Nature : 🏞 ♨	**GPS**
Loisirs : 🍴 🎠 🚴 🏊	W : 2.97436
Services : ⚡ 🛁 📶 laverie	N : 47.57838

LOCRONAN

29180 - Carte Michelin **308** F6 - 798 h. - alt. 105
▶ Paris 580 - Rennes 229 - Quimper 17

⛺ Le Locronan

📞 02 98 91 87 76, www.camping-locronan.fr

Pour s'y rendre : r. de la Troménie

Ouverture : de mi-avr. à fin sept.

2,6 ha (100 empl.) fort dénivelé, en terrasses, plat, herbeux

Empl. camping : (Prix 2017) 19,52€ ✶✶ ⇔ 🅴 ⚡ (10A) - pers. suppl. 5,50€ - frais de réservation 5€

Location : (Prix 2017) (de mi-avr. à fin sept.) - 22 🏠 - 2 bungalows toilés. Nuitée 39 à 120€ - Sem. 195 à 840€ - frais de réservation 15€

🅿️ borne artisanale

Terrain pleine nature bien intégré dans le site classé de la montagne de Locronan.

Nature : 🌳 ≤ 🏞 ♨	**GPS**
Loisirs : 🎠 🏞	W : 4.19918
Services : ⚡ 🛁 📶 laverie	N : 48.09582

LOCTUDY

29750 - Carte Michelin **308** F8 - 4 207 h. - alt. 8
▶ Paris 578 - Bénodet 18 - Concarneau 35 - Pont-l'Abbé 6

⛺ Les Hortensias

📞 02 98 87 46 64, www.camping-loctudy.com

Pour s'y rendre : 38 r. des Tulipes (3 km au sud-ouest par rte de Larvor, à 500 m de la plage de Lodonnec)

Ouverture : de déb. avr. à fin sept.

1,5 ha (100 empl.) plat, herbeux

Empl. camping : (Prix 2017) 26,90€ ✶✶ ⇔ 🅴 ⚡ (10A) - pers. suppl. 5€ - frais de réservation 14€

Location : (Prix 2017) (de déb. avr. à fin sept.) - 27 🏠 - 3 tentes lodges - 1 roulotte. Nuitée 33 à 116€ - Sem. 165 à 813€ - frais de réservation 14€

🅿️ borne artisanale 5€

Terrain propice aux tentes et caravanes un peu à l'écart de l'effervescence du bord de mer.

Nature : 🌳 ♨	**GPS**
Loisirs : 🍴 🎠 🚴 🏞	W : 4.1823
Services : ⚡ 📶 laverie 🧺 🛁	N : 47.81259
À prox. : ✕	

Avant de vous installer, consultez les tarifs en cours, affichés obligatoirement à l'entrée du terrain, et renseignez-vous sur les conditions particulières de séjour. Les indications portées dans le guide ont pu être modifiées depuis la mise à jour.

LOUANNEC

22700 - Carte Michelin **309** B2 - 2 946 h. - alt. 53
▶ Paris 527 - Rennes 175 - St-Brieuc 77 - Lannion 10

⛺ Municipal Ernest Renan

📞 02 96 23 11 78, www.camping-louannec.fr

Pour s'y rendre : 1 km à l'ouest, au bord de mer

Ouverture : de déb. avr. à fin sept.

4 ha (265 empl.) non clos, plat, herbeux

Empl. camping : (Prix 2017) 18,80€ ✶✶ ⇔ 🅴 ⚡ (16A) - pers. suppl. 4€

Location : (Prix 2017) (de déb. avr. à fin sept.) - 15 🏠 - 2 bungalows toilés. Nuitée 60 à 85€ - Sem. 189 à 700€

🅿️ borne AireService 5€ - 13 🅴 11€

Préférer les emplacements près de la mer plus au calme et pour certains avec vue sur l'île de Tomé et la baie de Perros-Guirec.

Nature : ≤ 🏖	**GPS**
Loisirs : 🍴 ✕ 🎠 🌞diurne 🚴 🏞 ♨	W : 3.42723
Services : ⚡ 🛁 🛒 📶 laverie 🧺 🚿	N : 48.79666

BRETAGNE

LOUDEAC

22600 - Carte Michelin **309** - 9 759 h. - alt. 155
▶ Paris 441 - Rennes 90 - Saint-Brieuc 44 - Vannes 66

⚠ Seasonova Aquarev

✆ 02 96 26 21 92, www.camping-aquarev.com

Pour s'y rendre : rte de Rennes (près de la Base de Loisirs)

Ouverture : de fin mars à mi-oct.

3,1 ha (89 empl.) peu incliné, plat, herbeux

Empl. camping : (Prix 2017) 16 € ♛♛ 🚗 🔲 ⚡ (10A) - pers. suppl. 5 € - frais de réservation 15 €

Location : (Prix 2017) (de fin mars à mi-oct.) ♿ (1 mobile home) - 🏕 - 8 🚐 - 9 🛏 - 2 cabanons - 1 gîte. Nuitée 20 à 110 € - Sem. 140 à 725 € - frais de réservation 15 €

🚐 borne AireService 10 € - 5 🔲 10 €

Tout proche d'une petite base de loisirs et d'un plan d'eau.

Nature : ⛱ 🌊 ≈≈
Loisirs : 🍷 🏠 🚴 🎣
Services : 🚰 📶 laverie
À prox. : 🏇 ⚔ 🍴 🏊 parcours de santé terrain multisports

GPS W : 2.72889 N : 48.17778

Avant de prendre la route, consultez www.viamichelin.fr : votre meilleur itinéraire, le choix de votre hôtel, restaurant, des propositions de visites touristiques.

MARCILLÉ-ROBERT

35240 - Carte Michelin **309** N7 - 929 h. - alt. 65
▶ Paris 333 - Bain-de-Bretagne 33 - Châteaubriant 30 - La Guerche-de-Bretagne 11

⚠ Municipal de l'Étang

✆ 06 02 08 60 22, camping.marcillerobert@yahoo.fr

Pour s'y rendre : r. des Bas Gasts (sortie sud par D 32, rte d'Arbrissel)

Ouverture : Permanent

0,5 ha (22 empl.) en terrasses, plat, herbeux

Empl. camping : (Prix 2017) 11 € ♛♛ 🚗 🔲 ⚡ (10A) - pers. suppl. 3,10 €

Location : (Prix 2017) Permanent - 1 🚐 - 1 🛏. Nuitée 25 à 37 € - Sem. 175 à 230 €

Cadre agréable surplombant un étang à l'extrémité duquel se trouve une réserve naturelle.

Nature : ⛱ 🌊 ≈≈
Services : 🚐
À prox. : 🏇 ⚔ 🎣

GPS W : 1.36471 N : 47.94768

MARTIGNÉ-FERCHAUD

35640 - Carte Michelin **309** O8 - 2 650 h. - alt. 90
▶ Paris 340 - Bain-de-Bretagne 31 - Châteaubriant 15 - La Guerche-de-Bretagne 16

⚠ Municipal du Bois Feuillet

✆ 06 24 86 65 57, www.ville-martignerferchaud.fr

Pour s'y rendre : lieu-dit : Étang de la Forge (nord-est du bourg)

Ouverture : Permanent

1,7 ha (50 empl.) en terrasses, plat, herbeux

Empl. camping : (Prix 2017) ♛ 3 € 🚗 🔲 2 € – ⚡ (6A) 2 €

🚐 borne artisanale

Emplacements confortables dans un beau cadre ombragé au bord d'un étang.

Nature : ⛱ 🌊 ≈≈
Loisirs : 🏠
Services : 🚰 (juil.-août) 🚐 🎣 🔲
À prox. : 🏇 ⚔ 🍴 🏊 (plage) 🎣 pédalos

GPS W : 1.31599 N : 47.83385

MATIGNON

22550 - Carte Michelin **309** I3 - 1 647 h. - alt. 70
▶ Paris 425 - Dinan 30 - Dinard 23 - Lamballe 23

⚠ Le Vallon aux Merlettes

✆ 02 96 80 37 99, www.vallonauxmerlettes.com/fr

Pour s'y rendre : 43 r. du Dr-Jobert (au sud-ouest par D 13, rte de Lamballe, au stade)

Ouverture : de déb. avr. à fin sept.

3 ha (120 empl.) peu incliné, plat, herbeux

Empl. camping : (Prix 2017) 20,30 € ♛♛ 🚗 🔲 ⚡ (10A) - pers. suppl. 4,20 €

Location : (Prix 2017) (de déb. avr. à fin sept.) - 9 🚐 - 3 tentes lodges. Nuitée 30 à 91 € - Sem. 210 à 640 €

🚐 borne artisanale 3,40 € - 3 🔲 20,30 €

Agréable cadre verdoyant autour de la piscine couverte.

Nature : ⛱ 🌳
Loisirs : 🍴 🏠 🏊
Services : 🚰 📶 laverie 🚗
À prox. : 🛒 ⚔ 🍴

GPS W : 2.29607 N : 48.59168

*Die Klassifizierung (1 bis 5 Zelte, **schwarz** oder **rot**), mit der wir die Campingplätze auszeichnen, ist eine Michelin-eigene Klassifizierung. Sie darf nicht mit der staatlich-offiziellen Klassifizierung (1 bis 5 Sterne) verwechselt werden.*

MERDRIGNAC

22230 - Carte Michelin **309** H5 - 2 916 h. - alt. 140
▶ Paris 411 - Dinan 47 - Josselin 33 - Lamballe 40

⚠ Val de Landrouet

✆ 02 96 28 47 98, www.valdelandrouet.com

Pour s'y rendre : 14 r. du Gouède (0,8 km au nord, près de la piscine et de deux plans d'eau, à la base de loisirs)

Ouverture : Permanent

15 ha/2 campables (59 empl.) terrasse, peu incliné, plat, herbeux

Empl. camping : (Prix 2017) 12 € ♛♛ 🚗 🔲 ⚡ (5A) - pers. suppl. 4 €

Location : (Prix 2017) Permanent 🛏 (9 chalets) - 🏕 - 4 🚐 - 18 🛏 - 30 gîtes. Nuitée 44 à 68 € - Sem. 477 à 498 €

🚐 borne eurorelais 2 € - 🔲 12 €

Petit camping verdoyant sur les terres d'une importante base de loisirs.

Nature : ⛱ 🌊 ≈≈
Loisirs : 🍷
Services : 🚰 🚴 📶 🔲
À prox. : 🏇 🏊 ⚔ 🍴 🏊 🎣 🚣 escrime, tir à l'arc

GPS W : 2.41525 N : 48.19843

157

BRETAGNE

MILIZAC

29290 - Carte Michelin **308** D4 - 3 009 h. - alt. 89
▶ Paris 598 - Rennes 247 - Quimper 83

⛰ La Récré des 3 Curés

📞 02 98 07 92 17, www.larecredes3cures.fr

Pour s'y rendre : au Parc d'Attractions

Ouverture : Permanent

3 ha (100 empl.) plat, herbeux

Empl. camping : (Prix 2017) 24€ ✱✱ 🚗 📧 (10A) - pers. suppl. 4€
Location : (Prix 2017) Permanent - 31 🚐 - 6 🏠 - Sem. 238 à 861€
🚰 borne artisanale - 60 📧 24€ - ♻ 🚽 17€

Ambiance familiale avec une agréable situation au bord d'un lac et voisin d'un important parc d'attractions.

Nature : ≼ lac 🌳 🌿	GPS
Loisirs : 🍴 🍔 🏊 ⛱ 🛶	W : 4.5294
Services : 🔑 🚿 📶 laverie	N : 48.47377
À prox. : ✗ 🎢 🎠 🐎 parc d'attractions	

MONTERBLANC

56250 - Carte Michelin **308** O8 - 3 139 h. - alt. 89
▶ Paris 453 - Nantes 122 - Rennes 102 - Vannes 14

⛰ Le Haras

📞 02 97 44 66 06, www.campingvannes.com

Pour s'y rendre : à Kersimon (de Vannes : au nord par D 767 puis D 778 E, derrière aéroclub de Vannes- Golf du Morbihan)

Ouverture : de déb. avr. à mi-sept.

14 ha/2,5 campables (140 empl.) plat et peu incliné, bois, herbeux

Empl. camping : (Prix 2017) 42€ ✱✱ 🚗 📧 (16A) - pers. suppl. 6€ - frais de réservation 30€
Location : (Prix 2017) (de déb. avr. à mi-sept.) - ♿ (mobile homes et chalet) - 92 🚐 - 7 🏠 - 1 bungalow toilé. Nuitée 45 à 195€ - Sem. 180 à 975€ - frais de réservation 30€
🚰 borne AireService - 7 📧 11€

Nombreuses installations aquatiques de qualité et locatifs de bon confort.

Nature : 🌳 🌿 🌿	GPS
Loisirs : 🍴 🍔 🏊 🌞 diurne 💆 centre balnéo ♨ hammam jacuzzi 🚴 🎾 🛶 mini ferme terrain multisports	W : 2.72795
Services : 🔑 🚻 🚿 - 50 sanitaires individuels (🚿 wc) 🚰 🚽 📶 laverie cases réfrigérées	N : 47.73035
À prox. : 🐎 ULM , mongolfière	

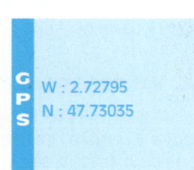

MORGAT

29160 - Carte Michelin **308** E5 - 7 535 h.
▶ Paris 590 - Rennes 238 - Quimper 55 - Brest 15

⛰ Les Bruyères

📞 02 98 26 14 87, www.camping-bruyeres-crozon.com

Pour s'y rendre : lieu-dit : Le Bouis (1,5 km par D 255, rte du Cap de la Chèvre et chemin à droite)

Ouverture : de déb. avr. à fin sept.

4 ha (130 empl.) plat et peu incliné, herbeux

Empl. camping : (Prix 2017) ✱ 5,60€ 🚗 📧 8,40€ – 📧 (10A) 3,70€

Location : (Prix 2017) (de déb. avr. à fin sept.) - 🚲 - 19 🚐 - 4 tentes lodges. Nuitée 48 à 75€ - Sem. 335 à 675€

Bel espace aquatique bien intégré au site. Chemin pédestre pour Morgat.

Nature : 🌳 🌿	GPS
Loisirs : 🚴 🎾 🏊 🛶	W : 4.53183
Services : 🔑 🚿 📶 laverie	N : 48.22293
À prox. : 🛒 🍴 ✗	

MOUSTERLIN

29170 - Carte Michelin **308** G7
▶ Paris 563 - Rennes 212 - Quimper 22 - Brest 94

⛰ Capfun Le Grand Large 👥

📞 02 98 56 04 06, www.capfun.com - peu d'emplacements pour tentes et caravanes

Pour s'y rendre : 48 rte du Grand-Large (près de la plage)

Ouverture : de mi-avr. à mi-sept.

5,8 ha (287 empl.) plat, herbeux

Empl. camping : (Prix 2017) 35€ ✱✱ 🚗 📧 (16A) - pers. suppl. 7€ - frais de réservation 27€

Location : (Prix 2017) (de mi-avr. à mi-sept.) - ♿ (1mobile home) - 225 🚐. Nuitée 35 à 313€ - Sem. 140 à 2 191€ - frais de réservation 27€

En bord de mer, nombreux locatifs autour du restaurant et d'un bel espace aquatique en partie couvert.

Nature : 🌳 🌿	GPS
Loisirs : 🍴 ✗ 🍔 🎯 🚴 🏇 🎾 ✗ 🏊 🛶 terrain multisports	W : 4.0367
Services : 🔑 🚻 🚿 🚽 📶 laverie 🧺 🛁	N : 47.84809

⛰ Kost-Ar-Moor

📞 02 98 56 04 16, www.camping-fouesnant.com

Pour s'y rendre : 17 rte du Grand-Large (500 m de la plage)

Ouverture : de fin avr. à mi-sept.

3,5 ha (177 empl.) plat, herbeux

Empl. camping : (Prix 2017) 30€ ✱✱ 🚗 📧 (10A) - pers. suppl. 6€ - frais de réservation 15€

Location : (Prix 2017) (de fin avr. à mi-sept.) - 35 🚐 - 2 tentes lodges - 3 appartements. Sem. 231 à 811€ - frais de réservation 15€

Charmant cadre au calme sous les pins, idéal pour tentes ou caravanes.

Nature : 🌳 🌿 🌿	GPS
Loisirs : 🍴 ✗ 🍔 🚴 🏊 🛶	W : 4.03421
Services : 🔑 🚿 📶 laverie	N : 47.85106
À prox. : 🎣	

Avant de vous installer, consultez les tarifs en cours, affichés obligatoirement à l'entrée du terrain, et renseignez-vous sur les conditions particulières de séjour. Les indications portées dans le guide ont pu être modifiées depuis la mise à jour.

BRETAGNE

NÉVEZ
29920 - Carte Michelin 308 I8 - 2 718 h. - alt. 40
▶ Paris 541 - Concarneau 14 - Pont-Aven 8 - Quimper 40

⚠ Les Chaumières
✆ 02 98 06 73 06, www.camping-des-chaumieres.com

Pour s'y rendre : 24 hameau de Kerascoët (3 km au sud par D 77 direction Port Manec'h puis rte à dr.)

Ouverture : de mi-mai à mi-sept.

3 ha (110 empl.) plat, herbeux

Empl. camping : (Prix 2017) 22,80€ ✱✱ 🚗 🏠 (10A) - pers. suppl. 5,20€

Location : (Prix 2017) (de déb. avr. à fin sept.) - 🏕 (de déb. juil. à fin août) - 10 🏠. Nuitée 45 à 60€ - Sem. 210 à 630€ - frais de réservation 10€

🚐 borne artisanale 13,50€

Au calme avec un magnifique chemin piétonnier ombragé pour la plage.

Nature : 🌳 🏞 ♀
Loisirs : 🏊
Services : 🔑 (juil.-août) 📶 laverie
À prox. : 🍴 ✕

GPS W : 3.77433 N : 47.79598

NOYAL-MUZILLAC
56190 - Carte Michelin 308 Q9 - 2 410 h. - alt. 52
▶ Paris 468 - Rennes 108 - Vannes 31 - Lorient 88

⛰ Moulin de Cadillac
✆ 02 97 67 03 47, www.camping-moulin-cadillac.com

Pour s'y rendre : 4,5 km au nord-ouest par rte de Berric

Ouverture : de déb. avr. à mi-sept.

7 ha (197 empl.) plat, herbeux, étang, bois attenant

Empl. camping : (Prix 2017) ✱ 6,30€ 🚗 🏠 16€ – 🔌 (10A) 4€ - frais de réservation 10€

Location : (Prix 2017) (de déb. avr. à mi-sept.) - 76 🏠 - 6 🏕 - 4 cabanons. Sem. 280 à 850€ - frais de réservation 10€

🚐 borne artisanale

Cadre verdoyant et fleuri, traversé par le petit ruisseau Kervily. Important parc aquatique et ludique couvert.

Nature : 🌳 🏞 ♀♀
Loisirs : 🍴 🏊 🏠 salle d'animations 🚴 🏓 🎯 mini ferme terrain multisports
Services : 🔑 👤 📶 laverie 🚿

GPS W : 2.50199 N : 47.61412

PAIMPOL
22500 - Carte Michelin 309 D2 - 7 828 h. - alt. 15
▶ Paris 494 - Guingamp 29 - Lannion 33 - St-Brieuc 46

⚠ Municipal de Cruckin-Kérity
✆ 02 96 20 78 47, www.camping-paimpol.com

Pour s'y rendre : lieu-dit : Kérity (2 km au sud-est par D 786, rte de St-Quay-Portrieux, attenant au stade, à 100 m de la plage de Cruckin)

Ouverture : de déb. avr. à fin sept.

2 ha (130 empl.) plat, herbeux

Empl. camping : (Prix 2017) ✱ 4€ 🚗 🏠 8,70€ – 🔌 (13A) 4€ - frais de réservation 20€

🚐 borne artisanale 5€ - 10 🏠 10€

Cadre verdoyant tout près de la mer et à 100 m de la plage de Cruckin. À 200 m de l'abbaye de Beauport.

Nature : 🌳 🏞 ♀
Loisirs : 🏠
Services : 🔑 👤 📶 laverie
À prox. : ✕ terrain multisports

GPS W : 3.02224 N : 48.76972

PAIMPONT
35380 - Carte Michelin 309 I6 - 1 641 h. - alt. 159
▶ Paris 390 - Dinan 60 - Ploërmel 26 - Redon 47

⚠ Municipal Paimpont Brocéliande
✆ 02 99 07 89 16, www.camping-paimpont-broceliande.com

Pour s'y rendre : 2 r. du Chevalier-Lancelot-du-Lac (sortie nord par D 773, à prox. de l'étang)

Ouverture : de déb. avr. à fin sept.

1,5 ha (90 empl.) plat, herbeux

Empl. camping : (Prix 2017) ✱ 4,30€ 🚗 2,30€ 🏠 3,80€ – 🔌 (6A) 4,20€

Location : (Prix 2017) Permanent ♿ (1 chalet) - 6 🏠. Sem. 280 à 520€

🚐 borne AireService - 70 🏠 4€

Un terrain peu ombragé à la lisière de la forêt de Brocéliande.

Loisirs : 🏠 🎣
Services : 🔑 (juil.-août) 📶 laverie
À prox. : 🚣 ✕

GPS W : 2.17248 N : 48.02404

---

*De categorie (1 tot 5 tenten, in **zwart** of **rood**) die wij aan de geselecteerde terreinen in deze gids toekennen, is onze eigen indeling. Niet te verwarren met de door officiële instanties gebruikte classificatie (1 tot 5 sterren).*

PÉNESTIN
56760 - Carte Michelin 308 Q10 - 1 867 h. - alt. 20
▶ Paris 458 - La Baule 29 - Nantes 84 - La Roche-Bernard 18

⛰ Les Îles ▲▲
✆ 02 99 90 30 24, www.camping-des-iles.fr

Pour s'y rendre : à La Pointe du Bile, 119 rte des Trois-Îles (4,5 km au sud par D 201 à dr.)

Ouverture : de déb. avr. à mi-nov.

3,5 ha (184 empl.) plat, herbeux, étang

Empl. camping : (Prix 2017) 46,50€ ✱✱ 🚗 🏠 🔌 (6A) - pers. suppl. 7€

Location : (Prix 2017) Permanent ♿ (1 chalet) - 97 🏠 - 7 🏕 - 2 tentes lodges. Sem. 245 à 1 569€

En deux parties distinctes, les emplacements tentes et caravanes au bord de l'océan, le locatif souvent de grand confort côté terre.

Nature : 🌳 🏞 ♀♀ 🌊
Loisirs : 🍴 ✕ 🏠 🏊 nocturne 🚴 🎣 jacuzzi 🏓 🎯 terrain multisports
Services : 🔑 👤 📶 laverie 🚿 ⛽
À prox. : 🐎

GPS W : 2.48426 N : 47.44561

159

BRETAGNE

Capfun Le Cénic
02 99 90 45 65, www.lecenic.com

Pour s'y rendre : rte de La Roche-Bernard (1,5 km à l'est par D 34, au bord d'un étang)

Ouverture : de déb. avr. à mi-sept.

5,5 ha (310 empl.) plat et peu incliné, herbeux

Empl. camping : (Prix 2017) 35€ ✶✶ 🚗 🏠 ⚡ (10A) - pers. suppl. 7€ - frais de réservation 11€

Location : (Prix 2017) (de déb. avr. à mi-sept.) - 245 🏠. Nuitée 32 à 162€ - Sem. 581 à 1 134€ - frais de réservation 11€

Nombreux loisirs et activités en salles et parc aquatique et ludique couvert très complet.

Nature : 🌳 🌲
Loisirs : 🍽 🏠 salle d'animations 🏃 🚴 hammam 🏊 ⛳ 🎾 🎯 terrain multisports couvert
Services : 🔑 🛁 📶 laverie

GPS : W : 2.45547 / N : 47.47889

Utilisez les cartes MICHELIN, complément indispensable de ce guide.

PENMARCH
29760 - Carte Michelin **308** E8 - 5 749 h. - alt. 7
▶ Paris 585 - Audierne 40 - Douarnenez 45 - Pont-l'Abbé 12

Yelloh! Village La Plage
02 98 58 61 90, www.villagelaplage.com

Pour s'y rendre : 241 hent Maner ar Ster (à 100 m de la plage (accès direct))

Ouverture : de déb. avr. à mi-sept.

14 ha (410 empl.) plat, herbeux, sablonneux

Empl. camping : (Prix 2017) 49€ ✶✶ 🚗 🏠 ⚡ (10A) - pers. suppl. 9€

Location : (Prix 2017) (de déb. avr. à mi-sept.) - 250 🏠 - 2 cabanes perchées. Nuitée 35 à 252€ - Sem. 245 à 1 764€

🅿 borne AireService

Terrain avec de multiples activités en bord de mer. Cabanes dans les arbres avec vue sur l'océan.

Nature : 🌳 ⛰
Loisirs : 🍽 ✕ 🏠 🏊 🏃 🚴 🎾 🎯 ⛳ 🏊 ⛵ kart à pédales terrain multisports
Services : 🔑 🛁 📶 laverie 🏪 ⛽
À prox. : ⚓

GPS : W : 4.31194 / N : 47.8035

Municipal de Toul ar Ster
02 98 58 86 88, www.penmarch.fr

Pour s'y rendre : 110 r. Edmond-Michelet (1,4 km au sud-est par rte de Guilvinec par la côte et rte à dr., à 100 m de la plage (accès direct))

Ouverture : de déb. mai à fin sept.

3 ha (202 empl.) plat, herbeux, sablonneux

Empl. camping : (Prix 2017) ✶ 3,50€ 🚗 2,40€ 🏠 3,30€ – ⚡ (6A) 6€

🅿 borne artisanale 2€ - 20 🏠 17€

Cadre agréable à proximité du centre nautique.

Nature : 🌊
Loisirs : 🏠 🏊
Services : 🔑 (juil.-août) 🛁 📶 laverie
À prox. : ⚓

GPS : W : 4.33726 / N : 47.81246

PENTREZ-PLAGE
29550 - Carte Michelin **308** F5
▶ Paris 566 - Brest 55 - Châteaulin 18 - Crozon 18

Homair Vacances Le Ker'Ys
0820 201 207, www.homair.com/camping/le-domaine-de-ker-ys
- peu d'emplacements pour tentes et caravanes

Pour s'y rendre : chemin des Dunes (face à la plage)

Ouverture : de déb. avr. à mi-sept.

3,5 ha (190 empl.) plat et peu incliné, herbeux

Empl. camping : 33€ ✶✶ 🚗 🏠 ⚡ (16A) - pers. suppl. 8€

Location : (Prix 2017) (de déb. avr. à mi-sept.) - 145 🏠. Sem. 84 à 1 050€

Bel espace aquatique, nombreuses activités nautiques et plage à proximité.

Nature : 🌳 🌲
Loisirs : 🏠 diurne 🏃 🚴 🎯 jacuzzi 🏊 🎾 ⛳
Services : 🔑 🛁 📶 laverie
À prox. : 🍽 ✕

GPS : W : 4.30137 / N : 48.19249

PERROS-GUIREC
22700 - Carte Michelin **309** B2 - 7 375 h. - alt. 60
▶ Paris 527 - Lannion 12 - St-Brieuc 76 - Tréguier 19

Yelloh! Village Le Ranolien
02 96 91 65 65, www.leranolien.fr

Pour s'y rendre : à Ploumanac'h, bd du Sémaphore (1 km au sud-est par D 788, à 100 m de la mer)

Ouverture : de déb. avr. à mi-sept.

15 ha (525 empl.) vallonné, plat et peu incliné, herbeux, rochers

Empl. camping : (Prix 2017) 48€ ✶✶ 🚗 🏠 ⚡ (10A) - pers. suppl. 9€

Location : (Prix 2017) (de déb. avr. à mi-sept.) - 364 🏠 - 6 roulottes. Nuitée 78 à 253€ - Sem. 273 à 1 771€

Sur un site exceptionnel au bord de la mer avec des installations haut de gamme : balnéo, locatif, piscines.

Nature : ≤ 🌳 🌲
Loisirs : 🍽 ✕ 🏠 salle d'animations 🏃 🚴 🎯 centre balnéo 🏊 hammam jacuzzi 🎾 ⛳ ⛵ discothèque terrain multisports
Services : 🔑 🏪 🛁 📶 laverie 🛒

GPS : W : 3.4747 / N : 48.82677

PLÉNEUF-VAL-ANDRÉ
22370 - Carte Michelin **309** G3 - 3 942 h. - alt. 52
▶ Paris 446 - Dinan 43 - Erquy 9 - Lamballe 16

Campéole Les Monts Colleux
02 96 72 95 10, www.camping-montscolleux.com

Pour s'y rendre : 26 r. Jean-Lebrun (0.8 km au nord-est du bourg)

Ouverture : de fin mars à fin sept.

5 ha (180 empl.) terrasse, plat, herbeux

Empl. camping : (Prix 2017) 23,40€ ✶✶ 🚗 🏠 ⚡ (10A) - pers. suppl. 6,20€

Location : (Prix 2017) (de mi-mars à fin sept.) - ♿ (1 mobile home) - 43 🏠 - 23 ⛺. Nuitée 47 à 128€ - Sem. 329 à 896€ - frais de réservation 25€

🅿 borne artisanale - 🚐 ⚡ 16€

BRETAGNE

Campéole
www.campeole.com

LES MONTS COLLEUX ★★★

À deux pas de la plage, plus belle la vue !

Emplacements campeurs, mobil-homes, chalets.

Un des plus beaux golfs de France. Terrain de pétanque, en juillet et août : club enfants/ados, snack-bar.

26 rue Jean Lebrun
22370 Pléneuf-Val-André
+33 (0)2 96 72 95 10
monts-colleux@campeole.com

Vue sur la mer et la baie de St-Brieuc pour quelques emplacements. Accès gratuit à la piscine municipale contiguë.

Nature :
Loisirs :
Services : laverie
À prox. :

GPS : W : 2.5508 N : 48.5898

PLESTIN-LES-GRÈVES

22310 - Carte Michelin **309** A3 - 3 644 h. - alt. 45
▶ Paris 528 - Brest 79 - Guingamp 46 - Lannion 18

▲ Municipal St-Efflam

☎ 02 96 35 62 15, www.camping-municipal-bretagne.com

Pour s'y rendre : à St-Efflam, pl. de Lan-Carré (3,5 km au nord-est, rte de St-Michel-en-Grève)

Ouverture : de déb. avr. à déb. oct.

4 ha (190 empl.) en terrasses, peu incliné, plat, herbeux

Empl. camping : (Prix 2017) 19,70€ ✶✶ 🚗 ▣ ⚡ (10A) - pers. suppl. 3,95€

Location : (Prix 2017) (de déb. avr. à déb. oct.) - ♿ (1 mobile home) - 15 🏠 - 6 🏕. Nuitée 40 à 90€ - Sem. 198 à 581€

borne AireService 2,50€ - 10 ▣ 18€ - ⚡18€

Emplacements légèrement ombragés autour de la piscine couverte, à 200 m de la plage.

Nature :
Loisirs :
Services : (juil.-août) laverie
À prox. :

GPS : W : 3.60108 N : 48.66834

▲ Aire Naturelle Ker-Rolland

☎ 02 96 35 08 37, www.camping-ker-rolland.com

Pour s'y rendre : lieu-dit : Ker Rolland (2,2 km au sud-ouest par D 786, rte de Morlaix et à gauche, rte de Plouégat-Guérand)

Ouverture : de mi-juin à mi-sept.

1,6 ha (22 empl.) plat, herbeux

Empl. camping : (Prix 2017) 12,60€ ✶✶ 🚗 ▣ ⚡ (13A) - pers. suppl. 2,80€

Location : (Prix 2017) Permanent - 3 🏠. Nuitée 35 à 54€ - Sem. 200 à 375€ - frais de réservation 99€

borne artisanale

Camping à la ferme (maraîchers).

Nature :
Loisirs :
Services :

GPS : W : 3.64337 N : 48.64338

PLEUBIAN

22610 - Carte Michelin **309** D1 - 2 577 h. - alt. 48
▶ Paris 506 - Lannion 31 - Paimpol 13 - St-Brieuc 58

▲ Odalys Port la Chaîne

(pas d'emplacement tentes et caravanes)

☎ 02 96 22 92 38, www.odalys-vacances.com

Pour s'y rendre : 2 km au nord par D 20, rte de Larmor-Pleubian et rte à gauche

4,9 ha en terrasses, peu incliné, plat, herbeux

Location : (de déb. avr. à fin sept.) - ♿ (2 mobile homes) - 100 🏠. Sem. 220 à 945€

En bord de mer, un parc de mobile homes ombragés sous les pins ou plein soleil.

Nature :
Loisirs :
Services : laverie
À prox. :

GPS : W : 3.13284 N : 48.85545

Benutzen Sie die Grünen MICHELIN-Reiseführer, wenn Sie eine Stadt oder Region kennenlernen wollen.

BRETAGNE

PLEUMEUR-BODOU

22560 - Carte Michelin **309** A2 - 4 039 h. - alt. 94
▶ Paris 523 - Lannion 8 - Perros-Guirec 10 - St-Brieuc 72

Le Port

☎ 02 96 23 87 79, www.camping-du-port-22.com

Pour s'y rendre : 3 chemin des Douaniers (6 km au nord, au sud de Trégastel-Plage)

Ouverture : de fin mars à mi-oct.

2 ha (88 empl.) non clos, plat et peu incliné, herbeux, rochers

Empl. camping : (Prix 2017) 28€ ★ ★ 🚗 ▣ [⚡] (15A) - pers. suppl. 6,30€ - frais de réservation 15€

Location : (Prix 2017) (de fin mars à mi-oct.) - 40 🛖 - 6 🏠. Nuitée 60 à 100€ - Sem. 280 à 800€ - frais de réservation 15€

Au bord de la plage, les pieds dans l'eau pour certains emplacements.

Nature : 🌿 ≤ ⛰
Loisirs : 🍴 ★ 🏊 🏄 🎣
Services : ⚡ 🚿 ♿ 🚰 📶 laverie

GPS W : 3.54278 N : 48.81029

PLÉVEN

22130 - Carte Michelin **309** I4 - 587 h. - alt. 80
▶ Paris 431 - Dinan 24 - Dinard 28 - St-Brieuc 38

⚠ Municipal

☎ 02 96 84 46 71, www.pleven.fr

Pour s'y rendre : au bourg

Ouverture : de déb. avr. à mi-nov.

1 ha (40 empl.) plat et peu incliné, herbeux

Empl. camping : (Prix 2017) 11,80€ ★ ★ 🚗 ▣ [⚡] (16A) - pers. suppl. 2,75€

Dans le parc de la mairie, avec un bon confort sanitaire.

Nature : 🌿 🌳
Services : ⚡ 🚮 📶
À prox. : 🍳 🍴 ❌

GPS W : 2.31911 N : 48.48914

PLOBANNALEC-LESCONIL

29740 - Carte Michelin **308** F8 - 3 326 h. - alt. 16
▶ Paris 578 - Audierne 38 - Douarnenez 38 - Pont-l'Abbé 6

Yelloh! Village L'Océan Breton 👥

☎ 02 98 82 23 89, www.camping-bretagne-oceanbreton.com - peu d'emplacements pour tentes et caravanes

Pour s'y rendre : rte de Plobannalec, lieu-dit : Le Manoir de Kerlut (1,6 km au sud par D 102, rte de Lesconil et chemin à gauche)

Ouverture : de mi-avr. à déb. nov.

12 ha/8 campables (240 empl.) plat, herbeux

Empl. camping : (Prix 2017) 55€ ★ ★ 🚗 ▣ [⚡] (16A) - pers. suppl. 9€

Location : (Prix 2017) (de mi-avr. à déb. nov.) - 240 🛖 - 3 yourtes. Nuitée 35 à 259€ - Sem. 245 à 1 813€

🚏 borne AireService

Cadre très agréable autour d'un séduisant parc aquatique. Accès à la plage par navettes gratuites.

Nature : 🌿 🌳
Loisirs : 🍴 ❌ 🍹 ★ 🏊 🏄 🎣 🚴 ❌ 🎾 solarium parcours dans les arbres terrain multisports
Services : ⚡ 🚮 ♿ 🚰 📶 laverie 🧺 ❄

GPS W : 4.22574 N : 47.81167

PLOEMEL

56400 - Carte Michelin **308** M9 - 2 508 h. - alt. 46
▶ Paris 485 - Auray 8 - Lorient 34 - Quiberon 23

St-Laurent 👥

☎ 02 97 56 85 90, www.camping-saint-laurent.fr

Pour s'y rendre : lieu-dit : Kergonvo (2,5 km au nord-ouest, rte de Belz, à prox. du carr. D 22 et D 186)

Ouverture : de mi-avr. à fin oct.

3 ha (90 empl.) plat et peu incliné, herbeux

Empl. camping : (Prix 2017) 22,65€ ★ ★ 🚗 ▣ [⚡] (10A) - pers. suppl. 5,50€

Location : (Prix 2017) (de mi-avr. à fin oct.) - 20 🛖 - 2 bungalows toilés - 6 tentes lodges. Nuitée 35 à 110€ - Sem. 180 à 770€ - frais de réservation 10€

🚏 borne artisanale - 🚐 8€

Quelques emplacements sous une jolie pinède.

Nature : 🏕 🌳
Loisirs : ★ 🚴 ❌
Services : ⚡ 🚿 📶 laverie

GPS W : 3.10013 N : 47.66369

Village Vacances Dihan Évasion

(pas d'emplacement tentes et caravanes)

☎ 02 97 56 88 27, www.dihan-evasion.org

Pour s'y rendre : lieu-dit : Kerganiet (1 km au sud-ouest par D 105, rte d'Erdeven)

25 ha (23 empl.) vallonné, bois

Location : (Prix 2017) (de mi-fév. à fin nov.) - 🛖 - 🅿 - 1 🛏 - 4 yourtes - 1 roulotte - 9 cabanes perchées - 1 cabanon - 1 kota - 5 bubble rooms - 2 nids perchés. Sem. 455 à 1 120€

Les hébergements sont en formule hôtelière avec possibilité de panier repas.

Nature : 🌿 🌳
Loisirs : 🏊 ♨ hammam 💆 🚴
Services : ⚡ 📶

GPS W : 3.07692 N : 47.64647

⚠ Kergo

☎ 02 97 56 80 66, www.campingkergo.com

Pour s'y rendre : 2 km au sud-est par D 186, rte de la Trinité-sur-Mer et à gauche

Ouverture : de déb. mai à fin sept.

2,5 ha (135 empl.) peu incliné, plat, herbeux

Empl. camping : (Prix 2017) 21,60€ ★ ★ 🚗 ▣ [⚡] (10A) - pers. suppl. 4,80€

Location : (Prix 2017) (de déb. avr. à fin oct.) - 12 🛖. Nuitée 50 à 60€ - Sem. 245 à 650€ - frais de réservation 15€

🚏 borne AireService 6€ - 🚐 15€

Ambiance familiale et calme.

Nature : 🌿 🌳
Loisirs : 🏊 ♨ jacuzzi 💆 🚴
Services : ⚡ 🚿 📶 laverie

GPS W : 3.05362 N : 47.64403

Avant de prendre la route, consultez www.viamichelin.fr : votre meilleur itinéraire, le choix de votre hôtel, restaurant, des propositions de visites touristiques.

BRETAGNE

PLOÉVEN
29550 - Carte Michelin **308** F6 - 505 h. - alt. 60
▶ Paris 585 - Brest 64 - Châteaulin 15 - Crozon 25

⚠ La Mer
📞 02 98 81 29 19, www.campingdelamer29.fr

Pour s'y rendre : lieu-dit : Ty Anquer Plage (3 km au sud-ouest, à 300 m de la plage)

1 ha (54 empl.) plat, herbeux

Location : 1 🚐 - 6 bungalows toilés.

Charmant petit terrain à la tranquillité garantie, à 100 m d'une plage sauvage.

Nature : 🌊 ♀
Services : 🔑 📶 📺

GPS : W : 4.26796 N : 48.14806

PLOMEUR
29120 - Carte Michelin **308** F7 - 3 634 h. - alt. 33
▶ Paris 579 - Douarnenez 39 - Pont-l'Abbé 6 - Quimper 26

⚠ Aire Naturelle Kéraluic
📞 02 98 82 10 22, www.keraluic.fr

Pour s'y rendre : lieu-dit : Keraluic (4,3 km au nord-est par D 57, rte de Plonéour-Lanvern)

Ouverture : de mi-avr. à mi-oct.

1 ha (25 empl.) plat, herbeux

Empl. camping : (Prix 2017) 21,40€ ✶✶ 🚗 🔲 ⚡ (6A) - pers. suppl. 5,50€

Location : (Prix 2017) (de déb. fév. à fin nov.) - 🏕 - 2 🛏 - 1 tipi - 1 cabanon - 1 appartement - 3 studios. Sem. 250 à 795€

Vastes emplacements autour d'un ancien corps de ferme joliment rénové.

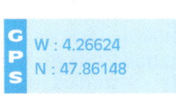

Nature : 🌊 ♀
Loisirs : 🏠 🎠
Services : 🔑 🚿 📶 📺

GPS : W : 4.26624 N : 47.86148

Lanven
📞 02 98 82 00 75, www.campinglanven.com

Pour s'y rendre : lieu-dit : La Chapelle de Beuzec (3,5 km au nord-ouest par D 57, rte de Plonéour-Lanvern puis chemin à gauche)

Ouverture : de déb. juil. à fin août

3,7 ha (132 empl.) plat, herbeux

Empl. camping : (Prix 2017) 20€ ✶✶ 🚗 🔲 ⚡ (10A) - pers. suppl. 4,20€

Location : (Prix 2017) (de mi-mars à mi-nov.) - 10 🚐. Nuitée 41 à 78€ - Sem. 413 à 546€

Agréable cadre en pleine campagne. Présence de colonies de vacances en juillet-août sur une moitié de terrain.

Nature : 🌊 🚐 ♀
Loisirs : 🍴 ✕ 🎠
Services : 🔑 📶 laverie

GPS : W : 4.30663 N : 47.8505

PLOMODIERN
29550 - Carte Michelin **308** F5 - 2 182 h. - alt. 60
▶ Paris 559 - Brest 60 - Châteaulin 12 - Crozon 25

⚠ La Mer d'Iroise
📞 02 98 81 52 72, www.camping-iroise.fr

Pour s'y rendre : plage de Pors-Ar-Vag (5 km au sud-ouest, à 100 m de la plage)

Ouverture : de fin mars à fin sept.

2,5 ha (132 empl.) en terrasses, plat et peu incliné, herbeux

Empl. camping : (Prix 2017) 👤 6,50€ 🚗 🔲 12,90€ – ⚡ (10A) 3,90€ - frais de réservation 16€

Location : (Prix 2017) (de fin mars à fin sept.) - 13 🚐 - 16 🏠 - 2 roulottes. Sem. 275 à 880€ - frais de réservation 16€

🚐 borne artisanale

Ensemble fleuri avec une jolie vue sur la mer pour quelques emplacements.

Nature : 🌊 ≤ Baie de Douarnenez ♀
Loisirs : 🍴 🏠 🎠 🏊
Services : 🔑 🚿 📶 laverie 🧺
À prox. : ✕ base nautique

GPS : W : 4.29397 N : 48.17006

PLOUÉZEC
22470 - Carte Michelin **309** E2 - 3 368 h. - alt. 100
▶ Paris 489 - Guingamp 28 - Lannion 39 - Paimpol 6

⚠ Le Cap de Bréhat
📞 02 96 20 64 28, www.cap-de-brehat.com

Pour s'y rendre : r. de Port-Lazo (2,3 km au nord-est par D 77)

Ouverture : de déb. avr. à fin sept.

4 ha (149 empl.) fort dénivelé, en terrasses, peu incliné, pierreux, herbeux

Empl. camping : (Prix 2017) 20€ ✶✶ 🚗 🔲 ⚡ (10A) - pers. suppl. 6€ - frais de réservation 5€

Location : (Prix 2017) (de déb. avr. à fin sept.) - 40 🚐 - 2 tentes lodges - 2 tentes sur pilotis - 1 cabane perchée. Nuitée 30 à 150€ - Sem. 210 à 1 085€ - frais de réservation 15€

🚐 borne artisanale

Pour plusieurs emplacements, vue panoramique sur l'anse de Paimpol et l'île de Bréhat, avec accès direct à la mer.

Nature : 🌊 ≤ Anse de Paimpol ♀
Loisirs : 🍴 ✕ 🏠 🎠 🚴 🔲
Services : 🔑 🚿 📶 laverie 🧺

GPS : W : 2.96311 N : 48.76

163

BRETAGNE

PLOUGASNOU

29630 - Carte Michelin **308** I2 - 3 268 h. - alt. 55
▶ Paris 545 - Brest 76 - Guingamp 62 - Lannion 34

▲ Flower Domaine de Mesqueau

✆ 02 98 67 37 45, www.camping-de-mesqueau.com

Pour s'y rendre : 870 rte de Mesqueau (3,5 km au sud par D 46, rte de Morlaix puis 800 m par rte à gauche, à 100 m d'un plan d'eau (accès direct)

Ouverture : de déb. avr. à fin sept.

7,5 ha (100 empl.) plat, herbeux

Empl. camping : (Prix 2017) 16 € ★★ 🚗 🔲 ⚡ (16A) - pers. suppl. 3 € - frais de réservation 10 €

Location : (Prix 2017) (de déb. avr. à fin sept.) - 🅿 - 38 🛖 - 4 tentes lodges. Nuitée 34 à 135 € - Sem. 196 à 945 € - frais de réservation 10 €

Emplacements calmes et spacieux en pleine campagne.

Nature : 🌳 ♀
Loisirs : 🎪 🏇 🚲 ✂ 🏊 terrain multisports
Services : 🔑 🚿 📶
À prox. : 🍴 🛶

GPS W : 3.78101
N : 48.66462

PLOUGASTEL-DAOULAS

29470 - Carte Michelin **308** E4 - 13 304 h. - alt. 113
▶ Paris 596 - Brest 12 - Morlaix 60 - Quimper 64

▲ St-Jean 👥

✆ 02 98 40 32 90, www.campingsaintjean.com

Pour s'y rendre : lieu-dit : St-Jean (4,6 km au nord-est par D 29 et N 165, sortie centre commercial Leclerc)

Ouverture : de mi-avr. à fin sept.

203 ha (125 empl.) gravier, herbeux, plat et peu incliné, en terrasses

Empl. camping : (Prix 2017) 🚗 🔲 20 € – ⚡ (10A) 4 € - frais de réservation 20 €

Location : (Prix 2017) (de mi-avr. à fin sept.) - 42 🛖 - 2 cabanons. Nuitée 70 à 120 € - Sem. 250 à 815 € - frais de réservation 20 €

Situation et site agréables au bord de l'estuaire de l'Elorn, propice à l'observation de l'avifaune.

Nature : 🌳 ♀ 🏞
Loisirs : 🍴 🍸 🎪 🌙 nocturne 🏇 🏊 🚲 🏓 ⛱ terrain multisports
Services : 🔑 🚿 📶 laverie 🚗

GPS W : 4.35334
N : 48.40122

PLOUGOULM

29250 - Carte Michelin **308** G3 - 1 805 h. - alt. 60
▶ Paris 560 - Brest 58 - Brignogan-Plages 27 - Morlaix 24

▲ Municipal du Bois de la Palud

✆ 02 98 29 81 82, www.plougoulm.bzh

Pour s'y rendre : Creach ar Feunteun (900 m à l'ouest du carr. D 10-D 69 (croissant de Plougoulm), par rte de Plouescat et chemin à dr.)

Ouverture : de fin juin à déb. sept.

0,7 ha (34 empl.) en terrasses, peu incliné, herbeux

Empl. camping : (Prix 2017) 13,80 € ★★ 🚗 🔲 ⚡ (8A) - pers. suppl. 4 €

Beau cadre boisé avec de belles étendues en prairies.

Nature : 🌳 🏞 ♀♀
Services : 🛒
À prox. : 🏇

GPS W : 4.05323
N : 48.67236

PLOUGOUMELEN

56400 - Carte Michelin **308** N9 - 2 378 h. - alt. 27
▶ Paris 471 - Auray 10 - Lorient 51 - Quiberon 39

▲ La Via Natura Fontaine du Hallate

✆ 06 16 30 08 33, www.camping-morbihan.bzh

Pour s'y rendre : 8 chemin de Poul-Fetan (3,2 km au sud-est vers Ploeren et rte de Baden à dr., au lieu-dit Hallate)

Ouverture : de déb. avr. à fin oct.

3 ha (94 empl.) peu incliné, plat, herbeux, étang

Empl. camping : (Prix 2017) 22 € ★★ 🚗 🔲 ⚡ (10A) - pers. suppl. 4 €

Location : (Prix 2017) (de déb. avr. à fin oct.) - 🍴 - 8 🛖 - 2 - 1 yourte - 1 gîte. Nuitée 70 à 100 € - Sem. 220 à 600 €

Nature : 🌳 🏞 ♀
Loisirs : 🏇
Services : 🔑 🚿 🛒 📶 laverie

GPS W : 2.8989
N : 47.6432

Benutzen Sie den Hotelführer des laufenden Jahres.

PLOUGRESCANT

22820 - Carte Michelin **309** C1 - 1 347 h. - alt. 53
▶ Paris 516 - Lannion 26 - Perros-Guirec 23 - St-Brieuc 68

▲ Le Varlen

✆ 02 96 92 52 15, www.levarlen.com

Pour s'y rendre : 4 rte de Pors-Hir (2 km au nord-est, rte de Pors Hir, à 200 m de la mer)

Ouverture : de déb. avr. à fin oct.

1 ha (60 empl.) plat, herbeux

Empl. camping : (Prix 2017) ★ 4,80 € 🚗 2,40 € 🔲 4,50 € – ⚡ (10A) 4 € - frais de réservation 8 €

Location : (Prix 2017) (de déb. avr. à fin oct.) - 13 🛖 - 1 bungalow toilé - 2 studios. Nuitée 80 à 120 € - Sem. 255 à 570 € - frais de réservation 8 €

🚐 borne artisanale - 🚙⚡13 €

Ambiance calme et familiale et vue sur mer pour quelques emplacements.

Nature : 🌳 🏞
Loisirs : 🍸 🍴 🎪 🏇
Services : 🔑 📶 laverie 🚗

GPS W : 3.21873
N : 48.86078

▲ Le Gouffre

✆ 02 96 92 02 95, www.camping-gouffre.com - peu d'emplacements pour tentes et caravanes

Pour s'y rendre : lieu-dit : Hent Crec'h Kermorvant (2,7 km au nord par rte de la pointe du Château)

Ouverture : de déb. avr. à fin sept.

3 ha (118 empl.) peu incliné, plat, herbeux

Empl. camping : (Prix 2017) ★ 4,50 € 🚗 4,69 € – ⚡ (16A) 3,90 €

Location : (Prix 2017) (de déb. avr. à fin sept.) - 14 🛖. Nuitée 28 à 85 € - Sem. 195 à 600 €

🚐 borne artisanale

BRETAGNE

Nombreux mobile homes de propriétaires-résidents.

- **Nature :** 🏖️
- **Services :** 🔑 (juil.-août) 📶 laverie

GPS W : 3.22749 N : 48.86081

PLOUGUERNEAU

29880 - Carte Michelin **308** D3 - 6 411 h. - alt. 60
▶ Paris 604 - Brest 27 - Landerneau 33 - Morlaix 68

▲ La Grève Blanche

📞 02 98 04 70 35, www.campinggreveblanche.com

Pour s'y rendre : lieu-dit : St-Michel (4 km au nord par D 32, rte St-Michel et à gauche, au bord de plage)

Ouverture : de fin mars à mi-oct.

2,5 ha (100 empl.) plat et peu incliné, rochers, sablonneux, herbeux

Empl. camping : (Prix 2017) 17€ ✶✶ 🚗 🅿️ (10A) - pers. suppl. 4€

Location : (Prix 2017) Permanent - 4 🏠 - 2 bungalows toilés - 2 tipis - 2 roulottes - 2 cabanons. Nuitée 26 à 34€ - Sem. 147 à 530€

🚐 borne artisanale

Cadre naturel autour de rochers dominant la plage.

- **Nature :** ≤ la baie ⛰️
- **Loisirs :** 🎱 🏊
- **Services :** 🔑 🚿 📶

GPS W : 4.523 N : 48.6305

▲ Du Vougot

📞 02 98 25 61 51, www.campingduvougot.com

Pour s'y rendre : rte de Prat-Ledan (7,4 km au nord-est par D 13 et D 10, rte de Guisseny, puis D 52 grève du Vougot, à 250 m de la mer)

Ouverture : de déb. avr. à fin sept.

2,5 ha (55 empl.) plat, herbeux, sablonneux

Empl. camping : (Prix 2017) ✶ 5,30€ 🚗 🅿️ 12€ – 🅿️ (10A) 4€

Location : (Prix 2017) (de déb. avr. à fin sept.) - 15 🏠 - 1 tente sur pilotis - 2 cabanons. Sem. 150 à 715€

🚐 borne artisanale 4€ - 🚿 15€

Un havre de paix dans un cadre naturel bien préservé.

- **Nature :** 🏖️
- **Loisirs :** 🎱 🏊
- **Services :** 🔑 📶 laverie
- **À prox. :** base nautique

GPS W : 4.45 N : 48.63132

PLOUHARNEL

56340 - Carte Michelin **308** M9 - 2 000 h. - alt. 21
▶ Paris 490 - Auray 13 - Lorient 33 - Quiberon 15

▲▲▲ Kersily

📞 02 97 52 39 65, www.camping-kersily.com

Pour s'y rendre : lieu-dit : Ste-Barbe (2,5 km au nord-ouest par D 781, rte de Lorient)

Ouverture : de déb. avr. à fin oct.

2,5 ha (120 empl.) peu incliné, plat, herbeux

Empl. camping : (Prix 2017) ✶ 6,80€ 🚗 🅿️ 11,20€ – 🅿️ (10A) 4,80€ - frais de réservation 10€

Location : (Prix 2017) (de déb. avr. à fin oct.) - 30 🏠 - 1 cabanon. Nuitée 80 à 115€ - Sem. 150 à 800€ - frais de réservation 10€

Nombreux mobile homes de propriétaires-résidents.

- **Nature :** 🏖️ 🌳🌳
- **Loisirs :** 🍷 ✗ 🏊 🌙 nocturne salle d'animations 🚴 ✗ 🎳
- **Services :** 🔑 🚿 📶 laverie

GPS W : 3.1316 N : 47.61107

PLOUHINEC

29780 - Carte Michelin **308** E6 - 4 217 h. - alt. 101
▶ Paris 594 - Audierne 5 - Douarnenez 18 - Pont-l'Abbé 27

▲ Kersiny-Plage

📞 02 98 70 82 44, www.kersinyplage.com

Pour s'y rendre : 1 r. Nominoé (sortie ouest par D 784, rte d'Audierne puis 1 km au sud par rte de Kersiny, à 100 m de la plage (accès direct)

Ouverture : de déb. juin à mi-sept.

2 ha (70 empl.) en terrasses, peu incliné, herbeux

Empl. camping : (Prix 2017) 17,30€ ✶✶ 🚗 🅿️ (8A) - pers. suppl. 5,40€ - frais de réservation 10€

Location : (Prix 2017) (de déb. juin à mi-sept.) - 🚫 - 6 🏠. Sem. 200 à 540€ - frais de réservation 10€

🚐 borne artisanale

Agréable terrain en bord de mer et beau panorama sur l'océan pour tous les emplacements.

- **Nature :** 🏖️ ≤ océan 🌳
- **Services :** 🔑 📶 🚿
- **À prox. :** ✗

GPS W : 4.50819 N : 48.00719

🏊 ✗ 🚿 🏊 🐴
ATTENTION...
ces prestations ne fonctionnent généralement qu'en saison, quelles que soient les dates d'ouverture du terrain.

PLOUHINEC

56680 - Carte Michelin **308** L8 - 4 922 h. - alt. 10
▶ Paris 503 - Auray 22 - Lorient 18 - Quiberon 30

▲▲▲ Moténo

📞 02 97 36 76 63, www.camping-le-moteno.com

Pour s'y rendre : r. du Passage-d'Étel (4,5 km au sud-est par D 781 et à dr., rte du Magouër)

Ouverture : de déb. avr. à fin sept.

4 ha (254 empl.) plat, herbeux **Empl. camping :** (Prix 2017) 38€ ✶✶ 🚗 🅿️ (10A) - pers. suppl. 7€ - frais de réservation 26€

Location : (Prix 2017) (de déb. avr. à fin sept.) - 137 🏠 - 21 🏕️. Sem. 130 à 1 100€ - frais de réservation 26€

Nombreux mobile homes et chalets en partie pour la location.

- **Nature :** 🏕️ 🌳
- **Loisirs :** 🍷 ✗ 🏊 salle d'animations ✶✶ 🎣 jacuzzi 🚴 🎳 🏊 terrain multisports
- **Services :** 🔑 🚿 📶 laverie 🏊 ✗

GPS W : 3.22127 N : 47.66492

165

BRETAGNE

PLOUIGNEAU

29610 - Carte Michelin **308** I3 - 4 685 h. - alt. 156
▶ Paris 526 - Brest 72 - Carhaix-Plouguer 43 - Guingamp 44

▲ Aire Naturelle la Ferme de Croas Men

📞 02 98 79 11 50, ferme-de-croasmen.com

Pour s'y rendre : lieu-dit : Croas Men (2,5 km au nord-ouest par D 712 et D 64, rte de Lanmeur puis 4,7 km par rte de Lanleya à gauche et rte de Garlan)

Ouverture : de déb. avr. à fin oct.

1 ha (25 empl.) plat, herbeux, verger

Empl. camping : (Prix 2017) 3,50 € 🚗 📧 8 € – ⚡ (6A) 3,50 €

Location : (Prix 2017) (de déb. avr. à mi-oct.) - 4 🏕️ - 2 roulottes. Sem. 300 à 550 €

Ferme pédagogique en activité, musée d'outils paysans.

Nature : 🌳 🌿
Loisirs : 🎮 🐎
Services : 🛒 🔌 📶 laverie
À prox. : 🏊 🐎

GPS
W : 3.73792
N : 48.60465

PLOUNÉVEZ-LOCHRIST

29430 - Carte Michelin **308** F3 - 2 398 h. - alt. 70
▶ Paris 576 - Brest 41 - Landerneau 24 - Landivisiau 22

▲ Municipal Odé-Vras

📞 02 98 61 65 17, www.plounevez-lochrist.fr

Pour s'y rendre : lieu-dit : Ode Vras (4,5 km au nord, par D 10, à 300 m de la baie de Kernic (accès direct))

Ouverture : de déb. juin à mi-sept.

3 ha (135 empl.) plat, herbeux, sablonneux

Empl. camping : (Prix 2017) 15 € ✳️✳️ 🚗 📧 ⚡ (10A) - pers. suppl. 3 €

Location : (Prix 2017) Permanent - 1 🏕️. Nuitée 45 à 55 € - Sem. 290 à 370 €

🚐 borne AireService 4 € - 🚐 9 €

Site charmant intégré dans le parc des dunes très sauvage.

Nature : 🏕️ 🌿
Loisirs : 🎮 🐎
Services : 🛒 🔌 📶 laverie

GPS
W : 4.23942
N : 48.64564

PLOZÉVET

29710 - Carte Michelin **308** E7 - 2 988 h. - alt. 70
▶ Paris 588 - Audierne 11 - Douarnenez 19 - Pont-l'Abbé 22

▲ Flower La Corniche 👥

📞 02 98 91 33 94, www.campinglacorniche.com

Pour s'y rendre : chemin de la Corniche (sortie sud par rte de la mer)

Ouverture : de mi-mars à fin oct.

2 ha (120 empl.) plat, herbeux

Empl. camping : (Prix 2017) 24 € ✳️✳️ 🚗 📧 ⚡ (10A) - pers. suppl. 4,90 € - frais de réservation 12 €

Location : (Prix 2017) (de déb. fév. à mi-nov.) - 24 🏕️ - 7 🏠 - 1 bungalow toilé - 8 tentes lodges. Nuitée 40 à 105 € - Sem. 196 à 730 € - frais de réservation 12 €

🚐 borne AireService 4 € - 3 📧 17 €

Un havre de paix au cœur de la baie d'Audierne, à 500 m du centre du village.

Nature : 🌳 🌿
Loisirs : 🏊 🎮 🏃 🚴 🎯
Services : 🛒 🔌 🚿 📶 laverie

GPS
W : 4.4287
N : 47.98237

PLURIEN

22240 - Carte Michelin **309** H3 - 1 396 h. - alt. 48
▶ Paris 436 - Dinard 34 - Lamballe 25 - Plancoët 23

▲ Les Salines

📞 02 96 72 17 40, campinglessalines.fr

Pour s'y rendre : r. du Lac, lieu-dit : Sables d'Or-Les Pins (1,2 km au nord-ouest par D 34, rte de Sables-d'Or-les-Pins, à 500 m de la mer)

Ouverture : de déb. avr. à fin oct.

3 ha (150 empl.) en terrasses, plat, herbeux

Empl. camping : (Prix 2017) 14,70 € ✳️✳️ 🚗 📧 ⚡ (6A) - pers. suppl. 3,60 €

Location : (Prix 2017) (de déb. avr. à fin oct.) - 8 🏕️ - 2 tentes lodges - 5 yourtes - 1 roulotte. Sem. 212 à 600 €

🚐 borne artisanale

Cadre verdoyant longé par la Voie Verte.

Nature : ≤ 🌿
Loisirs : 🎮 🚴
Services : 🛒 (juil-août) 🚿 📶 laverie
À prox. : 🐎

GPS
W : 2.41396
N : 48.63281

PONTRIEUX

22260 - Carte Michelin **309** D2 - 1 053 h. - alt. 13
▶ Paris 491 - Guingamp 18 - Lannion 27 - Morlaix 67

▲ Traou-Mélédern

📞 02 96 95 69 27, www.camping-pontrieux.com

Pour s'y rendre : 400 m au sud du bourg, au bord du Trieux

Ouverture : Permanent

1 ha (50 empl.) peu incliné, plat, herbeux

Empl. camping : (Prix 2017) ✳️ 4,30 € 🚗 📧 5,50 € – ⚡ (12A) 3,50 €

Location : (Prix 2017) Permanent - 1 🏕️ - 2 gîtes. Sem. 250 à 400 €

Cadre verdoyant, petit ombrage et emplacements jusqu'au bord de la rivière.

Nature : 🌳 🏕️ 🌿🌿
Loisirs : 🎮 🐎
Services : 🛒 🔌 📶 🏠
À prox. : port de plaisance

GPS
W : 3.16355
N : 48.6951

PONT-SCORFF

56620 - Carte Michelin **308** K8 - 3 167 h. - alt. 42
▶ Paris 509 - Auray 47 - Lorient 11 - Quiberon 56

▲ Ty Nénez

📞 02 97 32 51 16, www.lorient-camping.com

Pour s'y rendre : rte de Lorient (1,8 km au sud-ouest par D 6)

Ouverture : Permanent

2,5 ha (93 empl.) peu incliné, plat, herbeux

Empl. camping : (Prix 2017) 27,80 € ✳️✳️ 🚗 📧 ⚡ (16A) - pers. suppl. 7 €

BRETAGNE

Location : (Prix 2017) Permanent♿ (1 mobile home) - ✈ - 18 🚐 - 2 cabanons. Nuitée 55 à 115€ - Sem. 295 à 770€
🚐 borne eurorelais 3€ - 8€

Grands emplacements autour de la piscine couverte.

Nature : 🌳 🌲
Loisirs : 🍴 🏊 🚲 tir à l'arc
Services : 🔑 🧺 laverie
À prox. :

GPS : W : 3.40361 — N : 47.82

PORDIC

22590 - Carte Michelin **309** F3 - 5 923 h. - alt. 97
▶ Paris 459 - Guingamp 33 - Lannion 65 - St-Brieuc 11

⛰ Les Madières

📞 02 96 79 02 48, www.campinglesmadieres.com

Pour s'y rendre : lieu-dit : Le Vau Madec (2 km au nord-est par rte de Binic et à dr.)
Ouverture : de déb. avr. à fin oct.
1,6 ha (93 empl.) peu incliné, plat, herbeux
Empl. camping : (Prix 2017) 25€ ★★ 🚗 🔌 (10A) - pers. suppl. 6€
Location : (Prix 2017) (de déb. avr. à fin oct.) - 9 🚐. Nuitée 80 à 100€ - Sem. 320 à 590€ - frais de réservation 10€

Grands espaces verts pour la détente et quelques emplacements avec vue sur la mer et le port de St-Quay-Portrieux.

Nature : 🌳 🌲
Loisirs : 🍴 🏊
Services : 🔑 🧺 📶 laverie

GPS : W : 2.80475 — N : 48.58265

PORT-MANECH

29920 - Carte Michelin **308** I8
▶ Paris 545 - Carhaix-Plouguer 73 - Concarneau 18 - Pont-Aven 12

⛰ St-Nicolas

📞 02 98 06 89 75, www.campinglesaintnicolas.com

Pour s'y rendre : 8 Kergouliou (au nord du bourg, à 200 m de la plage)
Ouverture : de déb. mai à mi-sept.
3 ha (180 empl.) en terrasses, peu incliné, plat, herbeux
Empl. camping : (Prix 2017) 28,60€ ★★ 🚗 🔌 (10A) - pers. suppl. 6,50€ - frais de réservation 7,50€
Location : (Prix 2017) (de mi-avr. à mi-sept.) - 27 🚐. Sem. 220 à 855€ - frais de réservation 7,50€

En deux parties distinctes avec une belle décoration arbustive et florale.

Nature : 🌳 🌲
Loisirs : 🏊 🚲 🎣
Services : 🔑 📶 laverie
À prox. : 🍴

GPS : W : 3.74541 — N : 47.80512

LE POULDU

29360 - Carte Michelin **308** J8
▶ Paris 521 - Concarneau 37 - Lorient 25 - Moëlan-sur-Mer 10

⛰ Les Embruns

📞 02 98 39 91 07, www.camping-les-embruns.com

Pour s'y rendre : r. du Philosophe-Alain (au bourg, à 350 m de la plage)
Ouverture : de déb. avr. à mi-sept.
5,5 ha (176 empl.) plat et peu incliné, sablonneux, herbeux, verger
Empl. camping : (Prix 2017) 45€ ★★ 🚗 🔌 (16A) - pers. suppl. 8€ - frais de réservation 20€
Location : (Prix 2017) (de déb. avr. à mi-sept.) - ♿ (1 mobile home) - 33 🚐. Sem. 295 à 1 500€ - frais de réservation 20€
🚐 borne AireService 5€ - 14 🔌 11,90€

Ambiance familiale et décoration florale soignée à l'ombre d'un verger.

Nature : 🌲 🌳
Loisirs : 🍴 🏊 🎣 centre balnéo 🔥 hammam 🚲 🎯 (découverte en saison) 🏊 mini ferme
Services : 🔑 🧺 laverie
À prox. : 🎣 🍴 🎾

GPS : W : 3.54696 — N : 47.76947

△ Keranquernat

📞 02 98 39 92 32, www.camping-du-pouldu.com

Pour s'y rendre : Keranquernat (au rond-point, sortie nord-est)
Ouverture : de déb. avr. à mi-sept.
1,5 ha (100 empl.) plat et peu incliné, herbeux
Empl. camping : (Prix 2017) 26€ ★★ 🚗 🔌 (6A) - pers. suppl. 6€ - frais de réservation 15€
Location : (Prix 2017) (de déb. avr. à mi-sept.) - 10 🚐 - 2 tentes lodges. Sem. 245 à 588€ - frais de réservation 15€
🚐 borne artisanale - 4 🔌 11€ - 11€

Cadre agréable sous les pommiers, au milieu des fleurs présentes sur l'ensemble du terrain.

Nature : 🌳 🌲
Loisirs : 🏊 🎣 🚲
Services : 🔑 (juil.-août) 🛁 📶 laverie
À prox. : 🎣 🍴 🎾

GPS : W : 3.54332 — N : 47.7727

△ Locouarn

📞 02 98 39 91 79, www.camping-locouarn.com

Pour s'y rendre : 2 km au nord par D 49, rte de Quimperlé
Ouverture : de déb. avr. à fin nov.
2,5 ha (100 empl.) non clos, peu incliné, plat, herbeux
Empl. camping : (Prix 2017) 21,70€ ★★ 🚗 🔌 (10A) - pers. suppl. 4,50€
Location : (Prix 2017) Permanent - 13 🚐. Nuitée 50 à 75€ - Sem. 230 à 550€ - frais de réservation 5€

Terrain agréable au milieu des champs.

Nature : 🌳 🌲
Loisirs : 🏊
Services : 🔑 🛁 📶 laverie
À prox. : 🎣 🍴 🎾

GPS : W : 3.54793 — N : 47.7855

*Des vacances réussies sont des vacances bien préparées !
Ce guide est fait pour vous y aider... mais :
– n'attendez pas le dernier moment pour réserver,
– évitez la période critique du 14 juillet au 15 août.
Pensez aux ressources de l'arrière-pays,
à l'écart des lieux de grande fréquentation.*

BRETAGNE

▲ Les Grands Sables

📞 02 98 39 94 43, www.camping-lesgrandssables.com

Pour s'y rendre : 22 r. du Philosophe-Alain (au bourg, à 200 m de la plage)

Ouverture : de déb. avr. à mi-sept.

2,4 ha (128 empl.) en terrasses, plat et peu incliné, sablonneux, herbeux

Empl. camping : (Prix 2017) 22,80 € ♟♟ 🚗 🔌 (10A) - pers. suppl. 5,50 € - frais de réservation 9 €

Location : (Prix 2017) (de déb. avr. à mi-sept.) - 18 🏠 - 2 cabanons. Nuitée 35 à 90 € - Sem. 195 à 630 € - frais de réservation 9 €

🚐 borne artisanale

Dans un cadre verdoyant et ombragé avec vue sur la jolie chapelle Notre-Dame-de-la-Paix.

Nature : 🌳 🌊	**GPS**
Loisirs : 🛶	W : 3.54716
Services : 🔑 🚿 ♿ 🛜 laverie	N : 47.7683
À prox. : ⚓ 🍴 ✂️ 🎣	

▲ Croas An Ter

📞 02 98 39 94 19, www.campingcroasanter.com

Pour s'y rendre : lieu-dit : Quelvez (1,5 km au nord par D49, rte de Quimperlé)

Ouverture : de déb. mai à mi-sept.

3,5 ha (90 empl.) plat, herbeux, incliné

Empl. camping : (Prix 2017) 17,40 € ♟♟ 🚗 🔌 (6A) - pers. suppl. 4 €

Location : (Prix 2017) (de mi-mai à mi-sept.) - 5 🏠 - 1 chalet sur pilotis - 2 tentes lodges. Nuitée 25 à 80 € - Sem. 160 à 450 €

Terrain bien ombragé respectueux de la nature, une halte idéale pour les cyclistes campeurs.

Nature : 🌳 🌲 🌊	**GPS**
Loisirs : ✂️ 🛶 🚴	W : 3.54104
Services : 🔑 🚿 🛜 laverie	N : 47.78515
À prox. : 🍴 ⚓	

POULLAN-SUR-MER

29100 - Carte Michelin **308** E6 - 1 499 h. - alt. 79
▶ Paris 596 - Rennes 244 - Quimper 30 - Brest 80

🏕️ Yelloh! Village La Baie de Douarnenez 👥

📞 02 98 74 26 39, www.camping-bretagne-douarnenez.com

Pour s'y rendre : 30 r. Luc-Robet (600 m à l'est du bourg par D7)

Ouverture : de déb. avr. à mi-sept.

5,7 ha (190 empl.) plat, herbeux

Empl. camping : (Prix 2017) 36 € ♟♟ 🚗 🔌 (10A) - pers. suppl. 8 €

Location : (Prix 2017) (de mi-avr. à mi-sept.) - 73 🏠 - 20 🏠 - 6 tentes lodges - 4 tentes sur pilotis - 7 cabanons. Nuitée 35 à 169 € - Sem. 245 à 1 183 €

🚐 borne artisanale 2 €

Emplacements autour du parc aquatique en partie couvert.

Nature : 🌳 🌲 🌊	**GPS**
Loisirs : 🍴 ✂️ 🛶 🌙 nocturne 🚴 🛶 ✂️ 🎣 🎱 🏊 terrain multisports	W : 4.40634
Services : 🔑 ♿ 🚿 🛜 laverie ⛽	N : 48.08162

PRIMEL-TRÉGASTEL

29630 - Carte Michelin **308** I2
▶ Paris 554 - Rennes 198 - Quimper 105 - Brest 79

▲ Municipal de la Mer

📞 02 98 72 37 06, www.camping-plougasnou.fr

Pour s'y rendre : 15 rte de Karreg An Ty (4 km au nord par D 46)

Ouverture : de mi-avr. à mi-oct.

1 ha (63 empl.) terrasse, plat et peu incliné, herbeux

Empl. camping : (Prix 2017) 16,64 € ♟♟ 🚗 🔌 (10A) - pers. suppl. 3,50 €

🚐 borne AireService 2 €

Situation exceptionnelle en bord de mer avec vue imprenable. Site exposé au vent marin !

Nature : 🌊 ⛵ Île de Batz et Roscoff ⛰️	**GPS**
Loisirs : 🛶 🚴	W : 3.81527
Services : (juil.-août) 🛜 laverie	N : 48.71477
À prox. : 🍴 ✂️	

PRIMELIN

29770 - Carte Michelin **308** D6 - 742 h. - alt. 78
▶ Paris 605 - Audierne 7 - Douarnenez 28 - Quimper 44

▲ Municipal de Kermalero

📞 02 98 74 84 75, www.primelin.fr

Pour s'y rendre : rte de l'Océan (sortie ouest vers le port)

Ouverture : de fin mars à fin oct.

1 ha (75 empl.) plat et peu incliné, herbeux

Empl. camping : (Prix 2017) 15 € ♟♟ 🚗 🔌 (6A) - pers. suppl. 3,50 € - frais de réservation 10 €

🚐 borne AireService 2 € - 6 🏠 3 €

Un terrain de bord de mer simple et agréable.

Nature : 🌊 ⛵ 🏠	**GPS**
Loisirs : 🛶 🚴	W : 4.61067
Services : 🔑 (juil.-août) 🚿 ♿ 🛜 laverie	N : 48.02544
À prox. : ✂️	

PRIZIAC

56320 - Carte Michelin **308** K6 - 1 046 h. - alt. 163
▶ Paris 498 - Concarneau 55 - Lorient 42 - Pontivy 39

▲ Municipal Bel Air

📞 06 78 33 24 96, www.campinglelacofees.fr

Pour s'y rendre : à l'Etang du Bel Air (500 m au nord par D 109 et à gauche)

Ouverture : Permanent

1,5 ha (60 empl.) peu incliné, plat, herbeux

Empl. camping : (Prix 2017) 23 € ♟♟ 🚗 🔌 (16A) - pers. suppl. 6 €

Location : (Prix 2017) Permanent ♿ (1 mobile home) - 7 🏠. Nuitée 48 à 125 € - Sem. 252 à 791 €

🚐 borne artisanale 3 € - 5 🏠 13 € - 🚱 11 €

Cadre verdoyant et ombragé près d'un plan d'eau.

Nature : 🌳 〰️ ⛰️	**GPS**
Loisirs : 🛶 🚣 barques pédalos	W : 3.41418
Services : 🔑 🛜 laverie	N : 48.06155
À prox. : 🍴 ✂️ ✂️ 🏖️ (plage) 🎣 🚣 ⚓ base nautique	

168

BRETAGNE

QUIBERON

56170 - Carte Michelin **308** M10 - 5 027 h. - alt. 10
▶ Paris 505 - Auray 28 - Concarneau 98 - Lorient 47

Do.Mi.Si.La.Mi.

☎ 02 97 50 22 52, www.domisilami.com

Pour s'y rendre : lieu-dit : St-Julien-Plage, 31 r. de la Vierge (4,3 km au sud-est)

Ouverture : de déb. avr. à fin sept.

4,4 ha (350 empl.) peu incliné, plat, herbeux

Empl. camping : (Prix 2017) ♦ 5,70€ ⇔ 🅿 15,20€ – (10A) 4,50€

Location : (Prix 2017) (de déb. avr. à fin sept.) - 🚐 - 60 🏠 - 1 tente sur pilotis. Nuitée 32 à 152€ - Sem. 192 à 912€

🚰 borne artisanale 8€ - 5 🅿 17€ - ⚡ 17€

Cadre verdoyant, belle aire de jeux pour les enfants et à 50 m de la grande plage. Navette gratuite pour Quiberon.

Nature : 🌳 🌊
Loisirs : 🍴 🛍 🎯 🎲 🚴 terrain multisports
Services : 🔌 ♨ 🛁 📶 laverie 🚐 🛒

GPS W : 3.12045 · N : 47.49937

Flower Le Bois d'Amour

☎ 02 97 50 13 52, www.quiberon-camping.com

Ouverture : de fin mars à fin sept.

4,6 ha (256 empl.) plat, herbeux, sablonneux

Empl. camping : (Prix 2017) 19€ ♦♦ ⇔ 🅿 (10A) - pers. suppl. 4€ - frais de réservation 20€

Location : (Prix 2017) (de mi-mars à mi-sept.) - 127 🏠 - 14 chalets sur pilotis - 10 tentes lodges. Nuitée 19 à 180€ - Sem. 133 à 1 260€ - frais de réservation 20€

Terrain tout en longueur avec une grande piscine couverte et du locatif varié, de bon confort. À 200 m de la plage.

Nature : 🏞 🌊
Loisirs : 🍴 🛍 🏛 🏊 🎯 🎲 🚴 (découverte en saison)
Services : 🔌 ♨ 📶 laverie 🚐 🛒
À prox. : ✂ 🏇 ⚓

GPS W : 3.10427 · N : 47.47632

Les Joncs du Roch

☎ 02 97 50 24 37, www.lesjoncsduroch.com

Pour s'y rendre : r. de l'Aérodrome (2 km au sud-est, à 500 m de la mer)

Ouverture : de déb. avr. à fin sept.

2,3 ha (163 empl.) plat, herbeux

Empl. camping : (Prix 2017) 35,50€ ♦♦ ⇔ 🅿 (10A) - pers. suppl. 7,20€ - frais de réservation 15€

Location : (Prix 2017) (de déb. avr. à fin sept.) - 🚐 (de déb. juil. à fin août) - 30 🏠 - 30 🏡. Nuitée 37 à 165€ - Sem. 219 à 990€ - frais de réservation 15€

Cadre verdoyant avec mobile homes anciens de propriétaires-résidents.

Nature : 🌳 🌊
Loisirs : 🏛 salle d'animations 🎯 (découverte en saison) terrain multisports
Services : 🔌 ♨ 📶 laverie
À prox. : ✂ 🏇

GPS W : 3.10098 · N : 47.47946

Beauséjour

☎ 02 97 30 44 93, www.campingbeausejour.com

Pour s'y rendre : à St-Julien-Plage, bd du Parco (4,4 km au sud-est)

Ouverture : de déb. avr. à fin sept.

2,4 ha (192 empl.) plat et peu incliné, herbeux, sablonneux

Empl. camping : (Prix 2017) ♦ 4,30€ ⇔ 🅿 15€ – (10A) 5,20€

Location : (Prix 2017) (de déb. avr. à fin sept.) - 15 🏠. Nuitée 60 à 100€ - Sem. 310 à 690€ - frais de réservation 18€

🚰 borne artisanale

Une belle pelouse légèrement ombragée face à l'océan, à 50 m de la plage.

Nature : 🌊
Loisirs : 🏛 🎯 terrain multisports
Services : 🔌 (juil.-août) ♨ 📶 laverie
À prox. : 🛒 🍴 ✂ ⚓

GPS W : 3.12027 · N : 47.5003

QUIMPER

29000 - Carte Michelin **308** G7 - 63 387 h. - alt. 41
▶ Paris 564 - Brest 73 - Lorient 67 - Rennes 215

Les Castels L'Orangerie de Lanniron

☎ 02 98 90 62 02, www.camping-lanniron.com

Pour s'y rendre : allée de Lanniron (3 km au sud par bd périphérique puis sortie vers Bénodet et rte à dr., près de la zone de loisirs de Creac'h Gwen)

Ouverture : Permanent

38 ha/6,5 campables (235 empl.) plat, herbeux

Empl. camping : (Prix 2017) 36,10€ ♦♦ ⇔ 🅿 (10A) - pers. suppl. 6,80€

Location : (Prix 2017) (de déb. avr. à fin sept.) - 40 🏠 - 3 🛏 - 2 tentes lodges - 5 gîtes - 10 studios. Nuitée 75 à 125€ - Sem. 390 à 1 498€ - frais de réservation 25€

🚰 borne AireService 5€

Au bord de l'Odet, dans le magnifique parc d'un château du 17e s., avec golf et espace aquatique.

Nature : 🌳 🌊
Loisirs : 🍴 🛍 🏛 🏊 🎯 jacuzzi 🎲 🚴 🏓 🏊 🚣 balades en poneys
Services : 🔌 ♨ 🛁 📶 laverie 🚐 🛒

GPS W : 4.10338 · N : 47.97923

QUIMPERLÉ

29300 - Carte Michelin **308** J7 - 11 384 h. - alt. 30
▶ Paris 517 - Carhaix-Plouguer 57 - Concarneau 32 - Pontivy 76

Municipal de Kerbertrand

☎ 02 98 39 31 30, www.quimperle-tourisme.com

Pour s'y rendre : 2 r. de Kermaria (1,5 km à l'ouest par D 783, rte de Concarneau et chemin à dr., après le stade, face au centre Leclerc)

Ouverture : de déb. juin à mi-sept.

1 ha (40 empl.) plat, herbeux

Empl. camping : (Prix 2017) ♦ 3€ ⇔ 1,40€ 🅿 2,40€ – ⚡ (10A) 2,10€

Simple, agréable, entretenu.

Nature : 🌳 🌊
Loisirs : 🏛 🎯
Services : 🔌 🚐 📶
À prox. : 🏓 ✂ 🏛

GPS W : 3.57044 · N : 47.872

BRETAGNE

RAGUENÈS-PLAGE
29920 - Carte Michelin **308** I8
▶ Paris 545 - Carhaix-Plouguer 73 - Concarneau 17 - Pont-Aven 12

⛰ Sandaya Les Deux Fontaines
☎ 02 98 06 81 91, www.sandaya.fr
Pour s'y rendre : lieu-dit : Feunten Vihan (1,3 km au nord par rte de Névez et rte de Trémorvezen)
Ouverture : de mi-avr. à déb. sept.
9 ha (270 empl.) plat, herbeux
Empl. camping : 49€ ✶✶ 🚗 🔌 (10A) - pers. suppl. 9€
Location : (de mi-avr. à déb. sept.) - 101 🏠. Nuitée 28 à 214€ - Sem. 196 à 1 498€
🚐 borne artisanale

Parc aquatique et jeux de qualité pour enfants, en partie couverts ; initiation à la plongée sous-marine.

Nature : 🌳 🍃
Loisirs : 🍷 🍽 🏠 🎪 👶 🛶 ⛵ 🎣 🏓 mini ferme plongée en piscine
Services : 🔑 🚿 🧺 📶 laverie 🧊 ♻
GPS : W : 3.79129 N : 47.7992

⛰ Club Airotel Le Raguenès-Plage
☎ 02 98 06 80 69, www.camping-le-raguenes-plage.com
Pour s'y rendre : 19 r. des Îles (à 400 m de la plage, accès direct)
Ouverture : de mi-avr. à fin sept.
6 ha (287 empl.) plat, herbeux
Empl. camping : (Prix 2017) 41,30€ ✶✶ 🚗 🔌 (15A) - pers. suppl. 6,20€
Location : (Prix 2017) (de mi-avr. à fin sept.) - 72 🏠. Nuitée 86 à 157€ - Sem. 252 à 1 099€
🚐 borne artisanale

Cadre agréable autour d'un bel espace aquatique.

Nature : 🍃
Loisirs : 🏊 🍷 🍽 🏠 🎪 👶 🛶 🚴 🎣 🏓
Services : 🔑 🚿 🧺 📶 laverie 🧊 ♻
GPS : W : 3.80085 N : 47.79373

⛰ Le Vieux Verger - Ty Noul
☎ 02 98 06 86 08, www.campingduvieuxverger.com
Pour s'y rendre : 20 Kéroren (sortie nord, rte de Névez)
Ouverture : de mi-avr. à mi-sept.
1,2 ha (42 empl.) plat, herbeux
Empl. camping : (Prix 2017) 24€ ✶✶ 🚗 🔌 (10A) - pers. suppl. 5,20€ - frais de réservation 10€
Location : (Prix 2017) (de mi-avr. à mi-sept.) - 🚫 - 10 🏠 - 1 appartement. Nuitée 50 à 100€ - Sem. 195 à 695€ - frais de réservation 10€

Joli petit parc aquatique, beaux emplacements pour tentes et caravanes.

Nature : 🍃
Loisirs : 🏊 🚴 🎣
Services : 🔑 🚿 📶
GPS : W : 3.79777 N : 47.79663

⛺ L'Océan
☎ 02 98 06 87 13, www.camping-ocean.fr
Pour s'y rendre : à Kéroren, 15 imp. des Mouettes (sortie nord, rte de Névez et à dr., à 350 m de la plage (accès direct))
Ouverture : de mi-mai à mi-sept.
2,2 ha (150 empl.) plat, herbeux, sablonneux
Empl. camping : (Prix 2017) 30,40€ ✶✶ 🚗 🔌 (10A) - pers. suppl. 6,90€
Location : (Prix 2017) (de déb. mai à mi-sept.) - 🚫 - 10 🏠. Sem. 330 à 630€
🚐 borne eurorelais

Emplacements calmes, spacieux et fleuris avec vue panoramique sur l'océan.

Nature : 🌳 🍃
Loisirs : 🏠 🚴 🏊 (découverte en saison)
Services : 🔑 🚿 🧺 laverie
À prox. : 🎣 ♨
GPS : W : 3.79789 N : 47.79471

Camping Le Raguenes Plage ★★★★

19, Rue des Îles à Raguénez
F-29920 NÉVEZ
Tél. : +33 (0)2.98.06.80.69
Fax : +33 (0)2.98.06.89.05
www.camping-le-raguenes-plage.com
leraguenesplage@orange.fr

** Piscine couverte **
Parc aquatique chauffé
Toboggans

Épicerie
Bar - Restaurant
Plats à emporter

★★★★
Ouvert du 20 avril au 30 septembre 2018
Accès direct à la plage (300 m)

170

BRETAGNE

RENNES
35000 - Carte Michelin **309** L6 - 206 604 h. - alt. 40
▶ Paris 349 - Angers 129 - Brest 246 - Caen 185

⚠ Municipal des Gayeulles
✆ 02 99 36 91 22, www.camping-rennes.com

Pour s'y rendre : r. Professeur-Maurice-Audin (sortie nord-est vers N 12, rte de Fougères puis av. des Gayeulles, près d'un étang)

Ouverture : Permanent

3 ha (117 empl.) plat, herbeux

Empl. camping : (Prix 2017) 32€ ✦✦ 🚗 ▣ [½] (16A) - pers. suppl. 5€ - frais de réservation 14€

Location : (Prix 2017) Permanent - 15 🏠 - 3 chalets sur pilotis. Nuitée 60 à 230€ - Sem. 360 à 1 254€ - frais de réservation 14€

🚐 borne eurorelais 2€ - 9 ▣ 11€

Au milieu de l'immense parc boisé Les Gayeulles, cadre champêtre et sauvage en compagnie des lapins.

Nature : 🌳 ☐ ♤♤
Loisirs : 🐎
Services : ⚬ (juil.-août) 🚿 ♨ 🛜 laverie 🏊
À prox. : 🎣 🎿 🎯 🎾 🏊 (découverte en saison) patinoire, mini ferme

GPS W : 1.64772 N : 48.13455

LA ROCHE-BERNARD
56130 - Carte Michelin **308** R9 - 757 h. - alt. 38
▶ Paris 444 - Nantes 70 - Ploërmel 55 - Redon 28

⚠ Municipal le Pâtis
✆ 02 99 90 60 13, www.camping-larochebernard.com

Pour s'y rendre : 3 chemin du Pâtis (à l'ouest du bourg vers le port de plaisance)

Ouverture : de mi-mars à mi-oct.

1 ha (63 empl.) plat, herbeux

Empl. camping : (Prix 2017) 23€ ✦✦ 🚗 ▣ [½] (10A) - pers. suppl. 3,95€

Location : (Prix 2017) Permanent - 2 🏠. Nuitée 46 à 100€ - Sem. 230 à 590€

🚐 borne AireService 2€ - 18 ▣ 10,20€

Au bord de la Vilaine, face à l'important port de plaisance.

Nature : 🌳 ☐ ♤♤
Loisirs : 🏛
Services : ⚬ (juil.-août) 🚿 ♨ 🛜 laverie
À prox. : 🍴 ✗ 🐎 🚣 ⚓

GPS W : 2.30523 N : 47.51923

ROCHEFORT-EN-TERRE
56220 - Carte Michelin **308** Q8 - 662 h. - alt. 40
▶ Paris 431 - Ploërmel 34 - Redon 26 - Rennes 82

⚠ Sites et Paysages Au Gré des Vents
✆ 02 97 43 37 52, www.campingaugredesvents.com

Pour s'y rendre : 2 chemin de Bogeais (1 km au sud-ouest par D 774, rte de Péaule et chemin à dr., à 500 m d'un plan d'eau)

Ouverture : de déb. avr. à fin sept.

2,5 ha (85 empl.) en terrasses, peu incliné, plat, herbeux

Empl. camping : (Prix 2017) 24,90€ ✦✦ 🚗 ▣ [½] (10A) - pers. suppl. 5,50€

Location : (Prix 2017) (de déb. avr. à fin sept.) - 7 🏠 - 1 🏠 - 2 tentes lodges. Sem. 245 à 672€

🚐 borne artisanale - 🚐 11€

Cadre verdoyant et locatif varié.

Nature : 🌳 ☐ ♤
Loisirs : 🍴 🏊 🎯 🏓 (découverte en saison)
Services : ⚬ 🚿 ♨ 🛜 laverie 🧊
À prox. : ✗ 🏊 (plage) 🎣

GPS W : 2.34736 N : 47.69587

LE ROC-ST-ANDRE
56460 - Carte Michelin **308** Q7 - 941 h. - alt. 45
▶ Paris 426 - Nantes 121 - Rennes 75 - Vannes 41

⚠ Domaine du Roc
✆ 02 97 74 91 07, www.domaine-du-roc.com

Pour s'y rendre : r. Beau-Rivage

Ouverture : de déb. avr. à fin oct.

2 ha (55 empl.) terrasse, plat, herbeux

Empl. camping : (Prix 2017) 20,50€ ✦✦ 🚗 ▣ [½] (10A) - pers. suppl. 4€

Location : (Prix 2017) (de déb. avr. à fin oct.) - 9 🏠 - 6 🏠 - 2 tentes sur pilotis - 6 roulottes - 2 cabanes perchées. Nuitée 50 à 120€ - Sem. 260 à 640€

🚐 borne AireService - 🚐 14€

Locatif varié et emplacements au bord du canal de Nantes à Brest.

Nature : 🌳 ≤ ♤
Loisirs : 🍴 🎯 🚴 🏓 (découverte en saison) 🚣 🛶 pédalos parcours dans les arbres
Services : ⚬ 🛜
À prox. : ✗

GPS W : 2.44606 N : 47.86369

🏊 ✗ 🐎 🚣 🏇
ATTENTION :
these facilities are not necessarily available throughout the entire period that the camp is open - some are only available in the summer season.

ROHAN
56580 - Carte Michelin **308** O6 - 1 637 h. - alt. 55
▶ Paris 451 - Lorient 72 - Pontivy 17 - Quimperlé 86

⚠ Municipal le Val d'Oust
✆ 02 97 51 57 58, www.rohan.fr

Pour s'y rendre : r. de St-Gouvry (sortie nord-ouest)

Ouverture : de déb. mai à mi-sept.

1 ha (45 empl.) plat, herbeux

Empl. camping : (Prix 2017) ✦ 3,85€ 🚗 1,65€ ▣ 2,10€ – [½] (15A) 3,50€

Au bord du canal de Nantes à Brest et près d'un plan d'eau.

Nature : 🌳 ♤♤
Loisirs : 🏛 🎯 🎣
Services : 🚮 🛜 laverie
À prox. : 🍴 ✗ 🎿 🏊 (plage) ⚓ parcours sportif

GPS W : 2.7548 N : 48.07077

171

BRETAGNE

ROZ-SUR-COUESNON

35610 - Carte Michelin **309** M3 - 1 034 h. - alt. 65
▶ Paris 365 - Rennes 82 - Caen 134 - St-Lô 99

⛰ Les Couesnons

☎ 02 99 80 26 86, www.lescouesnons.com

Pour s'y rendre : l'Hôpital (2 km au sud-est sur la D 797)

Ouverture : de déb. avr. à fin oct.

1 ha (50 empl.) plat, herbeux

Empl. camping : (Prix 2017) 25 € ✶✶ 🚗 🔲 ⚡ (10A) - pers. suppl. 5,50 €

Location : (Prix 2017) (de fin mars à fin oct.) - 8 🏠 - 1 roulotte. Nuitée 68 à 90 € - Sem. 290 à 740 €

Préférer les emplacements les plus éloignés de la route.

Nature : 🌳 🏕 ◯◯	**G** W : 1.60904
Loisirs : 🍽 ✕ 🏠	**P** N : 48.59597
Services : ⚡ 🚿 ♿ 🛜 🗑	**S**

ST-BRIAC-SUR-MER

35800 - Carte Michelin **309** J3 - 1 955 h. - alt. 30
▶ Paris 411 - Dinan 24 - Dol-de-Bretagne 34 - Lamballe 41

⛰ Sea Green Émeraude

☎ 02 99 90 44 55, www.campingemeraude.com

Pour s'y rendre : 7 chemin de la Souris

Ouverture : de déb. avr. à déb. nov.

3,2 ha (196 empl.) peu incliné, plat, herbeux

Empl. camping : (Prix 2017) 46 € ✶✶ 🚗 🔲 ⚡ (10A) - pers. suppl. 8 € - frais de réservation 25 €

Location : (Prix 2017) Permanent ♿ (1 mobile home) - 83 🏠 - 9 🏠 - 10 bungalows toilés. Sem. 519 à 1 309 € - frais de réservation 25 €

Bel espace aquatique et restaurant entourés de palmiers.

Nature : 🌳 🏕 ◯	**G** W : 2.13012
Loisirs : 🍽 ✕ 🏠 salle d'animations 🏊 🚴	**P** N : 48.62735
Services : ⚡ ♿ 🛜 laverie 🚿	**S**

ST-CAST-LE-GUILDO

22380 - Carte Michelin **309** I3 - 3 500 h. - alt. 52
▶ Paris 427 - Avranches 91 - Dinan 32 - St-Brieuc 50

⛰ Les Castels Le Château de Galinée ♣♣

☎ 02 96 41 10 56, www.chateaudegalinee.fr

Pour s'y rendre : r. de Galinée (7 km au sud, accès par D 786, près du carrefour avec la rte de St-Cast-le-Guildo)

Ouverture : de mi-mai à déb. sept.

14 ha (273 empl.) plat, herbeux

Empl. camping : (Prix 2017) ✶ 7,30 € 🚗 4,50 € 🔲 16,50 € – ⚡ (10A) 6,20 € - frais de réservation 20 €

Location : (Prix 2017) (de fin avr. à déb. sept.) - ♿ (1 mobile home) - 🏠 56 🏠 - 4 🏠 - 6 bungalows toilés - 2 roulottes. Nuitée 41 à 175 € - Sem. 287 à 1 225 € - frais de réservation 20 €

🚚 borne artisanale

Animations et piscine autour du château et quelques locatifs mobile homes de grand confort. Quelques sanitaires individuels.

Nature : 🌳 🏕 ◯◯	**G** W : 2.25725
Loisirs : 🍽 ✕ 🏠 🎱 salle d'animations 🏊 🚴 🛶 🎣 🏓 🏊 🏀 tyrolienne terrain multisports	**P** N : 48.58403
Services : ⚡ 🚿 ♿ – 4 sanitaires individuels (🚿 🛁 wc) 🚰 🛜 laverie 🗑 🚲	**S**

⛰ Le Châtelet

☎ 02 96 41 96 33, www.lechatelet.com - peu d'emplacements pour tentes et caravanes

Pour s'y rendre : r. des Nouettes (1 km à l'ouest)

Ouverture : de mi-avr. à mi-sept.

9 ha/3,9 campables (216 empl.) fort dénivelé, en terrasses, plat, herbeux, petit étang

Empl. camping : (Prix 2017) ✶ 8 € 🚗 🔲 23 € – ⚡ (8A) 5,20 € - frais de réservation 23 €

Location : (Prix 2017) (de mi-avr. à mi-sept.) - 61 🏠 - 6 tentes lodges - 1 tipi. Nuitée 50 à 185 € - Sem. 340 à 1 290 € - frais de réservation 23 €

🚚 borne eurorelais

À 300 m de la plage, emplacements en terrasses avec vue sur la mer, la baie et le château de Fort La Latte.

Nature : 🌊 e baie de la Frênaye 🏕 ◯	**G** W : 2.26959
Loisirs : 🍽 ✕ 🏠 🎱 🏊 🚴 🔲 (découverte en saison) 🏊	**P** N : 48.63773
Services : ⚡ 🚿 ♿ 🛜 laverie 🗑 🚲	**S**
À prox. : 🚲	

⛰ Les Blés d'Or

☎ 02 96 41 99 93, www.campinglesblesdor.fr

Pour s'y rendre : r. Roger-Roullier, lieu-dit : La Chapelle

Ouverture : de déb. avr. à fin oct.

3,5 ha (161 empl.) non clos, plat, herbeux

Empl. camping : (Prix 2017) 31 € ✶✶ 🚗 🔲 ⚡ (10A) - pers. suppl. 4 €

Location : (Prix 2017) (de déb. avr. à fin oct.) - ♿ (1 chalet) - 13 🏠 - 6 🏠. Nuitée 45 à 95 € - Sem. 210 à 665 €

🚚 borne flot bleu

De grands espaces verts idéaux pour la détente et les jeux collectifs.

Nature : 🌳 🏕 ◯◯	**G** W : 2.26181
Loisirs : 🍽 🏠 centre balnéo 🏊 🏊	**P** N : 48.62746
Services : ⚡ – 46 sanitaires individuels (🚿 🛁 wc) 🛜 laverie	**S**
À prox. : 🛒 🚣	

ST-COULOMB

35350 - Carte Michelin **309** K2 - 2 454 h. - alt. 35
▶ Paris 398 - Cancale 6 - Dinard 18 - Dol-de-Bretagne 21

⛰ Le Tannée

☎ 02 99 89 41 20, www.campingdetannee.com - peu d'emplacements pour tentes et caravanes

Pour s'y rendre : lieu-dit : Tannée

Ouverture : de déb. avr. à fin sept.

0,6 ha (30 empl.) plat et peu incliné

Empl. camping : (Prix 2017) 20,25 € ✶✶ 🚗 🔲 ⚡ (10A) - pers. suppl. 3,60 € - frais de réservation 20 €

172

BRETAGNE

Location : (Prix 2017) (de déb. avr. à fin sept.) - 14 🚐. Sem. 240 à 675€ - frais de réservation 20€

Locatif mobile homes de bon confort avec de belles terrasses.

Nature : 🌳
Loisirs : hammam 🚴 🏊 (découverte en saison)
Services : 🔌 🚻 ♿ 📶 laverie

GPS W : 1.889 N : 48.68655

Location : (Prix 2017) (de fin mars à fin sept.) - 🚫 - 32 🚐. Nuitée 32 à 119€ - Sem. 219 à 830€ - frais de réservation 12€

Cadre agréable avec du locatif de bon confort, à 300 m de la plage.

Nature : 🌳 🌲 🌿
Loisirs : 🍴 🏠 🛝 🎣
Services : 🔌 🚻 📶 laverie
À prox. : 🚤

GPS W : 2.84225 N : 47.51144

⚠ Duguesclin

📞 02 99 89 03 24, www.camping-duguesclin.com
- peu d'emplacements pour tentes et caravanes

Pour s'y rendre : r. de Tannée (2,5 km au nord-est par D 355, rte de Cancale et rte à gauche)

Ouverture : de déb. avr. à déb. nov.

0,9 ha (41 empl.) peu incliné, plat, herbeux

Empl. camping : (Prix 2017) 21,80€ ✳✳ 🚗 📧 ⚡ (10A) - pers. suppl. 4,90€ - frais de réservation 15€

Location : (Prix 2017) (de déb. avr. à déb. nov.) - 🚫 - 20 🚐. - 2 gîtes. Sem. 199 à 819€ - frais de réservation 15€

🚐 borne artisanale

Joli jardin potager partagé pour les campeurs.

Nature : 🌳 🌲 🌿 🌿
Loisirs : 🏠 🛝 hammam jacuzzi 🎣 🚴
Services : 🔌 🚻 ♿ 📶 📧

GPS W : 1.89027 N : 48.68628

ST-JEAN-DU-DOIGT

29630 - Carte Michelin **308** I2 - 623 h. - alt. 15
▶ Paris 544 - Brest 77 - Guingamp 61 - Lannion 33

⚠ Municipal du Pont Ar Gler

📞 02 98 67 32 15, campingstj.jimdo.com

Pour s'y rendre : lieu-dit : Pont ar Gler (au bourg)

Ouverture : de fin juin à déb. sept. - 🏪

1 ha (33 empl.) en terrasses, plat, herbeux

Empl. camping : (Prix 2017) ✳ 3,50€ 🚗 1,85€ 📧 3,25€ – (6A) 3€

Terrain bien intégré dans la nature aux portes d'un village traditionnel plein de charme.

Nature : 🌳 🌲 🌿
Loisirs : 🏠 🎣
Services : 🚻 ♿ 📧
À prox. : 🚤 🍷 🍴

GPS W : 3.77487 N : 48.69405

ST-GILDAS-DE-RHUYS

56730 - Carte Michelin **308** N9 - 1 647 h. - alt. 10
▶ Paris 483 - Arzon 9 - Auray 48 - Sarzeau 7

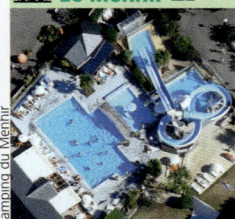

▲▲▲ Le Menhir 👥

📞 02 97 45 22 88, www.camping-bretagnesud.com

Pour s'y rendre : rte de Clos-er-Bé (3,5 km au nord - accès conseillé par D 780, rte de Port-Navalo)

Ouverture : de fin avr. à mi-sept.

5 ha/3 campables (176 empl.) peu incliné, plat, herbeux

Empl. camping : (Prix 2017) 29,80€ ✳✳ 🚗 📧 ⚡ (6A) - pers. suppl. 6,50€ - frais de réservation 18,50€

Location : (Prix 2017) (de fin avr. à mi-sept.) - 🚫 - 49 🚐. Sem. 200 à 950€ - frais de réservation 18,50€

Nature : 🌳 🌲 🌿
Loisirs : 🍷 🍴 🏠 🛝 🎣 🏊 🚴 🌊
Services : 🔌 🚻 ♿ 📶 laverie 🧺 🛒

GPS W : 2.84781 N : 47.52874

⚠ Goh'Velin

📞 02 97 45 21 67, www.camping-gohvelin.com

Pour s'y rendre : 89 r. Guernevé (1,5 km au nord)

Ouverture : de déb. avr. à fin sept.

1 ha (88 empl.) plat, herbeux

Empl. camping : (Prix 2017) 29,50€ ✳✳ 🚗 📧 ⚡ (10A) - pers. suppl. 5€ - frais de réservation 12€

ST-JOUAN-DES-GUÉRETS

35430 - Carte Michelin **309** K3 - 2 699 h. - alt. 31
▶ Paris 396 - Rennes 63 - St-Helier 10 - St-Brieuc 85

▲▲▲ Yelloh! Village Le P'tit Bois 👥

📞 02 99 21 14 30, www.ptitbois.com

Pour s'y rendre : lieu-dit : La Chalandouze (accès par N 137)

Ouverture : de mi-avr. à mi-sept.

6 ha (275 empl.) plat, herbeux

Empl. camping : (Prix 2017) 65€ ✳✳ 🚗 📧 ⚡ (10A) - pers. suppl. 9€

Location : (Prix 2017) (de mi-avr. à mi-sept.) - 183 🚐. Nuitée 46 à 299€ - Sem. 322 à 2 093€

🚐 borne AireService 7€

Bel ensemble paysager complété d'un espace aquatique très complet.

Nature : 🌲 🌿
Loisirs : 🍷 🍴 🏠 salle d'animations 🏃 hammam jacuzzi 🎣 🚴 🏹 🎯 🌊 terrain multisports
Services : 🔌 🚐 🚻 ♿ 📶 laverie 🧺 🛒

GPS W : 1.9869 N : 48.60966

Pour choisir et suivre un itinéraire,
pour calculer un kilométrage,
pour situer exactement un terrain (en fonction des indications fournies dans le texte) :
*utilisez les **cartes MICHELIN**,*
compléments indispensables de cet ouvrage.

BRETAGNE

ST-LUNAIRE

35800 - Carte Michelin **309** J3 - 2 309 h. - alt. 20
▶ Paris 410 - Rennes 76 - St-Helier 16 - St-Brieuc 83

⛰ La Touesse

📞 02 99 46 61 13, www.saint-malo-camping.com

Pour s'y rendre : 171 r. Ville-Géhan (2 km à l'est par D 786, rte de Dinard, à 400 m de la plage)

Ouverture : de déb. avr. à fin sept.

2,5 ha (141 empl.) plat, herbeux

Empl. camping : (Prix 2017) 34,40 € ✶✶ 🚗 🗆 ⚡ (10A) - pers. suppl. 7 € - frais de réservation 16 €

Location : (Prix 2017) (de déb. avr. à fin sept.) - 70 🏠 - 2 gîtes - 4 appartements - 2 studios. Nuitée 34 à 110 € - Sem. 238 à 770 € - frais de réservation 16 €

🚐 borne artisanale 6 €

Beaux espaces paysagers avec un petit chemin pour accéder à la plage de la Fourberie à 700 m.

Nature : 🌳 ♤♤	**GPS**
Loisirs : 🍽 ✕ 🏠 ♨ jacuzzi 🏊 🛶 🎯 🎣	W : 2.08425
Services : 🔌 ♿ 🚿 📶 laverie 🧺 ♻	N : 48.63086
À prox. : 🏇	

ST-MALO

35400 - Carte Michelin **309** J3 - 47 045 h. - alt. 5
▶ Paris 404 - Alençon 180 - Avranches 68 - Dinan 32

⛰ Domaine de la Ville Huchet 👥

📞 02 99 81 11 83, www.lavillehuchet.com

Pour s'y rendre : rte de la Passagère, lieu-dit : Quelmer (5 km au sud par D 301, rte de Dinard et rte de la Grassinais à gauche devant le concessionnaire Mercedes)

Ouverture : de déb. avr. à fin sept.

6 ha (198 empl.) plat, herbeux

Empl. camping : (Prix 2017) 39,30 € ✶✶ 🚗 🗆 ⚡ (10A) - pers. suppl. 7,50 € - frais de réservation 18 €

Location : (Prix 2017) (de déb. avr. à fin sept.) - ♿ (1 mobile-home) - 82 🏠 - 6 🏡 - 5 chalets sur pilotis - 1 appartement - 3 studios. Nuitée 45 à 160 € - Sem. 259 à 1 120 € - frais de réservation 18 €

🚐 borne artisanale 5 € - 🚌 20 €

Agréables emplacements autour d'un petit château, jolie piscine ludique.

Nature : 🌳 ♤♤	**GPS**
Loisirs : 🍽 ✕ 🏠 ♨ 🏊 🛶 🎯 🎣 🎳 terrain multisports	W : 1.98704
Services : 🔌 ♿ 🚿 📶 laverie 🧺 ♻	N : 48.61545

ST-MARCAN

35120 - Carte Michelin **309** M3 - 455 h. - alt. 60
▶ Paris 370 - Dinan 42 - Dol-de-Bretagne 14 - Le Mont-St-Michel 17

⛰ Le Balcon de la Baie

📞 02 99 80 22 95, www.lebalcondelabaie.com

Pour s'y rendre : lieu-dit : Le Verger (500 m au sud-est par D 89, rte de Pleine-Fougères et après le cimetière, à gauche)

Ouverture : de déb. avr. à fin oct.

4 ha (80 empl.) plat, herbeux

Empl. camping : (Prix 2017) 24 € ✶✶ 🚗 🗆 ⚡ (6A) - pers. suppl. 5,70 €

Location : (Prix 2017) (de déb. avr. à fin oct.) - 12 🏠. Nuitée 55 à 115 € - Sem. 264 à 800 €

Très agréable terrain avec vue sur la baie du Mont-St-Michel.

Nature : 🌳 ⇐ Baie du Mont-St-Michel 🏞 ♤♤	**GPS**
Loisirs : 🏠 🏊 🛶	W : 1.62929
Services : 🔌 ♿ 📶 laverie	N : 48.58942

ST-PHILIBERT

56470 - Carte Michelin **308** N9 - 1 520 h. - alt. 15
▶ Paris 486 - Auray 11 - Locmariaquer 7 - Quiberon 27

⛰ L'Évasion

📞 02 97 55 04 90, www.campinglevasion.com

Pour s'y rendre : lieu-dit : le Congre (1 km au nord)

Ouverture : de déb. avr. à fin oct.

1,7 ha (87 empl.) plat et peu incliné, herbeux

Empl. camping : (Prix 2017) ✶ 5,50 € 🚗 🗆 9,20 € – ⚡ (10A) 4,20 € - frais de réservation 20 €

Location : (Prix 2017) (de déb. avr. à fin oct.) - 33 🏠 - 2 bungalows toilés - 2 tentes lodges. Nuitée 35 à 105 € - Sem. 160 à 730 €

Agréable cadre verdoyant avec du locatif varié.

Nature : 🏞 ♤♤	**GPS**
Loisirs : 🏠 🏊 🚴 🛶 terrain multisports	W : 2.99778
Services : 🔌 ♿ 📶 laverie	N : 47.59591

ST-POL-DE-LÉON

29250 - Carte Michelin **308** H2 - 7 043 h. - alt. 60
▶ Paris 557 - Brest 62 - Brignogan-Plages 31 - Morlaix 21

⛰ Ar Kleguer 👥

📞 02 98 69 18 81, www.camping-ar-kleguer.com

Pour s'y rendre : plage Ste-Anne (à l'est de la ville)

Ouverture : de déb. avr. à mi-sept.

5 ha (182 empl.) vallonné, plat et peu incliné, herbeux, rochers

Empl. camping : (Prix 2017) 23,85 € ✶✶ 🚗 🗆 ⚡ (10A) - pers. suppl. 4,85 € - frais de réservation 18 €

Location : (Prix 2017) (de déb. avr. à mi-sept.) - 50 🏠 - 2 gîtes. Nuitée 104 à 135 € - Sem. 305 à 950 € - frais de réservation 18 €

Agréable parc paysager de bord de mer, au milieu des rochers et des pins. Ferme pédagogique pour les enfants.

Nature : 🌳 ⇐ 🏞 ♤ ♤	**GPS**
Loisirs : 🍽 🏠 ♨ ✷ hammam 🏊 ⚔ 🛶 🎯 mini ferme terrain multisports	W : 3.9677
Services : 🔌 ♿ 🚿 📶 laverie	N : 48.6907

⛰ Le Trologot

📞 02 98 69 06 26, www.camping-trologot.com

Pour s'y rendre : lieu-dit : Grève du Man (à l'est, rte de l'îlot St-Anne, près de la plage)

Ouverture : de déb. mai à fin sept.

2 ha (100 empl.) plat, herbeux

Empl. camping : (Prix 2017) ✶ 5,50 € 🚗 🗆 10,20 € – ⚡ (10A) 4,50 € - frais de réservation 10 €

BRETAGNE

Location : (Prix 2017) (de mi-avr. à fin sept.) - 15 🚐 - Nuitée 51 à 81€ - Sem. 300 à 750€ - frais de réservation 15€
🚐 borne eurorelais 25,70€
Site de bord de mer à deux pas de la grande plage.

Nature : 🌳 🏕
Loisirs : 🍸 🏖 🚣
Services : 🔌 ♿ 📶 laverie

GPS W : 3.9698 N : 48.6935

ST-RENAN
29290 - Carte Michelin **308** D4 - 7 468 h. - alt. 50
▶ Paris 605 - Brest 14 - Brignogan-Plages 43 - Ploudalmézeau 14

⛺ Municipal de Lokournan
📞 02 98 84 37 67, www.saint-renan.fr
Pour s'y rendre : rte de l'Aber (sortie nord-ouest par D 27 et chemin à dr., près du stade)
Ouverture : de mi-juin à mi-sept.
0,8 ha (70 empl.) plat, herbeux, sablonneux
Empl. camping : (Prix 2017) 10,40€ ✶✶ 🚗 🅴 (12A) - pers. suppl. 3,40€
🚐 borne AireService 4€ - 20 🅴 4€
Terrain sauvage bien ombragé près d'un petit lac.

Nature : 🌳 🏕
Loisirs : 🎯
Services : 🛒
À prox. : 🍽

GPS W : 4.62929 N : 48.43991

ST-SAMSON-SUR-RANCE
22100 - Carte Michelin **309** J4 - 1 514 h. - alt. 64
▶ Paris 401 - Rennes 57 - St-Brieuc 64 - St-Helier 34

⛺ Municipal Beauséjour
📞 02 96 39 53 27, www.beausejour-camping.com
Pour s'y rendre : lieu-dit : La Hisse (3 km à l'est, par D 57 et D 12 à dr., à 200 m du port)
Ouverture : de mi-mai à fin sept.
3 ha (112 empl.) plat, herbeux
Empl. camping : (Prix 2017) 20,25€ ✶✶ 🚗 🅴 (10A) - pers. suppl. 3,60€ - frais de réservation 20€
Location : (Prix 2017) Permanent 🏠 - 6 🚐 - 12 🛏 - 2 gîtes. Sem. 240 à 675€ - frais de réservation 20€
Emplacements de belle ampleur tout proches d'une ancienne ferme en pierre rénovée en gîtes.

Nature : 🌳
Loisirs : 🎯 🚣
Services : 🔌 ♿ 📶 laverie
À prox. : 🍸 🏖

GPS W : 2.00889 N : 48.48889

ST-YVI
29140 - Carte Michelin **308** H7 - 2 755 h. - alt. 105
▶ Paris 563 - Rennes 212 - Quimper 17 - Vannes 119

⛺ Tohapi Le Bois de Pleuven
📞 0825 00 20 30, www.tohapi.fr
Pour s'y rendre : lieu-dit : Kerancolven
Ouverture : de mi-avr. à mi-sept.
17 ha/10 campables (260 empl.) plat, herbeux
Empl. camping : (Prix 2017) 25€ ✶✶ 🚗 🅴 (10A) - pers. suppl. 5€

Location : (Prix 2017) (de mi-avr. à mi-sept.) - 91 🚐 - 15 tentes lodges. Nuitée 29 à 120€ - Sem. 203 à 840€ - frais de réservation 10€
Cadre naturel, sauvage en sous-bois.

Nature : 🌳 🏕
Loisirs : 🍸 🏖 🎯 🚴 🎣 🅿 🏊 🚣
Services : 🔌 ♿ 📶 laverie 🧺

GPS W : 3.97056 N : 47.95028

STE-ANNE-D'AURAY
56400 - Carte Michelin **308** N8 - 2 347 h. - alt. 42
▶ Paris 475 - Auray 7 - Hennebont 33 - Locminé 27

⛺ Municipal du Motten
📞 02 97 57 60 27, campingdumotten.wix.com/campingsteannedauray
Pour s'y rendre : allée des Pins (1 km au sud-ouest par D 17, rte d'Auray et r. du Parc à dr.)
Ouverture : de mi-juin à mi-sept.
1,5 ha (115 empl.) plat, herbeux
Empl. camping : (Prix 2017) ✶ 3,30€ 🚗 2,30€ 🅴 2,90€ – ⚡ (10A) 3,60€
Prairie ombragée à très ombragée.

Nature : 🏕
Loisirs : 🎯 🚣
Services : 🔌 🚐 📶

GPS W : 2.96251 N : 47.69831

SARZEAU
56370 - Carte Michelin **308** O9 - 7 659 h. - alt. 30
▶ Paris 478 - Nantes 111 - Redon 62 - Vannes 23

⛺⛺ Les Castels Manoir de Ker An Poul 👥
📞 02 97 67 33 30, www.manoirdekeranpoul.com - peu d'emplacements pour tentes et caravanes
Pour s'y rendre : à Penvins, rte de La Grée
Ouverture : de déb. avr. à fin sept.
5 ha (320 empl.) plat, herbeux
Empl. camping : (Prix 2017) 19€ ✶✶ 🚗 🅴 (10A) - pers. suppl. 6€ - frais de réservation 5€
Location : (Prix 2017) (de déb. avr. à fin sept.) - 79 🚐 - 80 🏠 - 5 bungalows toilés. Nuitée 29 à 157€ - Sem. 200 à 1 099€ - frais de réservation 15€
🚐 borne artisanale
Autour d'une ancienne ferme en pierre joliment restaurée.

Nature : 🏕
Loisirs : 🍸 🏖 🎯 🚴 🎣 🅿 🏊 🚣 terrain multisports
Services : 🔌 ♿ 📶 laverie 🧺 réfrigérateurs

GPS W : 2.68278 N : 47.505

Avant de vous installer, consultez les tarifs en cours, affichés obligatoirement à l'entrée du terrain, et renseignez-vous sur les conditions particulières de séjour. Les indications portées dans le guide ont pu être modifiées depuis la mise à jour.

BRETAGNE

▲ Capfun An Trest
📞 02 97 41 79 60, www.capfun.com
Pour s'y rendre : 1 chemin du Treste (2,5 km au sud, rte du Roaligen)
Ouverture : de déb. avr. à mi-sept.
5 ha (269 empl.) en terrasses, peu incliné, plat, herbeux
Empl. camping : (Prix 2017) 7€ 27€ (8A) - frais de réservation 27€
Location : (Prix 2017) (de déb. avr. à mi-sept.) - (1 mobile home) - 219. Nuitée 35 à 82€ - Sem. 140 à 1 120€ - frais de réservation 27€
Nombreuses animations et installations ludiques pour les enfants autour du parc aquatique en partie couvert.

Nature :
Loisirs :
Services : laverie
GPS : W : 2.77208   N : 47.50612

▲ Capfun Lodge Club
📞 02 97 41 29 93, www.lodgeclub.fr
Pour s'y rendre : lieu-dit : Le Bas Bohat (2,8 km à l'ouest)
Ouverture : de déb. avr. à fin sept.
15 ha/10 campables (316 empl.) plat, herbeux, forêt attenante
Empl. camping : (Prix 2017) 34€ (15A) - pers. suppl. 7€ - frais de réservation 27€
Location : (Prix 2017) (de mi-avr. à mi-sept.) - 178 - 26 tentes lodges. Nuitée 40 à 160€ - Sem. 189 à 1 120€ - frais de réservation 27€
Cadre naturel, familial avec du locatif varié, de bon confort et une pataugeoire ludique couverte.

Nature :
Loisirs : terrain multisports
Services : laverie
À prox. :
GPS : W : 2.79722   N : 47.5225

▲ Ferme de Lann Hoedic
📞 02 97 48 01 73, www.camping-lannhoedic.fr
Pour s'y rendre : r. Jean-de-La-Fontaine
Ouverture : de déb. avr. à fin oct.
3,6 ha (128 empl.) peu incliné, plat, herbeux
Empl. camping : (Prix 2017) 24,20€ (10A) - pers. suppl. 5,40€ - frais de réservation 10€
Location : (Prix 2017) (de déb. avr. à fin oct.) - 14 - 2 tentes lodges. Nuitée 45 à 102€ - Sem. 230 à 720€ - frais de réservation 14€
borne artisanale - 11€
Emplacements au calme avec beaucoup d'espaces verts qui gardent un côté nature.

Nature :
Loisirs : mini ferme
Services : laverie
GPS : W : 2.76139   N : 47.50722

▲ La Grée Penvins
📞 02 97 67 33 96, www.campinglagreepenvins.com
Pour s'y rendre : 8 rte de la Chapelle, à Penvins (9 km au sud-est par D 198)
Ouverture : de fin mars à déb. oct.
2,5 ha (111 empl.) terrasse, plat, herbeux, sablonneux
Empl. camping : (Prix 2017) 3,85€ 6,50€ (6A) 2,90€
Location : (Prix 2017) (de fin mars à déb. oct.) - 12 . Sem. 179 à 615€
Accès direct à la plage de la Pointe de Penvins.

Nature :
Services : laverie
À prox. :
GPS : W : 2.68242   N : 47.49665

SCAËR
29390 - Carte Michelin **308** I6 - 5 244 h. - alt. 190
▶ Paris 544 - Carhaix-Plouguer 38 - Concarneau 29 - Quimper 35

▲ Municipal de Kérisole
📞 06 46 71 76 40, www.camping-kerisole.fr
Pour s'y rendre : r. Louis-Pasteur (sortie est par rte du Faouët)
Ouverture : de déb. avr. à fin oct.
4 ha/2,3 campables (83 empl.) peu incliné, plat, herbeux
Empl. camping : (Prix 2017) 4€ 4€ 4€ (8A) 4€
Location : (Prix 2017) (de déb. avr. à fin oct.) - 3 - 3 bungalows toilés - 3 tentes lodges - 6 gîtes. Nuitée 80€ - Sem. 450€
Cadre arboré tranquille et agréable à proximité de la nouvelle bibliothèque municipale.

Nature :
Loisirs :
Services : laverie
À prox. : parcours de santé
GPS : W : 3.69756   N : 48.0278

SÉRENT
56460 - Carte Michelin **308** P8 - 2 985 h. - alt. 80
▶ Paris 432 - Josselin 17 - Locminé 31 - Ploërmel 19

▲ Municipal du Pont Salmon
📞 02 97 75 91 98, www.serent.fr/accueil-camping.html
Pour s'y rendre : 15 r. du Gén.-de-Gaulle (au bourg, vers rte de Ploërmel)
Ouverture : de déb. avr. à mi-oct.
1 ha (30 empl.) plat, herbeux
Empl. camping : (Prix 2017) 3€ 5€ 3€ (10A) 5€ - frais de réservation 35€
Location : (Prix 2017) Permanent (1 chalet) - 4 . Nuitée 40€ - Sem. 260 à 460€ - frais de réservation 40€
borne artisanale
Accès gratuit à la piscine municipale située à l'entrée du camping.

Nature :
Services : laverie
À prox. :
GPS : W : 2.50191   N : 47.82506

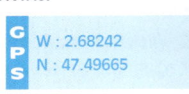

Donnez-nous votre avis sur les terrains que nous recommandons. Faites-nous connaître vos observations et vos découvertes par mail à l'adresse : leguidecampingfrance@tp.michelin.com.

BRETAGNE

SIZUN
29450 - Carte Michelin **308** G4 - 2 221 h. - alt. 112
▶ Paris 572 - Brest 37 - Carhaix-Plouguer 44 - Châteaulin 36

⚠ Municipal du Gollen
📞 02 98 24 11 43, www.mairie-sizun.fr

Pour s'y rendre : lieu-dit : Le Gollen (1 km au sud par D 30, rte de St-Cadou et à gauche, au bord de l'Elorn)

Ouverture : de mi-avr. à fin sept.

0,6 ha (29 empl.) non clos, plat, herbeux

Empl. camping : (Prix 2017) 15,50€ ✶✶ ⛟ 🅴 🔌 (10A) - pers. suppl. 3,50€

🚐 borne AireService 2€

Grande prairie au bord de l'Elorn.

Nature : 🌳 ⚐
Loisirs : 🏊
Services : ⚒ 🚿 📶
À prox. : ⛱ 🚣

GPS : W : 4.07659 N : 48.4

SULNIAC
56250 - Carte Michelin **308** P8 - 3 133 h. - alt. 125
▶ Paris 457 - Rennes 106 - Vannes 21 - Nantes 112

⛺ Village Vacances La Lande du Moulin
(pas d'emplacement tentes et caravanes)

📞 02 97 53 29 39, www.la-lande-du-moulin.com

Pour s'y rendre : lieu-dit : le Nouénne (1,5 km à l'est par la D 104 et à drte rte de Theix)

12 ha vallonné, en terrasses

Location : (Prix 2017) (de déb. avr. à déb. nov.) - ♿ (2 chalets) - 6 🛖 - 38 🏠 - 12 gîtes - 4 studios. Nuitée 40 à 120€ - Sem. 280 à 950€

Cadre agréable, verdoyant avec petit étang. Possibilité de séjours en pension ou 1/2 pension.

Nature : 🌳 ⚐⚐
Loisirs : 🍴 ✗ 🏊 🛝 🚴 🏇 🎿 🎯 ⛴ 🚣 pédalos parcours dans les arbres
Services : ⚒ 🍺 📶 laverie

GPS : W : 2.57028 N : 47.66694

TADEN
22100 - Carte Michelin **309** J4 - 2 340 h. - alt. 46
▶ Paris 404 - Rennes 71 - St-Brieuc 64 - St-Helier 34

⛺ Municipal de la Hallerais
📞 02 96 39 15 93, www.camping-lahallerais.com

Pour s'y rendre : 4 r. de la Robardais (au sud-ouest du bourg)

Ouverture : de mi-mars à mi-nov.

7 ha (225 empl.) en terrasses, peu incliné, plat, herbeux, gravillons

Empl. camping : (Prix 2017) 20,20€ ✶✶ ⛟ 🅴 🔌 (10A) - pers. suppl. 4,20€

Location : (Prix 2017) (de mi-mars à mi-nov.) - ♿ (1 chalet-1 mobile-home) - 9 🛖 - 11 🏠. Nuitée 35 à 72€ - Sem. 182 à 490€

🚐 borne artisanale - 5 🅴

Autour d'une ancienne ferme en pierre joliment restaurée. Nombreux mobile homes de propriétaires-résidents.

Nature : 🌳 ⚐ 🌊 ⚐⚐
Loisirs : 🍴 ✗ 🏊 🛝 🚴 🎯 ⛴ 🚣 terrain multisports
Services : ⚒ 🍺 🚿 📶 laverie 🧺
À prox. : 🎣 🚣 ⛵

GPS : W : 2.0232 N : 48.47181

TAUPONT
56800 - Carte Michelin **308** Q7 - 2 140 h. - alt. 81
▶ Paris 422 - Josselin 16 - Ploërmel 5 - Rohan 37

⚠ La Vallée du Ninian
📞 02 97 93 53 01, www.camping-ninian.fr

Pour s'y rendre : lieu-dit : Ville Bonne, le Rocher (sortie nord par D 8, rte de la Trinité-Phoët, puis 2,5 km par rte à gauche, accès direct à la rivière)

Ouverture : de déb. avr. à fin sept.

2,7 ha (100 empl.) plat, herbeux, verger

Empl. camping : (Prix 2017) ✶ 5€ ⛟ 🅴 7,10€ – 🔌 (10A) 5€

Location : (Prix 2017) (de déb. avr. à fin sept.) - ♿ (1 mobile home) - 12 🛖 - 2 bungalows toilés - 3 tentes lodges. Nuitée 41 à 97€ - Sem. 190 à 695€ - frais de réservation 12€

🚐 borne eurorelais - 🚿 🔌16€

Des soirées sont organisées autour du four à pain ou du pressoir à pommes.

Nature : ! ⚐⚐
Loisirs : 🍴 🏊 🚴 ⛴ 🎣
Services : ⚒ 🍺 🚿 📶 laverie 🧺

GPS : W : 2.47 N : 47.96928

TELGRUC-SUR-MER
29560 - Carte Michelin **308** E5 - 2 088 h. - alt. 90
▶ Paris 572 - Châteaulin 25 - Douarnenez 29 - Quimper 39

⚠ Armorique
📞 02 98 27 77 33, www.campingarmorique.com

Pour s'y rendre : 112 r. de la Plage (1,2 km au sud-ouest par rte de Trez-Bellec-Plage)

Ouverture : de déb. avr. à fin sept.

2,5 ha (98 empl.) en terrasses, peu incliné, plat, herbeux

Empl. camping : (Prix 2017) 26,55€ ✶✶ ⛟ 🅴 🔌 (10A) - pers. suppl. 5,50€ - frais de réservation 16€

Location : (Prix 2017) (de déb. avr. à fin sept.) - 22 🛖 - 4 🏠. Nuitée 61 à 114€ - Sem. 168 à 798€ - frais de réservation 16€

🚐 borne eurorelais - 🚿 🔌16€

Un terrain tout en dénivelé, avec de belles terrasses.

Nature : 🌳 🌊 ⚐ ⚐
Loisirs : 🍴 ✗ 🏊 🚴 ⛴
Services : ⚒ 🚿 📶 laverie 🧺

GPS : W : 4.37085 N : 48.22531

En juin et septembre les campings sont plus calmes, moins fréquentés et pratiquent souvent des tarifs « hors saison ».

BRETAGNE

THEIX
56450 - Carte Michelin **308** P9 - 6 765 h. - alt. 5
▶ Paris 464 - Ploërmel 51 - Redon 58 - La Roche-Bernard 33

▲▲▲ Rhuys
✆ 02 97 54 14 77, www.campingderhuys.com
Pour s'y rendre : r. Dugay-Trouin, lieu-dit : Le Poteau Rouge (3,5 km au nord-ouest, par N 165, venant de Vannes : sortie Sarzeau)
Ouverture : de déb. avr. à fin oct.
2,7 ha (90 empl.) peu incliné, plat, herbeux
Empl. camping : (Prix 2017) 25,15 € ✶✶ 🚗 📧 ⚡ (6A)
Location : (Prix 2017) (de déb. avr. à fin oct.) - 21 🏠 - 2 tipis. Sem. 205 à 735 €
🚐 15 📧
Au fond du terrain, quelques animaux de la ferme.

Nature : ⚘
Loisirs : 🍴 🏖 🛶 🏊 mini ferme
Services : 🔑 🚿 ♿ 🚙 ⚡ 📶
À prox. : 🛒 ✗

GPS : W : 2.69413 N : 47.64108

TINTÉNIAC
35190 - Carte Michelin **309** K5 - 3 304 h. - alt. 40
▶ Paris 377 - Avranches 70 - Dinan 28 - Dol-de-Bretagne 30

▲▲▲ Domaine Les Peupliers
✆ 02 99 45 49 75, www.domainelespeupliers.fr
Pour s'y rendre : au Domaine de la Besnelais (2 km au sud-est par l'ancienne rte de Rennes, au bord d'étangs, par N 137, sortie Tinténiac Sud)
Ouverture : de déb. avr. à fin sept.
4 ha (93 empl.) plat, herbeux
Empl. camping : (Prix 2017) 26 € ✶✶ 🚗 📧 ⚡ (10A) - pers. suppl. 6,50 €
Location : (Prix 2017) (de mi-mars à fin oct.) - 4 🏠 - 2 🏕 - 2 tentes lodges - 2 gîtes. Nuitée 30 à 120 € - Sem. 180 à 800 €
🚐 borne eurorelais - 6 📧 17 € - 🚿 ⚡ 17 €
Belle situation et cadre agréable au bord d'un étang sauvage.

Nature : 🌳 ⚘
Loisirs : 🍴 🎮 🚲 🏊 🛶
Services : 🔑 🚿 ♿ 📶 laverie

GPS : W : 1.82167 N : 48.30917

LE TOUR-DU-PARC
56370 - Carte Michelin **308** P9 - 1 105 h.
▶ Paris 476 - La Baule 62 - Redon 57 - St-Nazaire 81

▲ Le Cadran Solaire
✆ 02 97 67 30 40, www.campingcadransolaire.fr
Pour s'y rendre : r. de Banastère (2 km au sud par D 324, rte de Sarzeau)
Ouverture : de déb. avr. à fin sept.
2 ha (115 empl.) plat, herbeux
Empl. camping : (Prix 2017) ✶ 4,60 € 🚗 📧 8,50 € – ⚡ (10A) 3,50 € - frais de réservation 10 €
Location : (Prix 2017) (de déb. avr. à fin oct.) - 🚿 - 12 🏠. Sem. 200 à 650 €
Cadre soigné et bon confort sanitaire.

Nature : 🌳 ⚘⚘
Loisirs : 🎮 🏖 🏊
Services : 🔑 ♿ 📶 laverie

GPS : W : 2.65748 N : 47.5208

TRÉBEURDEN
22560 - Carte Michelin **309** A2 - 3 714 h. - alt. 81
▶ Paris 525 - Lannion 10 - Perros-Guirec 14 - St-Brieuc 74

▲ L'Espérance
✆ 07 86 17 48 08, www.camping-esperance.com
Pour s'y rendre : r. de Keralégan (5 km au nord-ouest par D 788, rte de Trégastel, près de la mer)
Ouverture : de déb. avr. à fin sept.
1 ha (56 empl.) non clos, plat, herbeux
Empl. camping : ✶ 4,85 € 3 € 📧 5,30 € – ⚡ (10A) 3,75 €
Location : (de déb. avr. à fin sept.) - 8 🏠. Sem. 270 à 610 €
🚐 borne artisanale -
Préférer les emplacements les plus éloignés de la route. Confort sanitaire ancien.

Nature : ≤ 🌳 ⚘
Loisirs : 🍴
Services : 🔑 📶 laverie

GPS : W : 3.55743 N : 48.79096

TREFFIAGAT
29730 - Carte Michelin **308** F8 - 2 343 h. - alt. 20
▶ Paris 582 - Audierne 39 - Douarnenez 41 - Pont-l'Abbé 8

▲ Les Ormes
✆ 02 98 58 21 27, www.campingdesormesleguilvinec.fr
Pour s'y rendre : lieu-dit : Kerloc'h (2 km au sud, rte de Lesconil et rte à droite à 400 m de la plage (accès direct))
Ouverture : de déb. avr. à fin sept.
2 ha (76 empl.) plat, herbeux
Empl. camping : (Prix 2017) ✶ 4,25 € 🚗 2,60 € 📧 4,35 € – ⚡ (6A) 3,60 € - frais de réservation 6,25 €
Location : (Prix 2017) (de déb. avr. à fin sept.) - 🚿 - 2 🏠. Nuitée 50 à 65 € - Sem. 300 à 465 € - frais de réservation 6,25 €
🚐 borne artisanale
Petit terrain très agréable entre mer et campagne.

Nature : 🌳 ⚘
Loisirs : 🎮
Services : 🔑 🚙 laverie
À prox. : 🏊

GPS : W : 4.25518 N : 47.79666

TRÉDREZ
22300 - Carte Michelin **309** A2 - 1 451 h. - alt. 78
▶ Paris 526 - Quimper 111 - Rennes 175 - Saint-Brieuc 79

▲▲▲ Flower Les Capucines
✆ 02 96 35 72 28, www.lescapucines.fr
Pour s'y rendre : ancienne Voie Romaine, à Kervourdon (1,5 km au nord par rte de Lannion et chemin à gauche)
Ouverture : de déb. avr. à fin sept.
4 ha (106 empl.) peu incliné, plat, herbeux
Empl. camping : (Prix 2017) 19 € ✶✶ 🚗 📧 ⚡ (10A) - pers. suppl. 4 € - frais de réservation 18 €

▲▲▲ ... ▲
Terrains particulièrement agréables dans leur ensemble et dans leur catégorie.

BRETAGNE

Location : (Prix 2017) (de déb. avr. à fin sept.) - (1 chalet) - 13 - 5 - 1 tente lodge. Nuitée 55 à 70€ - Sem. 230 à 700€ - frais de réservation 18€
borne flot bleu 5€

Emplacements ombragés ou plein soleil avec quelques locatifs grand confort.

Nature :
Loisirs : nocturne (découverte en saison) mini ferme skate park terrain multisports
Services : laverie

GPS W : 3.55694 N : 48.69278

TRÉGASTEL

22730 - Carte Michelin 309 B2 - 2 435 h. - alt. 58
▶ Paris 526 - Lannion 11 - Perros-Guirec 9 - St-Brieuc 75

Tourony-Camping

📞 02 96 23 86 61, www.camping-tourony.com

Pour s'y rendre : 105 r. de Poul-Palud (1,8 km à l'est par D 788, rte de Perros-Guirec, à 500 m de la plage)

Ouverture : de déb. avr. à fin sept.

2 ha (100 empl.) plat, herbeux

Empl. camping : (Prix 2017) 20,80€ ✶✶ 🚗 🔌 (10A) - pers. suppl. 5,80€ - frais de réservation 15€
Location : (Prix 2017) (de déb. avr. à fin sept.) - 17 - 2. Sem. 240 à 650€ - frais de réservation 15€
borne AireService 15,90€

Face à la baie et au joli port de plaisance.

Nature :
Loisirs :
Services : laverie
À prox. : terrain multisports

GPS W : 3.49131 N : 48.82565

TRÉGUENNEC

29720 - Carte Michelin 308 F7 - 348 h. - alt. 31
▶ Paris 582 - Audierne 27 - Douarnenez 27 - Pont-l'Abbé 11

Kerlaz

📞 02 98 87 76 79, www.kerlaz.com

Pour s'y rendre : rte de la Mer (au bourg, par D 156)

Ouverture : de déb. avr. à fin oct.

1,25 ha (65 empl.) plat, herbeux

Empl. camping : (Prix 2017) 23,50€ ✶✶ 🚗 🔌 (10A) - pers. suppl. 4,60€ - frais de réservation 10€
Location : (Prix 2017) (de déb. avr. à fin oct.) - 10 - 5 - 2 bungalows toilés - 2 tentes lodges. Nuitée 29 à 98€ - Sem. 179 à 685€ - frais de réservation 10€
borne artisanale

Cadre agréable peu ombragé.

Nature :
Loisirs : (découverte en saison)
Services : (juil.-août) laverie
À prox. :

GPS W : 4.32848 N : 47.89457

LESEN SIE DIE ERLÄUTERUNGEN aufmerksam durch, damit Sie diesen Camping-Führer mit der Vielfalt der gegebenen Auskünfte wirklich ausnutzen können.

TRÉGUNC

29910 - Carte Michelin 308 H7 - 6 785 h. - alt. 45
▶ Paris 543 - Concarneau 7 - Pont-Aven 9 - Quimper 29

Airotel La Pommeraie de l'Océan

📞 02 98 50 02 73, www.camping-bretagne-lapommeraiedelocean.com

Pour s'y rendre : lieu-dit : Kerdalidec (6 km au sud par D 1, rte de la Pointe de Trévignon et à gauche rte de St-Philibert)

7 ha (198 empl.) plat, herbeux

Location : 34 - 5 tentes lodges.

Un terrain tranquille et familial de bord de mer avec un bel espace aquatique.

Nature :
Loisirs : salle d'animations jacuzzi terrain multisports
Services : laverie

GPS W : 3.83698 N : 47.80786

TRÉLÉVERN

22660 - Carte Michelin 309 B2 - 1 390 h. - alt. 76
▶ Paris 524 - Lannion 13 - Perros-Guirec 9 - St-Brieuc 73

RCN Port-l'Épine

📞 02 96 23 71 94, www.rcn.nl/fr

Pour s'y rendre : à Port-l'Épine, 10 Venelle de Pors Garo (1,5 km au nord-ouest puis un chemin à gauche)

Ouverture : de fin avr. à mi-sept.

3 ha (160 empl.) peu incliné, plat, herbeux

Empl. camping : (Prix 2017) 40€ ✶✶ 🚗 🔌 (16A) - pers. suppl. 7€ - frais de réservation 20€
Location : (Prix 2017) (de fin avr. à mi-sept.) - 45. Nuitée 45 à 173€ - frais de réservation 20€

Cadre verdoyant sur la presqu'île de Port l'Épine, pratiquement entouré par la mer.

Nature : baie de Perros-Guirec
Loisirs :
Services : laverie

GPS W : 3.38594 N : 48.8128

LA TRINITÉ-SUR-MER

56470 - Carte Michelin 308 M9 - 1 622 h. - alt. 20
▶ Paris 488 - Auray 13 - Carnac 4 - Lorient 52

Kervilor

📞 02 97 55 76 75, www.camping-kervilor.com

Pour s'y rendre : rte du Latz (1,6 km au nord)

Ouverture : de déb. avr. à fin sept.

5 ha (250 empl.) peu incliné, plat, herbeux

Empl. camping : (Prix 2017) 40€ ✶✶ 🚗 🔌 (10A) - pers. suppl. 6,50€ - frais de réservation 18€
Location : (Prix 2017) (de déb. avr. à fin sept.) - 76. Nuitée 108 à 145€ - Sem. 280 à 1 014€ - frais de réservation 18€
borne artisanale

Cadre verdoyant au calme autour de la piscine couverte.

Nature :
Loisirs : jacuzzi terrain multisports
Services : laverie réfrigérateurs

GPS W : 3.03588 N : 47.60168

BRETAGNE

APV Plijadur

02 51 56 08 78, www.camping-apv.com

Pour s'y rendre : 94 rte de Carnac (1,3 km au nord-ouest sur D 781)

Ouverture : de déb. avr. à fin sept.

5 ha (218 empl.) plat, herbeux, sablonneux, étang

Empl. camping : (Prix 2017) 14,70€ (6A) - pers. suppl. 8,10€ - frais de réservation 29€

Location : (Prix 2017) (de déb. avr. à fin sept.) - 129. Nuitée 44 à 149€ - Sem. 308 à 1 043€ - frais de réservation 29€

10 9,90€

Préférer les emplacements les plus éloignés de la route, près de l'étang. Sanitaires anciens.

Nature :
Loisirs : hammam jacuzzi terrain multisports
Services : laverie

GPS : W : 3.03667 N : 47.58584

La Plage

02 97 55 73 28, www.camping-plage.com

Pour s'y rendre : plage de Kervillen (1 km au sud)

Ouverture : de déb. mai à mi-sept.

3 ha (195 empl.) peu incliné, plat, herbeux, sablonneux

Empl. camping : (Prix 2017) 48€ (10A) - pers. suppl. 4,70€ - frais de réservation 15€

Location : (Prix 2017) (de déb. mai à mi-sept.) - 41 - 6 bungalows toilés. Nuitée 64 à 139€ - Sem. 670 à 970€ - frais de réservation 15€

borne artisanale

Cadre verdoyant avec un accès direct à la plage.

Nature :
Loisirs : diurne jacuzzi
Services : laverie
À prox. :

GPS : W : 3.02869 N : 47.57562

La Baie

02 97 55 73 42, www.campingdelabaie.com - peu d'emplacements pour tentes et caravanes

Pour s'y rendre : plage de Kervillen (1,5 km au sud)

Ouverture : de mi-avr. à mi-sept.

2,2 ha (170 empl.) plat, herbeux, sablonneux

Empl. camping : (Prix 2017) 8,60€ 29,90€ – (10A) 5,45€ - frais de réservation 22€

Location : (Prix 2017) (de mi-avr. à mi-sept.) - 42. Nuitée 49 à 152€ - Sem. 266 à 999€ - frais de réservation 22€

Cadre verdoyant tout proche de la plage.

Nature :
Loisirs : diurne
Services : laverie
À prox. :

GPS : W : 3.02789 N : 47.57375

VANNES

56000 - Carte Michelin **308** 09 - 52 683 h. - alt. 20

Paris 459 - Quimper 122 - Rennes 110 - St-Brieuc 107

Flower Le Conleau

02 97 63 13 88, www.vannes-camping.com

Pour s'y rendre : à la Pointe de Conleau (au sud, dir. parc du Golfe par l'av. du Mar. Juin)

Ouverture : de déb. avr. à fin sept.

5 ha (250 empl.) en terrasses, peu incliné, plat, herbeux, gravillons

Empl. camping : (Prix 2017) 33€ (6A) - pers. suppl. 6€ - frais de réservation 20€

Location : (Prix 2017) (de déb. avr. à fin sept.) - (1 mobile home) - 70 - 8 - 2 bungalows toilés - 6 tentes lodges. Nuitée 44 à 149€ - Sem. 308 à 1 043€ - frais de réservation 20€

borne eurorelais 5,50€ - 34 13€

Site agréable face au golfe du Morbihan avec du locatif varié et de bon confort.

Nature :
Loisirs : (découverte en saison)
Services : laverie

GPS : W : 2.77994 N : 47.63326

CENTRE VAL-DE-LOIRE

La Belle au bois dormant sommeillerait encore, dit-on, dans l'un des splendides châteaux qui bordent la Loire et ses affluents : Chambord, Azay-le-Rideau, Chenonceau... Autant de logis royaux au décor de conte de fées, agrémentés de jardins étourdissants de beauté. Une foule de spectacles son et lumière y font revivre aujourd'hui les fastes de la Cour, prenant le relais des écrivains qui, de Ronsard à Genevoix en passant par Balzac et George Sand, ont immortalisé la Vallée des rois, trempé leur plume aux étangs de la giboyeuse Sologne ou dépeint l'envoûtante atmosphère du bocage berrichon. Après avoir savouré un délicieux poulet en barbouille, prêtez donc l'oreille aux histoires de loups-garous contées par vos hôtes… Vous constaterez que les gens du pays manient aussi bien les mots que les casseroles !

Sleeping Beauty is said to slumber still within the thick walls of one of the Loire's fairy-tale castles, like Chambord, Azay-le-Rideau or Chenonceau. A list of the region's architectural wonders and glorious gardens would be endless; but its treasures are shown to full effect in a season of «son et lumière» shows. The landscape has inspired any number of writers, from Pierre de Ronsard, "the Prince of Poets", to Balzac and Georges Sand; all succumbed to the charm of this valley of kings, without forgetting to give the game-rich woodlands their due. To savour the region's two-fold talent for storytelling and culinary arts, first tuck into a delicious chicken stew, then curl up by the fireside to hear your hosts' age-old local legends.

Localité citée avec camping
Localité citée avec camping et locatif
Vannes
Localité disposant d'un camping avec aire de services camping-car
Moyaux
Localité disposant d'au moins un terrain agréable
Aire de service pour camping-car sur autoroute
Le Vey
Falaise
Vimoutiers
Vire
A 88
Orne
St-Evroult-N.-D.-du-Bois
Risle
Iton
N 154
Flers
D 924
Argentan
D 926
N 12
Dreux
du-Harcouët
Sélune
976
Avre
Sarthe
N 12
Mortagne-au-Perche
EURE-
ET-
Senonches
Fontaine-Simon
Chartres
Courville-s-Eure
N 154
Ambrières-les-Vallées
Alençon
Mamers
Bellême
N 12
Mayenne
Fresnay-s-Sarthe
A 28
N 10
MAYENNE
Sillé-le-Guillaume
Beaumont-s-Sarthe
Huisne
Loir
A 11
Andouillé
Le Grez
SARTHE
Mézières-s/s-Lavardin
la Bazoche-Gouet
Sillé-le-Phillipe
Laval
Tennie
Lavaré
Châteaudun
thevin
D 21
A 81
Mayenne
N 162
LE MANS
Yvré-l'Évêque
Cloyes-sur-le-Loir
D 771
D 357
Villiers-Charlemagne
Bouère
Avoise
A 11
St-Calais
D 357
Sarthe
D 323
A 28
Morée
Château-Gontier
Sablé-s-Sarthe
Bessé-s-Braye
N 10
Ménil
Malicorne-s-Sarthe
Thoré-la-Rochette
Vendôme
Daon
D 306
Mansigné
Marçon
Montoire-s-le-Loir
Segré
Châteauneuf-s-S.
D 323
Luché-Pringé
La Flèche
Loir
Suèvres
Durtal
Le Lude
LOIR-
D 775
Pruillé
Loir
Blois
Loire
AINE-
ET-
LOIRE
Sonzay
A 28
D 910
A 10
Candé-s-Beuvron
Vine
ANGERS
Brain-s-l'Authion
Mesland
Les Ponts-de-Cé
A 85
Rillé
TOURS
la Ville-aux-Dames
Chaumont-s-L.
Cheverny
Ballan-Miré
Vouvray
nes-s-L.
A 87
Coutures
Les Rosiers-s-L.
Savonnières
Montlouis-s-L.
Allonnes
St-Avertin
Chémery
Brissac-Quincé
Bourgueil
A 85
Bléré
JARDINS DE VILLANDRY
Cher
St-Hilaire-St-Florent
Saumur
Azay-le-Rideau
Seigy
Rigny-Ussé
Veigné
Indre
St-Georges-s-Layon
Varennes-s-L.
TINES
Chemillé
Montsoreau
Savigny-en-Véron
INDRE- ET- LOIRE
Chinon
Ste-Catherine-de-Fierbois
Chemillé-s-Indrois
Vihiers
Concourson-s-Layon
D 347
Montreuil-Bellay
L'Île-Bouchard
A 10
Vienne
Loches
TRÉMENTINES
Ste-Maure-de-Touraine
Luçay-le-Mâle
Cholet
D 943
Maulévrier
Marcilly-s-Vienne
Argentonnay
Loudun
Descartes
Thouet
St-Laurent-s-Sèvre
retaud
Les Epesses
D 347
Creuse
Preuilly-s-Claise
N 149
Bressuire
Ingrandes
Buzançais
DEUX-SÈVRES
A 10
la Roche-Posay
INDR
MILLE ÉTANGS
St-Cyr
Parthenay
N 149
Avanton
Vienne
Rosnay
ÉE
Vouillé
St-Georges-lès-Baillargeaux
Secondigny
Bonnes
Creuse
Mervent
POITIERS
D 951
Fontenay-le-Comte
LA CANEPETIÈRE
ROUILLÉ-PAMPROUX NORD
Chauvigny
A 83
A 10
N 10
VIENNE
Chaillac
Maillezais
Dienné
Montmorillon
Sèvre Niortaise
Mazeau
Coulon
LA CHÂTEAUDRIE
Niort
ROUILLÉ-PAMPROUX SUD
A 20
POITOU-
Prailles
N 14
Cromac

Maisons-Laffitte
St-Germain-en-Laye
Nanterre
PARIS
Bobigny
Jablines
Disneyland Resort Paris
YVELINES
Versailles
Champigny-sur-Marne
Créteil
Pommeuse
Grand Morin
Petit Morin
Crèvecœur-en-Brie
Touquin
Tournan-en-Brie
SEINE
Sézanne
Rambouillet
Villiers-s-Orge
Évry
PLESSIS-PICARD-OURDY
GALANDE-LA MARE-LAROCHE
ET-
Provins
Villiers-le-Morhier
VILLABÉ
Melun
ESSONNE
MARNE
Nogent-sur-Seine
Étampes
Fontainebleau
Veneux-les-Sablons
LES JONCHETS-LA GRANDE PAROISSE
LOIR
TROYE
Boulancourt
Nemours
Yonne
Pithiviers
Essonne
Sens
VILLEROY
VILLENEUVE-L'ARCHEVÊQUE
TROYES-FRESNOY-LE-CH
Eaux-Puiseaux
LOIRET
Montargis
Ervy
Migennes
ORLÉANS
Chécy
Lorris
Loing
YONNE
Ligny-le-Châ
Olivet
LOIRE
JARDIN DES ARBRES
Chablis
Auxerre
St-Père-s-Loire
Gien
Vincelles
Vermenton
Isdes
Poilly-lez-Gien
Briare
St-Sauveur-en-Puisaye
Sauldre
Nouan-le-Fuzelier
Neung-s-Beuvron
Pierrefitte-s-Sauldre
Beaulieu-s-Loire
Aubigny-s-Nère
Andryes
Asquins
Avallo
Cousin
Cure
CHER
ROMORANTIN
Romorantin-Lanthenay
Salbris
Cosne-Cours-sur-Loire
Varzy
Clamecy
St-Satur
Lormes
Mennetou-s-Cher
Vierzon
Valençay
Prémery
Crux-la-Ville
la Charité-sur-Loire
Montigny-en-Morvan
LES CHAMPS D'AMOUR
Vatan
BOURGES
CHER
Cher
Auron
NIÈVRE
St-Péreuse
Nevers
St-Léger-de-Fougeret
Issoudun
La Guerche-s-l'Aubois
Lunery
Arnon
St-Honoré-les-Bains
Châteauroux
Indre
Bessais-le-Fromental
Loire
VAL DE L'INDRE
Isle-et-Bardais
Issy-
Neuvy-St-Sépulchre
St-Bonnet-Tronçais
Bourbon-
Gargilesse-Dampierre
Châteaumeillant
Allier
Moulins
Dompierre-s-Besbre
Pierrefitte-s-Loire
ALLIER
L'ALLIER-SAULZET
St-Plantaire
Boussac-Bourg
Treignat
MONTLUÇON
Celle-Dunoise
A 86
A 14
A 12
A 4
N 12
N 19
N 104
N 4
A 10
A 6
D 619
A 11
A 5
N 154
A 19
A 77
D 2060
D 2157
D 952
A 71
D 940
N 151
N 7
A 85
A 20
D 978
D 2076
D 943
N 145
N 79

CENTRE VAL-DE-LOIRE

AUBIGNY-SUR-NÈRE

18700 - Carte Michelin **323** K2 - 5 879 h. - alt. 180
▶ Paris 180 - Bourges 48 - Cosne-sur-Loire 41 - Gien 30

▲▲ Les Étangs

☎ 02 48 58 02 37, www.camping-aubigny.com

Pour s'y rendre : av. du Parc-des-Sports (1,4 km à l'est par D 923, près d'un étang (accès direct))

Ouverture : de déb. avr. à fin sept.

3 ha (100 empl.) plat, herbeux

Empl. camping : (Prix 2017) 26€ ✦✦ 🚗 📧 ⚡ (10A) - pers. suppl. 5€ - frais de réservation 10€

Location : (Prix 2017) (de déb. avr. à fin oct.) - 19 🏠 - 6 🏡 - 1 yourte - 1 roulotte. Nuitée 49 à 115€ - Sem. 245 à 805€ - frais de réservation 15€

Fort ombrage des emplacements dont certains sont au bord des étangs.

Nature : 🌳 ⛰ 🌊
Loisirs : 🏠 🏇 🚣
Services : 🔑 🚿 📶 laverie 🚻
À prox. : 🍴 🛒 🚤

GPS E : 2.46101 N : 47.48574

AZAY-LE-RIDEAU

37190 - Carte Michelin **317** L5 - 3 418 h. - alt. 51
▶ Paris 265 - Châtellerault 61 - Chinon 21 - Loches 58

▲ Municipal le Sabot

☎ 02 47 45 42 72, www.azaylerideau.fr

Pour s'y rendre : r. du Stade (sortie est par D 84, rte d'Artannes et r. à dr.)

6 ha (150 empl.) plat, herbeux

Situation agréable à proximité du château et au bord de l'Indre.

Nature : 🌊 🌳
Loisirs : 🏠 🏇 🚣
Services : 🔑 🚿 📶 laverie
À prox. : 🛒 🚤 🏊 🚴

GPS E : 0.46963 N : 47.25863

BALLAN-MIRÉ

37510 - Carte Michelin **317** M4 - 8 152 h. - alt. 88
▶ Paris 251 - Azay-le-Rideau 17 - Langeais 20 - Montbazon 13

▲▲▲ Club Airotel la Mignardière

☎ 02 47 73 31 00, www.mignardiere.com

Pour s'y rendre : 22 av. des Aubépines (2,5 km au nord-est du bourg, à prox. du plan d'eau de Joué-Ballan)

Ouverture : de déb. avr. à mi-sept.

2,5 ha (177 empl.) plat, herbeux, petit bois attenant

Empl. camping : (Prix 2017) 29,60€ ✦✦ 🚗 📧 ⚡ (10A) - pers. suppl. 6€

Location : (Prix 2017) (de déb. avr. à mi-sept.) - 19 🏠 - 20 🏡 - 4 roulottes. Sem. 308 à 798€ - frais de réservation 15€

🚐 borne artisanale 4€

Nature : 🌳 🌊
Loisirs : 🍴 🛒 🏊 🚴 🎾 🏓 🎯
Services : 🔑 🚿 🏪 📶 🚻 🧺
À prox. : 🥂 🎣 parc-aventure

GPS E : 0.63402 N : 47.35524

BARAIZE

36270 - Carte Michelin **323** F8 - 313 h. - alt. 240
▶ Paris 318 - Orléans 192 - Châteauroux 47 - Guéret 86

▲ Municipal Montcocu

☎ 02 54 25 34 28, syndicat.laceguzon@wanadoo.fr - pour caravanes : à partir du lieu-dit "Montcocu", pente à 12% sur 1 km

Pour s'y rendre : lieu-dit : Montcocu (4,8 km au sud-est par D 913, rte d'Éguzon et D 72, à gauche rte de Pont-de-Piles)

Ouverture : de déb. avr. à fin oct.

1 ha (26 empl.) en terrasses, plat, herbeux

Empl. camping : (Prix 2017) 11,30€ ✦✦ 🚗 📧 ⚡ (8A) - pers. suppl. 2,55€

Location : (Prix 2017) (de déb. avr. à fin oct.) - 4 🏡. Nuitée 55 à 85€ - Sem. 246 à 450€

Situation et site agréables dominant la plage dans la vallée de la Creuse.

Nature : 🌊 🌳 🏞 ⛰
Loisirs : 🍴 🍽 🏇 🚣 🚤
Services : 🔑 🚿 📶

GPS E : 1.60023 N : 46.47159

LA BAZOCHE-GOUET

28330 - Carte Michelin **311** B7 - 1 314 h. - alt. 185
▶ Paris 146 - Brou 18 - Chartres 61 - Châteaudun 33

▲ Municipal la Rivière

☎ 02 37 49 36 49, commune-bazoche-gouet-28330@wanadoo.fr

Pour s'y rendre : 1,5 km au sud-ouest par D 927, rte de la Chapelle-Guillaume et chemin à gauche

Ouverture : de mi-avr. à mi-oct.

1,8 ha (30 empl.) plat, herbeux

Empl. camping : (Prix 2017) 13,80€ ✦✦ 🚗 📧 ⚡ (10A) - pers. suppl. 3,40€

Location : (Prix 2017) Permanent - 1 🏠 - 1 cabanon. Nuitée 55€ - Sem. 215 à 280€

Cadre fleuri tout près de l'Yerre et de deux étangs, idéal pour la pêche ; confort sanitaire simple, ancien, entretenu.

Nature : 🌊 🌳
Loisirs : 🏇 🚴
Services : 🚿 📶 🧺
À prox. : 🍴 🚤

GPS E : 0.9689 N : 48.129

Utilisez les cartes MICHELIN, complément indispensable de ce guide.

BEAULIEU-SUR-LOIRE

45630 - Carte Michelin **318** N6 - 1 794 h. - alt. 156
▶ Paris 170 - Aubigny-sur-Nère 36 - Briare 15 - Gien 27

▲ Municipal Touristique du Canal

☎ 02 38 53 52 16, www.beaulieu-sur-loire.fr

Pour s'y rendre : rte de Bonny-sur-Loire (sortie est par D 926)

Ouverture : de mi-avr. à déb. nov.

0,6 ha (37 empl.) plat, herbeux

Empl. camping : (Prix 2017) 12,50€ ✦✦ 🚗 📧 ⚡ (10A) - pers. suppl. 3€

CENTRE VAL-DE-LOIRE

Location : (Prix 2017) (de mi-avr. à déb. nov.) - 2 cabanes perchées. Nuitée 10€

Tout près du canal Latéral à la Loire avec un confort sanitaire simple et ancien.

Nature : 🏕 ♧
Services : 🍴 🛋 ⚓
À prox. : ✕ 🐟 ⚓

GPS : E : 2.8176 / N : 47.5435

BESSAIS-LE-FROMENTAL

18210 - Carte Michelin 323 M6 - 313 h. - alt. 210
▶ Paris 300 - Orléans 172 - Bourges 51 - Moulins 66

▲ Le Village de Goule

☎ 02 48 60 82 66, www.levillagedegoule.com

Pour s'y rendre : 1 rte de Goule (4.7 km au sud-est par la D 110 et D 110E)

Ouverture : de fin avr. à déb. oct.

120 ha/2 campables (75 empl.) plat, herbeux

Empl. camping : (Prix 2017) 16,50€ ★★ 🚙 🏠 [½] (10A) - pers. suppl. 3,70€ - frais de réservation 10€

Location : (Prix 2017) Permanent🚻 (1 chalet) - 15 🏠 - 5 bungalows toilés - 5 tipis - 1 yourte. Nuitée 33 à 85€

🚐 borne artisanale

Cadre verdoyant autour du plan d'eau avec du locatif varié.

Nature : ! 🏕 ♧♧ ⚓
Loisirs : ✕ 🏊 🛋 🎣 🚣 pédalos
Services : 🔑 🍴 ⚑ laverie

GPS : E : 2.79853 / N : 46.73515

BLÉRÉ

37150 - Carte Michelin 317 O5 - 4 576 h. - alt. 59
▶ Paris 234 - Blois 48 - Château-Renault 36 - Loches 25

▲ Municipal la Gâtine

☎ 02 47 57 92 60, www.onlycamp.fr

Pour s'y rendre : r. du Commandant-Lemaître (à l'Est de la ville, au centre d'un complexe sports-loisirs, en bordure du Cher)

Ouverture : de déb. avr. à mi-oct.

4 ha (270 empl.) plat, herbeux

Empl. camping : (Prix 2017) ★ 4€ 🚙 2,50€ 🏠 4€ – [½] (10A) 4,40€

Sur les bords du Cher.

Nature : 🏞 ≤ Le Cher ♧♧
Loisirs : 🍷 🛋 🏃
Services : 🔑 🍴 ♧ 🍽 ⚑ laverie
À prox. : 🎣 ✕ 🛋 🚴 🛶 canoë, pédalos, aviron

GPS : E : 0.9959 / N : 47.328

BOURGES

18000 - Carte Michelin 323 K4 - 66 786 h. - alt. 153
▶ Paris 244 - Châteauroux 65 - Dijon 254 - Nevers 69

▲ Aquadis Loisirs Robinson

☎ 02 48 20 16 85, www.ville.bourges.fr

Pour s'y rendre : 26 bd de l'Industrie (vers sortie sud par N 144, rte de Montluçon et à gauche, près du Lac d'Auron, sortie A 71 : suivre Bourges Centre)

Ouverture : de déb. avr. à fin oct.

2,2 ha (107 empl.) plat et peu incliné, gravier, herbeux

Empl. camping : 21,50€ ★★ 🚙 🏠 [½] (10A) - pers. suppl. 4,50€ - frais de réservation 10€

Location : 8 🏠. Sem. 209 à 539€ - frais de réservation 20€
🚐 borne artisanale

Cadre verdoyant proche du centre-ville (1,2 km), mais préférer les emplacements éloignés de la route.

Nature : 🏕 ♧♧
Loisirs : 🛋
Services : 🔑 🍴 ♧ 🍽 ⚑ laverie
À prox. : ✕ 🐟 🛶

GPS : E : 2.39488 / N : 47.07232

BOURGUEIL

37140 - Carte Michelin 317 J5 - 3 924 h. - alt. 42
▶ Paris 281 - Angers 81 - Chinon 16 - Saumur 23

▲ Municipal de Bourgueil

☎ 02 47 97 85 62, www.bourgueil.fr

Pour s'y rendre : 31 av. du Gén.-de-Gaulle (1,5 km au sud par D 749, rte de Chinon)

Ouverture : de mi-mai à mi-sept.

2 ha (87 empl.) plat, herbeux

Empl. camping : (Prix 2017) ★ 2,31€ 🚙 🏠 6,82€ – [½] (7A) 2,56€

Location : (Prix 2017) (de mi-mai à mi-sept.) - 3 cabanons. Nuitée 20€

🚐 borne artisanale - 5 🏠 11,44€

Cadre verdoyant et ombragé près d'un plan d'eau.

Nature : 🏕 ♧
Loisirs : 🛋 🏃
Services : 🔑 🍴 ⚑
À prox. : 🎣 🍷 🛋 ✕ 🐟 🛶 ⚓ pédalos

GPS : E : 0.16684 / N : 47.27381

Avant de vous installer, consultez les tarifs en cours, affichés obligatoirement à l'entrée du terrain, et renseignez-vous sur les conditions particulières de séjour. Les indications portées dans le guide ont pu être modifiées depuis la mise à jour.

BRACIEUX

41250 - Carte Michelin 318 G6 - 1 256 h. - alt. 70
▶ Paris 185 - Blois 19 - Montrichard 39 - Orléans 64

▲ Huttopia Les Châteaux

☎ 02 54 46 41 84, www.huttopia.com

Pour s'y rendre : 11 r. Roger-Brun (sortie nord, rte de Blois, au bord du Beuvron)

Ouverture : de fin mars à déb. nov.

8 ha (350 empl.) plat, herbeux

Empl. camping : (Prix 2017) 32,50€ ★★ 🚙 🏠 [½] (10A) - pers. suppl. 6,70€

Location : (Prix 2017) (de fin mars à déb. nov.) - 🚻 (1 chalet) - 20 🏠 - 26 🏠 - 27 tentes lodges - 6 roulottes. Nuitée 35 à 119€ - Sem. 196 à 833€

🚐 borne artisanale 7€

Cadre boisé composé d'essences variées.

Nature : 🌲 ♧♧
Loisirs : 🍷 ✕ 🛋 🏊 🚴 ✂ 🛶
Services : 🔑 ⚑ laverie

GPS : E : 1.53821 / N : 47.55117

CENTRE VAL-DE-LOIRE

BRIARE

45250 - Carte Michelin **318** N6 - 5 688 h. - alt. 135
▶ Paris 160 - Orléans 85 - Gien 11 - Montargis 50

⚠ Onlycamp Le Martinet

📞 02 38 31 24 50, www.onlycamp.fr

Pour s'y rendre : lieu-dit : Val Martinet (1 km au nord par le centre-ville entre la Loire et le canal)

Ouverture : de fin mars à déb. nov.

4,5 ha (160 empl.) plat, herbeux

Empl. camping : (Prix 2017) 👤 5€ 🚗 2,40€ 🔲 4,80€ – ⚡ (10A) 4,50€

Location : (Prix 2017) (de fin mars à déb. nov.) - 3 🏠. Nuitée 49 à 69€ - Sem. 343 à 483€ - frais de réservation 8€

🚐 borne flot bleu 10€

Grande pelouse ombragée avec quelques haies entre La Loire et le Canal du Martinet. Indépendant et contiguë une aire de service camping-car avec parking.

Nature : 🌳 🌊
Loisirs : 🎠
Services : 🔌 🚿 📶 🛒
À prox. : 🏊 ⚓

GPS : E : 2.72441 N : 47.64226

BUZANÇAIS

36500 - Carte Michelin **323** E5 - 4 501 h. - alt. 111
▶ Paris 286 - Le Blanc 47 - Châteauroux 25 - Châtellerault 78

🏔 La Tête Noire

📞 02 54 84 17 27, campinglatetenoire.wixsite.com/campingnature

Pour s'y rendre : au nord-ouest par la r. des Ponts, au bord de l'Indre, près du stade

Ouverture : de mi-avr. à fin sept.

2,5 ha (100 empl.) plat, herbeux

Empl. camping : (Prix 2017) 16€ 👤👤 🚗 🔲 ⚡ (16A) - pers. suppl. 3€

Location : (Prix 2017) (de mi-avr. à fin sept.) - 4 🚐 - 1 🏠 - 3 tentes lodges - 1 tipi - 1 yourte. Nuitée 40 à 70€ - Sem. 290 à 500€

🚐 borne AireService - 🚐 11€

Nature : 🌳 🌊
Loisirs : 🍽 🏓 🎠 hammam 🎣
Services : 🔌 🚿 📶 🛒
À prox. : 🏊 ⛵ 🏊 skate parc terrain multisports

GPS : E : 1.41805 N : 46.89285

CANDÉ-SUR-BEUVRON

41120 - Carte Michelin **318** E7 - 1 462 h. - alt. 70
▶ Paris 199 - Blois 15 - Chaumont-sur-Loire 7 - Montrichard 21

🏔🏔 La Grande Tortue

📞 02 54 44 15 20, www.la-grande-tortue.com

Pour s'y rendre : 3 rte de Pontlevoy (500 m au sud par D 751, rte de Chaumont-sur-Loire et à gauche, rte de la Pieuse, à prox. du Beuvron)

Ouverture : de déb. avr. à mi-sept.

5 ha (169 empl.) plat et peu incliné, herbeux, sablonneux

Empl. camping : (Prix 2017) 45€ 👤👤 🚗 🔲 ⚡ (10A) - pers. suppl. 10,70€ - frais de réservation 12€

Location : (Prix 2017) (de déb. avr. à mi-sept.) - ♿ (mobile home) - 29 🚐 - 3 🏠. Nuitée 44 à 142€ - Sem. 332 à 1 015€ - frais de réservation 12€

🚐 borne artisanale

Joli espace aquatique et locatif de bon confort.

Nature : 🌳 🌊
Loisirs : 🍽 🏓 🎠 🎣 🏊 (découverte en saison) 🏊 parc aquatique
Services : 🔌 🚿 📶 🛒

GPS : E : 1.2583 N : 47.48992

CHAILLAC

36310 - Carte Michelin **323** D8 - 1 136 h. - alt. 180
▶ Paris 333 - Argenton-sur-Creuse 35 - Le Blanc 34 - Magnac-Laval 34

⚠ Municipal les Vieux Chênes

📞 02 54 25 61 39, www.chaillac36.fr

Pour s'y rendre : allée des Vieux-Chênes (au sud-ouest du bourg, à 500 m d'un plan d'eau)

Ouverture : Permanent

2 ha (40 empl.) peu incliné à incliné, herbeux

Empl. camping : (Prix 2017) 👤 2,60€ 🚗 3,80€ – ⚡ (10A) 3,80€

Location : (Prix 2017) Permanent - 3 🏠. Nuitée 49 à 80€ - Sem. 245 à 380€

Cadre verdoyant, fleuri et soigné, près du stade et au bord d'un étang.

Nature : 🌳 🌊
Loisirs : 🎠 🎣 parcours de santé
Services : 🔌 🚿 📶 🛒
À prox. : 🍽 ⛵ 🏊 pédalos

GPS : E : 1.29539 N : 46.43224

CHÂTEAUMEILLANT

18370 - Carte Michelin **323** J7 - 2 082 h. - alt. 247
▶ Paris 313 - Aubusson 79 - Bourges 66 - La Châtre 19

🏔 Municipal l'Étang Merlin

📞 02 48 61 31 38, www.camping-etangmerlin.e-monsite.com

Pour s'y rendre : rte de Vicq (1 km au nord-ouest par D 70, rte de Beddes et D 80 à gauche)

Ouverture : de déb. mai à fin sept.

1,5 ha (30 empl.) plat, herbeux

Empl. camping : (Prix 2017) 12,30€ 👤👤 🚗 🔲 ⚡ (10A) - pers. suppl. 3,20€

Location : (Prix 2017) Permanent ♿ - 4 🚐 - 6 🏠 - 10 🛏. Nuitée 30 à 52€ - Sem. 166 à 311€

Chalets agréablement situés au bord de l'étang.

Nature : 🌊 🌊
Loisirs : 🎣 🎠 🚴
Services : 🔌 🚿 📶 🛒
À prox. : 🍽 🏊

GPS : E : 2.19034 N : 46.56818

CHÂTEAUROUX

36000 - Carte Michelin **323** G6 - 46 386 h. - alt. 155
▶ Paris 265 - Blois 101 - Bourges 65 - Châtellerault 98

🏔 Le Rochat Belle-Isle

📞 02 54 08 96 29, www.camping-lerochat.fr

Pour s'y rendre : 17 av. du Parc-de-Loisirs (au nord par av. de Paris et r. à gauche, au bord de l'Indre et à 100 m d'un plan d'eau)

Ouverture : Permanent

4 ha (205 empl.) plat, herbeux

Empl. camping : (Prix 2017) 👤 4€ 🚗 5€ 🔲 3€ – ⚡ (10A) 3,50€ - frais de réservation 12€

CENTRE VAL-DE-LOIRE

Location : (Prix 2017) Permanent - 16 ▭. Nuitée 60 à 95€ - Sem. 195 à 485€ - frais de réservation 12€
À proximité, bus gratuit pour le centre-ville.

Nature :
Loisirs :
Services : laverie
À prox. : bowling, parcours de santé

GPS E : 1.69472
N : 46.8236

Location : (Prix 2017) (de déb. avr. à fin sept.) - 5 ▭. Sem. 365 à 470€
borne AireService 4€
Cadre verdoyant au bord de l'eau.

Nature :
Loisirs :
Services :
À prox. :

GPS E : 1.47388
N : 47.34562

CHAUMONT-SUR-LOIRE

41150 - Carte Michelin 318 E7 - 1 037 h. - alt. 69
▶ Paris 201 - Amboise 21 - Blois 18 - Contres 24

⚠ Municipal Grosse Grève

☎ 02 54 20 95 22, www.chaumont-sur-loire.fr
Pour s'y rendre : 81 r. de Mar.-de-Lattre-de-Tassigny (sortie est par D 751, rte de Blois et r. à gauche, av. le pont, au bord de la Loire)
Ouverture : de fin avr. à fin sept. - ⛟
4 ha (150 empl.) vallonné, sablonneux, plat, herbeux
Empl. camping : (Prix 2017) ♦ 3,20€ ⇌ 1,10€ ▭ 2,20€ – ▯ (10A) 2,20€
borne eurorelais 2€

Loisirs :
Services : laverie
À prox. :

GPS E : 1.1999
N : 47.48579

CHÉCY

45430 - Carte Michelin 318 J4 - 7 221 h. - alt. 112
▶ Paris 143 - Orléans 11 - Fleury-les-Aubrais 14 - Olivet 15

⚠ Municipal Les Pâtures

☎ 02 38 91 13 27, www.checy.fr
Pour s'y rendre : chemin du port
Ouverture : de déb. mai à fin sept. - ⛟
1,5 ha (41 empl.) plat, herbeux
Empl. camping : (Prix 2017) 19€ ♦♦ ⇌ ▭ ▯ (16A) - pers. suppl. 3,70€
Tout près de la Loire, au calme emplacements ombragés ou plein soleil avec un confort sanitaire simple.

Nature :
Loisirs :
Services : laverie
À prox. :

GPS E : 2.02777
N : 47.88624

CHÉMERY

41700 - Carte Michelin 318 F7 - 940 h. - alt. 90
▶ Paris 213 - Blois 32 - Montrichard 29 - Romorantin-Lanthenay 29

⚠ Le Gué

☎ 02 54 32 97 40, www.camping-le-gue.com
Pour s'y rendre : rte de Couddes (à l'ouest du bourg, au bord d'un ruisseau)
Ouverture : de déb. avr. à fin sept.
1,2 ha (50 empl.) plat, herbeux
Empl. camping : (Prix 2017) 20,50€ ♦♦ ⇌ ▭ ▯ (10A) - pers. suppl. 4€

CHEMILLÉ-SUR-INDROIS

37460 - Carte Michelin 317 P6 - 221 h. - alt. 97
▶ Paris 244 - Châtillon-sur-Indre 25 - Loches 16 - Montrichard 27

⚠ Les Coteaux du Lac

☎ 02 47 92 77 83, www.lescoteauxdulac.com
Pour s'y rendre : à la base de loisirs (au sud-ouest du bourg)
Ouverture : de fin mars à déb. oct.
2 ha (72 empl.) peu incliné, plat, herbeux
Empl. camping : (Prix 2017) 29€ ♦♦ ⇌ ▭ ▯ (16A) - pers. suppl. 6,40€ - frais de réservation 14€
Location : (Prix 2017) (de fin mars à déb. oct.) - (1 châlet) - 2 ▭ - 29 ▯ - 6 bungalows toilés - 3 tentes sur pilotis. Nuitée 25 à 157€ - Sem. 215 à 1 099€ - frais de réservation 14€
borne AireService - 3 ▯ 14€ - ▭ 14€
Agréable situation près d'un plan d'eau.

Nature :
Loisirs : terrain multisports
Services :
À prox. : pédalos

GPS E : 1.15889
N : 47.15772

CHEVERNY

41700 - Carte Michelin 318 F7 - 939 h. - alt. 110
▶ Paris 194 - Blois 14 - Châteauroux 88 - Orléans 73

⚠ Sites et Paysages Les Saules

S&P Les Saules

☎ 02 54 79 90 01, www.camping-cheverny.com
Pour s'y rendre : rte de Contres (3 km au sud-est par D 102)
Ouverture : de déb. avr. à mi-sept.
8 ha (164 empl.) plat, herbeux
Empl. camping : (Prix 2017) 38€ ♦♦ ⇌ ▭ ▯ (10A) - pers. suppl. 4,50€
Location : (Prix 2017) (de déb. avr. à mi-sept.) - (1 chalet) - 11 ▯ - 4 tentes lodges. Nuitée 57 à 114€ - Sem. 294 à 798€
borne artisanale - 13€
Cadre champêtre sous les saules.

Nature :
Loisirs : parcours sportif
Services : laverie

GPS E : 1.45184
N : 47.47871

Ce guide n'est pas un répertoire de tous les terrains de camping mais une sélection des meilleurs campings dans chaque catégorie.

CENTRE VAL-DE-LOIRE

CHINON

37500 - Carte Michelin **317** K6 - 7 986 h. - alt. 40
▶ Paris 285 - Châtellerault 51 - Poitiers 80 - Saumur 29

Intercommunal de l'Île Auger

☎ 02 47 93 08 35, www.camping-chinon.com

Pour s'y rendre : quai Danton

Ouverture : de déb. avr. à fin oct.

4 ha (200 empl.) plat, herbeux

Empl. camping : (Prix 2017) 18€ ✶✶ ⛺ 🚗 🔌 (12A) - pers. suppl. 4€

Location : (Prix 2017) (de déb. mai à fin sept.) - 2 bungalows toilés - 3 tentes lodges - 3 tentes sur pilotis - 1 cabanon. Nuitée 30 à 69€ - Sem. 210 à 483€

🚐 borne artisanale 5€

Situation agréable face au château et en bordure de la Vienne.

Nature : ≤ ville et château ♀
Loisirs : 🏊 🎣
Services : ⚿ (été) 🚿 🛜 🗑
À prox. : 🛒 ✗ ✂ 🎾 🚣

GPS E : 0.23654 N : 47.16379

CLOYES-SUR-LE-LOIR

28220 - Carte Michelin **311** D8 - 2 692 h. - alt. 97
▶ Paris 143 - Blois 54 - Chartres 57 - Châteaudun 13

Parc de Loisirs - Le Val Fleuri

☎ 02 37 98 50 53, www.val-fleuri.fr - peu d'emplacements pour tentes et caravanes

Pour s'y rendre : rte de Montigny (sortie nord par N 10, rte de Chartres puis D 23 à gauche)

Ouverture : de mi-mars à mi-nov.

5 ha (196 empl.) plat, herbeux

Empl. camping : (Prix 2017) 31,70€ ✶✶ 🚗 🔌 (6A) - pers. suppl. 7,90€ - frais de réservation 16€

Location : (Prix 2017) (de mi-mars à mi-nov.) - ♿ (1 mobile home) - 13 🏠 - 3 tentes lodges. Nuitée 33 à 150€ - Sem. 171 à 1 050€ - frais de réservation 22€

🚐 borne eurorelais

Situation agréable au bord du Loir pour quelques emplacements et parc aquatique ouvert aussi pour les "non" campeurs.

Nature : ⛺ ♀♀
Loisirs : 🍽 ✗ 🎪 🏊 🚴 🎣 🚣 ⚽ pédalos
Services : ⚿ 🅿 🛜 laverie 🗑
À prox. : ✂ 💧

GPS E : 1.2333 N : 48.0024

COURVILLE-SUR-EURE

28190 - Carte Michelin **311** D5 - 2 776 h. - alt. 170
▶ Paris 111 - Bonneval 47 - Chartres 20 - Dreux 37

Municipal les Bords de l'Eure

☎ 02 37 23 76 38, www.courville-sur-eure.fr

Pour s'y rendre : r. Thiers (sortie sud par D 114)

Ouverture : de fin avr. à mi-sept. - 🚻

1,5 ha (67 empl.) plat, herbeux

Empl. camping : (Prix 2017) 11,20€ ✶✶ 🚗 🔌 (16A) - pers. suppl. 2,70€

🚐 borne eurorelais 2,50€ - 17 🗑

Sur les bords de l'Eure avec des emplacements ombragés ou plein soleil. Les services pour camping-cars sont à l'entrée du camping.

Nature : 🏞 ⛺ ♀
Loisirs : 🎣
Services : ⚿ 🛜 🗑
À prox. : 🚣 🛶 (découverte en saison)

GPS E : 1.2414 N : 48.4462

DESCARTES

37160 - Carte Michelin **317** N7 - 3 817 h. - alt. 50
▶ Paris 292 - Châteauroux 94 - Châtellerault 24 - Chinon 51

Municipal la Grosse Motte

☎ 02 47 59 85 90, www.ville-descartes.fr

Pour s'y rendre : allée Léo-Lagrange (sortie sud par D 750, rte du Blanc et allée à dr., au bord de la Creuse)

Ouverture : de déb. mai à fin sept.

1 ha (50 empl.) vallonné, plat, herbeux

Empl. camping : (Prix 2017) 12,10€ ✶✶ 🚗 🔌 (10A) - pers. suppl. 3,70€

Location : (Prix 2017) Permanent - 8 🏠 - 1 gîte. Nuitée 17€ - Sem. 270 à 410€

🚐 4 🗑 14,20€

Parc ombragé attenant à un complexe de loisirs et à un jardin public.

Nature : 🏞 ⛺ ♀♀
Loisirs : 🚴 🎣
Services : 🅿 🛜
À prox. : ✗ 🏊 🚣 🛶

GPS E : 0.69715 N : 46.96961

En juin et septembre les campings sont plus calmes, moins fréquentés et pratiquent souvent des tarifs « hors saison ».

ÉGUZON

36270 - Carte Michelin **323** F8 - 1 362 h. - alt. 243
▶ Paris 319 - Argenton-sur-Creuse 20 - La Châtre 47 - Guéret 50

Municipal du Lac Les Nugiras

☎ 02 54 47 45 22, www.camping-municipal-eguzon.com

Pour s'y rendre : rte de Messant (3 km au sud-est par D 36, rte du lac de Chambon puis 500 m par rte à dr., à 450 m du lac)

Ouverture : Permanent

4 ha (180 empl.) en terrasses, peu incliné, plat, herbeux, pierreux

Empl. camping : (Prix 2017) 14,70€ ✶✶ 🚗 🔌 (10A) - pers. suppl. 3,92€

Location : (Prix 2017) (de déb. mars à fin nov.) - 5 🏠 - 6 🏡. Nuitée 39 à 150€ - Sem. 173 à 543€

🚐 borne artisanale 5,96€

En terrasses, au calme et proche d'une base nautique bien aménagée.

Nature : ≤ ♀
Loisirs : 🍽 🏊 🚣 🛶 terrain multisports
Services : 🅿 🗑 ⚿ 🛜 🗑
À prox. : 🚴 🏖 (plage) 🚤 ⛵ ski nautique

GPS E : 1.604 N : 46.433

188

CENTRE VAL-DE-LOIRE

FONTAINE-SIMON

28240 - Carte Michelin 311 C4 - 870 h. - alt. 200
▶ Paris 117 - Chartres 40 - Dreux 40 - Évreux 66

⚠ Du Perche

☏ 02 37 81 88 11, www.campingduperche.com

Pour s'y rendre : r. de la Ferrière (1,2 km au nord par rte de Senonches et rte à gauche)

Ouverture : Permanent

5 ha (115 empl.) plat, herbeux

Empl. camping : (Prix 2017) ♣ 4,30€ 🚗 🅿 6€ – (10A) 3,50€

Location : (Prix 2017) Permanent - 6 🏠 - 2 🏡 - 1 roulotte - 2 cabanons. Nuitée 35€ - Sem. 280 à 500€

🅿 borne artisanale 3€ - 7 🅿 16€

Au bord de l'Eure et d'un plan d'eau et à proximité d'un petit parc aquatique couvert.

Nature : 🌳🌳	GPS
Loisirs : 🏊 🚣 📶 laverie	E : 1.0194
Services : 🔑 🛁 📶 laverie	N : 48.5132
À prox. : ✖ 🍴 🎿 télé-ski nautique	

GARGILESSE-DAMPIERRE

36190 - Carte Michelin 323 F7 - 326 h. - alt. 220
▶ Paris 310 - Châteauroux 45 - Guéret 59 - Poitiers 113

⚠ La Chaumerette

☏ 02 54 47 84 22, www.gargilesse.fr

Pour s'y rendre : lieu-dit : Le Moulin (1,4 km au sud-ouest par D 39, rte d'Argenton-sur-Creuse et chemin à gauche menant au barrage de la Roche au Moine)

Ouverture : de déb. mai à fin sept.

2,6 ha (72 empl.) plat, herbeux

Empl. camping : (Prix 2017) ♣ 1,90€ 🚗 🅿 6,60€ – (10A) 4,80€

Location : (Prix 2017) (de mi-mars à mi-nov.) - 8 🏠. Nuitée 30 à 56€ - Sem. 175 à 335€

Cadre pittoresque, en partie sur une île de la Creuse.

Nature : 🌳🌳	GPS
Loisirs : 🍴 🚣	E : 1.58346
Services : 🔑	N : 46.5077

GIEN

45500 - Carte Michelin 318 M5 - 15 161 h. - alt. 162
▶ Paris 149 - Auxerre 85 - Bourges 77 - Cosne-sur-Loire 46

⛰ Les Castels Les Bois du Bardelet 👪

☏ 02 38 67 47 39, www.bardelet.com

Pour s'y rendre : lieu-dit : Le Petit Bardelet, rte de Bourges (5 km au sud-ouest par D 940 et 2 km par rte de gauche - pour les usagers venant de Gien, accès conseillé par D 53, rte de Poilly-lez-Gien et 1ère rte à dr.)

Ouverture : de mi-avr. à mi-sept.

15 ha/8 campables (260 empl.) plat, herbeux, étang

Empl. camping : (Prix 2017) 41€ ♣ ♣ 🚗 🅿 (10A) - pers. suppl. 10€ - frais de réservation 9€

Location : (Prix 2017) (de mi-avr. à mi-sept.) - ♿ (1 chalet) - 🏠 - 🅿 - 32 🏡 - 22 🏠. Nuitée 53 à 165€ - Sem. 371 à 1 155€ - frais de réservation 9€

🅿 borne artisanale - 🅿 13€

Beaucoup d'espaces verts, des emplacements en sous-bois ou plein soleil et une jolie pataugeoire couverte et ludique.

Nature : 🌳🌳🌳	GPS
Loisirs : 🍴 ✖ 🏊 🎣 🚣 jacuzzi 🏊 🚴 🏇 🏊 terrain multisports	E : 2.61619
Services : 🔑 🛁 – 12 sanitaires individuels (🚿 WC) 📶 laverie 🧺 ♿	N : 47.64116

LOIRE VALLEY

Les Bois de Bardelet
★★★★★

Tél : 02.38.67.47.39
contact@bardelet.com
www.bardelet.com

DOMAINE DE VACANCES
TAOS • CHALETS • MOBIL-HOMES • EMPLACEMENTS PLEIN AIR

Évadez vous entre Loire & Sologne

CENTRE VAL-DE-LOIRE

LA GUERCHE-SUR-L'AUBOIS

18150 - Carte Michelin **323** N5 - 3 395 h. - alt. 184
▶ Paris 242 - Bourges 48 - La Charité-sur-Loire 31 - Nevers 22

⚠ Municipal le Robinson

📞 02 48 74 99 86, www.laguerche-aubois.fr/hebergements-loisirs/page.asp?num=353

Pour s'y rendre : 2 r. de Couvache (1,4 km au sud-est par D 200, rte d'Apremont puis à dr., 600 m par D 218 et chemin à gauche)

Ouverture : de déb. avr. à mi-oct.

1,5 ha (33 empl.) peu incliné, plat, herbeux

Empl. camping : (Prix 2017) 14€ ✶✶ 🚗 🅴 ⚡ (10A) - pers. suppl. 2€
Location : (Prix 2017) (de déb. avr. à mi-oct.) - 6 🏠. Nuitée 50€ - Sem. 250€

🚐 borne artisanale

Situation agréable au bord d'un plan d'eau avec des chalets très anciens et parfois mitoyens.

Nature : 🌳 🐟 🌿🌿
Loisirs : 🏛 🚴 🛶
Services : 🔑 📶 🅿
À prox. : 🍷 🏇 🛥 pédalos

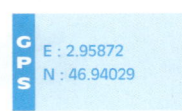

GPS E : 2.95872 N : 46.94029

L'ÎLE-BOUCHARD

37220 - Carte Michelin **317** L6 - 1 754 h. - alt. 41
▶ Paris 284 - Châteauroux 118 - Châtellerault 49 - Chinon 16

⚠ Les Bords de Vienne

📞 02 47 97 34 54, info@campingbordsdevienne.com

Pour s'y rendre : 4 allée du Camping (près du quartier St-Gilles, en amont du pont sur la Vienne, près de la rivière)

2 ha (90 empl.) plat, herbeux

Cadre champêtre au bord de l'eau.

Nature : 🌿🌿
Loisirs : 🏊 🐬
Services : 🅿
À prox. : 🛒 🎾 🏇

GPS E : 0.42533 N : 47.12139

ISDES

45620 - Carte Michelin **318** K5 - 612 h. - alt. 152
▶ Paris 174 - Bourges 75 - Gien 35 - Orléans 40

⚠ Municipal Les Prés Bas

📞 06 78 43 46 28, www.isdes.fr

Pour s'y rendre : 12, 14 rte de Sully (sortie nord-est par D 59, près d'un étang)

0,5 ha (20 empl.) plat, herbeux

🚐 borne artisanale

À la sortie du bourg entre jardins potagers et l'étang, petite pelouse verdoyante légèrement ombragée.

Nature : 🌳 🐟 🌿
Loisirs : 🛶
Services : 🔑 📶 ⚡
À prox. : 🏇

GPS E : 2.2565 N : 47.6744

LORRIS

45260 - Carte Michelin **318** M4 - 2 941 h. - alt. 126
▶ Paris 132 - Gien 27 - Montargis 23 - Orléans 55

⚠ L'Étang des Bois

📞 02 38 92 32 00, www.canal-orleans.fr

Pour s'y rendre : 6 km à l'ouest par D 88, rte de Châteauneuf-sur-Loire, près de l'Étang des Bois

3 ha (150 empl.) plat, gravier

Location : 4 🛖.

Agréable cadre boisé à l'orée de la forêt domaniale d'Orléans, tout près de l'étang et de la plage de sable avec baignade possible.

Nature : 🌳 🐟 🌿🌿
Loisirs : 🏛 🚴
Services : 🔑 🚗 📶 🅿
À prox. : 🎾 🏊 🛥 (plage) 🏇

GPS E : 2.44454 N : 47.87393

Choisissez votre restaurant sur restaurant.michelin.fr

LUÇAY-LE-MÂLE

36360 - Carte Michelin **323** E4 - 1 496 h. - alt. 160
▶ Paris 240 - Le Blanc 73 - Blois 60 - Châteauroux 43

⚠ Municipal la Foulquetière

📞 02 54 40 43 31, www.lucaylemale.fr

Pour s'y rendre : lieu-dit : La Foulquetière (3,8 km au sud-ouest par D 960, rte de Loches, D 13, rte d'Ecueillé à gauche et chemin à dr.)

Ouverture : de mi-avr. à mi-oct.

1,5 ha (30 empl.) plat et peu incliné, herbeux

Empl. camping : (Prix 2017) ✶ 2€ 🚗 🅴 2,50€ – ⚡ (6A) 1,50€
Location : (Prix 2017) Permanent - 3 🏠 - 2 gîtes. Nuitée 96 à 191€ - Sem. 286 à 786€

🚐 borne artisanale 3€

À 80 m d'un plan d'eau très prisé des pêcheurs.

Nature : 🌳 🐟 🌿
Loisirs : 🏊
Services : 📧 🚿 ⚡
À prox. : 🍷 🍴 🎾 🛥 (plage) 🏇 pédalos

GPS E : 1.40417 N : 47.1109

LUNERY

18400 - Carte Michelin **323** J5 - 1 449 h. - alt. 150
▶ Paris 256 - Bourges 23 - Châteauroux 51 - Issoudun 28

⚠ Intercommunal de Lunery

📞 02 48 68 07 38, www.cc-fercher.fr

Pour s'y rendre : 6 r. de l'Abreuvoir

Ouverture : de fin avr. à mi-sept. - 🍴

0,5 ha (37 empl.) plat, herbeux

Empl. camping : (Prix 2017) 12€ ✶✶ 🚗 🅴 ⚡ (16A) - pers. suppl. 3€

Autour des vestiges d'un ancien moulin, près du Cher.

Nature : 🌳 🐟 🌿🌿
Loisirs : 🏛 🚴
Services : 🔑 🚗 ⚡
À prox. : 🍷 🍴 🎾

GPS E : 2.27038 N : 46.93658

CENTRE VAL-DE-LOIRE

MARCILLY-SUR-VIENNE

37800 - Carte Michelin 317 M6 - 559 h. - alt. 60
▶ Paris 280 - Azay-le-Rideau 32 - Chinon 30 - Châtellerault 29

▲ Intercommunal la Croix de la Motte

📞 02 47 65 20 38, www.cc-tvv.fr

Pour s'y rendre : 1,2 km au nord par D 18, rte de l'Ile-Bouchard et r. à dr.

Ouverture : de mi-juin à mi-sept.

1,5 ha (61 empl.) plat, herbeux

Empl. camping : (Prix 2017) 11,80€ ✶✶ 🚗 🗐 ⚡ (6A) - pers. suppl. 2,70€

Location : (Prix 2017) (de mi-juin à mi-sept.) - ♿ (1 mobile home) - 3 🏠 - 1 bungalow toilé - 2 cabanons. Nuitée 10 à 34€ - Sem. 160 à 330€

🚐 borne artisanale 4,50€

Plaisant cadre ombragé, près de la Vienne.

Nature : 🌳 🌿 ♨	G	E : 0.54537
Loisirs : 🚣 🏊 ⛵ 🎣	P	N : 47.05075
Services : 🔑 📶 📦	S	
À prox. : 🎣		

MENNETOU-SUR-CHER

41320 - Carte Michelin 318 I8 - 878 h. - alt. 100
▶ Paris 209 - Bourges 56 - Romorantin-Lanthenay 18 - Selles-sur-Cher 27

▲ Municipal Val Rose

📞 02 54 98 11 02, mennetou.fr

Pour s'y rendre : r. de Val-Rose (au sud du bourg, à dr. après le pont sur le canal, à 100 m du Cher)

Ouverture : de déb. juin à déb. sept.

0,8 ha (50 empl.) plat, herbeux

Empl. camping : (Prix 2017) ✶ 2,50€ 🚗 🗐 3,50€ – ⚡ (9A) 3€

🚐 borne eurorelais 2€ - 🚐 ⚡ 8€

Nature : 🌳 ♨	G	E : 1.86173
Services : 🔑 📦	P	N : 47.26937
À prox. : ✂ 🛶 🚣	S	

MESLAND

41150 - Carte Michelin 318 D6 - 547 h. - alt. 79
▶ Paris 205 - Amboise 19 - Blois 23 - Château-Renault 20

⛺⛺ Yelloh! Village Parc du Val de Loire 👥

📞 02 54 70 27 18, www.parcduvaldeloire.com

Pour s'y rendre : 155 rte de Fleuray (1,5 km à l'ouest)

Ouverture : de mi-avr. à déb. sept.

15 ha (300 empl.) peu incliné, plat, herbeux

Empl. camping : (Prix 2017) 38€ ✶✶ 🚗 🗐 ⚡ (10A) - pers. suppl. 7€

Location : (Prix 2017) (de mi-avr. à déb. sept.) - 🏊 - 160 🏠 - 10 🏠 - 5 bungalows toilés - 2 tentes lodges. Nuitée 39 à 145€ - Sem. 273 à 1 015€

🚐 6 🗐 28€ - ⚡ 18€

Cadre boisé face au vignoble.

Nature : 🌳 🌿 ♨	G	E : 1.10477
Loisirs : 🍴 ✂ 🎵 🚣 🏊 ⛵ 🎣 🏓 🏊	P	N : 47.51001
Services : 🔑 👤 👨 📶 📦 🚿 ⚡	S	

MONTARGIS

45200 - Carte Michelin 318 N4 - 15 020 h. - alt. 95
▶ Paris 109 - Auxerre 252 - Nemours 36 - Nevers 126

▲ Municipal de la Forêt

📞 02 38 98 00 20, www.agglo-montargoise.fr

Pour s'y rendre : 38 av. Louis-Maurice-Chautemps (sortie nord par D 943 et 1 km par D 815, rte de Paucourt)

Ouverture : de déb. fév. à fin nov.

5,5 ha (90 empl.) plat, herbeux, pierreux

Empl. camping : (Prix 2017) ✶ 3,15€ 🚗 2,45€ 🗐 3,15€ – ⚡ (10A) 8€

🚐 borne eurorelais 3,85€ - ⚡ 10,50€

Implanté au cœur de la forêt domaniale de Montargis les emplacements bénéficient d'un vrai bon ombrage. Accès gratuit à la piscine municipale.

Nature : 🌿 ♨	G	E : 2.75102
Loisirs : 🚣 🏊	P	N : 48.00827
Services : 🔑 👤 📶 📦	S	
À prox. : ✂ 🚣 🏊		

MONTLOUIS-SUR-LOIRE

37270 - Carte Michelin 317 N4 - 10 448 h. - alt. 60
▶ Paris 235 - Amboise 14 - Blois 49 - Château-Renault 32

▲ Aquadis Loisirs Les Peupliers

📞 02 47 50 81 90, www.aquadis-loisirs.com/camping-les-peupliers

Pour s'y rendre : 1,5 km à l'ouest par D 751, rte de Tours, à 100 m de la Loire

Ouverture : de déb. avr. à fin oct.

6 ha (252 empl.) plat, herbeux

Empl. camping : (Prix 2017) 18,50€ ✶✶ 🚗 🗐 ⚡ (10A) - pers. suppl. 3,85€ - frais de réservation 10€

Location : (Prix 2017) (de déb. avr. à fin oct.) - 9 🏠. Nuitée 65 à 85€ - Sem. 262 à 565€ - frais de réservation 10€

🚐 borne artisanale

Plaisant cadre boisé.

Nature : 🌳 ♨	G	E : 0.81144
Loisirs : 🍴 ✂ 🏊 🚴	P	N : 47.39437
Services : 🔑 👤 📶 📦 🚿	S	
À prox. : ✂ 🚣		

MONTOIRE-SUR-LE-LOIR

41800 - Carte Michelin 318 C5 - 4 081 h. - alt. 65
▶ Paris 186 - Blois 52 - Château-Renault 21 - La Flèche 81

▲ Municipal les Reclusages

📞 02 54 85 02 53, www.mairie-montoire.fr

Pour s'y rendre : lieu-dit : Les Reclusages (sortie sud-ouest, rte de Tours et rte de Lavardin à gauche apr. le pont)

Ouverture : de déb. avr. à fin sept.

2 ha (120 empl.) plat, herbeux

Empl. camping : (Prix 2017) ✶ 4,30€ 🚗 🗐 2,35€ – ⚡ (10A) 4,40€

Location : (Prix 2017) Permanent (de déb. avr. à fin sept.) - 4 🏠 - 2 tentes lodges. Sem. 240 à 385€

Sous les tilleuls au bord du Loir.

Nature : ♨	G	E : 0.86289
Loisirs : 🎣	P	N : 47.74788
Services : 🔑 📶 📦	S	
À prox. : 🚣 🏊 🎣		

CENTRE VAL-DE-LOIRE

MORÉE

41160 - Carte Michelin **318** E4 - 1 117 h. - alt. 96
▶ Paris 154 - Blois 42 - Châteaudun 24 - Orléans 58

⛺ Municipal de la Varenne

📞 02 54 82 06 16, campingmoree@orange.fr

Pour s'y rendre : chemin de la Varenne (à l'ouest du bourg, au bord d'un plan d'eau, accès conseillé par D 19, rte de St-Hilaire-la-Gravelle et chemin à gauche)

Ouverture : de mi-mars à mi-nov.

0,8 ha (42 empl.) plat, herbeux

Empl. camping : (Prix 2017) 14,50€ ✶✶ 🚗 🔌 (16A) - pers. suppl. 4€

Location : (Prix 2017) (de mi-mars à mi-nov.) - 5 🏠 - 2 🏠 - 2 bungalows toilés - 2 cabanons. Nuitée 25 à 50€ - Sem. 110 à 400€

🚐 borne flot bleu 3€ - 8 🅿 9€ - 🚗 11€

Beau cadre verdoyant au bord de l'étang de la Varenne.

Nature : 🌳
Loisirs : 🍴 ✗ 🏖 (plage) 🏊
Services : 🔑 🚿 🛒 📶
À prox. : 🐎

GPS
E : 1.23424
N : 47.9031

MUIDES-SUR-LOIRE

41500 - Carte Michelin **318** G5 - 1 350 h. - alt. 82
▶ Paris 169 - Beaugency 17 - Blois 20 - Chambord 9

🏕 Sandaya Château des Marais 👥

📞 02 54 87 05 42, www.chateau-des-marais.com

Pour s'y rendre : 27 r. de Chambord (au sud-est par D 103, rte de Crouy-sur-Cosson - pour caravanes : accès par D 112 et D 103 à dr.)

Ouverture : de mi-avr. à déb. sept.

8 ha (299 empl.) plat, herbeux

Empl. camping : 68€ ✶✶ 🚗 🔌 (10A) - pers. suppl. 9€

Location : (de mi-avr. à déb. sept.) - 21 🏠 - 18 🏠 - 3 cabanes perchées. Nuitée 35 à 199€ - Sem. 245 à 1 393€

🚐 borne artisanale - 25 🅿

Dans l'agréable parc boisé d'un château du 17ᵉ s.

Nature : 🌳 🌲🌲
Loisirs : 🍴 ✗ 🏊 🏊 nocturne 🐎 🚣
hammam 🚴 ✂ 🎯 🏸 🎱
Services : 🔑 🚿 👤 🛒 📶 laverie 🛒 🛒 point d'informations touristiques
À prox. : 🐎

GPS
E : 1.52897
N : 47.66585

⛺ Municipal Bellevue

📞 02 54 87 01 56, mairiemuidesurba@orange.fr

Pour s'y rendre : av. de la Loire (au nord du bourg par D 112, rte de Mer et à gauche av. le pont, près de la Loire)

Ouverture : de déb. avr. à mi-sept. - 🚐

2,5 ha (100 empl.) plat, herbeux, sablonneux

Empl. camping : (Prix 2017) ✶ 5€ 🚗 3,55€ 🅿 2,75€ – 🔌 (5A) 4,80€

🚐 borne artisanale 10€

Services : 🔑 (juin-août) 📶 🚿
À prox. : 🐎 ✗

GPS
E : 1.52607
N : 47.67178

NEUNG-SUR-BEUVRON

41210 - Carte Michelin **318** H6 - 1 223 h. - alt. 102
▶ Paris 183 - Beaugency 33 - Blois 39 - Lamotte-Beuvron 20

⛺ Municipal de la Varenne

📞 02 54 83 68 52, www.neung-sur-beuvron.fr

Pour s'y rendre : 34 r. de Veillas (1 km au nord-est, accès par r. à gauche de l'église, près du Beuvron)

Ouverture : de mi-mars à mi-nov.

4 ha (73 empl.) peu incliné, plat, herbeux, sablonneux

Empl. camping : (Prix 2017) ✶ 3€ 🚗 4€ – 🔌 (10A) 3,60€

Location : (Prix 2017) (de mi-mars à mi-nov.) - 4 🏠. Nuitée 60€ - Sem. 315€ - frais de réservation 40€

🚐 borne artisanale 2,50€

Agréable cadre boisé.

Nature : 🌳 🌲🌲
Loisirs : 🏖 ✂ 🚣
Services : 🔑 📶

GPS
E : 1.81507
N : 47.53849

NEUVY-ST-SÉPULCHRE

36230 - Carte Michelin **323** G7 - 1 690 h. - alt. 186
▶ Paris 295 - Argenton-sur-Creuse 24 - Châteauroux 29 - La Châtre 16

⛺ Municipal les Frênes

📞 02 54 30 82 51, www.campingdeneuvy.fr.nf

Pour s'y rendre : rte de l'Augère (sortie ouest par D 927, rte d'Argenton-sur-Creuse puis 600 m par r. à gauche et chemin à dr., à 100 m d'un étang et de la Bouzanne)

Ouverture : de mi-juin à mi-sept. - 🚐

1 ha (35 empl.) plat, herbeux

Empl. camping : (Prix 2017) 12,50€ ✶✶ 🚗 🔌 (9A) - pers. suppl. 2€

Location : (Prix 2017) Permanent 🏠 - 2 🏠. Nuitée 100€ - Sem. 250 à 280€

Cadre champêtre au bord de l'eau.

Nature : 🌳 🌲🌲
Loisirs : 🐎 🚣
Services : 🔑 🚿 📶 laverie
À prox. : 🍴 ✗ 🏊

GPS
E : 1.7828
N : 46.5903

*Créez votre voyage sur **voyages.michelin.fr***

NOUAN-LE-FUZELIER

41600 - Carte Michelin **318** J6 - 2 439 h. - alt. 113
▶ Paris 177 - Blois 59 - Cosne-sur-Loire 74 - Gien 56

🏕 La Grande Sologne 👥

📞 02 54 88 70 22, www.campinggrandesologne.com

Pour s'y rendre : r. des Peupliers (sortie sud par D 2020 puis chemin à gauche en face de la gare)

Ouverture : de déb. avr. à mi-oct.

10 ha/4 campables (180 empl.) plat, herbeux

Empl. camping : (Prix 2017) ✶ 6,30€ 🚗 🅿 8,70€ – 🔌 (10A) 3,20€

CENTRE VAL-DE-LOIRE

Location : (Prix 2017) (de déb. avr. à mi-oct.) - 9 - 4 bungalows toilés - 1 tente sur pilotis. Nuitée 25 à 101€ - Sem. 175 à 707€
borne artisanale
Cadre boisé au bord d'un étang.

Nature
Loisirs
Services
À prox.

GPS : E : 2.03631 / N : 47.53337

OLIVET

45160 - Carte Michelin 318 I4 - 19 806 h. - alt. 100
Paris 137 - Orléans 4 - Blois 70 - Chartres 78

⚠ Municipal

02 38 63 53 94, www.camping-olivet.org
Pour s'y rendre : r. du Pont-Bouchet (2 km au sud-est par D 14, rte de St-Cyr-en-Val)
Ouverture : de déb. avr. à fin sept.
1 ha (46 empl.) plat, herbeux, gravillons
Empl. camping : (Prix 2017) 24,20€ (16A) - pers. suppl. 4,70€

Situation agréable au confluent du Loiret et du Dhuy avec beaucoup d'espaces verts idéal pour la détente. Station du Tram à proximité pour Orléans.

Nature
Loisirs
Services : laverie
À prox.

GPS : E : 1.92543 / N : 47.85601

PIERREFITTE-SUR-SAULDRE

41300 - Carte Michelin 318 J6 - 848 h. - alt. 125
Paris 185 - Aubigny-sur-Nère 23 - Blois 73 - Bourges 55

⛰ Les Alicourts

02 54 88 63 34, www.lesalicourts.com
Pour s'y rendre : au Domaine des Alicourts (6 km au nord-est par D 126 et D 126b, au bord d'un plan d'eau)
Ouverture : de déb. mai à déb. sept.
21 ha/10 campables (420 empl.) en terrasses, plat, sablonneux, herbeux
Empl. camping : (Prix 2017) 54€ (6A) - pers. suppl. 15€
Location : (Prix 2017) (de déb. mai à déb. sept.) - (3 chalets) - 219 - 37 - 5 tentes lodges - 8 cabanes perchées. Nuitée 52 à 290€ - Sem. 400 à 2 100€
borne AireService

Bel espace aquatique en partie couvert et centre balnéo de qualité.

Nature
Loisirs : salle d'animations, centre balnéo, hammam, jacuzzi, (plage), pédalos, skate parc
Services : laverie

GPS : E : 2.191 / N : 47.54482

POILLY-LEZ-GIEN

45500 - Carte Michelin 318 M5 - 2 393 h. - alt. 126
Paris 160 - Auxerre 90 - Bourges 74 - Orléans 70

⛰ Sites et Paysages Touristiques de Gien

02 38 67 12 50, www.camping-gien.com
Pour s'y rendre : 1 r. Iris
Ouverture : de mi-mars à mi-nov.
5 ha (200 empl.) plat, herbeux
Empl. camping : (Prix 2017) 6€
5€ 22€ – (10A) 5€ - frais de réservation 10€
Location : (Prix 2017) (de mi-mars à mi-nov.) - (1 mobile home) - 20 - 1 tente lodge - 3 tentes sur pilotis - 7 roulottes - 5 cabanons. Nuitée 60 à 110€ - Sem. 300 à 550€ - frais de réservation 10€
borne artisanale - 17€

Au bord de la Loire avec en face sur l'autre rive, vue panoramique de Gien. Possibilité de formule hôtelière.

Nature
Loisirs
Services : laverie
À prox.

GPS : E : 2.62338 / N : 47.68216

PREUILLY-SUR-CLAISE

37290 - Carte Michelin 317 O7 - 1 075 h. - alt. 80
Paris 299 - Le Blanc 31 - Châteauroux 64 - Châtellerault 35

⚠ Municipal

02 47 94 50 04, www.preuillysurclaise.fr
Pour s'y rendre : au sud-ouest du bourg, près de la piscine, de la Claise et d'un étang
0,7 ha (36 empl.) plat, herbeux
Location : 2
borne AireService

Cadre verdoyant au milieu d'un complexe de loisirs.

Nature
Loisirs
Services
À prox. : parcours sportif

GPS : E : 0.92618 / N : 46.85305

RIGNY-USSÉ

37420 - Carte Michelin 317 K5 - 521 h. - alt. 36
Paris 285 - Orléans 161 - Tours 40 - Nantes 178

⚠ Municipal La Blardière

02 47 95 55 85, www.rigny-usse.fr
Pour s'y rendre : 51 r. Principale
Ouverture : de déb. mai à fin sept.
1 ha (36 empl.)
Empl. camping : (Prix 2017) 18,50€ (16A) - pers. suppl. 3€
borne AireService 2€

Cadre verdoyant entre l'étang de la Blardière et l'Indre.

Nature
Loisirs
Services
À prox.

GPS : E : 0.3021 / N : 47.2547

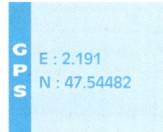

*Give us your opinion of the camping sites we recommend.
Let us know of your remarks and discoveries :
leguidecampingfrance@tp.michelin.com*

CENTRE VAL-DE-LOIRE

RILLÉ

37340 - Carte Michelin **317** K4 - 300 h. - alt. 82
▶ Paris 282 - Orléans 158 - Tours 47 - Nantes 160

Huttopia Rillé

📞 02 47 24 62 97, www.huttopia.com

Pour s'y rendre : au Lac de Rillé (2 km Est par D49)

Ouverture : de mi-avr. à mi-oct.

5 ha (120 empl.) plat, herbeux

Empl. camping : (Prix 2017) 36,50€ ✶✶ 🚗 🏠 (16A) - pers. suppl. 8,60€

Location : (Prix 2017) (de mi-avr. à mi-oct.) - 31 🏠 - 30 tentes lodges - 10 roulottes. Nuitée 39 à 187€ - Sem. 217 à 1 309€

🚰 borne artisanale 7€

Havre de tranquillité sous les bois au bord de l'eau.

Nature : 🌳
Loisirs : 🍽 🏠 diurne 🚴 ✂ 🎣
Services : ⚡ 🅿 🧺 laverie 🧊
À prox. : 🐎 pédalos

GPS : E : 0.33278 N : 47.44584

ROMORANTIN-LANTHENAY

41200 - Carte Michelin **318** H7 - 17 092 h. - alt. 93
▶ Paris 202 - Blois 42 - Bourges 74 - Châteauroux 72

Tournefeuille

📞 02 54 76 16 60, www.campingromorantin.com

Pour s'y rendre : 32 r. des Lices (sortie est, rte de Salbris, r. de Long-Eaton, au bord de la Sauldre)

1,5 ha (103 empl.) plat, herbeux

Location : ♿ (1 châlet) - 6 🏠.

🚰 borne artisanale

Terrain verdoyant au bord d'une rivière.

Nature : 🌳
Loisirs : ✗ 🏠 🚴
Services : ⚡ 🧺
À prox. : ✂ 🎣

GPS : E : 1.75586 N : 47.35503

ROSNAY

36300 - Carte Michelin **323** D6 - 615 h. - alt. 112
▶ Paris 307 - Argenton-sur-Creuse 31 - Le Blanc 16 - Châteauroux 44

Municipal Les Millots

📞 02 54 38 80 17, rosnay-mairie@wanadoo.fr

Pour s'y rendre : rte de St-Michel-en-Brenne (500 m au nord par D 44)

Ouverture : de mi-fév. à mi-nov.

2 ha (36 empl.) plat, herbeux

Empl. camping : (Prix 2017) ✶ 2€ 🚗 2€ 🏠 2€ – 🔌 (10A) 2€

🚰 borne artisanale

Petite et agréable structure soignée, au bord d'un étang.

Nature : 🌳
Loisirs : 🚴 ✂
Services : ⚡ 🧺

GPS : E : 1.21172 N : 46.70545

ST-AVERTIN

37550 - Carte Michelin **317** N4 - 13 946 h. - alt. 49
▶ Paris 245 - Orléans 121 - Tours 7 - Blois 70

Onlycamp Tour Val de Loire

📞 02 47 27 87 47, valdeloire.onlycamp.fr

Pour s'y rendre : 61 r. de Rochepinard (au nord par rive gauche du Cher)

Ouverture : de déb. fév. à mi-déc.

2 ha (90 empl.) plat, herbeux

Empl. camping : (Prix 2017) ✶ 5,10€ 🚗 3,30€ 🏠 5,40€ – 🔌 (10A) 4,50€

Location : (Prix 2017) (de déb. fév. à mi-déc.) - 20 🏠 - 2 tentes lodges - 2 cabanes perchées. Nuitée 19 à 115€ - Sem. 133 à 805€ - frais de réservation 8€

🚰 10 🏠 23,40€

Près d'un plan d'eau.

Nature : 🌳
Loisirs : 🍽
Services : ⚡ 🧺 laverie
À prox. : 🚴 ✂ 🎣

GPS : E : 0.72296 N : 47.37064

The Guide changes, so renew your guide every year.

ST-PÈRE-SUR-LOIRE

45600 - Carte Michelin **318** L5 - 1 056 h. - alt. 115
▶ Paris 147 - Aubigny-sur-Nère 38 - Châteauneuf-sur-Loire 40 - Gien 25

Le Jardin de Sully

📞 02 38 67 10 84, www.camping-bord-de-loire.com

Pour s'y rendre : 1 rte de St-Benoit (à l'ouest par D 60, rte de Châteauneuf-sur-Loire, près du fleuve)

Ouverture : Permanent

2,7 ha (80 empl.) plat, herbeux, gravier, pierreux

Empl. camping : (Prix 2017) 24€ ✶✶ 🚗 🏠 (10A) - pers. suppl. 5€

Location : (Prix 2017) Permanent - 19 🏠 - 8 bungalows toilés - 8 tentes sur pilotis - 4 cabanons. Nuitée 36 à 111€ - Sem. 182 à 600€

🚰 borne eurorelais 2€ - 🚐 8€

Longé par le GR 3 et le long de la Loire, emplacements avec beaucoup d'espaces verts et locatif varié.

Nature : 🌳
Loisirs : 🍽 🏠 🚴 ✂ 🎣
Services : ⚡ 🧺 laverie

GPS : E : 2.36229 N : 47.7718

ST-PLANTAIRE

36190 - Carte Michelin **323** G8 - 549 h. - alt. 300
▶ Paris 339 - Orléans 214 - Châteauroux 68 - Limoges 95

Municipal de Fougères

📞 02 54 47 20 01, www.www.saint-plantaire.fr

Pour s'y rendre : 19 plage de Fougères

Ouverture : de déb. avr. à déb. nov.

4,5 ha (150 empl.) plat, herbeux

Empl. camping : (Prix 2017) ✶ 4,60€ 🚗 2,30€ 🏠 12,90€ – 🔌 (10A) 4,20€

194

CENTRE VAL-DE-LOIRE

Location : (Prix 2017) (de déb. mars à fin déc.) - ♿ (2 châlets) - 5 🏠 - 13 🏠 - 4 bungalows toilés. Nuitée 41 à 128€ - Sem. 301 à 644€

Site agréable au bord du lac de Chambon.

Nature : ≤ ♀
Loisirs : 🏖 🎣 🛶 🚣 ⛵
Services : ⚡ 📶 laverie 🧺
À prox. : 🍴 🏓 🚴 pédalos

GPS E : 1.61952 N : 46.42756

ST-SATUR

18300 - Carte Michelin **323** N2 - 1 627 h. - alt. 155
▶ Paris 194 - Aubigny-sur-Nère 42 - Bourges 50 - Cosne-sur-Loire 12

▲ Flower Les Portes de Sancerre

📞 02 48 72 10 88, www.camping-cher-sancerre.com
Pour s'y rendre : quai de Loire (1 km à l'est par D 2)
Ouverture : de déb. avr. à fin sept.
1 ha (87 empl.) plat, herbeux
Empl. camping : (Prix 2017) 20,70€ ✶✶ 🚗 🍽 ⚡ (16A) - pers. suppl. 4€ - frais de réservation 15€
Location : (Prix 2017) (de déb. avr. à fin sept.) - ♿ (1 mobile home) - 20 🏠 - 5 bungalows toilés - 3 cabanons. Nuitée 41 à 87€ - Sem. 196 à 400€ - frais de réservation 20€

Emplacements et locatif bien ombragés au bord de la Loire avec à proximité une petite base de loisirs.

Nature : 🌳 🏞 ♀♀
Loisirs : 🏖 🎣
Services : ⚡ 🔑 🧺 📶 ♻
À prox. : 🍷 🚴 🛶 🏊 🐎

GPS E : 2.86671 N : 47.34251

STE-CATHERINE-DE-FIERBOIS

37800 - Carte Michelin **317** M6 - 657 h. - alt. 114
▶ Paris 263 - Azay-le-Rideau 25 - Chinon 37 - Ligueil 19

▲ Les Castels Parc de Fierbois 👥

📞 02 47 65 43 35, www.fierbois.com
Pour s'y rendre : 1,2 km au sud
Ouverture : de fin avr. à déb. sept.
30 ha/12 campables (420 empl.) en terrasses, plat, herbeux
Empl. camping : (Prix 2017) 60€ ✶✶ 🚗 🍽 ⚡ (10A) - pers. suppl. 12€
Location : (Prix 2017) (de fin avr. à déb. sept.) - 132 🏠 - 42 🏠 - 8 cabanes perchées - 8 gîtes. Nuitée 40 à 245€ - Sem. 280 à 1 715€
🚐 borne eurorelais - 🚐 14€

Agréable et vaste domaine avec bois, lac et parc aquatique.

Nature : 🏞 ♀♀ ♨
Loisirs : 🍷 🏖 🎣 🏊 🚴 🎯 ♨ (plage) 🛏
Services : ⚡ 🔑 🧺 📶 laverie 🧺 🧊 cases réfrigérées
À prox. : 🎢 parc-aventure

GPS E : 0.6549 N : 47.1486

STE-MAURE-DE-TOURAINE

37800 - Carte Michelin **317** M6 - 4 072 h. - alt. 85
▶ Paris 273 - Le Blanc 71 - Châtellerault 39 - Chinon 32

▲ Municipal de Marans

📞 02 47 65 44 93, www.sainte-maure-de-touraine.fr
Pour s'y rendre : r. de Toizelet (1,5 km au sud-est par D 760, rte de Loches, et à gauche, à 150 m d'un plan d'eau)
Ouverture : de déb. avr. à fin sept.
1 ha (66 empl.) peu incliné, plat, herbeux
Empl. camping : (Prix 2017) ✶ 3€ 🚗 2,65€ 🍽 2,65€ – ⚡ (16A) 2,85€
Location : (Prix 2017) (de déb. avr. à fin sept.) - 2 🏠 - 2 tentes sur pilotis. Nuitée 12 à 55€ - Sem. 250 à 350€
🚐 borne artisanale

Cadre verdoyant près d'un étang.

Loisirs : 🎣 🏊 parcours sportif
Services : ⚡ 🔑 🧺 📶
À prox. : 🛶

GPS E : 0.6252 N : 47.10509

SALBRIS

41300 - Carte Michelin **318** J7 - 5 682 h. - alt. 104
▶ Paris 187 - Aubigny-sur-Nère 32 - Blois 65 - Lamotte-Beuvron 21

▲ Le Sologne

📞 02 54 97 06 38, www.campingdesologne.fr
Pour s'y rendre : 8 allée de la Sauldre (sortie nord-est par D 55, rte de Pierrefitte-sur-Sauldre, au bord d'un plan d'eau et près de la Sauldre)
Ouverture : de déb. avr. à fin sept.
2 ha (81 empl.) plat, herbeux
Empl. camping : (Prix 2017) 21,80€ ✶✶ 🚗 🍽 ⚡ (10A) - pers. suppl. 5,30€
Location : (Prix 2017) (de déb. avr. à fin sept.) - 🏕 - 7 🏠 - 1 🏠. Nuitée 69€ - Sem. 246 à 640€
🚐 borne AireService

Emplacements spacieux au bord d'un plan d'eau.

Nature : 🏞 ♀
Loisirs : 🍷 🍴 🏖 🛶 🎣
Services : ⚡ 🔑 🧺 📶 ♻
À prox. : 🛒 🏊 🛶

GPS E : 2.05522 N : 47.43026

SAVIGNY-EN-VÉRON

37420 - Carte Michelin **317** J5 - 1 447 h. - alt. 40
▶ Paris 292 - Chinon 9 - Langeais 27 - Saumur 20

▲ La Fritillaire

📞 02 47 58 03 79, www.camping-la-fritillaire.fr
Pour s'y rendre : r. Basse (à l'ouest du centre bourg, à 100 m d'un étang)
Ouverture : de déb. avr. à mi-oct.
2,5 ha (100 empl.) plat, herbeux, bois attenant
Empl. camping : (Prix 2017) 18,60€ ✶✶ 🚗 🍽 ⚡ (10A) - pers. suppl. 3,50€
Location : (Prix 2017) (de déb. avr. à mi-oct.) - 6 tentes lodges - 1 tente sur pilotis - 6 roulottes. Nuitée 44 à 56€ - Sem. 260 à 430€ - frais de réservation 10€
🚐 borne artisanale 5€ - 🚐 ⚡ 16€

Nature : 🌳 ♀
Loisirs : 🏊 🚴
Services : ⚡ 🗄 🔑 🧺 📶 ♻ ♨
À prox. : 🛶 🏊

GPS E : 0.13937 N : 47.20039

CENTRE VAL-DE-LOIRE

SAVONNIÈRES

37510 - Carte Michelin **317** M4 - 3 041 h. - alt. 47
▶ Paris 263 - Orléans 139 - Tours 17 - Blois 88

⚠ Onlycamp Confluence

✆ 02 47 50 00 25, www.onlycamp.fr

Pour s'y rendre : rte du Bray (sortie nord du bourg, au bord de Cher)

Ouverture : de mi-avr. à mi-sept.

1,2 ha (80 empl.) plat, herbeux

Empl. camping : (Prix 2017) 5€ 2,40€ 5,20€ –
(10A) 4,50€

Location : (Prix 2017) (de mi-avr. à mi-sept.) - 2 bungalows toilés - 4 tentes lodges - 4 cabanes perchées. Nuitée 19 à 55€ - Sem. 133 à 385€ - frais de réservation 8€

borne flot bleu 9€

Au bord du Cher et d'une piste cyclable.

Nature :
Loisirs :
Services :
À prox. :

GPS E : 0.55006 N : 47.34887

SEIGY

41110 - Carte Michelin **318** F8 - 1 110 h. - alt. 160
▶ Paris 226 - Blois 43 - Châteauroux 63 - Tours 73

⚠ Les Cochards

✆ 02 54 75 15 59, www.lescochards.com

Pour s'y rendre : 1 r. du Camping (1.8 km au nord-ouest par D 4 et D 17)

Ouverture : de déb. avr. à fin sept.

4 ha (140 empl.) plat, herbeux

Empl. camping : (Prix 2017) 24,50€ ✶✶ 🚗 🔲 (16A) - pers. suppl. 5€ - frais de réservation 5€

Location : (Prix 2017) (de déb. avr. à fin sept.) - 15
- 5 bungalows toilés - 2 tentes lodges - 1 cabanon. Nuitée 65 à 115€ - Sem. 450 à 815€ - frais de réservation 10€

borne artisanale - 10 🔲 19€

Cadre verdoyant au bord du Cher.

Nature :
Loisirs :
Services :
À prox. :

GPS E : 1.3889 N : 47.2662

SENONCHES

28250 - Carte Michelin **311** C4 - 3 186 h. - alt. 223
▶ Paris 115 - Chartres 38 - Dreux 38 - Mortagne-au-Perche 42

🏔 Huttopia Senonches

✆ 02 37 37 81 40, www.huttopia.com

Pour s'y rendre : av. de Badouleau (1.2 km au sud, près du stade)

Ouverture : de mi-avr. à déb. nov.

10,5 ha (126 empl.) vallonné, plat, herbeux

Empl. camping : (Prix 2017) 55€ ✶✶ 🚗 🔲 (10A) - pers. suppl. 12€

Location : (Prix 2017) (de mi-avr. à déb. nov.) - 🅿 - 20
- 42 tentes lodges. Nuitée 45 à 205€ - Sem. 252 à 1 435€

Au bord de l'étang et en lisière de la forêt domaniale de Senonches avec du locatif varié mais un confort sanitaire très faible.

Nature :
Loisirs : diurne jacuzzi barques
Services : laverie
À prox. :

GPS E : 1.0435 N : 48.553

SONZAY

37360 - Carte Michelin **317** L3 - 1 298 h. - alt. 94
▶ Paris 257 - Château-la-Vallière 39 - Langeais 26 - Tours 25

🏔 L'Arada Parc

✆ 02 47 24 72 69, www.laradaparc.com

Pour s'y rendre : r. de la Baratière (sortie ouest par D 68, rte de Souvigné et à dr.)

Ouverture : de déb. avr. à fin sept.

1,7 ha (92 empl.) peu incliné, plat, herbeux

Empl. camping : (Prix 2017) 32€ ✶✶ 🚗 🔲 (10A) - pers. suppl. 6,30€ - frais de réservation 10€

Location : (Prix 2017) (de déb. avr. à fin sept.) - 22 - 3
- 2 bungalows toilés - 5 tentes lodges. Nuitée 34 à 122€ - Sem. 204 à 855€ - frais de réservation 10€

Beaux emplacements autour d'un joli parc aquatique paysagé.

Nature :
Loisirs : jacuzzi
Services : laverie
À prox. :

GPS E : 0.45069 N : 47.52615

---

*Guide Michelin (hôtels et restaurants),
Guide Vert (sites et circuits touristiques) et
cartes routières Michelin sont complémentaires.
Utilisez-les ensemble.*

SUÈVRES

41500 - Carte Michelin **318** F5 - 1 481 h. - alt. 83
▶ Paris 170 - Beaugency 18 - Blois 15 - Chambord 16

🏔 Capfun Le Château de la Grenouillère

✆ 02 54 87 80 37, www.capfun.com/camping-france-centre-grenouillere-FR.html

Pour s'y rendre : 3 km au nord-est sur D 2152

Ouverture : de mi-avr. à mi-sept.

11 ha (250 empl.) plat, herbeux

Empl. camping : (Prix 2017) 34€ ✶✶ 🚗 🔲 (10A) - frais de réservation 27€

Location : (Prix 2017) Permanent - 400. Sem. 161 à 1 008€ - frais de réservation 27€

Parc boisé et verger agréable.

Nature :
Loisirs : jacuzzi
Services : laverie

GPS E : 1.48512 N : 47.68688

CENTRE VAL-DE-LOIRE

THORÉ-LA-ROCHETTE

41100 - Carte Michelin **318** C5 - 899 h. - alt. 75
▶ Paris 176 - Blois 42 - Château-Renault 25 - La Ferté-Bernard 58

▲ Municipal la Bonne Aventure

☎ 02 54 72 00 59, www.camping-la-bonne-aventure.fr

Pour s'y rendre : rte de la Cunaille (1,7 km au nord par D 82, rte de Lunay et rte à dr., près du stade, au bord du Loir)

Ouverture : de déb. mai à fin sept.

2 ha (68 empl.) plat, herbeux

Empl. camping : (Prix 2017) 14,68€ ✶✶ 🚗 🗐 ⚡ (6A) - pers. suppl. 4,35€

Location : (Prix 2017) Permanent - 2 🏠. Nuitée 74 à 84€ - Sem. 240 à 360€

Cadre reposant au bord du Loir.

Nature : 🌿 ♀ ♨
Loisirs : 🎣 🚣 🚴 ✂ 🏊
Services : ⚡ 🚿 📶 🔥
À prox. : ✗ 🅿

GPS E : 0.95855 N : 47.80504

VALENÇAY

36600 - Carte Michelin **323** F4 - 2 617 h. - alt. 140
▶ Paris 233 - Blois 59 - Bourges 73 - Châteauroux 42

▲ Municipal les Chênes

☎ 02 54 00 03 92, camping valencay .fr

Pour s'y rendre : 1 km à l'ouest sur D 960, rte de Luçay-le-Mâle

Ouverture : de déb. avr. à fin oct.

5 ha (50 empl.) peu incliné, non clos

Empl. camping : (Prix 2017) 18,80€ ✶✶ 🚗 🗐 ⚡ (10A) - pers. suppl. 9,35€

🚐 borne artisanale - 💧 ⚡16,40€

Agréable cadre de verdure en bordure d'étang.

Nature : 🏞 ♀♀
Loisirs : 🚣 🏊 🐬
Services : ⚡ 📶 🔥
À prox. : 🛒 ✗ ✂

GPS E : 1.55542 N : 47.15808

VATAN

36150 - Carte Michelin **323** G4 - 2 059 h. - alt. 140
▶ Paris 235 - Blois 78 - Bourges 50 - Châteauroux 31

▲ Municipal

☎ 02 54 49 91 37, www.vatan-en-berry.com

Pour s'y rendre : r. du Collège (sortie ouest par D 2, rte de Guilly et à gauche)

2,4 ha (55 empl.) plat, herbeux

Location : 3 🏠.

🚐 borne artisanale

Au bord d'un étang d'agrément.

Nature : 🏞 ♀♀
Loisirs : 🚣 🏊
Services : ♨ 🚿 📶 🔥
À prox. : 🚴 ✂ 🏊

GPS E : 1.80601 N : 47.07146

VEIGNÉ

37250 - Carte Michelin **317** N5 - 6 055 h. - alt. 58
▶ Paris 252 - Orléans 128 - Tours 16 - Joué-lès-Tours 11

▲ Onlycamp La Plage

☎ 02 47 34 95 39, www.onlycamp.fr

Pour s'y rendre : rte de Tours (sortie nord par D 50)

Ouverture : de déb. juin à mi-sept.

2 ha (110 empl.) plat, herbeux

Empl. camping : (Prix 2017) ✶ 4€ 🚗 2,50€ 🗐 4€ – ⚡ (10A) 4,40€

Cadre verdoyant au bord de l'Indre.

Nature : ♀
Loisirs : 🍴 ✗ 🏓 🚴 🛶
Services : ⚡ 🚿 (saison) 🔥 📶 laverie
À prox. : 🏊 🛶

GPS E : 0.73464 N : 47.28929

LA VILLE-AUX-DAMES

37700 - Carte Michelin **317** N4 - 4 889 h. - alt. 50
▶ Paris 244 - Orléans 120 - Tours 7 - Blois 53

▲ Les Acacias

☎ 02 47 44 08 16, www.camplvad.com

Pour s'y rendre : r. Berthe-Morisot (au nord-est du bourg, près du D 751)

Ouverture : Permanent

2,6 ha (90 empl.) plat, herbeux

Empl. camping : (Prix 2017) 22€ ✶✶ 🚗 🗐 ⚡ (10A) - pers. suppl. 3,50€ - frais de réservation 10€

Location : (Prix 2017) Permanent - 20 🏠. Nuitée 60 à 110€ - Sem. 299 à 599€ - frais de réservation 10€

🚐 borne artisanale

Nature : ♀♀
Loisirs : ✗ 🚴 🏇
Services : ⚡ 🗑 📶 laverie
À prox. : 🍷 ✂ 🏊 parcours de santé

GPS E : 0.7772 N : 47.40224

197

CENTRE VAL-DE-LOIRE

VILLIERS-LE-MORHIER

28130 - Carte Michelin **311** F4 - 1 338 h. - alt. 99
▶ Paris 83 - Orléans 108 - Chartres 24 - Versailles 61

Les Ilots de St-Val

☎ 02 37 82 71 30, www.campinglesilotsdestval.com - peu d'emplacements pour tentes et caravanes

Pour s'y rendre : Lieu-dit : Le Haut Bourray (4,5 km au nord-ouest par D 983, rte de Nogent-le-Roi puis 1 km par D 1013, rte de Neron à gauche)

Ouverture : de déb. fév. à fin nov.

10 ha/6 campables (157 empl.) plat et peu incliné, herbeux, pierreux

Empl. camping : (Prix 2017) 27€ ✶✶ 🚗 📧 [½] (10A) - pers. suppl. 6,50€ - frais de réservation 5€

Location : (Prix 2017) (de déb. fév. à fin nov.) - 🛶 - 18 🏠 - 4 🏡. Nuitée 75 à 180€ - Sem. 266 à 455€ - frais de réservation 10€

🚐 borne eurorelais 7€ - 3 📧 18€

Cadre verdoyant légèrement ombragé avec des installations sanitaires vieillissantes.

Nature : 🌳 ♨
Loisirs : 🎠 ⛵ ✳
Services : 🔑 🚻 ♿ 🛜 laverie
À prox. : 🐎

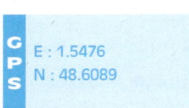

GPS E : 1.5476 N : 48.6089

VINEUIL

41350 - Carte Michelin **318** F6 - 7 443 h. - alt. 73
▶ Paris 187 - Blois 6 - Orléans 63 - Tours 67

Onlycamp Le Val de Blois

☎ 02 54 79 93 57, www.camping-loisir-blois.com

Pour s'y rendre : RD 951 (à la base de loisirs)

Ouverture : de déb. avr. à mi-oct.

3 ha (120 empl.) plat, herbeux

Empl. camping : (Prix 2017) 24€ ✶✶ 🚗 📧 [½] (16A) - pers. suppl. 5€

Location : (Prix 2017) (de déb. avr. à mi-oct.) - 5 🏡. Nuitée 45 à 59€ - Sem. 315 à 413€

🚐 borne artisanale 5€

Cadre verdoyant à côté d'une base nautique en bord de Loire.

Nature : ♨
Loisirs : ⛵ 🌊
Services : 🔑 🚻 ♿ ✳ 🛜 laverie 🧺
À prox. : 🍴 🚲 ✳ 🛶 ⛵

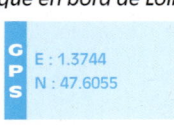

GPS E : 1.3744 N : 47.6055

VOUVRAY

37210 - Carte Michelin **317** N4 - 3 076 h. - alt. 55
▶ Paris 240 - Amboise 18 - Château-Renault 25 - Chenonceaux 30

Onlycamp Le Bec de Cisse

☎ 02 47 76 07 22, www.camping-vouvray.com

Pour s'y rendre : au sud du bourg, au bord de la Cisse

Ouverture : de fin mars à déb. oct.

1,5 ha (41 empl.) plat, herbeux

Empl. camping : (Prix 2017) 18,50€ ✶✶ 🚗 📧 [½] (16A) - pers. suppl. 3,50€

Location : (Prix 2017) (de fin mars à déb. oct.) - 1 tente lodge - 1 roulotte. Nuitée 49€ - Sem. 343€ - frais de réservation 8€

Emplacements ombragés au bord de la Cisse.

Nature : ♨♨
Loisirs : 🌊
Services : 🔑 ♿ ✳ 🛜 📧
À prox. : 🍷 🍴 ✳ 🛶 ⛵ 🏞 parc de loisirs de Rochecorbon

GPS E : 0.79623 N : 47.40871

CHAMPAGNE-ARDENNE

🇫🇷 Le visiteur de la région Champagne-Ardenne a les yeux qui pétillent, et une soudaine effervescence s'empare de ses papilles lorsque surgit devant lui un océan de ceps. Il s'imagine déjà sablant le champagne, ce subtil breuvage baptisé « vin du diable » avant qu'un moine ne perce le secret de ses bulles. Faisant étape à Reims, il succombe à la beauté de sa cathédrale, puis à la douceur de ses biscuits roses. À Troyes, il s'éprend autant de la poésie des ruelles bordées de maisons à colombages que du fumet s'échappant de friandes andouillettes. Pour expier ses péchés, il se retire dans les profondeurs boisées des Ardennes, mais loin d'être un chemin de croix, l'escapade réserve d'agréables surprises : observation de grues cendrées, dégustation d'un ragoût de marcassin… Une autre façon de coincer la bulle !

🇬🇧 It's easy to spot visitors bound for Champagne by the sparkle in their eyes and their delight as they look out over mile upon mile of vineyards: in their minds' eye, they are already raising a glass of the famous delicacy which was known as «devil's wine» before a monk discovered the secret of its divine bubbles. As they continue their voyage, the beautiful cathedral of Reims rises up before them. At Troyes, they drink in the sight of its half-timbered houses and feast on andouillettes, the local chitterling sausages. After these treats, our visitors can explore the Ardennes forest, by bike or along its hiking trails, but this woodland retreat, bordered by the gentle Meuse, has other delights in store: watching the graceful flight of the crane over an unruffled lake, or trying a plate of local wild boar.

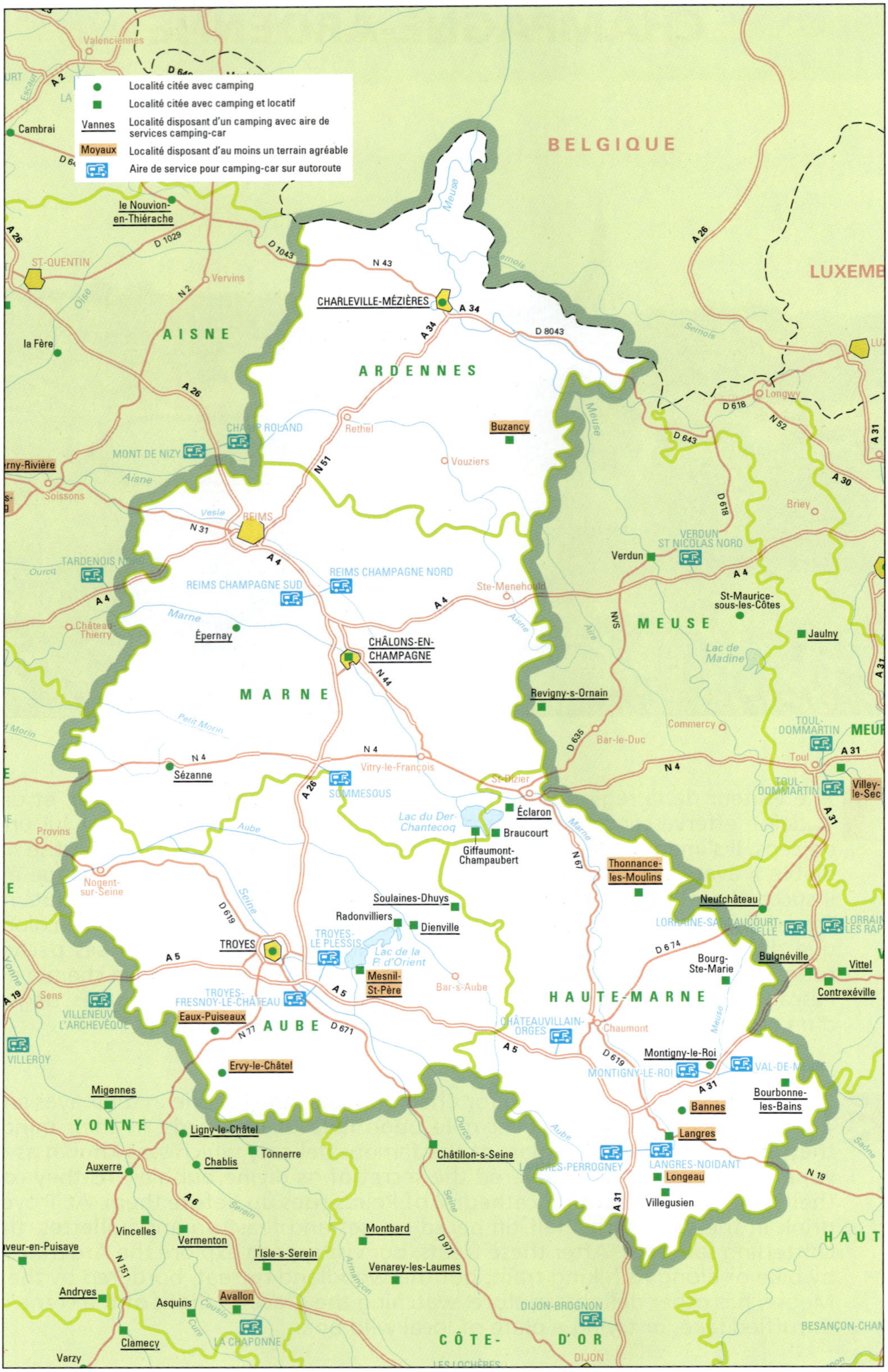
Localité citée avec camping
Localité citée avec camping et locatif
Vannes
Localité disposant d'un camping avec aire de services camping-car
Moyaux
Localité disposant d'au moins un terrain agréable
Aire de service pour camping-car sur autoroute
BELGIQUE
LUXEMB
AISNE
ARDENNES
MARNE
MEUSE
AUBE
HAUTE-MARNE
YONNE
CÔTE-D'OR
Valenciennes
Cambrai
le Nouvion-en-Thiérache
ST-QUENTIN
Vervins
la Fère
CHARLEVILLE-MÉZIÈRES
Meuse
Semois
Longwy
Buzancy
Rethel
Vouziers
CHAMP ROLAND
MONT DE NIZY
Soissons
Aisne
Vesle
REIMS
TARDENOIS NORD
Ourcq
REIMS CHAMPAGNE NORD
REIMS CHAMPAGNE SUD
Ste-Menehould
Château-Thierry
Marne
Épernay
CHÂLONS-EN-CHAMPAGNE
Verdun
VERDUN ST NICOLAS NORD
St-Maurice-sous-les-Côtes
Jaulny
Lac de Madine
Briey
Revigny-s-Ornain
Bar-le-Duc
Commercy
TOUL-DOMMARTIN
Toul
Villey-le-Sec
Petit Morin
Sézanne
Vitry-le-François
SOMMESOUS
St-Dizier
Éclaron
Lac du Der-Chantecoq
Braucourt
Giffaumont-Champaubert
Provins
Aube
Nogent-sur-Seine
Seine
Thonnance-les-Moulins
Neufchâteau
Soulaines-Dhuys
Radonvilliers
Dienville
TROYES
TROYES-LE PLESSIS
Lac de la F. d'Orient
Mesnil-St-Père
Bar-s-Aube
TROYES-FRESNOY-LE-CHÂTEAU
Bourg-Ste-Marie
Bulgnéville
Vittel
Contrexéville
Sens
VILLENEUVE L'ARCHEVÊQUE
Eaux-Puiseaux
CHÂTEAUVILLAIN-ORGES
Chaumont
VILLEROY
Ervy-le-Châtel
Montigny-le-Roi
MONTIGNY-LE-ROI
VAL-DE-MEUSE
Bourbonne-les-Bains
Bannes
Migennes
Ligny-le-Châtel
Tonnerre
Châtillon-s-Seine
Langres
LANGRES-PERROGNEY
LANGRES-NOIDANT
Longeau
Villegusien
Auxerre
Chablis
Vincelles
Vermenton
Montbard
l'Isle-s-Serein
Venarey-les-Laumes
Andryes
Asquins
Avallon
Clamecy
LA CHAPONNE
Varzy
DIJON-BROGNON
DIJON
BESANÇON-CHAM
LES LOCHÈRES
Saône
Armançon
Cure
Cousin
Ource
A 26
A 34
A 4
A 5
A 31
A 6
A 19
A 30
N 43
N 2
N 51
N 31
N 44
N 4
N 67
N 77
N 19
N 151
N 52
D 1029
D 1043
D 8043
D 618
D 643
D 635
D 619
D 674
D 671
D 971

CHAMPAGNE-ARDENNE

BANNES

52360 - Carte Michelin 313 M6 - 401 h. - alt. 388

▶ Paris 291 - Chaumont 35 - Dijon 86 - Langres 9

▲ Hautoreille

☎ 03 25 84 83 40, www.campinghautoreille.com

Pour s'y rendre : 6 r. du Boutonnier (sortie sud-ouest par D 74, rte de Langres puis 700 m par chemin à gauche)

Ouverture : de déb. janv. à fin nov.

3,5 ha (100 empl.) peu incliné, plat, herbeux

Empl. camping : (Prix 2017) 19 € ♠♠ ⇔ 🅿 ⚡ (10A) - pers. suppl. 4,50 €

🚐 10 🏠 15 €

Havre de paix, champêtre et confortable.

Nature : 🌳 ◐◐
Loisirs : 🍽 ✕ 🏠 🚲
Services : ⚬─ 🏪 👤 🛜 🧺

GPS E : 5.39519 N : 47.89508

BOURBONNE-LES-BAINS

52400 - Carte Michelin 313 O6 - 2 255 h. - alt. 290 - ♨

▶ Paris 313 - Chaumont 55 - Dijon 124 - Langres 39

▲ Le Montmorency

☎ 03 25 90 08 64, www.camping-montmorency.com

Pour s'y rendre : r. du Stade (sortie ouest par rte de Chaumont et r. à dr., à 100 m du stade)

Ouverture : de fin mars à déb. nov.

2 ha (74 empl.) peu incliné, gravillons, herbeux

Empl. camping : (Prix 2017) 19,90 € ♠♠ ⇔ 🅿 ⚡ (10A) - pers. suppl. 4,50 €

Location : (Prix 2017) (de fin mars à déb. nov.) - 14 🏠 - 2 bungalows toilés. Nuitée 23 à 28 € - Sem. 161 à 196 €

🚐 borne AireService 5 € - 10 🏠 19,90 €

Terrain au calme sous les tilleuls.

Nature : 🌳 ◐◐
Loisirs : 🍽 ✕
Services : ⚬─ 🏪 👤 🛜 🧺 laverie
À prox. : ✂ 🏊 (découverte en saison)

GPS E : 5.74027 N : 47.95742

BOURG-STE-MARIE

52150 - Carte Michelin 313 N4 - 94 h. - alt. 329

▶ Paris 330 - Châlons-en-Champagne 153 - Chaumont 50 - Metz 142

▲ Les Hirondelles

☎ 03 10 20 61 64, www.camping-les-hirondelles.eu

Pour s'y rendre : à Romain-sur-Meuse, r. du Moulin-de-Dona (1,5 km au sud, par la D 74, rte de Montigny-le-Roi)

Ouverture : de déb. juin à fin sept.

4,6 ha (54 empl.) plat, herbeux, gravillons

Empl. camping : (Prix 2017) ♠ 5 € 🏠 5 € – ⚡ (10A) 5 €

Location : (Prix 2017) (de déb. juin à fin sept.) - 7 🏠 - 2 gîtes.

Environnement pleine campagne, oies et moutons d'Ouessant.

Nature : 🌳 ◐
Loisirs : 🏠 🚲
Services : ⚬─ 🏪 👤 🛜 laverie

GPS E : 5.55533 N : 48.17204

BRAUCOURT

52290 - Carte Michelin 313 I2

▶ Paris 220 - Bar-sur-Aube 39 - Brienne-le-Château 29 - Châlons-en-Champagne 69

▲▲ La Presqu'île de Champaubert ♠♠

☎ 03 25 04 13 20, www.lescampingsduder.com

Pour s'y rendre : 3 km au nord-ouest par D 153

Ouverture : de déb. avr. à mi-nov.

3,6 ha (169 empl.) plat, herbeux, gravillons

Empl. camping : (Prix 2017) 16,80 € ♠♠ ⇔ 🅿 ⚡ (10A) - pers. suppl. 5 €

Location : (Prix 2017) (de déb. avr. à mi-nov.) - 43 🏠. Nuitée 16 à 89 € - Sem. 117 à 637 €

Situation agréable au bord du lac du Der-Chantecoq.

Nature : 🌳 ◐◐ ▲
Loisirs : 🍽 ✕ 🏠 🏊 🚲 🎣
Services : ⚬─ 👤 🛜 🧺 laverie
À prox. : 🚣 🏊 pédalos

GPS E : 4.79206 N : 48.5556

BUZANCY

08240 - Carte Michelin 306 L6 - 372 h. - alt. 176

▶ Paris 228 - Châlons-en-Champagne 86 - Charleville-Mézières 58 - Metz 130

▲ La Samaritaine

☎ 03 24 30 08 88, www.camping-lasamaritaine.fr

Pour s'y rendre : 3 r. des Étangs (1,4 km au sud-ouest par chemin à dr. près de la base de loisirs)

Ouverture : de mi-avr. à mi-sept.

2 ha (110 empl.) plat, herbeux, pierreux

Empl. camping : (Prix 2017) 16,50 € ♠♠ ⇔ 🅿 ⚡ (10A) - pers. suppl. 3 €

Location : (Prix 2017) (de mi-avr. à mi-sept.) - ♿ (1 chalet) - 6 🏠 - 9 🏠. Nuitée 48 à 88 € - Sem. 196 à 616 €

🚐 borne artisanale - 9 🏠 10 €

Immersion idyllique en pleine nature, baignade et pêche.

Nature : ! 🏠 ◐
Loisirs : ✕ 🏠
Services : ⚬─ 🏪 👤 🛜 🧺
À prox. : 🚣 🏊 (plan d'eau) 🐎

GPS E : 4.9402 N : 49.42365

CHÂLONS-EN-CHAMPAGNE

51000 - Carte Michelin 306 I9 - 46 236 h. - alt. 83

▶ Paris 188 - Charleville-Mézières 101 - Metz 157 - Nancy 162

▲▲ Aquadis Loisirs Châlons en Champagne

☎ 03 26 68 38 00, www.aquadis-loisirs.com/camping-de-chalons-en-champagne

Pour s'y rendre : r. de Plaisance (sortie sud-est par N 44, rte de Vitry-le François et D 60, rte de Sarry)

Ouverture : de déb. mars à déb. nov.

3,5 ha (148 empl.) plat, herbeux, gravier

Empl. camping : (Prix 2017) 19,90 € ♠♠ ⇔ 🅿 ⚡ (10A) - pers. suppl. 5,50 € - frais de réservation 10 €

Location : (Prix 2017) (de déb. mars à déb. nov.) - 10 🏠. Nuitée 72 à 78 € - Sem. 269 à 529 € - frais de réservation 10 €

🚐 borne artisanale

Cadre agréable au bord d'un étang.

Nature : 🏠 ◐◐
Loisirs : ✕ 🏠 🏊 🎣 🚲
Services : ⚬─ 🏪 👤 🛜 🧺 laverie

GPS E : 4.38309 N : 48.98582

201

CHAMPAGNE-ARDENNE

CHARLEVILLE-MÉZIÈRES

08000 - Carte Michelin **306** K4 - 49 975 h. - alt. 145

▶ Paris 233 - Châlons-en-Champagne 130 - Namur 149 - Arlon 120

⚠ Municipal du Mont Olympe

☏ 03 24 33 23 60, camping-charlevillemezieres@wanadoo.fr

Pour s'y rendre : 174 r. des Paquis (au centre-ville)

Ouverture : de déb. avr. à fin sept.

2,7 ha (120 empl.) plat, herbeux

Empl. camping : (Prix 2017) ♦ 3,80€ 🚗 ▣ 5,70€ – (10A) 4,20€

🅿 borne eurorelais 2€ - 10 ▣ 12,40€

Dans un méandre de la Meuse avec un accès piétonnier au centre-ville et au musée Rimbaud par une passerelle.

Nature : 🌳 🏕 ♨♨	
Loisirs : 🍽 🏖	**GPS**
Services : 🔑 🚻 ♿ ♻ 📶 🏪 laverie	E : 4.72091
À prox. : 🍴 ✕ 🚲 centre balnéo 🏊 hammam jacuzzi 🛶 ⚓ port de plaisance	N : 49.77914

DIENVILLE

10500 - Carte Michelin **313** H3 - 828 h. - alt. 128

▶ Paris 209 - Bar-sur-Aube 20 - Bar-sur-Seine 33 - Brienne-le-Château 8

⛰ Le Tertre

☏ 03 25 92 26 50, www.campingdutertre.fr

Pour s'y rendre : 1 rte de Radonvilliers (sortie ouest sur D 11)

Ouverture : de fin mars à déb. oct.

3,5 ha (155 empl.) plat, herbeux, gravier

Empl. camping : (Prix 2017) ♦ 5€ 🚗 ▣ 10,20€ – (6A) 4,20€ - frais de réservation 12€

Location : (Prix 2017) (de fin mars à déb. oct.) - 13 🏠. Sem. 200 à 550€ - frais de réservation 12€

🅿 borne artisanale 4€

Face à la station nautique de la base de loisirs, terrain fonctionnel au confort sanitaire faible.

Nature : 🏕	
Loisirs : 🍴 ✕ 🏖 🛶	**GPS**
Services : 🔑 ♿ ♻ 📶 🏪	E : 4.52737
À prox. : 🛶 🚲 ✕ 🎣 ski nautique	N : 48.34888

EAUX-PUISEAUX

10130 - Carte Michelin **313** D5 - 234 h. - alt. 220

▶ Paris 172 - Auxerre 51 - Châlons-en-Champagne 119 - Troyes 31

⚠ Ferme des Hauts Frênes

☏ 03 25 42 15 04, www.les-hauts-frenes.com

Pour s'y rendre : 6 voie de Puiseaux

Ouverture : Permanent

1,6 ha (30 empl.) plat, herbeux

Empl. camping : (Prix 2017) 16€ ♦♦ 🚗 ▣ (6A) - pers. suppl. 4,50€

🅿 borne AireService 3€ · 🚿 ▣ 16€

Emplacements délimités spacieux aux abords d'un corps de ferme magnifique, chambres d'hôtes de grand confort décorées avec goût.

Nature : 🌳 🌲 🏕 ♨	
Loisirs : 🏖	**GPS**
Services : 🔑 🚻 ♿ ♻ 📶 🏪 ♿	E : 3.88348
À prox. : 🍴 ✕ 🐴	N : 48.11682

ÉCLARON

52290 - Carte Michelin **313** J2 - 1 991 h. - alt. 132

▶ Paris 255 - Châlons-en-Champagne 71 - Chaumont 83 - Bar-le-Duc 37

⛰ Yelloh! Village en Champagne - Les Sources du Lac 👥

☏ 03 25 06 34 24, www.yellohvillage-en champagne.com - peu d'emplacements pour tentes et caravanes

Pour s'y rendre : RD 384 (2 km au sud, rte de Montier-en-Der, au bord du Lac de Der)

Ouverture : de mi-avr. à mi-sept.

3 ha (120 empl.) plat, herbeux, gravillons

Empl. camping : (Prix 2017) 35€ ♦♦ 🚗 ▣ (30A) - pers. suppl. 8€

Location : (Prix 2017) (de mi-avr. à mi-sept.) - 50 🏠 - 3 roulottes. Nuitée 1 à 3€ - Sem. 329 à 875€

🅿 borne Sanistation 4€

Préférer les emplacements les plus éloignés de la route. Accès à la plage à pied à 500m ou par la piste cyclable.

Nature : 🏕 ♨♨	
Loisirs : 🍴 ✕ 🏖 ♿ 🛶 🚲 🏊 🎣 terrain multisports	**GPS**
Services : 🔑 ♿ ♻ 📶 laverie ♿ ♿	E : 4.84798
	N : 48.57179

We recommend that you consult the up to date price list posted at the entrance of the site. Inquire about possible restrictions. The information in this Guide may have been modified since going to press.

ÉPERNAY

51200 - Carte Michelin **306** F8 - 24 317 h. - alt. 75

▶ Paris 143 - Amiens 199 - Charleville-Mézières 113 - Meaux 96

⚠ Municipal

☏ 03 26 55 32 14, www.epernay.fr

Pour s'y rendre : allée de Cumières (1,5 km au nord par D 301)

Ouverture : de déb. mai à fin sept.

2 ha (109 empl.) plat, herbeux

Empl. camping : (Prix 2017) 22,30€ ♦♦ 🚗 ▣ (10A) - pers. suppl. 5,20€

🅿 borne flot bleu 2€

Cadre verdoyant sous les platanes, aménagé sur la rive gauche de la Marne.

Nature : 🏕 ♨♨	
Loisirs : 🏖 🚲	**GPS**
Services : 🔑 🏪 ♿ laverie	E : 3.95026
À prox. : ✕ 🚣 🎣 ⚓	N : 49.05784

CHAMPAGNE-ARDENNE

ERVY-LE-CHÂTEL

10130 - Carte Michelin 313 D5 - 1 224 h. - alt. 160
▶ Paris 169 - Auxerre 48 - St-Florentin 18 - Sens 62

⚠ Municipal les Mottes

📞 03 25 70 07 96, www.ervy-le-chatel.reseaudescommunes.fr/communes

Pour s'y rendre : chemin des Mottes (1,8 km à l'est par D 374, rte d'Auxon, D 92 et chemin à dr. apr. le passage à niveau)

Ouverture : de mi-avr. à mi-sept.

0,7 ha (53 empl.) plat, herbeux

Empl. camping : (Prix 2017) ☆ 3,50€ ⇔ 3€ 🅿 3€ – 🛉 (6A) 3,50€

🚰 borne artisanale

En bordure d'une petite rivière et d'un bois, emplacements non délimités sur vaste prairie.

Nature : 🌳
Loisirs : 🎣
Services : ⚡ ♿ 🛜 🏪

GPS E : 3.91827 N : 48.04069

GIFFAUMONT-CHAMPAUBERT

51290 - Carte Michelin 306 K11 - 261 h. - alt. 130
▶ Paris 213 - Châlons-en-Champagne 67 - St-Dizier 25 - Bar-le-Duc 52

⛺ Village Vacances Marina-Holyder

(pas d'emplacement tentes et caravanes)

📞 03 26 72 84 04, www.marina-holyder.com

Pour s'y rendre : r. de Champaubert (presqu'Île de Rougemer)

2 ha plat

Location : (Prix 2017) Permanent ♿ (5 gîtes) - 🅿 - 43 gîtes. Nuitée 53 à 210€ - Sem. 340 à 1 270€

Joli petit village de gîtes à 50m d'une plage surveillée sur le lac de Der.

Nature : 🌳
Loisirs : 🍴 ✕ 🏠 🏋 ⛱ 🎠 hammam jacuzzi 🚴 🏊 ⚓ parcours dans les arbres
Services : ⚡ 🚻 🛜 laverie 🧺
À prox. : 🏖 🚲 ⛵

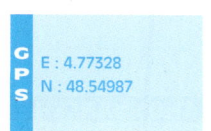

GPS E : 4.77328 N : 48.54987

LANGRES

52200 - Carte Michelin 313 L6 - 8 066 h. - alt. 466
▶ Paris 295 - Châlons-en-Champagne 197 - Chaumont 36 - Dijon 79

⛺ Le Lac de la Liez

📞 03 25 90 27 79, www.campingliez.com

Pour s'y rendre : à Peigney, à la base nautique (5 km à l'Est par D 284)

Ouverture : de déb. avr. à fin sept.

6,5 ha (188 empl.) en terrasses, plat, herbeux

Empl. camping : (Prix 2017) 36€ ☆☆ ⇔ 🅿 🛉 (10A) - pers. suppl. 8,50€ - frais de réservation 15€

Location : (Prix 2017) (de déb. avr. à fin sept.) - ♿ (2 chalets) - 24 🏠 - 3 tentes lodges - 2 roulottes. Nuitée 35 à 125€ - Sem. 245 à 875€ - frais de réservation 30€

🚰 borne AireService 7€

Cadre d'exception en surplomb du lac, aménagements aquatiques de qualité.

Nature : 🌳 ≤ lac, campagne ou Langres 🌲 ♀
Loisirs : 🍴 ✕ 🏠 🏋 ⛱ 🎠 🚴 🏊 ⚓
Services : ⚡ 🔧 🚻 – 16 sanitaires individuels (🚿 🚽 wc) ♿ 🛜 laverie 🧺 🛒
À prox. : 🏖 (plage) ⛵ 🚤 ski nautique

GPS E : 5.3807 N : 47.87146

LONGEAU

52250 - Carte Michelin 313 L7 - 739 h. - alt. 319
▶ Paris 294 - Châlons-en-Champagne 205 - Chaumont 56 - Dijon 62

⛺ Les Chalets du Lac de la Vingeanne

(pas d'emplacement tentes et caravanes)

📞 06 70 89 45 96, www.chaletsvingeanne.com

Pour s'y rendre : à Percey, 15 r. de Villegusien-le-Lac (1,1 km au sud-est par D 67)

4 ha plat

Location : ♿ (4 chalets) - 50 🏠.

Joli village de chalets bois au bord du lac.

Nature : 🌳 ♀
Loisirs : 🍴 ✕ 🏠 🏋 jacuzzi 🎠 🚴 🏊 (découverte en saison)
Services : ⚡ 🔧 🧺
À prox. : 🏖 (plan d'eau) 🚣 canoë

GPS E : 5.32135 N : 47.74617

Avant de vous installer, consultez les tarifs en cours, affichés obligatoirement à l'entrée du terrain, et renseignez-vous sur les conditions particulières de séjour. Les indications portées dans le guide ont pu être modifiées depuis la mise à jour.

MESNIL-ST-PERE

10140 - Carte Michelin 313 G4 - 415 h. - alt. 131
▶ Paris 209 - Châlons-en-Champagne 98 - Troyes 25 - Chaumont 79

⛺ Kawan Resort Le Lac d'Orient 👥

📞 03 25 40 61 85, www.camping-lacdorient.com

Pour s'y rendre : rte du Lac

Ouverture : de déb. avr. à fin sept.

4 ha (206 empl.) plat, herbeux

Empl. camping : (Prix 2017) 35,40€ ☆☆ ⇔ 🅿 🛉 (10A) - pers. suppl. 8,50€ - frais de réservation 10€

Location : (Prix 2017) (de déb. avr. à fin sept.) - ♿ (1 chalet) - 🏠 - 22 🏡 - 2 🏠 - 2 roulottes. Nuitée 53 à 131€ - Sem. 318 à 917€ - frais de réservation 10€

🚰 borne artisanale - 9 🅿 26,40€

Terrain très confortable avec une situation exceptionnelle en bordure du lac d'Orient.

Nature : 🌳 ♀
Loisirs : 🍴 ✕ 🏠 🏋 ⛱ 🎠 🚴 🏊 ⚓ terrain multisports
Services : ⚡ 🔧 🚻 ♿ 🛜 laverie 🧺 🛒
À prox. : 🚣 🐎

GPS E : 4.34624 N : 48.26297

203

CHAMPAGNE-ARDENNE

MONTIGNY-LE-ROI

52140 - Carte Michelin **313** M6 - 2 168 h. - alt. 404
▶ Paris 296 - Bourbonne-les-Bains 21 - Chaumont 35 - Langres 23

⚠ Municipal du Château

☎ 03 25 87 38 93, www.campingduchateau.com

Pour s'y rendre : r. Hubert-Collot (accès par centre bourg et chemin piétonnier pour accéder au village)

Ouverture : de mi-avr. à fin sept.

6 ha/2 campables (75 empl.) en terrasses, plat, herbeux

Empl. camping : (Prix 2017) ♦ 6€ ⇔ 🅿 6€ – ⚡ (10A) 5€

🚐 borne raclet 2€

Dans un parc boisé dominant la vallée de la Meuse.

Nature : ≤ 🌳🌳	GPS
Loisirs : 🚣 🏊	E : 5.4965
Services : ⚿ 🛒 ♿ 📶	N : 48.00068
À prox. : laverie 🧺 ✗	

RADONVILLIERS

10500 - Carte Michelin **313** H3 - 384 h. - alt. 130
▶ Paris 206 - Bar-sur-Aube 22 - Bar-sur-Seine 35 - Brienne-le-Château 6

⚠ Le Garillon

☎ 03 25 92 21 46, www.campinglegarillon.fr

Pour s'y rendre : 10 r. des Anciens Combattants (sortie sud-ouest par D 11, rte de Piney et à dr., au bord d'un ruisseau et à 250 m du lac, (haut de la digue par escalier))

Ouverture : de déb. avr. à fin sept.

1 ha (60 empl.) plat, herbeux

Empl. camping : (Prix 2017) 17,90€ ♦♦ ⇔ 🅿 ⚡ (16A) - pers. suppl. 4€

Location : (Prix 2017) (de déb. avr. à fin sept.) - 10 🏠 - 1 🏕. Nuitée 40 à 83€ - Sem. 240 à 498€

Terrain familial situé au cœur d'un charmant village champenois et à proximité du lac et de la forêt d'Orient.

Loisirs : 🏊	GPS
Services : ⚿ 📶	E : 4.50206
À prox. : ✗	N : 48.3586

SÉZANNE

51120 - Carte Michelin **306** E10 - 5 268 h. - alt. 137
▶ Paris 116 - Châlons-en-Champagne 59 - Meaux 78 - Melun 89

⚠ Municipal

☎ 03 26 80 57 00, www.ville-sezanne.fr

Pour s'y rendre : rte de Launat (sortie ouest par D 373, rte de Paris (près N 4) puis 700 m par chemin à gauche et rte à dr.)

Ouverture : de déb. avr. à fin sept.

1 ha (79 empl.) terrasse, peu incliné, plat, herbeux

Empl. camping : (Prix 2017) 11,10€ ♦♦ ⇔ 🅿 ⚡ (10A) - pers. suppl. 2,60€

🚐 borne artisanale

Grande étendue herbeuse sous les peupliers.

Nature : 🌳	GPS
Loisirs : 🚣 🏊	E : 3.70212
Services : ⚿ 📶 🛒	N : 48.72154
À prox. : ✗ 🍴	

SOULAINES-DHUYS

10200 - Carte Michelin **313** I3 - 311 h. - alt. 153
▶ Paris 228 - Bar-sur-Aube 18 - Brienne-le-Château 17 - Chaumont 48

⚠ La Croix Badeau

☎ 03 25 27 05 43, www.croix-badeau.com

Pour s'y rendre : 6 r. de La-Croix-Badeau (au nord-est du bourg, près de l'église)

Ouverture : de déb. avr. à fin sept.

1 ha (39 empl.) peu incliné, gravier, herbeux

Empl. camping : (Prix 2017) 22€ ♦♦ ⇔ 🅿 ⚡ (10A) - pers. suppl. 4,25€ - frais de réservation 5€

Location : (Prix 2017) (de déb. avr. à fin sept.) - 2 🏠 - 1 tente lodge. Nuitée 42 à 85€ - Sem. 250 à 595€ - frais de réservation 12€

🚐 borne AireService 4€

Au calme en retrait de l'église du village, cadre champêtre et agréable.

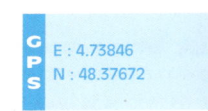

Nature : 🌳	GPS
Loisirs : 🍴 ✗ 🎮 🏊	E : 4.73846
Services : ⚿ 🛒 📶 🔌	N : 48.37672
À prox. : 🐎 ✗	

Ne prenez pas la route au hasard !
MICHELIN *vous apporte à domicile ses conseils routiers, touristiques, hôteliers :* **viamichelin.fr** !

THONNANCE-LES-MOULINS

52230 - Carte Michelin **313** L3 - 120 h. - alt. 282
▶ Paris 254 - Bar-le-Duc 64 - Chaumont 48 - Commercy 55

⚠⚠⚠ Les Castels La Forge de Sainte Marie 👥

☎ 03 25 94 42 00, www.laforgedesaintemarie.com

Pour s'y rendre : rte de Joinville (1,7 km à l'ouest par D 427, au bord du Rongeant)

Ouverture : de mi-avr. à déb. sept.

32 ha/3 campables (199 empl.) en terrasses, peu incliné, plat, herbeux, étang

Empl. camping : (Prix 2017) 37€ ♦♦ ⇔ 🅿 ⚡ (6A) - pers. suppl. 10€ - frais de réservation 15€

Location : (Prix 2017) Permanent - 45 🏠 - 15 gîtes. Nuitée 63 à 200€ - Sem. 299 à 1 150€ - frais de réservation 15€

🚐 borne artisanale

Cadre agréable et verdoyant autour d'une ancienne forge restaurée.

Nature : 🌳 🏞	GPS
Loisirs : 🍴 ✗ 🎮 🏊 🚴 🎯	E : 5.27097
Services : ⚿ 🛒 ♿ 📶 laverie 🧺 🔌	N : 48.40629

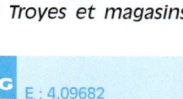

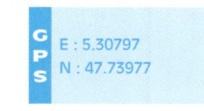

CHAMPAGNE-ARDENNE

TROYES

10000 - Carte Michelin **313** E4 - 61 188 h. - alt. 113
▶ Paris 170 - Dijon 185 - Nancy 186

▲ Municipal

📞 03 25 81 02 64, www.troyescamping.net

Pour s'y rendre : à Pont-Ste-Marie, 7 r. Roger-Salengro (2 km au nord-est, rte de Nancy)

Ouverture : de déb. avr. à mi-oct.

3,8 ha (150 empl.) plat, herbeux

Empl. camping : (Prix 2017) ✱ 7,20€ 🚗 📧 10,70€ – ⚡ (5A) 4€
🚐 borne artisanale 4,50€ - 15 📧 21,90€

Terrain urbain avec des espaces naturels agréables, proche de l'arrêt de bus pour le centre-ville de Troyes et magasins d'usines de Pont-Ste-Marie.

Nature : ⚲
Loisirs : 🍹 🎠 🎣 🛶
Services : 🔑 🚿 📶 laverie ♨
À prox. : 🛥

GPS E : 4.09682 N : 48.31112

VILLEGUSIEN-LE-LAC

52190 - Carte Michelin **313** L7 - 720 h. - alt. 292
▶ Paris 299 - Besançon 97 - Châlons-en-Champagne 209 - Dijon 60

▲ Le Lac de la Vingeanne

📞 03 25 88 45 24, www.camping-haute-marne.com

Pour s'y rendre : 14 r. Côtotte

2 ha (100 empl.)

Location : 1 🏠 - 1 appartement.

Terrain peu ombragé avec un bon confort sanitaire, à 200m des rives du lac.

Nature : ⚲
Loisirs : 🍹 ✗ 🎣 ✂ 🛶
Services : 🔑 ♨ ⚙ 📶 laverie ♨
À prox. : 🛥

GPS E : 5.30797 N : 47.73977

205

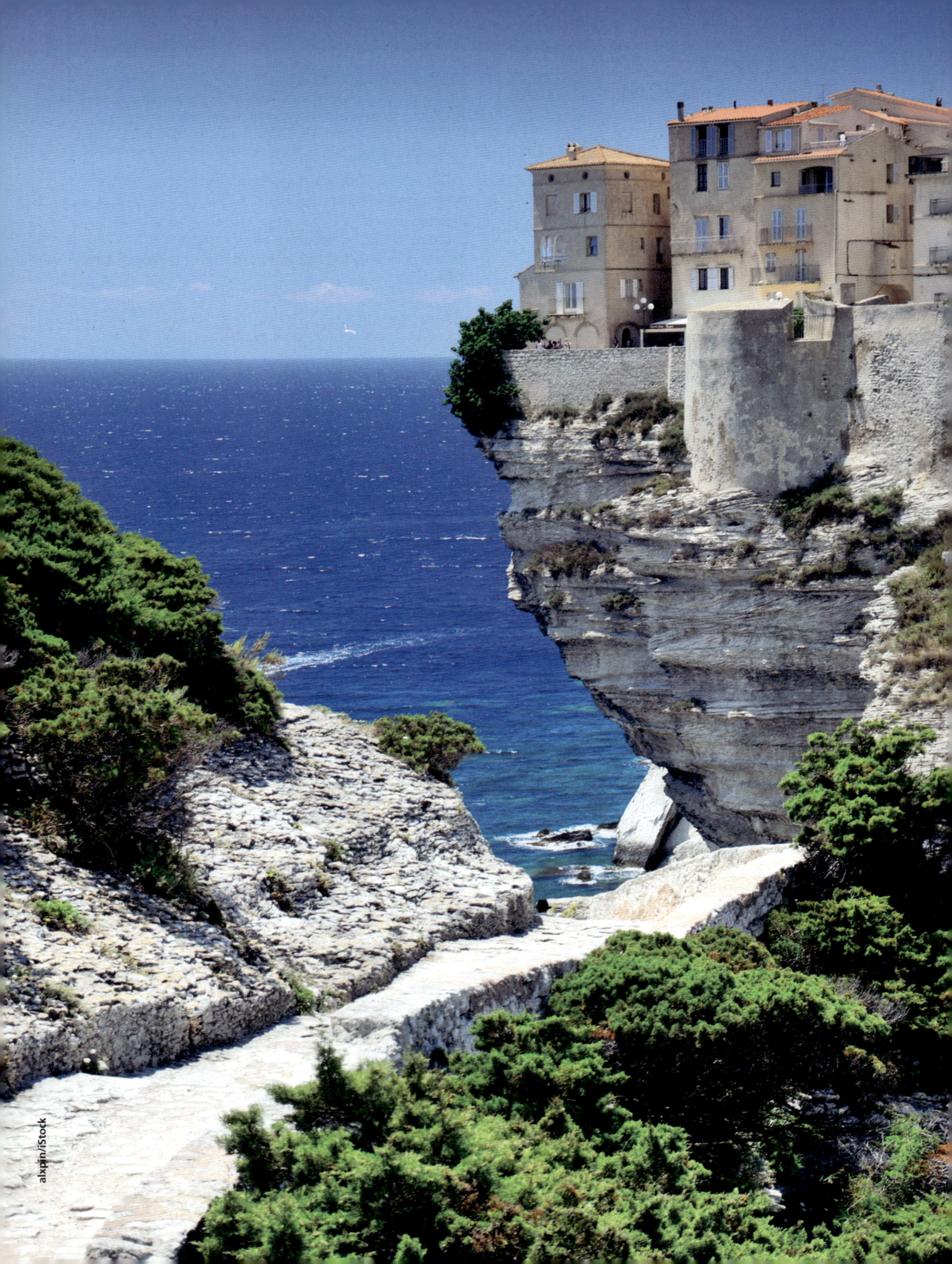
alxpin/iStock

CORSE

Joyau émergeant de la Méditerranée, la Corse éblouit quiconque la visite. Les citadelles campées sur ses côtes rappellent combien accéder à ses trésors se mérite. Il faut un brin de témérité pour affronter ses routes sinueuses ou s'aventurer dans le maquis, inextricable enchevêtrement végétal. Mais heureux le promeneur qui croise une chapelle isolée, traverse un village hors du temps, tombe nez à nez avec un troupeau de mouflons ou découvre un merveilleux panorama. Les Corses défendent fièrement ce patrimoine, et savent réconforter le randonneur fourbu avec une simple assiette de cochonnailles, un morceau de fromage ou une pâtisserie maison. Quant aux adeptes du farniente, les anses sableuses de l'île de Beauté, aux eaux d'une limpidité tropicale, leur promettent de merveilleux moments de détente…

Corsica catches the eye like a jewel in the Mediterranean sun. Its citadels, high on the island's rocky flanks, will reward your efforts as you follow the twisting roads. Enjoy spectacular views and breathe in the fragrance of wild rosemary as you make your way up the rugged, maquis-covered hills: the sudden sight of a secluded chapel, a vision of a timeless village or an encounter with a herd of mountain sheep are among the memories that walkers, cyclists, riders and drivers take home with them. After exploring the island's wild interior, you will be ready to plunge into the clear, turquoise sea or just recharge your solar batteries as you bask on the warm sand. And after a long day, weary travellers can always be revived with platters of cooked meats, cheese and home-made pastries.

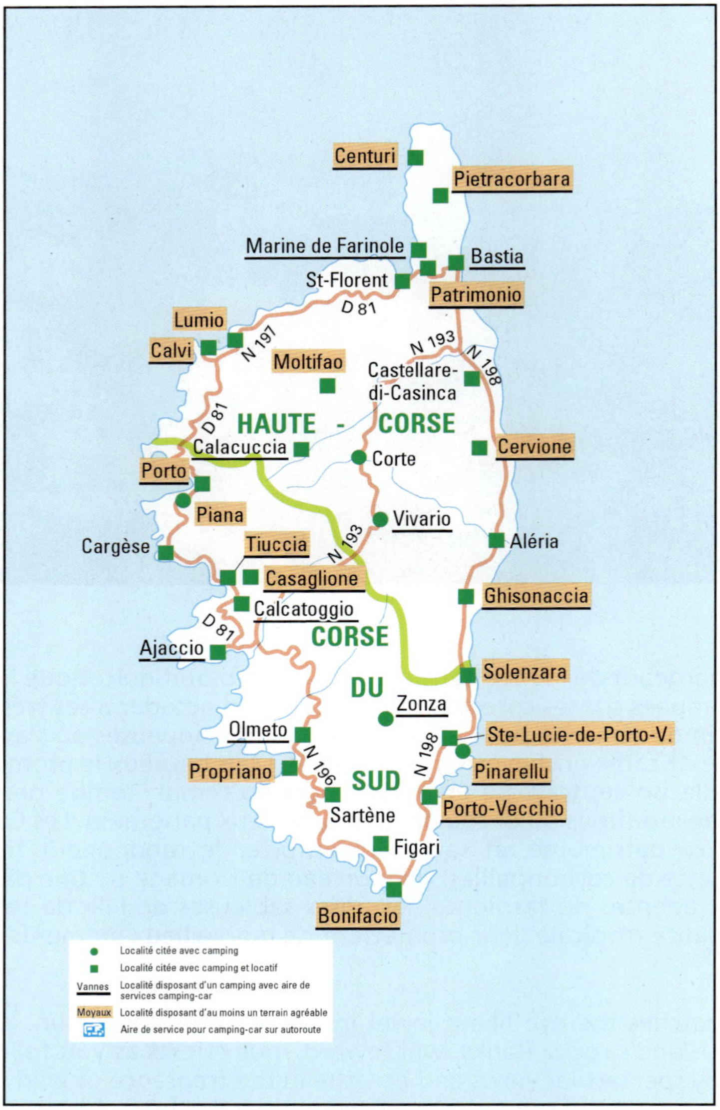
Centuri
Pietracorbara
Marine de Farinole
Bastia
St-Florent
Patrimonio
D 81
Lumio
Calvi
N 197
N 193
N 198
Moltifao
Castellare-di-Casinca
D 81
HAUTE - CORSE
Calacuccia
Corte
Cervione
Porto
Piana
Vivario
Cargèse
Tiuccia
N 193
Aléria
Casaglione
Ghisonaccia
Calcatoggio
D 81
CORSE
Ajaccio
Solenzara
DU
Zonza
Olmeto
N 198
Ste-Lucie-de-Porto-V.
N 196
Propriano
Pinarellu
SUD
Porto-Vecchio
Sartène
Figari
Bonifacio
Localité citée avec camping
Localité citée avec camping et locatif
Vannes Localité disposant d'un camping avec aire de services camping-car
Moyaux Localité disposant d'au moins un terrain agréable
Aire de service pour camping-car sur autoroute

CORSE

AJACCIO
20000 - Carte Michelin 345 B8 - 64 306 h.
- Corsica Linea 0 825 88 80 88 ; CMN bd Sampiero 09 70 83 20 20
- Bastia 147 - Bonifacio 131 - Calvi 166 - Corte 80

⚠ Les Mimosas
04 95 20 99 85, www.camping-lesmimosas.com

Pour s'y rendre : chemin de La Carosaccia (5 km, sortie nord par D 61 rte d'Alata, et à gauche)

Ouverture : de déb. avr. à mi-oct.

2,5 ha (70 empl.) en terrasses, plat, pierreux

Empl. camping : (Prix 2017) ♦ 6,50€ ⚘ 3€ 🅴 3€ – (6A) 3€

Location : (Prix 2017) (de déb. avr. à mi-oct.) - 12 - 6 - 1 studio. Sem. 270 à 590€

borne artisanale 8€

Bel ombrage d'eucalyptus sur les hauteurs de la ville avec du locatif mobile homes et chalets de bon confort, tout comme les sanitaires.

Nature : 🌳
Services : 🔑 laverie réfrigérateurs
GPS : E : 8.72899 N : 41.93758

ALÉRIA
20270 - Carte Michelin 345 G7 - 1 996 h. - alt. 20
- Bastia 71 - Corte 50 - Vescovato 52

⚠ Marina d'Aléria
04 95 57 01 42, www.marina-aleria.com

Pour s'y rendre : plage de Padulone (3 km à l'est de Cateraggio par T 10, au bord du Tavignano)

Ouverture : de fin avr. à déb. oct.

17 ha/7 campables (335 empl.) plat, herbeux, sablonneux

Empl. camping : (Prix 2017) 42€ ♦♦ ⚘ 🅴 (12A) - pers. suppl. 7,70€ - frais de réservation 25€

Location : (Prix 2017) (de fin avr. à déb. oct.) - 🛈 (1 mobile home) - (mobiles-homes) - 152 - 31 . Nuitée 40 à 183€ - Sem. 270 à 1 280€ - frais de réservation 25€

Emplacements le long de la plage, ombragés ou ensoleillés.

Nature : 🌊 ≤ mer ou montagne
Loisirs : 🍴✕ 🎭 jacuzzi 🚴
Services : 🔑 laverie 🧺 cases réfrigérées
GPS : E : 9.55 N : 42.11139

BASTIA
20200 - Carte Michelin 345 F3 - 43 545 h.
- Corsica Linea 0 825 88 80 88 ; CMN Port de Commerce 09 70 83 20 20
- Ajaccio 148 - Bonifacio 171 - Calvi 92 - Corte 69

⚠ San Damiano
04 95 33 68 02, www.campingsandamiano.com ✉ 20620 Biguglia

Pour s'y rendre : à Biguglia, Lido de la Marana (9 km au sud-est par T 11 et D 107 à gauche)

Ouverture : de fin mars à déb. nov.

12 ha (320 empl.) plat, sablonneux

Empl. camping : (Prix 2017) ♦ 9,80€ ⚘ 4€ 🅴 10€ – (6A) 6€ - frais de réservation 16€

Location : (Prix 2017) (de fin mars à déb. nov.) - 🛈 (1 mobile home) - (chalets et certains mobiles-homes) - 58 - 49 . Nuitée 41 à 214€ - Sem. 287 à 1 498€ - frais de réservation 16€

borne artisanale

Quelques locatifs grand confort, avec vue mer et baie de Bastia pour certains complétés d'un agréable bar-restaurant les pieds dans l'eau.

Nature : 🌊
Loisirs : 🍴✕ 🎭 jacuzzi 🚴
Services : 🔑 laverie 🧺 cases réfrigérées
À prox. : 🐎

---

*Teneinde deze gids beter te kunnen gebruiken,
DIENT U DE VERKLARENDE TEKST AANDACHTIG TE LEZEN.*

BONIFACIO
20169 - Carte Michelin 345 D11 - 2 919 h. - alt. 55
- Ajaccio 132 - Corte 150 - Sartène 50

⚠ Pertamina Village - U-Farniente
04 95 73 05 47, www.camping-pertamina.com

Pour s'y rendre : lieu-dit : Canelli (5 km au nord-est par T 10, rte de Porto-Vecchio - Bastia)

Ouverture : de déb. avr. à déb. nov.

20 ha/10 campables (263 empl.) en terrasses, peu incliné, plat, pierreux

Empl. camping : (Prix 2017) 46€ ♦♦ ⚘ 🅴 (6A) - pers. suppl. 12,50€ - frais de réservation 26€

Location : (Prix 2017) (de déb. avr. à déb. nov.) - 🛈 (1 mobile home) - 45 - 50 - 11 bungalows toilés - 11 tentes lodges - 14 gîtes - 6 appartements. Nuitée 72 à 299€ - Sem. 420 à 1 800€ - frais de réservation 26€

Agréable domaine vallonné et bien ombragé avec du locatif varié et pour certains de bon confort.

Nature : 🌳
Loisirs : 🍴✕ 🎭 jacuzzi 🚴
Services : 🔑 laverie 🧺 cases réfrigérées
GPS : E : 9.17905 N : 41.41825

⚠ Les Îles
04 95 73 11 89, www.camping-desiles.com

Pour s'y rendre : rte de Piantarella (4,5 km à l'est, rte de Piantarella, vers l'embarcadère de Cavallo)

Ouverture : de déb. avr. à fin sept.

8 ha (150 empl.) vallonné, peu incliné, plat, herbeux, pierreux

Empl. camping : (Prix 2017) ♦ 9,90€ ⚘ 5,50€ 🅴 8€ – (10A) 4€

Location : (Prix 2017) (de déb. avr. à fin sept.) - 🛈 (1 mobile home) - 17 - 35 . Nuitée 60 à 142€ - Sem. 420 à 994€

borne artisanale - 12 🅴 9€

Vue panoramique de certains emplacements sur la Sardaigne et les îles.

Nature : 🌊
Loisirs : ✕ 🎭 🚴
Services : 🔑 laverie 🧺 cases réfrigérées
GPS : E : 9.21034 N : 41.37817

209

CORSE

Rondinara
04 95 70 43 15, www.rondinara.fr

Pour s'y rendre : lieu-dit : Suartone (18 km au nord-est par T 10, rte de Porto-Vecchio et D 158 à dr., rte de la pointe de la Rondinara, à 400 m de la plage)

Ouverture : de mi-mai à fin sept.

5 ha (120 empl.) en terrasses, peu incliné, plat, herbeux, pierreux

Empl. camping : (Prix 2017) 50€ ✶✶ ⇔ 🅿 (6A) - pers. suppl. 9,90€

Location : (Prix 2017) (de mi-mai à fin sept.) - 36 🏠. Sem. 525 à 1 400€

Au milieu du maquis avec, de la piscine et du restaurant, une vue panoramique sur la mer et la Sardaigne.

Nature : ! ≤ ♀
Loisirs : 🍴 🏛 🏊
Services : 🔑 🔌 📶 laverie 🧺 🧊 cases réfrigérées
À prox. : 🚲 pédalos, bar-restaurant sur la plage

GPS E : 9.26289 N : 41.47322

Campo-di-Liccia
04 95 73 03 09, www.campingdiliccia.com

Pour s'y rendre : lieu-dit : Parmentil (5,2 km au nord-est par T 10, rte Porto-Vecchio)

5 ha (161 empl.) terrasse, plat, pierreux

Location : ♿ (1 mobile home) - 52 🏠 - 10 🛖 - 4 tentes lodges. 🚐 borne raclet

Bel ombrage de chênes verts, eucalyptus et oliviers plusieurs fois centenaires et parc de mobile homes de bon confort.

Nature : 🌳 🏔
Loisirs : 🍴 🏛 🏊
Services : 🔑 🔌 📶 laverie 🧺 🧊 cases réfrigérées

GPS E : 9.17893 N : 41.41943

Pian del Fosse
04 95 73 16 34, www.piandelfosse.com

Pour s'y rendre : 3,8 km au nord-est par D 58 - ou 5 km par T 10 rte de Porto-Vecchio et D 60 rte de Santa-Manza

Ouverture : de fin avr. à mi-oct.

5,5 ha (100 empl.) en terrasses, plat et peu incliné, pierreux

Empl. camping : (Prix 2017) 34€ ✶✶ ⇔ 🅿 (10A) - pers. suppl. 8,80€ - frais de réservation 15€

Location : (Prix 2017) (de fin avr. à mi-oct.) - ✂ - 1 🏠 - 5 🛖 - 7 tentes lodges - 6 gîtes. Nuitée 50 à 150€ - Sem. 320 à 1 030€ - frais de réservation 15€
🚐 borne artisanale

Emplacements à l'ombre de mûriers platanes, pins ou oliviers quatre fois centenaires.

Nature : 🌳 🏔
Loisirs : ✕ 🏊
Services : 🔑 🅿 🔌 📶 laverie
À prox. : 🐎

GPS E : 9.20083 N : 41.39972

CALACUCCIA
20224 - Carte Michelin **345** D5 - 316 h. - alt. 830
▶ Ajaccio 107 - Bastia 76 - Porto-Vecchio 146 - Corte 27

Acquaviva
04 95 48 00 08, www.acquaviva-fr.com

Pour s'y rendre : 500 m au sud-ouest par D 84 et chemin à gauche, face à la station service

Ouverture : de mi-avr. à mi-oct.

4 ha (50 empl.) plat et peu incliné, pierreux, herbeux

Empl. camping : (Prix 2017) ✶ 7€ ⇔ 3€ 🅿 6€ – 🔌 (16A) 4€

Location : (Prix 2017) (de mi-avr. à mi-oct.) - 15 🏠 - 2 roulottes. Nuitée 45 à 50€ - Sem. 320 à 350€
🚐 10 🛖 26,80€

Dominant le lac avec un petit ombrage et profitant des services de l'hôtel-restaurant tenu par le même propriétaire.

Nature : 🌳 ≤ Lac et montagnes ♀
Loisirs : 🏛 🏊
Services : 🔑 🚽 🅿 📶 🍴
À prox. : 🍴 ✕ 🏊

GPS E : 9.01049 N : 42.33341

Use this year's Guide.

CALCATOGGIO
20111 - Carte Michelin **345** B7 - 522 h. - alt. 250
▶ Ajaccio 23 - Bastia 156

Lacasa
04 95 10 09 78, www.lacasa-camping.com

Pour s'y rendre : lieu-dit : Pianottolo (5 km au nord-ouest par la D 101 et D 81)

Ouverture : de mi-avr. à déb. nov.

4 ha (173 empl.) fort dénivelé, en terrasses, peu incliné, plat, pierreux

Empl. camping : (Prix 2017) 40€ ✶✶ ⇔ 🅿 (10A) - pers. suppl. 8€ - frais de réservation 10€

Location : (Prix 2017) (de mi-avr. à déb. nov.) - ✂ (de déb. juil. à fin août) - 80 🏠 - 3 🛖. Nuitée 45 à 205€ - Sem. 315 à 1 435€ - frais de réservation 15€

Emplacements bien ombragés et mobile homes neufs mais préférer les plus éloignés de la route.

Nature : 🌳 🏔
Loisirs : 🍴 ✕ 🏛 🏊
Services : 🔑 🔌 📶 laverie 🧺 🧊

GPS E : 8.75432 N : 42.04226

La Liscia
04 95 52 20 65, www.laliscia.com

Pour s'y rendre : rte de Tiuccia (5 km au nord-ouest par D 81, au bord de la rivière, dans le golfe de la Liscia, à 500 m de la plage)

3 ha (100 empl.) fort dénivelé, en terrasses, plat, herbeux, pierreux

Location : 7 🏠 - 2 🛖 - 3 studios.
🚐 borne artisanale

Beaucoup de terrasses ombragées mais préférer les emplacements les plus éloignés de la route. Sanitaires et certains locatifs simples en confort.

Nature : ♀♀
Loisirs : 🍴 ✕ 🏛 🏊 🚴
Services : 🔑 🔌 📶 laverie 🧺 réfrigérateurs

GPS E : 8.75526 N : 42.04678

Avant de prendre la route, consultez www.viamichelin.fr : votre meilleur itinéraire, le choix de votre hôtel, restaurant, des propositions de visites touristiques.

CORSE

CALVI

20260 - Carte Michelin **345** B4 - 5 377 h.
- Corsica Linea ✆ 0 825 88 80 88
- Bastia 92 - Corte 88 - L'Ile-Rousse 25 - Porto 73

La Pinède

✆ 04 95 65 17 80, www.camping-calvi.com
Pour s'y rendre : rte de la Pinède (300 m de la plage)
Ouverture : de déb. avr. à fin oct.
5 ha (262 empl.) plat, sablonneux, pierreux
Empl. camping : (Prix 2017) 29,50€ ✶✶ 🚗 📧 ⚡ (16A) - pers. suppl. 8,50€
Location : (Prix 2017) (de déb. avr. à fin oct.) - ♿ (4 chalet) - 74 🏠 - 65 🏡. Nuitée 89 à 219€ - Sem. 539 à 1 323€
🚐 borne AireService

Installations complètes et de qualité, locatif de bon confort mais préférer les emplacements les plus éloignés de la route.

Nature : 🌳🌳
Loisirs : 🍴✕ 🏛 🚣 🏊 hammam jacuzzi 🏓⛱🎿 🎣 terrain multisports
Services : ⚡🛗🛏📶 laverie 🧺 🚿 cases réfrigérées
À prox. : 🛒

GPS : E : 8.76795 / N : 42.55318

Les Castors et L'International

✆ 04 95 65 13 30, www.camping-castors.fr 🚫
Pour s'y rendre : rte de Piétramaggiore (1 km au sud par T 30 direction l'Île Rousse et rte de Pietra-Major à dr.)
Ouverture : de déb. avr. à mi-oct.
4 ha (200 empl.) plat, herbeux, pierreux, gravier
Empl. camping : (Prix 2017) ✶ 12,50€ 🚗 6€ 📧 5,50€ – ⚡ (15A) 5,50€ - frais de réservation 15€
Location : (Prix 2017) (de déb. avr. à mi-oct.) - 🚫 - 56 🏠 - 5 appartements - 35 studios. Nuitée 58 à 175€ - Sem. 406 à 1 225€ - frais de réservation 15€
🚐 borne eurorelais

Bel ombrage d'eucalyptus et locatif varié.

Nature : 🌊 🌳🌳
Loisirs : 🍴✕ 🏛 🏊 🎿 🎣
Services : ⚡🛗📶 🧺

GPS : E : 8.7561 / N : 42.55735

Bella Vista

✆ 04 95 65 11 76, www.camping-calvi-bellavista.com
Pour s'y rendre : rte de Pietramaggiore (1,5 km au sud par T 30 direction l'Île Rousse et rte de Pietra-Major à dr.)
Ouverture : de déb. avr. à fin sept.
6 ha/4 campables (152 empl.) plat et peu incliné, sablonneux, pierreux
Empl. camping : (Prix 2017) ✶ 9€ 🚗 4,50€ 📧 4,50€ – ⚡ (10A) 4,50€
Location : (Prix 2017) (de déb. avr. à fin oct.) - 🚫 - 24 🏡. Nuitée 60 à 200€ - Sem. 250 à 1 150€ - frais de réservation 15€

À l'ombre des pins, eucalyptus et lauriers roses. Pas de véhicule sur les emplacements en haute saison (parking).

Nature : 🌊 🌳🌳
Loisirs : ✕ 🎿
Services : ⚡🅿🛗📶🧺🚿 réfrigérateurs

GPS : E : 8.75334 / N : 42.55068

Paradella

✆ 04 95 65 00 97, www.camping-paradella.fr ✉ 20214 Calenzana
Pour s'y rendre : rte de l'aéroport, à Calenzana (9,5 km au sud-est par T 30, rte de l'Ile-Rousse et D 81 à dr.)
Ouverture : de déb. avr. à fin sept.
5 ha (150 empl.) plat, sablonneux, pierreux
Empl. camping : (Prix 2017) ✶ 8,60€ 🚗 3€ 📧 4,40€ – ⚡ (8A) 4€ - frais de réservation 10€
Location : (Prix 2017) (de déb. avr. à mi-oct.) - 🚫 (de déb. juil. à fin août) - 2 🏠 - 18 🏡 - 1 appartement. Nuitée 40 à 125€ - Sem. 266 à 875€
🚐 borne artisanale

Bel ombrage de pins et d'eucalyptus mais préférer les emplacements les plus éloignés de la route. Accueil groupes.

Nature : 🌾 🌳🌳
Loisirs : 🍴🏊 🎿 🎣
Services : ⚡🛗📶🧺
À prox. : 🐎

GPS : E : 8.79166 / N : 42.50237

Paduella

✆ 04 95 65 06 16, www.campingpaduella.com
Pour s'y rendre : rte de Bastia (1,8 km au sud-est par T 30, rte de l'Ile-Rousse, à 400 m de la plage)
Ouverture : de déb. mai à déb. oct.
4,5 ha (160 empl.) plat, sablonneux, pierreux
Empl. camping : (Prix 2017) ✶ 9,20€ 🚗 4€ 📧 4€ – ⚡ (10A) 4€
Location : (Prix 2017) (de déb. mai à déb. oct.) - 38 bungalows toilés. Nuitée 39 à 86€
🚐 borne AireService

Emplacements quelquefois bien délimités à l'ombre d'une agréable pinède et un espace vert idéal pour la détente ou les jeux collectifs.

Nature : 🌊 🌳🌳
Loisirs : 🍴 🎿
Services : ⚡🛗📶🧺🚿
À prox. : 🛒

GPS : E : 8.76429 / N : 42.55219

Dolce Vita

✆ 04 95 65 05 99, www.dolce-vita-calvi.com
Pour s'y rendre : 4,5 km au sud-est par T 30, rte de l'Ile-Rousse, à l'embouchure de la Figarella, à 200 m de la mer
Ouverture : de déb. mai à fin sept.
6 ha (200 empl.) plat, herbeux, sablonneux, pierreux
Empl. camping : (Prix 2017) ✶ 9,90€ 🚗 4€ 📧 32€ – ⚡ (16A) 4€
Location : (Prix 2017) (de déb. mai à fin sept.) - 12 🏠 - 27 🏡. Nuitée 46 à 114€ - Sem. 322 à 798€ - frais de réservation 15€
🚐 borne eurorelais

Préférer les emplacements côté mer, plus éloignés de la route et de la petite voie ferrée Calvi-l'Île-Rousse.

Nature : 🌳🌳🌳
Loisirs : 🍴✕ 🎣
Services : ⚡🛗📶🧺🚿
À prox. : ⚓

GPS : E : 8.78972 / N : 42.55582

En juin et septembre les campings sont plus calmes, moins fréquentés et pratiquent souvent des tarifs « hors saison ».

211

CORSE

CARGÈSE

20130 - Carte Michelin **345** A7 - 1 117 h. - alt. 75
▶ Ajaccio 51 - Calvi 106 - Corte 119 - Piana 21

▲ Torraccia

☏ 04 95 26 42 39, www.CAMPING-TORRACCIA.COM

Pour s'y rendre : à Bagghiuccia (4,5 km au nord par D 81, rte de Porto)

Ouverture : de fin avr. à fin sept.

3 ha (90 empl.) fort dénivelé, en terrasses, plat, herbeux, pierreux

Empl. camping : (Prix 2017) ✱ 9,90€ ⛺ 4€ 🅴 4,50€ – ⚡ (10A) 4,50€ - frais de réservation 18,50€

Location : (Prix 2017) (de fin avr. à fin sept.) - 25 ⌂ - 5 cabanons. Nuitée 50 à 135€ - Sem. 345 à 950€ - frais de réservation 18,50€

Pour certains chalets vue panoramique mer. Bon confort sanitaire mais préférer les emplacements éloignés de la route.

Nature : ≤ 💧💧
Loisirs : 🍷 jacuzzi
Services : 🔑 🚿 📶 🧺

GPS E : 8.59797 N : 42.16258

CASAGLIONE

20111 - Carte Michelin **345** B7 - 365 h. - alt. 150
▶ Ajaccio 33 - Bastia 166

▲ U Sommalu

☏ 04 95 52 24 21, www.usommalu-camping.fr

Pour s'y rendre : rte de Casaglione (3 km au nord-est par D 81 et D 25 à drte - à 600 m de la plage de Liamone)

Ouverture : de déb. avr. à fin sept.

4 ha (123 empl.) en terrasses, plat et peu incliné, pierreux, herbeux

Empl. camping : (Prix 2017) ✱ 8,50€ ⛺ 4€ 🅴 6€ – ⚡ (16A) 4,50€

Location : (Prix 2017) (de déb. avr. à fin sept.) - 15 🏠 - 22 ⌂ - 12 cabanons. Sem. 385 à 1 300€ - frais de réservation 6€

🚰 borne artisanale

Emplacements en terrasses, ombragés, avec vue sur mer pour quelques uns.

Nature : 💧 ≤ 💧💧
Loisirs : 🍷 🍴 🎲
Services : 🔑 🚿 📶 laverie

GPS E : 8.73126 N : 42.07027

CASTELLARE-DI-CASINCA

20213 - Carte Michelin **345** F5 - 557 h. - alt. 140
▶ Paris 943 - Ajaccio 136 - Bastia 31

▲ Tohapi Domaine d'Anghione 👥

(pas d'emplacement tentes et caravanes)

☏ 04 95 36 50 22, www.tohapi.fr

Pour s'y rendre : à Anghione (6 km à l'est par D 106)

40 ha/26 campables (300 empl.) plat, herbeux, pierreux, sablonneux

Location : (Prix 2017) (de déb. avr. à mi-oct.) - ♿ (1 mobile home) - 95 🏠 - 195 gîtes. Nuitée 60 à 170€ - Sem. 420 à 1 185€ - frais de réservation 50€

Village vacances au bord de la plage avec beaucoup d'espaces verts et du locatif souvent de confort simple.

Nature : 💧 💧💧 ⛰
Loisirs : 🍷 🍴 🎲 salle d'animations 🚴 centre balnéo 🧖 hammam jacuzzi 🚴 ⛱ 🏊 terrain multisports
Services : 🔑 🚿 📶 laverie 🧊 ♿
À prox. : 🐴

GPS E : 9.52707 N : 42.47547

CENTURI

20238 - Carte Michelin **345** F2 - 221 h. - alt. 228
▶ Ajaccio 202 - Bastia 55

▲ Isulottu

☏ 04 95 35 62 81, www.isulottu.fr

Pour s'y rendre : lieu-dit : Marine de Mute (par D 35 rte de Morsiglia, à 200 m de la plage)

Ouverture : de déb. mai à fin sept.

2,3 ha (80 empl.) en terrasses, plat et peu incliné, pierreux

Empl. camping : (Prix 2017) ✱ 7,80€ ⛺ 3,70€ 🅴 4,10€ – ⚡ (16A) 3,70€

Location : (Prix 2017) (de déb. mai à fin sept.) - 2 ⌂. Nuitée 60 à 75€ - Sem. 550 à 850€ - frais de réservation 16€

🚰 borne artisanale

Dans un cadre naturel emplacements bien ombragés sur de multiples petites terrasses avec pour certains vue mer ou village !

Nature : 💧 ≤ 💧💧
Loisirs : 🏊
Services : 🔑 🚿 📶 🧺
À prox. : plongée

GPS E : 9.3515 N : 42.96048

*To visit a town or region : use the **MICHELIN** Green Guides.*

CERVIONE

20221 - Carte Michelin **345** F6 - 1 757 h. - alt. 350
▶ Paris 1186 - Ajaccio 137 - Bastia 51

▲▲▲ Yelloh! Village Le Campoloro

☏ 04 95 38 00 20, www.lecampoloro.com

Pour s'y rendre : lieu-dit : Prunete (7,1 km au sud-est par la D 71)

Ouverture : de mi-mai à mi-sept.

12 ha/4 campables (250 empl.) plat, sablonneux, pierreux

Empl. camping : (Prix 2017) 60€ ✱✱ ⛺ 🅴 ⚡ (10A) - pers. suppl. 8€

Location : (Prix 2017) - 50 🏠 - 60 ⌂. Nuitée 59 à 269€ - Sem. 413 à 1 883€

🚰 borne artisanale

En bordure de plage avec du locatif de qualité et beaucoup d'espaces pour les jeux collectifs ou la détente.

Nature : 💧 🌳 💧💧
Loisirs : 🍷 🍴 🎲 🚴 ⛱ 🏊 🏐 terrain multisports
Services : 🔑 laverie 🧊 ♿

GPS E : 9.54408 N : 42.31995

CORTE

20250 - Carte Michelin **345** D6 - 6 744 h. - alt. 396
▶ Ajaccio 81 - Bastia 68

▲ St-Pancrace

☏ 04 95 46 09 22, www.campingsaintpancrace.fr

Pour s'y rendre : quartier St-Pancrace (1,5 km au nord par le Cours Paoli et chemin à gauche après la Sous-Préfecture)

Ouverture : de déb. avr. à fin oct.

12 ha/1 campable (30 empl.) incliné, peu incliné, herbeux, pierreux

Empl. camping : (Prix 2017) ✱ 6€ ⛺ 2€ 🅴 3€ – ⚡ (6A) 4€

CORSE

Produits de la ferme à la vente : fromage de brebis, tomme et confitures.

Nature :
Loisirs :
Services :

GPS E : 9.14696 N : 42.32026

FARINOLE (MARINA DE)

20253 - Carte Michelin 345 F3 - 224 h. - alt. 250
▶ Bastia 20 - Rogliano 61 - St-Florent 13

A Stella

☎ 04 95 37 14 37, www.campingastella.com
Pour s'y rendre : Marine de Farinole (par D 80)
Ouverture : de mi-mai à fin sept. -

3 ha (100 empl.) en terrasses, peu incliné, plat, herbeux, pierreux
Empl. camping : (Prix 2017) 28€ ✶✶ 🚗 🏠 (10A) - pers. suppl. 7,50€
Location : (Prix 2017) (de déb. mai à fin sept.) - 2 appartements. Sem. 400 à 850€
borne artisanale

Terrasses bien ombragées ou emplacements ensoleillés avec vue sur mer, au bord d'une plage de galets.

Nature :
Loisirs :
Services :

GPS E : 9.34259 N : 42.72911

FIGARI

20114 - Carte Michelin 345 D11 - 1 217 h. - alt. 80
▶ Ajaccio 122 - Bonifacio 18 - Porto-Vecchio 20 - Sartène 39

U Moru

☎ 04 95 71 23 40, www.u-moru.com
Pour s'y rendre : 5 km au nord-est par D 859 rte de Porto-Vecchio
Ouverture : de mi-juin à mi-sept.

6 ha/4 campables (100 empl.) plat et peu incliné, sablonneux
Empl. camping : (Prix 2017) ✶ 9,30€ 🚗 4€ 🏠 5,10€ – (6A) 6€
Location : (Prix 2017) (de mi-juin à mi-sept.) - (1 mobile home) - 14 🏠. Sem. 870 à 1 000€

Emplacements très ombragés en partie sous les pins ; terrasses mobile homes bien aménagées (kitchenette...)

Nature :
Loisirs :
Services : réfrigérateurs

GPS E : 9.16564 N : 41.53096

GHISONACCIA

20240 - Carte Michelin 345 F7 - 3 669 h. - alt. 25
▶ Bastia 85 - Aléria 14 - Ghisoni 27 - Venaco 56

Arinella-Bianca

☎ 04 95 56 04 78, www.arinellabianca.com
Pour s'y rendre : rte de la Mer (3,5 km à l'est par D 144 puis 700 m par chemin à drte)
Ouverture : de fin avr. à mi-oct.

10 ha (400 empl.) plat, herbeux, sablonneux
Empl. camping : (Prix 2017) 56€ ✶✶ 🚗 🏠 (10A) - pers. suppl. 18€ - frais de réservation 50€

Location : (Prix 2017) (de fin avr. à mi-oct.) - (2 mobile homes) - 185 - 40 . Nuitée 70 à 300€ - Sem. 445 à 2 020€ - frais de réservation 50€
borne eurorelais 10€

Un bel espace balnéo avec son agréable parc aquatique zen. Quelques locations grand confort et un espace vie au bord de la plage.

Nature :
Loisirs : centre balnéo hammam jacuzzi (électrique) point d'informations touristiques terrain multisports parc aquatique
Services : laverie cases réfrigérées
À prox. :

GPS E : 9.44331 N : 41.9972

Homair Vacances Marina d'Erba Rossa

☎ 04 95 56 25 14, www.homair.com - peu d'emplacements pour tentes et caravanes
Pour s'y rendre : rte de la Mer (4 km à l'est par D 144, au bord de plage)

12 ha/8 campables (588 empl.) plat, herbeux
Location : 450 - 114 - 20 tentes lodges.
borne artisanale

Ensemble verdoyant, ombragé avec l'espace vie au bord de la plage. Possibilité de séjours en formules hôtelières, pension complète ou 1/2 pension.

Nature :
Loisirs : centre balnéo jacuzzi mini ferme
Services : laverie cases réfrigérées
À prox. : plongée

GPS E : 9.44339 N : 42.00211

Sunêlia Village Vacances Perla Di Mare

(pas d'emplacement tentes et caravanes)
☎ 04 95 56 53 10, www.perla-di-mare.fr
Pour s'y rendre : plage de Vignale, rte de la Mer (4.2 km à l'est par D 144)

10 ha (174 empl.) vallonné
Location : (Prix 2017) (de déb. avr. à déb. oct.) - (2 mobile homes) - 100 - 46 appartements - 4 studios. Sem. 350 à 1 267€ - frais de réservation 35€

Locatif varié et de bon confort pour certains avec un espace vie au bord de la plage.

Nature :
Loisirs : centre balnéo hammam jacuzzi terrain multisports
Services : laverie

GPS E : 9.4558 N : 42.00647

La catégorie (1 à 5 tentes, noires ou rouges) que nous attribuons aux terrains sélectionnés dans ce guide est une appréciation qui nous est propre. Elle ne doit pas être confondue avec le classement (1 à 5 étoiles) établi par les services officiels.

CORSE

LUMIO
20260 - Carte Michelin 345 B4 - 1 250 h. - alt. 150
▶ Ajaccio 158 - Bastia 83 - Corte 77 - Calvi 10

Le Panoramic
☎ 04 95 60 73 13, www.le-panoramic.com
Pour s'y rendre : rte de Lavatoggio (2 km au nord-est sur D 71, rte de Belgodère)
Ouverture : de déb. mai à fin sept.
6 ha (108 empl.) fort dénivelé, en terrasses, pierreux, sablonneux
Empl. camping : (Prix 2017) 9€ 4€ 4€ – (6A) 4€
Location : (Prix 2017) (de déb. mai à fin sept.) - (1 mobile home) - 8 . Nuitée 50 à 135€ - Sem. 350 à 950€
Vue panoramique sur la mer pour quelques emplacements.

Nature :
Loisirs :
Services : réfrigérateurs
GPS : E : 8.84805 N : 42.58973

MOLTIFAO
20218 - Carte Michelin 345 D5 - 724 h. - alt. 420
▶ Ajaccio 113 - Bastia 58

E Canicce
☎ 04 95 35 16 75, www.campingecanicce.com
Pour s'y rendre : Vallée de l'Asco (3 km au sud sur D 47)
Ouverture : de déb. janv. à fin nov.
1 ha (25 empl.) plat, pierreux
Empl. camping : (Prix 2017) 25€ (10A) - pers. suppl. 6€
Location : (Prix 2017) (de déb. janv. à fin nov.) - 3 - 3 - 3 gîtes. Nuitée 60 à 93€ - Sem. 500 à 650€
Au milieu du maquis, au pied des montagnes et au bord de l' Asco. Gîtes en pierres du pays avec petite piscine privée.

Nature : ≤ Monte Cinto et Scala di Santa Régina
Loisirs :
Services :
GPS : E : 9.13544 N : 42.47573

OLMETO
20113 - Carte Michelin 345 C9 - 1 230 h. - alt. 320
▶ Ajaccio 64 - Propriano 8 - Sartène 20

Vigna Maggiore
☎ 04 95 74 62 02, www.vignamaggiore.com
Pour s'y rendre : T 40 (3.6 km au sud au niveau de la D 121 rte pour Porto-Pollo, à la station Total)
6 ha (180 empl.) fort dénivelé, en terrasses, plat et peu incliné, pierreux
Location : 10 - 45 .
borne artisanale
Jolie vue panoramique de la piscine et pour quelques chalets souvent de bon confort. Éviter les quelques emplacements proches de la route préférer côté du potager.

Nature :
Loisirs :
Services : réfrigérateurs
GPS : E : 8.89626 N : 41.69832

L'Esplanade
☎ 04 95 76 05 03, www.camping-esplanade.com
Pour s'y rendre : à Olmeto-Plage, rte de Porto-Pollo (1,6 km par D 157, à 100 m de la plage - accès direct)
Ouverture : de déb. avr. à fin sept.
4,5 ha (160 empl.) fort dénivelé, en terrasses, plat et peu incliné, pierreux, rochers
Empl. camping : (Prix 2017) 31,90€ (10A) - pers. suppl. 8,70€
Location : (Prix 2017) (de déb. avr. à fin oct.) - (chalets) - 52 - 6 tentes lodges - 6 tipis - 8 roulottes. Nuitée 65 à 178€ - Sem. 390 à 1 096€ - frais de réservation 11€
Préférer les emplacements qui descendent à la plage, plus éloignés de la route. Vue panoramique pour certains chalets, la piscine et le restaurant.

Nature :
Loisirs :
Services : cases réfrigérées
GPS : E : 8.88868 N : 41.69562

PATRIMONIO
20253 - Carte Michelin 345 F3 - 707 h. - alt. 100
▶ Bastia 16 - St-Florent 6 - San-Michele-de-Murato 22

U Sole Marinu
☎ 06 23 42 13 33, usolemarinu@gmail.com
Pour s'y rendre : lieu-dit : Catarelli (4.3 km au nord-ouest par la D 80 et chemin à gauche)
Ouverture : de déb. juin à fin sept.
2 ha (50 empl.) plat, pierreux, sablonneux
Empl. camping : 28,70€ (6A) - pers. suppl. 8,10€ - frais de réservation 8€
Location : (de mi-mai à fin sept.) - (1 mobile home) - 20 . Nuitée 60 à 177€ - Sem. 400 à 1 240€ - frais de réservation 16€
borne artisanale
Cadre agréable entre la plage de galets, la rivière et les vignes de Patrimonio.

Nature :
Loisirs :
Services :
GPS : E : 9.33 N : 42.71816

Utilisez le guide de l'année.

PIANA
20115 - Carte Michelin 345 A6 - 450 h. - alt. 420
▶ Ajaccio 72 - Calvi 85 - Évisa 33 - Porto 13

Plage d'Arone
☎ 04 95 20 64 54
Pour s'y rendre : rte Danièle-Casanova (11,5 km au sud-ouest par D 824)
3,8 ha (125 empl.) en terrasses, non clos, plat, herbeux, pierreux
À 500 m de la plage par petit sentier, emplacements au milieu du maquis et à l'ombre des oliviers, eucalyptus, lauriers et autres arbres ou arbustes méditerranéens.

Nature :
Services :
GPS : E : 8.58228 N : 42.20933

CORSE

PIETRACORBARA

20233 - Carte Michelin **345** F2 - 573 h. - alt. 150
▶ Paris 967 - Ajaccio 170 - Bastia 21 - Biguglia 31

▲ La Pietra

📞 04 95 35 27 49, www.la-pietra.com

Pour s'y rendre : 4 km au sud-est par D 232 et chemin à gauche, à 500 m de la plage

Ouverture : de fin mars à déb. nov. -

4 ha (126 empl.) plat, herbeux, pierreux

Empl. camping : (Prix 2017) 10,95€ 4,80€ – (6A) 3,60€

Location : (Prix 2017) (de fin mars à déb. nov.) - 13 . Nuitée 70 à 185€ - Sem. 450 à 4 800€

borne AireService

Cadre soigné avec emplacements délimités et ombragés ou prairie ensoleillée. Nouveau, un petit village de chalets grand à très grand confort.

Nature :
Loisirs :
Services : cases réfrigérées
À prox. :

GPS : E : 9.4739 N : 42.83939

PINARELLU

20124 - Carte Michelin **345** F9
▶ Ajaccio 146 - Bonifacio 44 - Porto-Vecchio 16

⚠ California

📞 04 95 71 49 24, www.camping-california.net ✉ 20144 Ste-Lucie-de-Porto-Vecchio

Pour s'y rendre : 800 m au sud par D 468 et 1,5 km par chemin à gauche, au bord de la plage

7 ha/5 campiables (100 empl.) vallonné, plat, sablonneux, étang

borne artisanale

Entre étangs et mer, situation privilégiée dans un cadre préservé en bord de plage.

Nature :
Loisirs :
Services :

GPS : E : 9.38084 N : 41.66591

PORTO

20150 - Carte Michelin **345** B6 - 544 h.
▶ Ajaccio 84 - Calvi 73 - Corte 93 - Évisa 23

▲▲ Les Oliviers

📞 04 95 26 14 49, www.camping-oliviers-porto.com ✉ 20150 Ota

Pour s'y rendre : au pont (par D 81, au bord du Porto et à 100 m du bourg)

Ouverture : de fin mars à déb. nov.

5,4 ha (216 empl.) fort dénivelé, en terrasses, plat, pierreux, rochers

Empl. camping : (Prix 2017) 11,80€ 4€ 4€ – (10A) 4,70€

Location : (Prix 2017) (de fin mars à déb. nov.) - 44 . Nuitée 59 à 170€ - Sem. 492 à 1 630€ - frais de réservation 16€

borne AireService

Bel espace piscine avec des emplacements en sous-bois et du locatif de bon confort dans un cadre naturel.

Nature :
Loisirs : centre balnéo hammam jacuzzi école de plongée
Services : laverie cases réfrigérées
À prox. :

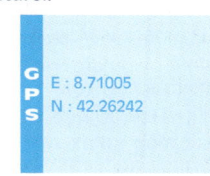

GPS : E : 8.71005 N : 42.26242

▲▲ Sole e Vista

📞 04 95 26 15 71, www.camping-sole-e-vista.fr ✉ 20150 Ota

Pour s'y rendre : au bourg (accès principal : 1 km à l'est par D 124, rte d'Ota - accès secondaire : au bourg, parking du supermarché)

Ouverture : de fin mars à déb. nov.

4 ha (170 empl.) fort dénivelé, en terrasses, plat, pierreux, rochers

Empl. camping : (Prix 2017) 22€ (16A) - pers. suppl. 12€

Location : (Prix 2017) (de fin mars à déb. nov.) - 34 - 15 tentes sur pilotis - 5 cabanons. Nuitée 12 à 100€ - Sem. 180 à 990€

borne artisanale - 10 20€

Cadre naturel et boisé avec de multiples petites terrasses pour les emplacements et le locatif de bon confort. Vue panoramique sur mer et montagne depuis la piscine et le restaurant.

Nature :
Loisirs : terrain multisports
Services : laverie réfrigérateurs
À prox. :

GPS : E : 8.71256 N : 42.2643

▲ Funtana a l'Ora

📞 04 95 26 11 65, www.funtanaalora.com ✉ 20150 Ota

Pour s'y rendre : rte d'Evisa (1,4 km au sud-est par D 84, à 200 m du Porto)

Ouverture : de déb. avr. à fin oct.

2 ha (70 empl.) fort dénivelé, en terrasses, plat et peu incliné, pierreux, rochers

Empl. camping : (Prix 2017) 9,80€ 4€ 4€ – (10A) 4€ - frais de réservation 15€

Location : (Prix 2017) (de déb. avr. à fin oct.) - 10 - 11 . Nuitée 52 à 146€ - Sem. 320 à 920€ - frais de réservation 15€

borne artisanale

Emplacements bien ombragés entre les rochers sur de multiples petites terrasses dans un agréable cadre naturel.

Nature :
Loisirs : terrain multisports
Services : laverie cases réfrigérées

GPS : E : 8.71621 N : 42.25823

*De categorie (1 tot 5 tenten, in **zwart** of **rood**) die wij aan de geselekteerde terreinen in deze gids toekennen, is onze eigen indeling. Niet te verwarren met de door officiële instanties gebruikte classificatie (1 tot 5 sterren).*

CORSE

⛺ Casa del Torrente
(pas d'emplacement tentes et caravanes)

📞 04 95 22 45 14, www.casadeltorrente.com ✉ 20150 Ota

Pour s'y rendre : rte d'Evisa (1 km au sud-est par D 84, au bord du Porto (accès direct)

1,5 ha fort dénivelé, en terrasses

Location : (Prix 2017) (de fin mars à mi-nov.) - 🚐 - 12 🏠 - 3 gîtes. Nuitée 48 à 244€ - Sem. 300 à 1 500€ - frais de réservation 15€

Gîtes et certains chalets idéal pour les grandes familles avec accès libre aux loisirs et services du camping Funtana a l'Ora à 400 m en face, de l'autre côté de la route.

Nature : 🌳 🍃 ⛰
Loisirs : 🎣
Services : 🔑 🚿 🚻 📶 ♻
À prox. : 🍽 🛝 🏊 terrain multisports

GPS E : 8.71183 N : 42.26021

PORTO-VECCHIO

20137 - Carte Michelin **345** E10 - 11 005 h. - alt. 40
🚢 Corsica Linea 📞 0 825 88 80 88 (0,15 € TTC/mn) et CMN Port de Commerce 📞 09 70 83 20 20
▶ Ajaccio 141 - Bonifacio 28 - Corte 121 - Sartène 59

⛺ Golfo di Sogno 👥

📞 04 95 70 08 98, www.golfo-di-sogno.fr

Pour s'y rendre : rte de Cala-Rossa (6 km au nord-est par D 468)

Ouverture : de déb. mai à fin sept.

22 ha (650 empl.) plat, herbeux, sablonneux

Empl. camping : (Prix 2017) 30€ ✱✱ 🚐 📧 🔌 (6A) - pers. suppl. 9,90€

Location : (Prix 2017) (de déb. mai à fin sept.) - 12 🚐 - 61 🏠 - 138 cabanons - 12 gîtes. Sem. 290 à 2 240€

🚐 borne eurorelais

Très agréable pinède en bord de mer, beaucoup d'espace et du locatif diversifié et variable en confort.

Nature : 🌳 🍃 🌴 ⛰
Loisirs : 🍽 🎣 🏛 salle d'animations 🏃 🎠 ❄ 🐟 ⛴ base nautique terrain multisports
Services : 🔑 🚿 📶 laverie 🧺
À prox. : ⚓

GPS E : 9.31297 N : 41.62974

⛺ U Pirellu 👥

📞 04 95 70 23 44, www.camping-palombaggia.corsica ✿

Pour s'y rendre : à Piccovagia (9 km à l'est, rte de Palombaggia)

Ouverture : de mi-avr. à fin sept. - 🍴

5 ha (150 empl.) fort dénivelé, en terrasses, plat et peu incliné, herbeux, pierreux

Empl. camping : (Prix 2017) ✱ 10,50€ 🚐 4,50€ 📧 5€ – 🔌 (6A) 4€

Location : (Prix 2017) (de mi-avr. à mi-oct.) - 🚐 - 16 🏠. Nuitée 65 à 145€ - Sem. 395 à 1 650€

Pour certains chalets, vue panoramique sur la mer et la pointe de la Chiapa.

Nature : 🌳 🍃 🌴
Loisirs : 🍽 🍴 🏛 🎬 diurne 🏃 🎠 ❄
Services : 🔑 🅿 🚿 📶 ♻ 🧺
À prox. : 🏊

GPS E : 9.3322 N : 41.58962

⛺ Pitrera

📞 04 95 70 20 10, www.pitrera.com

Pour s'y rendre : lieu-dit : La Trinité (5,8 km au nord par T 10, rte de Bastia et chemin à droite)

4 ha (125 empl.) fort dénivelé, en terrasses, peu incliné, pierreux, rochers

Location : 1 🚐 - 68 🏠 - 1 yourte.

Emplacements bien ombragés, espace piscine agréable et pour quelques chalets, vue panoramique mer !

Nature : 🌳 🍃
Loisirs : 🍽 🎠 ❄ 🏊
Services : 🔑 🚿 📶 ♻ 🧺

GPS E : 9.29535 N : 41.63461

⛺ La Vetta

📞 04 95 70 09 86, www.campinglavetta.com

Pour s'y rendre : lieu-dit : La Trinité (5,5 km au nord sur T 10, rte de Bastia)

Ouverture : de déb. juin à fin sept.

8 ha (110 empl.) en terrasses, incliné, plat, herbeux, pierreux, rochers

Empl. camping : (Prix 2017) ✱ 📧 15€ – 🔌 (10A) 3,90€

Location : (Prix 2017) (de mi-mai à fin sept.) - 43 🚐 - 6 🏠. Nuitée 85 à 228€ - Sem. 595 à 1 596€

Magnifique cadre sauvage et naturel avec quelques locatifs grand confort mais préférer les emplacements éloignés des routes.

Nature : 🍃 🌴
Loisirs : 🍽 🎠 ❄ 🏊
Services : 🔑 📶 ♻ cases réfrigérées

GPS E : 9.29356 N : 41.63285

⛺ Bella Vista

📞 04 95 70 58 01, www.bella-vista.cc ✿

Pour s'y rendre : à Piccovagia, rte de Palombaggia (9,3 km à l'est)

Ouverture : de déb. juin à fin sept.

2,5 ha (88 empl.) fort dénivelé, en terrasses, plat, herbeux, pierreux

Empl. camping : (Prix 2017) ✱ 8,50€ 🚐 4€ 📧 5€ – 🔌 (6A) 4€

Location : (Prix 2017) (de déb. mai à fin sept.) - 🚐 (de déb. juin à fin sept.) - 8 🏠. Nuitée 100 à 130€ - Sem. 420 à 1 150€ - frais de réservation 10€

Pour certains chalets, vue panoramique sur la mer et la pointe de la Chiapa.

Nature : 🌳 ≤ 🌴
Loisirs : 🍽 🎠 ❄
Services : 🔑 🚿 📶 ♻

GPS E : 9.3367 N : 41.58672

⛺ Arutoli

📞 04 95 70 12 73, www.arutoli.com

Pour s'y rendre : rte de l'Ospédale (2 km au nord-ouest par D 368)

Ouverture : de déb. avr. à déb. nov.

4 ha (150 empl.) plat et peu incliné, rochers, pierreux

Empl. camping : (Prix 2017) ✱ 8€ 🚐 3,40€ 📧 4,25€ – 🔌 (6A) 3,50€

Location : (Prix 2017) (de déb. avr. à déb. nov.) - 34 🏠. Nuitée 54 à 94€ - Sem. 375 à 660€

🚐 borne artisanale 7€

CORSE

Emplacements bien ombragés et un petit village de chalets paysagé.

Nature : 🌳🌳
Loisirs : ✗ 🏠 🛶
Services : ⚿ 👤 📶 🛒 🗑

GPS E : 9.26556 N : 41.60186

⚠ Les Îlots d'Or

☎ 04 95 70 01 30, www.campinglesilotsdor.com

Pour s'y rendre : rte Pezza-Cardo (6 km au nord-est par D 568 ou par T 10 rte de Bastia et à droite par D 468 b)

Ouverture : de déb. mai à fin sept.

4 ha (176 empl.) en terrasses, plat, herbeux, plat, rochers

Empl. camping : (Prix 2017) 🚶 7€ 🚗 3€ 🍴 4€ – ⚡ (6A) 3,50€

Location : (Prix 2017) (de déb. mai à fin sept.) - 🚫 - 3 🚐 - 24 🏠. Nuitée 50 à 135€ - Sem. 350 à 945€

Quelques emplacements les pieds dans l'eau !

Nature : 🌊 🌴 🌳🌳 🌲
Loisirs : ✗
Services : ⚿ 👤 📶 🛒
À prox. : 🛒 ⚓

GPS E : 9.30819 N : 41.6275

⚠ Les Jardins du Golfe

☎ 04 95 70 46 92, www.camping-jardinsdugolfe.fr

Pour s'y rendre : rte de Palombaggia (5,2 km au sud)

Ouverture : de déb. juin à mi-sept.

4 ha (200 empl.) incliné, plat, herbeux, sablonneux

Empl. camping : (Prix 2017) 🚶 7,30€ 🚗 3,60€ 🍴 5,20€ – ⚡ (5A) 3,60€

Location : (Prix 2017) (de déb. avr. à fin oct.) - ♿ (1 chalet) - 🚫 - 14 🏠. Nuitée 50 à 115€ - Sem. 300 à 860€

🚐 borne artisanale 6€

Gestion associative pour des emplacements ombragés et des chalets de bon confort.

Nature : 🌊 🌳🌳
Loisirs : 🛶 (petite piscine)
Services : ⚿ 👤 📶 🛒 🗑 réfrigérateurs
À prox. : 🛒

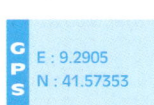

GPS E : 9.2905 N : 41.57353

PROPRIANO

20110 - Carte Michelin **345** C9 - 3 292 h. - alt. 5
🚢 Corsica Linea ☎ 0 825 88 80 88 (0,15 €TTC/mn) et CMN ☎ 09 70 83 20 20
▶ Ajaccio 70 - Bastia 202 - Olbia 126 - Sassari 32

⚠⚠ Village Vacances U Livanti

(pas d'emplacement tentes et caravanes)

☎ 04 95 76 08 06, www.ulivanti.com

Pour s'y rendre : à Portigliolo, rte de Campomoro (8 km au sud par T 40 et D 121, dans le golfe du Valinco)

6 ha (114 empl.) en terrasses

Location : (Prix 2017) (de déb. mars à fin nov.) - ♿ (1 chalet) - 🚫 - 🅿 - 90 🏠 - 12 🛏. Nuitée 72 à 328€ - Sem. 450 à 3 640€

Village de chalets de bon ou très bon confort avec de jolies terrasses aménagées ; restaurant les pieds dans l'eau.

Nature : 🌊 🌳🌳 🌲
Loisirs : 🍽 ✗
Services : ⚿ 📶 laverie 🗑
À prox. : 🛒 ⚓ ski nautique

GPS E : 8.86912 N : 41.64491

ST-FLORENT

20217 - Carte Michelin **345** E3 - 1 636 h.
▶ Bastia 22 - Calvi 70 - Corte 75 - L'Île-Rousse 45

⚠⚠⚠ Homair Vacances Kalliste 👥

☎ 04 95 37 03 08, campingkalliste@orange.fr

Pour s'y rendre : rte de la Plage, lieu-dit : Ceppitone (1,2 km par D 81, rte de l'Île Rousse et chemin à droite après le pont)

Ouverture : de déb. avr. à déb. oct.

4 ha (175 empl.) plat, pierreux

Empl. camping : (Prix 2017) 45,50€ 🚶 🚗 🍴 ⚡ (10A) - pers. suppl. 9€ - frais de réservation 25€

Location : (Prix 2017) (de déb. avr. à déb. oct.) - 🚫 (de mi-juil. à déb. sept.) - 135 🚐. Nuitée 36 à 178€ - Sem. 252 à 1 246€

Situé à 200 m de la plage de Ceppitone et bordé par l'Aliso, emplacements ombragés avec du locatif de bon confort même si parfois un peu serré.

Nature : 🌊 🌳🌳
Loisirs : 🍽 ✗ 🏠 🚶 jacuzzi 🛶 🛶 (petite piscine) 🚿
Services : ⚿ 👤 📶 laverie 🗑 🛒 cases réfrigérées
À prox. : 🛶 ⚓

GPS E : 9.29739 N : 42.67309

⚠ Olzo

☎ 04 95 37 03 34, www.campingolzo.com

Pour s'y rendre : lieu-dit : Strutta (2,5 km au nord-est par D 81 rte de Bastia)

Ouverture : de déb. mai à mi-sept.

1,5 ha (65 empl.) plat, pierreux, gravier

Empl. camping : (Prix 2017) 🚶 8,50€ 🚗 4€ 🍴 9,50€ – ⚡ (6A) 5€ - frais de réservation 15€

Location : (Prix 2017) (de déb. mai à mi-sept.) - 12 🚐 - 19 cabanons - 6 appartements. Sem. 450 à 910€ - frais de réservation 15€

Emplacements bien ombragés avec quelques locatifs de confort simple à 300 m de la plage.

Nature : 🌳🌳
Loisirs : 🍽 ✗ 🛶
Services : ⚿ 🚐 👤 📶 laverie 🗑

GPS E : 9.3253 N : 42.69349

---

*Pour choisir et suivre un itinéraire, pour calculer un kilométrage, pour situer exactement un terrain (en fonction des indications fournies dans le texte) : utilisez les **cartes MICHELIN**, compléments indispensables de cet ouvrage.*

CORSE

STE-LUCIE-DE-PORTO-VECCHIO
20144 - Carte Michelin **345** F9
▶ Ajaccio 142 - Porto-Vecchio 16

Homair Vacances Acqua E Sole
(pas d'emplacement tentes et caravanes)
✆ 04 95 50 15 75, www.homair.com
Pour s'y rendre : lieu-dit : Pianu Di Conca (1 km au nord-est par T 10, rte de Solenzara et chemin à gauche)
5 ha (160 empl.) en terrasses, plat
Location : (1 mobile home) - 125 - 15 - 7 - 15 chalets sur pilotis.
Village de mobile homes, chalets parfois sur pilotis et quelques chambres en formule hôtelière.

Nature :	GPS
Loisirs : diurne terrain multisports	E : 9.35129
Services : laverie	N : 41.70328
À prox. :	

Santa-Lucia
✆ 04 95 71 45 28, www.campingsantalucia.com
Pour s'y rendre : T 10 (au bourg)
Ouverture : de déb. avr. à déb. oct.
3 ha (160 empl.) plat et peu incliné, rochers, pierreux, sablonneux
Empl. camping : (Prix 2017) 9,95 € 3,95 € 7,40 € –
(6A) 3,15 € - frais de réservation 10 €
Location : (Prix 2017) (de déb. avr. à déb. oct.) - - 21 - 12 bungalows toilés - 10 tentes lodges. Sem. 265 à 1 025 € - frais de réservation 15 €
Emplacements bien ombragés, calmes avec un bon confort sanitaire et du locatif varié de bon confort.

Nature :	GPS
Loisirs :	E : 9.3434
Services :	N : 41.6966
À prox. :	

Fautea
✆ 04 95 71 41 51
Pour s'y rendre : lieu-dit : Fautea (5 km au nord-est sur T 10, rte de Solenzara)
5 ha (100 empl.) en terrasses, pierreux
Préférer les emplacements sur les petites terrasses avec vue panoramique sur la mer, plus éloignés de la route.

Nature :	GPS
Loisirs :	E : 9.40191
Services : cases réfrigérées	N : 41.71557
À prox. :	

Pour visiter une ville ou une région :
*utilisez le **Guide Vert MICHELIN**.*

SARTÈNE
20100 - Carte Michelin **345** C10 - 3 363 h. - alt. 310
▶ Ajaccio 81 - Bastia 180 - Olbia 132

Campéole L'Avéna
✆ 04 95 77 02 18, www.campeole.com/etablissement/post/l-avena-sartene
Pour s'y rendre : à Tizzano (16 km au sud par le D 48 et chemin à gauche)
Ouverture : de mi-mai à mi-sept.
5 ha (194 empl.) en terrasses, plat, pierreux, herbeux
Empl. camping : (Prix 2017) 35,20 € (10A) - pers. suppl. 9,30 € - frais de réservation 25 €
Location : (Prix 2017) (de mi-mai à mi-sept.) - 27 - 35 bungalows toilés - 44 tentes lodges - 10 tentes lodges (avec sanitaires). Nuitée 42 à 157 € - Sem. 294 à 628 € - frais de réservation 25 €
Locatifs variés souvent en toiles et un accès direct à la plage par un sentier (500 m)

Nature :	GPS
Loisirs : terrain multisports	E : 8.86282
Services : laverie	N : 41.53483

Campéole
www.campeole.com

L'AVENA ★★★

L'accès direct à une crique... j'adore !

Emplacements campeurs, chalets, bungalow toilés, Pagans Lodges Maasaï.

Destination idéale pour la pratique de la plongée et des sports nautiques. En juillet/août : snack-bar, animations et club enfants.

Route de Tizzano
20100 Sartène
+33 (0)4 95 77 02 18
avena@campeole.com

CORSE

SOLENZARA
20145 - Carte Michelin 345 F8 - 1 169 h.
▶ Ajaccio 131 - Bastia 105

Homair Vacances Sole di Sari
(pas d'emplacement tentes et caravanes)
☎ 04 95 57 07 70, www.soledisari.com
Pour s'y rendre : rte de Bavella (1,5 km au nord-ouest par D 268)
4 ha (136 empl.) en terrasses
Location : (1 mobile home) - 76 - 44 chalets sur pilotis - 16 tentes sur pilotis.
Bel ensemble de locatif varié, souvent de grand confort et sur pilotis pour épouser le relief qui descend jusqu'à la rivière : La Solenzara.

Nature :
Loisirs : diurne
Services : laverie

GPS : E : 9.38396 — N : 41.86493

Côte des Nacres
☎ 04 95 57 40 65, www.campingdesnacres.fr
Pour s'y rendre : T 10 (1.3 km au nord, rte de Bastia)
Ouverture : de mi-avr. à fin sept.
3 ha (180 empl.) plat, pierreux, sablonneux
Empl. camping : (Prix 2017) 9€ 5,70€ 5,70€ (6A) 4€ - frais de réservation 10€
Location : (Prix 2017) (de mi-avr. à fin sept.) - 39 . Nuitée 70 à 130€ - Sem. 370 à 890€ - frais de réservation 10€
Emplacements à l'ombre des eucalyptus et bordés par la rivière : La Solenzara ou carrément sur la plage face à la mer.

Nature :
Loisirs :
Services : laverie
À prox. : parcours dans les arbres, canyoning paddle

GPS : E : 9.3957 — N : 41.86448

TIUCCIA
20111 - Carte Michelin 345 B7
▶ Ajaccio 30 - Cargèse 22 - Vico 22

Les Couchants
☎ 04 95 52 26 60, campinglescouchants.fr ✉ 20111 Casaglione
Pour s'y rendre : rte de Casaglione (4,9 km au nord par D 81 et D 25 à dr.)
Ouverture : de fin juin à mi-sept.
5 ha (120 empl.) en terrasses, plat, herbeux, pierreux
Empl. camping : (Prix 2017) 7€ 3,50€ (6A) 5€
Location : (Prix 2017) (de fin juin à mi-sept.) - 8 . Sem. 600 à 924€
21 10,50€
Emplacements au milieu des oliviers, eucalyptus et lauriers multicolores.

Nature :
Loisirs :
Services :

GPS : E : 8.74894 — N : 42.08114

VIVARIO
20219 - Carte Michelin 345 E6 - 532 h. - alt. 850
▶ Bastia 89 - Aléria 49 - Corte 22 - Bocognano 22

Aire Naturelle le Soleil
☎ 04 95 47 21 16, www.camping-lesoleil.com - alt. 800
Pour s'y rendre : lieu-dit : Tattone (6 km au sud-ouest par T 20, rte d'Ajaccio, près de la petite gare de Tattone)
Ouverture : de déb. mai à fin sept.
1 ha (25 empl.) en terrasses, peu incliné, plat, herbeux
Empl. camping : (Prix 2017) 7€ 2€ 2€ (10A) 3€
borne eurorelais
Ombrage en partie sous les arbres fruitiers face à la montagne.

Nature :
Loisirs :
Services : laverie réfrigérateurs

GPS : E : 9.15186 — N : 42.1532

ZONZA
20124 - Carte Michelin 345 E9 - 1 802 h. - alt. 780
▶ Ajaccio 93 - Porto-Vecchio 40 - Sartène 38 - Solenzara 40

Municipal
☎ 04 95 78 62 74
Pour s'y rendre : rte de Porto-Vecchio (3 km au sud-est par D 368)
Ouverture : de déb. mai à fin sept. -
2 ha (120 empl.) vallonné, en terrasses, plat, pierreux
Empl. camping : (Prix 2017) 14€ (6A) - pers. suppl. 7€
borne AireService 3€
À l'ombre d'une agréable pinède, au bord de la rivière.

Nature :
Loisirs :
Services :

GPS : E : 9.19563 — N : 41.7504

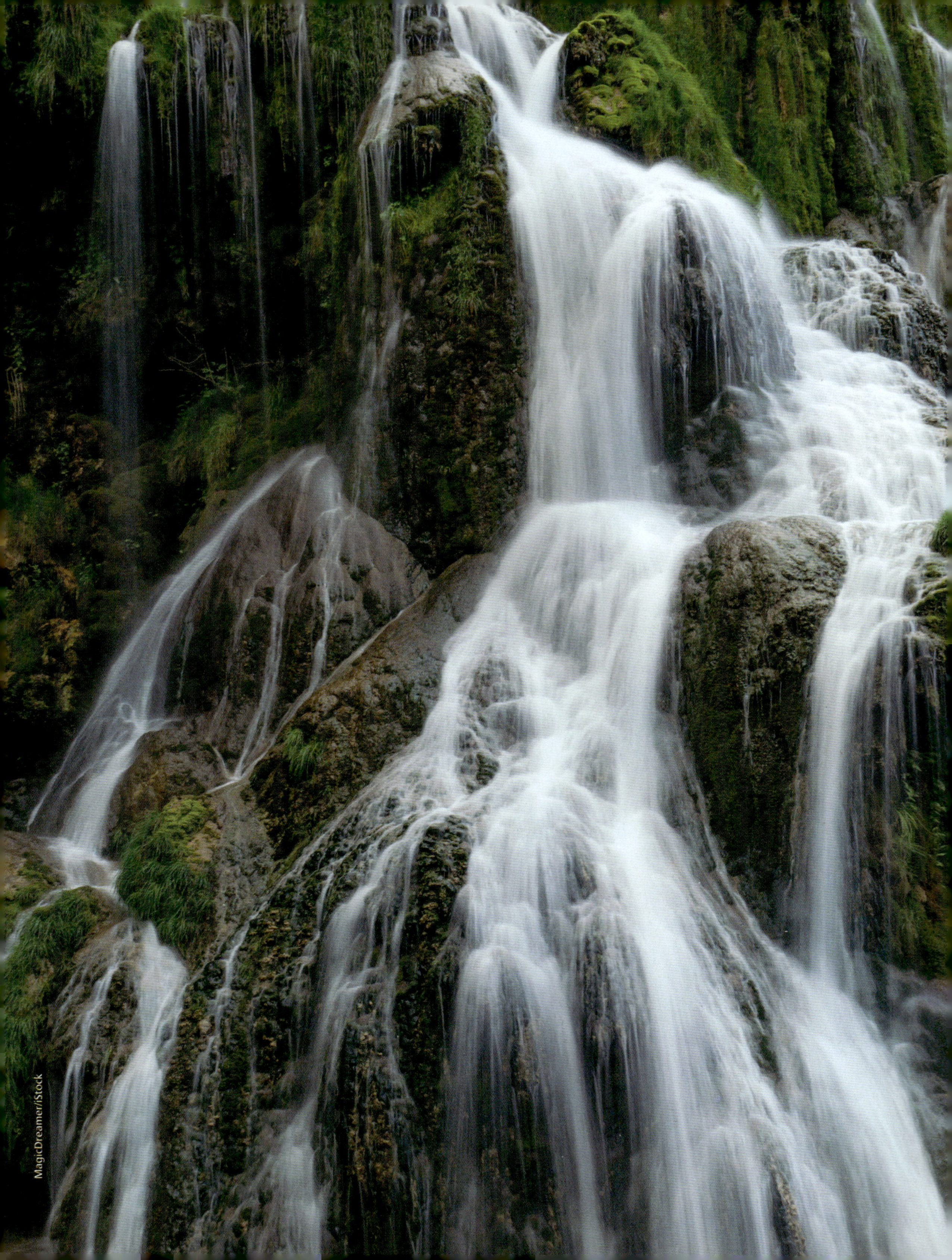
MagicDreamer/iStock

FRANCHE-COMTÉ

🇫🇷 Il était une fois… la Franche-Comté ! Ses contes et légendes s'inspirent d'une nature mystérieuse qui réserve bien des surprises aux visiteurs curieux. La forêt de résineux s'y étend par monts et par vaux, jetant de doux sortilèges aux explorateurs de grottes, gouffres et gorges qu'elle dissimule. La magie des lieux tient aussi à l'abondance des torrents, cascades et lacs dont les larges taches bleutées contrastent avec le vert des pâturages. Les artisans comtois transforment comme par enchantement le bois en horloges, jouets et pipes pour les touristes en quête de souvenirs. Et l'éventail des arômes déployés par les produits du terroir envoûte les gastronomes : fromage de comté au goût de noisette, savoureuses charcuteries fumées et radieux cortège de vins distillant des bouquets subtils et fruités.

🇬🇧 Once upon a time in a land called Franche-Comté…many of France's tales and legends begin in the secret wilderness of this secluded region on the Swiss border. The Jura's peaks and dales, clad in a cloak of fragrant conifers, cast a gentle charm over its explorers: the magic spell is also woven by the waterfalls, grottoes and mysterious lakes, their dark blue waters reflecting the surrounding hills. Nimble-fingered craftsmen transform the local wood into clocks, toys and pipes which will delight anyone with a love of fine craftsmanship. Hungry travellers will want to savour the rich, hazelnut tang of Comté cheese, but beware: the delicate smoked and salted meats, in which you can almost taste the pine and juniper, plus Franche-Comté's sumptuous and subtly fruity wines may lure you back for more!

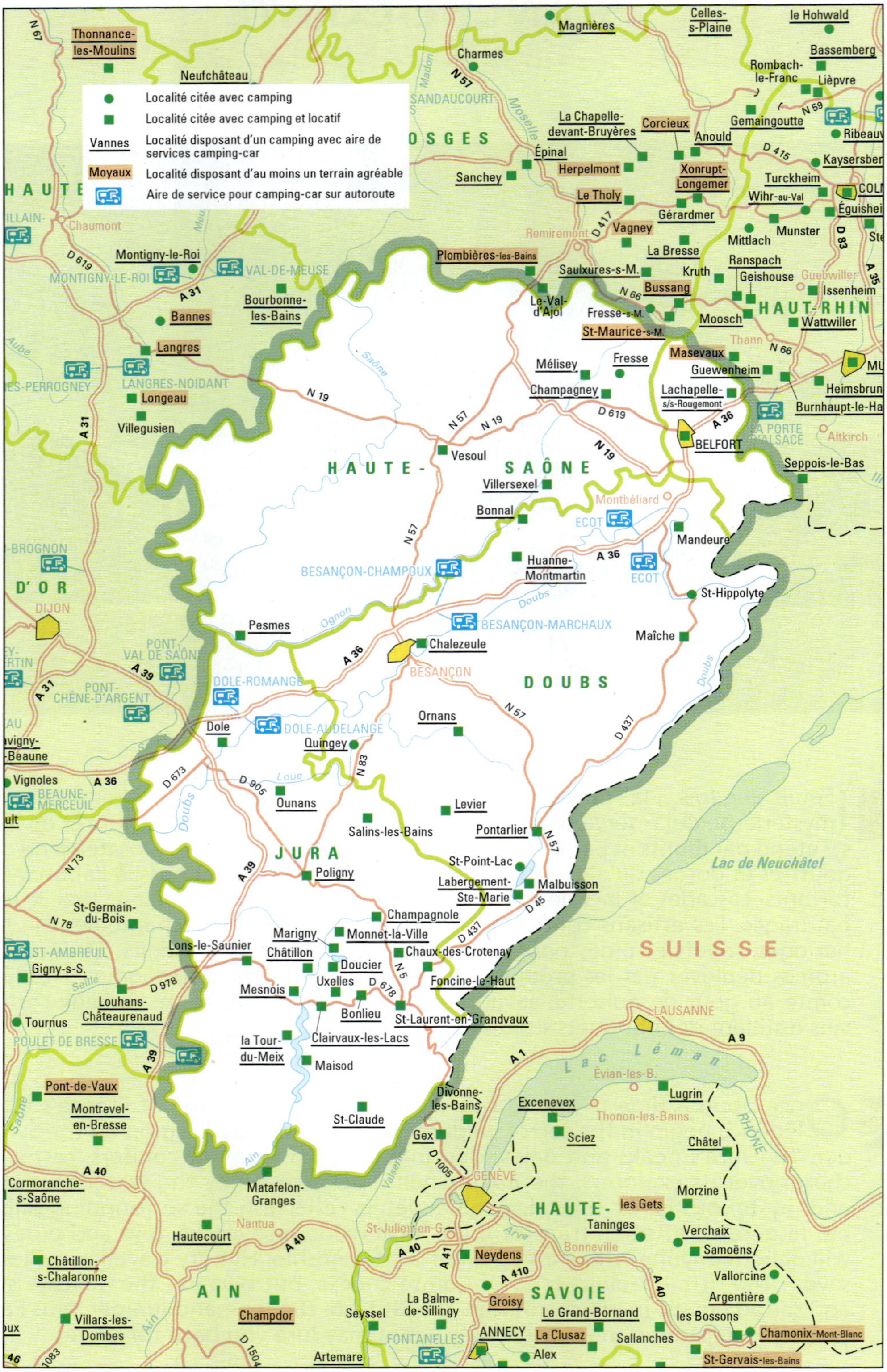

Localité citée avec camping
Localité citée avec camping et locatif
Vannes
Localité disposant d'un camping avec aire de services camping-car
Moyaux
Localité disposant d'au moins un terrain agréable
Aire de service pour camping-car sur autoroute
HAUTE-SAÔNE
DOUBS
JURA
SUISSE
VOSGES
HAUT-RHIN
AIN
SAVOIE
HAUTE-
Lac de Neuchâtel
Lac Léman
Thonnance-les-Moulins
Neufchâteau
Charmes
Magnières
Celles-s-Plaine
le Hohwald
Bassemberg
Rombach-le-Franc
Lièpvre
SANDAUCOURT
La Chapelle-devant-Bruyères
Corcieux
Gemaingoutte
Ribeauvillé
Anould
Kaysersberg
Épinal
Sanchey
Herpelmont
Xonrupt-Longemer
Turckheim
Le Tholy
Wihr-au-Val
Éguisheim
Gérardmer
Munster
Remiremont
Vagney
Mittlach
La Bresse
Ranspach
Kruth
Geishouse
Guebwiller
Issenheim
Saulxures-s-M.
Bussang
Moosch
Wattwiller
Plombières-les-Bains
Le-Val-d'Ajol
Fresse-s-M.
St-Maurice-s-M.
Thann
Masevaux
Guewenheim
Heimsbrunn
Burnhaupt-le-Haut
Mélisey
Fresse
Champagney
Lachapelle-s/s-Rougemont
LA PORTE D'ALSACE
Altkirch
BELFORT
Seppois-le-Bas
Chaumont
Montigny-le-Roi
MONTIGNY-LE-ROI
VAL-DE-MEUSE
Bourbonne-les-Bains
Bannes
Langres
LANGRES-NOIDANT
Longeau
Villegusien
Vesoul
Villersexel
Montbéliard
Bonnal
ECOT
Mandeure
BESANÇON-CHAMPOUX
Huanne-Montmartin
St-Hippolyte
Maîche
Pesmes
BESANÇON-MARCHAUX
Chalezeule
BESANÇON
DIJON
D'OR
PONT-VAL DE SAÔNE
PONT-CHÊNE-D'ARGENT
DOLE-ROMANGE
DOLE-AUDELANGE
Dole
Quingey
Ornans
Vignoles
BEAUNE-MERCEUIL
Ounans
Levier
Salins-les-Bains
Pontarlier
St-Point-Lac
Labergement-Ste-Marie
Malbuisson
Poligny
St-Germain-du-Bois
Champagnole
Marigny
Monnet-la-Ville
Lons-le-Saunier
Châtillon
Chaux-des-Crotenay
ST-AMBREUIL
Gigny-s-S.
Doucier
Uxelles
Foncine-le-Haut
Louhans-Châteaurenaud
Mesnois
Bonlieu
St-Laurent-en-Grandvaux
Tournus
POULET DE BRESSE
la Tour-du-Meix
Clairvaux-les-Lacs
Maisod
LAUSANNE
Pont-de-Vaux
Évian-les-B.
Lugrin
Divonne-les-Bains
Excenevex
Thonon-les-Bains
Montrevel-en-Bresse
St-Claude
Sciez
Châtel
Gex
Cormoranche-s-Saône
Matafelon-Granges
GENÈVE
Morzine
les Gets
Taninges
Verchaix
Nantua
St-Julien-en-G.
Hautecourt
Bonneville
Samoëns
Neydens
Châtillon-s-Chalaronne
Vallorcine
Groisy
Argentière
La Balme-de-Sillingy
Le Grand-Bornand
les Bossons
Villars-les-Dombes
Champdor
Seyssel
ANNECY
La Clusaz
Sallanches
Chamonix-Mont-Blanc
FONTANELLES
Alex
Artemare
St-Gervais-les-Bains

FRANCHE-COMTÉ

BELFORT

90000 - Carte Michelin **315** F11 - 50 199 h. - alt. 360
▶ Paris 422 - Lure 33 - Luxeuil-les-Bains 52 - Montbéliard 23

L'Étang des Forges

☎ 03 84 22 54 92, www.camping-belfort.com

Pour s'y rendre : r. du Gén.-Béthouart (1,5 km au nord par D 13, rte d'Offemont et à dr. - par A 36 sortie 13)

Ouverture : de déb. avr. à fin oct.

3,4 ha (90 empl.) plat, herbeux, pierreux

Empl. camping : (Prix 2017) 26,50€ ✦✦ ⇔ 🅴 (10A) - pers. suppl. 4,50€ - frais de réservation 5€

Location : (Prix 2017) (de déb. avr. à fin oct.) - (1 chalet) - 9 🏠 - 9 🛖 - 2 bungalows toilés - 1 roulotte. Nuitée 67 à 94€ - Sem. 398 à 510€ - frais de réservation 10€

🚐 borne flot bleu

Établissement coquet et bien entretenu avec une grande variété d'arbres.

Nature : ≤ 💧
Loisirs : 🍹 ✕ 🏓 🛝 🚴
Services : ⊶ 🚿 📶 laverie
À prox. : 🎣

GPS : E : 6.86430 / N : 47.65341

BONLIEU

39130 - Carte Michelin **321** F7 - 253 h. - alt. 785
▶ Paris 439 - Champagnole 23 - Lons-le-Saunier 32 - Morez 24

L'Abbaye

☎ 03 84 25 57 04, www.camping-abbaye.com

Pour s'y rendre : 2 rte du Lac (1,5 km à l'est par N 78, rte de St-Laurent-en-Grandvaux)

Ouverture : de déb. mai à fin sept.

3 ha (88 empl.) incliné, plat, herbeux

Empl. camping : (Prix 2017) 21€ ✦✦ ⇔ 🅴 (10A) - pers. suppl. 4,80€

Location : (Prix 2017) (de déb. mai à fin sept.) - 4 🏠 - 1 gîte. Nuitée 55€ - Sem. 300 à 550€

🚐 borne flot bleu 5€ - 4 🅴 9€

Dans un joli site au pied des falaises, non loin de la cascade du Hérisson.

Nature : 🌳 ≤ 🌲
Loisirs : 🍹 ✕ 🏓 🛝
Services : ⊶ 🚿 📶 laverie 🎣
À prox. : 🐎 canoë

GPS : E : 5.87562 / N : 46.59199

BONNAL

25680 - Carte Michelin **321** I1 - 21 h. - alt. 270
▶ Paris 392 - Besançon 47 - Belfort 51 - Épinal 106

Le Val de Bonnal 👥👥

☎ 03 81 86 90 87, www.camping-valdebonnal.com

Pour s'y rendre : 1 chemin du Moulin

Ouverture : de déb. mai à déb. sept.

140 ha/15 campables (280 empl.) plat, herbeux

Empl. camping : (Prix 2017) 52,20€ ✦✦ ⇔ 🅴 (10A) - pers. suppl. 14,70€ - frais de réservation 15€

Location : (Prix 2017) (de déb. mai à déb. sept.) - 17 🏠 - 9 🛖 - 9 tentes sur pilotis. Sem. 406 à 1 435€ - frais de réservation 15€

🚐 borne artisanale

Situation agréable en bordure de l'Ognon et près d'un plan d'eau.

Nature : 🌳 💧
Loisirs : 🍹 ✕ 🏓 nocturne 🛝 🏊 🚴 🛶
Services : ⊶ 🚿 📶 laverie 🎣
À prox. : 🎣 🐎 parcours dans les arbres

GPS : E : 6.35619 / N : 47.50734

CHALEZEULE

25220 - Carte Michelin **321** G3 - 1 180 h. - alt. 252
▶ Paris 410 - Dijon 96 - Lyon 229 - Nancy 209

Municipal de la Plage

☎ 03 81 88 04 26, www.campingdebesancon.com

Pour s'y rendre : 12 rte de Belfort (4,5 km au nord-est par N 83, au bord du Doubs)

Ouverture : de mi-mars à fin oct.

2,5 ha (152 empl.) terrasse, plat, herbeux

Empl. camping : (Prix 2017) ✦ 5,85€ ⇔ 🅴 8€ – 🅴 (16A) 3,95€

Location : (Prix 2017) (de mi-mars à fin oct.) - 8 🏠 - 2 bungalows toilés. Nuitée 30 à 110€ - Sem. 200 à 680€

🚐 borne artisanale 4€ - 12 🅴 20,80€

Une attention particulière est apportée à la décoration végétale. Tramway à 500 m pour le centre-ville et Besançon.

Nature : 💧💧
Loisirs : ✕ 🛝
Services : ⊶ 🚿 📶 laverie
À prox. : ✂ 🎣

GPS : E : 6.07103 / N : 47.26445

Deze gids is geen overzicht van alle kampeerterreinen maar een selektie van de beste terreinen in iedere categorie.

CHAMPAGNEY

70290 - Carte Michelin **314** H6 - 3 728 h. - alt. 370
▶ Paris 413 - Besançon 115 - Vesoul 48

Domaine Des Ballastières

☎ 03 84 23 11 22, www.campingdesballastieres.com

Pour s'y rendre : 20 r. du Pâquis

Ouverture : de déb. avr. à fin oct.

5 ha (110 empl.) peu incliné, plat, herbeux

Empl. camping : (Prix 2017) 13,50€ ✦✦ ⇔ 🅴 (16A) - pers. suppl. 3,70€ - frais de réservation 5€

Location : (Prix 2017) (de déb. avr. à fin oct.) - (1 mobile home) - 10 🏠 - 5 tentes lodges - 3 tentes sur pilotis. Nuitée 20 à 75€ - Sem. 100 à 610€ - frais de réservation 10€

🚐 borne eurorelais 2€

Au bord d'un plan d'eau.

Loisirs : 🏠 🛝 🏊 🚴 🛶
Services : ⊶ 📶 laverie
À prox. : 🎣 🐎 pédalos

GPS : E : 6.67414 / N : 47.70615

223

FRANCHE-COMTÉ

CHAMPAGNOLE

39300 - Carte Michelin **321** F6 - 8 088 h. - alt. 541
▶ Paris 420 - Besançon 66 - Dole 68 - Genève 86

▲▲▲ Boyse

☎ 03 84 52 00 32, www.camping-boyse.com

Pour s'y rendre : 20 r. Georges-Vallerey (sortie nord-ouest par D 5, rte de Lons-le-Saunier et r. à gauche)

Ouverture : de déb. avr. à fin sept.

9 ha/7 campables (240 empl.) peu incliné, plat, herbeux

Empl. camping : (Prix 2017) 25€ ★★ 🚗 🗐 🗓 (10A) - pers. suppl. 6€

Location : (Prix 2017) (de déb. avr. à fin sept.) - ♿ (2 chalets) - 27 🏠 - 2 tentes lodges. Nuitée 135 à 175€ - Sem. 280 à 784€

🅿 borne AireService 4€ - 5 🗐 6€

Joli site sur un coteau surplombant l'Ain de 30 m. Accès direct à la rivière par un chemin.

Nature : 🌳 🌿
Loisirs : ✗ 🏛 ★ 🏊 🎣 🛶 terrain multisports
Services : ⛐ 🚿 laverie 🛁
À prox. : 🚴 🍴 🏹 parcours sportif

GPS E : 5.89741 N : 46.74643

CHÂTILLON

39130 - Carte Michelin **321** E7 - 131 h. - alt. 500
▶ Paris 421 - Champagnole 24 - Clairvaux-les-Lacs 15 - Lons-le-Saunier 19

▲▲▲ Le Domaine de l'Épinette

☎ 03 84 25 71 44, www.domaine-epinette.com

Pour s'y rendre : 15 r. de l'Épinette (1,3 km au sud par D 151)

Ouverture : de mi-juin à mi-sept.

7 ha (150 empl.) en terrasses, peu incliné, plat, herbeux, pierreux

Empl. camping : (Prix 2017) 17€ ★★ 🚗 🗐 🗓 (10A) - pers. suppl. 4€ - frais de réservation 15€

Location : (Prix 2017) (de mi-juin à mi-sept.) - 50 🏕 - 7 🏠. Nuitée 50 à 115€ - Sem. 199 à 830€ - frais de réservation 15€

🅿 borne artisanale - 10 🗐 17€ - 🚻 🗓 12€

En terrasses, sur le flanc d'un vallon dominant une rivière.

Nature : 🌳 🌿
Loisirs : 🏛 ★ 🏊 🎣 🛶 🌊
Services : ⛐ 🚿 laverie 🛁
À prox. : 🎣

GPS E : 5.72218 N : 46.6513

CHAUX-DES-CROTENAY

39150 - 412 h. - alt. 735
▶ Paris 440 - Besançon 88 - Lons-le-Saunier 48

▲ Municipal du Bois Joli

☎ 03 84 51 50 82, www.chaletsalesiajura.com

Pour s'y rendre : 8 rte de la Piscine

1 ha (42 empl.) plat, herbeux

Location : ♿ (1 chalet) - 8 🏠.

Jolie vue sur les reliefs environnants.

Nature : ≤ montagnes
Loisirs : 🏛 ★
Services : laverie
À prox. : 🏊 🍴 🚴 🏊

GPS E : 5.96072 N : 46.66307

CLAIRVAUX-LES-LACS

39130 - Carte Michelin **321** E7 - 1 454 h. - alt. 540
▶ Paris 428 - Bourg-en-Bresse 94 - Champagnole 34 - Lons-le-Saunier 22

▲▲▲ Yelloh! Village Le Fayolan

☎ 03 84 25 88 52, www.campinglefayolan.fr

Pour s'y rendre : r. du Langard (1,2 km au sud-est par D 118)

Ouverture : de fin avr. à mi-sept.

17 ha/13 campables (516 empl.) en terrasses, peu incliné, plat, herbeux, pinède

Empl. camping : (Prix 2017) 48€ ★★ 🚗 🗐 🗓 (16A) - pers. suppl. 9€

Location : (Prix 2017) Permanent - 123 🏕 - 10 tentes lodges. Nuitée 30 à 223€ - Sem. 210 à 1 561€

🅿 borne AireService - 🚻 🗓 19€

Au bord du lac avec de nombreux services et loisirs.

Nature : ≤ 🌿 🏖
Loisirs : 🍴 ✗ 🏛 🏊 salle d'animations ★ 🎣 hammam 🚴 🏊 🛶 🎾
Services : ⛐ 🚿 🔧 laverie 🛁 ✂
À prox. : 🏃 parcours de santé

GPS E : 5.75 N : 46.56667

▲▲▲ Le Grand Lac

☎ 03 84 25 22 14, www.odesia-clairvaux.com

Pour s'y rendre : chemin du Langard (800 m au sud-est par D 118, rte de Châtel-de-Joux et chemin à dr.)

2,5 ha (191 empl.) en terrasses, peu incliné, plat, herbeux

Location : 33 🏕 - 5 bungalows toilés.

🅿 borne artisanale

Au bord du lac avec une belle plage et un impressionnant plongeoir !

Nature : ≤ 🌿 🏖
Loisirs : 🏊 ★ 🎣 🛶 🌊 (plage) 🛶 pédalos
Services : ⛐ 🚿 laverie
À prox. : 🍴

GPS E : 5.75507 N : 46.56823

DOLE

39100 - Carte Michelin **321** C4 - 24 906 h. - alt. 220
▶ Paris 363 - Besançon 55 - Chalon-sur-Saône 67 - Dijon 50

▲▲▲ Le Pasquier

☎ 03 84 72 02 61, www.camping-le-pasquier.com

Pour s'y rendre : 18 chemin Victor-et-Georges-Thévenot (au sud-est par av. Jean-Jaurès)

Ouverture : de mi-mars à mi-oct.

2 ha (120 empl.) plat, herbeux, gravillons

Empl. camping : (Prix 2017) 22€ ★★ 🚗 🗐 🗓 (10A) - pers. suppl. 5,30€ - frais de réservation 15€

Location : (Prix 2017) (de mi-mars à mi-oct.) - 8 🏕 - 2 tentes lodges - 3 roulottes. Nuitée 35 à 97€ - Sem. 200 à 680€ - frais de réservation 15€

🅿 borne artisanale 5€

Dans un cadre verdoyant, près du Doubs, avec vue sur la collégiale de Dole.

Nature : 🌿
Loisirs : 🍴 ✗ diurne 🏊 (petite piscine)
Services : ⛐ 🚿 🔧 laverie
À prox. : 🚣

GPS E : 5.50357 N : 47.08982

224

FRANCHE-COMTÉ

DOUCIER

39130 - Carte Michelin **321** E7 - 300 h. - alt. 526
▶ Paris 427 - Champagnole 21 - Genève 89 - Lons-le-Saunier 25

Domaine de Chalain

☎ 03 84 25 78 78, www.chalain.com

Pour s'y rendre : 3 km au nord-est

Ouverture : de fin avr. à mi-sept.

30 ha/18 campables (712 empl.) plat, herbeux, pierreux

Empl. camping : (Prix 2017) 46 € ✶✶ 🚗 🏠 (10A) - pers. suppl. 7 €
- frais de réservation 12 €

Location (Prix 2017) (de fin avr. à mi-sept.) - 🚫 - 59 🏠 - 35 🏠
- 41 cabanons. Nuitée 36 à 166 € - Sem. 216 à 1 162 € - frais de réservation 12 €

🚐 borne artisanale 2 €

Agréablement situé dans une baie cernée de falaises, entre forêt et lac de Chalain.

Nature : ⩽ ⚲ ⛰
Loisirs : 🍴 ✗ 🏠 ✴ 🏊 🛶 🎣 ≈ hammam jacuzzi ⛵ 🚴 🎯 🎾 🎳 laverie 🧺
Services : ⛽ 🚻 🚿 🧺 🛁 laverie 🗑 cases réfrigérées

GPS : E : 5.81395 / N : 46.66422

FONCINE-LE-HAUT

39460 - Carte Michelin **321** G7 - 1 027 h. - alt. 790
▶ Paris 444 - Champagnole 24 - Clairvaux-les-Lacs 34 - Lons-le-Saunier 62

Les Chalets du Val de Saine

☎ 03 84 51 93 11, www.camping-haut-jura.com - alt. 900 - empl. traditionnels également disponibles

Pour s'y rendre : sortie sud-ouest par la D437, rte de St-Laurent-en-Grandvaux et à gauche, au stade, au bord de la Saine.

1,2 ha plat

Location : (Prix 2017) Permanent Ⓟ - 19 🏠. Nuitée 82 à 160 €
- Sem. 275 à 1 090 €

🚐 borne AireService 3,50 € - 8 🗑 10 €

Nature : 🏔
Loisirs : 🛶
Services : ⛽ 📶 laverie
À prox. : 🎿 🍴 ✗ 🎾 🎳

GPS : E : 6.07253 / N : 46.65888

FRESSE

70270 - Carte Michelin **314** H6 - 725 h. - alt. 472
▶ Paris 405 - Belfort 31 - Épinal 71 - Luxeuil-les-Bains 30

La Broche

☎ 06 77 65 10 55, www.camping-broche.com

Pour s'y rendre : lieu-dit : Le Volvet (sortie ouest, rte de Melesey et chemin à gauche)

Ouverture : de mi-avr. à fin sept.

2 ha (50 empl.) terrasse, peu incliné, plat, herbeux

Empl. camping : (Prix 2017) ✶ 3 € 🚗 🏠 3 € 🗑 (10A) 3 €

🚐 borne artisanale - 10 🗑 12 € - 🗑 12 €

Dans un site vallonné et boisé, au bord d'un étang.

Nature : ⩽ ⚲ ⛰
Loisirs : 🛶
Services : ⛽ 🚻 🚿 📶 🧺

GPS : E : 6.65269 / N : 47.75587

HUANNE-MONTMARTIN

25680 - Carte Michelin **321** I2 - 83 h. - alt. 310
▶ Paris 392 - Baume-les-Dames 14 - Besançon 37 - Montbéliard 52

Le Bois de Reveuge

☎ 03 81 84 38 60, www.campingduboisdereveuge.com

Pour s'y rendre : rte de Rougemont (1,1 km au nord par D 113)

Ouverture : de fin avr. à déb. sept.

24 ha/15 campables (320 empl.) en terrasses, plat, herbeux, gravier, bois

Empl. camping : (Prix 2017) 35 € ✶✶ 🚗 🏠 (10A) - pers. suppl. 9 €
- frais de réservation 20 €

Location : (Prix 2017) (de fin avr. à déb. sept.) - 128 🏠 - 24 🏠.
Nuitée 52 à 165 € - Sem. 312 à 1 155 € - frais de réservation 20 €

🚐 borne artisanale 20 € - 50 🗑 35 €

Autour de deux grands étangs, à la lisière d'un bois.

Nature : ⚲ 🏔 ⛰
Loisirs : 🍴 ✗ 🏠 ✴ 🏊 🛶 🎣 🚴 🎯 ≈
Services : ⛽ 🚻 🚿 📶 laverie 🧺
À prox. : 🎣

GPS : E : 6.3447 / N : 47.44346

LABERGEMENT-STE-MARIE

25160 - Carte Michelin **321** H6 - 1 040 h. - alt. 859
▶ Paris 454 - Champagnole 41 - Pontarlier 17 - St-Laurent-en-Grandvaux 41

Le Lac

☎ 03 81 69 31 24, www.camping-lac-remoray.com

Pour s'y rendre : 10 r. du Lac (sortie sud-ouest par D 437, rte de Mouthe et r. à dr.)

Ouverture : de mi-mai à mi-sept.

1,8 ha (80 empl.) en terrasses, peu incliné, plat, herbeux

Empl. camping : (Prix 2017) 23 € ✶✶ 🚗 🏠 (10A) - pers. suppl. 5 €
- frais de réservation 10 €

Location : (Prix 2017) (de mi-mai à mi-sept.) - 12 🏠 - 4 🏠.
Nuitée 60 à 100 € - Sem. 220 à 700 € - frais de réservation 10 €

🚐 borne artisanale 2 € - 11 🗑 6 €

À 300 m du lac de Remoray.

Nature : ⩽
Loisirs : 🍴 ✗ 🏠 🚴
Services : ⛽ 🚿 📶 laverie 🧺
À prox. : ✗ 🎣 🛶

GPS : E : 6.27563 / N : 46.77134

225

FRANCHE-COMTÉ

LACHAPELLE-SOUS-ROUGEMONT

90360 - Carte Michelin **315** G10 - 549 h. - alt. 400

▶ Paris 442 - Belfort 16 - Basel 66 - Colmar 55

⚠ Flowert Le Lac de la Seigneurie

📞 03 84 23 00 13, www.camping-lac-seigneurie.com

Pour s'y rendre : 3 r. de la Seigneurie (3,2 km au nord par D 11, rte de Lauw)

Ouverture : Permanent

4 ha (110 empl.) plat, herbeux **Empl. camping :** (Prix 2017) 25€ ★★ 🚗 📧 [½] (10A) - pers. suppl. 4€ - frais de réservation 3,75€

Location : (Prix 2017) Permanent 🛌 (de déb. janv. à fin déc.) - 2 🏠 - 7 🏠 - 4 cabanons. Nuitée 25 à 120€ - Sem. 211 à 650€ - frais de réservation 15€

🚐 borne raclet - 10 📧 25€

Dans un coin de campagne calme, en lisière de forêt, près d'un étang.

Nature : 🌳 🌲
Loisirs : 🎪 🏄 🚴
Services : 🔌 🚿 laverie
À prox. : ✕ 🍴

GPS E : 7.01498
N : 47.73613

LEVIER

25270 - Carte Michelin **321** G5 - 1 949 h. - alt. 719

▶ Paris 443 - Besançon 45 - Champagnole 37 - Pontarlier 22

⚠ La Forêt

📞 03 81 89 53 46, www.camping-dela-foret.com

Pour s'y rendre : rte de Septfontaines (1 km au nord-est par D 41)

Ouverture : de fin avr. à mi-sept.

4 ha/2,5 campables (70 empl.) terrasse, peu incliné, plat, herbeux

Empl. camping : (Prix 2017) 25€ ★★ 🚗 📧 [½] (10A) - pers. suppl. 5,50€ - frais de réservation 10€

Location : (Prix 2017) (de déb. avr. à fin sept.) - 2 🏠 - 7 🏠 - 1 tente lodge. Nuitée 45 à 160€ - Sem. 230 à 770€ - frais de réservation 10€

🚐 10 📧 15€

Niché à la lisière d'une forêt dans un très beau décor d'arbres superbes et d'affleurements rocheux.

Nature : 🌳 🌲
Loisirs : 🎪 🏄 🚴
Services : 🔌 👶 🚿 laverie
À prox. : parcours sportif

GPS E : 6.13308
N : 46.95915

LONS-LE-SAUNIER

39000 - Carte Michelin **321** D6 - 17 907 h. - alt. 255 - ♨

▶ Paris 408 - Besançon 84 - Bourg-en-Bresse 73 - Chalon-sur-Saône 61

⛰ La Marjorie

📞 03 84 24 26 94, www.camping-marjorie.com

Pour s'y rendre : 640 bd de l'Europe (au nord-est en dir. de Besançon par bd de Ceinture)

Ouverture : de déb. avr. à mi-oct.

9 ha/3 campables (193 empl.) plat, herbeux, pierreux, goudronné

Empl. camping : (Prix 2017) 24,50€ ★★ 🚗 📧 [½] (10A) - pers. suppl. 6€ - frais de réservation 15€

Location : (Prix 2017) (de déb. avr. à mi-oct.) - ♿ (1 chalet) - 4 🏠 - 15 🏠. Nuitée 50 à 70€ - Sem. 270 à 695€ - frais de réservation 15€

🚐 borne artisanale 4,50€ - 38 📧 15,50€

Agréable décoration arbustive, au bord d'un ruisseau.

Nature : 🌲 🌳
Loisirs : 🎪 🏊 nocturne 🏃
Services : 🔌 🚿 📶 laverie 🔧
À prox. : ✕ 🍴 🏊

GPS E : 5.56855
N : 46.68422

MAICHE

25120 - Carte Michelin **321** K3 - 4 282 h. - alt. 777

▶ Paris 501 - Baume-les-Dames 69 - Besançon 74 - Montbéliard 43

⚠ Municipal St-Michel

📞 03 81 64 12 56, www.mairie-maiche.fr

Pour s'y rendre : 23 r. St-Michel (1,3 km au sud, sur D 422 reliant la D 464, rte de Charquemont et la D 437, rte de Pontarlier - accès conseillé par D 437, rte de Pontarlier)

Ouverture : de déb. mai à fin oct.

2 ha (70 empl.) en terrasses, peu incliné, herbeux, bois

Empl. camping : (Prix 2017) ★ 3,50€ 🚗 5€ 📧 2€ – [½] (10A) 4,50€

Location : (Prix 2017) (de déb. janv. à mi-nov.) - 5 🏠 - 3 🛌 - 1 gîte. Nuitée 60 à 80€ - Sem. 250 à 310€

Proche d'un parc aquatique couvert.

Nature : 🌲
Loisirs : 🏄
Services : 🔌 📧 🔧
À prox. : 🚿 hammam jacuzzi 🏊 🏄

GPS E : 6.80109
N : 47.24749

Avant de vous installer, consultez les tarifs en cours, affichés obligatoirement à l'entrée du terrain, et renseignez-vous sur les conditions particulières de séjour. Les indications portées dans le guide ont pu être modifiées depuis la mise à jour.

MAISOD

39260 - Carte Michelin **321** E8 - 316 h. - alt. 520

▶ Paris 436 - Lons-le-Saunier 30 - Oyonnax 34 - St-Claude 29

⚠ Trélachaume

📞 03 84 42 03 26, www.trelachaume.fr

Pour s'y rendre : 50 rte du Mont-du-Cerf (2,2 km au sud par D 301 et rte à dr.)

Ouverture : de fin avr. à déb. sept.

3 ha (180 empl.) peu incliné, plat, pierreux, herbeux

Empl. camping : (Prix 2017) 25,60€ ★★ 🚗 📧 [½] (10A) - pers. suppl. 5€

Location : (Prix 2017) (de fin avr. à déb. sept.) - 🛌 - 10 🏠 - 6 🏠 - 5 bungalows toilés - 5 roulottes. Sem. 210 à 725€

Niché dans les bois qui surplombent le lac de Vouglans.

Nature : 🌳 🌲
Loisirs : 🎪 🏄 salle d'animation
Services : 🔌 👶 🚿 laverie

GPS E : 5.68875
N : 46.46873

226

FRANCHE-COMTÉ

MALBUISSON

25160 - Carte Michelin **321** H6 - 687 h. - alt. 900
▶ Paris 456 - Besançon 74 - Champagnole 42 - Pontarlier 16

▲ Les Fuvettes

☎ 03 81 69 31 50, www.camping-fuvettes.com

Pour s'y rendre : 24 rte de la Plage et des Perrières (1 km au sud-ouest)

Ouverture : de déb. avr. à fin sept.

6 ha (306 empl.) plat et peu incliné, pierreux, herbeux **Empl. camping** : (Prix 2017) 31,90 € ✶✶ ⇔ 🅿 (10A) - pers. suppl. 6,20 € - frais de réservation 3 €

Location : (Prix 2017) (de déb. avr. à fin sept.) - ♿ (1 mobile home) - 40 🚐 - 4 🏠 - 3 bungalows toilés - 4 tentes lodges. Nuitée 78 à 175 € - Sem. 299 à 1 028 € - frais de réservation 6 €

🚰 borne artisanale 3 €

Au bord du lac de St-Point, important parc aquatique en partie couvert et à côté d'une mini base de loisirs nautiques.

Nature : ≤ ♀ △
Loisirs : 🍴 ✕ 🏠 🎲 ✶ ≊ hammam 🛌 🐎 🚣 🚴 mini ferme avec poneys et alpagas
Services : ⚬─ 🛁 🚿 laverie 🧺 🔧
À prox. : pédalo

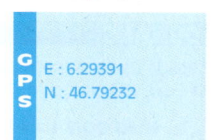

GPS : E : 6.29391 N : 46.79232

MANDEURE

25350 - Carte Michelin **321** K2 - 4 959 h. - alt. 336
▶ Paris 473 - Baume-les-Dames 41 - Maîche 34 - Sochaux 15

▲ Municipal les Grands Ansanges

☎ 03 81 35 23 79, www.ville-mandeure.com

Pour s'y rendre : r. de l'Église (au nord-ouest, sortie vers Pont-de-Roide, au bord du Doubs)

1,7 ha (96 empl.) plat, herbeux

Location : 4 🚐.

Très simple mais tout à fait adapté pour une nuit étape.

Nature : ♀
Loisirs : 🏠 🛌 🎣
Services : ⚬─ laverie

GPS : E : 6.80556 N : 47.45557

MARIGNY

39130 - Carte Michelin **321** E6 - 177 h. - alt. 519
▶ Paris 426 - Arbois 32 - Champagnole 17 - Doucier 5

▲▲ Capfun La Pergola

☎ 03 84 25 70 03, www.lapergola.com

Pour s'y rendre : 1 r. des Vernois (800 m au sud)

Ouverture : de fin avr. à déb. sept.

10 ha (350 empl.) en terrasses, plat, herbeux, pierreux

Empl. camping : (Prix 2017) 48 € ✶✶ ⇔ 🅿 (12A) - pers. suppl. 7 € - frais de réservation 27 €

Location : (Prix 2017) (de fin avr. à déb. sept.) - 282 🚐. Nuitée 47 à 343 € - Sem. 189 à 2 478 € - frais de réservation 27 €

🚰 borne artisanale

Bel ensemble de piscines dominant le lac de Chalain. Quelques mobile homes grand confort.

Nature : ≤ 🛶 ♀ △
Loisirs : 🍴 ✕ 🏠 🎲 ✶ 🐎 🚣 🚴 ≊ ≋
Services : ⚬─ 🛁 🚿 laverie 🧺 🔧
À prox. : 🏊

GPS : E : 5.77984 N : 46.67737

MÉLISEY

70270 - Carte Michelin **314** H6 - 1 699 h. - alt. 330
▶ Paris 397 - Belfort 33 - Épinal 63 - Luxeuil-les-Bains 22

▲ La Pierre

☎ 03 84 20 84 38, melisey.cchvo.org/index.php?IdPage=1238083072 - peu d'emplacements pour tentes et caravanes

Pour s'y rendre : lieu-dit : Les Granges Baverey (2,7 km au nord sur D 293, rte de Mélay)

Ouverture : de déb. mai à fin sept.

1,5 ha (58 empl.) peu incliné, plat, herbeux

Empl. camping : (Prix 2017) ✶ 3,20 € ⇔ 1,50 € 🅿 3,20 € – 🎇 (6A) 2,30 €

Location : (Prix 2017) Permanent - 4 🏠. Sem. 230 à 380 € - frais de réservation 50 €

🚰 borne artisanale 6 € - 6 🅿 4,20 €

Cadre pittoresque dans un site boisé.

Nature : 🛶 ♀
Loisirs : 🏠 🎣
Services : ✈ 🚰

GPS : E : 6.58101 N : 47.77552

*La catégorie (1 à 5 tentes, **noires** ou **rouges**) que nous attribuons aux terrains sélectionnés dans ce guide est une appréciation qui nous est propre. Elle ne doit pas être confondue avec le classement (1 à 5 étoiles) établi par les services officiels.*

MESNOIS

39130 - Carte Michelin **321** E7 - 202 h. - alt. 460
▶ Paris 431 - Besançon 90 - Lons 18 - Chalon 77

▲▲ Sites et Paysages Beauregard

☎ 03 84 48 32 51, www.juracampingbeauregard.com

Pour s'y rendre : 2 Grande-Rue (sortie sud)

Ouverture : de fin mars à fin sept.

6 ha/4,5 campables (192 empl.) en terrasses, peu incliné, herbeux

Empl. camping : (Prix 2017) 32,80 € ✶✶ ⇔ 🅿 (16A) - pers. suppl. 4,80 € - frais de réservation 10 €

Location : (Prix 2017) (de déb. avr. à fin sept.) - 41 🚐 - 5 bungalows toilés. Nuitée 60 à 128 € - Sem. 420 à 896 € - frais de réservation 10 €

🚰 borne artisanale - 🚐 🅿 17 €

Parc aquatique en partie couvert.

Nature : ≤ 🛶 ♀
Loisirs : 🍴 ✕ 🏠 ≊ hammam jacuzzi 🛌 ✶ 🚴 🎣 ≋
Services : ⚬─ 🛁 🚿 laverie 🧺

GPS : E : 5.68878 N : 46.60036

227

FRANCHE-COMTÉ

MONNET-LA-VILLE
39300 - Carte Michelin **321** E6 - 372 h. - alt. 550
▶ Paris 421 - Arbois 28 - Champagnole 11 - Doucier 10

Sous Doriat
☎ 03 84 51 21 43, www.camping-sous-doriat.com
Pour s'y rendre : 34 r. Marcel-Hugon (sortie nord par D 27E, rte de Ney)
Ouverture : de déb. mai à fin sept.
3 ha (110 empl.) plat, herbeux
Empl. camping : (Prix 2017) 22€ ✶✶ ⇌ 🅴 ⚡ (10A) - pers. suppl. 4,20€ - frais de réservation 10€
Location : (Prix 2017) (de déb. mai à fin sept.) - 22 🛖 - 5 🏠 - 4 bungalows toilés. Nuitée 43 à 85€ - Sem. 301 à 595€ - frais de réservation 10€
🚐 borne flot bleu 5€
Ensemble très simple avec vue imprenable sur le Jura.

Nature : ≤ ♀
Loisirs : 🏓 🚣 🎣 terrain multisports
Services : ⚡ 👥 📶 laverie
À prox. : 🍴 🍷 🍽

GPS
E : 5.79779
N : 46.72143

Du Gît
☎ 03 84 51 21 17, www.campingdugit.com
Pour s'y rendre : 7 chemin du Gît (1 km au sud-est par D 40, rte de Mont-sur-Monnet et chemin à dr.)
Ouverture : de mi-mai à fin août
6 ha (60 empl.) peu incliné, plat, herbeux
Empl. camping : (Prix 2017) 16,10€ ✶✶ ⇌ 🅴 ⚡ (10A) - pers. suppl. 4€
🚐 borne artisanale 3€
Ensemble très simple au faible confort sanitaire.

Nature : 🌳 ≤
Loisirs : 🏓 🎣
Services : ⚡ 📶 🍴

GPS
E : 5.79733
N : 46.71234

ORNANS
25290 - Carte Michelin **321** G4 - 4 152 h. - alt. 355
▶ Paris 428 - Baume-les-Dames 42 - Besançon 26 - Morteau 48

Domaine Le Chanet ♙♙
☎ 03 81 62 23 44, www.lechanet.com
Pour s'y rendre : 9 chemin du Chanet (1,5 km au sud-ouest par D 241, rte de Chassagne-St-Denis et chemin à dr., à 100 m de la Loue)
Ouverture : de déb. avr. à déb. oct.
1,4 ha (95 empl.) peu incliné à incliné, herbeux
Empl. camping : (Prix 2017) 16€ ✶✶ ⇌ 🅴 ⚡ (16A) - pers. suppl. 3,50€ - frais de réservation 7,50€
Location : (Prix 2017) (de déb. avr. à déb. oct.) - 22 🛖 - 4 tentes lodges - 4 cabanons - 1 gîte - 2 appartements. Nuitée 30 à 95€ - Sem. 180 à 750€ - frais de réservation 10€
🚐 borne artisanale 3€ - 4 🅴 17€
Sur les hauteurs du bourg, équipé d'une piscine écologique.

Nature : 🌳 ≤ ♀♀
Loisirs : 🍴 🍷 🏊 🎣 🚴 🎠
Services : ⚡ 👥 🍴 📶 laverie
À prox. : 🚴 🎿

GPS
E : 6.12779
N : 47.10164

Sites et Paysages La Roche d'Ully
☎ 03 81 57 17 79, www.camping-ornans.com
Pour s'y rendre : allée de la Tour-de-Peilz
Ouverture : de déb. avr. à déb. oct.
2 ha (125 empl.) plat, herbeux
Empl. camping : (Prix 2017) 36,20€ ✶✶ ⇌ 🅴 ⚡ (10A) - pers. suppl. 7,90€ - frais de réservation 7,50€
Location : (Prix 2017) (de déb. avr. à déb. oct.) - 12 🛖 - 7 🏠 - 1 chalet sur pilotis - 5 tentes lodges - 4 tentes sur pilotis - 5 tipis - 1 roulotte. Nuitée 60 à 165€ - Sem. 220 à 1 050€ - frais de réservation 15€
🚐 borne artisanale 3,50€ - 🛁 ⚡ 14€

Nature : 🏞
Loisirs : 🍷 🍴 🏊 🎣 🚴 🎠
Services : ⚡ 👥 🚿 📶 🍴
À prox. : centre balnéo 🛁 hammam jacuzzi 🏊 🚣 🎿

GPS
E : 6.15807
N : 47.10286

OUNANS
39380 - Carte Michelin **321** D5 - 371 h. - alt. 230
▶ Paris 383 - Arbois 16 - Arc-et-Senans 13 - Dole 23

Huttopia La Plage Blanche ♙♙
☎ 03 84 37 69 63, www.huttopia.com
Pour s'y rendre : 3 r. de la Plage (1,5 km au nord par D 71, rte de Montbarey et chemin à gauche)
Ouverture : de fin avr. à fin sept.
7 ha (218 empl.) plat, herbeux
Empl. camping : (Prix 2017) 31,20€ ✶✶ ⇌ 🅴 ⚡ (10A) - pers. suppl. 6€ - frais de réservation 15€
Location : (Prix 2017) (de fin avr. à fin sept.) - 10 🛖 - 30 tentes lodges. Nuitée 39 à 125€ - Sem. 273 à 875€ - frais de réservation 15€
🚐 borne artisanale 7€ - 🛁 ⚡ 18,30€
Le long des berges de la Loue.

Nature : 🌳 ♀
Loisirs : 🍷 🍴 🎰 🌙 nocturne 🎣 🛁 jacuzzi 🚴 🎠 terrain multisports
Services : ⚡ 👥 🍴 👶 📶 laverie 🧺 🛒
À prox. : 🚴

GPS
E : 5.66333
N : 47.00276

Le Val d'Amour
☎ 03 84 37 61 89, www.levaldamour.com
Pour s'y rendre : 1 r. du Val-d'Amour (sortie est par D 472, dir. Chamblay)
Ouverture : de déb. avr. à fin sept.
3,7 ha (97 empl.) plat, herbeux, verger
Empl. camping : (Prix 2017) 26€ ✶✶ ⇌ 🅴 ⚡ (10A) - pers. suppl. 5,50€ - frais de réservation 10€
Location : (Prix 2017) (de déb. avr. à mi-oct.) - 14 🛖 - 6 🏠. Nuitée 50 à 110€ - Sem. 180 à 750€ - frais de réservation 10€
🚐 borne artisanale 2€ - 3 🅴 12€
Jolie décoration florale.

Nature : 🌳 ♀♀
Loisirs : 🍴 🏊 🚴 🎣 🎠 bi-cross
Services : ⚡ 🚿 📶 laverie
À prox. : 🚣

GPS
E : 5.6733
N : 46.99103

Utilisez le guide de l'année.

228

FRANCHE-COMTÉ

PESMES

70140 - Carte Michelin **314** B9 - 1 111 h. - alt. 205
▶ Paris 387 - Besançon 52 - Vesoul 64 - Dijon 69

⚠ La Colombière

📞 03 84 31 20 15, www.camping-pesmes.com

Pour s'y rendre : sortie sud par D 475, rte de Dole, bord de l'Ognon

Ouverture : de déb. mai à fin sept.

1 ha (70 empl.) plat, herbeux

Empl. camping : (Prix 2017) 14,30€ ✦✦ ⇔ 🅴 (10A) - pers. suppl. 4€

Location : (Prix 2017) (de déb. mai à fin sept.) - 5 🏠. Nuitée 50 à 90€ - Sem. 240 à 450€

🚐 borne flot bleu 3€

Au bord de la rivière, non loin du centre-ville.

Nature : 🌳
Loisirs : 🏊 🎣
Services : ⛽ 🚿 ♿ 📶
À prox. : 🍴 ✂ 🚲 🚴

GPS E : 5.56392 N : 47.27403

POLIGNY

39800 - Carte Michelin **321** E5 - 4 229 h. - alt. 373
▶ Paris 397 - Besançon 57 - Dole 45 - Lons-le-Saunier 30

⚠ La Tulipe de Vigne

📞 03 84 37 35 90, www.camping-poligny.com

Pour s'y rendre : rte de Lons-le-Saunier

Ouverture : de déb. mai à mi-oct.

1,5 ha (87 empl.) plat, herbeux

Empl. camping : (Prix 2017) 20€ ✦✦ ⇔ 🅴 (10A) - pers. suppl. 4€

Location : (Prix 2017) (de déb. mai à mi-sept.) - 1 🏠 - 1 bungalow toilé - 1 cabanon. Nuitée 25 à 150€ - Sem. 90 à 500€

🚐 borne artisanale 2,50€

À la sortie de la ville, pratique pour une étape.

Nature : ≤ 🌳
Loisirs : 🏊
Services : ⛽ 🚿 📶

GPS E : 5.70078 N : 46.83424

PONTARLIER

25300 - Carte Michelin **321** I5 - 18 267 h. - alt. 838
▶ Paris 462 - Basel 180 - Beaune 164 - Belfort 126

⚠ Le Larmont

📞 03 81 46 23 33, www.camping-pontarlier.fr - alt. 880

Pour s'y rendre : 2 chemin du Toulombief (au sud-est en dir. de Lausanne, près du centre équestre)

Ouverture : de mi-déc. à mi-nov.

4 ha (75 empl.) en terrasses, plat, herbeux, gravier

Empl. camping : (Prix 2017) 25,80€ ✦✦ ⇔ 🅴 (10A) - pers. suppl. 4,90€ - frais de réservation 11,60€

Location : (Prix 2017) (de mi-déc. à mi-nov.) - 8 🏠. Nuitée 60 à 134€ - Sem. 352 à 765€ - frais de réservation 11,60€

🚐 borne eurorelais 6,50€ - 20 🅴 9,30€ - 🚿 🅷 15,40€

À flanc de colline bénéficiant d'emplacements bien délimités.

Nature : 🏔 ≤ 🌳
Loisirs : 🏊 🎣
Services : ⛽ 🚿 🛒 ♿ 📶 laverie
À prox. : 🏇 parcours sportif

GPS E : 6.37349 N : 46.90013

QUINGEY

25440 - Carte Michelin **321** F4 - 1 300 h. - alt. 275
▶ Paris 397 - Baume-les-Dames 40 - Besançon 23 - Morteau 78

⚠ Municipal Les Promenades

📞 03 81 63 74 01, www.quingeycamping.fr

Pour s'y rendre : lieu-dit : Les Promenades (sortie sud, rte de Lons-le-Saunier et chemin à droite apr. le pont)

Ouverture : de mi-avr. à mi-oct.

1,5 ha (75 empl.) plat, herbeux, gravier

Empl. camping : (Prix 2017) 19,50€ ✦✦ ⇔ 🅴 (10A) - pers. suppl. 4€

Location : (Prix 2017) (de déb. mai à fin sept.) - 4 tentes lodges. Nuitée 49 à 65€ - Sem. 290 à 390€

🚐 6 🅴 10€

Le long des berges de la Loue, près du centre-ville et d'une base de loisirs nautiques.

Nature : 🌊 🌳
Loisirs : 🏊 ✂ 🎣
Services : ⛽ (juil.-août) 🚿 🛒 📶 laverie
À prox. : 🏊 🍴 🚲

GPS E : 5.88928 N : 47.10454

---

*The classification (1 to 5 tents, **black** or **red**) that we award to selected sites in this Guide is a system that is our own. It should not be confused with the classification (1 to 5 stars) of official organisations.*

ST-CLAUDE

39200 - Carte Michelin **321** F8 - 11 355 h. - alt. 450
▶ Paris 465 - Annecy 88 - Bourg-en-Bresse 90 - Genève 60

⛰ Flower Le Martinet

📞 03 84 45 00 40, www.camping-saint-claude.fr

Pour s'y rendre : 14 rte du Martinet (2 km au sud-est par rte de Genève et D 290 à dr., au confluent du Flumen et du Tacon)

Ouverture : de déb. avr. à fin sept.

2,9 ha (112 empl.) incliné, plat, herbeux

Empl. camping : (Prix 2017) 22€ ✦✦ ⇔ 🅴 (10A) - pers. suppl. 4,50€ - frais de réservation 10€

Location : (Prix 2017) (de déb. avr. à fin sept.) - 10 🏠 - 2 bungalows toilés - 1 tipi - 1 roulotte - 3 cabanons. Nuitée 57 à 99€ - Sem. 399 à 693€ - frais de réservation 10€

🚐 20 🅴 20€

Blotti dans un agréable site montagneux en bord de rivière.

Nature : ≤ 🌳
Loisirs : 🍴 ✂ 🎣 🏊
Services : ⛽ (juil.-août) 📶 laverie 🧊
À prox. : ✂ 🍴 🎣

GPS E : 5.86953 N : 46.37309

The Guide changes, so renew your guide every year.

229

FRANCHE-COMTÉ

ST-HIPPOLYTE

25190 - Carte Michelin **321** K3 - 917 h. - alt. 380
▶ Paris 490 - Basel 93 - Belfort 48 - Besançon 89

⚠ Les Grands Champs

📞 03 81 96 54 53, http://www.tourisme-saint-hippolyte-doubs.fr/tourisme/campings.htm

Pour s'y rendre : r. Baumotte (1 km au nord-est par D 121, rte de Montécheroux et chemin à dr., près du Doubs (accès direct))

2,2 ha (64 empl.) en terrasses, peu incliné, herbeux, pierreux

Tout en longueur avec des emplacements qui s'échelonnent sur une pente bordée par le Doubs.

Nature :
Loisirs :
Services : laverie

GPS : E : 6.82332 / N : 47.32291

ST-LAURENT-EN-GRANDVAUX

39150 - Carte Michelin **321** F7 - 1 779 h. - alt. 904
▶ Paris 442 - Champagnole 22 - Lons-le-Saunier 45 - Morez 11

⚠ Municipal Champ de Mars

📞 06 03 61 06 61, www.camping-saint-laurent-jura.fr

Pour s'y rendre : 8 r. du Camping (sortie est par N 5)

Ouverture : de mi-déc. à fin sept.

3 ha (133 empl.) plat et peu incliné, herbeux

Empl. camping : (Prix 2017) 14,95 € ✶✶ 🚗 🏠 (10A) - pers. suppl. 3,80 €

Location : (Prix 2017) (de mi-déc. à fin sept.) - ♿ (2 chalets) - 10 🏠. Nuitée 120 € - Sem. 255 à 525 €

🚐 borne artisanale - 12 🏠 14,95 € - 🚐 12,75 €

Près des pistes de raquette et de ski de fond. Tarifs plus élevés en hiver.

Nature :
Loisirs :
Services : laverie

GPS : E : 5.96294 / N : 46.57616

ST-POINT-LAC

25160 - Carte Michelin **321** H6 - 269 h. - alt. 860
▶ Paris 453 - Champagnole 39 - Pontarlier 13 - St-Laurent-en-Grandvaux 45

⚠ Municipal

📞 03 81 69 61 64, www.camping-saintpointlac.fr

Pour s'y rendre : 8 r. du Port (au bourg)

Ouverture : de déb. mai à fin sept.

1,8 ha (84 empl.) plat, herbeux, gravillons

Empl. camping : (Prix 2017) 21,50 € ✶✶ 🚗 🏠 (16A) - pers. suppl. 4,50 €

Les emplacements camping-cars sont à proximité du camping.

Nature :
Loisirs :
Services : laverie
À prox. : base nautique

GPS : E : 6.30336 / N : 46.81209

SALINS-LES-BAINS

39110 - Carte Michelin **321** F5 - 2 987 h. - alt. 340 - ♨
▶ Paris 419 - Besançon 41 - Dole 43 - Lons-le-Saunier 52

⚠ Municipal domaine des Gabelous

📞 03 84 51 77 81, www.salins-camping.com

Pour s'y rendre : pl. de la Gare (sortie nord, rte de Besançon)

Ouverture : de déb. avr. à fin oct.

1 ha (44 empl.) plat, herbeux, gravillons

Empl. camping : (Prix 2017) 23,50 € ✶✶ 🚗 🏠 (10A) - pers. suppl. 4 €

Location : (Prix 2017) (de déb. avr. à fin oct.) - 3 bungalows toilés - 13 tentes lodges - 3 tentes sur pilotis - 1 tipi. Nuitée 35 à 105 € - Sem. 170 à 685 €

Dans un vallon avec vue superbe sur les montagnes alentours et la citadelle. Locatif variés.

Nature :
Loisirs : (petite piscine)
Services :

GPS : E : 5.87919 / N : 46.94625

Si vous recherchez :

🌿 un terrain très tranquille,
P un terrain ouvert toute l'année,
👥 des équipements et des loisirs adaptés aux enfants,
🎢 un toboggan aquatique,
B un centre balnéo,
🎭 des animations sportives, culturelles ou de détente,

consultez la liste thématique des campings.

LA TOUR-DU-MEIX

39270 - Carte Michelin **321** D7 - 226 h. - alt. 470
▶ Paris 430 - Champagnole 42 - Lons-le-Saunier 24 - St-Claude 36

⛰ Surchauffant

Le Surchauffant

📞 03 84 25 41 08, www.camping-surchauffant.fr

Pour s'y rendre : lieu-dit : Le Pont de la Pyle (1 km au sud-est par D 470 et chemin à gauche, à 150 m du lac de Vouglans - accès direct)

Ouverture : de fin avr. à mi-sept.

2,5 ha (200 empl.) plat, herbeux, pierreux

Empl. camping : (Prix 2017) 28 € ✶✶ 🚗 🏠 (10A) - pers. suppl. 6 €

Location : (Prix 2017) (de fin avr. à mi-sept.) - 🏠 24 - 24 - 2 bungalows toilés. Nuitée 30 à 102 € - Sem. 180 à 714 €

🚐 borne artisanale 2 € - 20 🏠 11 €

Nature :
Loisirs :
Services : (juil.-août) laverie cases réfrigérées
À prox. : (plage)

GPS : E : 5.6742 / N : 46.52298

230

FRANCHE-COMTÉ

UXELLES

39130 - Carte Michelin 321 I2 - 49 h. - alt. 598
▶ Paris 440 - Besançon 93 - Genève 86 - Lausanne 102

⛰ Village Vacances Odesia Les Crozats
(pas d'emplacement tentes et caravanes)
📞 03 84 25 51 43, www.odesia-lacs.com
Pour s'y rendre : 1 r. Principale
2 ha peu incliné, plat, herbeux
Location : 🅿 - 15 🏠 - 28 🛏.
Un joli petit village de chalets dans la vallée des lacs avec possibilité de séjours en 1/2 pension.

Nature : ❄ 🌊
Loisirs : 🍴 ✕ 🎦 🎰 🚴 🎵 hammam 🚲 🏊
  salle d'animations
Services : 🔑 📶 laverie 🧺

GPS : E : 5.78836
       N : 46.60277

VESOUL

70000 - Carte Michelin 314 E7 - 15 920 h. - alt. 221
▶ Paris 360 - Belfort 68 - Besançon 47 - Épinal 91

⛰ International du Lac
📞 03 84 76 22 86, www.camping-vesoul.com
Pour s'y rendre : à Vaivre-et-Montoille, av. des Rives-du-Lac (2,5 km à l'ouest)
Ouverture : Permanent
4 ha (183 empl.) plat, herbeux
Empl. camping : (Prix 2017) 🚶 4,40€ 🚗 3,20€ 🏕 4,30€ – ⚡ (10A) 3,10€
Location : (Prix 2017) Permanent♿ (1 mobile home) - 🚭 - 8 🏠. Nuitée 26 à 94€ - Sem. 156 à 559€
Au bord d'un grand lac.

Nature : 🌊 🌳 🌿
Loisirs : 🎦 🎰 🎵 🏊
Services : 🔑 🚿 ♿ 📶 laverie
À prox. : 🍷 ✕ 🎾 ⛵

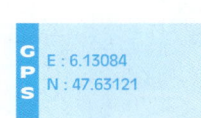

GPS : E : 6.13084
       N : 47.63121

VILLERSEXEL

70110 - Carte Michelin 314 G7 - 1 472 h. - alt. 287
▶ Paris 386 - Belfort 41 - Besançon 59 - Lure 18

⛰ Le Chapeau Chinois
📞 03 84 63 40 60, www.pan-sarl.eu
Pour s'y rendre : 92 r. du Chapeau-Chinois (1 km au nord par D 486, rte de Lure et chemin à dr. apr. le pont)
Ouverture : de déb. avr. à fin sept.
2 ha (80 empl.) plat, herbeux
Empl. camping : (Prix 2017) 20,60€ 🚶 🚗 🏕 ⚡ (6A) - pers. suppl. 3,80€
Location : (Prix 2017) (de mi-mars à fin oct.) - 🚭 - 6 🏠 - 2 cabanons - 1 gîte. Nuitée 39 à 73€ - Sem. 276 à 442€ - frais de réservation 10€
🏕 8 🏠 21,55€
Au bord de l'Ognon.

Nature : 🌊 🌿
Loisirs : 🎦 🎰 ✕ ⛵
Services : 🔑 🚿 📶 laverie
À prox. : ✕ 🎾 ⛵

GPS : E : 6.436
       N : 47.55814

B.Rrieger / hemis.fr

ÎLE-DE-FRANCE

🇫🇷 L'Île-de-France s'identifie à Paris. Historique, culturelle, moderne, la capitale, que domine la silhouette élancée de la tour Eiffel, mêle sans vergogne palais royaux devenus musées, édifices contemporains, petites maisons bohèmes et immeubles haussmanniens. Mille ambiances s'y côtoient : calme villageois des ruelles fleuries, effervescence des Grands Boulevards, convivialité bruyante des bistrots, intimité des ateliers d'artistes, décontraction des terrasses de café où s'affiche parfois une star du show-biz, affriolants spectacles de cabaret… Hors la métropole, la région recèle d'autres richesses : nobles demeures entourées de hautes futaies, parc enchanté de Disneyland, joyeuses guinguettes des bords de Marne… Sans oublier Versailles qui abrite « le plus beau château du monde », paré de tous ses ors.

🇬🇧 Paris, the City of Light, is the heart of the Île de France, a chic and cosmopolitan capital where former royal palaces are adorned with glass pyramids, railway stations become museums and alleyways of bohemian houses lead off from broad, plane-planted boulevards. Paris is neverending in its contrasts: from bustling department stores to elegant cafés, from the bateaux-mouches, gliding past the city by night, to the whirlwind glitz of a cabaret. But the land along the Seine is not content to stay in the shadows of France's illustrious first city; the region is home to secluded chateaux, the magic of Disneyland and the gaiety of the summer cafés on the banks of the Marne. And who could forget the sheer splendour of Versailles, the most beautiful palace in the world?

Localité citée avec camping
Localité citée avec camping et locatif
Vannes
Localité disposant d'un camping avec aire de services camping-car
Moyaux
Localité disposant d'au moins un terrain agréable
Aire de service pour camping-car sur autoroute
SOMME
OISE
VAL-D'OISE
YVELINES
ESSONNE
SEINE-ET-MARNE
LOIRET
YONNE
EURE-ET-LOIR
LOIR-ET-CHER
Incheville
Bazinval
St-Martin-en-Campagne
Blangy-s-Bresle
Bertangles
AMIENS
Péronne
ASSEVILLERS EST
ST-QUENTIN
Seraucourt-le-Grand
en-Thiérache
la Fère
Montdidier
HARDIVILLERS
RESSONS OUEST
Carlepont
Attichy
Berny-Rivière
Compiègne
Beauvais
Bresles
Clermont
Pierrefonds
Ressons-le-Long
Soissons
Lyons-la-Forêt
les Andelys
St-Leu-d'Esserent
Senlis
TARDENOIS NORD
Château-Thierry
Pontoise
Mantes-la-Jolie
Maisons-Laffitte
St-Germain-en-Laye
Nanterre
PARIS
Bobigny
Meaux
Jablines
Disneyland Resort Paris
Pommeuse
Champigny-sur-Marne
Créteil
Versailles
Crèvecœur-en-Brie
Touquin
Tournan-en-Brie
PLESSIS-PICARD-OURDY
GALANDE-LA MARE-LAROCHE
Provins
Dreux
Rambouillet
Villiers-s-Orge
Évry
Villiers-le-Morhier
VILLABÉ
Melun
Chartres
Étampes
Fontainebleau
Nogent-sur-Seine
Veneux-les-Sablons
LES JONCHETS-LA GRANDE PAROISSE
Boulancourt
Nemours
Pithiviers
VILLEROY
Sens
VILLENEUVE-L'ARCHEVÊQUE
Montargis
Migennes
ORLÉANS
Chécy
Olivet
Morée
Lorris
JARDIN DES ARBRES
Auxerre
St-Père-s-Loire
Suèvres
Muides-s-L.
Isdes
Gien
Poilly-lez-Gien
Briare
Vincelles
St-Sauveur-en-Puisaye
Blois
Vineuil
Bracieux
Cheverny
Neung-s-Beuvron
Nouan-le-Fuzelier
Pierrefitte-s-Sauldre
Beaulieu-s-Loire
Aubigny-s-Nère
Andryes
ROMORANTIN
Salbris
Cosne-Cours-sur-Loire
Varzy
Clamecy

ÎLE-DE-FRANCE

BOULANCOURT

77760 - Carte Michelin 312 D6 - 357 h. - alt. 79
▶ Paris 79 - Étampes 33 - Fontainebleau 28 - Melun 44

⚠ Île de Boulancourt

✆ 01 64 24 13 38, www.camping-iledeboulancourt.com - peu d'emplacements pour tentes et caravanes

Pour s'y rendre : 6 allée des Marronniers (au sud, rte d'Augerville-la-Rivière)

Ouverture : de déb. fév. à fin nov.

5,5 ha (110 empl.) plat, herbeux

Empl. camping : (Prix 2017) 15€ ✶✶ 🚗 📧 (6A) - pers. suppl. 5,10€

Location : (Prix 2017) (de déb. fév. à fin nov.) - 7 🏠 - 4 🏡 - 1 cabanon - 1 gîte. Nuitée 29 à 58€ - Sem. 255 à 410€

🚐 borne eurorelais 4€ - 3 📧 16,50€

Agréable cadre boisé dans une boucle de l'Essonne avec beaucoup de caravanes de propriétaires-résidents.

Nature : ! 🌳🌳
Loisirs : 🎣 🛝 🏊
Services : 🔑 🏪 🚿 🛁 🛜

GPS : E : 2.435 N : 48.25583

*Créez votre voyage sur **voyages.michelin.fr***

CHAMPIGNY-SUR-MARNE

94500 - Carte Michelin 312 E3 - 75 090 h. - alt. 40
▶ Paris 13 - Créteil 10 - Amiens 150 - Bobigny 13

⚠ Homair Vacances Paris Est

✆ 01 43 97 43 97, www.campingchampigny.paris - réservé aux usagers résidant hors Île de France

Pour s'y rendre : bd des Alliés

Ouverture : Permanent

3 ha (405 empl.) plat, herbeux, gravier, cimenté

Empl. camping : (Prix 2017) 40,70€ ✶✶ 🚗 📧 (16A) - pers. suppl. 8€ - frais de réservation 10€

Location : (Prix 2017) Permanent - 259 🏠. Nuitée 49 à 157€ - Sem. 292 à 935€ - frais de réservation 10€

🚐 borne artisanale 9,90€ - 32 📧 33€

Au bord de la Marne avec vue sur le Pavillon Baltard.

Loisirs : 🍽 ✕ jacuzzi 🚴
Services : 🔑 🏪 🚿 🛁 🛜 laverie 🧺
À prox. : 🎣

GPS : E : 2.47701 N : 48.82958

CREVECOEUR-EN-BRIE

77610 - Carte Michelin 312 G3 - 299 h. - alt. 116
▶ Paris 51 - Melun 36 - Boulogne-Billancourt 59 - Argenteuil 66

⚠ Caravaning des 4 Vents

✆ 01 64 07 41 11, www.caravaning-4vents.fr - peu d'emplacements pour tentes et caravanes

Pour s'y rendre : 22 r. de Beauregard (1 km à l'ouest par rte de la Houssaye et rte à gauche)

Ouverture : de fin mars à fin oct.

9 ha (199 empl.) plat, herbeux

Empl. camping : (Prix 2017) 32€ ✶✶ 🚗 📧 (6A) - pers. suppl. 6€

Location : (Prix 2017) (de fin mars à fin oct.) - 5 🏡. Nuitée 83€ - Sem. 560€

🚐 borne artisanale 32€ - 30 📧 32€ - 🚿 25,60€

Agréable cadre verdoyant avec de grands emplacements bien délimités.

Nature : 🌳 🌳
Loisirs : 🛝 🏊
Services : 🔑 🏪 🚿 🛁 🛜 laverie
À prox. : ✂ 🐎

GPS : E : 2.89722 N : 48.75065

ÉTAMPES

91150 - Carte Michelin 312 B5 - 22 182 h. - alt. 80
▶ Paris 51 - Chartres 59 - Évry 35 - Fontainebleau 45

⚠ Le Vauvert

✆ 01 64 94 21 39, www.caravaning-levauvert-91 - peu d'emplacements pour tentes et caravanes

Pour s'y rendre : rte de Saclas (2,3 km au sud par D 49)

Ouverture : de mi-avr. à mi-oct.

8 ha (230 empl.) plat, herbeux

Empl. camping : (Prix 2017) 21€ ✶✶ 🚗 📧 (10A) - pers. suppl. 5,50€

Moins de 30 emplacements pour tentes et caravanes contiguës aux 200 mobile homes de propriétaires-résidents.

Nature : 🌳 🌳
Loisirs : 🍽 🛝 🏊 ✂
Services : 🔑 🏪 🚿 🛁 🛜
À la base de loisirs : 🏊 🛶 🐎 escalade

GPS : E : 2.14532 N : 48.41215

JABLINES

77450 - Carte Michelin 312 F2 - 629 h. - alt. 46
▶ Paris 44 - Meaux 14 - Melun 57

⚠ L' International

✆ 01 60 26 09 37, www.camping-jablines.com

Pour s'y rendre : à la base de loisirs (2 km au sud-ouest par D 45, rte d'Annet-sur-Marne, à 9 km du Parc Disneyland-Paris)

Ouverture : de fin mars à déb. nov.

300 ha/4 campables (154 empl.) plat, herbeux

Empl. camping : (Prix 2017) 31€ ✶✶ 🚗 📧 (10A) - pers. suppl. 8€ - frais de réservation 12€

Location : (Prix 2017) (de fin mars à déb. nov.) - 15 🏠. Nuitée 60 à 107€ - Sem. 420 à 750€ - frais de réservation 12€

🚐 borne eurorelais 3€

Belle situation dans une boucle de la Marne, à coté de l'importante base de loisirs.

Nature : 🌳 🌳🌳
Loisirs : 🛝
Services : 🔑 🏪 🚿 🛁 🛜 laverie 🧺
À la base de loisirs : 🍽 ✕ 🏊 🚴 ✂ 🏖 (plan d'eau) 🐎 télé-ski nautique

GPS : E : 2.73437 N : 48.91367

*Benutzen Sie die **Grünen MICHELIN-Reiseführer**, wenn Sie eine Stadt oder Region kennenlernen wollen.*

ÎLE-DE-FRANCE

MAISONS-LAFFITTE

78600 - Carte Michelin 311 I2 - 22 717 h. - alt. 38
▶ Paris 23 - Versailles 24 - Pontoise 20 - Nanterre 13

⛺ Sandaya International de Maisons-Laffitte

📞 01 39 12 21 91, www.sandaya.fr

Pour s'y rendre : 1 r. Johnson (sur l'île de la Commune)

Ouverture : de déb. avr. à déb. nov.

6,5 ha (336 empl.) plat, herbeux

Empl. camping : 46€ ✦✦ 🚗 🔲 🔋 (10A) - pers. suppl. 9€

Location : (de déb. avr. à déb. nov.) - ♿ (1 mobile home) - 75 🏠 - 5 cabanes perchées. Nuitée 35 à 160€ - Sem. 245 à 1 120€

🚐 borne eurorelais

Sur une île de la Seine avec une partie du locatif en formule hôtelière.

Nature : 🏕️ 🌳	GPS
Loisirs : 🍴 ✗ 🎮 🛝 🚣	E : 2.1458
Services : 🔑 🚻 ♿ 🛒 📶 laverie 🧺 🔌	N : 48.94156
À prox. : ✂️	

MELUN

77000 - Carte Michelin 312 E4 - 39 400 h. - alt. 43
▶ Paris 47 - Chartres 105 - Fontainebleau 18 - Meaux 55

⛺ "C'est si bon" La Belle Étoile

📞 01 64 39 48 12, www.campinglabelleetoile.com

Pour s'y rendre : 64bis quai Mar.-Joffre (au sud-est par N 6, rte de Fontainebleau (rive gauche))

Ouverture : de déb. avr. à fin sept.

3,5 ha (180 empl.) plat, herbeux

Empl. camping : (Prix 2017) 31€ ✦✦ 🚗 🔲 🔋 (6A) - pers. suppl. 7,50€ - frais de réservation 8€

Location : (Prix 2017) (de déb. avr. à fin sept.) - ♿ (1 chalet) - ✂️ - 17 🏠 - 5 🏕️ - 2 bungalows toilés - 2 cabanons. Nuitée 40 à 130€ - Sem. 252 à 819€ - frais de réservation 8€

🚐 borne artisanale 4€

Cadre verdoyant, tout proche de la Seine.

Nature : 🌊 🌳	GPS
Loisirs : ✗ 🎮 🛝 🏊 (bassin)	E : 2.66765
Services : 🔑 🚻 🛒 📶 laverie 🔌	N : 48.50929
À prox. : 🧖 hammam ✂️ 🌀 🚣 🎣	

PARIS

75000 - Plans de Paris Michelin : n°50 à 68 - 2 234 105 h. - alt. 30
Au Bois de Boulogne - 75016

⛺ Indigo Paris Bois de Boulogne

📞 01 45 24 30 00, www.citykamp.com - réservé aux usagers résidant hors Île de France

Pour s'y rendre : 2 allée du Bord-de-l'Eau (entre le pont de Suresnes et le pont de Puteaux)

Ouverture : Permanent

7 ha (410 empl.) plat, gravillons

Empl. camping : (Prix 2017) 44,80€ ✦✦ 🚗 🔲 🔋 (10A) - pers. suppl. 8,50€ - frais de réservation 23 €

Location : (Prix 2017) Permanent ♿ (1 mobile home) - 58 🏠 - 20 tentes lodges - 17 roulottes. Nuitée 99 à 148€ - Sem. 693 à 1 036€ - frais de réservation 23€

🚐 borne AireService 9€

Préférer les emplacements le long de la Seine près des péniches à quai, un peu plus au calme. Bus pour la Porte Maillot (RER-métro).

Nature : 🏕️ 🌳	GPS
Loisirs : 🍴 ✗ 🎮 🛝 🚴	E : 2.23464
Services : 🔑 🚻 ♿ 🛒 📶 laverie 🧺 🔌	N : 48.86849

🧺 ✂️ ♿ 🚣 🐴

ATTENTION...
ces prestations ne fonctionnent généralement qu'en saison, quelles que soient les dates d'ouverture du terrain.

POMMEUSE

77515 - Carte Michelin 312 H3 - 2 756 h. - alt. 67
▶ Paris 58 - Château-Thierry 49 - Créteil 54 - Meaux 23

⛺ Iris Parc Le Chêne Gris 👥

📞 01 64 04 21 80, www.irisparc.fr/camping-le-chene-gris/

Pour s'y rendre : 24 pl. de la Gare (2 km au sud-ouest, derrière la gare de Faremoutiers-Pommeuse)

Ouverture : de fin mars à fin oct.

6 ha (350 empl.) en terrasses, plat, herbeux, gravier

Empl. camping : (Prix 2017) 46€ ✦✦ 🚗 🔲 🔋 (10A) - pers. suppl. 6€ - frais de réservation 20€

Location : (Prix 2017) (de fin mars à fin oct.) - 218 🏠 - 80 bungalows toilés. Nuitée 60 à 126€ - frais de réservation 20€

🚐 borne Sanistation 2€

Jeux de qualité et couverts pour les enfants.

Nature : 🌊 🏕️ 🌳	GPS
Loisirs : ✗ 🎮 🎪 🛝 🏊 🚣	E : 2.99368
Services : 🔑 🚻 🛒 ♿ 🛒 📶 laverie 🧺 🔌	N : 48.80814

RAMBOUILLET

78120 - Carte Michelin 311 G4 - 26 065 h. - alt. 160
▶ Paris 53 - Chartres 42 - Étampes 44 - Mantes-la-Jolie 50

⛺ Huttopia Rambouillet 👥

📞 01 30 41 07 34, www.huttopia.com

Pour s'y rendre : rte du Château-d'Eau (4 km au sud par N 10, rte de Chartres)

Ouverture : de fin mars à déb. nov.

8 ha (116 empl.) plat, herbeux, gravier, bois

Empl. camping : (Prix 2017) 38,80€ ✦✦ 🚗 🔲 🔋 (10A) - pers. suppl. 8,80€

Location : (Prix 2017) (de fin mars à déb. nov.) - 🅿️ - 25 🏠 - 10 chalets sur pilotis - 29 tentes lodges - 10 roulottes. Nuitée 49 à 165€ - Sem. 343 à 1 155€

🚐 borne artisanale 7€

En bordure d'un étang, avec une piscine écologique et au cœur de la forêt domaniale de Rambouillet.

Nature : 🌊 🏕️ 🌳	GPS
Loisirs : 🍴 ✗ 🎮 🛝 🚣	E : 1.84374
Services : 🔑 🚻 ♿ 🛒 📶 laverie 🔌	N : 48.62634
À prox. : 🎣 ⛺ mini ferme	

ÎLE-DE-FRANCE

TOUQUIN

77131 - Carte Michelin **312** H3 - 1 095 h. - alt. 112
▶ Paris 57 - Coulommiers 12 - Melun 36 - Montereau-Fault-Yonne 48

▲▲ Les Étangs Fleuris

🕾 01 64 04 16 36, www.etangsfleuris.com
Pour s'y rendre : rte de La Couture (3 km à l'est)
Ouverture : de mi-mai à mi-sept.
9,4 ha (225 empl.) en terrasses, peu incliné, plat, herbeux
Empl. camping : (Prix 2017) 28€ ✶✶ 🚗 🗐 (10A) - pers. suppl. 6€
Location : (Prix 2017) (de mi-mai à mi-sept.) - 🚲 - 14 🏠
- 2 bungalows toilés. Nuitée 65 à 112€ - Sem. 300 à 672€
Cadre verdoyant, ombragé près des étangs avec quelques grands emplacements bien ensoleillés.

Nature : 🌳 🏞 ♨
Loisirs : 🍴 ✗ 🏊 🎣 🚣 ⛵ terrain multisports
Services : 🔑 🧺 🔌 📶 laverie
GPS : E : 3.04728 N : 48.73279

TOURNAN-EN-BRIE

77220 - Carte Michelin **312** F3 - 8 116 h. - alt. 102
▶ Paris 44 - Melun 29 - Amiens 176 - Créteil 38

▲▲ Capfun Fredland - Parc de Combreux

🕾 01 64 07 96 44, www.campings-capfun.fr
Pour s'y rendre : 1.5 km au sud par D 10, rte de Liverdy-en-Brie
Ouverture : Permanent
26 ha/7 campables (189 empl.) plat, herbeux
Empl. camping : (Prix 2017) 20€ ✶✶ 🚗 🗐 (10A) - pers. suppl. 4€ - frais de réservation 11€
Location : (Prix 2017) Permanent - 158 🏕 - 6 🏠 - 4 cabanes perchées. Nuitée 39 à 250€ - Sem. 259 à 1 449€ - frais de réservation 27€
À 800 m de la station RER (25 mn pour Paris).

Nature : 🌳 ♨
Loisirs : 🍴 ✗ 🏊 🎣 🏓 🎱 (petite piscine) 🚣
Services : 🔑 🧺 📶 laverie 🏪 🧼
GPS : E : 2.76915 N : 48.73517

VENEUX-LES-SABLONS

77250 - Carte Michelin **312** F5 - 4 788 h. - alt. 76
▶ Paris 72 - Fontainebleau 9 - Melun 26 - Montereau-Fault-Yonne 14

▲▲ Les Courtilles du Lido

🕾 01 60 70 46 05, www.les-courtilles-du-lido.fr
Pour s'y rendre : chemin du Passeur (1,5 km au nord-est)
Ouverture : de mi-mars à mi-sept.
5 ha (180 empl.) plat, herbeux, pierreux
Empl. camping : (Prix 2017) ✶ 5€ 🚗 3€ 🗐 7€ – (10A) 3€
Location : (Prix 2017) (de mi-mars à mi-sept.) - 20 🏕. Nuitée 120 à 150€ - Sem. 408 à 689€
🚰 borne artisanale 6€ - 10 🗐 23€
Emplacements très ombragés.

Nature : 🌳 🏞 ♨
Loisirs : 🍴 ✗ 🎣 🚣
Services : 🔑 📶 laverie 🧼
GPS : E : 2.80494 N : 48.38333

VERSAILLES

78000 - Carte Michelin **311** I3 - 86 477 h. - alt. 130
▶ Paris 29 - Chartres 80 - Fontainebleau 73 - Rambouillet 35

▲▲ Huttopia Versailles

🕾 01 39 51 23 61, www.huttopia.com
Pour s'y rendre : 31 r. Berthelot
Ouverture : de fin mars à déb. nov.
4,6 ha (180 empl.) en terrasses, peu incliné, plat, herbeux
Empl. camping : (Prix 2017) 48€ ✶✶ 🚗 🗐 (10A) - pers. suppl. 10,50€
Location : (Prix 2017) (de fin mars à déb. nov.) - ♿ (1 chalet) - 26 🏠 - 22 tentes lodges - 7 roulottes. Nuitée 69 à 178€ - Sem. 435 à 1 246€
🚰 borne artisanale 9€
Emplacements en sous-bois, proches de la ville.

Nature : 🌳 ♨
Loisirs : ✗ 🎣 🚴 🚣
Services : 🔑 🧺 📶 laverie
GPS : E : 2.15912 N : 48.79441

VILLIERS-SUR-ORGE

91700 - Carte Michelin **312** C4 - 3 896 h. - alt. 75
▶ Paris 25 - Chartres 71 - Dreux 89 - Évry 15

▲▲ Le Beau Village de Paris

🕾 01 60 16 17 86, www.campingaparis.com - peu d'emplacements pour tentes et caravanes
Pour s'y rendre : 1 voie des Prés (600 m au sud-est par le centre-ville, 800 m de la gare de Ste-Geneviève-des-Bois - par A 6, sortie 6)
Ouverture : Permanent
2,5 ha (124 empl.) plat, herbeux, gravillons, goudronné
Empl. camping : (Prix 2017) 21,90€ ✶✶ 🚗 🗐 (10A) - pers. suppl. 4€
Location : (Prix 2017) Permanent - 40 🏕 - 3 🏠 - 1 appartement - 1 studio. Nuitée 49 à 79€ - Sem. 300 à 400€
🚰 borne flot bleu 5€
Cadre verdoyant, légèrement ombragé au bord de l'Orge, avec de vrais emplacements pour camping-car.

Nature : 🌳 🏞 ♨
Loisirs : 🍴 🎣 🚣
Services : 🔑 🧺 📶 laverie
GPS : E : 2.30421 N : 48.65511
À prox. : ✗ skate-park terrain multisports

Si vous recherchez :

🌳 un terrain très tranquille,
P un terrain ouvert toute l'année,
👥 des équipements et des loisirs adaptés aux enfants,
🛝 un toboggan aquatique,
B un centre balnéo,
🎭 des animations sportives, culturelles ou de détente, consultez la liste thématique des campings.

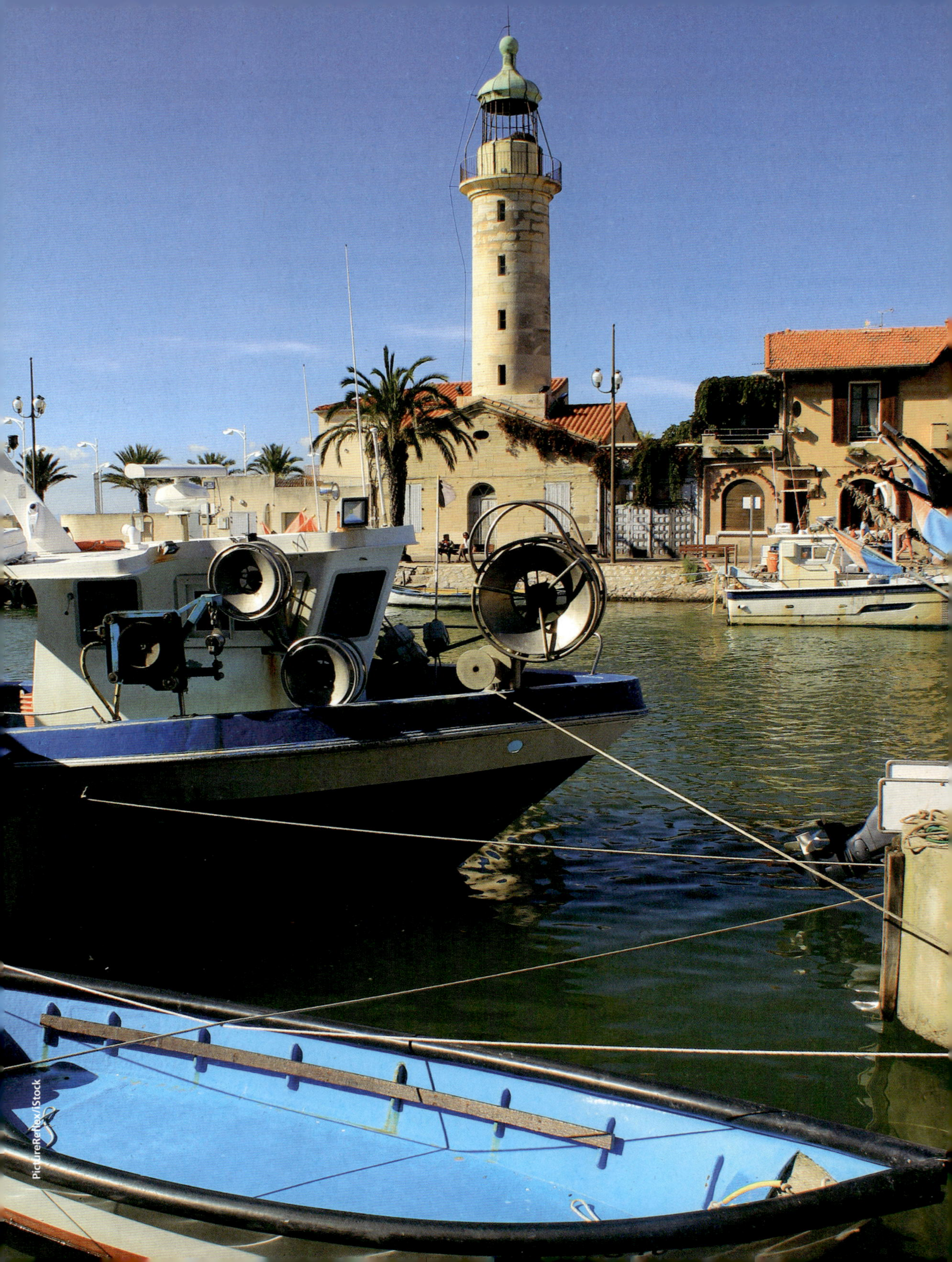
PictureReflex/iStock

LANGUEDOC-ROUSSILLON

🇫🇷 Kaléidoscope est le mot qui convient pour évoquer la diversité des paysages et des cultures du Languedoc-Roussillon. Au rythme endiablé des sardanes et des ferias, vous serez tour à tour conquis par la beauté vertigineuse des gorges du Tarn, l'altière splendeur des Pyrénées, l'envoûtante atmosphère des grottes, l'admirable solitude des « citadelles du vertige » cathares, les entêtants parfums de la garrigue, la splendeur des remparts de Carcassonne, l'exubérance des retables catalans, la quiétude du canal du Midi, la rude majesté des Cévennes… Cascade de sensations fortes qui mettent l'estomac à rude épreuve : à vous d'y remédier avec une assiette d'aligot, une bourride sétoise ou un cassoulet géant, suivi d'un roquefort affiné juste ce qu'il faut et arrosé d'un vin de pays à la belle couleur… rubis !

🇬🇧 Languedoc-Roussillon is home to one of France's most diverse collages of landscape and culture: the feverish rhythm of its festivals, the dizzying beauty of the Tarn Gorges, the bewitching spell of its caves and stone statues, the seclusion of its clifftop citadels, the heady perfumes of its sunburnt garrigue, the nonchalant flamingos on its long salt flats, the splendour of Carcassonne's ramparts, the quiet waters of the Midi Canal and the harsh majesty of the Cévennes. Taking in so many sights and sensations is likely to exhaust most explorers, but remedies are close at hand: a plate of "aligot", mashed potato, garlic and cheese, and a simmering cassoulet, the famously rich combination of duck, sausage, beans and herbs, followed by a slice of Roquefort cheese and a glass of ruby-red wine.

Localité citée avec camping
Localité citée avec camping et locatif
Vannes
Localité disposant d'un camping avec aire de services camping-car
Moyaux
Localité disposant d'au moins un terrain agréable
Aire de service pour camping-car sur autoroute
PERIGORD
LOT
CANTAL
AVEYRON
TARN-ET-GARONNE
TARN
HAUTE-GARONNE
ARIÈGE
AUDE
HÉRAULT
PYRÉNÉES-ORIENTALES
LA LOZÈRE
Principauté d'Andorre
Thenon
Montignac
Brive-la-Gaillarde
Lissac-s-Couze
Aubazines
Beynat
Reygade
Argentat
Auriac
St-Martin-Cantalès
St-Martin-Valmeroux
Neussargues-Moissac
Arnac
St-Jacques-des-Blats
Ruynes-en-Margeride
Camps
St-Gérons
Aurillac
Vic-s-Cère
Neuvéglise
Blavignac
Lacam-d'Ourcet
Pers
Arpajon-s-Cère
Thérondels
St-Just
Chaudes-Aigues
St-Alban-s-Limagnole
Gourdon
Maurs
Pons
Laguiole
Nasbinals
Sauveterre-la-Lémance
Cassagnes
JARDIN DES CAUSSES DU LOT
Bagnac-s-Célé
Grand-Vabre
St-Amans-des-Cots
Montcabrier
Puy-l'Évêque
Béduer
Figeac
Flagnac
Entraygues-s-T.
Marvejols
Fumel
St-Pierre-Lafeuille
Conques
Sénergues
Touzac
Duravel
Crayssac
Vers
Boisse-Penchot
Espalion
St-Germain-du-Teil
la Canourgue
Tournon-d'Agenais
Anglars-Juillac
Cahors
St-Cirq-Lapopie
St-Geniez-d'Olt
Ste-Enimie
Rodez
Canilhac
St-Pantaléon
Villefranche-de-Rouergue
L'AVEYRON
Courbiac
Sévérac-l'Église
St-Georges-de-Lévéjac
Pont-de-Salars
Montpezat-de-Quercy
St-Salvadou
Cayriech
Caylus
La Fouillade
Canet-de-Salars
les Vignes
Naucelle
Arvieu
Rivière-s-Tarn
Le Rozier
Septfonds
St-Antonin-Noble-Val
Bor-et-Bar
Salles-Curan
Aguessac
Moissac
Lafrançaise
Caussade
Alrance
Villefranche-de-Panat
Millau
Mirandol-Bourgnounac
Lanuéjols
Castelsarrasin
Nègrepelisse
Cordes-s-Ciel
le Truel
Creissels
St-Rome-de-Tarn
Nant
Montauban
Castelnau-de-Montmirail
St-Cirgue
St-Jean-du-Bruel
Monclar-de-Quercy
Albi
Montlaur
Beaumont-de-Lomagne
Teillet
LE CAYLAR
Brusque
Soubès
Puysségur
St-Pierre-de-Trivisy
Nages
Thoux
Damiatte
Serviès
Celles
TOULOUSE
Lamontélarié
Castres
Le Bez
Laurens
Muret
Sorèze
Mazamet
Revel
Les Cammazes
BÉZIERS-MONTBLANC NORD
PORT-LAURAGAIS NORD
Saissac
Le Bosc
Nailloux
CARCASSONNE-ARZENS NORD
Brousses-et-Villaret
BÉZIERS
Villegly
Mirepeisset
Sérignan
Calmont
Carcassonne
Trèbes
CORBIÈRES NORD
NARBONNE-VINASSAN NORD
Sérignan-Plage
Martres-Tolosane
Narbonne
Valras-Plage
CARCASSONNE-ARZENS SUD
Preixan
Portiragnes-Plage
Montclar
Fabrezan
CORBIÈRES SUD
NARBONNE-VINASSAN SUD
Pamiers
Gruissan
Rieux-de-Pelleport
Mane
Limoux
la Bastide-de-Sérou
Aigues-Vives
Port-la-Nouvelle
Cos
Alet-les-Bains
St-Girons
Foix
Roquefort-des-Corbières
LAPALME OUEST
LAPALME EST
Augirein
Oust
Mercus-Garrabet
Quillan
Tuchan
Tarascon-s-Ariège
Belcaire
Le Trein d'Ustou
Roquefeuil
Aulus-les-Bains
Aston
Sorgeat
le Barcarès
Torreilles-Plage
Ax-les-Thermes
PERPIGNAN
Ste-Marie
Mérens-les-Vals
Canet-Plage
Formiguères
Ordino
Canillo
l'Hospitalet-près-l'Andorre
St-Cyprien-Plage
Matemale
LE VILLAGE CATALAN
la Massana
Palau-del Vidre
Andorra-la-Vella
Font-Romeu
Fuilla
Vernet-les-Bains
Égat
Argelès-s-Mer
St-Genis-des-Fontaines
Estavar
Arles-s-Tech
Maureillas-Las-Illas
Laroque-des-Albères
Err
Palau-de-Cerdagne
A 89
A 20
A 75
A 62
A 64
A 61
A 66
A 68
A 9
D 1120
D 840
D 802
D 811
D 820
D 911
D 922
D 926
D 612
D 117
N 122
N 88
N 126
N 20
N 116

St-Paulien
Langeac
HAUTE-
LOIRE
Yssingeaux
Satillieu
St-Donat-s-l'H.
PORTE DE LA DRÔME
Méaudre
Vizille
Lalouvesc
Vion
St-Jean-de-Muzols
LATITUDE 45
Choranche
Villard-de-Lans
Petichet
le Chambon-s-Lignon
St-Agrève
Châteauneuf-sur-Isère
ROYANS-VERCORS
St-Martin-en-Vercors
Monistrol-d'Allier
Mars
Lamastre
VALENCE
Barbières
Gresse-en-V.
Saugues
Le Cheylard
Chabeuil
St-Martin-de-Clelles
La Salle-en-Beaumont
Alleyras
St-Sauveur-de-Montagut
PORTES-LÈS-VALENCE EST
Issarlès
DRÔME
Les Ollières-s-Eyrieux
Die
Lalley
Châtillon-en-Diois
Lus-la-Croix-Haute
Naussac
Crest
Mirabel-et-Blacons
Chastanier
ARDÈCHE
Privas
Grane
SAULCE
Rocles
LOZÈRE
Menglon
Aubenas
Le Poët-Célard
Bourdeaux
Largentière
Montélimar
Le Pöet-Laval
Dieulefit
Veynes
Mende
MONTÉLIMAR OUEST
MONTÉLIMAR EST
St-Ferréol-Trente-Pas
St-Bauzile
Grignan
Serres
Villefort
Ispagnac
Grillon
Nyons
Sahune
Orpierre
Bédouès
Visan
Vinsobres
Bénivay-Ollon
Florac
Tulette
Faucon
Buis-les-Baronnies
Barret-s-Méouge
Vaison-la-Romaine
Meyrueis
Violès
Beaumes-de-Venise
Beaumont-du-Ventoux
AUBIGNOSC OUEST
Cendras
Alès
Allègre-les-Fumades
la Roque-s-C.
Bagnols-s-Cèze
Bédoin
Les Plantiers
St-Jean-du-Gard
Anduze
St-Jean-de-Ceyrargues
Connaux
Aubignan
Carpentras
Mazan
Villes-s-Auzon
Valleraugue
Uzès
Sorgues
Malemort-du-Comtat
Boisset-et-Gaujac
GARD
Villeneuve-lès-A.
Le Pontet
Pernes-les-Fontaines
VAUCLUSE
Forcalquier
Vers-Pont-du-Gard
Le Thor
Massillargues-Attuech
Collias
TAVEL SUD
Le Vigan
St-Hippolyte-du-Fort
MARGUERITTES NORD
Remoulins
AVIGNON
L'Isle-s-la-Sorgue
Châteauneuf-de-Gadagne
Apt
Crespian
Vallabrègues
MORIÈRES
Gréoux-les-Bains
Brissac
NÎMES
Graveson
Châteaurenard
Maubec
Lourmarin
MARGUERITTES SUD
Sommières
Orgon
Cucuron
Junas
Charleval
Cadenet
St-Rémy-de-P.
AMBRUSSUM NORD
Mallemort
Pertuis
Clermont-l'Hérault
Gallargues-le-M.
La Roque-d'Anthéron
Castries
Maussane-les-Alpilles
Salon-de-Provence
St-Gilles
Gignac
MONTPELLIER
AMBRUSSUM SUD
Arles
LANÇON DE PROVENCE OUEST
Canet
la Grande-Motte
Aigues-Mortes
Istres
ROUSSET
MONTPELLIER-FABRÈGUES NORD
Lattes
AIX-EN-PROVENCE
Fabrègues
Carnon-Plage
le Grau-du-Roi
Montagnac
BOUCHES-DU-RHÔNE
Balaruc-les-Bains
Palavas-les-Flots
Port-Camargue
L'ARC
Pézenas
MONTPELLIER-FABRÈGUES SUD
Stes-Maries-de-la-Mer
Frontignan-Plage
la Couronne
Marseillan-Plage
BÉZIERS-MONTBLANC SUD
Golfe du Lion
Agde
le Cap-d'Agde
Sanary
St-Cirgues-en-Montagne
Privas
St-Julien-en-St-Alban
Meyras
Darbres
Ucel
St-Privat
Jaujac
ARDÈCHE
Aubenas
St-Jean-le-Centenier
St-Laurent-les-Bains
Joannas
Chassiers
Vogüé
Montélimar
Largentière
St-Maurice-d'Ardèche
Laurac-en-V.
Sablières
Ribes
Joyeuse
Rosières
Pradons
Viviers
Chassagnes
Ruoms
Larnas
St-Alban-Auriolles
Lagorce
DRÔME
Gravières
Les Mazes
St-Remèze
Les Vans
Le Chambon
Casteljau
Sampzon
Vallon-Pont-d'Arc
St-Martin-d'Ardèche
Salavas
Berrias et Casteljau
Vagnas
Bollène
Bessèges
St-Sauveur-de-Cruzières
Barjac
Mondragon
St-Victor-de-Malcap
Rochegude
GARD
Goudargues
Mornas
Boisson
C

LANGUEDOC-ROUSSILLON

AGDE

34300 - Carte Michelin **339** F9 - 24 031 h. - alt. 5
▶ Paris 754 - Béziers 24 - Lodève 60 - Millau 118

Yelloh! Village Mer et Soleil

☎ 04 67 94 21 14, www.camping-mer-soleil.com
Pour s'y rendre : chemin de Notre-Dame à St-Martin, rte de Rochelongue (3 km au sud)
Ouverture : de mi-avr. à fin sept.
8 ha (477 empl.) plat, herbeux, sablonneux
Empl. camping : (Prix 2017) 54€ ✶✶ 🚗 🏠 ⚡ (6A) - pers. suppl. 9€
Location : (Prix 2017) (de mi-avr. à fin sept.) ⚙ (1 mobile home, 1 chalet) - 🚫 - 212 🏠 - 5 🏠 - 42 bungalows toilés. Nuitée 32 à 259€ - Sem. 224 à 1 813€

Ensemble classique avec toutefois un bel espace balnéo et 2 "villages" de mobile homes de grand confort en zone piétonne.

Nature : 🌳 🌲 ♨♨
Loisirs : 🍴 🍽 📺 nocturne 🏊 🛝 centre balnéo 🌊 jacuzzi 🚴 🎾 ⛷ terrain multisports
Services : 🔑 🛒 📶 laverie 🚿 ✈
À prox. : 🐎

GPS
E : 3.47812
N : 43.28521

Village Vacances Les Pescalunes

(pas d'emplacement tentes et caravanes)
☎ 04 67 01 37 06, www.grandbleu.fr
Pour s'y rendre : rte de Luxembourg (rte du Cap-d'Agde)
3 ha (80 empl.) fort dénivelé, en terrasses
Location : (Prix 2017) (de déb. avr. à fin sept.) ⚙ (2 chalets) - 🅿 - 40 🏠. Nuitée 80 à 158€ - Sem. 252 à 1 106€ - frais de réservation 20€

À flanc de colline sur le Mont-Saint-Loup, village de chalets au calme avec vue sur les terres, les montagnes et pour quelques uns la mer entre le pins.

Nature : 🌳 ≤ ♨♨
Loisirs : 🍽 🏊 ⛷
Services : 🔑 🏠 📶 laverie

GPS
E : 3.50223
N : 43.30109

Neptune

☎ 04 67 94 23 94, www.campingleneptune.com
Pour s'y rendre : 46 bd du St-Christ (2 km au sud, près de l'Hérault)
Ouverture : de déb. avr. à déb. oct.
2,1 ha (165 empl.) plat, herbeux
Empl. camping : (Prix 2017) 39,60€ ✶✶ 🚗 🏠 ⚡ (10A) - pers. suppl. 8,60€ - frais de réservation 30€
Location : (Prix 2017) (de déb. avr. à déb. oct.) - 30 🏠. Nuitée 33 à 150€ - Sem. 231 à 1 050€ - frais de réservation 30€
🚰 borne eurorelais

Face à la rivière l'Hérault, belle décoration florale avec quelques mobile homes grand confort et emplacements bien aménagés.

Nature : 🌲 ♨♨
Loisirs : 🍴 🍽 🏊 🛝 🚴 🎾 ⛷ terrain multisports
Services : 🔑 🏠 – 4 sanitaires individuels (🚿 🚽 wc) 🚿 laverie
À prox. : ⚓

GPS
E : 3.4581
N : 43.29805

Les Romarins

☎ 04 67 94 18 59, www.romarins.com
Pour s'y rendre : 6 rte du Grau (4.2 km au sud, près de l'Hérault)
Ouverture : de déb. avr. à déb. oct.
2 ha (120 empl.) plat, herbeux, sablonneux
Empl. camping : (Prix 2017) 38€ ✶✶ 🚗 🏠 ⚡ (8A) - pers. suppl. 8,50€ - frais de réservation 22€
Location : (Prix 2017) (de déb. avr. à déb. oct.) ⚙ (1 mobile home) - 🚫 - 40 🏠 - 3 tentes lodges - 2 studios. Nuitée 34 à 146€ - Sem. 170 à 1 022€ - frais de réservation 22€
🚰 borne eurorelais 2,50€

Terrain rectiligne face au port de pêche du Grau-du-Roi et de l'Hérault.

Nature : 🌲 ♨♨
Loisirs : 🍴 🍽 🏊 🚴 ⛷ terrain multisports
Services : 🔑 📶 laverie

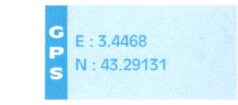

GPS
E : 3.4468
N : 43.29131

La Pépinière

☎ 04 67 94 10 94, www.campinglapepiniere.com
Pour s'y rendre : 3 rte du Grau (4 km au sud)
Ouverture : de mi-mars à mi-oct.
3 ha (100 empl.) plat, herbeux
Empl. camping : (Prix 2017) 30€ ✶✶ 🚗 🏠 ⚡ (10A) - pers. suppl. 6,70€ - frais de réservation 20€
Location : (Prix 2017) (de déb. avr. à déb. oct.) ⚙ (1 mobile home) - 30 🏠 - 4 bungalows toilés. Nuitée 40 à 94€ - Sem. 280 à 658€ - frais de réservation 20€
🚰 borne artisanale

Terrain familial tout près de l'Hérault avec du locatif varié.

Nature : 🌳 🌲
Loisirs : 🍴 🍽 🏊 🚴 ⛷
Services : 🔑 📶 laverie 🚿
À prox. : 🐟 ⚓

GPS
E : 3.45368
N : 43.29488

AIGUES-MORTES

30220 - Carte Michelin **339** K7 - 8 116 h. - alt. 3
▶ Paris 745 - Arles 49 - Montpellier 38 - Nîmes 42

Yelloh! Village La Petite Camargue

☎ 04 66 53 98 98, www.yellohvillage-petite.camargue.com
Pour s'y rendre : 3,5 km à l'ouest par D 62, rte de Montpellier
Ouverture : de fin avr. à mi-sept.
42 ha/10 campables (553 empl.) plat, herbeux, sablonneux
Empl. camping : (Prix 2017) 61€ ✶✶ 🚗 🏠 ⚡ (16A) - pers. suppl. 9€
Location : (Prix 2017) (de fin avr. à mi-sept.) ⚙ (1 mobile home) - 315 🏠. Nuitée 39 à 299€ - Sem. 273 à 2 093€
🚰 borne artisanale

Autour d'un centre équestre avec du locatif de qualité. Navette gratuite pour les plages.

Nature : 🌲 ♨♨
Loisirs : 🍴 🍽 📺 🏊 🚴 🎾 ❌ ⛷ 🐎 discothèque mini ferme terrain multisports
Services : 🔑 🏠 📶 laverie 🚿 ✈

GPS
E : 4.15963
N : 43.56376

Renouvelez votre guide chaque année.

LANGUEDOC-ROUSSILLON

ALET-LES-BAINS

11580 - Carte Michelin **344** E5 - 436 h. - alt. 186

▶ Paris 786 - Montpellier 187 - Carcassonne 35 - Castelnaudary 49

⚠ Val d'Aleth

📞 04 68 69 90 40, www.valdaleth.com

Pour s'y rendre : au bourg (D 2118 et à drte au bord de l'Aude)

Ouverture : Permanent

0,5 ha (37 empl.) plat, herbeux, pierreux

Empl. camping : (Prix 2017) 20€ ★★ 🚗 📧 [10A] - pers. suppl. 3,95€

Location : (Prix 2017) Permanent - 4 🏠 - 4 bungalows toilés - 4 tentes lodges - 1 gîte. Nuitée 48 à 75€ - Sem. 200 à 370€

Emplacements bien ombragés entre la rivière et les ruines du château mais bruit de la route en fond sonore.

Nature : 🌳 ♨
Loisirs : 🚴 🏊
Services : 📶 laverie

GPS : E : 2.25564 / N : 42.99486

ALLÈGRE-LES-FUMADES

30500 - Carte Michelin **339** K3 - 695 h. - alt. 135 - ♨

▶ Paris 696 - Alès 16 - Barjac 102 - La Grand-Combe 28

⛰ Capfun Le Domaine des Fumades 👥

📞 04 66 24 80 78, www.domaine-des-fumades.com

Pour s'y rendre : Les Fumade-les-Bains (accès par D 241)

Ouverture : de mi-avr. à mi-sept.

15 ha/6 campables (253 empl.) peu incliné, plat, herbeux, pierreux

Empl. camping : (Prix 2017) 35€ ★★ 🚗 📧 [10A] - pers. suppl. 7€ - frais de réservation 27€

Location : (Prix 2017) (de mi-avr. à mi-sept.) - ♿ (1 mobile home) - 200 🚐 - 12 🏠 - 8 bungalows toilés - 8 tentes lodges - 5 appartements. Nuitée 40 à 123€ - Sem. 161 à 2 233€ - frais de réservation 27€

Bien ombragé au bord de l'Alauzène avec de grandes pelouses pour la détente et proche de l'établissement thermal et son casino.

Nature : 🏞 🌳
Loisirs : 🍽 🍴 🎪 🏊 🚴 🎯 🎬 terrain multisports
Services : 📶 🚿 laverie 🧺
À prox. : 🐎 casino

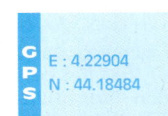

GPS : E : 4.22904 / N : 44.18484

ANDUZE

30140 - Carte Michelin **339** I4 - 3 303 h. - alt. 135

▶ Paris 718 - Alès 15 - Florac 68 - Lodève 84

⛰ L'Arche 👥

📞 04 66 61 74 08, www.camping-arche.fr

Pour s'y rendre : 1105 chemin de Récoulin (2 km au nord-ouest, au bord du Gardon)

Ouverture : de fin mars à fin sept.

6 ha (302 empl.) en terrasses, peu incliné, plat, herbeux, sablonneux

Empl. camping : (Prix 2017) 52€ ★★ 🚗 📧 [10A] - pers. suppl. 11,50€ - frais de réservation 15€

Location : (Prix 2017) Permanent - 30 🚐 - 10 🏠. Nuitée 60 à 214€ - Sem. 420 à 1 500€ - frais de réservation 15€

🚐 borne eurorelais 2€

Bords de rivière agréable avec ces rochers face à la Bambouseraie et beaucoup d'espaces verts pour les jeux ou la détente.

Nature : 🏊 ♨ 🌳
Loisirs : 🍽 🍴 🎪 🚴 centre balnéo 🧖 hammam 🏊 🎯 🎬 squash terrain multisports
Services : 📶 🚿 🧺 🚗 laverie 🧺 🛒
À prox. : 🛒 🚴

GPS : E : 3.97284 / N : 44.06873

⛰ Yelloh! Village Le Castel Rose 👥

📞 04 66 61 80 15, www.castelrose.com

Pour s'y rendre : 610 chemin de Récoulin (1.5 km au nord-ouest)

Ouverture : de déb. avr. à mi-sept.

7 ha (270 empl.) plat, sablonneux, herbeux

Empl. camping : (Prix 2017) 45€ ★★ 🚗 📧 [10A] - pers. suppl. 9€

Location : (Prix 2017) (de déb. avr. à mi-sept.) - 90 🚐 - 7 tentes lodges. Nuitée 41 à 245€ - Sem. 287 à 1 715€

🚐 borne artisanale

Emplacements tout le long de la rivière et joli parc aquatique.

Nature : 🏊 ≤ ♨ 🌳
Loisirs : 🍽 🍴 🎪 🚴 🎯 🏊 🎬 🎨
Services : 📶 🚿 🧺 🚗 laverie 🧺 🛒

GPS : E : 3.97731 / N : 44.06471

⛰ Cévennes-Provence 👥

📞 04 66 61 73 10, www.camping-cevennes-provence.fr

Pour s'y rendre : à Corbès-Thoiras (au Mas du Pont, au bord du Gardon de Mialet et près du Gardon de St-Jean)

Ouverture : de fin mars à fin sept.

30 ha/15 campables (242 empl.) fort dénivelé, en terrasses, plat et peu incliné, herbeux, pierreux

Empl. camping : (Prix 2017) 34€ ★★ 🚗 📧 [10A] - pers. suppl. 9,90€ - frais de réservation 14€

Location : (Prix 2017) (de fin mars à fin sept.) - 16 🏠. Sem. 400 à 740€

🚐 borne artisanale

Emplacements et grands espaces verts près de la rivière pour la baignade ou panoramiques dominant la vallée, pour la vue.

Nature : 🏊 ≤ ♨ 🌳
Loisirs : 🍽 🍴 🎪 🚴 🎯 ✂ 🎬
Services : 📶 🚿 📶 laverie 🧺 🛒
À prox. : parc-aventure

GPS : E : 3.96643 / N : 44.07711

⛰ Les Fauvettes 👥

📞 04 66 61 72 23, www.camping-anduze.net

Pour s'y rendre : rte de St-Jean-du-Gard (1,7 km au nord-ouest)

Ouverture : de fin avr. à fin sept.

7 ha/3 campables (144 empl.) fort dénivelé, en terrasses, plat et peu incliné, herbeux

Empl. camping : (Prix 2017) 28,50€ ★★ 🚗 📧 [10A] - pers. suppl. 7,20€ - frais de réservation 18€

Location : (Prix 2017) (de fin avr. à mi-oct.) - 41 🚐 - 1 🏠. Nuitée 55 à 80€ - Sem. 249 à 779€ - frais de réservation 18€

Préférer les quelques emplacements les plus éloignés de la route.

Nature : 🌳 ♨
Loisirs : 🍽 🍴 salle d'animations 🚴 🏊
Services : 📶 🚿 📶 🧺 🚗
À prox. : 🛒 🚴

GPS : E : 3.9738 / N : 44.06027

243

LANGUEDOC-ROUSSILLON

Le Bel Eté d'Anduze
☎ 0466617604, www.camping-bel-ete.com
Pour s'y rendre : 1870 rte de Nîmes (2,5 km au sud-est)
Ouverture : de déb. avr. à fin sept.
2,26 ha (97 empl.) plat, herbeux
Empl. camping : (Prix 2017) 35€ ✶✶ 🚗 ▣ [⚡] (16A) - pers. suppl. 8€ - frais de réservation 20€
Location : (Prix 2017) (de déb. avr. à fin sept.) - 37 🏠. Nuitée 90 à 180€ - Sem. 240 à 830€ - frais de réservation 20€

Préférer les emplacements près du Gardon, plus éloignés de la route.

Nature : 🌳🌳
Loisirs : ✗ 🍴 🎣 🏊 terrain multisports
Services : 🔑 🚻 📶 📺 réfrigérateurs
À prox. : ✂ 🎾

GPS E : 3.99468 N : 44.03827

ARGELÈS-SUR-MER
66700 - Carte Michelin **344** J7 - 10 033 h. - alt. 19
▶ Paris 872 - Céret 28 - Perpignan 22 - Port-Vendres 9
Centre

Le Front de Mer
☎ 0468810870, www.camping-front-mer.com
Pour s'y rendre : av. du Grau (250 m de la plage)
Ouverture : de déb. avr. à fin sept.
10 ha (588 empl.) plat, herbeux, pierreux
Empl. camping : (Prix 2017) 45€ ✶✶ 🚗 ▣ [⚡] (6A) - pers. suppl. 8€ - frais de réservation 25€
Location : (Prix 2017) (de déb. avr. à fin sept.) - ♿ (1 mobile home) - 144 🏠. Nuitée 55 à 155€ - Sem. 295 à 1 230€ - frais de réservation 25€

Agréable terrasse du bar-restaurant surplombant le joli parc aquatique en partie couvert, à 250 m de la plage.

Nature : 🌳🌳
Loisirs : 🍹 ✗ 🎣 🏊 centre balnéo 🛁 hammam jacuzzi 🏓 🎾 🏀 terrain multisports
Services : 🔑 🚻 📶 laverie 📺

GPS E : 3.04687 N : 42.54684

La Chapelle
☎ 0468812814, www.camping-la-chapelle.com
Pour s'y rendre : av. du Tech (place de l'Europe)
Ouverture : de fin avr. à fin sept.
6 ha (626 empl.) plat, herbeux
Empl. camping : (Prix 2017) 48€ ✶✶ 🚗 ▣ [⚡] (10A) - pers. suppl. 12,50€ - frais de réservation 26€
Location : (Prix 2017) (de fin avr. à fin sept.) - 68 🏠. Sem. 199 à 1 349€ - frais de réservation 26€
🚐 borne eurorelais 6€ - 8 ▣ 29€

Emplacements ombragés à 400 m de la plage par la rue commerçante, avec un parc aquatique et sa piscine couverte.

Nature : 🌳🌳
Loisirs : 🍹 ✗ 🎣 nocturne 🏓 🎾 🏀 🏊 terrain multisports
Services : 🔑 🚻 📶 laverie
À prox. : ✂ 🚲

GPS E : 3.0447 N : 42.55294

Pujol
☎ 0468810025, www.campingdepujol.com
Pour s'y rendre : av. de la Rétirada-1939
Ouverture : de mi-mai à fin oct.
6,2 ha (304 empl.) plat, herbeux, sablonneux
Empl. camping : (Prix 2017) 45€ ✶✶ 🚗 ▣ [⚡] (16A) - pers. suppl. 10€ - frais de réservation 19€
Location : (Prix 2017) (de mi-mai à fin oct.) - 60 🏠 - 4 bungalows toilés. Nuitée 22 à 128€ - Sem. 154 à 896€ - frais de réservation 19€

Nombreux emplacements tentes ou caravanes souvent bien ombragés.

Nature : 🌳🌳
Loisirs : 🍹 ✗ 🎣 🏓 🎾 🏀 🏊 terrain multisports
Services : 🔑 🚻 📶 laverie 📺 🛒
À prox. : ✂ 🐎

GPS E : 3.02768 N : 42.55532

Capfun Paris-Roussillon
(pas d'emplacement tentes et caravanes)
☎ 0468811971, www.parisroussillon.com
Pour s'y rendre : av. de la Rétirada-1939
3,5 ha (200 empl.) plat, herbeux
Location : (Prix 2017) (de déb. avr. à mi-sept.) - ♿ (2 mobile homes) - 175 🏠. Nuitée 35 à 207€ - Sem. 140 à 1 449€ - frais de réservation 27€

Village de mobile homes standards ou bardés bois à la décoration originale.

Nature : 🌊 🌳🌳
Loisirs : 🍹 ✗ 🎣 🏓 🎾 🏀 🏊
Services : 🔑 📶 laverie 🛒
À prox. : 🐎

GPS E : 3.03117 N : 42.55782

Europe
☎ 0468810810, www.camping-europe.net
Pour s'y rendre : av. du Gén.-de-Gaulle (500 m de la plage)
Ouverture : de fin mars à fin sept.
1,2 ha (91 empl.) plat, herbeux
Empl. camping : (Prix 2017) 33€ ✶✶ 🚗 ▣ [⚡] (10A) - pers. suppl. 7,50€ - frais de réservation 20€
Location : (Prix 2017) (de fin mars à fin sept.) - ♿ (1 mobile home) - 13 🏠. Nuitée 50 à 140€ - Sem. 220 à 904€ - frais de réservation 20€
🚐 borne artisanale 33€

Bel ombrage, parfois sous les platanes et un bon confort sanitaire, à 500 m de la plage par la rue commerçante.

Nature : 🌳🌳🌳
Loisirs : 🏓 🏊
Services : 🔑 🚻 📶 laverie 📺
À prox. : 🏀

GPS E : 3.04185 N : 42.54987

La Massane
☎ 0468810685, www.camping-massane.com
Pour s'y rendre : av. Molière (face à "l'Espace Jean Carrère")
Ouverture : de déb. avr. à fin sept.
2,7 ha (184 empl.) plat, herbeux
Empl. camping : (Prix 2017) 38€ ✶✶ 🚗 ▣ [⚡] (10A) - pers. suppl. 7€ - frais de réservation 15€

LANGUEDOC-ROUSSILLON

Location : (Prix 2017) (de déb. avr. à fin sept.) - 🚫 - 23 🚐. Nuitée 26 à 97€ - Sem. 182 à 679€ - frais de réservation 15€

Emplacements ombragés d'une belle allée de pins maritimes et un confort sanitaire ancien à très ancien bien entretenu.

Nature : 🌳 🏞️
Loisirs : 🏊 🎠 🎣
Services : 🚿 🛁 📶 laverie
À prox. : ⚔️ terrain multisports

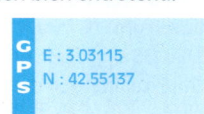

GPS : E : 3.03115 / N : 42.55137

⛺ Albizia
📞 04 68 81 15 62, www.camping-albizia.com
Pour s'y rendre : av. Gén.-de-Gaulle (300 m de la plage)
Ouverture : de déb. avr. à fin sept.
1,2 ha (90 empl.) plat, herbeux
Empl. camping : (Prix 2017) 34€ ✦✦ 🚐 📧 (10A) - pers. suppl. 4€
Location : (Prix 2017) (de déb. avr. à fin sept.) - 19 🚐. Nuitée 40 à 115€ - Sem. 250 à 830€
🚐 borne artisanale - 🚰 15€

Cadre bien ombragé de platanes à 300 m de la plage par la rue commerçante.

Nature : 🌳 🌿
Loisirs : 🏊 🎠
Services : 🚿 🛁 📶 laverie
À prox. : 🏖️ 🍴 🚲 ⚔️ 🎣

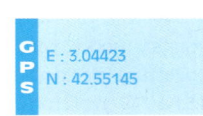

GPS : E : 3.04423 / N : 42.55145

Nord

⛰️ Village Vacances La Sirène et l'Hippocampe 👥
(pas d'emplacement tentes et caravanes)
📞 04 68 81 04 61, www.camping-lasirene.fr
Pour s'y rendre : rte de Taxo
21 ha (1250 empl.) plat, herbeux, gravillons
Location : (Prix 2017) (de mi-avr. à fin sept.) - 750 🚐 - 20 🏠. Nuitée 42 à 265€ - Sem. 294 à 1 855€ - frais de réservation 20€

En deux parties distinctes de chaque côté de la route. L'Hippocampe plus calme et sans véhicule et La Sirène avec son impressionnant parc aquatique en partie couvert.

Nature : 🌳 🌿
Loisirs : 🍴 ✕ 🏊 🎠 🎣 🎮 🎬 🏊 discothèque pub plongée tir à l'arc terrain multisports
Services : 🚿 🛁 📶 laverie 🛒 ✈️

GPS : E : 3.0326 / N : 42.57058

⛰️ Club Airotel Le Soleil 👥
📞 04 68 81 14 48, www.camping-le-soleil.fr
Pour s'y rendre : rte du Littoral
17 ha (844 empl.) plat, herbeux, sablonneux
Location : 170 🚐.
🚐 borne artisanale - 20 📧

Cadre ombragé et verdoyant en bordure de plage avec un bel espace aquatique.

Nature : 🌳 🌿 ⛺
Loisirs : 🍴 ✕ 🏊 🎠 🎣 🚲 🎣 discothèque terrain multisports
Services : 🚿 🛁 📶 laverie 🛒 ✈️

GPS : E : 3.04618 / N : 42.5744

⛰️ Les Marsouins 👥
📞 04 68 81 14 81, www.lesmarsouins.cielavillage.fr
Pour s'y rendre : av. de la Rétirada-1939
Ouverture : de mi-avr. à fin sept.
10 ha (587 empl.) plat, herbeux
Empl. camping : (Prix 2017) 50€ ✦✦ 🚐 📧 (5A) - pers. suppl. 11€ - frais de réservation 20€
Location : (Prix 2017) (de mi-avr. à fin sept.) - ♿ (2 mobile homes) - 260 🚐. Nuitée 30 à 240€ - Sem. 210 à 1 680€ - frais de réservation 20€

Nombreux emplacements pour tentes et caravanes dans un cadre verdoyant, un bon confort sanitaire et une agréable pelouse autour du parc aquatique.

Nature : 🌿 🌳
Loisirs : 🍴 ✕ 🏊 🎠 🎣 🎮 terrain multisports
Services : 🚿 🏪 🛁 📶 laverie 🛒 ✈️
À prox. : 🎣

GPS : E : 3.03471 / N : 42.56376

⛰️ Le Dauphin 👥
📞 04 68 81 17 54, www.campingledauphin.com
Pour s'y rendre : rte de Taxo à la Mer
Ouverture : de mi-avr. à fin sept.
8,5 ha (346 empl.)
Empl. camping : (Prix 2017) 53€ ✦✦ 🚐 📧 (10A) - pers. suppl. 10€ - frais de réservation 20€
Location : (Prix 2017) Permanent ♿ (1 mobile home) - 🚫 - 116 🚐 - 8 tentes lodges. Nuitée 29 à 295€ - Sem. 203 à 2 065€ - frais de réservation 20€

Emplacements au milieu d'un jardin botanique avec une belle variété de plantes, arbustes et arbres parfois aux couleurs exotiques.

Nature : 🏖️ 🌿 🌳
Loisirs : 🍴 ✕ 🏊 salle d'animations 🎠 🎣 🎮 🚲 🎣 tir à l'arc terrain multisports
Services : 🚿 🛁 – 99 sanitaires individuels (🚿🚽 wc) 📶 laverie 🛒 ✈️
À prox. : 🎣

GPS : E : 3.01763 / N : 42.57329

⛰️ Sunêlia Les Pins 👥
📞 04 68 81 10 46, www.les-pins.com
Pour s'y rendre : av. du Tech (plage des Pins à 300m)
4 ha (326 empl.) plat, herbeux
Location : 74 🚐 - 10 Tentes sur pilotis (avec sanitaires).
🚐 borne artisanale

Locatif varié et emplacements tentes et caravanes avec un bon confort sanitaires à 300 m de la plage par la rue commerçante.

Nature : 🏖️ 🌿 🌳
Loisirs : 🍴 ✕ 🏊 nocturne 🎠 🎣 🎮
terrain multisports
Services : 🚿 🏪 🛁 laverie ✈️
À prox. : 🎣

GPS : E : 3.04267 / N : 42.55532

Geef ons uw mening over de kampeerterreinen die wij aanbevelen. Schrijf ons over uw ervaringen en ontdekkingen.

LANGUEDOC-ROUSSILLON

▲▲▲ MS Vacances Le Littoral 👥

(pas d'emplacement tentes et caravanes)
📞 0253817000, www.ms-vacances.com/location-camping-club-vacances/camping-le-litt
Pour s'y rendre : rte du Littoral
8 ha (321 empl.) plat, herbeux
Location : (Prix 2017) (de déb. avr. à fin sept.) - 277 🏠 10 tentes lodges sur pilotis (avec sanitaires). Nuitée 34 à 301€ - Sem. 238 à 2 107€ - frais de réservation 28€

Village de mobile homes et quelques tentes lodges sur pilotis autour d'un parc aquatique et une piscine "zen". Petit train gratuit pour Argelès-sur-Mer.

Nature : 🏖️ 🌳🌳
Loisirs : 🍽️ ✖️ 🎭 🚣 ⛹️ 🎣 hammam 🚴 🎮 (petite piscine) 🏊 ⛱️ terrain multisports
Services : 🔑 🚻 ♿ 📶 laverie 🧺 ⛽
À prox. : golf
GPS : E : 3.03332 / N : 42.58078

▲▲▲ Le Pearl Village club 👥

📞 0468815529, www.camping-lepearl.com
Pour s'y rendre : rte de Taxo A la mer
Ouverture : de déb. avr. à mi-sept.
4 ha (167 empl.) plat, herbeux
Empl. camping : (Prix 2017) 45€ 👫 🚗 📧 💡 (16A) - pers. suppl. 9€
Location : (Prix 2017) (de déb. avr. à mi-sept.) - 97 🏠 - 15 bungalows toilés. Nuitée 55 à 220€ - Sem. 630 à 1 540€

Cadre verdoyant avec de l'espace pour les jeux ou la détente. Préférer les emplacements au fond du terrain plus éloignés de la route.

Nature : 🌳 🌿
Loisirs : 🍽️ ✖️ 🎭 🚣 ⛹️ 🎣 🎮 🏊 ⛱️ mini ferme tir à l'arc terrain multisports
Services : 🔑 🚻 ♿ 📶 laverie 🧺 ⛽
GPS : E : 3.01857 / N : 42.57344

▲▲▲ La Marende 👥

📞 0468811209, www.marende.com
Pour s'y rendre : av. du Littoral (400 m de la plage)
Ouverture : de fin avr. à fin sept.
3 ha (208 empl.) plat, herbeux, sablonneux
Empl. camping : (Prix 2017) 46€ 👫 🚗 📧 💡 (10A) - pers. suppl. 10€ - frais de réservation 18€
Location : (Prix 2017) (de fin avr. à fin sept.) - ♿ (1 mobile home) - 75 🏠. Nuitée 32 à 176€ - Sem. 224 à 1 232€ - frais de réservation 18€
🚐 borne eurorelais

Bel ombrage de pins et d'eucalyptus, sanitaires "enfants" de qualité mais préférer les emplacements éloignés de la route.

Nature : 🌳 🌿🌿
Loisirs : 🍽️ ✖️ 🎭 nocturne 🚣 jacuzzi 🎣 🚴 🏊 terrain multisports
Services : 🔑 🚻 ♿ 💦 📶 laverie 🧺 ⛽
À prox. : ✂️ 🏇
GPS : E : 3.0422 / N : 42.57395

▲▲▲ Club Airotel Les Galets 👥

📞 0468810812, www.campinglesgalets.fr - peu d'emplacements pour tentes et caravanes
Pour s'y rendre : rte de Taxo-à-la-Mer
Ouverture : de mi-avr. à fin sept.
5 ha (233 empl.) plat, herbeux
Empl. camping : (Prix 2017) 46€ 👫 🚗 📧 💡 (10A) - pers. suppl. 9,70€ - frais de réservation 15€
Location : (Prix 2017) (de mi-avr. à fin sept.) - ♿ (4 mobile homes, 2 chalets) - 130 🏠 - 35 🏡. Nuitée 36 à 185€ - Sem. 220 à 1 295€ - frais de réservation 15€

Terrain familial avec du locatif mobile homes et vrais chalets bois mais très peu d'emplacements pour tentes et caravanes.

Nature : 🌳 🌿🌿
Loisirs : 🍽️ ✖️ 🎭 nocturne 🚣 🎣 🏊 terrain multisports
Services : 🔑 🚻 ♿ 📶 laverie 🧺
À prox. : 🏇
GPS : E : 3.0144 / N : 42.57249

Sud

▲▲▲ Les Castels Les Criques de Porteils 👥

📞 0468811273, www.lescriques.com
Pour s'y rendre : corniche de Collioure, RD 114
Ouverture : de fin mars à fin oct.
4,5 ha (248 empl.) fort dénivelé, en terrasses, peu incliné, plat, herbeux, pierreux
Empl. camping : (Prix 2017) 56,50€ 👫 🚗 📧 💡 (10A) - pers. suppl. 14€ - frais de réservation 26€
Location : (Prix 2017) (de fin mars à fin oct.) - 35 🏠 - 10 bungalows toilés - 2 tentes sur pilotis. Sem. 170 à 1 599€ - frais de réservation 26€
🚐 borne eurorelais 6€ - 5 📧 41€

Emplacements ombragés ou plein soleil avec vue panoramique sur la baie d'Argelès-sur-Mer ou sur le vignoble du Roussillon. Accès direct à la plage par un escalier abrupt.

Nature : 🏖️ ≤ baie d'Argelès-sur-Mer 🌳 🌿 🌴
Loisirs : 🍽️ ✖️ 🎭 🚣 ⛹️ 🎣 🏊 plongée tyrolienne petit jardin méditerranéen terrain multisports
Services : 🔑 🚻 ♿ 📶 laverie 🧺 ⛽
GPS : E : 3.06778 / N : 42.53389

▲▲▲ La Coste Rouge

📞 0468810894, www.lacosterouge.com - peu d'emplacements pour tentes et caravanes
Pour s'y rendre : rte de Collioure (3 km au sud-est)
Ouverture : de déb. avr. à fin sept.
3,7 ha (145 empl.) terrasse, plat et peu incliné, herbeux, pierreux
Empl. camping : (Prix 2017) 39,40€ 👫 🚗 📧 💡 (6A) - pers. suppl. 6,60€ - frais de réservation 20€
Location : (Prix 2017) (de déb. avr. à fin sept.) - ♿ (1 mobile home) - 29 🏠 - 6 studios. Nuitée 37 à 140€ - Sem. 259 à 980€ - frais de réservation 20€
🚐 borne AireService 15€ - 40 📧 15€

À l'écart de l'agitation d'Argelès-sur-Mer mais la route en font sonore. Relié aux plages par navette gratuite.

Nature : 🌳 🌿🌿
Loisirs : 🍽️ ✖️ 🎭 🚣 ⛹️ 🎣 🏊
Services : 🔑 🚻 ♿ 📶 laverie 🧺 ⛽
GPS : E : 3.05285 / N : 42.53301

Choisissez votre restaurant sur
restaurant.michelin.fr

LANGUEDOC-ROUSSILLON

ARLES-SUR-TECH

66150 - Carte Michelin **344** G8 - 2 757 h. - alt. 280
▶ Paris 886 - Amélie-les-Bains-Palalda 4 - Perpignan 45 - Prats-de-Mollo-la-Preste 19

▲▲▲ Le Vallespir

✆ 04 68 39 90 00, www.campingvallespir.com

Pour s'y rendre : 2 km au nord-est, rte d'Amélie-les-Bains-Palalda, au bord du Tech

Ouverture : de mi-fév. à fin nov.

8 ha/4 campables (158 empl.) peu incliné, plat, herbeux, pierreux

Empl. camping : (Prix 2017) 25€ ✦✦ ⇌ 🗐 (6A) - pers. suppl. 6,80€

Location : (Prix 2017) (de mi-fév. à fin nov.) - ♿ (2 mobile homes) - 62 🏠. Nuitée 37 à 120€ - Sem. 246 à 820€

🚐 borne artisanale

Autour d'une jolie bâtisse en pierres et briques, locatif mobile home de bon confort et beaucoup d'espaces verts pour la détente au bord du ruisseau.

Nature : 🌳 ⌂ ♤♤	G	E : 2.65306
Loisirs : 🍽️🏛️🎣🏊🎱⛰️🚣 mini ferme terrain multisports	P	N : 42.46671
Services : ⚿🏛️♿🛜 laverie	S	

---

*Die Klassifizierung (1 bis 5 Zelte, **schwarz** oder **rot**), mit der wir die Campingplätze auszeichnen, ist eine Michelin-eigene Klassifizierung. Sie darf nicht mit der staatlich-offiziellen Klassifizierung (1 bis 5 Sterne) verwechselt werden.*

BAGNOLS-SUR-CÈZE

30200 - Carte Michelin **339** M4 - 18 105 h. - alt. 51
▶ Paris 653 - Alès 54 - Avignon 34 - Nîmes 56

▲▲ Les Genêts d'Or

✆ 04 66 89 58 67, www.camping-genets-dor.com 🚫 (de déb. juil. à mi-août)

Pour s'y rendre : chemin de Carmignan (sortie nord par N 86 puis 2 km par D 360 à dr.)

Ouverture : de mi-avr. à mi-sept.

8 ha/3,5 campables (120 empl.) terrasse, plat, herbeux

Empl. camping : (Prix 2017) 35,50€ ✦✦ ⇌ 🗐 (10A) - pers. suppl. 6€ - frais de réservation 11,50€

Location : (Prix 2017) (de mi-avr. à fin sept.) - 🚫 (de déb. juil. à mi-août) - 8 🏠. Nuitée 55 à 105€ - Sem. 385 à 725€ - frais de réservation 11,50€

Emplacements bien ombragés surplombant la rivière avec de grands espaces verts pour les jeux ou la détente.

Nature : ♤♤ ⛰️	G	E : 4.63694
Loisirs : 🍽️🏛️🎣🏊🚣	P	N : 44.17358
Services : ⚿🏛️♿🛜 laverie 🧺🧹 réfrigérateurs	S	
À prox. : 🚴		

BALARUC-LES-BAINS

34540 - Carte Michelin **339** H8 - 6 622 h. - alt. 3 - ♨
▶ Paris 781 - Agde 32 - Béziers 52 - Frontignan 8

▲▲▲ Sites et Paysages Le Mas du Padre ♂♀

✆ 04 67 48 53 41, www.mas-du-padre.com

Pour s'y rendre : 4 chemin du Mas-du-Padre (2 km au nord-est par D 2E et chemin à dr.)

Ouverture : de déb. avr. à fin oct.

1,8 ha (116 empl.) peu incliné, plat, herbeux, gravillons

Empl. camping : (Prix 2017) 39,90€ ✦✦ ⇌ 🗐 (10A) - pers. suppl. 5,80€ - frais de réservation 14€

Location : (Prix 2017) (de déb. avr. à fin oct.) - ♿ (1 chalet) - 16 🏠 - 1 🏡 - 8 cabanons. Nuitée 32 à 145€ - Sem. 224 à 1 015€ - frais de réservation 21,50€

Jolie décoration arbustive et florale au calme en zone pavillonnaire.

Nature : 🌊 ⌂ ♤♤	G	E : 3.6924
Loisirs : 🏛️🎣🏊🚣	P	N : 43.4522
Services : ⚿🏛️♿🛜 🗐 réfrigérateurs	S	

▲▲ Les Vignes

✆ 04 67 48 04 93, www.camping-lesvignes.com - peu d'emplacements pour tentes et caravanes

Pour s'y rendre : 1 chemin des Vignes (1,7 km au nord-est par D 129, D 2E rte de Sète et chemin à gauche)

Ouverture : de déb. avr. à fin oct.

2 ha (169 empl.) plat, gravier

Empl. camping : (Prix 2017) 27,70€ ✦✦ ⇌ 🗐 (10A) - pers. suppl. 6,50€ - frais de réservation 15€

Location : (Prix 2017) (de déb. avr. à fin oct.) - ♿ (1 mobile home) - 23 🏠 - 9 🏡. Nuitée 32 à 90€ - Sem. 225 à 635€ - frais de réservation 15€

🚐 borne flot bleu 10€

Emplacements bien délimités, au calme avec du locatif généralement de bon confort.

Nature : 🌊 ⌂ ♤♤	G	E : 3.68806
Loisirs : 🏛️🎣🚣	P	N : 43.45351
Services : ⚿🏛️♿🛜 🗐🧺	S	

247

LANGUEDOC-ROUSSILLON

LE BARCARÈS

66420 - Carte Michelin **344** J6 - 4 018 h. - alt. 3
▶ Paris 839 - Narbonne 56 - Perpignan 23 - Quillan 84

Club Airotel Le Floride et L'Embouchure
☎ 04 68 86 11 75
Pour s'y rendre : rte de St-Laurent (1.2 km au nord-est par D 90 - A9 sortie Perpignan nord)
11 ha (632 empl.) plat, gravier, herbeux
Location : ♿ (2 mobile homes) - 335 🏠 - 20 ⛺ - 6 roulottes.
En deux parties distinctes dont une L'embouchure plus calme avec accès direct à la plage. Locatif de bon confort et très bon confort en sites paysagés.

Nature : 🌳 ♤♤
Loisirs : 🍴 ✕ 🎭 🎮 🏊 🚣 jacuzzi 🚴 🎯 🏊 ⛵ crèche paddle terrain multisports
Services : 🏧 👤 - 45 sanitaires individuels (🚿 wc) 🅿 🚰 🛜 laverie ♨ 🛒 réfrigérateurs point d'informations touristiques
GPS : E : 3.03055 N : 42.7787

Yelloh! Village Le Pré Catalan
☎ 04 68 86 12 60, www.precatalan.com
Pour s'y rendre : rte de St-Laurent-de-la-Salanque (1,5 km au sud-ouest par D 90 puis 600 m par chemin à dr.)
Ouverture : de fin avr. à mi-sept.
4 ha (250 empl.) plat, herbeux, sablonneux
Empl. camping : (Prix 2017) 52 € ✸✸ 🚗 🔲 ⚡ (10A) - pers. suppl. 9 €
Location : (Prix 2017) (de fin avr. à mi-sept.) - 140 🏠. Nuitée 32 à 229 € - Sem. 224 à 1 603 €
🚐 borne artisanale
Agréable terrain avec des animations et des services adaptés aux familles avec de jeunes enfants.

Nature : 🌊 🌳 ♤♤
Loisirs : 🍴 ✕ 🎭 🎮 🏊 🎯 🏊 ⛵ terrain multisports
Services : 🔑 👤 🛜 laverie ♨ 🛒
À prox. : 🛒
GPS : E : 3.02272 N : 42.78086

L'Oasis
☎ 04 68 86 12 43, www.camping-oasis.com
Pour s'y rendre : rte de St-Laurent-de-la-Salanque (1,3 km au sud-ouest par D 90)
Ouverture : de fin avr. à mi-sept.
10 ha (492 empl.) plat, herbeux, sablonneux
Empl. camping : (Prix 2017) 45 € ✸✸ 🚗 🔲 ⚡ (16A) - pers. suppl. 9 € - frais de réservation 30 €
Location : (Prix 2017) (de déb. déc. à mi-sept.) - 226 🏠 - 2 bungalows toilés. Nuitée 34 à 219 € - Sem. 238 à 1 533 € - frais de réservation 30 €
🚐 borne artisanale
Faible ombrage mais jolies haies de lauriers roses et blancs. Locatif varié avec quelques mobile homes de très grand confort (jacuzzi privatif).

Nature : 🌳 ♀
Loisirs : 🍴 ✕ 🎭 🎮 🏊 🎯 🏊 ⛵ terrain multisports
Services : 🔑 👤 🛜 laverie ♨ 🛒
À prox. : 🛒
GPS : E : 3.02462 N : 42.77619

Village Vacances Nai'a Village
☎ 04 68 86 15 36, www.naia-village.com - peu d'emplacements pour tentes et caravanes
Pour s'y rendre : rte de St-Laurent-de-la-Salanque (2 km au sud-ouest par D 90, à 200 m de l'Agly - D 83 : sortie 9)
6 ha (325 empl.) plat, herbeux
Location : 120 🏠 - 22 gîtes.
Préférer les locatifs et les quelques emplacements tentes ou caravanes restants éloignés de la route.

Nature : 🌳 ♀
Loisirs : 🍴 ✕ 🎭 🎮 🏊 🚣 🎯 🏊 ⛵ terrain multisports
Services : 🔑 👤 - 325 sanitaires individuels (🚿 wc) 🅿 🚰 🛜 🛒 ♨
GPS : E : 3.02064 N : 42.775

Village Vacances Le Soleil Bleu
(pas d'emplacement tentes et caravanes)
☎ 04 68 86 15 50, www.lesoleilbleu.com
Pour s'y rendre : lieu-dit : Mas de la Tourre (1,4 km au sud-ouest par D 90 rte de St-Laurent-de-la-Salanque, à 100 m de l'Agly - D 83 sortie 9)
3 ha (176 empl.) plat, gravier
Location : 162 🏠 - 14 ⛺.
Préférer les locations éloignées de la route.

Nature : ♤♤
Loisirs : 🍴 ✕ 🎭 🎮 🏊 🚴 🏊 ⛵ terrain multisports
Services : 🔑 👤 🛜 laverie ♨ 🛒
GPS : E : 3.02842 N : 42.77663

Cybele Vacances La Presqu'île
☎ 04 68 86 12 80, www.lapresquile.com - peu d'emplacements pour tentes et caravanes
Pour s'y rendre : r. de la Presquile (au nord - D 83 sortie 11)
Ouverture : de déb. avr. à fin sept.
3,5 ha (163 empl.) plat, herbeux, sablonneux, gravier
Empl. camping : (Prix 2017) 41 € ✸✸ 🚗 🔲 ⚡ (6A) - pers. suppl. 6,50 € - frais de réservation 15 €
Location : (Prix 2017) (de déb. avr. à fin sept.) - 106 🏠 - 12 ⛺ - 5 studios. Nuitée 39 à 165 € - Sem. 159 à 1 179 € - frais de réservation 15 €
Terrain entouré d'eau idéal pour les pêcheurs. Bruit de la route pour les emplacements côté pont. Snack-parc aquatique-animations de l'autre côté de la route.

Nature : 🌳 ♤♤
Loisirs : 🍴 ✕ 🎭 🎮 nocturne 🏊 jacuzzi 🚣 🚴 ⛵ 🏊 ⛵ terrain multisports
Services : 🔑 👤 🛜 laverie ♨ 🛒
À prox. : ⚓
GPS : E : 3.02672 N : 42.80528

Le California
☎ 04 68 86 16 08, www.camping-california.fr
Pour s'y rendre : rte de St-Laurent-de-la-Salanque (1,5 km au sud-ouest par D 90 - sur D 83 sortie 9 : Canet-en-Roussillon)
Ouverture : de déb. mai à mi-sept.
5 ha (265 empl.) plat, herbeux, pierreux
Empl. camping : (Prix 2017) 45 € ✸✸ 🚗 🔲 ⚡ (16A) - pers. suppl. 9 € - frais de réservation 30 €

LANGUEDOC-ROUSSILLON

Location : (Prix 2017) (de déb. mai à mi-sept.) - (2 mobile homes) - 130 - 20 - 2 bungalows toilés - 10 gîtes. Nuitée 32 à 171€ - Sem. 224 à 1 197€ - frais de réservation 30€

Bel ombrage des emplacements, locatif varié en confort et au fond du terrain un grand espace pour les animations sportives.

Nature :
Loisirs : terrain multisports
Services : laverie
À prox. :

GPS E : 3.02346 N : 42.77606

Capfun Las Bousigues

(pas d'emplacement tentes et caravanes)

0468 86 16 19, www.capfun.com - peu d'emplacements pour tentes et caravanes.

Pour s'y rendre : av. des Corbières (900 m à l'ouest - D 85 sortie 10)

3 ha, plat, sablonneux, pierreux

Location : (Prix 2017) (de déb. avr. à mi-sept.) - (2 mobile homes) - - 540 - 2 tentes lodges - 4 tipis - 43 gîtes. Nuitée 46 à 126€ - Sem. 182 à 1 449€ - frais de réservation 27€

Le regroupement de 3 campings en font un site disparate, sans homogénéité, avec du plus pour certains mobile homes et du médiocre avec les sanitaires individuels ou les bungalows-gîtes.

Nature :
Loisirs :
Services : – 27 sanitaires individuels (wc) laverie
À prox. :

GPS E : 3.0254 N : 42.7869

Ce guide n'est pas un répertoire de tous les terrains de camping mais une sélection des meilleurs campings dans chaque catégorie.

BARJAC

30430 - Carte Michelin **339** L3 - 1 546 h. - alt. 171
▶ Paris 666 - Alès 34 - Aubenas 45 - Pont-St-Esprit 33

La Combe

0466 24 51 21, www.campinglacombe.com

Pour s'y rendre : lieu-dit : Mas de Reboul (3 km à l'ouest par D 901, rte des Vans et D 384 à dr.)

Ouverture : de déb. avr. à fin sept.

2,5 ha (100 empl.) peu incliné, plat, herbeux

Empl. camping : (Prix 2017) 27,10€ ★★ (6A) - pers. suppl. 9€ - frais de réservation 5€

Location : (Prix 2017) (de déb. avr. à fin sept.) - 10 - 4 - 4 bungalows toilés - 4 cabanons - 1 appartement. Nuitée 50 à 53€ - Sem. 270 à 660€ - frais de réservation 15€

borne eurorelais 12€ - 12€

Terrain familial aux structures anciennes, calme et bien ombragé.

Nature :
Loisirs :
Services :

GPS E : 4.34784 N : 44.30917

BÉDOUÈS

48400 - Carte Michelin **330** J8 - 291 h. - alt. 565
▶ Paris 624 - Alès 69 - Florac 5 - Mende 39

Chon du Tarn

0466 45 09 14, www.camping-chondutarn.com

Pour s'y rendre : chemin du Chon-du-Tarn (sortie nord-est, rte de Cocurès)

Ouverture : de déb. mai à déb. oct.

2 ha (100 empl.) peu incliné, plat, herbeux

Empl. camping : (Prix 2017) ★ 4,80€ 4,80€ – (6A) 2,40€

Location : (Prix 2017) (de déb. mai à fin sept.) - - 5 . Nuitée 30 à 55€ - Sem. 210 à 380€

borne artisanale

Cadre agréable et verdoyant au bord du Tarn.

Nature :
Loisirs : laverie
À prox. : escalade

GPS E : 3.60531 N : 44.3446

BELCAIRE

11340 - Carte Michelin **344** C6 - 440 h. - alt. 1 002
▶ Paris 810 - Ax-les-Thermes 26 - Axat 32 - Foix 54

Les Chalets du Lac

0468 20 39 47, www.camping-pyrenees-cathare.fr

Pour s'y rendre : 4 chemin du Lac (sortie ouest par D 613, rte d'Ax-les-Thermes, à 150 m d'un plan d'eau)

Ouverture : de déb. juin à fin sept.

1,3 ha (55 empl.) peu incliné, herbeux

Empl. camping : (Prix 2017) 19€ ★★ (16A) - pers. suppl. 4€

Location : (Prix 2017) Permanent - 2 - 14 - 5 tentes lodges - 1 cabanon. Nuitée 35 à 90€ - Sem. 160 à 580€

Tout près d'un joli plan d'eau locatif varié, parfois insolite et souvent de bon confort.

Nature :
Loisirs :
Services : laverie
À prox. : pédalos

GPS E : 1.95022 N : 42.81637

BESSÈGES

30160 - Carte Michelin **339** J3 - 3 169 h. - alt. 170
▶ Paris 651 - Alès 32 - La Grand-Combe 20 - Les Vans 18

Les Drouilhèdes

0466 25 04 80, www.campingcevennes.com

Pour s'y rendre : lieu-dit : Peyremale-sur-Cèze (2 km à l'ouest par D 17, rte de Génolhac puis 1 km par D 386 à dr.)

Ouverture : de déb. avr. à fin sept.

2 ha (90 empl.) plat, herbeux, pierreux

Empl. camping : (Prix 2017) 32,70€ ★★ (6A) - pers. suppl. 5,80€ - frais de réservation 15,50€

Location : (Prix 2017) (de déb. avr. à fin sept.) - 6 . Sem. 350 à 695€ - frais de réservation 15,50€

Emplacements bien ombragés au bord de la Cèze avec du locatif parfois ancien.

Nature :
Loisirs : (plage)
Services :

GPS E : 4.0678 N : 44.29143

LANGUEDOC-ROUSSILLON

BLAVIGNAC

48200 - Carte Michelin 330 H5 - 236 h. - alt. 800

▶ Paris 542 - Montpellier 218 - Mende 58 - Clermont-Ferrand 126

Les Chalets de la Margeride

(pas d'emplacement tentes et caravanes)

☎ 04 66 42 56 00, www.chalets-margeride.com

Pour s'y rendre : lieu-dit : Chassagnes (4,5 km au nord-ouest par D 989, rte de St-Chély-d'Apcher et D 4, rte de la Garde - Par A 75 : sortie 32)

50 ha/2 campables en terrasses Location : (Prix 2017) Permanent - (1 chalet) - 21 - Nuitée 65 à 101€ - Sem. 455 à 704€ - frais de réservation 9€

Agréable situation panoramique sur les monts de la Margeride.

Nature : Plateau de la Margeride
Loisirs : (découverte en saison)
Services : laverie

GPS : E : 3.30631 / N : 44.87017

BOISSET-ET-GAUJAC

30140 - Carte Michelin 339 J4 - 2 302 h. - alt. 140

▶ Paris 722 - Montpellier 103 - Nîmes 53 - Alès 14

Domaine de Gaujac

☎ 04 66 61 67 57, www.domaine-de-gaujac.com

Pour s'y rendre : 2406 chemin de la Madeleine

Ouverture : de déb. mai à fin août

10 ha/6,5 campables (293 empl.) en terrasses, peu incliné, plat, herbeux, gravillons

Empl. camping : (Prix 2017) 32€ ✶✶ 🚗 🔲 🔌 (10A) - pers. suppl. 8€ - frais de réservation 20€

Location : (Prix 2017) (de déb. mai à fin août) - 48 🏠 - 20 🏡. Nuitée 47 à 105€ - Sem. 235 à 875€ - frais de réservation 20€

☞ borne artisanale 8€ - 6 🔲 10€

Emplacements bien ombragés sur le bas du terrain plus proche du Gardon mais aussi sur les terrasses, un peu plus isolés.

Nature :
Loisirs : jacuzzi
Services : laverie
À prox. :

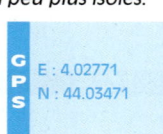

GPS : E : 4.02771 / N : 44.03471

BOISSON

30500 - Carte Michelin 339 K3

▶ Paris 682 - Alès 19 - Barjac 17 - La Grand-Combe 28

Yelloh! Village Le Château de Boisson

☎ 04 66 24 85 61, www.chateaudeboisson.com

Pour s'y rendre : hameau de Boisson

Ouverture : de déb. avr. à fin sept.

7,5 ha (165 empl.) fort dénivelé, en terrasses, plat, herbeux

Empl. camping : (Prix 2017) 50€ ✶✶ 🚗 🔲 🔌 (6A) - pers. suppl. 9€

Location : (Prix 2017) (de déb. avr. à fin sept.) - 54 🏠 - 18 🏡 - 15 gîtes. Nuitée 39 à 428€ - Sem. 273 à 2 996€

☞ borne artisanale 5€

Beaux emplacements au pied d'un château cévenol restauré et vue sur les Cévennes pour certains chalets.

Nature :
Loisirs :
Services : 7 sanitaires individuels (🚿 WC) laverie réfrigérateurs

GPS : E : 4.25673 / N : 44.20966

LE BOSC

34490 - Carte Michelin 339 F6 - 1 046 h. - alt. 90

▶ Paris 706 - Montpellier 51 - Béziers 58 - Sète 68

Village Vacances Relais du Salagou

(pas d'emplacement tentes et caravanes)

☎ 04 67 44 76 44, www.relais-du-salagou.com

Pour s'y rendre : à Salèlles, 8 r. des Terrasses (4,5 km au sud-est par D 140 - A 75, sortie 56)

12 ha/3 campables plat

Location : (Prix 2017) (de mi-mars à mi-nov.) - (1 chalet) - 🅿️ - 28 🏠. Nuitée 92 à 107€ - Sem. 395 à 722€ - frais de réservation 9€

Petit village de chalets perdus dans une belle végétation méditerranéenne. Dommage pour le bruit de fond de l'autoroute.

Nature :
Loisirs : centre balnéo hammam jacuzzi
Services : laverie

GPS : E : 3.41425 / N : 43.68061

The Guide changes, so renew your guide every year.

BRISSAC

34190 - Carte Michelin 339 H5 - 615 h. - alt. 145

▶ Paris 732 - Ganges 7 - Montpellier 41 - St-Hippolyte-du-Fort 19

Le Val d'Hérault

☎ 04 67 73 72 29, www.camping-levaldherault.com

Pour s'y rendre : av. d'Issensac (4 km au sud par D 4, rte de Causse-de-la-Selle)

Ouverture : de déb. avr. à fin oct.

4 ha (175 empl.) en terrasses, plat et peu incliné, herbeux, pierreux

Empl. camping : (Prix 2017) 30€ ✶✶ 🚗 🔲 🔌 (8A) - pers. suppl. 8€ - frais de réservation 12€

Location : (Prix 2017) (de déb. avr. à fin oct.) - 22 🏠 - 4 🏡 - 10 bungalows toilés. Nuitée 35 à 135€ - Sem. 266 à 937€ - frais de réservation 12€

Emplacements bien ombragés parfois sur de petites terrasses individuelles ou au bord de l'Hérault.

Nature :
Loisirs : nocturne
Services :
À prox. : escalade (via ferrata)

GPS : E : 3.70433 / N : 43.84677

Le Domaine d'Anglas

☎ 04 67 73 70 18, www.camping-anglas.com

Pour s'y rendre : 2 km à l'est par la D 108

Ouverture : de déb. avr. à déb. nov.

115 ha/5 campables (101 empl.) en terrasses, plat, herbeux, pierreux

Empl. camping : (Prix 2017) 35,90€ ✶✶ 🚗 🔲 🔌 (10A) - pers. suppl. 7,90€ - frais de réservation 15€

LANGUEDOC-ROUSSILLON

Location : (Prix 2017) Permanent - 12 🏠 - 5 tentes lodges - 3 tipis - 4 roulottes - 3 cabanes perchées - 1 gîte. Nuitée 45 à 185€ - Sem. 245 à 1 010€ - frais de réservation 15€

Au bord de l'Hérault et au milieu des vignes, locatif varié de bon confort. Vente de produits locaux et de vins du domaine.

Nature : 🌳 ♨♨▲	
Loisirs : 🍴✗ 🏠 🚴 🏊 tyrolienne	GPS E : 3.71615 N : 43.87602
Services : 🔌 ♿ 👶 📶 laverie	

BROUSSES-ET-VILLARET

11390 - Carte Michelin **344** E2 - 313 h. - alt. 412

▶ Paris 768 - Carcassonne 21 - Castelnaudary 36 - Foix 88

⛺ Le Martinet-Rouge

📞 0468265198, www.camping-martinet.fr

Pour s'y rendre : à Brousses (500 m au sud par D 203 et chemin à dr., à 200 m de la Dure)

Ouverture : de déb. avr. à mi-oct.

2,5 ha (63 empl.) vallonné, plat, herbeux, pierreux, rochers

Empl. camping : (Prix 2017) 24€ ✴✴ 🚗 🔌 (10A) - pers. suppl. 5,20€ - frais de réservation 6€

Location : (Prix 2017) (de déb. avr. à mi-oct.) - 9 🏕 - 1 🏠 - 2 gîtes. Nuitée 48 à 88€ - Sem. 245 à 700€ - frais de réservation 6€

Agréable site avec des emplacements entre les rochers et sous un bel ombrage de petits chênes verts. Quelques locatifs et certains sanitaires très anciens d'un confort modeste.

Nature : 🌳 ♨♨	
Loisirs : 🍴✗ 🏠 🚴 🏊 terrain multisports	GPS E : 2.25342 N : 43.33972
Services : 🔌 ♿ 📶 🔲	

CANET

34800 - Carte Michelin **339** F7 - 3 269 h. - alt. 42

▶ Paris 717 - Béziers 47 - Clermont-l'Hérault 6 - Gignac 10

⛺ Les Rivières

📞 0467967553, www.camping-lesrivieres.com

Pour s'y rendre : lieu-dit : la Sablière (1,8 km au nord par D 131E)

Ouverture : Permanent

9 ha/5 campables (110 empl.) plat, herbeux, pierreux

Empl. camping : (Prix 2017) 33€ ✴✴ 🚗 🔌 (10A) - pers. suppl. 6,50€ - frais de réservation 12€

Location : (Prix 2017) Permanent 🐟 - 13 🏕 - 5 🏠 - 4 tentes lodges - 3 cabanons - 2 gîtes. Nuitée 130 à 180€ - Sem. 260 à 790€ - frais de réservation 12€

🚐 borne flot bleu 12€ - 6 🔲 12€

Beaucoup d'espace au bord de l'Hérault avec possibilité de baignade.

Nature : 🌳 ♨♨	
Loisirs : 🍴✗ 🏠 jacuzzi 🚴 🏊 terrain multisports	GPS E : 3.49229 N : 43.61792
Services : 🔌 ♿ 👶 📶 🔲	
À prox. : 🐎	

CANET-PLAGE

66140 - Carte Michelin **344** J6

▶ Paris 849 - Argelès-sur-Mer 20 - Le Boulou 35 - Canet-en-Roussillon 3

⛺⛺⛺⛺ Yelloh! Village Le Brasilia ♿

📞 0468802382, www.brasilia.fr

Pour s'y rendre : av. des Anneaux-du-Roussillon (au port, au bord de la Têt)

Ouverture : de mi-avr. à déb. oct.

15 ha (705 empl.) plat, herbeux, sablonneux

Empl. camping : (Prix 2017) 67€ ✴✴ 🚗 🔌 (10A) - pers. suppl. 9€

Location : (Prix 2017) (de mi-avr. à déb. oct.) - ♿ (2 mobile homes) - 132 🏕 - 12 🏠 - 35 gîtes. Nuitée 35 à 305€ - Sem. 245 à 2 135€

🚐 borne artisanale

Des emplacements verdoyants et ombragés, des villages de mobile homes paysagés, des chalets très grand confort, des animations variées en font un vrai village club en bord de mer.

Nature : 🌊 ♨♨▲	
Loisirs : 🍴✗ 🏠 🏊 🚴 🏄 hammam jacuzzi 🚴 🏊 discothèque tir à l'arc paddle terrain multisports	GPS E : 3.03551 N : 42.70808
Services : 🔌 ♿ 👶 📶 laverie 🛒	
À prox. : 🐎 ⚓	

⛺⛺⛺ Mar Estang ♿

📞 0468803553, www.marestang.com

Pour s'y rendre : rte de St-Cyprien (1,5 km au sud par D 18a, près de l'étang et de la plage)

Ouverture : de mi-avr. à mi-sept.

11 ha (600 empl.) plat, herbeux

Empl. camping : (Prix 2017) ✴ 13€ 🚗 8€ 🔲 44€ – 🔌 (6A) 6,50€ - frais de réservation 26€

Location : (Prix 2017) (de mi-avr. à mi-sept.) - ♿ (1 mobile home) - 🅿 - 255 🏕 - 32 bungalows toilés. Nuitée 55 à 215€ - Sem. 250 à 1 500€ - frais de réservation 26€

🚐 borne eurorelais 4€ - 8 🔲 38€

Un accès direct à la plage par souterrain, des emplacements un peu ombragés et des animations orientées jeunes et adolescents.

Nature : 🌳 ♨♨	
Loisirs : 🍴✗ 🏠 (amphithéâtre) 🚴 🏄 🚴 🏊 discothèque terrain multisports	GPS E : 3.03124 N : 42.6759
Services : 🔌 👶 📶 laverie 🛒	

Ne pas confondre :
▲ ... à ... ⛺⛺⛺⛺ : **appréciation MICHELIN**
et
★ ... à ... ★★★★★ : classement officiel

LANGUEDOC-ROUSSILLON

Les Fontaines

04 68 80 22 57, www.campinglesfontaines.fr

Pour s'y rendre : 23 av. de St-Nazaire

Ouverture : de fin avr. à mi-sept.

5,3 ha (160 empl.) plat, herbeux, pierreux

Empl. camping : (Prix 2017) 39€ ✶✶ 🚗 🔲 [⚡] (10A) - pers. suppl. 7€ - frais de réservation 15€

Location : (Prix 2017) (de fin avr. à mi-sept.) - 115 🏠. Nuitée 35 à 130€ - Sem. 180 à 910€ - frais de réservation 15€

🚐 borne artisanale 5€

Bien peu d'ombrage et de végétation mais un grand espace pour les jeux collectifs ou la détente. Préférer les emplacements près de l'étang, éloignés de la route.

Nature : 🌳
Loisirs : 🍽 🎣 🏊 🚴 🏊 mini ferme
Services : 🚿 (juil.-août) 🛁 🌐 laverie 🍳

GPS
E : 2.99892
N : 42.68909

CANILHAC

48500 - Carte Michelin **330** G8 - 138 h. - alt. 700
▶ Paris 593 - La Canourgue 8 - Marvejols 26 - Mende 52

Municipal la Vallée

04 66 32 91 14, www.camping-vallee-du-lot.com

Pour s'y rendre : lieu-dit : Miège Rivière (12 km au nord par N 9, rte de Marvejols, D 988 à gauche, rte de St-Geniez-d'Olt et chemin à gauche - par A 75, sortie 40 dir. St-Laurent-d'Olt puis 5 km par D 988)

Ouverture : de mi-juin à mi-sept.

1 ha (50 empl.) plat, herbeux

Empl. camping : (Prix 2017) 17€ ✶✶ 🚗 🔲 [⚡] (12A) - pers. suppl. 3,50€

Location : (Prix 2017) (de mi-juin à mi-sept.) - 3 🏠 - 2 bungalows toilés. Nuitée 25 à 50€ - Sem. 175 à 350€

🚐 borne artisanale

Dans une petite vallée verdoyante au bord du Lot.

Nature : 🌳 🌊 🏞
Loisirs : 🎣 🏊 🚴 🏊
Services : 🚿 🛁 🌐 🔲
À prox. : 🍽

GPS
E : 3.14892
N : 44.4365

LA CANOURGUE

48500 - Carte Michelin **330** H8 - 2 112 h. - alt. 563
▶ Paris 588 - Marvejols 21 - Mende 40 - Millau 53

Chalets et camping du golf

04 66 44 23 60, www.lozereleisure.com

Pour s'y rendre : rte des Gorges-du-Tarn (3,6 km au sud-est par D 988, rte de Chanac, après le golf, au bord de l'Urugne)

Ouverture : de déb. mai à mi-sept.

8 ha (72 empl.) terrasse, plat

Empl. camping : (Prix 2017) 18,50€ ✶✶ 🚗 🔲 [⚡] (6A) - pers. suppl. 4€

Location : (Prix 2017) (de mi-avr. à fin sept.) - 22 🏠. Nuitée 49 à 114€ - Sem. 241 à 914€

🚐 borne artisanale

Cadre verdoyant avec des chalets simples ou de bon confort ; pour les emplacements tentes et caravanes, des sanitaires très anciens.

Nature : 🌊 🌳 🏞
Loisirs : 🎣 🏊
Services : 🚿 🌐 laverie
À prox. : 🍽 golf

GPS
E : 3.24072
N : 44.40842

LE CAP-D'AGDE

34300 - Carte Michelin **339** G9
▶ Paris 767 - Montpellier 57 - Béziers 29 - Narbonne 59

La Clape

04 67 26 41 32, www.campings-sodeal.fr

Pour s'y rendre : 2 r. du Gouverneur (près de la plage - accès direct)

Ouverture : de déb. avr. à fin sept.

7 ha (450 empl.) plat, herbeux, pierreux

Empl. camping : (Prix 2017) 46€ ✶✶ 🚗 🔲 [⚡] (10A) - pers. suppl. 9€ - frais de réservation 27€

Location : (Prix 2017) (de déb. avr. à fin sept.) - ♿ (1 chalet) - 🏠 - 103 🏠 - 24 🏠 - 9 bungalows toilés. Nuitée 41 à 144€ - frais de réservation 27€

🚐 borne flot bleu 2,50€ - 43 🔲 12,50€

Terrain en zone résidentielle comprenant un accès direct à la plage. Services et stationnements pour camping-cars extérieurs au terrain.

Nature : 🌳 🏞
Loisirs : 🍽 🎣 🏊 🚴 🏊 terrain multisports
Services : 🚿 🔲 🛁 🌐 laverie 🍳 réfrigérateurs

GPS
E : 3.5193
N : 43.28534

Donnez-nous votre avis sur les terrains que nous recommandons. Faites-nous connaître vos observations et vos découvertes par mail à l'adresse : leguidecampingfrance@tp.michelin.com.

CARCASSONNE

11000 - Carte Michelin **344** F3 - 47 854 h. - alt. 110
▶ Paris 768 - Albi 110 - Béziers 90 - Narbonne 61

La Cité 👥

04 68 10 01 00, www.campingcitecarcassonne.com

Pour s'y rendre : rte de St-Hilaire (sortie est par N 113, rte de Narbonne puis 1,8 km par D 104, près d'un bras de l'Aude)

Ouverture : de mi-mars à fin sept.

7 ha (200 empl.) plat, herbeux

Empl. camping : (Prix 2017) 29,50€ ✶✶ 🚗 🔲 [⚡] (10A) - pers. suppl. 8€

Location : (Prix 2017) (de mi-mars à fin sept.) - ♿ (2 mobile homes) - 44 🏠. Nuitée 39 à 139€ - Sem. 254 à 904€

🚐 borne artisanale

Tout près de la Cité avec des espaces verts pour la détente, mais préférer les emplacements les plus éloignés de la route.

Nature : 🌳 🏞
Loisirs : 🍽 🎣 🎱 🏓 🎿 jacuzzi 🚴 🏊 terrain multisports
Services : 🚿 🛁 🌐 laverie 🍳

GPS
E : 2.35474
N : 43.2

LANGUEDOC-ROUSSILLON

CARNON-PLAGE
34280 - Carte Michelin **339** I7
▶ Paris 758 - Aigues-Mortes 20 - Montpellier 20 - Nîmes 56

▲ Capfun Les Saladelles
☏ 04 67 68 23 71, www.paysdelor.fr

Pour s'y rendre : r. de l'Aigoual (Carnon-est, D 59, à 100 m de la plage)

Ouverture : de déb. avr. à fin sept.

7,6 ha (340 empl.) plat, sablonneux

Empl. camping : (Prix 2017) 23,60 € ★★ ⛺ 🚗 📧 ⚡ (10A) - pers. suppl. 4 € - frais de réservation 10 €

Location : (Prix 2017) (de déb. avr. à fin sept.) - 🏠 - 40 🏡. Sem. 262 à 765 € - frais de réservation 10 €

🚐 borne artisanale - 18 📧 13 €

Préférer les emplacements éloignés de la route, côté mer. Accueil groupes et colonies. Stationnement et services pour camping-cars en face du terrain.

Nature : 🌳🌳
Loisirs : 🎯🎯
Services : 🔌 🧺 🛒 🛜 🏪
À prox. : terrain multisports

GPS : E : 3.99464 / N : 43.55079

CASTRIES
34160 - Carte Michelin **339** I6 - 6 017 h. - alt. 70
▶ Paris 746 - Lunel 15 - Montpellier 19 - Nîmes 44

▲ Le Fondespierre
☏ 04 67 91 20 03, www.campingfondespierre.com

Pour s'y rendre : 277 chemin Pioch-Viala (2,5 km au nord-est par N 110, rte de Sommières et rte à gauche - sur A 709 sortie 28)

Ouverture : Permanent

3 ha (103 empl.) en terrasses, peu incliné, pierreux

Empl. camping : (Prix 2017) 34,10 € ★★ 🚗 📧 ⚡ (10A) - pers. suppl. 6 € - frais de réservation 15 €

Location : (Prix 2017) Permanent - 22 🏡 - 2 🏠 - 8 bungalows toilés. Sem. 280 à 700 € - frais de réservation 15 €

🚐 borne artisanale 4 €

Au calme dans un cadre naturel parfois même un peu sauvage.

Nature : 🌳 🏞️🌳🌳
Loisirs : 🍴 🏊 🚴 🎯
Services : 🔌 🧺 🛒 🛜 laverie
À prox. : 🍽️

GPS : E : 3.99903 / N : 43.69125

CELLES
34700 - Carte Michelin **339** F7 - 22 h. - alt. 140
▶ Paris 707 - Montpellier 55 - Nîmes 111 - Albi 190

▲ Municipal les Vailhès
☏ 04 11 95 01 82, www.campinglesvailhes.fr

Pour s'y rendre : 2 km au nord-est par D 148E4 rte de Lodève - A75 sortie 54

Ouverture : de déb. avr. à fin sept.

4 ha (239 empl.) en terrasses, peu incliné, plat, herbeux, gravillons

Empl. camping : (Prix 2017) ★ 4,30 € 🚗 7,50 € – ⚡ (10A) 4,50 € - frais de réservation 5 €

🚐 borne artisanale 9 € - 🚏

Belle situation sur les collines à la terre rouge au bord du lac du Salagou.

Nature : 🌳 ≤ 🏞️🌳 ⛰️
Loisirs : 🍴 🏊 🚤 ⛵ bateaux électriques
Services : 🔌 🛜 🏪
À prox. : 🎣

GPS : E : 3.36012 / N : 43.66865

CENDRAS
30480 - Carte Michelin **339** J4 - 1 930 h. - alt. 155
▶ Paris 694 - Montpellier 76 - Nîmes 50 - Avignon 76

▲▲▲ La Croix Clémentine 👥
☏ 04 66 86 52 69, www.clementine.fr

Pour s'y rendre : rte de Mende, lieu-dit : La Fare (2 km au nord-ouest par D 916 et D 32 à gauche)

Ouverture : de mi-avr. à mi-sept.

10 ha (234 empl.) fort dénivelé, en terrasses, plat, herbeux, rochers

Empl. camping : (Prix 2017) 40 € ★★ 🚗 📧 ⚡ (10A) - pers. suppl. 4 € - frais de réservation 14 €

Location : (Prix 2017) (de mi-avr. à mi-sept.) - 20 chalets (avec et sans sanitaires). Nuitée 70 à 140 € - Sem. 400 à 900 € - frais de réservation 14 €

🚐 borne artisanale 19 € - 3 📧 20 € - 🚏 15 €

Cadre boisé avec de nombreux emplacements sur de petites terrasses souvent individuelles.

Nature : 🌳 🏞️🌳🌳
Loisirs : 🍹 🍴 🏊 🎬 nocturne 🎯 🚴 🎾 🎣 🏊 terrain multisports
Services : 🔌 🧺 🛒 🛜 laverie 🧊 réfrigérateurs
À prox. : 🐎

GPS : E : 4.04333 / N : 44.15167

---

*Die Klassifizierung (1 bis 5 Zelte, **schwarz** oder **rot**), mit der wir die Campingplätze auszeichnen, ist eine Michelin-eigene Klassifizierung. Sie darf nicht mit der staatlich-offiziellen Klassifizierung (1 bis 5 Sterne) verwechselt werden.*

LE CHAMBON
30450 - Carte Michelin **339** J3 - 273 h. - alt. 260
▶ Paris 640 - Alès 31 - Florac 59 - Génolhac 10

▲ Municipal le Luech
☏ 04 66 61 51 32, mairie-du-chambon@wanadoo.fr

Pour s'y rendre : lieu-dit : Palanquis (600 m au nord-ouest par D 29, rte de Chamborigaud)

Ouverture : de déb. juil. à fin août

0,5 ha (30 empl.) en terrasses, peu incliné, herbeux, pierreux

Empl. camping : (Prix 2017) ★ 2,43 € 🚗 1,69 € 📧 1,23 € – ⚡ (8A) 3,56 €

Au bord du Luech, en deux parties distinctes de part et d'autre de la route. Sanitaires simples avec douches à jetons.

Nature : 🌳🌳
Loisirs : 🏊
Services : 🔌 🚏
À prox. : 🎣

GPS : E : 4.00317 / N : 44.30494

LANGUEDOC-ROUSSILLON

CHASTANIER

48300 - Carte Michelin 330 K6 - 92 h. - alt. 1 090
▶ Paris 570 - Châteauneuf-de-Randon 17 - Langogne 10 - Marvejols 71

⚠ La Via Natura Le Pont de Braye

☏ 04 66 69 53 04, www.camping-lozere-naussac.fr

Pour s'y rendre : Les Berges du Chapeauroux (1 km à l'ouest, carr. D 988 et D 34, au pont)

Ouverture : de déb. mai à fin sept.

1,5 ha (35 empl.) en terrasses, plat, herbeux

Empl. camping : (Prix 2017) 18,50 € ✸✸ 🚗 🅿 ⚡ (6A) - pers. suppl. 4,70 € - frais de réservation 9 €

Location : (Prix 2017) (de déb. mai à fin sept.) - 2 bungalows toilés - 3 yourtes - 2 roulottes - 1 gîte. Nuitée 40 à 70 € - Sem. 189 à 499 € - frais de réservation 9 €

🚐 borne artisanale 2,50 € - 🚐 8 €

Au bord de la rivière avec du locatif varié, original, au confort simple.

Nature : 🌳 ≤ 🌲🌲	GPS
Loisirs : 🍴 🏠 🚲 🎣	E : 3.74755
Services : 🔑 🚻 ♿ ♨ 📶 laverie 🧺	N : 44.72656
À prox. : 🍽	

CLERMONT-L'HÉRAULT

34800 - Carte Michelin 339 F7 - 7 627 h. - alt. 92
▶ Paris 718 - Béziers 46 - Lodève 24 - Montpellier 42

⛰ Club du Salagou 👥

☏ 04 67 96 13 13, www.campinglacdusalagou.fr

Pour s'y rendre : au lac du Salagou (5 km au nord-ouest par D 156E 4, à 300 m du lac)

7,5 ha (388 empl.) en terrasses, peu incliné, plat, herbeux, gravier

Location : ♿ (1 mobile home) - 35 🚐 - 8 tentes sur pilotis - 13 appart'hotels - 15 chalets (sans sanitaire).

🚐 borne artisanale - 22 ⚡

Situation agréable à proximité du lac et de la base nautique.

Nature : 🌳 🌲 ≤ 🌲🌲	GPS
Loisirs : 🍴 🏠 🎠 🏊 🏇 🚲 🎣 terrain multisports	E : 3.38957
Services : 🔑 🚻 ♿ ♨ 📶 laverie 🧺 réfrigérateurs	N : 43.6455
À prox. : 🚴 🚣 🏊 ⛵	

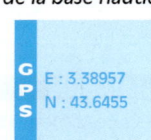

COLLIAS

30210 - Carte Michelin 339 L5 - 1 002 h. - alt. 425
▶ Paris 694 - Alès 45 - Avignon 32 - Bagnols-sur-Cèze 35

⛰ Le Barralet

☏ 04 66 22 84 52, www.barralet.fr

Pour s'y rendre : 6 chemin du Grès (1 km au nord-est par D 3, rte d'Uzès et chemin à dr.)

Ouverture : de déb. avr. à fin sept.

2 ha (132 empl.) peu incliné, plat, herbeux

Empl. camping : (Prix 2017) 22,10 € ✸✸ 🚗 🅿 ⚡ (6A) - pers. suppl. 5 € - frais de réservation 10 €

Location : (Prix 2017) (de déb. avr. à fin sept.) - 33 🚐 - 9 🏠 - 1 tente lodge. Nuitée 45 à 115 € - Sem. 225 à 770 € - frais de réservation 10 €

🚐 borne eurorelais

De la terrasse du bar et de la piscine, vue panoramique sur la rivière et le pont de Collias. Locatif de confort variable.

Nature : 🌳 ≤ 🌲🌲	GPS
Loisirs : 🍴 🍽 🏠 🏊 terrain multisports	E : 4.48718
Services : 🔑 🚻 ♨ 📶 ♿ 🧺	N : 43.95769
À prox. : 🎣 🛶	

CONNAUX

30330 - Carte Michelin 339 M4 - 1 583 h. - alt. 86
▶ Paris 661 - Avignon 32 - Alès 52 - Nîmes 48

⛰ Le Vieux Verger

☏ 04 66 82 91 62, www.camplinglevieuxverger.com

Pour s'y rendre : 526 av. des Platanes (au sud du bourg, à 200 m de la N 86)

Ouverture : Permanent

3 ha (60 empl.) fort dénivelé, en terrasses, plat, herbeux, pierreux

Empl. camping : (Prix 2017) 23,90 € ✸✸ 🚗 🅿 ⚡ (6A) - pers. suppl. 4,80 € - frais de réservation 10 €

Location : (Prix 2017) Permanent 🌴 - 10 🚐 - 5 🏠. Nuitée 55 à 111 € - Sem. 319 à 780 € - frais de réservation 25 €

Emplacements pour tentes et caravanes sur le haut du terrain plus ombragé, vue pour certains mais fond sonore de la route.

Nature : 🏕 🌲🌲	GPS
Loisirs : 🍴 🍽 🏊	E : 4.59108
Services : 🔑 📶 ♨	N : 44.08478
À prox. : 🍽	

Gebruik de gids van het lopende jaar.

CRESPIAN

30260 - Carte Michelin 339 J5 - 325 h. - alt. 80
▶ Paris 731 - Alès 32 - Anduze 27 - Nîmes 24

⛰ Le Mas de Reilhe 👥

☏ 04 66 77 82 12, www.camping-mas-de-reilhe.fr

Pour s'y rendre : chemin du Mas-de-Reilhe (sortie sud par N 110)

Ouverture : de mi-avr. à fin sept.

2 ha (92 empl.) fort dénivelé, plat, pierreux, herbeux

Empl. camping : (Prix 2017) 17 € ✸✸ 🚗 🅿 ⚡ (10A) - pers. suppl. 5,80 € - frais de réservation 20 €

Location : (Prix 2017) (de mi-avr. à fin sept.) - 15 🚐 - 7 🏠 - 4 tentes lodges. Nuitée 35 à 120 € - Sem. 220 à 840 € - frais de réservation 20 €

🚐 borne Sanistation

Locatif varié installé en terrasses et des emplacements sur la partie basse avec un bon confort sanitaire.

Nature : 🏕 🌲🌲	GPS
Loisirs : 🍴 🍽 🏠 🎯 jacuzzi 🏊 🚲 terrain multisports	E : 4.09676
Services : 🔑 🚻 ♿ ♨ 📶 laverie 🧺	N : 43.88015
À prox. : 🍽	

LANGUEDOC-ROUSSILLON

EGAT

66120 - Carte Michelin **344** D7 - 453 h. - alt. 1 650
▶ Paris 856 - Andorra-la-Vella 70 - Ax-les-Thermes 53 - Bourg-Madame 15

⚠ Las Clotes

✆ 04 68 30 26 90, www.pro.pagesjaunes.fr/camping-las-clotes

Pour s'y rendre : 400 m au nord du bourg, au bord d'un petit ruisseau

Ouverture : Permanent

2 ha (80 empl.) en terrasses, plat, herbeux, rochers

Empl. camping : (Prix 2017) 15 € ♀♀ ⇌ 🖃 🗲 (6A) - pers. suppl. 4 €

🚐 borne artisanale 15 €

Agréable situation dominante, à flanc de colline rocheuse et traversé par un petit torrent.

Nature : ⛰ ≤ Sierra del Cadi et Puigmal 🌲 ♀
Loisirs : 🎱 🏓
Services : ⚡ 🍴 🛁 🚿 📶

GPS : E : 2.01655 / N : 42.50419

Renouvelez votre guide chaque année.

ERR

66800 - Carte Michelin **344** D8 - 640 h. - alt. 1 350 - Sports d'hiver : 1 850/2 520 m
▶ Paris 854 - Andorra-la-Vella 77 - Ax-les-Thermes 52 - Bourg-Madame 10

⚠ Le Puigmal

✆ 04 68 04 71 83, www.camping-le-puigmal.fr

Pour s'y rendre : 30 rte du Puigmal (par D 33b, au bord d'un ruisseau)

Ouverture : de fin oct. à fin sept.

3,2 ha (125 empl.) terrasse, peu incliné, plat, herbeux, gravillons

Empl. camping : (Prix 2017) 22,50 € ♀♀ ⇌ 🖃 🗲 (6A) - pers. suppl. 5 €

Location : (Prix 2017) Permanent - 11 🏠. Sem. 400 à 450 €

Cadre agréable, verdoyant et en partie ombragé. Au centre, sanitaires de bon confort.

Nature : ⛰ ♀♀
Loisirs : 🎱 🏓
Services : ⚡ 🍴 📶 laverie
À prox. : 🏊 parc aquatique

GPS : E : 2.03539 / N : 42.43751

⚠ Las Closas

✆ 04 68 04 71 42, www.camping-las-closas.com

Pour s'y rendre : 1 pl. St-Génis (par D 33b)

Ouverture : Permanent

2 ha (100 empl.) peu incliné, plat, herbeux, pierreux

Empl. camping : (Prix 2017) 24,25 € ♀♀ ⇌ 🖃 🗲 (10A) - pers. suppl. 4,70 €

Location : (Prix 2017) Permanent - 13 🏠 - 3 bungalows toilés - 1 appartement. Nuitée 45 à 94 € - Sem. 294 à 550 €

Au pied de la petite église, agréable site avec un bon confort sanitaire et du locatif varié.

Nature : ⛰ ♀♀
Loisirs : 🎱 🏓
Services : ⚡ 🍴 🛁 📶 laverie
À prox. : 🏊 parc aquatique

GPS : E : 2.03138 / N : 42.44014

ESTAVAR

66800 - Carte Michelin **344** D8 - 429 h. - alt. 1 200
▶ Paris 852 - Montpellier 247 - Perpignan 97

⚠ L'Enclave ♀♀

✆ 04 68 04 72 27, www.camping.lenclave.com

Pour s'y rendre : 2 r. Vinyals (sortie est par D 33, au bord de l'Angoust)

Ouverture : de déb. nov. à fin sept.

3,5 ha (175 empl.) en terrasses, plat et peu incliné, pierreux, herbeux

Empl. camping : (Prix 2017) 32,30 € ♀♀ ⇌ 🖃 🗲 (10A) - pers. suppl. 5,60 € - frais de réservation 10 €

Location : (Prix 2017) (de déb. nov. à fin sept.) - 31 🏠. Nuitée 40 à 120 € - Sem. 190 à 820 € - frais de réservation 10 €

🚐 borne eurorelais 6 €

Cadre ombragé de part et d'autre du ruisseau avec au fond du terrain une belle aire de jeux et la piscine de l'autre côté de la petite rue.

Nature : ⛰ ♀♀
Loisirs : 🎱 salle d'animations 🏓 jacuzzi 🏊 🎯 randonnées accompagnées
Services : ⚡ 🍴 🛁 🚿 📶 laverie
À prox. : 🍽 🎯 🏇

GPS : E : 1.99813 / N : 42.4688

FABREGUES

34690 - Carte Michelin **339** H7 - 6 565 h. - alt. 25
▶ Paris 747 - Montpellier 12 - Nîmes 65 - Toulouse 231

⚠ Le Botanic

✆ 04 67 85 53 18, www.camping-le-botanic.com

Pour s'y rendre : Launac-le-Vieux (3.6 km au sud-est par D 613 et D 114)

Ouverture : de déb. avr. à fin sept.

5 ha (80 empl.) plat, herbeux, pierreux

Empl. camping : (Prix 2017) 32 € ♀♀ ⇌ 🖃 🗲 (10A) - pers. suppl. 5,50 € - frais de réservation 18 €

Location : (Prix 2017) (de déb. avr. à fin sept.) - ♿ (2 chalets) - 21 🏠 - 2 🏠. Sem. 315 à 830 €

🚐 borne artisanale 3 €

Joli village de mobile homes grand confort dominant le lagon et sa plage de sable blanc.

Nature : 🌊 ♀♀
Loisirs : 🍽 🎯 🏊 🚣 (plan d'eau)
Services : ⚡ 🛁 📶 🖃
À prox. : golf

GPS : E : 3.74762 / N : 43.54112

FABREZAN

11200 - Carte Michelin **344** H4 - 1 288 h. - alt. 60
▶ Paris 809 - Carcassonne 40 - Montpellier 122 - Perpignan 87

⚠ Le Pinada

✆ 04 68 43 32 29, www.lepinada.com

Pour s'y rendre : lieu-dit : Villerouge-La-Crémade (7.1 km au sud-est par la D 611 et D 106)

Ouverture : Permanent

4 ha (110 empl.)

Empl. camping : (Prix 2017) 24 € ♀♀ ⇌ 🖃 🗲 (12A) - pers. suppl. 6 €

Location : (Prix 2017) Permanent - 13 🏠 - 1 gîte. Nuitée 40 à 115 € - Sem. 200 à 800 €

🚐 borne artisanale 13 €

Emplacements ombragés au milieu des vignes des Corbières.

Nature : ⛰ 🌊 ♀♀
Loisirs : 🍽 🎯 🏊 terrain multisports
Services : ⚡ 📶 🖃

GPS : E : 2.73754 / N : 43.11471

255

LANGUEDOC-ROUSSILLON

FLORAC

48400 - Carte Michelin **330** J9 - 1 921 h. - alt. 542
▶ Paris 622 - Alès 65 - Mende 38 - Millau 84

▲ Flower Le Pont du Tarn

☎ 04 66 45 18 26, www.camping-florac.com

Pour s'y rendre : rte du Pont-de-Montvert (2 km au nord par N 106, rte de Mende et D 998 à dr., accès direct au Tarn)

Ouverture : de déb. avr. à mi-oct.

3 ha (181 empl.) en terrasses, plat, pierreux, herbeux

Empl. camping : (Prix 2017) 30€ ✶✶ 🚗 🔌 (10A) - pers. suppl. 6€ - frais de réservation 13€

Location : (Prix 2017) (de déb. avr. à mi-oct.) - 24 🏠 - 2 🏡 - 8 bungalows toilés - 2 tentes lodges. Nuitée 49 à 99€ - Sem. 195 à 945€ - frais de réservation 13€

🚐 borne artisanale 5€

Quelques emplacements au bord du Tarn mais préférer les plus éloignés de la route.

Nature : ≤ 🌳 🌳
Loisirs : 🍴 ✶ 🐎 🏊 🛶
Services : 🔑 🏪 🚿 ♿ 📶 laverie 🧺
À prox. : ✂

GPS
E : 3.59013
N : 44.33525

FONT-ROMEU

66120 - Carte Michelin **344** D7 - 2 003 h. - alt. 1 800 - Sports d'hiver : 🎿 🛷 ❄
▶ Paris 860 - Montpellier 245 - Perpignan 90 - Canillo 62

▲ Huttopia Font Romeu

☎ 04 68 30 09 32, www.huttopia.com - alt. 1 800

Pour s'y rendre : rte de Mont-Louis (RN 618, à l'entrée de Font-Romeu face au stade municipal)

Ouverture : de mi-juin à mi-sept.

7 ha (175 empl.) fort dénivelé, terrasse, peu incliné, plat, herbeux, rochers

Empl. camping : (Prix 2017) 36,30€ ✶✶ 🚗 🔌 (10A) - pers. suppl. 8,30€

Location : (Prix 2017) Permanent - 34 🏠 - 24 tentes lodges. Nuitée 49 à 127€ - Sem. 274 à 889€

🚐 borne artisanale 7€

À 300 m du départ des télécabines, dans un cadre naturel locatif varié, de bon confort pour les chalets.

Nature : 🌳 ≤ chaîne des Pyrénées 🌲
Loisirs : 🍴 ✶ 🍽 🌙 nocturne 🐎 🏊 🛶
Services : 🔑 🏪 ♿ 📶 laverie 🧺

GPS
E : 2.04666
N : 42.50628

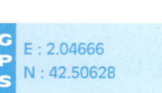

FORMIGUERES

66210 - Carte Michelin **344** D7 - 435 h. - alt. 1 500
▶ Paris 883 - Montpellier 248 - Perpignan 96

△ La Devèze

☎ 06 37 59 73 89, www.campingladeveze.com - alt. 1 600

Pour s'y rendre : rte de la Devèze

Ouverture : de déb. déc. à fin sept.

4 ha (117 empl.) en terrasses, plat, herbeux, pierreux, rochers

Empl. camping : (Prix 2017) 20,90€ ✶✶ 🚗 🔌 (10A) - pers. suppl. 4,50€

Location : (Prix 2017) (de déb. déc. à fin sept.) - 10 🏠 - 4 tentes lodges - 1 tipi - 1 roulotte. Nuitée 60 à 90€ - Sem. 420 à 750€

🚐 borne artisanale - 10 🅿 19,90€

Cadre naturel dans une jolie pinède de montagne. Accueil chevaux et cavaliers.

Nature : 🌳 🏡 🌳
Loisirs : ✂ 🍽 🏊 🐎
Services : 🔑 🏪 ♿ 📶 laverie 🧺

GPS
E : 2.0922
N : 42.61035

FRONTIGNAN-PLAGE

34110 - Carte Michelin **339** H8 - 23 068 h. - alt. 2
▶ Paris 775 - Lodève 59 - Montpellier 26 - Sète 10

▲ Sandaya Les Tamaris

☎ 04 67 43 44 77, www.sandaya.fr/tam

Pour s'y rendre : 140 av. d'Ingril (au nord-est par D 60)

Ouverture : de déb. avr. à fin sept.

4 ha (250 empl.) plat, herbeux, pierreux, sablonneux

Empl. camping : 69€ ✶✶ 🚗 🔌 (10A) - pers. suppl. 9€

Location : (de déb. avr. à fin sept.) - ♿ (1 mobile home) - 113 🏠 - 18 🏡 - 6 Mobile homes (sans sanitaire). Nuitée 30 à 269€ - Sem. 210 à 1 883€

🚐 borne flot bleu

Emplacements avec un peu d'ombrage en bord de mer et une plage "privée" aménagée de transats et parasols.

Nature : 🌳 🏖 🌳
Loisirs : 🍴 ✂ 🍽 🏊 🐎 🛶
Services : 🔑 🏪 ♿ 📶 laverie 🧺 réfrigérateurs

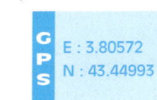

GPS
E : 3.80572
N : 43.44993

Avant de vous installer, consultez les tarifs en cours, affichés obligatoirement à l'entrée du terrain, et renseignez-vous sur les conditions particulières de séjour. Les indications portées dans le guide ont pu être modifiées depuis la mise à jour.

FUILLA

66820 - Carte Michelin **344** F7 - 372 h. - alt. 547
▶ Paris 902 - Font-Romeu-Odeillo-Via 42 - Perpignan 55 - Prades 9

▲ Le Rotja

☎ 04 68 96 52 75, www.camping-lerotja.com

Pour s'y rendre : 34 av. de la Rotja (au bourg de Fuilla le Millieu)

Ouverture : de déb. avr. à mi-oct.

1,6 ha (100 empl.) peu incliné, plat, herbeux, pierreux, verger

Empl. camping : (Prix 2017) 21,50€ ✶✶ 🚗 🔌 (10A) - pers. suppl. 4,50€ - frais de réservation 12,50€

Location : (Prix 2017) (de déb. avr. à mi-oct.) - 9 🏠 - 1 bungalow toilé - 6 tentes lodges. Nuitée 35 à 110€ - Sem. 235 à 675€ - frais de réservation 12,50€

Emplacements en terrasses en partie ombragés et locatif varié.

Nature : 🌳 ≤ 🌳
Loisirs : ✂ 🛶 (petite piscine)
Services : 🔑 ♿ 📶

GPS
E : 2.35883
N : 42.56181

256

LANGUEDOC-ROUSSILLON

GALLARGUES-LE-MONTUEUX

30660 - Carte Michelin **339** K6 - 3 257 h. - alt. 55
▶ Paris 727 - Aigues-Mortes 21 - Montpellier 39 - Nîmes 25

⛰ Les Amandiers

☎ 04 66 35 28 02, www.camping-lesamandiers.fr - peu d'emplacements pour tentes et caravanes

Pour s'y rendre : 20 r. des Stades (sortie sud-ouest, rte de Lunel)

Ouverture : de déb. avr. à fin sept.

3 ha (150 empl.) plat, herbeux, pierreux **Empl. camping** : (Prix 2017) 24€ - pers. suppl. 6€ - frais de réservation 21€ (16A)

Location : (Prix 2017) (de déb. avr. à fin sept.) - 40 - 12 bungalows toilés. Nuitée 24 à 140€ - Sem. 168 à 980€ - frais de réservation 21€

Nombreux mobile homes à la location de différent confort.

Nature :
Loisirs : hammam jacuzzi
Services : laverie

GPS : E : 4.16509 N : 43.71612

GIGNAC

34150 - Carte Michelin **339** G7 - 5 271 h. - alt. 53
▶ Paris 719 - Béziers 58 - Clermont-l'Hérault 12 - Lodève 25

⚠ Municipal la Meuse

☎ 04 67 57 92 97, www.campinglameuse.com

Pour s'y rendre : chemin de la Meuse (1,2 km au nord-est par D 32, rte d'Aniane puis chemin à gauche, à 200 m de l'Hérault et d'une base nautique)

Ouverture : de déb. mai à mi-sept.

3,4 ha (100 empl.) plat, herbeux

Empl. camping : (Prix 2017) ✴ 3€ 🚗 13,10€ – [⚡] (16A) 2,90€ - frais de réservation 7,80€

Location : (Prix 2017) (de déb. mai à mi-sept.) - 9 . Nuitée 40 à 65€ - Sem. 270 à 680€ - frais de réservation 7,80€

borne eurorelais 3€

Agréables emplacements bien délimités, vastes et ombragés.

Nature :
Loisirs :
Services :
À prox. : parcours de santé

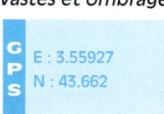

GPS : E : 3.55927 N : 43.662

GOUDARGUES

30630 - Carte Michelin **339** L3 - 1 032 h. - alt. 77
▶ Paris 667 - Alès 51 - Bagnols-sur-Cèze 17 - Barjac 20

⛰ St-Michelet

☎ 04 66 82 24 99, www.lesaintmichelet.com

Pour s'y rendre : rte de Frigoulet (1 km au nord-ouest par D 371, au bord de la Cèze)

Ouverture : de fin avr. à fin sept.

4 ha (160 empl.) terrasse, plat et peu incliné, herbeux, pierreux

Empl. camping : (Prix 2017) 19,90€ (10A) - pers. suppl. 6,50€

Location : (Prix 2017) (de fin avr. à fin sept.) - 55 - 4 tentes lodges. Nuitée 50 à 110€ - Sem. 350 à 750€

Une partie basse au bord de la Cèze pour tentes et caravanes et une partie haute avec la piscine et les mobile homes.

Nature :
Loisirs :
Services : laverie

GPS : E : 4.46271 N : 44.22123

⛰ Les Amarines 2

☎ 04 66 82 24 92, www.campinglesamarines.com

Pour s'y rendre : lieu-dit : La Vérune Cornillon (1 km au nord-est par D 23, au bord de la Cèze)

Ouverture : de déb. avr. à fin sept.

3,7 ha (120 empl.) plat, herbeux, pierreux

Empl. camping : (Prix 2017) 32€ (10A) - pers. suppl. 7€ - frais de réservation 15€

Location : (Prix 2017) (de déb. avr. à fin sept.) - 23 . Nuitée 55 à 117€ - Sem. 280 à 820€ - frais de réservation 15€

Au bord de la Cèze, terrain rectiligne à l'ombre des peupliers et au milieu des vignes. De la piscine jolie vue sur le village de Cornillon.

Nature :
Loisirs :
Services : laverie réfrigérateurs

GPS : E : 4.47924 N : 44.22047

⚠ La Grenouille

☎ 04 66 82 21 36, www.camping-la-grenouille.com

Pour s'y rendre : av. du Lavoir (près de la Cèze - accès direct)

Ouverture : de fin mars à mi-oct.

0,8 ha (50 empl.) peu incliné, plat, herbeux

Empl. camping : (Prix 2017) 29€ (6A) - pers. suppl. 6€ - frais de réservation 10€

Location : (Prix 2017) (de fin mars à mi-oct.) - 4 bungalows toilés - 4 tentes lodges. Nuitée 42 à 80€ - Sem. 290 à 560€ - frais de réservation 10€

borne eurorelais 29€ - 18€

Agréable petit terrain traversé par un ruisseau tout proche du bourg.

Nature :
Loisirs : (petite piscine)
Services : réfrigérateurs
À prox. :

GPS : E : 4.46847 N : 44.21468

Wilt u een stad of streek bezichtigen ?
*Raadpleed de **groene Michelingidsen**.*

LANGUEDOC-ROUSSILLON

LA GRANDE-MOTTE

34280 - Carte Michelin **339** J7 - 8 391 h. - alt. 1
▶ Paris 747 - Aigues-Mortes 12 - Lunel 16 - Montpellier 28

▲ Le Garden

☎ 04 67 56 50 09, www.legarden.fr
Pour s'y rendre : av. de la Petite-Motte (sortie ouest par D 59, à 300 m de la plage)
Ouverture : de déb. avr. à fin sept.
3 ha (209 empl.) plat, sablonneux, pierreux
Empl. camping : (Prix 2017) 49,30 € ✶✶ 🚗 📧 (10A) - pers. suppl. 11 €
Location : (Prix 2017) Permanent♿ (2 mobile homes) - 125 🏠. Nuitée 65 à 210 € - Sem. 315 à 1 050 € - frais de réservation 20 €

Un réel confort sanitaire et du locatif de qualité avec de nombreux commerces ouverts sur l'extérieur.

Nature : 🌳🌳	
Loisirs : 🍽️✕🏠🚶🏄🏊	GPS
Services : 🔑🛒🚿🛜 laverie 🧺🛒	E : 4.07235
À prox. : 🐎	N : 43.56229

▲ Municipal Les Cigales

☎ 04 67 56 50 85, www.paysdelor.fr
Pour s'y rendre : allée des Pins (sortie ouest par D 59)
Ouverture : de mi-avr. à fin sept.
2,5 ha (148 empl.) plat, sablonneux
Empl. camping : (Prix 2017) 22 € ✶✶ 🚗 📧 (10A) - pers. suppl. 7 € - frais de réservation 10 €
Location : (Prix 2017) (de mi-avr. à mi-sept.) - ♿ (1 mobile home) - 21 🏠. Sem. 230 à 720 € - frais de réservation 10 €
🚐 borne artisanale 13 € - 45 📧 13 €

Terrain ombragé avec en fond sonore le bruit de la route. Importante aire de stationnement pour camping-cars contiguë au camping.

Nature : 🌳🌳	
Services : 🔑🚿🛜 laverie	GPS
À prox. : 🐎	E : 4.07612
	N : 43.56722

Situation privilégiée au bord d'une belle plage avec des mobile homes style paillotes.

Nature : 🏖️🌊	
Loisirs : 🍽️✕🏠🚶🏄🏊🏐🏖️	
🚣 pédalos kite-surf cinéma paddle terrain multisports	GPS
Services : 🔑🛒🚿🛜 laverie 🧺🛒 cases réfrigérées	E : 4.10753
À prox. : 🐎	N : 43.55428

GRUISSAN

11430 - Carte Michelin **344** J4 - 4 873 h. - alt. 2
▶ Paris 798 - Carcassonne 73 - Montpellier 103 - Perpignan 78

▲ Campéole Barberousse

☎ 04 68 49 07 22, www.campeole.com/etablissement/post/barberousse-gruissan
Pour s'y rendre : rte de l'Ayrolles (2 km à l'ouest près du petit port de Barberousse et des Salines St-Martin.)
Ouverture : de fin avr. à fin sept.
2 ha (200 empl.) plat, pierreux, herbeux
Empl. camping : (Prix 2017) 26,90 € ✶✶ 🚗 📧 (10A) - pers. suppl. 5 € - frais de réservation 25 €
Location : (Prix 2017) (de déb. mai à mi-sept.) - 20 🏠. Nuitée 49 à 157 € - Sem. 343 à 1 099 € - frais de réservation 25 €
🚐 borne eurorelais 21,50 € - 17 📧 - 🚐 19,26 €

Emplacements proches du petit port avec un ombrage léger de tamaris.

Nature : 🌊🌳	
Loisirs : 🍽️✕🏄	GPS
Services : 🔑🛜 laverie 🧺	E : 3.08554
À prox. : 🏖️🎣⚓	N : 43.10166

Benutzen Sie den Hotelführer des laufenden Jahres.

Campéole
www.campeole.com

BARBEROUSSE ★★

Des vignerons, des pêcheurs, un cadre enchanteur

Situé à Gruissan, charmant petit village Audois avec son château médiéval. Idéal pour les amoureux de la nature. Lieu de rêve pour les amateurs de glisse, de kitesurf et de planche à voile.

Route de L'Ayrolle CD 232
11430 Gruissan
+33 (0)4 68 49 07 22
barberousse@campeole.com

258

LANGUEDOC-ROUSSILLON

ISPAGNAC

48320 - Carte Michelin **330** J8 - 851 h. - alt. 518
▶ Paris 612 - Florac 11 - Mende 28 - Meyrueis 46

⛰ Municipal du Pré Morjal

☎ 04 66 45 43 57, www.campingdupremorjal.com
Pour s'y rendre : chemin du Beldiou (sortie ouest par D 907bis, rte de Millau et chemin à gauche, près du Tarn)
2 ha (123 empl.) plat, herbeux
Location : 8 🏠 - 8 bungalows toilés.

Agréable cadre boisé aux portes des gorges du Tarn.

Nature : 🌳 ≤ 🌊 ♤♤
Loisirs : 🏓 🚲 🛶
Services : 🔑 ♨ laverie
À prox. : ✂ 🐎

GPS : E : 3.53038 N : 44.37223

Use this year's Guide.

JUNAS

30250 - Carte Michelin **339** J6 - 1 085 h. - alt. 75
▶ Paris 730 - Aigues-Mortes 30 - Aimargues 15 - Montpellier 42

⛰ Les Chênes

☎ 04 66 80 99 07, www.camping-les-chenes.com
Pour s'y rendre : 95 chemin des Tuileries-Basses (1,3 km au sud par D 140, rte de Sommières et chemin à gauche)
Ouverture : de déb. avr. à mi-oct.
1,7 ha (90 empl.) en terrasses, plat et peu incliné, pierreux, herbeux
Empl. camping : (Prix 2017) 23,60€ ★★ 🚗 🔌 (10A) - pers. suppl. 5,30€ - frais de réservation 12€
Location : (Prix 2017) (de déb. avr. à mi-oct.) - 🏕 - 9 🛖 - 4 roulottes - 1 cabanon. Sem. 190 à 655€ - frais de réservation 12€

Bel ombrage sous les chênes verts avec emplacements en terrasses parfois délimités par de petits murs en pierre.

Nature : 🌳 ♤♤
Loisirs : 🏓 🛶
Services : 🔑 ♨ 🚿 🏪

GPS : E : 4.123 N : 43.76921

⛰ L'Olivier

☎ 04 66 80 39 52, www.campinglolivier.fr
Pour s'y rendre : 112 rte de Congenies (sortie est par D 140 et chemin à dr.)
Ouverture : de déb. avr. à mi-oct.
1 ha (45 empl.) plat et peu incliné, pierreux, herbeux, rochers
Empl. camping : (Prix 2017) 23,20€ ★★ 🚗 🔌 (10A) - pers. suppl. 5,20€ - frais de réservation 10€
Location : (Prix 2017) (de déb. avr. à mi-oct.) - 9 🛖 - 6 🏠 - 2 cabanons. Nuitée 58 à 100€ - Sem. 200 à 680€ - frais de réservation 10€

Adresse familiale, à l'ombre des chênes verts et proche du village.

Nature : 🌳 ♤♤
Loisirs : 🏓 🛶
Services : 🔑 ♨ 🚿 🏪

GPS : E : 4.12489 N : 43.77081

LANUÉJOLS

30750 - Carte Michelin **339** F4 - 334 h. - alt. 905
▶ Paris 656 - Alès 109 - Mende 68 - Millau 35

⛰ Domaine de Pradines

☎ 04 67 82 73 85, www.domaine-de-pradines.com - alt. 800
Pour s'y rendre : rte de Millau, D28 (3,5 km à l'ouest par D 28, rte de Roujarie et chemin à gauche)
Ouverture : de mi-juin à mi-sept.
150 ha/30 campables (75 empl.) peu incliné, plat, herbeux
Empl. camping : (Prix 2017) ★ 8,50€ 🚗 🔌 (16A) 3€
Location : (Prix 2017) (de déb. avr. à fin oct.) - 4 🛖 - 7 🏠 - 4 tentes lodges - 1 tente sur pilotis - 3 yourtes - 1 cabane perchée - 4 gîtes - 4 appartements. Nuitée 65 à 66€ - Sem. 320 à 730€

En pleine nature, sur un vaste domaine, locatif varié parfois insolite. Emplacements souvent isolés avec un confort sanitaire modeste et très ancien.

Nature : 🌳 ≤ 🌊
Loisirs : ✂ 🏓 ✁ 🛶
Services : 🔑 ♨ laverie 🏪 🚿

GPS : E : 3.60837 N : 44.08731

LAROQUE-DES-ALBÈRES

66740 - Carte Michelin **344** I7 - 2 028 h. - alt. 100
▶ Paris 881 - Argelès-sur-Mer 11 - Le Boulou 14 - Collioure 18

⛰⛰ Cybele Vacances Les Albères

☎ 04 68 89 23 64, www.camping-des-alberes.com
Pour s'y rendre : rte du Moulin-de-Cassagnes (sortie nord-est par D 2, rte d'Argelès-sur-Mer puis 0,4 km par chemin à dr.)
Ouverture : de déb. avr. à fin sept.
5 ha (340 empl.) fort dénivelé, en terrasses, peu incliné, plat, herbeux, pierreux
Empl. camping : (Prix 2017) 36€ ★★ 🚗 🔌 (16A) - pers. suppl. 6€ - frais de réservation 30€
Location : (Prix 2017) (de déb. avr. à fin sept.) - 140 🛖 - 9 🏠 - 6 tentes lodges. Nuitée 44 à 177€ - Sem. 210 à 1 399€ - frais de réservation 30€

Relief très vallonné sous les chênes-lièges avec du locatif varié et même des mobile homes de grand confort équipés d'un jacuzzi privatif.

Nature : 🌳 🌊 ♤♤
Loisirs : 🍴 ✂ 🏓 🚴 🏇 🎣 🏊 🛶 🎿 terrain multisports
Services : 🔑 ♨ 🚿 🏪 🛒 réfrigérateurs

GPS : E : 2.94418 N : 42.52404

---

*De categorie (1 tot 5 tenten, in **zwart** of **rood**) die wij aan de geselekteerde terreinen in deze gids toekennen, is onze eigen indeling. Niet te verwarren met de door officiële instanties gebruikte classificatie (1 tot 5 sterren).*

LANGUEDOC-ROUSSILLON

LATTES

34970 - Carte Michelin **339** I7 - 15 804 h. - alt. 3
▶ Paris 766 - Montpellier 7 - Nîmes 54 - Béziers 68

Le Parc

☎ 04 67 65 85 67, www.leparccamping.com
Pour s'y rendre : rte de Mauguio (2 km au nord-est par D 172)
Ouverture : Permanent
1,6 ha (100 empl.) plat, herbeux, pierreux
Empl. camping : (Prix 2017) 20€ ✸✸ ⇔ 🅿 ⚡ (10A) - pers. suppl. 4€
Location : (Prix 2017) Permanent♿ (1 mobile home) - 30 🏠 - Sem. 260 à 780€ - frais de réservation 15€
🅿 borne AireService 3€

Emplacements très ombragé à proximité du tramway (ligne 3) pour Montpellier, Pérols ou Lattes.

Nature : 🌳 🎋
Loisirs : 🍴✕ 🏊 🚴 🎯
Services : ⚙ 🚿 🛜 laverie

GPS : E : 3.92578 N : 43.57622

Créez votre voyage sur voyages.michelin.fr

LAURENS

34480 - Carte Michelin **339** E7 - 1 349 h. - alt. 140
▶ Paris 736 - Bédarieux 14 - Béziers 22 - Clermont-l'Hérault 40

Sites et Paysages L'Oliveraie ♿

☎ 04 67 90 24 36, www.oliveraie.com
Pour s'y rendre : 1600 chemin de Bédarieux (2 km au nord et chemin à dr.)
Ouverture : de mi-mars à fin oct.
7 ha (110 empl.) en terrasses, peu incliné, plat, herbeux, pierreux
Empl. camping : (Prix 2017) 34€ ✸✸ ⇔ 🅿 ⚡ (10A) - pers. suppl. 6,50€ - frais de réservation 20€
Location : (Prix 2017) (de déb. avr. à fin oct.) - 16 🏠 - 2 🏕️ - 2 tentes lodges. Nuitée 38 à 116€ - Sem. 270 à 810€ - frais de réservation 20€

En 2 grandes terrasses, terrain bien ombragé et bordé par un petit ruisseau avec sur la partie basse la piscine décorée d'oliviers.

Nature : 🏞 🎋
Loisirs : 🍴✕ 🏊 nocturne 🚴 🎯 🎠
Services : ⚙ 🚿 🛜 🅿 ⚡ laverie

GPS : E : 3.18571 N : 43.53631

MARSEILLAN-PLAGE

34340 - Carte Michelin **339** G8
▶ Paris 765 - Montpellier 51 - Nîmes 100 - Carcassonne 114

Les Méditerranées - Beach Garden ♿

☎ 04 67 21 92 83, www.lesmediterranees.com
Pour s'y rendre : av. des Campings, quartier : Plage ouest
Ouverture : de déb. avr. à déb. oct.
14 ha (817 empl.) plat, herbeux, sablonneux
Empl. camping : (Prix 2017) 64€ ✸✸ ⇔ 🅿 ⚡ (10A) - pers. suppl. 11€ - frais de réservation 30€
Location : (Prix 2017) (de déb. avr. à déb. oct.) - ♿ (1 mobile home) - 🏠 - 194 🏠 - 22 🏕️. Nuitée 45 à 385€ - Sem. 315 à 2 695€ - frais de réservation 30€
🅿 borne eurorelais

En bord de plage avec un restaurant panoramique, un bel espace animations, de beaux emplacements tentes et caravanes et du locatif grand confort.

Nature : 🏊 🌳 🎋
Loisirs : 🍴✕ 🏊 🚴 centre balnéo 🧖 hammam jacuzzi 🚴 🎯 terrain multisports
Services : ⚙ 🚿 🅿 🛜 laverie 🧺

À prox. : 🛶 accès libre aux 2 autres campings "Les Méditerranées-Beach".

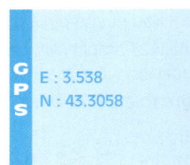

GPS : E : 3.538 N : 43.3058

Les Méditerranées - Beach Club Nouvelle Floride ♿

☎ 04 67 21 94 49, www.lesmediterranees.com
Pour s'y rendre : 262 av. des Campings, quartier : Plage ouest
Ouverture : de déb. avr. à déb. oct.
7 ha (475 empl.) plat, sablonneux, herbeux
Empl. camping : (Prix 2017) 64€ ✸✸ ⇔ 🅿 ⚡ (10A) - pers. suppl. 11€ - frais de réservation 30€
Location : (Prix 2017) (de déb. avr. à déb. oct.) - 🏠 - 160 🏠. Nuitée 45 à 285€ - Sem. 315 à 1 995€ - frais de réservation 30€
🅿 borne eurorelais

Situation agréable en bord de plage avec un bel espace scénique pour les animations en soirée. Mobile homes de bon confort et villages mobile homes paysagés.

Nature : 🏊 🌳 🎋
Loisirs : 🍴✕ 🏊 salle d'animations 🚴 jacuzzi 🎯 🎠 terrain multisports
Services : ⚙ 🚿 🅿 🛜 laverie 🧺

À prox. : 🛶 accès libre aux 2 autres campings "Les Méditerranées-Beach".

GPS : E : 3.54243 N : 43.30923

Les Méditerranées - Beach Club Charlemagne

☎ 04 67 21 92 49, www.lesmediterranees.com
Pour s'y rendre : av. des Campings, quartier : Plage ouest (250 m de la plage)
Ouverture : de déb. avr. à déb. oct.
6,7 ha (473 empl.) plat, herbeux, sablonneux
Empl. camping : (Prix 2017) 64€ ✸✸ ⇔ 🅿 ⚡ (10A) - pers. suppl. 11€ - frais de réservation 30€
Location : (Prix 2017) (de déb. avr. à déb. oct.) - 🏠 - 173 🏠. Nuitée 45 à 285€ - Sem. 315 à 1 995€ - frais de réservation 30€
🅿 borne eurorelais

Un ensemble homogène, ombragé avec un entretien et une tenue exemplaires.

Nature : 🌳 🎋
Loisirs : 🍴✕ 🏊 jacuzzi 🎯 🎠
Services : ⚙ 🅿 🚿 🛜 laverie 🧺

À prox. : 🚴 🏊 accès libre aux 2 autres campings "Les Méditerranées-Beach".

GPS : E : 3.54337 N : 43.31052

LANGUEDOC-ROUSSILLON

CHARLEMAGNE ***** **NOUVELLE FLORIDE** ***** **BEACH GARDEN** *****

LES MÉDITERRANÉES
CAMPINGS VILLAGES & SPA

Vacances en bord de rêve.

3 campings-villages haut de gamme avec accès direct à la plage surveillée, 3 espaces aquatiques avec toboggans, 2 piscines balnéo couvertes et chauffées, 1 spa. Hébergements locatifs premium. Libre circulation entre les 3 établissements.
CHARLEMAGNE : +33 (0)4 67 21 92 94
NOUVELLE FLORIDE : +33 (0)4 67 21 94 49
BEACH GARDEN : +33 (0)4 67 21 92 83
MARSEILLAN-PLAGE • WWW.LESMEDITERRANEES.COM

Flower Le Robinson

04 67 21 90 07, www.camping-robinson.com

Pour s'y rendre : 34 quai de plaisance (plage est)

Ouverture : de fin avr. à mi-sept.

2,5 ha (179 empl.) plat, sablonneux

Empl. camping : (Prix 2017) 52 € ✶✶ 🚗 📧 (10A) - pers. suppl. 9 €

Location : (Prix 2017) (de fin avr. à mi-sept.) - 74 🛏 - 3 chalets sur pilotis - 3 tentes. Nuitée 50 à 200 € - Sem. 250 à 1 400 €

borne artisanale 15 € - 17 €

Au bord de la plage, tout près du port et en retrait du centre animé de la station balnéaire, emplacements ombragés et locatif de bon confort.

Nature :
Loisirs : terrain multisports
Services :
À prox. :

GPS : E : 3.55782 N : 43.31912

La Créole

04 67 21 92 69, www.campinglacreole.com

Pour s'y rendre : 74 av. des Campings, quartier Plage centre

Ouverture : de fin mars à mi-oct.

1,5 ha (118 empl.) plat, herbeux, sablonneux

Empl. camping : 39,80 € ✶✶ 🚗 📧 (10A) - pers. suppl. 7,50 € - frais de réservation 20 €

Location : (de fin mars à mi-oct - 19 🛏 - 1 bungalow toilé. Nuitée 30 à 85 € - sem. 200 à 850 € - frais de réservation 20 €.

borne artisanale - 8 📧

Terrain ombragé tout en longueur jusqu'à la jolie plage de sable avec quelques emplacements vue mer.

Nature :
Loisirs : terrain multisports
Services :
À prox. :

GPS : E : 3.54375 N : 43.31047

Le Galet

04 67 21 95 61, www.camping-galet.com

Pour s'y rendre : av. des Campings, quartier : Plage centre (à 250 m de la plage)

Ouverture : de déb. avr. à fin sept.

3 ha (258 empl.) plat, herbeux, sablonneux

Empl. camping : (Prix 2017) 45,50 € ✶✶ 🚗 📧 (10A) - pers. suppl. 7,50 € - frais de réservation 25 €

Location : (Prix 2017) (de déb. avr. à fin sept.) - 70 🛏. Nuitée 31 à 140 € - Sem. 215 à 990 € - frais de réservation 25 €

borne AireService

Un terrain tout en longueur qui mène à un joli parc aquatique.

Nature :
Loisirs : terrain multisports
Services : laverie
À prox. :

GPS : E : 3.5421 N : 43.31108

MARVEJOLS

48100 - Carte Michelin **330** H7 - 5 053 h. - alt. 650
▶ Paris 573 - Espalion 64 - Florac 50 - Mende 28

V.V.F. Villages et Camping de l'Europe

04 66 32 03 69, www.vvf-villages.fr

Pour s'y rendre : lieu-dit : Le Colagnet (1,3 km à l'est par D 999, D 1, rte de Montrodat et chemin à dr., au bord du Colagnet - par A 75, sortie 38)

Ouverture : de déb. avr. à mi-sept.

3 ha (100 empl.) plat, herbeux

Empl. camping : (Prix 2017) 21,90 € ✶✶ 🚗 📧 (6A) - pers. suppl. 4 € - frais de réservation 35 €

Location : (Prix 2017) (de fin mai à mi-sept.) - 9 🛏 - 41 gîtes. Nuitée 42 à 122 € - Sem. 294 à 849 € - frais de réservation 35 €

Emplacements bien ombragés au bord de la rivière, gîtes de confort simple et chalets mieux aménagés.

Nature :
Loisirs : terrain multisports
Services : laverie
À prox. :

GPS : E : 3.30432 N : 44.55075

261

LANGUEDOC-ROUSSILLON

MASSILLARGUES-ATTUECH

30140 - Carte Michelin **339** J4 - 675 h. - alt. 156
▶ Paris 726 - Montpellier 56 - Nîmes 43 - Avignon 78

🏕 Le Fief d'Anduze

📞 04 66 61 81 71, www.campinglefief.fr

Pour s'y rendre : à Attuech, 195 chemin du Plan-d'Eau (1,5 km au nord, par D 982, près d'un étang)

Ouverture : de déb. avr. à fin sept.

5,5 ha (88 empl.) plat, herbeux

Empl. camping : (Prix 2017) 29,40€ ★ ★ 🚗 🔲 ⚡ (10A) - pers. suppl. 5,40€ - frais de réservation 10€

Location : (Prix 2017) Permanent - 17 🚐 - 1 🏠. Nuitée 44 à 86€ - Sem. 252 à 784€ - frais de réservation 10€

Emplacements bien ombragés avec de grands espaces verts pour les jeux ou la détente près des paillotes du bar.

Nature : 🌳 🌿
Loisirs : 🍽 ✕ 🏊 ♨ ≋ hammam jacuzzi 🐴 🏐 terrain multisports
Services : 🔑 🛒 📶 🏪 🛍
À prox. : 🎣

GPS E : 4.02804 N : 44.02897

MATEMALE

66210 - Carte Michelin **344** D7 - 294 h. - alt. 1 514
▶ Paris 855 - Font-Romeu-Odeillo-Via 20 - Perpignan 92 - Prades 46

⚠ Le Lac

📞 04 68 30 94 49, www.camping-lac-matemale.com - alt. 1 540 - peu d'emplacements pour tentes et caravanes

Pour s'y rendre : 1,7 km au sud-ouest par D 52, rte des Angles et rte à gauche, à 150 m du lac

Ouverture : Permanent

3,5 ha (120 empl.) en terrasses, vallonné, plat et peu incliné, bois, herbeux, pierreux

Empl. camping : (Prix 2017) 21,80€ ★ ★ 🚗 🔲 ⚡ (6A) - pers. suppl. 6€

Location : (Prix 2017) Permanent - 5 🏠. Sem. 260 à 580€

🚐 borne artisanale 2,50€

Site agréable de montagne sous une jolie forêt de sapins et un accès direct au village par chemin piétonnier. Bon confort des chalets.

Nature : 🌳 🌿
Loisirs : 🏊 ≋ jacuzzi 🐴
Services : 🔑 🛒 📶 🏪 laverie
À prox. : 🍽 ✕ 🚴 🎿 🎣 ≋ 🛶 🐴 base de loisirs à 800 m

GPS E : 2.10673 N : 42.58164

MAUREILLAS-LAS-ILLAS

66480 - Carte Michelin **344** H8 - 2 649 h. - alt. 130
▶ Paris 873 - Gerona 71 - Perpignan 31 - Port-Vendres 31

⚠ Les Bruyères

📞 04 68 83 26 64, www.camping-lesbruyeres-66.fr

Pour s'y rendre : rte de Céret (1,2 km à l'ouest par D 618)

Ouverture : Permanent

4 ha (104 empl.) fort dénivelé, en terrasses, plat, herbeux, pierreux

Empl. camping : (Prix 2017) 28,30€ ★ ★ 🚗 🔲 ⚡ (10A) - pers. suppl. 6€ - frais de réservation 8€

Location : (Prix 2017) Permanent - 18 🚐. Nuitée 55 à 135€ - Sem. 290 à 735€ - frais de réservation 10€

🚐 borne artisanale 5€

Cadre boisé sous les chênes-lièges mais préférer les emplacements les plus éloignés de la route.

Nature : 🌳 🌿
Loisirs : 🏊 ♨ ≋ 🐴
Services : 🔑 🚐 🛒 📶 🏪
À prox. : 🐴

GPS E : 2.79509 N : 42.49249

MENDE

48000 - Carte Michelin **330** J7 - 12 285 h. - alt. 731
▶ Paris 584 - Clermont-Ferrand 174 - Florac 38 - Langogne 46

🏕 Tivoli

📞 06 74 15 57 47, www.campingtivoli.com

Pour s'y rendre : chemin de Tivoli (2 km au sud-ouest par N 88, rte de Rodez et chemin à dr., devant le centre commercial, au bord du Lot)

Ouverture : Permanent

1,8 ha (100 empl.) plat, herbeux

Empl. camping : (Prix 2017) 25€ ★ ★ 🚗 🔲 ⚡ (6A) - pers. suppl. 5,80€ - frais de réservation 15€

Location : (Prix 2017) (de fin avr. à mi-sept.) 🚫 - 18 🚐. Nuitée 60 à 80€ - Sem. 200 à 655€ - frais de réservation 25€

🚐 borne artisanale

En contrebas de la route de Rodez et face au complexe sportif accessible par une passerelle au-dessus du Lot.

Nature : 🌿
Loisirs : 🏊 🐴 🛶 🎣
Services : 🔑 🚐 🏪 📶 🏪 🛒
À prox. : 🍽

GPS E : 3.45693 N : 44.51268

---

*To visit a town or region : use the **MICHELIN Green Guides**.*

MEYRUEIS

48150 - Carte Michelin **330** I9 - 853 h. - alt. 698
▶ Paris 643 - Florac 36 - Mende 57 - Millau 43

🏕🏕🏕 Le Capelan

📞 04 66 45 60 50, www.campingcapelan.com

Pour s'y rendre : rte de Millau (1 km au nord-ouest par D 996, au bord de la Jonte)

Ouverture : de déb. mai à mi-sept.

2,8 ha (100 empl.) plat, herbeux

Empl. camping : (Prix 2017) 35€ ★ ★ 🚗 🔲 ⚡ (16A) - pers. suppl. 7€ - frais de réservation 16€

Location : (Prix 2017) (de déb. mai à mi-sept.) 🚫 - 44 🚐. Nuitée 53 à 128€ - Sem. 208 à 894€ - frais de réservation 19€

🚐 borne artisanale - 🚐 ⚡17€

Dans les gorges de la Jonte avec une passerelle pour accéder au village et la piscine de l'autre côté de la route.

Nature : 🌊 🏞 🌿
Loisirs : 🍽 🏊 🐴 🛶 ≋ 🧗 escalade
Services : 🔑 🛒 - 3 sanitaires individuels (🚿 wc) 🚐 📶 laverie 🛍

GPS E : 3.4199 N : 44.1859

262

LANGUEDOC-ROUSSILLON

▲ Hip Village Le Jardin des Cévennes
☎ 04 66 45 60 51, www.campinglejardindescevennes.com
Pour s'y rendre : rte de la Brèze (500 m à l'est par D 57, rte de Campis, près de la Brèze)
Ouverture : de fin avr. à fin sept.
1,5 ha (91 empl.) peu incliné, herbeux
Empl. camping : (Prix 2017) 33 € ✶✶ ⛺ 🚗 📧 (12A) - pers. suppl. 6,60 € - frais de réservation 15 €
Location : (Prix 2017) (de fin avr. à fin sept.) - 21 🏠 - 2 bungalows toilés - 6 tentes lodges. Nuitée 35 à 113 € - Sem. 198 à 795 € - frais de réservation 18 €
🚐 borne eurorelais - 🚽 (6) 17 €
Cadre verdoyant et fleuri.

Nature : 🌳 ≤ 🏞 ♨
Loisirs : 🍴 🏠 🐎 🎣
Services : 🔌 ♨ 📶 laverie 🧺
À prox. : ✂ 🐴

GPS E : 3.43536 N : 44.18079

▲ La Via Natura La Cascade
☎ 04 66 45 45 45, www.camping-la-cascade.com
Pour s'y rendre : lieu-dit : Salvinsac (3,8 km au nord-est par D 996, rte de Florac et chemin à dr., près de la Jonte et d'une cascade)
Ouverture : de déb. avr. à fin sept.
1 ha (54 empl.) vallonné, plat, herbeux
Empl. camping : (Prix 2017) 24,40 € ✶✶ ⛺ 🚗 📧 (10A) - pers. suppl. 5,50 €
Location : (Prix 2017) (de déb. avr. à fin sept.) - 13 🏠 - 2 tentes lodges - 2 cabanons. Nuitée 40 à 98 € - Sem. 215 à 692 €
🚐 borne artisanale 6 €
Dans la vallée de la Jonte, avec une démarche qui se tourne vers l'écologie.

Nature : 🌳 ≤ ♨
Loisirs : 🏠 🐎 🎣
Services : 🔌 ♨ 📶 📧

GPS E : 3.45567 N : 44.19645

▲ Le Pré de Charlet
☎ 04 66 45 63 65, www.camping-cevennes-meyrueis.com
Pour s'y rendre : rte de Florac (1 km au nord-est par D 996, au bord de la Jonte)
Ouverture : de mi-avr. à fin sept.
2 ha (70 empl.) en terrasses, peu incliné, plat, herbeux
Empl. camping : (Prix 2017) 19,60 € ✶✶ ⛺ 🚗 📧 (12A) - pers. suppl. 4 €
Location : (Prix 2017) (de mi-avr. à fin sept.) - 6 🏠 - 3 bungalows toilés. Nuitée 36 à 55 € - Sem. 180 à 510 €
🚐 borne artisanale 4 €
En contrebas de la route, emplacements en partie le long de la rivière avec un sanitaire rénové.

Nature : 🌳 ♨
Loisirs : 🏠 🐎 🎣
Services : 🔌 ♨ 📶 laverie
À prox. : 🎣

GPS E : 3.43831 N : 44.18587

MIREPEISSET
11120 - Carte Michelin **344** I3 - 767 h. - alt. 39
▶ Paris 791 - Carcassonne 50 - Montpellier 100 - Perpignan 81

▲▲▲ Homair Vacances Le Val de Cesse 👥
(pas d'emplacement tentes et caravanes)
☎ 04 68 46 14 94, www.camping-levaldecesse.fr
Pour s'y rendre : lieu-dit : Le Val de Cesse (1.3 km à l'ouest du bourg)
3 ha (114 empl.) plat, herbeux, pierreux
Location : (Prix 2017) (de déb. avr. à mi-sept.) - 83 🏠. Nuitée 17 à 108 € - Sem. 119 à 756 € - frais de réservation 10 €
Bordé par la rivière avec baignade, bien ombragé pour des mobile homes classiques.

Nature : 🌳 ♨ ♨
Loisirs : 🍴 ✖ nocturne 🏃 🎣 🚴
Services : 🔌 ♨ 📶 📧 🧺 🧺
À prox. : ✂ 🏊 🚣 🎣

GPS E : 2.89009 N : 43.2866

MONTAGNAC
34530 - Carte Michelin **339** F8 - 4 082 h. - alt. 41
▶ Paris 736 - Montpellier 46 - Nîmes 95 - Toulouse 210

▲▲▲ Village Vacances VFF Montagnac-Méditerranée
(pas d'emplacement tentes et caravanes)
☎ 04 67 24 07 28, www.vvf-villages.fr
Pour s'y rendre : à Bessilles (5.2 km à l'est)
8,5 ha (160 empl.) vallonné
Location : (Prix 2017) Permanent ♿ (1 mobile home) - 84 🏠 - 76 gîtes. Nuitée 69 à 212 € - Sem. 308 à 1 479 € - frais de réservation 45 €
Au milieu des vignes, sous une jolie pinède vallonnée, un parc locatif avec des mobile homes de bon confort et des gîtes un peu plus anciens, parfois mitoyens.

Nature : 🌳 ♨ ♨
Loisirs : 🍴 ✖ 🏠 ♨ 🏃 🎣
Services : 🔌 📧 📶 laverie 🧺
À prox. : 🚴 ✂ base de loisirs paintball parcours dans les arbres

GPS E : 3.53718 N : 43.47547

MONTCLAR
11250 - Carte Michelin **344** E4 - 186 h. - alt. 210
▶ Paris 766 - Carcassonne 19 - Castelnaudary 41 - Limoux 15

▲▲▲ Yelloh! Village Domaine d'Arnauteille 👥
☎ 04 68 26 84 53, www.camping-arnauteille.com
Pour s'y rendre : 2,2 km au sud-est par D 43
Ouverture : de fin avr. à fin sept.
115 ha/12 campables (198 empl.) fort dénivelé, en terrasses, peu incliné, plat, herbeux, pierreux
Empl. camping : (Prix 2017) 44 € ✶✶ ⛺ 🚗 📧 (10A) - pers. suppl. 9 €
Location : (Prix 2017) (de fin avr. à fin sept.) - 96 🏠 - 11 🏡. Nuitée 39 à 237 € - Sem. 273 à 1 659 €
🚐 borne artisanale
Dans un vaste et agréable domaine vallonné, sur une colline, avec des emplacements ombragés ou plein soleil.

Nature : 🌳 ≤ 🏞 ♨
Loisirs : ✖ 🏠 🏃 jacuzzi 🎣 📧 🏊 🚴 🐴 terrain multisports
Services : 🔌 📧 ♨ 📶 laverie 🧺 🧺

GPS E : 2.26107 N : 43.12431

Donnez-nous votre avis sur les terrains que nous recommandons. Faites-nous connaître vos observations et vos découvertes par mail à l'adresse : leguidecampingfrance@tp.michelin.com.

263

LANGUEDOC-ROUSSILLON

NARBONNE

11100 - Carte Michelin **344** J3 - 51 227 h. - alt. 13
▶ Paris 787 - Béziers 28 - Carcassonne 61 - Montpellier 96

⛰ Yelloh! Village Les Mimosas

☎ 0468490372, www.lesmimosas.com

Pour s'y rendre : chaussée de Mandirac (7 km au sud, après le quartier : La Nautique)

Ouverture : de fin mars à mi-oct.

9 ha (266 empl.) plat, herbeux, pierreux, sablonneux

Empl. camping : (Prix 2017) 52 € ✶✶ ⇌ 🅔 (10A) - pers. suppl. 9€

Location : (Prix 2017) (de fin fév. à mi-oct.) - 100 🚐 - 10 🏠 - 4 studios. Nuitée 33 à 245€ - Sem. 231 à 1 715€

🅿 borne artisanale

Emplacements au milieu des vignes du Languedoc avec au bar, une sympathique carte des vins de viticulteurs locaux.

Nature : 🌳 🏕
Loisirs : 🍴 ✕ 🏊 🎭 salle d'animations 🎯 🎳 🚴 🏐 terrain multisports
Services : 🔑 🚿 🚻 📶 laverie 💧
À prox. : 🏇

GPS : E : 3.02592 N : 43.13508

⛰ La Nautique

☎ 0468904819, www.campinglanautique.com

Pour s'y rendre : chemin de La Nautique (6 km au sud, à Port La Nautique)

Ouverture : de déb. mars à fin oct.

16 ha (390 empl.) plat et peu incliné, herbeux, gravillons

Empl. camping : (Prix 2017) 48,50 € ✶✶ ⇌ 🅔 (10A) - pers. suppl. 8,80€

Location : (Prix 2017) (de déb. mars à fin oct.) - ♿ (4 mobile homes) - 55 🚐 - 14 cabanons. Nuitée 40 à 147€ - Sem. 240 à 1 029€

🅿 borne artisanale

Au bout du terrain de beaux espaces verts dominant l'étang de Bages et de Sigean. Sanitaires individuels propres mais un peu exigus.

Nature : ≤ 🏕
Loisirs : 🍴 ✕ 🏊 🎭 🎯 🚴 🏐 🎳 🏓 pédalos
Services : 🔑 – 390 sanitaires individuels (🚿 wc) 💧 📶 laverie 🧺
À prox. : 🏇

GPS : E : 3.00424 N : 43.14703

NASBINALS

48260 - Carte Michelin **330** G7 - 498 h. - alt. 1 180
▶ Paris 573 - Aumont-Aubrac 24 - Chaudes-Aigues 27 - Espalion 34

⛰ Municipal

☎ 0466325187, mairie.nasbinals@laposte.net - alt. 1 100

Pour s'y rendre : rte de St-Urcize (1 km au nord-ouest par D 12)

Ouverture : de déb. mai à fin sept.

2 ha (75 empl.) peu incliné, plat, herbeux

Empl. camping : (Prix 2017) 12 € ✶✶ ⇌ 🅔 (16A) - pers. suppl. 3,50€

Nature : 🌳 ≤
Loisirs : 🎭
Services : 🔑 (juill.-août) 📶
À prox. : 🏇

GPS : E : 3.04016 N : 44.67022

NAUSSAC

48300 - Carte Michelin **330** L6 - 206 h. - alt. 920
▶ Paris 575 - Grandrieu 26 - Langogne 3 - Mende 46

⛰ Les Terrasses du Lac

☎ 0466692962, www.naussac.com

Pour s'y rendre : au lac de Naussac (au nord du bourg par D 26, rte de Saugues et à gauche, à 200 m du lac (accès direct))

Ouverture : de mi-avr. à fin sept.

6 ha (180 empl.) en terrasses, peu incliné, plat, herbeux

Empl. camping : (Prix 2017) 22,50 € ✶✶ ⇌ 🅔 (10A) - pers. suppl. 4,90€ - frais de réservation 10€

Location : (Prix 2017) (de mi-avr. à mi-oct.) - 3 🚐 - 12 🏠 - 9 cabanons. Nuitée 49 à 79€ - Sem. 230 à 835€ - frais de réservation 10€

🅿 borne artisanale

Tous les emplacements et locatifs bénéficient d'une vue panoramique sur le lac de 1 000 ha.

Nature : 🌳 ≤ le lac
Loisirs : 🍴 ✕ 🏊 🎭 🎯 🚴 🏐
Services : 🔑 🚿 📶 laverie
À prox. : 🏇 🏊 (plage) 🎣 🚣

GPS : E : 3.83505 N : 44.73478

PALAU-DE-CERDAGNE

66340 - Carte Michelin **344** C8 - 411 h. - alt. 1 250
▶ Paris 851 - Barcelona 160 - Perpignan 101 - Toulouse 176

⛺ Las Aspéras

☎ 0468046208, www.camping-pyrenees-cerdagne.com

Pour s'y rendre : av. du Poulligou (600 m au sud)

Ouverture : Permanent

1,2 ha (66 empl.) plat, herbeux

Empl. camping : (Prix 2017) 15,50 € ✶✶ ⇌ 🅔 (6A) - pers. suppl. 4,50€

Location : (Prix 2017) Permanent - 7 🚐. Nuitée 55 à 93€ - Sem. 350 à 550€

Près d'un ruisseau, au calme avec ombrage et soleil sur les emplacements.

Nature : 🌳 🏕
Loisirs : 🎭
Services : 🔑 🚻 📶 🧺

GPS : E : 1.96648 N : 42.41189

PALAU-DEL-VIDRE

66690 - Carte Michelin **344** I7 - 2 736 h. - alt. 26
▶ Paris 867 - Argelès-sur-Mer 8 - Le Boulou 16 - Collioure 15

⛰ Le Haras

☎ 0468221450, www.camping-le-haras.com

Pour s'y rendre : 1 ter av. Juliot-Curie, au Domaine St-Galdric (sortie nord-est par D 11)

Ouverture : de déb. avr. à fin sept.

2,3 ha (131 empl.) plat, herbeux

Empl. camping : (Prix 2017) 41 € ✶✶ ⇌ 🅔 (10A) - pers. suppl. 8€ - frais de réservation 20€

Location : (Prix 2017) (de déb. avr. à fin sept.) - 🚫 - 14 🚐 - 4 bungalows toilés - 1 tente lodge. Nuitée 30 à 130€ - Sem. 210 à 910€ - frais de réservation 20€

🅿 borne artisanale

264

LANGUEDOC-ROUSSILLON

Magnifique parc ombragé de palmiers, eucalyptus, pins maritimes et joliment fleuri. Préférer les emplacements au fond du terrain, plus au calme.

Nature : 🏕 ♾
Loisirs : 🍴 ✕ 🏠 🎣 🏊 bibliothèque mini ferme
Services : 🔑 🛒 📶 laverie 🚿

GPS E : 2.96474 N : 42.57575

PALAVAS-LES-FLOTS

34250 - Carte Michelin **339** I7 - 5 996 h. - alt. 1
▶ Paris 765 - Montpellier 13 - Sète 41 - Lunel 33

⛺ Tohapi Palavas 👥

📞 0825 00 20 30, www.tohapi.fr - peu d'emplacements pour tentes et caravanes

Pour s'y rendre : rte de Maguelone (rive droite)
Ouverture : de déb. avr. à fin sept.

8 ha (438 empl.) plat, sablonneux, gravillons

Empl. camping : (Prix 2017) 30€ ✶✶ 🚗 📧 🔌 (10A) - pers. suppl. 8€ - frais de réservation 30€

Location : (Prix 2017) (de déb. avr. à fin sept.) - ♿ (1 mobile home) - 375 🏠. Nuitée 30 à 68€ - Sem. 210 à 497€ - frais de réservation 10€

Village de mobile homes avec quelques emplacements tentes ou caravanes en bord de mer.

Nature : 🌊 ⛺
Loisirs : 🍴 ✕ 🏠 🎣 🏊 centre balnéo 🌊 hammam jacuzzi 🚴 ♾ 🏊 kite-surf plongée paddle terrain multisports
Services : 🔑 🛒 📶 laverie 🚿 🧺

GPS E : 3.9095 N : 43.51963

⛺ Club Airotel Les Roquilles 👥

📞 04 67 68 03 47, www.camping-les-roquilles.fr 🌊

Pour s'y rendre : 267 bis av. St-Maurice (rte de Carnon-Plage, à 100 m de la plage)
Ouverture : de mi-avr. à mi-sept.

15 ha (792 empl.) plat, herbeux, gravier

Empl. camping : (Prix 2017) ✶ 5,95€ 🚗 2,80€ 📧 39€ – 🔌 (6A) 6€ - frais de réservation 34€

Location : (Prix 2017) (de mi-avr. à mi-sept.) - ♿ (1 mobile home) - 🌊 - 100 🏠 - 50 🏠 - 4 roulottes.
🚐 borne AireService

Quelques emplacements au bord d'un étang parfois lieu de pêche des flamants roses. Balades en Harley Davidson.

Nature : 🏕 ♀
Loisirs : 🍴 ✕ 🏠 🎣 🏊 jacuzzi 🚴 ♾ 🏊 terrain multisports
Services : 🔑 🛒 📶 🧺 🚿 🧺 point d'informations touristiques

GPS E : 3.96037 N : 43.53821

PÉZENAS

34120 - Carte Michelin **339** F8 - 7 443 h. - alt. 15
▶ Paris 734 - Agde 22 - Béziers 24 - Lodève 39

⛺ Ecolodge Les Cigales

📞 04 67 98 97 99, www.campinglescigales.com

Pour s'y rendre : à Conas, 2 Impasse des Cigalous (2.5 km au sud par D 13, rte d'Agde - A 75 sortie 59.1 : Castelnau-Le-G.)
Ouverture : de déb. avr. à fin oct.

0,5 ha (40 empl.) plat, herbeux, pierreux

Empl. camping : (Prix 2017) 19€ ✶✶ 🚗 📧 🔌 (10A) - pers. suppl. 4€

Location : (Prix 2017) (de déb. avr. à fin oct.) - 15 🏠 - 6 bungalows toilés. Sem. 240 à 820€

Au centre du village avec des emplacements bien ombragés et du locatif varié de bon confort.

Nature : 🏕 ♾
Loisirs : 🍴 ✕ 🏊
Services : 🔑 📶 🧺

GPS E : 3.41781 N : 43.44233

LES PLANTIERS

30122 - Carte Michelin **339** H4 - 252 h. - alt. 400
▶ Paris 667 - Alès 48 - Florac 46 - Montpellier 85

⛺ Caylou

📞 04 66 83 92 85, www.camping-caylou.fr

Pour s'y rendre : lieu-dit : Le Caylou (1 km au nord-est par D 20, rte de Saumane, au bord du Gardon au Borgne)
Ouverture : de mi-avr. à mi-oct.

4 ha (75 empl.) en terrasses, peu incliné, plat, herbeux

Empl. camping : (Prix 2017) 18€ ✶✶ 🚗 📧 🔌 (10A) - pers. suppl. 5€
Location : (Prix 2017) (de mi-avr. à mi-oct.) - 4 🏠 - 2 gîtes. Sem. 280 à 590€

Gîtes de bon confort et belle terrasse du bar dominant la vallée, la piscine, le camping.

Nature : 🌲 🏞 🏕 ♾
Loisirs : 🍴 ✕ 🏠 salle d'animations 🚴 🏊 🌊
Services : 🔑 🛒 🧺 🚿

GPS E : 3.73101 N : 44.12209

*De categorie (1 tot 5 tenten, in **zwart** of **rood**) die wij aan de geselekteerde terreinen in deze gids toekennen, is onze eigen indeling. Niet te verwarren met de door officiële instanties gebruikte classificatie (1 tot 5 sterren).*

PORT-CAMARGUE

30240 - Carte Michelin **339** J7
▶ Paris 762 - Montpellier 36 - Nîmes 47 - Avignon 93

⛺ Yelloh! Village Les Petits Camarguais 👥

📞 04 66 51 16 16, www.yellohvillage-petits-camarguais.com - peu d'emplacements pour tentes et caravanes

Pour s'y rendre : rte de l'Espiguette
Ouverture : de fin mars à déb. nov.

10 ha (510 empl.) plat, herbeux, sablonneux

Empl. camping : (Prix 2017) 57€ ✶✶ 🚗 📧 🔌 (6A) - pers. suppl. 9€

Location : (Prix 2017) (de fin mars à déb. nov.) - ♿ (3 mobile homes) - 482 🏠. Nuitée 39 à 289€ - Sem. 273 à 2 023€

Terrain divisé en 3 parties distinctes traversées par la route pour la plage. Côté "Secret de Camargue", cadre plus verdoyant, fleuri et calme. Navette gratuite pour la plage.

Nature : 🏕 ♾
Loisirs : 🍴 ✕ 🏠 🎣 salle d'animations 🚴 jacuzzi ♾ 🏊 🏞 terrain multisports
Services : 🔑 🛒 🧺 📶 laverie 🚿 🧺
À prox. : 🎣 🐎

GPS E : 4.14456 N : 43.50472

265

LANGUEDOC-ROUSSILLON

▲▲▲ Abri de Camargue

☎ 04 66 51 54 83, www.abridecamargue.fr - peu d'emplacements pour tentes et caravanes

Pour s'y rendre : 320 rte de l'Espiguette (près du Casino (jeux) et face au parc d'attractions)

Ouverture : de fin mars à fin sept.

4 ha (277 empl.) plat, herbeux, sablonneux

Empl. camping : (Prix 2017) 52€ ✶✶ 🚗 🗐 ⚡ (6A) - pers. suppl. 9€ - frais de réservation 24€

Location : (Prix 2017) (de fin mars à fin sept.) - ♿ (1 mobile home) - 100 🛖 . Nuitée 42 à 184€ - Sem. 294 à 1 288€ - frais de réservation 24€

🚐 borne eurorelais 7€

Beaucoup de mobile homes et quelques places pour tentes et caravanes. Navette gratuite pour les plages.

Nature : 🌳 ♤♤
Loisirs : 🍹 ✕ 🎬 🛝 🏃 🚲 🎿 🏊 cinéma terrain multisports
Services : 🔑 📶 laverie 🛒 🚗
À prox. : 🐴 parc d'attractions casino

GPS E : 4.1488   N : 43.52272

▲▲▲ Tohapi La Marine 👥

(pas d'emplacement tentes et caravanes)

☎ 0825 00 20 30, www.tohapi.fr

Pour s'y rendre : 2196 rte de l'Espiguette

5 ha plat, sablonneux, herbeux

Location : (Prix 2017) (de déb. avr. à fin sept.) - ♿ (1 mobile home) - 278 🛖 - 15 tentes lodges. Sem. 490 à 1 550€ - frais de réservation 10€

Préférer les emplacements éloignés de la route. Navette gratuite pour les plages.

Nature : ♤♤
Loisirs : 🍹 ✕ 🎬 🛝 🏃 centre balnéo 🏊 hammam jacuzzi 🚲 🎿 🏊
Services : 🔑 ♿ 📶 laverie 🛒 🚗
À prox. : 🐴 parc d'attractions casino

GPS E : 4.1457   N : 43.5074

PORTIRAGNES-PLAGE

34420 - Carte Michelin **339** F9
▶ Paris 768 - Montpellier 72 - Carcassonne 99 - Nîmes 121

▲▲▲ Les Sablons 👥

☎ 04 67 90 90 55, www.les-sablons.com

Pour s'y rendre : Plage Est (sortie nord)

Ouverture : de fin mars à fin sept.

15 ha (800 empl.) plat, herbeux, sablonneux, étang

Empl. camping : (Prix 2017) 60€ ✶✶ 🚗 🗐 ⚡ (10A) - pers. suppl. 15€ - frais de réservation 25€

Location : (Prix 2017) (de fin mars à fin sept.) - ♿ (2 mobile homes) - 325 🛖 - 85 🏠 - 41 tentes lodges. Nuitée 135 à 330€ - Sem. 945 à 2 310€ - frais de réservation 25€

En bordure de plage et d'un étang, des locatifs grand confort et une immense "plaine de jeux", idéal pour le sport et la détente.

Nature : 🌳 ♤♤ 🏖
Loisirs : 🍹 ✕ 🎬 🛝 🏃 🏊 🚲 🎿 🏊 discothèque tir à l'arc skate-parc terrain multisports
Services : 🔑 ♿ 📶 laverie 🛒
À prox. : 🎣

GPS E : 3.36469   N : 43.2788

▲▲▲ Les Mimosas 👥

☎ 04 67 90 92 92, www.mimosas.com

Pour s'y rendre : à Port-Cassafières (2 km au sud)

Ouverture : de déb. juin à mi-sept.

7 ha (400 empl.) plat, herbeux

Empl. camping : (Prix 2017) 50€ ✶✶ 🚗 🗐 ⚡ (8A) - pers. suppl. 12€ - frais de réservation 36€

Location : (Prix 2017) (de déb. juin à mi-sept.) - ♿ (1 mobile home) - 217 🛖 - 4 🏠 . Nuitée 39 à 286€ - Sem. 273 à 1 911€ - frais de réservation 36€

🚐 borne raclet 2€

Eloignés des routes, emplacements bien alignés, ombragés avec un grand parc aquatique et ludique équipé de très nombreux toboggans. Navettes gratuites pour les plages.

Nature : 🌊 ♤♤
Loisirs : 🍹 ✕ 🎬 🛝 🏃 🏊 🚲 🎿 🏊 terrain multisports
Services : 🔑 ♿ – 17 sanitaires individuels (🚿 wc) 📶 laverie 🛒 🚗 cases réfrigérées
À prox. : 🐴 ⚓

GPS E : 3.37305   N : 43.2915

▲▲▲ L'Émeraude

☎ 04 67 90 93 76, www.campinglemeraude.com

Pour s'y rendre : station, 1 km au nord par rte de Portiragnes, à l'entrée de la station.

Ouverture : de mi-mai à déb. sept.

4,2 ha (280 empl.) plat, herbeux, sablonneux

Empl. camping : (Prix 2017) 39€ ✶✶ 🚗 🗐 ⚡ (5A) - pers. suppl. 8€ - frais de réservation 25€

Location : (Prix 2017) (de mi-mai à déb. sept.) - 170 🛖. Sem. 199 à 1 246€ - frais de réservation 25€

Emplacements bien ombragés, alignés avec un agréable parc aquatique.

Nature : ♤♤
Loisirs : 🍹 ✕ 🎬 🛝 🏃 🎿 🏊 terrain multisports
Services : 🔑 ♿ 📶 laverie 🛒 🚗 cases réfrigérées réfrigérateurs
À prox. : 🐴

GPS E : 3.36199   N : 43.28766

PORT-LA-NOUVELLE

11210 - Carte Michelin **344** J4 - 5 635 h. - alt. 2
▶ Paris 812 - Carcassonne 79 - Montpellier 117 - Perpignan 49

▲▲▲ Capfun Domaine Côte Vermeille

(pas d'emplacement tentes et caravanes)

☎ 04 68 48 05 80, www.campings-capfun.com

Pour s'y rendre : chemin des Vignes (3.3 km au sud)

5 ha (300 empl.) plat

Location : (Prix 2017) (de déb. avr. à mi-sept.) - 295 🛖 - 1 cabane perchée. Nuitée 40 à 100€ - Sem. 161 à 1 365€ - frais de réservation 27€

Isolé, face à la plage, un village de mobile homes de différent confort.

Nature : 🌊 ♀
Loisirs : 🍹 ✕ 🎬 🛝 🏃 🏊 🚲 🎿 🏊 petite salle de cinéma terrain multisports
Services : 🔑 📶 laverie 🛒

GPS E : 3.04933   N : 43.00007

266

LANGUEDOC-ROUSSILLON

PREIXAN
Carte Michelin **344** E4
▶ Paris 775 - Carcassonne 11 - Montpellier 163 - Perpignan 128

⛰ Village Grand Sud
☎ 04 68 26 88 18, www.camping-grandsud.com
Pour s'y rendre : rte de Limoux (2.5 km au nord par la D 118)
Ouverture : de déb. avr. à mi-sept.
4 ha (110 empl.) plat, herbeux
Empl. camping : (Prix 2017) 27€ ✶✶ 🚗 🔌 (6A) - pers. suppl. 7€ - frais de réservation 20€
Location : (Prix 2017) (de déb. avr. à mi-sept.) - 12 🏠 - 26 🏕 - 3 cabanons. Nuitée 62 à 110€ - Sem. 270 à 890€ - frais de réservation 20€

Entre vignes et étangs mais préférer les emplacements les plus éloignés de la route.

Nature : 🌿 ♨♨
Loisirs : 🍴✕ 🎣 ♿ ⛱ 🏊 🏄 🛶
Services : 🔑 🚿 ♿ 📶 laverie 🧺

GPS E : 2.29505
N : 43.15661

QUILLAN
11500 - Carte Michelin **344** E5 - 3 352 h. - alt. 291
▶ Paris 797 - Andorra-la-Vella 113 - Ax-les-Thermes 55 - Carcassonne 52

⛰ Municipal la Sapinette
☎ 04 68 20 13 52, www.villedequillan.fr
Pour s'y rendre : 21 av. René-Delpech (0.8 km à l'ouest par D 79, rte de Ginoles)
Ouverture : de déb. avr. à fin oct.
1,8 ha (90 empl.) en terrasses, peu incliné, plat, herbeux
Empl. camping : (Prix 2017) 23,75€ ✶✶ 🚗 🔌 (16A) - pers. suppl. 5,80€ - frais de réservation 20€
Location : (Prix 2017) (de déb. avr. à fin oct.) - ✂ - 26 🏕. Nuitée 40€ - Sem. 250 à 730€ - frais de réservation 99€
🚐 borne artisanale 4€ - 4 🔌 15€ - 🛒 15€

Emplacements en terrasses avec un petit ombrage et sur la partie haute le village de chalets.

Nature : 🌿 ≤ ♤
Loisirs : 🎣 ⛱ 🏊 🛶
Services : 🔑 🚿 ♿ 📶 laverie

GPS E : 2.17585
N : 42.87404

REMOULINS
30210 - Carte Michelin **339** M5 - 2 405 h. - alt. 27
▶ Paris 685 - Alès 50 - Arles 37 - Avignon 23

⛰ Club Airotel La Sousta 👥
☎ 04 66 37 12 80, www.lasousta.com
Pour s'y rendre : 28 av. du Pont-du-Gard (2 km au nord-ouest, rte du Pont du Gard, rive droite)
Ouverture : de mi-mars à fin oct.
14 ha (320 empl.) vallonné, peu incliné, plat, herbeux, sablonneux
Empl. camping : (Prix 2017) 32,50€ ✶✶ 🚗 🔌 (6A) - pers. suppl. 9,50€ - frais de réservation 15€
Location : (Prix 2017) (de mi-mars à fin oct.) - 60 🏠 - 4 🏕. Nuitée 69 à 86€ - Sem. 280 à 1 070€ - frais de réservation 15€
🚐 borne artisanale 2€

Agréable cadre boisé en bordure du Gardon, proche du Pont du Gard.

Nature : 🌿 ♨♨
Loisirs : 🍴✕ 🎣 ♿ ⛱ 🏊 🏄 🛶 parcours sportif
Services : 🔑 🚿 ♿ 📶 laverie 🧺 🚗

GPS E : 4.54
N : 43.94

⛰ Capfun Domaine de La Soubeyranne 👥
☎ 04 66 37 03 21, www.soubeyranne.com
Pour s'y rendre : 1110 rte de Beaucaire (2,5 km au sud par N 86 et D 986, rive droite)
Ouverture : de déb. avr. à mi-sept.
4 ha (200 empl.) plat, herbeux, pierreux
Empl. camping : (Prix 2017) 40€ ✶✶ 🚗 🔌 (10A) - pers. suppl. 7€ - frais de réservation 27€
Location : (Prix 2017) (de mi-avr. à mi-sept.) - 234 🏠 - 4 tentes lodges. Nuitée 26 à 354€ - Sem. 182 à 2 478€ - frais de réservation 27€

Nombreux mobile homes bien alignés et une aire de jeux pour les enfants très bien aménagée.

Nature : 🌿 🍃 ♨♨
Loisirs : 🍴✕ 🎣 ♿ ⛱ 🏊 🏄 🛶 terrain multisports
Services : 🔑 🚿 ♿ 📶 laverie 🧺

GPS E : 4.56236
N : 43.93031

ROCHEGUDE
30430 - Carte Michelin **339** K3 - 209 h. - alt. 110
▶ Paris 692 - Montpellier 118 - Nîmes 58 - Privas 82

⛰ Universal 👥
☎ 04 66 24 41 26, www.camping-universal.com
Pour s'y rendre : chemin de Belbuis, lieu-dit : Les Moulens (sur D 51, rte de St-Victor-Malcap)
Ouverture : de fin avr. à mi-sept.
4,5 ha (90 empl.) plat, herbeux, pierreux, gravillons
Empl. camping : (Prix 2017) 17€ ✶✶ 🚗 🔌 (10A) - pers. suppl. 5€ - frais de réservation 20€
Location : (Prix 2017) (de fin avr. à mi-sept.) - 21 🏠 - 1 🏡 - 1 chalet sur pilotis - 5 bungalows toilés - 4 roulottes - 2 cabanes perchées. Nuitée 40 à 117€ - Sem. 280 à 770€ - frais de réservation 20€

Emplacements bien ombragés au bord de l'Auzon et de grands espaces verts pour les jeux et la détente. En face vente de produits locaux : vin, fruits et légumes.

Nature : 🍃 ♨♨
Loisirs : 🍴✕ 🎣 ♿ ⛱ 🏊 🛶
Services : 🔑 🚿 ♿ 📶 laverie

GPS E : 4.27447
N : 44.23782

Guide Michelin (hôtels et restaurants),
Guide Vert (sites et circuits touristiques) et
cartes routières Michelin sont complémentaires.
Utilisez-les ensemble.

LANGUEDOC-ROUSSILLON

ROCLES

48300 - Carte Michelin **330** K6 - 209 h. - alt. 1 085
▶ Paris 581 - Grandrieu 20 - Langogne 8 - Mende 44

Rondin des Bois

☎ 04 66 69 50 46, www.camping-rondin.com - alt. 1 000

Pour s'y rendre : lieu-dit : Palhere (3 km au nord par rte de Bessettes et chemin de Vaysset à dr.)

2 ha (78 empl.) en terrasses, peu incliné, plat, pierreux, rochers
Location : 6 ⛺ - 8 🏠.
borne artisanale

Dans un site sauvage, emplacements et chalets en bois aux toits végétalisés, à proximité du lac de Naussac.

Nature :
Loisirs : 🍴 ✗ 🎮 🚴 ⛵ 🏊 parcours dans les arbres
Services : ⚡ 🚿 🛒 📶 laverie
À prox. : 🚴 🏊

GPS
E : 3.78105
N : 44.73814

ROQUEFEUIL

11340 - Carte Michelin **344** C6 - 276 h. - alt. 900
▶ Paris 813 - Montpellier 226 - Carcassonne 78

La Mare aux Fées

☎ 06 16 47 06 65, www.camping-lamareauxfees.com

Pour s'y rendre : r. de l'Église (au bourg)

Ouverture : de déb. avr. à fin oct.

0,5 ha (23 empl.) terrasse, plat, herbeux

Empl. camping : (Prix 2017) 16€ ✶✶ 🚗 📺 ⚡ (16A) - pers. suppl. 5€
Location : (Prix 2017) (de déb. avr. à fin oct.) - ♿ (1 chalet) - 2 ⛺ - 6 🏠. Nuitée 60 à 85€ - Sem. 360 à 560€ - frais de réservation 9€
borne AireService 4€

Cadre soigné à l'ombre du clocher de l'église !

Nature :
Loisirs : ✗ jacuzzi 🚴 🏊 (petite piscine)
Services : ⚡ 🚿 🛒 🧺 📶 🏪 🎣
À prox. : 🍴

GPS
E : 1.9952
N : 42.8193

Pour visiter une ville ou une région :
*utilisez le **Guide Vert MICHELIN***

ROQUEFORT-DES-CORBIÈRES

11540 - Carte Michelin **344** I5 - 947 h. - alt. 50
▶ Paris 813 - Montpellier 118 - Carcassonne 78 - Perpignan 45

Gîtes La Capelle

(pas d'emplacement tentes et caravanes)

☎ 06 19 50 95 26, gitelacapelle.com

Pour s'y rendre : 4 r. la Capelle (au bourg)

0,3 ha plat

Location : (Prix 2017) (de déb. mars à mi-déc.) - 🅿 - 13 gîtes. Nuitée 90 à 105€ - Sem. 270 à 730€

Petit ensemble de gîtes mitoyens autour de la piscine.

Nature :
Loisirs : 🏊
Services : 🚿 🛒 📶 🏪

GPS
E : 2.95345
N : 42.9897

LA ROQUE-SUR-CÈZE

30200 - Carte Michelin **339** M3 - 173 h. - alt. 90
▶ Paris 663 - Alès 53 - Bagnols-sur-Cèze 13 - Bourg-St-Andéol 35

Les Cascades

☎ 04 66 82 72 97, www.campinglescascades.com

Pour s'y rendre : 6 rte de Donnat (600 m au sud par D 166, accès direct à la Cèze)

Ouverture : de mi-avr. à fin sept.

5 ha (136 empl.) en terrasses, plat et peu incliné, incliné, herbeux

Empl. camping : (Prix 2017) 45€ ✶✶ 🚗 📺 ⚡ (10A) - pers. suppl. 7,50€ - frais de réservation 15€
Location : (Prix 2017) (de mi-avr. à fin sept.) - 53 ⛺. Nuitée 35 à 145€ - Sem. 171 à 1 015€ - frais de réservation 15€
borne artisanale

Emplacements en terrasses, bien ombragés, qui descendent jusqu'à la rivière avec rochers, plage et baignade.

Nature :
Loisirs : 🍴 ✗ 🎵 nocturne 🚴 ⛵ 🏊 🏖 (plage) 🎯 terrain multisports
Services : ⚡ 🚿 🛒 🧺 📶 laverie

GPS
E : 4.52532
N : 44.18825

🏪 ✗ 🛒 🏊 🐴
ATTENTION...
ces prestations ne fonctionnent généralement qu'en saison, quelles que soient les dates d'ouverture du terrain.

LE ROZIER

48150 - Carte Michelin **330** H9 - 145 h. - alt. 400
▶ Paris 632 - Florac 57 - Mende 63 - Millau 23

Les Prades

☎ 05 65 62 62 09, www.campinglesprades.com ✉ 12720 Peyreleau

Pour s'y rendre : 4.2 km à l'ouest par la D 187, rive gauche du Tarn

Ouverture : de déb. mai à mi-sept.

3,5 ha (150 empl.) plat, herbeux, sablonneux

Empl. camping : (Prix 2017) 40€ ✶✶ 🚗 📺 ⚡ (6A) - pers. suppl. 8,50€ - frais de réservation 15€
Location : (Prix 2017) (de déb. mai à mi-sept.) - 🚫 - 30 ⛺ - 2 bungalows toilés. Nuitée 60 à 125€ - Sem. 255 à 750€ - frais de réservation 15€

En contrebas de la route, emplacements en partie au bord du Tarn avec un bon confort sanitaire et un joli petit parc aquatique et ludique.

Nature :
Loisirs : 🍴 ✗ 🚴 🎣 🎯 🏊 ⛵ 🏖
Services : ⚡ 🚿 🛒 📶 🏪 🎣

GPS
E : 3.17332
N : 44.1996

Le St Pal et son Parc Longue Lègue

☎ 05 65 62 64 46, www.campingsaintpal.com ✉ 12720 Mostuéjouls

Pour s'y rendre : lieu-dit : La Muse-St-Pal, rte des Gorges-du-Tarn (1 km au nord-ouest par D 907, rte de Millau, au bord du Tarn)

Ouverture : de mi-juin à déb. sept.

2 ha (105 empl.) plat, herbeux

Empl. camping : (Prix 2017) 33,50€ ✶✶ 🚗 📺 ⚡ (10A) - pers. suppl. 6,50€ - frais de réservation 15€

LANGUEDOC-ROUSSILLON

Location : (Prix 2017) (de mi-juin à déb. sept.) - 22 🚐 - 6 bungalows toilés. Nuitée 42 à 109€ - Sem. 530 à 750€ - frais de réservation 15€

En contrebas de la route, emplacements en partie le long du Tarn avec un bon confort sanitaire.

Nature : 🌳🌊🏔️
Loisirs : 🍽️✕🏠⛵🚣‍♂️
Services : 🔑🛒📶 laverie 🚿

GPS
E : 3.19822
N : 44.19639

Do not confuse :
🏔️ ... to ... 🏔️🏔️🏔️ : MICHELIN classification
and
★ ... to ... ★★★★★ : official classification

ST-ALBAN-SUR-LIMAGNOLE

48120 - Carte Michelin **330** I6 - 1 519 h. - alt. 950
▶ Paris 558 - Montpellier 214 - Mende 39 - Le Puy-en-Velay 76

🏔️ Le Galier

📞 0466315880, www.campinglegalier.fr

Pour s'y rendre : rte de St-Chély-d'Apcher (1,5 km à l'ouest par D 987 rte d'Aumont-Aubrac - Par A 75, sortie 34)

Ouverture : de déb. mars à fin sept.

12 ha/3,5 campables (77 empl.) en terrasses, plat, herbeux, bois

Empl. camping : (Prix 2017) 16€ ✶✶ 🚗 🅿️ 🔌 (6A) - pers. suppl. 4,80€ - frais de réservation 5€

Location : (Prix 2017) (de déb. mai à fin sept.) - 🚿 - 11 🚐 - 2 cabanons. Nuitée 40€ - Sem. 180 à 595€ - frais de réservation 10€

Emplacements en partie en sous-bois et traversés par le Limagnole.

Nature : 🌲🌊
Loisirs : 🍽️🏠⛵
Services : 🔑🛒📶🔋

GPS
E : 3.37167
N : 44.7752

ST-BAUZILE

48000 - Carte Michelin **330** J8 - 579 h. - alt. 750
▶ Paris 598 - Chanac 19 - Florac 29 - Marvejols 30

🏔️ Municipal les Berges de Bramont

📞 0466470597, www.saint-bauzile.fr

Pour s'y rendre : à Rouffiac (1,5 km au sud-ouest par D 41, N 106, rte de Mende, près du Bramont et du complexe sportif)

1,5 ha (50 empl.) terrasse, plat, herbeux

Location : 4 🏠.
🚐 borne AireService

Cadre verdoyant avec des chalets en bois de bon confort.

Nature : 🌊🌳
Loisirs : 🏠⛵
Services : 🔑🚿🛒📶
À prox. : 🍽️✕🚲🎯

GPS
E : 3.49428
N : 44.47666

ST-CYPRIEN-PLAGE

66750 - Carte Michelin **344** J7
▶ Paris 870 - Montpellier 173 - Perpignan 21 - Carcassonne 135

🏔️🏔️🏔️ Cala Gogo 👥

📞 0468210712, www.camping-le-calagogo.fr

Pour s'y rendre : av. Armand-Lanoux - Les Capellans (4 km au sud, au bord de la plage)

Ouverture : Permanent

11 ha (649 empl.) plat, herbeux, pierreux, sablonneux

Empl. camping : (Prix 2017) 49€ ✶✶ 🚗 🅿️ 🔌 (10A) - pers. suppl. 10€ - frais de réservation 25€

Location : (Prix 2017) Permanent♿, (1 mobile home) - 219 🚐. Nuitée 28 à 205€ - Sem. 196 à 1 491€ - frais de réservation 25€
🚐 borne artisanale

Encore beaucoup d'emplacements tentes et caravanes en bord de plage avec un confort sanitaires un peu ancien et du locatif standard autour d'un espace piscine paysagé.

Nature : 🌊🌳
Loisirs : 🍽️✕🏠⛵🎯🚣
discothèque
Services : 🔑🛒♿🚿📶 laverie 🧺🚿

GPS
E : 3.03789
N : 42.59998

🏔️🏔️🏔️ Le Soleil de La Méditerranée 👥

📞 0468210797, camping-soleil-mediterranee.com - peu d'emplacements pour tentes et caravanes

Pour s'y rendre : 2 r. Ste-Beuve (4 km à l'est par la D 22)

Ouverture : Permanent

12 ha (520 empl.) plat, herbeux

Empl. camping : (Prix 2017) 43€ ✶✶ 🚗 🅿️ 🔌 (10A) - pers. suppl. 7,50€

Location : (Prix 2017) Permanent♿, (2 mobile homes) - 300 🚐 - 50 🏠. Sem. 295 à 1 380€
🚐 borne eurorelais

Cadre verdoyant avec quelques places pour tentes et caravanes. Préférer les emplacements les plus éloignés de la route.

Nature : 🌳🌊
Loisirs : 🍽️✕🏠⛵🎯 hammam 🚣🚲🎯
⛵🎯 terrain multisports
Services : 🔑🛒♿🚿📶 laverie 🧺🚿

GPS
E : 3.02745
N : 42.62676

ST-GENIS-DES-FONTAINES

66740 - Carte Michelin **344** I7 - 2 792 h. - alt. 63
▶ Paris 878 - Argelès-sur-Mer 10 - Le Boulou 10 - Collioure 17

🏔️ Fagamis L'Oasis

📞 0468897529, www.fagamis.fr

Pour s'y rendre : av. des Albères (au sud du bourg par D 2)

Ouverture : de mi-mai à fin sept.

1 ha (71 empl.) plat, herbeux

Empl. camping : (Prix 2017) 30€ ✶✶ 🚗 🅿️ 🔌 (10A) - pers. suppl. 6,50€ - frais de réservation 20€

Location : (Prix 2017) (de mi-mai à fin sept.) - 12 🚐. Nuitée 40 à 85€ - Sem. 280 à 650€ - frais de réservation 20€
🚐 3 🅿️ 20€

Agréable pinède en zone pavillonnaire et locatif mobile homes neufs et anciens.

Nature : 🌳🌊
Loisirs : 🎣⛵🚲🎯
Services : 🔑♿📶 laverie
À prox. : 🎯

GPS
E : 2.9245
N : 42.54093

269

LANGUEDOC-ROUSSILLON

ST-GEORGES-DE-LÉVÉJAC

48500 - Carte Michelin **330** H9 - 259 h. - alt. 900
▶ Paris 603 - Florac 53 - Mende 45 - Millau 49

▲ Cassaduc

✆ 04 66 48 85 80, www.camping-cassaduc.com
Pour s'y rendre : rte du Point-Sublime (1,4 km au sud-est)
Ouverture : de fin juin à déb. sept.
2,2 ha (75 empl.) en terrasses, peu incliné, plat, herbeux, pierreux
Empl. camping : (Prix 2017) 21 € ✶✶ ⇐ 🗐 (16A) - pers. suppl. 6 €
Location : (Prix 2017) (de mi-juin à mi-sept.) - 🚳 - 2 🏠. Sem. 350 à 495 €
🚐 borne artisanale 5 € - 4 🗐 21 €

À 500 m du Point Sublime, emplacements en terrasses sous une jolie pinède.

Nature : 🌳 ≤ ᐤᐤ
Loisirs : 🛖 ≋ jacuzzi
Services : ⚙ 🚿 ♿ 🚻 📶 🗑
À prox. : 🍷 ✕

GPS E : 3.24282 N : 44.31532

ST-GERMAIN-DU-TEIL

48340 - Carte Michelin **330** H8 - 810 h. - alt. 760
▶ Paris 601 - Montpellier 166 - Mende 46 - Millau 58

▲▲ Les Chalets du Plan d'Eau de Booz

(pas d'emplacement tentes et caravanes)
✆ 04 66 48 48 48, chaletsdebooz.com
Pour s'y rendre : Plan d'eau de Booz (8 km au sud-est par D 52 et sur D 809, après l'autoroute)
5 ha plat, herbeux, plan d'eau
Location : (Prix 2017) (de déb. avr. à fin oct.) - ♿ (1 chalet) - 43 🏠. Nuitée 64 à 180 € - Sem. 212 à 679 €

Village de chalets en bois dans un cadre verdoyant avec pour certains une jolie vue sur une boucle du Lot. Possibilité de séjours 1/2 pension.

Nature : ᐤ
Loisirs : 🛖 ✕ 🏠 🏃 jacuzzi 🚣 🏊 🛶 pédalos
Services : ⚙ 🚻 📶 laverie
À prox. : 🚴 parcours dans les arbres

GPS E : 3.19764 N : 44.45787

ST-GILLES

30800 - Carte Michelin **339** L6 - 13 100 h. - alt. 10
▶ Paris 734 - Avignon 51 - Marseille 107 - Nîmes 21

▲▲ La Chicanette

✆ 04 66 87 28 32, www.campinglachicanette.fr
Pour s'y rendre : 7 r. de La Chicanette
Ouverture : de déb. avr. à fin oct.
1,5 ha (89 empl.) plat, herbeux
Empl. camping : (Prix 2017) 27 € ✶✶ ⇐ 🗐 (6A) - pers. suppl. 5,50 € - frais de réservation 7 €

---

*Avant de prendre la route, consultez www.viamichelin.fr :
votre meilleur itinéraire, le choix de votre hôtel, restaurant,
des propositions de visites touristiques.*

Location : (Prix 2017) (de déb. avr. à fin oct.) - 16 🏠 - 5 🏡
- 2 bungalows toilés - 4 appartements - 1 studio. Nuitée 35 à 150 €
- Sem. 180 à 900 € - frais de réservation 15 €

Cadre ombragé pratiquement au centre du village.

Nature : 🌳 🗺 ᐤᐤ
Loisirs : 🛖 ≋
Services : ⚙ 🚿 ♿ 🚻 📶 🗑
À prox. : 🏊 ✕

GPS E : 4.42968 N : 43.67571

ST-HIPPOLYTE-DU-FORT

30170 - Carte Michelin **339** I5 - 3 803 h. - alt. 165
▶ Paris 703 - Alès 35 - Anduze 22 - Nîmes 48

▲▲ Graniers

✆ 04 66 25 19 24, www.campingdegraniers.com
Pour s'y rendre : 4 km au nord-est par rte d'Uzès puis D 133, rte de Monoblet et chemin à dr., au bord d'un ruisseau
2 ha (50 empl.) en terrasses, peu incliné, plat, herbeux, pierreux
Location : 9 🏠 - 6 🏡 - 3 bungalows toilés - 2 yourtes - 3 mobile homes (sans sanitaire)

Installé au milieu des bois, au calme avec des emplacements bien ombragés.

Nature : 🌳 ᐤᐤ
Loisirs : 🛖 ✕ 🚣 🚴 🏊
Services : ⚙ 🚿 ♿ 📶 🗑

GPS E : 3.8874 N : 43.98089

---

*Raadpleeg, voordat U zich op een kampeerterrein installeert,
de tarieven die de beheerder verplicht
is bij de ingang van het terrein aan te geven.
Informeer ook naar de speciale verblijfsvoorwaarden.
De in deze gids vermelde gegevens kunnen
sinds het verschijnen van deze heruitgave gewijzigd zijn.*

ST-JEAN-DE-CEYRARGUES

30360 - Carte Michelin **339** K4 - 158 h. - alt. 180
▶ Paris 700 - Alès 18 - Nîmes 33 - Uzès 21

▲▲ Les Vistes

✆ 04 66 83 28 09, www.lesvistes.com
Pour s'y rendre : 1 rte des Vistes (500 m au sud par D 7)
Ouverture : de fin mars à mi-nov.
6 ha/3 campables (52 empl.) non clos, peu incliné, plat, herbeux, pierreux
Empl. camping : (Prix 2017) 31 € ✶✶ ⇐ 🗐 (6A) - pers. suppl. 7,50 €
Location : (Prix 2017) Permanent ♿ (1 chalet) - 🅿 - 6 🏠 - 11 🏡
- 3 bungalows toilés - 3 tentes lodges - 2 cabanons. Nuitée 80 à 100 € - Sem. 310 à 710 €

Belle situation panoramique offrant pour de nombreux emplacements une vue sur les Cévennes. Locatif variés.

Nature : 🌳 ≤ Mt-Aigoual ᐤᐤ
Loisirs : 🛖 🚣
Services : ⚙ 🅿 🚿 ♿ 📶 🗑 réfrigérateurs

GPS E : 4.23016 N : 44.04734

270

LANGUEDOC-ROUSSILLON

ST-JEAN-DU-GARD

30270 - Carte Michelin **339** I4 - 2 687 h. - alt. 183
▶ Paris 675 - Alès 28 - Florac 54 - Lodève 91

⛺ Mas de la Cam

📞 04 66 85 12 02, www.camping-cevennes.info

Pour s'y rendre : rte de St-André-de-Valborgne (3 km au nord-ouest par D 907, au bord du Gardon de St-Jean)

Ouverture : de fin avr. à fin sept.

6 ha (200 empl.) en terrasses, peu incliné, herbeux

Empl. camping : (Prix 2017) 43,50€ ✶✶ ⛺ 🚗 (10A) - pers. suppl. 9,90€ - frais de réservation 17€

Location : (Prix 2017) (de fin avr. à fin sept.) - 🏠 - 6 gîtes. Nuitée 55 à 140€ - Sem. 385 à 950€ - frais de réservation 17€

De grands espaces verts pour les jeux ou la détente au bord du Gardon, bien adaptées aux jeunes enfants.

Nature : 🌳 ≤ 🏞 ♨
Loisirs : 🍴 ✕ 🏠 🌙nocturne 🚴 🎣 🛶 ⛹ 🏟 terrain multisports
Services : 🔌 💳 🚿 🛜 laverie 🧺 🔥
À prox. : 🍴

GPS E : 3.85319 N : 44.1123

⛺ Les Sources

📞 04 66 85 38 03, www.campingsources.fr

Pour s'y rendre : rte de Mialet (1 km au nord-est par D 983 et D 50)

Ouverture : de fin mars à fin sept.

3 ha (92 empl.) en terrasses, peu incliné, herbeux

Empl. camping : (Prix 2017) 31€ ✶✶ ⛺ 🚗 (6A) - pers. suppl. 5,70€ - frais de réservation 20€

Location : (Prix 2017) (de fin mars à fin sept.) - 4 🏠 - 15 🏕 - 4 bungalows toilés - 1 gîte. Nuitée 60 à 99€ - Sem. 420 à 693€ - frais de réservation 25€

🚐 borne artisanale 4€ - 🚰14€

Ambiance familiale et emplacements très ombragés.

Nature : 🌳 🏞 ♨
Loisirs : 🍴 ✕ 🏠 🚴 🎣 🛶
Services : 🔌 💳 🚿 🛜 laverie 🔥

GPS E : 3.89363 N : 44.11503

⛺ La Forêt

📞 04 66 85 37 00, www.campingalaforet.com

Pour s'y rendre : rte de Falguières (2 km au nord par D 983, rte de St-Étienne-Vallée-Française puis 2 km par D 333)

Ouverture : de mi-mai à mi-sept.

3 ha (65 empl.) fort dénivelé, en terrasses, plat, herbeux, pierreux

Empl. camping : (Prix 2017) 35€ ✶✶ ⛺ 🚗 (6A) - pers. suppl. 7,50€ - frais de réservation 5€

Location : (Prix 2017) (de mi-mai à mi-sept.) - 🏠 - 5 🏕 - 2 cabanons. Sem. 310 à 550€ - frais de réservation 5€

Emplacements souvent très ombragés à l'orée d'une grande et jolie pinède.

Nature : 🌳 ≤ 🏞 ♨♨
Loisirs : 🚴 🛶
Services : 🔌 💳 🚿 🛜 🧊 réfrigérateurs

GPS E : 3.89072 N : 44.12948

ST-VICTOR-DE-MALCAP

30500 - Carte Michelin **339** K3 - 683 h. - alt. 140
▶ Paris 680 - Alès 23 - Barjac 15 - La Grand-Combe 25

⛺ Domaine de Labeiller

📞 04 66 24 15 27, www.labeiller.fr

Pour s'y rendre : 1701 rte de Barjac (1 km au sud-est, accès par D 51, rte de St-Jean-de-Maruéjols et chemin à gauche)

6 ha (216 empl.) en terrasses, plat, herbeux, pierreux

Location : 13 🏕 - 7 mobile homes (sans sanitaire).

Agréable chênaie autour d'un joli petit parc aquatique.

Nature : 🌳 🏞 ♨♨
Loisirs : 🍴 ✕ 🏠 🚴 🎣 🛶 ⛹
Services : 🔌 💳 🚿 🛜 laverie
À prox. : 🍴

GPS E : 4.22727 N : 44.24154

STE-ÉNIMIE

48210 - Carte Michelin **330** I8 - 525 h. - alt. 470
▶ Paris 612 - Florac 27 - Mende 28 - Meyrueis 30

⛺ Le Couderc

📞 04 66 48 50 53, www.campingcouderc.fr

Pour s'y rendre : rte de Millau (2 km au sud-ouest par D 907bis, au bord du Tarn)

2,5 ha (130 empl.) en terrasses, plat, herbeux, pierreux

Location : 7 🏕 - 2 bungalows toilés.

🚐 borne eurorelais

En contrebas de la route avec des emplacements tout le long du Tarn et très ombragés.

Nature : ♨♨ ⛰
Loisirs : 🍴 🎣 🛶
Services : 🔌 🍽 🚿 🛜 laverie

GPS E : 3.39917 N : 44.35194

⛺ Yelloh! Village Nature et Rivière

📞 04 66 48 57 36, www.camping-nature-riviere.com

Pour s'y rendre : rte de Millau (3 km au sud-ouest par D 907bis, au bord du Tarn)

Ouverture : de déb. mai à mi-sept.

2 ha (77 empl.) en terrasses, plat, herbeux, pierreux

Empl. camping : (Prix 2017) 37€ ✶✶ ⛺ 🚗 (16A) - pers. suppl. 8€
Location : (Prix 2017) (de fin avr. à mi-sept.) - 14 🏠 - 1 🏕 - 10 bungalows toilés - 1 roulotte. Nuitée 29 à 179€ - Sem. 203 à 1 253€

En contrebas de la route, emplacements en terrasses le long du Tarn.

Nature : 🌳 🏞 ♨♨
Loisirs : 🍴 🎣 ⛱ 🛶 ⛹
Services : 🔌 🚿 🛜 laverie

GPS E : 3.39504 N : 44.34583

To select the best route and follow it with ease,
To calculate distances,
To position a site precisely from details given in the text :
Get the appropriate **MICHELIN** *regional map.*

271

LANGUEDOC-ROUSSILLON

▲ Le Site Locanoë
☎ 04 66 48 58 08, www.gorges-du-tarn.fr
Pour s'y rendre : lieu-dit : Castelbouc (7 km au sud-est par D 907b, rte d'Ispagnac puis 500 m par rte de Castelbouc à dr., au bord du Tarn)
Ouverture : de mi-avr. à fin sept.
1 ha (60 empl.) non clos, peu incliné, plat, herbeux
Empl. camping : (Prix 2017) 20,50€ ★★ 🚗 📧 ⚡ (5A) - pers. suppl. 4€
Location : (Prix 2017) (de mi-avr. à fin sept.) - 10 🏠 - 2 tipis. Nuitée 55 à 65€ - Sem. 350 à 560€
Bordé par la rivière et face à une mini cascade dans un rocher !

Nature : ≲ ⌂ ΩΩ △
Loisirs : ⛵
Services : ⚿ 📶 📧

GPS E : 3.46571 N : 44.34423

STE-MARIE
66470 - Carte Michelin **344** J6 - 4 641 h. - alt. 4
▶ Paris 845 - Argelès-sur-Mer 24 - Le Boulou 37 - Perpignan 14

⛰ Le Palais de la Mer 👥
☎ 04 68 73 07 94, www.palaisdelamer.com
Pour s'y rendre : av. de Las-Illes (600 m au nord de la station, à 150 m de la plage (accès direct))
Ouverture : de mi-mai à fin sept.
8 ha/3 campables (200 empl.) plat, herbeux, sablonneux
Empl. camping : (Prix 2017) 48€ ★★ 🚗 📧 ⚡ (10A) - pers. suppl. 10€ - frais de réservation 35€
Location : (Prix 2017) (de mi-mai à fin sept.) - 100 🏠. Nuitée 40 à 120€ - Sem. 250 à 950€ - frais de réservation 35€
Cadre verdoyant, fleuri, ombragé avec de l'autre côté de la petite rivière l'espace bar et l'importante ferme animalière : chevaux, paons, chèvres, ânes...

Nature : ≲ ⌂ ΩΩ
Loisirs : 🍴 ✕ 🎦 nocturne 🏊 🎠 hammam jacuzzi 🛶 ✂ 🎣 mini ferme terrain multisports
Services : ⚿ 🅿 🚿 💧 📶 laverie 🧊 🔥

GPS E : 3.03307 N : 42.74045

⛰ Camp'Atlantique La Pergola 👥
☎ 02 51 20 41 94, www.campinglapergola.com
Pour s'y rendre : 21 av. Frédéric-Mistral (500 m de la plage)
Ouverture : de déb. avr. à fin sept.
3,5 ha (181 empl.) plat, herbeux, sablonneux
Empl. camping : (Prix 2017) 38€ ★★ 🚗 📧 ⚡ (10A) - pers. suppl. 9€ - frais de réservation 25€
Location : (Prix 2017) (de déb. avr. à fin sept.) - ♿ (1 mobile home) - 123 🏠 - 5 tentes lodges. Nuitée 25 à 207€ - Sem. 175 à 1 449€ - frais de réservation 25€
En 2 parties distinctes de chaque côté de la route, emplacements bien ombragés et locatif standard.

Nature : ΩΩ
Loisirs : 🍴 ✕ 🎦 nocturne 🏊 🎠 🚴 🎣
Services : ⚿ 🅿 🚿 💧 📶 laverie 🧊 réfrigérateurs
À prox. : ✂

GPS E : 3.03315 N : 42.72672

SAISSAC
11310 - Carte Michelin **344** E2 - 923 h. - alt. 467
▶ Paris 756 - Carcassonne 25 - Castelnaudary 25 - Foix 81

⛰ La Porte d'Autan
☎ 04 68 76 36 08, www.laportedautan.fr
Pour s'y rendre : r. Boris Vian
Ouverture : de déb. avr. à mi-oct.
2,3 ha (78 empl.) plat, herbeux
Empl. camping : (Prix 2017) 22€ ★★ 🚗 📧 ⚡ (6A) - pers. suppl. 5,20€ - frais de réservation 10€
Location : (Prix 2017) (de déb. avr. à mi-oct.) - 6 🏠 - 3 bungalows toilés. Nuitée 45 à 105€ - Sem. 260 à 630€ - frais de réservation 10€
Cadre verdoyant avec pour certains emplacements une vue panoramique sur la plaine du Lauraguais et la chaîne des Pyrénées.

Nature : ≲ ≤ ⌂ ΩΩ
Loisirs : ✕ 🎠 🎣 poneys
Services : ⚿ 📶 📧 🔥

GPS E : 2.16145 N : 43.36217

SÉRIGNAN
34410 - Carte Michelin **339** E9 - 6 631 h. - alt. 7
▶ Paris 765 - Agde 22 - Béziers 11 - Narbonne 34

⛰⛰ Village Vacances Sunêlia Le Mas des Lavandes
(pas d'emplacement tentes et caravanes)
☎ 04 67 39 75 88, www.masdeslavandes.fr
Pour s'y rendre : chemin de la Mer (D 19 rte de Valras-Plage - A9 sortie Béziers-est)
3,8 ha plat
Location : (Prix 2017) Permanent ♿ (1 mobile home) - 🅿 - 300 🏠. Nuitée 46 à 204€ - Sem. 276 à 1 428€ - frais de réservation 25€
Mobile homes de bon confort mais préférer les plus éloignés de la route. Locatifs en petits villages paysagés parfois interdits aux véhicules.

Nature : ⌂ ΩΩ
Loisirs : 🍴 ✕ 🎦 🏊 🎠 jacuzzi 🛶 ✂ 🎣 terrain multisports
Services : ⚿ 📶 📧 🔥
À prox. : 🛒

GPS E : 3.2831 N : 43.25732

⛰⛰ Yelloh! Village L'Hermitage
(pas d'emplacement tentes et caravanes)
☎ 04 67 32 61 81, www.club-hermitage.fr
Pour s'y rendre : chemin de la Mer (à côté du Mas des Lavandes à Sérignan)
3 ha (200 empl.) plat, gravier, herbeux
Location : (Prix 2017) Permanent ♿ (1 mobile home) - 🅿 - 130 🏠 - 3 🏕. Nuitée 32 à 234€ - Sem. 224 à 1 638€
Village de mobile homes dont certains en site paysagé sans véhicule.

Nature : ΩΩ
Loisirs : 🍴 ✕ 🎦 🎠 🏊 🚴 🎣 🛶 terrain multisports
Services : ⚿ 📶 laverie 🧊
À prox. : 🛒

GPS E : 3.28344 N : 43.25973

272

LANGUEDOC-ROUSSILLON

▲▲▲ Capfun Le Domaine Les Vignes d'Or

(pas d'emplacement tentes et caravanes)

☎ 04 67 32 37 18, www.vignesdor.com

Pour s'y rendre : chemin de l'Hermitage (3,5 km au sud, prendre la contre-allée située derrière le garage Citroën)

4 ha (250 empl.) plat, herbeux, pierreux

Location : (Prix 2017) (de déb. avr. à mi-sept.) - (2 mobile homes) - 245 ⃞ - 10 ⃞. Nuitée 22 à 189€ - Sem. 154 à 1 323€ - frais de réservation 27€

Beaucoup de mobile homes autour du parc aquatique et vaste espace vert pour les jeux ou la détente.

Nature : 🌳🌳
Loisirs : 🍴 ✕ 👶 🏊 🎣 ⛵ terrain multisports
Services : 🔑 👤 🛜 laverie 🧺
À prox. : 🛒 🐎

▲▲▲ Le Paradis

☎ 04 67 32 24 03, www.camping-leparadis.com 🚭

Pour s'y rendre : rte de Valras-Plage (1,5 km au sud)

Ouverture : de déb. avr. à fin sept.

2,2 ha (128 empl.) plat, herbeux

Empl. camping : (Prix 2017) 40€ ★★ 🚗 ▣ ⚡ (10A) - pers. suppl. 7€ - frais de réservation 18€

Location (Prix 2017) (de déb. avr. à fin sept.) - 🚭 - 16 ⃞. Sem. 190 à 750€ - frais de réservation 18€

🚰 borne artisanale

Cadre agréable, fleuri autour de grands emplacements.

Nature : ⃞ 🌳🌳
Loisirs : 🍴 ✕ 👶 jacuzzi 🎣 🏊 ⛵
Services : 🔑 👤 🛜 laverie 🧺
À prox. : 🛒

GPS : E : 3.28628 N : 43.26829

SÉRIGNAN-PLAGE

34410 - Carte Michelin **339** E9

▶ Paris 769 - Montpellier 73 - Carcassonne 100

▲▲▲ Yelloh! Village Le Sérignan Plage 👥

☎ 04 67 32 35 33, www.leserignanplage.com

Pour s'y rendre : lieu-dit : L'Orpellière (en bordure de plage)

Ouverture : de fin avr. à déb. oct.

20 ha (1200 empl.) plat, herbeux, sablonneux

Empl. camping : (Prix 2017) 60€ ★★ 🚗 ▣ ⚡ (10A) - pers. suppl. 9€

Location : (Prix 2017) (de fin avr. à déb. oct.) - (3 mobile homes) - 🚭 - 462 ⃞ - 18 ⃞ - 5 tentes lodges. Nuitée 49 à 345€ - Sem. 343 à 2 415€

Des emplacements nature, ensoleillés près des marais et du locatif grand confort bien ombragé côté plage. Piscine couverte avec accès restreint.

Nature : 🌊 🌳🌳 ▲
Loisirs : 🍴 ✕ 👶 🏊 🎣 jacuzzi 🚴
⛵ 🏊 ⛵ discothèque espace "Bien-être"(naturiste le matin) terrain multisports
Services : 🔑 👤 🛜 laverie 🧺
À prox. : 🐎 🚣

GPS : E : 3.3213 N : 43.26401

▲▲▲ Yelloh! Village Aloha 👥

☎ 04 67 39 71 30, www.alohacamping.com

Pour s'y rendre : chemin des Dunes

Ouverture : de mi-avr. à mi-sept.

9,5 ha (430 empl.) plat, herbeux, sablonneux

Empl. camping : (Prix 2017) 65€ ★★ 🚗 ▣ ⚡ (10A) - pers. suppl. 9€

Location : (Prix 2017) (de mi-avr. à mi-sept.) - 🅿 - 196 ⃞ - 12 ⃞. Nuitée 39 à 399€ - Sem. 273 à 2 793€

🚰 borne artisanale - 3 ▣ 65€

De part et d'autre du chemin qui mène à la plage avec du locatif en site paysagé et une belle terrasse bar panoramique sur le parc aquatique et la mer en fond.

Nature : 🌊 ⃞ 🌳🌳 ▲
Loisirs : 🍴 ✕ 👶 🏊 🎣 jacuzzi 🎣 🚴 ⛵
🏊 ⛵ terrain multisports
Services : 🔑 👤 🛜 laverie 🧺 🛒

GPS : E : 3.33941 N : 43.26745

À prox. : 🐎

▲▲▲ Le Clos Virgile 👥

☎ 04 67 32 20 64, www.leclosvirgile.com

Pour s'y rendre : 500 m de la plage

Ouverture : de déb. mai à mi-sept.

5 ha (300 empl.) plat, herbeux, sablonneux

Empl. camping : (Prix 2017) 44€ ★★ 🚗 ▣ ⚡ (10A) - pers. suppl. 8€ - frais de réservation 25€

Location : (Prix 2017) (de déb. mai à mi-sept.) - 🚭 - 92 ⃞ - 18 ⃞. Nuitée 29 à 142€ - Sem. 199 à 990€ - frais de réservation 25€

🚰 borne eurorelais

Emplacements ombragés.

Nature : ⃞ 🌳🌳
Loisirs : 🍴 ✕ 👶 🎣 jacuzzi 🎣 🏊 ⛵ terrain multisports
Services : 🔑 👤 🛜 laverie 🧺 🛒
À prox. : 🐎 🚣

GPS : E : 3.33152 N : 43.27204

▲▲▲ Domaine de Beauséjour 👥

☎ 04 67 39 50 93, www.camping-beausejour.com

Pour s'y rendre : en bordure de plage

Ouverture : de déb. avr. à fin sept.

10 ha/6 campables (380 empl.) plat, herbeux, sablonneux

Empl. camping : (Prix 2017) 54,90€ ★★ 🚗 ▣ ⚡ (10A) - pers. suppl. 8,70€ - frais de réservation 20€

Location : (Prix 2017) (de déb. avr. à fin sept.) - 100 ⃞. Nuitée 45 à 252€ - Sem. 315 à 1 764€ - frais de réservation 20€

🚰 borne artisanale

Très agréable centre balnéo ouvert toute l'année.

Nature : 🌊 ⃞ 🌳🌳 ▲
Loisirs : 🍴 ✕ 👶 nocturne 🎣 🌀 centre balnéo 🚿 hammam jacuzzi 🎣 🚴 🏊 base nautique parcours sportif terrain multisports
Services : 🔑 👤 🛜 laverie 🧺 🛒

GPS : E : 3.33692 N : 43.26711

De gids wordt jaarlijks bijgewerkt.
Doe als wij, vervang hem, dan blijf je bij.

273

LANGUEDOC-ROUSSILLON

SOMMIÈRES

30250 - Carte Michelin **339** J6 - 4 496 h. - alt. 34
▶ Paris 734 - Alès 44 - Montpellier 35 - Nîmes 29

▲▲▲ Le Domaine de Massereau

☎ 04 66 53 11 20, www.massereau.com
Pour s'y rendre : 1990 rte d'Aubais (Les Hauteurs de Sommières)
Ouverture : de déb. avr. à fin sept.
90 ha/7,7 campables (149 empl.) peu incliné, plat, herbeux, pierreux
Empl. camping : (Prix 2017) 7,90 € ⚹ 6,50 € 31,90 € – (16A) 6,90 € - frais de réservation 28 €
Location : (Prix 2017) (de déb. avr. à fin sept.) - (1 chalet, 1 mobile home) - 35 ⚷ - 24 ⚹ - 2 cabanons. Nuitée 39 à 249 € - Sem. 195 à 1 750 € - frais de réservation 28 €
borne eurorelais 2 € - 4 ⚹ 19 € - ⚹ 19 €

Locatif de grand confort au milieu d'un domaine viticole traversé par une piste cyclable (Sommières-Nîmes). Important "Parc-Aventure".

Nature : 🌿 🌳
Loisirs : 🍴 🏊 centre balnéo 🛁 hammam jacuzzi 🚴 ✂️ 🏊 🎯 parcours de santé parcours dans les arbres tyrolienne tir à l'arc, poney terrain multisports
Services : 🔑 👤 🔧 📶 laverie 🛒
À prox. : 🎣

GPS E : 4.09735 N : 43.76574

⚠ Municipal de Garanel

☎ 04 66 80 33 49, camping-sommieres.fr
Pour s'y rendre : chemin Princesse (au bourg, près du Vidourle)
Ouverture : de déb. avr. à fin sept.
7 ha (60 empl.) plat, sablonneux, pierreux
Empl. camping : (Prix 2017) 19,10 € ⚹⚹ 🚗 🏠 (8A) - pers. suppl. 4,62 €
borne eurorelais 3,60 € - 🏠 8 €

Tout proche des arènes et du centre-ville.

Nature : 🌳 🌿
Loisirs : 🏊 (petite piscine)
Services : 🔑 👤 🔧 📶 🛒
À prox. : 🍴 ✂️ 🎣

GPS E : 4.08703 N : 43.78738

En juillet et août, beaucoup de terrains affichent complets et leurs emplacements retenus longtemps à l'avance. N'attendez pas le dernier moment pour réserver.

SOUBÈS

34700 - Carte Michelin **339** F6 - 911 h. - alt. 239
▶ Paris 695 - Montpellier 60 - Nîmes 116 - Rodez 120

▲▲▲ Des Sources

☎ 04 67 44 32 02, campingdessources.fr
Pour s'y rendre : 1445 chemin d'Aubaygues (1,7 km au sud-est par D 149, rte de Fozières et D 149E S à gauche)
Ouverture : de déb. mai à mi-sept.
1,2 ha (51 empl.) en terrasses, plat, herbeux, pierreux
Empl. camping : (Prix 2017) 26 € ⚹⚹ 🚗 🏠 (6A) - pers. suppl. 7 € - frais de réservation 15 €

Location : (Prix 2017) (de mi-avr. à mi-sept.) - 13 🏠 - 2 bungalows toilés. Sem. 290 à 710 € - frais de réservation 15 €

Site agréable avec les sources (Le Loucar et l'Aurisse) qui coulent dans le camping et la terrasse au-dessus de la rivière : La Brèze. Chemin piétonnier pour le village.

Nature : 🌊 🌿
Loisirs : 🍴 🏊 🚴 ✂️ 🏊 🎣
Services : 🔑 👤 🔧 📶 🛒
À prox. : ✂️

GPS E : 3.3577 N : 43.762

TORREILLES-PLAGE

66440 - Carte Michelin **344** I6
▶ Paris 853 - Montpellier 157 - Perpignan 20 - Carcassonne 119

▲▲▲ Les Dunes 🏖

☎ 04 68 28 38 29, www.camping-lesdunes.fr - peu d'emplacements pour tentes et caravanes
Pour s'y rendre : voie de Barcelone (à 150 m de la plage)
Ouverture : de fin mars à mi-oct.
16 ha (615 empl.) plat, herbeux, gravillons, sablonneux
Empl. camping : (Prix 2017) 68 € ⚹⚹ 🚗 🏠 (10A) - pers. suppl. 9 € - frais de réservation 25 €
Location : (Prix 2017) (de fin mars à mi-oct.) - (1 mobile home) - 326 ⚷ - 20 tentes lodges. Nuitée 37 à 320 € - Sem. 259 à 2 240 € - frais de réservation 25 €

En bordure de plage avec un bel espace zen autour de la paillotte et du locatif récent de très grand confort pour certains.

Dunes©D Gall

Nature : 🌊 🌿 🌳
Loisirs : 🍴 🏊 🚴 ✂️ 🏊 🎣 terrain multisports
Services : 🔑 👤 🔧 📶 laverie 🛒

GPS E : 3.03088 N : 42.76128

▲▲▲ Sunêlia Les Tropiques 🏖

☎ 04 68 28 05 09, www.campinglestropiques.com
Pour s'y rendre : bd de la Plage (à 500 m de la plage)
Ouverture : de déb. avr. à déb. oct.
8 ha (450 empl.) plat, sablonneux, pierreux
Empl. camping : (Prix 2017) 56 € ⚹⚹ 🚗 🏠 (10A) - pers. suppl. 5 € - frais de réservation 15 €
Location : (Prix 2017) (de déb. avr. à déb. oct.) - (2 mobile homes) - 335 ⚷ - 20 🏠 - 6 bungalows toilés - 2 tentes lodges. Nuitée 33 à 230 € - Sem. 231 à 1 610 € - frais de réservation 15 €
borne artisanale

À 500 m de la plage, encore quelques emplacements pour tentes et caravanes. Locatifs variés en gamme et en confort et agréable espace balnéo.

Camping Les Tropiques

Nature : 🌊 🌳 🌿
Loisirs : 🍴 🏊 🚴 🎣 centre balnéo 🛁 hammam jacuzzi ✂️ 🏊 discothèque terrain multisports
Services : 🔑 👤 🔧 📶 laverie 🛒
À prox. : 🐎

GPS E : 3.02972 N : 42.7675

274

LANGUEDOC-ROUSSILLON

▲ Marisol

☏ 04 68 28 04 07, www.camping-marisol.com - peu d'emplacements pour tentes et caravanes

Pour s'y rendre : bd de la Plage (150 m de la plage - accès direct)

Ouverture : de déb. avr. à mi-sept.

7 ha (377 empl.) plat, herbeux, sablonneux

Empl. camping : (Prix 2017) 68€ ♦♦ 🚗 🔌 (16A) - pers. suppl. 12€ - frais de réservation 49,50€

Location : (Prix 2017) (de déb. avr. à mi-sept.) - 180 🏠. Nuitée 50 à 380€ - Sem. 350 à 2 660€ - frais de réservation 49,50€

Un vrai village club avec de nombreuses animations et un grand parc aquatique avec accès direct à la plage à 150 m. Locatif de confort variable.

Nature : 🏕 ♀
Loisirs : 🍽 ✕ 🏠 🎮 🚴 🛝 🏊 hammam jacuzzi 🚵 🚲 🎿 terrain multisports
Services : 🔑 🚿 📶 laverie 🛒 ✈
À prox. : 🐎

GPS E : 3.03327 N : 42.76746

▲ Le Calypso

☏ 04 68 28 09 47, www.camping-calypso.com - peu d'emplacements pour tentes et caravanes

Pour s'y rendre : bd de la Plage

Ouverture : de fin avr. à déb. sept.

6 ha (308 empl.) plat, sablonneux, pierreux

Empl. camping : (Prix 2017) 52,30€ ♦♦ 🚗 🔌 (10A) - pers. suppl. 12,20€ - frais de réservation 40€

Location : (Prix 2017) (de fin avr. à déb. sept.) - 114 🏠 - 28 🏡. Nuitée 44 à 281€ - Sem. 308 à 1 967€ - frais de réservation 40€

🚐 borne artisanale

Bel ombrage avec des locatifs anciens mais aussi de bon confort et au fond du terrain une grande prairie idéale pour la détente ou les jeux collectifs.

Nature : 🏕 ♀♀
Loisirs : 🍽 ✕ 🏠 🎮 🚴 🛝 jacuzzi 🚵 🚲 🎿 terrain multisports
Services : 🔑 🚿 - 9 sanitaires individuels (🚽 wc) 📶 laverie 🛒 réfrigérateurs
À prox. : 🐎

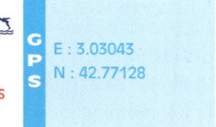

GPS E : 3.03043 N : 42.77128

▲ Homair Vacances La Palmeraie

☏ 04 68 28 20 64, www.homair.com - peu d'emplacements pour tentes et caravanes

Pour s'y rendre : bd de la Plage

Ouverture : de déb. avr. à mi-sept.

4,5 ha (200 empl.) plat, sablonneux, pierreux

Empl. camping : (Prix 2017) 17€ ♦♦ 🚗 🔌 (10A) - pers. suppl. 5€ - frais de réservation 10€

Location : (Prix 2017) (de déb. avr. à mi-sept.) - 188 🏠. Nuitée 19 à 138€ - Sem. 133 à 966€ - frais de réservation 10€

En zone pavillonnaire donc calme avec un bon ombrage et une offre locative simple à grand confort.

Nature : 🏕 ♀♀
Loisirs : 🍽 ✕ 🏠 🎮 🚴 🛝 🏊 🎿 terrain multisports
Services : 🔑 🚿 📶 laverie 🛒 ✈ cases réfrigérées
À prox. : 🐎 🎣 🐕

GPS E : 3.02806 N : 42.76361

TRÈBES

11800 - Carte Michelin **344** F3 - 5 416 h. - alt. 84

▶ Paris 776 - Carcassonne 8 - Conques-sur-Orbiel 9 - Lézignan-Corbières 28

▲ Municipal À l'Ombre des Micocouliers

☏ 04 68 78 61 75, www.campingmicocouliers.com

Pour s'y rendre : chemin de la Lande

Ouverture : de déb. avr. à fin sept.

1,5 ha (70 empl.) plat, herbeux, sablonneux

Empl. camping : (Prix 2017) 27€ ♦♦ 🚗 🔌 (16A) - pers. suppl. 6€

Location : (Prix 2017) (de déb. avr. à fin sept.) - 5 🏠. Nuitée 45 à 55€ - Sem. 300 à 530€

🚐 borne artisanale 5€

Au bord de l'Aude, à l'ombre des micocouliers.

Nature : 🏕 ♀♀
Loisirs : ✕ 🏠 🚴 🛝 🐕
Services : 🔑 🚿 📶 🛒 ✈
À prox. : 🎣 ✕ 🏊 skate parc terrain multisports

GPS E : 2.44237 N : 43.20682

TUCHAN

11350 - Carte Michelin **344** H5 - 769 h. - alt. 150

▶ Paris 836 - Montpellier 140 - Carcassonne 80 - Canillo 168

▲ Domaine de la Peirière

☏ 04 68 45 46 50, www.lapeiriere.com

Pour s'y rendre : 0,7 km par D 611, rte de Paziols et chemin à gauche

Ouverture : de déb. mars à fin oct.

7 ha (74 empl.) en terrasses, plat, pierreux, gravier, rochers, étang

Empl. camping : (Prix 2017) 20,90€ ♦♦ 🚗 🔌 (12A) - pers. suppl. 6,20€ - frais de réservation 10€

Location : (Prix 2017) (de déb. avr. à fin oct.) - 9 🏠 - 2 🏡. Nuitée 48 à 73€ - Sem. 260 à 530€ - frais de réservation 10€

🚐 borne artisanale

Au milieu des vignes, cadre naturel avec des petites terrasses ombragées d'oliviers, amandiers, micocouliers et autres espèces toutes méditerranéennes.

Nature : 🌳 🏕 ♀♀
Loisirs : 🍽 ✕ 🚴 🏊 🐕 mini ferme
Services : 🔑 📶 🛒 ✈

GPS E : 2.71842 N : 42.88323

UZÈS

30700 - Carte Michelin **339** L4 - 8 339 h. - alt. 138

▶ Paris 682 - Alès 34 - Arles 52 - Avignon 38

▲ Le Moulin Neuf

☏ 04 66 22 17 21, www.le-moulin-neuf.fr

Pour s'y rendre : à St-Quentin-La-Poterie (4,5 km au nord-est par D 982, rte de Bagnols-sur-Cèze et D 5 à gauche)

Ouverture :

5 ha (137 empl.) terrasse, plat, herbeux

Location : 35 gîtes.

🚐 borne artisanale

Terrain rectangulaire, à l'ombre des peupliers, avec des gîtes anciens au confort modeste.

Nature : 🌳 🏕 ♀♀
Loisirs : 🍽 ✕ 🏠 🚴 🛝 ✕ 🐕 🎿 terrain multisports
Services : 🔑 🚿 📶 🛒 ✈
À prox. : 🐎

GPS E : 4.45569 N : 44.0321

LANGUEDOC-ROUSSILLON

▲ Le Mas de Rey
☎ 04 66 22 18 27, www.campingmasderey.com
Pour s'y rendre : rte d'Anduze (3 km au sud-ouest par D 982)
Ouverture : de fin mars à mi-oct.
7 ha (117 empl.) en terrasses, plat, herbeux
Empl. camping : (Prix 2017) 27,50 € ★★ 🚗 🔌 (10A) - pers. suppl. 8 € - frais de réservation 15 €
Location : (Prix 2017) (de fin mars à mi-oct.) - ♿ (1 chalet) - 6 🏠 - 4 tentes lodges - 2 cabanons. Nuitée 35 à 120 € - Sem. 250 à 940 € - frais de réservation 15 €
En deux parties distinctes, dont une, la partie haute, réservées aux tentes sur de grands emplacements bien ombragés. Bon confort sanitaires.

Nature : ! 🏕 ♣♣
Loisirs : ✗ 🏊 🏄 🛶 parcours dans les arbres
Services : 🔑 🅿 📶 🛒 🚿
GPS : E : 4.38471 N : 43.99806

VALLABRÈGUES
30300 - Carte Michelin **339** M5 - 1 318 h. - alt. 8
▶ Paris 698 - Arles 26 - Avignon 22 - Beaucaire 9

▲ Lou Vincen
☎ 04 66 59 21 29, www.campinglouvincen.fr
Pour s'y rendre : à l'ouest du bourg, à 100 m du Rhône et d'un petit lac
Ouverture : de déb. avr. à fin oct.
1,4 ha (79 empl.) plat, herbeux
Empl. camping : (Prix 2017) 26,95 € ★★ 🚗 🔌 (8A) - pers. suppl. 8 € - frais de réservation 18 €
Location : (Prix 2017) (de déb. avr. à fin oct.) - 10 🏠. Nuitée 69 à 98 € - Sem. 320 à 590 € - frais de réservation 18 €
🅿 borne artisanale
À l'entrée du bourg, sur la rive gauche du Rhône avec du locatif de confort variable.

Nature : 🌳 🏕 ♣♣
Loisirs : 🏊 🛶
Services : 🔑 🅿 📶 🛒
À prox. : ✗ 🛶
GPS : E : 4.62546 N : 43.85493

VALLERAUGUE
30570 - Carte Michelin **339** G4 - 1 070 h. - alt. 346
▶ Paris 684 - Mende 100 - Millau 75 - Nîmes 86

▲ Le Mourétou
☎ 04 67 82 22 30, www.camping-mouretou.com
Pour s'y rendre : rte de l'Aigoual et chemin à drte (3 km à l'ouest sur D 986)
1 ha (33 empl.) en terrasses, peu incliné, plat, herbeux
Location : 4 🏠 - 2 bungalows toilés - 1 cabanon - 2 gîtes.
Emplacements bien ombragés au bord de l'Hérault et d'un petit plan d'eau.

Nature : 🏕 ♣♣
Loisirs : ✗ 🏄 🛶 (petite piscine)
Services : 🔑 🅿 📶 🛒 🚿
À prox. : ✗ (plan d'eau)
GPS : E : 3.60785 N : 44.0871

Pour choisir et suivre un itinéraire,
pour calculer un kilométrage,
pour situer exactement un terrain (en fonction des
indications fournies dans le texte) :
utilisez les **cartes MICHELIN**,
compléments indispensables de cet ouvrage.

VALRAS-PLAGE
34350 - Carte Michelin **339** E9 - 4 649 h. - alt. 1
▶ Paris 767 - Agde 25 - Béziers 16 - Montpellier 76

▲▲▲▲ Domaine de La Yole 👥
☎ 04 67 37 33 87, www.campinglayole.fr
Pour s'y rendre : av. de La Méditerranée (2 km au sud-ouest, rte de Vendres, à 500 m de la plage)
Ouverture : de fin avr. à mi-sept.
23 ha (1280 empl.) plat, herbeux, sablonneux
Empl. camping : (Prix 2017) 57,65 € ★★ 🚗 🔌 (5A) - pers. suppl. 6,70 € - frais de réservation 30 €
Location : (Prix 2017) (de fin avr. à mi-sept.) - ♿ (1 mobile home) - 🅿 - 296 🏠 - 49 🏠 - 10 tentes lodges - 1 cabane perchée. Nuitée 40 à 312 € - Sem. 200 à 2 184 € - frais de réservation 30 €
Structure complète avec de nombreux services et loisirs de qualité. Vignoble attenant (Domaine de La Yole) et restaurant auberge-ferme découverte.

Nature : 🏕 ♣♣
Loisirs : 🍴 ✗ 🏊 🚴 🐎 🏄 🛶 🎯 parcours dans les arbres terrain multisports
Services : 🔑 🅿 - 15 sanitaires individuels (🚿 wc) 📶 🛒 laverie 🏪
À prox. : 🐎
GPS : E : 3.262 N : 43.23731

▲▲▲ Sandaya Blue Bayou 👥
☎ 04 67 37 33 65, www.campinglesfoulegues.com
Pour s'y rendre : à Grau-de-Vendres, av. du Port (5 km au sud-ouest, à 400 m de la plage)
Ouverture : de mi-avr. à mi-sept.
15 ha (600 empl.) plat, herbeux, sablonneux
Empl. camping : 77 € ★★ 🚗 🔌 (10A) - pers. suppl. 9 €
Location : (de mi-avr. à mi-sept.) - ♿ (1 mobile home) - 350 🏠 - 25 🏠. Nuitée 30 à 275 € - Sem. 210 à 1 925 €
🅿 borne artisanale
À 400 m de la mer à travers les dunes, emplacements ombragés avec un parc aquatique et une piscine "zen" réservée aux plus de 18 ans.

Nature : 🏕 ♣♣
Loisirs : 🍴 ✗ 🏊 🚴 🐎 🏄 🛶 🎯 poneys (école FFE)
Services : 🔑 🅿 - 50 sanitaires individuels (🚿 wc) 📶 🛒 laverie 🏪
À prox. : 🐎
GPS : E : 3.24222 N : 43.22575

▲▲▲ La Plage et du Bord de Mer 👥
☎ 04 67 37 34 38, www.camping-plage-mediterranee.com
Pour s'y rendre : rte de Vendres (1,5 km au sud-ouest, au bord de mer)
13 ha (655 empl.) plat, herbeux, sablonneux
Location : ♿ (3 mobile homes) - 97 🏠 - 6 tentes lodges.
🅿 borne artisanale

LANGUEDOC-ROUSSILLON

DOMAINE LA YOLE WINE RESORT
Plus qu'un Camping !

+ 33 (0)4 67 37 33 87 - www.campinglayole.fr
Avenue de la Méditerranée 34350 VENDRES - GPS E3° 15'41,00" N43° 14' 13,92"

Encore beaucoup d'emplacements tentes et caravanes en bord de mer. Quelques mobile homes avec un toit terrasse pour une vue sur la mer.

Nature :
Loisirs : terrain multisports
Services : laverie, réfrigérateurs
À prox. :

GPS E : 3.26889
N : 43.23559

Lou Village
046737 3379, www.louvillage.com - peu d'emplacements pour tentes et caravanes
Pour s'y rendre : chemin des Montilles (2 km au sud-ouest, à 100 m de la plage)
8 ha (470 empl.) plat, herbeux, étang, sablonneux
Location : 90 - 20 .
borne artisanale
Le parc aquatique et l'accès direct à la plage sont les plus du terrain.

Nature :
Loisirs : nocturne, jacuzzi, plongée terrain multisports
Services :
À prox. : jet-ski

GPS E : 3.26046
N : 43.23386

Palmira Beach
www.palmirabeach.fr
Pour s'y rendre : av. du Port de Vendres (7 km au sud-ouest)
4 ha (222 empl.) plat, pierreux, herbeux
Location : 80 .
borne artisanale

LET OP :
deze gegevens gelden in het algemeen alleen in het seizoen, wat de openingstijden van het terrein ook zijn.

À 300 m de la plage à travers les dunes, emplacements plein soleil ou légèrement ombragés.

Nature :
Loisirs : terrain multisports
Services : laverie
À prox. : poneys

GPS E : 3.24511
N : 43.22837

Informieren Sie sich über die gültigen Gebühren, bevor Sie Ihren Platz beziehen. Die Gebührensätze müssen am Eingang des Campingplatzes angeschlagen sein. Erkundigen Sie sich auch nach den Sonderleistungen. Die im vorliegenden Band gemachten Angaben können sich seit der Überarbeitung geändert haben.

VERNET-LES-BAINS
66820 - Carte Michelin **344** F7 - 1 432 h. - alt. 650 -
Paris 904 - Mont-Louis 36 - Perpignan 57 - Prades 11

L'Eau Vive
04 68 05 54 14, www.leauvive-camping.com
Pour s'y rendre : chemin St-Saturnin (sortie vers Sahorre puis apr. le pont 1,3 km par av. St-Saturnin à dr., près du Cady)
Ouverture : de déb. avr. à mi-nov.
2 ha (90 empl.) peu incliné, plat, herbeux
Empl. camping : (Prix 2017) 27 € (10A) - pers. suppl. 5 € - frais de réservation 15 €
Location : (Prix 2017) (de mi-avr. à mi-nov.) - (1 chalet) - 11 - 10 - 2 tentes lodges - 2 cabanons. Nuitée 40 à 95 € - Sem. 240 à 780 € - frais de réservation 15 €
Dans un site agréable.

Nature :
Loisirs :
Services :

GPS E : 2.37789
N : 42.5547

LANGUEDOC-ROUSSILLON

VERS-PONT-DU-GARD

30210 - Carte Michelin **339** M5 - 1 696 h. - alt. 40
▶ Paris 698 - Montpellier 81 - Nîmes 26 - Avignon 27

Capfun Domaine des Gorges du Gardon

✆ 04 66 22 81 81, www.capfun.com

Pour s'y rendre : 762 chemin Barque-Vieille (au sud, D 981 et D 5, au bord du Gardon)

Ouverture : de mi-mars à mi-sept.

4 ha (200 empl.) terrasse, plat, herbeux, pierreux, gravillons

Empl. camping : (Prix 2017) 39 € ✶✶ 🚗 🗐 (10A) - pers. suppl. 7 € - frais de réservation 27 €

Location : (Prix 2017) (de mi-mars à mi-sept.) - ♿ (1 mobile home) - 108 🏠 - 4 🛖. Nuitée 33 à 98 € - Sem. 133 à 1 358 € - frais de réservation 27 €

Nombreux mobile homes et des emplacements qui dominent jusqu'à la rivière.

Nature : 🌳 🏞 ⚐⚐
Loisirs : 🍽 ✕ 🏠 👶 🏊 ⛵ 🎯 🚴 ➰
Services : 🔑 🚿 📶 laverie 🧊

GPS
E : 4.51766
N : 43.95599

VIAS-PLAGE

34450 - Carte Michelin **339** F9 - 5 386 h. - alt. 10
▶ Paris 752 - Agde 5 - Béziers 19 - Narbonne 46

Sunêlia Domaine de la Dragonnière

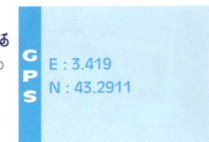

✆ 04 67 01 03 10, www.dragonniere.com - peu d'emplacements pour tentes et caravanes

Pour s'y rendre : RD 612 (5 km à l'ouest, rte de Béziers)

Ouverture : de fin mars à déb. nov.

30 ha (800 empl.) plat, herbeux, pierreux

Empl. camping : (Prix 2017) 85 € ✶✶ 🚗 🗐 (10A) - pers. suppl. 14 € - frais de réservation 35 €

Location : (Prix 2017) (de fin mars à déb. nov.) - ♿ (2 mobile homes) - 402 🏠 - 362 🛖 - 2 tentes lodges. Nuitée 35 à 364 € - Sem. 245 à 2 548 € - frais de réservation 35 €

Nombreux types d'hébergements de confort variable, un centre balnéo de grande qualité, une piscine aux dimensions olympiques (50 m) complété d'un joli lagon filtré naturellement et sa plage de sable blanc.

Nature : 🏞 ⚐
Loisirs : 🍽 ✕ 🏠 👶 🏊 centre balnéo ♨ hammam jacuzzi 🎯 🚴 ➰ 🎱 ⛹ crèche point d'informations touristiques terrain multisports
Services : 🔑 🚽 – 38 sanitaires individuels (🚿⚐ wc) 🧺 📶 laverie 🧊 🛒

GPS
E : 3.36535
N : 43.3126

Yelloh! Village Club Farret

✆ 04 67 21 64 45, www.camping-farret.com

Pour s'y rendre : chemin des Rosses (en bord de plage)

Ouverture : de mi-avr. à fin sept.

7 ha (437 empl.) plat, herbeux, sablonneux

Empl. camping : (Prix 2017) 65 € ✶✶ 🚗 🗐 (10A) - pers. suppl. 9 €

Location : (Prix 2017) (de mi-avr. à fin sept.) - 🏕 - 317 🏠 - 19 🛖 - 4 appartements. Nuitée 25 à 335 € - Sem. 175 à 2 345 €

🚐 borne artisanale ,50 €

Jolis villages paysagés à thèmes de mobile homes conforts : Pirates dans le sable, Pacific et Marina avec leur lagon, California à l'ambiance surfeur.

Nature : 🌳 🏞 ⚐⚐ ⛺
Loisirs : 🍽 ✕ 🏠 👶 salle d'animations 🎯 🏊 centre balnéo ♨ hammam jacuzzi 🚴 ➰ ✂ 🎱 ⛹
Services : 🔑 🚽 🚿 📶 laverie 🧊 🛒
À prox. : 🎣

GPS
E : 3.419
N : 43.2911

Cap Soleil

✆ 04 67 21 64 77, www.capsoleil.fr - peu d'emplacements pour tentes et caravanes

Pour s'y rendre : chemin de la Grande-Cosse (Côte Ouest, 600 m de la plage)

Ouverture : de mi-avr. à déb. sept.

4,5 ha (288 empl.) plat, herbeux, gravier

Empl. camping : (Prix 2017) 53 € ✶✶ 🚗 🗐 (10A) - pers. suppl. 13 € - frais de réservation 35 €

Location : (Prix 2017) (de mi-avr. à déb. sept.) - ♿ (2 mobile homes) - 110 🏠. Nuitée 42 à 57 € - Sem. 189 à 1 149 € - frais de réservation 35 €

🚐 borne artisanale - 20 🗐

Un bel espace aquatique, de grands toboggans et un superbe centre balnéo en partie couvert avec accès libre et gratuit (+ de 18 ans).

Nature : 🏞 ⚐⚐
Loisirs : 🍽 ✕ 🏠 👶 🎯 centre balnéo ♨ hammam jacuzzi 🚴 ➰ ✂ 🎱 ⛹ terrain multisports
Services : 🔑 🚽 – 8 sanitaires individuels (🚿⚐ wc) 🧺 📶 laverie 🧊 réfrigérateurs
À prox. : 🏇

GPS
E : 3.39953
N : 43.29262

Club Airotel Californie Plage

✆ 04 67 21 64 69, www.californie-plage.fr

Pour s'y rendre : chemin du Trou-de-Ragout (Côte Ouest, au sud-ouest par D 137E et chemin à gauche, au bord de la mer)

Ouverture : de déb. avr. à mi-sept.

5,8 ha (371 empl.) plat, herbeux, sablonneux

Empl. camping : (Prix 2017) 52 € ✶✶ 🚗 🗐 (10A) - pers. suppl. 5 € - frais de réservation 25 €

Location : (Prix 2017) (de déb. avr. à mi-sept.) - ♿ (1 mobile home) - 🏕 - 180 🏠. Nuitée 37 à 198 € - Sem. 259 à 1 386 € - frais de réservation 25 €

🚐 borne artisanale

Décoration sur le thème des pirates à l'accueil, au restaurant et même pour certains mobile-homes. Accès gratuit au parc aquatique du camping Cap-Soleil (en face à 100 m).

Nature : 🌳 🏞 ⚐⚐ ⛺
Loisirs : 🍽 ✕ 🏠 👶 🎯 🚴 ➰ 🎱 terrain multisports
Services : 🔑 🚽 🚿 📶 laverie 🧊 réfrigérateurs
À prox. : ✂ 🏊

GPS
E : 3.39843
N : 43.29051

Utilisez le guide de l'année.

LANGUEDOC-ROUSSILLON

▲▲▲ Méditerranée-Plage

📞 04 67 90 99 07, www.mediterranee-plage.com

Pour s'y rendre : Côte Ouest (6 km au sud-ouest par D 137e2)

Ouverture : de fin mars à fin sept.

9,6 ha (490 empl.) plat, herbeux, sablonneux

Empl. camping : (Prix 2017) 51,50 € ✶✶ 🚗 ▣ ⚡ (6A) - pers. suppl. 10,20 € - frais de réservation 25 €

Location : (Prix 2017) (de fin mars à fin sept.) - ♿ (1 mobile home) - 250 🚐. Nuitée 33 à 260 € - Sem. 235 à 1 250 € - frais de réservation 25 €

🚿 borne eurorelais

Cadre agréable au bord de la mer en accès direct et services de qualité.

Nature : 🌳 ⚫⚫ ⛺
Loisirs : 🍽 ✕ 🏠 🎭 🚴 ✂ 🎣 🏊 ⛵ mini ferme terrain multisports
Services : 🔑 🛁 📶 laverie 🧺 ✈

GPS E : 3.37106 N : 43.28202

▲▲▲ Le Napoléon 👥

📞 04 67 01 07 80, www.camping-napoleon.fr

Pour s'y rendre : 1171 av. de la Méditerranée (250 m de la plage)

Ouverture : de fin avr. à fin sept.

3 ha (228 empl.) plat, herbeux, sablonneux

Empl. camping : (Prix 2017) 25 € ✶✶ 🚗 ▣ ⚡ (10A) - pers. suppl. 7 € - frais de réservation 28 €

Location : (Prix 2017) (de fin avr. à fin sept.) - ♿ (1 mobile home) - 🚿 (de déb. juil. à fin août) - 81 🚐 - 38 🏠 - 2 🛏 - 5 bungalows toilés - 11 appartements. Nuitée 47 à 148 € - Sem. 329 à 2 247 € - frais de réservation 28 €

🚿 borne artisanale 25 € - 2 ▣ 25 €

Derrière la rue animée de la station, terrain qui offre de belles prestations et du locatif varié dont 4 villas grand confort.

Nature : 🌳 ⚫⚫
Loisirs : 🍽 ✕ 🏠 🎭 🎣 🛁 hammam 🏇 ⛵ 🏊 terrain multisports
Services : 🔑 🛁 ♿ 📶 laverie 🛒 cases réfrigérées
À prox. : discothèque, parcours sportif

GPS E : 3.41661 N : 43.29179

▲▲▲ Hélios

📞 04 67 21 63 66, www.camping-helios.com

Pour s'y rendre : av. des Pêcheurs (près du Libron, à 250 m de la plage)

Ouverture : de fin avr. à fin sept.

2,5 ha (215 empl.) plat, herbeux, sablonneux

Empl. camping : (Prix 2017) 55 € ✶✶ 🚗 ▣ ⚡ (6A) - pers. suppl. 6 € - frais de réservation 10 €

Location : (Prix 2017) Permanent ♿ (1 mobile home) - 36 🚐 - 6 🏠 - 6 bungalows toilés - 4 cabanons. Nuitée 32 à 160 € - Sem. 200 à 1 100 € - frais de réservation 20 €

Au bord du Libron, ombragé, avec un centre balnéo et un bel espace piscine en partie couvert.

Nature : 🌳 ⚫⚫
Loisirs : 🍽 ✕ 🏠 🎭 nocturne centre balnéo ⛵ hammam jacuzzi 🏊 🎣 🏇 ⛵
Services : 🔑 🛁 ♿ ▣ 🧺 ✈

GPS E : 3.40764 N : 43.29115

▲▲▲ Capfun Les Flots Bleus 👥

📞 04 67 21 64 80, www.camping-flots-bleus.com

Pour s'y rendre : Côte Ouest, chemin des Blanquettes (au sud-ouest, au bord de plage)

Ouverture : de fin avr. à mi-sept.

5 ha (317 empl.) plat, herbeux, sablonneux

Empl. camping : (Prix 2017) 38 € ✶✶ 🚗 ▣ ⚡ (6A) - pers. suppl. 7 € - frais de réservation 27 €

Location : (Prix 2017) (de fin avr. à mi-sept.) - 🚿 (de déb. juil. à fin août) - 174 🚐 - 27 🏠. Nuitée 26 à 169 € - Sem. 182 à 1 183 € - frais de réservation 27 €

🚿 borne artisanale 5 €

Gestion commune avec le camping France Floride, mitoyen.

Nature : 🌳 ⚫⚫ ⛺
Loisirs : 🍽 ✕ 🏠 🎭 🏇 🎣 🏊 ⛵ terrain multisports
Services : 🔑 🛁 📶 laverie 🧺 ✈

GPS E : 3.4055 N : 43.29

▲▲▲ L'Air Marin 👥

📞 04 67 21 64 90, www.camping-air-marin.fr

Pour s'y rendre : Côte Est, chemin des Oeillets (derrière le terrain de football)

Ouverture : de déb. avr. à mi-sept.

5,5 ha (305 empl.) plat, herbeux, sablonneux

Empl. camping : (Prix 2017) 45 € ✶✶ 🚗 ▣ ⚡ (6A) - pers. suppl. 9 € - frais de réservation 25 €

Location : (Prix 2017) (de déb. avr. à mi-sept.) - 87 🚐. Nuitée 35 à 207 € - Sem. 210 à 1 449 € - frais de réservation 25 €

Terrain rectiligne ombragé de peupliers avec un bel espace aquatique, tout près du canal du Midi.

Nature : 🌳 ⚫⚫
Loisirs : 🍽 ✕ 🏠 🎭 nocturne 🏇 🎣 🛁 ⛵ 🏊 barques terrain multisports
Services : 🔑 🛁 📶 laverie 🧺 ✈
À prox. : 🎣 parc d'attractions

GPS E : 3.42129 N : 43.30076

▲▲▲ Tohapi Le Petit Mousse 👥

(pas d'emplacement tentes et caravanes)

📞 08 25 00 20 30, www.tohapi.fr

Pour s'y rendre : chemin des Poregals (rte de la Grande Cosse)

5,2 ha (365 empl.) plat, sablonneux, herbeux

Location : (Prix 2017) (de mi-juin à fin sept.) - 330 🚐. Nuitée 41 à 181 € - Sem. 287 à 1 267 €

Au bord de la plage avec l'espace bar, animation surplombant la mer.

Nature : 🌳 ⚫⚫ ⛺
Loisirs : 🍽 ✕ 🏠 🎭 🏇 🎣 🏊 ⛵
Services : 🔑 🛁 📶 laverie 🧺 ✈

GPS E : 3.39869 N : 43.29039

🏊 ✕ 🛁 🏇
ATTENTION :
these facilities are not necessarily available throughout the entire period that the camp is open - some are only available in the summer season.

LANGUEDOC-ROUSSILLON

▲ Yelloh ! Village Ste Cécile

☎ 04 67 21 63 70, www.camping-sainte-cecile.com
Pour s'y rendre : av. des Pêcheur (près du Libron, à 500 m de la plage)
Ouverture : de déb. avr. à fin sept.
4 ha/3 campables (194 empl.) plat, herbeux, sablonneux
Empl. camping : (Prix 2017) 45€ ✶✶ 🚗 🍽 ⚡ (10A) - pers. suppl. 8€
Location : (Prix 2017) - 162 🏠. Nuitée 35 à 191€ - Sem. 245 à 1 337€
Emplacements ombragés sous les peupliers avec beaucoup d'espaces verts pour la détente ou les jeux collectifs.

Nature : 🌳 ♨♨
Loisirs : 🍴✗ 🏠 🌙 nocturne 🚴 🚵 ✂ 🏊 ⛵ parcours de santé tyrolienne terrain multisports
Services : 🔑 🚿 📶 laverie 🧺
À prox. : 🐎

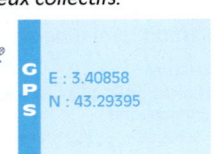

GPS E : 3.40858 N : 43.29395

LE VIGAN

30120 - Carte Michelin **339** G5 - 3 959 h. - alt. 221
▶ Paris 707 - Alès 66 - Lodève 50 - Mende 108

▲ Le Val de l'Arre

☎ 04 67 81 02 77, www.camping-levaldelarre.com
Pour s'y rendre : lieu-dit : Roudoulouse, rte du Pont-de-la-Croix (2,5 km à l'est par D 999, rte de Ganges et chemin à droite, au bord de l'Arre)
Ouverture : de déb. avr. à fin sept.
4 ha (173 empl.) en terrasses, incliné, peu incliné, plat, herbeux
Empl. camping : (Prix 2017) 28€ ✶✶ 🚗 🍽 ⚡ (10A) - pers. suppl. 7,50€ - frais de réservation 15€
Location : (Prix 2017) (de déb. avr. à fin sept.) - 🛖 - 35 🏠 - 2 bungalows toilés - 1 gîte. Nuitée 40 à 110€ - Sem. 210 à 728€ - frais de réservation 15€
🚐 borne artisanale 3,50€ - 🚐 13€
En deux parties distinctes de chaque côté de la route avec des emplacements pour tentes et caravanes bien ombragés près de la rivière.

Nature : ♨♨
Loisirs : 🏠 🏓 🚴 🏊 ⛵ terrain multisports
Services : 🔑 🚿 📶 laverie 🧺 🧊
À prox. : 🐎

GPS E : 3.63751 N : 43.99128

LES VIGNES

48210 - Carte Michelin **330** H9 - 103 h. - alt. 410
▶ Paris 615 - Mende 52 - Meyrueis 33 - Le Rozier 12

▲▲▲ Beldoire

☎ 04 66 48 82 79, www.camping-beldoire.com
Pour s'y rendre : 0,8 km au nord par D 907Bis, rte de Florac, bord du Tarn
5 ha (142 empl.) en terrasses, plat, herbeux, pierreux
Location : 8 🏠 - 15 bungalows toilés - 1 roulotte.
En deux parties distinctes de part et d'autre de la route, avec certains emplacements au bord du Tarn.

Nature : ♨♨ ▲
Loisirs : 🍴✗ 🏠 🏓 🚴 🏊 ⛵ 🧺 🧊
Services : 🔑 🚿 📶 🍽 🧺 🧊

GPS E : 3.23445 N : 44.28717

▲ Village Vacances Castel de la Peyre

(pas d'emplacement tentes et caravanes)
☎ 04 66 48 48 48, www.lozere-resa.com
Pour s'y rendre : 1 km au sud par D 16
1 ha non clos, en terrasses
Location : 10 gîtes.
Petit village de maisonnettes avec une jolie vue sur la vallée du Tarn.

Nature : 🌳 ≤
Loisirs : 🏠 🏊
Services : 🍽 📶 🧺

GPS E : 3.2283 N : 44.27292

▲ La Blaquière

☎ 04 66 48 54 93, www.campinggorgesdutarn.fr
Pour s'y rendre : 6 km au nord-est par D 907bis, au bord du Tarn
1 ha (79 empl.) en terrasses, pierreux, plat, herbeux
Location : 10 🏠 - 3 tentes lodges - 4 roulottes.
🚐 5 🍽
En contrebas de la route, le long du Tarn, emplacements bien ombragés.

Nature : 🌿 ♨♨ ▲
Loisirs : 🏠 🏓 🏊 🧺 🧊
Services : 🔑 🚿 📶 🍽 🧺 🧊
À prox. : 🎣

GPS E : 3.2685 N : 44.3042

Choisissez votre restaurant sur restaurant.michelin.fr

VILLEFORT

48800 - Carte Michelin **330** L8 - 618 h. - alt. 600
▶ Paris 616 - Alès 52 - Aubenas 61 - Florac 63

▲ La Palhère

☎ 04 66 46 80 63, www.campinglapalhere.com - alt. 750
Pour s'y rendre : rte du Mas-de-la-Barque (4 km au sud-ouest par D 66, au bord d'un torrent)
Ouverture : Permanent
1,8 ha (45 empl.) en terrasses, pierreux, herbeux
Empl. camping : (Prix 2017) 17€ ✶✶ 🚗 🍽 ⚡ (6A) - pers. suppl. 5€
Location : (Prix 2017) Permanent - 3 🏠 - 5 🏡 - 2 bungalows toilés - 2 tipis - 1 yourte - 3 roulottes. Nuitée 30 à 50€ - Sem. 210 à 695€
🚐 borne artisanale 13€ - 🚐 11€
Au bord d'un joli petit torrent avec du locatif varié.

Nature : 🌳 ≤ ♨♨
Loisirs : ✗ 🏊 🧺
Services : 🔑 🚿 🚴 📶 🍽 🧺

GPS E : 3.91026 N : 44.41862

▲▲▲ Morangiés - Le Lac

☎ 04 66 46 81 27, www.camping-lac-cevennes.com - peu d'emplacements pour tentes et caravanes
Pour s'y rendre : à Morangiés (3,4 km au nord par D 901, rte de Mende, D 906, rte de Prévenchère et à gauche chemin de Pourcharesses)
Ouverture : de déb. mai à fin sept.
4 ha (75 empl.) en terrasses, gravillons, herbeux
Empl. camping : (Prix 2017) 18,50€ ✶✶ 🚗 🍽 ⚡ (10A) - pers. suppl. 5€ - frais de réservation 5€

280

LANGUEDOC-ROUSSILLON

Location : (Prix 2017) Permanent - 32 🚐 - 19 🏠 - 2 tipis - 1 roulotte. - frais de réservation 5 €

Agréable situation au bord du lac avec des installations et des locations parfois bien vieillissantes. Gîtes mitoyens.

- **Nature :**
- **Loisirs :**
- **Services :**
- **À prox. :**

GPS : E : 3.92812 / N : 44.46183

VILLEGLY

11600 - Carte Michelin **344** F3 - 1 020 h. - alt. 130
▶ Paris 778 - Lézignan-Corbières 36 - Mazamet 46 - Carcassonne 14

⛰ Sites et Paysages Moulin de Ste-Anne

📞 04 68 72 20 80, www.moulindesainteanne.com

Pour s'y rendre : 2 chemin de Ste-Anne (sortie est par D 435, rte de Villarzel)

Ouverture : de déb. avr. à mi-oct.

1,6 ha (60 empl.) en terrasses, peu incliné, plat, herbeux

Empl. camping : (Prix 2017) 32 € ✶✶ 🚗 📧 (10A) - pers. suppl. 6 € - frais de réservation 17 €

Location : (Prix 2017) (de déb. mars à mi-oct.) - ♿ (1 chalet) - 15 🏠 - 2 tentes lodges. Nuitée 40 à 120 € - Sem. 330 à 770 € - frais de réservation 17 €

🚐 borne AireService 6 € - 🚙 14 €

Beaux emplacements et locatif de qualité sur des terrasses ombragées.

- **Nature :**
- **Loisirs :** 🍴 ✕ 🏠 jacuzzi 🛋 🏊 terrain multisports
- **Services :**
- **À prox. :**

GPS : E : 2.44347 / N : 43.28374

Gebruik de gids van het lopende jaar.

VILLENEUVE-LÈS-AVIGNON

30400 - Carte Michelin **339** N5 - 12 463 h. - alt. 23
▶ Paris 678 - Avignon 8 - Nîmes 46 - Orange 28

⛰ Campéole L'Ile des Papes 👥

📞 04 90 15 15 90, www.avignon-camping.com

Pour s'y rendre : Barrage de Villeneuve (4,5 km au nord-est par D 980, rte de Roquemaure et D 780 à dr., entre le Rhône et le canal)

Ouverture : de fin mars à déb. nov.

20 ha (406 empl.) plat, herbeux, pierreux, étang

Empl. camping : (Prix 2017) 23 € ✶✶ 🚗 📧 (10A) - pers. suppl. 4,80 €

Location : (Prix 2017) (de fin mars à déb. nov.) - ♿ (2 mobile homes) - 139 🚐 - 27 bungalows toilés - 1 tente lodge. Nuitée 36 à 141 € - Sem. 252 à 987 € - frais de réservation 25 €

🚐 borne AireService

Vaste domaine en partie ombragé équipé d'une jolie pataugeoire ludique.

- **Nature :**
- **Loisirs :** 🍴 ✕ 🏠 🎵 nocturne 🚴 🛋 terrain multisports
- **Services :** 🔑 🚿 🧺 laverie 🧊 réfrigérateurs

GPS : E : 4.81826 / N : 43.99383

⛰ La Laune

📞 04 90 25 76 06, www.camping-villeneuvelezavignon.com

Pour s'y rendre : chemin St-Honoré (au nord-est, accès par D 980, près du stade et des piscines)

Ouverture : de mi-mars à mi-oct.

2,3 ha (126 empl.) plat, pierreux, herbeux

Empl. camping : (Prix 2017) 15 € ✶✶ 🚗 📧 (16A) - pers. suppl. 4 € - frais de réservation 15 €

Location : (Prix 2017) (de mi-mars à mi-oct.) - 4 🚐 - 3 bungalows toilés. Nuitée 25 à 80 € - Sem. 175 à 560 € - frais de réservation 25 €

🚐 borne artisanale 15 €

Au milieu des installations sportives de la ville, terrain très ombragé au confort sanitaire modeste.

- **Nature :**
- **Loisirs :** 🏠 🛋
- **Services :**
- **À prox. :** ✂ 🛹 🛼 skate-parc skate parc

GPS : E : 4.79711 / N : 43.96331

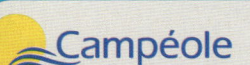

Campéole
www.campeole.com

ÎLE DES PAPES ★★★★

Aux portes d'Avignon, une île sur le Rhône

Emplacements campeurs, mobil-homes. 2 piscines, pataugeoire, bassin aquatique. Pizzeria d'avril à septembre, snack-bar et animations en juillet/août.

1497 Route départementale 780
30400 Villeneuve-Les-Avignon
+33 (0)4 90 15 15 92
ile-des-papes@campeole.com
GPS : N43° 59' 37'' E 4° 49' 4''

281

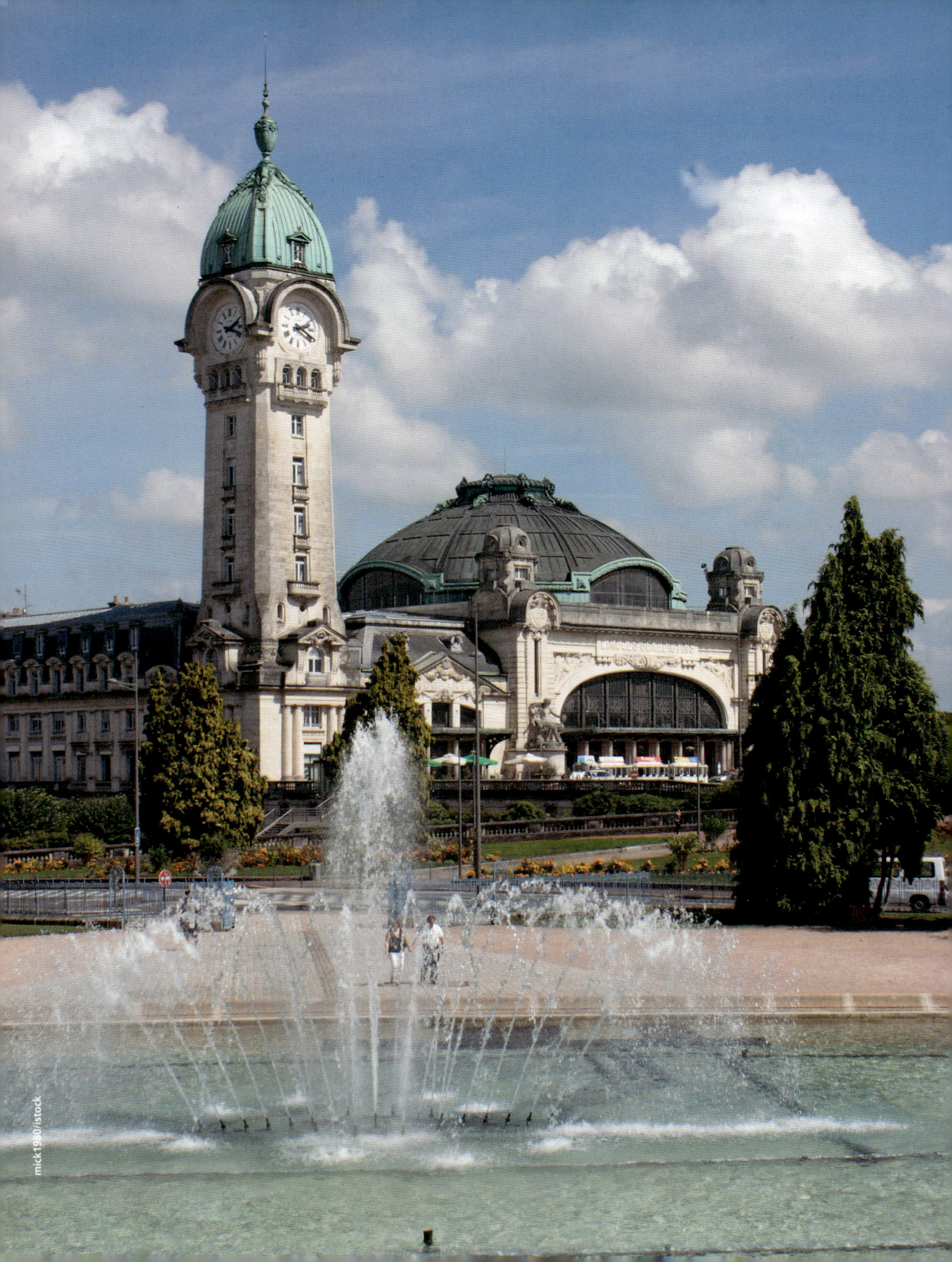

mick1980/istock

LIMOUSIN

🇫🇷 Les citadins en mal de verdure viennent goûter en Limousin la simplicité de joies bucoliques : humer l'air vivifiant du plateau de Millevaches, flâner le long de rivières poissonneuses, se perdre dans les bois à la recherche de champignons… Et s'extasier devant les placides boeufs à la robe « froment vif » ou le spectacle attendrissant des agneaux tétant leur mère. En automne la forêt se pare d'une éblouissante palette d'ocres, de rouges et de bruns profonds sous-tendue de reflets mordorés, qui a inspiré bien des peintres. Détenteurs de savoir-faire ancestraux — émaux, porcelaines, tapisseries — bourgs et cités paisibles ne s'en ouvrent pas moins à l'art contemporain. Les plaisirs de la table ? Authentiques, comme la région : soupe au lard, pâté de pommes de terre, potée et… viandes exquises !

🇬🇧 Life in Limousin is lived as it should be: tired Parisians in need of greenery come to rediscover the simple joys of country life, breathe the bracing air of its high plateaux and wander through its woodlands in search of mushrooms and chestnuts. The sight of peacefully grazing cattle or lambs frolicking in a spring meadow will rejuvenate the most jaded city-dweller. Come autumn, the forests are swathed in colour: a perfect backdrop to the granite and sandstone of the peaceful towns and villages, where ancestral crafts, like Limoges porcelain and Aubusson tapestries, blend a love of tradition with an enthusiasm for the best of the new. The food is as wholesome as the region: savoury bacon soup, Limousin stew and, as any proud local will tell you, the most tender, succulent beef in the world.

Localité citée avec camping
Localité citée avec camping et locatif
Vannes
Localité disposant d'un camping avec aire de services camping-car
Moyaux
Localité disposant d'au moins un terrain agréable
Aire de service pour camping-car sur autoroute
HAUTE - VIENNE
CREUSE
CORRÈZE
DORDOGNE
LOT
CANTAL
AVEYRO
GARONNE
TARN-ET-GARONNE
B
Rosnay
St-Georges-lès-Baill
VAL DE L'INDRE
Neuvy-St-Sépulchre
Châteaumeillant
Gargilesse-Dampierre
Baraize
Éguzon
St-Plantaire
Boussac-Bourg
Treignat
MONTL
Cromac
BOIS MANDÉ EST
BOIS MANDÉ OUEST
la Celle-Dunoise
le Bourg-d'Hem
Châtelus-Malvaleix
Néris-les-Bains
Magnac-Laval
Guéret
Availles-Limouzine
Pressac
Bellac
Châteauponsac
St-Pardoux
St-Éloy-les-
Confolens
St-Gervais
Aubusson
BEAUNE-LES-MINES
Bonnac-la-Côte
LIMOGES
Cognac-la-Forêt
Rochechouart
Le Lindois
Aixe-s-Vienne
Bujaleuf
Eymoutiers
Nexon
Châteauneuf-la-Fôret
Bussière-Galant
St-Germain-les-Belles
Chamberet
CHAVANON
Murat-le-Quaire
Tauves
Singles
Bagnols
St-Saud-Lacoussière
Mialet
Nontron
St-Yrieix-la-Perche
Masseret
PORTE DE CORRÈZE
Thiviers
Angoisse
Lanouaille
St-Sornin-Lavolps
Liginiac
Lanobre
Champs-s-T
Brantôme
Vigeois
Seilhac
Corrèze
Neuvic
Saignes
Antonne-et-Trigonant
Tocane-St-Apre
Objat
Tulle
St-Antoine-d'Auberoche
LE MANOIRE
Périgueux
Atur
PAYS DE BRIVE
Peyrignac
Laguenne
Donzenac
Aubazines
Mauriac
Auriac
Thenon
Brive-la-Gaillarde
Beynat
St-Martin-Cantalès
St-Martin-Valmeroux
Montignac
Lissac-s-Couze
Argentat
Terrasson-Lavilledieu
Reygade
Arnac
St-Amand-de-Coly
Beaulieu-s-D.
Camps
St-Gérons
Douville
Aurillac
Vic-s-C
PECH-MONTAT
Puybrun
Sarlat-la-Canéda
Carennac
Girac
Lacam-d'Ourcet
Pers
Arpajon-s-Cère
Lamonzie-Montastruc
Thérondels
Couze-et-St-Front
Dordogne
Gourdon
Pons
Maurs
Bagnac-s-Célé
Biron
Sauveterre-la-Lémance
Villeréal
Saint-Étienne-de-Villeréal
Cassagnes
JARDIN DES CAUSSES DU LOT
Figeac
Grand-Vabre
Entraygues-s-
Béduer
Flagnac
Conques
Sénergues
Salles
Montcabrier
Puy-l'Evêque
St-Pierre-Lafeuille
Boisse-Penchot
Fumel
Vers
Touzac
Duravel
Crayssac
Villeneuve-s-Lot
Tournon-d'Agenais
Anglars-Juillac
St-Cirq-Lapopie
Cahors
Pujols
St-Pantaléon
Villefranche-de-Rouergue
Rodez
Courbiac
Beauville
AGEN-PORTE D'AQUITAINE
St-Salvadou
Pont-de-Salars
Montpezat-de-Quercy
Cayriech
Caylus
La Fouillade
Naucelle
Arvieu
Pont-du-Casse
Agen
Septfonds
St-Antonin-Noble-Val
Bor-et-Bar
Caussade
Moissac
Lafrançaise
Alrance
Mirandol-
A 20
A 89
N 145
N 147
N 141
N 21
N 120
N 122
D 951
D 943
D 148
D 948
D 941
D 939
D 933
D 922
D 1120
D 840
D 802
D 911
D 811
D 820
D 926
D 920
Vienne
Clain
Gartempe
Taurion
Vézère
Dronne
Isle
Auvézère
Lot
Aveyron
Cère
Truyère
Viaur

LIMOUSIN

AIXE-SUR-VIENNE

87700 - Carte Michelin 325 D6 - 5 464 h. - alt. 204
▶ Paris 400 - Châlus 21 - Confolens 60 - Limoges 14

▲ Municipal les Grèves

☎ 05 55 70 12 98, www.mairie-aixesurvienne.fr
Pour s'y rendre : r. Jean-Claude-Papon (au bord de la Vienne)
Ouverture : de déb. juin à fin sept.
3 ha (80 empl.) plat, herbeux
Empl. camping : (Prix 2017) 18,20€ ✶✶ ⇔ 🅿 ⚡ (10A) - pers. suppl. 5€
Location : (Prix 2017) (de déb. avr. à fin oct.) - ♿ (1 mobile home) - 3 🛖. Nuitée 67 à 80€ - Sem. 220 à 420€
🚐 borne artisanale 6€

Emplacements au bord de la Vienne tout proches du centre-ville.

Nature : 🌿 🞈🞈
Loisirs : 🍴 🏠 🚣 🛶 ♨
Services : ⚡ 📶 🔥
À prox. : 📺

GPS
E : 1.1149
N : 45.8069

This Guide is not intended as a list of all the camping sites in France ; its aim is to provide a selection of the best sites in each category.

ARGENTAT

19400 - Carte Michelin 329 M5 - 3 052 h. - alt. 183
▶ Paris 503 - Aurillac 54 - Brive-la-Gaillarde 45 - Mauriac 49

▲▲▲ Le Gibanel

☎ 05 55 28 10 11, www.camping-gibanel.com
Pour s'y rendre : 4,5 km au nord-est par D 18, rte d'Égletons puis chemin à dr.
Ouverture : de mi-juin à mi-sept.
60 ha/8,5 campables (250 empl.) terrasse, plat, herbeux
Empl. camping : (Prix 2017) 31€ ✶✶ ⇔ 🅿 ⚡ (10A) - pers. suppl. 6€ - frais de réservation 10€
Location : (Prix 2017) (de mi-juin à mi-sept.) - 10 🛖 - 2 appartements. Sem. 230 à 940€ - frais de réservation 10€

Sur les terres d'un château du 16e s. et au bord d'un lac.

Nature : 🌿 ≤ 🞈🞈 ▲
Loisirs : 🍴 🏠 🎭diurne 🚣 🛶 ♨ terrain multisports
Services : ⚡ 🚿 📶 🔥 laverie 🛒

GPS
E : 1.95852
N : 45.1107

▲▲▲ Au Soleil d'Oc 👥

☎ 05 55 28 84 84, www.campingsoleildoc.com
Pour s'y rendre : à Monceaux-sur-Dordogne (4,5 km au sud-ouest par D 12, rte de Beaulieu puis D 12E, rte de Vergnolles et chemin à gauche apr. le pont, au bord de la Dordogne)
Ouverture : de fin avr. à mi-nov.
4 ha (120 empl.) terrasse, plat, herbeux
Empl. camping : (Prix 2017) 36€ ✶✶ ⇔ 🅿 ⚡ (6A) - pers. suppl. 6,90€ - frais de réservation 18€
Location : (Prix 2017) (de fin avr. à mi-nov.) - 40 🛖 - 12 🏡 - 3 bungalows toilés - 1 tente lodge. Nuitée 45 à 170€ - Sem. 225 à 1 190€ - frais de réservation 18€
🚐 borne artisanale 12€ - 🚐 🏕8€

Emplacements très ombragés, au bord de la rivière pour certains.

Nature : 🌿 🞈🞈
Loisirs : 🍴 🏠 🚣 🛶 ♨ 🎾 ⛵ terrain multisports
Services : ⚡ 🚿 📶 🔥 laverie 🛒
réfrigérateurs

GPS
E : 1.91836
N : 45.07618

▲▲▲ Le Vaurette 👥

☎ 05 55 28 09 67, www.vaurette.com
Pour s'y rendre : lieu-dit : Vaurette (9 km au sud-ouest par D 12, rte de Beaulieu, au bord de la Dordogne)
Ouverture : de déb. mai à mi-sept.
4 ha (120 empl.) en terrasses, peu incliné, plat, herbeux
Empl. camping : (Prix 2017) 35,70€ ✶✶ ⇔ 🅿 ⚡ (6A) - pers. suppl. 7,20€ - frais de réservation 15€
Location : (Prix 2017) (de déb. mai à mi-sept.) - 🚫 - 2 🛖. Sem. 340 à 790€ - frais de réservation 15€
🚐 borne artisanale

Le long de la rivière avec des emplacements les pieds dans l'eau.

Nature : 🌿 🞈🞈 ▲
Loisirs : 🍴 🏠 🏠 diurne salle d'animations 🚣 🛶 ♨ ⛵
Services : ⚡ 📶 🔥 laverie 🛒

GPS
E : 1.8825
N : 45.04568

AUBAZINE

19190 - Carte Michelin 329 L4 - 852 h. - alt. 345
▶ Paris 480 - Aurillac 86 - Brive-la-Gaillarde 14 - St-Céré 50

▲▲▲ Campéole Le Coiroux 👥

☎ 05 55 27 21 96, www.camping-coiroux.com
Pour s'y rendre : Parc touristique du Coiroux (5 km à l'est par D 48, rte du Chastang, à prox. d'un plan d'eau et d'un parc de loisirs)
Ouverture : de fin avr. à fin sept.
165 ha/6 campables (174 empl.) peu incliné, plat, herbeux, bois
Empl. camping : (Prix 2017) 30,80€ ✶✶ ⇔ 🅿 ⚡ (10A) - pers. suppl. 7,10€ - frais de réservation 25€
Location : (Prix 2017) (de fin avr. à fin sept.) - ♿ (2 mobile homes) - 47 🛖 - 10 🏡 - 27 bungalows toilés - 1 tente lodge. Nuitée 64 à 118€ - Sem. 448 à 826€ - frais de réservation 25€
🚐 borne Sanistation 3€

Beaucoup d'espaces verts, de grands emplacements et une base de loisirs bien aménagée.

Nature : 🌿 🞈🞈
Loisirs : 🍴 🏠 🏠 🎭 🚣 🛶 ♨ terrain multisports
Services : ⚡ 🚿 📶 🔥 laverie 🛒
À prox. : 🎣 🏖 (plage) 🌲 parcours dans les arbres mur d'escalade, golf (18 trous)

GPS
E : 1.70739
N : 45.18611

Avant de vous installer, consultez les tarifs en cours, affichés obligatoirement à l'entrée du terrain, et renseignez-vous sur les conditions particulières de séjour. Les indications portées dans le guide ont pu être modifiées depuis la mise à jour.

285

LIMOUSIN

AURIAC
19220 - Carte Michelin **329** N4 - 226 h. - alt. 608
▶ Paris 517 - Argentat 27 - Égletons 33 - Mauriac 23

▲ Municipal
☎ 05 55 28 25 97, www.auriac.fr

Pour s'y rendre : au bourg (sortie sud-est par D 65, rte de St-Privat, près d'un étang et d'un parc boisé)

Ouverture : Permanent

1,7 ha (63 empl.) non clos, peu incliné, plat, herbeux

Empl. camping : (Prix 2017) 3,95 € - 2 € - 2 € - (8A) 3,95 €
Location : (Prix 2017) Permanent - 8 - Nuitée 40 à 65 € - Sem. 160 à 405 €
borne artisanale - 9 €

Certains emplacements dominent le plan d'eau.

Nature :
Loisirs :
Services : (mi-juil.-mi-août)
À prox. : (plage) pédalos

GPS E : 2.14772 N : 45.20206

BEAULIEU-SUR-DORDOGNE
19120 - Carte Michelin **329** M6 - 1 283 h. - alt. 142
▶ Paris 513 - Aurillac 65 - Brive-la-Gaillarde 44 - Figeac 56

⛺ Huttopia Beaulieu-sur-Dordogne
☎ 05 55 91 02 65, www.huttopia.com

Pour s'y rendre : bd Rodolphe-de-Turenne (à l'est du centre bourg)

Ouverture : de mi-avr. à fin sept.

7 ha (185 empl.) plat, herbeux

Empl. camping : (Prix 2017) 33,50 € - (10A) - pers. suppl. 8 € - frais de réservation 15 €
Location : (Prix 2017) (de mi-avr. à fin sept.) - 10 - 14 - 26 tentes lodges - 2 tentes sur pilotis - 4 roulottes. Nuitée 35 à 138 € - Sem. 196 à 966 € - frais de réservation 15 €
borne artisanale 7 €

Cadre et situation pittoresques sur une île de la Dordogne.

Nature :
Loisirs :
Services : laverie
À prox. :

GPS E : 1.84049 N : 44.97968

BEYNAT
19190 - Carte Michelin **329** L5 - 1 253 h. - alt. 420
▶ Paris 496 - Argentat 47 - Beaulieu-sur-Dordogne 23 - Brive-la-Gaillarde 21

⛺ Club Airotel Le Lac de Miel
☎ 05 55 85 50 66, www.camping-miel.com

Pour s'y rendre : 4 km à l'est par N 121, rte d'Argentat, au bord d'un plan d'eau

Ouverture : de déb. mai à mi-sept.

50 ha/9 campables (180 empl.) vallonné, peu incliné, herbeux

Empl. camping : (Prix 2017) 28 € - (6A) - pers. suppl. 6,90 € - frais de réservation 18 €
Location : (Prix 2017) (de déb. mai à mi-sept.) - 70 - 6 - 3 bungalows toilés - 6 tentes lodges - 2 roulottes - 4 gîtes. Nuitée 50 à 112 € - Sem. 195 à 784 € - frais de réservation 18 €
borne artisanale - 12 €

Nature :
Loisirs : (découverte en saison) terrain multisports
Services : laverie
À prox. : (plage) pédalos paintball

GPS E : 1.77103 N : 45.13332

⛺ Village Vacances Chalets en France Les Hameaux de Miel
(pas d'emplacement tentes et caravanes)
☎ 05 55 84 34 48, www.terresdefrance.com

Pour s'y rendre : lieu-dit : Miel

12 ha fort dénivelé, en terrasses

Campéole
www.campeole.com

LE COIROUX ★★★★

Un parc de loisirs aux portes du Périgord... j'adore !

Emplacements camping et locations, ouvert de début mai à fin septembre. À 2 mn d'un golf, d'un restaurant et d'un lac de baignade. Piscine chauffée (du 01/05 au 30/09), animations (juillet/août).

Parc touristique du Coiroux
19190 Aubazine
+33 (0)5 55 27 21 96
coiroux@campeole.com

LIMOUSIN

Location : (Prix 2017) Permanent (3 chalets) - 65. Nuitée 49 à 85€ - Sem. 129 à 699€

Nature :
Loisirs : terrain multisports
Services : laverie
À prox. : pédalos paintball

GPS : E : 1.76141 / N : 45.12932

BONNAC-LA-CÔTE

87270 - Carte Michelin **325** E5 - 1 374 h. - alt. 428
▶ Paris 382 - Guéret 78 - Limoges 16 - Tulle 101

▲ Les Castels Le Château de Leychoisier

☎ 05 55 39 93 43, www.leychoisier.com

Pour s'y rendre : 1 rte de Leychoisier (1 km par D 97, rte du 8 mai 1945)

Ouverture : de mi-avr. à mi-sept.

50 ha/4 campables (80 empl.) peu incliné, plat, herbeux

Empl. camping : (Prix 2017) 37€ ✽✽ 🚗 📧 (10A) - pers. suppl. 10€

Location : (Prix 2017) (de mi-avr. à mi-sept.) - 🛇 - 2 🏠. Sem. 400 à 600€

Sur les terres d'un château du 9ème siècle avec des arbres quadri-centenaires : séquoia, cèdres du Liban.

Nature :
Loisirs :
Services : laverie

GPS : E : 1.28973 / N : 45.93337

LE BOURG-D'HEM

23220 - Carte Michelin **325** H3 - 225 h. - alt. 320
▶ Paris 333 - Aigurande 20 - Le Grand-Bourg 28 - Guéret 21

▲ Municipal

☎ 05 55 62 84 36, www.paysdunois.fr

Pour s'y rendre : à l'ouest par D 48, rte de Bussière-Dunoise et chemin à dr.

Ouverture : de déb. juin à fin sept.

0,33 ha (32 empl.) non clos, en terrasses, plat, herbeux

Empl. camping : ✽ 3€ 🚗 1,80€ 📧 1,80€ – (8A) 3€

Un confort sanitaire très simple mais un site agréable au bord de la Creuse (plan d'eau).

Nature :
Loisirs :
Services : (juil.-août)
À prox. : pédalos

GPS : E : 1.82412 / N : 46.29752

BOUSSAC-BOURG

23600 - Carte Michelin **325** K2 - 787 h. - alt. 423
▶ Paris 334 - Aubusson 52 - La Châtre 37 - Guéret 43

▲▲ Les Castels Le Château de Poinsouze

☎ 05 55 65 02 21, www.camping-de-poinsouze.com 🛇 (de mi-juil. à mi-août)

Pour s'y rendre : rte de La Châtre (2,8 km au nord par D 917)

Ouverture : de mi-mai à mi-sept.

150 ha/22 campables (145 empl.) peu incliné, plat, herbeux, étang

Empl. camping : (Prix 2017) 39€ ✽✽ 🚗 📧 (16A) - pers. suppl. 6,50€ - frais de réservation 15€

Location : (Prix 2017) (de mi-mai à mi-sept.) - 🛇 - 24 🏠 - 2 🏠 - 2 roulottes - 1 gîte. Sem. 240 à 910€ - frais de réservation 15€
🚐 borne artisanale

Vaste domaine autour d'un château du 16ᵉ s. et de ses dépendances, cadre verdoyant et très fleuri.

Nature :
Loisirs : pédalos ferme animalière
Services : laverie

GPS : E : 2.20472 / N : 46.3725

BUJALEUF

87460 - Carte Michelin **325** G6 - 881 h. - alt. 380
▶ Paris 423 - Bourganeuf 28 - Eymoutiers 14 - Limoges 35

▲ Municipal du Lac

☎ 05 55 69 50 04, www.bujaleuf.fr

Pour s'y rendre : 1 km au nord par D 16 et rte à gauche, près du lac

Ouverture : de mi-mai à fin sept.

2 ha (110 empl.) fort dénivelé, en terrasses, plat, herbeux

Empl. camping : (Prix 2017) 12,50€ ✽✽ 🚗 📧 (10A) - pers. suppl. 2,50€

Location : (Prix 2017) Permanent - 10 gîtes. Nuitée 25 à 30€ - Sem. 170 à 400€
🚐 borne artisanale - 4 📧

Grandes terrasses qui dominent le lac.

Nature :
Loisirs :
Services : laverie
À prox. : (plage)

GPS : E : 1.6297 / N : 45.80166

*Donnez-nous votre avis
sur les terrains que nous recommandons.
Faites-nous connaître vos observations et vos découvertes
par mail à l'adresse : leguidecampingfrance@tp.michelin.com.*

BUSSIÈRE-GALANT

87230 - Carte Michelin **325** D7 - 1 394 h. - alt. 410
▶ Paris 422 - Aixe-sur-Vienne 23 - Châlus 6 - Limoges 36

▲ Municipal Espace Hermeline

☎ 05 55 78 86 12, www.espace-hermeline.com

Pour s'y rendre : av. du Plan-d'eau (1,7 km au sud-ouest par D 20, rte de la Coquille et chemin à dr., près du stade et à 100 m d'un plan d'eau)

Ouverture : de déb. avr. à déb. oct.

1 ha (23 empl.) en terrasses, peu incliné, herbeux

Empl. camping : (Prix 2017) 15€ ✽✽ 🚗 📧 (12A) - pers. suppl. 6€

Location : (Prix 2017) Permanent - 2 yourtes. Nuitée 72 à 92€ - Sem. 504 à 644€

Sur le site d'une base de loisirs.

Nature :
Services :
À prox. : (plage) parcours dans les arbres tyrolienne vélo rail petit train

GPS : E : 1.03086 / N : 45.61364

287

LIMOUSIN

CAMPS
19430 - Carte Michelin **329** M6 - 246 h. - alt. 520
▶ Paris 520 - Argentat 17 - Aurillac 45 - Bretenoux 18

⚠ Municipal la Châtaigneraie
📞 05 55 28 53 15, www.correze-camping.fr
Pour s'y rendre : au bourg (à l'ouest par D 13 et chemin à dr.)
Ouverture : de déb. mai à fin sept.
1 ha (23 empl.) peu incliné à incliné, herbeux
Empl. camping : (Prix 2017) 🚶 2,50 € 🚗 🅿 3 € – 🔌 (10A) 2,50 €
Location : (Prix 2017) (de déb. avr. à déb. nov.) - 9 🏠 - 4 bungalows toilés. Nuitée 30 à 80 € - Sem. 180 à 480 €

Chalets en bois de bon confort et emplacements ombragés au-dessus du petit étang.

Nature : 🌳 ≤ 🌳🌳
Loisirs : 🍴 ✕ 🎣
Services : 🚿 📶 🏪
À prox. : ✕ 🏖 (plage) 🎣

GPS : E : 1.98756 N : 44.98368

LA CELLE-DUNOISE
23800 - Carte Michelin **325** H3 - 607 h. - alt. 230
▶ Paris 329 - Aigurande 16 - Aubusson 63 - Dun-le-Palestel 11

⚠ Municipal de la Baignade
📞 05 55 89 10 77, www.lacelledunoise.fr
Pour s'y rendre : à l'est, par D 48a, rte du Bourg d'Hem, près de la Creuse (accès direct)
1,4 ha (30 empl.) terrasse, plat, herbeux
Location : 3 🏠
🚐 borne AireService

Autour d'une jolie bâtisse en pierre qui abrite l'accueil et les sanitaires. Petit chemin escarpé pour descendre à la rivière.

Nature : 🌳🌳
Loisirs : 🏊 🎣
Services : 🚿 laverie
À prox. : 🍴 ✕ 🏖 🎣

GPS : E : 1.77583 N : 46.30913

CHAMBERET
19370 - Carte Michelin **329** L2 - 1 318 h. - alt. 450
▶ Paris 453 - Guéret 84 - Limoges 66 - Tulle 45

⛰ Village Vacances Les Chalets du Bois Combet
(pas d'emplacement tentes et caravanes)
📞 05 55 98 96 83, www.chamberet.net - empl. traditionnels également disponibles
Pour s'y rendre : 1,3 km au sud-ouest par D 132, rte de Meilhards et chemin à dr., à 100 m d'un petit plan d'eau et d'un étang
1 ha plat, herbeux
Location : ♿ (1 chalet) - 🅿 - 3 🚐 - 10 🏠.
🚐 borne eurorelais - 10 🅿

Joli petit village de chalets qui dominent l'espace aquatique.

Nature : 🌳 🌳
Loisirs : 🏊 🎣
Services : 🚿 📶 laverie
À prox. : 🏊 🎣 parcours dans les arbres terrain multisports

GPS : E : 1.70994 N : 45.57541

CHÂTEAUNEUF-LA-FORÊT
87130 - Carte Michelin **325** G6 - 1 641 h. - alt. 376
▶ Paris 424 - Eymoutiers 14 - Limoges 36 - St-Léonard-de-Noblat 19

⚠ Le Cheyenne
📞 05 55 69 39 29, www.camping-le-cheyenne.com
Pour s'y rendre : av. Michel-Sinibaldi (800 m à l'ouest du centre bourg, rte du stade, à 100 m d'un plan d'eau)
1 ha (45 empl.) plat, herbeux
Location : 9 🚐 - 1 🏠.
🚐 borne AireService

Nature : 🌳 🌳
Loisirs : 🍴 ✕
Services : 🚿 📶 laverie
À prox. : 🏊 ✕ 🏖 (plage) 🎣

GPS : E : 1.60127 N : 45.71633

Gebruik de gids van het lopende jaar.

CHÂTEAUPONSAC
87290 - Carte Michelin **325** E4 - 2 158 h. - alt. 290
▶ Paris 361 - Bélâbre 55 - Limoges 48 - Bellac 21

⛰ La Gartempe
📞 05 55 76 55 33, www.campingdelagartempe.fr
Pour s'y rendre : av. de Ventenat (sortie sud-ouest par D 711, rte de Nantiat, à 200 m de la rivière)
Ouverture : Permanent
1,5 ha (56 empl.) en terrasses, peu incliné, plat, herbeux
Empl. camping : (Prix 2017) 16 € 🚶🚶 🚗 🅿 🔌 (10A) - pers. suppl. 3,70 €
Location : (Prix 2017) Permanent - 2 🚐 - 2 🏠 - 11 gîtes. Nuitée 45 à 69 € - Sem. 219 à 469 €

Cadre verdoyant entre le bourg, l'église et la rivière.

Nature : 🌳 🌳
Loisirs : 🍴 ✕ 🏊 🎣
Services : 🚿 🏪 📶 laverie
À prox. : 🚴 🎣

GPS : E : 1.27046 N : 46.1318

CHÂTELUS-MALVALEIX
23270 - Carte Michelin **325** J3 - 563 h. - alt. 410
▶ Paris 333 - Aigurande 25 - Aubusson 46 - Boussac 19

⚠ Municipal La Roussille
📞 05 55 80 70 31, www.chatelusmalvaleix.fr
Pour s'y rendre : 10 pl. de la Fontaine (à l'ouest du bourg)
Ouverture : de déb. juin à fin sept. - 🍴
0,5 ha (26 empl.) peu incliné, plat, herbeux
Empl. camping : (Prix 2017) 🚶 6 € 🚗 🅿 – 🔌 (16A) 4 €
Location : (Prix 2017) Permanent ♿ (1 chalet) - 8 🏠. Nuitée 55 à 60 € - Sem. 190 à 390 €

Un confort sanitaire faible pour les emplacements mais tout près d'une agréable petite base de loisirs.

Nature : 🌳 🌳 🏞
Loisirs : 🏊 🚴 🎣
Services : 🚿 📶 laverie
À prox. : 🏖 ✕ ⚓

GPS : E : 2.01818 N : 46.3031

288

LIMOUSIN

COGNAC-LA-FORET

87310 - Carte Michelin **325** D5 - 1 022 h. - alt. 410
▶ Paris 417 - Guéret 113 - Limoges 27 - Périgueux 87

⚠ Les Alouettes

☏ 05 55 03 26 93, www.camping-des-alouettes.com

Pour s'y rendre : lieu-dit : Les Alouettes (1 km à l'ouest par D 10, rte de Rochechouart)

Ouverture : de déb. avr. à fin sept.

5 ha (68 empl.) peu incliné, plat, herbeux

Empl. camping : (Prix 2017) 22,85€ ✶✶ 🚗 🔲 (10A) - pers. suppl. 5,30€

Location : (Prix 2017) (de fin mars à déb. oct.) - ✈ - 5 🏠 - 2 🏠 - 3 bungalows toilés. Nuitée 50 à 90€ - Sem. 220 à 610€

🚐 borne artisanale 14,30€

Cadre verdoyant et sanitaires neufs de bon confort.

Nature : 🌲 🌳
Loisirs : 🎣 🏓 🚴
Services : 🔑 🛒 📶 🔥

GPS : E : 0.99678 N : 45.82463

CORRÈZE

19800 - Carte Michelin **329** M3 - 1 168 h. - alt. 455
▶ Paris 480 - Argentat 47 - Brive-la-Gaillarde 45 - Égletons 22

⚠ Municipal la Chapelle

☏ 05 55 21 25 21, www.mairie-correze.fr

Pour s'y rendre : lieu-dit : La Chapelle (sortie est par D 143, rte d'Egletons et à dr., rte de Bouysse)

Ouverture : Permanent

3 ha (54 empl.) non clos, terrasse, peu incliné, plat, herbeux, bois

Empl. camping : (Prix 2017) ✶ 2,65€ 🚗 1,40€ 🔲 2,50€ – 🔥 (5A) 2,50€

Location : (Prix 2017) (de déb. mai à fin nov.) - 3 🏠 - 1 gîte. Sem. 200 à 300€ - frais de réservation 20€

🚐 borne flot bleu - 10 🔲 🔥8,50€

En deux parties distinctes traversée par une petite route, au bord de la Corrèze et près d'une petite chapelle.

Nature : 🌲 🌳
Loisirs : 🎣 🏓 🚴
Services : 🔑 🛒 📶
À prox. : 🏊

GPS : E : 1.8798 N : 45.37191

CROMAC

87160 - Carte Michelin **325** E2 - 266 h. - alt. 224
▶ Paris 339 - Argenton-sur-Creuse 41 - Limoges 68 - Magnac-Laval 22

🏕 Lac de Mondon

☏ 05 55 76 93 34, www.campingdemondon.com

Pour s'y rendre : lieu-dit : Les Forges de Mondon (2 km au sud par D 105, rte de St-Sulpice-les-Feuilles et D 60 - accès conseillé par D 912)

Ouverture : de fin avr. à mi-sept.

2,8 ha (100 empl.) peu incliné, plat, herbeux

Empl. camping : (Prix 2017) 14€ ✶✶ 🚗 🔲 (10A) - pers. suppl. 4€

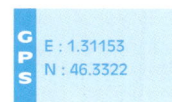

DONZENAC

19270 - Carte Michelin **329** K4 - 2 492 h. - alt. 204
▶ Paris 469 - Brive-la-Gaillarde 11 - Limoges 81 - Tulle 27

⚠ La Rivière

☏ 06 82 92 67 65, campinglariviere.jimdo.com

Pour s'y rendre : rte d'Ussac (1,6 km au sud du bourg, par rte de Brive et chemin, au bord du Maumont)

Ouverture : de déb. mai à fin sept.

1,2 ha (60 empl.) plat, herbeux

Empl. camping : (Prix 2017) ✶ 5,80€ 🚗 5,60€ – 🔲 (10A) 4,20€

Location : (Prix 2017) (de déb. avr. à fin sept.) - ♿ (1 chalet) - 14 🏠. Nuitée 43 à 63€ - Sem. 185 à 580€ - frais de réservation 10€

🚐 borne eurorelais 5€ - 🚐16€

Agréable pelouse ombragée entre un petit ruisseau et les installations sportives municipales.

Location : (Prix 2017) (de fin avr. à mi-sept.) - 5 🏠 - 7 cabanons. Nuitée 20 à 70€ - Sem. 98 à 400€

🚐 borne eurorelais 2€

Cadre verdoyant avec des emplacements qui bordent la base de loisirs.

Nature : 🌲 🚐 🌳
Loisirs : 🎣 🏓 🚴 🔧 🎣
Services : 🔑 📶 🛒
À prox. : 🔧 🏓 🏊 pédalos

GPS : E : 1.31153 N : 46.3322

Nature : 🚐 🌳
Loisirs : 🎣
Services : 🔑 📶 🛒
À prox. : 🔧 🏊

GPS : E : 1.52149 N : 45.21761

Benutzen Sie
– zur Wahl der Fahrtroute
– zur Berechnung der Entfernungen
– zur exakten Lokalisierung eines Campingplatzes (mit Hilfe der Angaben im Ortstext) die für diesen Führer unentbehrlichen
MICHELIN-Karten.

EYMOUTIERS

87120 - Carte Michelin **325** H6 - 2 033 h. - alt. 417
▶ Paris 432 - Aubusson 55 - Guéret 62 - Limoges 44

⚠ Municipal

☏ 05 55 69 27 81, tourisme-portesdevassiviere.fr

Pour s'y rendre : à St-Pierre (2 km au sud-est par D 940, rte de Tulle et chemin à gauche)

Ouverture : de déb. juin à mi-sept.

1 ha (33 empl.) non clos, en terrasses, peu incliné, plat, herbeux

Empl. camping : 9,50€ ✶✶ 🚗 🔲 (16A) - pers. suppl. 2€

Petit terrain en position dominante, tout simple sans aucun service.

Nature : 🌲 🚐 🌳
Services : 🔑 🚿

GPS : E : 1.75296 N : 45.73161

LIMOUSIN

GUÉRET

23000 - Carte Michelin **325** I3 - 13 844 h. - alt. 457
▶ Paris 351 - Bourges 122 - Châteauroux 90 - Clermont-Ferrand 132

⚠ Courtille

📞 05 55 81 92 24, www.camping-courtille.com

Pour s'y rendre : rte de Courtille (2,5 km au sud-ouest par D 914, rte de Benevent et chemin à gauche)

Ouverture : de déb. avr. à fin sept.

2,4 ha (70 empl.) peu incliné, plat, herbeux

Empl. camping : (Prix 2017) 19,30€ ✶ ✶ ⛟ 🅿 ⚡ (10A) - pers. suppl. 3,10€ - frais de réservation 5€

Location : (Prix 2017) (de déb. avr. à fin sept.) - 4 🏠 - 1 🏡. Sem. 245 à 574€ - frais de réservation 10€

Cadre verdoyant et boisé au bord d'un joli plan d'eau et sa base de loisirs.

Nature : 🌳 🌲 ♾
Loisirs : 🛝
Services : 🔑 🚿 laverie réfrigérateurs
À prox. : 🚴 🏊 (plage) 🚣 ⛵ base nautique skate parc

GPS E : 1.85823 N : 46.16093

LAGUENNE

19150 - Carte Michelin **329** L4 - 1 453 h. - alt. 205
▶ Paris 484 - Cahors 131 - Limoges 93 - Tulle 5

⚠ Le Pré du Moulin

📞 05 55 26 21 96, www.lepredumoulin.com

Pour s'y rendre : r. du Vieux-Moulin (2 km au nord)

Ouverture : de déb. avr. à fin sept.

1,5 ha (22 empl.) en terrasses, plat, herbeux

Empl. camping : (Prix 2017) 21€ ✶ ✶ ⛟ 🅿 ⚡ (6A) - pers. suppl. 5,50€ - frais de réservation 30€

Location : (Prix 2017) Permanent - 2 🏠 - 2 bungalows toilés. - frais de réservation 50€

Dans une petite clairière au bord de la rivière Corrèze.

Nature : ! 🌳 ♾
Loisirs : 🏊 (petite piscine) 🎣
Services : 🔑 🚿 🏪

GPS E : 1.78145 N : 45.24657

LIGINIAC

19160 - Carte Michelin **329** P3 - 641 h. - alt. 665
▶ Paris 464 - Aurillac 83 - Bort-les-Orgues 24 - Clermont-Ferrand 107

⚠ Municipal le Maury

📞 05 55 95 92 28, www.camping-du-maury.com

Pour s'y rendre : 4,6 km au sud-ouest par rte de la plage, au bord du lac de Triouzoune - accès conseillé par D 20, rte de Neuvic

Ouverture : de mi-juin à mi-sept.

2 ha (50 empl.) en terrasses, peu incliné, plat, herbeux

Empl. camping : (Prix 2017) 13€ ✶ ✶ ⛟ 🅿 ⚡ (16A) - pers. suppl. 3€

Location : (Prix 2017) (de déb. avr. à fin oct.) - 9 cabanons - 12 gîtes. Sem. 148 à 349€

🚐 borne eurorelais

Belle prairie vallonnée qui descend jusqu'au plan d'eau.

Nature : 🌳 ♀
Loisirs : 🛝 🚴 ⛵
Services : 🔑 🧺 laverie
À prox. : 🍴 ✂ 🚣 (plage) pédalos

GPS E : 2.30498 N : 45.39143

LIMOGES

87000 - Carte Michelin **325** E6 - 137 758 h. - alt. 300
▶ Paris 394 - Angoulême 104 - Guéret 90 - Tulle 90

⚠ Uzurat 👥

📞 05 55 38 49 43, www.campinglimoges.fr

Pour s'y rendre : 40 av. d'Uzurat (Z.I. nord d'Uzurat, près du centre commercial Leclerc)

Ouverture : de mi-mars à fin oct.

2,5 ha (155 empl.) plat, herbeux, gravier

Empl. camping : (Prix 2017) ✶ 3,70€ ⛟ 🅿 7,60€ – ⚡ (10A) 3,60€

Location : (Prix 2017) (de mi-mars à fin oct.) - 15 🏠. Nuitée 50 à 98€ - Sem. 245 à 815€

🚐 borne artisanale

Cadre très boisé proche d'un centre commercial.

Nature : ♾
Loisirs : 🏠 🚴 🏇
Services : 🔑 🏪 🚿 📶 laverie
À prox. : 🛒 ✂ 🍴 🎣 parcours dans les arbres

GPS E : 1.27577 N : 45.87056

*Pour visiter une ville ou une région : utilisez le **Guide Vert MICHELIN**.*

LISSAC-SUR-COUZE

19600 - Carte Michelin **329** J5 - 710 h. - alt. 170
▶ Paris 486 - Brive-la-Gaillarde 11 - Périgueux 68 - Sarlat-la-Canéda 42

⛺ Flower Le Lac de Causse 👥

📞 05 55 85 37 97, www.campingdulacducausse.com

Pour s'y rendre : 1,4 km au sud-ouest par D 59 et chemin à gauche, près du lac du Causse

Ouverture : de déb. avr. à fin sept.

5 ha (120 empl.) en terrasses, plat, herbeux, gravillons

Empl. camping : (Prix 2017) 16€ ✶ ✶ ⛟ 🅿 ⚡ (10A) - pers. suppl. 5€

Location : (Prix 2017) Permanent - 20 🏠 - 3 tentes lodges - 15 cabanons - 25 gîtes. Nuitée 35 à 120€ - Sem. 154 à 798€ - frais de réservation 20€

🚐 8 🅿 16€

Le village de gîtes est à 500 m.

Nature : 🌳 ≤ le lac du Causse 🌲 ♾
Loisirs : 🍴 ✂ 🏠 🚴 🏇 🏊 bi-cross
Services : 🔑 🏪 🚿 ♿ 📶 laverie ✂
à la base de loisirs : 🚴 🚣 (plage) 🚣 ⛵ 🏇 pédalos

GPS E : 1.45465 N : 45.10125

⛺ Village Vacances Les Hameaux du Perrier

(pas d'emplacement tentes et caravanes)

📞 05 55 84 34 48, www.terresdefrance.com

Pour s'y rendre : lieu-dit : Le Perrier

17 ha/10 campables en terrasses

Location : (Prix 2017) Permanent - 65 🏠. Nuitée 49 à 85€ - Sem. 129 à 649€

Important village de chalets de confort variable.

Nature : 🌳 ≤ ♾
Loisirs : 🍴 ✂ 🏠 🚴 🏇
Services : 🔑 🏪 🚿 📶 laverie ✂
À prox. : 🚴 ⛵ 🏊 🎣

GPS E : 1.43848 N : 45.10029

290

LIMOUSIN

MAGNAC-LAVAL

87190 - Carte Michelin **325** D3 - 1 850 h. - alt. 231
▶ Paris 366 - Limoges 64 - Poitiers 86 - Guéret 62

▲▲▲ Village Vacances Le Hameau de Gîtes des Pouyades

(pas d'emplacement tentes et caravanes)

☎ 05 55 60 73 45, www.lespouyades.com

Pour s'y rendre : lieu-dit : Les Pouyades

1,5 ha plat

Location : 12 gîtes.

Cadre verdoyant au bord d'un joli petit étang et certaines terrasses de gîtes surplombent l'eau.

Nature : Sur le lac
Loisirs :
Services : laverie

GPS : E : 1.19236 / N : 46.20331

MASSERET

19510 - Carte Michelin **329** K2 - 675 h. - alt. 380
▶ Paris 432 - Guéret 132 - Limoges 45 - Tulle 48

▲ Domaine des Forges

☎ 05 55 73 44 57, www.camping-domainedesforges.com

Pour s'y rendre : 3 km à l'est par D 20, rte des Meilhards, à la sortie de Masseret-Gare

Ouverture : de déb. avr. à fin sept.

100 ha/2 campables (80 empl.) non clos, vallonné, peu incliné, plat, herbeux, gravillons

Empl. camping : (Prix 2017) 20€ (10A) - pers. suppl. 4€

Location : (Prix 2017) (de déb. avr. à fin sept.) - 4 - 1 tente lodge - 1 tipi - 6 cabanons. Nuitée 25 à 55€ - Sem. 110 à 490€

Agréable cadre boisé dominant le plan d'eau.

Nature : le plan d'eau
Loisirs :
Services :
À prox. : (plage)

GPS : E : 1.54908 / N : 45.54154

MEYSSAC

19500 - Carte Michelin **329** L5 - 1 245 h. - alt. 220
▶ Paris 507 - Argentat 62 - Beaulieu-sur-Dordogne 21 - Brive-la-Gaillarde 23

▲ Intercommunal Moulin de Valane

☎ 05 55 25 41 59, www.campinglavalane.com

Pour s'y rendre : 1 km au nord-ouest, rte de Collonges-la-Rouge, au bord d'un ruisseau

Ouverture : de déb. avr. à fin sept.

4 ha (115 empl.) en terrasses, peu incliné, plat, herbeux

Empl. camping : (Prix 2017) 22€ (10A) - pers. suppl. 4€

Location : (Prix 2017) (de déb. avr. à fin sept.) - 21 - 11 cabanons. Nuitée 31 à 70€ - Sem. 161 à 590€

Confort sanitaire vieillissant. Accueil de groupes et de colonies.

Nature :
Loisirs :
Services : (juil.-août) laverie

GPS : E : 1.66381 / N : 45.06102

NEUVIC

19160 - Carte Michelin **329** O3 - 1 868 h. - alt. 620
▶ Paris 465 - Aurillac 78 - Mauriac 25 - Tulle 56

▲▲▲ Domaine de Mialaret

☎ 05 55 46 02 50, www.lemialaret.com

Pour s'y rendre : rte d'Égleton (3 km à l'ouest par D 991 et chemin à drte)

Ouverture : de fin avr. à fin sept.

44 ha/3 campables (170 empl.) vallonné, incliné, peu incliné, plat, herbeux

Empl. camping : (Prix 2017) 9€ 18€ 18€ – (10A) 18€

Location : (Prix 2017) (de mi-avr. à mi-oct.) - 30 - 25 tentes lodges - 14 gîtes. Nuitée 45 à 130€ - Sem. 315 à 910€

Emplacements sur un domaine boisé, autour du château qui abrite l'hôtel-restaurant, avec du locatif varié parfois de confort modeste et ancien.

Nature :
Loisirs :
Services : laverie

GPS : E : 2.22922 / N : 45.38216

▲ Municipal du Lac

☎ 05 55 95 85 48, www.campingdulac-neuvic-correze.com

Pour s'y rendre : rte de la Plage (2,3 km à l'est par D 20, rte de Bort-les-Orgues et rte de la plage à gauche, au bord du lac de Triouzoune)

Ouverture : de déb. mars à fin nov.

5 ha (93 empl.) en terrasses, gravillons, herbeux

Empl. camping : (Prix 2017) 3,15€ 1,70€ 3,50€ – (10A) 3€

Location : (Prix 2017) (de déb. mars à fin nov.) - (1 gîte) - 12 - 15 gîtes. Nuitée 42 à 51€ - Sem. 200 à 530€

borne artisanale 3,20€

Vue sur le lac pour quelques emplacements tentes ou caravanes. Gîtes à proximité du camping.

Nature :
Loisirs :
Services : laverie
À prox. : (plage) pédalos

GPS : E : 2.29207 / N : 45.3841

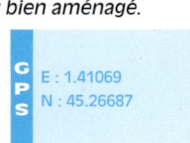

LIMOUSIN

NEXON
87800 - Carte Michelin **325** E6 - 2 457 h. - alt. 359
▶ Paris 412 - Châlus 20 - Limoges 22 - Nontron 53

▲ Municipal de la Lande
☏ 05 55 58 35 44, www.camping-nexon.fr

Pour s'y rendre : étang de la Lande (1 km au sud par rte de St-Hilaire, accès près de la pl. de l'Hôtel-de-Ville)

Ouverture : de déb. juin à fin sept. -

2 ha (60 empl.) en terrasses, peu incliné, herbeux

Empl. camping : (Prix 2017) 11€ ✶✶ 🚗 🗐 [½] (10A) - pers. suppl. 3,50€

Location : (Prix 2017) (de déb. avr. à mi-nov.) - 6 🏠 - 9 cabanons. Nuitée 21 à 99€ - Sem. 102 à 485€

🚐 borne artisanale - 2 🗐

Cadre verdoyant et bien ombragé avec vue sur le lac pour certains emplacements.

Nature : 🌳 ♀♀
Loisirs : 🏠 ♣️
Services : 🔑 🖨 🛠 📶 🗑
À prox. : ♣️ 🏊 (plage) pédalos

GPS E : 1.17997 N : 45.67078

*La catégorie (1 à 5 tentes, **noires** ou **rouges**) que nous attribuons aux terrains sélectionnés dans ce guide est une appréciation qui nous est propre. Elle ne doit pas être confondue avec le classement (1 à 5 étoiles) établi par les services officiels.*

OBJAT
19130 - Carte Michelin **329** J4 - 3 605 h. - alt. 131
▶ Paris 495 - Limoges 106 - Tulle 46 - Brive-la-Gaillarde 20

▲ Village Vacances Les Grands Prés
(pas d'emplacement tentes et caravanes)
☏ 05 55 24 08 80, www.tourismeobjat.com

Pour s'y rendre : av. Jules-Ferry (à l'espace loisirs : Les Grands Prés)

18 ha/4 campables plat

Location : (Prix 2017) Permanent - 20 🏠. Sem. 257 à 580€ - frais de réservation 16€

Sur un immense site naturel et de loisirs bien aménagé.

Nature : 🌳 ♀
Loisirs : 🏠 🏃
Services : 🖨 🛠 📶 laverie
À prox. : 🍴 ✗ ♣️ 🚴 🏊 🏓 pédalos terrain multisports

GPS E : 1.41069 N : 45.26687

REYGADES
19430 - Carte Michelin **329** M5 - 193 h. - alt. 460
▶ Paris 516 - Aurillac 56 - Brive-la-Gaillarde 56 - St-Céré 26

▲ La Belle Étoile
☏ 05 55 28 50 08, www.campingbelle-etoile.fr

Pour s'y rendre : à Lestrade (1 km au nord par D 41, rte de Beaulieu-sur-Dordogne)

Ouverture : Permanent

5 ha/3 campables (25 empl.) en terrasses, plat, herbeux

Empl. camping : (Prix 2017) 16,70€ ✶✶ 🚗 🗐 (6A) - pers. suppl. 4,15€

Location : (Prix 2017) Permanent - 6 🚐 - 6 🏠 - 4 bungalows toilés. Nuitée 29 à 93€ - Sem. 200 à 650€

Au calme avec des emplacements ombragés et du locatif varié de bon confort.

Nature : 🌳 ♠ ♀♀
Loisirs : 🏠 ♣️ 🏊 (petite piscine)
Services : 🔑 🖨 ♨ laverie 🗑

GPS E : 1.90538 N : 45.02405

ST-GERMAIN-LES-BELLES
87380 - Carte Michelin **325** F7 - 1 151 h. - alt. 432
▶ Paris 422 - Eymoutiers 33 - Limoges 34 - St-Léonard-de-Noblat 31

▲ Le Montréal
☏ 05 55 71 86 20, www.campingdemontreal.com

Pour s'y rendre : r. du Petit-Moulin (sortie sud-est, rte de la Porcherie, au bord d'un plan d'eau)

Ouverture : Permanent

1 ha (60 empl.) terrasse, peu incliné, plat, herbeux

Empl. camping : (Prix 2017) 20,50€ ✶✶ 🚗 🗐 [½] (10A) - pers. suppl. 4€ - frais de réservation 5€

Location : (Prix 2017) (de déb. mars à déb. nov.) - 5 🏠 - 6 bungalows toilés. Nuitée 55 à 75€ - Sem. 300 à 525€ - frais de réservation 15€

🚐 borne artisanale 3,50€

Emplacements bien délimités avec vue sur le plan d'eau.

Nature : 🌳 ♠ ♀
Loisirs : 🏊
Services : 🔑 🖨 📶 laverie
À prox. : ✗ ♣️ ♣️ 🏓 🏊 (plage) 🎣

GPS E : 1.5011 N : 45.61143

This Guide is not intended as a list of all the camping sites in France ; its aim is to provide a selection of the best sites in each category.

ST-PARDOUX
87250 - Carte Michelin **325** E4 - 536 h. - alt. 370
▶ Paris 366 - Bellac 25 - Limoges 33 - St-Junien 39

▲ Aquadis Loisirs Le Freaudour
☏ 05 55 76 57 22, www.aquadis-loisirs.com/camping-de-freaudour

Pour s'y rendre : à la base de loisirs (1,2 km au sud, au bord du lac de St-Pardoux)

Ouverture : de déb. avr. à fin oct.

4,5 ha (107 empl.) peu incliné, plat, herbeux

Empl. camping : (Prix 2017) 19,50€ ✶✶ 🚗 🗐 [½] (10A) - pers. suppl. 5,40€ - frais de réservation 10€

Location : (Prix 2017) (de déb. avr. à fin oct.) - 20 🚐 - 10 🏠. Nuitée 70 à 89€ - Sem. 209 à 599€ - frais de réservation 10€

🚐 borne artisanale

Cadre verdoyant, ombragé au bord du lac.

Nature : 🌳 🌲 ♀♀
Loisirs : 🍹 🏠 🏊 parcours de santé ski nautique
Services : 🔑 ♨ 🛠 📶 laverie
À prox. : ♣️ 🏊 (plage) terrain multisports

GPS E : 1.2788 N : 46.04931

292

LIMOUSIN

ST-SORNIN-LAVOLPS

19230 - Carte Michelin **329** J3 - 911 h. - alt. 400
▶ Paris 454 - Cahors 126 - Limoges 63 - Tulle 47

⚠ Les Étoiles

📞 05 55 73 01 27, www.camping-pompadour.com

Pour s'y rendre : au bourg

Ouverture : de fin mars à fin oct.

1 ha (40 empl.) en terrasses, plat, herbeux

Empl. camping : (Prix 2017) 15 € ✸✸ 🚗 ▭ ⚡ (16A) - pers. suppl. 4,50 €

Location : (Prix 2017) (de fin mars à fin oct.) - ♿ (1 chalet) - 4 🏠 - 1 🏠 - 9 cabanons. Nuitée 45 à 100 € - Sem. 210 à 600 €

🚐 borne AireService 3 € - 🚽 11 €

Entre l'église et un petit étang et à 2 km de la cité du cheval : Pompadour.

Nature : 🐟 ♒♒
Loisirs : 🛶
Services : ⛽ 🚿 📶 🔥
À prox. : 🐎

GPS — E : 1.38533 — N : 45.377

ST-YRIEIX-LA-PERCHE

87500 - Carte Michelin **325** E7 - 6 932 h. - alt. 360
▶ Paris 430 - Brive-la-Gaillarde 63 - Limoges 40 - Périgueux 63

⚠ Municipal d'Arfeuille

📞 05 55 75 08 75, camping@saint-yrieix.fr

Pour s'y rendre : rte du Viaduc (2,5 km au nord par rte de Limoges et chemin à gauche, au bord d'un étang)

Ouverture : Permanent

2 ha (76 empl.) en terrasses, plat, herbeux

Empl. camping : (Prix 2017) 15,90 € ✸✸ 🚗 ▭ ⚡ (10A) - pers. suppl. 4,60 €

Location : (Prix 2017) Permanent ♿ (1 chalet) - 11 🏠. Nuitée 80 à 100 € - Sem. 300 à 530 €

🚐 borne artisanale 11,20 € - 🚽 11,20 €

Site verdoyant, ombragé avec vue panoramique sur le plan d'eau. Sanitaires simples, anciens mais bien tenus.

Nature : 🐟 ← ▭ ♒♒
Loisirs : 🎣 🛶
Services : ⛽ 📶 laverie
À prox. : 🍽 ✕ 🏊 (plage) 🚣 pédalos

GPS — E : 1.20009 — N : 45.52791

SEILHAC

19700 - Carte Michelin **329** L3 - 1 721 h. - alt. 500
▶ Paris 461 - Aubusson 97 - Brive-la-Gaillarde 33 - Limoges 73

⛰ Le Lac de Bournazel

📞 05 55 27 05 65, www.camping-lac-bournazel.com

Pour s'y rendre : 1,5 km au nord-ouest par N 120, rte d'Uzerche puis 1 km à dr.

Ouverture : de déb. avr. à fin sept.

6,5 ha (120 empl.) en terrasses, plat, herbeux, gravier

Empl. camping : (Prix 2017) 18,70 € ✸✸ 🚗 ▭ ⚡ (16A) - pers. suppl. 5,40 € - frais de réservation 10 €

Location : (Prix 2017) (de déb. avr. à fin sept.) - 10 🏠 - 2 tipis - 2 roulottes. Nuitée 51 à 87 € - Sem. 210 à 609 € - frais de réservation 13 €

🚐 borne artisanale 4 € - 🚽 13 €

Agréable cadre verdoyant et bien ombragé en partie sous des tilleuls.

Nature : 🐟 ▭ ♒♒
Loisirs : 🍽 ✕ 🏊 🛶 🚴
Services : ⛽ 🔑 📶 laverie 🔥
À prox. : ✕ 🚣 🎣 🐎 parcours de santé

GPS — E : 1.7022 — N : 45.37838

Use this year's Guide.

VIGEOIS

19410 - Carte Michelin **329** K3 - 1 194 h. - alt. 390
▶ Paris 457 - Limoges 68 - Tulle 32 - Brive-la-Gaillarde 41

⚠ Municipal du Lac de Pontcharal

📞 05 55 98 90 86, www.vigeois.com

Pour s'y rendre : à Pontcharal (2 km au sud-est par D 7, rte de Brive, près du lac de Pontcharal)

Ouverture : de mi-juin à mi-sept.

32 ha/1,7 (85 empl.) terrasse, vallonné, peu incliné, plat, herbeux

Empl. camping : (Prix 2017) ✸ 4,10 € 🚗 5,10 € – ▭ ⚡ (16A) 4,60 €

Location : (Prix 2017) (de déb. avr. à fin oct.) - 7 🏠. Nuitée 75 € - Sem. 300 à 440 €

🚐 borne eurorelais 3 €

Ensemble agréable autour de la base de loisirs.

Nature : 🐟 ♒♒ ⛰
Loisirs : 🍽 ✕ 🏊 (plage) 🚣
Services : ⛽ (juil.-août) 🚿 📶 🔥 🛶
À prox. : pédalos

GPS — E : 1.53806 — N : 45.36873

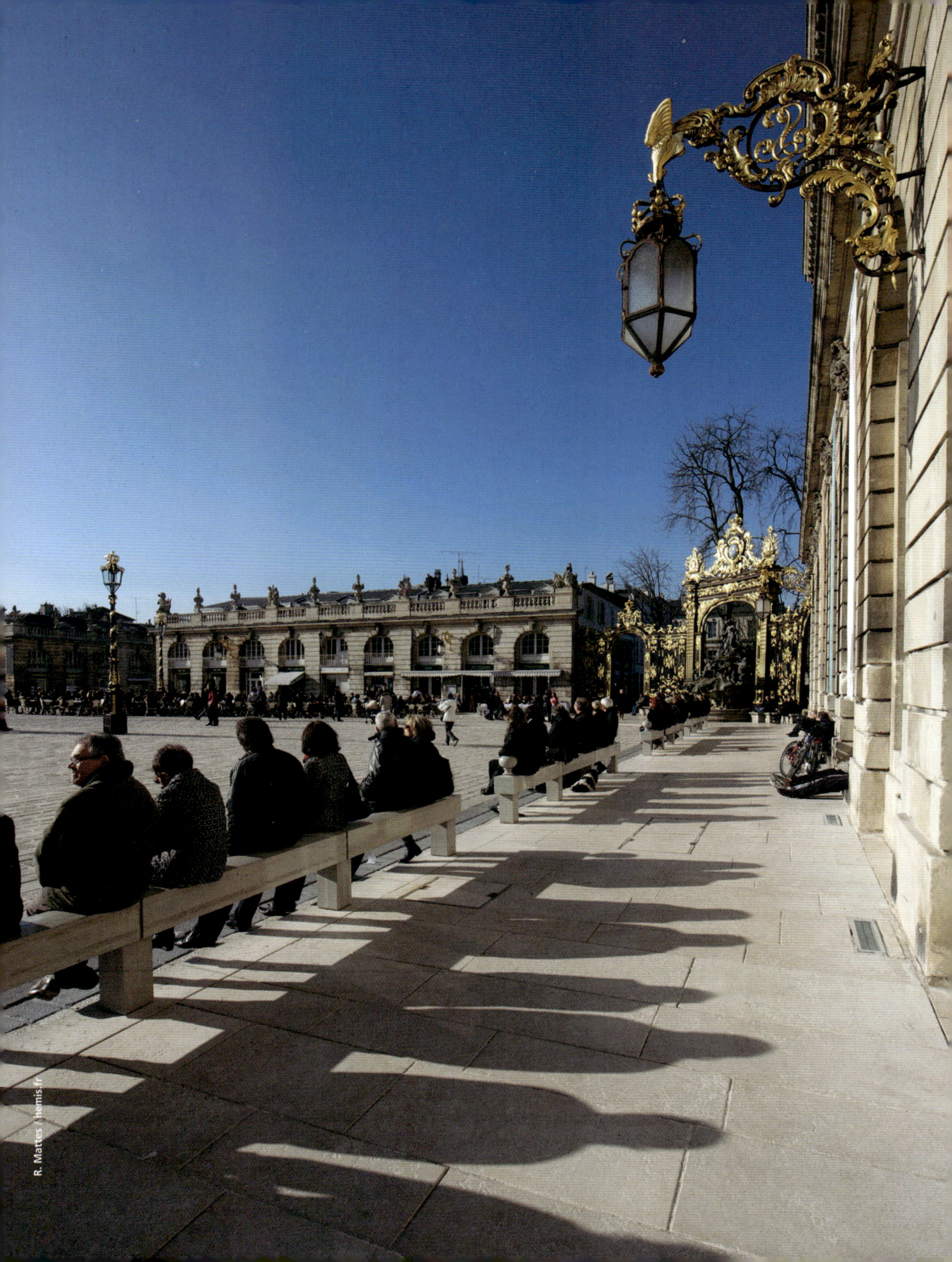

R. Mattes / hemis.fr

LORRAINE

🇫🇷 Le pèlerinage sur les hauts lieux du souvenir militaire peut constituer la première étape de votre périple lorrain qui s'annonce riche en coups de cœur : splendide héritage architectural de Nancy magnifié par Stanislas et de Metz la « ville lumière », pétillant chapelet de stations thermales dispensatrices d'amincissants bienfaits, petites ruches créatives à l'origine du cristal de Baccarat, des émaux de Longwy et des faïences de Lunéville, silence des hauts fourneaux endormis, visions inspirées de l'histoire à Domrémy et Colombey… Sans oublier les vergers de mirabelles et les épaisses forêts vosgiennes. Accordez-vous en route une halte gourmande dans une marcairie : le géromé y clôture des repas généreux consacrés par l'indispensable quiche, à moins qu'il ne soit le prélude à un dessert arrosé de kirsch.

🇬🇧 If you want to do justice to the wealth of wonderful sights in Lorraine, bring your walking boots. But before you head for the hills, make time to discover Nancy's splendid artistic heritage and admire the lights of Metz. Then tour a string of tiny spa resorts and the famous centres of craftsmanship which produce the legendary Baccarat crystal, Longwy enamels and Lunéville porcelain, before reaching the poignant silence of the dormant mines and quarries at Domrémy and Colombey. The lakes, forests and wildlife of the Vosges national park will keep you entranced as you make your way down hillsides dotted with plum orchards. Stop for a little »light« refreshment in a "marcairerie", a traditional farm-inn, and try the famous quiches and tarts, a slab of Munster cheese or a kirschflavoured dessert.

Localité citée avec camping
Localité citée avec camping et locatif
Vannes
Localité disposant d'un camping avec aire de services camping-car
Moyaux
Localité disposant d'au moins un terrain agréable
Aire de service pour camping-car sur autoroute
DEUTSCHLAND
LUXEMBOURG
LUXEMBOURG
MEUSE
MOSELLE
MEURTHE-ET-MOSELLE
VOSGES
HAUTE-MARNE
HAUTE-SAÔNE
HAUT-RHIN
BAS-RHIN
Buzancy
Longwy
Thionville
Briey
Burtoncourt
Forbach
Boulay-Moselle
Sarreguemines
Verdun
VERDUN ST NICOLAS NORD
METZ
St-Avold
Ste-Menehould
St-Maurice-sous-les-Côtes
Caulny
Lac de Madine
Château-Salins
Oberbronn
Revigny-s-Ornain
Commercy
TOUL-DOMMARTIN
Rhodes
Sarrebourg
Saverne
Dabo
Wasselonne
STRASBOURG
Bar-le-Duc
Toul
NANCY
Villers-lès-Nancy
Villey-le-Sec
Lunéville
St-Dizier
Éclaron
Braucourt
Molsheim
Obernai
Magnières
Celles-s-Plaine
le Hohwald
Thonnance-les-Moulins
Charmes
Bassemberg
Neufchâteau
LORRAINE-SANDAUCOURT LA TRELLE
LORRAINE-SANDAUCOURT LES RAPPES
Rombach-le-Franc
Lièpvre
Sélestat
Bourg-Ste-Marie
Bulgnéville
Vittel
La Chapelle-devant-Bruyères
Corcieux
Gemaingoutte
Ribeauvillé
Anould
Kaysersberg
Contrexéville
Sanchey
Épinal
Herpelmont
Xonrupt-Longemer
Turckheim
COLMAR
Le Tholy
Wihr-au-Val
Éguisheim
CHÂTEAUVILLAIN-ORGES
Chaumont
Gérardmer
Remiremont
Vagney
Mittlach
Munster
Ste-Croix-en-Plaine
La Bresse
Montigny-le-Roi
MONTIGNY-LE-ROI
VAL-DE-MEUSE
Plombières-les-Bains
Saulxures-s-M.
Kruth
Ranspach
Geishouse
Guebwiller
Issenheim
Bourbonne-les-Bains
Bussang
Le Val-d'Ajol
Fresse-s-M.
Moosch
Wattwiller
Bannes
St-Maurice-s-M.
Thann
Langres
Masevaux
MULHOUSE
LANGRES-PERROGNEY
LANGRES-NOIDANT
Mélisey
Fresse
Guewenheim
Longeau
Champagney
Lachapelle-s/s-Rougemont
Heimsbrunn
Burnhaupt-le-Haut
Villegusien
LA PORTE D'ALSACE
Altkirch
BELFORT
Vesoul
Seppois-le-Bas
Villersexel
Montbéliard
Bonnal
ECOT
Mandeure
DIJON-BROGNON
Huanne-Montmartin
BESANÇON-CHAMPOUX
ECOT
St-Hippolyte
DIJON
BESANÇON-MARCHAUX
Pesmes
Maîche
GEVREY-CHAMBERTIN
PONT-DE-VAL-DE-SAÔNE
Chalezeule
BESANÇON
Meuse
Moselle
Semois
Seille
Sarre
Meurthe
Madon
Aube
Saône
Doubs
Ognon
Marne
Aire
A 4
A 31
A 30
A 320
A 33
A 6
A 35
A 36
A 5
A 38
A 39
N 4
N 52
N 57
N 59
N 66
N 19
N 333
D 8043
D 618
D 643
D 635
D 674
D 619
D 417
D 415
D 83

LORRAINE

ANOULD
88650 - Carte Michelin **314** J3 - 3 336 h. - alt. 457
▶ Paris 430 - Colmar 43 - Épinal 45 - Gérardmer 15

Les Acacias
☎ 03 29 57 11 06, www.acaciascamp.com

Pour s'y rendre : 191 r. Léonard-de-Vinci (sortie ouest par N 415, rte de Colmar et chemin à dr.)

Ouverture : de déb. déc. à fin sept.

2,5 ha (84 empl.) en terrasses, plat, herbeux

Empl. camping : (Prix 2017) 15,50€ ✱✱ ⛺ 🅿 ⚡ (6A) - pers. suppl. 3,90€

Location : (Prix 2017) (de mi-nov. à mi-sept.) - 7 🛖 - 8 🏠 - 2 roulottes - 2 cabanons. Nuitée 39 à 80€ - Sem. 175 à 565€

🚐 borne artisanale 11,60€ - 6 🅿 11,60€ - ⚡ 10€

Cadre paisible pleine nature au bord de la voie cyclable.

Nature : 🏞 ♀
Loisirs : 🍹 🏓 🏊 🛶 (petite piscine)
Services : 🔑 🏪 (juin-sept.) 🧺 🚿 laverie 🧹
À prox. : sentiers pédestres

GPS : E : 6.95786 N : 48.18437

▲ … ▲▲▲
Sites which are particularly pleasant in their own right and outstanding in their class.

LA BRESSE
88250 - Carte Michelin **314** J4 - 4 732 h. - alt. 636 - Sports d'hiver : 650/1 350 m
▶ Paris 437 - Colmar 52 - Épinal 52 - Gérardmer 13

Belle Hutte
☎ 03 29 25 49 75, www.camping-belle-hutte.com - alt. 900

Pour s'y rendre : 1bis Vouille de Belle-Hutte (9 km au nord-est par D 34, rte du col de la Schlucht, au bord de la Moselotte)

Ouverture : de mi-déc. à fin oct.

5 ha (130 empl.) en terrasses, plat, pierreux, herbeux

Empl. camping : (Prix 2017) 33€ ✱✱ ⛺ 🅿 ⚡ (10A) - pers. suppl. 9€ - frais de réservation 20€

Location : (Prix 2017) (de mi-déc. à fin oct.) - ♿ (3 chalets) - 15 🏠 - 1 chalet sur pilotis - 2 yourtes - 6 roulottes - 2 appartements. Nuitée 40 à 160€ - Sem. 455 à 1 020€ - frais de réservation 20€

Dans un très beau site boisé, terrain en terrasses à flanc de montagne.

Nature : ❄ ⛰ 🏞
Loisirs : 🍹 🍴 🏓 🏊 🛶
Services : 🔑 🏪 🧺 🚿 laverie 🧹

GPS : E : 6.96254 N : 48.0349

Municipal le Haut des Bluches
☎ 03 29 25 64 80, www.hautdesbluches.com - alt. 708

Pour s'y rendre : 5 rte des Planches (3,2 km à l'est par D 34, rte du Col de la Schlucht, au bord de la Moselotte)

Ouverture : de mi-déc. à mi-nov.

4 ha (140 empl.) en terrasses, peu incliné, plat, herbeux, rochers

Empl. camping : (Prix 2017) 25,10€ ✱✱ ⛺ 🅿 ⚡ (13A) - pers. suppl. 3,40€

Location : (Prix 2017) (de mi-déc. à mi-nov.) - ♿ (2 chalets) - 6 🏠 - 13 🛖. Nuitée 40 à 100€ - Sem. 270 à 646€

🚐 borne AireService 3€ - 14 🅿 12,30€ - ⚡ 11€

Cadre pittoresque de pleine montagne traversé par un torrent et survolé par une tyrolienne.

Nature : ❄ 🏞
Loisirs : 🍹 🍴 🏓 🏊 🛶 parc-aventure terrain multisports
Services : 🔑 🧺 🏪 🚿 laverie 🧹
À prox. : parcours sportif

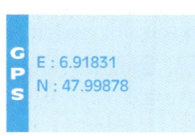

GPS : E : 6.91831 N : 47.99878

BULGNÉVILLE
88140 - Carte Michelin **314** D3 - 1 400 h. - alt. 350
▶ Paris 331 - Contrexéville 6 - Épinal 53 - Neufchâteau 22

Porte des Vosges
☎ 03 29 09 12 00, www.camping-portedesvosges.com

Pour s'y rendre : lieu-dit : La Grande Tranchée (1,3 km au sud-est par D 164, rte de Contrexéville et D 14, rte de Suriauville à dr.)

Ouverture : de déb. avr. à fin oct.

3,5 ha (100 empl.) peu incliné, plat, gravier, herbeux

Empl. camping : (Prix 2017) 19€ ✱✱ ⛺ 🅿 ⚡ (10A) - pers. suppl. 4,60€

Location : (Prix 2017) (de déb. avr. à fin oct.) - 4 🛖 - 1 🏠 - 1 bungalow toilé - 3 tentes lodges. Nuitée 25 à 60€ - Sem. 175 à 420€

🚐 borne artisanale

Cadre champêtre avec piscine sous les bouleaux et sapins.

Nature : ♀
Loisirs : 🍹 🍴 🏓 🏊 🛶
Services : 🔑 🧺 🏪 🚿

GPS : E : 5.84514 N : 48.19529

Ne pas confondre :
▲ … ▲▲▲ : *appréciation MICHELIN*
et
★ … ★★★★★ : *classement officiel*

BURTONCOURT
57220 - Carte Michelin **307** J3 - 184 h. - alt. 225
▶ Paris 346 - Grevenmacher 74 - Metz 28 - Nancy 80

La Croix du Bois Sacker
☎ 03 87 35 74 08, www.campingcroixsacker.com

Pour s'y rendre : lieu-dit : La Croix du Bois Sacker (1,1 km à l'ouest par D 53A)

Ouverture : Permanent

8 ha (131 empl.) peu incliné, plat, herbeux

Empl. camping : (Prix 2017) 19,50€ ✱✱ ⛺ 🅿 ⚡ (6A) - pers. suppl. 5€

Location : (Prix 2017) Permanent - 6 🛖 - 3 🏠. Nuitée 65 à 75€ - Sem. 320 à 560€ - frais de réservation 10€

🚐 borne artisanale 19,50€

Emplacements ombragés, au calme et quelques locatifs de bon confort.

Nature : 🏞 ♀♀
Loisirs : 🏠 🏓 ✂ 🛶
Services : 🔑 🧺 🚿 laverie

GPS : E : 6.39663 N : 49.22535

297

LORRAINE

BUSSANG

88540 - Carte Michelin **314** J5 - 1 604 h. - alt. 605
▶ Paris 444 - Belfort 44 - Épinal 59 - Gérardmer 38

Sunêlia Domaine de Champé

☏ 03 29 61 61 51, www.domaine-de-champe.com

Pour s'y rendre : 14 r. des Champs-Navets (au nord-est, accès par rte à gauche de l'église)

Ouverture : Permanent

3,5 ha (100 empl.) plat, herbeux

Empl. camping : 37 € (10A) - pers. suppl. 10 € - frais de réservation 23 €

Location : Permanent - 36 - 8 . Nuitée 62 à 189 € - frais de réservation 23 €

borne artisanale

Au bord de la Moselle et d'un ruisseau, un terrain d'exception lové au cœur de la vallée.

Nature :
Loisirs : diurne centre balnéo hammam terrain multisports
Services : laverie
À prox. : casino

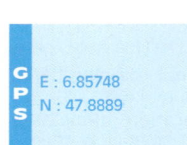

GPS : E : 6.85748 N : 47.8889

CELLES-SUR-PLAINE

88110 - Carte Michelin **314** J2 - 857 h. - alt. 318
▶ Paris 391 - Baccarat 23 - Blâmont 23 - Lunéville 49

Les Lacs

☏ 03 29 41 28 00, http://www.paysdeslacs.com/pole-hebergement/

Pour s'y rendre : pl. de la Gare (au sud-ouest du bourg)

15 ha/4 campables (135 empl.) plat, herbeux, pierreux

Location : 10 bungalows toilés - 20 gîtes - 10 chalets (sans sanitaire).

42

En bordure de rivière et à proximité du lac.

Nature :
Loisirs :
Services : laverie
au lac

GPS : E : 6.94756 N : 48.4557

LA CHAPELLE-DEVANT-BRUYÈRES

88600 - Carte Michelin **314** I3 - 621 h. - alt. 457
▶ Paris 416 - Épinal 31 - Gérardmer 22 - Rambervillers 26

Les Pinasses

☏ 03 29 58 51 10, www.camping-les-pinasses.fr

Pour s'y rendre : 215 rte de Bruyères (1,2 km au nord-ouest sur D 60)

Ouverture : de déb. avr. à fin sept.

3 ha (128 empl.) plat, herbeux, pierreux, petit étang

Empl. camping : (Prix 2017) 18 € (10A) - pers. suppl. 4,50 € - frais de réservation 15 €

Location : (Prix 2017) (de déb. avr. à fin sept.) - 9 - 16 - 4 tentes lodges. Nuitée 62 à 94 € - Sem. 295 à 655 € - frais de réservation 15 €

borne flot bleu 4 € - 10 16 €

Cadre paisible au bord d'un étang.

Nature :
Loisirs :
Services : laverie

GPS : E : 6.77411 N : 48.18974

CHARMES

88130 - Carte Michelin **314** F2 - 4 613 h. - alt. 282
▶ Paris 381 - Mirecourt 17 - Nancy 43 - Neufchâteau 58

Les Îles

☏ 03 29 38 87 71, campinglesilesdamiennazon@orange.fr

Pour s'y rendre : 20 r. de l'Écluse (1 km au sud-ouest par D 157 et chemin à dr., près du stade)

Ouverture : de déb. avr. à fin sept.

3,5 ha (67 empl.) plat, herbeux

Empl. camping : (Prix 2017) 17 € (10A) - pers. suppl. 4 €

Cadre agréable entre le canal de l'Est et la Moselle, eurovéloroute à proximité.

Nature :
Loisirs :
Services :
À prox. :

GPS : E : 6.28668 N : 48.37583

CONTREXÉVILLE

88140 - Carte Michelin **314** D3 - 3 440 h. - alt. 342 -
▶ Paris 337 - Épinal 47 - Langres 75 - Luxeuil 73

Contrexeville

☏ 03 29 08 15 06, www.campingcontrexeville.com

Pour s'y rendre : r. du 11-Septembre (1 km au sud-ouest par D 13, rte de Suriauville)

Ouverture : de déb. avr. à fin oct.

1,8 ha (80 empl.) plat, herbeux, gravillons

Empl. camping : (Prix 2017) 19 € (10A) - pers. suppl. 4,60 €

Location : (Prix 2017) (de déb. avr. à mi-oct.) - 7 . Nuitée 45 à 55 € - Sem. 315 à 560 €

borne artisanale 2,50 € - 14 8 € - 8 €

À l'orée d'un bois, terrain urbain au calme.

Nature :
Loisirs :
Services :

GPS : E : 5.88517 N : 48.18022

CORCIEUX

88430 - Carte Michelin **314** J3 - 1 668 h. - alt. 534
▶ Paris 424 - Épinal 39 - Gérardmer 15 - Remiremont 43

Yelloh! Village Le Domaine des Bans

☏ 03 29 51 64 67, www.domaine-des-bans.fr

Pour s'y rendre : 6 r. James-Wiese (près de la pl. Notre-Dame)

Ouverture : de fin avr. à déb. sept.

15,7 ha (700 empl.) plat, herbeux, pierreux

Empl. camping : (Prix 2017) 47 € (6A) - pers. suppl. 9 €

Location : (Prix 2017) (de fin avr. à déb. sept.) - 180 . Nuitée 30 à 187 € - Sem. 210 à 1 309 €

borne eurorelais 5 € - 15 12 €

298

LORRAINE

Cadre agréable de montagne au bord de plans d'eau.

Nature : 🌲 🏞️ 🌳
Loisirs : 🍴 🏠 ♨️ 🚴 🎯 ⛷️ 🏄 discothèque
Services : 🔑 🚻 🅿️ ♿ 📶 laverie 🚐
À prox. : 🐎

GPS E : 6.87985 N : 48.16867

⛺ Sites et paysages Au Clos de la Chaume

📞 03 29 50 76 76, www.camping-closdelachaume.com

Pour s'y rendre : 21 r. d'Alsace

Ouverture : de fin avr. à fin sept.

4 ha (90 empl.) plat, herbeux, étang

Empl. camping : (Prix 2017) 27,70€ ★★ 🚗 📧 (10A) - pers. suppl. 6,70€ - frais de réservation 11€

Location : (Prix 2017) (de déb. avr. à fin sept.) - 15 🏠 - 5 🏕️ - 2 tentes lodges. Nuitée 53 à 117€ - Sem. 371 à 833€ - frais de réservation 16€

🚐 borne artisanale 6€ - 7 📧 11€ - 🚿 11€

Environnement paisible au bord d'un ruisseau et d'un étang.

Nature : 🌳
Loisirs : 🍴 🏠 🎯 ⛷️ 🏄
Services : 🔑 🚻 ♿ 🅿️ 📶 laverie
À prox. : 🏖️ 🍴 🐎

GPS E : 6.88383 N : 48.17026

DABO

57850 - Carte Michelin **307** O7 - 2 636 h. - alt. 500

▶ Paris 453 - Baccarat 63 - Metz 127 - Phalsbourg 18

⛺ Le Rocher

📞 03 87 07 47 51, www.ot-dabo.fr

Pour s'y rendre : rte du Rocher (1,5 km au sud-est par D 45, au carr. de la rte du Rocher)

Ouverture : de fin mars à déb. oct.

0,5 ha (42 empl.) peu incliné, plat, herbeux

Empl. camping : (Prix 2017) ★ 3,40€ 🚗 📧 4,20€ – 🔌 (10A) 3,90€

Dans une agréable forêt de sapins avec un confort sanitaire simple (douches à jetons).

Nature : 🌲 🌳
Loisirs : 🎯
Services : 🚐 🚻

GPS E : 7.25267 N : 48.64844

ÉPINAL

88000 - Carte Michelin **314** G3 - 35 100 h. - alt. 324

▶ Paris 385 - Belfort 96 - Colmar 88 - Mulhouse 106

⛺ Le Parc du Château

📞 03 29 34 43 65, camping-parcduchateau.com

Pour s'y rendre : 37 r. du Petit-Chaperon-Rouge

Ouverture : de déb. fév. à fin nov.

1,2 ha (42 empl.) en terrasses, peu incliné, plat, herbeux

Empl. camping : (Prix 2017) 20€ ★★ 🚗 📧 (16A) - pers. suppl. 4€

Location : (Prix 2017) Permanent 🞜 - 5 🏠 - 2 🏕️ - 6 🛏️ - 1 bungalow toilé - 1 tente lodge - 4 cabanons - 1 gîte. Nuitée 30 à 80€ - Sem. 200 à 630€ - frais de réservation 10€

🚐 borne artisanale - 12 📧 22€ - 🚿 12€

Cadre paisible dans l'ancien parc du château médiéval, proche des commodités du centre-ville.

Nature : 🌳 🌳
Loisirs : 🍴 🏠 🏄
Services : 🔑 🚻 🅿️ ♿ 📶 laverie 🚐
À prox. : 🛒

GPS E : 6.46753 N : 48.17986

FRESSE-SUR-MOSELLE

88160 - Carte Michelin **314** I5 - 1 868 h. - alt. 515

▶ Paris 447 - Metz 178 - Épinal 54 - Mulhouse 56

⛺ Municipal Bon Accueil

📞 03 29 25 08 98, campingaubonaccueil@orange.fr

Pour s'y rendre : 36ter r. de Lorraine (sortie nord-ouest par N 66, rte du Thillot, à 80 m de la Moselle)

Ouverture : de déb. avr. à fin oct.

0,6 ha (50 empl.) plat, herbeux

Empl. camping : (Prix 2017) ★ 2,88€ 🚗 📧 1,68€ – 🔌 (16A) 3€

🚐 borne eurorelais 3,70€

Cadre agréable, éviter les emplacements proche de l'entrée pour le bruit de la route.

Nature : 🌲
Loisirs : 🎯
Services : 🚐
À prox. : 🛒 🍴

GPS E : 6.78023 N : 47.878

Om een reisroute uit te stippelen en te volgen,
om het aantal kilometers te berekenen,
om precies de ligging van een terrein te bepalen
(aan de hand van de inlichtingen in de tekst),
*gebruikt u de **Michelinkaarten**,*
een onmisbare aanvulling op deze gids.

GEMAINGOUTTE

88520 - Carte Michelin **314** K3 - 119 h. - alt. 446

▶ Paris 411 - Colmar 59 - Ribeauvillé 31 - St-Dié 14

⛺ Municipal Le Violu

📞 03 29 57 70 70, www.gemaingoutte.fr

Pour s'y rendre : sortie ouest par RD 59, rte de St-Dié, au bord d'un ruisseau

Ouverture : de déb. avr. à fin oct.

1 ha (48 empl.) plat, herbeux

Empl. camping : (Prix 2017) ★ 2,50€ 🚗 1,70€ 📧 1,80€ – 🔌 (6A) 2,20€

Location : (Prix 2017) Permanent - 2 🏠. Nuitée 55€ - Sem. 220 à 425€

🚐 borne AireService 2€ - 8 📧 6€

Halte agréable dans la vallée, cadre verdoyant au bord d'un ruisseau.

Nature : 🌳
Loisirs : 🎯
Services : 🚐 🏠

GPS E : 7.08584 N : 48.25361

299

LORRAINE

GÉRARDMER

88400 - Carte Michelin **314** J4 - 8 757 h. - alt. 669 - Sports d'hiver : 660/1 350 m
▶ Paris 425 - Belfort 78 - Colmar 52 - Épinal 40

⛺ Les Sapins

📞 03 29 63 15 01, www.camping-gerardmer.com

Pour s'y rendre : 18 chemin de Sapois (1,5 km au sud-ouest, à 200 m du lac)

Ouverture : de déb. avr. à mi-oct.

1,3 ha (70 empl.) plat, herbeux, gravier

Empl. camping : (Prix 2017) 20,24 € ✹✹ 🚗 🅿 ⚡ (10A) - pers. suppl. 4,60 € - frais de réservation 8 €

Location : (Prix 2017) (de mi-mars à fin oct.) - 3 🏠. Sem. 300 à 550 € - frais de réservation 10 €

🚐 borne artisanale 3 €

Situé à 200m du lac, terrain à l'ambiance familiale.

Nature : 🌳 ♨
Loisirs : 🍽
Services : 🔑 🚿 ♿ 📶
À prox. : 🛶 🏇

GPS
E : 6.85614
N : 48.0535

⛺ Les Granges-Bas

📞 03 29 63 12 03, www.lesgrangesbas.fr

Pour s'y rendre : 116 chemin des Granges-Bas (4 km à l'ouest par D 417 puis, à Costet-Beillard, 1 km par un chemin à gauche)

Ouverture : de mi-déc. à déb. oct.

2 ha (98 empl.) peu incliné, plat, herbeux

Empl. camping : (Prix 2017) 17,20 € ✹✹ 🚗 🅿 ⚡ (6A) - pers. suppl. 4 €

Location : (Prix 2017) (de mi-déc. à déb. oct.) - 11 🏠 - 1 bungalow toilé - 1 tente lodge - 2 appartements. Nuitée 36 à 92 € - Sem. 252 à 644 € - frais de réservation 10 €

Terrain bien isolé en pleine montagne, cadre agréable et calme.

Nature : 🌳 ⛰ 💧
Loisirs : 🍽 🏊 🎾
Services : 🔑 📶 laverie

GPS
E : 6.80653
N : 48.06927

HERPELMONT

88600 - Carte Michelin **314** I3 - 247 h. - alt. 480
▶ Paris 413 - Épinal 28 - Gérardmer 20 - Remiremont 33

⛺ "C'est si bon" Domaine des Messires

📞 03 29 58 56 29, www.domainedesmessires.com

Pour s'y rendre : r. des Messires (1,5 km au nord)

Ouverture : de mi-avr. à fin sept.

11 ha/3 campables (100 empl.) plat, herbeux

Empl. camping : (Prix 2017) ✹ 7,50 € 🚗 🅿 14 € (10A) - frais de réservation 12 €

Location : (Prix 2017) (de déb. mars à mi-sept.) - ✈ - 22 🏠 - 8 bungalows toilés - 5 tentes lodges. Nuitée 48 à 99 € - Sem. 288 à 693 € - frais de réservation 12 €

Situation et cadre agréables au bord d'un lac.

Nature : 🌳 ≤ lac et montagne 🌲 ♨ ♨
Loisirs : 🍽 🍴 🏠 🏖 🏊 (plan d'eau) 🎣 ✈
Services : 🔑 🚿 ♿ 📶 laverie 🛁 🧺

GPS
E : 6.74278
N : 48.17534

JAULNY

54470 - Carte Michelin **307** G5 - 262 h. - alt. 230
▶ Paris 310 - Commercy 41 - Metz 33 - Nancy 51

⛺ La Pelouse

📞 03 83 81 91 67, www.campingdelapelouse.com - peu d'emplacements pour tentes et caravanes

Pour s'y rendre : chemin de Fey (500 m au sud du bourg, accès situé près du pont)

Ouverture : de déb. avr. à fin sept.

2,9 ha (100 empl.) peu incliné, plat, herbeux

Empl. camping : (Prix 2017) 22,20 € ✹✹ 🚗 🅿 ⚡ (6A) - pers. suppl. 4,30 €

Location : (Prix 2017) Permanent ♿ (2 chalets) - 6 🏠 - 1 roulotte. Nuitée 110 € - Sem. 300 à 595 €

🚐 borne AireService

Sur une petite colline boisée dominant la rivière.

Nature : 🌳 ♨
Loisirs : 🍽 🏠 🐎 🎾
Services : 🔑 🚿
À prox. : 🎣

GPS
E : 5.88658
N : 48.9705

Benutzen Sie den Hotelführer des laufenden Jahres.

LUNÉVILLE

54300 - Carte Michelin **307** J7 - 19 937 h. - alt. 224
▶ Paris 347 - Épinal 69 - Metz 95 - Nancy 36

⛺ Les Bosquets

📞 06 74 72 49 73, www.delunevilleabaccarat.fr

Pour s'y rendre : chemin de la Ménagerie (au nord, en dir. de Château-Salins et à dr., apr. le pont sur la Vézouze)

Ouverture : de déb. mai à déb. oct.

1 ha (60 empl.) terrasse, plat, herbeux

Empl. camping : (Prix 2017) 12 € ✹✹ 🚗 🅿 ⚡ (6A) - pers. suppl. 3,65 €

Location : (Prix 2017) (de déb. mai à déb. oct.) - 4 🏠. Nuitée 41 à 56 € - Sem. 194 à 367 €

🚐 borne Urbaflux 8 € - 23 🅿 8 €

Près du parc du château et des jardins avec une belle aire de stationnement pour camping-cars.

Nature : ♨
Loisirs : 🏠
Services : 🔑 🚿 ♿ 📶 laverie
À prox. : 🏖 🎾 🏊 🎣

GPS
E : 6.49886
N : 48.59647

MAGNIÈRES

54129 - Carte Michelin **307** K8 - 341 h. - alt. 250
▶ Paris 365 - Baccarat 16 - Épinal 40 - Lunéville 22

⛺ Le Pré Fleury

📞 03 83 72 34 73, campingdemagnieres.jimdo.com

Pour s'y rendre : 18 r. de la Barre (500 m à l'ouest par D 22, rte de Bayon, à 200 m de la Mortagne)

Ouverture : de déb. avr. à fin sept.

1 ha (34 empl.) plat et peu incliné, herbeux, gravillons

Empl. camping : (Prix 2017) 14,50 € ✹✹ 🚗 🅿 ⚡ (10A) - pers. suppl. 3 €

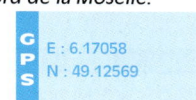

LORRAINE

À côté de l'ancienne gare et au bord d'un étang.
- **Nature** : 🌳
- **Loisirs** : 🏓 🎯 🚲 draisines (voiturettes-vélo sur rail)
- **Services** : 🔑 🍴 🚿

GPS : E : 6.55735 — N : 48.44653

METZ
57000 - Carte Michelin **307** I4 - 121 841 h. - alt. 173
▶ Paris 330 - Longuyon 80 - Pont-à-Mousson 31 - St-Avold 44

⚠ Municipal Metz-Plage
📞 03 87 68 26 48, metz.fr/lieux/lieu-1941.php

Pour s'y rendre : allée de Metz-Plage (au nord, entre le pont des Morts et le pont de Thionville - par A 31 : sortie Metz-Nord Pontiffroy)

Ouverture : de mi-avr. à mi-juin

2,5 ha (150 empl.) plat, herbeux, pierreux

Empl. camping : (Prix 2017) 👤 3,20€ 🚗 3,70€ 🏕 13,10€ ⚡ (10A)

🚐 borne artisanale

Petit terrain idéal pour une halte, au bord de la Moselle.
- **Nature** : 🌳🌳
- **Loisirs** : 🏃 🎯 🚲 🛶
- **Services** : 🔑 🍴 🚿 📶 laverie 💧
- **À prox.** : 🏊

GPS : E : 6.17058 — N : 49.12569

NEUFCHÂTEAU
88300 - Carte Michelin **314** C2 - 7 040 h. - alt. 300
▶ Paris 321 - Chaumont 57 - Contrexéville 28 - Épinal 75

⚠ Intercommunal
📞 03 29 94 10 95, www.camping-neufchateau-vosges.com

Pour s'y rendre : r. Georges-Joecker (sortie ouest, rte de Chaumont et à dr., près du complexe sportif)

Ouverture : de déb. mai à fin sept.

0,8 ha (50 empl.) plat, herbeux

Empl. camping : (Prix 2017) 17€ 👤👤 🚗 🏕 ⚡ (10A) - pers. suppl. 3 €

🚐 10 🏕 15€

Charmant camping urbain avec commerces et piscine à proximité.
- **Nature** : 🌳🌳
- **Services** : 🚿 📶
- **À prox.** : 🚴 🍴 🧖 hammam ✂ 🎯 🎱 skate-board

GPS : E : 5.68605 — N : 48.35725

PLOMBIÈRES-LES-BAINS
88370 - Carte Michelin **314** G5 - 1 869 h. - alt. 429 - ♨
▶ Paris 378 - Belfort 79 - Épinal 38 - Gérardmer 43

⛰ L'Hermitage
📞 03 29 30 01 87, www.hermitage-camping.com

Pour s'y rendre : 54 r. du Boulot (1,5 km au nord-ouest par D 63, rte de Xertigny puis D 20, rte de Ruaux)

Ouverture : de mi-avr. à mi-oct.

1,4 ha (55 empl.) en terrasses, peu incliné, plat, herbeux, gravier

Empl. camping : (Prix 2017) 18,80€ 👤👤 🚗 🏕 ⚡ (10A) - pers. suppl. 4,70€ - frais de réservation 10€

Location : (Prix 2017) Permanent - 4 🏠 - 4 🛖 - 1 cabane perchée. Nuitée 65 à 70€ - Sem. 260 à 470€ - frais de réservation 10€

🚐 borne artisanale 4€ - 20 🏕 18,30€ - ⛽ 16,92€

Terrain fonctionnel convenant parfaitement au passage ; piscine pour la détente.
- **Nature** : 🌳🌳
- **Loisirs** : 🏊 🎯 🚲 🛶
- **Services** : 🔑 📶 🚿

GPS : E : 6.4431 — N : 47.96859

⛰ Le Fraiteux
📞 03 29 66 00 71, www.camping-fraiteux.com

Pour s'y rendre : 81 r. du Camping (4 km à l'ouest par D 20 et D 20E)

Ouverture : Permanent

0,8 ha (36 empl.) peu incliné, plat, herbeux, gravillons

Empl. camping : (Prix 2017) 20€ 👤👤 🚗 🏕 ⚡ (16A) - pers. suppl. 4,50€

Location : (Prix 2017) Permanent - 4 🏠 - 4 🛖. Nuitée 120 à 180€ - Sem. 310 à 510€

🚐 borne artisanale 5€ - 6 🏕 19€ - ⛽ 17€

Cadre paisible et fleuri au cœur du village de Ruaux.
- **Nature** : 🌳🌳
- **Loisirs** : 🏊 🎯
- **Services** : 🔑 🍴 📶 laverie 💧

GPS : E : 6.41647 — N : 47.96573

REVIGNY-SUR-ORNAIN
55800 - Carte Michelin **307** A7 - 3 145 h. - alt. 144
▶ Paris 239 - Bar-le-Duc 18 - St-Dizier 30 - Vitry-le-François 36

⛰ Municipal du Moulin des Gravières
📞 03 29 78 73 34, www.revigny-sur-ornain.fr

Pour s'y rendre : 1 r. du Stade (au bourg vers sortie sud, rte de Vitry-le-François et r. à dr., à 100 m de l'Ornain)

Ouverture : de mi-avr. à fin sept.

1 ha (27 empl.) plat, herbeux

Empl. camping : (Prix 2017) 👤 2,50€ 🚗 🏕 7,40€ – ⚡ (6A) 3,50€

Location : (Prix 2017) Permanent 🚫 - 3 🏠. Nuitée 58 à 82€ - Sem. 203 à 321€

🚐 borne eurorelais - 2 🏕

Cadre enchanteur traversé par le canal Oudot avec accueil et office de tourisme regroupés.
- **Nature** : 🌊 🎣
- **Loisirs** : 🛶
- **Services** : 🔑 🍴 🚿 📶 🏧
- **À prox.** : 🎯 ✂ 🎱 🎣

GPS : E : 4.98373 — N : 48.82669

Use this year's Guide.

RHODES
57810 - Carte Michelin **307** M6 - 103 h. - alt. 260
▶ Paris 413 - Metz 82 - Nancy 62 - Strasbourg 94

⛰ Parc Animalier de Ste-Croix
(pas d'emplacement tentes et caravanes)

📞 03 87 03 95 36, www.parcsaintecroix.com

Pour s'y rendre : Parc animalier de Rhodes

120 ha/1 campable (15 empl.) plat, herbeux

Location : (Prix 2017) (de déb. fév. à fin déc.) 🚫 - 9 🛖 - 4 tentes lodges - 2 yourtes - 3 cabanes perchées - 4 tannières - 3 cabanes du trappeur. Nuitée 175 à 940€

Dans l'enceinte du parc avec des hébergements insolites. Réservation impérative très longtemps à l'avance.
- **Nature** : 🌳 🌲🌳
- **Loisirs** : 🎯 ✂
- **Services** : 🔑 🚿 🍴

GPS : E : 6.89488 — N : 48.77269

301

LORRAINE

ST-AVOLD

57500 - Carte Michelin **307** L4 - 16 298 h. - alt. 260
▶ Paris 372 - Haguenau 117 - Lunéville 77 - Metz 46

⛰ Le Felsberg

📞 03 87 92 75 05, www.mairie-saint-avold.fr

Pour s'y rendre : r. en Verrerie (au nord, près D 603, face à la station service Record - par A 4 : sortie St-Avold Carling)

Ouverture : Permanent

1,2 ha (31 empl.) en terrasses, peu incliné, plat, herbeux, pierreux

Empl. camping : (Prix 2017) 4€ ⛺ ⛺ 🚗 6€ – 🔌 (10A) 5€

Location : (Prix 2017) Permanent - 3 🏠 - 15 🛏 - 4 studios.

🚐 borne artisanale

Sur les hauteurs agréablement boisées de la ville.

Nature : 🌳 🏞 🌲
Loisirs : 🍽 🚴
Services : 🔑 🚿 ♿ 📶

GPS
E : 6.71579
N : 49.11502

ST-MAURICE-SOUS-LES-CÔTES

55210 - Carte Michelin **307** F4 - 409 h. - alt. 268
▶ Paris 292 - Bar-le-Duc 57 - Metz 55 - Nancy 68

⛰ Le Bois Joli

📞 06 43 00 43 47, www.forest-campingbj.com/

Pour s'y rendre : 12 r. Haute-Gaston-Parant

3 ha (25 empl.) peu incliné, plat, herbeux

Location : 2 tentes lodges.

Sur les côtes de Meuse à l'ombre des mirabelliers.

Nature : 🌳 🌲

GPS
E : 5.67498
N : 49.01745

ST-MAURICE-SUR-MOSELLE

88560 - Carte Michelin **314** I5 - 1 486 h. - alt. 560 - Sports d'hiver : 550/1 250 m
▶ Paris 441 - Belfort 41 - Bussang 4 - Épinal 56

⛰ Les Deux Ballons

📞 03 29 25 17 14, www.camping-deux-ballons.fr

Pour s'y rendre : 17 r. du Stade (sortie sud-ouest par N 66, rte du Thillot, au bord d'un ruisseau)

Ouverture : de déb. mai à mi-sept.

4 ha (160 empl.) en terrasses, plat, herbeux

Empl. camping : (Prix 2017) 33€ ⛺ ⛺ 🚗 📺 🔌 (4A) - pers. suppl. 7,20€ - frais de réservation 15€

Location : (Prix 2017) (de déb. mai à mi-sept.) - 🚫 - 7 🏠. Sem. 390 à 800€

🚐 borne artisanale

Un terrain à la beauté naturelle parfaitement préservée, idéal pour la détente et le ressourcement en montagne.

Nature : 🌳 🏞 🌲
Loisirs : 🍽 🏊 🎯 🚴 🎣
Services : 🔑 ♿ 🚿 ⛽ 🧺 laverie
À prox. : 🚶 sentiers pédestres

GPS
E : 6.81124
N : 47.8554

De gids wordt jaarlijks bijgewerkt.
Doe als wij, vervang hem, dan blift je bij.

SANCHEY

88390 - Carte Michelin **314** G3 - 789 h. - alt. 368
▶ Paris 390 - Metz 129 - Épinal 8 - Nancy 69

⛰ Club Lac de Bouzey

📞 03 29 82 49 41, www.lacdebouzey.com

Pour s'y rendre : 19 r. du Lac (au sud par D 41)

Ouverture : Permanent

3 ha (160 empl.) en terrasses, peu incliné, plat, herbeux

Empl. camping : (Prix 2017) 37€ ⛺ ⛺ 🚗 📺 🔌 (10A) - pers. suppl. 11€ - frais de réservation 25€

Location : (Prix 2017) Permanent - 30 🏠. Nuitée 80 à 180€ - Sem. 560 à 1 260€ - frais de réservation 25€

🚐 borne flot bleu - 🚐 🚰 21,60€

Face au lac, agréables installations d'accueil et de loisirs.

Nature : 🌳 🏞 🌲
Loisirs : 🍽 🏊 salle d'animations 🎯 🚴 🏊
🎵 discothèque terrain multisports
Services : 🔑 🚿 ♿ 📶 laverie 🧺 🚐

GPS
E : 6.3602
N : 48.1667

SAULXURES-SUR-MOSELOTTE

88290 - Carte Michelin **314** I5 - 2 782 h. - alt. 464
▶ Paris 431 - Épinal 46 - Gérardmer 24 - Luxeuil-les-Bains 53

⛰ Lac de la Moselotte

📞 03 29 24 56 56, www.lac-moselotte.fr

Pour s'y rendre : 336 rte des Amias (1,5 km à l'ouest sur ancienne D 43)

Ouverture : Permanent

23 ha/3 campables (75 empl.) plat, herbeux, pierreux

Empl. camping : (Prix 2017) 23€ ⛺ ⛺ 🚗 📺 🔌 (10A) - pers. suppl. 6€

Location : (Prix 2017) Permanent - 10 🏠 - 20 🏡 - 10 cabanons. Nuitée 37 à 141€ - Sem. 179 à 859€ - frais de réservation 15€

🚐 borne artisanale 3€

Dans un site boisé au bord d'un lac et près d'une base de loisirs.

Nature : 🏞 🌲 ⛰
Loisirs : 🍽 🏊 salle d'animations 🎯 🏊
🚴
Services : 🔑 🚿 ♿ 📶 🚐
À la base de loisirs : 🚣 escalade

GPS
E : 6.75236
N : 47.95264

LE THOLY

88530 - Carte Michelin **314** I4 - 1 589 h. - alt. 628
▶ Paris 414 - Bruyères 21 - Épinal 30 - Gérardmer 11

⛰ Noirrupt

📞 03 29 61 81 27, www.jpvacances.com

Pour s'y rendre : 15 chemin de l'Étang-de-Noirrupt (1,3 km au nord-ouest par D 11, rte d'Épinal et chemin à gauche)

Ouverture : de déb. mai à fin sept.

2,9 ha (70 empl.) en terrasses, plat, pierreux, herbeux

Empl. camping : (Prix 2017) 27,90€ ⛺ ⛺ 🚗 📺 🔌 (6A) - pers. suppl. 6,50€ - frais de réservation 13€

Location : (Prix 2017) Permanent 🚫 (de déb. juil. à fin août) - 12 🏠. Nuitée 52 à 110€ - Sem. 290 à 760€ - frais de réservation 13€

🚐 borne artisanale

Cadre de montagne ombragé et arboré, chalets insolites de montagne aux toits pentus.

Nature : 🏞 🌲
Loisirs : 🍽 🏊 🎣 🎯 🚴 🏊
Services : 🔑 🚿 ♿ 📶 laverie
À prox. : 🐎

GPS
E : 6.72893
N : 48.08881

LORRAINE

VAGNEY
88120 - Carte Michelin **314** I4 - 4 024 h. - alt. 412
▶ Paris 429 - Épinal 39 - Metz 163 - Strasbourg 129

▲ La Via Natura Le Mettey
📞 03 29 23 19 45, www.campingdumettey.com
Pour s'y rendre : chemin du Camping
Ouverture : de déb. avr. à mi-sept.
5 ha (80 empl.) en terrasses, plat, herbeux
Empl. camping : (Prix 2017) 26,50€ ✱✱ 🚗 🏠 ⚡ (10A) - pers. suppl. 7€ - frais de réservation 10€
Location : (Prix 2017) Permanent♿ (1 chalet) - 🚫 - 10 🏠 - 1 yourte - 1 roulotte - 6 cabanons. - frais de réservation 16€
Hébergements insolites et emplacements en pleine nature, cadre paisible garanti.

Nature : 🌳 ≤ 🌊
Loisirs : 🍴✗🏠 ≋ 🚣🚴🏊 (petite piscine)
Services : 🔑 🚽 🚿 ♿ 📶 laverie

GPS	E : 6.73106
	N : 48.00961

LE VAL-D'AJOL
88340 - Carte Michelin **314** G5 - 4 069 h. - alt. 380
▶ Paris 382 - Épinal 41 - Luxeuil-les-Bains 18 - Plombières-les-Bains 10

▲ Municipal L'Orée des Vosges
📞 03 29 66 55 17, mairie@valdajol.fr
Pour s'y rendre : r. des Œuvres (sortie nord-ouest par D 20, rte de Plombières-les-Bains)
Ouverture : de déb. juin à fin sept.
1 ha (48 empl.) plat, herbeux
Empl. camping : (Prix 2017) ✱ 3,10€ 🚗 🏠 4€ – ⚡ (6A) 3€
Location : (Prix 2017) (de déb. juin à fin sept.) - ♿ (1 chalet) - 2 🏠. Sem. 350 à 420€
Un terrain au calme à proximité des installations sportives de la ville.

Nature : ≤ 🌊
Loisirs : 🏠
Services : 🔑 ♿ 🚿 📶 🗑
À prox. : 🚴 ✂ 🏊 🚣

GPS	E : 6.47586
	N : 47.92488

VERDUN
55100 - Carte Michelin **307** D4 - 18 557 h. - alt. 198
▶ Paris 263 - Bar-le-Duc 56 - Châlons-en-Champagne 89 - Metz 78

▲▲ Les Breuils
📞 03 29 86 15 31, www.campinglesbreuils.fr
Pour s'y rendre : 7 allée des Breuils (sortie sud-ouest par rocade D S1 vers rte de Paris et chemin à gauche)
Ouverture : de mi-mars à mi-oct.
5,5 ha (162 empl.) en terrasses, peu incliné, plat, herbeux, gravier, bois
Empl. camping : (Prix 2017) 24€ ✱✱ 🚗 🏠 ⚡ (10A) - pers. suppl. 6,70€
Location : (Prix 2017) (de mi-mars à mi-oct.) - 23 🏠. Sem. 290 à 590€
Cadre champêtre au bord d'un étang.

Nature : 🌳 🌊
Loisirs : 🍴🏠 ≋ 🚴🏊🚣 terrain multisports
Services : 🔑 🚽 ♿ 📶 laverie 🗑

GPS	E : 5.36598
	N : 49.15428

VILLERS-LÈS-NANCY
54600 - Carte Michelin **307** H6 - 14 133 h. - alt. 232
▶ Paris 314 - Épinal 70 - Metz 59 - Nancy 5

▲ Campéole Le Brabois
📞 03 83 27 18 28, www.camping-brabois.com
Pour s'y rendre : av. Paul-Muller
Ouverture : de fin mars à mi-oct.
6 ha (190 empl.) plat, herbeux
Empl. camping : (Prix 2017) 21,30€ ✱✱ 🚗 🏠 ⚡ (6A) - pers. suppl. 6,40€
Location : (Prix 2017) (de fin mars à mi-oct.) - ♿ (1 mobile home) - 17 🏠 - 1 tente lodge. Nuitée 56 à 96€ - Sem. 392 à 672€ - frais de réservation 25€
🚐 borne AireService 6€ - 60 🏠 16,40€
Emplacements au calme dans un cadre boisé aux portes du jardin botanique de la ville.

Nature : 🌳 🌊
Loisirs : 🍴✗🏠 🎣 🚣 terrain multisports
Services : 🔑 🚽 ♿ 🚿 📶 laverie 🗑 🚿
À prox. : 🚴 🐎

GPS	E : 6.13982
	N : 48.65732

Campéole
www.campeole.com

LE BRABOIS ★★★

Au Parc de Brabois, la nature dans la ville

Cadre calme et boisé. Emplacements campeurs, camping-cars, mobil-homes. Point de départ idéal pour découvrir Nancy, facile d'accès depuis le camping par les transports en commun.

Avenue Paul Muller
54600 Villers-les-Nancy
+33 (0)3 83 27 18 28
brabois@campeole.com

303

LORRAINE

VILLEY-LE-SEC
54840 - Carte Michelin **307** G7 - 415 h. - alt. 324
▶ Paris 302 - Lunéville 49 - Nancy 20 - Pont-à-Mousson 51

▲ Camping de Villey-le-Sec
📞 03 83 63 64 28, www.campingvilleylesec.com
Pour s'y rendre : 34 r. de la Gare (2 km au sud par D 909, rte de Maron et r. à dr.)
Ouverture : de déb. avr. à fin sept.
2,5 ha (90 empl.) plat, herbeux
Empl. camping : (Prix 2017) 23,20€ ✶✶ 🚗 🔌 (10A) - pers. suppl. 4,30€
Location : (Prix 2017) (de déb. avr. à fin sept.) - ♿ (1 mobile home) - 🏠 - 6 🛖 - 1 🏡 - 1 tente sur pilotis. Nuitée 40 à 70€ - Sem. 270 à 490€

Cadre naturel d'exception au bord de la Moselle.

Nature : 🌳 ♀
Loisirs : 🍴 ✕ 🏊 🚣 🎣
Services : 🔑 🏪 🚿 📶 laverie 🚐 🚙

GPS : E : 5.98559 / N : 48.6526

VITTEL
88800 - Carte Michelin **314** D3 - 5 434 h. - alt. 347
▶ Paris 342 - Belfort 129 - Épinal 43 - Chaumont 84

▲ Aquadis Loisirs de Vittel
📞 03 29 08 02 71, www.aquadis-loisirs.com/camping-de-vittel
Pour s'y rendre : 270 r. Claude-Bassot (sortie nord-est par D 68, rte de They-sous-Montfort)
Ouverture : de déb. avr. à fin oct.
3,5 ha (85 empl.) plat, herbeux, gravillons
Empl. camping : (Prix 2017) 18€ ✶✶ 🚗 🔌 (10A) - pers. suppl. 4,90€ - frais de réservation 10€
Location : (Prix 2017) (de déb. avr. à fin oct.) - 12 🛖. Nuitée 65 à 72€ - Sem. 239 à 529€ - frais de réservation 10€
🚐 borne artisanale

Cadre idéal de détente à deux pas de la station thermale.

Nature : 🏞 ♀
Loisirs : 🏠 🚣
Services : 🔑 🏪 📶 laverie

GPS : E : 5.95605 / N : 48.2082

XONRUPT-LONGEMER
88400 - Carte Michelin **314** J4 - 1 580 h. - alt. 714 - Sports d'hiver : 750/1 300 m
▶ Paris 429 - Épinal 44 - Gérardmer 4 - Remiremont 32

▲ Flower Verte Vallée 👥
📞 03 29 63 21 77, www.campingvertevallee.com
Pour s'y rendre : 4092 rte du Lac
Ouverture : Permanent
3 ha (147 empl.) plat, herbeux
Empl. camping : (Prix 2017) 18€ ✶✶ 🚗 🔌 (10A) - pers. suppl. 6,50€ - frais de réservation 10€
Location : (Prix 2017) Permanent ♿ (1 chalet) - 🏠 - 7 🛖 - 5 🏡 - 2 tentes lodges - 2 cabanons. Nuitée 40 à 132€ - Sem. 200 à 924€ - frais de réservation 15€
🚐 borne artisanale - 🚿 11€

Cadre verdoyant traversé par la rivière : La Vologne.

Nature : ❄ 🌳 ♀
Loisirs : 🍴 🏠 🚣 🚴 🏊 (découverte en saison)
Services : 🔑 🏪 🚿 📶 laverie

GPS : E : 6.96489 / N : 48.06249

▲ Les Jonquilles
📞 03 29 63 34 01, www.camping-jonquilles.com
Pour s'y rendre : 2586 rte du Lac (2,5 km au sud-est)
Ouverture : de fin avr. à fin sept.
4 ha (237 empl.) peu incliné, herbeux
Empl. camping : (Prix 2017) 23,20€ ✶✶ 🚗 🔌 (10A) - pers. suppl. 4€ - frais de réservation 8€
🚐 borne artisanale - 5 🔌 23,20€

Situation agréable au bord du lac.

Nature : 🏞 < lac et montagnes boisées ⛰
Loisirs : 🍴 🏠 🚣 🏊 (plan d'eau) 🎣
Services : 🔑 🚿 📶 laverie 🚐

GPS : E : 6.94871 / N : 48.0677

▲ La Vologne
📞 03 29 60 87 23, camping-vosges-vologne.com
Pour s'y rendre : 3030 rte de Retournemer (4,5 km au sud-est par D 67a)
Ouverture : de déb. mai à fin sept.
2,5 ha (100 empl.) plat, herbeux
Empl. camping : (Prix 2017) 15,70€ ✶✶ 🚗 🔌 (6A) - pers. suppl. 3,40€
Location : (Prix 2017) (de déb. mai à fin sept.) - 3 🏡 - 4 tentes lodges - 1 yourte - 1 appartement. Nuitée 32 à 85€ - Sem. 280 à 595€ - frais de réservation 15€

Dans un site boisé au cœur de la vallée, emplacements de part et d'autre de la rivière.

Nature : <
Loisirs : 🏠 🚣
Services : 🔑 🚿 📶 🏪
À prox. : 🎣

GPS : E : 6.96919 / N : 48.06245

304

MIDI-PYRÉNÉES

🇫🇷 Lourdes n'a pas l'apanage des miracles : le Midi-Pyrénées tout entier « donne aux saints la nostalgie de la terre ». Voici d'abord la barrière pyrénéenne, sa coiffe immaculée, ses gaves tumultueux et ses épaisses forêts où se cachent quelques ours. Puis les cités médiévales et forteresses, qui se colorent au soleil couchant d'une palette féerique : Albi gouachée de rouge, Toulouse la rose, bastides aux reflets corail… Dans l'obscurité des grottes, c'est l'art fécond des premiers hommes qui prend un tour surnaturel. La liste des prodiges serait incomplète si l'on n'évoquait la fertilité des pays de Garonne producteurs de fruits, de légumes, de vins et de céréales, et la générosité de la table où garbure, cassoulet, confits et foies gras assouvissent l'appétit légendaire des héritiers des Mousquetaires.

🇬🇧 Lourdes may be famous for its miracles, but some would say that the whole of the Midi-Pyrénées has been uniquely blessed: it continues to offer sanctuary to a host of exceptional fauna and flora, like the wild bears which still roam the high peaks of the Pyrenees. At sunset, the towers of its medieval cities and fortresses glow in the evening light, its forbidding Cathar castles are stained a bloody red, Albi paints a crimson watercolour and Toulouse is veiled in pink. Yet this list of marvels would not be complete without a mention of the Garonne's thriving, fertile »garden of France« , famous for its vegetables, fruit and wine. This land of milk and honey is as rich as ever in culinary tradition, and it would be a crime to leave without sampling some foie gras or a confit de canard.

Localité citée avec camping
Localité citée avec camping et locatif
Vannes
Localité disposant d'un camping avec aire de services camping-car
Moyaux
Localité disposant d'au moins un terrain agréable
Aire de service pour camping-car sur autoroute
St-Laurent-Médoc
SAUGON OUEST
La Roche-Chalais
LE MANOIRE
Périgueux
d'Auberoche
Peyrignac
Donzenac
Atur
A 89
Thenon
Brive-la-Gaillarde
Montignac
Lissac-s-Couze
Terrasson-Lavilledieu
St-Amand-de-Coly
DORDOGNE
Vézère
Sarlat-la-Canéda
PECH-MONTAT
Isle
Douville
N 21
Lamonzie-Montastruc
Bergerac
D 936
Pomport
Couze-et-St-Front
Dordogne
Ste-Foy-la-Grande
Rauzan
Blasimon
Gradignan
D 933
Eymet
Gourdon
A 20
LOT
Biron
Sauveterre-la-Lémance
TERRES DES GRAVES NORD
A 63
A 62
GARONNE
TERRES DES GRAVES SUD
Villeréal
Saint-Étienne-de-Villeréal
Salles
Cassagnes
JARDIN DES CAUSSES DU LOT
Montcabrier
Puy-l'Evêque
St-Pierre-Lafeuille
Langon
Marmande
Fumel
D 911
Touzac
Duravel
Crayssac
Vers
Le Nizan
Bazas
Castelmoron-s-Lot
Villeneuve-s-Lot
Tournon-d'Agenais
Anglars-Juillac
Cahors
PORTE DES LANDES-EST
Pissos
Pujols
Courbiac
St-Pantaléon
D 820
Casteljaloux
LOT-ET-GARONNE
COEUR D'AQUITAINE
A 65
Beauville
AGEN-PORTE D'AQUITAINE
Pont-du-Casse
Montpezat-de-Quercy
Cayriech
Sabres
Agen
Réaup
TARN-ET-GARONNE
Septfonds
Caussade
Moissac
Lafrançaise
D 834
Lamontjoie
Castelsarrasin
Aveyron
Nègrepelisse
Gabarret
la Romieu
LANDES
St-Justin
D 933
Mont-de-Marsan
Barbotan-les-Thermes
Condom
Lectoure
Montauban
Monclar-de-Quercy
Estang
Gondrin
Castéra-Verduzan
Beaumont-de-Lomagne
D 30
Midou
Douze
Adour
N 124
D 931
Roquelaure
Mirepoix
Puysségur
Aire-s-l'Adour
GERS
Auch
Thoux
Plaisance
TOULOUSE
A 61
A 64
D 935
Mirande
Seissan
Save
Muret
LACQ-AUDEJOS NORD
HAUTE-GARONNE
LACQ-AUDEJOS SUD
Navarrenx
Nailloux
PAU
LES PYRÉNÉES
TARBES
Cassagnabère-Tournas
Calmont
Baudreix
N 134
HAUTES-
Aurignac
Martres-Tolosane
Aramits
Gave d'Ossau
Lourdes
Bagnères-de-Bigorre
Ouzous
Agos-Vidalos
Ayzac-Ost
Arras-en-Lavedan
Argelès-Gazost
Lau-Balagnas
St-Bertrand-de-C.
Mane
Pamiers
Rieux-de-Pelleport
la Bastide-de-Sérou
Laruns
Aucun
Hèches
Arrens-Marsous
Lescun
Arcizans-Avant
Ste-Marie-de Campan
PYRÉNÉES
Augirein
St-Girons
ARIÈGE
Cos
Foix
Estaing
Urdos
Luz-St-Sauveur
Gouaux
Cauterets
Sassis
Vielle-Aure
Bourisp
Salles-et-Pratviel
Oust
Mercus-Garrabet
Garin
Tarascon-s-Ariège
Gavarnie
Aragnouet
Loudenvielle
Bagnères-de-Luchon
Le Trein d'Ustou
Aulus-les-Bains
Aston
Ordino
Canillo
la Massana
Andorra-la-Vella
ESPAÑA
Principauté d'Andorre

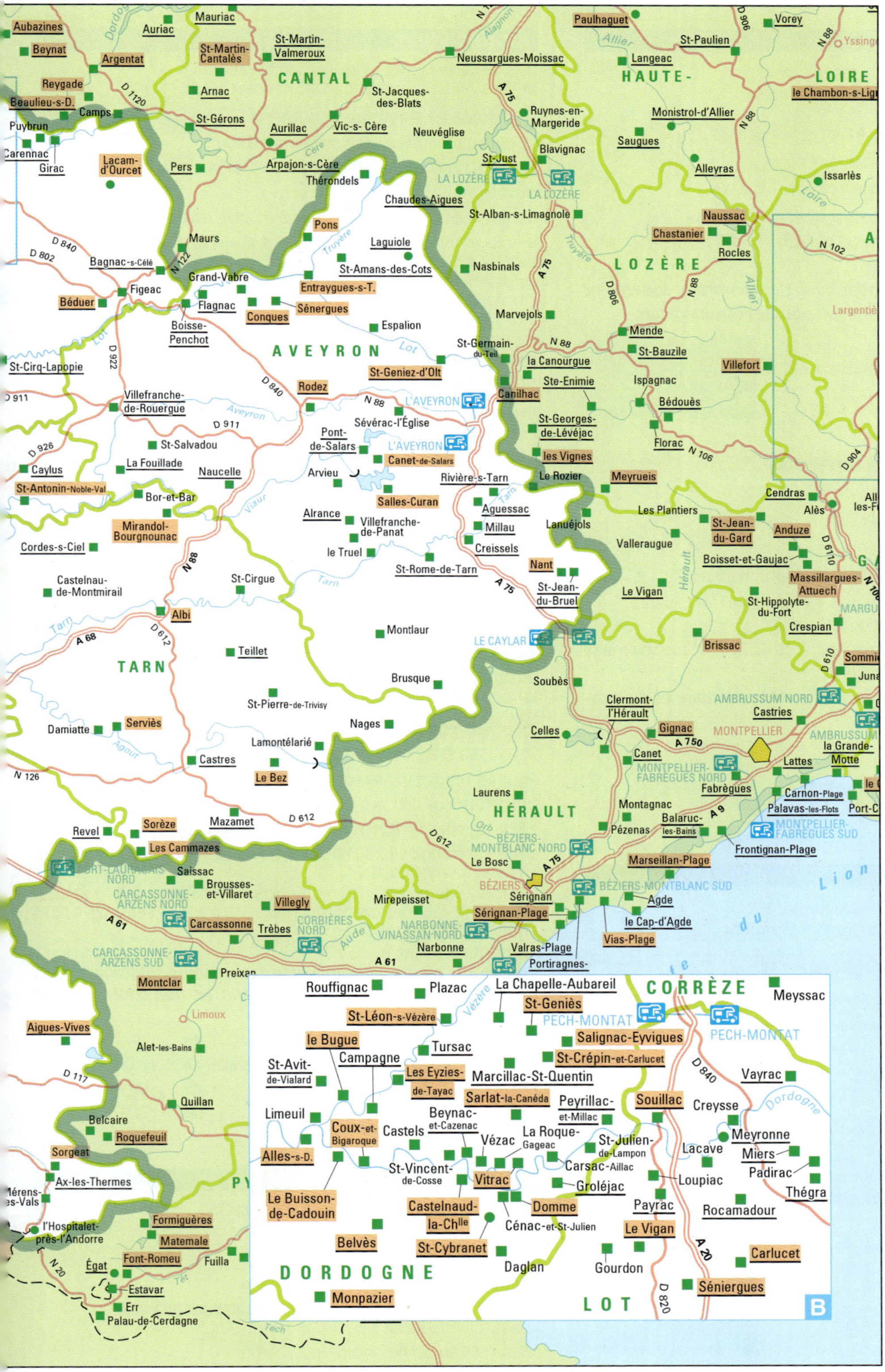
Aubazines
Beynat
Auriac
Mauriac
St-Martin-Cantalès
St-Martin-Valmeroux
Argentat
Reygade
Beaulieu-s-D.
Camps
Arnac
CANTAL
St-Jacques-des-Blats
Neussargues-Moissac
Paulhaguet
Langeac
HAUTE-
St-Paulien
Vorey
LOIRE
le Chambon-s-Lig
Puybrun
Carennac
Girac
St-Gérons
Aurillac
Vic-s-Cère
Neuvéglise
Ruynes-en-Margeride
Monistrol-d'Allier
Saugues
Lacam-d'Ourcet
Pers
Arpajon-s-Cère
Thérondels
St-Just
Blavignac
LA LOZÈRE
Alleyras
Issarlès
Chaudes-Aigues
St-Alban-s-Limagnole
Naussac
Chastanier
Rocles
Pons
Laguiole
Maurs
Bagnac-s-Célé
Grand-Vabre
St-Amans-des-Cots
Entraygues-s-T.
Nasbinals
LOZÈRE
Figeac
Béduer
Flagnac
Conques
Sénergues
Boisse-Penchot
Espalion
Marvejols
Mende
St-Bauzile
Largentiè
St-Cirq-Lapopie
AVEYRON
St-Germain-du-Teil
la Canourgue
Villefort
St-Geniez-d'Olt
Rodez
Ste-Enimie
Ispagnac
Villefranche-de-Rouergue
L'AVEYRON
Canilhac
Bédouès
Sévérac-l'Église
Pont-de-Salars
St-Georges-de-Lévéjac
St-Salvadou
Florac
Caylus
La Fouillade
Canet-de-Salars
les Vignes
Naucelle
Arvieu
Rivière-s-Tarn
Le Rozier
Meyrueis
St-Antonin-Noble-Val
Bor-et-Bar
Salles-Curan
Cendras
Alès
Aguessac
Les Plantiers
Alrance
Villefranche-de-Panat
Millau
Lanuéjols
St-Jean-du-Gard
Anduze
Mirandol-Bourgnounac
Creissels
Valleraugue
Cordes-s-Ciel
le Truel
Boisset-et-Gaujac
St-Rome-de-Tarn
Nant
Massillargues-Attuech
Castelnau-de-Montmirail
St-Cirgue
St-Jean-du-Bruel
Le Vigan
St-Hippolyte-du-Fort
Albi
Montlaur
Crespian
LE CAYLAR
Brissac
Teillet
TARN
Brusque
Soubès
AMBRUSSUM NORD
Castries
St-Pierre-de-Trivisy
Clermont-l'Hérault
Damiatte
Serviès
Nages
Celles
Gignac
MONTPELLIER
Lamontélarié
Canet
la Grande-Motte
Castres
Le Bez
MONTPELLIER-FABRÈGUES NORD
Lattes
Fabrègues
Laurens
Carnon-Plage
Montagnac
HÉRAULT
Balaruc-les-Bains
Palavas-les-Flots
Revel
Sorèze
Mazamet
Pézenas
MONTPELLIER-FABRÈGUES SUD
Frontignan-Plage
Les Cammazes
BÉZIERS-MONTBLANC NORD
Le Bosc
Marseillan-Plage
Saissac
Brousses-et-Villaret
BÉZIERS
Sérignan
BÉZIERS-MONTBLANC SUD
Agde
CARCASSONNE-ARZENS NORD
Villegly
Mirepeisset
Sérignan-Plage
le Cap-d'Agde
Carcassonne
Trèbes
CORBIÈRES NORD
NARBONNE-VINASSAN NORD
Vias-Plage
Lion
CARCASSONNE-ARZENS SUD
Narbonne
Valras-Plage
Portiragnes-
Preixan
Montclar
Limoux
Aigues-Vives
Alet-les-Bains
Quillan
Belcaire
Roquefeuil
Sorgeat
Ax-les-Thermes
l'Hospitalet-près-l'Andorre
Formiguères
Matemale
Font-Romeu
Fuilla
Égat
Estavar
Err
Palau-de-Cerdagne
Rouffignac
Plazac
La Chapelle-Aubareil
St-Geniès
CORRÈZE
Meyssac
St-Léon-s-Vézère
PECH-MONTAT
le Bugue
Tursac
Salignac-Eyvigues
Campagne
St-Crépin-et-Carlucet
St-Avit-de-Vialard
Les Eyzies-de-Tayac
Marcillac-St-Quentin
Vayrac
Sarlat-la-Canéda
Peyrillac-et-Millac
Souillac
Creysse
Limeuil
Beynac-et-Cazenac
La Roque-Gageac
Coux-et-Bigaroque
Castels
Vézac
St-Julien-de-Lampon
Meyronne
Alles-s-D.
Lacave
Miers
St-Vincent-de-Cosse
Carsac-Aillac
Padirac
Vitrac
Loupiac
Le Buisson-de-Cadouin
Groléjac
Thégra
Castelnaud-la-Chlle
Domme
Payrac
Rocamadour
Cénac-et-St-Julien
Le Vigan
Belvès
St-Cybranet
Carlucet
Daglan
Gourdon
DORDOGNE
Sénierques
Monpazier
LOT
B

MIDI-PYRÉNÉES

AGOS-VIDALOS

65400 - Carte Michelin **342** L4 - 380 h. - alt. 450
▶ Paris 859 - Toulouse 185 - Tarbes 32 - Pau 51

Le Soleil du Pibeste

☎ 06 72 32 17 04, www.campingpibeste.com
Pour s'y rendre : 16 av. Lavedan (sortie sud, par la N 21)
1,5 ha (80 empl.) en terrasses, peu incliné, plat, herbeux
Location : (2 mobile homes) - 29 - 11.
borne AireService - 30
Face à la chaîne des Pyrénées avec de nombreux services et loisirs ainsi qu'une aire aménagée pour les camping-cars.

Nature :
Loisirs : diurne jacuzzi terrain multisports
Services : laverie
GPS : W : 0.07081 N : 43.03562

Club Airotel La Châtaigneraie

☎ 05 62 97 07 40, www.camping-chataigneraie.com
Pour s'y rendre : 46 av. Lavedan (par N 21, à Vidalos)
Ouverture : de déb. déc. à mi-oct.
1,5 ha (80 empl.) en terrasses, peu incliné, plat, herbeux
Empl. camping : (Prix 2017) 24,40€ (10A) - pers. suppl. 6,40€ - frais de réservation 18€
Location : (Prix 2017) Permanent - 16 - 1 appartement - 3 studios. Sem. 220 à 710€
Face à la chaîne des Pyrénées. Bon confort sanitaire et du locatif varié.

Nature :
Loisirs :
Services : laverie
GPS : W : 0.07534 N : 43.03201

AGUESSAC

12520 - Carte Michelin **338** K6 - 872 h. - alt. 375
▶ Paris 635 - Toulouse 198 - Rodez 62 - Montpellier 129

La Via Natura Les Cerisiers

☎ 05 65 59 87 96, www.campinglescerisiers.com
Pour s'y rendre : à Pailhas (3 km au nord par D 907, rte des Gorges du Tarn - Par A 75 sortie 44-1)
Ouverture : de fin avr. à mi-sept.
2,5 ha (80 empl.) plat, herbeux
Empl. camping : (Prix 2017) 18€ (6A) - pers. suppl. 5,50€
Location : (Prix 2017) (de fin avr. à mi-sept.) - 9 - 3 bungalows toilés - 2 tentes lodges. Nuitée 50 à 90€ - Sem. 190 à 620€
borne artisanale 5€
Refuge LPO au bord du Tarn.

Nature :
Loisirs :
Services :
À prox. :
GPS : E : 3.12053 N : 44.16745

AIGUES VIVES

09600 - Carte Michelin **343** J7 - 559 h. - alt. 425
▶ Paris 776 - Carcassonne 63 - Castelnaudary 46 - Foix 36

Sites et Paysages La Serre

☎ 05 61 03 06 16, www.camping-la-serre.com
Pour s'y rendre : 5 chemin de La Serre (à l'ouest du bourg)
Ouverture : de déb. mars à fin oct.
6,5 ha (40 empl.) vallonné, en terrasses, plat, herbeux, gravillons
Empl. camping : (Prix 2017) 29,30€ (6A) - pers. suppl. 7,60€ - frais de réservation 15€
Location : (Prix 2017) (de déb. mars à fin oct.) - 4 - 8 - 1 chalet sur pilotis - 6 tentes lodges - 1 cabane perchée. Nuitée 33 à 145€ - Sem. 231 à 1 015€ - frais de réservation 15€
borne artisanale 5€ - 6 24,30€ - 17€
Vaste domaine vallonné, arboré et pour certains emplacements vue sur les Pyrénées.

Nature :
Loisirs :
Services :
GPS : E : 1.87199 N : 42.99741

De gids wordt jaarlijks bijgewerkt.
Doe als wij, vervang hem, dan blijf je bij.

ALBI

81000 - Carte Michelin **338** E7 - 48 858 h. - alt. 174
▶ Paris 699 - Toulouse 77 - Montpellier 261 - Rodez 71

Albirondack Park

☎ 05 63 60 37 06, www.albirondack.fr
Pour s'y rendre : 1 allée de la Piscine
Ouverture : de déb. avr. à mi-nov.
1,8 ha (84 empl.) en terrasses, plat, herbeux, pierreux
Empl. camping : (Prix 2017) 30€ (10A) - pers. suppl. 7€ - frais de réservation 10€
Location : (Prix 2017) Permanent (1 chalet) - - 10 - 25 - 2 cabanes perchées. Nuitée 55 à 205€ - Sem. 385 à 987€ - frais de réservation 25€
borne artisanale
Proche du centre ville (navette en minibus "vintage"), c'est un îlot de verdure avec du locatif varié, de bon confort et des prestations de qualité.

Nature :
Loisirs : centre balnéo hammam jacuzzi
Services : laverie
GPS : E : 2.16397 N : 43.93445

ALRANCE

12430 - Carte Michelin **338** I6 - 404 h. - alt. 750
▶ Paris 664 - Albi 63 - Millau 52 - Rodez 37

Les Cantarelles

☎ 05 65 46 40 35, www.lescantarelles.com
Pour s'y rendre : 3 km au sud par D 25, au bord du lac de Villefranche-de-Panat
3,5 ha (165 empl.) peu incliné, plat, herbeux

308

MIDI-PYRÉNÉES

Location : 10 🚐 - 1 Tonneau.
🅿 borne artisanale
Nature : 🌿 🏞 ⚠
Loisirs : 🍽 ✕ 🛶 🐎 🚲 🏊 ✈ pédalos
Services : 🔑 ♨ 📶 laverie

GPS E : 2.68933 N : 44.10669

ANGLARS-JUILLAC

46140 - Carte Michelin **337** D5 - 331 h. - alt. 98
▸ Paris 590 - Cahors 26 - Gourdon 41 - Sarlat-la-Canéda 53

⚠ Base Nautique de Floiras

📞 05 65 36 27 39, www.campingfloiras.com
Pour s'y rendre : à Juillac, sur la D 8
Ouverture : de déb. avr. à mi-oct.
1 ha (25 empl.) non clos, plat, herbeux
Empl. camping : (Prix 2017) ★ 12,50€ 🚗 5,75€ – 🔌 (10A) 4,25€ - frais de réservation 12€
Location : (Prix 2017) (de fin mai à déb. sept.) - 2 tentes lodges. Sem. 375 à 695€ - frais de réservation 12€
Tous les emplacements sont face au Lot.

Nature : 🌿 🏞
Loisirs : 🍽 ✕ 🛶 ✈
Services : 🔑 📶 laverie

GPS E : 1.1987 N : 44.4872

ARAGNOUET

65170 - Carte Michelin **342** N8 - 244 h. - alt. 1 100
▸ Paris 842 - Arreau 24 - Bagnères-de-Luchon 56 - Lannemezan 51

⚠ Fouga Pic de Bern

📞 06 84 72 47 24, campingfouga.blogspot.fr
Pour s'y rendre : à Fabian (2,8 km au nord-est par D 118, rte de St-Lary-Soulan, près de la Neste-d'Avre)
Ouverture : de déb. juin à fin sept.
3 ha (80 empl.) non clos, en terrasses, plat, herbeux
Empl. camping : (Prix 2017) 19€ ★★ 🚗 📺 🔌 (8A) - pers. suppl. 4€
🅿 borne artisanale
Préférer la partie en prairie avec soleil et ombrage, plus éloignée de la route.

Nature : 🌿 🏞
Loisirs : 🍽 ✕ 🛶
Services : 🔑 📶 ♨

GPS E : 0.23608 N : 42.78853

ARCIZANS-AVANT

65400 - Carte Michelin **342** L5 - 360 h. - alt. 640
▸ Paris 868 - Toulouse 194 - Tarbes 41 - Pau 61

⚠ Le Lac

📞 05 62 97 01 88, www.camping-du-lac-pyrenees.com
Pour s'y rendre : 29 chemin d'Azun (sortie ouest, à prox. du lac)
Ouverture : Permanent
2 ha (97 empl.) peu incliné
Empl. camping : (Prix 2017) 33,65€ ★★ 🚗 📺 🔌 (10A) - pers. suppl. 8,30€ - frais de réservation 25€

Location : (Prix 2017) Permanent ✈ - 14 🏠. Nuitée 95 à 120€ - Sem. 315 à 890€ - frais de réservation 25€
🅿 borne artisanale 18,60€
Pour de nombreux emplacements, vue dégagée sur les Pyrénées, le village, l'église.

Nature : 🌿 🏞
Loisirs : 🍽 ✕ 🛶 🐎 🚲 🏊 spa
Services : 🔑 ♨ 📶 laverie 🧺
À prox. : 🛶

GPS W : 0.10803 N : 42.9857

⚠ Les Châtaigniers

📞 05 62 97 94 77, www.camping-les-chataigniers.com
Pour s'y rendre : 6 r. Cap-Deth-Vilatge
Ouverture : de fin mai à mi-sept.
3 ha (51 empl.) en terrasses, peu incliné, plat, herbeux, bois
Empl. camping : (Prix 2017) 28,60€ ★★ 🚗 📺 🔌 (6A) - pers. suppl. 7,60€
Location : (Prix 2017) Permanent - 4 🏠 - 4 cabanons. Nuitée 30 à 90€ - Sem. 200 à 780€
Emplacements ombragés avec vue sur la vallée et le village.

Nature : 🌿 🏞
Loisirs : 🛶 🐎 🏊
Services : 🔑 ♨ 📶 laverie
À prox. : 🛶

GPS W : 0.10488 N : 42.98505

ARGELÈS-GAZOST

65400 - Carte Michelin **342** L6 - 3 297 h. - alt. 462 - ♨
▸ Paris 863 - Lourdes 13 - Pau 58 - Tarbes 32

⚠⚠⚠ Sunêlia Les Trois Vallées 👥

📞 05 62 90 35 47, www.camping3vallees.com
Pour s'y rendre : av. des Pyrénées (sortie nord)
Ouverture : de fin mars à mi-oct.
11 ha (438 empl.) plat, herbeux
Empl. camping : (Prix 2017) 51€ ★★ 🚗 📺 🔌 (10A) - pers. suppl. 16€ - frais de réservation 30€
Location : (Prix 2017) (de fin mars à mi-oct.) - ♿ (2 mobile homes) - ✈ - 250 🚐 - 8 bungalows toilés. Nuitée 55 à 290€ - Sem. 385 à 2 030€ - frais de réservation 30€

Belle décoration florale de l'important espace aquatique, ludique et commercial et un vrai bon confort sanitaire.

Nature : 🏞
Loisirs : 🍽 ✕ 🛶 🎭 salle d'animations 🤸 jacuzzi 🐎 📺 🏊 discothèque terrain multisports
Services : 🔑 🏧 ♨ 📶 laverie 🧺
À prox. : 🛒 ✂ ⛳

GPS W : 0.09718 N : 43.0121

Avant de vous installer, consultez les tarifs en cours, affichés obligatoirement à l'entrée du terrain, et renseignez-vous sur les conditions particulières de séjour. Les indications portées dans le guide ont pu être modifiées depuis la mise à jour.

MIDI-PYRÉNÉES

ARRAS-EN-LAVEDAN

65400 - Carte Michelin **342** L5 - 527 h. - alt. 700
▶ Paris 868 - Toulouse 193 - Tarbes 40 - Pau 60

L'Idéal

📞 05 62 97 03 13, www.camping-arras-argeles.com - alt. 600
Pour s'y rendre : rte du Val-d'Azun (300 m au nord-ouest par D 918, rte d'Argelès-Gazost)
Ouverture : de déb. juin à mi-sept.
2 ha (60 empl.) en terrasses, plat, herbeux
Empl. camping : (Prix 2017) 6 € ⚡ 6 € – (10A) 5 €
Location : (Prix 2017) Permanent - 4 🏠. Nuitée 65 à 130 € - Sem. 300 à 800 €
borne artisanale 3 €
Agréable terrain mais préférer les emplacements les plus éloignés de la route.

Nature :
Loisirs :
Services : laverie

GPS : W : 0.11954 / N : 42.99483

We recommend that you consult the up to date price list posted at the entrance of the site. Inquire about possible restrictions. The information in this Guide may have been modified since going to press.

ARRENS-MARSOUS

65400 - Carte Michelin **342** K7 - 741 h. - alt. 885
▶ Paris 875 - Argelès-Gazost 13 - Cauterets 29 - Laruns 37

La Hèche

📞 05 62 97 02 64, www.campinglaheche.com
Pour s'y rendre : 54 rte d'Azun (800 m à l'est par D 918, rte d'Argelès-Gazost et chemin à dr., au bord du Gave d'Arrens)
5 ha (166 empl.) plat, herbeux
Location : 4 🏠.

Nature :
Loisirs :
Services : laverie
À prox. :

GPS : W : 0.20534 / N : 42.95847

ARVIEU

12120 - Carte Michelin **338** H5 - 861 h. - alt. 730
▶ Paris 663 - Albi 66 - Millau 59 - Rodez 31

Le Doumergal

📞 05 65 74 24 92, www.camping-doumergal-aveyron.fr
Pour s'y rendre : r. de la Rivière (à l'ouest du bourg, au bord d'un ruisseau)
1,5 ha (27 empl.) peu incliné, plat, herbeux
Location : 1 🏠 - 1 🏠.

Nature :
Loisirs :
Services :
À prox. :

GPS : E : 2.66014 / N : 44.19066

ASTON

09310 - Carte Michelin **343** I8 - 219 h. - alt. 563
▶ Paris 788 - Andorra-la-Vella 78 - Ax-les-Thermes 20 - Foix 59

Le Pas de l'Ours

📞 05 61 64 90 33, www.lepasdelours.fr
Pour s'y rendre : lieu-dit : Les Gesquis (au sud du bourg, près du torrent)
Ouverture : de déb. juin à mi-sept.
3,5 ha (50 empl.) plat et peu incliné, rochers, herbeux
Empl. camping : (Prix 2017) 25 € ⚡ (6A) - pers. suppl. 8 € - frais de réservation 7 €
Location : (Prix 2017) Permanent - 11 🏠 - 16 🏠 - 4 gîtes. Nuitée 50 à 85 € - Sem. 290 à 682 € - frais de réservation 7 €
Ensemble agréable avec du locatif de qualité.

Nature :
Loisirs : salle d'animations
Services : (juil.-août) laverie
À prox. :

GPS : E : 1.67181 / N : 42.77245

AUCH

32000 - Carte Michelin **336** F8 - 21 792 h. - alt. 169
▶ Paris 713 - Agen 74 - Bordeaux 205 - Tarbes 74

Le Castagné

📞 06 07 97 40 37, www.domainelecastagne.com
Pour s'y rendre : chemin de Naréoux (4 km à l'est par D 924 rte de Toulouse et à dr.)
Ouverture : de déb. juin à fin sept.
70 ha/2 campables (24 empl.) fort dénivelé, peu incliné, herbeux, pierreux
Empl. camping : (Prix 2017) 5 € ⚡ 5 € – (20A) 4 €
Location : (Prix 2017) Permanent - 4 🏠 - 9 🏠 - 4 🏠 - 12 gîtes - 1 appartement. Nuitée 60 à 200 € - Sem. 380 à 650 € - frais de réservation 20 €
Sur les terres d'une ferme en activité, locatif varié avec aussi quatre chambres d'hôte de bon confort. Vue superbe sur la campagne gersoise.

Nature :
Loisirs : jacuzzi pédalos
Services :

GPS : E : 0.6337 / N : 43.6483

Jährlich eine neue Ausgabe.
Aktuellste Informationen, jährlich für Sie.

AUCUN

65400 - Carte Michelin **342** K7 - 261 h. - alt. 853
▶ Paris 872 - Argelès-Gazost 10 - Cauterets 26 - Lourdes 22

Azun Nature

📞 05 62 97 45 05, www.camping-azun-nature.com
Pour s'y rendre : 1 rte de Las Poueyes (700 m à l'est par D 918, rte d'Argeles-Gazost et rte à dr., à 300 m du Gave d'Azun)
Ouverture : Permanent
1 ha (43 empl.) plat, herbeux
Empl. camping : (Prix 2017) 20 € ⚡ (10A) - pers. suppl. 5 €

MIDI-PYRÉNÉES

Location : (Prix 2017) Permanent - 14 - Sem. 200 à 720€
Cadre soigné et locatif de qualité ouvert toute l'année.

Nature :
Loisirs :
Services : laverie
À prox. : sentiers pédestres

GPS : W : 0.18796 — N : 42.97399

Au milieu d'un parc aux arbres parfois centenaires mais chalets et confort sanitaire très anciens.

Nature :
Loisirs :
Services : laverie
À prox. : parcours dans les arbres

GPS : E : 1.33215 — N : 42.79394

⚠ Cap Pyrénées
(pas d'emplacement tentes et caravanes)
☎ 05 62 97 42 62, www.cappyrenees.com.
Pour s'y rendre : 2 rte de Las Poueyes (700 m à l'est par D 918, rte d'Argelès-Gazost et rte à dr., à 300 m du Gave d'Azun)
4 ha (72 empl.) terrasse, peu incliné, plat, herbeux
Location : (Prix 2017) (de mi-déc. à mi-oct.) - 17 - 2 - 1 studio. Nuitée 30 à 80€ - Sem. 200 à 600€ - frais de réservation 10€
Beaucoup de mobile homes ou de chalets de propriétaires-résidents et très peu de places pour tentes et caravanes.

Nature :
Loisirs : hammam jacuzzi
Services :
À prox. : parapente

GPS : W : 0.18512 — N : 42.97361

AURIGNAC
31420 - Carte Michelin **343** D5 - 1 187 h. - alt. 430
▶ Paris 750 - Auch 71 - Bagnères-de-Luchon 69 - Pamiers 92

⚠ Les Petites Pyrénées
☎ 05 61 87 06 91, www.camping-aurignac.fr
Pour s'y rendre : rte de Boussens (sortie sud-est par D 635, à dr., près du stade - A64 sortie 21)
0,9 ha (38 empl.) plat, herbeux
Location : 3 - 2 tentes lodges.
borne artisanale - 2
Petite structure simple, au confort sanitaire ancien et un accès gratuit à la piscine municipale. Accueil de groupes.

Nature :
Loisirs :
Services : laverie
À prox. :

GPS : E : 0.89132 — N : 43.21389

AUGIREIN
09800 - Carte Michelin **343** D7 - 63 h. - alt. 629
▶ Paris 788 - Aspet 22 - Castillon-en-Couserans 12 - St-Béat 30

⚠ La Vie en Vert
☎ 06 22 95 95 88, www.lavieenvert.com
Pour s'y rendre : à l'est du bourg, au bord de la Bouigane
Ouverture : de fin mai à mi-sept.
0,3 ha (15 empl.) plat, herbeux
Empl. camping : (Prix 2017) 25€ ✶ ✶ (10A) - pers. suppl. 6€
Location : (Prix 2017) (de mi-mai à fin sept.) - 2 tipis. Nuitée 40 à 65€ - Sem. 210 à 390€
Autour d'une ancienne ferme en pierre du pays soigneusement restaurée.

Nature :
Loisirs :
Services :
À prox. :

GPS : E : 0.91978 — N : 42.93161

Raadpleeg, voordat U zich op een kampeerterrein installeert, de tarieven die de beheerder verplicht is bij de ingang van het terrein aan te geven. Informeer ook naar de speciale verblijfsvoorwaarden. De in deze gids vermelde gegevens kunnen sinds het verschijnen van deze hereditie gewijzigd zijn.

AX-LES-THERMES
09110 - Carte Michelin **343** J8 - 1 384 h. - alt. 720 -
▶ Paris 805 - Toulouse 129 - Foix 43 - Pamiers 62

⛰ Sunêlia Le Malazeou
☎ 05 61 64 69 14, www.campingmalazeou.com
Pour s'y rendre : RN 20, rte de l'Espagne (à Savignac-les-Ormeaux, 1 km au nord-ouest, rte de Foix)
Ouverture : Permanent
6,5 ha (244 empl.) en terrasses, plat, herbeux, pierreux
Empl. camping : (Prix 2017) 30,50€ ✶ ✶ (10A) - pers. suppl. 8€ - frais de réservation 30€
Location : (Prix 2017) Permanent - 25 - 70 . Nuitée 50 à 132€ - Sem. 298 à 924€ - frais de réservation 30€
borne artisanale 5€
Ombragé, au bord de l'Ariège. Préférer les emplacements éloignés de la route.

Nature :
Loisirs : nocturne
Services : laverie

GPS : E : 1.82538 — N : 42.72852

AULUS-LES-BAINS
09140 - Carte Michelin **343** G8 - 221 h. - alt. 750 -
▶ Paris 807 - Foix 76 - Oust 17 - St-Girons 34

⚠ Le Coulédous
☎ 05 61 66 43 56, www.camping-aulus-couledous.com
Pour s'y rendre : rte de St-Girons (sortie nord-ouest par D 32, près du Garbet)
Ouverture : Permanent
1,6 ha (70 empl.) plat, herbeux, gravillons, pierreux
Empl. camping : (Prix 2017) 22€ ✶ ✶ (10A) - pers. suppl. 4,70€
Location : (Prix 2017) Permanent - 18 . Nuitée 50 à 90€ - Sem. 220 à 530€
borne artisanale

311

MIDI-PYRÉNÉES

AYZAC-OST

65400 - Carte Michelin **342** L4 - 399 h. - alt. 430
▶ Paris 862 - Toulouse 188 - Tarbes 35 - Pau 54

⛰ La Bergerie

📞 05 62 97 59 99, www.camping-labergerie.com

Pour s'y rendre : 8 chemin de la Bergerie (sortie sud par N 21 et chemin à gauche)
Ouverture : de déb. mai à fin sept.
2 ha (105 empl.) plat, herbeux
Empl. camping : (Prix 2017) 33,20 € ✯✯ 🚗 ▣ ⚡ (6A) - pers. suppl. 8,35 € - frais de réservation 17 €
Location : (Prix 2017) (de déb. avr. à fin sept.) - 🚫 - 13 🏠. Sem. 360 à 875 €

Agréable petit parc aquatique paysagé entouré de nombreux mobile homes de propriétaires-résidents.

Nature : ≤ ⚲⚲
Loisirs : 🍴 🍽 🏊 🚣
Services : 🔑 🚿 📶 🧺
À prox. : 🎣 ✖ 🚤

GPS W : 0.0961 N : 43.01824

BAGNAC-SUR-CÉLÉ

46270 - Carte Michelin **337** I3 - 1 562 h. - alt. 234
▶ Paris 593 - Cahors 83 - Decazeville 16 - Figeac 15

⛰ Les Berges du Célé

📞 06 35 23 56 95, www.camping-sudouest.com

Pour s'y rendre : lieu-dit : La Plaine (au sud-est du bourg, derrière la gare, au bord du Célé)
Ouverture : de mi-avr. à mi-oct.
1 ha (44 empl.) plat, herbeux
Empl. camping : (Prix 2017) 16 € ✯✯ 🚗 ▣ ⚡ (16A) - pers. suppl. 5 €
Location : (Prix 2017) (de mi-avr. à mi-oct.) - 5 🏠 - 2 bungalows toilés. Nuitée 50 à 78 € - Sem. 350 à 550 € - frais de réservation 12 €
🚐 borne AireService 4 € - 5 ▣ 16 € - 🚿 10 €

Nature : ⚲⚲
Loisirs : 🏊 🚣
Services : 🔑 🚿 📶 🧺
À prox. : ✖

GPS E : 2.16009 N : 44.66541

BAGNÈRES-DE-BIGORRE

65200 - Carte Michelin **342** M6 - 8 040 h. - alt. 551 - ♨
▶ Paris 829 - Lourdes 24 - Pau 66 - St-Gaudens 65

⛰ Le Monlôo

📞 05 62 95 19 65, www.lemonloo.com

Pour s'y rendre : 5 chemin de Monlôo (sortie nord-est, par D 938, rte de Toulouse puis à gauche 1,4 km par D 8, rte de Tarbes et chemin à dr.)
Ouverture : de déb. janv. à mi-déc.
4 ha (199 empl.) peu incliné, plat, herbeux
Empl. camping : (Prix 2017) 29 € ✯✯ 🚗 ▣ ⚡ (16A) - pers. suppl. 5 €
Location : (Prix 2017) (de mi-janv. à mi-déc.) - 25 🏠 - 9 🛏. Nuitée 65 à 120 € - Sem. 280 à 850 €
🚐 borne artisanale 15 € - 4 ▣ 15 €

Locatif varié, de qualité et petit plan d'eau écologique agrémenté d'une jolie plage.

Nature : ⚲ ≤ ⚲⚲
Loisirs : 🍽 🎠 🏊 🚣 (plan d'eau) 🏄
Services : 🔑 🛒 💈 📶 laverie

GPS E : 0.15107 N : 43.0817

⛰ Les Fruitiers

📞 05 62 95 25 97, www.camping-les-fruitiers.com

Pour s'y rendre : 8 r. Pierre-Latécoère (rte de Toulouse)
Ouverture : de déb. avr. à fin oct.
1,5 ha (88 empl.) plat, herbeux
Empl. camping : (Prix 2017) ✯ 4,50 € 🚗 ▣ 4,50 € – ⚡ (6A) 3 €
Location : (Prix 2017) Permanent 🚫 - 2 🏠 - 2 studios. Nuitée 50 à 60 € - Sem. 250 à 400 €
🚐 borne artisanale 5,50 €

Belle pelouse ombragée mais préférer les emplacements éloignés de la route.

Nature : ≤ Pic du Midi ⚲⚲
Loisirs : 🍽 🎠
Services : 🔑 🚿 laverie
À prox. : 🎣

GPS E : 0.15746 N : 43.07108

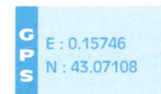

BAGNÈRES-DE-LUCHON

31110 - Carte Michelin **343** B8 - 2 600 h. - alt. 630 - ♨ - Sports d'hiver : à Superbagnères : 1 440/2 260 m
▶ Paris 814 - Bagnères-de-Bigorre 96 - St-Gaudens 48 - Tarbes 98

⛰ Pradelongue

📞 05 61 79 86 44, www.camping-pradelongue.com

Pour s'y rendre : à Moustajon, 5 chemin des Tretes (2 km au nord par D 125, près du magasin Intermarché)
Ouverture : de déb. avr. à fin sept.
4 ha (142 empl.) plat, herbeux
Empl. camping : (Prix 2017) 31,50 € ✯✯ 🚗 ▣ ⚡ (10A) - pers. suppl. 7,50 € - frais de réservation 13 €
Location : (Prix 2017) (de déb. avr. à fin sept.) - 🚫 - 24 🏠 - 2 cabanons. Nuitée 50 à 142 € - Sem. 290 à 990 € - frais de réservation 13 €
🚐 borne artisanale - 7 ▣ 14 € - 🚿 11 €

Nombreux espaces verts parfaits pour la détente ou les sports collectifs.

Nature : ≤ 🏔 ⚲⚲
Loisirs : 🍽 🎠 🚣 terrain multisports
Services : 🔑 🛒 💈 🚿 📶 laverie
À prox. : 🎣 🐎

GPS E : 0.5981 N : 42.81667

⛰ Les Myrtilles 🚹🚺

📞 05 61 79 89 89, www.camping-myrtilles.com

Pour s'y rendre : à Moustajon (2,5 km au nord par D 125, au bord d'un ruisseau)
Ouverture : de mi-déc. à mi-nov.
2 ha (100 empl.) plat, herbeux
Empl. camping : (Prix 2017) 22,50 € ✯✯ 🚗 ▣ ⚡ (10A) - pers. suppl. 4,90 €
Location : (Prix 2017) (de mi-déc. à mi-nov.) - 20 🏠 - 7 🛏 - 3 bungalows toilés - 1 gîte. Sem. 280 à 630 € - frais de réservation 14 €
🚐 borne artisanale 5 €

MIDI-PYRÉNÉES

Navette gratuite pour les thermes.

Nature :
Loisirs :
Services : laverie
À prox. :

GPS E : 0.59975 N : 42.81663

⛺ Domaine O Lanette

📞 05 61 89 84 90, domaineolanette@orange.fr

Pour s'y rendre : à Montauban-de-Luchon, rte de Subercarrère (1,5 km à l'est par D 207)

5 ha (194 empl.) plat et peu incliné, herbeux

Location : 8 - 21 .

borne artisanale

Emplacements bien ombragés ou plus ensoleillés.

Nature :
Loisirs :
Services :

GPS E : 0.60814 N : 42.79496

⚠ Au Fil de l'Oô

📞 05 61 79 30 74, www.campingaufildeloo.com

Pour s'y rendre : 37 av. de Vénasque (1,5 km au sud par D 618)

2,5 ha (104 empl.) plat, herbeux

Location : 28 .

borne artisanale

Bon ombrage au bord d'un petit ruisseau mais préférer les emplacements les plus éloignés de la route.

Nature :
Loisirs :
Services : laverie

GPS E : 0.6003 N : 42.77777

To make the best possible use of this Guide,
READ CAREFULLY THE EXPLANATORY NOTES.

BARBOTAN-LES-THERMES

32150 - Carte Michelin **336** B6 -
▶ Paris 703 - Aire-sur-l'Adour 37 - Auch 75 - Condom 37

⛺ Sunêlia Les Rives du Lac

📞 05 62 09 53 91, www.camping-lesrivesdulac.com

Pour s'y rendre : av. du Lac (1,5 km au sud-ouest, rte de Cazaubon et à gauche, à la base de loisirs (au bord du lac))

Ouverture : de déb. avr. à mi-oct.

6 ha (286 empl.) plat, herbeux, gravier

Empl. camping : (Prix 2017) 28€ ✶✶ (10A) - pers. suppl. 8€ - frais de réservation 10€

Location : (Prix 2017) (de déb. avr. à mi-oct.) - 51 - 7 . Sem. 240 à 1 155€ - frais de réservation 10€

borne artisanale - 26 22€

Les emplacements et les locatifs ont pour beaucoup une jolie vue sur le lac.

Nature :
Loisirs : terrain multisports
Services : laverie réfrigérateurs
À prox. : (plage) pédalos skate parc

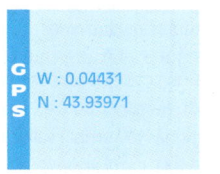

GPS W : 0.04431 N : 43.93971

LA BASTIDE DE SÉROU

09240 - Carte Michelin **343** G6 - 959 h. - alt. 410
▶ Paris 779 - Foix 18 - Le Mas-d'Azil 17 - Pamiers 38

⛺ Flower L'Arize

📞 05 61 65 81 51, www.camping-arize.com

Pour s'y rendre : sortie est par D 117, rte de Foix puis 1,5 km par D 15, rte de Nescus à dr., au bord de la rivière

Ouverture : de déb. avr. à déb. oct.

7,5 ha/1,5 (90 empl.) plat, herbeux

Empl. camping : (Prix 2017) 16,70€ ✶✶ (6A) - pers. suppl. 4,50€

Location : (Prix 2017) (de déb. avr. à déb. oct.) - 16 - 4 - 3 bungalows toilés. Nuitée 35 à 128€ - Sem. 196 à 896€ - frais de réservation 16€

borne artisanale 4,50€ - 9 15,80€ - 14€

Traversé par un petit ruisseau qui sépare la partie ombragée de la partie ensoleillée.

Nature :
Loisirs :
Services : laverie
À prox. :

GPS E : 1.44509 N : 43.00168

BEAUMONT-DE-LOMAGNE

82500 - Carte Michelin **337** B8 - 3 809 h. - alt. 400
▶ Paris 662 - Agen 60 - Auch 51 - Castelsarrasin 27

⛺ Municipal Le Lomagnol

📞 05 63 26 12 00, www.village-de-loisirs.com

Pour s'y rendre : av. du Lac (800 m à l'est, accès par la déviation et chemin, au bord d'un plan d'eau)

Ouverture : de déb. avr. à fin oct.

6 ha/1,5 (100 empl.) plat, herbeux

Empl. camping : (Prix 2017) 18€ ✶✶ (10A) - pers. suppl. 4€ - frais de réservation 15€

Location : (Prix 2017) Permanent (1 mobile home) - 4 - 5 tipis - 24 gîtes. Nuitée 60 à 100€ - Sem. 230 à 510€ - frais de réservation 15€

borne artisanale 19€

Autour du lac avec de nombreuses activités nautiques mais baignade interdite.

Nature :
Loisirs : nocturne jacuzzi pédalos
Services :
À prox. : parcours de santé

GPS E : 0.99864 N : 43.88295

Om een reisroute uit te stippelen en te volgen,
om het aantal kilometers te berekenen,
om precies de ligging van een terrein te bepalen
(aan de hand van de inlichtingen in de tekst),
*gebruikt u de **Michelinkaarten**,*
een onmisbare aanvulling op deze gids.

MIDI-PYRÉNÉES

BÉDUER

46100 - Carte Michelin **337** H4 - 730 h. - alt. 260
▶ Paris 572 - Cahors 63 - Figeac 9 - Villefranche-de-Rouergue 36

▲ La Via Natura Pech Ibert

✆ 05 65 40 05 85, www.camping-pech-ibert.com

Pour s'y rendre : lieu-dit : Pech Ibert (1 km au nord-ouest par D 19, rte de Cajarc et rte à dr.)

Ouverture : de fin mars à déb. oct.

1 ha (37 empl.) plat, herbeux, pierreux, gravillons

Empl. camping : (Prix 2017) 3,80 € – 1,30 € – 3,80 € – (6A) 3,80 € - frais de réservation 10 €

Location : (Prix 2017) (de fin mars à déb. oct.) - 3 – 4 – 1 bungalow toilé - 1 roulotte. Nuitée 18 à 90 € - Sem. 320 à 690 € - frais de réservation 20 €

borne artisanale 12 € - 5 12 € - 12 €

Ombrage varié en fonction des emplacements.

Nature :
Loisirs : réfrigérateurs
Services :
À prox. :

GPS E : 1.9375 N : 44.57833

LE BEZ

81260 - Carte Michelin **338** G9 - 803 h. - alt. 644
▶ Paris 745 - Albi 63 - Anglès 12 - Brassac 5

▲ Le Plô

✆ 05 63 74 00 82, www.camping-leplo.fr

Pour s'y rendre : Le Bourg (900 m à l'ouest par D 30, rte de Castres et chemin à gauche)

Ouverture : de fin avr. à fin sept.

2,5 ha (62 empl.) en terrasses, peu incliné, herbeux, bois

Empl. camping : (Prix 2017) 30,60 € ✶✶ 🚗 🔲 🔌 (6A) - pers. suppl. 4,25 € - frais de réservation 13,50 €

Location : (Prix 2017) (de déb. mai à fin sept.) - 5 bungalows toilés - 8 tentes lodges. Nuitée 35 à 108 € - Sem. 225 à 645 € - frais de réservation 13,50 €

borne artisanale 5 € - 11 €

Cadre soigné, fleuri avec du locatif exclusivement en tentes pour garder l'esprit camping.

Nature :
Loisirs :
Services : laverie

GPS E : 2.47064 N : 43.60815

*To visit a town or region : use the **MICHELIN Green Guides**.*

BOISSE-PENCHOT

12300 - Carte Michelin **338** F3 - 539 h. - alt. 169
▶ Paris 594 - Toulouse 193 - Rodez 46 - Aurillac 65

▲ Le Roquelongue

✆ 05 65 63 39 67, www.camping-roquelongue.com

Pour s'y rendre : 1.6 km à l'est par la D 42, près du Lot (accès direct)

Ouverture : Permanent

3,5 ha (66 empl.) plat, herbeux

Empl. camping : (Prix 2017) 24 € ✶✶ 🚗 🔲 🔌 (10A) - pers. suppl. 4,90 €

Location : (Prix 2017) Permanent - 9 – 7 – . Nuitée 40 à 105 € - Sem. 300 à 660 €

borne artisanale

Nature :
Loisirs : pédalos
Services :

GPS E : 2.22179 N : 44.58224

BOR-ET-BAR

12270 - Carte Michelin **338** E5 - 194 h. - alt. 250
▶ Paris 631 - Toulouse 109 - Rodez 61 - Albi 47

▲ Le Gourpassou

✆ 07 80 34 57 61, www.camping-legourpassou.com

Pour s'y rendre : ferme de Cessetière (2.1 km au sud par la D 69)

2,5 ha (39 empl.) plat, herbeux

Location : 7

Camping à la ferme au bord du Viaur.

Nature :
Loisirs :
Services :

GPS E : 5.01096 N : 47.32128

BOURISP

65170 - Carte Michelin **342** O6 - 147 h. - alt. 790
▶ Paris 828 - Toulouse 155 - Tarbes 70 - Lourdes 66

▲▲▲ Le Rioumajou

✆ 05 62 39 48 32, www.camping-le-rioumajou.com

Pour s'y rendre : 1,3 km au nord-ouest par D 929, rte d'Arreau et chemin à gauche, au bord de la Neste d'Aure

Ouverture : Permanent

5 ha (192 empl.) plat, herbeux, gravillons

Empl. camping : (Prix 2017) 27,40 € ✶✶ 🚗 🔲 🔌 (10A) - pers. suppl. 6,80 € - frais de réservation 14 €

Location : (Prix 2017) Permanent - 8 – 6 – 6 bungalows toilés. Nuitée 120 à 170 € - Sem. 350 à 600 € - frais de réservation 14 €

borne eurorelais 4,20 € - 14 €

Beaucoup d'espaces verts pour la détente au bord du ruisseau.

Nature :
Loisirs : jacuzzi
Services : laverie

GPS E : 0.33943 N : 42.83786

BRUSQUE

12360 - Carte Michelin **338** J8 - 309 h. - alt. 465
▶ Paris 698 - Albi 91 - Béziers 75 - Lacaune 30

▲▲▲ V.V.F. Villages Le Domaine de Céras

✆ 05 65 49 50 66, www.vvfvillages.fr - peu d'emplacements pour tentes et caravanes

Pour s'y rendre : 1,6 km au sud par D 92, rte d'Arnac, au bord du Dourdou et d'un petit plan d'eau

Ouverture : de déb. mai à fin sept.

14 ha (160 empl.) vallonné, plat, herbeux

Empl. camping : (Prix 2017) 32 € ✶✶ 🚗 🔲 🔌 (10A) - pers. suppl. 4 €

314

MIDI-PYRÉNÉES

Location : (Prix 2017) (de déb. mai à fin sept.) - ♿ (3 appartements) - 19 🏠 - 27 bungalows toilés - 48 appartements. Nuitée 42 à 167€ - Sem. 294 à 1 169€ - frais de réservation 35€

Isolé au fond d'une vallée verdoyante et paisible avec du locatif varié en confort comme en structure.

Nature : 🌳 ≤ ⚘⚘ 🌊
Loisirs : 🍽️ ✗ 🏊 ⚙️salle d'animations 🏃
🚴 🎣 (plan d'eau) 🚶 parcours de santé
mini ferme terrain multisports
Services : 🔑 📶 laverie 🧺

GPS
E : 2.95742
N : 43.75666

CAHORS

46000 - Carte Michelin **337** E5 - 19 948 h. - alt. 135
▶ Paris 575 - Agen 85 - Albi 110 - Bergerac 108

⛰️ Rivière de Cabessut

📞 05 65 30 06 30, www.cabessut.com

Pour s'y rendre : r. de la Rivière (3 km au sud par D 911 dir. Rodez puis chemin à gauche, quai Ludo-Rolles, au bord du Lot)

Ouverture : de déb. avr. à fin sept.

2 ha (113 empl.) plat, herbeux

Empl. camping : (Prix 2017) 23,60€ ✶✶ 🚗 🔌 (10A) - pers. suppl. 5,50€ - frais de réservation 10€

Location : (Prix 2017) (de déb. avr. à fin sept.) - 🚫 - 8 🏠. Nuitée 50 à 140€ - Sem. 260 à 680€ - frais de réservation 10€

🚐 borne artisanale 4€ - 9 🅿️

Emplacements bien ombragés en partie au bord du Lot.

Nature : 🌳 ⚘⚘
Loisirs : 🏊 🎠 🏃 🌊
Services : 🔑 🚿 ♨️ 📶 laverie
À prox. : 🏊 parc aquatique

GPS
E : 1.44192
N : 44.46364

CALMONT

31560 - Carte Michelin **343** H5 - 2 177 h. - alt. 220
▶ Paris 724 - Toulouse 48 - Ordino 144 - Canillo 127

⚠️ Le Mercier

📞 05 34 48 81 31, www.camping-mercier.com 🚫 (de déb. juil. à fin août)

Pour s'y rendre : 2,4 km au sud par D 11, rte de Pamiers

Ouverture : Permanent

0,6 ha (22 empl.) plat, herbeux

Empl. camping : (Prix 2017) 17€ ✶✶ 🚗 🔌 (5A) - pers. suppl. 5€ - frais de réservation 15€

Location : (Prix 2017) Permanent 🚫 - 6 🏠. Nuitée 50 à 75€ - Sem. 300 à 525€ - frais de réservation 15€

🚐 borne artisanale 17€ - 2 🅿️ 17€ - 🍽️ 9€

Bon accueil dans un cadre soigné avec du locatif varié.

Nature : 🌳 🌿 ⚘
Loisirs : 🎣
Services : 🔑 ♨️ 📶 🛒

GPS
E : 1.6334
N : 43.2819

LES CAMMAZES

81540 - Carte Michelin **338** E10 - 309 h. - alt. 610
▶ Paris 736 - Aurillac 241 - Castres 35 - Figeac 183

⛰️ La Rigole

📞 05 63 73 28 99, www.campingdelarigole.com

Pour s'y rendre : rte du Barrage (sortie sud par D 629 et rte à gauche)

Ouverture : de fin avr. à fin sept.

3 ha (65 empl.) terrasse, plat et peu incliné, herbeux

Empl. camping : (Prix 2017) 30,50€ ✶✶ 🚗 🔌 (8A) - pers. suppl. 6,30€ - frais de réservation 7€

Location : (Prix 2017) (de fin avr. à fin sept.) - 10 🚐 - 9 🏠 - 1 cabanon. Nuitée 47 à 127€ - Sem. 329 à 889€ - frais de réservation 9€

Très agréable cadre verdoyant et fleuri avec du locatif de bon confort. Vente de produits régionaux.

Nature : 🌳 🌿 ⚘⚘
Loisirs : 🍽️ ✗ 🏊 🚴 🎣 mini ferme
Services : 🔑 ♨️ 📶 laverie

GPS
E : 2.08625
N : 43.40787

Dans notre guide, les indications d'accès à un terrain sont généralement indiquées à partir du centre de la localité.

CANET-DE-SALARS

12290 - Carte Michelin **338** I5 - 416 h. - alt. 850
▶ Paris 654 - Pont-de-Salars 9 - Rodez 33 - St-Beauzély 28

⛰️ Les Castels Le Caussanel 👥

📞 05 65 46 85 19, www.lecaussanel.com

Pour s'y rendre : au lac de Pareloup (2,7 km au sud-est par D 538 et à dr.)

Ouverture : de déb. mai à déb. sept.

10 ha (228 empl.) en terrasses, plat, herbeux

Empl. camping : (Prix 2017) 37,50€ ✶✶ 🚗 🔌 (6A) - pers. suppl. 8,10€ - frais de réservation 30€

Location : (Prix 2017) (de déb. mai à déb. sept.) - 30 🚐 - 35 🏠. Sem. 364 à 931€ - frais de réservation 30€

Nature : 🌳 ≤ sur le lac ⚘ 🏖️
Loisirs : 🍽️ ✗ 🏊 ⚙️salle d'animations 🏃 🚴 🎣 🌊 accrobranche pédalos terrain multisports
Services : 🔑 ♨️ 🚿 📶 laverie 🧺 🛒

GPS
E : 2.76651
N : 44.21426

⛰️ Soleil Levant

📞 05 65 46 03 65, www.camping-soleil-levant.com

Pour s'y rendre : au lac de Pareloup (3,7 km au sud-est par D 538 et D 993, rte de Salles-Curan, à gauche, av. le pont)

11 ha (206 empl.) en terrasses, plat, herbeux

Location : 25 🚐 - 5 Mobile homes (sans sanitaire).

Situation agréable au bord du lac de Pareloup.

Nature : 🌳 ≤ ⚘⚘ 🏖️
Loisirs : 🍽️ 🏊 🎣 🚤
Services : 🔑 ♨️ 📶 laverie
À prox. : 🚴 ⚓

GPS
E : 2.77795
N : 44.21551

Verwechseln Sie bitte nicht :
⚠️ ... bis ... ⛰️ : MICHELIN-Klassifizierung
und
★ ... bis ... ★★★★★ : offizielle Klassifizierung

315

MIDI-PYRÉNÉES

CARENNAC

46110 - Carte Michelin **337** G2 - 389 h. - alt. 123
▶ Paris 528 - Toulouse 183 - Cahors 81 - Limoges 139

L'Eau vive

☎ 05 65 10 97 39, www.camping-lot-eauvive.com

Pour s'y rendre : lieu-dit : Pré Nabots (1,3 km au sud-ouest par D 30)

Ouverture : de mi-juin à mi-sept.

2 ha (80 empl.) en terrasses, plat, herbeux

Empl. camping : (Prix 2017) 28€ ✶✶ 🚗 🔌 (6A) - pers. suppl. 6,90€ - frais de réservation 18€

Location : (Prix 2017) (de mi-juin à mi-sept.) - 40 🏠 - 3 bungalows toilés. Nuitée 50 à 112€ - Sem. 195 à 784€ - frais de réservation 18€

🚐 borne artisanale 12€ - 🚐 12€

Préférer les emplacements au bord de la Dordogne, plus éloignés de la route.

Nature : 🌳 ♨♨
Loisirs : 🍴 🛖 🎣 🏊 ⛴ terrain multisports
Services : 🔑 🚻 🔌 🛒 🧺

GPS : E : 1.74105 N : 44.9102

CARLUCET

46500 - Carte Michelin **337** F3 - 228 h. - alt. 322
▶ Paris 542 - Cahors 47 - Gourdon 26 - Labastide-Murat 11

Château de Lacomté

☎ 05 65 38 75 46, www.chateaulacomte.com

Pour s'y rendre : lieu-dit : Lacomté (1,8 km au nord-ouest du bourg, au château)

Ouverture : de déb. mai à mi-sept.

12 ha/4 campables (96 empl.) vallonné, peu incliné, plat, herbeux, sous-bois

Empl. camping : (Prix 2017) 27€ ✶✶ 🚗 🔌 (10A) - pers. suppl. 7€ - frais de réservation 15€

Location : (Prix 2017) (de déb. mai à mi-sept.) - 🐕 - 4 🏠 - 5 🏡 - 1 gîte. Nuitée 40 à 70€ - Sem. 280 à 490€ - frais de réservation 15€

🚐 3 🔌 27€

Réservé aux adultes (+ de 18 ans). Emplacements en sous-bois ou plus ensoleillés, beaucoup d'espaces verts.

Nature : 🌲 🌳 ♨♨
Loisirs : 🍴 🛖 🎣 🏊 ⛴
Services : 🔑 🚻 🅿 🛒 🧺 laverie

GPS : E : 1.59692 N : 44.72881

CASSAGNABÈRE-TOURNAS

31420 - Carte Michelin **343** C5 - 415 h. - alt. 380
▶ Paris 758 - Auch 78 - Bagnères-de-Luchon 65 - Pamiers 101

La Via Natura Pré Fixe

☎ 05 61 98 71 00, www.camping-pre-fixe.com

Pour s'y rendre : rte de St-Gaudens (au sud-ouest du bourg)

Ouverture : de déb. avr. à fin sept.

1,2 ha (40 empl.) en terrasses, plat, herbeux

Empl. camping : (Prix 2017) 26,70€ ✶✶ 🚗 🔌 (10A) - pers. suppl. 6,70€

Location : (Prix 2017) (de déb. avr. à fin sept.) - 6 🏠 - 2 tentes lodges - 3 tipis. Nuitée 30 à 119€ - Sem. 159 à 860€

Agréable terrain en terrasses avec du locatif varié, de qualité et un petit bar à vin tenu par le propriétaire.

Nature : 🌳 ♨♨
Loisirs : 🍴 🛖 🎣 🏊
Services : 🔑 🚻 🔌 🛒
À prox. : 🍴

GPS : E : 0.79 N : 43.22889

CASSAGNES

46700 - Carte Michelin **337** C4 - 209 h. - alt. 185
▶ Paris 577 - Cahors 34 - Cazals 15 - Fumel 19

Le Carbet

☎ 05 65 36 61 79, www.camping-carbet.fr

Pour s'y rendre : lieu-dit : La Barte (1,5 km au nord-ouest par D 673, rte de Fumel, près d'un lac)

Ouverture : de mi-avr. à mi-sept.

3 ha (29 empl.) non clos, en terrasses, plat, herbeux, pierreux

Empl. camping : (Prix 2017) 17€ ✶✶ 🚗 🔌 (6A) - pers. suppl. 3,10€ - frais de réservation 10€

Location : (Prix 2017) (de mi-avr. à mi-sept.) - 10 🏠 - 2 tentes lodges. Sem. 205 à 545€ - frais de réservation 10€

Emplacements en sous-bois avec du locatif varié en catégorie et en confort.

Nature : 🌳 ♨♨
Loisirs : 🍴 🛖 🎣 🏊
Services : 🔑 🚻 🔌 🛒 laverie 🧺
À prox. : 🎣

GPS : E : 1.13102 N : 44.56338

Renouvelez votre guide chaque année.

CASTELNAU-DE-MONTMIRAL

81140 - Carte Michelin **338** C7 - 950 h. - alt. 287
▶ Paris 645 - Albi 31 - Bruniquel 22 - Cordes-sur-Ciel 22

Le Chêne Vert

☎ 05 63 33 16 10, www.campingduchenevert.com

Pour s'y rendre : lieu-dit : Travers du Rieutort (3,5 km au nord-ouest par D 964, rte de Caussade, D 1 et D 87, rte de Penne, à gauche)

Ouverture : de déb. juin à mi-sept.

10 ha/2 campables (114 empl.) vallonné, en terrasses, peu incliné, plat, herbeux

Empl. camping : (Prix 2017) 26€ ✶✶ 🚗 🔌 (10A) - pers. suppl. 8,50€ - frais de réservation 15€

Location : (Prix 2017) (de déb. mai à fin sept.) - ♿ (1 chalet) - 18 🏠 - 37 🏡 - 4 bungalows toilés - 2 cabanons. Nuitée 56 à 99€ - Sem. 210 à 693€ - frais de réservation 15€

Partie haute en sous-bois, partie basse plus ensoleillée avec du locatif varié simple en confort.

Nature : 🌲 🌳 ♨♨
Loisirs : 🍴 🛖 🎣 🏊 ⛴
Services : 🔑 🚻 🔌 🛒
à la base de loisirs (500m) : 🎣 🏖 (plage) 🚣 pédalos

GPS : E : 1.78947 N : 43.97702

316

MIDI-PYRÉNÉES

CASTÉRA-VERDUZAN

32410 - Carte Michelin **336** E7 - 937 h. - alt. 114
▶ Paris 720 - Agen 61 - Auch 40 - Condom 20

La Plage de Verduzan

☏ 05 62 68 12 23, www.camping-castera.com

Pour s'y rendre : 30 r. du Lac (au nord du bourg, au bord de l'Aulone)

2 ha (92 empl.) plat, herbeux

Location : 16 🛖

🚰 borne artisanale

Au bord d'un plan d'eau, emplacements soignés.

Nature : 🌳 ⌂ ≈≈
Loisirs : 🛶
Services : ⛽ 🚿 📶 🗑
À prox. : 🍴 ≋ (plage) ⛵ pédalos

GPS E : 0.43116 N : 43.80817

CASTRES

81100 - Carte Michelin **338** F9 - 42 900 h. - alt. 170
▶ Paris 723 - Albi 43 - Carcassonne 70 - Toulouse 72

Gourjade

☏ 05 63 59 33 51, www.campingdegourjade.net

Pour s'y rendre : av. de Roquecourbe (2.7 km au nord par la D 89)

Ouverture : de déb. avr. à fin sept.

4 ha/2 campables (98 empl.) en terrasses, plat, herbeux

Empl. camping : (Prix 2017) 19€ ✱✱ 🚗 🔌 (16A) - pers. suppl. 4,50€

Location : (Prix 2017) (de déb. avr. à fin sept.) - 8 🛖 - 4 🏠 - 6 bungalows toilés. Nuitée 30 à 97€ - Sem. 190 à 680€

🚰 borne AireService - 🚐 13€

Dans le parc de Gourjade, au bord de l'Agout emplacements très ombragés ou plus ensoleillés. Navette gratuite pour le centre-ville.

Nature : 🌳 ⌂ ≈≈
Loisirs : 🍴 🍽 🐎 ⛵
Services : ⛽ 🚿 📶 laverie 🚙
À prox. : 🚲 🎣 🏞 🏇 golf (9 trous) skate-park terrain multisports

GPS E : 2.25540 N : 43.6206

CAUSSADE

82300 - Carte Michelin **337** F7 - 6 586 h. - alt. 109
▶ Paris 606 - Albi 70 - Cahors 38 - Montauban 28

Municipal la Piboulette

☏ 05 63 93 09 07, www.mairie-caussade.fr

Pour s'y rendre : 1 km au nord-est par D 17, rte de Puylaroque et à gauche, au stade, à 200 m d'un étang

Ouverture : de déb. mai à fin oct.

1,5 ha (72 empl.) plat, herbeux

Empl. camping : (Prix 2017) 13€ ✱✱ 🚗 🔌 (10A) - pers. suppl. 4€

🚰 borne AireService 2€ - 10 🗑 13€

Emplacements ombragés entre les terrains de sport municipaux.

Nature : 🌳 ≈≈
Services : ⛽ 🚿 📶 🗑
À prox. : 🏊 🎣 🏞 parcours de santé

GPS E : 1.54624 N : 44.16877

CAUTERETS

65110 - Carte Michelin **342** L7 - 1 118 h. - alt. 932 - ♨ - Sports d'hiver : 1 000/2 350 m
▶ Paris 880 - Argelès-Gazost 17 - Lourdes 30 - Pau 75

Les Glères

☏ 05 62 92 55 34, www.gleres.com

Pour s'y rendre : 19 rte de Pierrefitte (sortie nord par D 920, au bord du Gave)

Ouverture : de déb. déc. à mi-oct.

1,2 ha (80 empl.) plat, herbeux, gravillons

Empl. camping : (Prix 2017) 21,35€ ✱✱ 🚗 🔌 (6A) - pers. suppl. 5,10€ - frais de réservation 10,45€

Location : (Prix 2017) (de déb. déc. à mi-oct.) - 🚫 - 15 🛖 - 5 🏠 - 1 appartement. Nuitée 55 à 96€ - Sem. 250 à 665€

Un bon confort sanitaire, du locatif un peu ancien pour une situation proche du centre-ville.

Nature : ❄ ⌂ ≈≈
Loisirs : 🛶 🐎 ⛵
Services : ⛽ 🚿 🗑 📶 laverie
À prox. : 🍴 patinoire

GPS W : 0.11275 N : 42.89625

Le Cabaliros

☏ 05 62 92 55 36, www.camping-cabaliros.com

Pour s'y rendre : 93 av. du Mamelon-Vert (1,6 km au nord par rte de Lourdes et au pont à gauche)

Ouverture : de fin mai à déb. oct.

2 ha (100 empl.) peu incliné à incliné, herbeux

Empl. camping : (Prix 2017) 19,90€ ✱✱ 🚗 🔌 (6A) - pers. suppl. 5,40€

Location : (Prix 2017) (de déb. déc. à déb. oct.) - 🚫 (de mi-avr. à déb. oct.) - 6 🛖. Nuitée 30 à 90€ - Sem. 245 à 590€

🚰 borne artisanale 3€

Emplacements ombragés ou plein soleil en pente douce jusqu'au bord du gave de Pau.

Nature : 🌳 ⌂ ≈≈
Loisirs : 🛶 ⛵
Services : ⛽ 🚿 📶 laverie

GPS W : 0.10735 N : 42.90406

GR 10

☏ 06 20 30 25 85, www.gr10camping.com

Pour s'y rendre : à Concé (2,8 km au nord par D 920, rte de Lourdes, près du Gave de Pau)

Ouverture : de mi-juin à déb. sept.

1,5 ha (69 empl.) peu incliné, plat, herbeux, rochers

Empl. camping : (Prix 2017) 19€ ✱✱ 🚗 🔌 (8A) - pers. suppl. 7€

Location : (Prix 2017) Permanent - 2 🛖 - 1 🏠 - 5 🏡 - 2 gîtes - 2 appartements. Nuitée 60 à 90€ - Sem. 590 à 790€

🚰 borne artisanale 5€

Point de départ de nombreuses activités loisirs de montagne.

Nature : 🌳 ⌂ ≈
Loisirs : 🛶 ⛵ 🍴 parcours dans les arbres sports en eaux vives escalade
Services : ⛽ 🚿 🗑 📶 laverie

GPS W : 0.09892 N : 42.91107

Choisissez votre restaurant sur **restaurant.michelin.fr**

MIDI-PYRÉNÉES

⚠ Le Péguère

📞 05 62 92 52 91, www.campingpeguere.com

Pour s'y rendre : 31 rte de Pierrefitte (1,5 km au nord par rte de Lourdes, au bord du Gave de Pau)

Ouverture : de déb. avr. à fin sept.

3,5 ha (160 empl.) peu incliné, plat, herbeux

Empl. camping : (Prix 2017) 16 € ♣♣ 🚗 🔲 ⚡ (10A) - pers. suppl. 4,50 €

Location : (Prix 2017) Permanent - 3 🏠 - 2 🏡. Nuitée 31 à 64 € - Sem. 155 à 445 €

🚐 borne artisanale 3 €

Tout en longueur entre la route et le gave de Cauterets.

Nature : ≤ 💧	**GPS**
Loisirs : 🛶	W : 0.10683
Services : 🔑 🚿 ♿ 📶 laverie	N : 42.9024

CAYLUS

82160 - Carte Michelin **337** G6 - 1 536 h. - alt. 228
▶ Paris 628 - Albi 60 - Cahors 59 - Montauban 50

⛰ La Bonnette

📞 05 63 65 70 20, www.campingbonnette.com

Pour s'y rendre : lieu-dit : Les Condamines (sortie nord-est par D 926, rte de Villefranche-de-Rouergue et D 97 à dr., rte de St-Antonin-Noble-Val)

Ouverture : de mi-mars à déb. oct.

1,5 ha (51 empl.) plat, herbeux

Empl. camping : (Prix 2017) 25 € ♣♣ 🚗 🔲 ⚡ (10A) - pers. suppl. 6,50 €

Location : (Prix 2017) (de mi-mars à mi-oct.) - 4 🏠 - 2 tentes lodges - 2 tentes sur pilotis. Nuitée 50 à 110 € - Sem. 350 à 770 €

🚐 borne artisanale 5 €

Au bord de la Bonnette et à proximité d'un plan d'eau.

Nature : 🌳 💧	**GPS**
Loisirs : 🍴 🏊 🛝 🛶	E : 1.77529
Services : 🔑 🚿 ♿ 📶 laverie	N : 44.23375
À prox. : 🎣	

CAYRIECH

82240 - Carte Michelin **337** F6 - 264 h. - alt. 140
▶ Paris 608 - Cahors 39 - Caussade 11 - Caylus 17

⛰ Le Clos de la Lère 👥

📞 05 63 31 20 41, www.camping-leclosdelalere.com

Pour s'y rendre : lieu-dit : Clergue (sortie sud-est par D 9, rte de Septfonds)

Ouverture : de déb. mars à mi-nov.

1 ha (55 empl.) plat, herbeux

Empl. camping : (Prix 2017) 23,50 € ♣♣ 🚗 🔲 ⚡ (10A) - pers. suppl. 6 €

Location : (Prix 2017) (de déb. mars à mi-nov.) - 7 🏠 - 6 🏡 - 1 tente lodge. Nuitée 35 à 60 € - Sem. 189 à 751 € - frais de réservation 8 €

🚐 borne eurorelais 3 € - 4 🔲 8 €

Belle décoration arbustive et florale.

Nature : 🌿 🌳 💧	**GPS**
Loisirs : 🍴 🏊 🛝 🛶	E : 1.61521
Services : 🔑 🏪 ♿ 📶 laverie 🧺	N : 44.21735
À prox. : terrain multisports	

CONDOM

32100 - Carte Michelin **336** E6 - 7 099 h. - alt. 81
▶ Paris 729 - Agen 41 - Auch 46 - Mont-de-Marsan 80

⚠ Municipal L'Argenté

📞 05 62 28 17 32, campingdecondom.jimdo.com

Pour s'y rendre : chemin de l'Argenté (2 km sortie sud par D 931, rte d'Eauze, près de la Baïse)

Ouverture : de déb. avr. à fin sept.

2 ha (78 empl.) plat, herbeux

Empl. camping : (Prix 2017) ♣ 3,60 € 🚗 🔲 5,50 € – ⚡ (10A) 4 €

Location : (Prix 2017) (de déb. avr. à fin sept.) - ♿ (2 chalets) - 🌳 - 10 🏠. Sem. 300 à 475 €

🚐 borne artisanale

Cadre verdoyant, ombragé avec des chalets en bois de bon confort.

Nature : 💧 💧	**GPS**
Loisirs : 🛝	E : 0.36436
Services : 🔑 🚿 ♿ 📶 🏪	N : 43.94802
À prox. : 🍴 ✕ jacuzzi 🛶 🛝 🛶 parc aquatique	

CONQUES

12320 - Carte Michelin **338** G3 - 280 h. - alt. 350
▶ Paris 601 - Aurillac 53 - Decazeville 26 - Espalion 42

⚠ Beau Rivage

📞 05 65 69 82 23, www.campingconques.com

Pour s'y rendre : lieu-dit : Molinols (à l'ouest du bourg, par D 901, au bord du Dourdou)

1 ha (60 empl.) plat, herbeux

Location : 12 🏠.

🚐 borne artisanale

En contrebas du village médiéval au bord de la rivière.

Nature : 🏞 💧 💧	**GPS**
Loisirs : ✕ 🏊 🛶	E : 2.39285
Services : 🔑 📶 laverie 🧺	N : 44.59891

CORDES-SUR-CIEL

81170 - Carte Michelin **338** D6 - 1 006 h. - alt. 279
▶ Paris 655 - Albi 25 - Montauban 59 - Rodez 78

⛰ Le Garissou

📞 05 63 56 27 14, www.legarissou.fr

Pour s'y rendre : à Les Cabannes (3 km au nord-ouest par D 91)

Ouverture : de fin avr. à fin sept.

7 ha/4 campables (59 empl.) en terrasses, plat, herbeux, pierreux

Empl. camping : (Prix 2017) 20,50 € ♣♣ 🚗 🔲 ⚡ (10A) - pers. suppl. 5 € - frais de réservation 9,50 €

Location : (Prix 2017) (de fin avr. à fin sept.) - ♿ (1 chalet) - 30 🏠. Nuitée 50 à 150 € - Sem. 260 à 680 € - frais de réservation 19,50 €

🚐 borne artisanale 10 €

Belle situation dominante sur la colline avec une piscine et les toboggans aquatiques ouverts à tous.

Vent d'Autan

Nature : 🌿 ≤ Cordes-sur-Ciel ou la vallée 🌳 💧	**GPS**
Loisirs : 🛝 🏊 🛶 🛝 terrain multisports	E : 1.92407
Services : 🔑 ♿ 📶 laverie 🧺	N : 44.06655
À prox. : parcours dans les arbres	

318

MIDI-PYRÉNÉES

Moulin de Julien

05 63 56 11 10, www.campingmoulindejulien.com

Pour s'y rendre : à Livers-Cazelles (2.5 km au sud-est par D 922, rte de Gaillac)

Ouverture : de déb. mai à fin sept.

9 ha (92 empl.) en terrasses, incliné, plat, herbeux, étang

Empl. camping : (Prix 2017) 25 € ✶✶ ⛟ 🏠 ⚡ (5A) - pers. suppl. 6 € - frais de réservation 10 €

Location : (Prix 2017) (de déb. mai à fin sept.) - ✂ - 3 🏠 - 2 cabanons - 5 gîtes. Nuitée 30 à 110 € - Sem. 200 à 610 € - frais de réservation 10 €

Cadre ombragé autour d'un étang et traversé par un petit ruisseau. Préférer les emplacements les plus éloignés de la route.

Nature : 🌳🌳
Loisirs : 🍴🏊⛱🎣🚣
Services : 🔑🚿📶🧺
À prox. : 🍽

GPS E : 1.97628 N : 44.05036

Camp Redon

06 47 46 13 62, www.campredon.com

Pour s'y rendre : à Livers-Cazelles (6 km au sud-est par D 600, rte d'Albi puis 800 m par D 107, rte de Virac à gauche)

Ouverture : de déb. mai à mi-sept.

2 ha (53 empl.) peu incliné, plat, herbeux

Empl. camping : (Prix 2017) 29,35 € ✶✶ ⛟ 🏠 ⚡ (16A) - pers. suppl. 8 € - frais de réservation 15 €

Location : (Prix 2017) (de déb. mai à mi-sept.) - 3 🏠 - 3 bungalows toilés - 5 tentes lodges. Sem. 280 à 825 € - frais de réservation 25 €

Autour d'une belle maison en pierre, cadre verdoyant et locatif varié.

Nature : 🌳🌿
Loisirs : 🏊⛱🎣
Services : 🔑🧺📶🧽

GPS E : 2.01767 N : 44.04318

COS

09000 - Carte Michelin **343** H7 - 369 h. - alt. 486

▶ Paris 766 - La Bastide-de-Sérou 14 - Foix 5 - Pamiers 25

Municipal

06 71 18 10 38, www.camping-municipal-cos09.fr

Pour s'y rendre : Le Rieutort (700 m au sud-ouest sur D 61, au bord d'un ruisseau)

Ouverture : Permanent

0,7 ha (32 empl.) non clos, plat, herbeux

Empl. camping : (Prix 2017) 13,40 € ✶✶ ⛟ 🏠 ⚡ (10A) - pers. suppl. 2 €

Location : (Prix 2017) Permanent - 3 🏠. Sem. 200 à 400 €

Petit terrain ombragé au confort sanitaire simple et un peu ancien.

Nature : 🌳🌳
Loisirs : 🧺✂
Services : 🚿🧽🧺📶

À prox. : 🐎🚣

GPS E : 1.57332 N : 42.97102

CRAYSSAC

46150 - Carte Michelin **337** D4 - 695 h. - alt. 300

▶ Paris 582 - Agen 81 - Cahors 16 - Toulouse 129

Campéole Les Reflets du Quercy 👥

05 65 30 00 27, www.camping-lot.info

Pour s'y rendre : 1,8 km au nord-ouest par D 23 rte de Catus et rte à gauche, accès conseillé par D 911

Ouverture : de fin avr. à mi-sept.

4,5 ha (136 empl.) fort dénivelé, en terrasses, peu incliné, plat, herbeux, pierreux

Empl. camping : (Prix 2017) 30,80 € ✶✶ ⛟ 🏠 ⚡ (10A) - pers. suppl. 6,90 € - frais de réservation 25 €

Location : (Prix 2017) (de fin avr. à mi-sept.) - 8 🏠 - 26 🏠 - 37 bungalows toilés - 18 tentes lodges. Nuitée 32 à 132 € - Sem. 224 à 924 € - frais de réservation 25 €

🚐 borne eurorelais - 5 🏠 30,80 €

Sous une agréable chênaie.

Nature : 🌳🌳🌳
Loisirs : 🍴🍽🏊🎠🎾🏓🚣
Services : 🔑🚿📶🧺🧽

GPS E : 1.32227 N : 44.5099

---

*De gids wordt jaarlijks bijgewerkt.
Doe als wij, vervang hem, dan blijf je bij.*

Campéole

www.campeole.com

LES REFLETS DU QUERCY ★★★★

Au cœur du vignoble, les saveurs du Quercy

Retrouvez dans un cadre naturel et authentique nos emplacements camping et locations.

Profitez de notre piscine chauffée et nos animations (en été), tout ceci dans une ambiance familiale et conviviale.

Mas de Bastide
46150 Crayssac
+33 (0)5 65 30 00 27
reflets-du-quercy@campeole.com

319

MIDI-PYRÉNÉES

CREISSELS

12100 - Carte Michelin 338 K6 - 1 487 h. - alt. 330
▶ Paris 646 - Toulouse 184 - Rodez 69 - Montpellier 115

▲ St-Martin

📞 05 65 60 31 83, www.campingsaintmartin.fr

Ouverture : de déb. avr. à fin oct.

3 ha (90 empl.) plat, herbeux

Empl. camping : (Prix 2017) 19,50€ ✶✶ ⇌ 🅿 ⚡ (10A) - pers. suppl. 3,50€

Location : (Prix 2017) (de déb. avr. à fin oct.) - ⚹ - 8 🏠. Nuitée 45 à 80€ - Sem. 250 à 550€

🚐 borne artisanale 8€ - 🚐 8€

Nature : 🌳 ≤ 🎣
Loisirs : 🍴 🛝 🚴 ⛱
Services : ⚙ 🚿 📶 laverie
À prox. : ✂

GPS : E : 3.04907 N : 44.07461

CREYSSE

46600 - Carte Michelin 337 F2 - 296 h. - alt. 110
▶ Paris 517 - Brive-la-Gaillarde 40 - Cahors 79 - Gourdon 40

▲ Le Port

📞 05 65 32 20 82, www.campingduport.com

Pour s'y rendre : au sud du bourg, près du château, au bord de la Dordogne

Ouverture : de fin avr. à fin sept.

3,5 ha (100 empl.) non clos, plat, herbeux

Empl. camping : (Prix 2017) 18,10€ ✶✶ ⇌ 🅿 ⚡ (10A) - pers. suppl. 4,70€ - frais de réservation 10€

Location : (Prix 2017) (de fin avr. à fin sept.) - 10 🏠 - 4 tentes lodges. Nuitée 27 à 95€ - Sem. 190 à 720€ - frais de réservation 10€

Plage agréable au bord de la Dordogne. Vente de produits de la ferme : miel et noix.

Nature : 🌳 🎣 ▲
Loisirs : 🍴 🛝 🚴 🚵 🏊 🛶 escalade sports en eaux vives
Services : ⚙ 🚿 📶 laverie

GPS : E : 1.59895 N : 44.88545

🏊 ✂ 🐎 🛶 🐴
ATTENTION...
ces prestations ne fonctionnent généralement qu'en saison, quelles que soient les dates d'ouverture du terrain.

DAMIATTE

81220 - Carte Michelin 338 D9 - 931 h. - alt. 148
▶ Paris 698 - Castres 26 - Graulhet 16 - Lautrec 18

▲ Le Plan d'Eau St-Charles 👥

📞 05 63 70 66 07, www.campingplandeau.com

Pour s'y rendre : lieu-dit : la Cahuzière (sortie rte de Graulhet puis 1,2 km par rte à gauche avant le passage à niveau)

Ouverture : de déb. avr. à fin oct.

7,5 ha/2 campables (82 empl.) plat, herbeux, pierreux

Empl. camping : (Prix 2017) 27,50€ ✶✶ ⇌ 🅿 ⚡ (6A) - pers. suppl. 7€ - frais de réservation 17€

Location : (Prix 2017) (de déb. avr. à fin oct.) - 22 🏠 - 16 🏠 - 9 bungalows toilés. Nuitée 70 à 95€ - Sem. 220 à 820€ - frais de réservation 17€

Agréable situation autour d'un joli lagon au sable blanc idéal pour la baignade et un grand étang dédié à la pêche.

Nature : 🌳 🎣 🎣
Loisirs : ✂ 🛝 🚴 ⛱ 🏊 (plan d'eau) 🛶
Services : ⚙ 🚿 📶 🏠

GPS : E : 1.97011 N : 43.66289

DURAVEL

46700 - Carte Michelin 337 C4 - 957 h. - alt. 110
▶ Paris 610 - Toulouse 153 - Cahors 39 - Villeneuve-sur-Lot 37

▲▲▲ Capfun Le Domaine Duravel 👥

📞 05 65 24 65 06, www.capfun.com

Pour s'y rendre : rte du Port-de-Vire (2,3 km au sud par D 58, au bord du Lot)

Ouverture : de mi-avr. à mi-sept.

9 ha (290 empl.) plat, herbeux

Empl. camping : (Prix 2017) 40€ ✶✶ ⇌ 🅿 ⚡ (10A) - pers. suppl. 7€ - frais de réservation 27€

Location : (Prix 2017) (de mi-avr. à mi-sept.) - 190 🏠 - 18 🏠 - 9 tentes lodges. Nuitée 37 à 319€ - Sem. 147 à 2 233€ - frais de réservation 27€

Cadre boisé avec du locatif varié et des sanitaires individuels pour certains emplacements VIP.

Nature : 🌳 🎣
Loisirs : 🍴 ✂ 🛝 🚴 🚵 🏊 🛶 terrain multisports
Services : ⚙ 🚿 – 36 sanitaires individuels (🚿 🚽 wc) 📶 laverie 🏠

GPS : E : 1.08201 N : 44.49633

Donnez-nous votre avis sur les terrains que nous recommandons. Faites-nous connaître vos observations et vos découvertes par mail à l'adresse : leguidecampingfrance@tp.michelin.com.

ENTRAYGUES-SUR-TRUYÈRE

12140 - Carte Michelin 338 H3 - 1 224 h. - alt. 236
▶ Paris 600 - Aurillac 45 - Figeac 58 - Mende 128

▲ Le Val de Saures

📞 05 65 44 56 92, www.camping-valdesaures.com

Pour s'y rendre : chemin de Saures (1,6 km au sud par D 904, rte d'Espeyrac, en bordure du Lot (accès direct)

Ouverture : de déb. mai à mi-sept.

4 ha (126 empl.) en terrasses, plat, herbeux

Empl. camping : (Prix 2017) 20€ ✶✶ ⇌ 🅿 ⚡ (10A) - pers. suppl. 4,20€ - frais de réservation 15€

Location : (Prix 2017) (de déb. mai à mi-sept.) - 11 🏠 - 5 tentes lodges. Nuitée 29 à 104€ - Sem. 203 à 730€ - frais de réservation 15€

Nature : 🌳 ≤ 🎣 🎣
Loisirs : 🏠 🚴 🛶
Services : ⚙ 🚿 📶 laverie
À prox. : 🛶 terrain multisports

GPS : E : 2.56352 N : 44.64248

320

MIDI-PYRÉNÉES

▲ Le Lauradiol
☏ 05 65 44 53 95, camping-lelauradiol.jimdo.com

Pour s'y rendre : à Campouriez (5 km au nord-est par D 34, rte de St-Amans-des-Cots, au bord de la Selves)

Ouverture : de mi-juin à mi-sept.

1 ha (31 empl.) plat, herbeux

Empl. camping : (Prix 2017) 18€ ♦♦ ⛺ 🚗 (16A) - pers. suppl. 3€ - frais de réservation 15€

Location : (Prix 2017) (de mi-juin à mi-sept.) - 4 🚐. Nuitée 29 à 73€ - Sem. 203 à 511€ - frais de réservation 20€

Situation agréable au fond d'une petite vallée, bordée par la rivière.

Nature : 🌳 🏞️
Loisirs : 🏊 ⚽ 🎣
Services : 🔑 (juil.-août) 🚿 📶 🧺

GPS E : 2.58289 N : 44.67768

ESPALION
12500 - Carte Michelin **338** I3 - 4 409 h. - alt. 342
▶ Paris 592 - Aurillac 72 - Figeac 93 - Mende 101

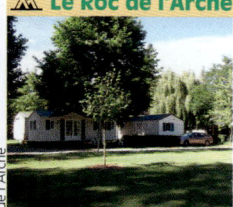

▲ Le Roc de l'Arche
☏ 05 65 44 06 79, www.rocdelarche.com

Pour s'y rendre : r. du Foirail (à l'est, par av. de la Gare et à gauche, apr. les terrains de sport, au bord du Lot)

Ouverture : de déb. mai à mi-sept.

2,5 ha (95 empl.) plat, herbeux

Empl. camping : (Prix 2017) 25,90€ ♦♦ ⛺ 🚗 (10A) - pers. suppl. 6€ - frais de réservation 15€

Location : (Prix 2017) (de déb. mai à mi-sept.) - 20 🚐. Sem. 286 à 511€ - frais de réservation 15€

🚐 borne artisanale 3€ - 5 📋 8€ - 🗑️ 8€

Nature : 🏞️
Loisirs : 🎱 🚴 🎣
Services : 🔑 🚿 📶

À prox. : 🍴 ✂️ 🏊 terrain multisports

GPS E : 2.76959 N : 44.52244

ESTAING
65400 - Carte Michelin **342** K7 - 77 h. - alt. 970
▶ Paris 874 - Argelès-Gazost 12 - Arrens 7 - Laruns 43

▲ La Via Natura Pyrénées Natura
(pas d'emplacement tentes et caravanes)

☏ 05 62 97 45 44, www.camping-pyrenees-natura.com - alt. 1 000

Pour s'y rendre : rte du Lac (au nord du bourg)

Ouverture : de déb. mai à fin sept.

3 ha (65 empl.) en terrasses, gravier, plat, herbeux

Location : (Prix 2017) (de mi-avr. à fin sept.) - 18 🚐. Nuitée 36 à 98€ - Sem. 210 à 690€

🚐 borne artisanale - 2 📋 18,90€

Autour d'une ancienne ferme du 19e s., locatif de qualité et sanitaires de bon confort.

Nature : 🌳 🏞️
Loisirs : 🍴 ✂️ 🛋️ 🛁 jacuzzi 🎣
Services : 🔑 🚿 📶 🧺

GPS W : 0.17525 N : 42.94145

ESTANG
32240 - Carte Michelin **336** B6 - 643 h. - alt. 120
▶ Paris 712 - Aire-sur-l'Adour 25 - Eauze 17 - Mont-de-Marsan 35

▲▲▲ Les Lacs de Courtès 👥
☏ 05 62 09 61 98, www.lacsdecourtes.com

Pour s'y rendre : au sud du bourg par D 152, derrière l'église et au bord d'un lac

Ouverture : Permanent

7 ha (136 empl.) en terrasses, peu incliné, plat, herbeux

Empl. camping : (Prix 2017) ♦ 5,25€ 🚗 📋 14€ – 🔌 (10A) 6€ - frais de réservation 20€

Location : (Prix 2017) Permanent - 1 🚐 - 21 🏠 - 2 bungalows toilés - 6 cabanons - 22 gîtes. Sem. 182 à 1 190€ - frais de réservation 20€

🚐 borne artisanale - 3 📋 20€ - 🗑️ 18€

Derrière l'église et au bord du lac.

Nature : 🌳 🏞️
Loisirs : 🍴 🏊 🛋️ salle d'animations 🏃 jacuzzi 🎣 🚴
Services : 🔑 🍽️ 🚿 📶 laverie 🧺

GPS W : 0.1025 N : 43.86472

FIGEAC
46100 - Carte Michelin **337** I4 - 9 847 h. - alt. 214
▶ Paris 578 - Aurillac 64 - Rodez 66 - Villefranche-de-Rouergue 36

▲▲▲ Le Domaine du Surgié
☏ 05 61 64 88 54, www.domainedusurgie.com

Pour s'y rendre : au Domaine du Surgié (1,2 km à l'est par N 140, rte de Rodez, au bord de la rivière et d'un plan d'eau)

Ouverture : de déb. avr. à fin oct.

2 ha (159 empl.) en terrasses, plat, herbeux

Empl. camping : (Prix 2017) 26€ ♦♦ ⛺ 🚗 (10A) - pers. suppl. 7,50€ - frais de réservation 10€

Location : (Prix 2017) (de déb. janv. à fin oct.) - ✂️ - 20 🚐 - 6 bungalows toilés - 30 gîtes. Nuitée 45 à 70€ - Sem. 200 à 795€ - frais de réservation 21€

Le camping bordé par la rivière est au milieu d'une importante base de loisirs.

Nature : 🏞️
Loisirs : 🛋️ 🎣 🏃 🎣
Services : 🔑 📶 laverie
À prox. : 🍴 ✂️ 🏊 salle d'animations 🚴 🎣 🛶 pédalos

GPS E : 2.05037 N : 44.61031

MIDI-PYRÉNÉES

FLAGNAC

12300 - Carte Michelin 338 F3 - 972 h. - alt. 220
▶ Paris 603 - Conques 19 - Decazeville 5 - Figeac 25

Flower Le Port de Lacombe

✆ 05 65 65 67 59, www.campinglac aux oiseaux.fr

Pour s'y rendre : 1 km au nord par D 963 et chemin à gauche, près d'un plan d'eau et du Lot (accès direct)

Ouverture : de déb. avr. à fin sept.

4 ha (97 empl.) plat, herbeux

Empl. camping : (Prix 2017) 29 € ✱✱ 🚗 📧 🚿 (10A) - pers. suppl. 5 € - frais de réservation 20 €

Location : (Prix 2017) Permanent - 36 🏠 - 9 tentes lodges. Nuitée 28 à 105 € - Sem. 196 à 735 € - frais de réservation 20 €

🚐 borne artisanale 5 € - 💧 10 €

Nature : 🌳 🌲 🐟
Loisirs : 🍹 🍴 🎣 🏊 🚴 ⛳
Services : 🔑 📶 laverie
À prox. : 🐎 pédalos

GPS : E : 2.23533 / N : 44.60819

LA FOUILLADE

12270 - Carte Michelin 338 E5 - 1 113 h. - alt. 420
▶ Paris 624 - Toulouse 109 - Rodez 61 - Albi 52

Le Bosquet

✆ 06 63 95 30 65, www.campinglafouillade.fr

Pour s'y rendre : r. Genêts

Ouverture : de déb. avr. à fin oct.

5 ha (76 empl.) en terrasses, plat, herbeux

Empl. camping : (Prix 2017) 18 € ✱✱ 🚗 📧 🚿 (10A) - pers. suppl. 4 €

Location : (Prix 2017) (de déb. avr. à fin oct.) - 12 🏠 - 8 bungalows toilés. Sem. 250 à 850 € - frais de réservation 8 €

🚐 borne artisanale 5 € - 8 📧 12 € - 💧

Nature : 🌳 🌲 🐟
Loisirs : 🏊 🚴 ⛳
Services : 🔑 📶 laverie
À prox. : 🍴

GPS : E : 2.03717 / N : 44.22635

GARIN

31110 - Carte Michelin 343 B8 - 133 h. - alt. 1 100
▶ Paris 827 - Toulouse 153 - Tarbes 85 - Lourdes 84

Les Frênes

✆ 05 61 79 88 44, www.chalets-luchon-peyragudes.com - empl. traditionnels également disponibles

Pour s'y rendre : à l'est du bourg par D 618, rte de Bagnères-de-Luchon et à gauche, D 76E vers rte de Billière

Ouverture : de déb. avr. à fin oct.

0,8 ha (36 empl.) en terrasses

Empl. camping : (Prix 2017) 18,44 € ✱✱ 🚗 📧 🚿 (10A) - pers. suppl. 5 €

Location : (Prix 2017) (de mi-déc. à mi-nov.) - 🅿 - 9 🏠. Nuitée 80 à 150 € - Sem. 222 à 739 €

Location à la nuitée possible hors vacances scolaires.

Nature : 🌳 🌲
Loisirs : 🎣
Services : 🔑 📶 laverie
À prox. : 🍴

GPS : E : 0.51976 / N : 42.80933

GAVARNIE

65120 - Carte Michelin 342 L8 - 140 h. - alt. 1 350 - Sports d'hiver : 1 350/2 400 m
▶ Paris 901 - Lourdes 52 - Luz-St-Sauveur 20 - Pau 96

Le Pain de Sucre

✆ 05 62 92 47 55, www.camping-gavarnie.com - alt. 1 273

Pour s'y rendre : quartier Couret (3 km au nord par D 921, rte de Luz-St-Sauveur, au bord du Gave de Gavarnie)

Ouverture : de mi-déc. à mi-avr. et de déb. juin à fin sept.

1,5 ha (54 empl.) non clos, plat, herbeux

Empl. camping : (Prix 2017) ✱ 4,90 € 🚗 5,20 € – 📧 🚿 (10A) 6,80 € - frais de réservation 3 €

Location : (Prix 2017) (de mi-déc. à mi-avr. et de déb. juin à fin sept.) - 🚿 - 4 🏠 - 5 🏕. Nuitée 34 à 60 € - Sem. 215 à 550 €

Cadre montagnard au bord du ruisseau avec un bon confort sanitaire.

Nature : ❄ 🌲 🐟
Loisirs : 🍹 🍴 🎣
Services : 🔑 🏛 📶 laverie

GPS : E : 0.00137 / N : 42.75983

The Guide changes, so renew your guide every year.

GIRAC

46130 - Carte Michelin 337 G2 - 379 h. - alt. 123
▶ Paris 522 - Beaulieu-sur-Dordogne 11 - Brive-la-Gaillarde 42 - Gramat 27

Les Chalets sur la Dordogne

✆ 05 65 10 93 33, www.camping-chalet-sur-dordogne.com

Pour s'y rendre : au Port (1 km au nord-ouest par D 703, rte de Vayrac et chemin à gauche, au bord de la Dordogne)

Ouverture : de mi-avr. à fin sept.

2 ha (39 empl.) non clos, plat, herbeux, sablonneux

Empl. camping : (Prix 2017) 24,50 € ✱✱ 🚗 📧 🚿 (10A) - pers. suppl. 6 € - frais de réservation 10 €

Location : (Prix 2017) (de mi-mars à fin sept.) - 9 🏠 - 2 🏡 - 5 bungalows toilés. Sem. 219 à 699 € - frais de réservation 15 €

🚐 borne artisanale 4 € - 18 📧 7,80 € - 💧 8 €

Emplacements ombragés au bord de la rivière. Accueil de groupes et de colonies. Stationnement camping-car à l'extérieur du camping.

Nature : 🌳 🌲 🐟 🏕
Loisirs : 🍹 🍴 🎣 🏊
Services : 🔑 (juin-août) 📶 laverie 🛁
À prox. : 🚣

GPS : E : 1.80501 / N : 44.91809

GONDRIN

32330 - Carte Michelin 336 D6 - 1 180 h. - alt. 174
▶ Paris 745 - Agen 58 - Auch 42 - Condom 17

Le Pardaillan 👥

✆ 05 62 29 16 69, www.camping-le-pardaillan.com

Pour s'y rendre : 27 r. Pardaillan (à l'est du bourg)

Ouverture : de mi-avr. à mi-sept.

2,5 ha (115 empl.) en terrasses, plat, gravillons, herbeux, étang

Empl. camping : (Prix 2017) 24 € ✱✱ 🚗 📧 🚿 (10A) - pers. suppl. 6,20 € - frais de réservation 15 €

MIDI-PYRÉNÉES

Location : (Prix 2017) (de mi-avr. à mi-sept.) - ♿ (1 chalet) - 25 🚐 - 25 🛖 - 5 bungalows toilés. Sem. 310 à 790€ - frais de réservation 15€
🚰 borne artisanale - 4 🅿 11€ - 🚿 11€

Emplacements ombragés sous une jolie pinède dans la partie centrale. Locatif varié en gamme et en confort.

Nature : 🌳 🏞 ♢♢
Loisirs : 🍽 ✕ 🏛 🚴 🏊 🚣
Services : 🔑 🚻 ♿ 📶 laverie 🚗

À prox. : 🎯 🎣 (bassin) 🚤 parc de loisirs parc aquatique terrain multisports

GPS E : 0.23873 N : 43.88165

Des vacances réussies sont des vacances bien préparées !
Ce guide est fait pour vous y aider... mais :
– n'attendez pas le dernier moment pour réserver
– évitez la période critique du 14 juillet au 15 août.
Pensez aux ressources de l'arrière-pays,
à l'écart des lieux de grande fréquentation.

GOUAUX

65240 - Carte Michelin **342** O5 - 73 h. - alt. 923
▶ Paris 824 - Toulouse 151 - Tarbes 65 - Foix 149

⚠ Le Ruisseau

📞 05 62 39 95 49, www.camping-aure-pyrenees.com

Pour s'y rendre : au bourg (par D 25, accès conseillé par D 19)

Ouverture : de déb. avr. à mi-oct.

2 ha (115 empl.) en terrasses, plat, herbeux

Empl. camping : (Prix 2017) ♟ 5€ 🚗 🅿 5,50€ – (🔌) (6A) 4,90€ - frais de réservation 5€

Location : (Prix 2017) (de déb. avr. à mi-oct.) - 25 🚐. Nuitée 70 à 90€ - Sem. 199 à 595€ - frais de réservation 15€

La moitié des emplacements sont occupés par des mobile homes locatifs ou des propriétaires-résidents.

Nature : 🌳
Loisirs : ✕ 🏛 🚴
Services : 🔑 🚻 ♿ 📶 laverie 🚗

GPS E : 0.36085 N : 42.86423

GOURDON

46300 - Carte Michelin **337** E3 - 4 622 h. - alt. 250
▶ Paris 543 - Bergerac 91 - Brive-la-Gaillarde 66 - Cahors 44

⚠ Le Paradis

📞 05 65 41 65 01, www.campingleparadis.com

Pour s'y rendre : lieu-dit : La Peyrugue (2 km au sud-ouest par D 673, rte de Fumel et chemin à gauche, près du parking Intermarché)

Ouverture : de mi-avr. à mi-oct.

1 ha (25 empl.) non clos, en terrasses, plat, herbeux, sous-bois

Empl. camping : (Prix 2017) ♟ 5€ 🚗 🅿 5€ – (🔌) (10A) 3€

Location : (Prix 2017) (de mi-avr. à mi-oct.) - 6 🚐 - 1 🛖. Nuitée 45 à 50€ - Sem. 240 à 400€

Emplacements en sous-bois ou plus ensoleillés.

Nature : 🌳 ♢♢
Loisirs : 🏛 🚣
Services : 🔑 📶 🚗

GPS E : 1.37497 N : 44.72323

GRAND-VABRE

12320 - Carte Michelin **338** G3 - 406 h. - alt. 213
▶ Paris 615 - Aurillac 47 - Decazeville 18 - Espalion 50

🏔 Village Vacances Grand-Vabre Aventures et Nature
(pas d'emplacement tentes et caravanes)

📞 05 65 72 85 67, www.grand-vabre.com

Pour s'y rendre : lieu-dit : Les Passes (1 km au sud-est par D 901, rte de Conques, au bord de Dourdou)

1,5 ha plat, herbeux

Location : ♿ (1 gîte) - 20 gîtes.

Nature : ♢♢
Loisirs : 🏛 🚴 🏊 🚣
Services : 🔑 🚻 📶 laverie

GPS E : 2.36297 N : 44.62473

HÈCHES

65250 - Carte Michelin **342** O6 - 631 h. - alt. 690
▶ Paris 805 - Arreau 14 - Bagnères-de-Bigorre 35 - Bagnères-de-Luchon 47

⚠ La Bourie

📞 05 62 98 73 19, www.camping-labourie.com

Pour s'y rendre : à Rebouc (2 km au sud par D 929, rte d'Arreau et D 26 à gauche, au bord de la Neste d'Aure)

Ouverture : de fin déc. à mi-nov.

2 ha (122 empl.) plat, herbeux

Empl. camping : (Prix 2017) ♟ 4,50€ 🚗 🅿 7€ – (🔌) (10A) 6€ - frais de réservation 5€

Location : (Prix 2017) Permanent ✈ - 12 🚐 - 2 🛖 - 3 tentes sur pilotis - 1 roulotte. Nuitée 29 à 125€ - Sem. 140 à 790€ - frais de réservation 15€

🚰 borne artisanale

Sur les lieux d'une ancienne usine avec beaucoup de propriétaires-résidents.

Nature : 🌳 🏞 ♢♢
Loisirs : ✕ 🏛 🚣
Services : 🔑 🚻 ♿ 📶 🚗

GPS E : 0.37887 N : 43.03815

L'HOSPITALET-PRÈS-L'ANDORRE

09390 - Carte Michelin **343** I9 - 91 h. - alt. 1 446
Tunnel de Puymorens : péage en 2017, aller simple : 6,70 € autos, 13,80 € caravanes, 22,60/37,20 € P. L., 4 € deux-roues. Tarifs spéciaux A.R. : renseignements 📞 04 68 04 97 20.
▶ Paris 822 - Andorra-la-Vella 40 - Ax-les-Thermes 19 - Bourg-Madame 26

⚠ Municipal La Porte des Cimes

📞 05 61 05 21 10, www.laportedescimes.fr - alt. 1 500

Pour s'y rendre : 600 m au nord par N 20, rte d'Ax-les-Thermes et rte à dr.

Ouverture : de déb. juin à fin sept.

1,5 ha (62 empl.) en terrasses, plat, herbeux, gravillons

Empl. camping : (Prix 2017) 16,40€ ♟ 🚗 🅿 (🔌) (10A) - pers. suppl. 4€

Préférer les emplacements les plus éloignés de la route.

Nature : 🌳 ♢
Loisirs : 🎯
Services : 🔑 (juil.-août) 🚻 ♿ 📶 laverie
À prox. : 🚤

GPS E : 1.80343 N : 42.59135

323

MIDI-PYRÉNÉES

LACAM-D'OURCET

46190 - Carte Michelin 337 I2 - 129 h. - alt. 520
▶ Paris 544 - Aurillac 51 - Cahors 92 - Figeac 38

⚠ Les Teuillères

☎ 05 65 11 90 55, www.lesteuilleres.com

Pour s'y rendre : 4,8 km au sud-est par D 25, rte de Sousceyrac et rte de Sénaillac-Latronquière, vers le lac de Tolerme

Ouverture : de déb. mai à fin sept.

3 ha (30 empl.) peu incliné, plat, herbeux

Empl. camping : (Prix 2017) 29 € ✶✶ 🚗 📧 [½] (6A) - pers. suppl. 7 € - frais de réservation 12 €

Autour d'une ancienne jolie ferme en pierre du pays.

Nature : 🌳 ≤ 🏕 ♒
Loisirs : 🏊 🚴 ♒
Services : 🔑 🥖 🚻 📶 📧

GPS E : 2.04086 N : 44.8342

LACAVE

46200 - Carte Michelin 337 F2 - 284 h. - alt. 130
▶ Paris 528 - Brive-la-Gaillarde 51 - Cahors 58 - Gourdon 26

⛰ La Rivière 👨‍👦

☎ 05 65 37 02 04, www.campinglariviere.com

Pour s'y rendre : lieu-dit : Le Bougayrou (2,5 km au nord-est par D 23, rte de Martel et chemin à gauche, au bord de la Dordogne)

Ouverture : de déb. mai à mi-sept.

2,5 ha (110 empl.) non clos, plat, herbeux, pierreux

Empl. camping : (Prix 2017) ✶ 6,70 € 🚗 7,80 € - [½] (10A) 4,30 € - frais de réservation 9,80 €

Location : (Prix 2017) (de déb. mai à mi-sept.) - 19 🏠 - frais de réservation 9,80 €

Ambiance familiale avec des emplacements dominant la rivière.

Nature : 🌳 ♒
Loisirs : 🍴 🏊 🚴 🛶 ♒
Services : 🔑 🚻 📶 laverie 🧺

GPS E : 1.559 N : 44.8613

LAFRANÇAISE

82130 - Carte Michelin 337 D7 - 2 828 h. - alt. 183
▶ Paris 621 - Castelsarrasin 17 - Caussade 41 - Lauzerte 23

⛰ Le Lac

☎ 05 63 65 89 69, www.campings82.fr

Pour s'y rendre : r. Jean-Moulin (sortie sud-est par D 40, rte de Montastruc et à gauche, à 250 m d'un plan d'eau (accès direct))

Ouverture : de mi-avr. à fin sept.

0,9 ha (41 empl.) en terrasses, peu incliné, plat, herbeux, pierreux

Empl. camping : (Prix 2017) 22 € ✶✶ 📧 [½] (10A) - pers. suppl. 8 €

Location : (Prix 2017) Permanent 🏠 (1 gîte) - 19 🏠 - 1 🏠 - 11 gîtes. Nuitée 50 à 95 € - Sem. 350 à 665 €
🚐 borne raclet 9 € - 4 📧 22 €

En sous-bois dominant la petite base de loisirs.

Nature : 🌳 🏕 ♒
Loisirs : 🚴 🏊
Services : 🔑 🚻 📶 📧
À prox. : 🍴 🏊 🚴 🛶 🛴 pédalos skate parc

GPS E : 1.24675 N : 44.1246

LAGUIOLE

12210 - Carte Michelin 338 J2 - 1 267 h. - alt. 1 004 - Sports d'hiver : 1 100/1 400 m
▶ Paris 571 - Aurillac 79 - Espalion 22 - Mende 83

⚠ Municipal les Monts d'Aubrac

☎ 05 65 44 39 72, http://www.campinglesmontsdaubraclaguiole.jimdo.com - alt. 1 050

Pour s'y rendre : rte de Rodez (sortie sud par D 921, puis 600 m par rte à gauche, au stade)

1,2 ha (57 empl.) peu incliné, plat, herbeux

🚐 borne flot bleu

Nature : 🌳 ≤ ♒
Services : 🚻 🔑 🚿
À prox. : 🍴 🏊 skate-board terrain multisports

GPS E : 2.85501 N : 44.6815

LAMONTÉLARIÉ

81260 - Carte Michelin 338 H9 - 62 h. - alt. 847
▶ Paris 736 - Toulouse 116 - Albi 83 - Castres 44

⛰ Rouquié

☎ 05 63 70 98 06, www.campingrouquie.fr

Pour s'y rendre : au lac de la Raviège (3,9 km au sud par les D 52 et D 62)

Ouverture : de déb. mai à fin oct.

3 ha (97 empl.) fort dénivelé, en terrasses, plat, herbeux

Empl. camping : (Prix 2017) 26,47 € ✶✶ 🚗 📧 [½] (10A) - pers. suppl. 5,60 € - frais de réservation 15 €

Location : (Prix 2017) (de déb. avr. à fin oct.) - 🏕 - 11 🏠 - 4 🏠. Nuitée 62 à 120 € - Sem. 275 à 809 € - frais de réservation 15 €

De longues terrasses pour les emplacements qui offrent à chacune une jolie vue sur le lac.

Nature : 🌳 ≤ sur le lac ♒
Loisirs : 🍴 🏊 🚴 🛶 ♒ pédalos
Services : 🔑 🚻 📶 laverie 🧺
À prox. : ⚓

GPS E : 2.60663 N : 43.60038

LAU-BALAGNAS

65400 - Carte Michelin 342 L5 - 499 h. - alt. 430
▶ Paris 864 - Toulouse 188 - Tarbes 36 - Pau 70

⛰ Yelloh! Village Le Lavedan

☎ 05 62 97 18 84, www.lavedan.com

Pour s'y rendre : 44 rte des Vallées (1 km au sud-est)

Ouverture : de fin avr. à mi-oct.

2 ha (108 empl.) plat, herbeux

Empl. camping : (Prix 2017) 44 € ✶✶ 🚗 📧 [½] (10A) - pers. suppl. 8 €

Location : (Prix 2017) (de fin avr. à mi-oct.) - 33 🏠 - 1 🏠. Nuitée 32 à 155 € - Sem. 224 à 1 085 €

Mobile homes locatifs ou de propriétaires-résidents et encore quelques places pour tentes et caravanes à choisir éloignées de la route.

Nature : ♒
Loisirs : 🍴 🏊 🏛 salle d'animations 🚴 🛴 (découverte en saison)
Services : 🔑 🚻 🚿 📶 laverie 🧺 point d'informations touristiques

GPS W : 0.08896 N : 42.98818

324

MIDI-PYRÉNÉES

LECTOURE

32700 - Carte Michelin **336** F6 - 3 766 h. - alt. 155
▶ Paris 708 - Agen 39 - Auch 35 - Condom 26

⛰ Yelloh! Village Le Lac des 3 Vallées

☎ 05 62 68 82 33, www.lacdes3vallees.fr

Pour s'y rendre : 2,4 km au sud-est par N 21, rte d'Auch, puis 2,3 km par rte à gauche au bord du lac

Ouverture : de déb. juin à mi-sept.

40 ha (600 empl.) vallonné, en terrasses, peu incliné, plat, herbeux

Empl. camping : (Prix 2017) 50€ ✦✦ ⇌ 📧 (10A) - pers. suppl. 9€

Location : (Prix 2017) (de déb. juin à mi-sept.) - 237 🚐 - 26 bungalows toilés - 19 tentes lodges. Nuitée 39 à 205€ - Sem. 273 à 1 435€

🚐 borne AireService - 10 📧 50€

De grands espaces verdoyants, vallonnés avec de nombreux locatifs variés et de bon confort. Jolie salle de jeux pour les tout-petits.

Nature : 🌊 ← 🌳
Loisirs : 🍴 ✕ 🏠 🛝 🎯 🏊 jacuzzi 🐎 ⛵ 🌊 (plage) 🚣 🚴 discothèque pédalos terrain multisports skate parc
Services : ⚡ 🚿 ♿ 📶 laverie 🛒 🛍 réfrigérateurs

GPS : E : 0.64533 N : 43.91250

LOUDENVIELLE

65510 - Carte Michelin **342** O8 - 308 h. - alt. 987
▶ Paris 833 - Arreau 15 - Bagnères-de-Luchon 27 - La Mongie 54

⛰ Pène Blanche

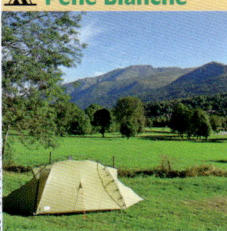

Le Pont du Tarn

☎ 05 62 99 68 85, www.peneblanche.com

Pour s'y rendre : sortie nord-ouest par D 25, rte de Génos, près de la Neste de Louron et à prox. d'un plan d'eau

Ouverture : de déb. avr. à fin sept.

4 ha (120 empl.) en terrasses, peu incliné, plat, herbeux

Empl. camping : (Prix 2017) 27,70€ ✦✦ ⇌ 📧 (10A) - pers. suppl. 6€

Location : (Prix 2017) Permanent - 18 🚐 - 3 tentes lodges. Nuitée 29 à 107€ - Sem. 196 à 749€

Proche de nombreuses animations et loisirs aquatiques.

Nature : 🌊 ← 🌳
Services : (juil.-août) 🔥 📶 laverie
À prox. : 🍴 ✕ 🏊 ⛷ 🏂 🎿 🐎 centre de remise en forme parapente parc aquatique

GPS : E : 0.40722 N : 42.79611

🚿 ✕ ♿ 🛁 🐎

HINWEIS :
Diese Einrichtungen sind im allgemeinen nur während der Saison in Betrieb -unabhängig von den Öffnungszeiten des Platzes.

LOUPIAC

46350 - Carte Michelin **337** E3 - 274 h. - alt. 230
▶ Paris 527 - Brive-la-Gaillarde 51 - Cahors 51 - Gourdon 16

⛰ Sites et Paysages Les Hirondelles

☎ 05 65 37 66 25, www.camping-leshirondelles.com

Pour s'y rendre : lieu-dit : Al Pech (3 km au nord par rte de Souillac et chemin à gauche, à 200 m de la N 20)

Ouverture : de fin mars à fin sept.

2,5 ha (60 empl.) peu incliné, plat, herbeux, pierreux

Empl. camping : (Prix 2017) 24,30€ ✦✦ ⇌ 📧 (6A) - pers. suppl. 5,60€ - frais de réservation 15€

Location : (Prix 2017) (de fin mars à fin sept.) - ♿ (1 mobile home) - 🚫 - 25 🚐 - 4 🏠 - 5 tentes lodges - 4 cabanes perchées. Nuitée 57 à 156€ - Sem. 159 à 855€ - frais de réservation 15€

Emplacements en sous-bois avec du locatif varié de différent confort.

Nature : 🌿 🌳
Loisirs : 🍴 🏠 🎯 🏊 🛝
Services : ⚡ 📧 ♿ 📶 laverie

GPS : E : 1.46455 N : 44.82934

Gebruik de gids van het lopende jaar.

LOURDES

65100 - Carte Michelin **342** L6 - 15 127 h. - alt. 420
▶ Paris 850 - Bayonne 147 - Pau 45 - St-Gaudens 86

⛰ Plein Soleil

☎ 06 70 25 23 10, www.camping-pleinsoleil.com

Pour s'y rendre : 11 av. du Monge (1 km au nord)

Ouverture : de fin mars à mi-oct.

0,5 ha (35 empl.) en terrasses, plat, herbeux, gravillons

Empl. camping : (Prix 2017) 24€ ✦✦ ⇌ 📧 (13A) - pers. suppl. 5,50€

Location : (Prix 2017) (de fin mars à mi-oct.) - 2 🚐 - 7 🏠 - 1 tente lodge. Nuitée 33 à 95€ - Sem. 200 à 650€

🚐 borne artisanale 5€ - 8 📧 15€

Emplacements en terrasses avec un bon confort sanitaire.

Nature : 🌳
Loisirs : 🏠 🛝 🎯 (découverte en saison)
Services : ⚡ 📧 ♿ 📶 laverie
À prox. : 🛒

GPS : W : 0.03646 N : 43.11438

⛰ Sarsan

☎ 05 62 94 43 09, www.lourdes-camping.com

Pour s'y rendre : 4 av. Jean-Moulin (1,5 km à l'est par déviation)

Ouverture : de déb. avr. à mi-oct.

1,8 ha (67 empl.) peu incliné, plat, herbeux

Empl. camping : (Prix 2017) 21,20€ ✦✦ ⇌ 📧 (10A) - pers. suppl. 5,60€

Location : (Prix 2017) (de déb. avr. à mi-oct.) - 8 🚐. Nuitée 50 à 80€ - Sem. 250 à 560€

🚐 borne artisanale 3€ - 🔌 📧 13€

Prairie ombragée autour de la piscine où l'on choisira les emplacements les plus éloignés de la route.

Nature : 🌳
Loisirs : 🏠 🛝 🎯 (découverte en saison)
Services : ⚡ 📧 📶 laverie

GPS : W : 0.02744 N : 43.10226

MIDI-PYRÉNÉES

Le Moulin du Monge

☎ 05 62 94 28 15, www.camping-lourdes.com

Pour s'y rendre : 28 av. Jean-Moulin (1,3 km au nord)

Ouverture : de déb. avr. à déb. oct.

1 ha (67 empl.) terrasse, peu incliné, plat, herbeux

Empl. camping : (Prix 2017) 25,50€ ✶✶ 🚗 🏠 (6A) - pers. suppl. 6€

Location : (Prix 2017) (de déb. avr. à déb. oct.) - 12 🏠 - 1 gîte. Nuitée 57 à 109€ - Sem. 399 à 763€

🚐 borne artisanale 4€ - 10 🚐 25,50€

Belle pelouse ombragée mais à noter la proximité de la route et de la voie de chemin de fer.

Nature : 🌳🌳
Loisirs : 🏓 🎣 🐎 🏊
Services : 🔑 🍴 📶 laverie 🚿

GPS W : 0.03148 N : 43.11575

LUZ-ST-SAUVEUR

65120 - Carte Michelin **342** L7 - 1 014 h. - alt. 710 - ⛄ - Sports d'hiver : 1 800/2 450 m

▶ Paris 882 - Argelès-Gazost 19 - Cauterets 24 - Lourdes 32

Club Airotel Pyrénées 👥

☎ 05 62 92 89 18, www.airotel-pyrenees.com

Pour s'y rendre : à Esquièze-Sère, 46 av. du Barège (1 km au nord-ouest par D 921, rte de Lourdes)

Ouverture : de déb. déc. à fin sept.

2,5 ha (146 empl.) en terrasses, peu incliné, plat, herbeux

Empl. camping : (Prix 2017) 37,50€ ✶✶ 🚗 🏠 (10A) - pers. suppl. 8,50€ - frais de réservation 25€

Location : (Prix 2017) (de déb. déc. à fin sept.) - ✈ - 40 🏠 - 12 🏡 - 9 appartements. Nuitée 30 à 167€ - Sem. 210 à 1 165€ - frais de réservation 25€

🚐 borne artisanale 9€

Joli petit village de chalets de bon confort, plusieurs piscines mais préférer les emplacements éloignés de la route.

Nature : ❄ 🌳🌳
Loisirs : 🎮 🏓 🏹 🎣 centre balnéo 🎣 hammam jacuzzi 🐎 🏊 ⛷ mur d'escalade terrain multisports
Services : 🔑 🍴 🚿 📶 laverie 🚿 🚗

GPS W : 0.01152 N : 42.88014

International

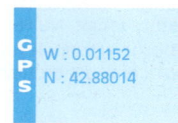

☎ 05 62 92 82 02, www.international-camping.fr

Pour s'y rendre : à Esquièze-Sère, 50 av. du Barège (1,3 km au nord-ouest par D 921, rte de Lourdes)

Ouverture : de mi-mai à fin sept.

4 ha (180 empl.) fort dénivelé, en terrasses, plat, herbeux

Empl. camping : (Prix 2017) 37,50€ ✶✶ 🚗 🏠 (10A) - pers. suppl. 7,60€ - frais de réservation 20€

Location : (Prix 2017) (de mi-mai à fin sept.) - ✈ - 35 🏠 - 1 tente sur pilotis - 2 cabanons - 1 appartement. Sem. 220 à 950€ - frais de réservation 20€

Locatif varié et de bon confort avec pour les tentes et caravanes des installations sanitaires de qualité. Préférer les emplacements éloignés de la route.

Nature : ❄ 🌳🌳
Loisirs : 🍴 🏓 jacuzzi 🐎 🏊 (découverte en saison) ⛷ terrain multisports
Services : 🔑 🍴 🚿 📶 laverie

GPS W : 0.01388 N : 42.88322

Sites et Paysages Pyrénévasion

☎ 05 62 92 91 54, www.campingpyrenevasion.com - alt. 834

Pour s'y rendre : à Sazos, rte de Luz-Ardiden (3,4 km au nord-ouest par D 921, rte de Gavarnie et D 12)

Ouverture : de déb. avr. à mi-oct.

3,5 ha (99 empl.) en terrasses, plat, herbeux, rochers

Tarif : (Prix 2017) 38€ ✶✶ 🚗 🏠 (10A) - pers. suppl. 6,80€ - frais de réservation 12€

Location : (Prix 2017) (de déb. avr. à mi-oct.) - 10 🏠 - 8 🏡 - 2 appartements. Nuitée 45 à 130€ - Sem. 250 à 910€ - frais de réservation 14€

🚐 borne artisanale 6€ - 🚐 15€

Jolie piscine d'intérieur et vue panoramique sur la vallée de Luz pour quelques emplacements.

Nature : 🏞 🌳🌳
Loisirs : 🍴 🏓 🎣 jacuzzi 🐎 ⛷ terrain multisports
Services : 🔑 🍴 🚿 📶 laverie 🚿

GPS W : 0.02417 N : 42.8831

Les Cascades

☎ 05 62 92 85 85, www.camping-luz.com

Pour s'y rendre : r. Ste-Barbe (au sud de la localité, au bord de torrents, accès conseillé par rte de Gavarnie)

Ouverture : de déb. déc. à fin sept.

1,5 ha (77 empl.) en terrasses, peu incliné, plat, herbeux, rochers

Empl. camping : (Prix 2017) 34€ ✶✶ 🚗 🏠 (10A) - pers. suppl. 6,50€

Location : (Prix 2017) (de déb. déc. à fin sept.) - 18 🏠. Nuitée 60 à 80€ - Sem. 320 à 750€

Un très bon confort sanitaire pour les tentes et caravanes.

Nature : 🏞 🌳🌳
Loisirs : 🍴 🏓 🎣 jacuzzi 🐎 ⛷
Services : 🔑 🍴 📶 laverie 🚿
À prox. : 🚣

GPS W : 0.00292 N : 42.86973

Le Bergons

☎ 05 62 92 90 77, www.camping-bergons.com

Pour s'y rendre : rte de Barèges (500 m à l'est par D 918)

Ouverture : de déb. mai à fin oct.

1 ha (74 empl.) en terrasses, plat, herbeux

Empl. camping : (Prix 2017) 16,50€ ✶✶ 🚗 🏠 (6A) - pers. suppl. 3,60€ - frais de réservation 10€

Location : (Prix 2017) Permanent - 5 🏠 - 1 🏡 - 1 appartement - 1 studio. Sem. 245 à 560€

Préférer les emplacements les plus éloignés de la route.

Nature : ❄ 🌳🌳
Loisirs : 🏓 🐎
Services : 🔑 (juil.-août) 🍴 📶 laverie

GPS E : 0.00281 N : 42.87334

Toy

☎ 05 62 92 86 85, www.camping-toy.com

Pour s'y rendre : 17 pl. du 8-Mai (centre bourg)

Ouverture : de déb. déc. à déb. avr. et de déb. mai à fin sept.

1,2 ha (83 empl.) en terrasses, plat, herbeux, pierreux

Empl. camping : (Prix 2017) ✶ 4,90€ 🚗 🏠 4,90€ – 🏠 (10A) 7,50€

MIDI-PYRÉNÉES

borne artisanale 14,70€

Au bord du torrent "Le Bastan", et en plein centre de Luz, avec tous les commerces à proximité.

Nature :
Loisirs :
Services : laverie
À prox. :

GPS : W : 0.00312 / N : 42.87328

△△△ ... △
Besonders angenehme Campingplätze, ihrer Kategorie entsprechend.

MANE

31260 - Carte Michelin **343** D6 - 998 h. - alt. 297
▶ Paris 753 - Aspet 19 - St-Gaudens 22 - St-Girons 22

▲ Municipal La Justale

☎ 05 61 90 68 18, www.village-vacances-mane.fr

Pour s'y rendre : 2 allée de la Justale (500 m au sud-ouest du bourg par r. près de la mairie)

Ouverture : de déb. avr. à fin oct.

3 ha (43 empl.) plat, herbeux

Empl. camping : (Prix 2017) ✶ 2,90€ ⇔ 2,60€ 🅴 3,80€ – ⚡ (16A) 3,80€

Location : (Prix 2017) Permanent - 19 gîtes. Nuitée 120 à 150€ - Sem. 250 à 450€

🚐 borne eurorelais

Agréable cadre verdoyant au bord de l'Arbas avec du locatif simple et un peu ancien.

Nature :
Loisirs :
Services : laverie
À prox. :

GPS : E : 0.94716 / N : 43.07521

MARTRES-TOLOSANE

31220 - Carte Michelin **343** E5 - 2 236 h. - alt. 268
▶ Paris 735 - Auch 80 - Auterive 48 - Bagnères-de-Luchon 81

△△△ Sites et Paysages Le Moulin

☎ 05 61 98 86 40, www.CampingLeMoulin.com

Pour s'y rendre : lieu-dit : Le Moulin (1,5 km au sud-est par rte du stade, av. de St-Vidian et chemin à gauche apr. le pont, au bord d'un ruisseau et d'un canal, près de la Garonne (accès direct))

Ouverture : de fin mars à fin sept.

6 ha/3 campables (99 empl.) plat, herbeux, pierreux

Empl. camping : (Prix 2017) 32,90€ ✶✶ ⇔ 🅴 ⚡ (10A) - pers. suppl. 7€ - frais de réservation 9€

Location : (Prix 2017) Permanent ♿ (1 chalet) - 5 🏠 - 17 🏠 - 2 bungalows toilés - 2 tentes lodges - 2 roulottes - 1 gîte. Nuitée 39 à 149€ - Sem. 245 à 994€ - frais de réservation 18€

🚐 borne artisanale 🥤14€

Beaucoup d'espace dans un cadre verdoyant jusqu'à la Garonne et autour de cet ancien moulin avec du locatif varié et de bon confort.

Nature :
Loisirs : salle d'animations, jacuzzi
Services : laverie

GPS : E : 1.0181 / N : 43.1905

MAZAMET

81200 - Carte Michelin **338** G10 - 9 975 h. - alt. 241
▶ Paris 739 - Albi 64 - Béziers 90 - Carcassonne 50

▲ Municipal la Lauze

☎ 05 63 61 24 69, www.camping-mazamet.com

Pour s'y rendre : chemin de la Lauze (sortie est par N 112, rte de Béziers et à dr.)

Ouverture : de mi-avr. à fin sept.

1,7 ha (55 empl.) peu incliné, plat, herbeux

Empl. camping : (Prix 2017) 21,45€ ✶✶ ⇔ 🅴 ⚡ (16A) - pers. suppl. 4,40€

Location : (Prix 2017) Permanent - 5 🏠. Nuitée 58 à 85€ - Sem. 287 à 555€

🚐 borne artisanale 🥤🛢13€

Emplacements bien ombragés, tout près de la Voie Verte Mazamet-Bédarieux (80 km).

Nature :
Loisirs :
Services :
À prox. :

GPS : E : 2.39148 / N : 43.49692

MERCUS-GARRABET

09400 - Carte Michelin **343** H7 - 1 153 h. - alt. 480
▶ Paris 772 - Ax-les-Thermes 32 - Foix 12 - Lavelanet 25

△△△ Le Lac

☎ 05 61 05 90 61, www.campingdulacmercus.com

Pour s'y rendre : 1 promenade du Camping (800 m au sud par D 618, rte de Tarascon et à dr. au passage à niveau)

Ouverture : de déb. avr. à mi-oct.

1,2 ha (50 empl.) en terrasses, plat, herbeux

Empl. camping : (Prix 2017) 29€ ✶✶ ⇔ 🅴 ⚡ (10A) - pers. suppl. 7,30€

Location : (Prix 2017) (de déb. avr. à mi-oct.) - 11 🏠 - 16 🏠 - 4 tentes lodges. Sem. 235 à 715€ - frais de réservation 15€

Emplacements et locatif bien ombragés le long de l'Ariège.

Nature :
Loisirs : hammam jacuzzi (petite piscine)
Services :

GPS : E : 1.62252 / N : 42.87154

MÉRENS-LES-VALS

09110 - Carte Michelin **343** J9 - 185 h. - alt. 1 055
▶ Paris 812 - Ax-les-Thermes 10 - Axat 61 - Belcaire 36

▲ Municipal de Ville de Bau

☎ 05 61 02 85 40, camping.merenslesvals.fr - alt. 1 100

Pour s'y rendre : à Ville de Bau (1,5 km au sud-ouest par N 20, rte d'Andorre et chemin à dr., au bord de l'Ariège)

Ouverture : Permanent

2 ha (70 empl.) plat, herbeux, pierreux

Empl. camping : (Prix 2017) ✶ 3,50€ ⇔ 🅴 3,40€ – ⚡ (10A) 3,60€

Location : (Prix 2017) Permanent - 3 🏠. Nuitée 70€ - Sem. 300 à 455€

Au bord de l'Ariège. Préférer les emplacements les plus éloignés de la route.

Nature :
Loisirs :
Services : laverie

GPS : E : 1.83104 / N : 42.64622

327

MIDI-PYRÉNÉES

MEYRONNE

46200 - Carte Michelin **337** F2 - 300 h. - alt. 130
▶ Paris 520 - Cahors 77 - Toulouse 180 - Tulle 74

▲ La Plage

📞 06 32 02 82 82, www.camping-laplage.com

Pour s'y rendre : 1 km au sud par D 15 et D 23

Ouverture : de déb. juin à mi-sept.

1,8 ha (80 empl.) plat, herbeux

Empl. camping : (Prix 2017) 17,50 € ✶✶ ⇌ 🅴 (10A) - pers. suppl. 4,50 €

Location : (Prix 2017) (de déb. juin à mi-sept.) - 5 bungalows toilés - 5 tentes lodges. Nuitée 54 à 69 € - Sem. 195 à 555 €

🚏 borne artisanale 5 €

Emplacements ombragés au bord de la Dordogne avec une base de canoë-kayak.

Nature : 🐟 ♣♣
Loisirs : 🛶 ⛴ ✈
Services : ⚬⇌ 📶 🅿 🛢 🧊 réfrigérateurs

GPS : E : 1.57732 / N : 44.87625

MIERS

46500 - Carte Michelin **337** G2 - 435 h. - alt. 302
▶ Paris 526 - Brive-la-Gaillarde 49 - Cahors 69 - Rocamadour 12

▲ Le Pigeonnier

📞 05 65 33 71 95, www.campinglepigeonnier.com

Pour s'y rendre : 700 m à l'est par D 91, rte de Padirac et chemin à dr. derrière le cimetière

Ouverture : de déb. avr. à mi-oct.

1 ha (45 empl.) en terrasses, peu incliné, plat, herbeux

Empl. camping : (Prix 2017) ✶ 6 € ⇌ 🅴 6 € - 🅿 (16A) 3,90 € - frais de réservation 15 €

Location : (Prix 2017) (de déb. avr. à mi-oct.) - 12 🏠 - 2 chalets sur pilotis. Nuitée 50 à 108 € - Sem. 239 à 759 € - frais de réservation 15 €

🚏 borne artisanale 6,50 €

Locatif de bon confort et vue sur le village pour certains emplacements.

Nature : 🐟 🌲 ♣♣
Loisirs : 🍴 🏊 ✈ 🛶
Services : ⚬⇌ 📶 🌐 laverie

GPS : E : 1.71028 / N : 44.85289

MILLAU

12100 - Carte Michelin **338** K6 - 22 013 h. - alt. 372
A 75 - Viaduc de Millau - Péage en 2017 : 8/10,10 € autos, 12/15,10 € caravanes, 27,40/35,70 € P. L., 4,90 € motos
▶ Paris 636 - Albi 106 - Alès 138 - Béziers 122

▲▲▲ Club Airotel Les Rivages 🏊‍♂️

📞 05 65 61 01 07, www.campinglesrivages.com

Pour s'y rendre : 860 av. de l'Aigoual (1,7 km à l'est par D 991, rte de Nant, au bord de la Dourbie)

Ouverture : de déb. avr. à déb. sept.

7 ha (314 empl.) plat, herbeux

Empl. camping : (Prix 2017) 37 € ✶✶ ⇌ 🅴 🅿 (10A) - pers. suppl. 8,50 € - frais de réservation 19 €

Location : (Prix 2017) (de déb. avr. à fin sept.) - 42 🏠 - 12 bungalows toilés. Nuitée 52 à 125 € - Sem. 364 à 910 € - frais de réservation 19 €

Jolie vue sur massifs boisés.

Nature : ♣♣ 🌲
Loisirs : 🍴 🏊 ⛴ ✈ jacuzzi 🛶 🎣 🐟 🏐
Services : ⚬⇌ 🚿 🛢 📶 🌐 laverie 🧺 🅿 point d'informations touristiques
À prox. : 🪂 deltaplane

GPS : E : 3.09616 / N : 44.10161

▲ Viaduc 🏊‍♂️

📞 05 65 60 15 75, www.camping-du-viaduc.com

Pour s'y rendre : 121 av. de Millau-Plage (800 m au nord-est par D 991, rte de Nant et D 187 à gauche rte de Paulhe)

Ouverture : de déb. avr. à fin sept.

5 ha (237 empl.) plat, herbeux

Empl. camping : (Prix 2017) 37 € ✶✶ ⇌ 🅴 🅿 (6A) - pers. suppl. 8 € - frais de réservation 19 €

Location : (Prix 2017) (de déb. avr. à fin sept.) - 45 🏠 - 4 bungalows toilés. Nuitée 35 à 159 € - Sem. 210 à 1 113 € - frais de réservation 19 €

🚏 borne artisanale

Au bord du Tarn.

Nature : 🌲 ♣♣ 🏔
Loisirs : 🍴 🏊 ⛴ ✈ 🛶 🎣 🏐
Services : ⚬⇌ 🧊 🛢 🚿 📶 🌐 laverie 🧺
À prox. : 🛒 🎠 🐎 parapente

GPS : E : 3.08853 / N : 44.10578

▲ Les Érables

📞 05 65 59 15 13, www.campingleserables.fr

Pour s'y rendre : av. de Millau-Plage (900 m nord-est par D 991, rte de Nant et D 187 à gauche, rte de Paulhe, au bord du Tarn)

Ouverture : de déb. avr. à fin sept.

1,4 ha (78 empl.) plat, herbeux

Empl. camping : (Prix 2017) 20 € ✶✶ ⇌ 🅴 🅿 (10A) - pers. suppl. 4 € - frais de réservation 10 €

Location : (Prix 2017) (de déb. avr. à fin sept.) - 6 🏠. Nuitée 38 à 80 € - Sem. 288 à 560 € - frais de réservation 10 €

Nature : ⛰ 🌲 ♣♣
Loisirs : 🏊
Services : ⚬⇌ 📶 laverie
À prox. : 🛒 🎠 🐎 🍴 ✈

GPS : E : 3.08704 / N : 44.11022

MIRANDE

32300 - Carte Michelin **336** E8 - 3 705 h. - alt. 173
▶ Paris 737 - Auch 25 - Mont-de-Marsan 98 - Tarbes 49

▲ L'Île du Pont

📞 05 62 66 64 11, www.belairvillage.com

Pour s'y rendre : lieu-dit : Le Batardeau (à l'est de la ville)

Ouverture : de déb. avr. à mi-oct.

10 ha/5 campables (167 empl.) non clos, plat, herbeux

Empl. camping : (Prix 2017) 21 € ✶✶ ⇌ 🅴 🅿 (16A) - pers. suppl. 6,60 €

Location : (Prix 2017) Permanent ♿ (3 mobile homes) - 64 🏠 - 12 🏠. Nuitée 59 à 110 € - Sem. 259 à 1 100 €

🚏 6 🚐

MIDI-PYRÉNÉES

Site agréable sur une île de la Grande Baïse, avec de grands espaces en pelouse idéals pour la détente.

Nature :
Loisirs :
Services : laverie
À prox. : parc aquatique terrain multisports

GPS E : 0.40932 N : 43.51376

MIRANDOL-BOURGNOUNAC

81190 - Carte Michelin **338** E6 - 1 077 h. - alt. 393
▶ Paris 653 - Albi 29 - Rodez 51 - St-Affrique 79

▲ Les Clots

✆ 05 63 80 72 15, www.domainelesclots.com

Pour s'y rendre : lieu-dit : Les Clots (5,5 km au nord par D 905, rte de Rieupeyroux et chemin sur la gauche, à 500 m du Viaur (accès direct))

Ouverture : de déb. juin à fin août

7 ha/4 campables (28 empl.) fort dénivelé, en terrasses, plat, herbeux, pierreux

Empl. camping : (Prix 2017) 38€ (6A) - pers. suppl. 6,50€

Location : (Prix 2017) (de déb. juin à fin août) - (1 chalet) - 5 - 3 bungalows toilés - 1 cabanon - 1 gîte. Sem. 350 à 985€

Au fond de la vallée boisée, calme absolu et beaux espaces verts. Chalets de bon confort.

Nature :
Loisirs :
Services : laverie
À prox. :

GPS E : 2.17881 N : 44.17713

MIREPOIX

32390 - Carte Michelin **336** G7 - 204 h. - alt. 150
▶ Paris 696 - Auch 17 - Fleurance 13 - Gimont 25

▲ Village Vacances Les Chalets des Mousquetaires

(pas d'emplacement tentes et caravanes)

✆ 05 62 64 33 66, www.chalets-mousquetaires.com

Pour s'y rendre : lieu-dit : En Luquet (2 km au sud-est du bourg)

1 ha non clos, étang, plat

Location : (Prix 2017) Permanent (1 chalet) - 11 . Nuitée 45 à 84€ - Sem. 299 à 785€ - frais de réservation 20€

Près d'une ferme, situation dominante sur la campagne vallonnée du Gers.

Nature :
Loisirs :
Services :
À prox. :

GPS E : 0.69271 N : 43.73682

Ne prenez pas la route au hasard !
MICHELIN *vous apporte à domicile ses conseils routiers, touristiques, hôteliers : viamichelin.fr !*

MOISSAC

82200 - Carte Michelin **337** C7 - 12 244 h. - alt. 76
▶ Paris 632 - Agen 57 - Auch 120 - Cahors 63

▲ Municipal L'Île de Bidounet

✆ 05 63 32 52 52, www.camping-moissac.com

Pour s'y rendre : lieu-dit : St-Benoît (1 km au sud par N 113, rte de Castelsarrasin et D 72 à gauche)

Ouverture : de déb. avr. à fin sept.

4,5 ha/2,5 campables (109 empl.) plat, herbeux

Empl. camping : (Prix 2017) 19,80€ (6A) - pers. suppl. 5,50€

Agréable situation sur une île du Tarn.

Nature :
Loisirs :
Services : laverie
À prox. : base nautique

GPS E : 1.09005 N : 44.09671

Use this year's Guide.

MONCLAR-DE-QUERCY

82230 - Carte Michelin **337** F8 - 1 692 h. - alt. 178
▶ Paris 644 - Toulouse 73 - Montauban 22 - Albi 58

▲ Village Vacances Les Hameaux des Lacs

(pas d'emplacement tentes et caravanes)

✆ 05 55 84 34 48, www.terresdefrance.com

Pour s'y rendre : à la base de loisirs des Lacs

5 ha fort dénivelé, vallonné, bois

Location : (Prix 2017) Permanent - 115 . Nuitée 49 à 75€ - Sem. 139 à 699€

En deux parties distinctes, une en situation dominante sur l'importante base de loisirs et une en sous-bois.

Nature :
Loisirs : terrain multisports
Services : laverie
À prox. : pédalos

GPS E : 1.59544 N : 43.96957

MONTCABRIER

46700 - Carte Michelin **337** C4 - 367 h. - alt. 191
▶ Paris 584 - Cahors 39 - Fumel 12 - Tournon-d'Agenais 24

▲ Moulin de Laborde

✆ 05 65 24 62 06, www.moulindelaborde.eu

Pour s'y rendre : 2 km au nord-est par D 673, rte de Gourdon, au bord de la Thèze

Ouverture : de déb. mai à mi-sept.

4 ha (90 empl.) plat, herbeux, petit étang

Empl. camping : (Prix 2017) 7,90€ 11,50€ – (10A) 4,80€

Autour des bâtiments d'un vieux moulin, beaux emplacements ombragés.

Nature :
Loisirs : petit étang avec barques
Services : laverie

GPS E : 1.08207 N : 44.54819

MIDI-PYRÉNÉES

MONTLAUR

12400 - Carte Michelin 338 I7 - 664 h. - alt. 320
▶ Paris 686 - Toulouse 145 - Rodez 88 - Montpellier 138

Village Vacances Le Hameau des Genêts
(pas d'emplacement tentes et caravanes)
☎ 05 65 99 86 06, www.hameaudesgenets.com

Pour s'y rendre : au bourg

2 ha plat
Location : (Prix 2017) (de déb. avr. à fin oct.) - (1 chalet) - 32. Nuitée 35 à 97€ - Sem. 245 à 679€ - frais de réservation 10€

Entre le stade, la rivière et au pied du village, ensemble de chalets anciens mais bien entretenus dans un cadre fleuri.

Nature :
Loisirs : (découverte en saison) mini ferme
Services : laverie
À prox. :

GPS
E : 2.83404
N : 43.87653

MONTPEZAT-DE-QUERCY

82270 - Carte Michelin 337 E6 - 1 461 h. - alt. 275
▶ Paris 598 - Cahors 28 - Caussade 12 - Castelnau-Montratier 13

Révéa Le Faillal
☎ 04 73 93 60 00, http://www.revea-vacances.fr/fr/campagne/nos-destinations-campagne

Pour s'y rendre : au parc de loisirs Le Faillal (sortie nord par D 20, rte de Cahors et à gauche)

0,9 ha (69 empl.) en terrasses, herbeux, pierreux
Location : 🅿 - 25.

De beaux emplacements pour tentes et caravanes et des gîtes un peu anciens.

Nature :
Loisirs :
Services :
À prox. :

GPS
E : 1.47725
N : 44.24318

LES GUIDES VERTS MICHELIN
Sites classés par étoiles
Routes touristiques
Adresses
Cartes et plans de villes avec adresses positionnées
Programmes d'une à plusieurs semaines

NAGES

81320 - Carte Michelin 338 I8 - 340 h. - alt. 800
▶ Paris 717 - Brassac 36 - Lacaune 14 - Lamalou-les-Bains 45

Tohapi Rieu-Montagné
☎ 04 30 05 15 19, www.tohapi.fr

Pour s'y rendre : à la base de loisirs du Lac de Laouzas (4,5 km au sud par D 62 et rte à gauche, à 50 m du lac)

Ouverture : de fin avr. à mi-sept.

8,5 ha (179 empl.) fort dénivelé, en terrasses, pierreux, herbeux
Empl. camping : (Prix 2017) 24€ ★★ 🚗 (10A) - pers. suppl. 6€ - frais de réservation 10€

Location : (Prix 2017) (de fin avr. à mi-sept.) - 90 - 5. - 20 tentes lodges. Sem. 280 à 1 036€ - frais de réservation 10€

Belle situation dominant le Lac du Laounas, avec pour certains une vue panoramique.

Nature : lac et montagnes boisées
Loisirs : diurne
Services : laverie
À prox. : hammam (plage) pédalos

GPS
E : 2.77806
N : 43.64861

NAILLOUX

31560 - Carte Michelin 343 H4 - 2 717 h. - alt. 285
▶ Paris 711 - Auterive 15 - Castelnaudary 42 - Foix 50

Le Lac de la Thésauque
☎ 05 61 81 34 67, www.campingthesauque.com

Pour s'y rendre : 3,4 km à l'est par D 622, rte de Villefranche-de-Lauragais, D 25 à gauche et chemin, à 100 m du lac

Ouverture : Permanent

6 ha (57 empl.) en terrasses, plat, herbeux, pierreux
Empl. camping : (Prix 2017) 21€ ★★ 🚗 (6A) - pers. suppl. 6€ - frais de réservation 13€

Location : (Prix 2017) Permanent (1 mobile home) - 5 - 14. Nuitée 38 à 92€ - Sem. 235 à 615€ - frais de réservation 13€
borne eurorelais 2€ - 10 6€

Près d'un lac avec des animations nautiques.

Nature :
Loisirs : pédalos
Services :

GPS
E : 1.64834
N : 43.3554

Teneinde deze gids beter te kunnen gebruiken,
DIENT U DE VERKLARENDE TEKST AANDACHTIG TE LEZEN.

NANT

12230 - Carte Michelin 338 L6 - 919 h. - alt. 490
▶ Paris 669 - Le Caylar 21 - Millau 33 - Montpellier 92

RCN Le Val de Cantobre
☎ 05 65 58 43 00, www.rcn.nl/fr

Pour s'y rendre : Domaine de Vellas (4,5 km au nord par D 991, rte de Millau et chemin à dr., au bord de la Dourbie)

Ouverture : de fin avr. à mi-sept.

6 ha (216 empl.) fort dénivelé, en terrasses, plat, herbeux, pierreux, rocailleux
Empl. camping : (Prix 2017) 49€ ★★ 🚗 (10A) - pers. suppl. 7€ - frais de réservation 20€

Location : (Prix 2017) (de fin avr. à mi-sept.) - 32 - 9. Nuitée 51 à 184€ - Sem. 356 à 1 287€ - frais de réservation 20€
borne Sanistation

Autour d'une vieille ferme caussenarde du 15e s.

Nature :
Loisirs : terrain multisports
Services : laverie cases réfrigérées

GPS
E : 3.30177
N : 44.04554

MIDI-PYRÉNÉES

▲ Sites et Paysages Les 2 Vallées

☎ 05 65 62 26 89, www.lesdeuxvallees.com

Pour s'y rendre : rte de l'Estrade-Basse

Ouverture : de mi-avr. à mi-oct.

2 ha (80 empl.) plat, herbeux

Tarif : (Prix 2017) 24€ ✶✶ 🚗 🔲 (6A) - pers. suppl. 4€

Location : (Prix 2017) (de mi-avr. à mi-oct.) - 15 🏠 - 1 🏠 - 1 bungalow toilé. Nuitée 25 à 59€ - Sem. 175 à 637€

🚐 borne artisanale 5€ - 20 🔲 8€ - 🚿 8€

Nature :	
Loisirs : 🍴 🏠 🎣 🚴 🏊	G
Services : ⚡ 🚿 🗑 📶 laverie	P E : 3.35457
réfrigérateurs	S N : 44.0241

À prox. : 🐎

NAUCELLE

12800 - Carte Michelin 338 G5 - 2 049 h. - alt. 490

▶ Paris 652 - Albi 46 - Millau 90 - Rodez 32

▲ Flower Le Lac de Bonnefon

☎ 05 65 69 33 20, www.camping-du-lac-de-bonnefon.com

Pour s'y rendre : sortie sud-est par D 997, rte de Naucelle-Gare puis 1,5 km par rte de Crespin et rte de St-Just à gauche, à 100 m de l'étang (accès direct)

Ouverture : de mi-avr. à fin sept.

4,5 ha (112 empl.) en terrasses, plat, herbeux

Empl. camping : (Prix 2017) 28,90€ ✶✶ 🚗 🔲 (10A) - pers. suppl. 6€ - frais de réservation 10€

Location : (Prix 2017) (de mi-avr. à fin sept.) - ♿ (1) - 8 🏠 - 18 🏠 - 15 bungalows toilés - 2 tentes lodges. Nuitée 28 à 144€ - Sem. 196 à 1 008€ - frais de réservation 15€

🚐 borne artisanale 14,50€ - 4 🔲 14,50€

Nature :	
Loisirs : 🍴 🍽 🎣 🏊 🚴	G E : 2.34867
Services : ⚡ 🚿 📶 🗑	P N : 44.18902

À prox. : 🍴 🐎

NÈGREPELISSE

82800 - Carte Michelin 337 F7 - 5 056 h. - alt. 87

▶ Paris 614 - Bruniquel 13 - Caussade 11 - Gaillac 46

▲ Municipal le Colombier

☎ 05 63 64 20 34, www.ville-negrepelisse.fr

Pour s'y rendre : au sud-ouest, près de la D 115

Ouverture : de mi-juin à mi-sept.

1 ha (53 empl.) en terrasses, plat, herbeux

Empl. camping : (Prix 2017) 10,50€ ✶✶ 🚗 🔲 (10A) - pers. suppl. 3€

🚐 borne artisanale - 10 🔲 - 🚿 9,45€

Nature :	
Services : ⚡ 📶 🗑	G E : 1.51843
	P N : 44.07286

À prox. : 🐎 🏊 terrain multisports

OUST

09140 - Carte Michelin 343 F7 - 545 h. - alt. 500

▶ Paris 792 - Aulus-les-Bains 17 - Castillon-en-Couserans 31 - Foix 61

▲ Les Quatre Saisons

☎ 05 61 96 55 55, www.camping4saisons.com

Pour s'y rendre : rte d'Aulus-les-Bains (sortie sud-est par D 32, près du Garbet)

3 ha (108 empl.) plat, herbeux

Location : 21 🏠 - 3 🏠 - 6 🛏 - 3 gîtes.

🚐 borne artisanale - 16 🔲

Cadre agréable et ombragé derrière l'hôtel-restaurant.

Nature :	
Loisirs : 🍴 🍽 🎣 🏊 🚴	G E : 1.22103
Services : ⚡ 🚿 📶 laverie 🗑	P N : 42.87215

À prox. : 🍴 🐎

OUZOUS

65400 - Carte Michelin 342 L4 - 202 h. - alt. 550

▶ Paris 862 - Toulouse 188 - Tarbes 35 - Pau 55

▲ La Ferme du Plantier

☎ 05 62 97 58 01, bernard.capdevielle@sfr.fr

Pour s'y rendre : r. de l'Oulet (au bourg, D 102)

Ouverture : de déb. mai à fin sept.

0,6 ha (15 empl.) en terrasses, plat, herbeux

Empl. camping : (Prix 2017) ✶ 3€ 🚗 2,50€ 🔲 3,20€ – 🔲 (3A) 2,50€

🚐 3 🔲 5€ - 🚿 11€

Nature : 🏔 montagnes	
Loisirs : 🏊	G W : 0.1042
Services : ⚡ 🚿 📶 🗑	P N : 43.02958

PADIRAC

46500 - Carte Michelin 337 G2 - 194 h. - alt. 360

▶ Paris 531 - Brive-la-Gaillarde 50 - Cahors 68 - Figeac 41

▲ Capfun Roca D'Amour 👥

☎ 05 65 33 65 54, www.capfun.com/camping-france-midi_pyrenees-roca_d_amour-FR.html

Pour s'y rendre : rte du Gouffre (1,5 km au nord-est par D 90)

Ouverture : de fin avr. à déb. sept.

6 ha (248 empl.) en terrasses, peu incliné, plat, herbeux, pierreux

Empl. camping : (Prix 2017) 30€ ✶✶ 🚗 🔲 (16A) - pers. suppl. 4€ - frais de réservation 11€

Location : (Prix 2017) (de fin avr. à déb. sept.) - ♿ (2 mobile homes) - 172 🏠 - 20 🏠 - 14 tentes lodges. Nuitée 23 à 163€ - Sem. 161 à 1 141€ - frais de réservation 27€

En deux parties distinctes reliées en partie par un chemin piétonnier (800 m).

Nature :	
Loisirs : 🍴 🍽 🎵 salle d'animations 🏃 🎣 🏊 🚴 2 parcs aquatiques	G E : 1.74567
Services : ⚡ 🚿 📶 🗑 laverie 🛒 🚿	P N : 44.85125

---

*Pour choisir et suivre un itinéraire, pour calculer un kilométrage, pour situer exactement un terrain (en fonction des indications fournies dans le texte) : utilisez les **cartes MICHELIN**, compléments indispensables de cet ouvrage.*

MIDI-PYRÉNÉES

PAMIERS

09100 - Carte Michelin 343 H6 - 15 383 h. - alt. 280
▶ Paris 746 - Toulouse 70 - Carcassonne 77 - Castres 105

L' Apamée

✆ 05 61 60 06 89, www.vap-camping.fr/fr/camping-lapamee
Pour s'y rendre : rte de St-Girons (0,8 km au nord-ouest par D119)
Ouverture : de déb. avr. à déb. nov.
2 ha (80 empl.) plat, herbeux
Empl. camping : (Prix 2017) 19,90 € ✶✶ ⇔ 🅿 (10A) - pers. suppl. 9 € - frais de réservation 15 €
Location : (Prix 2017) (de déb. avr. à déb. nov.) - 8 🚐 - 10 🏠 - 8 bungalows toilés. Nuitée 37 à 108 € - Sem. 259 à 756 € - frais de réservation 25 €
🚐 borne artisanale 5 €

Pelouse ombragée avec du locatif varié, mais préférer les emplacements éloignés de la route.

Nature : 🌳🌳
Loisirs : 🍽 ✕ 🚴 🎣
Services : 🔑 🚿 🛜 laverie

GPS : E : 1.60205   N : 43.1249

Utilisez les cartes MICHELIN, complément indispensable de ce guide.

PAYRAC

46350 - Carte Michelin 337 E3 - 670 h. - alt. 320
▶ Paris 530 - Bergerac 103 - Brive-la-Gaillarde 53 - Cahors 48

Yelloh! Village Les Pins 👥

✆ 05 65 37 96 32, www.les-pins-camping.com
Pour s'y rendre : lieu-dit : Les Pins (sortie sud par rte de Toulouse, D 820)
Ouverture : de mi-avr. à déb. sept.
4 ha (137 empl.) en terrasses, peu incliné, plat, herbeux
Empl. camping : (Prix 2017) 40 € ✶✶ ⇔ 🅿 (10A) - pers. suppl. 8 €
Location : (Prix 2017) (de mi-avr. à déb. sept.) - 51 🚐 - 3 🏠 - 11 tentes lodges. Nuitée 35 à 266 € - Sem. 245 à 1 862 €
🚐 borne artisanale 6 €

En deux parties distinctes. Préférer les emplacements les plus éloignés de la route.

Nature : 🌳🌳
Loisirs : 🍽 ✕ 🏊 🚴 🎣 jacuzzi 🛶 🏞 🎣
🏖 terrain multisports
Services : 🔑 🧺 🚿 🛜 laverie

GPS : E : 1.47214   N : 44.78952

PLAISANCE

32160 - Carte Michelin 336 - 1 466 h. - alt. 131
▶ Paris 765 - Auch 56 - Bordeaux 186 - Tarbes 48

L'Arros

✆ 05 62 69 30 28, www.campingdelarros.com
Pour s'y rendre : 21-37 allée des Ormeaux
2 ha (50 empl.) plat, herbeux
Location : 3 🚐 - 10 🏠 - 4 bungalows toilés.
🚐 2 🗑

En deux parties distinctes séparées par la route. Préférer les emplacements au bord de la rivière, plus au calme.

Nature : 🌳🌳
Loisirs : 🎣 🚴 🏊
Services : 🧺 🚿 🛜 laverie
À prox. : 🏊 🎣 🛶 (plan d'eau) golf (9 trous)

GPS : E : 0.05306   N : 43.6075

PONS

12140 - Carte Michelin 338 H2 - alt. 293
▶ Paris 588 - Aurillac 34 - Entraygues-sur-Truyère 11 - Montsalvy 12

⚠ Municipal de la Rivière

✆ 05 65 66 18 16, www.sainthippolyte.fr
Pour s'y rendre : 1 km au sud-est du bourg, par D 526, rte d'Entraygues-sur-Truyère, au bord du Goul
0,9 ha (46 empl.) plat, herbeux
Location : 11 🏠.

Nature : 🌊 💧 🌳🌳
Loisirs : 🎣 ✕ 🚴 🎣
Services : 🔑 🧺 🚿 🛜 🗑

GPS : E : 2.56363   N : 44.71119

PONT-DE-SALARS

12290 - Carte Michelin 338 I5 - 1 606 h. - alt. 700
▶ Paris 651 - Albi 75 - Millau 47 - Rodez 25

Flower Les Terrasses du Lac 👥

✆ 05 65 46 88 18, www.campinglesterrasses.com
Pour s'y rendre : rte du Vibal (4 km au nord par D 523)
Ouverture : de déb. avr. à fin sept.
6 ha (180 empl.) fort dénivelé, en terrasses, plat, herbeux
Empl. camping : (Prix 2017) 31 € ✶✶ ⇔ 🅿 (6A) - pers. suppl. 4 €
Location : (Prix 2017) (de déb. avr. à fin sept.) - 50 🚐 - 4 bungalows toilés. Nuitée 50 à 70 € - Sem. 196 à 973 € - frais de réservation 15 €
🚐 4 🗑 13,50 €

Agréable situation dominant le lac.

Nature : 🌊 🔆 🌳 💧
Loisirs : 🍽 ✕ 🏊 🚴 🎣 🏊 🎣 parc aquatique
Services : 🔑 (juil.-août) 🧺 🚿 🛜 laverie 🗑
À prox. : ✂ 🛶 🎣 🐎

GPS : E : 2.73478   N : 44.30473

To visit a town or region : use the MICHELIN Green Guides.

PUYBRUN

46130 - Carte Michelin 337 G2 - 906 h. - alt. 146
▶ Paris 520 - Beaulieu-sur-Dordogne 12 - Brive-la-Gaillarde 39 - Cahors 86

La Sole 👥

✆ 05 65 38 52 37, www.la-sole.com
Pour s'y rendre : sortie est, rte de Bretenoux et chemin à dr. apr. la station-service
2,3 ha (72 empl.) plat, herbeux

MIDI-PYRÉNÉES

Location : 14 - 16 bungalows toilés - 5 gîtes.
Nature :
Loisirs : jacuzzi, terrain multisports
Services :
GPS E : 1.79432 N : 44.91457

Ihre Meinung über die von uns empfohlenen Campingplätze interessiert uns. Teilen Sie uns Ihre Erfahrungen mit und schreiben Sie uns auch, wenn Sie eine gute Entdeckung gemacht haben.

PUY-L'ÉVÊQUE

46700 - Carte Michelin 337 C4 - 2 159 h. - alt. 130
▶ Paris 601 - Cahors 31 - Gourdon 41 - Sarlat-la-Canéda 52

L'Évasion

☎ 05 65 30 80 09, www.lotevasion.com
Pour s'y rendre : à Martignac (3 km au nord-ouest par D 28, rte de Villefranche-du-Périgord et chemin à dr.)
Ouverture : de mi-avr. à mi-sept.
8 ha/2 campables (95 empl.) en terrasses, plat, herbeux, pierreux
Empl. camping : (Prix 2017) 30€ ✶✶ 🚗 🔌 (10A) - pers. suppl. 10€ - frais de réservation 10€
Location : (Prix 2017) (de mi-avr. à mi-sept.) - ♿ (1 chalet) - 12 🛖 - 50 🏠 - 9 bungalows toilés - 6 tentes lodges - 3 tentes sur pilotis. Nuitée 35 à 60€ - Sem. 420 à 980€ - frais de réservation 10€
Joli parc aquatique et chalets en sous-bois de confort variable.

Nature :
Loisirs : terrain multisports
Services : laverie
GPS E : 1.12704 N : 44.52546

PUYSSÉGUR

31480 - Carte Michelin 343 E2 - 119 h. - alt. 265
▶ Paris 669 - Agen 83 - Auch 51 - Castelsarrasin 48

Namasté

☎ 05 61 85 77 84, www.camping-namaste.com
Pour s'y rendre : sortie nord par D 1, rte de Cox et chemin à dr.
Ouverture : de déb. mai à mi-oct.
10 ha/2 campables (60 empl.) en terrasses, peu incliné, plat, herbeux, étang, bois attenant
Empl. camping : (Prix 2017) 32€ ✶✶ 🚗 🔌 (16A) - pers. suppl. 8€ - frais de réservation 10€
Location : (Prix 2017) (de déb. avr. à fin oct.) - 6 🛖 - 15 🏠 - 2 cabanes perchées. Nuitée 95 à 120€ - Sem. 300 à 720€ - frais de réservation 15€
🚐 borne artisanale 5€
Organise des expositions photos parfois en extérieur autour des emplacements.

Nature :
Loisirs : parcours de santé
Services : laverie
GPS E : 1.06134 N : 43.75082

REVEL

31250 - Carte Michelin 343 K4 - 9 253 h. - alt. 210
▶ Paris 727 - Carcassonne 46 - Castelnaudary 21 - Castres 28

Municipal du Moulin du Roy

☎ 05 61 83 32 47, www.camping-lemoulinduroy.com
Pour s'y rendre : chemin de la Pergue (sortie sud-est par D 1, rte de Dourgne et à dr.)
Ouverture : de déb. avr. à déb. nov.
1,2 ha (50 empl.) plat, herbeux
Empl. camping : (Prix 2017) 16€ ✶✶ 🚗 🔌 (10A) - pers. suppl. 3,50€
Location : (Prix 2017) (de déb. avr. à déb. nov.) - 4 🛖 - 3 bungalows toilés. Nuitée 35 à 65€ - Sem. 245 à 455€ - frais de réservation 10€
🚐 borne Urbaflux 9,40€ - 28 🅿 9,40€
Cadre verdoyant mais préférer les emplacements côté piscine municipale, les plus éloignés de la route.

Nature :
Services :
À prox. :
GPS E : 2.01519 N : 43.45464

RIEUX-DE-PELLEPORT

09120 - Carte Michelin 343 H6 - 1 209 h. - alt. 333
▶ Paris 752 - Foix 13 - Pamiers 8 - St-Girons 47

Les Mijeannes

☎ 05 61 60 82 23, www.campinglesmijeannes.com
Pour s'y rendre : rte de Ferries (1,4 km au nord-est, accès par D 311, au bord d'un canal et près de l'Ariège)
Ouverture : Permanent
10 ha/5 campables (152 empl.) plat, herbeux, pierreux
Empl. camping : (Prix 2017) 26,90€ ✶✶ 🚗 🔌 (10A) - pers. suppl. 6€
Location : (Prix 2017) Permanent - 17 🛖 - 2 🏠 - 6 cabanons. Nuitée 53 à 106€ - Sem. 371 à 742€
🚐 borne artisanale 4€
Vaste domaine agréable, ombragé, près de la rivière.

Nature :
Loisirs :
Services : laverie
GPS E : 1.62134 N : 43.06293

RIVIÈRE-SUR-TARN

12640 - Carte Michelin 338 K5 - 1 042 h. - alt. 380
▶ Paris 627 - Mende 70 - Millau 14 - Rodez 65

Flower Le Peyrelade

☎ 05 65 62 62 54, www.campingpeyrelade.com
Pour s'y rendre : rte des Gorgers-du-Tarn (2 km à l'est par D 907, rte de Florac, au bord du Tarn)
Ouverture : de mi-mai à mi-sept.
4 ha (190 empl.) en terrasses, plat, herbeux
Empl. camping : (Prix 2017) 45€ ✶✶ 🚗 🔌 (10A) - pers. suppl. 8€ - frais de réservation 20€
Location : (Prix 2017) (de mi-mai à mi-sept.) - 45 🛖 - 8 bungalows toilés. Nuitée 44 à 190€ - Sem. 264 à 1 330€ - frais de réservation 20€
🚐 borne eurorelais 44€
Cadre et situation agréables à l'entrée des gorges du Tarn.

Nature :
Loisirs :
Services :
À prox. : parcours dans les arbres
GPS E : 3.15807 N : 44.18929

333

MIDI-PYRÉNÉES

⛺ Les Peupliers

📞 05 65 59 85 17, www.campinglespeupliers.fr

Pour s'y rendre : 11 r. de la Combe (sortie sud-ouest rte de Millau et chemin à gauche, au bord du Tarn)

1,5 ha (115 empl.) plat, herbeux

Location : 17.

🏠 borne eurorelais

GPS E : 3.12985 N : 44.18747

Benutzen Sie den Hotelführer des laufenden Jahres.

ROCAMADOUR

46500 - Carte Michelin **337** F3 - 689 h. - alt. 279

▶ Paris 531 - Brive-la-Gaillarde 54 - Cahors 60 - Figeac 47

⛺ Padimadour

📞 05 65 33 72 11, www.padimadour.fr

Pour s'y rendre : La Châtaigneraie (7,7 km au nord-est par D 36, D 840 rte de Martel et chemin à dr.)

3,5 ha (52 empl.) en terrasses, peu incliné à incliné, plat, herbeux

Location : (1 mobile home) - 33 - 10 tentes lodges.

🏠 borne artisanale

Locatif et sanitaires neufs, de bon confort.

GPS E : 1.68617 N : 44.81765

⛺ Les Cigales

📞 05 65 33 64 44, www.camping-cigales.com

Pour s'y rendre : à l'Hospitalet (sortie est par D 36, rte de Gramat)

Ouverture : de déb. avr. à fin sept.

3 ha (100 empl.) peu incliné, plat, pierreux, herbeux

Empl. camping : (Prix 2017) 28€ (10A) - pers. suppl. 9€

Location : (Prix 2017) (de déb. avr. à fin sept.) - 48 - 12 - 2 roulottes. Sem. 179 à 940€

🏠 borne artisanale 5€

Emplacements bien ombragés et locatif de bon confort.

GPS E : 1.63221 N : 44.80549

⛺ Le Roc

📞 05 65 33 68 50, www.camping-leroc.com

Pour s'y rendre : à Pech-Alis (3 km au nord-est par D 673, rte d'Alvignac, à 200 m de la gare)

Ouverture : de déb. avr. à fin oct.

2 ha/0,5 (49 empl.) plat, herbeux, pierreux

Empl. camping : (Prix 2017) 6,20€ 6,20€ – (10A) 3,70€ - frais de réservation 10€

Location : (Prix 2017) (de déb. avr. à fin oct.) - 4 - 8 . Sem. 190 à 695€ - frais de réservation 14€

🏠 borne artisanale 16€ - 4 16€

Préférer les emplacements les plus éloignés de la route.

GPS E : 1.65379 N : 44.81947

⛺ Le Paradis du Campeur

📞 05 65 33 63 28, www.leparadisducampeur.com

Pour s'y rendre : à l'Hospitalet (au bourg)

Ouverture : de déb. avr. à fin sept.

1,7 ha (100 empl.) peu incliné, herbeux, pierreux

Empl. camping : (Prix 2017) 22€ (10A) - pers. suppl. 6€

🏠 borne artisanale 5€

Préférer les emplacements les plus éloignés de la route.

GPS E : 1.62763 N : 44.80442

RODEZ

12000 - Carte Michelin **338** H4 - 24 358 h. - alt. 635

▶ Paris 623 - Albi 76 - Alès 187 - Aurillac 87

⛺ Village Vacances Domaine de Combelles

(pas d'emplacement tentes et caravanes)

📞 04 73 34 70 94, www.revea-vacances.fr/fr/campagne/nos-destinations-campagne/sud-ouest/rodez.html

Pour s'y rendre : au Monastère, au domaine de Combelles (2 km au sud-est par D 12, rte de Ste-Radegonde, D 62, rte de Flavin à dr. et chemin à gauche)

120 ha/20 campables vallonné

Location : (Prix 2017) (de mi-mars à mi-nov.) - (2 chalets) - 8 - 35 - 27 bungalows toilés. Nuitée 55 à 90€ - Sem. 200 à 550€ - frais de réservation 25€

Nombreuses activités pour petits et grands autour d'un important centre équestre.

GPS E : 2.59147 N : 44.33086

⛺ Municipal de Layoule

📞 05 65 67 09 52, www.ville-rodez.com

Pour s'y rendre : r. de la Chapelle (au nord-est de la ville)

2 ha (79 empl.) en terrasses, plat, herbeux

🏠 20

Agréable cadre verdoyant et ombragé près de l'Aveyron.

GPS E : 2.58532 N : 44.35367

À prox. : sentiers pédestres

⛺⛺⛺ ... ⛺
Terrains particulièrement agréables dans leur ensemble et dans leur catégorie.

MIDI-PYRÉNÉES

LA ROMIEU

32480 - Carte Michelin 336 E6 - 551 h. - alt. 188
▶ Paris 694 - Agen 32 - Auch 48 - Condom 12

Les Castels Le Camp de Florence

☎ 05 62 28 15 58, www.lecampdeflorence.com
Pour s'y rendre : rte Astaffort (sortie est du bourg par D 41)
Ouverture : de fin avr. à fin sept.
10 ha/4 campables (197 empl.) en terrasses, plat, herbeux
Empl. camping : (Prix 2017) 38 € ★★ ⇔ 🗐 ⚡ (10A) - pers. suppl. 8 €
Location : (Prix 2017) (de fin avr. à fin sept.) - ♿ (1 chalet) - 26 🏠 - 10 🏕 - 6 tentes lodges. Nuitée 50 à 172 € - Sem. 350 à 1 204 €
🚐 borne artisanale 5 €
Cadre vallonné et verdoyant au milieu des champs de blé, tournesols ou maïs suivant les années.

Nature : 🌳 ≤ 🏞 ♤♤
Loisirs : 🍽 ✕ 🏠 👶 🏊 🚵 🎯 🛶 mini ferme
Services : 🔑 👶 🚿 📶 laverie 🛒

GPS
E : 0.50155
N : 43.98303

ROQUELAURE

32810 - Carte Michelin 336 F7 - 558 h. - alt. 206
▶ Paris 711 - Agen 67 - Auch 10 - Condom 39

Yelloh! Village Le Talouch

☎ 05 62 65 52 43, www.camping-talouch.com
Pour s'y rendre : lieu-dit : au Cassou (3,5 km au nord par D 272, rte de Mérens puis à gauche D 148, rte d'Auch)
Ouverture : de mi-avr. à mi-sept.
9 ha/5 campables (147 empl.) terrasse, plat, herbeux
Empl. camping : (Prix 2017) 42 € ★★ ⇔ 🗐 ⚡ (10A) - pers. suppl. 8 €
Location : (Prix 2017) (de mi-avr. à mi-sept.) - 19 🏠 - 37 🏡. Nuitée 35 à 177 € - Sem. 245 à 1 239 €
🚐 borne artisanale 6 €

Nature : 🌳 🏞 ♤♤
Loisirs : 🍽 ✕ 🏠 👶 🏊 hammam jacuzzi 👶 🚵 🎯 🛶
Services : 🔑 👶 📶 laverie 🛒 🛁

GPS
E : 0.56437
N : 43.71284

ST-AMANS-DES-COTS

12460 - Carte Michelin 338 H2 - 775 h. - alt. 735
▶ Paris 585 - Aurillac 54 - Entraygues-sur-Truyère 16 - Espalion 31

Tohapi Les Tours

☎ 08 25 00 20 30, www.tohapi.fr - alt. 600
Pour s'y rendre : lieu-dit : Les Tours (6 km au sud-est par D 97 et D 599 à gauche, au bord du lac de la Selves)
Ouverture : de fin avr. à déb. sept.
15 ha (290 empl.) fort dénivelé, en terrasses, plat, herbeux
Empl. camping : (Prix 2017) 35 € ★★ ⇔ 🗐 ⚡ (6A) - pers. suppl. 7 €
- frais de réservation 10 €
Location : (Prix 2017) (de fin avr. à déb. sept.) - 82 🏠
- 20 bungalows toilés - 55 tentes lodges. Nuitée 19 à 189 € - Sem. 133 à 1 323 € - frais de réservation 10 €
Agréable terrain dominant le lac.

Nature : 🌳 ≤ 🏞 ♤♤ ⛲
Loisirs : 🍽 ✕ 🏠 👶 🏊 🎣 🚵 🎯 🛶 base nautique
Services : 🔑 👶 🚿 📶 laverie 🛒

GPS
E : 2.68056
N : 44.66803

La Romiguière

☎ 05 65 44 44 64, www.laromiguiere.fr - alt. 600
Pour s'y rendre : au lac de la Selves (8,5 km au sud-est par D 97 et D 599 à gauche, au bord du lac de la Selves)
Ouverture : de fin avr. à fin sept.
2 ha (62 empl.) terrasse, plat, herbeux
Empl. camping : (Prix 2017) 31 € ★★ ⇔ 🗐 ⚡ (10A) - pers. suppl. 7 €
- frais de réservation 16 €
Location : (Prix 2017) (de fin avr. à fin sept.) - 19 🏠 - 6 bungalows toilés. Nuitée 20 à 99 € - Sem. 140 à 693 € - frais de réservation 16 €
🚐 borne artisanale 2 €
Au calme en bordure d'un lac.

Nature : 🌳 ≤ 🏞 ♤♤
Loisirs : 🍽 ✕ 🏊 🎣 pédalos plongée
Services : 🔑 👶 🚿 📶 laverie
À prox. : 🚤 ski nautique

GPS
E : 2.70639
N : 44.65528

ST-ANTONIN-NOBLE-VAL

82140 - Carte Michelin 337 G7 - 1 829 h. - alt. 125
▶ Paris 624 - Cahors 55 - Caussade 18 - Caylus 11

Les Trois Cantons

☎ 05 63 31 98 57, www.3cantons.fr
Pour s'y rendre : 7,7 km au nord-ouest par D 19, rte de Caylus et chemin à gauche, apr. le petit pont sur la Bonnette, entre le lieu-dit Tarau et la D 926, entre Septfonds (6 km) et Caylus (9 km)
Ouverture : de déb. mai à fin sept.
15 ha/4 campables (99 empl.) plat et peu incliné, herbeux, pierreux
Empl. camping : (Prix 2017) 29,90 € ★★ ⇔ 🗐 ⚡ (6A) - pers. suppl. 6,90 €
Location : (Prix 2017) (de mi-avr. à fin sept.) - 15 🏠 - 2 🏡
- 4 tentes sur pilotis. Nuitée 53 à 150 € - Sem. 400 à 1 000 €
Cadre naturel très agréable en sous-bois.

Nature : 🌳 🏞 ♤♤♤
Loisirs : 🍽 ✕ 🏠 👶 🏊 🚵 🎯 🛶 mur d'escalade
Services : 🔑 👶 📶 🗐 🛒 réfrigérateurs

GPS
E : 1.69612
N : 44.1933

Flower Les Gorges de l'Aveyron

☎ 05 63 30 69 76, www.camping-gorges-aveyron.com
Pour s'y rendre : à Marsac-Bas
Ouverture : de déb. avr. à fin sept.
3,8 ha (80 empl.) plat, herbeux
Empl. camping : (Prix 2017) 17 € ★★ ⇔ 🗐 ⚡ (10A) - pers. suppl. 4 €
- frais de réservation 5 €
Location : (Prix 2017) Permanent - 23 🏠 - 11 tentes lodges
- 1 gîte. Nuitée 49 à 120 € - frais de réservation 5 €
De beaux emplacements bien ombragés au bord de l'Aveyron pour certains et du locatif varié.

Nature : 🌳 ♤♤
Loisirs : 🍽 🏠 👶 🚵 🎯 🛶
Services : 🔑 👶 🚿 laverie 🛒 🛁
À prox. : 🏊

GPS
E : 1.77256
N : 44.15211

*Jährlich eine neue Ausgabe.
Aktuellste Informationen, jährlich für Sie.*

MIDI-PYRÉNÉES

ST-BERTRAND-DE-COMMINGES

31510 - Carte Michelin 343 B6 - 259 h. - alt. 581
▶ Paris 783 - Bagnères-de-Luchon 33 - Lannemezan 23 - St-Gaudens 17

▲ Es Pibous

✆ 05 61 88 31 42, www.es-pibous.fr

Pour s'y rendre : chemin de St-Just (800 m au sud-est par D 26a, rte de St-Béat et chemin à gauche)

Ouverture : Permanent

2 ha (80 empl.) plat, herbeux

Empl. camping : (Prix 2017) 5 € – 5 € – (10A) 5 €

borne artisanale 4 €

Pour quelques emplacements, vue sur la cathédrale Sainte-Marie.

Nature : la cathédrale	GPS	E : 0.57799
Loisirs :		N : 43.02868
Services :		
À prox. :		

ST-CIRGUE

81340 - Carte Michelin 338 G7 - 209 h. - alt. 422
▶ Paris 699 - Albi 27 - Rodez 67 - Toulouse 103

▲▲ Village Vacances Domaine Vallée du Tarn

(pas d'emplacement tentes et caravanes)

✆ 06 22 74 86 87, www.vdtarn.com

Pour s'y rendre : lieu-dit : Roxis (1.7 km au sud par la D 94)

Ouverture : Permanent

fort dénivelé, en terrasses

Location : (Prix 2017) (1 chalet) - 30 . Nuitée 75 à 90 € - Sem. 235 à 595 €

Village de chalets dominant la vallée.

Nature : sur la vallée boisée	GPS	E : 2.37012
Loisirs : salle d'animations		N : 43.95209
mini ferme terrain multisports		
Services : laverie		

Utilisez le guide de l'année.

ST-CIRQ-LAPOPIE

46330 - Carte Michelin 337 G5 - 217 h. - alt. 320
▶ Paris 574 - Cahors 26 - Figeac 44 - Villefranche-de-Rouergue 37

▲▲ La Truffière

✆ 05 65 30 20 22, www.camping-truffiere.com

Pour s'y rendre : lieu-dit : Pradines (3 km au sud par D 42, rte de Concots)

Ouverture : de déb. avr. à fin sept.

6 ha (96 empl.) en terrasses, plat, herbeux, pierreux, sous-bois

Empl. camping : (Prix 2017) 24 € – (6A) - pers. suppl. 6,50 €

Location : (Prix 2017) (de déb. avr. à fin sept.) - 13 . Nuitée 70 à 130 € - Sem. 290 à 616 € - frais de réservation 12 €

borne artisanale 5 € - 10 10 € - 13 €

Joli petit village de chalets en sous-bois et quelques emplacements avec vue panoramique sur le Causse.

Nature :	GPS	E : 1.6746
Loisirs :		N : 44.44842
Services : laverie		

▲ La Plage

✆ 05 65 30 29 51, www.campingplage.com

Pour s'y rendre : à Porte-Roques (1,4 km au nord-est par D 8, rte de Tour-de-Faure, à gauche av. le pont)

Ouverture : de déb. avr. à fin sept.

3 ha (120 empl.) plat, herbeux, pierreux

Empl. camping : (Prix 2017) 29 € – (10A) - pers. suppl. 7 €

Location : (Prix 2017) (de déb. avr. à fin sept.) - (1 mobile home) - 10 - 12 - 1 bungalow toilé - 5 tentes lodges. Nuitée 53 à 68 € - Sem. 259 à 796 € - frais de réservation 10 €

borne AireService

Bordé par le Lot, au pied d'un des plus beaux villages de France.

Nature :	GPS	E : 1.6812
Loisirs : (plage)		N : 44.46914
Services : laverie		

ST-GENIEZ-D'OLT

12130 - Carte Michelin 338 J4 - 2 068 h. - alt. 410
▶ Paris 612 - Espalion 28 - Florac 80 - Mende 68

▲▲▲ Tohapi La Boissière

✆ 04 30 63 38 60, www.tohapi.fr

Pour s'y rendre : rte de la Cascade (1,2 km au nord-est par D 988, rte de St-Laurent-d'Olt et rte de Pomayrols à gauche, au bord du Lot)

Ouverture : de mi-avr. à mi-sept.

5 ha (220 empl.) en terrasses, plat, herbeux

Empl. camping : (Prix 2017) 25 € – (10A) - pers. suppl. 6 € - frais de réservation 10 €

Location : (Prix 2017) (de mi-avr. à mi-sept.) - (1 mobile home) - 63 - 19 - 19 tentes lodges. - frais de réservation 25 €

borne AireService 2 € - 5 25 € - 20 €

Agréable cadre boisé au bord du Lot.

Nature :	GPS	E : 2.98366
Loisirs :		N : 44.47011
Services : laverie réfrigérateurs		
À prox. :		

▲▲ Résidence Le Colombier - L'Aveyronnais du Nord

(pas d'emplacement tentes et caravanes)

✆ 05 65 71 52 88, location-chalet-aveyron.over-blog.com

Pour s'y rendre : r. Rivié (1 km au nord-est par D 988, rte de St-Laurent-d'Olt et rte de Pomayrols à gauche, près du Lot)

3 ha plat

Location : 42 gîtes.

Nature :	GPS	E : 2.97809
Loisirs :		N : 44.46893
Services :		
À prox. :		

MIDI-PYRÉNÉES

⛰ Marmotel 👥

☎ 05 65 70 46 51, www.marmotel.com

Pour s'y rendre : 18 pl. du Gén.-de-Gaulle

Ouverture : de mi-avr. à mi-sept.

4 ha (173 empl.) plat, herbeux

Empl. camping : (Prix 2017) 32€ 👫 🚗 🏠 ⚡ (10A) - pers. suppl. 6,50€

Location : (Prix 2017) (de mi-avr. à mi-sept.) - 30 🚐 - 30 🏠. Nuitée 40 à 60€ - Sem. 129 à 1 139€ - frais de réservation 15€

Nature : 🌳 🏞 ♠♠
Loisirs : 🍴 ✕ 🎭 salle d'animations 🏃 🎣 🚣 🛶 terrain multisports
Services : 🔑 🛁 42 sanitaires individuels (🚿🚽 wc) 🧺 🛜 laverie 🚲
À prox. : 🛒

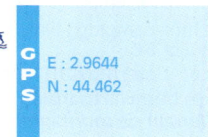

GPS E : 2.9644 N : 44.462

ST-GIRONS

09200 - Carte Michelin **343** E7 - 6 608 h. - alt. 398

▶ Paris 774 - Auch 123 - Foix 45 - St-Gaudens 43

⛰ Audinac Les Bains 👥

☎ 05 61 66 44 50, www.camping-audinaclesbains.com

Pour s'y rendre : à Audinac-les-Bains, au plan d'eau (4,5 km au nord-est par D 117, rte de Foix et D 627, rte de Ste-Croix-Volvestre)

Ouverture : de déb. avr. à mi-oct.

15 ha/6 campables (115 empl.) en terrasses, herbeux, plat et peu incliné, petit étang

Empl. camping : (Prix 2017) 25€ 👫 🚗 🏠 ⚡ (16A) - pers. suppl. 7€

Location : (Prix 2017) (de déb. avr. à mi-oct.) - ♿ (1 mobile home) - 34 🚐 - 12 🏠 - 19 bungalows toilés - 2 roulottes. Nuitée 30 à 90€ - Sem. 149 à 719€ - frais de réservation 10€

🚐 borne AireService 3€ - 10 🟦 18€ - 🚐 18€

Vaste domaine avec trois petites sources, un étang et une piscine devant un ancien bâtiment des thermes du 19e s.

Nature : 🌳 ♠♠
Loisirs : 🍴 ✕ 🎭 nocturne 🏃 🚴 🛶 terrain multisports
Services : 🔑 🛒 🛜 laverie 🧊 réfrigérateurs

GPS E : 1.18507 N : 43.00705

ST-JEAN-DU-BRUEL

12230 - Carte Michelin **338** M6 - 695 h. - alt. 520

▶ Paris 687 - Toulouse 295 - Rodez 128 - Millau 41

⛰ La Dourbie

☎ 05 65 46 06 40, www.camping-la-dourbie.com

Pour s'y rendre : rte de Nant

Ouverture : de mi-avr. à fin sept.

2,5 ha (78 empl.) plat, herbeux

Empl. camping : (Prix 2017) 24,50€ 👫 🚗 🏠 ⚡ (16A) - pers. suppl. 5€

Location : (Prix 2017) (de mi-avr. à fin sept.) - 18 🚐 - 2 🏠. Nuitée 35€ - Sem. 150 à 705€

🚐 borne artisanale 5€

Magnifique vue sur les massifs boisés.

Nature : 🏞 ♀
Loisirs : 🍴 ✕ 🛶 🏊
Services : 🔑 🛒 🛁 🚿 🛜 🚲

GPS E : 3.3466 N : 44.02004

ST-PANTALÉON

46800 - Carte Michelin **337** D5 - 239 h. - alt. 269

▶ Paris 597 - Cahors 22 - Castelnau-Montratier 18 - Montaigu-de-Quercy 28

⛰ Les Arcades

☎ 05 65 22 92 27, www.des-arcades.com

Pour s'y rendre : lieu-dit : Le Moulin de St-Martial (4,5 km à l'est sur D 653, rte de Cahors, au bord de la Barguelonnette)

Ouverture : de mi-mai à mi-sept.

12 ha/2,6 campables (80 empl.) non clos, plat, herbeux, pierreux, petit étang

Empl. camping : (Prix 2017) ♦ 7,20€ 🚗 🏠 12,20€ – ⚡ (6A) 4,20€ - frais de réservation 17€

Location : (Prix 2017) (de mi-mai à mi-sept.) - ✈ - 11 🚐 - 2 tentes lodges. Nuitée 50 à 100€ - Sem. 345 à 700€ - frais de réservation 17€

Salle de réunion et petit pub dans un moulin restauré. Préférer les emplacements les plus éloignés de la route.

Nature : 🏞 ♠♠
Loisirs : 🍴 ✕ 🎭 🏃 🎣 🛶 🏊
Services : 🔑 🚗 🛜 🛁 🚲

GPS E : 1.30667 N : 44.36918

ST-PIERRE-DE-TRIVISY

81330 - Carte Michelin **338** G8 - 634 h. - alt. 650

▶ Paris 717 - Albi 39 - Rodez 109 - Toulouse 114

⛰ Municipal La Forêt

☎ 05 63 50 48 69, www.saint-pierre-de-trivisy.net/camping

Pour s'y rendre : 14 pl. du 19 mars 1962 (au bourg)

Ouverture : Permanent

3 ha (69 empl.) en terrasses, plat, herbeux

Empl. camping : (Prix 2017) 21€ 👫 🚗 🏠 ⚡ (8A) - pers. suppl. 4,80€ - frais de réservation 5€

Location : (Prix 2017) Permanent ♿ (1 chalet) - 14 🏠 - 10 bungalows toilés - 30 tentes lodges. Nuitée 28 à 136€ - Sem. 190 à 580€ - frais de réservation 11€

Tout près du bourg emplacements ombragés, locatifs de qualité avec balnéo gratuite pour les chalets.

Nature : 🌳 🏞 ♠♠
Loisirs : ✕ 🎭 🎱 centre balnéo 🛁 hammam jacuzzi 🏃 🎣 🛶 🏊
Services : 🔑 🛜 laverie
À prox. : 🏊 🍴 🎣 parcours dans les arbres

GPS E : 2.43654 N : 43.76126

Si vous désirez réserver un emplacement pour vos vacances, faites-vous préciser au préalable les conditions particulières de séjour, les modalités de réservation, les tarifs en vigueur et les conditions de paiement.

MIDI-PYRÉNÉES

ST-PIERRE-LAFEUILLE

46090 - Carte Michelin **337** E4 - 352 h. - alt. 350
▶ Paris 566 - Cahors 10 - Catus 14 - Labastide-Murat 23

Quercy-Vacances

☎ 0565368715, www.quercy-vacances.com

Pour s'y rendre : lieu-dit : Mas de la Combe (1,5 km au nord-est par N 20, rte de Brive et chemin à gauche)

Ouverture : de déb. avr. à fin sept.

3 ha (80 empl.) peu incliné, plat, herbeux

Empl. camping : (Prix 2017) 25€ ✶✶ ⇔ 🔲 [2] (10A) - pers. suppl. 5€

Location : (Prix 2017) (de déb. avr. à fin sept.) - 20 🏠 - 6 🏡 - 3 bungalows toilés - 2 tentes lodges. Nuitée 45 à 95€ - Sem. 230 à 660€

Locatif varié et de bon confort pour certains.

Nature : 🌲 ♀♀
Loisirs : 🍽️✗ 🏛️ 🛋️ jacuzzi 🏊 ⛰️ terrain multisports
Services : 🔑 🚿 🛎️ 📶 🏪 🚗

GPS E : 1.45925 N : 44.53165

ST-ROME-DE-TARN

12490 - Carte Michelin **338** J6 - 853 h. - alt. 360
▶ Paris 655 - Millau 18 - Pont-de-Salars 42 - Rodez 66

La Cascade

☎ 0565625659, www.camping-cascade-aveyron.com - accès aux emplacements par forte pente, mise en place et sortie des caravanes à la demande

Pour s'y rendre : rte du Pont (300 m au nord par D 993, rte de Rodez, au bord du Tarn)

Ouverture : de mi-janv. à mi-déc.

4 ha (99 empl.) en terrasses, plat, herbeux

Empl. camping : (Prix 2017) 19,50€ ✶✶ ⇔ 🔲 [2] (6A) - pers. suppl. 4€ - frais de réservation 9,50€

Location : (Prix 2017) Permanent - 28 🏠 - 14 🏡 - 9 bungalows toilés. Nuitée 62 à 127€ - Sem. 240 à 895€ - frais de réservation 19€

🚰 borne flot bleu 6€

Terrasses à flanc de colline dominant le Tarn.

Nature : 🌲 ≤ 🏞️ ♀ ⛰️
Loisirs : ✗ 🏛️ 🛋️ 🚴 🏊 ⛰️ terrain multisports
Services : 🔑 🚿 🛎️ 📶 🏪 laverie 🚗
À prox. : 🚣 pédalos

GPS E : 2.89947 N : 44.05336

ST-SALVADOU

12200 - Carte Michelin **338** E5 - 410 h. - alt. 450
▶ Paris 619 - Toulouse 120 - Rodez 54 - Albi 63

Le Muret

☎ 0565818069, www.campinglemuret.fr

Pour s'y rendre : 3 km au sud-est, au bord d'un plan d'eau

3 ha (44 empl.) plat, herbeux

Location : 4 🏠 - 5 🛏️ - 4 tentes lodges - 1 gîte.

Sur le domaine Le Muret avec son corps de ferme datant du 18e s.

Nature : 🌲 ≤ 🏞️ ♀♀
Loisirs : 🍽️ ✗ 🏛️ 🛋️ 🚴 🏊 ⛰️ terrain multisports
Services : 🔑 🚿 🛎️ 📶 🏪 🚗
À prox. : 🚴 🎯 🐎

GPS E : 2.11563 N : 44.26712

STE-MARIE-DE-CAMPAN

65710 - Carte Michelin **342** N5
▶ Paris 841 - Arreau 26 - Bagnères-de-Bigorre 13 - Luz-St-Sauveur 37

L'Orée des Monts

☎ 0562918398, www.camping-oree-des-monts.com - alt. 950

Pour s'y rendre : lieu-dit : La Séoube (3 km au sud-est par D 918, rte du col d'Aspin, au bord de l'Adour de Payolle)

Ouverture : Permanent

1,8 ha (99 empl.) peu incliné, plat, herbeux

Empl. camping : (Prix 2017) 26,50€ ✶✶ ⇔ 🔲 [2] (10A) - pers. suppl. 5€

Location : (Prix 2017) Permanent - 8 🏠. Sem. 175 à 570€

🚰 borne artisanale - 5 🔲 16,50€

Terrain de montagne au bord du ruisseau.

Nature : ≤ ♀
Loisirs : 🍽️ ✗ 🏛️ 🛋️ 🚴 🏊 ⛰️
Services : 🔑 🚿 🛎️ 📶 🏪 🚗

GPS E : 0.24522 N : 42.96664

Use this year's Guide.

SALLES-CURAN

12410 - Carte Michelin **338** I5 - 1 067 h. - alt. 887
▶ Paris 650 - Albi 77 - Millau 39 - Rodez 40

"C'est si bon" Les Genêts 👥

☎ 0565463534, www.camping-les-genets.fr - alt. 1 000

Pour s'y rendre : au lac de Pareloup (5 km au nord-ouest par D 993 puis à gauche par D 577, rte d'Arvieu et 2 km par chemin à dr.)

Ouverture : de mi-mai à mi-sept.

3 ha (163 empl.) en terrasses, plat, herbeux

Empl. camping : (Prix 2017) 39€ ✶✶ ⇔ 🔲 [2] (10A) - pers. suppl. 8,50€ - frais de réservation 30€

Location : (Prix 2017) (de mi-mai à mi-sept.) - 45 🏠 - 11 🏡 - 7 bungalows toilés. Nuitée 37 à 153€ - Sem. 252 à 1 071€ - frais de réservation 30€

Au bord du lac de Pareloup.

Nature : 🌲 ≤ 🏞️ ♀ ⛰️
Loisirs : 🍽️ ✗ 🏛️ salle d'animations 🚴 🏊 🎯 🚣
Services : 🔑 🚿 🛎️ 📶 🏪 laverie 🚗

GPS E : 2.76776 N : 44.18963

Sites et Paysages Beau Rivage

☎ 0565463332, www.beau-rivage.fr - alt. 800

Pour s'y rendre : rte des Vernhes, lac de Pareloup (3,5 km au nord par D 993, rte de Pont-de-Salars et D 243 à gauche)

Ouverture : de déb. mai à fin sept.

2 ha (80 empl.) en terrasses, plat, herbeux

Empl. camping : (Prix 2017) 35,90€ ✶✶ ⇔ 🔲 [2] (6A) - pers. suppl. 5€ - frais de réservation 19€

Location : (Prix 2017) (de déb. mai à fin sept.) - 16 🏠 - 6 🏡 - 2 bungalows toilés - 2 tentes lodges. Nuitée 45 à 139€ - Sem. 196 à 946€ - frais de réservation 9€

🚰 borne artisanale 15€ - 🚗 [2]15€

Situation agréable au bord du lac de Pareloup.

Nature : ≤ 🏞️ ♀ ⛰️
Loisirs : 🍽️ ✗ 🏛️ 🚴 🏊 ⛰️
Services : 🔑 🛎️ 📶 laverie 🚗
À prox. : 🚣 🌳 parcours dans les arbres

GPS E : 2.77585 N : 44.20081

MIDI-PYRÉNÉES

⚠ Parc du Charrouzech

📞 06 83 95 04 42, www.parcducharouzech.fr

Pour s'y rendre : 5 km au nord-ouest par D 993 puis à gauche par D 577, rte d'Arvieu et 3,4 km par chemin à dr., près du lac de Pareloup (accès direct)

Ouverture : de déb. juil. à fin août

3 ha (104 empl.) en terrasses, peu incliné, plat, herbeux

Empl. camping : (Prix 2017) 30€ ✶✶ 🚗 ▣ ⚡ (6A) - pers. suppl. 6€ - frais de réservation 30€

Location : (Prix 2017) (de déb. juil. à fin août) - 25 🏠 - 34 bungalows toilés. Nuitée 40 à 100€ - Sem. 300 à 800€ - frais de réservation 30€

Situation dominante sur le lac.

Nature : 🌳 ≤ 🏞 ♨
Loisirs : 🏠 ⛱ 🏊 🎰 🚣 ♿
Services : ⚙ 🔑 🚿 📶 laverie

GPS : E : 2.75659 / N : 44.1968

Dieser Führer stellt kein vollständiges Verzeichnis aller Campingplätze dar, sondern nur eine Auswahl der besten Plätze jeder Kategorie.

SALLES-ET-PRATVIEL

31110 - Carte Michelin **343** B8 - 136 h. - alt. 625

▶ Paris 814 - Toulouse 141 - Tarbes 86 - Lourdes 105

⚠ Le Pyrénéen

📞 05 61 79 59 19, www.campinglepyreneen-luchon.com

Pour s'y rendre : lieu dit : Les Sept Molles (600 m au sud par D 27 et chemin, au bord de la Pique)

Ouverture : Permanent

1,1 ha (75 empl.) plat, herbeux

Empl. camping : (Prix 2017) 16,95€ ✶✶ 🚗 ▣ ⚡ (10A) - pers. suppl. 5€ - frais de réservation 15€

Location : (Prix 2017) Permanent♿ (1 mobile home) - 28 🏠. Nuitée 50 à 100€ - Sem. 270 à 749€ - frais de réservation 15€

🚐 borne artisanale 5€

Navette gratuite pour les thermes de Bagnères-de-Luchon.

Nature : ❄ 🌳 ≤ 🏞 ♨
Loisirs : 🍴 🍽 🏠 🎰 🚣
Services : ⚙ 🔑 🚿 📶 laverie
À prox. : 🐎

GPS : E : 0.60637 / N : 42.8224

SASSIS

65120 - Carte Michelin **342** L5 - 92 h. - alt. 700

▶ Paris 879 - Toulouse 206 - Tarbes 53 - Pau 72

⚠ Le Hounta

📞 05 62 92 95 90, www.campinglehounta.com

Pour s'y rendre : 600 m au sud par D 12

Ouverture : de mi-déc. à déb. oct.

2 ha (125 empl.) peu incliné, plat, herbeux

Empl. camping : (Prix 2017) 23,30€ ✶✶ 🚗 ▣ ⚡ (10A) - pers. suppl. 4,10€ - frais de réservation 4,20€

Location : (Prix 2017) (de mi-déc. à déb. oct.) - 🛝 (de déb. mai à déb. juil.) - 17 🏠 - 1 🏠. Nuitée 54 à 125€ - Sem. 195 à 672€ - frais de réservation 7,50€

🚐 borne artisanale 5€ - 🚰 11€

Préférer les emplacements près du petit canal, plus éloignés de la route.

Nature : ❄ 🌳 ≤ ♨
Loisirs : 🛝
Services : ⚙ 🔑 🚿 📶 laverie
À prox. : 🐎

GPS : W : 0.01491 / N : 42.87252

SEISSAN

32260 - Carte Michelin **336** F9 - 1 084 h. - alt. 182

▶ Paris 735 - Auch 19 - Tarbes 65 - Toulouse 84

⚠ Domaine Lacs de Gascogne

📞 05 62 66 27 94, www.domainelacsdegascogne.eu - alt. 160

Pour s'y rendre : r. du Lac

Ouverture : de déb. avr. à fin sept.

14 ha (80 empl.) vallonné, peu incliné, plat, herbeux, étangs

Empl. camping : (Prix 2017) 35€ ✶✶ 🚗 ▣ ⚡ (16A) - pers. suppl. 7€

Location : (Prix 2017) (de déb. avr. à fin sept.) - 21 🏠 - 1 🏠 - 5 🛏 - 5 bungalows toilés - 8 tentes lodges. Nuitée 44 à 149€ - Sem. 308 à 1 043€

🚐 borne artisanale

Emplacements en sous-bois avec vue sur le petit plan d'eau ou les étangs.

Nature : 🌳 ♨
Loisirs : 🍴 🍽 🏠 🎰 🚴 🚣 ♿
Services : ⚙ 🔑 📶 laverie 🛝

GPS : E : 0.57972 / N : 43.49389

Si vous recherchez :

🛌   un terrain très tranquille,
P   un terrain ouvert toute l'année,
👪   des équipements et des loisirs adaptés aux enfants,
🛝   un toboggan aquatique,
B   un centre balnéo,
🎭   des animations sportives, culturelles ou de détente, consultez la liste thématique des campings.

SÉNERGUES

12320 - Carte Michelin **338** G3 - 481 h. - alt. 525

▶ Paris 630 - Toulouse 197 - Rodez 50 - Aurillac 62

⚠ L'Étang du Camp

📞 05 65 46 01 95, www.etangducamp.fr

Pour s'y rendre : lieu-dit : Le Camp (6 km au sud-ouest par D 242, rte de St-Cyprien-sur-Dourdou, au bord d'un étang)

Ouverture : de déb. avr. à fin sept.

5 ha (40 empl.) plat et peu incliné, herbeux

Empl. camping : (Prix 2017) 21,50€ ✶✶ 🚗 ▣ ⚡ (6A) - pers. suppl. 4€

Location : (Prix 2017) (de déb. avr. à fin sept.) - 🛝 - 1 🏠 - 3 tipis. Nuitée 34 à 62€ - Sem. 227 à 490€

Jolie décoration florale et arbustive.

Nature : 🌳 🏞 ♨
Loisirs : 🍴 🍽 🏠 🚴 🚣
Services : ⚙ 🔑 🚿 📶

GPS : E : 2.46391 / N : 44.55837

339

MIDI-PYRÉNÉES

SÉNIERGUES

46240 - Carte Michelin **337** F3 - 136 h. - alt. 390
▶ Paris 540 - Cahors 45 - Figeac 46 - Fumel 69

▲ Flower Le Domaine de la Faurie

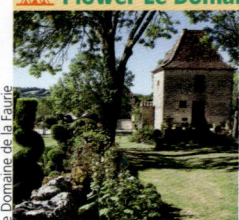

☎ 05 65 21 14 36, www.camping-lafaurie.com

Pour s'y rendre : lieu-dit : La Faurie (6 km au sud par D 10, rte de Montfaucon puis D 2, rte de St-Germain-du-Bel-Air et chemin à dr. - A 20 sortie 56)

Ouverture : de déb. avr. à fin sept.

27 ha/5 campables (84 empl.) peu incliné, plat, herbeux, pierreux

Empl. camping : (Prix 2017) 37€ ✶✶ 🚗 🗐 (10A) - pers. suppl. 7€

Location : (Prix 2017) (de déb. avr. à fin sept.) - 🅿 - 13 🛖 - 17 🛖 - 5 bungalows toilés - 8 tentes lodges. Nuitée 33 à 139€ - Sem. 198 à 973€ - frais de réservation 10€

🚐 borne artisanale - 2 🗐 19,30€ - 💧 19,50€

Sur un domaine boisé de 27 ha avec une situation dominant la vallée. Boutique de produits locaux.

Nature : 🌳 ≤ 🌲🌲
Loisirs : 🍽 ✗ 🏠 🏖 🚴
Services : ⚡ 🚻 ♿ 🚿 📶 laverie 🧺

GPS : E : 1.53444 / N : 44.69175

Deze gids is geen overzicht van alle kampeerterreinen maar een selektie van de beste terreinen in iedere categorie.

SEPTFONDS

82240 - Carte Michelin **337** F6 - 2 154 h. - alt. 174
▶ Paris 616 - Toulouse 87 - Montauban 33 - Cahors 44

▲ Bois Redon

☎ 05 63 64 92 49, www.campingdeboisredon.com

Pour s'y rendre : 10 chemin Redon (1.4 km au nord-ouest)

Ouverture : Permanent

8 ha/2,5 campables (40 empl.) incliné, peu incliné, herbeux, pierreux

Empl. camping : (Prix 2017) ✶ 6€ 🚗 🗐 8€ – 🗲 (10A) 4,50€ - frais de réservation 10€

Location : (Prix 2017) Permanent - 4 🛖 - 4 tentes lodges. Nuitée 40 à 100€ - Sem. 260 à 675€ - frais de réservation 10€

En sous-bois avec du locatif varié et une ambiance familiale.

Nature : 🌳 🌲🌲
Loisirs : ✗ 🏠 🏖 🚴
Services : ⚡ 🚻 ♿ 📶 🧺

GPS : E : 1.60492 / N : 44.18285

SERVIÈS

81220 - Carte Michelin **338** E9 - 621 h. - alt. 165
▶ Paris 708 - Albi 42 - Montauban 84 - Toulouse 64

▲ St-Pierre-de-Rousieux

☎ 05 63 50 04 43, contact@camping81.com

Pour s'y rendre : lieu-dit : La Téoulière (3 km à l'est par la D 49)

Ouverture : de déb. juil. à fin août

3 ha (48 empl.) plat, herbeux

Empl. camping : (Prix 2017) 26€ ✶✶ 🚗 🗐 🗲 (16A) - pers. suppl. 4,50€ - frais de réservation 6€

SÉVÉRAC-L'ÉGLISE

12310 - Carte Michelin **338** J4 - 412 h. - alt. 630
▶ Paris 625 - Espalion 26 - Mende 84 - Millau 58

▲ Yelloh! Village La Grange de Monteillac 👥

☎ 05 65 70 21 00, www.aveyron-location.com

Pour s'y rendre : chemin de Monteillac (sortie nord-est par D 28, rte de Laissac, face au cimetière)

Ouverture : de mi-mai à mi-sept.

4,5 ha (104 empl.) en terrasses, plat, herbeux

Empl. camping : (Prix 2017) 40€ ✶✶ 🚗 🗐 🗲 (16A) - pers. suppl. 8€

Location : (Prix 2017) (de fin avr. à mi-sept.) - 🅿 - 16 🛖 - 22 🛖 - 9 bungalows toilés - 4 tentes lodges. Nuitée 37 à 179€ - Sem. 259 à 1 253€

Jolie décoration florale et arbustive.

Nature : 🌳 🌲
Loisirs : 🍽 ✗ 🏠 🎯 🏖 🚴 ✂ 🏊
Services : ⚡ (juil.-août) 🚻 ♿ 📶 laverie 🧺

GPS : E : 2.85101 / N : 44.36434

SORÈZE

81540 - Carte Michelin **338** E10 - 2 564 h. - alt. 272
▶ Paris 732 - Castelnaudary 26 - Castres 27 - Puylaurens 19

▲ St-Martin

☎ 05 63 50 20 19, www.campingsaintmartin.com

Pour s'y rendre : r. du 19-Mars-1962, lieu-dit : Les Vigariés (au nord du bourg, accès par r. de la Mairie, au stade)

1 ha (54 empl.) peu incliné, plat, herbeux, gravier

Location : 3 🛖 - 6 🛖 - 2 roulottes.

🚐 borne artisanale

Tout proche du bourg, agréable cadre verdoyant avec du locatif varié de bon confort.

Nature : 🌳 🌲🌲
Loisirs : ✗ 🏖 🏊
Services : ⚡ 📶 laverie 🧺
À prox. : ✂

GPS : E : 2.06908 / N : 43.4543

---

*Des vacances réussies sont des vacances bien préparées !
Ce guide est fait pour vous y aider... mais :
– n'attendez pas le dernier moment pour réserver
– évitez la période critique du 14 juillet au 15 août.
Pensez aux ressources de l'arrière-pays,
à l'écart des lieux de grande fréquentation.*

MIDI-PYRÉNÉES

SORGEAT
09110 - Carte Michelin **343** J8 - 95 h. - alt. 1 050
▶ Paris 808 - Ax-les-Thermes 6 - Axat 50 - Belcaire 23

⚠ Municipal La Prade
📞 05 61 64 36 34, www.camping-ariege-sorgeat.fr - alt. 1 000 - peu d'emplacements pour tentes et caravanes
Pour s'y rendre : au-dessus du bourg (800 m au nord)
Ouverture : Permanent
2 ha (40 empl.) non clos, en terrasses, plat, herbeux
Empl. camping : (Prix 2017) ⚹ 5€ 🚗 🗐 4€ – (10A) 7€
Location : (Prix 2017) Permanent - 1 🏠 - 6 gîtes. Nuitée 50 à 65 € - Sem. 300 à 400 €
Situation agréable face, au loin, à la station de Bonascre-Ax-Trois-Domaines.

Nature : 🌳 ≤ la vallée d'Ax-les-Thermes 🌲 ♨
Loisirs : 🛋
Services : 🔌 🗑 🚿 🛁 📶 🚻
GPS : E : 1.85378 N : 42.73322

Guide Michelin (hôtels et restaurants),
Guide Vert (sites et circuits touristiques) et
cartes routières Michelin sont complémentaires.
Utilisez-les ensemble.

SOUILLAC
46200 - Carte Michelin **337** E2 - 3 864 h. - alt. 104
▶ Paris 516 - Brive-la-Gaillarde 39 - Cahors 68 - Figeac 74

⚠ Les Castels Le Domaine de la Paille Basse 👥
📞 05 65 37 85 48, www.lapaillebasse.com
Pour s'y rendre : 6,5 km au nord-ouest par D 15, rte de Salignac-Eyvignes puis 2 km par chemin à dr.
Ouverture : de déb. avr. à mi-sept.
80 ha/12 campables (288 empl.) vallonné, en terrasses, plat, herbeux, pierreux
Empl. camping : (Prix 2017) 41€ ⚹⚹ 🚗 🗐 ⚡ (16A) - pers. suppl. 6€ - frais de réservation 25€
Location : (Prix 2017) (de déb. avr. à mi-sept.) - ♿ (1 mobile home) - 113 🏠 - 4 tentes lodges. Nuitée 28 à 190€ - Sem. 196 à 1 329€ - frais de réservation 25€
🚐 borne eurorelais - 🚐 🗑 18€
Vaste domaine en sous-bois vallonné autour d'un joli hameau restauré en pierre du pays.

Nature : 🌳 🏞 ♨
Loisirs : 🍴 ✕ 🛋 🎱 salle d'animations 🏊 🚴 🏓 🏸 discothèque mini ferme
Services : 🔌 🗑 🚿 🛁 📶 laverie 🧺
GPS : E : 1.44175 N : 44.94482

⚠ Flower les Ondines 👥
📞 05 65 37 86 44, www.camping-lesondines.com
Pour s'y rendre : lieu-dit : Les Ondines (1 km au sud-ouest par rte de Sarlat et chemin à gauche, près de la Dordogne)
Ouverture : de déb. mai à fin sept.
5 ha (219 empl.) plat, herbeux
Empl. camping : (Prix 2017) 28€ ⚹⚹ 🚗 🗐 ⚡ (6A) - pers. suppl. 3€ - frais de réservation 15€

Location : (Prix 2017) (de déb. mai à fin sept.) - ♿ (1 mobile home) - 52 🏠 - 8 chalets sur pilotis - 8 tentes sur pilotis - 22 cabanons. Nuitée 32 à 133€ - Sem. 203 à 931€ - frais de réservation 20€
Locatif varié, de bon confort sur des emplacements ombragés ou ensoleillés.

Nature : 🌳 ♨
Loisirs : 🍴 ✕ 🛋 🎱 🏊 🚴 🏓
Services : 🔌 🗑 🚿 📶 laverie
À prox. : 🚴 ✂ 🎣 🏊 🐎 parcours dans les arbres parc aquatique
GPS : E : 1.47604 N : 44.89001

TARASCON-SUR-ARIÈGE
09400 - Carte Michelin **343** H7 - 3 515 h. - alt. 474
▶ Paris 777 - Ax-les-Thermes 27 - Foix 18 - Lavelanet 30

⚠ Yelloh! Village Le Pré Lombard 👥
📞 05 61 05 61 94, www.prelombard.com
Pour s'y rendre : 1,5 km au sud-est par D 23, au bord de l'Ariège
Ouverture : de déb. mars à déb. nov.
4 ha (210 empl.) plat, herbeux
Empl. camping : (Prix 2017) 45€ ⚹⚹ 🚗 🗐 ⚡ (10A) - pers. suppl. 9€
Location : (Prix 2017) (de déb. mars à déb. nov.) - 81 🏠 - 19 🏡 - 13 bungalows toilés - 10 tentes lodges. Nuitée 34 à 192€ - Sem. 238 à 1 344€
🚐 borne Sanistation 3€ - 🚐 🗑 17€
Terrain tout en longueur le long de l'Ariège, ombragé, avec du locatif varié et de qualité.

Nature : 🌳 ♨
Loisirs : 🍴 ✕ 🛋 🎱 🏊 🚴 🏓 🏸 terrain multisports
Services : 🔌 🗑 🚿 📶 laverie 🧺 point d'informations touristiques
À prox. : 🛒
GPS : E : 1.61227 N : 42.83984

Choisissez votre restaurant sur **restaurant.michelin.fr**

TEILLET
81120 - Carte Michelin **338** G7 - 462 h. - alt. 475
▶ Paris 717 - Albi 23 - Castres 43 - Lacaune 49

⚠ Flower L'Entre Deux Lacs
📞 05 63 55 74 45, www.campingdutarn.com
Pour s'y rendre : 29 r. du Baron-de-Solignac (sortie sud par D 81, rte de Lacaune)
Ouverture : de déb. avr. à fin sept.
4 ha (65 empl.) en terrasses, plat, pierreux, herbeux
Empl. camping : (Prix 2017) 23€ ⚹⚹ 🚗 🗐 ⚡ (10A) - pers. suppl. 5€
Location : (Prix 2017) (de déb. avr. à mi-nov.) - 🅿 - 17 🏠 - 2 bungalows toilés. Nuitée 45 à 102€ - Sem. 196 à 714€
🚐 borne artisanale 5€ - 🚐 🗑 11€
À la sortie du bourg emplacements et une partie des chalets anciens en sous-bois. Locatifs moins anciens sur une parcelle plus ensoleillée.

Nature : 🌳 🏞 ♨
Loisirs : 🍴 🛋 🚴 🏊
Services : 🔌 🗑 🚿 📶 laverie
GPS : E : 2.34 N : 43.83

341

MIDI-PYRÉNÉES

THÉGRA

46500 - Carte Michelin 337 G3 - 492 h. - alt. 330
▶ Paris 535 - Brive-la-Gaillarde 58 - Cahors 64 - Rocamadour 15

Sites et Paysages Le Ventoulou

☎ 05 65 33 67 01, www.camping-leventoulou.com

Pour s'y rendre : 2,8 km au nord-est par D 14, rte de Loubressac et D 60, rte de Mayrinhac-Lentour à dr.

Ouverture : de déb. avr. à déb. nov.

2 ha (66 empl.) en terrasses, plat, herbeux

Empl. camping : (Prix 2017) 34€ ✶✶ ⇔ 🅴 (10A) - pers. suppl. 9€ - frais de réservation 14€

Location : (Prix 2017) (de déb. avr. à déb. nov.) - 22 🏠 - 4 🏡 - 5 tentes lodges - 2 roulottes. Nuitée 39 à 140€ - Sem. 149 à 980€ - frais de réservation 18€

🚐 borne artisanale 5€ - 🚐 14€

Autour d'une jolie maison en pierre du pays avec du locatif de confort variable.

Nature : 🌳 ♀♀
Loisirs : 🍽 ✗ 🏠 👫 🚴 🏊 (découverte en saison) terrain multisports
Services : 🔑 🚽 ♨ 🚿 📶 laverie 💧

GPS : E : 1.77778 / N : 44.82603

THÉRONDELS

12600 - Carte Michelin 338 I1 - 486 h. - alt. 965
▶ Paris 565 - Toulouse 234 - Rodez 87 - Aurillac 45

Club Airotel La Source

☎ 05 65 66 05 62, www.camping-la-source.com

Pour s'y rendre : presqu'île de Laussac

Ouverture : de mi-mai à déb. sept.

4,5 ha (62 empl.) en terrasses, plat, herbeux

Empl. camping : (Prix 2017) 27€ ✶✶ ⇔ 🅴 (10A) - pers. suppl. 4€

Location : (Prix 2017) Permanent - 20 🏠 - 11 🏡 - 8 bungalows toilés - 3 tentes sur pilotis. Nuitée 56 à 130€ - Sem. 196 à 889€ - frais de réservation 20€

Agréable site au bord du lac de Sarrans.

Nature : 🌳 ≤ ♀♀
Loisirs : 🍽 ✗ 🏠 👫 🚴 ✂ 🏊 🌊 🚣 pédalos terrain multisports
Services : 🔑 📶 laverie

GPS : E : 2.77143 / N : 44.85381

THOUX

32430 - Carte Michelin 336 H7 - 223 h. - alt. 145
▶ Paris 681 - Auch 40 - Cadours 13 - Gimont 14

Lac de Thoux - Saint Cricq

☎ 05 62 65 71 29, www.camping-lacdethoux.com

Pour s'y rendre : lieu-dit : Lannes (au nord-est par D 654, au bord du lac)

Ouverture : de fin avr. à déb. sept.

5 ha (182 empl.) peu incliné, plat, herbeux

Empl. camping : (Prix 2017) 42€ ✶✶ ⇔ 🅴 (10A) - pers. suppl. 8€

Location : (Prix 2017) (de mi-avr. à déb. sept.) ♿ (1 mobile home) - ✈ - 54 🏠 - 30 tentes lodges. Nuitée 35 à 152€ - Sem. 245 à 1 064€

Préférer les emplacements au bord du lac, plus éloignés des bruits de la route.

Nature : ♀♀ 🌳
Loisirs : 👫 🏊 🌊
Services : 🔑 🚽 ♨ 📶 laverie
À prox. : 🍴 🍽 ✗ 🚣 jacuzzi 🚴 🏊 🛶 (plage) 🚤 ⛴ pédalos terrain multisports

GPS : E : 1.00234 / N : 43.68587

TOUZAC

46700 - Carte Michelin 337 C5 - 352 h. - alt. 75
▶ Paris 603 - Cahors 39 - Gourdon 51 - Sarlat-la-Canéda 63

Le Ch'Timi

☎ 05 65 36 52 36, www.campinglechtimi.com

Pour s'y rendre : lieu-dit : La Roque (accès direct au Lot (par escalier abrupt))

Ouverture : de déb. avr. à fin sept.

3,5 ha (79 empl.) peu incliné, plat, herbeux

Empl. camping : (Prix 2017) 29,45€ ✶✶ ⇔ 🅴 (6A) - frais de réservation 10€

Location : (Prix 2017) (de déb. avr. à fin sept.) - 1 🏠 - 6 🏡 - 1 roulotte. Sem. 450 à 900€ - frais de réservation 10€

🚐 borne artisanale

Du locatif varié et de grand confort pour certains. Préférer les emplacements les plus éloignés de la route.

Nature : ♀♀
Loisirs : ✗ 🚴 🚲 ✂ 🏊 🌊
Services : 🔑 🚽 📶 🅿

GPS : E : 1.06533 / N : 44.49889

Avant de vous installer, consultez les tarifs en cours, affichés obligatoirement à l'entrée du terrain, et renseignez-vous sur les conditions particulières de séjour. Les indications portées dans le guide ont pu être modifiées depuis la mise à jour.

LE TREIN D'USTOU

09140 - Carte Michelin 334 F8 - 351 h. - alt. 739
▶ Paris 804 - Aulus-les-Bains 13 - Foix 73 - St-Girons 31

Le Montagnou

☎ 05 61 66 94 97, www.lemontagnou.com

Pour s'y rendre : rte de Guzet (sortie nord-ouest par D 8, rte de Seix, près de l'Alet)

1,2 ha (40 empl.) plat, herbeux

Location : 6 🏠 - 2 tentes lodges - 2 roulottes.

🚐 borne artisanale

Agréable pinède avec des emplacements près du ruisseau.

Nature : ♀
Loisirs : 🏠 🚴
Services : 🔑 🚽 ♨ 🚿 📶 laverie 💧
À prox. : ✗ 🍽

GPS : E : 1.25618 / N : 42.81178

MIDI-PYRÉNÉES

LE TRUEL

12430 - Carte Michelin 338 I6 - 348 h. - alt. 290
▶ Paris 677 - Millau 40 - Pont-de-Salars 37 - Rodez 52

▲ Municipal La Prade

☏ 05 65 46 41 46, camping.le.truel@orange.fr

Pour s'y rendre : à l'est du bourg par D 31, à gauche apr. le pont, au bord du Tarn (plan d'eau)

Ouverture : de déb. juin à fin sept.

0,6 ha (28 empl.) plat, herbeux

Empl. camping : (Prix 2017) 17,50€ ✶✶ 🚗 🅿 ⚡ (6A) - pers. suppl. 4,50€

Location : (Prix 2017) Permanent - 3 🏠 - 5 🛏 - 1 gîte d'étape (10 lits). Nuitée 30 à 44€ - Sem. 210 à 250€

Sous les peupliers le long du Tarn.

Nature : 🌊 🌳🌳	**GPS** E : 2.76317
Loisirs : 🏠 🚴	N : 44.04937
Services : 🚐 ♿ 📶 🧺	
À prox. : ✂ ⚓ pédalos	

*Teneinde deze gids beter te kunnen gebruiken,
DIENT U DE VERKLARENDE TEKST AANDACHTIG TE LEZEN.*

VAYRAC

46110 - Carte Michelin 337 G2 - 1 330 h. - alt. 139
▶ Paris 512 - Beaulieu-sur-Dordogne 17 - Brive-la-Gaillarde 32 - Cahors 89

⛺ Village Vacances Chalets Mirandol Dordogne

(pas d'emplacement tentes et caravanes)

☏ 05 65 32 57 12, www.mirandol-dordogne.com

Pour s'y rendre : à Vormes (2,3 km au sud par D 116, en dir. de la base de loisirs)

Ouverture :

2,6 ha vallonné, non clos, plat, herbeux

Location : (Prix 2017) (de déb. avr. à fin sept.) - 🅿 - 22 🏠. Nuitée 40 à 73€ - Sem. 180 à 720€

Petit village de chalets de superficie variable dans un cadre boisé.

Nature : 🌳🌳	**GPS** E : 1.69771
Loisirs : 🏊	N : 44.93657
Services : ⚡ 🧺	
À prox. : 🍴 ✂ 🚣 ⚓	

▲ Municipal la Palanquière

☏ 05 65 32 43 67, www.vayrac.fr

Pour s'y rendre : lieu-dit : La Palanquière (1 km au sud par D 116, en dir. de la base de loisirs)

Ouverture : de déb. juin à mi-sept.

1 ha (33 empl.) plat, herbeux

Empl. camping : (Prix 2017) ✶ 3,80€ 🚗 3,80€ – ⚡ (10A) 3,90€
🚐 25 🅿 12,44€

Belle pelouse ombragée avec un accès aux sanitaires privatisés (clé).

| Nature : 🏊 🌳🌳 | **GPS** E : 1.70389 |
| Services : 🚐 ♿ 📶 🧺 | N : 44.94464 |

VERS

46090 - Carte Michelin 337 F5 - 415 h. - alt. 132
▶ Paris 565 - Cahors 15 - Villefranche-de-Rouergue 55

⛺ Village Vacances Domaine du Mas de Saboth

(pas d'emplacement tentes et caravanes)

☏ 05 65 31 41 74, www.masdesaboth.com

Pour s'y rendre : 1 km à l'ouest par D 49

20 ha en terrasses, herbeux, pierreux

Location : (Prix 2017) Permanent⚡ (3 chalets) - 30 🏠 - 60 🏠. Nuitée 70 à 160€ - Sem. 365 à 915€

Village de chalets et mobile homes en sous-bois, dont certains avec une vue panoramique sur le Causse.

Nature : 🏊 🌳🌳	**GPS** E : 1.54407
Loisirs : 🍴 ✂ 🏠 salle d'animations 🏃 🎠 hammam jacuzzi 🚣 ✂ ⚓ 🎯 discothèque poneys	N : 44.47792
Services : ⚡ 📶 🧺 🧺	

▲ La Chêneraie

☏ 05 65 31 40 29, www.cheneraie.com - peu d'emplacements pour tentes et caravanes

Pour s'y rendre : lieu-dit : Le Cuzoul (2,5 km au sud-ouest par D 653, rte de Cahors et chemin à dr. apr. le passage à niveau)

Ouverture : de déb. avr. à fin sept.

2,6 ha (58 empl.) plat, herbeux

Empl. camping : (Prix 2017) 29€ ✶✶ 🚗 🅿 ⚡ (10A) - pers. suppl. 4€ - frais de réservation 9€

Location : (Prix 2017) (de déb. avr. à mi-oct.) - 34 🏠 - 1 gîte. Nuitée 50 à 145€ - Sem. 350 à 1 600€ - frais de réservation 9€

🚐 borne artisanale 3€

En sous-bois avec la partie haute pour les emplacements tentes et caravanes et la partie basse pour le locatif.

Nature : 🏊 🌳🌳	**GPS** E : 1.54593
Loisirs : 🍴 ✂ 🏠 jacuzzi 🚣 ✂ ⚓	N : 44.47154
Services : ⚡ 📶 🧺 🧺	

*Pour visiter une ville ou une région :
utilisez le Guide Vert MICHELIN.*

VIELLE-AURE

65170 - Carte Michelin 342 N6 - 355 h. - alt. 800
▶ Paris 828 - Toulouse 155 - Tarbes 70 - Lourdes 66

▲ Le Lustou

☏ 05 62 39 40 64, www.lustou.com

Pour s'y rendre : lieu-dit : Agos (2 km au nord-est par D 19, près de la Neste-d'Aure et d'un étang)

2,8 ha (65 empl.) plat, herbeux

Location : 5 🏠 - 1 gîte d'étape (29 lits).

En deux parties distinctes de part et d'autre d'une petite route avec un propriétaire qui organise des randonnées.

Nature : ❄ 🌊 🌳🌳	**GPS** E : 0.33841
Loisirs : 🍴 👥 🐎	N : 42.84492
Services : ⚡ 🏠 ♿ 📶 🧺 laverie	
À prox. : 🚣 ⚓ sports en eaux vives	

343

MIDI-PYRÉNÉES

LE VIGAN

46300 - Carte Michelin **337** E3 - 1 457 h. - alt. 224
▶ Paris 537 - Cahors 43 - Gourdon 6 - Labastide-Murat 20

Le Rêve

📞 05 65 41 25 20, www.campinglereve.com
Pour s'y rendre : lieu-dit : Revers (3,2 km au nord par D 673, rte de Souillac puis 2,8 km par chemin à gauche)
Ouverture : de mi-mai à mi-sept.
8 ha/2,5 campables (60 empl.) peu incliné, plat, herbeux, sous-bois
Empl. camping : (Prix 2017) 23,80€ ✶✶ 🚗 📧 ⚡ (10A) - pers. suppl. 5,90€ - frais de réservation 5€
Location : (Prix 2017) (de mi-mai à mi-sept.) - 🚫 - 4 🏠 - 2 tentes lodges. Sem. 255 à 580€
🚰 borne artisanale
Emplacements en sous-bois ou plus ensoleillés.

Nature : 🌳 🌿
Loisirs : 🍽 🎯 🏊
Services : 🔑 🛒 📶 laverie 🧺

GPS
E : 1.44183
N : 44.77274

VILLEFRANCHE-DE-PANAT

12430 - Carte Michelin **338** I6 - 771 h. - alt. 710
▶ Paris 676 - Toulouse 177 - Rodez 45 - Millau 46

Village Vacances Le Hameau des Lacs

(pas d'emplacement tentes et caravanes)
📞 05 65 67 41 82, www.le-hameau-des-lacs.fr
Pour s'y rendre : rte de Rodez
1 ha en terrasses, plat, herbeux
Location : ♿ (1 chalet) - 🅿 - 22 🏠.
Grande prairie verdoyante au bord du lac.

Nature : 🌳 ⛰ 💧
Loisirs : 🏠 🚴 🏊 🏊 terrain multisports
Services : 🔑 🚻 📶 laverie
À prox. : 🏖 (plage)

GPS
E : 2.69457
N : 44.09654

VILLEFRANCHE-DE-ROUERGUE

12200 - Carte Michelin **338** E4 - 12 213 h. - alt. 230
▶ Paris 614 - Albi 68 - Cahors 61 - Montauban 80

Le Rouergue

📞 05 65 45 16 24, www.campingdurouergue.com
Pour s'y rendre : 35bis av. de Fondies (1,5 km au sud-ouest par D 47, rte de Monteils)
Ouverture : de mi-avr. à fin sept.
1,8 ha (93 empl.) plat, herbeux
Empl. camping : (Prix 2017) 19€ ✶✶ 🚗 📧 ⚡ (16A) - pers. suppl. 3,50€ - frais de réservation 3€
Location : (Prix 2017) (de mi-avr. à fin sept.) - 7 🚐 - 6 bungalows toilés. Nuitée 28 à 80€ - Sem. 150 à 470€ - frais de réservation 3€
🚰 borne artisanale 6€ - 💧 11€

Nature : 🌳 🌿
Loisirs : 🏠 🏊
Services : 🔑 🛒 🚻 📶 🧊
À prox. : 🛁 jacuzzi ✂ 🎯 🏊 🛶

GPS
E : 2.02615
N : 44.3423

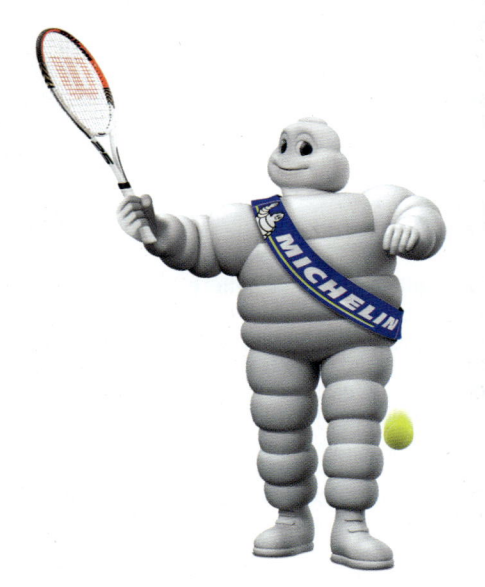

344

NORD-PAS-DE-CALAIS

Selon un dicton local, « les gens du Nord ont dans le cœur ce qu'ils n'ont pas dehors ». Comprenez que les horizons sans fin du Plat Pays, qui n'ont « que des vagues de dunes pour arrêter les vagues », ne brisent en rien leur infatigable entrain : lors des Rondes de géants, des ducasses ou des kermesses, écoutez-les chanter, les ch'timis… Regardez-les rire à cette débauche de moules-frites qui fait le sel des grandes braderies de Lille, et trinquer autour d'une bière dans l'ambiance bon enfant des estaminets. À table, pas davantage le temps de s'ennuyer : chicons braisés, carbonade, potjevleesch, tarte au maroilles… D'autres agréments ? Le joyeux concert des carillons au sommet des beffrois, la silhouette aérienne des moulins et… la possibilité de franchir le « Pas » pour saluer nos voisins britanniques.

As the local saying goes, "the hearts of the men of the north are warm enough to thaw the chilly climate". Just watch as they throw themselves body and soul into the traditional "Dance of the Giants" at countless fairs, fêtes and carnivals: several tons of chips and mussels—and countless litres of beer! — sustain a million visitors to Lille's huge annual street market. The influence of Flanders can be heard in the names of towns and people, seen in the wealth of Gothic architecture and tasted in filling dishes like beef in amber beer and potjevleesch stew. Joyful bells ringing from their slender belfries, neat rows of miners' houses and the distant outline of windmills remind visitors that they are on the border of Belgium, or, as a glance across the Channel will prove, in sight of the cliffs of Dover!

Localité citée avec camping
Localité citée avec camping et locatif
Vannes Localité disposant d'un camping avec aire de services camping-car
Moyaux Localité disposant d'au moins un terrain agréable
Aire de service pour camping-car sur autoroute
BELGIQUE
PAS-DE-CALAIS
NORD
SOMME
AISNE
ARDENNES
INE-MARITIME
Pas de Calais
GENT
RUXELLES
DUNKERQUE
GRANDE-SYNTHE
Grand-Fort-Philippe
CALAIS
LES 2 CAPS
Guînes
Éperlecques
Buysscheure
Licques
St-Omer
BOULOGNE-S-MER
Condette
Dannes
TOURCOING
ROUBAIX
LILLE
SAINT-HILAIRE-COTTES
RELY
Béthune
Montreuil
Lens
Douai
Valenciennes
Fort-Mahon-Plage
Nampont-St-Martin
Villers-s-Authie
Fillièvres
St-Quentin-en-Tourmont
Rue
le Crotoy
St-Valéry-s-Somme
Cayeux-sur-Mer
LA BAIE DE SOMME
Abbeville
ARRAS
ROMAUCOURT
LA SENTINELLE EST
Maubeuge
Cambrai
Willies
Mers-les-Bains
Le Tréport
Miannay
Moyenneville
Touffreville-s-Eu
Incheville
Bazinval
Quiberville
Dieppe
St-Martin-en-Campagne
Blangy-s-Bresle
Martigny
Veules-les-Roses
Bertangles
AMIENS
Péronne
ASSEVILLERS EST
ST-QUENTIN
Seraucourt-le-Grand
le Nouvion-en-Thiérache
Vervins
CHARLEVILLE-MÉZIÈRES
Aumale
Poix-de-Picardie
la Fère
BOSC-MESNIL
Montdidier
HARDIVILLERS
A 16
A 18
A 25
A 22
A 26
A 1
A 27
A 7
A 23
A 21
A 2
A 28
A 29
A 34
N 42
N 25
N 2
N 43
N 27
D 943
D 642
D 939
D 649
D 643
D 925
D 934
D 1029
D 1043
Aa
Yser
Lys
Escaut
Canche
Scarpe
Sambre
Somme
Bresle
Béthune
Oise
Meuse

NORD-PAS-DE-CALAIS

BUYSSCHEURE
59285 - Carte Michelin 302 B3 - 510 h. - alt. 25
▶ Paris 269 - Béthune 44 - Calais 47 - Dunkerque 31

▲ La Chaumière
📞 03 28 43 03 57, www.campinglachaumiere.com
Pour s'y rendre : 529 Langhemast-Straete (au bourg)
Ouverture : de déb. avr. à fin oct.
1 ha (29 empl.) plat, herbeux, pierreux, petit étang
Empl. camping : (Prix 2017) 20€ ✦✦ 🚗 🔲 ⚡ (6A) - pers. suppl. 8€
🚐 borne artisanale - 10 🔲 20€
Terrain pleine nature autour d'un traditionnel estaminet et à proximité du GR 128.

Nature : 🌳 🐟
Loisirs : 🍺 🍴 👶 🎣 🛶
Services : 🔑 🚻 🚿 🧺 ♿ 📶 🗑

GPS E : 2.33942 N : 50.80166

▲▲▲ ... ▲
Sites which are particularly pleasant in their own right and outstanding in their class.

CAMBRAI
59400 - Carte Michelin 302 H6 - 32 518 h. - alt. 53
▶ Paris 183 - Lille 67 - Amiens 100 - Namur 139

▲ Municipal Les 3 Clochers
📞 03 27 70 91 64, camping@mairie-cambrai.fr
Pour s'y rendre : 77 r. Jean-Goude
Ouverture : de mi-avr. à mi-oct.
1 ha (50 empl.) plat, herbeux
Empl. camping : (Prix 2017) 12,50€ ✦✦ 🚗 🔲 ⚡ (16A) - pers. suppl. 2€
Nombreuses informations touristiques sur Cambrai.

Nature : 🏕 🐟
Services : 🔑 🚻 🚿 🧺 📶
À prox. : 🎳 🍺 🍴

GPS E : 3.21476 N : 50.17533

CONDETTE
62360 - Carte Michelin 301 C4 - 2 575 h. - alt. 35
▶ Paris 254 - Boulogne-sur-Mer 10 - Calais 47 - Desvres 19

▲ Château d'Hardelot 👥
📞 03 21 87 57 59, www.camping-caravaning-du-chateau.com
Pour s'y rendre : 21 r. Nouvelle (sortie sud par D 119)
Ouverture : de déb. avr. à fin sept.
1,2 ha (70 empl.) plat, herbeux, gravillons
Empl. camping : (Prix 2017) 28,90€ ✦✦ 🚗 🔲 ⚡ (10A) - pers. suppl. 6,30€
Location : (Prix 2017) (de déb. avr. à fin sept.) - 2 🏠. Nuitée 56 à 98€ - Sem. 445 à 690€
🚐 borne artisanale 5€
Charmants emplacements en bordure de forêt.

Nature : 🏕 🐟🐟
Loisirs : 🧒 🎣 🛶
Services : 🔑 🚻 🚿 🧺 📶 laverie réfrigérateurs
À prox. : 🎳 🍺 🍴 ✂

GPS E : 1.62557 N : 50.64649

DANNES
62187 - Carte Michelin 301 C4 - 1 303 h. - alt. 30
▶ Paris 242 - Lille 136 - Arras 133 - Amiens 114

▲ Municipal Le Mont-St-Frieux
📞 03 21 33 24 76, www.mairiededannes.fr
Pour s'y rendre : 21 r. de La Mer (au bourg)
Ouverture : de fin mars à déb. nov.
1,5 ha (52 empl.) plat, herbeux
Empl. camping : (Prix 2017) ✦ 4,60€ 🚗 3,10€ 🔲 4,60€ – ⚡ (16A) 5€
🚐 borne artisanale
Terrain confortable et peu ombragé, infrastructures modernes. Accueil groupes et colonies.

Nature : 🏕 🐟
Loisirs : 🎣 👶 🛶
Services : 🧺 🗑 📶 laverie

GPS E : 1.60997 N : 50.58924

ÉPERLECQUES
62910 - Carte Michelin 301 G3 - 3 162 h. - alt. 42
▶ Paris 271 - Lille 78 - Arras 86 - St-Omer 14

▲▲▲ Château du Gandspette
📞 03 21 93 43 93, www.chateau-gandspette.com
Pour s'y rendre : 133 r. du Gandspette
Ouverture : de déb. avr. à fin sept.
11 ha/4 campables (167 empl.) peu incliné, herbeux
Empl. camping : (Prix 2017) 34€ ✦✦ 🚗 🔲 ⚡ (10A) - pers. suppl. 7,20€
Location : (Prix 2017) (de déb. avr. à fin sept.) - 🏕 - 8 🏠. Nuitée 41 à 107€ - Sem. 287 à 749€ - frais de réservation 7€
🚐 borne AireService - 21 🔲 34€
Vastes emplacements dans le parc boisé du château.

Nature : 🌳 🐟
Loisirs : 🍺 🍴 🏠 🎣 👶 🛶 terrain multisports
Services : 🔑 🚻 ♿ 📶 laverie 🧺

GPS E : 2.1789 N : 50.81894

FILLIÈVRES
62770 - Carte Michelin 301 F6 - 523 h. - alt. 46
▶ Paris 206 - Arras 52 - Béthune 46 - Hesdin 13

▲▲ Les Trois Tilleuls
📞 03 21 47 94 15, www.camping3tilleuls.com - peu d'emplacements pour tentes et caravanes
Pour s'y rendre : 28 r. de Frévent (sortie sud-est par D 340)
Ouverture : de déb. avr. à mi-oct.
4,5 ha (132 empl.) non clos, peu incliné
Empl. camping : (Prix 2017) ✦ 5,50€ 🚗 3€ 🔲 3,50€ – ⚡ (10A) 3,50€
Location : (Prix 2017) (de déb. avr. à mi-oct.) - ♿ (1 mobile-home) - 9 🏠 - 1 roulotte - 2 cabanons. Sem. 240 à 662€
Au cœur de la vallée de la Canche, avec quelques hébergements insolites.

Nature : 🏕 🐟🐟
Loisirs : 🎪 salle d'animations 👶 🎣 🛶 (découverte en saison) terrain multisports
Services : 🔑 ♿ 📶 laverie
À prox. : 🚣

GPS E : 2.15952 N : 50.31417

347

NORD-PAS-DE-CALAIS

GRAND-FORT-PHILIPPE

59153 - Carte Michelin **302** A2 - 5 491 h. - alt. 5
▶ Paris 289 - Calais 28 - Cassel 40 - Dunkerque 24

▲ La Plage

☎ 03 28 65 31 95, www.camping-de-la-plage.info
Pour s'y rendre : 115 r. du Mar.-Foch (au nord-ouest)
Ouverture : de déb. avr. à fin oct.
1,5 ha (82 empl.) plat, herbeux
Empl. camping : (Prix 2017) ♦ 5,35€ 🚗 2,15€ 🅿 5,50€ – ⚡ (10A) 4,30€ - frais de réservation 3,50€
Location : (Prix 2017) (de déb. avr. à fin oct.) - 2 🚐 - 5 🏠 - 2 bungalows toilés. Sem. 166 à 623€ - frais de réservation 3,50€
Environnement agréable, espaces fleuris.

Nature : ♤♤
Loisirs : 🏄
Services : 🔑 🚻 🛜 laverie
GPS E : 2.09746 N : 51.00264

GUÎNES

62340 - Carte Michelin **301** E2 - 5 501 h. - alt. 5
▶ Paris 282 - Arras 102 - Boulogne-sur-Mer 29 - Calais 11

▲ Les Castels La Bien Assise 👥

☎ 03 21 35 20 77, www.camping-la-bien-assise.com
Pour s'y rendre : sortie sud-ouest par D 231, rte de Marquise
Ouverture : de déb. avr. à fin sept.
20 ha/12 campables (215 empl.) plat, herbeux, peu incliné, petit étang
Empl. camping : (Prix 2017) ♦ 8,50€ 🚗 🅿 17,50€ – ⚡ (10A) 6€
Location : (Prix 2017) (de déb. avr. à mi-sept.) - 2 🚐 - 4 🏠. Sem. 430 à 870€
Hôtel et restaurant gastronomique dans les dépendances du château.

Nature : 🌳♤
Loisirs : 🍹 🍴 🏠 🏊 🚴 ✂ 🎣 🎳 (découverte en saison) ⛵
Services : 🔑 🚻 🚿 🛜 laverie 🧺 🛠
GPS E : 1.85815 N : 50.86631

LICQUES

62850 - Carte Michelin **301** E3 - 1 563 h. - alt. 81
▶ Paris 276 - Arras 97 - Boulogne-sur-Mer 31 - Calais 25

▲ Pommiers des Trois Pays

☎ 03 21 35 02 02, www.pommiers-3pays.com
Pour s'y rendre : 273 r. du Breuil
Ouverture : de déb. avr. à fin oct.
2 ha (58 empl.) plat, herbeux
Empl. camping : (Prix 2017) 28,90€ ♦♦ 🚗 🅿 ⚡ (16A) - pers. suppl. 6,50€
Location : (Prix 2017) (de déb. avr. à fin oct.) - ♿ (1 chalet) - 10 🚐 - 9 🏠 - 1 gîte. Nuitée 60€ - Sem. 320 à 900€
🚙 borne artisanale 4€ - 3 🅿 18,30€ - 🚰 10€
Au cœur du parc des marais d'Opale, terrain calme avec une charmante piscine.

Nature : 🌳 ≤ ♤
Loisirs : 🍹 🍴 🏠 🏊 ⛵ (découverte en saison)
Services : 🔑 🚿 📡 🛜 laverie
GPS E : 1.94776 N : 50.77991

MAUBEUGE

59600 - Carte Michelin **302** L6 - 31 970 h. - alt. 134
▶ Paris 242 - Charleville-Mézières 95 - Mons 21 - St-Quentin 114

▲ Municipal du Clair de Lune

☎ 03 27 62 25 48, www.ville-maubeuge.fr
Pour s'y rendre : 212 rte de Mons (1,5 km au nord par N 2)
2 ha (91 empl.) plat, herbeux
Décoration florale et arbustive.

Nature : 🏕 ♤
Loisirs : 🏄
Services : 🔑 🚻 🛜
GPS E : 3.9766 N : 50.29573

WILLIES

59740 - Carte Michelin **302** M7 - 165 h. - alt. 167
▶ Paris 225 - Avesnes-sur-Helpe 16 - Cambrai 69 - Charleroi 48

▲ Val Joly

☎ 03 27 61 83 76, www.valjoly.com
Pour s'y rendre : à Eppé-Sauvage, base nautique du Val Joly (1,5 km à l'est par D 133, à 300 m du lac)
4 ha (138 empl.) peu incliné, plat, herbeux
Location : ♿ (1 chalet) - 30 🏠 - 2 yourtes.
Vaste terrain ombragé de bouleaux et platanes, surplombant le lac du Val Joly.

Nature : 🌳 ♤
Loisirs : 🏠 🏄 ✂
Services : 🔑 🚻 laverie 🧺
À prox. : 🎣 ⛵
GPS E : 4.11518 N : 50.12245

NORMANDIE

Muse des impressionnistes et des poètes, la Normandie vogue entre luxe, calme et volupté. Côté mer, les prestigieuses stations balnéaires, l'éblouissante baie du Mont-St-Michel, les hautes falaises crayeuses et les plages du Débarquement imposent une contemplation silencieuse. Côté terre le bocage, où paissent chevaux et vaches, et les vergers de pommiers déroulent un tapis verdoyant semé de chaumières à colombages et de fringants manoirs. Éclairée d'une lumière à nulle autre pareille, la Seine méandre paisiblement, jalonnant son cours d'une succession de trésors architecturaux : cités médiévales, châteaux, abbayes... Cette esquisse de la région serait incomplète sans l'évocation des bons produits du terroir : beurre, crème fraîche, camembert, livarot, cidre et calvados méritent à eux seuls votre visite.

Normandy, the inspiration of writers and artists, offers pure rural pleasure. Take a walk along the coast to fill your lungs with sea air and admire the elegant resorts. You will be left breathless when you first catch sight of Mont Saint-Michel rising from the sands or look down over Étretat's white cliffs, and it is impossible not to be moved by the memory of the men who gave their lives on Normandy's beaches in June 1944. Further inland, acres of neat, hedge-lined fields meet the eye. Drink in the sight and scent of apple blossom, admire the pretty, half-timbered cottages and follow the Seine past medieval cities, daunting castles and venerable abbeys. And who could forget Normandy's culinary classics: fresh seafood, creamy Camembert, cider and the famous apple brandy, Calvados.

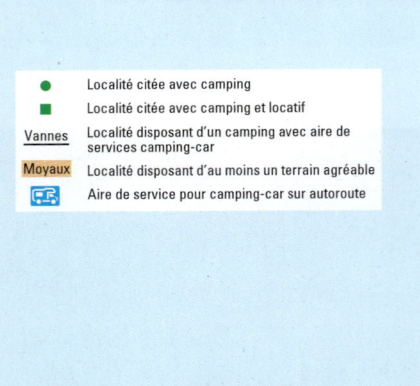

- Localité citée avec camping
- Localité citée avec camping et locatif
- **Vannes** Localité disposant d'un camping avec aire de services camping-car
- **Moyaux** Localité disposant d'au moins un terrain agréable
- Aire de service pour camping-car sur autoroute

ALDERNEY

Omonville-la-Rogue
CHERBOURG-EN-COTENTIN
Maupertus-s-M.
St-Vaast-la-Hougue
Les Pieux
Le Rozel
Surtainville
Barneville-Carteret
Baubigny
St-Sauveur-le-Vicomte
Ravenoville
Ste-Mère-Église
Port-en-Bessin
Courseulles-s-M.
St-Jean-de-la-Rivière
Vierville-s-M.
Arromanches-les-B.
St-Aubin-s-M.
Villers-s-M.
Denneville
St-Symphorien-le-Valois
Isigny-s-M.
Étréham
Luc-s-M.
Houlgate
Surrain
Bayeux
Dives-s-M.
Trévières
Merville-Franceville-Pl.

JERSEY

St-Lô
MANCHE
CAEN
CALVADOS
Agon-Coutainville
Coutances
Torigny-les-Villes
Annoville
Thury-Harcourt
Îles Chausey
Bréville-s-M.
Bréhal
Le Vey
Falaise
Donville-les-B.
Pont-Farcy
Granville
Villedieu-les-Poêles
Vire
Flers
Argentan

-le-Guildo
St-Lunaire
St-Malo
Cancale
ORNE
St-Briac-s-M.
St-Coulomb
Genêts
Brécey
St-Jouan-des-Guérets
Roz-sur-Couesnon
Avranches
Bagnoles-de-l'O.
Pléven
Cherrueix
Beauvoir
St-Hilaire-du-Harcouët
LA DENTELLE D'ALENÇON
St-Samson-s-R.
St-Marcan
Taden
Pontorson
Alençon
Dinan
Dol-de-Bretagne
Jugon-les-Lacs
la Chapelle-aux-Filtzméens
Ambrières-les-Vallées
Tinténiac
Fougères
Fresnay-s-Sarthe
Feins
Mayenne
Sillé-le-Guillaume
Châtillon-en-Vendelais
MAYENNE
Andouillé
Le Grez
Mézières-s/s-Lavardin
RENNES
Paimpont
Laval
Tennie
Châteaugiron
St-Berthevin
ILLE-ET-VILAINE
Marcillé-Robert
la Selle-Craonnaise
Villiers-Charlemagne
Bouère
Avoise
Martigné-Ferchaud

MANCHE
PAS-DE-CALAI
Montreuil
Canche
D 939
A 16
Fort-Mahon-Plage
Nampont-St-Martin
Fillièvres
Villers-s-Authie
St-Quentin-en-Tourmont
Rue
le Crotoy
Cayeux-sur-Mer
St-Valéry-s-Somme
LA BAIE DE SOMME
LA BAIE DE SOMME
Abbeville
Mers-les-Bains
Miannay
Le Tréport
D 925
Moyenneville
A 16
Touffreville-s-Eu
Incheville
Bazinval
Somme
Bertangles
Quiberville
Dieppe
A 28
St-Aubin-s-Mer
D 925
St-Martin-en-Campagne
Blangy-s-Bresle
SOMM
AMIENS
St-Valéry-en-Caux
Veules-les-Roses
Martigny
A 29
A 29
D 934
Fécamp
N 27
Béthune
A16
Aumale
Poix-de-Picardie
tretat
Cany-Barville
Toussaint
les Loges
SEINE-MARITIME
BOLLEVILLE
A 29
BOSC-MESNIL
D 925
A 29
BOLLEVILLE
A 150
A 151
HARDIVILLERS
HARDIVILLERS
LE HAVRE
RESSONS OUEST
A 131
A 28
N 31
Honfleur
Fiquefleur-Équainville
Jumièges
OISE
Beauvais
Pont-Audemer
Deauville
BEUZEVILLE NORD
A 13
Bresles
ROUEN
Clermont
Lyons-la-Forêt
A 29
Bourg-Achard
Andelle
D 6014
Thérain
A 28
BOSGOUET-SUD
St-Georges-du-Vièvre
les Andelys
St-Leu-d'Esserent
Blangy-le-Château
Le Bec-Hellouin
Senlis
Moyaux
A 16
A 13
Oise
Lisieux
D 613
VAL-
Bernay
Pontoise
N 184
N 104
Touques
Eure
Epte
EURE
A 115
Orbec
A 28
SEINE
A 15
D'OISE
Évreux
A 13
Vimoutiers
Mantes-la-Jolie
Maisons-Laffitte
A 86
A 3
N 154
Bobigny
St-Germain-en-Laye
A 14
St-Evroult-N.-D.-du-Bois
Risle
Nanterre
PARIS
Iton
YVELINES
A 12
Versailles
N 12
N 12
D 926
A 86
Dreux
A 28
Rambouillet
Villiers-s-Orge
Eure
Sées
EURE-
A 10
Évry
Sarthe
Avre
N 154
N 104
LA DENTELLE D'ALENÇON
N 12
Villiers-le-Morhier
Senonches
A 6
Mortagne-au-Perche
ET-
A 11
Fontaine-Simon
ESSONNE
Chartres
Courville-s-Eure
Étampes
Mamers
Bellême
LOIR
Veneux
N 10
Boulanco
N 154
A 10
Beaumont-s-Sarthe
Loir
A 11
SARTHE
Pithiviers
Essonne
Sillé-le-Phillipe
la Bazoche-Gouet
A 19
Lavaré
Châteaudun
Yvré-l'Évêque
Cloyes-sur-le-Loir
LOIRET
D 357
D 2157
ORLÉANS
D 2060
Chécy
St-Calais
D 357
D 2060

NORMANDIE

AGON-COUTAINVILLE

50230 - Carte Michelin **303** C5 - 2 826 h. - alt. 36
▶ Paris 348 - Barneville-Carteret 48 - Carentan 43 - Cherbourg 80

⚠ Municipal le Marais

📞 02 33 47 05 20, www.agoncoutainville.fr
Pour s'y rendre : bd Lebel-Jéhenne (sortie nord-est, près de l'hippodrome)
Ouverture : de déb. juil. à fin août
2 ha (104 empl.) plat, herbeux
Empl. camping : (Prix 2017) ♦ 4,10€ – 🚗 🅿 5,80€ – 🔌 (5A) 3,50€
🚐 borne artisanale 4,70€ - 40 🅿 7,50€
Emplacements délimités avec un confort sanitaire rénové.

Nature : 🏞
Loisirs : 🏇
Services : 🔑 🚿
À prox. : 🛒 🍴 golf (18 trous)

GPS W : 1.59283 N : 49.04975

⚠ Municipal le Martinet

📞 02 33 47 05 20, www.agoncoutainville.fr
Pour s'y rendre : bd Lebel-Jéhenne (sortie nord-est, près de l'hippodrome)
Ouverture : de déb. avr. à fin oct.
1,5 ha (122 empl.) plat, herbeux
Empl. camping : (Prix 2017) ♦ 4,10€ – 🚗 🅿 5,80€ – 🔌 (5A) 3,50€
🚐 borne artisanale 4,70€ - 40 🅿 7,50€
Mobile homes de propriétaires-résidents et un confort sanitaire ancien.

Nature : 🏞
Loisirs : 🏇
Services : 🔑 laverie
À prox. : 🛒 🍴

GPS W : 1.59283 N : 49.04958

ALENÇON

61000 - Carte Michelin **310** J4 - 27 325 h. - alt. 135
▶ Paris 190 - Chartres 119 - Évreux 119 - Laval 90

⛰ Municipal de Guéramé

📞 02 33 26 34 95, camping.guerame@orange.fr
Pour s'y rendre : 65 r. de Guéramé (au sud-ouest par bd périphérique)
1,5 ha (54 empl.) en terrasses, peu incliné, plat, gravillons, herbeux
Location : 3 bungalows toilés.
Situé au milieu d'une zone pavillonnaire, cadre verdoyant, au bord de la Sarthe.

Nature : 🏞 ♀
Loisirs : 🏠 🏇
Services : 🔑 🚽 🚿 laverie
À prox. : 🍴 🛒 🎣 🏇

GPS E : 0.0728 N : 48.4259

---

*De categorie (1 tot 5 tenten, in **zwart** of **rood**) die wij aan de geselekteerde terreinen in deze gids toekennen, is onze eigen indeling. Niet te verwarren met de door officiële instanties gebruikte classificatie (1 tot 5 sterren).*

ANNOVILLE

50660 - Carte Michelin **303** C6 - 619 h. - alt. 28
▶ Paris 348 - Barneville-Carteret 57 - Carentan 48 - Coutances 14

⚠ Municipal les Peupliers

📞 02 33 47 67 73, www.camping-annoville.fr
Pour s'y rendre : r. des Peupliers (3 km au sud-ouest par D 20 et chemin à dr., à 500 m de la plage)
Ouverture : de déb. mai à fin sept.
2 ha (117 empl.) plat, herbeux, sablonneux
Empl. camping : (Prix 2017) ♦ 3,30€ 🚗 🅿 3,60€ – 🔌 (6A) 6€
Location : (Prix 2017) (de déb. avr. à fin sept.) - ♿ (1 mobile home) - 7 🏠. Nuitée 50 à 60€ - Sem. 265 à 470€
Vaste prairie bordée par un petit bois, près des dunes.

Nature : 🌊
Loisirs : 🏇 🚴 🎯
Services : 🔑 🚿 📶 laverie

GPS W : 1.55309 N : 48.95767

Ce guide n'est pas un répertoire de tous les terrains de camping mais une sélection des meilleurs campings dans chaque catégorie.

ARGENTAN

61200 - Carte Michelin **310** I2 - 14 356 h. - alt. 160
▶ Paris 191 - Alençon 46 - Caen 59 - Dreux 115

⚠ Municipal de la Noë

📞 02 33 36 05 69, www.argentan.fr/tourisme
Pour s'y rendre : r. de la Noé
Ouverture : de déb. avr. à fin sept.
0,3 ha (23 empl.) plat, herbeux
Empl. camping : (Prix 2017) ♦ 2,40€ 🚗 2,10€ 🅿 2,60€ – 🔌 (6A) 2,80€
🚐 borne eurorelais 2,20€
Situation agréable à l'ombre d'un platane de 1789, près d'un parc, d'un étang et à côté de La Maison des Dentelles (musée).

Nature : 🌊 🏞
Loisirs : 🏠
Services : 🔑 📶 laverie
À prox. : 🎣 🚣 parcours de santé

GPS W : 0.01687 N : 48.73995

ARROMANCHES-LES-BAINS

14117 - Carte Michelin **303** I3 - 608 h. - alt. 15
▶ Paris 266 - Bayeux 11 - Caen 34 - St-Lô 46

⚠ Municipal

📞 02 31 22 36 78, camping.arromanches@wanadoo.fr
Pour s'y rendre : 9 av. de Verdun
1,5 ha (126 empl.) en terrasses, peu incliné, plat, herbeux
Location : 6 🏠.
🚐 borne artisanale - 10 🅿
Emplacements en terrasses dominant la ville.

Nature : ≤ ♀
Services : 🔑 📶 laverie
À prox. : 🍴 🎯 terrain multisports

GPS W : 0.62642 N : 49.3381

352

NORMANDIE

AUMALE

76390 - Carte Michelin **304** K3 - 2 405 h. - alt. 130
▶ Paris 136 - Amiens 48 - Beauvais 49 - Dieppe 69

▲ Municipal le Grand Mail

📞 02 35 93 40 50, www.aumale.com
Pour s'y rendre : 6 Le Grand-Mail
Ouverture : de mi-mars à fin sept.
0,6 ha (40 empl.) plat, herbeux
Empl. camping : (Prix 2017) 15 € ★★ 🚗 🅿 (7A) - pers. suppl. 2 €
🚰 borne flot bleu 1 €
À flanc de colline sur les hauteurs de la ville.

Nature : 🌳 🌊
Services : 🛒 ♿ 🍴

GPS : E : 1.74202 / N : 49.76566

BAGNOLES-DE-L'ORNE

61140 - Carte Michelin **310** G3 - 2 454 h. - alt. 140 - ♨
▶ Paris 236 - Alençon 48 - Argentan 39 - Domfront 19

▲ Municipal La Vée

📞 02 33 37 87 45, www.campingbagnolesdelorne.com
Pour s'y rendre : av. du Prés.-Coty (1,3 km au sud-ouest, près de Tessé-la-Madeleine, à 30 m de la rivière)
Ouverture : de déb. mars à déb. nov.
2,8 ha (250 empl.) peu incliné, plat, herbeux
Empl. camping : (Prix 2017) 18,10 € ★★ 🚗 🅿 (10A) - pers. suppl. 4,35 €
Location : (Prix 2017) (de déb. mars à déb. nov.) - ♿ (1 mobile home) - 14 🏠 - 2 cabanons. Nuitée 30 à 63 € - Sem. 235 à 420 €
🚰 borne flot bleu - 51 🅿 18,10 € - 🚐 8 €
Cadre fleuri avec de grands espaces verts pour la détente. Navette pour les Thermes et le centre-ville.

Nature : 🌳 🌲 🌊
Loisirs : 🍴 🎠
Services : 🛒 ♿ 🚿 📶 laverie 🐎
À prox. : 🎣

GPS : W : 0.41982 / N : 48.54787

BARNEVILLE-CARTERET

50270 - Carte Michelin **303** B3 - 2 282 h. - alt. 47
▶ Paris 356 - Caen 123 - Carentan 43 - Cherbourg 39

⛺ Les Bosquets 👥

📞 02 33 04 73 62, www.camping-lesbosquets.com
Pour s'y rendre : r. du Cap.-Quenault, à Barneville-Plage (2,5 km au sud-ouest)
Ouverture : de déb. avr. à mi-oct.
15 ha/6 campables (331 empl.) plat, herbeux, sablonneux, dunes boisées
Empl. camping : (Prix 2017) ★ 6,70 € 🚗 🅿 6,90 € - 🅿 (10A) 4,70 €
Location : (Prix 2017) (de déb. avr. à déb. oct.) - 16 🏠. Nuitée 40 à 85 € - Sem. 200 à 720 €
🚰 borne flot bleu
À 400 m de la plage parcelles entrecoupées de dunes boisées.

Nature : 🌳 🌲 🌊
Loisirs : 🍴 🎮 🏓 🎠
Services : 🛒 ♿ 📶 laverie
À prox. : 🐎

GPS : W : 1.76081 / N : 49.36587

La Gerfleur

📞 02 33 04 38 41, www.lagerfleur.fr
Pour s'y rendre : r. Guillaume-le-Conquérant (800 m à l'ouest par D 903E, rte de Carteret)
Ouverture : de déb. avr. à fin oct.
2,3 ha (93 empl.) peu incliné, plat, herbeux
Empl. camping : (Prix 2017) ★ 5,50 € 🚗 🅿 6,50 € - 🅿 (6A) 4,40 €
Location : (Prix 2017) Permanent 🚫 (de déb. avr. à fin oct.) - 10 🏠. Nuitée 50 € - Sem. 300 à 590 €
Emplacements et locatifs autour du petit étang de pêche.

Nature : 🌊 🌿
Loisirs : 🍴 🎮 🏓 🎠
Services : 🛒 ♿ 📶 laverie

GPS : W : 1.76435 / N : 49.38346

BAUBIGNY

50270 - Carte Michelin **303** B3 - 154 h. - alt. 30
▶ Paris 361 - Barneville-Carteret 9 - Cherbourg 33 - Valognes 28

▲ Bel Sito

📞 06 75 80 72 80, www.bel-sito.com
Pour s'y rendre : au nord du bourg
Ouverture : de déb. avr. à mi-sept.
8 ha/4 campables (85 empl.) en terrasses, plat, herbeux, sablonneux, étang, dunes
Empl. camping : (Prix 2017) ★ 8 € 🚗 🅿 10 € - 🅿 (6A) 4 €
Location : (Prix 2017) (de déb. avr. à mi-sept.) - 6 🏠. Nuitée 93 à 125 € - Sem. 420 à 880 €
Cadre sauvage et naturel avec des emplacements en terrasses offrant une vue panoramique sur les dunes, la mer et les îles : Sark et Jerzey.

Nature : 🌳 ≤ îles de Sark et Jerzey 🌊
Loisirs : 🎮 🏓 🎠
Services : ♿ (juil.-août) 🚿 📶 laverie

GPS : W : 1.80513 / N : 49.42954

Créez votre voyage sur **voyages.michelin.fr**

BAYEUX

14400 - Carte Michelin **303** H4 - 13 348 h. - alt. 50
▶ Paris 265 - Caen 31 - Cherbourg 95 - Flers 69

⛺ Municipal Les Bords de L'Aure

📞 02 31 92 08 43, www.camping-bayeux.fr
Pour s'y rendre : bd Eindhoven (au nord du bourg)
Ouverture : de fin mars à déb. nov.
2,5 ha (150 empl.) plat, herbeux, goudronné
Empl. camping : (Prix 2017) 20,60 € ★★ 🚗 🅿 (6A) - pers. suppl. 4,95 €
Location : (Prix 2017) (de fin mars à déb. nov.) - ♿ (1 mobile home) - 10 🏠. Nuitée 75 à 120 € - Sem. 315 à 630 € - frais de réservation 15 €
🚰 borne AireService - 50 🅿 20,60 €
Camping urbain dans un agréable parc verdoyant.

Loisirs : 🎮 🎠
Services : 🛒 📶 laverie
À prox. : 🛒 ✂ 🍴 (découverte en saison) terrain multisports

GPS : W : 0.69774 / N : 49.28422

353

NORMANDIE

BAZINVAL

76340 - Carte Michelin **304** J2 - 350 h. - alt. 120
▶ Paris 165 - Abbeville 33 - Amiens 62 - Blangy-sur-Bresle 9

⚠ Municipal de la Forêt

📞 02 32 97 04 01, bazinval2@wanadoo.fr

Pour s'y rendre : 10 r. de Saulx (sortie sud-ouest par D 115 et rte à gauche, près de la mairie)

Ouverture : de déb. avr. à fin oct.

0,4 ha (20 empl.) non clos, peu incliné, herbeux

Empl. camping : (Prix 2017) ♦ 2,20€ 🚗 2,20€ 🅴 2,20€ – [½] (16A) 4€

🚐 borne artisanale 5€

Décoration arbustive des emplacements.

Nature : 🏕 ♀
Services : 🚿 🧺 🏢
À prox. : terrain multisports

GPS E : 1.55136
N : 49.95487

BEAUVOIR

50170 - Carte Michelin **303** C8 - 419 h.
▶ Paris 358 - Caen 125 - St-Lô 91 - Rennes 63

⛺ Aux Pommiers

📞 02 33 60 11 36, www.camping-auxpommiers.com

Pour s'y rendre : 28 rte du Mont-St-Michel

Ouverture : de fin avr. à déb. nov.

1,79 ha (106 empl.) plat, herbeux

Empl. camping : (Prix 2017) ♦ 7,80€ 🚗 🅴 9€ – [½] (10A) 4,50€

Location : (Prix 2017) (de fin avr. à déb. nov.) - 21 🛖 - 6 🏠 - 4 🎪 - 4 bungalows toilés - 1 roulotte. Nuitée 47 à 80€ - Sem. 299 à 899€

🚐 borne AireService - 10 🅴 21,40€

Situé dans le bourg, avec du locatif varié et de bon confort. Navettes pour le Mont-St-Michel.

Nature : 🏕 ♀
Loisirs : 🍴 ✕ 🎱 🛋 🚲 🏊
Services : 🔑 🏢 👤 – 2 sanitaires individuels (🚿wc) 📶 laverie 💧
À prox. : 🏊

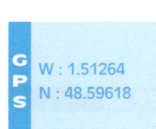

GPS W : 1.51264
N : 48.59618

LE BEC-HELLOUIN

27800 - Carte Michelin **304** E6 - 419 h. - alt. 101
▶ Paris 153 - Bernay 22 - Évreux 46 - Lisieux 46

⛺ St-Nicolas

📞 02 32 44 83 55, www.campingsaintnicolas.fr

Pour s'y rendre : 15 r. St-Nicolas (2 km à l'est par D 39 et D 581, rte de Malleville-sur-le-Bec et chemin à gauche)

Ouverture : de mi-mars à mi-oct.

3 ha (110 empl.) plat, herbeux

Empl. camping : (Prix 2017) 22,90€ ♦♦ 🚗 🅴 [½] (10A) - pers. suppl. 6€

Location : (Prix 2017) (de mi-mars à mi-oct.) - ♿ (1 mobile home) - 8 🛖. Nuitée 110 à 240€ - Sem. 240 à 600€

🚐 borne artisanale 5€

Emplacements pour certains ombragés sur un site calme et fleuri.

Nature : 🏞 ♀
Loisirs : 🍴 ✕ 🛋 🚲 🏊
Services : 🔑 🏢 📶 laverie

GPS E : 0.72268
N : 49.23586

BELLÊME

61130 - Carte Michelin **310** M4 - 1 547 h. - alt. 241
▶ Paris 168 - Alençon 42 - Chartres 76 - La Ferté-Bernard 23

⚠ Le Val

📞 06 24 70 55 17, www.campingduperchebellemois.com

Pour s'y rendre : sortie ouest par D 955, rte de Mamers et chemin à gauche, près de la piscine

1,5 ha (50 empl.) en terrasses, peu incliné, plat, herbeux

Location : 8 🛖 - 1 tente lodge (avec sanitaires).
🚐 4 🅴

Entre le golf, la piscine et le bourg emplacements ombragés et locatif de bon confort.

Nature : 🏞 🏕 ♀♀
Services : 🚿 🏢 📶 laverie
À prox. : 🍴 🛋 ✕ 🏊 golf skate parc

GPS E : 0.555
N : 48.3747

BERNAY

27300 - Carte Michelin **304** D7 - 10 285 h. - alt. 105
▶ Paris 155 - Argentan 69 - Évreux 49 - Le Havre 72

⛺ Municipal

📞 02 32 43 30 47, www.bernay-tourisme.fr

Pour s'y rendre : r. des Canadiens (2 km au sud-ouest par N 138, rte d'Alençon et r. à gauche - accès conseillé par la déviation et ZI Malouve)

Ouverture : de déb. mai à fin sept.

1 ha (50 empl.) plat, herbeux

Empl. camping : (Prix 2017) 20€ ♦♦ 🚗 🅴 [½] (10A) - pers. suppl. 3,60€

Location : (Prix 2017) (de déb. mai à fin sept.) - 2 🛖. Sem. 302 à 382€

Emplacements bien délimités entre installations sportives municipales et quartier pavillonnaire.

Nature : 🏕 ♀
Loisirs : 🛋 🚲
Services : 🔑 🚿 📶 laverie
À prox. : ✕ 🏊 🎱

GPS E : 0.58683
N : 49.07879

BLANGY-LE-CHÂTEAU

14130 - Carte Michelin **303** N4 - 678 h. - alt. 60
▶ Paris 197 - Caen 56 - Deauville 22 - Lisieux 16

j Les Castels Le Brévedent 👥

📞 02 31 64 72 88, www.campinglebrevedent.com 🚫

Pour s'y rendre : rte du Pin (3 km au sud-est par D 51, au château, au bord d'un étang)

Ouverture : de fin mars à fin sept.

6 ha/3,5 campables (132 empl.) incliné, plat, herbeux

Empl. camping : (Prix 2017) 39,20€ ♦♦ 🚗 🅴 [½] (10A) - pers. suppl. 8,90€

NORMANDIE

Location : (Prix 2017) (de fin mars à fin oct.) - 🚿 - 8 🚐
- 4 tentes lodges - 2 tentes sur pilotis - 2 tipis. Nuitée 45 à 119€
- Sem. 280 à 790€
🚐 borne AireService

Dans le parc d'un château du 14ᵉ s. qui accueille, en septembre le festival de musique "Rêve en Rythme".

Nature : 🌳 ≤ 🌳🌳
Loisirs : 🍴 🏛 nocturne 👫 🐎 🚴
Services : 🔑 ♿ 🏧 🚻 📶 laverie 🧺
À prox. : 🐎

BLANGY-SUR-BRESLE

76340 - Carte Michelin **304** J2 - 3 000 h. - alt. 70
▶ Paris 156 - Abbeville 29 - Amiens 56 - Dieppe 55

⛺ Aux Cygnes d'Opale

📞 02 35 94 55 65, www.auxcygnesdopale.fr
Pour s'y rendre : r. du Marais (au sud-est, entre deux étangs et à 200 m de la Bresle, accès par r. du Mar.-Leclerc, près de l'église)
Ouverture : de déb. avr. à fin oct.
0,8 ha (57 empl.) plat, herbeux
Empl. camping : (Prix 2017) 22,50€ 👫 🚗 📧 ⚡ (10A) - pers. suppl. 3€
Location : (Prix 2017) (de déb. avr. à fin oct.) - 10 🚐. Nuitée 85 à 130€ - Sem. 405 à 630€
🚐 borne eurorelais 2€ - 6 📧 4€

Nature : ≤
Loisirs : 🎣 🛶
Services : 🔑 ♿ 📶
À prox. : 🏊 🎾 ⛵

GPS E : 1.63638 N : 49.93096

BOURG-ACHARD

27310 - Carte Michelin **304** E5 - 2 948 h. - alt. 124
▶ Paris 141 - Bernay 39 - Évreux 62 - Le Havre 62

⛺ Le Clos Normand

📞 02 32 56 34 84, www.leclosnormand-camping.com
Pour s'y rendre : 235 rte de Pont-Audemer (sortie ouest)
1,4 ha (75 empl.) peu incliné, plat, herbeux, bois
Location : 6 🚐.
🚐 borne artisanale
Cadre verdoyant et fleuri.

Nature : 🌳 🌳
Loisirs : 🍴 🏛 👫 🐎 🎣
Services : 🔑 📶 🏧

GPS E : 0.80765 N : 49.35571

BRÉCEY

50370 - Carte Michelin **303** F7 - 2 165 h. - alt. 75
▶ Paris 328 - Avranches 17 - Granville 42 - St-Hilaire-du-Harcouët 20

⛺ Intercommunal le Pont Roulland

📞 02 33 48 60 60, www.camping-brecey.fr
Pour s'y rendre : 1,1 km à l'est par D 911, rte de Cuves
Ouverture : de déb. avr. à fin sept.
1 ha (52 empl.) peu incliné, plat, herbeux
Empl. camping : (Prix 2017) 👫 3€ 🚗 📧 4€ – ⚡ (6A) 2,90€

Location : (Prix 2017) (de déb. avr. à fin sept.) - 4 🚐. Nuitée 39 à 57€ - Sem. 273 à 399€
Préférer les emplacements près de la piscine et de l'étang plus éloignés de la route.

Nature : 🌳
Loisirs : 🏊
Services : 🔑 📶 📧
À prox. : 🎾 ⛵ 🐎

GPS W : 1.15235 N : 48.72184

BRÉHAL

50290 - Carte Michelin **303** C6 - 3 017 h. - alt. 69
▶ Paris 345 - Caen 113 - St-Lô 48 - St-Malo 101

⛺ Municipal La Vanlée

📞 02 33 61 63 80, www.camping-vanlee.com
Pour s'y rendre : r. des Gabions, à St-Martin-de-Bréhal
Ouverture : de mi-avr. à mi-oct.
11 ha (466 empl.) vallonné, peu incliné, plat, herbeux, sablonneux
Empl. camping : (Prix 2017) 👫 5,85€ 🚗 📧 20,40€ – ⚡ (10A) 5€ - frais de réservation 9€
Location : (Prix 2017) (de mi-avr. à mi-oct.) - 🚿 - 3 🚐
- 8 bungalows toilés - 2 cabanons. Sem. 380 à 850€ - frais de réservation 9€
🚐 borne artisanale 4€ - 🚐 21,50€
Grande prairie vallonnée, derrière les dunes, sans emplacements délimités.

Nature : 🌳 🏖
Loisirs : 🍴 🏛 👫 🐎 🎣 terrain multisports
Services : 🔑 ♿ 🏧 laverie 🧺
À prox. : ⛳ Golf

GPS W : 1.56474 N : 48.90913

The Guide changes, so renew your guide every year.

BRÉVILLE-SUR-MER

50290 - Carte Michelin **303** C6 - 803 h. - alt. 70
▶ Paris 341 - Caen 108 - St-Lô 50 - St-Malo 95

⛺ La Route Blanche 👫

📞 02 33 50 23 31, www.campinglarouteblanche.com
Pour s'y rendre : 6 r. de La Route-Blanche (1 km au nord-ouest par rte de la plage, près du golf)
Ouverture : de déb. avr. à fin sept.
5,5 ha (273 empl.) plat, herbeux, sablonneux
Empl. camping : (Prix 2017) 42,50€ 👫 🚗 📧 ⚡ (10A) - pers. suppl. 8,50€ - frais de réservation 8€
Location : (Prix 2017) (de déb. avr. à fin sept.) - 🚿 - 40 🚐. Sem. 336 à 1 316€ - frais de réservation 8€
🚐 borne eurorelais 14€ - 🚐 ⚡18,50€
Emplacements bien ordonnés avec un bon confort sanitaire à la décoration très colorée.

Nature : 🌳 🏖
Loisirs : 🍴 🏛 👫 🐎 🎣 ⛵ terrain multisports
Services : 🔑 ♿ 🏧 laverie 🧺
À prox. : 🎾 🐎 golf (18 trous)

GPS W : 1.56376 N : 48.86966

NORMANDIE

CANY-BARVILLE

76450 - Carte Michelin **304** D3 - 3 080 h. - alt. 25
▶ Paris 187 - Bolbec 34 - Dieppe 45 - Fécamp 21

⚠ Municipal

☎ 02 35 97 70 37, www.cany-barville.fr

Pour s'y rendre : rte de Barville (sortie sud par D 268, rte d'Yvetot, apr. le stade)

Ouverture : de déb. avr. à fin sept.

2,9 ha (100 empl.) plat, herbeux, cimenté

Empl. camping : (Prix 2017) ♦ 3,55 € 🚗 1,80 € 🔲 3,55 € – ⚡ (10A) 3,55 €

Location : (Prix 2017) (de déb. avr. à fin sept.) - ♿ (2 mobile homes) - 15 🏠. Nuitée 65 à 80 € - Sem. 300 à 400 €

⛽ borne artisanale 2,75 € - 62 🔲 12,45 €

Nombreux emplacements en partie cimentés et en pelouse.

Nature : 🌳 ♀
Loisirs : 🏠 🎯
Services : 🚿 ♨ 📶 laverie

GPS : E : 0.64231 N : 49.7834

⛺⛺⛺ ... ⛺
Terrains particulièrement agréables dans leur ensemble et dans leur catégorie.

COURSEULLES-SUR-MER

14470 - Carte Michelin **303** J4 - 4 185 h.
▶ Paris 252 - Arromanches-les-Bains 14 - Bayeux 24 - Cabourg 41

⛺ Capfun Le Donjon de Lars 👥

☎ 02 31 37 99 26, www.campingcourseulles.com

Pour s'y rendre : av. de la Libération (au nord)

Ouverture : de déb. avr. à fin sept.

7,5 ha (360 empl.) plat, herbeux

Empl. camping : (Prix 2017) 26 € ♦♦ 🚗 🔲 ⚡ (10A) - pers. suppl. 7 € - frais de réservation 27 €

Location : (Prix 2017) (de déb. avr. à fin sept.) - 50 🏠 - 35 🏕 - 2 tentes lodges. Nuitée 42 à 227 € - Sem. 168 à 910 € - frais de réservation 27 €

Situation près de la plage, terrain en pleine évolution.

Nature : 🌊 🌳 ♀
Loisirs : 🏠 🎯 🏊 🐴 🚴 🎣
Services : 🔑 🚿 ♨ 📶 laverie
À prox. : 🐴

GPS : W : 0.44606 N : 49.33289

COURTILS

50220 - Carte Michelin **303** D8 - 245 h. - alt. 35
▶ Paris 349 - Avranches 13 - Fougères 43 - Pontorson 15

⛺ St-Michel 👥

☎ 02 33 70 96 90, www.campingsaintmichel.com

Pour s'y rendre : 35 rte du Mont-St-Michel (sortie ouest par D 43)

Ouverture : de fin mars à déb. nov.

2,5 ha (100 empl.) plat et peu incliné, herbeux

Empl. camping : (Prix 2017) 28 € ♦♦ 🚗 🔲 ⚡ (6A) - pers. suppl. 7,50 € - frais de réservation 5 €

Location : (Prix 2017) (de fin mars à déb. nov.) - 50 🏠. Nuitée 50 à 115 € - Sem. 287 à 805 € - frais de réservation 5 €

⛽ 5 🔲 21 € - 🚐 16,70 €

Emplacements fleuris mais préférer ceux près du petit parc animalier, plus éloignés de la route.

Nature : 🌳 ♀♀
Loisirs : 🍽 🏠 🎯 🏊 🚴 🎣 mini ferme
Services : 🔑 🚿 ♨ 📶 laverie 🛁

GPS : W : 1.41611 N : 48.62829

DEAUVILLE

14800 - Carte Michelin **303** M3 - 3 775 h. - alt. 2
▶ Paris 202 - Caen 50 - Évreux 101 - Le Havre 44

⛺⛺⛺ La Vallée de Deauville 👥

☎ 02 31 88 58 17, www.camping-deauville.com - peu d'emplacements pour tentes et caravanes

Pour s'y rendre : à St-Arnoult, av. de la Vallée (4 km au sud)

Ouverture : de déb. avr. à déb. nov.

10 ha (384 empl.) plat, herbeux

Empl. camping : (Prix 2017) 35,70 € ♦♦ 🚗 🔲 ⚡ (10A) - pers. suppl. 9,50 € - frais de réservation 23 €

Location : (Prix 2017) (de déb. avr. à déb. nov.) - ♿ (1 mobile home) - 75 🏠. Nuitée 99 à 130 € - Sem. 360 à 500 € - frais de réservation 23 €

⛽ borne eurorelais 2 €

Beaucoup d'espaces verts autour d'un joli plan d'eau, idéal pour la détente. Nombreux mobile homes de propriétaires-résidents.

Nature : 🌊 🌳 ♀
Loisirs : 🍽 🏠 🎯 🏊 centre balnéo 🧖 hammam jacuzzi 🐴 🎣 🏐 terrain multisports
Services : 🔑 🚿 ♨ 📶 laverie 🛁

GPS : E : 0.0862 N : 49.3287

🎣 🍽 🐴 🏊 🐎
ATTENTION :
these facilities are not necessarily available throughout the entire period that the camp is open - some are only available in the summer season.

DENNEVILLE

50580 - Carte Michelin **303** C4 - 539 h. - alt. 5
▶ Paris 347 - Barneville-Carteret 12 - Carentan 34 - St-Lô 53

⛺ L'Espérance

☎ 02 33 07 12 71, www.camping-esperance.fr - peu d'emplacements pour tentes et caravanes

Pour s'y rendre : 36 r. de la Gamburie (3,5 km à l'ouest par D 137, à 500 m de la plage)

Ouverture : de déb. avr. à fin sept.

3 ha (134 empl.) plat, herbeux, sablonneux

Empl. camping : (Prix 2017) 32,50 € ♦♦ 🚗 🔲 ⚡ (10A) - pers. suppl. 7,20 €

356

NORMANDIE

Location : (Prix 2017) (de déb. avr. à fin sept.) - ⛔ (1 mobile home) - 14 🚐 - 2 bungalows toilés - 2 tentes lodges. Nuitée 50 à 125€ - Sem. 235 à 875€

Nature : 🌳 ♀
Loisirs : 🍴 🏊 🚴 🎣 🏓
Services : 🔑 🚿 📶 laverie 🧺

GPS W : 1.68832
N : 49.30332

DIEPPE

76200 - Carte Michelin **304** G2 - 32 670 h. - alt. 6
▶ Paris 197 - Abbeville 68 - Beauvais 107 - Caen 176

⛺ Vitamin'

📞 02 35 82 11 11, www.camping-vitamin.com - peu d'emplacements pour tentes et caravanes

Pour s'y rendre : 865 chemin des Vertus (3 km au sud par N 27, rte de Rouen et à dr.)

Ouverture : de déb. avr. à déb. oct.

5,3 ha (180 empl.) plat, herbeux

Empl. camping : (Prix 2017) 28,40€ ⚹⚹ 🚗 🏠 (10A) - pers. suppl. 6,50€ - frais de réservation 7€

Location : (Prix 2017) (de déb. avr. à déb. oct.) - ⛔ (1 mobile home) - 47 🚐 - 4 🏠 - 1 roulotte. Nuitée 59 à 69€ - Sem. 359 à 769€ - frais de réservation 7€

🚐 13 📋 20,40€ - 🚿 🚽 17€

Bel espace aquatique couvert.

Nature : 🏕
Loisirs : 🍴 🏊 🎣 🏓 jacuzzi 🚴 🏊 🎳 terrain multisports
Services : 🔑 🚿 📶 laverie
À prox. : 🍴 🎣 🏓 squash

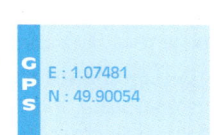

GPS E : 1.07481
N : 49.90054

⛺ La Source

📞 02 35 84 27 04, www.camping-la-source.fr - peu d'emplacements pour tentes et caravanes

Pour s'y rendre : 63 r. des Tisserands (3 km au sud-ouest par D 925, rte du Havre puis D 153 à gauche, à Petit-Appeville)

Ouverture : de mi-mars à mi-oct.

2,5 ha (120 empl.) plat, herbeux

Empl. camping : (Prix 2017) 26€ ⚹⚹ 🚗 🏠 (10A) - pers. suppl. 7€ - frais de réservation 5€

Location : (Prix 2017) (de mi-mars à mi-oct.) - 6 🚐 - 2 cabanons. Nuitée 40 à 60€ - Sem. 380 à 550€ - frais de réservation 10€

🚐 20 📋 18€

Emplacements au bord de la Scie.

Loisirs : 🍴 🏊 🚴 🎣 🏓
Services : 🔑 🏪 🚿 📶 laverie

GPS E : 1.05732
N : 49.89824

DIVES-SUR-MER

14160 - Carte Michelin **303** L4 - 5 935 h. - alt. 3
▶ Paris 219 - Cabourg 2 - Caen 27 - Deauville 22

⛺ Du Golf

📞 02 31 24 73 09, www.campingdugolf.com - peu d'emplacements pour tentes et caravanes

Pour s'y rendre : chemin de Trousseauville (rte de Lisieux, sortie est, D 45 sur 3,5 km)

Ouverture : de déb. avr. à fin sept.

2,8 ha (155 empl.) plat, herbeux

Empl. camping : (Prix 2017) ⚹ 5,90€ 🚗 4€ 📋 4€ – 🔌 (10A) 4,30€ - frais de réservation 15€

Location : (Prix 2017) Permanent - 16 🚐 - 2 🏠 - 1 chalet sur pilotis - 1 bungalow toilé. Nuitée 40 à 115€ - Sem. 459 à 699€ - frais de réservation 15€

🚐 borne artisanale 20,90€ - 1 📋 20,90€

Nature : 🏕 ♀
Loisirs : 🍴 🏊 🎣 🏓
Services : 🔑 🚿 📶 laverie

GPS W : 0.0701
N : 49.2792

DONVILLE-LES-BAINS

50350 - Carte Michelin **303** C6 - 3 269 h. - alt. 40
▶ Paris 341 - Caen 112 - St-Lô 77

⛺ L'Ermitage 👥

📞 02 33 50 09 01, www.camping-ermitage.com

Pour s'y rendre : r. de l'Ermitage (1 km au nord par r. du Champ de Courses)

Ouverture : de mi-avr. à mi-oct.

5 ha (298 empl.) peu incliné, plat, herbeux, sablonneux

Empl. camping : (Prix 2017) ⚹ 5,90€ 🚗 2,30€ 📋 5,10€ – 🔌 (10A) 4€

À 50 m de la plage en zone résidentielle, beaux emplacements ombragés ou plein soleil.

Nature : 🏕 ♀♀
Loisirs : 🍴 🏊 🎣 🏓
Services : 🔑 🚿 🏪 📶 laverie 🧺 ❄️
À prox. : 🎣 🐎

GPS W : 1.58075
N : 48.85212

ÉTRÉHAM

14400 - Carte Michelin **303** H4 - 271 h. - alt. 30
▶ Paris 276 - Bayeux 11 - Caen 42 - Carentan 40

⛺ Seasonova La Reine Mathilde

📞 02 31 21 76 55, www.camping-normandie-rm.fr

Pour s'y rendre : lieu-dit : Le Marais (1 km à l'ouest par D 123 et chemin à dr.)

6,5 ha (115 empl.) plat, herbeux

Location : 13 🚐 - 6 🏠 - 3 tentes lodges - 2 cabanons.

🚐 borne artisanale

Grands emplacements, locatif varié, pour certains de bon confort et de grands espaces verts idéals pour la détente ou les jeux collectifs.

Nature : 🌳 🏕 ♀
Loisirs : 🍴 🏊 🎣 🏓
Services : 🔑 🏪 🚿 laverie 🧺

GPS W : 0.8025
N : 49.33131

Benutzen Sie
– zur Wahl der Fahrtroute
– zur Berechnung der Entfernungen
– zur exakten Lokalisierung eines Campingplatzes (mit Hilfe der Angaben im Ortstext) die für diesen Führer unentbehrlichen
MICHELIN-Karten.

357

NORMANDIE

ÉTRETAT
76790 - Carte Michelin 304 B3 - 1 502 h. - alt. 8
▶ Paris 206 - Bolbec 30 - Fécamp 16 - Le Havre 29

▲ Municipal
☎ 02 35 27 07 67, www.etretat.fr

Pour s'y rendre : 69 r. Guy-de-Maupassant (1 km au sud-est par D 39, rte de Criquetot-l'Esneval)

Ouverture : de déb. avr. à mi-oct.

1,2 ha (73 empl.) plat, herbeux, gravier

Empl. camping : (Prix 2017) 3,85€ ⚹ 4,95€ – (6A) 6€
borne AireService 2€ – 30 ⚹ 10€

Entrée fleurie et ensemble très soigné avec une aire de service pour camping-cars contiguë.

Nature : ⚘
Loisirs : 🏠 🛝
Services : 🔑 🚻 📶 laverie
À prox. : ✂ 🍴

GPS : E : 0.21557   N : 49.70063

FALAISE
14700 - Carte Michelin 303 K6 - 8 333 h. - alt. 132
▶ Paris 264 - Argentan 23 - Caen 36 - Flers 37

▲ Municipal du Château
☎ 02 31 90 16 55, camping-falaise.com

Pour s'y rendre : r. du Val-d'Ante (à l'ouest de la ville, au val d'Ante)

Ouverture : de déb. mai à fin sept.

2 ha (60 empl.) terrasse, plat, peu incliné, herbeux

Empl. camping : (Prix 2017) 19,50€ ⚹⚹ 🚗 📧 (10A) - pers. suppl. 5,20€ - frais de réservation 3€

Cadre verdoyant et bucolique au pied du château, bordé par un petit ruisseau.

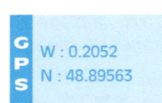

Nature : 🌳 ⟨ château ⟩ ⚘⚘
Loisirs : 🏠 🛝 ✂
Services : 🔑 🚻 📶 laverie
À prox. : 🧗 mur d'escalade

GPS : W : 0.2052   N : 48.89563

FIQUEFLEUR-ÉQUAINVILLE
27210 - Carte Michelin 304 B5 - 642 h. - alt. 17
▶ Paris 189 - Deauville 24 - Honfleur 7 - Lisieux 40

⛰ Sites et Paysages Domaine de La Catinière 👥
☎ 02 32 57 63 51, www.camping-honfleur.com

Pour s'y rendre : 910 rte de la Morelle (1 km au sud de Fiquefleur par D 22)

Ouverture : de déb. avr. à fin oct.

3,8 ha (130 empl.) plat, herbeux

Empl. camping : (Prix 2017) 33,60€ ⚹⚹ 🚗 📧 (13A) - pers. suppl. 6,50€

Location : (Prix 2017) (de déb. avr. à fin oct.) - ♿ (mobile home) - 26 🏠 - 3 cabanons - 1 gîte. Nuitée 45 à 125€ - Sem. 300 à 875€
borne artisanale 14€ - 14€

Traversé par deux ruisseaux avec de grands espaces verts, idéals pour la détente ou les sports collectifs.

Nature : 🌳 ⚘
Loisirs : 🍴 ✂ 🏠 🛝 ⚽ 🏊 🎣
Services : 🔑 🚻 🚿 📶 laverie

GPS : E : 0.30520   N : 49.40161

FLERS
61100 - Carte Michelin 310 F2 - 15 592 h. - alt. 270
▶ Paris 234 - Alençon 73 - Argentan 42 - Caen 60

▲ La Fouquerie
☎ 02 33 65 35 00, www.flers-agglo.fr/cadre-de-vie/hebergement/camping-de-la-fouquerie/camping-de-la-fouquerie-2

Pour s'y rendre : 145 r. de La Fouquerie (1,7 km à l'est par D 924, rte d'Argentan et chemin à gauche)

Ouverture : de mi-avr. à mi-oct.

1,5 ha (50 empl.) plat, peu incliné, herbeux

Empl. camping : (Prix 2017) 14€ ⚹⚹ 🚗 📧 (10A) - pers. suppl. 3,50€

Location : (Prix 2017) Permanent ♿ (1 mobile home) - 3 🏠. Nuitée 57€ - Sem. 284 à 397€

Enclavé entre les champs de culture et un petit bois, ensemble bien tenu avec un bon confort sanitaire. Arrêt de bus pour le centre-ville.

Nature : 🌳 ⚘⚘
Loisirs : 🏠 🛝 🚴
Services : 🔑 🚻 🚿 🔥 📶

GPS : W : 0.54311   N : 48.75463

GENÊTS
50530 - Carte Michelin 303 D7 - 427 h. - alt. 2
▶ Paris 345 - Avranches 11 - Granville 24 - Le Mont-St-Michel 33

⛰ Les Coques d'Or
☎ 02 33 70 82 57, www.campinglescoquesdor.com

Pour s'y rendre : 14 Le Bec-d'Andaine (700 m au nord-ouest par D 35E 1, rte du Bec d'Andaine)

Ouverture : de déb. avr. à fin sept.

4,7 ha (225 empl.) plat, herbeux

Empl. camping : (Prix 2017) 24,90€ ⚹⚹ 🚗 📧 (6A) - pers. suppl. 8€ - frais de réservation 5€

Location : (Prix 2017) Permanent - 48 🏠 - 2 🏕 - 2 tentes lodges. Nuitée 60 à 109€ - Sem. 240 à 640€ - frais de réservation 5€
borne artisanale 4€ - 22,40€

Emplacements bien délimités avec du locatif varié.

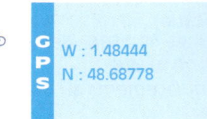

Nature : 🌳 ⚘
Loisirs : 🍴 ✂ 🏠 🎣 🏊 hammam 🚴 🛝 🏓 terrain multisports
Services : 🔑 🚻 📶 laverie 🔥
À prox. : 🐎

GPS : W : 1.48444   N : 48.68778

GRANVILLE
50400 - Carte Michelin 303 C6 - 12 847 h. - alt. 10
▶ Paris 342 - Avranches 27 - Caen 109 - Cherbourg 105

⛰ Les Castels Le Château de Lez-Eaux 👥
☎ 02 33 51 66 09, www.lez-eaux.com

Pour s'y rendre : à St-Aubin-des-Préaux (7 km au sud-est par D 973, rte d'Avranches)

Ouverture : de fin mars à mi-sept.

12 ha/8 campables (229 empl.) peu incliné, plat, herbeux

Empl. camping : (Prix 2017) 43,60€ ⚹⚹ 🚗 📧 (10A) - pers. suppl. 8,50€ - frais de réservation 9€

358

NORMANDIE

Location : (Prix 2017) (de fin mars à mi-sept.) - ♿ (1 chalet, 1 mobile home) - 27 🚐 - 31 🏠 - 2 cabanes perchées. Nuitée 67 à 238€ - Sem. 448 à 1 666€ - frais de réservation 9€
🚰 borne artisanale 8€ - 8 🔲 34€

Sur les terres du château avec le bar aménagé dans les dépendances, un agréable parc aquatique couvert et des locatifs variés et souvent de très grand confort.

Nature : 🌳🌿
Loisirs : 🍴🏊🎣🚴🏓🎱🎯
Services : 🔑🚽♿💧📶 laverie 🧺🔧
À prox. : 🛒

GPS W : 1.52461 N : 48.79774

HONFLEUR

14600 - Carte Michelin **303** N3 - 8 163 h. - alt. 5
Env. Pont de Normandie - Péage en 2017 : 5,40 € autos, 6,30 € caravanes, 6,80/13,50 € P. L.
▶ Paris 195 - Caen 69 - Le Havre 27 - Lisieux 38

⛰ La Briquerie 👥

📞 02 31 89 28 32, www.campinglabriquerie.com - peu d'emplacements pour tentes et caravanes
Pour s'y rendre : à Equemauville (rte de Trouville, 3,5 km au sud-ouest par rte de Pont-l'Évêque et D 62 à dr.)
Ouverture : de déb. avr. à fin sept.
11 ha (430 empl.) plat, herbeux, gravillons
Empl. camping : (Prix 2017) 37 € 👥👥 🚗 🔲 🔌 (10A) - pers. suppl. 9,30€
Location : (Prix 2017) (de déb. avr. à fin sept.) - 🏊 - 13 🚐 - 8 🏠. Sem. 340 à 690€
🚰 borne artisanale

Un bon confort des installations sanitaires mais beaucoup de mobile homes ou caravanes de propriétaires-résidents.

Nature : 🌳🌿
Loisirs : 🍴🏊🎣🏋️🚴 jacuzzi 🎱🏓 🏟 terrain multisports 🎯🎿 laverie 🧺
Services : 🔑🚽♿💧📶 laverie 🧺
À prox. : 🛒

GPS E : 0.20826 N : 49.39675

HOULGATE

14510 - Carte Michelin **303** L4 - 1 988 h. - alt. 11
▶ Paris 214 - Caen 29 - Deauville 14 - Lisieux 33

⛰ La Vallée 👥

📞 02 31 24 40 69, www.campinglavallee.com
Pour s'y rendre : 88 r. de la Vallée (1 km au sud par D 24a, rte de Lisieux et D 24 à dr.)
Ouverture : de déb. avr. à fin oct.
11 ha (368 empl.) fort dénivelé, en terrasses, peu incliné, plat, herbeux
Empl. camping : (Prix 2017) 49 € 👥👥 🚗 🔲 🔌 (10A) - pers. suppl. 9€
Location : (Prix 2017) (de déb. avr. à fin oct.) - 100 🚐. Nuitée 39 à 245€ - Sem. 273 à 1 715€
🚰 borne AireService - 16 🔲 20€

Cadre agréable, beaucoup d'espaces verts pour la détente autour d'anciens bâtiments de style normand. Locatif souvent de grand confort.

Nature : 🌳🌊🌿
Loisirs : 🍴🏊🎣🚴🏓🎱🎯
Services : 🔑🚽♿💧📶 laverie 🧺🔧
À prox. : 🛒

GPS W : 0.06733 N : 49.29422

INCHEVILLE

76117 - Carte Michelin **304** I1 - 1 357 h. - alt. 19
▶ Paris 169 - Abbeville 32 - Amiens 65 - Blangy-sur-Bresle 16

⚠ Municipal de l'Etang

📞 02 35 50 30 17, campingdeletang@orange.fr - peu d'emplacements pour tentes et caravanes
Pour s'y rendre : r. Mozart (sortie nord-est, rte de Beauchamps et r. à dr.)
Ouverture : de déb. mars à fin oct. - 🏕
2 ha (190 empl.) plat, herbeux
Empl. camping : (Prix 2017) 👥 2,95€ 🚗 3,60€ 🔲 3,60€ – 🔌 (16A) 4,40€
🚰 borne artisanale 14,50€ - 2 🔲 14,50€

Près d'un étang de pêche.

Nature : 🌿
Loisirs : 🎣🚴
Services : 🔑🚽📶 🔧
À prox. : 🍴🎣

GPS E : 1.50788 N : 50.01238

ISIGNY-SUR-MER

14230 - Carte Michelin **303** F4 - 2 782 h. - alt. 4
▶ Paris 298 - Bayeux 35 - Caen 64 - Carentan 14

⛰ Le Fanal

📞 02 31 21 33 20, www.camping-normandie-fanal.fr
Pour s'y rendre : r. du Fanal (à l'ouest, accès par le centre ville, près du terrain de sports)
Ouverture : de déb. avr. à fin sept.
6,5 ha/5,5 campables (240 empl.) plat, herbeux
Empl. camping : (Prix 2017) 36€ 👥👥 🚗 🔲 🔌 (16A) - pers. suppl. 9€ - frais de réservation 12€
Location : (Prix 2017) (de déb. avr. à fin sept.) - ♿ (1 mobile home) - 110 🚐 - 4 bungalows toilés. Nuitée 28 à 238€ - Sem. 182 à 1 050€ - frais de réservation 22€
🚰 borne artisanale

Cadre agréable, beaucoup d'espaces verts autour d'un plan d'eau de mer.

Nature : 🌊
Loisirs : 🍴🏊🎣🏋️🚴🎣🎱🏓🎯
Services : 🔑🚽♿💧📶 laverie 🧺 réfrigérateurs
À prox. : 🎣 parcours sportif

GPS W : 1.10872 N : 49.31923

Si vous recherchez :

🏊 un terrain très tranquille,
P un terrain ouvert toute l'année,
👥 des équipements et des loisirs adaptés aux enfants,
🎿 un toboggan aquatique,
B un centre balnéo,
🎭 des animations sportives, culturelles ou de détente, consultez la liste thématique des campings.

359

NORMANDIE

JUMIEGES

76480 - Carte Michelin **304** E5 - 1 719 h. - alt. 25
▶ Paris 161 - Rouen 29 - Le Havre 82 - Caen 132

▲ La Forêt

✆ 02 35 37 93 43, www.campinglaforet.com

Pour s'y rendre : r. Mainberte

Ouverture : de déb. avr. à fin oct.

2 ha (111 empl.) plat, herbeux

Empl. camping : (Prix 2017) 28,50€ ✶✶ 🚗 🔲 ⚡ (10A) - pers. suppl. 7€ - frais de réservation 5€

Location : (Prix 2017) (de déb. avr. à fin oct.) - 🚫 - 16 🏠 - 5 🏡. Nuitée 55 à 97€ - Sem. 330 à 679€ - frais de réservation 5€

🚐 borne raclet 6€

Dans le Parc naturel régional des Boucles de la Seine normande.

Nature : 🌳 🏕 ♨
Loisirs : 🍴 🏊 🚣 ⛵
Services : 🔑 🚿 📶 laverie
À prox. : ✂

GPS : E : 0.82883 N : 49.43485

LISIEUX

14100 - Carte Michelin **303** N5 - 21 826 h. - alt. 51
▶ Paris 169 - Caen 54 - Le Havre 66 - Hérouville-St-Clair 53

▲ La Vallée

✆ 02 31 62 00 40, www.lisieux-tourisme.com

Pour s'y rendre : 9 r. de la Vallée (sortie nord par D 48, rte de Pont-l'Évêque)

Ouverture : de déb. avr. à déb. oct.

1 ha (75 empl.) plat, herbeux, gravillons

Empl. camping : (Prix 2017) 18,70€ ✶✶ 🚗 🔲 ⚡ (11A) - pers. suppl. 3,70€

Location : (Prix 2017) (de déb. mai à déb. oct.) - 5 🏠. Sem. 250 à 399€ - frais de réservation 6€

Emplacements délimités sous un agréable ombrage.

Nature : 🏕 ♨
Services : 🔑 🚿 ♨ laverie
À prox. : ✂ parc aquatique

GPS : E : 0.22068 N : 49.16423

LES LOGES

76790 - Carte Michelin **304** B3 - 1 155 h. - alt. 92
▶ Paris 205 - Rouen 83 - Le Havre 34 - Fécamp 10

▲ Club Airotel L'Aiguille Creuse

✆ 02 35 29 52 10, www.campingaiguillecreuse.com

Pour s'y rendre : 24 rés. de l'Aiguille-Creuse

Ouverture : de déb. avr. à mi-sept.

3 ha (105 empl.) peu incliné, plat, herbeux

Empl. camping : (Prix 2017) 29€ ✶✶ 🚗 🔲 ⚡ (10A) - pers. suppl. 6€ - frais de réservation 7€

Location : (Prix 2017) (de déb. avr. à mi-sept.) - 🚫 - 23 🏠. Nuitée 38 à 115€ - Sem. 266 à 805€ - frais de réservation 15€

🚐 borne eurorelais

Agréables emplacements et locatif de bon confort.

Nature : 🏕
Loisirs : 🍹 🏊 🛝 (découverte en saison)
Services : 🔑 🚿 ♨ 📶 laverie
À prox. : ✂

GPS : E : 0.27575 N : 49.69884

LUC-SUR-MER

14530 - Carte Michelin **303** J4 - 3 133 h.
▶ Paris 249 - Arromanches-les-Bains 23 - Bayeux 29 - Cabourg 28

▲ Municipal la Capricieuse

✆ 02 31 97 34 43, www.campinglacapricieuse.com

Pour s'y rendre : 2 r. Brummel (à l'ouest à 300 m de la plage)

Ouverture : de déb. avr. à fin sept.

4,6 ha (220 empl.) peu incliné, plat, herbeux

Empl. camping : (Prix 2017) 24,95€ ✶✶ 🚗 🔲 ⚡ (10A) - pers. suppl. 5,95€

Location : (Prix 2017) (de déb. avr. à fin oct.) - ♿ (1 mobile home, 1 chalet) - 🚫 - 18 🏠 - 10 🏡. Sem. 337 à 789€

🚐 borne artisanale 5,20€

De beaux emplacements et un bon confort sanitaire.

Nature : 🌳 🌊 🏕 ♨
Loisirs : 🍴 🏊 ✂ terrain multisports
Services : 🔑 🚲 🚿 ♨ 📶 laverie
À prox. : 🚲 🏇 🌊

GPS : W : 0.35781 N : 49.3179

LYONS-LA-FORÊT

27480 - Carte Michelin **304** I5 - 751 h. - alt. 88
▶ Paris 104 - Les Andelys 21 - Forges-les-Eaux 30 - Gisors 30

▲ Municipal St-Paul

✆ 02 35 83 45 90, www.campingsaintpaul.fr - peu d'emplacements pour tentes et caravanes

Pour s'y rendre : 2 rte St-Paul (au nord-est par D 321, au stade, au bord de la Lieure)

Ouverture : de déb. avr. à mi-oct.

3 ha (100 empl.) plat, herbeux

Empl. camping : (Prix 2017) 24,90€ ✶✶ 🚗 🔲 ⚡ (6A) - pers. suppl. 6€ - frais de réservation 5€

Location : (Prix 2017) (de déb. avr. à fin oct.) - 2 🏠 - 8 🏡 - 3 tentes lodges - 2 cabanons. Nuitée 34 à 101€ - Sem. 200 à 705€ - frais de réservation 17€

🚐 borne artisanale 6€ - 9 🔲 17€

Grands emplacements au bord de la Lieure et à la lisière de la forêt.

Nature : 🌳 🏕 ♨
Loisirs : 🍴 🏊 🛝 🚣
Services : 🔑 🚲 🚿 ♨ 📶 🔲
À prox. : ✂ 🎣 🏇 🛶

GPS : E : 1.47657 N : 49.39869

360

NORMANDIE

MARTIGNY

76880 - Carte Michelin 304 G2 - 481 h. - alt. 24
▶ Paris 196 - Dieppe 10 - Fontaine-le-Dun 29 - Rouen 64

Les Deux Rivières

☎ 02 35 85 60 82, www.camping-2-rivieres.com - peu d'emplacements pour tentes et caravanes

Pour s'y rendre : D 154 (700 m au nord-ouest, rte de Dieppe)

Ouverture : de fin mars à mi-oct.

3 ha (110 empl.) plat, herbeux

Empl. camping : (Prix 2017) 18,90€ ✦✦ ⛐ 🅴 (10A) - pers. suppl. 15€

Location : (Prix 2017) (de fin mars à mi-oct.) - 1 🛏. Nuitée 95€ - Sem. 368 à 609€

Situation agréable en bordure de rivière et de plans d'eau.

Nature : ⩽ plans d'eau et le château d'Arques ♀♀
Loisirs : 🍴 🐎
Services : ⚬━ 🚿 🛜 laverie
À prox. : 🚲 🐴 🎣

GPS : E : 1.14417 N : 49.87059

MARTRAGNY

14740 - Carte Michelin 303 I4 - 367 h. - alt. 70
▶ Paris 257 - Bayeux 11 - Caen 23 - St-Lô 47

Les Castels Le Château de Martragny

☎ 02 31 80 21 40, www.chateau-martragny.com

Pour s'y rendre : 52 hameau St-Léger (sur l'ancienne N 13, par le centre bourg)

Ouverture : de fin mai à fin août

13 ha/4 campables (160 empl.) plat, herbeux

Empl. camping : (Prix 2017) ✦ 9,70€ ⛐ 🅴 17€ – 🗲 (15A) 5,50€ - frais de réservation 10€

Location : (Prix 2017) (de mi-mai à fin août) - 5 🛏 - 4 tentes lodges - 3 gîtes. Sem. 400 à 1 200€ - frais de réservation 10€

🚏 borne artisanale

Emplacements dans les différents parcs et chambres d'hôte à l'étage dans le château du 18ᵉ s. Gîtes et bar-restaurant dans les dépendances.

Nature : ! ♀♀
Loisirs : 🍴 🍽 🏠 🐎 🏊 🎱 🎣 🛝
Services : ⚬━ 🚿 🛜 laverie 🛁 🔧
À prox. : 🐴

GPS : W : 0.60532 N : 49.24406

MAUPERTUS-SUR-MER

50330 - Carte Michelin 303 D2 - 256 h. - alt. 119
▶ Paris 359 - Barfleur 21 - Cherbourg 13 - St-Lô 80

Les Castels l'Anse du Brick 👥

☎ 02 33 54 33 57, www.anse-du-brick.com

Pour s'y rendre : 18 anse du Brick (au nord-ouest par D 116, à 200 m de la plage, accès direct par passerelle)

Ouverture : de déb. avr. à mi-sept.

17 ha/7 campables (230 empl.) en terrasses, plat, herbeux, pierreux, rochers, bois

Empl. camping : (Prix 2017) 45€ ✦✦ ⛐ 🅴 (10A) - pers. suppl. 9€ - frais de réservation 8€

Location : (Prix 2017) (de fin mars à mi-sept.) - 45 🛏 - 6 🏠 - 5 tentes lodges - 3 gîtes. Nuitée 65 à 215€ - Sem. 455 à 1 505€ - frais de réservation 12€

🚏 borne AireService 8€

Implanté dans une ancienne carrière avec de nombreux emplacements en terrasses, bénéficiant d'une vue mer ou sur les falaises.

Nature : 🌊 ⩽ 🏞 ♀
Loisirs : 🍴 🍽 🏠 🏊 🚣 🚴 🎱 🛝 🎣
Services : ⚬━ 🚿 🧺 🛜 laverie 🛁 🔧

GPS : W : 1.49 N : 49.66722

MERVILLE-FRANCEVILLE-PLAGE

14810 - Carte Michelin 303 K4 - 1 991 h. - alt. 2
▶ Paris 225 - Arromanches-les-Bains 42 - Cabourg 7 - Caen 20

Les Peupliers

☎ 02 31 24 05 07, www.camping-peupliers.com

Pour s'y rendre : allée des Pins (2,5 km à l'est par rte de Cabourg et à dr., à l'entrée de Hôme)

Ouverture : de fin mars à déb. nov.

3,6 ha (164 empl.) plat, herbeux

Empl. camping : (Prix 2017) 24€ ✦✦ ⛐ 🅴 (10A) - pers. suppl. 7€

Location : (Prix 2017) (de fin mars à déb. nov.) - ♿ (3 mobile homes) - 45 🛏 - 10 🏠 - 1 roulotte. Sem. 330 à 995€

🚏 borne artisanale - 🚐 🅿 21,60€

Beaux emplacements et du locatif de bon confort.

Loisirs : 🍴 🍽 🏠 🎱 🏊 🛝 🎣 terrain multisports
Services : ⚬━ 🧺 🚿 🛜 laverie

GPS : W : 0.17011 N : 49.2829

---

*De categorie (1 tot 5 tenten, in **zwart** of **rood**) die wij aan de geselekteerde terreinen in deze gids toekennen, is onze eigen indeling. Niet te verwarren met de door officiële instanties gebruikte classificatie (1 tot 5 sterren).*

361

NORMANDIE

▲ Seasonova Le Point du Jour
☎ 02 31 24 23 34, www.vacances-seasonova.com
Pour s'y rendre : rte de Cabourg (sortie est par D 514)
Ouverture : de fin mars à déb. nov.
2,7 ha (140 empl.) plat, herbeux, sablonneux
Empl. camping : (Prix 2017) 39 € ♦♦ 🚗 🖃 🔌 (10A) - pers. suppl. 8,60 € - frais de réservation 15 €
Location : (Prix 2017) (de fin mars à déb. nov.) - ✈ - 40 🚐. Nuitée 75 à 120 € - Sem. 450 à 895 € - frais de réservation 15 €
Agréable situation en bordure de plage.

Nature : 🌳 🌊
Loisirs : 🍴 🛖 🎯 ≋ jacuzzi 🚴 🏊
Services : 🔑 🏧 ♿ 🛁 📶 laverie

GPS W : 0.19392 N : 49.2833

---

*Om een reisroute uit te stippelen en te volgen, om het aantal kilometers te berekenen, om precies de ligging van een terrein te bepalen (aan de hand van de inlichtingen in de tekst), gebruikt u de **Michelinkaarten**, een onmisbare aanvulling op deze gids.*

MOYAUX
14590 - Carte Michelin **303** O4 - 1 356 h. - alt. 160
▶ Paris 173 - Caen 64 - Deauville 31 - Lisieux 13

▲▲ Le Colombier
☎ 02 31 63 63 08, www.camping-normandie-lecolombier.com
Pour s'y rendre : 3 km au nord-est par D 143, rte de Lieurey
Ouverture : de mi-mai à fin sept.
15 ha/6 campables (180 empl.) plat, herbeux
Empl. camping : (Prix 2017) 38 € ♦♦ 🚗 🖃 🔌 (10A) - pers. suppl. 8 €
Splendide cadre pour la piscine au centre d'un jardin à la française entre le château et le pigeonnier qui abrite le bar et la bibliothèque.

Nature : 🌳 🌊
Loisirs : 🍴 🎮 🛖 🏊 🚴 ≋ bibliothèque terrain multisports
Services : 🔑 ♿ 🛁 📶 laverie 🧊 🚐

GPS E : 0.3897 N : 49.2097

OMONVILLE-LA-ROGUE
50440 - Carte Michelin **303** A1 - 534 h. - alt. 25
▶ Paris 377 - Caen 144 - St-Lô 99 - Cherbourg 24

△ Municipal du Hable
☎ 02 33 52 86 15, www.omonvillelarogue.fr
Pour s'y rendre : 4 rte de la Hague
Ouverture : de déb. avr. à fin sept. - 🎪
1 ha (60 empl.) plat, herbeux, gravillons
Empl. camping : (Prix 2017) ♦ 2,85 € 🚗 2,24 € 🖃 2,24 € – 🔌 (10A) 5,71 €

Location : (Prix 2017) Permanent ♿ (1 chalet) - 5 🏠. Sem. 270 à 371 €
🚐 borne AireService 3,62 €

Nature : 🌊 🖾
Services : 📶 laverie
À prox. : 🍽 ✂ 🚣

GPS W : 1.84087 N : 49.70439

ORBEC
14290 - Carte Michelin **303** O5 - 2 381 h. - alt. 110
▶ Paris 173 - L'Aigle 38 - Alençon 80 - Argentan 53

△ Municipal Les Capucins
☎ 06 48 64 78 56
Pour s'y rendre : 13 av. du Bois (1,5 km au nord-est par D 4, rte de Bernay et chemin à gauche, au stade)
Ouverture : de fin mai à déb. sept.
0,9 ha (35 empl.) plat, herbeux
Empl. camping : (Prix 2017) 13 € ♦♦ 🚗 🖃 🔌 (3A) - pers. suppl. 2,50 €
Cadre verdoyant très soigné au centre des installations sportives municipales.

Nature : 🌳 🌿
Loisirs : 🛖 🚴
Services : 🛁 ♿ 📶
À prox. : ✂ 🎣 🐎

GPS E : 0.40875 N : 49.02982

LES PIEUX
50340 - Carte Michelin **303** B2 - 3 588 h. - alt. 104
▶ Paris 366 - Barneville-Carteret 18 - Cherbourg 22 - St-Lô 48

▲▲▲ Le Grand Large
☎ 02 33 52 40 75, www.legrandlarge.com
Pour s'y rendre : 11 rte du Grand-Large (3 km au sud-ouest par D 117 et D 517 à dr. puis 1 km par chemin à gauche)
Ouverture : de déb. avr. à fin sept.
3,7 ha (236 empl.) plat et peu incliné, herbeux, sablonneux
Empl. camping : (Prix 2017) 43 € ♦♦ 🚗 🖃 🔌 (10A) - pers. suppl. 9 €
Location : (Prix 2017) (de mi-avr. à mi-sept.) - 48 🚐. Nuitée 90 à 150 € - Sem. 390 à 1 020 €
🚐 borne artisanale 10 €
Agréable situation dans les dunes au bord de la plage de Sciottot.

Nature : 🌊 🖾 🏖
Loisirs : 🍴 🛖 🎯 ≋ ✂ 🎮 🏊
Services : 🔑 ♿ 🛁 📶 laverie
À prox. : ✂

GPS W : 1.8425 N : 49.49361

Do not confuse :
△ ... to ... ▲▲▲▲▲ : MICHELIN classification
and
★ ... to ... ★★★★★ : official classification

362

NORMANDIE

PONT-AUDEMER

27500 - Carte Michelin **304** D5 - 8 599 h. - alt. 15
▶ Paris 165 - Rouen 58 - Évreux 91 - Le Havre 44

⛰ Flower Risle-Seine - Les Étangs

☎ 02 32 42 46 65, www.camping-risle-seine.com

Pour s'y rendre : 19 rte des Étangs, à Toutainville (2,5 km à l'est, à gauche sous le pont de l'autoroute, près de la base nautique)

Ouverture : de fin mars à fin oct.

2 ha (71 empl.) plat, herbeux

Empl. camping : (Prix 2017) 23,50€ ✶✶ ⇔ 🏠 (10A) - pers. suppl. 4,50€ - frais de réservation 7€

Location : (Prix 2017) (de fin mars à fin oct.) - ♿ (1 mobile home) - 6 🏕 - 10 🏠 - 2 tentes sur pilotis - 2 cabanons. Nuitée 25 à 94€ - Sem. 175 à 658€ - frais de réservation 18€

🚐 borne AireService 5€ - 🚗 8€

Emplacements bien délimités et petit village de chalets sur pilotis dominant les étangs.

Nature : 🌳
Loisirs : 🎣 🚲
Services : 🔑 🚿 📶 laverie
À prox. : 🍴 🏌 practice de golf

GPS E : 0.48739 N : 49.3666

Use this year's Guide.

PONT-FARCY

14380 - Carte Michelin **303** F6 - 527 h. - alt. 72
▶ Paris 296 - Caen 63 - St-Lô 30 - Villedieu-les-Poêles 22

⛺ Municipal

☎ 02 31 68 32 06, www.pont.farcy.fr

Pour s'y rendre : rte de Tessy (sortie nord par D 21, rte de Tessy-sur-Vire)

Ouverture : de déb. avr. à mi-sept.

1,5 ha (60 empl.) plat, herbeux

Empl. camping : (Prix 2017) ✶ 2,50€ ⇔ 🏠 10€ - 🏠 (10A) 2,50€ - frais de réservation 15€

Location : (Prix 2017) (de déb. avr. à fin sept.) - 2 🏕. Nuitée 30 à 40€ - Sem. 200 à 250€

Emplacements délimités et ombragés entre la route et la Vire.

Nature : 🌳
Loisirs : 🎣 🚲
Services : 🔑 📶
À prox. : 🍴

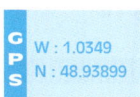

GPS W : 1.0349 N : 48.93899

PONTORSON

50170 - Carte Michelin **303** C8 - 4 080 h. - alt. 15
▶ Paris 359 - Avranches 23 - Dinan 50 - Fougères 39

⛰ Haliotis

☎ 02 33 68 11 59, www.camping-haliotis-mont-saint-michel.com

Pour s'y rendre : bd Patton (au nord-ouest par D 19, rte de Dol-de-Bretagne, près du Couesnon)

Ouverture : de déb. avr. à déb. nov.

8 ha/3,5 campables (166 empl.) plat, herbeux

Empl. camping : (Prix 2017) 41€ ✶✶ ⇔ 🏠 (16A) - pers. suppl. 7,50€ - frais de réservation 5€

Location : (Prix 2017) (de déb. avr. à déb. nov.) - 🅿 - 37 🏕 - 6 bungalows toilés. Nuitée 35 à 110€ - Sem. 231 à 770€ - frais de réservation 5€

🚐 borne artisanale 4,50€

Beaucoup d'espaces verts pour la détente et accès direct à la Voie Verte (Pontorson-Mont-St-Michel) et au Couesnon.

Nature : 🌳
Loisirs : 🍴 🏊 diurne 🎣 🚲
🏐 🎠 mini ferme practice de golf terrain multisports
Services : 🔑 🚿 🗑 - 12 sanitaires individuels (🚿 wc) 🔌 📶 laverie
À prox. : 🍴 ✂

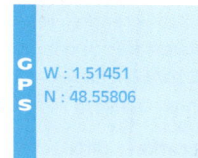

GPS W : 1.51451 N : 48.55806

PORT-EN-BESSIN

14520 - Carte Michelin **303** H3 - 2 141 h. - alt. 10
▶ Paris 277 - Caen 43 - Hérouville-St-Clair 45 - St-Lô 47

⛰ Port'Land

☎ 02 31 51 07 06, www.camping-portland.fr

Pour s'y rendre : chemin du Castel (2,5 km à l'ouest par D 514, rte de Grandcamp-Maisy)

Ouverture : de fin mars à déb. nov.

8,5 ha (279 empl.) plat, herbeux, gravillons

Empl. camping : (Prix 2017) 48€ ✶✶ ⇔ 🏠 (16A) - pers. suppl. 10€

Location : (Prix 2017) (de fin mars à déb. nov.) - ♿ (1 mobile home) - 🅿 (mobile-homes) - 101 🏕. Sem. 525 à 770€

🚐 borne flot bleu 5€

Jolie décoration florale et arbustive autour des différents étangs et certains locatifs de grand confort.

Nature : 🌳
Loisirs : 🍴 🏊 🎣 🚲 🏐 🎠 🏓 terrain multisports
Services : 🔑 🚿 🗑 🔌 📶 laverie 🧺
À prox. : ✂ golf (36 trous)

GPS W : 0.77044 N : 49.34716

QUIBERVILLE

76860 - Carte Michelin **304** F2 - 535 h. - alt. 50
▶ Paris 199 - Dieppe 18 - Fécamp 50 - Rouen 67

⛺ Municipal de la Plage

☎ 02 35 83 01 04, www.campingplagequiberville.fr - peu d'emplacements pour tentes et caravanes

Pour s'y rendre : 123 r. de la Saane (à Quiberville-Plage, accès par D 127, rte d'Ouville-la-Rivière)

Ouverture : de déb. avr. à fin oct.

2,5 ha (202 empl.) plat, herbeux

Empl. camping : (Prix 2017) ✶ 6,25€ ⇔ 🏠 11,90€ - 🏠 (10A) 5,50€

🚐 borne AireService 3,90€

À 100 m de la mer, de l'autre côté de la route.

Nature : 🌳
Loisirs : 🎣 🚲
Services : 🔑 🚿 📶 laverie
À prox. : 🍴 ✂ 🏐 🎠 terrain multisports

GPS E : 0.92878 N : 49.90507

*Créez votre voyage sur **voyages.michelin.fr***

363

NORMANDIE

RADON

61250 - Carte Michelin **310** J3 - 1 042 h. - alt. 175
▶ Paris 200 - Caen 106 - Alençon 11 - Le Mans 67

⛰ Ecouves

📞 06 08 70 14 63, www.ecouves.net

Pour s'y rendre : lieu-dit : Les Noyers (sur la D 26)

Ouverture : de déb. avr. à fin oct.

20 ha/3 campables (43 empl.) peu incliné, plat, herbeux

Empl. camping : (Prix 2017) 17,30€ ✱✱ 🚗 🔌 (10A) - pers. suppl. 3,30€

Location : (Prix 2017) Permanent - 2 🏠 - 1 chalet sur pilotis - 1 roulotte - 1 cabanon - 1 gîte. Nuitée 30 à 110€ - Sem. 170 à 390€

🚐 borne artisanale 2€ - 3 🍽 11€ - 🚰 11€

Lieu de départ de sentiers VTT et randonnées (GR 22) avec du locatif varié en confort.

Nature : 🌳
Loisirs : 🐎 🚴
Services : 🛒 📶 ♿
À prox. : ✗ 🚤 (étang)

GPS : E : 0.0684 / N : 48.4957

Informieren Sie sich über die gültigen Gebühren, bevor Sie Ihren Platz beziehen. Die Gebührensätze müssen am Eingang des Campingplatzes angeschlagen sein. Erkundigen Sie sich auch nach den Sonderleistungen. Die im vorliegenden Band gemachten Angaben können sich seit der Überarbeitung geändert haben.

RAVENOVILLE

50480 - Carte Michelin **303** E3 - 261 h. - alt. 6
▶ Paris 328 - Barfleur 27 - Carentan 21 - Cherbourg 40

⛰ Le Cormoran 👥

📞 02 33 41 33 94, www.lecormoran.com - peu d'emplacements pour tentes et caravanes

Pour s'y rendre : 2 r. du Cormoran, à Ravenoville-Plage (3,5 km au nord-est par D 421, rte d'Utah-Beach)

Ouverture : de déb. avr. à fin sept.

8 ha (256 empl.) plat, herbeux, sablonneux

Empl. camping : (Prix 2017) 47€ ✱✱ 🚗 🍽 🔌 (10A) - pers. suppl. 9,10€ - frais de réservation 10€

Location : (Prix 2017) (de déb. avr. à fin sept.) - ♿ (1 mobile home) - 🅿 - 42 🛏 - 6 🏠 - 1 roulotte. Nuitée 45 à 164€ - Sem. 315 à 1 148€ - frais de réservation 10€

🚐 borne artisanale 5€ - 🚰 14€

Face à la mer, de l'autre côté de la route, de beaux emplacements, de grands espaces verts idéaux pour la détente et les sports collectifs.

Nature : 🌊 🌳
Loisirs : 🍴 🍽 ♨ 🏊 ≋ jacuzzi 🎣 🐎 🚴 🏊 mini ferme location de voitures terrain multisports
Services : 🛒 🍽 ♿ 📶 – 14 sanitaires individuels (🚿 🚽 wc) 📶 laverie 🧺
À prox. : 🐎

GPS : W : 1.23527 / N : 49.46658

LE ROZEL

50340 - Carte Michelin **303** B3 - 281 h. - alt. 21
▶ Paris 369 - Caen 135 - Cherbourg 26 - Rennes 197

⛰ Le Ranch

📞 02 33 10 07 10, www.camping-leranch.com

Pour s'y rendre : lieu-dit : La Mielle (2 km au sud-ouest par D 117 et D 62 à dr.)

Ouverture : de déb. avr. à fin sept.

4 ha (143 empl.) vallonné, terrasse, plat, herbeux, sablonneux

Empl. camping : (Prix 2017) ✱ 🚗 🍽 38€ – 🔌 (10A) 6€ - frais de réservation 5€

Location : (Prix 2017) (de déb. avr. à fin sept.) - 38 🛏. Sem. 385 à 1 850€ - frais de réservation 5€

Dans les dunes de la grande plage de Sciottot avec un bon confort sanitaire et du locatif de qualité. Vue mer pour quelques emplacements.

Nature : 🌊 ⛰
Loisirs : 🍴 🍽 ♨ ≋ 🎣 🚴 🏊
Services : 🛒 🍽 ♿ 🚿 📶 laverie 🧺
À prox. : 🏄 char à voile

GPS : W : 1.84199 / N : 49.48013

ST-AUBIN-SUR-MER

14750 - Carte Michelin **303** J4 - 2 048 h.
▶ Paris 252 - Arromanches-les-Bains 19 - Bayeux 29 - Cabourg 32

⛰ Sandaya La Côte de Nacre 👥

📞 02 31 97 14 45, http://www.sandaya.fr/cdn - peu d'emplacements pour tentes et caravanes

Pour s'y rendre : 17 r. du Gén.-Moulton (au sud du bourg par D 7b)

Ouverture : de déb. avr. à déb. sept.

10 ha (350 empl.) plat, herbeux

Empl. camping : 55€ ✱✱ 🚗 🍽 🔌 (10A) - pers. suppl. 9€

Location : (de déb. avr. à déb. sept.) - ♿ (3 mobile homes) - 290 🛏. Nuitée 35 à 255€ - Sem. 245 à 1 785€

🚐 borne AireService

Cadre verdoyant autour du parc aquatique en partie couvert. Sanitaires, espace bébés-enfants et locatifs de bon confort.

Nature : 🌳 🌊 🌿
Loisirs : 🍴 ✗ 🍽 ♨ 🏊 ≋ hammam 🎣 🚴 🏊 🏊 terrain multisports
Services : 🛒 🍽 ♿ 📶 laverie 🧺 🚐
À prox. : ✗

GPS : W : 0.3946 / N : 49.3324

ST-AUBIN-SUR-MER

76740 - Carte Michelin **304** F2 - 267 h. - alt. 15
▶ Paris 191 - Dieppe 21 - Fécamp 46 - Rouen 59

⛰ Municipal le Mesnil

📞 02 35 83 02 83, www.campinglemesnil.com

Pour s'y rendre : rte de Sotteville (2 km à l'ouest par D 68, rte de Veules-les-Roses)

2,2 ha (117 empl.) en terrasses, plat, herbeux

🚐 borne artisanale - 5 🍽

Autour d'une ancienne ferme normande et ses dépendances recouvertes de toits en chaume. Nombreux vieux mobile homes de propriétaires-résidents.

Nature : 🌳 🌿
Loisirs : ✗ 🍽 🎣
Services : 🛒 🍽 ♿ 📶 laverie 🧺

GPS : E : 0.85204 / N : 49.88353

364

NORMANDIE

ST-ÉVROULT-NOTRE-DAME-DU-BOIS

61550 - Carte Michelin **310** L2 - 452 h. - alt. 355
▶ Paris 153 - L'Aigle 14 - Alençon 56 - Argentan 42

Municipal des Saints-Pères

☎ 06 78 33 04 94, catherine-motte@orange.fr
Pour s'y rendre : au sud-est du bourg
Ouverture : de mi-avr. à fin sept.
0,6 ha (27 empl.) terrasse, plat, herbeux, gravillons, bois
Empl. camping : (Prix 2017) ♦ 3€ ⇐ 1,50€ 🅴 1,50€ – 🗲 (10A) 2,50€
Location : (Prix 2017) (de mi-avr. à fin sept.) - 🛏 - 1 🏠. Nuitée 50€ - Sem. 250 à 350€
🚐 borne eurorelais 2€ - 5 🅴 12€ - 🚐 12€

Agréable situation qui domine le plan d'eau et le village.

Nature : ≤ 🌳🌳
Loisirs : 🏖 👶 🏊 pédalos
Services : ✂ 🅿 📶 🛒
À prox. : 🍴 ✕ 🐎

GPS E : 0.4663
N : 48.7888

To visit a town or region : use the MICHELIN Green Guides.

ST-GEORGES-DU-VIÈVRE

27450 - Carte Michelin **304** D6 - 720 h. - alt. 138
▶ Paris 161 - Bernay 21 - Évreux 54 - Lisieux 36

Municipal du Vièvre

☎ 02 32 42 76 79, www.camping-eure-normandie.fr
Pour s'y rendre : rte de Noards (sortie sud-ouest par D 38)
Ouverture : de déb. avr. à fin sept.
1,1 ha (50 empl.) plat, herbeux
Empl. camping : (Prix 2017) ♦ 2,30€ ⇐ 1,30€ – 🗲 (5A) 2,20€
Location : (Prix 2017) (de déb. avr. à fin sept.) - 2 🏠. Sem. 200 à 300€

Des emplacements bien délimités avec pour certains un petit ombrage.

Nature : 🌳 🍃 🌲
Loisirs : 🏖
Services : ✂ 🅿 📶 laverie
À prox. : ✕ 🏊

GPS E : 0.58064
N : 49.2427

ST-HILAIRE-DU-HARCOUËT

50600 - Carte Michelin **303** F8 - 4 036 h. - alt. 70
▶ Paris 339 - Alençon 100 - Avranches 27 - Caen 102

Municipal de la Sélune

☎ 02 33 49 43 74, www.st-hilaire.fr
Pour s'y rendre : 700 m au nord-ouest par N 176, rte d'Avranches et à dr., près de la rivière
Ouverture : de déb. avr. à fin sept.
1,9 ha (65 empl.) plat, herbeux
Empl. camping : (Prix 2017) ♦ 2,35€ ⇐ 1€ – 🗲 (16A) 1,95€
🚐 5 🅴 9,65€ - 🚐 🗲 9,65€

Proche du bourg, emplacements ombragés ou ensoleillés.

Nature : 🌳
Loisirs : 🏖 🐎
Services : 🅾 📶 laverie
À prox. : ✕

GPS W : 1.09765
N : 48.58127

ST-JEAN-DE-LA-RIVIÈRE

50270 - Carte Michelin **303** B3 - 355 h. - alt. 20
▶ Paris 351 - Caen 119 - St-Lô 63 - Cherbourg 40

🏔 Yelloh! Village Les Vikings 👥

☎ 02 33 53 84 13, www.camping-lesvikings.com
Pour s'y rendre : 4 r. des Vikings (par D 166 et chemin à dr.)
Ouverture : de déb. avr. à mi-sept.
6 ha (250 empl.) plat, herbeux, sablonneux
Empl. camping : (Prix 2017) 49€ ♦♦ ⇐ 🅴 🗲 (10A) - pers. suppl. 9€
Location : (Prix 2017) (de déb. avr. à mi-sept.) - ♿ (1 mobile home) - 98 🏠 - 4 tentes lodges. Nuitée 28 à 239€ - Sem. 210 à 1 435€
🚐 borne artisanale

Confort des installations et des sanitaires avec des locatifs de qualité.

Nature : 🌳 🍃
Loisirs : 🍴 ✕ 🏊 🏖 salle d'animations 🏃 👶 🚴 🎣 ⛵ mini ferme terrain multisports
Services : 🔑 🛁 📶 laverie 🧺 ✂
À prox. : ✕ 🐎 golf (18 trous)

GPS W : 1.75293
N : 49.36335

🏔 Du Golf 👥

☎ 02 33 04 78 90, www.camping-du-golf.fr
Pour s'y rendre : 45 chemin de Coutances
Ouverture : de déb. avr. à mi-sept.
3,2 ha (157 empl.) plat, herbeux, sablonneux
Empl. camping : (Prix 2017) 32€ ♦♦ ⇐ 🅴 🗲 (6A) - pers. suppl. 7€
Location : (Prix 2017) Permanent - 41 🏠. Nuitée 36 à 135€
🚐 borne AireService

Implanté sur le parcours du Golf de la Côte des Isles.

Nature : 🍃 🌳
Loisirs : 🍴 🏖 🏃 👶 🚴 🎣 ⛵
Services : 🔑 🛁 📶 laverie
À prox. : ✕ golf (18 trous)

GPS W : 1.74625
N : 49.36221

ST-MARTIN-EN-CAMPAGNE

76370 - Carte Michelin **304** H2 - 1 319 h. - alt. 118
▶ Paris 209 - Dieppe 13 - Rouen 78 - Le Tréport 18

🏔 Municipal les Goélands

☎ 02 35 83 82 90, www.camping-les-goelands.fr - peu d'emplacements pour tentes et caravanes
Pour s'y rendre : r. des Grèbes (2 km au nord-ouest, à St-Martin-Plage)
Ouverture : de déb. avr. à mi-nov.
3 ha (140 empl.) en terrasses, plat et peu incliné, herbeux
Empl. camping : (Prix 2017) ♦ 4,20€ ⇐ 🅴 10,30€ – 🗲 (16A) 4,10€
Location : (Prix 2017) (de déb. avr. à mi-nov.) - 7 🏠 - 2 cabanons. Nuitée 40 à 118€ - Sem. 240 à 690€
🚐 20 🅴 14,50€

Vue sur mer pour quelques emplacements autour d'un restaurant de qualité.

Nature : ≤ 🍃
Loisirs : 🍴 ✕ 🏖 🏇 terrain multisports
Services : 🔑 🚻 🛁 ✂ 📶 laverie 🧺 ✂

GPS E : 1.20425
N : 49.96632

365

NORMANDIE

ST-SAUVEUR-LE-VICOMTE

50390 - Carte Michelin **303** C3 - 2 053 h. - alt. 30
▶ Paris 336 - Barneville-Carteret 20 - Cherbourg 37 - St-Lô 56

▲ Municipal du Vieux Château

☎ 02 33 41 72 04, www.saintsauveurlevicomte.stationverte.com
Pour s'y rendre : av. Division-Leclerc (au bourg, au bord de la Douve)
Ouverture : de mi-mai à mi-sept.
1 ha (57 empl.) plat, herbeux
Empl. camping : (Prix 2017) ♦ 3€ ⇔ 目 4,50€ – (½) (9A) 2,50€
Belle prairie au pied du château médiéval, de ses remparts.

Nature : ♀
Loisirs : 🎪
Services : ⛽ 🚿 laverie
À prox. : ✕ 🏖 ⛵

GPS W : 1.52779 N : 49.38748

ST-SYMPHORIEN-LE-VALOIS

50250 - Carte Michelin **303** C4 - 822 h. - alt. 35
▶ Paris 335 - Barneville-Carteret 19 - Carentan 25 - Cherbourg 47

⛰ Club Airotel L'Étang des Haizes 👥

☎ 02 33 46 01 16, www.campingetangdeshaizes.com
Pour s'y rendre : r. Cauticote (sortie nord par D 900, rte de Valognes et D 136 à gauche vers le bourg)
Ouverture : de déb. avr. à déb. oct.
4,5 ha (160 empl.) peu incliné, plat, herbeux
Empl. camping : (Prix 2017) 38,50€ ♦♦ ⇔ 目 (10A) - pers. suppl. 8,50€
Location : (Prix 2017) (de déb. avr. à fin sept.) - & (1 mobile home) - 🚗 - 24 🚐 - 4 🏠 - 1 bungalow toilé - 2 tentes lodges - 1 tipi - 2 cabanons. Nuitée 56 à 128€ - Sem. 392 à 973€
🚰 10 🚐 38,50€ - 🚽 18,50€
Agréable cadre verdoyant autour d'un bel étang et de jolis bâtiments en pierre.

Nature : 🌳
Loisirs : 🍽 🏠 🏊 🚴 🎪 ⛱
Services : ⛽ 🚿 🛜 laverie point d'informations touristiques

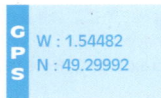

GPS W : 1.54482 N : 49.29992

ST-VAAST-LA-HOUGUE

50550 - Carte Michelin **303** E2 - 2 091 h. - alt. 4
▶ Paris 347 - Carentan 41 - Cherbourg 31 - St-Lô 68

⛰ La Gallouette 👥

☎ 02 33 54 20 57, www.camping-lagallouette.fr
Pour s'y rendre : 10bis r. de la Gallouette (au sud du bourg)
Ouverture : de déb. avr. à fin sept.
2,3 ha (176 empl.) plat, herbeux
Empl. camping : (Prix 2017) 21,30€ ♦♦ ⇔ 目 (10A) - pers. suppl. 4,80€
Location : (Prix 2017) (de déb. avr. à fin sept.) - 19 🚐 - 10 🏠. Nuitée 73 à 96€ - Sem. 331 à 672€
🚰 borne AireService 2€ - 15 目 13,60€
À 400 m de la plage, cadre soigné et quelques emplacements avec vue sur la Tour de La Hougue ou sur le Moulin.

Nature : 🌳 ♀
Loisirs : 🍽 ✕ 🏠 🏊 ⛱ 🏖 location de voitures (2CV Citroën) terrain multisports
Services : ⛽ 🛜 laverie
À prox. : 🎣 ⚓ parcours de santé

GPS W : 1.26873 N : 49.5846

ST-VALERY-EN-CAUX

76460 - Carte Michelin **304** E2 - 4 463 h. - alt. 5
▶ Paris 190 - Bolbec 46 - Dieppe 35 - Fécamp 33

⛰ Seasonova Etennemare

☎ 02 35 97 15 79, www.seasonova.com - peu d'emplacements pour tentes et caravanes
Pour s'y rendre : 21 hameau d'Etennemare (au sud-ouest, vers le hameau du Bois d'Entennemare)
Ouverture : de déb. avr. à mi-oct.
4 ha (116 empl.) peu incliné, plat, herbeux
Empl. camping : (Prix 2017) 27€ ♦♦ ⇔ 目 (10A) - pers. suppl. 4€ - frais de réservation 15€
Location : (Prix 2017) (de déb. avr. à mi-oct.) - 🚗 - 37 🚐 - 10 🏠. Nuitée 50 à 100€ - Sem. 590 à 805€ - frais de réservation 15€
🚰 borne artisanale
Quelques mobile homes de propriétaires-résidents et du locatif de bon confort.

Nature : 🌊 🌳
Loisirs : 🏠 🏊 (découverte en saison) 🏖
Services : ⛽ 🍴 🚿 🛜 laverie

GPS E : 0.70378 N : 49.85878

STE-MÈRE-ÉGLISE

50480 - Carte Michelin **303** E3 - 1 643 h. - alt. 28
▶ Paris 321 - Bayeux 57 - Cherbourg 39 - St-Lô 42

▲ Sainte-Mère-Église

☎ 02 33 41 35 22, www.camping-sainte-mere.fr
Pour s'y rendre : 6 r. Airborne (sortie est par D 17 et à dr., près du terrain de sports)
1,3 ha (65 empl.) plat, herbeux
Location : 7 🚐 - 2 🏠 - 2 chalets (sans sanitaire).
🚰 borne artisanale - 7 目
Confort sanitaire un peu ancien. Fabrique et vente sur place de la bière artisanale de Sainte-Mère-Église.

Nature : 🌊 🌳
Loisirs : 🏠 🏊
Services : ⛽ 🛜 laverie
À prox. : ⚽ terrain multisports

GPS W : 1.31018 N : 49.41003

SÉES

61500 - Carte Michelin **310** K3 - 4 236 h. - alt. 186
▶ Paris 186 - Alençon 24 - Caen 89 - Le Mans 82

▲ Municipal Le Clos Normand

☎ 02 33 28 87 37, www.camping-sees.fr
Pour s'y rendre : av. 8-Mai-1945 (1.3 km au sud par la D 3)
Ouverture : de mi-avr. à fin sept.
1,5 ha (50 empl.) plat, herbeux
Empl. camping : (Prix 2017) 14,50€ ♦♦ ⇔ 目 (11A) - pers. suppl. 3,50€
Location : (Prix 2017) (de mi-avr. à fin juin) - 🚗 - 5 🚐. Sem. 244€
🚰 borne AireService 3,50€
Préférer les emplacements près du stade plus au calme.

Nature : 🌳 ♀
Loisirs : 🎪
Services : ⛽ 🛜
À prox. : 🎣 ⚓

GPS E : 0.17081 N : 48.59909

366

NORMANDIE

SURRAIN
14710 - Carte Michelin 303 G4 - 159 h. - alt. 40
▶ Paris 278 - Cherbourg 83 - Rennes 187 - Rouen 167

⛺ La Roseraie d'Omaha
📞 02 31 21 17 71, www.camping-calvados-normandie.fr
Pour s'y rendre : r. de l'Église (sortie sud par D 208, rte de Mandeville-en-Bessin)
Ouverture : de déb. avr. à fin sept.
3 ha (89 empl.) peu incliné, plat, herbeux
Empl. camping : (Prix 2017) 20,10€ ⚹⚹ 🚗 🔌 (10A) - pers. suppl. 5,70€
Location : (Prix 2017) (de déb. avr. à fin sept.) - 🏕 - 24 🏠 - 10 🛖 - 1 gîte. Nuitée 60 à 139€ - Sem. 299 à 1 050€
🚐 borne artisanale 5€ - 💧🚽15€

De beaux emplacements, du locatif varié de bon confort et des espaces verts pour la détente.

Nature : 🌳 🌲
Loisirs : 🍴 ✖ 🛝 🏊 🚴 🎯 ⛱
Services : 🔑 ♿ 🚿 🛒 📶 laverie

GPS : W : 0.86543   N : 49.32574

Utilisez le guide de l'année.

SURTAINVILLE
50270 - Carte Michelin 303 B3 - 1 255 h. - alt. 12
▶ Paris 367 - Barneville-Carteret 12 - Cherbourg 29 - St-Lô 42

⛺ Municipal les Mielles
📞 02 33 04 31 04, www.camping-municipal-normandie.com
Pour s'y rendre : 80 rte des Laguettes (1,5 km à l'ouest par D 66 et rte de la mer, à 80 m de la plage, accès direct)
Ouverture : Permanent
25 ha (151 empl.) plat, herbeux, gravillons, sablonneux
Empl. camping : (Prix 2017) ⚹ 4€ 🚗 4€ – (16A) 3,70€ - frais de réservation 5€
Location : (Prix 2017) Permanent - 2 🏠. Sem. 248 à 419€ - frais de réservation 5€
🚐 borne AireService 4,40€ - 6 📶

Derrière les dunes de la grande plage avec beaucoup d'emplacements occupés à l'année. Bon confort sanitaires.

Nature : 🌳 🌲
Loisirs : 🛝 🏊 🎯
Services : 🔑 ♿ 🚿 🛒 📶 laverie
À prox. : ✖ char à voile

GPS : W : 1.82881   N : 49.46386

THURY-HARCOURT
14220 - Carte Michelin 303 J6 - 1 968 h. - alt. 45
▶ Paris 257 - Caen 28 - Condé-sur-Noireau 20 - Falaise 27

⛺ Le Traspy
📞 02 31 29 90 86, www.campingdutraspy.com
Pour s'y rendre : r. du Pont-Benoît (à l'est du bourg par bd du 30-Juin-1944 et chemin à gauche)
1,5 ha (78 empl.) en terrasses, plat, herbeux
Location : 6 🏠 - 1 🛖.
🚐 borne eurorelais

Au bord du Traspy et près d'un plan d'eau avec une petite base de loisirs.

Nature : 🏞 🌲
Loisirs : 🍴 ✖ 🏊 🎯 terrain multisports
Services : 🔑 🚿 🛒 📶 laverie 🔧 ✈
À prox. : 🚴 🏊 🏄 🚣 🪂 parapente parc aquatique

GPS : W : 0.46913   N : 48.98896

TORIGNY-LES-VILLES
50160 - Carte Michelin 303 G5 - 2 578 h. - alt. 89
▶ Paris 294 - Caen 62 - Rouen 187 - Saint-Lô 13

⛺ Le Lac des Charmilles
📞 02 33 75 85 05, www.camping-lacdescharmilles.com
Pour s'y rendre : rte de Vire (1,3 km au sud par la D 974)
Ouverture : de déb. avr. à fin sept.
3,8 ha (55 empl.) en terrasses, peu incliné, plat, herbeux
Empl. camping : (Prix 2017) 28€ ⚹⚹ 🚗 📶 🔌 (12A) - pers. suppl. 5€
Location : (Prix 2017) (de déb. avr. à fin sept.) - 13 🏠 - 4 🛖. Nuitée 48 à 135€ - Sem. 240 à 945€
🚐 borne artisanale - 4 📶 20€ - 💧🚽18€

Agréable situation au bord du lac avec des emplacements légèrement ombragés ou plein soleil.

Nature : 🏞
Loisirs : 🍴 ✖ 🛝 🏊 🎯 terrain multisports
Services : 🔑 📶 ♿ 🚿 🛒 📶 laverie 🔧
À prox. : 🚣

GPS : W : 0.97224   N : 49.02906

TOUFFREVILLE-SUR-EU
76910 - Carte Michelin 304 H2 - 201 h. - alt. 45
▶ Paris 171 - Abbeville 46 - Amiens 101 - Blangy-sur-Nesle 35

⛺ Municipal Les Acacias
📞 02 35 50 66 33, www.camping-acacias.fr
Pour s'y rendre : lieu-dit : Les Prés du Thil (1 km au sud-est par D 226 et D 454, rte de Guilmecourt)
Ouverture : Permanent
1 ha (50 empl.) plat, herbeux
Empl. camping : (Prix 2017) ⚹ 2,50€ 🚗 1,20€ 📶 2,80€ – (10A) 5,80€
À l'ancienne gare de Touffreville-Criel.

Nature : 🌳 🌲
Services : 📶 📶

GPS : E : 1.33537   N : 49.99531

TOUSSAINT
76400 - Carte Michelin 304 C3 - 743 h. - alt. 105
▶ Paris 196 - Bolbec 24 - Fécamp 5 - Rouen 69

⛺ Municipal du Canada
📞 02 35 29 78 34, www.commune-de-toussaint.fr - peu d'emplacements pour tentes et caravanes
Pour s'y rendre : r. de Rouen (500 m au nord-ouest par D 926, rte de Fécamp et chemin à gauche)
2,5 ha (100 empl.) plat et peu incliné, herbeux
Location : 2 🏠 - 2 🛖.
🚐 borne eurorelais

Préférer les emplacements les plus éloignés de la route. Nombreux mobile homes anciens de propriétaires-résidents.

Nature : 🏞 🌲
Services : 🔑 🚿 📶
À prox. : 🚴 🏊

GPS : E : 0.417   N : 49.74008

367

NORMANDIE

LE TRÉPORT

76470 - Carte Michelin **304** I1 - 5 416 h. - alt. 12
▶ Paris 180 - Abbeville 37 - Amiens 92 - Blangy-sur-Bresle 26

▲ Municipal les Boucaniers

☎ 02 35 86 35 47, www.ville-le-treport.fr/camping
Pour s'y rendre : r. Pierre-Mendès-France (av. des Canadiens, près du stade)
Ouverture : Permanent
5,5 ha (243 empl.) plat, herbeux
Empl. camping : (Prix 2017) 19,25 € ♣♣ 🚗 📧 ⚡ (6A) - pers. suppl. 5 €
Location : (Prix 2017) Permanent ♿ (1 chalet) - 50 🏠. Nuitée 44 à 85 € - Sem. 251 à 591 €
🚐 borne artisanale 15,70 € - 49 📧 15,70 €

Joli petit village de chalets. Préférer les emplacements près de l'entrée, plus éloignés de l'usine voisine.

Nature : 🌿
Loisirs : 🍽 🏛 🛶
Services : 🔑 🚻 🚿 📶 laverie 🧺
À prox. : 🍴

GPS E : 1.38882 N : 50.0577

Utilisez le guide de l'année.

TRÉVIÈRES

14710 - Carte Michelin **303** G4 - 938 h. - alt. 14
▶ Paris 283 - Bayeux 19 - Caen 49 - Carentan 31

▲ Municipal Sous les Pommiers

☎ 02 31 92 89 24, www.ville-trevieres.fr
Pour s'y rendre : r. du Pont-de-la-Barre (sortie nord par D 30, rte de Formigny, près d'un ruisseau)
1,2 ha (75 empl.) plat, herbeux

Emplacements bien délimités avec un tout petit ombrage sous les pommiers.

Nature : 🏞 🌿
Loisirs : 🛶
Services : 🚿 📶 🧺

GPS W : 0.90637 N : 49.3132

VEULES-LES-ROSES

76980 - Carte Michelin **304** E2 - 561 h. - alt. 15
▶ Paris 188 - Dieppe 27 - Fontaine-le-Dun 8 - Rouen 57

▲ Seasonova Les Mouettes

☎ 02 35 97 61 98, vacances-seasonova.com/camping/camping-les-mouettes
Pour s'y rendre : av. Jean-Moulin (sortie est par D 68, rte de Sotteville-sur-Mer, à 500 m de la plage)
Ouverture : de déb. avr. à mi-oct.
3,6 ha (160 empl.) plat, herbeux
Empl. camping : (Prix 2017) 29 € ♣♣ 🚗 📧 ⚡ (6A) - pers. suppl. 5 € - frais de réservation 15 €
Location : (Prix 2017) (de déb. avr. à mi-oct.) - ✈ - 28 🏕 - 4 tentes lodges. Nuitée 50 à 125 € - Sem. 245 à 875 € - frais de réservation 15 €

Beaux emplacements délimités à 200 m de la falaise.

Nature : 🏖 🏞 🌿
Loisirs : 🏛 🏋 ♨ jacuzzi 🛶 🚴
Services : 🔑 🚻 🚿 📶 laverie

GPS E : 0.80335 N : 49.87579

LE VEY

14570 - Carte Michelin **303** J6 - 87 h. - alt. 50
▶ Paris 269 - Caen 47 - Hérouville-St-Clair 46 - Flers 23

▲ Les Rochers des Parcs

☎ 02 31 69 70 36, www.CAMPING-NORMANDIE-CLECY.fr
Pour s'y rendre : lieu-dit : La Cour, r. du Viaduc
Ouverture : de déb. avr. à fin sept.
1,5 ha (90 empl.) peu incliné, plat, herbeux
Empl. camping : (Prix 2017) 22 € ♣♣ 🚗 📧 ⚡ (10A) - pers. suppl. 6,20 € - frais de réservation 5 €
Location : (Prix 2017) (de déb. avr. à fin sept.) - ♿ (1 mobile home) - 11 🏕 - 2 🏠 - 6 bungalows toilés - 1 roulotte - 1 gîte. Nuitée 53 à 129 € - Sem. 281 à 690 € - frais de réservation 5 €
🚐 borne artisanale 2,50 € - 4 📧 11 € - 🐎 11 €

Sur les bords de l'Orne, face à la petite base de loisirs, cadre verdoyant et bucolique. Vente de cidre et jus de pomme de la propriété.

Nature : 🏞 🌿 🌳
Loisirs : 🍽 🍴 🏛 🏋 ♨ 🚴 🛶
Services : 🔑 🚿 📶 laverie 🧺
À prox. : 🍴 🐎 parc-aventure pédalos, bateaux élec

GPS W : 0.47487 N : 48.91391

VIERVILLE-SUR-MER

14710 - Carte Michelin **303** G3 - 250 h. - alt. 41
▶ Paris 285 - Caen 52 - Saint-Lô 39

▲ Omaha-Beach

☎ 02 31 22 41 73, www.camping-omaha-beach.fr
Pour s'y rendre : r. de La Hérode (1 km au nord-ouest par la D 514 et chemin à drte)
Ouverture : de déb. avr. à déb. nov.
6 ha (293 empl.) terrasse, plat, herbeux
Empl. camping : (Prix 2017) 26,90 € ♣♣ 🚗 📧 ⚡ (6A) - pers. suppl. 6,90 €
Location : (Prix 2017) (de déb. avr. à déb. nov.) - 85 🏕. Sem. 270 à 1 090 € - frais de réservation 20 €
🚐 borne eurorelais

Pour quelques emplacements vue panoramique sur la plage d'Omaha-Beach avec accès direct par un petit sentier.

Nature : 🏖
Loisirs : 🍽 🍴 🏛 🎬 nocturne 🏃 🏋 🚴 🏓
Services : 🔑 🚿 📶 laverie 🧺
À prox. : 🍴 ⛵ parapente kite-surf

GPS W : 0.9086 N : 49.38044

---

*Des vacances réussies sont des vacances bien préparées !
Ce guide est fait pour vous y aider... mais :
– n'attendez pas le dernier moment pour réserver
– évitez la période critique du 14 juillet au 15 août.
Pensez aux ressources de l'arrière-pays,
à l'écart des lieux de grande fréquentation.*

NORMANDIE

VILLEDIEU-LES-POÊLES

50800 - Carte Michelin **303** E6 - 3 882 h. - alt. 105
▶ Paris 314 - Alençon 122 - Avranches 26 - Caen 82

▲ Les Chevaliers de Malte

☎ 02 33 59 49 04, www.camping-deschevaliers.com

Pour s'y rendre : 2 imp. du Pré-de-la-Rose

Ouverture : de déb. avr. à mi-oct.

1,4 ha (78 empl.) plat, herbeux, gravillons

Empl. camping : 27,90€ ✶✶ 🚗 🔌 (6A) - pers. suppl. 5€

Location : (de déb. avr. à mi-oct.) - 8 🏠 - 1 🛖 - 1 tipi. Nuitée 46 à 109€ - Sem. 322 à 763€

🚐 borne eurorelais

Dans une zone résidentielle proche du bourg, emplacements au bord de La Sienne.

Nature : 🌳
Loisirs : 🍴 ✗ 🚴 ⛱ terrain multisports
Services : 🔑 🚻 ♿ 📶 laverie 🛒
À prox. : 🏊 ⛵

GPS
W : 1.21694
N : 48.83639

VILLERS-SUR-MER

14640 - Carte Michelin **303** L4 - 2 707 h. - alt. 10
▶ Paris 208 - Caen 35 - Deauville 8 - Le Havre 52

▲▲▲ Bellevue

☎ 02 31 87 05 21, www.camping-bellevue.com - peu d'emplacements pour tentes et caravanes

Pour s'y rendre : rte de Dives (2 km au sud-ouest par D 513, rte de Cabourg)

Ouverture : de déb. avr. à fin sept.

5,5 ha (280 empl.) en terrasses, peu incliné, plat, herbeux

Empl. camping : (Prix 2017) 31€ ✶✶ 🚗 🔌 (6A) - pers. suppl. 8,50€ - frais de réservation 10€

Location : (Prix 2017) (de déb. avr. à fin sept.) - 🚫 - 43 🏠 - 2 tentes lodges. Sem. 350 à 850€ - frais de réservation 10€

Pataugeoire ludique, colorée et couverte. Très nombreux mobile homes de propriétaires-résidents.

Nature : ≤ 🌳
Loisirs : 🍴 ✗ 🏊 nocturne 🎣 ⛱ 🎳
Services : 🔑 🚻 ♿ 📶 laverie 🛒

GPS
W : 0.0195
N : 49.3097

VIMOUTIERS

61120 - Carte Michelin **310** K1 - 3 828 h. - alt. 95
▶ Paris 185 - L'Aigle 46 - Alençon 66 - Argentan 31

▲ Municipal la Campière

☎ 02 33 39 18 86, www.mairie-vimoutiers.fr

Pour s'y rendre : 14 bd Dentu (700 m au nord vers rte de Lisieux, au stade, au bord de la Vie)

1 ha (40 empl.) plat, herbeux

Location : 4 🏠.

Au centre du terrain, le bâtiment de style normand abrite un sanitaire ancien et d'un confort modeste.

Nature : 🌳 🌲
Loisirs : 🎣 ✗
Services : 🔑 🚻
À prox. : 🛒

GPS
E : 0.1966
N : 48.9326

F. Leroy/hemis.fr

PAYS-DE-LA-LOIRE

🇫🇷 D'abord il y a, baigné par la Loire, le « jardin de la France », son atmosphère paisible, ses châteaux somptueux et leurs magnifiques parterres fleuris, ses vergers plantureux et ses vignobles dont le nectar rehausse d'arômes subtils la dégustation de rillettes, d'une matelote d'anguilles ou d'un fromage de chèvre. Ensuite le pays Nantais, encore imprégné des senteurs d'épices du Nouveau Monde, et qui partage aujourd'hui sa fierté entre le muguet et le muscadet. Enfin la Vendée, authentique par son bocage encore marqué par la révolte des chouans, secrète par ses marais gardiens de coutumes ancestrales, décontractée dans ses stations balnéaires, ludique lors des spectacles du Puy-du-Fou… Gourmande aussi, mais dans la simplicité d'un plat de mojettes, d'une chaudrée ou d'une brioche vendéenne.

🇬🇧 First there is the « Garden of France », renowned for its peaceful ambience, sumptuous manor houses and castles, magnificent floral gardens and acres of orchards and vineyards. Tuck into a slab of rillettes pâté or a slice of goat's cheese while you savour a glass of light Loire wine. Continue downriver to Nantes, once steeped in the spices brought back from the New World: this is the home of the famous dry Muscadet. Further south, the Vendée still echoes to the cries of the Royalists' tragic last stand. Explore the secrets of its salt marshes, relax in its seaside resorts or head for the spectacular attractions of the Puy du Fou amusement park. Simple, country fare is not lacking, so make sure you taste a piping-hot plate of chaudrée, the local fish stew, or a mouth-watering slice of fresh brioche.

Localité citée avec camping
Localité citée avec camping et locatif
Vannes
Localité disposant d'un camping avec aire de services camping-car
Moyaux
Localité disposant d'au moins un terrain agréable
Aire de service pour camping-car sur autoroute
Lantic
Binic
Erquy
Pléneuf-Val André
Matignon
St-Coulomb
Roz-sur-Couesnon
Courtils
Beauvoir
Pontorson
Cherrueix
St-Jouan-des-Guérets
St-Marcan
Dol-de-Bretagne
Pléven
St-Samson-s-R.
Taden
Dinan
Jugon-les-Lacs
la Chapelle-aux-Filtzméens
Tinténiac
Feins
Guingamp
Pordic
Châtelaudren
Merdrignac
Loudéac
Priziac
Pontivy
Rohan
Châtillon-en-Vendelais
RENNES
Paimpont
Châteaugiron
Josselin
Taupont
ILLE-ET-VILAINE
MORBIHAN
Marcillé-Robert
Arzano
Pont-Scorff
Le Roc-Saint-André
Sérent
Martigné-Ferchaud
Guidel
LORIENT
Camors
Ste-Anne-d'Auray
Monterblanc
Plouhinec
Ploemel
Larmor-Baden
Belz
Plougoumelen
Sulniac
Rochefort-en-Terre
Erdeven
Crach
Baden
Vannes
Noyal-Muzillac
Plouharnel
Arradon
Theix
Île-aux-Moines
Redon
Châteaubriant
Pouancé
Guémené-Penfao
Carnac-Plage
la Trinité
La Roche-Bernard
Quiberon
Arzon
Sarzeau
Le Tour-du-Parc
Kervoyal
St-Philibert
Locmariaquer
St-Gildas-de-Rhuys
Pénestin
Assérac
LOIRE-ATLANTIQUE
le Palais
Bangor
Belle-Île-en-Mer
Piriac-s-Mer
Mesquer
La Turballe
Guérande
Le Croisic
La Baule
Pornichet
ST-NAZAIRE
St-Brévin-les-Pins
Nort-sur-Erdre
Ancenis
Ste-Luce-s-L.
St-Julien-de-Concelles
NANTES
Lac de Grand-Lieu
Machecoul
St-Philbert-de-Grand-Lieu
La Guyonnière
LES BROUZILS
St-Étienne-du-Bois
Apremont
Maché
Vendrennes
Commequiers
Aizenay
Coëx
St-Révérend
Mouilleron-le-Captif
Givrand
La Chapelle-Hermier
Landevielle
La Roche-s-Yon
La Chaize-Giraud
Brétignolles-s-M.
Brem-s-M.
Vairé
St-Julien-des-Landes
Aubigny-Les Clouzeaux
L'Île d'Olonne
Olonne-s-M.
VENDÉE
Château-d'Olonne
Les Sables-d'Olonne
Le Givre
Avrillé
Luçon
Talmont-St-Hilaire
St-Hilaire-la-Forêt
Longeville-s-M.
Jard-s-Mer
Angles
St-Vincent-s-Jard
Les Conches
Triaize
La Tranche-s-M.
La Faute-s-M.
St-Michel-en-l'Herm
L'Aiguillon-s-M.
St-Clément-des-Baleines
Loix
Île-de Ré
Ars-en-Ré
St-Martin-de-Ré
La Flotte
La Couarde-s-Mer
Le Bois-Plage-en-Ré
Île de Ré
l'Houmeau
LA ROCHELLE
Angoulins
A
Tharon-Plage
St-Michel-Chef-Chef
La Plaine-s-Mer
Préfailles
Pornic
Île de Noirmoutier
la Bernerie-en-Retz
44
Noirmoutier-en-Île
L'Épine
la Guérinière
Barbâtre
Fromentine
85
N.-D.-de-Monts
St-Jean-de-Monts
Soullans
Île d'Yeu
St-Hilaire-de-Riez

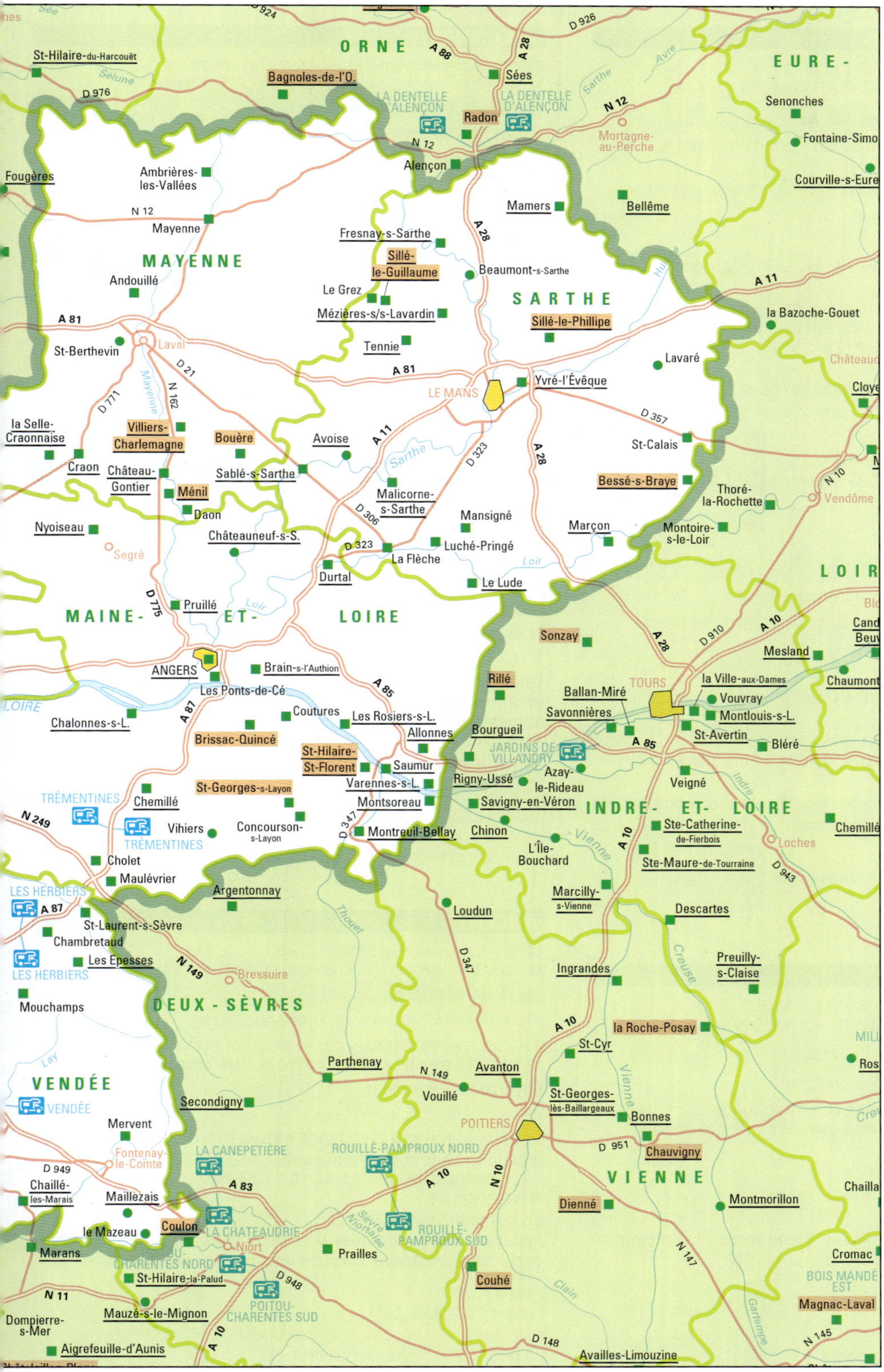
ORNE
EURE-
MAYENNE
SARTHE
MAINE-ET-LOIRE
INDRE-ET-LOIRE
LOIR
DEUX-SÈVRES
VENDÉE
VIENNE
St-Hilaire-du-Harcouët
Bagnoles-de-l'O.
Sées
LA DENTELLE D'ALENÇON
Radon
LA DENTELLE D'ALENÇON
Mortagne-au-Perche
Senonches
Fontaine-Simo
Courville-s-Eure
Fougères
Ambrières-les-Vallées
Alençon
Mamers
Bellême
Mayenne
Fresnay-s-Sarthe
Sillé-le-Guillaume
Beaumont-s-Sarthe
Andouillé
Le Grez
Mézières-s/s-Lavardin
Sillé-le-Phillipe
la Bazoche-Gouet
St-Berthevin
Laval
Tennie
Lavaré
Châteaud
Yvré-l'Évêque
LE MANS
Cloye
la Selle-Craonnaise
Villiers-Charlemagne
Bouère
Avoise
St-Calais
Craon
Château-Gontier
Sablé-s-Sarthe
Bessé-s-Braye
Thoré-la-Rochette
Vendôme
Ménil
Malicorne-s-Sarthe
Daon
Mansigné
Nyoiseau
Marçon
Montoire-s-le-Loir
Châteauneuf-s-S.
Segré
La Flèche
Luché-Pringé
Durtal
Le Lude
Pruillé
Sonzay
Mesland
ANGERS
Brain-s-l'Authion
Rillé
TOURS
la Ville-aux-Dames
Chaumont
Les Ponts-de-Cé
Ballan-Miré
Vouvray
Savonnières
Montlouis-s-L.
Chalonnes-s-L.
Coutures
Les Rosiers-s-L.
St-Avertin
Brissac-Quincé
Allonnes
Bourgueil
Bléré
St-Hilaire-St-Florent
Saumur
JARDINS DE VILLANDRY
Azay-le-Rideau
Varennes-s-L.
Rigny-Ussé
Veigné
TRÉMENTINES
Chemillé
St-Georges-s-Layon
Montsoreau
Savigny-en-Véron
Vihiers
Concourson-s-Layon
Montreuil-Bellay
Chinon
Ste-Catherine-de-Fierbois
Chemillé
TRÉMENTINES
L'Île-Bouchard
Loches
Cholet
Ste-Maure-de-Touraine
Maulévrier
Argentonnay
Marcilly-s-Vienne
LES HERBIERS
Loudun
Descartes
St-Laurent-s-Sèvre
Chambretaud
Les Epesses
LES HERBIERS
Bressuire
Ingrandes
Preuilly-s-Claise
Mouchamps
la Roche-Posay
St-Cyr
Parthenay
Avanton
Ros
Vouillé
Secondigny
St-Georges-lès-Baillargeaux
VENDÉE
Bonnes
Mervent
POITIERS
Fontenay-le-Comte
LA CANEPETIÈRE
ROUILLÉ-PAMPROUX NORD
Chauvigny
Chaillé-les-Marais
Maillezais
Dienné
Montmorillon
Chailla
Coulon
le Mazeau
LA CHATEAUDRIE
Niort
ROUILLÉ-PAMPROUX SUD
Marans
CHARENTES NORD
Prailles
Cromac
St-Hilaire-la-Palud
Couhé
BOIS MANDÉ EST
Mauzé-s-le-Mignon
POITOU-CHARENTES SUD
Magnac-Laval
Dompierre-s-Mer
Aigrefeuille-d'Aunis
Availles-Limouzine
LOIRE
Sarthe
Vienne
Creuse
Indre
Loir
Thouet
Clain
Gartempe
Mayenne
Sèvre Niortaise
A 88
A 28
A 11
A 81
A 10
A 85
A 87
A 83
N 12
N 162
N 249
N 149
N 10
N 11
N 147
N 145
D 926
D 976
D 21
D 771
D 323
D 306
D 357
D 775
D 910
D 347
D 943
D 951
D 949
D 948
D 148

PAYS-DE-LA-LOIRE

L'AIGUILLON-SUR-MER

85460 - Carte Michelin **316** I10 - 2 310 h. - alt. 4
▶ Paris 458 - Luçon 20 - Niort 83 - La Rochelle 51

▲ Camp'Atlantique Bel Air

📞 02 51 20 41 94, www.belair-camping.fr - peu d'emplacements pour tentes et caravanes
Pour s'y rendre : 2 rte de Bel-Air (1,6 km au nord-ouest par D 44)
Ouverture : de déb. avr. à fin sept.
7 ha (362 empl.) plat, herbeux
Empl. camping : (Prix 2017) 30€ ✶✶ 🚗 🔲 🚿 (10A) - pers. suppl. 5€ - frais de réservation 25€
Location : (Prix 2017) (de déb. avr. à fin sept.) - ♿ (1 chalet, 2 mobile homes) - 162 🏠 - 13 🏠. Nuitée 14 à 289€ - Sem. 98 à 2 023€ - frais de réservation 25€
🚐 borne artisanale
Nombreux mobile homes à la location ou de propriétaires-résidents.

Nature : 🌳 ♀
Loisirs : 🍴 🍽 🎱 🛝 🏊 🚴 centre balnéo 🧖 hammam jacuzzi 🚴‍♂️ 🏊‍♂️ 🛶 ⛷️ tyrolienne terrain multisports
Services : 🔑 🚿 🛜 laverie 🧺 ⛽

GPS : W : 1.31988
N : 46.34336

▲ La Cléroca

📞 02 51 27 19 92, www.camping-la-cleroca.com ✻
Pour s'y rendre : 2,2 km au nord-ouest par D 44, rte de Grues
Ouverture : de déb. avr. à fin sept.
1,5 ha (66 empl.) plat, herbeux
Empl. camping : (Prix 2017) 28€ ✶✶ 🚗 🔲 🚿 (10A) - pers. suppl. 5€
Location : (Prix 2017) (de déb. avr. à fin sept.) - ✻ - 2 tentes lodges - 1 yourte - 1 gîte. Nuitée 50 à 80€ - Sem. 190 à 495€
🚐 6 🔲 27€ - 🚐 9€
Terrain verdoyant et ombragé, emplacements confortables dont certains avec vue sur les champs.

Nature : ♀♀
Loisirs : 🍴 🍽 🎱 🚴 🛶 terrain multisports
Services : 🔑 🚿 🛜 laverie

GPS : W : 1.31513
N : 46.35003

AIZENAY

85190 - Carte Michelin **316** G7 - 7 930 h. - alt. 62
▶ Paris 435 - Challans 26 - Nantes 60 - La Roche-sur-Yon 18

▲ La Forêt

📞 02 51 34 78 12, www.camping-laforet.com
Pour s'y rendre : 1 r. de la Clairière (1,5 km au sud-est par D 948, rte de la Roche-sur-Yon et chemin à gauche, derrière le centre commercial)
Ouverture : Permanent
2,5 ha (96 empl.) plat, herbeux, bois
Location : 14 🏠 - 1 🏠 - 2 bungalows toilés.
🚐 borne artisanale
Agréable site ombragé à la lisière d'une forêt et à proximité des commerces.

Nature : 🌳 ♀♀
Loisirs : 🚴 ✻ 🛶
Services : 🔑 🚿 🛜 laverie
À prox. : 🍴 🍽 🚴 parcours de santé

GPS : W : 1.58947
N : 46.73427

ALLONNES

49650 - Carte Michelin **317** J5 - 2 979 h. - alt. 28
▶ Paris 292 - Angers 64 - Azay-le-Rideau 43 - Chinon 28

▲ Club Airotel Le Pô Doré

📞 02 41 38 78 80, www.camping-lepodore.com
Pour s'y rendre : 51 rte du Pô (3,2 km au nord-ouest par D 10, rte de Saumur et chemin à gauche)
Ouverture : de déb. mars à déb. nov.
2 ha (90 empl.) plat, herbeux
Empl. camping : (Prix 2017) 31,80€ ✶✶ 🚗 🔲 🚿 (10A) - pers. suppl. 6,50€ - frais de réservation 13€
Location : (Prix 2017) Permanent - 20 🏠 - 2 cabanons. Nuitée 18 à 113€ - frais de réservation 13€
🚐 borne artisanale 18€ - 50 🔲 18€
Jolie piscine naturelle avec sa plage de sable blanc.

Nature : 🌳 🌿
Loisirs : 🍴 🍽 🎱 🚴 🛶
Services : 🔑 🚿 🛜 🧺 ⛽

GPS : W : 0.01244
N : 47.29923

AMBRIÈRES-LES-VALLÉES

53300 - Carte Michelin **310** F4 - 2 778 h. - alt. 144
▶ Paris 248 - Alençon 60 - Domfront 22 - Fougères 46

▲ Flower Le Parc de Vaux

📞 02 43 04 90 25, www.parcdevaux.com
Pour s'y rendre : 2 km au sud-est par D 23, rte de Mayenne et à gauche, à la piscine
Ouverture : de mi-avr. à fin oct.
3,5 ha (112 empl.) en terrasses, plat, gravillons, herbeux
Empl. camping : (Prix 2017) 19,10€ ✶✶ 🚗 🔲 🚿 (10A) - pers. suppl. 5,20€
Location : (Prix 2017) (de mi-avr. à déb. nov.) - ♿ (2 mobile homes) - 9 🏠 - 20 🏠 - 5 bungalows toilés. Nuitée 70 à 150€ - Sem. 145 à 742€ - frais de réservation 10€
Agréable parc boisé au bord de la Varenne (plan d'eau).

Nature : 🌳 🌿 ♀♀
Loisirs : 🎱 🚴
Services : 🔑 🚴 🛜 laverie
À prox. : 🚴 ✻ 🚴 🛶 🚣 🐎

GPS : W : 0.6171
N : 48.39175

ANCENIS

44150 - Carte Michelin **316** I3 - 7 543 h. - alt. 13
▶ Paris 347 - Angers 55 - Châteaubriant 48 - Cholet 49

▲ L'Île Mouchet

📞 02 40 83 08 43, www.camping-estivance.com
Pour s'y rendre : impasse de l'Île-Mouchet (sortie ouest par bd Joubert et à gauche, derrière les installations sportives municipales)
Ouverture : Permanent
3,5 ha (109 empl.) plat, herbeux
Empl. camping : (Prix 2017) 22,10€ ✶✶ 🚗 🔲 🚿 (16A) - pers. suppl. 4,60€
Location : (Prix 2017) Permanent - 7 🏠 - 2 cabanes perchées - 2 cabanons. Nuitée 27 à 250€ - Sem. 225 à 655€ - frais de réservation 6€
🚐 borne artisanale 5,50€
Belles prairies ombragées près de la Loire, du stade municipal et de "La Loire à Vélo". Accueil groupes et colonies.

Nature : 🌳 ♀♀
Loisirs : 🎱 🚴 🛶
Services : 🔑 (juil.-août) 🧺 🚿 🛜 laverie
À prox. : ✻ 🚴 parcours sportif

GPS : W : 1.18707
N : 47.36095

374

PAYS-DE-LA-LOIRE

ANDOUILLÉ

53240 - Carte Michelin **310** E5 - 2 300 h. - alt. 103
▶ Paris 282 - Fougères 42 - Laval 15 - Mayenne 23

⚠ Municipal le Pont

📞 02 43 01 18 10, www.ville-andouille.fr

Pour s'y rendre : 5 allée des Isles (par D 104, rte de St-Germain-le-Fouilloux, attenant au jardin public, au bord de l'Ernée)

Ouverture : de mi-avr. à mi-oct.

0,8 ha (30 empl.) plat, herbeux

Empl. camping : (Prix 2017) 👤 1,84€ 🚗 🅿 1,69€ – ⚡ (12A) 1,47€

Location : (Prix 2017) Permanent - 4 🏠. Nuitée 28 à 55€ - Sem. 197 à 390€

Nature : 🌳
Services : 🚿 📶 🗑
À prox. : 🏃 parcours de santé

GPS : W : 0.78697 N : 48.17604

ANGERS

49000 - Carte Michelin **317** F4 - 147 305 h. - alt. 41
▶ Paris 294 - Caen 249 - Laval 79 - Le Mans 97

⛺ Angers 👥

📞 02 41 73 05 03, www.campingangers.com

Pour s'y rendre : av. du Lac-de-Maine (4 km au sud-ouest par D 111, rte de Pruniers, près du lac (accès direct) et à prox. de la base de loisirs)

Ouverture : de mi-mars à fin oct.

4 ha (165 empl.) plat, herbeux, gravillons

Empl. camping : (Prix 2017) 29€ 👤👤 🚗 🅿 ⚡ (10A) - pers. suppl. 6€

Location : (Prix 2017) (de mi-mars à fin oct.) - ♿ (2 mobile homes) - 14 🚐 - 3 tentes lodges. Nuitée 59 à 115€ - Sem. 290 à 564€
🚐 borne artisanale 7€

À 300 m, transports en commun pour le centre-ville d'Angers.

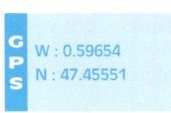

Nature : 🌳
Loisirs : 🍽 ✕ 🏛 🏃 🚴 🏊 spa
Services : 🔑 🧺 🚿 📶 ❄ 🧊
À prox. : ✂ 🍴 🎣 🛶 pédalos

GPS : W : 0.59504 N : 47.45551

ANGLES

85750 - Carte Michelin **316** H9 - 2 329 h. - alt. 10
▶ Paris 450 - Luçon 23 - La Mothe-Achard 38 - Niort 86

⛺ L'Atlantique 👥

📞 02 51 27 03 19, www.camping-atlantique.com - peu d'emplacements pour tentes et caravanes

Pour s'y rendre : 5bis r. du Chemin-de-Fer (au bourg, sortie la Tranche-sur-Mer et r. à gauche)

6,9 ha (394 empl.) plat, herbeux, pierreux

Location : ♿ (1 mobile home) - 54 🚐 - 3 tentes lodges.

Belle structure avec toutefois des sanitaires et certains locatifs un peu anciens. Navette gratuite pour les plages.

Nature : 🌳
Loisirs : 🍽 ✕ 🏛 🎭 salle d'animations 🏃 🏊 jacuzzi 🚴 🏊 🏖
Services : 🔑 🧺 🚿 📶 ❄ laverie 🧊 réfrigérateurs

GPS : W : 1.40552 N : 46.40465

⛺ APV Moncalm 👥

(pas d'emplacement tentes et caravanes)

📞 02 51 56 08 78, www.camping-apv.com

Pour s'y rendre : r. du Chemin-de-Fer (au bourg, sortie la Tranche-sur-Mer et r. à gauche)

3 ha (200 empl.) plat, herbeux, pierreux

Location : (Prix 2017) (de déb. avr. à fin sept.) - 102 🚐 - 12 🏠. Nuitée 40 à 134€ - Sem. 280 à 938€ - frais de réservation 29€

Parc de mobile homes et chalets avec une pataugeoire ludique. Navette gratuite pour les plages.

Nature : 🌳
Loisirs : 🍽 ✕ 🏛 🏃 🏊 🚴 🏊 terrain multisports
Services : 🔑 🧺 📶 laverie 🧊

GPS : W : 1.40548 N : 46.40467

⛺ Tohapi Clos Cottet 👥

📞 02 51 28 90 72, www.camping-clos-cottet.com 🚭

Pour s'y rendre : rte de La Tranche-sur-Mer (2,2 km au sud, près de la D 747)

Ouverture : de mi-avr. à mi-sept.

4,5 ha (196 empl.) plat, herbeux, petit étang

Empl. camping : (Prix 2017) 30€ 👤👤 🚗 🅿 ⚡ (10A) - pers. suppl. 5€ - frais de réservation 20€

Location : (Prix 2017) (de mi-avr. à mi-sept.) - 🚭 - 100 🚐 - 3 🏠 - 5 tentes lodges. Nuitée 40 à 100€ - frais de réservation 20€

Autour d'une ferme restaurée avec quelques animaux. Navette gratuite pour les plages.

Nature : 🌳
Loisirs : 🍽 ✕ 🏛 🎭 salle d'animations 🏃 🏊 🥵 hammam 🚴 🏊 🏖 🎾 terrain multisports
Services : 🔑 🧺 📶 laverie

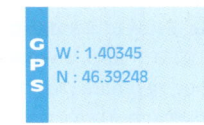

GPS : W : 1.40345 N : 46.39248

APREMONT

85220 - Carte Michelin **316** F7 - 1 546 h. - alt. 19
▶ Paris 448 - Challans 17 - Nantes 64 - La Roche-sur-Yon 30

⛺ Les Charmes

📞 02 51 54 48 08, www.campinglescharmes.com

Pour s'y rendre : lieu-dit : Les Lilas (3,6 km au nord par D 21, rte de Challans et rte à dr., dir. la Roussière)

Ouverture : de déb. avr. à fin sept.

1 ha (55 empl.) plat, herbeux

Empl. camping : (Prix 2017) 25,20€ 👤👤 🚗 🅿 ⚡ (10A) - pers. suppl. 5,20€ - frais de réservation 17€

Location : (Prix 2017) Permanent ♿ (1 mobile home) - 12 🚐 - 5 🏠 - 2 tentes lodges. Nuitée 26 à 110€ - Sem. 159 à 739€ - frais de réservation 18€

Agréable site avec du locatif de qualité et un petit espace bien-être.

Nature : 🌿 🌳
Loisirs : 🍽 🏛 salle d'animations 🥵 jacuzzi 🏊 🏖
Services : 🔑 📶 laverie

GPS : W : 1.73397 N : 46.77827

Renouvelez votre guide chaque année.

PAYS-DE-LA-LOIRE

ASSÉRAC

44410 - Carte Michelin 316 B3 - 1 773 h. - alt. 12
▶ Paris 454 - Nantes 79 - Rennes 108 - Vannes 48

Club Airotel Le Moulin de L'Éclis

✆ 02 40 01 76 69, www.camping-leclis.com

Pour s'y rendre : à Pont-Mahé (4 km à l'ouest par la D 82)

Ouverture : de déb. avr. à déb. nov.

3,8 ha (180 empl.) en terrasses, peu incliné, plat, sablonneux

Empl. camping : (Prix 2017) 17€ – (10A) 5€ - frais de réservation 20€

Location : (Prix 2017) (de déb. avr. à déb. nov.) - (1 mobile home) - 31 - 31. Nuitée 90 à 222€ - Sem. 238 à 1 337€ - frais de réservation 20€

borne artisanale 5€

En bord de plage avec vue sur la pointe du Bile, une partie locative et un sanitaire de très grand confort.

Nature :
Loisirs : jacuzzi laverie
Services :
À prox. : skate-surf
GPS W : 2.4514 N : 47.44539

AUBIGNY-LES-CLOUZEAUX

85430 - Carte Michelin 316 H8 - 3 340 h. - alt. 80
▶ Paris 429 - Nantes 90 - Niort 99 - La Roche-sur-Yon 10

Flower Campilo

✆ 02 51 31 68 45, www.campilo.com

Pour s'y rendre : lieu-dit : L'Auroire (4,2 km au nord)

Ouverture : Permanent

16 ha/2 campables (86 empl.) peu incliné, plat, herbeux, étang

Empl. camping : (Prix 2017) 19,50€ (16A) - pers. suppl. 6€ - frais de réservation 15€

Location : (Prix 2017) Permanent (2 mobile homes) - 46 - 3 chalets sur pilotis - 2 bungalows toilés. Nuitée 62 à 112€ - Sem. 206 à 770€ - frais de réservation 15€

Un camping récent installé près de 2 étangs, idéal pour la pêche.

Nature :
Loisirs : pédalos terrain multisports
Services : laverie
GPS W : 1.45377 N : 46.62357

AVOISE

72430 - Carte Michelin 310 H7 - 539 h. - alt. 112
▶ Paris 242 - La Flèche 28 - Le Mans 41 - Sablé-sur-Sarthe 11

L'Oeil dans le Rétro

✆ 02 43 92 76 12, www.campingloeildansleretro.fr

Pour s'y rendre : pl. des Deux-Fonds (au bourg, par D 57)

Ouverture : de déb. avr. à fin sept.

1,8 ha (54 empl.) plat, herbeux

Empl. camping : (Prix 2017) 14,90€ (16A) - pers. suppl. 2,90€

borne artisanale 3,50€

Thématique rétro en bord de Sarthe.

Nature :
Loisirs :
Services :
À prox. :
GPS W : 0.20554 N : 47.86545

AVRILLÉ

85440 - Carte Michelin 316 H9 - 1 194 h. - alt. 45
▶ Paris 445 - Luçon 27 - La Rochelle 70 - La Roche-sur-Yon 27

Capfun Les Forges

✆ 02 51 22 38 85, www.campingdomainedesforges.com

Pour s'y rendre : r. des Forges (sortie nord-est par D 19, rte de Moutiers-les-Mauxfaits et à gauche, 0,7 km par r. des Forges)

Ouverture : de déb. avr. à mi-sept.

12 ha (386 empl.) plat, herbeux, étang

Empl. camping : (Prix 2017) 30€ (16A) - pers. suppl. 7€ - frais de réservation 27€

Location : (Prix 2017) (de déb. avr. à mi-sept.) - (2 mobile homes) - 284 - 2 - 15 bungalows toilés - 2 roulottes. Nuitée 30 à 179€ - Sem. 119 à 2 373€ - frais de réservation 27€

Autour d'un joli petit château et d'un étang.

Nature :
Loisirs : cinéma terrain multisports
Services : laverie
GPS W : 1.49467 N : 46.47587

Les Mancellières

✆ 02 51 90 35 97, www.lesmancellieres.com

Pour s'y rendre : 1300 rte de Longeville (1,7 km au sud par D 105)

Ouverture : de déb. avr. à fin sept.

2,6 ha (133 empl.) plat et peu incliné, herbeux

Empl. camping : (Prix 2017) 26,50€ (6A) - pers. suppl. 4,90€ - frais de réservation 20€

Location : (Prix 2017) (de déb. avr. à fin sept.) - 78 - 4. Nuitée 50 à 122€ - Sem. 225 à 854€ - frais de réservation 20€

Agréable site ombragé et verdoyant.

Nature :
Loisirs : jacuzzi terrain multisports
Services : laverie
GPS W : 1.48509 N : 46.45608

Choisissez votre restaurant sur restaurant.michelin.fr

LA BAULE

44500 - Carte Michelin 316 B4 - 16 235 h. - alt. 31
▶ Paris 450 - Nantes 76 - Rennes 120 - St-Nazaire 19

Club Airotel La Roseraie

✆ 02 40 60 46 66, www.laroseraie.com

Pour s'y rendre : 20 av. Jean-Sohier (sortie nord-est de la Baule-Escoublac)

Ouverture : de déb. avr. à fin sept.

7 ha (316 empl.) plat, herbeux, sablonneux

Empl. camping : (Prix 2017) 44,20€ (10A) - pers. suppl. 8,30€ - frais de réservation 30€

376

PAYS-DE-LA-LOIRE

Location : (Prix 2017) (de déb. avr. à fin sept.) - (1 mobile home) - 85. Nuitée 67 à 199€ - Sem. 322 à 1 393€ - frais de réservation 30€

borne artisanale - 3 ▤ 38€

Autour d'un parc aquatique en partie couvert avec un bon confort sanitaire mais préférer les emplacements les plus éloignés de la route.

Nature :
Loisirs : salle d'animations, jacuzzi, terrain multisports
Services : laverie

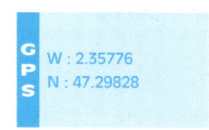

GPS W : 2.35776 N : 47.29828

BEAUMONT-SUR-SARTHE

72170 - Carte Michelin 310 J5 - 2 094 h. - alt. 76
▶ Paris 223 - Alençon 24 - La Ferté-Bernard 70 - Le Mans 29

⚠ Municipal du Val de Sarthe

☎ 02 43 97 01 93, www.ville-beaumont-sur-sarthe.fr

Pour s'y rendre : au sud-est du bourg
Ouverture : de déb. mai à fin sept.
1 ha (73 empl.) plat, herbeux
Empl. camping : (Prix 2017) 15,30€ ✶✶ ⛟ ▤ (10A) - pers. suppl. 2,55€

Cadre et situation agréables au bord de la Sarthe.

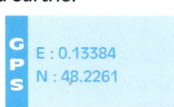

Nature :
Loisirs :
Services :
À prox. :

GPS E : 0.13384 N : 48.2261

LA BERNERIE-EN-RETZ

44760 - Carte Michelin 316 D5 - 2 541 h. - alt. 24
▶ Paris 426 - Challans 40 - Nantes 46 - St-Nazaire 36

⛺ Chadotel Les Écureuils

☎ 02 40 82 76 95, www.chadotel.com/fr/camping/loire-atlantique/la-bernerie-en-retz/camping-les-ecureuils

Pour s'y rendre : 24 av. Gilbert-Burlot (sortie nord-est, rte de Nantes et à gauche après le passage à niveau, à 350 m de la mer)
Ouverture : de fin mars à fin sept.
5,3 ha (312 empl.) plat et peu incliné, herbeux
Empl. camping : (Prix 2017) 42€ ✶✶ ⛟ ▤ (10A) - pers. suppl. 6,20€ - frais de réservation 25€
Location : (Prix 2017) (de fin mars à fin sept.) - (1 mobile home) - 140 ⬜ - 8 ⛺ - 6 tentes lodges. Nuitée 28 à 195€ - Sem. 196 à 1 365€ - frais de réservation 25€

borne artisanale

Locatif de qualité autour de l'espace aquatique et ludique.

Nature :
Loisirs : terrain multisports
Services : laverie, réfrigérateurs
À prox. :

GPS W : 2.03558 N : 47.08375

BESSÉ-SUR-BRAYE

72310 - Carte Michelin 310 N7 - 2 363 h. - alt. 72
▶ Paris 198 - La Ferté-Bernard 43 - Le Mans 57 - Tours 56

⚠ Val de Braye

☎ 02 43 35 31 13, www.campingduvaldebraye.com

Pour s'y rendre : sud-est par D 303, rte de Pont de Braye
Ouverture : de fin mars à déb. nov.
2 ha (78 empl.) plat, herbeux
Empl. camping : (Prix 2017) 18,80€ ✶✶ ⛟ ▤ (13A) - pers. suppl. 5€
Location : (Prix 2017) (de fin mars à déb. nov.) - (1 mobile home) - 9 ⬜ - 1 ⛺ - 1 chalet sur pilotis - 4 tipis. Nuitée 25 à 55€ - Sem. 160 à 420€

borne eurorelais - 2 ▤ 15,50€ - 13,95€

Belle décoration arbustive, en bordure de la Braye.

Nature :
Loisirs :
Services : (juil.août)
À prox. :

GPS E : 0.75427 N : 47.83119

BOUÈRE

53290 - Carte Michelin 310 G7 - 1 027 h. - alt. 81
▶ Paris 273 - Nantes 146 - Laval 39 - Angers 70

⛺ Village Vacances Nature et Jardin

(pas d'emplacement tentes et caravanes)

☎ 02 43 06 08 56, www.vacances-nature-jardin.fr

Pour s'y rendre : r. Vierge-Vacances (au sud, r. des Sencies et chemin à gauche)
3 ha peu incliné, plat, herbeux
Location : (Prix 2017) Permanent (1 chalet) - 11 ⬜. Nuitée 78 à 107€ - Sem. 222 à 433€ - frais de réservation 15€

Des ateliers Nature et Jardin sont proposés toute l'année.

Nature :
Loisirs : jardin botanique et de biodiversité
Services : réfrigérateurs
À prox. :

GPS W : 0.47506 N : 47.86306

BRAIN-SUR-L'AUTHION

49800 - Carte Michelin 317 G4 - 3 330 h. - alt. 22
▶ Paris 291 - Angers 16 - Baugé 28 - Doué-la-Fontaine 38

⚠ Port Caroline

☎ 02 41 80 42 18, www.campingduportcaroline.fr

Pour s'y rendre : r. du Pont-Caroline (sortie sud par D 113, à 100 m de l'Authion)
Ouverture : de déb. avr. à fin sept.
3,2 ha (121 empl.) plat, herbeux
Empl. camping : (Prix 2017) 23€ ✶✶ ⛟ ▤ (10A) - pers. suppl. 4€ - frais de réservation 10€
Location : (Prix 2017) (de déb. avr. à fin sept.) - 16 ⬜ - 2 ⛺ - 3 bungalows toilés - 3 tentes lodges. Nuitée 45 à 155€ - Sem. 210 à 817€ - frais de réservation 10€

borne artisanale

Cadre verdoyant et locatif de bon confort.

Nature :
Loisirs :
Services :
À prox. : skate-board terrain multisports

GPS W : 0.40855 N : 47.44386

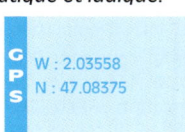

Wilt u een stad of streek bezichtigen ?
Raadpleed de groene Michelingidsen.

377

PAYS-DE-LA-LOIRE

BREM-SUR-MER

85470 - Carte Michelin **316** F8 - 2 565 h. - alt. 13
▶ Paris 454 - Aizenay 26 - Challans 29 - La Roche-sur-Yon 34

Yelloh ! Village Le Chaponnet

📞 02 51 90 55 56, www.le-chaponnet.com

Pour s'y rendre : 16 r. du Chaponnet (à l'ouest du bourg)

6 ha (357 empl.) plat, herbeux

Location : (1 mobile home) - 125 - 15.

Cadre verdoyant et fleuri en partie ombragé. Navette gratuite pour les plages.

Nature :
Loisirs : hammam jacuzzi terrain multisports
Services : laverie

GPS
W : 1.83225
N : 46.6043

Cybele Vacances L'Océan

📞 02 51 90 59 16, www.campingdelocean.fr

Pour s'y rendre : r. des Gabelous (1 km à l'ouest, à 600 m de la plage)

Ouverture : de déb. avr. à déb. nov.

13 ha (566 empl.) plat, herbeux, sablonneux

Empl. camping : (Prix 2017) 22€ (6A) - pers. suppl. 3€ - frais de réservation 15€

Location : (Prix 2017) (de déb. avr. à déb. nov.) - (3 mobile homes) - 239 - 6 tentes lodges. Nuitée 42 à 221€ - Sem. 199 à 1 549€ - frais de réservation 15€

borne artisanale

Nombreux locatifs mobile homes autour d'un parc aquatique en partie couvert.

Nature :
Loisirs : terrain multisports
Services : laverie

GPS
W : 1.83225
N : 46.6043

Vagues Océanes Le Brandais

📞 0820 150 040, www.camping-vagues-oceanes.com/camping-vendee/brandais.html - peu d'emplacements pour tentes et caravanes

Pour s'y rendre : r. du Sablais (sortie nord-ouest par D 38 et rte à gauche)

Ouverture : de mi-avr. à mi-sept.

2,3 ha (165 empl.) plat et peu incliné, herbeux

Empl. camping : (Prix 2017) 42€ (5A) - pers. suppl. 8€ - frais de réservation 10€

Location : (Prix 2017) (de mi-avr. à déb. sept.) - (1 mobile home) - 80 - 2 roulottes. Nuitée 40 à 144€ - Sem. 280 à 1 008€ - frais de réservation 26€

Dans un quartier résidentiel, avec du locatif varié et quelques emplacements pour tentes et caravanes. Navette gratuite pour les plages.

Nature :
Loisirs :
Services : laverie

GPS
W : 1.83949
N : 46.60486

BRÉTIGNOLLES-SUR-MER

85470 - Carte Michelin **316** E8 - 4 127 h. - alt. 14
▶ Paris 459 - Challans 30 - La Roche-sur-Yon 36 - Les Sables-d'Olonne 18

Les Vagues

📞 02 51 90 19 48, www.campinglesvagues.fr - peu d'emplacements pour tentes et caravanes

Pour s'y rendre : 20 bd du Nord (au nord par D 38 vers St-Gilles-Croix-de-Vie)

Ouverture : Permanent

4,5 ha (252 empl.) peu incliné, plat, herbeux

Empl. camping : (Prix 2017) 34€ (10A) - pers. suppl. 7,50€ - frais de réservation 20€

Location : (Prix 2017) Permanent - 40. Sem. 250 à 850€ - frais de réservation 20€

10 15€

Ensemble agréable, ombragé et toujours quelques emplacements pour tentes et caravanes.

Nature :
Loisirs : terrain multisports
Services :

GPS
W : 1.85935
N : 46.63012

Chadotel La Trevillière

📞 02 51 90 09 65, www.chadotel.com/fr/camping/vendee/bretignolles-sur-mer/camping-la-trevilliere

Pour s'y rendre : r. de Bellevue (sortie nord par la rte du stade et à gauche)

Ouverture : de fin mars à fin sept.

3 ha (204 empl.) peu incliné, plat, herbeux

Empl. camping : (Prix 2017) 35€ (10A) - pers. suppl. 6,20€ - frais de réservation 25€

Location : (Prix 2017) (de fin mars à fin sept.) - (1 mobile home) - 107 - 10 bungalows toilés. Nuitée 22 à 159€ - Sem. 154 à 1 113€ - frais de réservation 25€

borne artisanale

Cadre verdoyant, parfois ombragé.

Nature :
Loisirs :
Services : laverie

GPS
W : 1.85821
N : 46.63627

Le Marina

📞 02 51 33 83 17, www.le-marina.com

Pour s'y rendre : r. de La Martinière (sortie nord-ouest par D 38, rte de St-Gilles-Croix-de-Vie puis à gauche 1 km par r. de la Martignière)

Ouverture : de déb. mai à fin sept.

2,7 ha (131 empl.) plat, herbeux

Empl. camping : (Prix 2017) 26€ (10A) - pers. suppl. 4,90€

Location : (Prix 2017) (de déb. avr. à fin sept.) - 6. Sem. 250 à 710€ - frais de réservation 15€

Dans un quartier résidentiel, cadre verdoyant mais préférer les emplacements éloignés de la route.

Nature :
Loisirs :
Services :

GPS
W : 1.87185
N : 46.63582

Créez votre voyage sur **voyages.michelin.fr**

PAYS-DE-LA-LOIRE

▲ La Motine

☎ 02 51 90 04 42, www.lamotine.com

Pour s'y rendre : 4 r. des Morinières (par av. de la Plage et à dr.)

Ouverture : de déb. avr. à fin sept.

1,8 ha (90 empl.) peu incliné, herbeux

Empl. camping : (Prix 2017) 28€ ✱✱ 🚗 🔲 ⚡ (10A) - pers. suppl. 5,50€ - frais de réservation 15€

Location : (Prix 2017) (de déb. avr. à fin sept.) - 9 🏠. Sem. 380 à 660€ - frais de réservation 15€

Au milieu d'un quartier pavillonnaire, belle décoration arbustive autour des emplacements.

Nature : 🏞 ♦
Loisirs : 🏊
Services : 🛎 ♿ 🚿 📶 laverie
À prox. : 🚴

GPS : W : 1.8644 N : 46.62745

▲ Cabestan

☎ 02 51 90 15 92, www.campingcabestan.com

Pour s'y rendre : 24 rte de St-Gilles (1,2 km au nord-ouest par D 38)

Ouverture : de déb. avr. à fin sept.

3 ha (154 empl.) peu incliné, plat, herbeux

Empl. camping : (Prix 2017) 26,90€ ✱✱ 🚗 🔲 ⚡ (16A) - pers. suppl. 5,90€ - frais de réservation 20€

Location : (Prix 2017) (de déb. avr. à fin sept.) - ♿ (1 mobile home) - 41 🏠. Nuitée 59 à 79€ - Sem. 179 à 749€ - frais de réservation 20€

🚐 borne artisanale 14,90€

Peu de locatif, un confort sanitaire ancien mais bien entretenu.

Nature : ♦♦
Loisirs : 🍴 🏊 🏊
Services : 🛎 ♿ 📶 🔲 🧺

GPS : W : 1.86605 N : 46.63525

BRISSAC-QUINCÉ

49320 - Carte Michelin **317** G4 - 2 898 h. - alt. 65
▶ Paris 307 - Angers 18 - Cholet 62 - Doué-la-Fontaine 23

🏕 Sites et Paysages Domaine de l'Étang

☎ 02 41 91 70 61, www.campingetang.com

Pour s'y rendre : rte de St-Mathurin (2 km au nord-est par D 55, et chemin à dr., au bord de l'Aubance et près d'un étang)

Ouverture : de fin avr. à mi-sept.

3,5 ha (150 empl.) plat, herbeux, petit étang

Empl. camping : (Prix 2017) 35€ ✱✱ 🚗 🔲 ⚡ (16A) - pers. suppl. 7,20€ - frais de réservation 15€

Location : (Prix 2017) (de fin avr. à mi-sept.) - 20 🏠 - 5 🏡 - 20 - 5 chalets sur pilotis - 4 bungalows toilés - 4 tentes lodges - 5 tentes sur pilotis - 3 gîtes. Nuitée 72 à 182€ - Sem. 235 à 915€ - frais de réservation 15€

Emplacements spacieux et confortables, sur les terres d'une ancienne ferme. Chalets aménagés pour les pêcheurs.

Nature : 🌲 ♦
Loisirs : 🍴 🏊 🚴 🏊 (découverte en saison) 🏊
Services : 🛎 ♿ 🚿 📶 laverie 🧺
À prox. : 🚴 parc de loisirs

GPS : W : 0.43529 N : 47.36082

CHAILLÉ-LES-MARAIS

85450 - Carte Michelin **316** J9 - 1 902 h. - alt. 16
▶ Paris 446 - Fontenay-le-Comte 23 - Niort 57 - La Rochelle 34

🏕 L'Île Cariot

☎ 02 51 56 75 27, www.camping-chaille-les-marais.com

Pour s'y rendre : r. du 8-Mai (au sud du bourg, au bord de petits ruisseaux et près du stade)

Ouverture : de déb. avr. à fin sept.

1,2 ha (50 empl.) plat, herbeux

Empl. camping : (Prix 2017) 18,70€ ✱✱ 🚗 🔲 ⚡ (10A) - pers. suppl. 4,80€

Location : (Prix 2017) (de déb. avr. à fin sept.) - 5 🏠 - 5 🏡 - 2 bungalows toilés. Nuitée 47 à 55€ - Sem. 170 à 555€

🚐 borne artisanale 3€ - 🏕 8€

Cadre très verdoyant au bord de canaux, idéal pour des promenades en canoë.

Nature : 🏞 ♦♦
Loisirs : 🏊 🚴 🏊
Services : 🛎 📶 laverie
À prox. : 🏊 🍴

GPS : W : 1.0209 N : 46.3927

Pour choisir et suivre un itinéraire,
pour calculer un kilométrage,
pour situer exactement un terrain (en fonction des indications fournies dans le texte) :
utilisez les **cartes MICHELIN**,
compléments indispensables de cet ouvrage.

LA CHAIZE-GIRAUD

85220 - Carte Michelin **316** F8 - 878 h. - alt. 15
▶ Paris 453 - Challans 24 - La Roche-sur-Yon 32 - Les Sables-d'Olonne 21

🏕 Les Alouettes

☎ 02 51 22 96 21, www.lesalouettes.com - peu d'emplacements pour tentes et caravanes

Pour s'y rendre : rte de St-Gilles (1 km à l'ouest par D 12, rte de St-Gilles-Croix-de-Vie)

Ouverture : de déb. avr. à fin sept.

3 ha (130 empl.) en terrasses, peu incliné, plat, herbeux

Empl. camping : (Prix 2017) 31,50€ ✱✱ 🚗 🔲 ⚡ (10A) - pers. suppl. 3,50€ - frais de réservation 15€

Location : (Prix 2017) (de déb. avr. à fin sept.) - ♿ (1 mobile home) - 50 🏠 - 14 🏡 - 5 bungalows toilés. Nuitée 90 à 140€ - Sem. 200 à 990€ - frais de réservation 30€

Parc de mobile homes et chalets avec quelques emplacements pour tentes et caravanes.

Nature : 🏞 ♦
Loisirs : 🍴 🏊 🏡 jacuzzi 🚴 🏊
Services : 🛎 ♿ 📶 laverie

GPS : W : 1.83342 N : 46.64832

PAYS-DE-LA-LOIRE

CHALONNES-SUR-LOIRE

49290 - Carte Michelin **317** E4 - 6 421 h. - alt. 25
▶ Paris 322 - Nantes 82 - Angers 26 - Cholet 40

▲ Onlycamp Les Portes de La Loire

✆ 02 41 78 02 27, portesdelaloire.onlycamp.fr

Pour s'y rendre : rte de Rochefort (1 km à l'est par D 751, rte des Ponts-de-Cé, au bord de la Loire et près d'un plan d'eau)

Ouverture : de déb. mai à mi-sept.

3 ha (125 empl.) plat, herbeux

Empl. camping : (Prix 2017) 18,90€ ✶✶ 🚗 🔌 (10A) - pers. suppl. 4€

Location : (Prix 2017) (de déb. mai à mi-sept.) - 5 tipis. Nuitée 24 à 29€ - Sem. 158 à 203€ - frais de réservation 8€

🅿 borne flot bleu 9€

Nature : 🌳
Loisirs : 🏖 🏊
Services : 🔑 🚻 🚿 📶 🧺
À prox. : 🛒 🍴 🚴 ⚓ 🎣 🛶

GPS : W : 0.74813 N : 47.35132

CHAMBRETAUD

85500 - Carte Michelin **316** K6 - 1 460 h. - alt. 214
▶ Paris 377 - Nantes 83 - La Roche-sur-Yon 56 - Cholet 21

▲ Au Bois du Cé

✆ 02 51 91 54 32, www.camping-auboisduce.com

Pour s'y rendre : rte du Puy-du-Fou (1 km au sud, sur D 27)

Ouverture : de déb. avr. à déb. nov.

5 ha (116 empl.) en terrasses, plat, herbeux

Empl. camping : (Prix 2017) 32,50€ ✶✶ 🚗 🔌 (16A) - pers. suppl. 5,40€ - frais de réservation 10€

Location : (Prix 2017) (de déb. avr. à déb. nov.) - ♿ (1 mobile home) - 🐕 - 40 🏠 - 20 🏕 - 2 studios. Nuitée 64 à 152€ - Sem. 342 à 930€ - frais de réservation 10€

Cadre verdoyant autour d'une ancienne gare, mini parc aqualudique couvert.

Nature : 🌊 🌳
Loisirs : 🍴 🏖 jacuzzi 🏊 🛝 terrain multisports parc aquatique
Services : 🚻 📶 🧺
À prox. : 🎣

GPS : W : 0.95 N : 46.915

CHÂTEAU-D'OLONNE

85180 - Carte Michelin **316** F8 - 13 221 h. - alt. 20
▶ Paris 458 - Nantes 103 - La Roche-sur-Yon 36

▲ Cybele Vacances Le Bel Air 👥

✆ 02 51 22 09 67, www.campingdubelair.com

Pour s'y rendre : 6 chemin du Bel-Air (5,4 km au sud)

Ouverture : de mi-avr. à déb. nov.

5,5 ha (327 empl.) plat, herbeux

Empl. camping : (Prix 2017) 39€ ✶✶ 🚗 🔌 (16A) - pers. suppl. 4€

Location : (Prix 2017) (de mi-avr. à déb. nov.) - ♿ (2 mobile homes) - 142 🏠 - 41 studios. Nuitée 55 à 183€ - Sem. 299 à 1 219€ - frais de réservation 30€

🅿 6 🏠 39€

Cadre agréable avec le village de gîtes de l'autre côté de la route.

Nature : 🌊 🌳
Loisirs : 🍴 🏖 🏛 salle d'animations 🏃 🎣 jacuzzi 🚴 🏊 🛝 terrain multisports
Services : 🔑 🚻 🚿 📶 🧺 ♻

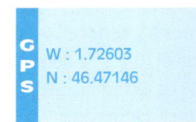

GPS : W : 1.72603 N : 46.47146

▲▲ Les Pirons Aloa Vacances 👥

✆ 02 51 95 26 75, www.camping-les-pirons.com - peu d'emplacements pour tentes et caravanes

Pour s'y rendre : 27 r. des Marchais (4,1 km au sud)

Ouverture : de fin mars à fin sept.

7 ha (480 empl.) plat, herbeux

Empl. camping : (Prix 2017) 41€ ✶✶ 🚗 🔌 (10A) - pers. suppl. 7€ - frais de réservation 35€

Location : (Prix 2017) (de fin mars à fin sept.) - 380 🏠 - 8 🏕 - 18 bungalows toilés - 6 tentes sur pilotis - 1 gîte. Nuitée 38 à 231€ - Sem. 154 à 1 617€ - frais de réservation 35€

Cadre agréable autour d'un parc aquatique en partie couvert.

Nature : 🌊 🏞 🌳
Loisirs : 🍴 🏖 🏛 🏃 🎣 🚴 🏊 🛝 terrain multisports
Services : 🔑 🚻 🚿 📶 🧺 ♻

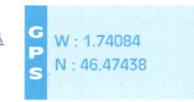

GPS : W : 1.74084 N : 46.47438

LA CHAPELLE-HERMIER

85220 - Carte Michelin **316** F7 - 796 h. - alt. 58
▶ Paris 447 - Aizenay 13 - Challans 25 - La Roche-sur-Yon 29

▲▲ Yelloh! Village Le Pin Parasol 👥

✆ 02 51 34 64 72, www.campingpinparasol.fr

Pour s'y rendre : à Châteaulong (3,3 km au sud-ouest par D 42, rte de l'Aiguillon-sur-Vie puis 1 km par rte à gauche)

Ouverture : de mi-avr. à mi-sept.

21 ha (530 empl.) en terrasses, peu incliné, plat, herbeux

Empl. camping : (Prix 2017) 58€ ✶✶ 🚗 🔌 (16A) - pers. suppl. 9€

Location : (Prix 2017) (de mi-avr. à mi-sept.) - ♿ (1 chalet et 1 mobile home) - 🐕 - 88 🏠 - 21 🏕. Nuitée 39 à 406€ - Sem. 273 à 1 799€

🅿 borne eurorelais 5€

Bel espace aquatique avec pataugeoire ludique et colorée près du lac de Jaunay (accès direct).

Nature : 🌊 🏞 🌳
Loisirs : 🍴 🏖 🏛 diurne 🏃 🎣 hammam 🚴 🏊 🛝 terrain multisports
Services : 🔑 🚻 🚿 📶 laverie 🧺 ♻
À prox. : 🏊 🚣 pédalos

GPS : W : 1.75502 N : 46.66647

▲▲ Village Vacances Le Domaine du Pré 👥

(pas d'emplacement tentes et caravanes)

✆ 02 51 08 07 07, www.domainedupre.com

Pour s'y rendre : lieu-dit : Bellevue (5 km au sud-ouest par D 42, rte de l'Aiguillon-sur-Vie puis par rte à gauche)

11 ha en terrasses, plat, peu incliné

The Guide changes, so renew your guide every year.

PAYS-DE-LA-LOIRE

Location : (4 chalets) - 130 - 14 tentes lodges - 12 studios.
Village de chalets autour d'un important centre de balnéo et de bien-être.

Nature :
Loisirs : centre balnéo, jacuzzi, (petite piscine), terrain multisports
Services : laverie
À prox. : pédalos

GPS W : 1.76769 N : 46.66485

CHÂTEAU-GONTIER

53200 - Carte Michelin 310 E8 - 11 532 h. - alt. 33
▶ Paris 288 - Angers 50 - Châteaubriant 56 - Laval 30

Le Parc

📞 02 43 07 35 60, www.camping.parc@chateaugontier.fr
Pour s'y rendre : 15 rte de Laval (800 m au nord par N 162 rte de Laval, près du complexe sportif)
Ouverture : Permanent
2 ha (51 empl.) plat et peu incliné, herbeux
Empl. camping : (Prix 2017) 14€ ✶✶ (10A) - pers. suppl. 3€
Location : (Prix 2017) Permanent (1 chalet) - 12. Sem. 197 à 384€
borne AireService
Emplacements ombragés d'une grande variété d'arbres et bordés par la Mayenne.

Loisirs :
Services :
À prox. : mur d'escalade

GPS W : 0.6995 N : 47.83866

CHÂTEAUNEUF-SUR-SARTHE

49330 - Carte Michelin 317 G2 - 2 972 h. - alt. 20
▶ Paris 278 - Angers 31 - Château-Gontier 25 - La Flèche 33

⚠ Municipal du Port

📞 02 41 69 82 02, www.chateauneufsursarthe.fr
Pour s'y rendre : 14 pl. R.-Le-Fort (sortie sud-est par D 859, rte de Durtal et 2ème chemin à dr. apr. le pont, au bord de la Sarthe (halte nautique))
1 ha (60 empl.) plat, herbeux
borne artisanale - 8

Nature :
Services :

GPS W : 0.48695 N : 47.67749

CHEMILLÉ

49120 - Carte Michelin 317 E5 - 6 967 h. - alt. 84
▶ Paris 331 - Angers 43 - Cholet 22 - Saumur 60

Coulvée

📞 02 41 30 39 97, www.camping-coulvee-chemille.com
Pour s'y rendre : rte de Cholet (sortie sud par N 160, rte de Cholet, près d'un plan d'eau)
Ouverture : de déb. mai à mi-sept.
2 ha (40 empl.) plat, herbeux
Empl. camping : (Prix 2017) 20€ ✶✶ (16A) - pers. suppl. 4€

Location : (Prix 2017) Permanent (2 chalets) - 12. Nuitée 80 à 95€ - Sem. 215 à 475€
borne flot bleu 2€ 8€
Terrain plat et herbeux au bord d'un plan d'eau.

Nature :
Loisirs :
Services :
À prox. :

GPS W : 0.7359 N : 47.20308

CHOLET

49300 - Carte Michelin 317 D6 - 54 121 h. - alt. 91
▶ Paris 353 - Ancenis 49 - Angers 64 - Nantes 60

⛰ Capfun Lac de Ribou

📞 02 41 49 74 30, www.capfun.com
Pour s'y rendre : 5 km au sud-est par D 20, rte de Maulévrier et D 600 à dr.
Ouverture : de fin mars à fin sept.
10 ha (199 empl.) peu incliné, plat, herbeux
Empl. camping : (Prix 2017) 29€ ✶✶ (10A) - pers. suppl. 7€ - frais de réservation 27€
Location : (Prix 2017) (de fin mars à fin sept.) - 201. Nuitée 53 à 148€ - Sem. 168 à 1 036€ - frais de réservation 27€
À 100 m du lac, parc de locatif bardé de bois.

Nature :
Loisirs : nocturne, terrain multisports
Services : laverie
À prox. :

GPS W : 0.84017 N : 47.03621

ATTENTION...
ces prestations ne fonctionnent généralement qu'en saison, quelles que soient les dates d'ouverture du terrain.

COËX

85220 - Carte Michelin 316 F7 - 3 025 h. - alt. 50
▶ Paris 451 - Nantes 85 - La Roche-sur-Yon 30

⛰ RCN La Ferme du Latois

📞 02 51 54 67 30, www.rcn.fr
Pour s'y rendre : lieu-dit : Le Latois (2.7 km au sud-est par D 40 rte de Brétignolles)
Ouverture : de déb. avr. à fin sept.
13 ha (199 empl.) plat, herbeux
Empl. camping : (Prix 2017) 41€ ✶✶ (6A) - pers. suppl. 7€ - frais de réservation 20€
Location : (Prix 2017) (de déb. avr. à fin sept.) - 35 - 4 bungalows toilés - 3 tentes lodges. Nuitée 26 à 175€ - frais de réservation 20€
Agréable cadre verdoyant entre 2 étangs autour d'une ancienne ferme restaurée.

Nature :
Loisirs :
Services : laverie

GPS W : 1.76877 N : 46.67752

381

PAYS-DE-LA-LOIRE

COMMEQUIERS

85220 - Carte Michelin **316** E7 - 2 910 h. - alt. 19
▶ Paris 441 - Challans 13 - Nantes 63 - La Roche-sur-Yon 38

⛺ La Vie

☎ 02 51 54 90 04, www.campinglavie.com

Pour s'y rendre : lieu-dit : Le Motteau (1,3 km au sud-est par D 82, rte de Coëx et chemin à gauche)

Ouverture : de déb. avr. à fin sept.

6 ha (122 empl.) plat, herbeux, petit étang

Empl. camping : (Prix 2017) 24€ ✶✶ 🚗 🔌 (6A) - pers. suppl. 4,50€ - frais de réservation 10€

Location : (Prix 2017) (de mi-avr. à mi-sept.) - 20 🏠. Nuitée 21€ - Sem. 360 à 577€ - frais de réservation 10€

🚐 borne artisanale 10€ - 10 🅿 10€

En campagne, au calme, peut accueillir groupes et colonies de vacances.

Nature : 🌳
Loisirs : 🍽 ✕ 🎱 🏓 🎯 parcours sportif
Services : ⚿ 🛁 📶 laverie

GPS : W : 1.824 N : 46.75902

⚠ Le Trèfle à 4 feuilles

☎ 02 51 54 87 54, www.campingletreflea4feuilles.com

Pour s'y rendre : lieu-dit : La Jouère (3,3 km au sud-est par D 82, rte de Coëx et 1,4 km par chemin à gauche)

Ouverture : de mi-avr. à mi-sept.

1,8 ha (50 empl.) terrasse, herbeux, plat

Empl. camping : (Prix 2017) 17,30€ ✶✶ 🚗 🔌 (6A) - pers. suppl. 3,80€ - frais de réservation 5€

Location : (Prix 2017) (de mi-avr. à mi-sept.) - 16 🏠. Nuitée 65€ - Sem. 240 à 650€ - frais de réservation 16€

Camping à la ferme sur les terres d'une exploitation agricole céréalière avec poules, moutons, chèvres, âne...

Nature : 🌳
Loisirs : 🍽 🎱 🏓 🎯 🏊
Services : ⚿ 📶 laverie

GPS : W : 1.78507 N : 46.75935

LES CONCHES

85560 - Carte Michelin **316** H9 - alt. 5
▶ Paris 465 - Nantes 109 - La Roche 37 - La Rochelle 63

⛺⛺⛺ Odalys Les Dunes

☎ 02 51 33 32 93, www.camping-lesdunes.com

Pour s'y rendre : av. du Dr Joussemet

5 ha (260 empl.) plat, herbeux, sablonneux

Location : ♿ (2 mobile homes) - 135 🏠.

Cadre paisible sous la pinède.

Nature : 🌳
Loisirs : 🍽 ✕ 🎱 🎮 🏓 🚲 🎯 🏊 terrain multisports
Services : ⚿ 🛁 🚿 📶 laverie ♻

GPS : W : 1.48278 N : 46.38834

⛺ Le Clos des Pins

☎ 02 51 90 31 69, www.campingclosdespins.com

Pour s'y rendre : 1336 av. du Dr Joussemet

Ouverture : de déb. avr. à fin sept.

1,6 ha (94 empl.) vallonné, sablonneux, plat

Empl. camping : (Prix 2017) 19,50€ ✶✶ 🚗 🔌 (10A) - pers. suppl. 7,80€

Location : (Prix 2017) Permanent - 56 🏠 - 7 🏠. Nuitée 60 à 95€ - Sem. 149 à 1 190€ - frais de réservation 25€

Quelques locatifs un peu anciens mais aussi des mobile homes grand confort.

Nature : 🌳
Loisirs : 🍽 ✕ 🎱 🚲 🎯
Services : ⚿ 🛁 📶 laverie

GPS : W : 1.48842 N : 46.38856

⚠ Le Sous-Bois

☎ 02 51 33 36 90, www.lesousbois85.com

Pour s'y rendre : lieu-dit : La Haute-Saligotière

Ouverture : de déb. juin à fin sept.

1,7 ha (135 empl.) plat, sablonneux

Empl. camping : (Prix 2017) 23,50€ ✶✶ 🚗 🔌 (10A) - pers. suppl. 4€

Location : (Prix 2017) (de déb. juin à fin sept.) - 4 🏠. Sem. 150 à 490€

🚐 borne AireService - 4 🅿 19€

Simple, ombragé avec des installations bien tenues mais anciennes.

Nature : 🌳
Loisirs : 🎱 🏓 🎯
Services : ⚿ 🛁 🚿 📶 🍽

GPS : W : 1.48727 N : 46.3956

CONCOURSON-SUR-LAYON

49700 - Carte Michelin **317** G5 - 544 h. - alt. 55
▶ Paris 332 - Angers 44 - Cholet 45 - Saumur 25

⛺ La Vallée des Vignes 👥

☎ 02 41 59 86 35, www.camping-vdv.com

Pour s'y rendre : lieu-dit : La Croix Patron (900 m à l'ouest par D 960, rte de Vihiers et rte à dr. apr. le pont, au bord du Layon)

Ouverture : de déb. avr. à fin sept.

3,5 ha (63 empl.) plat, herbeux

Empl. camping : (Prix 2017) 25€ ✶✶ 🚗 🔌 (10A) - pers. suppl. 4€ - frais de réservation 10€

Location : (Prix 2017) (de déb. avr. à fin sept.) - 5 🏠 - 2 tentes lodges. Nuitée 25 à 100€ - Sem. 175 à 610€ - frais de réservation 10€

Cadre fleuri, plan d'eau pour la pêche à 50 m.

Nature : 🌳
Loisirs : 🍽 🏓 🎱 🎯 🚲 🏊
Services : ⚿ 🛁 🚿 📶 ♻

GPS : W : 0.34766 N : 47.17394

Avant de vous installer, consultez les tarifs en cours, affichés obligatoirement à l'entrée du terrain, et renseignez-vous sur les conditions particulières de séjour. Les indications portées dans le guide ont pu être modifiées depuis la mise à jour.

PAYS-DE-LA-LOIRE

COUTURES

49320 - Carte Michelin 317 G4 - 530 h. - alt. 81
▶ Paris 303 - Angers 25 - Baugé 35 - Doué-la-Fontaine 23

▲▲ Yelloh! Village Parc de Montsabert

☎ 02 41 57 91 63, www.camping-saumur-loire.com

Pour s'y rendre : rte de Montsabert (1,5 km au nord-est, près du château de Montsabert)

Ouverture : de fin mars à déb. sept.

5 ha (157 empl.) plat et peu incliné, herbeux, pierreux, bois

Empl. camping : (Prix 2017) 35 € ♦♦ 🚗 📧 ⚡ (10A) - pers. suppl. 8 €

Location : (Prix 2017) Permanent - 38 🏠 - 14 🏡 - 7 bungalows toilés - 3 roulottes. Nuitée 30 à 167 € - Sem. 210 à 1 169 €

Agréable parc boisé et jeux pour enfants de qualité.

Nature : 🌳 🏞️ 🌿🌿
Loisirs : ✗ 🍴 🛥️ ✂ 🏓 🎯 (découverte en saison)
Services : ⚿ 🛠️ 🚿 ♿ 🚰 🛎️ laverie

GPS : W : 0.34679 N : 47.37448

CRAON

53400 - Carte Michelin 310 D7 - 4 590 h. - alt. 75
▶ Paris 309 - Fougères 70 - Laval 29 - Mayenne 60

▲ Municipal du Mûrier

☎ 02 43 06 96 33, www.campindecraon53.fr

Pour s'y rendre : r. Alain-Gerbault (800 m à l'est, rte de Château-Gontier et chemin à gauche)

Ouverture : de déb. avr. à mi-sept.

1 ha (45 empl.) plat, herbeux

Empl. camping : (Prix 2017) ♦ 3,60 € 🚗 5 € – ⚡ (10A) 2,90 €

Location : (Prix 2017) Permanent - 9 🏡 - 9 cabanons. Sem. 254 à 409 € - frais de réservation 20 €

🚐 borne artisanale - 🚰 10,90 €

Cadre agréable près d'un plan d'eau.

Nature : 🏞️ 🌿🌿
Loisirs : 🛥️ 🏓
Services : 📶 🛎️
À prox. : 🍴 ✗ ✂ 🎣 🏊 🚴 🐴

GPS : W : 0.94398 N : 47.84837

LE CROISIC

44490 - Carte Michelin 316 A4 - 4 024 h. - alt. 6
▶ Paris 466 - Nantes 90 - Rennes 154 - Vannes 85

▲▲▲ L'Océan 👥

☎ 02 40 23 07 69, www.camping-ocean.com - peu d'emplacements pour tentes et caravanes

Pour s'y rendre : 15 rte de la Maison Rouge (2.4 km à l'ouest)

Ouverture : de déb. avr. à mi-sept.

7,5 ha (383 empl.) plat, herbeux, sablonneux

Empl. camping : 59 € ♦♦ 🚗 📧 ⚡ (6A) - pers. suppl. 11 € - frais de réservation 25 €

Location : (de déb. avr. à mi-sept.) - ♿ (1 mobile home) - 200 🏠 - 8 appartements - 4 tentes lodges (avec sanitaires) - 2 villas. Nuitée 64 à 210 € - Sem. 350 à 1 897 € - frais de réservation 25 €

🚐 borne artisanale - 9 📧

À 200 m de la plage avec du locatif souvent de grand confort, un espace balnéo de qualité et le parc aquatique en partie couvert.

Nature : 🌳 🏞️ 🌿🌿
Loisirs : 🍴 ✗ 🛥️ 🏓 🏊 🚴 🎣 centre balnéo 🛁 hammam jacuzzi 🛥️ ✂ 🏊 🎯 terrain multisports
Services : ⚿ 🛠️ 🚿 ♿ 🚰 laverie 🛎️ 🧊 réfrigérateurs
À prox. : 🐴

GPS : W : 2.5355 N : 47.2986

DAON

53200 - Carte Michelin 310 F8 - 486 h. - alt. 42
▶ Paris 292 - Angers 46 - Château-Gontier 11 - Châteauneuf-sur-Sarthe 15

▲▲ Les Rivières

☎ 02 43 06 94 78, www.campingdaon.fr

Pour s'y rendre : 1 r. du Port (sortie ouest par D 213, rte de la Ricoullière et à dr. avant le pont, près de la Mayenne)

Ouverture : de déb. avr. à fin sept.

1,8 ha (98 empl.) plat, herbeux

Empl. camping : (Prix 2017) 14 € ♦♦ 🚗 📧 ⚡ (10A) - pers. suppl. 4 €

Location : (Prix 2017) Permanent ♿ (1 chalet) - 10 🏡. Nuitée 81 à 121 € - Sem. 177 à 374 €

Nature : 🌳 🏞️ 🌿
Loisirs : 🛥️ 🏓
Services : ⚿ 📶 🛎️
À prox. : 🍴 ✗ 🛥️ 🚴 🎣 🏊 ⚓ pédalos

GPS : W : 0.64059 N : 47.74996

🛥️ ✗ 🎣 🏊 🐴

LET OP :
deze gegevens gelden in het algemeen alleen in het seizoen, wat de openingstijden van het terrein ook zijn.

DURTAL

49430 - Carte Michelin 317 H2 - 3 337 h. - alt. 39
▶ Paris 261 - Angers 38 - La Flèche 14 - Laval 66

▲▲ Les Portes de l'Anjou

☎ 02 41 76 31 80, www.lesportesdelanjou.com

Pour s'y rendre : 9 r. du Camping (sortie nord-est par rte de la Flèche et r. à dr.)

Ouverture : de déb. avr. à mi-oct.

3,5 ha (114 empl.) plat, herbeux

Empl. camping : (Prix 2017) 17,10 € ♦♦ 🚗 📧 ⚡ (10A) - pers. suppl. 4 €

Location : (Prix 2017) (de déb. avr. à mi-oct.) - 11 🏠 - 7 bungalows toilés. Nuitée 25 à 84 € - Sem. 195 à 588 € - frais de réservation 10 €

🚐 borne artisanale

Situation et cadre agréables en bordure du Loir.

Nature : 🌳 🏞️ 🌿
Loisirs : 🍴 ✗ 🛥️ 🏓 🚴
Services : ⚿ 📶 🛎️
À prox. : 🏊

GPS : W : 0.23518 N : 47.67136

383

PAYS-DE-LA-LOIRE

LES ÉPESSES

85590 - Carte Michelin **316** K6 - 2 575 h. - alt. 214
▶ Paris 375 - Bressuire 38 - Chantonnay 39 - Cholet 24

Camp'Atlantique La Bretèche

📞 02 51 20 41 94, www.campinglabreteche.com

Pour s'y rendre : à la base de loisirs (sortie nord par D 752, rte de Cholet et chemin à dr.)

Ouverture : de déb. avr. à déb. nov.

3 ha (164 empl.) peu incliné, plat, herbeux

Empl. camping : (Prix 2017) 23,85 € ♦♦ 🚗 🔲 [⚡] (10A) - pers. suppl. 4,85 € - frais de réservation 25 €

Location : (Prix 2017) (de déb. avr. à déb. nov.) - ♿ (2 chalets) - 24 🏠 - 12 bungalows toilés - 4 tentes lodges - 2 gîtes. Nuitée 45 à 272 € - Sem. 315 à 1 904 € - frais de réservation 25 €

🚐 borne artisanale

Belle décoration arbustive sur une base de loisirs de 10 ha, à 3 km du Puy du Fou.

Nature : 🌳 🌲 ☀
Loisirs : 🍽 ✂ 🚴 ⛵
Services : 🔑 📶 laverie
À prox. : parc d'attractions

GPS : W : 0.89525 N : 46.88986

LA FAUTE-SUR-MER

85460 - Carte Michelin **316** I9 - 916 h. - alt. 4
▶ Paris 465 - Luçon 37 - Niort 106 - La Rochelle 71

Les Flots Bleus Aloa Vacances

📞 02 51 27 11 11, www.camping-lesflotsbleus.com - peu d'emplacements pour tentes et caravanes

Pour s'y rendre : av. des Chardons (1 km au sud-est par rte de la pointe d'Arçay)

Ouverture : de fin mars à fin sept.

1,5 ha (104 empl.) plat, herbeux, sablonneux

Empl. camping : (Prix 2017) 38 € ♦♦ 🚗 🔲 [⚡] (16A) - pers. suppl. 7 € - frais de réservation 35 €

Location : (Prix 2017) (de fin mars à fin sept.) - 81 🏠 - 2 tentes lodges. Nuitée 25 à 157 € - Sem. 175 à 1 099 € - frais de réservation 35 €

Dans un quartier résidentiel à 200 m de la plage.

Nature : 🌲 ☀
Loisirs : 🏊 🌊 (découverte en saison)
Services : 🔑 📶 laverie
À prox. : 🍽 ✂

GPS : W : 1.31842 N : 46.32508

LA FLÈCHE

72200 - Carte Michelin **310** I8 - 15 228 h. - alt. 33
▶ Paris 244 - Angers 52 - Châteaubriant 106 - Laval 70

La Route d'Or

📞 02 43 94 55 90, www.camping-lafleche.com

Pour s'y rendre : allée du Camping (sortie sud vers rte de Saumur et à dr., au bord du Loir)

Ouverture : de déb. mars à fin oct.

4 ha (190 empl.) plat, herbeux

Empl. camping : (Prix 2017) ♦ 3,65 € 🚗 🔲 9,45 € – [⚡] (10A) 3,80 €

Location : (Prix 2017) (de déb. avr. à fin oct.) - ♿ (1 mobile home) - 🏠 12 🔲 - 2 bungalows toilés - 1 bulle. Nuitée 52 à 107 € - Sem. 140 à 570 €

Nature : 🌲 ☀
Loisirs : 🏠 🚴 ✂ ⛵
Services : 🔑 🛒 📶 🔲
À prox. : 🚤

GPS : W : 0.07779 N : 47.69509

FRESNAY-SUR-SARTHE

72130 - Carte Michelin **310** J5 - 2 198 h. - alt. 95
▶ Paris 235 - Alençon 22 - Laval 73 - Mamers 30

Municipal Sans Souci 👥

📞 02 43 97 32 87, www.fresnaysursarthe.fr/-Camping-du-Sans-souci-.html

Pour s'y rendre : r. du Haut-Ary (1 km à l'ouest par D 310, rte de Sillé-le-Guillaume)

Ouverture : de déb. avr. à fin oct.

2 ha (85 empl.) en terrasses, plat, herbeux

Empl. camping : (Prix 2017) 13,31 € ♦♦ 🚗 🔲 [⚡] (10A) - pers. suppl. 2,50 €

Location : (Prix 2017) Permanent ✂ - 6 🏠 - 1 roulotte. Nuitée 50 à 90 € - Sem. 160 à 510 €

🚐 borne artisanale 3,15 €

Beaux emplacements délimités en bordure de la Sarthe.

Nature : 🌊 🌲
Loisirs : 🏠 🎣 🛶 jacuzzi 🚴 ✂
Services : 🔑 🛒 🛠 📶 🔲 🧺
À prox. : 🍽 🚤 🚣

GPS : E : 0.01589 N : 48.28252

Ce guide n'est pas un répertoire de tous les terrains de camping mais une sélection des meilleurs campings dans chaque catégorie.

FROMENTINE

85550 - Carte Michelin **316** D6 - alt. 4
▶ Paris 455 - Nantes 69 - La Roche 72 - St-Nazaire 70

Campéole La Grande Côte 👥

📞 02 51 68 51 89, www.campeole.com

Pour s'y rendre : rte de la Grande-Côte (2 km par D 38b)

Ouverture : de fin mars à mi-sept.

21 ha (810 empl.) en terrasses, plat, sablonneux

Empl. camping : (Prix 2017) 20,10 € ♦♦ 🚗 🔲 [⚡] (10A) - pers. suppl. 4,10 € - frais de réservation 25 €

Location : (Prix 2017) (de fin mars à mi-sept.) - ♿ (1 mobile home) - 95 🔲 - 36 🏠 - 101 bungalows toilés - 22 tentes sur pilotis. Nuitée 37 à 189 € - Sem. 259 à 1 323 € - frais de réservation 25 €

🚐 borne AireService - 🚐 🔲 18 €

Dans la forêt des Pays de Monts, au pied du pont de l'île de Noirmoutier, au bord de la plage.

Nature : 🌲🌲 ☀
Loisirs : 🍽 🏠 🎣 🚴 ✂ 🚴 ⛵ terrain multisports
Services : 🔑 🛠 📶 laverie 🧺 🚤
À prox. : ✂ 🚤

GPS : W : 2.14732 N : 46.88553

PAYS-DE-LA-LOIRE

Campéole — NOS CAMPINGS EN VENDÉE
www.campeole.com

PLAGE DES TONNELLES ★★★★
En mode détente, l'accès direct à la plage
18 Route de la Tonnelle
85160 Saint-Jean-de-Monts
+33 (0)2 51 58 81 16
plage-tonnelles@campeole.com

LES SIRÈNES ★★★
Près de l'océan, au cœur de la forêt domaniale
71 Avenue des Demoiselles
85164 Saint-Jean-de-Monts
+33 (0)2 51 58 01 31
sirenes@campeole.com

LA GRANDE CÔTE ★★★
Face à l'île de Noirmoutier, en accès direct à la plage
Route de la Grande Côte
85550 La Barre-de-Monts
+33 (0)2 51 68 51 89
grande-cote@campeole.com

GIVRAND
85800 - Carte Michelin **316** E7 - 1 946 h. - alt. 10
▶ Paris 460 - Nantes 79 - La Roche-sur-Yon 39

Capfun Village Vacances Les Dauphins Bleus
(pas d'emplacement tentes et caravanes)
✆ 02 51 55 59 34, www.capfun.com - peu d'emplacements pour tentes et caravanes
Pour s'y rendre : 16 r. du Rocher
Ouverture :
7 ha plat, herbeux
Location : (Prix 2017) (de déb. avr. à mi-sept.) - (2 mobile homes) - 306 - 5 . Nuitée 40 à 186€ - Sem. 161 à 1 302€ - frais de réservation 27€
Village de mobile homes et chalets autour du parc aquatique.

Nature :
Loisirs : cinéma terrain multisports
Services : laverie
GPS W : 1.89497 N : 46.67292

Chadotel Le Domaine de Beaulieu
✆ 02 51 55 59 46, www.chadotel.com/fr/camping/vendee/saint-gilles-croix-de-vie/camping-le-domaine-de-beaulieu - peu d'emplacements pour tentes et caravanes
Pour s'y rendre : r. du Parc (au lieu-dit : Les Temples)
Ouverture : de fin mars à fin sept.
8 ha (340 empl.) plat, herbeux
Empl. camping : (Prix 2017) 35€ (10A) - pers. suppl. 6,20€ - frais de réservation 25€
Location : (Prix 2017) (de fin mars à fin sept.) - (1 mobile home) - 130 - 2 . Nuitée 28 à 179€ - Sem. 196 à 1 253€ - frais de réservation 25€
borne artisanale
Cadre en partie ombragé, piste cyclable à 50m.

Nature :
Loisirs : nocturne salle d'animations jacuzzi terrain multisports
Services :
GPS W : 1.90389 N : 46.67056

LE GIVRE
85540 - Carte Michelin **316** H9 - 424 h. - alt. 20
▶ Paris 446 - Luçon 20 - La Mothe-Achard 33 - Niort 88

La Grisse
✆ 02 51 30 83 03, www.campinglagrisse.com
Pour s'y rendre : 2,5 km au sud en direction de La Jonchère, par D 85
Ouverture : Permanent
1 ha (79 empl.) plat, herbeux
Empl. camping : 28,50€ (16A) - pers. suppl. 7,70€
Location : Permanent - 6 - 1 gîte. Sem. 199 à 534€
Sur les terres d'une exploitation agricole (visite possible), avec une partie bien ombragée.

Nature :
Loisirs :
Services : laverie
GPS W : 1.39815 N : 46.44484

LE GREZ
72140 - Carte Michelin **310** I5 - 390 h. - alt. 220
▶ Paris 235 - Caen 154 - Laval 57 - Le Mans 37

La Via Natura Les Tournesols
✆ 02 43 20 12 69, www.campinglestournesols.com
Pour s'y rendre : rte de Mayenne, Le Landereau
Ouverture : de déb. mai à fin sept.
2,5 ha (75 empl.) plat, herbeux
Empl. camping : (Prix 2017) 23€ (6A) - pers. suppl. 5€ - frais de réservation 10€
Location : (Prix 2017) (de déb. avr. à fin oct.) - - 4 - 11 bungalows toilés - 4 tentes lodges. Nuitée 35 à 90€ - Sem. 285 à 695€ - frais de réservation 18€
Cadre verdoyant au calme.

Nature :
Loisirs : (petite piscine)
Services : laverie
GPS W : 0.1418 N : 48.1893

PAYS-DE-LA-LOIRE

GUÉMENÉ-PENFAO

44290 - Carte Michelin **316** F2 - 4 951 h. - alt. 37
▶ Paris 408 - Bain-de-Bretagne 35 - Châteaubriant 39 - Nantes 59

Flower L'Hermitage

📞 02 40 79 23 48, www.campinglhermitage.com

Pour s'y rendre : 46 av. du Paradis (1,2 km à l'est par rte de Châteaubriant et chemin à dr., près de la piscine municipale)

Ouverture : de déb. avr. à mi-oct.

2,5 ha (90 empl.) peu incliné, plat, herbeux, pierreux

Empl. camping : (Prix 2017) 🛉 🚗 🖃 20€ - (10A) - frais de réservation 13€

Location : (Prix 2017) Permanent - 19 🛏 - 2 🏠 - 3 bungalows toilés - 2 tentes lodges - 1 gîte. Nuitée 50 à 102€ - Sem. 400 à 800€ - frais de réservation 13€

🚐 borne artisanale 5€ - 🚐 16€

Emplacements ombragés mais locatif parfois ancien et confort sanitaire faible.

Nature : 🌳 🍃
Loisirs : 🏊 (petite piscine)
Services : 🔑 🚿 📶
À prox. : 🍴 🎯 terrain multisports

GPS : W : 1.81838 N : 47.62572

GUÉRANDE

44350 - Carte Michelin **316** B4 - 15 446 h. - alt. 54
▶ Paris 450 - La Baule 6 - Nantes 77 - St-Nazaire 20

Domaine de Léveno 👥

📞 02 40 24 79 30, www.camping-leveno.com - peu d'emplacements pour tentes et caravanes

Pour s'y rendre : rte de Sandun (3.4 km à l'est)

Ouverture : de déb. avr. à mi-sept.

21 ha (700 empl.) plat, herbeux, pierreux

Empl. camping : 49€ 🛉 🚗 🖃 (6A) - pers. suppl. 10€ - frais de réservation 25€

Location : (de déb. avr. à mi-sept.) 🛏 (1 mobile home) - 312 🛏 - 1 🏠 - 12 tipis - 5 cabanes perchées. Nuitée 34 à 240€ - Sem. 238 à 1 890€ - frais de réservation 25€

🚐 borne artisanale

Emplacements ombragés ou plein soleil, locatif souvent haut de gamme et un parc aquatique avec des toboggans impressionnants (19m.).

Nature : 🌳 🍃
Loisirs : 🍴 🎯 salle d'animations 🚴 🐎 parcours de santé mini ferme petit train terrain multisports
Services : 🔑 🏪 laverie

GPS : W : 2.39057 N : 47.33322

Domaine de Bréhadour 👥

📞 02 40 17 65 15, www.domainedebrehadour.com

Pour s'y rendre : rte de Bréhadour (3 km au nord-est par la D 51)

Ouverture : de déb. avr. à fin sept.

5 ha (281 empl.) vallonné, peu incliné, plat, herbeux

Empl. camping : (Prix 2017) 28€ 🛉 🚗 🖃 (10A) - pers. suppl. 5,5€ - frais de réservation 15€

Location : (Prix 2017) (de déb. avr. à fin sept.) - 100 🛏 - 6 bungalows toilés - 3 roulottes. Nuitée 25 à 168€ - Sem. 175 à 1 176€ - frais de réservation 15€

🚐 borne artisanale 17€

Cadre vallonné au calme, en partie en sous-bois avec du locatif de bon confort et dans la mini ferme : cochons, paon, chèvres mais aussi serpents, python...

Nature : 🌳 🍃
Loisirs : 🍴 🎯 nocturne 🚴 🐎 mini ferme
Services : 🔑 🚿 📶 laverie

GPS : W : 2.41732 N : 47.34167

LA GUYONNIÈRE

85600 - Carte Michelin **316** I6 - 2 674 h. - alt. 63
▶ Paris 395 - Nantes 47 - La Roche-sur-Yon 48 - Angers 105

Flower La Chausselière

📞 02 51 41 98 40, www.chausseliere.fr

Pour s'y rendre : rte des Herbiers (1,2 km au sud, au bord du Lac de La Chausselière)

Ouverture : de déb. avr. à fin sept.

1 ha (51 empl.) plat, herbeux

Empl. camping : (Prix 2017) 19€ 🛉 🚗 🖃 (16A) - pers. suppl. 4,50€ - frais de réservation 3€

Location : (Prix 2017) (de déb. avr. à fin sept.) 🛏 (1 chalet et 1 mobile home) - 🚐 - 19 🛏 - 10 🏠 - 7 tentes lodges. Nuitée 65 à 85€ - Sem. 269 à 595€ - frais de réservation 10€

🚐 borne AireService 2€

Un bel ensemble de locatifs bardés de bois dans un cadre verdoyant au bord d'un lac.

Nature : 🌳 🍃
Loisirs : 🍴 🎯 (découverte en saison) terrain multisports
Services : 🔑 🚿 📶 🏪
À prox. : 🚴 🐎

GPS : W : 1.2457 N : 46.95735

Utilisez les cartes MICHELIN, complément indispensable de ce guide.

ÎLE DE NOIRMOUTIER

85 - Carte Michelin **316** - alt. 8
par le pont routier de Fromentine : gratuit - par le passage du Gois à basse mer (4,5 km)

Barbâtre 85630 - Carte Michelin **316** C6 - 1 802 h. - alt. 5
▶ Paris 453 - Challans 32 - Nantes 70 - Noirmoutier-en-l'Île 11

Original Camping Domaine Le Midi 👥

📞 02 51 39 63 74, www.domaine-le-midi.com

Pour s'y rendre : r. du Camping (1 km au nord-ouest par D 948 et chemin à gauche)

13 ha (419 empl.) vallonné, plat et peu incliné, herbeux, sablonneux

Location : 42 🛏 - 105 🏠 - 40 bungalows toilés - 105 tentes lodges - 8 tipis.

🚐 borne AireService

Au bord de la plage, locatif varié avec un côté naturel bien intégré au site.

Nature : 🌳 🌊
Loisirs : 🍴 salle d'animations 🚴 🐎 🏊 terrain multisports
Services : 🔑 🚿 📶 laverie
À prox. : 🏖 🚴

GPS : W : 2.18447 N : 46.94531

386

PAYS-DE-LA-LOIRE

L'Épine 85740 - Carte Michelin 316 C6 - 1 727 h. - alt. 2
▶ Paris 466 - Nantes 79 - La Roche-sur-Yon 81

⚠ Original Camping La Bosse
✆ 02 53 46 97 47, www.camping-de-la-bosse.com
Pour s'y rendre : r. du Port
Ouverture : de déb. avr. à fin sept.
10 ha (350 empl.) vallonné, herbeux, sablonneux
Empl. camping : (Prix 2017) 25 € ★★ 🚗 🔲 (4A) - pers. suppl. 6 €
Location : (Prix 2017) (de déb. avr. à fin sept.) - 13 tentes lodges - 8 tipis. Nuitée 41 € - Sem. 189 à 529 €

En bord de plage, cadre naturel et vallonné.

Nature : 🏖 ≤ Le port de Morin ♀ 🌲	**G**
Loisirs : 🏇	**P** W : 2.2833
Services : 🔑 👤 laverie	**S** N : 46.98523
À prox. : 🍷 ✕	

La Guérinière 85680 - Carte Michelin 316 C6 - 1 488 h. - alt. 5
▶ Paris 460 - Challans 39 - Nantes 77 - Noirmoutier-en-l'Île 5

⛰ Le Caravan'île 👥
✆ 02 51 39 50 29, www.caravanile.com
Pour s'y rendre : 1 r. de la Tresson (sortie est par D 948 et à dr. av. le rond-point)
Ouverture : de mi-mars à mi-nov.
8,5 ha (397 empl.) peu incliné, plat, herbeux, sablonneux
Empl. camping : (Prix 2017) 39 € ★★ 🚗 🔲 (8A) - pers. suppl. 8,50 € - frais de réservation 20 €
Location : (Prix 2017) (de mi-mars à mi-nov.) - ♿ (1 mobile home) - 103 🏠 - 4 tentes lodges. Nuitée 69 à 136 € - Sem. 294 à 1 084 € - frais de réservation 20 €
🚐 borne AireService 13 € - 🚐 13 €

Au bord de la plage (accès direct par escalier dans les dunes).

Nature : 🏖 🌲	**G**
Loisirs : 🍷 ✕ 🍴 🎠 🏇 jacuzzi 🏄 ✕ 🎣 🏊 terrain multisports	**P** W : 2.21674
Services : 🔑 👤 🛜 laverie 🚿	**S** N : 46.96569

⛰ Municipal de La Court 👥
✆ 02 51 39 51 38, www.campingdelacourt.fr
Pour s'y rendre : 54 r. des Moulins
Ouverture : de déb. avr. à mi-oct.
5,5 ha (175 empl.) plat et peu incliné, sablonneux, herbeux, dunes
Empl. camping : (Prix 2017) 36 € ★★ 🚗 🔲 (16A) - pers. suppl. 8 € - frais de réservation 15 €
🚐 borne eurorelais - 44 🔲 11 € - 🚐 11 €

Terrain idéalement placé au bord de la plage, bel ensemble terrasse piscine.

Nature : 🏖 🌳 ♀ ♀ 🌲	**G**
Loisirs : 🍷 ✕ 🍴 🎬 diurne salle d'animations 🏇 hammam jacuzzi 🏄 🎣 terrain multisports	**P** W : 2.217
Services : 🔑 🅿 🗑 👤 🛜 laverie	**S** N : 46.96675
À prox. : 🛥	

Noirmoutier-en-l'Île 85330 - Carte Michelin 316 C5 - 4 661 h. - alt. 8
▶ Paris 468 - Nantes 80 - St-Nazaire 82 - Vannes 160

⚠ Municipal le Clair Matin
✆ 02 51 39 05 56, www.noirmoutier-campings.fr
Pour s'y rendre : lieu-dit : Les Sableaux (aux Bois de la Chaize)
Ouverture : de déb. avr. à fin sept.
6,5 ha (276 empl.) plat, herbeux, sablonneux
Empl. camping : (Prix 2017) 24,15 € ★★ 🚗 🔲 (10A) - pers. suppl. 4,60 € - frais de réservation 9 €

Terrain avec beaucoup d'espaces naturels laissés libres d'accès.

Nature : 🏖 ♀ ♀	**G**
Loisirs : 🏄 🚴	**P** W : 2.2205
Services : 🔑 (été) 🛜 🔲	**S** N : 46.99567
À prox. : 🍷 ✕ 🏊	

⚠ Huttopia Noirmoutier
✆ 02 51 39 06 24, www.huttopia.com
Pour s'y rendre : 23 allée des Sableaux, Bois de la Chaize
Ouverture : de mi-avr. à fin sept.
12 ha (530 empl.) plat, herbeux, sablonneux
Empl. camping : (Prix 2017) 31,50 € ★★ 🚗 🔲 (10A) - pers. suppl. 6,30 €
Location : (Prix 2017) (de mi-avr. à fin sept.) - 100 tentes lodges. Nuitée 54 à 135 € - Sem. 302 à 945 €
🚐 borne artisanale 7 €

En bordure de la plage des Sableaux.

Nature : 🏖 ≤ ♀ 🌲	**G**
Loisirs : 🍷 🍴 🏇 🚴	**P** W : 2.2205
Services : 🔑 👤 🛜 laverie 🚿	**S** N : 46.9966
À prox. : 🏊	

⛰⛰⛰ ... ⚠
*Besonders angenehme Campingplätze,
ihrer Kategorie entsprechend.*

L'ILE-D'OLONNE

85340 - Carte Michelin 316 F8 - 2 668 h. - alt. 5
▶ Paris 455 - Nantes 100 - La Roche-sur-Yon 35 - Challans 37

⚠ Île aux Oiseaux 👥
✆ 02 51 90 89 96, www.ile-aux-oiseaux.fr - peu d'emplacements pour tentes et caravanes
Pour s'y rendre : r. du Pré-Neuf (800 m au nord-est par D 87)
Ouverture : de déb. avr. à fin oct.
5 ha (215 empl.) plat, herbeux
Empl. camping : (Prix 2017) 33,50 € ★★ 🚗 🔲 (10A) - pers. suppl. 5,50 € - frais de réservation 18 €
Location : (Prix 2017) (de déb. avr. à fin oct.) - 36 🏠. Nuitée 52 à 155 € - Sem. 235 à 1 083 € - frais de réservation 18 €

Cadre agréable avec très peu de places pour tentes ou caravanes.

Nature : 🏖 🌳 ♀	**G**
Loisirs : 🎠 🏇 🏄 🎣 🏊 terrain multisports	**P** W : 1.77813
Services : 🔑 (juil.août) 👤 🚿 🛜 laverie	**S** N : 46.56624

Gebruik de gids van het lopende jaar.

PAYS-DE-LA-LOIRE

JARD-SUR-MER

85520 - Carte Michelin **316** G9 - 2 497 h. - alt. 14
▶ Paris 453 - Challans 62 - Luçon 36 - La Roche-sur-Yon 35

Chadotel L'Océano d'Or

☎ 02 51 33 65 08, www.chadotel.com/fr/camping/vendee/jard-sur-mer/camping-loceano-dor
Pour s'y rendre : 58 r. Georges-Clemenceau (au nord-est de la station, par D 21)
Ouverture : de fin mars à fin sept.
8 ha (450 empl.) plat, herbeux
Empl. camping : (Prix 2017) 39€ ✶✶ ⇌ 🅴 ⚡ (10A) - pers. suppl. 6,20€ - frais de réservation 25€
Location : (Prix 2017) (de fin mars à fin sept.) - ♿ (2 chalets) - 80 🏠 - 15 🏚 - 4 gîtes. Nuitée 34 à 220€ - Sem. 238 à 1 540€ - frais de réservation 25€
🚐 borne artisanale

Bel ensemble avec du locatif classique mais aussi du grand confort en mobile homes et gîtes.

Nature : 🌳 ♀♀
Loisirs : 🍽 🏊 salle d'animations 🚴 🎿 🏌 🏓 🏀 🎾 terrain multisports
Services : 🔑 🏧 ♿ 📶 laverie 🧺 🧹
GPS : W : 1.57195 N : 46.42032

Capfun Le Curty's

(pas d'emplacement tentes et caravanes)
☎ 02 51 33 06 55, www.campinglecurtys.com
Pour s'y rendre : r. de la Perpoise (au nord de la station)
8 ha (360 empl.) plat, herbeux
Location : (Prix 2017) (de déb. avr. à mi-sept.) - 300 🚐 - 20 🏚. Sem. 161 à 1 239€ - frais de réservation 27€

Parc de mobile homes pour la location ou de propriétaires-résidents.

Nature : 🌳 ♀
Loisirs : 🍽 🍴 🏊 salle d'animations 🚴 🎿 🏌 🏓 🏀 🎾 terrain multisports
Services : 🔑 🏧 ♿ 📶 laverie 🧺 🧹
À prox. : 🎣 🚤
GPS : W : 1.57825 N : 46.42032

La Pomme de Pin

☎ 02 51 33 43 85, www.pommedepin.net - peu d'emplacements pour tentes et caravanes
Pour s'y rendre : r. Vincent-Auriol (au sud-est, à 150 m de la plage de Boisvinet)
Ouverture : de déb. avr. à fin sept.
2 ha (150 empl.) plat, sablonneux
Empl. camping : (Prix 2017) 22€ ✶✶ ⇌ 🅴 ⚡ (10A) - pers. suppl. 7€ - frais de réservation 8€
Location : (Prix 2017) (de déb. mars à fin sept.) - 86 🚐 - 10 🏚. Nuitée 32 à 151€ - Sem. 225 à 1 060€ - frais de réservation 25€

Près de la plage, nombreux mobile homes autour d'un petit parc aquatique en partie couvert.

Nature : 🌳 ♀
Loisirs : 🍽 🏊 🏓 🚴 🎿 🏌 🏀 🎾 terrain multisports
Services : 🔑 ♿ 📶 laverie 🧺 🧹
GPS : W : 1.57264 N : 46.41084

La Ventouse

☎ 02 51 33 58 65, www.campinglaventouse.com
Pour s'y rendre : 18bis r. Pierre Curie (1.1 km au sud)
Ouverture : de déb. avr. à fin sept.
6,9 ha (118 empl.) vallonné, plat, herbeux
Empl. camping : (Prix 2017) 34€ ✶✶ ⇌ 🅴 ⚡ (10A) - pers. suppl. 7,50€ - frais de réservation 20€
Location : (Prix 2017) (de déb. avr. à fin sept.) - ♿ (1 tente lodge) - 29 🚐 - 8 tentes lodges - 3 roulottes. Nuitée 30 à 148€ - Sem. 205 à 1 036€ - frais de réservation 20€
🚐 borne artisanale

Terrain familial, plaisant avec de beaux emplacements ombragés.

Nature : 🌊 🌳 ♀♀
Loisirs : 🏊 🚴 🎿 🏌 terrain multisports
Services : 🔑 🏧 ♿ 📶 laverie 🧺
À prox. : 🚴 🚤 (plage)
GPS : W : 1.58105 N : 46.41235

La Mouette Cendrée

☎ 02 51 33 59 04, www.mouettecendree.com
Pour s'y rendre : chemin du Faux-Prieur, lieu-dit : Les Malecots (sortie nord-est par D 19, rte de St-Hilaire-la-Forêt)
Ouverture : Permanent
1,8 ha (101 empl.) plat, herbeux
Empl. camping : (Prix 2017) 31€ ✶✶ ⇌ 🅴 ⚡ (10A) - pers. suppl. 5€ - frais de réservation 20€
Location : (Prix 2017) Permanent♿ (1 mobile home) - 24 🚐 - 11 bungalows toilés. Nuitée 50€ - Sem. 199 à 899€ - frais de réservation 20€

Cadre verdoyant avec du locatif mobile homes plus ou moins récent.

Nature : 🌳 ♀♀
Loisirs : 🚴 🏌 🎿
Services : 🔑 📶 🏧
GPS : W : 1.56702 N : 46.42767

LANDEVIEILLE

85220 - Carte Michelin **316** F8 - 1 185 h. - alt. 37
▶ Paris 452 - Challans 25 - Nantes 83 - La Roche-sur-Yon 32

L'Orée de l'Océan

☎ 02 51 22 96 36, www.camping-oreedelocean.com
Pour s'y rendre : r. du Cap.-de-Mazenod (sortie ouest, rte de Brétignolles-sur-Mer)
Ouverture : de déb. juil. à fin août
2,8 ha (240 empl.) plat et peu incliné, herbeux
Empl. camping : (Prix 2017) 34€ ✶✶ ⇌ 🅴 ⚡ (10A) - pers. suppl. 6€ - frais de réservation 25€
Location : (Prix 2017) (de déb. avr. à fin sept.) - ♿ (1 mobile home) - 90 🚐 - 23 bungalows toilés. Sem. 210 à 1 148€ - frais de réservation 25€

Pour les enfants, une jolie pataugeoire ludique et colorée.

Nature : 🌊 🌳 ♀♀
Loisirs : 🍽 🍴 🏊 salle d'animations 🚴 🎿 🏌 🏓 🏀 🎾 terrain multisports
Services : 🔑 ♿ 📶 laverie
À prox. : 🎣
GPS : W : 1.80635 N : 46.64087

PAYS-DE-LA-LOIRE

▲▲ L'Évasion

📞 02 51 22 90 14, www.camping-levasion.fr - peu d'emplacements pour tentes et caravanes

Pour s'y rendre : 87 rte des Sables (750 m au sud est par D 32)

Ouverture : de mi-avr. à mi-sept.

5 ha (325 empl.) peu incliné, plat, herbeux

Empl. camping : (Prix 2017) 56 € ★★ 🚗 📧 🔌 (10A) - pers. suppl. 8 € - frais de réservation 26 €

Location : (Prix 2017) Permanent🅿 (1 mobile home) - 125 🏕 - 5 tentes lodges - 3 tentes sur pilotis - 3 cabanes perchées. Nuitée 70 à 169 € - Sem. 259 à 1 180 € - frais de réservation 26 €

Emplacements autour d'un joli plan d'eau écologique avec du locatif de bon confort et beaucoup de mobile homes de propriétaires-résidents.

Nature : 🏞 ⛲
Loisirs : 🍴 ✕ 🎱 salle d'animations 🏃 🚴 🏊 ⛵ (plan d'eau) 🎾 terrain multisports
Services : 🔑 👤 - 12 sanitaires individuels (🚿 🚽 wc) 📶 laverie 🧺

GPS : W : 1.79733 N : 46.6352

*Avant de prendre la route, consultez www.viamichelin.fr :
votre meilleur itinéraire, le choix de votre hôtel, restaurant,
des propositions de visites touristiques.*

LAVARÉ

72390 - Carte Michelin **310** M6 - 838 h. - alt. 122

▶ Paris 173 - Bonnétable 26 - Bouloire 14 - La Ferté-Bernard 19

▲ Le Val de Braye

📞 02 43 71 96 44, www.basedeloisirs-lavare.fr

Pour s'y rendre : rte de Vibraye (sortie est par D 302, à la Base de Loisirs)

Ouverture : de mi-avr. à mi-oct.

0,3 ha (20 empl.) plat, herbeux

Empl. camping : (Prix 2017) ★ 2 € 🚗 1 € – 🔌 (5A) 2 €

Agréable situation près d'un plan d'eau.

Nature : ⛲ ⛺
Loisirs : 🏊 🚣
Services : 🔑 🧺 📶
À prox. : ✕ ✂ 🐟 🏇 bi-cross skate parc

GPS : E : 0.64522 N : 48.05326

LONGEVILLE-SUR-MER

85560 - Carte Michelin **316** H9 - 2 356 h. - alt. 10

▶ Paris 448 - Challans 74 - Luçon 29 - La Roche-sur-Yon 31

▲▲▲ MS Vacances Les Brunelles 👥

📞 02 53 81 70 00, www.ms-vacances.com - peu d'emplacements pour tentes et caravanes

Pour s'y rendre : r. de La Parée (au lieu-dit : Le Bouil, 1 km au sud)

Ouverture : de déb. avr. à mi-sept.

13 ha (600 empl.) peu incliné, plat, herbeux

Empl. camping : (Prix 2017) 53 € ★★ 🚗 📧 🔌 (10A) - pers. suppl. 14 € - frais de réservation 28 €

Location : (Prix 2017) (de déb. avr. à fin sept.) ♿ (1 mobile home) - 538 🏕. Nuitée 34 à 301 € - Sem. 238 à 2 107 € - frais de réservation 28 €

🅿 borne AireService

Cadre naturel préservé, bel espace aquatique pour enfants.

Nature : 🌳 ⛲
Loisirs : 🍴 ✕ 🎱 🏊 🏃 🏊 hammam jacuzzi 🚴 🎾 🛶 🏊 trottinettes électriques terrain multisports
Services : 🔑 🏪 👤 🚿 📶 laverie 🧺

GPS : W : 1.52191 N : 46.41326

▲▲▲ Camp'Atlantique Le Petit Rocher 👥

📞 02 51 20 41 94, www.campinglepetitrocher.com

Pour s'y rendre : 1250 av. du Dr-Mathevet

5 ha (211 empl.) vallonné, en terrasses, peu incliné, plat, herbeux

Empl. camping : (Prix 2017) 33 € ★★ 🚗 📧 🔌 (10A) - pers. suppl. 9 € - frais de réservation 25 €

Location : (Prix 2017) (de déb. avr. à fin sept.) - ♿ (1 mobile home) - 129 🏕 - 8 tentes lodges - 5 tentes sur pilotis - 5 roulottes. Nuitée 25 à 173 € - Sem. 175 à 1 211 € - frais de réservation 25 €

Terrain vallonné, bien ombragé à 250 m de la plage par une rue piétonne.

Nature : ⛲ ⛺⛺
Loisirs : 🍴 🎱 🏊 🏃 hammam jacuzzi 🚴 🛶 🎾 terrain multisports
Services : 🔑 👤 📶 laverie
À prox. : 🏊 🏇

GPS : W : 1.50727 N : 46.40344

LUCHÉ-PRINGÉ

72800 - Carte Michelin **310** J8 - 1 658 h. - alt. 34

▶ Paris 242 - Château-du-Loir 31 - Écommoy 24 - La Flèche 14

▲ Municipal la Chabotière

📞 06 74 78 39 97, www.lachabotiere.com

Pour s'y rendre : pl. des Tilleuls (à l'ouest du bourg)

Ouverture : Permanent

3 ha (75 empl.) en terrasses, plat, herbeux

Empl. camping : (Prix 2017) 15 € ★★ 🚗 📧 🔌 (10A) - pers. suppl. 4,10 €

Location : (Prix 2017) Permanent♿ (1 chalet) - 10 🏠 - 9 bungalows toilés - 1 tente lodge sur pilotis (avec sanitaires). Nuitée 56 à 93 € - Sem. 275 à 550 €

À la base de loisirs, au bord du Loir.

Nature : 🌳 ⛲ ⛺
Loisirs : 🎱 🏃 🚴
Services : 🔑 (juil.-août) 🅿 👤 📶 laverie
À prox. : 🏊 ✕ ✂ 🐟 🏊 🏇 barques

GPS : E : 0.07364 N : 47.70252

*LES GUIDES VERTS MICHELIN
Sites classés par étoiles
Routes touristiques
Adresses
Cartes et plans de villes avec adresses positionnées
Programmes d'une à plusieurs semaines*

PAYS-DE-LA-LOIRE

LE LUDE

72800 - Carte Michelin **310** J9 - 4 049 h. - alt. 48
▶ Paris 244 - Angers 63 - Chinon 63 - La Flèche 20

▲ Municipal au Bord du Loir

☎ 02 43 94 67 70, www.camping-lelude.com

Pour s'y rendre : rte du Mans (0,8 km au nord-ouest par D 307, rte du Mans)

Ouverture : de déb. avr. à fin sept.

2,5 ha (113 empl.) plat, herbeux

Empl. camping : (Prix 2017) 16€ ✶✶ ⚘ 🅿 🔌 (10A) - pers. suppl. 5€

Location : (Prix 2017) (de déb. avr. à fin sept.) - 7 🏠 - 1 🏡 - 8 tentes lodges. Nuitée 30 à 100€ - Sem. 140 à 500€

🚿 borne eurorelais 2€

Cadre champêtre au bord du Loir.

Nature : 🌳
Loisirs : 🏊 🐎 🚲 ✈
Services : 🔑 🛒 📶 🔧
À prox. : 🍴 ✂ 🍽 🐎 pédalos skate parc

GPS : E : 0.16247 / N : 47.65119

LUÇON

85400 - Carte Michelin **316** I9 - 9 311 h. - alt. 8
▶ Paris 442 - Nantes 102 - Niort 63 - La Roche-sur-Yon 33

▲ APV Les Guifettes

☎ 02 51 56 17 16, www.camping-apv.com - peu d'emplacements pour tentes et caravanes

Pour s'y rendre : r. de la Clairaye (4,5 km au sud, près de l'Hippodrome et du lac)

Ouverture : de déb. avr. à fin sept.

7 ha (195 empl.) non clos, plat, herbeux

Empl. camping : (Prix 2017) 13,90€ ✶✶ ⚘ 🅿 🔌 (6A) - pers. suppl. 7€ - frais de réservation 29€

Location : (Prix 2017) Permanent - 11 🏠 - 27 🏡 - 30 gîtes. Nuitée 38 à 113€ - Sem. 294 à 791€ - frais de réservation 29€

🚿 borne AireService 9,50€ - 24 🅿 9,50€

Emplacements ombragés ou plein soleil, tout proche d'un lac avec du locatif neuf et très ancien.

Nature : 🌲 🌳
Loisirs : 🍴 ✂ 🍽 salle d'animations 🏃 ⛳ 🏊 🚲 ✂ 🎯 🏛 terrain multisports
Services : 🔑 🐎 📶 laverie 🔧
À prox. : 🐟 🐎

GPS : W : 1.18223 / N : 46.43314

MACHÉ

85190 - Carte Michelin **316** F7 - 1 337 h. - alt. 42
▶ Paris 443 - Challans 22 - Nantes 59 - La Roche-sur-Yon 26

▲ Le Val de Vie

☎ 02 51 60 21 02, www.campingvaldevie.fr

Pour s'y rendre : 5 r. du Stade (sortie rte d'Apremont et chemin à gauche, à 400 m du lac)

Ouverture : de déb. janv. à mi-nov.

2,5 ha (93 empl.) peu incliné, plat, herbeux

Empl. camping : (Prix 2017) 24,90€ ✶✶ ⚘ 🅿 🔌 (10A) - pers. suppl. 2,20€

Location : (Prix 2017) (de déb. janv. à mi-nov.) - 5 🏠 - 2 🏡. Nuitée 30 à 70€ - Sem. 129 à 730€

🚿 borne artisanale 2,50€

Beau cadre paysager sur un terrain en pente douce.

Nature : 🌳 🌲
Loisirs : 🍴 ✂ 🚲 🏛 🎯 terrain multisports
Services : 🔑 🛒 🐎 📶
À prox. : ✂ 🍽

GPS : W : 1.68595 / N : 46.75305

MACHECOUL

44270 - Carte Michelin **316** F6 - 5 872 h. - alt. 5
▶ Paris 420 - Beauvoir-sur-Mer 23 - Nantes 39 - La Roche-sur-Yon 56

▲ La Rabine

☎ 02 40 02 30 48, www.camping-la-rabine.com

Pour s'y rendre : allée de la Rabine (sortie sud par D 95, rte de Challans, au bord du Falleron)

Ouverture : de déb. avr. à fin sept.

2,8 ha (131 empl.) plat, herbeux

Empl. camping : (Prix 2017) 15,30€ ✶✶ ⚘ 🅿 🔌 (13A) - pers. suppl. 4,20€

Location : (Prix 2017) (de déb. avr. à fin sept.) - 3 🏠 - 3 🏡 - 1 roulotte. Nuitée 45 à 70€ - Sem. 260 à 500€ - frais de réservation 15€

🚿 borne artisanale 3,50€ - 4 🅿 11,50€

Une sorte de presqu'île avec du locatif varié à deux pas du bourg.

Nature : ≤ Flèches de l'église 🌳
Loisirs : 🍴 ✂ 🍽
Services : 🔑 📶 🔧
À prox. : ✂ 🍽

GPS : W : 1.81555 / N : 46.9887

---

*Donnez-nous votre avis
sur les terrains que nous recommandons.
Faites-nous connaître vos observations et vos découvertes
par mail à l'adresse : leguidecampingfrance@tp.michelin.com.*

MAILLEZAIS

85420 - Carte Michelin **316** L9 - 962 h. - alt. 6
▶ Paris 436 - Fontenay-le-Comte 15 - Niort 27 - La Rochelle 49

▲ Municipal de l'Autize

☎ 06 43 19 14 90, www.maillezais.fr

Pour s'y rendre : rte de Maille

Ouverture : de déb. juin à fin sept.

1 ha (40 empl.) plat, herbeux

Empl. camping : (Prix 2017) 18,48€ ✶✶ ⚘ 🅿 🔌 (8A) - pers. suppl. 2,64€

🚿 borne raclet 2€

Cadre verdoyant à la sortie du bourg.

Nature : 🏞 🌳🌳
Loisirs : 🏛
Services : 🔑 (juil.-août) 🍴 🐎 📶
À prox. : 🎣 ✂ 🍽 🏊

GPS : W : 0.73914 / N : 46.37133

PAYS-DE-LA-LOIRE

MALICORNE-SUR-SARTHE
72270 - Carte Michelin **310** I8 - 1 962 h. - alt. 39
▶ Paris 236 - Château-Gontier 52 - La Flèche 16 - Le Mans 32

▲ Municipal Port Ste Marie
☎ 02 43 94 80 14, www.ville-malicorne.fr
Pour s'y rendre : à l'ouest du bourg par D 41
1 ha (65 empl.) plat, herbeux
Location : 4 ⛺ - 6 bungalows toilés.
🚐 borne eurorelais
Cadre et situation agréables, près de la Sarthe.

Nature : 🌳
Loisirs : 🏛 🐎
Services : 🔑 🚿 laverie
À prox. : 🚴 🍴 🏊 🎣 🛶 🏇 pédalos
terrain multisports

GPS W : 0.0893 N : 47.81763

Choisissez votre restaurant sur restaurant.michelin.fr

MAMERS
72600 - Carte Michelin **310** L4 - 5 545 h. - alt. 128
▶ Paris 185 - Alençon 25 - Le Mans 51 - Mortagne-au-Perche 25

▲ Municipal du Saosnois
☎ 02 43 97 68 30, www.camping-mamers.fr
Pour s'y rendre : 1 km au nord par rte de Mortagne-au-Perche et D 113 à gauche, rte de Contilly, près de deux plans d'eau
Ouverture : de mi-avr. à déb. oct.
1,5 ha (40 empl.) en terrasses, peu incliné, plat, herbeux
Empl. camping : (Prix 2017) 15,70€ ✱✱ 🚗 🔌 (10A) - pers. suppl. 3,15€
Location : (Prix 2017) (de mi-avr. à déb. oct.) - 3 ⛺ - 5 bungalows toilés. Nuitée 26 à 47€ - Sem. 157 à 305€
🚐 borne artisanale 7,35€ - 9 🔌 7,35€
Cadre verdoyant au bord d'un plan d'eau.

Nature : 🌳🌳
Loisirs : 🍴 🏊 (plage)
Services : 🔑 🚿 ♿ 📶 laverie
À prox. : 🚴 🍴 🎣 🏇

GPS E : 0.37303 N : 48.35809

MANSIGNÉ
72510 - Carte Michelin **310** J8 - 1 579 h. - alt. 80
▶ Paris 235 - Château-du-Loir 28 - La Flèche 21 - Le Lude 17

▲ La Plage - Base de Loisirs
☎ 02 43 46 14 17, www.basedeloisirsmansigne.fr
Pour s'y rendre : r. du Plessis (sortie nord par D 31, rte de la Suze-sur-Sarthe, à 100 m d'un plan d'eau)
Ouverture : de déb. avr. à déb. nov.
3 ha (115 empl.) plat, herbeux
Empl. camping : (Prix 2017) 16,30€ ✱✱ 🚗 🔌 (10A) - pers. suppl. 3,50€ - frais de réservation 19,50€
Location : (Prix 2017) (de déb. avr. à déb. nov.) - ♿ (1 chalet) - 8 ⛺ - 20 ⛺ - 8 bungalows toilés - 1 gîte. Nuitée 80 à 100€ - Sem. 290 à 530€ - frais de réservation 19,50€
🚐 borne eurorelais 5€ - 15 🔌 5€

Cadre verdoyant près de la base de loisirs. Piscine couverte pour les chalets uniquement.

Nature : 🌳
Loisirs : 🍴 🏛 🚴 🛶
Services : 🔑 (14 juil.-16 août) 📶 laverie
point d'informations touristiques
À prox. : 🍴 🏊 (plage) 🛶 🏇 pédalos tyrolienne

GPS E : 0.13284 N : 47.75078

MARÇON
72340 - Carte Michelin **310** M8 - 1 028 h. - alt. 59
▶ Paris 245 - Château-du-Loir 10 - Le Grand-Lucé 51 - Le Mans 52

▲▲ Le Lac des Varennes
☎ 02 43 44 13 72, www.lacdesvarennes.camp
Pour s'y rendre : rte de Port-Gauthier (1 km à l'ouest par D 61, près de l'espace de loisirs)
Ouverture : de déb. avr. à fin oct.
5,5 ha (250 empl.) plat, herbeux
Empl. camping : 20,10€ ✱✱ 🚗 🔌 (10A) - pers. suppl. 5,60€ - frais de réservation 10€
Location : (de déb. avr. à mi-oct.) - ♿ (mobile-home) - 19 ⛺ - 5 bungalows toilés - 1 tente lodge. Nuitée 40 à 108€ - Sem. 210 à 750€ - frais de réservation 10€
🚐 borne artisanale
Situation agréable autour d'un lac aménagé en base de loisirs.

Nature : 🌳
Loisirs : 🍴 🏛 🚴 🛶 (plage) 🎣
Services : 🔑 🚿 📶 🏊 laverie
À prox. : 🍴 🎣 🏇 pédalos terrain multisports

GPS E : 0.4993 N : 47.7125

Guide Michelin (hôtels et restaurants),
Guide Vert (sites et circuits touristiques) et
cartes routières Michelin sont complémentaires.
Utilisez-les ensemble.

MAULÉVRIER
49360 - Carte Michelin **317** E6 - 2 855 h. - alt. 130
▶ Paris 366 - Angers 75 - Nantes 76 - La Roche-sur-Yon 80

▲ Les Logis de L'Oumois
☎ 06 26 93 93 45, www.logisdeloumois.com
Pour s'y rendre : 3 km au sud par D 157 et D 28
Ouverture : Permanent
30 ha/2 campables (40 empl.) plat, herbeux, étang
Empl. camping : (Prix 2017) 14€ ✱✱ 🚗 🔌 (10A) - pers. suppl. 5€
Location : (Prix 2017) Permanent 🏠 - 10 ⛺ - 2 🛏 - 2 gîtes. Nuitée 38 à 140€ - Sem. 340 à 480€
Cadre boisé autour des emplacements et au bord de trois étangs.

Nature : 🌳
Loisirs : 🏛 🚴 🛶 pédalos, barques
Services : 🔑 🚿 ♿ 📶 laverie

GPS W : 0.7592 N : 46.9987

391

PAYS-DE-LA-LOIRE

MAYENNE

53100 - Carte Michelin **310** F5 - 13 350 h. - alt. 124
▶ Paris 283 - Alençon 61 - Flers 56 - Fougères 47

⚠ Du Gué St-Léonard

☎ 02 43 04 57 14, www.campingduguesaintleonard.fr

Pour s'y rendre : r. du Gué-St-Léonard (au nord de la ville, par av. de Loré et r. à dr.)

Ouverture : de mi-mars à fin sept.

1,8 ha (70 empl.) plat, herbeux

Empl. camping : (Prix 2017) 8,85 € ♂♀ 🚗 🏠 ⚡ (10A) - pers. suppl. 4 €

Location : (Prix 2017) (de déb. mars à fin oct.) - 6 🏠 - 1 bungalow toilé - 3 tentes sur pilotis. Sem. 144 à 498 €

Situation plaisante au bord de la Mayenne.

Nature : 🌳🌳
Loisirs : 🍴 🏠 🚴 🏊
Services : 🔧 🚿 📶 laverie
À prox. : 🍴 ✂ 🎣

GPS W : 0.61387   N : 48.3142

LE MAZEAU

85420 - Carte Michelin **316** L9 - 427 h. - alt. 8
▶ Paris 435 - Fontenay-le-Comte 22 - Niort 21 - La Rochelle 53

⚠ Le Relais du Pêcheur

☎ 02 51 52 93 23, www.relaisdupecheur.fr

Pour s'y rendre : rte de la Sèvre (700 m au sud du bourg, près de canaux)

Ouverture : de déb. avr. à mi-oct.

1 ha (54 empl.) plat, herbeux

Empl. camping : (Prix 2017) 18,40 € ♂♀ 🚗 🏠 ⚡ (10A) - pers. suppl. 4,50 €

Cadre et situation agréables au cœur de la Venise Verte.

Nature : 🌊 🌳🌳
Loisirs : 🍴 🏠 🚴 🏊 (petite piscine)
Services : 🔧 🚿 📶 ♻
À prox. : 🎣

GPS W : 0.67535   N : 46.33052

MÉNIL

53200 - Carte Michelin **310** E8 - 965 h. - alt. 32
▶ Paris 297 - Angers 45 - Château-Gontier 7 - Châteauneuf-sur-Sarthe 21

⚠ Municipal du Bac

☎ 02 43 70 24 54, www.camping.menil53.fr

Pour s'y rendre : r. du Port (à l'est du bourg)

Ouverture : de mi-avr. à mi-sept.

0,5 ha (34 empl.) plat, herbeux

Empl. camping : (Prix 2017) 12 € ♂♀ 🚗 🏠 ⚡ (10A) - pers. suppl. 4 €

Location : (Prix 2017) Permanent - 5 🏠. Nuitée 42 à 88 € - Sem. 163 à 350 €

🚐 borne artisanale 2 €

Cadre et situation agréables, près de la Mayenne.

Nature : 🌊 🌳
Loisirs : 🍴 🚴 🎣 🏊
Services : 🔧 📶
À prox. : pédalos

GPS W : 0.67319   N : 47.77494

MERVENT

85200 - Carte Michelin **316** L8 - 1 077 h. - alt. 85
▶ Paris 426 - Bressuire 52 - Fontenay-le-Comte 12 - Parthenay 50

⚠ La Joletière

☎ 02 51 00 26 87, www.campinglajoletiere.fr

Pour s'y rendre : 700 m à l'ouest par D 99

Ouverture : de déb. avr. à mi-oct.

1,3 ha (73 empl.) peu incliné, herbeux

Empl. camping : (Prix 2017) 17 € ♂♀ 🚗 🏠 ⚡ (16A) - pers. suppl. 6 €

Location : (Prix 2017) (de déb. avr. à mi-oct.) - 20 🏠 - 4 🏠 - 3 bungalows toilés - 1 roulotte. Nuitée 37 à 113 € - Sem. 220 à 660 €

Espace verdoyant, en pente douce avec du locatif varié.

Nature : 🌊 🌳🌳
Loisirs : 🍴 (3j/sem) 🏠 🚴 🏊 ✈
Services : 🔧 🚿 📶
À prox. : 🍷

GPS W : 0.7691   N : 46.5214

Benutzen Sie den Hotelführer des laufenden Jahres.

MESQUER

44420 - Carte Michelin **316** B3 - 1 710 h. - alt. 6
▶ Paris 460 - La Baule 16 - Muzillac 32 - Pontchâteau 35

⚠ Soir d'Été 👥

☎ 02 40 42 57 26, www.camping-soirdete.com

Pour s'y rendre : 401 r. de Bel-Air (2 km au nord-ouest par D 352 et rte à gauche)

Ouverture : de déb. avr. à fin sept.

1,5 ha (92 empl.) plat et peu incliné, sablonneux, herbeux

Empl. camping : (Prix 2017) 32 € ♂♀ 🚗 🏠 ⚡ (6A) - pers. suppl. 6 €

Location : (Prix 2017) (de déb. avr. à fin sept.) - 20 🏠 - 4 🏠 - 1 tente sur pilotis. Nuitée 110 à 170 € - Sem. 269 à 809 €

🚐 borne artisanale

Cadre ombragé au bord des marais salants avec des services et loisirs de qualité.

Nature : 🌊 🌳🌳
Loisirs : 🍷 🍴 🏠 🚴 🏊 🚲 ✈ terrain multisports
Services : 🔧 🚿 📶 laverie ♻ réfrigérateurs
À prox. : ✂ 🎣

GPS W : 2.47575   N : 47.4064

⚠ Le Praderoi

☎ 02 40 42 66 72, www.camping-praderoi.com

Pour s'y rendre : à Quimiac, 14 allée des Barges (2,5 km au nord-ouest)

Ouverture : de déb. avr. à fin sept.

0,4 ha (32 empl.) plat, herbeux, sablonneux

Empl. camping : (Prix 2017) 25,50 € ♂♀ 🚗 🏠 ⚡ (10A) - pers. suppl. 4,50 €

Location : (Prix 2017) (de déb. avr. à fin sept.) - ✂ - 5 🏠 - 2 roulottes. Nuitée 70 à 100 € - Sem. 200 à 620 €

En zone pavillonnaire, petite structure ombragée, très calme et très familiale à 100 m de la plage.

Nature : 🌊 🌳🌳
Loisirs : 🏊
Services : 🔧 🚿 📶 ♻

GPS W : 2.48895   N : 47.40572

PAYS-DE-LA-LOIRE

MÉZIÈRES-SOUS-LAVARDIN

72240 - Carte Michelin **310** J6 - 634 h. - alt. 75
▶ Paris 221 - Alençon 38 - La Ferté-Bernard 69 - Le Mans 25

⚠ Smile et Braudières

☎ 02 43 20 81 48, www.campingsmileetbraudieres.com - peu d'emplacements pour tentes et caravanes

Pour s'y rendre : lieu-dit : Les Braudières (4,5 km à l'est par rte secondaire de St-Jean)

Ouverture : Permanent

1,7 ha (52 empl.) plat et peu incliné, herbeux

Empl. camping : (Prix 2017) 22€ ✶✶ 🚗 🅿 ⚡ (10A) - pers. suppl. 5,50€

Location : (Prix 2017) Permanent - 7 🏠 - 1 🏡 - 1 chalet sur pilotis - 3 bungalows toilés - 1 cabanon. Nuitée 85€ - Sem. 450 à 595€

🚐 2 🅿 18€ - 🚰 18€

En bordure d'un petit étang de pêche.

Nature : 🌳 ○○
Loisirs : ✕ jacuzzi 🏊 🛶 🎣
Services : 🔑

GPS : E : 0.06328 N : 48.15758

MONTREUIL-BELLAY

49260 - Carte Michelin **317** I6 - 4 041 h. - alt. 50
▶ Paris 335 - Angers 54 - Châtellerault 70 - Chinon 39

⚠ Flower Les Nobis d'Anjou 👥

☎ 02 41 52 33 66, www.campinglesnobis.com

Pour s'y rendre : r. Georges-Girouy (sortie nord-ouest, rte d'Angers et chemin à gauche av. le pont)

Ouverture : de déb. avr. à mi-sept.

3 ha (123 empl.) en terrasses, plat, herbeux

Empl. camping : (Prix 2017) 17,50€ ✶✶ 🚗 🅿 ⚡ (10A) - pers. suppl. 4€ - frais de réservation 10€

Location : (Prix 2017) (de déb. avr. à fin sept.) - 17 🏠 - 4 chalets sur pilotis - 4 bungalows toilés. Nuitée 52 à 107€ - Sem. 173 à 749€ - frais de réservation 10€

🚐 borne artisanale

Situation agréable sur les rives du Thouet et au pied des remparts du château.

Nature : 🌳 ○○
Loisirs : 🍹 ✕ 🍴 ☀ diurne 🏊 🛶 🎣
Services : 🔑 🧺 🛒 📶 laverie
À prox. : 🚣 pédalos

GPS : W : 0.15897 N : 47.13204

MONTSOREAU

49730 - Carte Michelin **317** J5 - 485 h. - alt. 77
▶ Paris 292 - Angers 75 - Châtellerault 65 - Chinon 18

⚠ "C'est si bon" L'Isle Verte

☎ 02 41 51 76 60, www.campingisleverte.com

Pour s'y rendre : av. de la Loire (sortie nord-ouest par D 947, rte de Saumur)

Ouverture : de déb. avr. à mi-oct.

2,5 ha (105 empl.) plat, herbeux

Empl. camping : (Prix 2017) 28,50€ ✶✶ 🚗 🅿 ⚡ (16A) - pers. suppl. 6€ - frais de réservation 10€

Location : (Prix 2017) (de déb. avr. à mi-oct.) - 18 🏠 - 3 bungalows toilés - 2 tentes lodges - 4 tentes sur pilotis - 2 cabanons. Nuitée 45 à 115€ - Sem. 200 à 805€ - frais de réservation 15€

🚐 borne artisanale

Locatif varié en modèles et en confort au bord de la Loire.

Nature : ≤ la Loire ○○
Loisirs : ✕ 🍴 🏊 🚲 🎣 🛶
Services : 🔑 🧺 📶 🛒

GPS : E : 0.05165 N : 47.21861

MOUCHAMPS

85640 - Carte Michelin **316** J7 - 2 600 h. - alt. 81
▶ Paris 394 - Cholet 40 - Fontenay-le-Comte 52 - Nantes 68

⚠ Le Hameau du Petit Lay

☎ 02 51 66 25 72, www.lehameaudupetitlay.com

Pour s'y rendre : lieu-dit : Chauvin (600 m au sud par D 113, rte de St-Prouant)

Ouverture : de mi-juin à mi-sept.

0,4 ha (39 empl.) plat, herbeux

Empl. camping : (Prix 2017) 17€ ✶✶ 🚗 🅿 ⚡ (16A) - pers. suppl. 4€

Location : (Prix 2017) (de déb. mai à fin sept.) - 15 🏡. Nuitée 70 à 100€ - Sem. 310 à 570€

Camping et chalets de part et d'autre du petit pont de bois qui traverse le ruisseau le Lay.

Nature : 🌳 ○○
Loisirs : 🍴 🏊 🛶 🎣 (petite piscine)
Services : 🔑 📶 🛒
À prox. : 🎣

GPS : W : 1.05483 N : 46.77585

Use this year's Guide.

MOUILLERON-LE-CAPTIF

85000 - Carte Michelin **316** h7 - 4 511 h. - alt. 70
▶ Paris 421 - Challans 40 - La Mothe-Achard 22 - Nantes 63

⚠ L'Ambois

☎ 02 51 37 29 15, www.campingambois.com - peu d'emplacements pour tentes et caravanes

Pour s'y rendre : sortie sud-est par D 2, rte de la Roche-sur-Yon, puis 2,6 km par chemin à dr.

Ouverture : Permanent

1,75 ha (70 empl.) peu incliné, plat, herbeux

Empl. camping : (Prix 2017) 18,90€ ✶✶ 🚗 🅿 ⚡ (10A) - pers. suppl. 4,90€ - frais de réservation 16€

Location : (Prix 2017) Permanent 🏠 - 42 🏠 - 18 🏡 - 1 gîte. Nuitée 89 à 180€ - Sem. 189 à 688€ - frais de réservation 16€

Cadre champêtre avec très peu de places pour tentes et caravanes.

Nature : 🌿 🌳 ○
Loisirs : 🍹 ✕ 🍴 jacuzzi 🏊 🚲 🎣 🛶 (découverte en saison) mini ferme patinoire synthétique
Services : 🔑 🧺 🛒 📶 laverie 🚿

GPS : W : 1.46092 N : 46.69647

393

PAYS-DE-LA-LOIRE

NANTES

44000 - Carte Michelin 316 G4 - 282 047 h. - alt. 8
▶ Paris 381 - Angers 88 - Bordeaux 325 - Lyon 660

Nantes Camping - Le Petit Port

☎ 02 40 74 47 94, www.nantes-camping.fr

Pour s'y rendre : 21 bd du Petit-Port (au bord du Cens)

Ouverture : Permanent

8 ha (151 empl.) peu incliné, plat, herbeux, gravier

Empl. camping : (Prix 2017) 40,10€ ✶✶ ⛟ 🅿 ⚡ (16A) - pers. suppl. 6,10€ - frais de réservation 15€

Location : (Prix 2017) Permanent♿ (1 chalet, 1 mobile home) - 56 🚐 - 6 🏠 - 8 tentes lodges. Nuitée 49 à 175€ - Sem. 294 à 1 050€ - frais de réservation 25€

🚐 borne artisanale - 15 🅿 12€

Locatif varié et souvent de bon confort avec accès gratuit à la piscine et arrêt du tramway pour le centre-ville.

Nature : 🌳 ⛟ ♨
Loisirs : 🍴 ✕ 🎣 🚣 🚴
Services : 🔑 🏪 🧺 🚿 📶 laverie
À prox. : centre balnéo 🧖 hammam jacuzzi 🎬 ⛸ patinoire

GPS : W : 1.5567 N : 47.24346

NORT-SUR-ERDRE

44390 - Carte Michelin 316 G3 - 5 885 h. - alt. 13
▶ Paris 372 - Ancenis 27 - Châteaubriant 37 - Nantes 32

Seasonova du Port-Mulon

☎ 02 40 72 23 57, www.vacances-seasonova.com/les-destinations-seasonova/camping-port

Pour s'y rendre : r. des Mares Noires (1,5 km au sud par rte de l'hippodrome et à gauche)

Ouverture : de déb. avr. à fin oct.

2,2 ha (114 empl.) plat, herbeux

Empl. camping : (Prix 2017) 21€ ✶✶ 🅿 ⚡ (10A) - pers. suppl. 4,50€

Location : (Prix 2017) (de déb. avr. à fin oct.) - ⚠ - 12 🚐 - 4 chalets sur pilotis - 4 bungalows toilés - 4 tentes lodges - 2 cabanons. Sem. 220 à 610€ - frais de réservation 15€

🚐 borne eurorelais 3€ - 14 🅿 8€

Sous une agréable chênaie, à 100 m de l'Erdre avec du locatif varié et un bon confort sanitaire.

Nature : 🌳 ♨
Loisirs : 🎣 🚣 (petite piscine)
Services : 🔑 🏪 🧺 🚿 📶 laverie 🧼
À prox. : 🛒 🎯 halte fluviale

GPS : W : 1.49965 N : 47.42895

NOTRE-DAME-DE-MONTS

85690 - Carte Michelin 316 D6 - 1 866 h. - alt. 6
▶ Paris 459 - Nantes 74 - La Roche-sur-Yon 72

L'Albizia

☎ 02 28 11 28 50, www.campinglalbizia.com - peu d'emplacements pour tentes et caravanes

Pour s'y rendre : 52 r. de la Rive (1,9 km au nord)

Ouverture : de fin fév. à déb. nov.

3,6 ha (153 empl.) plat, herbeux, sablonneux

Empl. camping : (Prix 2017) 31€ ✶✶ ⛟ 🅿 ⚡ (16A) - pers. suppl. 7€ - frais de réservation 15€

Location : (Prix 2017) (de fin mars à déb. nov.) - 36 🚐. Nuitée 85 à 125€ - Sem. 290 à 877€ - frais de réservation 15€

Site agréable mais avec de nombreux mobile homes de propriétaires-résidents.

Nature : ⛟
Loisirs : 🍴 ✕ 🌙 nocturne 🎣 🚣 🏓 🚴 🎬 terrain multisports
Services : 🔑 🧺 📶 laverie

GPS : W : 2.12755 N : 46.8503

Municipal de l'Orgatte

☎ 02 51 58 84 31, www.notre-dame-de-monts.fr

Pour s'y rendre : av. Abbé-Thibaud (1,2 km au nord par D 38 et à gauche, à 300 m de la plage)

Ouverture : de déb. avr. à fin sept.

4,5 ha (315 empl.) vallonné, sablonneux

Empl. camping : (Prix 2017) 20,10€ ✶✶ ⛟ 🅿 ⚡ (10A) - pers. suppl. 5,50€ - frais de réservation 10€

Site agréable et vallonné, sous une pinède.

Nature : 🌳 ♨
Loisirs : 🍴 🚣 terrain multisports
Services : 🔑 📶 🚿

GPS : W : 2.13882 N : 46.83972

Le Pont d'Yeu

☎ 02 51 58 83 76, www.camping-pontdyeu.com - peu d'emplacements pour tentes et caravanes

Pour s'y rendre : r. du Pont-d'Yeu (1 km au sud par D 38 rte de St-Jean-de-Monts et rte à gauche)

Ouverture : de déb. avr. à fin sept.

1,3 ha (90 empl.) plat, sablonneux

Empl. camping : (Prix 2017) 17,50€ ✶✶ 🅿 ⚡ (10A) - pers. suppl. 4,50€ - frais de réservation 10€

Location : (Prix 2017) (de déb. avr. à fin sept.) - ♿ (1 mobile home) - 30 🚐 - 2 🏠. Nuitée 70 à 105€ - Sem. 240 à 725€ - frais de réservation 10€

Calme et familial avec la moitié des emplacements pour les mobile homes de propriétaires-résidents.

Nature : ⛟ ♨
Loisirs : 🚣 🎬 (découverte en saison)
Services : 🔑 🧼 📶 laverie

GPS : W : 2.13585 N : 46.82052

NYOISEAU

49500 - Carte Michelin 317 D2 - 1 305 h. - alt. 40
▶ Paris 316 - Ancenis 50 - Angers 47 - Châteaubriant 39

La Rivière

☎ 02 41 92 26 77, www.campinglariviere.fr

Pour s'y rendre : 1,2 km au sud-est par D 71, rte de Segré et rte à gauche, au bord de l'Oudon

1 ha (25 empl.) plat, herbeux

Location : 1 🚐.

🚐 borne Sanistation

Nature : 🌳 ♨
Loisirs : 🏓 🎣 🚴
Services : 🔑 📶

À prox. : 🎯 bi-cross

GPS : W : 0.90981 N : 47.71216

To visit a town or region : use the MICHELIN Green Guides.

PAYS-DE-LA-LOIRE

OLONNE-SUR-MER

85340 - Carte Michelin **316** F8 - 13 279 h. - alt. 40
▶ Paris 458 - Nantes 102 - La Roche-sur-Yon 36 - La Rochelle 96

Sunêlia La Loubine

☎ 02 51 33 12 92, www.la-loubine.fr - peu d'emplacements pour tentes et caravanes

Pour s'y rendre : 1 rte de la Mer (3 km à l'ouest)
Ouverture : de déb. avr. à mi-sept.
8 ha (401 empl.) plat, herbeux
Empl. camping : (Prix 2017) 44,40 € ✶✶ 🚗 ▯ ⚡ (6A) - pers. suppl. 7,90 € - frais de réservation 28 €
Location : (Prix 2017) (de déb. avr. à mi-sept.) - ♿ (1 mobile home) - 170 🏠 - 2 🏠 - 4 tentes lodges. Nuitée 35 à 157 € - Sem. 245 à 1 099 € - frais de réservation 28 €

Autour d'une ferme vendéenne du 16e s. et d'un beau complexe aquatique paysagé et ludique.

Nature : 🌳 🌲🌲
Loisirs : 🍴 ✗ 🏠 🌙nocturne 🚶 🎠 🚢 jacuzzi 🚴 🎯 🏊 🏊 terrain multisports
Services : 🔑 🚻 📶 laverie 🧺 🧼

GPS : W : 1.80647 N : 46.54595

MS Vacances Le Trianon

☎ 02 53 81 70 00, www.ms-vacances.com - peu d'emplacements pour tentes et caravanes

Pour s'y rendre : 95 r. du Mar.-Joffre (1 km à l'est)
Ouverture : de déb. avr. à mi-sept.
12 ha (515 empl.) plat, herbeux, petit étang
Empl. camping : (Prix 2017) 53 € ✶✶ 🚗 ▯ ⚡ (10A) - pers. suppl. 14 € - frais de réservation 28 €
Location : (Prix 2017) (de déb. avr. à fin sept.) - ♿ (2 mobile homes) - 517 🏠. Nuitée 33 à 259 € - Sem. 231 à 1 813 € - frais de réservation 28 €

Agréable cadre verdoyant et ombragé.

Nature : 🌳 🌲🌲
Loisirs : 🍴 ✗ 🏠 🌙 🚶 🎠 🚴 🎯 🏊 🎣 🏊 🏊 terrain multisports
Services : 🔑 🚽 🚻 📶 laverie 🧺 🧼

GPS : W : 1.75502 N : 46.53118

Le Moulin de la Salle

☎ 02 51 95 99 10, www.moulindelasalle.com - peu d'emplacements pour tentes et caravanes

Pour s'y rendre : r. du Moulin-de-la-Salle (2,7 km à l'ouest)
Ouverture : de déb. avr. à mi-sept.
2,7 ha (216 empl.) plat, herbeux
Empl. camping : (Prix 2017) 34,10 € ✶✶ 🚗 ▯ ⚡ (10A) - pers. suppl. 5,20 € - frais de réservation 28 €
Location : (Prix 2017) (de déb. avr. à mi-sept.) - 100 🏠. Nuitée 120 à 160 € - Sem. 220 à 895 € - frais de réservation 28 €

Nombreux mobile homes autour d'un joli moulin mais très peu d'emplacements pour tentes et caravanes.

Nature : 🌳 🌲
Loisirs : 🍴 ✗ 🏠 salle d'animations 🚶 🎠 🏊 🏊 terrain multisports
Services : 🔑 🚻 📶 laverie

GPS : W : 1.79217 N : 46.53183

Domaine de l'Orée

☎ 02 51 33 10 59, www.l-oree.com

Pour s'y rendre : 13 rte des Amis-de-la-Nature
Ouverture : de mi-avr. à mi-sept.
6 ha (320 empl.) plat, herbeux
Empl. camping : 37,50 € ✶✶ 🚗 ▯ ⚡ (10A) - pers. suppl. 7 € - frais de réservation 26 €
Location : (Prix 2017) (de mi-avr. à mi-sept.) - ♿ (1 mobile home) - 145 🏠 - 6 🏠. Nuitée 105 à 205 € - Sem. 290 à 1 585 € - frais de réservation 26 €

Terrain en deux parties distinctes avec quelques emplacements équipés de sanitaires individuels.

Nature : 🌳 🌲
Loisirs : 🍴 ✗ 🏠 🌙nocturne 🚶 🎠 🚴 🎯 🏊 🏊 terrain multisports
Services : 🔑 🚽 – 10 sanitaires individuels (🚿 wc) 🚻 📶 laverie 🧺 🧼
À prox. : 🐎

GPS : W : 1.80827 N : 46.5494

Nid d'Été

☎ 02 51 95 34 38, www.leniddete.com

Pour s'y rendre : 2 r. de la Vigne-Verte (2,5 km à l'ouest)
2 ha (150 empl.) plat, herbeux
Location : 45 🏠 - 1 🏠.

Terrain en deux parties distinctes avec un bon confort sanitaire.

Nature : 🌊 🌳 🌲🌲
Loisirs : 🍴 ✗ 🏠 jacuzzi 🚴 🏊 (découverte en saison)
Services : 🔑 🚻 📶 laverie 🧼

GPS : W : 1.79393 N : 46.53326

Flower Le Petit Paris

☎ 02 51 22 04 44, www.campingpetitparis.com

Pour s'y rendre : 41 r. du Petit-Versailles (5,5 km au sud-est)
Ouverture : de déb. avr. à fin oct.
3 ha (154 empl.) plat, herbeux
Empl. camping : (Prix 2017) 31,50 € ✶✶ 🚗 ▯ ⚡ (10A) - pers. suppl. 5,50 € - frais de réservation 18 €
Location : (Prix 2017) (de déb. avr. à fin oct.) - 40 🏠 - 2 🏠 - 4 bungalows toilés - 4 tentes lodges - 4 roulottes. Nuitée 35 à 149 € - Sem. 245 à 1 043 € - frais de réservation 18 €
🚐 borne artisanale

Cadre verdoyant avec du locatif varié et de bon confort avec baignade dans un joli lagon.

Nature : 🌊 🌳 🌲🌲
Loisirs : 🍴 🏠 🚶 🎯 🏊 🏊 🏊 (plan d'eau) 🏊 terrain multisports
Services : 🔑 🚽 🚻 📶 laverie 🧼
À prox. : parachutisme

GPS : W : 1.72041 N : 46.47359

🧺 ✗ 🧼 🏊 🐎
ATTENTION...
ces prestations ne fonctionnent généralement qu'en saison, quelles que soient les dates d'ouverture du terrain.

PAYS-DE-LA-LOIRE

▲ Les Fosses Rouges

📞 02 51 95 17 95, www.campingfossesrougessablesdolonnevendee.com

Pour s'y rendre : 8 r. des Fosses-Rouges, lieu-dit : la Pironnière (3 km au sud-est)

3,5 ha (248 empl.) plat, herbeux

Location : 21

borne artisanale

Dans un quartier pavillonnaire. Préférer les emplacements éloignés de la route.

Nature :
Loisirs : (découverte en saison)
Services : laverie

GPS W : 1.74510
N : 46.47956

▲ La Gachère

📞 02 51 22 65 82, www.camping-gachere.com

Pour s'y rendre : r. des Amis-de-la-Nature, Les Granges (8,5 km au nord ouest)

Ouverture : de déb. avr. à fin sept.

3,5 ha (161 empl.) vallonné, peu incliné, plat, sablonneux, herbeux

Empl. camping : (Prix 2017) 31 € (10A) - pers. suppl. 5,90 € - frais de réservation 16 €

Location : (Prix 2017) (de déb. avr. à fin sept.) - (1 mobile home) - 28 - 9 bungalows toilés - 3 tentes sur pilotis. Nuitée 88 à 150 € - Sem. 220 à 940 € - frais de réservation 20 €

Cadre naturel, vallonné et bien ombragé. Préférer les emplacements les plus éloignés de la route.

Nature :
Loisirs :
Services : laverie

GPS W : 1.83305
N : 46.59153

PIRIAC-SUR-MER

44420 - Carte Michelin **316** A3 - 2 245 h. - alt. 7

▶ Paris 462 - La Baule 17 - Nantes 88 - La Roche-Bernard 33

▲ Armor Héol

📞 02 40 23 57 80, www.camping-armor-heol.com

Pour s'y rendre : à Kervin, rte de Guérande (1 km au sud-est par D 333)

Ouverture : de déb. avr. à mi-sept.

4,5 ha (270 empl.) plat, herbeux, petit étang

Empl. camping : (Prix 2017) 34 € (6A) - pers. suppl. 7,50 € - frais de réservation 24 €

Location : (Prix 2017) (de déb. avr. à mi-sept.) - 58 - 19 - 1 roulotte. Nuitée 55 à 124 € - Sem. 290 à 869 € - frais de réservation 24 €

Locatif varié, bon confort des sanitaires individuels, plus faible et ancien pour les collectifs.

Nature :
Loisirs : terrain multisports
Services : – 20 sanitaires individuels (wc) laverie

GPS W : 2.53563
N : 47.3748

▲ Mon Calme

📞 02 40 23 60 77, www.campingmoncalme.com

Pour s'y rendre : r. de Norvoret (1 km au sud par rte de la Turballe et à gauche)

Ouverture : de déb. avr. à fin sept.

1,2 ha (88 empl.) plat, herbeux

Empl. camping : (Prix 2017) 18,50 € (10A) - pers. suppl. 3,60 € - frais de réservation 18 €

Location : (Prix 2017) (de déb. avr. à fin sept.) - 20 - 12 appartements. Nuitée 55 à 90 € - Sem. 260 à 880 € - frais de réservation 18 €

borne artisanale

À 400 m de la plage en zone pavillonnaire, mobile homes classiques, appart'hotels de qualité et très agréable salle de restaurant avec terrasse au bord de la piscine.

Nature :
Loisirs :
Services : (juil-août) laverie
À prox. :

GPS W : 2.54882
N : 47.37208

Dieser Führer stellt kein vollständiges Verzeichnis aller Campingplätze dar, sondern nur eine Auswahl der besten Plätze jeder Kategorie.

LA PLAINE-SUR-MER

44770 - Carte Michelin **316** C5 - 3 815 h. - alt. 26

▶ Paris 438 - Nantes 58 - Pornic 9 - St-Michel-Chef-Chef 7

▲ Le Ranch

📞 02 40 21 52 62, www.camping-le-ranch.com

Pour s'y rendre : chemin des Hautes-Raillères (3 km au nord-est par D 96)

Ouverture : de déb. avr. à fin sept.

3 ha (189 empl.) plat, herbeux

Empl. camping : (Prix 2017) 35 € (10A) - pers. suppl. 8 € - frais de réservation 17,50 €

Location : (Prix 2017) (de déb. avr. à fin sept.) - 13 - 21 . Nuitée 45 à 137 € - Sem. 225 à 959 € - frais de réservation 17,50 €

borne artisanale

Locatif de bon confort autour d'un bel espace aquatique.

Nature :
Loisirs : salle d'animations terrain multisports
Services : laverie

GPS W : 2.16292
N : 47.15412

▲ La Tabardière

📞 02 40 21 58 83, www.camping-la-tabardiere.com

Pour s'y rendre : 2 rte de la Tabardière (3,5 km à l'est par D 13, rte de Pornic et rte à gauche)

Ouverture : de déb. avr. à fin sept.

6 ha (264 empl.) en terrasses, plat, herbeux, étang

Empl. camping : (Prix 2017) 46 € (10A) - pers. suppl. 8,50 € - frais de réservation 25 €

Location : (Prix 2017) (de déb. avr. à fin sept.) - (1 mobile home) - 19 - 16 . Nuitée 28 à 144 € - Sem. 196 à 1 008 € - frais de réservation 25 €

borne eurorelais 14 € - 5 14 € - 14 €

Utilisez le guide de l'année.

PAYS-DE-LA-LOIRE

Emplacements en terrasses, locatif classique et un confort sanitaire propre mais très ancien.

Nature :
Loisirs : (découverte en saison) terrain multisports
Services : laverie

GPS W : 2.15313
N : 47.14087

Beaucoup d'espaces verts propices à la détente, un parc aquatique avec plusieurs toboggans et 2 piscines couvertes.

Nature :
Loisirs : salle d'animations, centre balnéo, hammam jacuzzi, mini ferme terrain multisports
Services : laverie

GPS W : 2.07196
N : 47.1187

LES PONTS-DE-CÉ

49130 - Carte Michelin 317 F4 - 11 575 h. - alt. 25
▶ Paris 302 - Nantes 92 - Angers 7 - Cholet 57

Île du Château

☎ 06 59 08 15 09, www.camping-ileduchateau.fr
Pour s'y rendre : av. de la Boire-Salée (sur l'Île du Château)
2,3 ha (135 empl.) plat, herbeux
Location : 2 - 7 bungalows toilés - 1 gîte.
Cadre arboré, près de la Loire et d'un jardin public.

Nature :
Loisirs :
Services :
À prox. :

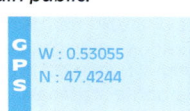

GPS W : 0.53055
N : 47.4244

PORNIC

44210 - Carte Michelin 316 D5 - 14 052 h. - alt. 20
▶ Paris 429 - Nantes 49 - La Roche-sur-Yon 89 - Les Sables-d'Olonne 93

Club Airotel La Boutinardière

☎ 02 40 82 05 68, www.camping-boutinardiere.com
Pour s'y rendre : 23 r. de la Plage-de-la-Boutinardière (5 km au sud-est par D 13 et rte à dr.)
Ouverture : de déb. avr. à mi-sept.
7,5 ha (400 empl.) peu incliné, plat, herbeux
Empl. camping : (Prix 2017) 51,90€ ✶✶ ⛺ 🚗 (6A) - pers. suppl. 8€ - frais de réservation 25€
Location : (de déb. avr. à mi-sept.) - 217 🏠 - 37 🏡 - 4 tentes lodges - 15 appartements. Nuitée 31 à 136€ - Sem. 287 à 1 533€ - frais de réservation 25€

À 200 m de la plage, en deux parties distinctes, installations de qualité très adaptées aux familles avec enfants et locatif souvent de grand confort.

Nature :
Loisirs : centre balnéo, hammam jacuzzi, mini ferme jeux enfants couverts terrain multisports
Services : laverie

GPS W : 2.05222
N : 47.09747

Yelloh! Village La Chênaie

☎ 02 40 82 07 31, www.campinglachenaie.com
Pour s'y rendre : 36bis r. du Pâtisseau (à l'est par D 751, rte de Nantes et rte à gauche)
Ouverture : de déb. mai à mi-sept.
8 ha (305 empl.) en terrasses, peu incliné, plat, herbeux
Empl. camping : (Prix 2017) 54€ ✶✶ ⛺ 🚗 (10A) - pers. suppl. 9€
Location : (Prix 2017) (de mi-avr. à mi-sept.) - 117 🏠 - 3 bungalows toilés. Nuitée 30 à 239€ - Sem. 210 à 1 673€
borne artisanale - 14,50€

PORNICHET

44380 - Carte Michelin 316 B4 - 10 466 h. - alt. 12
▶ Paris 449 - Nantes 74 - Vannes 84 - La Roche-sur-Yon 143

Les Forges

☎ 02 40 61 18 84, www.campinglesforges.com - peu d'emplacements pour tentes et caravanes
Pour s'y rendre : 98 rte de la Villès-Blais, quartier Les Forges
Ouverture : de déb. juil. à déb. sept.
2 ha (140 empl.) en terrasses, plat, herbeux
Empl. camping : (Prix 2017) 28,30€ ✶✶ ⛺ 🚗 (10A) - pers. suppl. 6,80€ - frais de réservation 30€
Location : (Prix 2017) (de déb. juil. à déb. sept.) - ♿ (1 mobile home) - 25 🏠. Nuitée 71 à 111€ - Sem. 497 à 777€ - frais de réservation 30€

En zone pavillonnaire, avec beaucoup de mobile homes de propriétaires-résidents. Arrêt de bus pour le centre-ville.

Nature :
Loisirs : (découverte en saison) terrain multisports
Services : laverie

GPS W : 2.29379
N : 47.26917

Avant de vous installer, consultez les tarifs en cours, affichés obligatoirement à l'entrée du terrain, et renseignez-vous sur les conditions particulières de séjour. Les indications portées dans le guide ont pu être modifiées depuis la mise à jour.

POUANCÉ

49420 - Carte Michelin 317 B2 - 3 046 h. - alt. 56
▶ Paris 335 - Angers 67 - Laval 51 - Rennes 62

Municipal la Roche Martin

☎ 02 41 61 98 79, www.naturoloisirs.com
Pour s'y rendre : 23 r. des Étangs (à 1 km au nord par D 6 et D 72 à gauche rte de la Guerche-de-Bretagne, près d'un étang)
Ouverture : de mi-juin à déb. sept.
1,5 ha (40 empl.) en terrasses, plat, herbeux
Empl. camping : (Prix 2017) 13,90€ ✶✶ ⛺ 🚗 (10A) - pers. suppl. 3,60€
borne artisanale 5€

Cadre verdoyant au bord d'un étang avec la base nautique et la plage.

Loisirs :
Services : laverie
À prox. : (plage) pédalos

GPS W : 1.179
N : 47.7487

397

PAYS-DE-LA-LOIRE

PRÉFAILLES

44770 - Carte Michelin **316** C5 - 1 255 h. - alt. 10
▶ Paris 440 - Challans 56 - Machecoul 38 - Nantes 60

▲▲▲ Éléovic

📞 02 40 21 61 60, www.camping-eleovic.com

Pour s'y rendre : rte de la Pointe-St-Gildas (1 km à l'ouest par D 75)

Ouverture : de déb. avr. à déb. oct.

3 ha (153 empl.) peu incliné, plat, herbeux, pierreux

Empl. camping : (Prix 2017) 40€ ✶✶ 🚗 🗐 ⚡ (10A) - pers. suppl. 7€ - frais de réservation 20€

Location : (Prix 2017) (de déb. avr. à déb. oct.) - 61 🏠 - 3 chalets sur pilotis - 2 tentes lodges. Nuitée 100 à 170€ - Sem. 210 à 1 190€ - frais de réservation 20€

🚐 borne artisanale - 💧 17€

Situation dominant l'océan et l'île de Noirmoutier avec du locatif de bon confort.

Nature : 🌊 < l'océan et l'île de Noirmoutier 🏕️
Loisirs : 🍴 🏠 💻 🚸 🚴 (découverte en saison) terrain multisports
Services : 🔑 🚿 laverie ✈️

GPS : W : 2.23151 N : 47.13292

PRUILLÉ

49220 - Carte Michelin **317** F3 - 630 h. - alt. 30
▶ Paris 308 - Angers 22 - Candé 34 - Château-Gontier 33

▲ Bac

📞 02 41 27 14 08

Pour s'y rendre : r. du Bac (au nord du bourg, au bord de la Mayenne -halte nautique-)

Ouverture : de mi-avr. à fin sept.

1,2 ha (45 empl.) plat, herbeux

Empl. camping : (Prix 2017) 13€ ✶✶ 🚗 🗐 ⚡ (10A) - pers. suppl. 3,50€

Location : (Prix 2017) (de mi-avr. à fin sept.) - 5 🏠. Nuitée 40 à 85€ - Sem. 150 à 360€

🚐 borne AireService

Nature : 🌊 🌿
Loisirs : 🍴 🔑
Services : 🔑 🚿
À prox. : 🍴 🍽️ pédalos

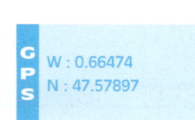

GPS : W : 0.66474 N : 47.57897

LES ROSIERS-SUR-LOIRE

49350 - Carte Michelin **317** H4 - 2 348 h. - alt. 22
▶ Paris 304 - Angers 32 - Baugé 27 - Bressuire 66

▲▲▲ Yelloh Village Les Voiles d'Anjou

📞 02 41 51 94 33, www.camping-voilesdanjou.com

Pour s'y rendre : 6 r. Ste-Baudruche (sortie nord par D 59, rte de Beaufort-en-Vallée, près du carr. avec la D 79)

Ouverture : de fin mars à fin sept.

3,5 ha (110 empl.) plat, herbeux

Empl. camping : (Prix 2017) 34€ ✶✶ 🚗 🗐 ⚡ (10A) - pers. suppl. 8€

Location : (Prix 2017) (de fin mars à fin sept.) - 36 🏠 - 4 tentes lodges - 2 roulottes. Nuitée 32 à 160€ - Sem. 224 à 1 120€

🚐 borne artisanale - 2 🗐 💧 15€

Agréable cadre verdoyant.

Nature : 🌳 🌿
Loisirs : 🍴 🏠 🚸 🏊 jacuzzi 🚴 🏊
Services : 🔑 🚿 📶
À prox. : 🍴 🏇

GPS : W : 0.22599 N : 47.35821

LES SABLES-D'OLONNE

85100 - Carte Michelin **316** F8 - 14 572 h. - alt. 4
▶ Paris 456 - Cholet 107 - Nantes 102 - Niort 115

▲▲▲ Chadotel La Dune des Sables

📞 02 51 32 31 21, www.chadotel.com/fr/camping/vendee/les-sables-dolonne/camping-la-dune-des-sables - peu d'emplacements pour tentes et caravanes

Pour s'y rendre : lieu-dit : Le Paracou, chemin de la Bernardière (4 km au nord-ouest, rte de l'Aubraie)

Ouverture : de fin mars à déb. nov.

7,5 ha (290 empl.) vallonné, en terrasses, plat, herbeux, sablonneux

Empl. camping : (Prix 2017) 44€ ✶✶ 🚗 🗐 ⚡ (10A) - pers. suppl. 6,20€ - frais de réservation 25€

Location : (Prix 2017) (de fin mars à déb. nov.) - 72 🏠 - 2 tentes lodges. Nuitée 28 à 215€ - Sem. 196 à 1 505€ - frais de réservation 25€

🚐 borne artisanale

Parc de mobile homes près de la plage, dominant l'océan, mais très peu d'emplacements tentes ou caravanes.

Nature : 🌊 <
Loisirs : 🍴 🏠 🚸 🏊 🚴 🏇 🏊
Services : 🔑 🚿 📶 laverie ✈️

GPS : W : 1.81395 N : 46.51207

SABLÉ-SUR-SARTHE

72300 - Carte Michelin **310** G7 - 12 399 h. - alt. 29
▶ Paris 252 - Angers 64 - La Flèche 27 - Laval 44

▲▲▲ Municipal de l'Hippodrome

📞 02 43 95 42 61, www.tourisme.sablesursarthe.fr

Pour s'y rendre : allée du Québec (sortie sud en dir. d'Angers et à gauche, attenant à l'hippodrome)

Ouverture : de mi-avr. à mi-oct.

3 ha (74 empl.) plat, herbeux

Empl. camping : (Prix 2017) 15,80€ ✶✶ 🚗 🗐 ⚡ (16A) - pers. suppl. 4€

Location : (Prix 2017) (de mi-avr. à mi-oct.) - ♿ (1 chalet) - 🚫 - 2 🏠 - 5 🏡. Nuitée 70 à 95€ - Sem. 290 à 485€

🚐 borne flot bleu 2€

Belle décoration arbustive, au bord de la Sarthe.

Nature : 🌊 🌳 🌿
Loisirs : 🏠 🚸 🏊 🏊
Services : 🔑 🚿 📶 laverie
À prox. : 🍴 🎣 🏊 🏇

GPS : W : 0.33193 N : 47.83136

ST-BERTHEVIN

53940 - Carte Michelin **310** E6 - 7 097 h. - alt. 108
▶ Paris 289 - Nantes 128 - Laval 10 - Rennes 66

▲ Municipal de Coupeau

📞 02 43 68 30 70, www.laval-tourisme.com

Pour s'y rendre : à la base de loisirs (au sud du bourg, à 150 m du Vicoin)

Ouverture : de déb. avr. à déb. oct.

0,4 ha (32 empl.) en terrasses, plat, herbeux

Empl. camping : (Prix 2017) ✶ 3,70€ 🚗 2,30€ 🗐 2,70€ – ⚡ (10A) 2,70€

PAYS-DE-LA-LOIRE

Situation dominante sur une vallée verdoyante et reposante.

Nature :
Loisirs :
Services :
À prox. : parcours de santé

GPS W : 0.83235 N : 48.06431

ST-BRÉVIN-LES-PINS

44250 - Carte Michelin **316** C4 - 12 133 h. - alt. 9
Pont de St-Nazaire : 3 km
▶ Paris 438 - Challans 62 - Nantes 64 - Noirmoutier-en-l'Île 70

Sunêlia Le Fief

☎ 02 40 27 23 86, www.lefief.com

Pour s'y rendre : 57 chemin du Fief (2,4 km au sud par rte de St-Brévin-l'Océan et à gauche)

Ouverture : de fin mars à fin sept.

7 ha (397 empl.) plat, herbeux

Empl. camping : (Prix 2017) 52 € (8A) - pers. suppl. 12,50 € - frais de réservation 35 €

Location : (Prix 2017) (de fin mars à fin sept.) - (1 mobile home) - (mobile homes) - 205 . Nuitée 54 à 264 € - Sem. 378 à 1 848 € - frais de réservation 35 €

2 52 €

En deux parties distinctes dont une avec le village de mobile homes grand confort. Bel espace aquatique avec une pataugeoire ludique couverte et une balnéo de qualité.

Nature :
Loisirs : salle d'animations centre balnéo hammam jacuzzi tir à l'arc terrain multisports
Services : laverie

GPS W : 2.16768 N : 47.23465

Benutzen Sie die **Grünen MICHELIN-Reiseführer**, wenn Sie eine Stadt oder Region kennenlernen wollen.

Le Mindin

☎ 02 40 27 46 41, www.camping-de-mindin.com - peu d'emplacements pour tentes et caravanes

Pour s'y rendre : 32 av. du Bois (2 km au nord, près de l'estuaire (accès direct))

Ouverture : Permanent

1,7 ha (87 empl.) plat, herbeux, sablonneux

Empl. camping : (Prix 2017) 36 € (16A) - pers. suppl. 6,50 € - frais de réservation 25 €

Location : (Prix 2017) Permanent - 45 - 3 bungalows toilés. Nuitée 55 à 102 € - Sem. 212 à 919 € - frais de réservation 25 €

borne artisanale 3 € - 11 €

Petite pinède au bord de l'estuaire avec vue sur le port de St-Nazaire. Locatif de qualité et bon confort sanitaire.

Nature :
Loisirs :
Services : laverie
À prox. :

GPS W : 2.16915 N : 47.2648

La Courance

☎ 02 40 27 22 91, www.campinglacourance.fr - peu d'emplacements pour tentes et caravanes

Pour s'y rendre : 110 av. du Mar.-Foch

Ouverture : Permanent

2,4 ha (156 empl.) vallonné, en terrasses, plat, sablonneux

Empl. camping : (Prix 2017) 36 € (10A) - pers. suppl. 6,50 € - frais de réservation 25 €

Location : (Prix 2017) Permanent (1 mobile home) - 45 - 1 roulotte. Nuitée 66 à 108 € - Sem. 226 à 953 € - frais de réservation 25 €

borne artisanale 3 € - 11 €

Vue dominant l'océan avec plage et baignade à 900 m. Accueil groupes et colonies.

Nature :
Loisirs : (petite piscine)
Services : laverie
À prox. : skate-parc

GPS W : 2.1703 N : 47.23786

Nouvel espace aqualudique couvert de 1000 m²

Sunêlia LE FIEF ★★★★★
CAMPING, RESORT & SPA

02 40 27 23 86
www.lefief.com

camping le fief
57 CHEMIN DU FIEF
44250 SAINT BREVIN LES PINS

CÔTE DE JADE - BRETAGNE SUD - FRANCE - SUNELIA LE FIEF

PAYS-DE-LA-LOIRE

ST-CALAIS

72120 - Carte Michelin **310** N7 - 3 482 h. - alt. 155
▶ Paris 188 - Blois 65 - Chartres 102 - Châteaudun 58

▲ Le Lac

📞 02 43 35 04 81, www.saint-calais.fr

Pour s'y rendre : r. du Lac (sortie nord par D 249, rte de Montaillé)

2 ha (85 empl.) plat, herbeux

Location : 3 🚐 - 3 🏠.

Près d'un plan d'eau.

Nature : 🌳
Loisirs : 🎣
Services : ⛲ 🚿 📶 🛒
À prox. : 🛒 🍽 🚲

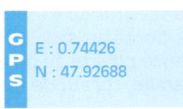

GPS : E : 0.74426 N : 47.92688

ST-ÉTIENNE-DU-BOIS

85670 - Carte Michelin **316** G7 - 1 901 h. - alt. 38
▶ Paris 427 - Aizenay 13 - Challans 26 - Nantes 49

▲ Municipal la Petite Boulogne

📞 02 51 34 54 51, www.stetiennedubois-vendee.fr

Pour s'y rendre : r. du Stade (au sud du bourg par D 81, rte de Poiré-sur-Vie et chemin à dr., près de la rivière et d'un étang)

Ouverture : de déb. mai à fin sept.

1,5 ha (35 empl.) terrasse, plat et peu incliné, herbeux

Empl. camping : (Prix 2017) 👤 3,60€ 🚗 15,50€ – 🔌 (15A) 3,10€

Location : (Prix 2017) Permanent - 3 🚐 - 6 🏠. Nuitée 65€ - Sem. 269 à 392€

Chemin piétonnier reliant le bourg et petit village de chalets en sous-bois.

Nature : 🌊 🌳
Loisirs : 🏊 (petite piscine)
Services : (juil.-août) 🚿 📶 laverie
À prox. : 🚲 🎣 terrain multisports

GPS : W : 1.59293 N : 46.82925

Pour une meilleure utilisation de cet ouvrage, LISEZ ATTENTIVEMENT les premières pages du guide.

ST-GEORGES-SUR-LAYWON

49700 - Carte Michelin **317** G5 - 769 h. - alt. 65
▶ Paris 328 - Angers 39 - Cholet 45 - Saumur 27

▲ Les Grésillons

📞 02 41 50 02 32, camping.gresillon@wanadoo.fr

Pour s'y rendre : chemin des Grésillons (800 m au sud par D 178, rte de Concourson-sur-Layon et chemin à dr., à prox. de la rivière)

Ouverture : de déb. avr. à fin sept.

1,5 ha (40 empl.) en terrasses, peu incliné, herbeux

Empl. camping : (Prix 2017) 18,90€ 👤 🚗 🔌 (10A) - pers. suppl. 4,40€

Cadre champêtre et calme.

Nature : 🌊
Loisirs : 🚲 🏊 (petite piscine) 🎣
Services : ⛲ (juil.-août) 📶 🛒

GPS : W : 0.37032 N : 47.19524

Dieser Führer stellt kein vollständiges Verzeichnis aller Campingplätze dar, sondern nur eine Auswahl der besten Plätze jeder Kategorie.

ST-HILAIRE-DE-RIEZ

85270 - Carte Michelin **316** E7 - 10 504 h. - alt. 8
▶ Paris 453 - Challans 18 - Noirmoutier-en-l'Île 48 - La Roche-sur-Yon 48

Le Pissot (4 km au nord)

▲▲▲ Les Biches 👥

📞 02 51 54 38 82, www.campingdesbiches.com - peu d'emplacements pour tentes et caravanes

Pour s'y rendre : chemin de Petite-Baisse (2 km au nord)

Ouverture : de déb. avr. à fin sept.

13 ha/9 campables (434 empl.) plat, herbeux, sablonneux

Empl. camping : (Prix 2017) 48€ 👤👤 🚗 📧 🔌 (10A) - pers. suppl. 9,15€

Location : (Prix 2017) (de déb. avr. à mi-sept.) - 200 🚐 - 60 🏠 - 2 bungalows toilés - 7 studios. Nuitée 81 à 147€ - Sem. 175 à 1 497€ - frais de réservation 21€

Agréable pinède avec du locatif varié mais très peu de places pour tentes et caravanes.

Nature : 🌳 🌊
Loisirs : 🍽 🍴 🎡 🚴 🏊 🎣 🚲 💆
🏐 terrain multisports
Services : ⛲ 🛒 🚿 📶 laverie 🧺
réfrigérateurs

GPS : W : 1.94445 N : 46.74052

Les Demoiselles (10 km au nord-ouest)

▲▲ Odalys Les Demoiselles

📞 02 51 58 10 71, www.odalys-vacances.com

Pour s'y rendre : av. des Becs (9,5 km au nord-ouest, par D 123 et à 300 m de la plage)

Ouverture : de déb. avr. à fin sept.

13,7 ha (180 empl.) vallonné, plat et peu incliné, herbeux, sablonneux

Empl. camping : (Prix 2017) 32€ 👤👤 🚗 📧 🔌 (9A) - pers. suppl. 5,50€ - frais de réservation 22€

Location : (Prix 2017) (de déb. avr. à fin sept.) - ♿ (4 mobile homes) - 154 🚐. Nuitée 65 à 195€ - Sem. 215 à 1 130€ - frais de réservation 22€

Parc de mobile homes bien ombragé avec emplacements pour tentes et caravanes également.

Nature : 🌊 🌳
Loisirs : 🍽 🍴 🎡 🚴 🎣 🚲 🏊 terrain multisports
Services : ⛲ 📶 laverie
À prox. : 🎣

GPS : W : 2.04086 N : 46.76815

La Fradinière (7 km au nord-ouest)

▲▲ La Puerta del Sol 👥

📞 02 51 49 10 10, www.campinglapuertadelsol.com

Pour s'y rendre : 7 chemin des Hommeaux (4,5 km au nord)

Ouverture : de déb. avr. à fin sept.

4 ha (207 empl.) plat, herbeux

Empl. camping : (Prix 2017) 37€ 👤👤 🚗 📧 🔌 (10A) - pers. suppl. 6,90€ - frais de réservation 22€

400

PAYS-DE-LA-LOIRE

Location : (Prix 2017) (de déb. avr. à fin sept.) - (1 chalet) - 115 - 40 - Nuitée 50 à 120€ - Sem. 170 à 1 085€ - frais de réservation 22€

Cadre verdoyant avec peu d'emplacements pour tentes et caravanes et un parc locatif d'un confort assez varié.

Nature :
Loisirs : nocturne salle d'animations jacuzzi terrain multisports
Services : laverie réfrigérateurs

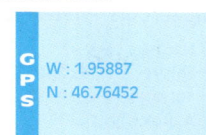

GPS : W : 1.95887 / N : 46.76452

La Pège (6 km au nord-ouest)

Les Écureuils

☎ 02 51 54 33 71, www.camping-aux-ecureuils.com - peu d'emplacements pour tentes et caravanes

Pour s'y rendre : 98 av. de la Pège (5,5 km au nord-ouest, à 200 m de la plage)

Ouverture : de déb. mai à déb. sept.

4 ha (215 empl.) plat, herbeux, sablonneux

Empl. camping : (Prix 2017) 43,30€ (10A) - pers. suppl. 7,40€ - frais de réservation 25€

Location : (Prix 2017) (de déb. mai à déb. sept.) - 18 - 2 - Sem. 350 à 1 105€ - frais de réservation 25€

En deux parties distinctes, agréable terrain avec quelques places pour tentes et caravanes.

Nature :
Loisirs : nocturne hammam
Services : laverie
À prox. :

GPS : W : 2.00897 / N : 46.74478

Yelloh! Village La Pomme de Pin

☎ 02 51 58 21 26, www.campingpommedepin.fr

Pour s'y rendre : 6 av. des Becs (quartier les Mouettes)

Ouverture : de déb. avr. à mi-sept.

5,3 ha (280 empl.) plat, herbeux, sablonneux

Empl. camping : (Prix 2017) 48€ (10A) - pers. suppl. 9€

Location : (Prix 2017) (de déb. avr. à mi-sept.) - (1 mobile home) - 155 - 2 tentes lodges - 3 tentes sur pilotis. Nuitée 37 à 239€ - Sem. 217 à 1 673€

En deux parties distinctes traversées par une route fréquentée, dont une face aux dunes de sable avec accès direct à la plage (400 m).

Nature :
Loisirs : centre balnéo hammam jacuzzi terrain multisports
Services : laverie
À prox. :

GPS : W : 2.01801 / N : 46.75251

Riez à la Vie Aloa Vacances

☎ 02 51 54 30 49, www.riezalavie.com - peu d'emplacements pour tentes et caravanes

Pour s'y rendre : 9 av. de La Parée-Préneau (4,5 km au nord ouest)

Ouverture : de fin mars à fin sept.

5 ha (236 empl.) vallonné, plat, sablonneux, herbeux

Empl. camping : (Prix 2017) 37€ (16A) - pers. suppl. 7€ - frais de réservation 35€

Location : (Prix 2017) (de fin mars à fin sept.) - (1 mobile home) - 192 - 11 - 11 tentes lodges - 3 gîtes. Nuitée 22 à 148€ - Sem. 154 à 1 036€ - frais de réservation 35€

Cadre vallonné, agréable mais locatif souvent ancien ou très ancien (chalets).

Nature :
Loisirs : (petite piscine) terrain multisports
Services : laverie

GPS : W : 1.98245 / N : 46.73947

Village Vacances Le Domaine des Pins

(pas d'emplacement tentes et caravanes)

☎ 02 51 58 23 33, www.ledomainedespins.com

Pour s'y rendre : 151 av. de La Faye (3 km au nord-ouest)

(140 empl.)

Location : (Prix 2017) Permanent - 110 - 30 - 19 appartements. Nuitée 59 à 149€ - Sem. 220 à 1 650€ - frais de réservation 25€

Terrain paisible avec grands emplacements sous la pinède. Location exclusive de mobile home et chalets.

Nature : !
Loisirs : jacuzzi (découverte en saison)
Services : laverie

GPS : W : 1.97531 / N : 46.73584

Village Vacances Atlantique Vacances

(pas d'emplacement tentes et caravanes)

☎ 02 51 55 30 40, atlantique-vacances.fr

Pour s'y rendre : 30 chemin de La Conge (7,2 km au sud par la D 123)

2 ha (83 empl.) plat, herbeux

Location : (Prix 2017) (de déb. avr. à mi-sept.) - (2 mobile homes) - 63 - 20 gîtes. Nuitée 65 à 150€ - Sem. 297 à 995€ - frais de réservation 15€

Petit village de chalets et de gîtes sous une agréable pinède.

Nature :
Loisirs : jacuzzi
Services : laverie

GPS : W : 2.00066 / N : 46.74503

Renouvelez votre guide chaque année.

PAYS-DE-LA-LOIRE

▲▲▲ La Ningle
📞 02 51 54 07 11, www.campinglaningle.com

Pour s'y rendre : 66 chemin des Roselières (5,7 km au nord-ouest)

Ouverture : de fin avr. à mi-sept.

3,2 ha (146 empl.) plat, herbeux, petit étang

Empl. camping : (Prix 2017) 36,65€ ✶✶ 🚗 🔌 (10A) - pers. suppl. 5,80€ - frais de réservation 20€

Location : (Prix 2017) (de mi-avr. à mi-sept.) - ♿ (1 mobile home) - 24 🚐. Nuitée 60 à 107€ - Sem. 315 à 745€

Agréable cadre verdoyant et soigné.

Nature : 🌳 🏕 ♣
Loisirs : 🍴 🎣 🚴 🏊 🎯 ⛱
Services : 🔑 🚿 💧 📶 laverie 🧺
À prox. : 🛒 🍽 🚶

GPS W : 2.00473 N : 46.7446

▲▲▲ La Parée Préneau
📞 02 51 54 33 84, www.campinglapareepreneau.com

Pour s'y rendre : 23 av. de La Parée-Préneau (3,5 km au nord-ouest)

Ouverture : de déb. avr. à fin sept.

3,6 ha (217 empl.) plat, herbeux, sablonneux

Empl. camping : (Prix 2017) 32,90€ ✶✶ 🚗 🔌 (6A) - pers. suppl. 6,10€

Location : (Prix 2017) Permanent ♿ (1 mobile home) - 43 🚐 - 7 ⛺ - 5 bungalows toilés. Nuitée 65 à 128€ - Sem. 385 à 896€

🅿 borne artisanale 15€

Cadre agréable avec emplacements ombragés.

Nature : 🏕 ♣
Loisirs : 🍴 🎣 🎭 nocturne 🚴 🏊 ⛱
terrain multisports
Services : 🔑 🚿 💧 📶 laverie

GPS W : 1.98488 N : 46.74034

▲▲▲ Le Bosquet
📞 02 51 54 34 61, www.lebosquet.fr

Pour s'y rendre : 62 av. de la Pège (5 km au nord-ouest)

Ouverture : de mi-mai à mi-sept.

2 ha (115 empl.) plat, herbeux, sablonneux

Empl. camping : (Prix 2017) 29,25€ ✶✶ 🚗 🔌 (10A) - pers. suppl. 5,20€ - frais de réservation 12€

Location : (Prix 2017) (de déb. avr. à fin sept.) - 40 🚐 - 1 gîte - 3 appartements. Nuitée 50 à 100€ - Sem. 210 à 842€

🅿 borne artisanale 10€

Relativement proche de la plage (250 m).

Nature : ♣♣
Loisirs : 🍴 🎣 🚴 🏊 ⛱
Services : 🔑 🚿 📶 laverie 🧺
À prox. : 🛒 🚶

GPS W : 2.00326 N : 46.74073

▲▲▲ La Pège
📞 02 51 54 34 52, www.campinglapege.com

Pour s'y rendre : 67 av. de la Pège (5 km au nord-ouest)

Ouverture : de déb. avr. à fin sept.

1,8 ha (100 empl.) plat, herbeux, sablonneux

Empl. camping : (Prix 2017) 32€ ✶✶ 🚗 🔌 (10A) - pers. suppl. 6€ - frais de réservation 12€

Location : (Prix 2017) (de déb. avr. à fin sept.) - 31 🚐 - 1 ⛺ - 10 bungalows toilés. Nuitée 52 à 100€ - Sem. 215 à 910€ - frais de réservation 20€

🅿 borne artisanale

Accès à la plage par un petit chemin (100 m), direct sur le poste de secours. Préférer les emplacements éloignés de la route.

Nature : 🏕 ♣
Loisirs : 🍴 🎣 🚴 🏊 ⛱
Services : 🔑 🚿 💧 📶 🧺
À prox. : 🚶

GPS W : 2.00545 N : 46.7411

Sion-sur-l'Océan (3 km à l'ouest)

▲▲▲ Municipal de la Plage de Riez
📞 02 51 54 36 59, www.campingsainthilairederiez.com

Pour s'y rendre : av. des Mimosas (3 km à l'ouest, à 200 m de la plage)

9 ha (560 empl.) plat, sablonneux

Location : ♿ (1 mobile home) - 66 🚐 - 1 ⛺ - 10 bungalows toilés.

🅿 borne - 9 🔌

Sous une belle pinède avec accès direct à la plage.

Nature : 🌳 🏕 🌲
Loisirs : 🍴 🎣 🏓 🚴 🏊 ⛱ terrain multisports
Services : 🔑 🚿 💧 📶 laverie 🧺

GPS W : 1.97941 N : 46.72298

▲ La Padrelle
📞 02 51 55 32 03, www.camping-la-padrelle.fr

Pour s'y rendre : 1 r. Prévôt (3 km au sud-ouest)

Ouverture : de mi-avr. à mi-oct.

1 ha (80 empl.) plat, pierreux, sablonneux, herbeux

Empl. camping : (Prix 2017) 24,40€ ✶✶ 🚗 🔌 (10A) - pers. suppl. 5,90€

Location : (Prix 2017) (de déb. avr. à mi-oct.) - 4 🚐 - 3 tentes lodges - 2 gîtes. Nuitée 55 à 103€ - Sem. 240 à 720€ - frais de réservation 8€

🅿 borne flot bleu 2€ - 🚐 8€

Terrain familial ombragé à 100m de la plage.

Nature : ♣
Loisirs : 🎣
Services : 🔑 📶 laverie
À prox. : 🍽

GPS W : 1.97258 N : 46.70046

▲ Municipal de Sion
📞 02 51 54 34 23, www.campingsainthilairederiez.com

Pour s'y rendre : av. de la Forêt (sortie nord)

Ouverture : de déb. avr. à fin oct.

3 ha (155 empl.) vallonné, peu incliné, plat, herbeux, sablonneux, gravier

Empl. camping : (Prix 2017) 33€ ✶✶ 🚗 🔌 (10A) - pers. suppl. 6,50€ - frais de réservation 21€

Location : (Prix 2017) (de déb. avr. à fin oct.) - ♿ (2 mobile home) - 22 🚐 - 3 bungalows toilés. Nuitée 83 à 115€ - Sem. 199 à 792€ - frais de réservation 21€

🅿 borne artisanale 4,50€ - 7 🔌 35€

À 300 m de la plage (accès direct), bordé par la forêt.

Nature : 🌳 🏕 ♣
Loisirs : 🏓 🏊 🚴
Services : 🔑 🚿 💧 📶 laverie

GPS W : 1.97246 N : 46.71695

PAYS-DE-LA-LOIRE

ST-HILAIRE-LA-FORÊT

85440 - Carte Michelin **316** G9 - 611 h. - alt. 23
▶ Paris 449 - Challans 66 - Luçon 31 - La Roche-sur-Yon 31

⛺ La Grand' Métairie

☎ 02 51 33 32 38, www.la-grand-metairie.com - peu d'emplacements pour tentes et caravanes

Pour s'y rendre : 8 r. de La Vineuse-en-Plaine (au nord du bourg par D 70)

Ouverture : de mi-avr. à fin sept.

3,8 ha (172 empl.) plat, herbeux

Empl. camping : (Prix 2017) 28€ ⚹⚹ 🚗 🏠 (10A) - pers. suppl. 7€ - frais de réservation 25€

Location : (Prix 2017) (de mi-avr. à fin sept.) - 112 🏠 - 11 🏠 - 3 tentes lodges. Nuitée 27 à 138€ - Sem. 162 à 966€ - frais de réservation 25€

🚐 borne artisanale

Nombreux mobile homes bien implantés dans un espace verdoyant et fleuri, ambiance ranch de l'Ouest américain

Nature : 🌳 🏞
Loisirs : 🍽 ✖ 🏠 🌙nocturne 🎣 🏊 🚴 ✂ 🏊 🏊 mini ferme
Services : 🔑 🚿 🚻 ♿ 📶 laverie

GPS : W : 1.52545 N : 46.44776

ST-HILAIRE-ST-FLORENT

49400 - Carte Michelin **317** I5
▶ Paris 324 - Nantes 131 - Angers 45 - Tours 72

⛺ Huttopia Saumur ⚹⚹

☎ 02 41 67 95 34, www.huttopia.com

Pour s'y rendre : rte de Chantepie (5,5 km au nord-ouest par D 751, rte de Gennes et chemin à gauche, à la Mimerolle)

Ouverture : de mi-avr. à mi-oct.

10 ha/5 campables (160 empl.) plat, herbeux

Empl. camping : (Prix 2017) 41€ ⚹⚹ 🚗 🏠 (10A) - pers. suppl. 6,80€

Location : (Prix 2017) (de mi-avr. à mi-oct.) - 8 🏠 - 14 🏠 - 32 tentes lodges. Nuitée 39 à 148€ - Sem. 218 à 1 036€

🚐 borne artisanale 7€

Cadre verdoyant en surplomb de la Loire, animaux de la ferme.

Nature : 🏞 ⩽ vallée de la Loire 🌳 🏞
Loisirs : 🍽 ✖ 🏠 🎣 🚴 🏊
Services : 🔑 🚿 📶 laverie 🧺 🍳

GPS : W : 0.14305 N : 47.2937

ST-JEAN-DE-MONTS

85160 - Carte Michelin **316** D7 - 8 037 h. - alt. 16
▶ Paris 451 - Cholet 123 - Nantes 73 - Noirmoutier-en-l'Île 34

Centre

⛺ Aux Coeurs Vendéens ⚹⚹

☎ 02 51 58 84 91, www.coeursvendeens.com

Pour s'y rendre : 251 rte de Notre-Dame-de-Monts (4 km au nord-ouest sur D 38)

Ouverture : de déb. avr. à mi-sept.

2 ha (115 empl.) plat, herbeux, sablonneux

Empl. camping : (Prix 2017) 33,50€ ⚹⚹ 🚗 🏠 (10A) - pers. suppl. 5,20€ - frais de réservation 20€

Location : (Prix 2017) (de déb. avr. à mi-sept.) - 40 🏠 - 1 🏠 - 3 appartements. Nuitée 44 à 124€ - Sem. 196 à 1 106€ - frais de réservation 20€

Camping familial, préférer les emplacements les plus éloignés de la route, avec de belles piscines et un accrobranche.

Nature : 🌳 🏞
Loisirs : 🍽 ✖ 🏠 🎣 🏊 centre balnéo 🧖 hammam jacuzzi 🛌 🚴 🏊 mini accrobranche
Services : 🔑 🚿 ♿ 📶 laverie
À prox. : 🏊

GPS : W : 2.11008 N : 46.80988

Nord

⛺ Les Amiaux ⚹⚹

☎ 02 51 58 22 22, www.amiaux.fr

Pour s'y rendre : 223 rte de Notre-Dame-de-Monts (3,5 km au nord-ouest, sur D 38)

Ouverture : de déb. mai à fin sept.

17 ha (543 empl.) plat, herbeux, sablonneux

Empl. camping : (Prix 2017) ⚹ 5,30€ 🚗 3€ 🏠 28€ 🏠 (10A) - frais de réservation 16€

Location : (Prix 2017) (de déb. mai à fin sept.) - ✂ - 37 🏠 - 4 appartements. Sem. 290 à 890€ - frais de réservation 16€

En deux parties distinctes reliées par un tunnel : au nord la lisière de la forêt, au sud piscine et toboggan.

Nature : 🌳 🏞
Loisirs : 🍽 ✖ 🏠 🎣 🏊 🚴 ✂ 🏊 🏊 terrain multisports
Services : 🔑 🚿 ♿ 📶 laverie 🧺 🍳 réfrigérateurs

GPS : W : 2.11517 N : 46.81107

⛺ Le Bois Joly ⚹⚹

☎ 02 51 59 11 63, www.camping-lebois-joly.com

Pour s'y rendre : 46 rte de Notre-Dame-de-Monts (1 km au nord-ouest, au bord d'un étier)

Ouverture : de déb. avr. à mi-sept.

7,5 ha (356 empl.) plat, herbeux, sablonneux

Empl. camping : (Prix 2017) 20€ ⚹⚹ 🚗 🏠 (10A) - pers. suppl. 7€ - frais de réservation 25€

Location : (Prix 2017) (de déb. avr. à mi-sept.) - ♿ (1 mobile home) - 97 🏠 - 23 🏠 - 20 tentes lodges - 2 roulottes. Nuitée 44 à 152€ - Sem. 308 à 1 064€ - frais de réservation 25€

🚐 borne artisanale 20€ - 4 🏠 20€

Bel espace aquatique avec un lagon et une rivière à contre courant.

Nature : 🌳 🏞
Loisirs : 🍽 ✖ 🏠 🎣 🏊 jacuzzi 🛌 🏊 🏊 terrain multisports
Services : 🔑 🚿 ♿ 📶 laverie 🧺
À prox. : 🎣

GPS : W : 2.07417 N : 46.79918

Verwechseln Sie bitte nicht :
⛺ ... bis ... ⛺⛺⛺⛺ : MICHELIN-Klassifizierung
und
★ ... bis ... ★★★★★ : offizielle Klassifizierung

PAYS-DE-LA-LOIRE

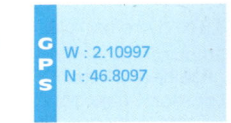

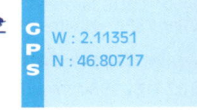

Club Airotel Les Places Dorées
0251590293, www.placesdorees.com - peu d'emplacements pour tentes et caravanes

Pour s'y rendre : rte de Notre-Dame-de-Monts (4 km au nord-ouest sur D 38)

Ouverture : de mi-mai à mi-sept.

5 ha (288 empl.) plat, herbeux, sablonneux

Empl. camping : (Prix 2017) 35 € (6A) - pers. suppl. 7,20 €

Location : (Prix 2017) (de mi-avr. à mi-sept.) - 81. Sem. 305 à 1 050 €

En lisière de la forêt, à proximité de la piste cyclable. Bel espace aquatique.

Nature :
Loisirs : hammam jacuzzi terrain multisports
Services : laverie
À prox. :

GPS : W : 2.10997 N : 46.8097

Campéole La Plage des Tonnelles
0251588116, www.campeole.com/fr/plage-des-tonnelles

Pour s'y rendre : rte de La Tonnellé (5.2 km au nord-ouest par D 38)

Ouverture : de mi-avr. à mi-sept.

26 ha (491 empl.) vallonné, peu incliné, plat, sablonneux

Empl. camping : (Prix 2017) 33,60 € (10A) - pers. suppl. 8,20 € - frais de réservation 25 €

Location : (Prix 2017) (de mi-avr. à mi-sept.) - (1 mobile home) - 76 - 15 - 139 bungalows toilés - 30 tentes lodges. Nuitée 35 à 181 € - Sem. 245 à 1 267 € - frais de réservation 25 €

borne artisanale

Emplacements sous les pins, dans les dunes et en deux parties distinctes séparées par la route de la plage à 400 m.

Nature :
Loisirs : salle d'animations jacuzzi terrain multisports
Services : laverie
À prox. :

GPS : W : 2.11993 N : 46.81005

APV Les Aventuriers de la Calypso
0251560878, www.camping-apv.com - peu d'emplacements pour tentes et caravanes

Pour s'y rendre : rte de Notre-Dame-de-Monts (4,6 km au nord-ouest)

Ouverture : de déb. avr. à fin sept.

4 ha (284 empl.) plat, herbeux, sablonneux

Empl. camping : (Prix 2017) 20,20 € (6A) - pers. suppl. 9,70 € - frais de réservation 29 €

Location : (Prix 2017) (de déb. avr. à fin sept.) - 186 - 25. Nuitée 46 à 151 € - Sem. 322 à 1 057 € - frais de réservation 29 €

20 12,70 €

Peu d'emplacements pour tentes ou caravanes et locatif parfois très ancien.

Nature :
Loisirs : nocturne jacuzzi terrain multisports
Services : laverie

GPS : W : 2.11533 N : 46.81232

Club Airotel l'Abri des Pins
0251588386, www.abridespins.com - peu d'emplacements pour tentes et caravanes

Pour s'y rendre : rte de Notre-Dame-de-Monts (4 km au nord-ouest sur D 38)

3 ha (209 empl.) plat, herbeux, sablonneux

Location : 70 - 23 - 6 bungalows toilés.

Jolie pataugeoire ludique. Préférer les emplacements éloignés de la route.

Nature :
Loisirs : hammam jacuzzi
Services : laverie
À prox. :

GPS : W : 2.10997 N : 46.8097

Côté Plage
0251588658, www.campingcoteplage.com

Pour s'y rendre : chemin de la Parée-du-Jonc (4,3 km au nord-ouest)

Ouverture : de déb. avr. à mi-sept.

5 ha (242 empl.) vallonné, plat, herbeux, sablonneux

Empl. camping : (Prix 2017) 19,90 € (10A) - pers. suppl. 6 € - frais de réservation 20 €

Location : (Prix 2017) (de déb. avr. à mi-sept.) - - 29 - 8. Nuitée 70 à 131 € - Sem. 195 à 917 € - frais de réservation 20 €

Agréable situation légèrement vallonnée, à 200 m de la plage.

Nature :
Loisirs : salle d'animations
Services : laverie
À prox. :

GPS : W : 2.11351 N : 46.80717

Plein Sud
0251591040, www.campingpleinsud.com

Pour s'y rendre : 246 rte de Notre-Dame-de-Monts (4 km au nord-ouest, sur D 38)

Ouverture : de mi-mai à mi-sept.

2 ha (110 empl.) plat, herbeux, sablonneux

Empl. camping : (Prix 2017) 35 € (6A) - pers. suppl. 5 € - frais de réservation 20 €

Location : (Prix 2017) (de mi-avr. à mi-sept.) - 30 - 2 bungalows toilés - 2 tentes lodges - 1 roulotte - 1 cabanon. Sem. 448 à 868 € - frais de réservation 20 €

borne artisanale 2 €

Terrain tout en longueur avec des emplacements bien délimités.

Nature :
Loisirs : terrain multisports
Services : laverie

GPS : W : 2.11093 N : 46.8103

La Forêt
0251588463, www.hpa-laforet.com

Pour s'y rendre : 190 chemin de la Rive (5,5 km au nord-ouest, rte de Notre-Dame-de-Monts et rte à gauche)

Ouverture : de déb. avr. à fin sept.

1 ha (61 empl.) plat, herbeux, sablonneux

Empl. camping : (Prix 2017) 37 € (10A) - pers. suppl. 4,50 € - frais de réservation 30 €

Location : (Prix 2017) (de déb. avr. à fin sept.) - 16. Nuitée 54 à 115 € - Sem. 289 à 809 € - frais de réservation 30 €

borne artisanale

404

PAYS-DE-LA-LOIRE

Belle décoration arbustive et camping qui se tourne vers l'écologie.

Nature :
Loisirs :
Services :

GPS : W : 2.12993 / N : 46.81828

La Davière-Plage

02 51 58 27 99, www.camping-daviereplage.com

Pour s'y rendre : 197 rte de Notre-Dame-de-Monts (3 km au nord-ouest, sur D 38)

Ouverture : de déb. mai à mi-sept.

3 ha (171 empl.) plat, herbeux, sablonneux

Empl. camping : (Prix 2017) 29,65€ ★★ 🚗 📧 [⚡] (10A) - pers. suppl. 6,15€ - frais de réservation 20€

Location : (Prix 2017) (de déb. mai à mi-sept.) - 30 🚐 - 6 bungalows toilés. Nuitée 95 à 110€ - Sem. 280 à 850€ - frais de réservation 20€

🚐 borne artisanale 15€ - 20 📧 15€

En deux parties distinctes. Préférer les emplacements éloignés de la route.

Nature :
Loisirs : ♉ ✖ 🏠 jacuzzi 🚣 🚴 🏊 terrain multisports
Services : 🚐 (juil.-août) 🚿 📶 laverie 🧺

GPS : W : 2.10085 / N : 46.8054

Sud

Les Samaras

02 51 59 51 01, www.camping-lessamaras.fr

Pour s'y rendre : 53 chemin du Champ de Bataille (8,7 km au sud par la D 38)

Ouverture : de déb. avr. à fin sept.

1 ha (73 empl.) plat, herbeux, sablonneux

Empl. camping : (Prix 2017) 31,50€ ★★ 🚗 📧 [⚡] (10A) - pers. suppl. 6€ - frais de réservation 25€

Location : (Prix 2017) (de déb. avr. à fin sept.) - 35 🚐 - 16 tentes lodges. Nuitée 70 à 140€ - Sem. 280 à 780€ - frais de réservation 25€

Terrain familial au calme à l'ombre des pins.

Nature :
Loisirs : ♉ ✖ 🏠 🚴 🏊 terrain multisports
Services : 🔑 📶 laverie 🧺

GPS : W : 1.98189 / N : 46.75496

La Yole

02 51 58 67 17, www.vendee-camping.eu - peu d'emplacements pour tentes et caravanes

Pour s'y rendre : chemin des Bosses, à Orouet (7 km au sud-est)

Ouverture : de déb. avr. à fin sept.

5 ha (369 empl.) plat, herbeux, sablonneux

Empl. camping : (Prix 2017) 41,50€ ★★ 🚗 📧 [⚡] (10A) - pers. suppl. 7,20€ - frais de réservation 29€

Location : (Prix 2017) (de déb. avr. à fin sept.) - ♿ (1 mobile home) - 🏠 - 67 🚐. Nuitée 36 à 215€ - Sem. 252 à 1 505€ - frais de réservation 29€

Cadre verdoyant, soigné, fleuri et ombragé avec une belle pinède attenante.

Nature :
Loisirs : ♉ ✖ 🏠 🚣 jacuzzi 🚴 🏊
Services : 🔑 🚿 📶 laverie 🧺

GPS : W : 2.00728 / N : 46.75664

Les Jardins de l'Atlantique

02 51 58 05 74, www.camping-jardins-atlantique.com - peu d'emplacements pour tentes et caravanes

Pour s'y rendre : 100 r. de la Caillauderie (5,5 km au sud-est)

Ouverture : de déb. avr. à fin sept.

5 ha (318 empl.) vallonné, peu incliné, plat, sablonneux

Empl. camping : (Prix 2017) 26,70€ ★★ 🚗 📧 [⚡] (6A) - pers. suppl. 6,30€ - frais de réservation 20€

Location : (Prix 2017) (de mi-avr. à fin sept.) - 50 🚐. Nuitée 40 à 61€ - Sem. 220 à 755€ - frais de réservation 20€

En deux parties distinctes de part et d'autre de la route avec une jolie pataugeoire couverte idéale pour les enfants.

Nature :
Loisirs : ♉ ✖ 🏠 🚣 hammam jacuzzi 🚴 🏊 terrain multisports
Services : 🔑 📶 laverie 🧺

GPS : W : 2.02751 / N : 46.76972

Le Both d'Orouet

02 51 58 60 37, www.camping-lebothdorouet.com

Pour s'y rendre : 77 av. d'Orouet (6,7 km au sud-est sur D 38, rte de St-Hilaire-de-Riez, au bord d'un ruisseau)

Ouverture : de déb. avr. à mi-oct.

4,4 ha (200 empl.) plat, herbeux, sablonneux

Empl. camping : (Prix 2017) 28,10€ ★★ 🚗 📧 [⚡] (10A) - pers. suppl. 5,40€ - frais de réservation 16€

Location : (Prix 2017) (de fin avr. à déb. oct.) - 31 🚐 - 19 🏠 - 9 tentes lodges. Nuitée 22 à 112€ - Sem. 154 à 784€ - frais de réservation 16€

Cadre verdoyant et salle de jeux dans une ancienne grange de la ferme datée de 1875.

Nature :
Loisirs : 🏠 jacuzzi 🚣 🏊 terrain multisports
Services : 🔑 🚿 📶 laverie
À prox. : ♉ ✖

GPS : W : 1.99759 / N : 46.76495

Campéole les Sirènes

02 51 58 01 31, www.campeole.com/fr/les-sirenes

Pour s'y rendre : av. des Demoiselles (au sud-est, à 500 m de la plage)

Ouverture : de déb. avr. à fin sept.

15 ha/5 campables (470 empl.) vallonné, plat, sablonneux

Empl. camping : (Prix 2017) 34,40€ ★★ 🚗 📧 [⚡] (10A) - pers. suppl. 8,20€ - frais de réservation 25€

Location : (Prix 2017) (de déb. avr. à fin sept.) - ♿ (2 mobile homes) - 52 🚐 - 80 bungalows toilés. Nuitée 37 à 152€ - Sem. 259 à 1 064€ - frais de réservation 25€

🚐 borne eurorelais

Cadre naturel et agréable dans la forêt domaniale des Pays de Monts (pinède), avec encore certains sanitaires bien vieillissants.

Nature :
Loisirs : ♉ 🚣 🚴 🏊 terrain multisports
Services : 🔑 📶 laverie
À prox. : ✖

GPS : W : 2.0548 / N : 46.7799

Choisissez votre restaurant sur **restaurant.michelin.fr**

PAYS-DE-LA-LOIRE

Le Logis

☎ 02 51 58 60 67, www.camping-saintjeandemonts.com - peu d'emplacements pour tentes et caravanes

Pour s'y rendre : 4 chemin du Logis (4,3 km au sud-est sur D 38, rte de St-Gilles-Croix-de-Vie)

Ouverture : de mi-avr. à mi-sept.

0,8 ha (44 empl.) en terrasses, plat, herbeux

Empl. camping : (Prix 2017) 28,50€ ✦✦ 🚗 ⚡ (10A) - pers. suppl. 5€ - frais de réservation 16€

Location : (Prix 2017) (de mi-avr. à mi-sept.) - ♿ (1 mobile home) - 🚭 - 12 🏠 - 2 gîtes. Sem. 270 à 630€ - frais de réservation 16€

Préférer les emplacements les plus éloignés de la route.

Nature : 🌳
Loisirs : 🏊 🎮 🛝 (petite piscine)
Services : 🔑 🚿 📶 🧺
À prox. : 🍴 ✖ ⛵

GPS : W : 2.01360 N : 46.77953

ST-JULIEN-DE-CONCELLES

44450 - Carte Michelin **316** H4 - 6 839 h. - alt. 24
▶ Paris 384 - Nantes 19 - Angers 89 - La Roche-sur-Yon 80

Le Chêne

☎ 02 40 54 12 00, www.campingduchene.fr

Pour s'y rendre : 1 rte du Lac (1,5 km à l'est par D 37 (déviation), près du plan d'eau)

Ouverture : de déb. avr. à mi-oct.

2 ha (100 empl.) plat, herbeux

Empl. camping : (Prix 2017) 23,50€ ✦✦ 🚗 ⚡ (16A) - pers. suppl. 5€

Location : (Prix 2017) Permanent - 26 🏠. Nuitée 60 à 99€ - Sem. 378 à 624€

Agréable situation verdoyante, en partie ombragée mais préférer les emplacements côté lac, plus éloignés de la route.

Nature : 🌳 🌳🌳
Loisirs : 🍴 ✖ 🎮 🐎 🚲 🎯 🛝 (découverte en saison) 🚣 pédalos
Services : 🔑 🚿 📶 🧺 ♿
À prox. : 🛒 ⛵

GPS : W : 1.37098 N : 47.2492

ST-JULIEN-DES-LANDES

85150 - Carte Michelin **316** F8 - 1 331 h. - alt. 59
▶ Paris 445 - Aizenay 17 - Challans 32 - La Roche-sur-Yon 24

Les Castels La Garangeoire ♛♛

☎ 02 51 46 65 39, www.camping-la-garangeoire.com

Pour s'y rendre : 2,8 km au nord par D 21

Ouverture : de déb. mai à fin sept.

200 ha/10 campables (356 empl.) vallonné, en terrasses, plat, herbeux

Empl. camping : (Prix 2017) 43,60€ ✦✦ 🚗 ⚡ (16A) - pers. suppl. 9,85€ - frais de réservation 25€

Location : (Prix 2017) (de déb. mai à fin sept.) - ♿ (1 mobile home) - 33 🏠 - 25 🏡 - 2 cabanons - 3 gîtes. Nuitée 40 à 259€ - Sem. 280 à 1 890€

Agréable et important domaine autour du château avec prairies, étangs et bois.

Nature : 🌊 🌳 🌳🌳
Loisirs : 🍴 ✖ 🎮 🔥 🐎 jacuzzi 🏓 🚲 🎯 🛝 🚣 🐎 pédalos terrain multisports
Services : 🔑 🚿 - 4 sanitaires individuels (🚿 wc) 🧺 ♿ réfrigérateurs

GPS : W : 1.71359 N : 46.66229

"C'est si bon" Village de La Guyonnière ♛♛

☎ 02 51 46 62 59, www.camping-guyonniere.com

Pour s'y rendre : 2,4 km au nord-ouest par D 12, rte de Landevieille puis 1,2 km par chemin à dr. à prox. du lac du Jaunay

Ouverture : de fin mai à mi-sept.

30 ha (294 empl.) peu incliné, plat, herbeux, étang

Empl. camping : (Prix 2017) 44€ ✦✦ 🚗 ⚡ (10A) - pers. suppl. 10€ - frais de réservation 20€

Location : (Prix 2017) (de fin mai à mi-sept.) - ♿ (2 mobile home) - 🚭 - 102 🏠 - 17 🏡 - 17 tentes lodges. Nuitée 45 à 299€ - Sem. 315 à 2 093€ - frais de réservation 20€

🚐 borne eurorelais 5€ - 5 🏠 22€

Cadre verdoyant en plusieurs îlots autour d'animaux de la ferme.

Nature : 🌊 🌳
Loisirs : 🍴 ✖ 🎮 🔥 🐎 centre balnéo 🏊 hammam jacuzzi 🏓 🚲 🎯 🛝 🚣 🐎 mini ferme terrain multisports
Services : 🔑 🚿 🧺 📶 laverie ♿

GPS : W : 1.74963 N : 46.65258

Yelloh! Village Château La Forêt ♛♛

☎ 02 51 46 62 11, www.chateaulaforet.com

Pour s'y rendre : 0,5 km au nord-est par D 55, rte de Martinet

Ouverture : de déb. mai à déb. sept.

50 ha/5 campables (209 empl.) plat, herbeux, bois, étang

Empl. camping : (Prix 2017) 42€ ✦✦ 🚗 ⚡ (10A) - pers. suppl. 8€

Location : (Prix 2017) (de déb. mai à déb. sept.) - 39 🏠 - 10 🏡 - 20 🏕 - 2 bungalows toilés - 5 tentes lodges - 1 cabane perchée. Nuitée 31 à 199€ - Sem. 217 à 1 393€

Cadre boisé au pied du château et de ses dépendances.

Nature : 🌊 🌳 🌳🌳
Loisirs : 🍴 ✖ 🎮 🔥 🐎 diurne 🏓 🚲 🎯 🛝 🚣 accrobranche et tyrolienne tyrolienne
Services : 🔑 🚿 🧺 📶 laverie ♿

GPS : W : 1.71135 N : 46.64182

Flower La Bretonnière

☎ 02 51 46 62 44, www.la-bretonniere.com

Pour s'y rendre : lieu-dit : La Bretonnière (2 km à l'ouest par D 12)

Ouverture : de déb. avr. à fin sept.

6 ha (165 empl.) plat, herbeux

Empl. camping : (Prix 2017) 35€ ✦✦ 🚗 ⚡ (12A) - pers. suppl. 6€ - frais de réservation 10€

Location : (Prix 2017) (de déb. avr. à fin sept.) - ♿ (2 chalets) - 20 🏠 - 17 🏡 - 10 bungalows toilés - 8 tentes lodges. Nuitée 46 à 137€ - Sem. 300 à 950€ - frais de réservation 15€

Cadre verdoyant sur les terres d'une ancienne ferme avec de grands espaces verts idéal pour la détente.

Nature : 🌊 🌳 🌳🌳
Loisirs : 🍴 ✖ 🎮 🔥 🚲 🎯 🛝 (découverte en saison)
Services : 🔑 🚿 🧺 📶 laverie ♿

GPS : W : 1.73376 N : 46.64384

Terrains particulièrement agréables dans leur ensemble et dans leur catégorie.

PAYS-DE-LA-LOIRE

ST-LAURENT-SUR-SÈVRE

85290 - Carte Michelin **316** K6 - 3 442 h. - alt. 121
▶ Paris 365 - Angers 76 - Bressuire 36 - Cholet 14

▲ Le Rouge Gorge

✆ 02 51 67 86 39, www.camping-lerougegorge-vendee.com

Pour s'y rendre : rte de La Verrie (1 km à l'ouest par D 111)

Ouverture : de déb. avr. à fin sept.

2 ha (93 empl.) peu incliné, plat, herbeux

Empl. camping : (Prix 2017) 25 € ✶✶ ⇆ 🅴 [≴] (13A) - pers. suppl. 4,60 € - frais de réservation 7 €

Location : (Prix 2017) (de déb. avr. à fin sept.) - ⊘ - 16 🚐 - 13 🏠 - 4 tentes lodges. Nuitée 116 à 230 € - Sem. 305 à 960 € - frais de réservation 10 €

Cadre agréable, verdoyant et ombragé.

Nature : 🌳 ♀♀
Loisirs : 🍴 ✕ 🏛 jacuzzi 🚴 🔺 tyrolienne
Services : ⚬━ 🅿 🛠 🛜 laverie 🧺
À prox. : 🚣

GPS W : 0.90307 N : 46.95788

ST-MICHEL-CHEF-CHEF

44730 - Carte Michelin **316** D4 - 3 177 h. - alt. 32
▶ Paris 445 - Challans 54 - Nantes 58 - Pornic 10

▲ Le Haut Village

✆ 02 40 39 93 45, www.camping-hautvillage.fr

Pour s'y rendre : 4 rte de l'Étang

Ouverture : de déb. avr. à fin sept.

3,3 ha (162 empl.) peu incliné, plat, herbeux, pierreux, étang

Empl. camping : (Prix 2017) 25,80 € ✶✶ ⇆ 🅴 [≴] (6A) - pers. suppl. 5,50 € - frais de réservation 15 €

Location : (Prix 2017) (de déb. janv. à mi-déc.) - 10 🚐 - 4 roulottes - 1 gîte. Nuitée 24 à 111 € - Sem. 169 à 779 € - frais de réservation 15 €

Locatif très insolite, original, de standing variable et un confort sanitaire faible pour les emplacements tentes et caravanes.

Nature : 🌳 ♀
Loisirs : 🍴 ✕ 🏛 🏊 🚴 🔺 🛶
Services : ⚬━ 🛠 🛜 laverie 🧺

GPS W : 2.1354 N : 47.17051

ST-MICHEL-EN-L'HERM

85580 - Carte Michelin **316** I9 - 2 129 h. - alt. 9
▶ Paris 453 - Luçon 15 - La Rochelle 46 - La Roche-sur-Yon 47

▲▲ Les Mizottes

✆ 02 51 30 23 63, www.campinglesmizottes.fr

Pour s'y rendre : 41 r. des Anciens-Quais (800 m au sud-ouest par D 746, rte de l'Aiguillon-sur-Mer)

Ouverture : de déb. avr. à fin sept.

3 ha (150 empl.) plat, herbeux

Empl. camping : (Prix 2017) 32 € ✶✶ ⇆ 🅴 [≴] (6A) - pers. suppl. 6,50 € - frais de réservation 20 €

Location : (Prix 2017) (de déb. avr. à fin sept.) - ♿ (1 mobile home) - 30 🚐 - 2 tentes lodges. Sem. 170 à 990 € - frais de réservation 20 €

🅿 borne artisanale - 2 🅴

Terrain sous les peupliers, platanes, bouleaux, érables ; services et loisirs de qualité.

Nature : 🌳 ♀♀
Loisirs : 🍴 ✕ 🏛 salle d'animations 🚴 🚴
🏓 🔺 terrain multisports
Services : ⚬━ 🛠 🛜 laverie 🧺

GPS W : 1.25482 N : 46.34943

ST-PHILBERT-DE-GRAND-LIEU

44310 - Carte Michelin **316** G5 - 8 434 h. - alt. 10
▶ Paris 407 - Nantes 27 - La Roche-sur-Yon 57 - Angers 112

▲▲ Village Naturel Les Rives de Grand Lieu

✆ 02 40 78 88 79, www.camping-lesrivesdegrandlieu.com

Pour s'y rendre : 1 av. de Nantes

Ouverture : de déb. avr. à fin oct.

4,5 ha (180 empl.) plat, herbeux

Empl. camping : (Prix 2017) 21 € ✶✶ ⇆ 🅴 [≴] (10A) - pers. suppl. 4 € - frais de réservation 5 €

Location : (Prix 2017) (de déb. avr. à fin oct.) - 11 🚐 - 10 bungalows toilés - 10 tentes lodges - 7 tipis. Nuitée 32 à 85 € - Sem. 174 à 525 € - frais de réservation 10 €

Petits villages à thème avec cuisines équipées communes à disposition. Attention week-end évènementiels (mariages, communions…) sauf très haute saison.

Nature : ♀♀
Loisirs : 🍴 ✕ 🏛 🚴 🚴 🛶
Services : ⚬━ 🛠 🛜 laverie 🧺
À prox. : jacuzzi 🏊 🔺 🛶 🚣 parc aquatique

GPS W : 1.64027 N : 47.0419

We recommend that you consult the up to date price list posted at the entrance of the site. Inquire about possible restrictions. The information in this Guide may have been modified since going to press.

ST-RÉVÉREND

85220 - Carte Michelin **316** F7 - 1 323 h. - alt. 19
▶ Paris 453 - Aizenay 20 - Challans 19 - La Roche-sur-Yon 36

▲▲ Le Pont Rouge

✆ 02 51 54 68 50, www.camping-lepontrouge.com

Pour s'y rendre : r. Georges-Clemenceau (sortie sud-ouest par D 94 et chemin à dr., au bord d'un ruisseau)

Ouverture : de déb. avr. à mi-sept.

2,2 ha (73 empl.) peu incliné, plat, herbeux

Empl. camping : (Prix 2017) 24 € ✶✶ ⇆ 🅴 [≴] (6A) - pers. suppl. 5 € - frais de réservation 15 €

Location : (Prix 2017) (de déb. avr. à mi-sept.) - 16 🚐 - 10 bungalows toilés. Nuitée 45 à 107 € - Sem. 160 à 750 € - frais de réservation 15 €

Cadre verdoyant au bord d'un ruisseau, soigné, avec du locatif varié.

Nature : 🌳 🌳 ♀
Loisirs : 🍴 ✕ 🌙 nocturne 🚴 🔺
Services : ⚬━ 🛠 🛜 laverie 🧺

GPS W : 1.83448 N : 46.69366

PAYS-DE-LA-LOIRE

ST-VINCENT-SUR-JARD

85520 - Carte Michelin **316** G9 - 1 205 h. - alt. 10
▶ Paris 454 - Challans 64 - Luçon 34 - La Rochelle 70

▲▲▲ Chadotel La Bolée d'Air

✆ 02 51 90 36 05, www.chadotel.com/fr/camping/vendee/saint-vincent-sur-jard/camping-la-bolee-dair

Pour s'y rendre : rte du Bouil (2 km à l'est par D 21 rte de Longeville et à dr.)

Ouverture : de fin mars à fin sept.

5,7 ha (280 empl.) plat, herbeux

Empl. camping : (Prix 2017) 35€ ★★ 🚗 🏠 ⚡ (10A) - pers. suppl. 6,20€ - frais de réservation 25€

Location : (Prix 2017) (de fin mars à fin sept.) - ♿ (1 mobile home) - 70 🛖 - 6 🏠 - 3 tentes lodges. Nuitée 22 à 159€ - Sem. 154 à 1 113€ - frais de réservation 25€

🚐 borne artisanale

Terrain avec ambiance familiale à proximité d'une piste cyclable. Préférer les emplacements les plus éloignés de la route.

Nature : 🌳 🌿🌿	
Loisirs : 🍴✕ 🎮 🎵 🎿 🎯 🏊 🎣 terrain multisports	**G** W : 1.52622 **P** N : 46.41978 **S**
Services : 🔑 🚻 ♿ 🚿 📶 laverie 🧺	

STE-LUCE-SUR-LOIRE

44980 - Carte Michelin **316** H4 - 11 679 h. - alt. 9
▶ Paris 378 - Nantes 7 - Angers 82 - Cholet 58

▲ Belle Rivière

✆ 02 40 25 85 81, www.camping-belleriviere.com

Pour s'y rendre : rte des Perrières (2 km au nord-est par D 68, rte de Thouaré puis, au lieu-dit la Gicquelière, 1 km par rte à dr., accès direct à un bras de la Loire)

Ouverture : Permanent

3 ha (110 empl.) plat, herbeux

Empl. camping : (Prix 2017) ★ 4,60€ 🚗 2,50€ 🏠 5,20€ – ⚡ (10A) 4,50€

Location : (Prix 2017) Permanent 🏠 - 8 🛖. Nuitée 58 à 92€ - Sem. 232 à 475€ - frais de réservation 15€

🚐 borne eurorelais 5€ - 10 🏠 17,90€ - ⚡ 17,90€

Agréable cadre verdoyant bordé par "La Loire à Vélo". Arrêt de bus pour le tram via Nantes.

Nature : 🌳 🌿 🌿🌿	
Loisirs : 🎠 🎵	**G** W : 1.45574 **P** N : 47.254 **S**
Services : 🔑 🚻 🚿 📶 laverie	
À prox. : 🐎	

SAUMUR

49400 - Carte Michelin **317** I5 - 28 070 h. - alt. 30
▶ Paris 300 - Angers 67 - Châtellerault 76 - Cholet 70

▲▲▲ Flower L'Île d'Offard 👥

✆ 02 41 40 30 00, www.saumur-camping.com

Pour s'y rendre : bd de Verden (accès par centre-ville, dans une île de la Loire)

Ouverture : de déb. mars à fin oct.

4,5 ha (160 empl.) plat, herbeux

Empl. camping : (Prix 2017) 38€ ★★ 🚗 🏠 ⚡ (10A) - pers. suppl. 7€ - frais de réservation 15€

Location : (Prix 2017) (de déb. mars à fin oct.) - ♿ (1 mobile home) - 55 🛖 - 20 tentes lodges - 9 tentes sur pilotis - 2 cabanons. Nuitée 15 à 112€ - Sem. 168 à 1 178€ - frais de réservation 15€

🚐 borne AireService - 14 🏠 38€

Situation agréable à la pointe de l'île avec vue sur le château.

Nature : ≤ château de Saumur 🌿 🌿	
Loisirs : 🍴✕ 🎮 🎵 diurne 🎿 🏊 hammam jacuzzi 🎠 🏊 🎣 📶	**G** W : 0.0656 **P** N : 47.26022 **S**
Services : 🔑 🚻 ♿ 🚿 📶 laverie 🧺	
À prox. : 🍴	

LA SELLE-CRAONNAISE

53800 - Carte Michelin **310** C7 - 931 h. - alt. 71
▶ Paris 316 - Angers 68 - Châteaubriant 32 - Château-Gontier 29

▲▲▲ Base de Loisirs de la Rincerie

✆ 02 43 06 17 52, www.la-rincerie.com

Pour s'y rendre : 3,5 km au nord-ouest par D 111, D 150, rte de Ballots et rte à gauche

Ouverture : de mi-mars à mi-nov.

120 ha/5 campables (50 empl.) peu incliné, plat, herbeux

Empl. camping : (Prix 2017) 15,10€ ★★ 🚗 🏠 ⚡ (10A) - pers. suppl. 3,50€

Location : (Prix 2017) (de mi-mars à mi-nov.) - 🏠 - 1 🛖 - 1 🏠 - 4 bungalows toilés. Nuitée 50 à 70€ - Sem. 290 à 400€

🚐 borne eurorelais 2€

Près d'un plan d'eau, nombreuses activités nautiques.

Nature : 🌿 ≤	
Loisirs : 🎵 diurne 🎶 🏊 (plan d'eau) 🎯 télé-ski nautique	**G** W : 1.06528 **P** N : 47.86631 **S**
Services : 🔑 🚻 ♿ 🚿 📶	
à la base de loisirs : 🎠 🚲 🎣	

En juin et septembre les campings sont plus calmes, moins fréquentés et pratiquent souvent des tarifs « hors saison ».

SILLÉ-LE-GUILLAUME

72140 - Carte Michelin **310** I5 - 2 361 h. - alt. 161
▶ Paris 230 - Alençon 39 - Laval 55 - Le Mans 35

▲▲▲ Huttopia Lac de Sillé

✆ 02 43 20 16 12, www.huttopia.com

Pour s'y rendre : à Sillé-Plage (2,5 km au nord par D 5, D 105, D 203 et chemin à dr.)

Ouverture : de fin avr. à fin sept.

3,5 ha (163 empl.) plat, herbeux

Empl. camping : (Prix 2017) 31,40€ ★★ 🚗 🏠 ⚡ (10A) - pers. suppl. 5,80€

Location : (Prix 2017) (de fin avr. à fin sept.) - 12 🛖 - 25 tentes lodges. Nuitée 42 à 112€ - Sem. 238 à 784€

🚐 borne artisanale 7€

Dans la forêt, près d'un plan d'eau et de deux étangs.

Nature : 🌳 🌿🌿	
Loisirs : 🎵 🎿 🏊 🎠 🚲 🎣	**G** W : 0.12917 **P** N : 48.18333 **S**
Services : 🔑 📶 🧺	
À prox. : 🍴 💧 🎠 pédalos	

PAYS-DE-LA-LOIRE

SILLÉ-LE-PHILIPPE

72460 - Carte Michelin 310 L6 - 1 091 h. - alt. 35
▶ Paris 195 - Beaumont-sur-Sarthe 25 - Bonnétable 11 - Connerré 15

⛰ Les Castels Le Château de Chanteloup 👥

☎ 02 43 27 51 07, www.chateau-de-chanteloup.com

Pour s'y rendre : lieu-dit : Chanteloup (2 km au sud-ouest par D 301, rte du Mans)

Ouverture : de déb. juin à fin août

21 ha (110 empl.) peu incliné, plat, herbeux, sablonneux, étang, sous-bois

Empl. camping : (Prix 2017) 44,70 € ✶✶ 🚗 🔌 (10A) - pers. suppl. 11 €

Location : (Prix 2017) (de déb. juin à fin août) - 5 tentes lodges - 2 gîtes - 3 appartements. Sem. 740 à 950 €

🅿 borne AireService

Emplacements spacieux au bord de l'étang et près du château familial.

Nature : 🌿 🌳🌳
Loisirs : 🍴 🍽 🏠 🌊 🚴 ♨ 🏊
Services : 🔑 🚿 ♿ 📶 laverie 🧺 🚗

GPS E : 0.34012 N : 48.10410

À prox. : 🐎

SOULLANS

85300 - Carte Michelin 316 E7 - 4 058 h. - alt. 12
▶ Paris 443 - Challans 7 - Noirmoutier-en-l'Île 46 - La Roche-sur-Yon 48

⛰ Municipal le Moulin Neuf

☎ 02 51 68 00 24, soullans.fr

Pour s'y rendre : r. St-Christophe (sortie nord par D 69, rte de Challans et r. à dr.)

Ouverture : de mi-juin à mi-sept.

1,2 ha (80 empl.) plat, herbeux

Empl. camping : (Prix 2017) 9,50 € ✶✶ 🚗 🔌 (10A) - pers. suppl. 2,50 €

Proche du bourg, petit terrain calme sous les tilleuls avec des emplacements bien délimités

Nature : 🌿 🌳🌳
Services : 📶 🏠

GPS W : 1.89566 N : 46.79817

À prox. : 🍴

TALMONT-ST-HILAIRE

85440 - Carte Michelin 316 G9 - 6 829 h. - alt. 35
▶ Paris 448 - Challans 55 - Luçon 38 - La Roche-sur-Yon 30

⛰ Yelloh! Village Le Littoral 👥

☎ 02 51 22 04 64, www.campinglelittoral.com

Pour s'y rendre : lieu-dit : Le Porteau (9,5 km au sud-ouest par D 949, D 4a et apr. Querry-Pigeon, à dr. par D 129, rte côtière des Sables-d'Olonne, à 100 m de l'océan)

Ouverture : de déb. avr. à mi-sept.

9 ha (433 empl.) peu incliné, plat, herbeux, sablonneux

Empl. camping : (Prix 2017) 38 € ✶✶ 🚗 🔌 (10A) - pers. suppl. 7 €

© Antoine Tatin

Location : (Prix 2017) (de déb. avr. à mi-sept.) ♿ (1 mobile home) - 🅿 - 250 🚗 - 14 🏠. Nuitée 39 à 249 € - Sem. 273 à 1 743 €

🅿 borne AireService

Bel ensemble avec du locatif de qualité et un quartier piétonnier. Navettes gratuites pour les plages.

Nature : 🌳 🌳🌳
Loisirs : 🍴 🍽 🏠 🌊 🚴 ♨ jacuzzi 🚴 🏊
terrain multisports
Services : 🔑 🚿 ♿ 📶 laverie 🧺 🚗

GPS W : 1.70222 N : 46.45195

⛰ Tohapi Loyada 👥

☎ 02 51 21 28 10, www.camping-loyada.fr

Pour s'y rendre : 111 r. de La Source (av. de L'Atlantique, 4 km à l'ouest par D 949 et D 4)

Ouverture : de déb. avr. à fin sept.

5 ha (229 empl.) plat, herbeux

Empl. camping : (Prix 2017) 39 € ✶✶ 🚗 🔌 (16A) - pers. suppl. 6 € - frais de réservation 25 €

Location : (Prix 2017) (de déb. avr. à fin sept.) ♿ (1 mobile home) - 75 🚗 - 2 🏠 - 1 bungalow toilé - 11 tentes lodges. Nuitée 40 à 113 € - Sem. 294 à 1 533 € - frais de réservation 25 €

Emplacements au milieu d'un cadre fleuri avec une végétation luxuriante et certains mobile homes de grand confort.

Nature : 🌳 🌳🌳
Loisirs : 🍴 🍽 🏠 🌊 🚴 centre balnéo
🌀 hammam jacuzzi 🚴 ♨ 🏊 terrain multisports
Services : 🔑 🚿 ♿ 📶 laverie 🧺 🚗

GPS W : 1.65224 N : 46.466

⛰ Les Dinosaures 👥

(pas d'emplacement tentes et caravanes)

☎ 02 51 22 20 10, www.campinglesdinosaures.com

Pour s'y rendre : 330 av. de la Plage (6,5 km au sud-ouest)

2 ha (134 empl.) plat, herbeux

Location : ♿ (1 chalet) - 53 🚗 - 3 🏠.

Bel espace commercial à l'entrée et très peu d'emplacements tentes ou caravanes.

Nature : 🌳
Loisirs : 🍴 🍽 🚴 🏊 🌊 terrain multisports
Services : 🔑 🚿 ♿ 📶 laverie 🧺

GPS W : 1.66607 N : 46.44243

⛰ Sea Green Le Paradis 👥

☎ 02 51 22 22 36, www.camping-leparadis85.com

Pour s'y rendre : r. de la Source (3,7 km à l'ouest par D 949, rte des Sables-d'Olonne, D 4a à gauche, rte de Querry-Pigeon et chemin à dr.)

4,9 ha (148 empl.) en terrasses, peu incliné, plat, herbeux, sablonneux

Location : 90 🚗 - 9 🏠 - 4 bungalows toilés - 4 tentes lodges.

Terrain en pente, en partie bien ombragé avec du locatif varié.

Nature : 🌳 🌳🌳
Loisirs : 🍴 🍽 🌙 nocturne 🚴 ♨ 🚴
(découverte en saison) terrain multisports
Services : 🔑 📶 laverie 🧺

GPS W : 1.65491 N : 46.46462

Dieser Führer stellt kein vollständiges Verzeichnis aller Campingplätze dar, sondern nur eine Auswahl der besten Plätze jeder Kategorie.

409

PAYS-DE-LA-LOIRE

THARON-PLAGE

44730 - Carte Michelin **316** C5
▶ Paris 444 - Nantes 59 - St-Nazaire 25 - Vannes 94

La Riviera

📞 02 28 53 54 88, www.campinglariviera.com - peu d'emplacements pour tentes et caravanes

Pour s'y rendre : r. des Gâtineaux (à l'est de la station, par D 96, rte de St-Michel-Chef-Chef)

Ouverture : de déb. mars à fin nov.

6 ha (250 empl.) en terrasses, plat, herbeux, pierreux

Empl. camping : (Prix 2017) 24,70€ ✶✶ 🚗 🔌 (10A) - pers. suppl. 5,15€ - frais de réservation 15,50€

Location : (Prix 2017) (de déb. avr. à fin oct.) - 2 🏠 - 5 🏠. Sem. 350 à 785€ - frais de réservation 15,50€

Quelques places pour tentes et caravanes au milieu d'un grand nombre de mobile homes de propriétaires-résidents.

Nature : 🌳
Loisirs : 🍴 🏊 jacuzzi 🎣 🏐 terrain multisports
Services : 🔑 🚻 ♿ 📶 🛒

GPS W : 2.15087 N : 47.16492

TENNIE

72240 - Carte Michelin **310** I6 - 1 023 h. - alt. 100
▶ Paris 224 - Alençon 49 - Laval 69 - Le Mans 26

Municipal de la Vègre

📞 02 43 20 59 44, www.camping-tennie.com - peu d'emplacements pour tentes et caravanes

Pour s'y rendre : r. Andrée-Le-Grou (sortie ouest par D 38, rte de Ste-Suzanne)

Ouverture : de déb. avr. à fin sept.

2 ha (80 empl.) plat, herbeux

Empl. camping : (Prix 2017) ✶ 2,60€ 🚗 1,80€ 🔌 2,20€ – 🔌 (6A) 3,50€

Location : (Prix 2017) Permanent ♿ (1 chalet) - 3 🏠 - 5 🏠. Nuitée 55 à 78€ - Sem. 245 à 393€

🚐 borne artisanale 3,50€

Cadre agréable au bord d'une rivière et d'un étang.

Nature : 🌊 🌳
Loisirs : 🍴 🏊 🎣 🏐
Services : 🔑 ♿ 📶 🛒
À prox. : 🍴 🎣

GPS W : 0.07874 N : 48.10705

LA TRANCHE-SUR-MER

85360 - Carte Michelin **316** H9 - 2 715 h. - alt. 4
▶ Paris 459 - Luçon 31 - Niort 100 - La Rochelle 64

Le Jard 👪

📞 02 51 27 43 79, www.campingdujard.fr

Pour s'y rendre : 123 bd de Lattre-de-Tassigny (au lieu-dit : La Grière-Plage, 3,8 km rte de l'Aiguillon)

6 ha (350 empl.) plat, herbeux

Location : 140 🏠.

Agréable terrain avec un bon confort sanitaire.

Nature : 🌳
Loisirs : 🍴 🏊 🎣 jacuzzi 🏐 🚲 🎯
Services : 🔑 ♿ 📶 laverie 🛒

GPS W : 1.38694 N : 46.34788

Les Préveils 👪

📞 02 51 30 30 52, www.camping-les-preveils.com

Pour s'y rendre : av. Ste-Anne (au lieu-dit : La Grière-Plage, 4,2 km rte de l'Aiguillon)

Ouverture : de déb. avr. à fin sept.

4 ha (180 empl.) vallonné, plat, herbeux, sablonneux

Empl. camping : (Prix 2017) 36€ ✶✶ 🚗 🔌 (10A) - pers. suppl. 8€ - frais de réservation 25€

Location : (Prix 2017) Permanent ♿ (2 mobile home) - 44 🏠 - 5 🏠 - 6 🛏 - 5 tentes lodges - 7 appartements. Nuitée 45 à 55€ - Sem. 290 à 929€ - frais de réservation 25€

Agréable site à 200 m de la plage.

Nature : 🌳
Loisirs : 🍴 🏊 salle d'animations 🎣 🏐 jacuzzi 🚲 🎯 terrain multisports
Services : 🔑 ♿ 📶 laverie 🛒

GPS W : 1.3936 N : 46.34398

Vagues-Océanes Les Blancs Chênes 👪

📞 08 20 15 00 40, www.vagues-oceanes.com - peu d'emplacements pour tentes et caravanes

Pour s'y rendre : rte de la Roche-sur-Yon (2,6 km au nord-est par D 747)

Ouverture : de mi-avr. à mi-sept.

7 ha (370 empl.) plat, herbeux

Empl. camping : (Prix 2017) 45€ ✶✶ 🚗 🔌 (5A) - pers. suppl. 8€ - frais de réservation 10€

Location : (Prix 2017) (de mi-avr. à mi-sept.) - ♿ (1 mobile home) - 249 🏠 - 24 🏠. Nuitée 31 à 197€ - Sem. 217 à 1 379€ - frais de réservation 26€

Locatifs parfois aménagés en quartiers paysagés sans véhicule avec une végétation luxuriante.

Nature : 🌳
Loisirs : 🍴 🏊 salle d'animations 🎣 🏐 🚲 🎯 terrain multisports
Services : 🔑 ♿ 📶 laverie 🛒

GPS W : 1.41958 N : 46.36323

Tohapi Les Almadies 👪

📞 06 08 93 50 18, www.lesalmadies.com

Pour s'y rendre : rte de La-Roche-sur-Yon (4,3 km au nord par D 747)

Ouverture : de mi-avr. à mi-sept.

10 ha (519 empl.) plat, herbeux

Empl. camping : (Prix 2017) 30€ ✶✶ 🚗 🔌 (10A) - pers. suppl. 5€ - frais de réservation 20€

Location : (Prix 2017) Permanent - 250 🏠 - 20 tentes lodges. Sem. 240 à 1 566€ - frais de réservation 20€

Ensemble rectiligne avec des locatifs parfois simples en confort autour d'un beau parc aquatique.

Nature : 🌳
Loisirs : 🍴 🏊 salle d'animations 🎣 🏐 🚲 🎯
Services : 🔑 ♿ 📶 laverie 🛒

GPS W : 1.41367 N : 46.37206

Sites which are particularly pleasant in their own right and outstanding in their class.

PAYS-DE-LA-LOIRE

⛺ Baie d'Aunis
📞 02 51 27 47 36, www.camping-baiedaunis.com 🚫 (de déb. juil. à fin août)

Pour s'y rendre : 10 r. du Pertuis-Breton (sortie est, rte de l'Aiguillon)

Ouverture : de fin avr. à mi-sept.

2,5 ha (149 empl.) plat, sablonneux

Empl. camping : (Prix 2017) 36,50€ ✶✶ 🚗 🔌 (10A) - pers. suppl. 8,60€ - frais de réservation 30€

Location : (Prix 2017) (de fin avr. à mi-sept.) - ♿ (1 mobile home) - 🏠 9 🏕 9 🛖. Sem. 360 à 890€ - frais de réservation 30€

🚐 borne artisanale

À 50 m de la plage. Préférer les emplacements éloignés des routes.

Nature : 🌲 🌳
Loisirs : 🍽 🍴 🏠 🏖 🏊 terrain multisports
Services : 🔑 🚿 📶 laverie ♨
À prox. : 🍴 🏠 🚣 (plage) 💧

GPS W : 1.4321 N : 46.34602

⛺ Campéole La Belle Anse
(pas d'emplacement tentes et caravanes)

📞 02 51 97 02 84, www.campeole.com

Pour s'y rendre : 161 bd du Mar.-de-Lattre-de-Tassigny (7 km à l'est par D 46 rte de La Faute-sur-Mer)

0,5 ha (55 empl.) plat, herbeux

Location : (Prix 2017) (de mi-mai à fin sept.) - ♿ (2 bungalows toilés) - 55 bungalows toilés. Nuitée 42 à 121€ - Sem. 294 à 847€ - frais de réservation 25€

Face à l'Anse de Maupas, village de bungalows toilés de bon confort.

Loisirs : 🏠 salle d'animations 🚴 🎯 🚵 🍴
Services : 🔑 📶 laverie

GPS W : 1.36657 N : 46.34951

To make the best possible use of this Guide,
READ CAREFULLY THE EXPLANATORY NOTES.

⛺ Campéole La Grière
📞 02 51 30 40 07, www.campeole.com/etablissement/post/la-griere-la-tranche-sur-mer

Pour s'y rendre : 62 - 64 bd du Mar-de-Lattre-de-Tassigny (5,5 km par D 46 rte de La Faute-sur-Mer)

Ouverture : de déb. avr. à fin sept.

2 ha (136 empl.) plat, sablonneux, herbeux

Empl. camping : (Prix 2017) 25,80€ ✶✶ 🚗 🔌 (10A) - pers. suppl. 7,40€ - frais de réservation 25€

Location : (Prix 2017) (de déb. avr. à fin sept.) - ♿ (2 chalets) - 77 🛖. Nuitée 37 à 108€ - Sem. 259 à 756€ - frais de réservation 25€

🚐 borne raclet - 13 🅿 13,70€

Jolis chalets et emplacements tentes sous la pinède, accès direct à la plage.

Nature : 🌲 💧
Loisirs : 🍽 🍴 🏠 🎱 🚴 🍴 🏊 terrain multisports
Services : 🔑 🏖 📶 laverie

GPS W : 1.39133 N : 46.34722

TRIAIZE
85580 - Carte Michelin **316** I9 - 1 011 h. - alt. 3
▶ Paris 446 - Fontenay-le-Comte 38 - Luçon 9 - Niort 71

⛺ Municipal Les Iris
📞 07 86 72 91 30, www.triaize.fr

Pour s'y rendre : r. du Stade (au bourg)

Ouverture : de fin juin à déb. sept.

2,7 ha (70 empl.) plat, herbeux, pierreux, étang

Empl. camping : (Prix 2017) 10,70€ ✶✶ 🚗 🔌 (10A) - pers. suppl. 2,90€

Autour d'un grand étang idéal pour la pêche, les canoës et les pédalos.

Nature : 🌳 💧
Loisirs : 🏊 🛶
Services : 🔑 🚮 🏪
À prox. : 💧 🍷 🍴 barques pédalos

GPS W : 1.20152 N : 46.39515

Campéole — NOS CAMPINGS EN VENDÉE — www.campeole.com

LA GRIÈRE ★★★
Au cœur d'une pinède avec accès direct à la plage
Emplacements campeurs et camping-cars ombragés, chalets, terrain multisports, mini-golf.
En juillet/août : snack-bar, club enfants et animations.
62-64 Bd du Maréchal de Lattre de Tassigny 85360 La Tranche-sur-Mer
+33 (0)2 51 30 40 07 - griere@campeole.com

LA BELLE ANSE ★★★
Farniente et tranquillité, la plage à proximité
Chalets, terrains de tennis et pétanque. Animations et club enfants en juillet et août. Idéal pour les balades en vélo avec 140 km de pistes, la pratique de sports nautiques et de pêche !
161 Bd du Maréchal de Lattre de Tassigny 85360 La Tranche-sur-Mer
+33 (0)2 51 97 02 84 - belle-anse@campeole.com

PAYS-DE-LA-LOIRE

LA TURBALLE

44420 - Carte Michelin **316** A3 - 4 515 h. - alt. 6
▶ Paris 457 - La Baule 13 - Guérande 7 - Nantes 84

Parc Ste-Brigitte

📞 02 40 24 88 91, www.campingsaintebrigitte.com

Pour s'y rendre : chemin des Routes (3 km au sud-est, rte de Guérande)

Ouverture : de déb. avr. à fin sept.

10 ha/4 campables (150 empl.) peu incliné, plat, herbeux, étang

Empl. camping : (Prix 2017) 32 € ✶✶ ⇔ 🅴 (10A) - pers. suppl. 6,90 € - frais de réservation 16 €

Location : (Prix 2017) (de déb. avr. à fin sept.) - 18 🚐. Nuitée 83 à 130 € - Sem. 390 à 895 € - frais de réservation 16 €

🅿 borne artisanale - 🚐 32 €

Près du manoir, magnifique parc avec ses arbres centenaires, ses fleurs, ses roses, mais aussi des installations vieillissantes, des locatifs démodés, heureusement bien entretenus.

Nature : 🌳
Loisirs : ✕ 🛶 🏖 🚴 🏞 (découverte en saison) 🎣
Services : 🔑 🚿 ♿ 📶 laverie 🧺

GPS W : 2.4717 N : 47.34254

VAIRÉ

85150 - Carte Michelin **316** F8 - 1 474 h. - alt. 49
▶ Paris 448 - Challans 31 - La Mothe-Achard 9 - La Roche-sur-Yon 27

Le Roc

📞 02 51 33 71 89, www.campingleroc.com

Pour s'y rendre : rte de Brem-sur-Mer (1,5 km au nord-ouest par D 32, rte de Landevieille et rte de Brem-sur-Mer à gauche)

Ouverture : de mi-mars à mi-nov.

1,4 ha (100 empl.) peu incliné, herbeux

Empl. camping : (Prix 2017) 29 € ✶✶ ⇔ 🅴 (6A) - pers. suppl. 5 €

Location : (Prix 2017) (de mi-mars à mi-nov.) - 26 🚐 - 7 🏠 - 2 bungalows toilés. Nuitée 50 à 128 € - Sem. 180 à 895 € - frais de réservation 20 €

🅿 borne eurorelais 10 € - 3 🅴 10 €

Cadre ombragé mais préférer les emplacements éloignés de la route.

Nature : 🌳 💧
Loisirs : 🍽 ✕ 🛴 🏖 🅿 (petite piscine) 🏊
Services : 🔑 (juil.-août) 🚿 ♿ 📶 laverie

GPS W : 1.76785 N : 46.60815

VARENNES-SUR-LOIRE

49730 - Carte Michelin **317** J5 - 1 898 h. - alt. 27
▶ Paris 292 - Bourgueil 15 - Chinon 22 - Loudun 30

Sunêlia Domaine de la Brèche 👥

📞 02 41 51 22 92, www.domainedelabreche.com

Pour s'y rendre : 5 impasse de la Brèche (6 km à l'ouest par D 85, RD 952, rte de Saumur, et chemin à dr., au bord de l'étang)

Ouverture : de mi-avr. à mi-sept.

14 ha/7 campables (201 empl.) plat, herbeux, sablonneux

Empl. camping : (Prix 2017) 46,50 € ✶✶ ⇔ 🅴 (16A) - pers. suppl. 9 € - frais de réservation 10 €

Location : (Prix 2017) (de mi-avr. à mi-sept.) - 43 🚐 - 2 bungalows toilés - 3 roulottes - 1 cabane perchée. Nuitée 50 à 250 € - Sem. 350 à 1 750 € - frais de réservation 10 €

🅿 borne artisanale - 🚐 21,60 €

Cadre et situation agréables au bord d'un étang.

Nature : 🌿 🌳
Loisirs : 🍽 🎣 🎮 🏃 🏖 🚴 🏞 🎯 🏓 🎱 🏊 🐎 mini ferme pich and putt (18 trous) terrain multisports
Services : 🔑 👤 ♿ 📶 🍴 🧺 🛒
À prox. : ✕

GPS E : 0.00213 N : 47.24837

VENDRENNES

85250 - Carte Michelin **316** J7 - 1 447 h. - alt. 97
▶ Paris 392 - Nantes 65 - La Roche-sur-Yon 30 - Niort 95

La Motte

📞 02 51 63 59 67, www.camping-lamotte.com

Pour s'y rendre : lieu-dit : La Motte (0,4, km au nord-est)

Ouverture : de déb. mars à fin déc.

3,5 ha (83 empl.) plat, herbeux

Empl. camping : (Prix 2017) 27,50 € ✶✶ ⇔ 🅴 (16A) - pers. suppl. 4,20 € - frais de réservation 5 €

Location : (Prix 2017) (de déb. mars à fin déc.) - 🏕 - 41 🚐 - 3 🏠. Nuitée 51 à 180 € - Sem. 200 à 1 050 € - frais de réservation 5 €

Cadre verdoyant et fleuri autour d'un petit étang décoratif.

Nature : 🌳 🌿
Loisirs : 🍽 ✕ 🛴 🌞 diurne 🏖 🏊 🎣 spa bowling terrain multisports
Services : 🔑 🍴 ♿ 📶 laverie 🧺

GPS W : 1.11854 N : 46.82587

Ne prenez pas la route au hasard !
MICHELIN *vous apporte à domicile ses conseils routiers,*
*touristiques, hôteliers : **viamichelin.fr** !*

VIHIERS

49310 - Carte Michelin **317** F6 - 4 275 h. - alt. 100
▶ Paris 334 - Angers 45 - Cholet 29 - Saumur 40

⚠ **Municipal de la Vallée du Lys**

📞 02 41 75 00 14, www.lyshautlayon.fr

Pour s'y rendre : rte du Voide (sortie ouest par D 960, rte de Cholet puis D 54 à dr., rte de Valanjou, au bord du Lys)

Ouverture : de mi-juin à mi-sept.

0,3 ha (30 empl.) plat, herbeux

Empl. camping : (Prix 2017) 8,60 € ✸✸ 🚗 🗐 (6A) - pers. suppl. 2 €

Cadre champêtre au bord de l'étang du Lys.

Nature : 🌳	
Loisirs : 🎪 🏊 🎣	**GPS** W : 0.54034
Services : 🍴	N : 47.1471

VILLIERS-CHARLEMAGNE

53170 - Carte Michelin **310** E7 - 1 052 h. - alt. 105
▶ Paris 277 - Angers 61 - Châteaubriant 61 - Château-Gontier 12

⛰ **Village Vacances et Pêche**

📞 02 43 07 71 68, www.vacancesetpeche.fr

Pour s'y rendre : Village des Haies (sortie ouest par D 4, rte de Cossé-le-Vivien et chemin à gauche près du stade)

Ouverture : Permanent

9 ha/1 campable (20 empl.) plat, herbeux

Empl. camping : (Prix 2017) 18,20 € ✸✸ 🚗 🗐 (16A) - pers. suppl. 6,50 €

Location : (Prix 2017) Permanent - 12 🏠 - 2 tentes sur pilotis. Nuitée 130 à 270 € - Sem. 210 à 595 € - frais de réservation 15 €

🚰 borne artisanale 5 € - 3 🗐 10 €

Agréable site pour la pêche avec des chalets les pieds dans l'eau.

Nature : 🌳 🌊 🌳	
Loisirs : 🎪 🎬 diurne 🚴 🏊	**GPS** W : 0.68233
Services : 🔑 - 20 sanitaires individuels (🚿🚽 wc) 🚿 🛜 🗐 réfrigérateurs	N : 47.9208
À prox. : 🍴	

YVRÉ-L'ÉVÊQUE

72530 - Carte Michelin **310** K6 - 4 412 h. - alt. 57
▶ Paris 204 - Nantes 194 - Le Mans 8 - Alençon 66

⛰ **Onlycamp Le Pont Romain**

📞 02 43 82 25 39, www.onlycamp.fr

Pour s'y rendre : lieu-dit : La Châtaigneraie (sortie village par le pont romain, puis rte à gauche, à 200 m.)

Ouverture : de mi-mars à mi-nov.

2,5 ha (70 empl.) plat, herbeux

Empl. camping : (Prix 2017) 24,40 € ✸✸ 🚗 🗐 (16A) - pers. suppl. 5,30 €

Location : (Prix 2017) (de mi-mars à mi-nov.) 🅿 - 5 🛖 - 5 🏠 - 5 tentes lodges. Nuitée 49 à 139 € - frais de réservation 8 €

🚰 borne AireService 5 € - 2 🗐 24,40 €

Nature : 🌳	
Loisirs : 🎪 🏊 🎣	**GPS** E : 0.27972
Services : 🔑 🅿 🚿🚽 🛜 laverie	N : 48.01944
À prox. : 🎣 🍴 🍴	

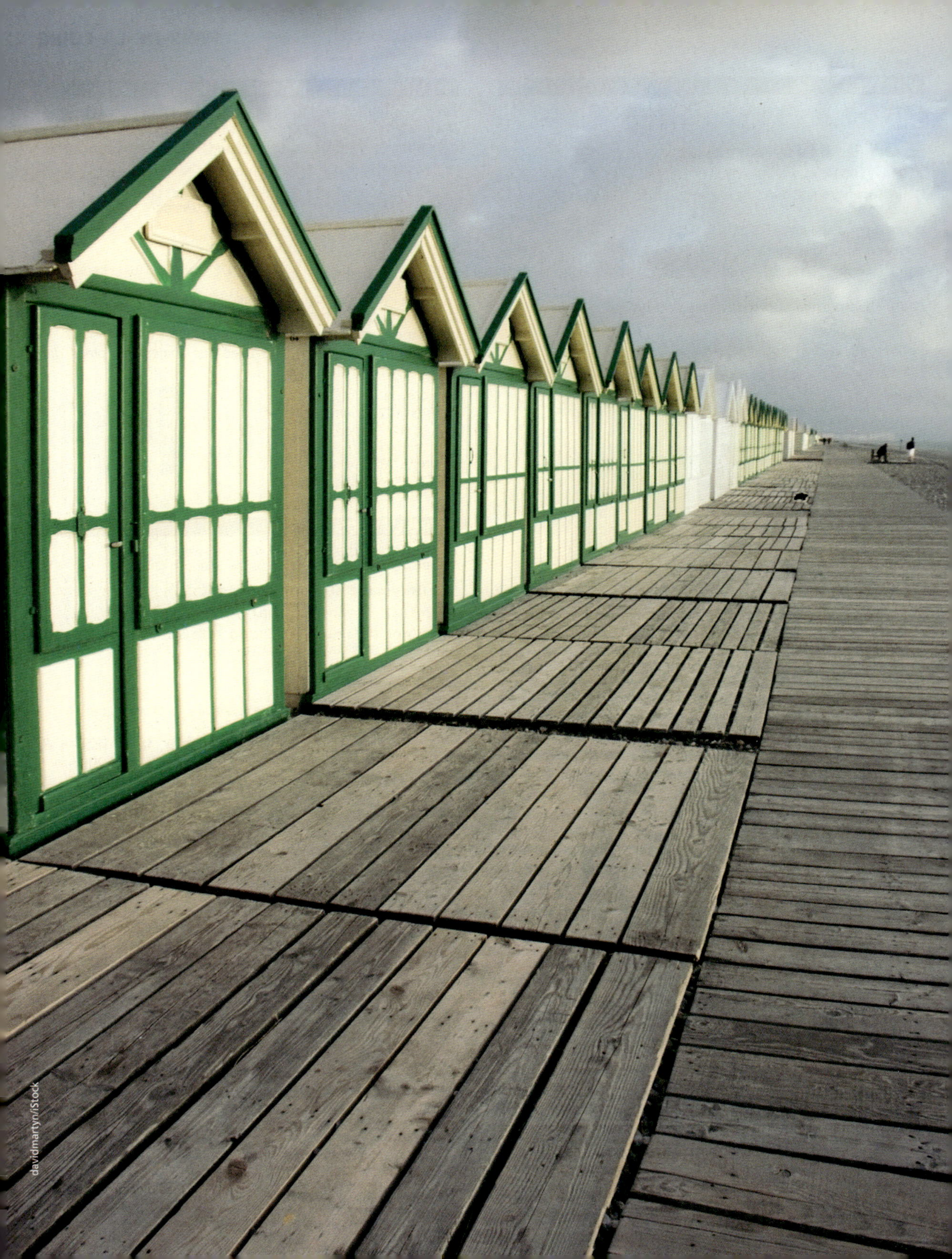
davidmartyn/iStock

PICARDIE

🇫🇷 Une escapade en Picardie vous fera parcourir un livre d'histoire grandeur nature, peuplé d'abbayes cisterciennes, de splendides cathédrales, d'hôtels de ville flamboyants, d'imposants châteaux et d'émouvants témoignages des deux guerres mondiales… Vous préférez la campagne ? À vous les hautes futaies des forêts de Compiègne ou de Saint-Gobain qui bruissent encore du tumulte des chasses royales, les fermes cernées de champs de céréales ou de betteraves et la contemplation du ballet des oiseaux au-dessus du Marquenterre. L'aventure n'est pas votre fort ? Adoptez la devise de Lafleur, illustre marionnette amiénoise : « bien boire, bien manger, ne rien faire »… Soupe des hortillonnages, pâté de canard et gâteau battu vous prouveront qu'en Picardie, la gastronomie n'est pas affaire de dilettante.

🇬🇧 Ready for an action-packed ride over Picardy's fair and historic lands? The region that gave France her first king, Clovis, is renowned for its wealthy Cistercian abbeys, splendid Gothic cathedrals and flamboyant town halls, as well as its poignant reminders of the two World Wars. If you prefer the countryside, take a boat trip through the floating gardens of Amiens, explore the botanical reserve of Marais de Cessière or go birdwatching on the Somme estuary and at Marquenterre bird sanctuary: acres of unspoilt hills and heath, woods, pastures and vineyards welcome you with open arms. Picardy's rich culinary talents have been refined over centuries, and where better to try the famous pré-salé lamb, fattened on the salt marshes, some smoked eel or duck pâté, or a dessert laced with Chantilly cream.

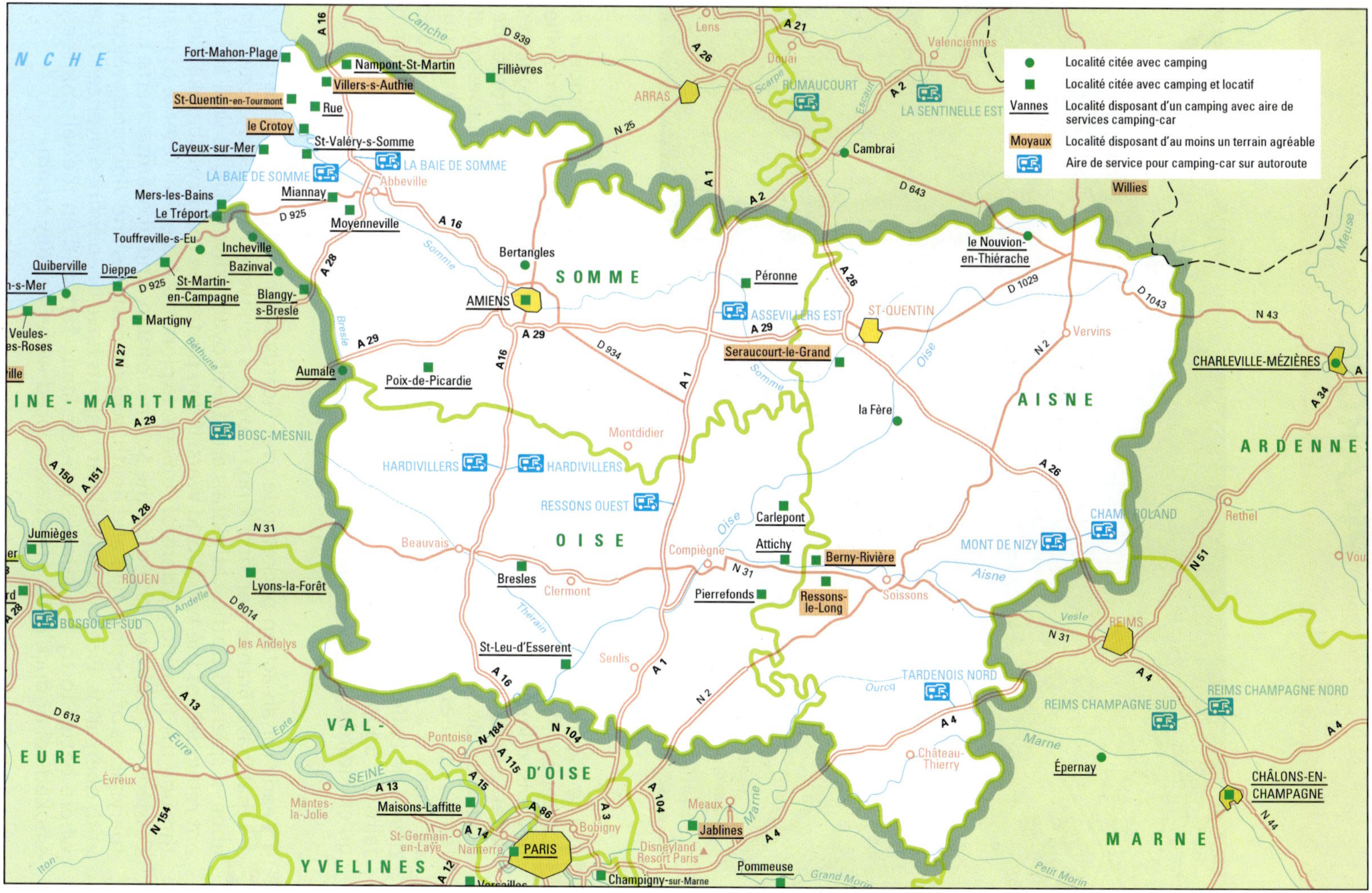
Localité citée avec camping
Localité citée avec camping et locatif
Vannes Localité disposant d'un camping avec aire de services camping-car
Moyaux Localité disposant d'au moins un terrain agréable
Aire de service pour camping-car sur autoroute
SOMME
AISNE
OISE
ARDENNES
MARNE
VAL-D'OISE
YVELINES
EURE
INE-MARITIME
NCHE
Fort-Mahon-Plage
Nampont-St-Martin
Villers-s-Authie
St-Quentin-en-Tourmont
Rue
le Crotoy
Cayeux-sur-Mer
St-Valéry-s-Somme
LA BAIE DE SOMME
Abbeville
Mers-les-Bains
Le Tréport
Miannay
Moyenneville
Touffreville-s-Eu
Incheville
Bazinval
Quiberville
Dieppe
St-Martin-en-Campagne
Blangy-s-Bresle
Veules-les-Roses
Martigny
Aumale
Poix-de-Picardie
AMIENS
Bertangles
Fillièvres
ARRAS
Lens
Douai
DUMAUCOURT
Cambrai
Valenciennes
LA SENTINELLE EST
Willies
Péronne
ASSEVILLERS EST
ST-QUENTIN
Seraucourt-le-Grand
le Nouvion-en-Thiérache
Vervins
CHARLEVILLE-MÉZIÈRES
la Fère
Montdidier
HARDIVILLERS
RESSONS OUEST
BOSC-MESNIL
Jumièges
ROUEN
BOSGOUET-SUD
Lyons-la-Forêt
les Andelys
Beauvais
Bresles
Clermont
Compiègne
Carlepont
Attichy
Berny-Rivière
Pierrefonds
Ressons-le-Long
Soissons
CHAMPROLAND
MONT DE NIZY
Rethel
REIMS
TARDENOIS NORD
REIMS CHAMPAGNE SUD
REIMS CHAMPAGNE NORD
Épernay
Château-Thierry
CHÂLONS-EN-CHAMPAGNE
St-Leu-d'Esserent
Senlis
Pontoise
Mantes-la-Jolie
Maisons-Laffitte
St-Germain-en-Laye
Nanterre
PARIS
Bobigny
Meaux
Jablines
Disneyland Resort Paris
Pommeuse
Champigny-sur-Marne
Évreux
A 16
A 26
A 21
A 2
A 1
A 29
A 28
A 4
A 34
A 13
A 150
A 151
A 15
A 14
A 115
A 86
A 3
A 104
A 12
N 25
N 43
N 2
N 27
N 31
N 51
N 44
N 104
N 184
N 154
D 939
D 643
D 925
D 1029
D 1043
D 934
D 6014
D 613
Somme
Bresle
Béthune
Oise
Aisne
Vesle
Marne
Ourcq
Thérain
Andelle
Eure
Epte
Seine
Canche
Scarpe
Escaut
Meuse
Petit Morin
Grand Morin
Iton

PICARDIE

AMIENS
80000 - Carte Michelin 301 G8 - 133 998 h. - alt. 34
▶ Paris 135 - Lille 122 - Beauvais 62 - Arras 74

Sites et Paysages Le Parc des Cygnes
☏ 03 22 43 29 28, www.parcdescygnes.com
Pour s'y rendre : 111 av. des Cygnes (au nord-est, r. du Grand-Marais - par rocade : sortie 40 / Amiens Longpré)
Ouverture : de déb. avr. à mi-oct.
3,2 ha (145 empl.) plat, herbeux, étang
Empl. camping : (Prix 2017) 25€ ★★ 🚗 📧 [½] (10A) - pers. suppl. 8€ - frais de réservation 14€
Location : (Prix 2017) (de déb. avr. à mi-oct.) - 9 🛖. Nuitée 56 à 106€ - Sem. 336 à 627€ - frais de réservation 14€
🚐 borne artisanale 4,30€ - 5 🚐 12€ - 🚰 🗑 19€
Bus pour le centre-ville.

Nature : 🌳
Loisirs : 🍴 ✕ 🛝 🏊 🚲
Services : 🛎 🏠 🚿 ♿ 📶 laverie
À prox. : 🎣

GPS: E : 2.25918 N : 49.92118

ATTICHY
60350 - Carte Michelin 305 J4 - 1 887 h. - alt. 73
▶ Paris 109 - Amiens 103 - Beauvais 80 - Laon 59

L' Aigrette
☏ 03 44 42 15 97, www.campingdelaigrette.com
Pour s'y rendre : 22 r. Fontaine-Aubier
Ouverture : de déb. mars à fin nov.
1,3 ha (51 empl.) plat, herbeux
Empl. camping : (Prix 2017) 20€ ★★ 🚗 📧 [½] (10A) - pers. suppl. 4€
Location : (Prix 2017) Permanent 🏠 - 2 🛖 - 1 tente lodge - 4 tipis - 2 yourtes. Nuitée 60 à 90€ - Sem. 240 à 360€
🚐 borne eurorelais 4€
Au bord d'un grand lac avec cygnes et canards.

Nature : 🏞 🌳
Services : 🛎 🏠 ♿ 📶 laverie
À prox. : ✕ 🍴 🏊 terrain multisports

GPS: E : 3.05295 N : 49.40667

The Guide changes, so renew your guide every year.

BERNY-RIVIÈRE
02290 - Carte Michelin 306 A6 - 604 h. - alt. 49
▶ Paris 100 - Compiègne 24 - Laon 55 - Noyon 28

La Croix du Vieux Pont 👥
☏ 03 23 55 50 02, www.la-croix-du-vieux-pont.com - peu d'emplacements pour tentes et caravanes
Pour s'y rendre : r. de la Fabrique (1,5 km au sud sur D 91, à l'entrée de Vic-sur-Aisne)
Ouverture : Permanent
34 ha (660 empl.) plat, herbeux, étang
Empl. camping : (Prix 2017) 30€ ★★ 🚗 📧 [½] (6A) - pers. suppl. 9€
Location : (Prix 2017) (de déb. avr. à fin oct.) - ♿ (mobile-homes et chalets) - 🏠 - 1 cabane perchée - 11 appartements. Nuitée 130€ - Sem. 500 à 580€
🚐 borne artisanale

Un vrai village vacances avec de nombreuses activités en partie couvertes sur un site agréable au bord de l'Aisne.

Nature : 🌳 🏞 🌲
Loisirs : 🍴 ✕ 🛝 🏊 🐎 centre balnéo 🏊 hammam jacuzzi 🚣 🚲 🎿 🚴 (plan d'eau) 🐴 🎳 bowling laser game pédalos terrain multisports parc aquatique
Services : 🛎 🏠 🚿 ♿ 📶 laverie 🧺 ✕

GPS: E : 3.1284 N : 49.40495

BERTANGLES
80260 - Carte Michelin 301 G8 - 591 h. - alt. 95
▶ Paris 154 - Abbeville 44 - Amiens 11 - Bapaume 49

Le Château
☏ 09 51 66 32 60, www.camping-bertangles.fr
Pour s'y rendre : r. du Château (au bourg)
Ouverture : de fin avr. à mi-sept.
0,7 ha (33 empl.) plat, herbeux
Empl. camping : (Prix 2017) 21,40€ ★★ 🚗 📧 [½] (5A) - pers. suppl. 4,70€
Dans un verger, près du château.

Nature : 🌳 🏞 🌲
Loisirs : 🚲
Services : 🧺 📶

GPS: E : 2.30131 N : 49.97167

Si vous recherchez :
🌳 un terrain très tranquille,
P un terrain ouvert toute l'année,
👥 des équipements et des loisirs adaptés aux enfants,
🏊 un parc aquatique,
B un centre balnéo,
🎭 des animations sportives, culturelles ou de détente, consultez la liste thématique des campings.

BRESLES
60510 - Carte Michelin 305 E4 - 4 260 h. - alt. 62
▶ Paris 73 - Amiens 69 - Beauvais 15 - Rouen 95

De la Trye
☏ 06 10 40 30 29, www.camping-de-la-trye.com
Pour s'y rendre : 1 r. de Trye (au bourg)
Ouverture : Permanent
2,6 ha (111 empl.) en terrasses, plat, herbeux
Empl. camping : (Prix 2017) 21€ ★★ 🚗 📧 [½] (6A) - pers. suppl. 5€
Location : (Prix 2017) Permanent - 38 🛖 - 4 🏠 - 3 tipis - 1 tipi sur pilotis. Nuitée 45 à 99€ - Sem. 280 à 514€
🚐 borne artisanale 2€
Très beaux emplacements délimités en contrebas du terrain, cadre champêtre.

Nature : 🌳 🏞 🌲
Loisirs : 🍴 ✕ 🎣 🐎 promenade avec ânes et poneys
Services : 🛎 🏠 🚿 ♿ 📶 laverie
À prox. : ✕

GPS: E : 2.25462 N : 49.40827

417

PICARDIE

CARLEPONT

60170 - Carte Michelin **305** J3 - 1 416 h. - alt. 59
▶ Paris 103 - Compiègne 19 - Ham 30 - Pierrefonds 21

▲ Les Araucarias

📞 03 44 75 27 39, www.camping-les-araucarias.com - peu d'emplacements pour tentes et caravanes

Pour s'y rendre : 870 r. du Gén.-Leclerc (sortie sud-ouest par D 130, rte de Compiègne)

Ouverture : de déb. avr. à fin oct.

1,2 ha (60 empl.) plat et peu incliné, herbeux

Empl. camping : (Prix 2017) 👤 3€ 🚗 7€ 📧 5€ – ⚡ (10A) 10€

Location : (Prix 2017) Permanent - 5 🏠 - 2 🏕. Nuitée 90 à 130€ - Sem. 280 à 400€

🚐 borne artisanale 5€ - 3 📧 8€

Une grande diversité de plantations orne la partie campable.

Nature : 🌳 🏞 🌊	**G** E : 3.01836
Loisirs : 🎠	**P** N : 49.50728
Services : 🔑 🚻 📶 laverie	**S**

▲▲▲ ... ▲
Bijzonder prettige terreinen die bovendien opvallen in hun categorie.

CAYEUX-SUR-MER

80410 - Carte Michelin **301** B6 - 2 813 h. - alt. 2
▶ Paris 217 - Abbeville 29 - Amiens 82 - Le Crotoy 26

▲ Les Galets de la Mollière 👥

📞 03 22 26 61 85, www.campinglesgaletsdelamolliere.com

Pour s'y rendre : à Mollière, r. Faidherbe (3,3 km au nord-est par D 102, rte du littoral)

Ouverture : de déb. avr. à déb. nov.

6 ha (195 empl.) plat et peu incliné, herbeux, sablonneux

Empl. camping : (Prix 2017) 37€ 👤👤 🚗 📧 ⚡ (10A) - pers. suppl. 7€ - frais de réservation 12€

Location : (Prix 2017) (de déb. avr. à déb. nov.) - ♿ (1 mobile home) - 68 🏠. Nuitée 77 à 115€ - Sem. 301 à 833€

🚐 borne eurorelais 7€

À 100 m de la plage et des dunes.

Nature : 🌳 🏞 🌊	**G** E : 1.52608
Loisirs : 🍴 🍽 🎠 🏓 🏊 ✂ 🌊	**P** N : 50.20275
Services : 🔑 🚿 📶 laverie 🧺	**S**

▲ Le Bois de Pins

📞 03 22 26 71 04, www.campingleboisdepins.com - peu d'emplacements pour tentes et caravanes

Pour s'y rendre : à Brighton, av. Guillaume-le-Conquérant (2 km au nord-est par D 102, rte du littoral)

Ouverture : de déb. avr. à déb. nov.

4 ha (163 empl.) plat, herbeux

Empl. camping : (Prix 2017) 30€ 👤👤 🚗 📧 ⚡ (10A) - pers. suppl. 7€ - frais de réservation 10€

À 400 m de la plage et des dunes avec de nombreux mobile homes de propriétaires-résidents.

Nature : 🌳 🏞 🌊	**G** E : 1.5169
Loisirs : 🎠	**P** N : 50.1974
Services : 🔑 🚻 📶 laverie	**S**

LE CROTOY

80550 - Carte Michelin **301** C6 - 2 265 h. - alt. 1
▶ Paris 210 - Abbeville 22 - Amiens 75 - Berck-sur-Mer 29

▲▲▲ Yelloh! Village Le Ridin

📞 03 22 27 03 22, www.campingleridin.com - peu d'emplacements pour tentes et caravanes

Pour s'y rendre : lieu-dit : Mayocq (3 km au nord par rte de St-Quentin-en-Tourmont et chemin à dr.)

Ouverture : de fin mars à déb. oct.

4,5 ha (162 empl.) plat, herbeux

Empl. camping : (Prix 2017) 37€ 👤👤 🚗 📧 ⚡ (10A) - pers. suppl. 8€

Location : (Prix 2017) (de fin mars à déb. oct.) - 53 🏠 - 2 bungalows toilés - 1 tente lodge - 1 gîte. Nuitée 31 à 172€ - Sem. 217 à 1 204€

Piscine et restaurant sont de l'autre côté de la petite route.

Nature : ! 🏞 🌊	**G** E : 1.63182
Loisirs : 🍴 🍽 🎠 ♨ jacuzzi 🏊 🚴 🌊	**P** N : 50.23905
Services : 🔑 🚿 🚻 📶 laverie	**S**

▲ Flower Les Aubépines

📞 03 22 27 01 34, www.camping-lesaubepines.com - peu d'emplacements pour tentes et caravanes

Pour s'y rendre : à St-Firmin, 800 r. de la Maye (4 km au nord, rte de St-Quentin-en-Tourmont et chemin à gauche)

Ouverture : de fin mars à déb. nov.

2,5 ha (196 empl.) plat, herbeux, sablonneux

Empl. camping : (Prix 2017) 34,50€ 👤👤 🚗 📧 ⚡ (10A) - pers. suppl. 7€ - frais de réservation 6€

Location : (Prix 2017) Permanent - 55 🏠. Nuitée 57 à 167€ - Sem. 320 à 1 169€ - frais de réservation 15€

Une partie du village locatif grand confort est sans véhicule.

Nature : 🌳 🏞 🌊	**G** E : 1.61139
Loisirs : 🏠 🎠 🚴 🌊	**P** N : 50.24955
Services : 🔑 🚻 🚿 📶 laverie	**S**

▲ Les Trois Sablières

📞 03 22 27 01 33, www.camping-les-trois-sablieres.com - peu d'emplacements pour tentes et caravanes

Pour s'y rendre : 1850 r. de la Maye (4 km au nord-ouest, rte de St-Quentin-en-Tourmont et chemin à gauche, à 400 m de la plage)

Ouverture : de déb. avr. à déb. nov.

1,5 ha (97 empl.) plat, herbeux, sablonneux

Empl. camping : (Prix 2017) 29€ 👤👤 🚗 📧 ⚡ (6A) - pers. suppl. 6,80€

Location : (Prix 2017) (de déb. avr. à déb. nov.) - ♿ (1 mobile home) - 22 🏠 - 2 🏕 - 2 gîtes. Nuitée 67 à 113€ - Sem. 544 à 742€

🚐 borne artisanale 5€ - 🚰 12€

Cadre verdoyant et fleuri.

Nature : 🌳 🏞 🌊	**G** E : 1.59883
Loisirs : 🍴 🏞 🛶 🏊 🌊	**P** N : 50.24825
Services : 🔑 📶 laverie	**S**

Ne prenez pas la route au hasard !
MICHELIN *vous apporte à domicile ses conseils routiers, touristiques, hôteliers :* **viamichelin.fr** *!*

418

PICARDIE

LA FÈRE

02800 - Carte Michelin **306** C5 - 3 012 h. - alt. 54
▶ Paris 137 - Compiègne 59 - Laon 24 - Noyon 31

▲ Municipal du Marais de la Fontaine

☎ 03 23 56 82 94

Pour s'y rendre : r. Vauban (par centre-ville vers Tergnier et à dr. au complexe sportif, près d'un bras de l'Oise).

0,7 ha (26 empl.) plat, herbeux

Au calme au bord du stade de la ville.

Nature : 🏕 ♣
Services : ⚒
À prox. : ✕

GPS : E : 3.36353 N : 49.6654

Verwar niet :
▲ ... tot ... ▲▲▲▲ : MICHELIN indeling en
★ ... tot ... ★★★★★ : officiële classificatie

FORT-MAHON-PLAGE

80120 - Carte Michelin **301** C5 - 1 311 h. - alt. 2
▶ Paris 225 - Abbeville 41 - Amiens 90 - Berck-sur-Mer 19

▲▲▲ Club Airotel Le Royon 👥

☎ 03 22 23 40 30, www.campingleroyon.com - peu d'emplacements pour tentes et caravanes

Pour s'y rendre : 1271 rte de Quend (1 km au sud)

Ouverture : de fin mars à fin oct.

4 ha (376 empl.) plat, herbeux, sablonneux

Empl. camping : (Prix 2017) 38€ ✦✦ 🚗 ▣ ⚡ (6A) - pers. suppl. 7€ - frais de réservation 12€

Location : (Prix 2017) (de fin mars à fin oct.) - ✕ - 93 🏠. Nuitée 104 à 116€ - Sem. 406 à 817€ - frais de réservation 12€
🚐 borne flot bleu 3€ - 8 ▣ 19€

Agréable terrain mais avec de nombreux mobile homes de propriétaires-résidents.

Nature : 🏕 ♣
Loisirs : 🍴 salle d'animations ⛹ ✕ ♨ 🏊 🎿 mini ferme
Services : ⚒ 🔥 🚿 📶 laverie

GPS : E : 1.57963 N : 50.33263

▲ Le Vert Gazon

☎ 03 22 23 37 69, www.camping-levertgazon.com - peu d'emplacements pour tentes et caravanes

Pour s'y rendre : 741 rte de Quend

Ouverture : de déb. avr. à déb. oct.

2,5 ha (130 empl.) plat, herbeux

Empl. camping : (Prix 2017) 27,90€ ✦✦ 🚗 ▣ ⚡ (6A) - pers. suppl. 7€ - frais de réservation 10€

Location : (Prix 2017) Permanent ♿ (1 mobile-home) - 17 🏠 - 5 🏡 - 1 roulotte - 6 gîtes. Sem. 339 à 659€ - frais de réservation 10€
🚐 borne artisanale 5€

Locatif varié et de bon confort.

Nature : 🏕 ♣
Loisirs : 🍴 🏊 ⛹ 🚴
Services : ⚒ 🔥 🚿 📶 laverie

GPS : E : 1.57374 N : 50.33438

MERS-LES-BAINS

80350 - Carte Michelin **301** B7 - 3 124 h. - alt. 3
▶ Paris 217 - Amiens 89 - Rouen 99 - Arras 130

▲▲ Flower Le Domaine du Rompval

☎ 02 35 84 43 21, www.camping-lerompval.com

Pour s'y rendre : lieu-dit : Blengues (2 km au nord-est)

Ouverture : de fin mars à déb. nov.

3 ha (132 empl.) plat, herbeux

Empl. camping : (Prix 2017) 24,50€ ✦✦ 🚗 ▣ ⚡ (8A) - pers. suppl. 5,50€

Location : (Prix 2017) (de fin mars à déb. nov.) - 30 🏠 - 6 studios. Nuitée 52 à 120€ - Sem. 196 à 890€ - frais de réservation 15€

Décoration architecturale originale et colorée. Préférer les emplacements les plus éloignés de la route.

Nature : 🏕 ♣
Loisirs : 🍴 🏊 ⛹ 🚴 🎿 (découverte en saison)
Services : ⚒ 🔥 🚿 📶 laverie

GPS : E : 1.4154 N : 50.0773

---

*Pour choisir et suivre un itinéraire,
pour calculer un kilométrage,
pour situer exactement un terrain (en fonction des indications fournies dans le texte) :
utilisez les **cartes MICHELIN**,
compléments indispensables de cet ouvrage.*

MIANNAY

80132 - Carte Michelin **301** D7 - 568 h. - alt. 15
▶ Paris 191 - Amiens 63 - Arras 104 - Rouen 109

▲▲ Sites et Paysages Le Clos Cacheleux

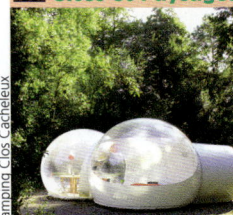

☎ 03 22 19 17 47, www.camping-lecloscacheleux.fr

Pour s'y rendre : rte de Bouillancourt-sous-Miannay

Ouverture : de mi-mars à mi-oct.

8 ha (119 empl.) peu incliné, plat, herbeux

Empl. camping : (Prix 2017) 28,50€ ✦✦ 🚗 ▣ ⚡ (10A) - pers. suppl. 5,90€ - frais de réservation 12€

Location : (Prix 2017) (de déb. avr. à mi-oct.) - ✕ - 3 🏠 - 2 chalets sur pilotis - 2 tentes sur pilotis - 1 tipi - 5 cabanes perchées - 1 cabanon - 1 gîte - 1 bulle. Nuitée 45 à 180€ - Sem. 250 à 1 000€ - frais de réservation 12€
🚐 7 ▣ 28,50€

Sur les terres d'une ferme en activité (culture et élevage bovin). Locatif varié et parfois insolite.

Nature : 🐄 🏕 ♣
Loisirs : 🎣 🏊 jacuzzi ⛹ terrain multisports
Services : ⚒ 🚿 📶 laverie
À prox. : 🍴 ✕ ♨ ✕ (découverte en saison) activités au camping Le Val de Trie (en face)

GPS : E : 1.71536 N : 50.08646

419

PICARDIE

MOYENNEVILLE
80870 - Carte Michelin **301** D7 - 667 h. - alt. 92
▶ Paris 194 - Abbeville 9 - Amiens 59 - Blangy-sur-Bresle 22

Le Val de Trie
☎ 03 22 31 48 88, www.camping-levaldetrie.fr

Pour s'y rendre : 1 r. des Sources, à Bouillancourt-sous-Miannay (3 km au nord-ouest par D 86, au bord d'un ruisseau)

Ouverture : de fin mars à déb. oct.

2 ha (100 empl.) plat, herbeux, petit étang

Empl. camping : (Prix 2017) 28,50 € ✶✶ ⇔ 🅴 🅿 (10A) - pers. suppl. 5,90 € - frais de réservation 12 €

Location : (Prix 2017) (de fin mars à déb. oct.) - ♿ (1 chalet) - 25 🏠 - 5 🏠 - 1 gîte. Nuitée 49 à 157 € - Sem. 259 à 1 099 € - frais de réservation 12 €

⛽ 15 🅱 28,50 €

Nature : 🌳 🌲 ≋
Loisirs : 🍴 🍽 🏠 ⛱ ≋ 🎱 (découverte en saison)
Services : 🔑 🚻 ♿ 🚿 📶 laverie

GPS : E : 1.71508 / N : 50.08552

NAMPONT-ST-MARTIN
80120 - Carte Michelin **301** D5 - 260 h. - alt. 10
▶ Paris 214 - Abbeville 30 - Amiens 79 - Boulogne-sur-Mer 52

La Ferme des Aulnes
☎ 03 22 29 22 69, www.fermedesaulnes.com - peu d'emplacements pour tentes et caravanes

Pour s'y rendre : à Fresne, 1 r. du Marais (3 km au sud-ouest par D 85E, rte de Villier-sur-Authie)

Ouverture : de déb. avr. à fin oct.

4 ha (120 empl.) peu incliné, plat, herbeux

Empl. camping : (Prix 2017) 25 € ✶✶ ⇔ 🅴 🅿 (6A) - pers. suppl. 7 €

Location : (Prix 2017) (de déb. avr. à fin oct.) - 17 🏠 - 1 🏠. Nuitée 60 à 124 € - Sem. 420 à 868 € - frais de réservation 6 €

🚰 borne artisanale - 2 🅱 25 €

Dans les dépendances d'une ancienne ferme picarde.

Nature : 🌳 🌲 ≋
Loisirs : 🍴 🍽 🏠 🎹 (piano bar) salle d'animations 💆 ♨ jacuzzi ⛱ 🎱 (découverte en saison)
Services : 🔑 🚻 ♿ 🚿 📶 laverie ✂

GPS : E : 1.71201 / N : 50.33631

LE NOUVION-EN-THIÉRACHE
02170 - Carte Michelin **306** E2 - 2 809 h. - alt. 185
▶ Paris 198 - Avesnes-sur-Helpe 20 - Le Cateau-Cambrésis 19 - Guise 21

Municipal du Lac de Condé
☎ 03 23 98 98 58, www.camping-thierache.com

Pour s'y rendre : promenade Henri-d'Orléans (2 km au sud par D 26 et chemin à gauche)

Ouverture : de déb. avr. à fin sept.

1,3 ha (56 empl.) plat et peu incliné

Empl. camping : (Prix 2017) 16 € ✶✶ ⇔ 🅴 🅿 (8A) - pers. suppl. 4 €

🚰 borne eurorelais - 3 🅱 11 € - 🚽 8 €

À la lisière de la forêt, près d'un lac et d'un parc de loisirs.

Nature : 🌳 🌲
Loisirs : 🎣
Services : 🔑 🚻
À prox. : 🍴 🍽 ✗ ⛱ 🎣 ≋ bowling, bicross

GPS : E : 3.78271 / N : 50.00561

PÉRONNE
80200 - Carte Michelin **301** K8 - 7 981 h. - alt. 52
▶ Paris 141 - Amiens 58 - Arras 48 - Doullens 54

Port de Plaisance
☎ 03 22 84 19 31, www.camping-plaisance.com

Pour s'y rendre : sortie sud, rte de Paris, entre le port de plaisance et le port de commerce, au bord du canal de la Somme

Ouverture : de déb. mars à fin oct.

2 ha (90 empl.) plat, herbeux, gravillons

Empl. camping : (Prix 2017) 30,10 € ✶✶ ⇔ 🅴 🅿 (10A) - pers. suppl. 4 €

Location : (Prix 2017) (de déb. mars à fin oct.) - 4 🏠. Nuitée 80 € - Sem. 287 à 513 €

🚰 borne artisanale

Nature : 🌲 ≋
Loisirs : 🍻 🏠 ⛱ 🚲 🎣
Services : 🔑 🚻 ♿ 🚿 📶 laverie
À prox. : 🎣 ⚓

GPS : E : 2.93237 / N : 49.91786

PIERREFONDS
60350 - Carte Michelin **305** I4 - 1 969 h. - alt. 81
▶ Paris 82 - Beauvais 78 - Compiègne 15 - Crépy-en-Valois 17

Le Coeur de la forêt
☎ 03 44 42 80 83, www.lecoeurdelaforet.fr

Pour s'y rendre : r. de l'Armistice (sortie nord-ouest par D 973, rte de Compiègne)

Ouverture : de mi-mars à mi-oct.

1 ha (60 empl.) en terrasses, plat, herbeux

Empl. camping : (Prix 2017) 18,50 € ✶✶ ⇔ 🅴 🅿 (10A) - pers. suppl. 4,50 €

Location : (Prix 2017) (de mi-janv. à mi-déc.) - ♿ (1 chalet) - 4 🏠. Nuitée 80 à 240 €

🚰 borne artisanale

À la lisière de la forêt domaniale, avec du locatif insolite : maison de hobbit et caravanes "vintage".

Nature : 🌲 ≋
Loisirs : ⛱ 🚲
Services : 🔑 🚻 ♿ 🚿 📶 laverie
À prox. : ✂ 🎣 pédalos

GPS : E : 2.97962 / N : 49.35194

POIX-DE-PICARDIE
80290 - Carte Michelin **301** E9 - 2 388 h. - alt. 106
▶ Paris 133 - Abbeville 45 - Amiens 31 - Beauvais 46

Municipal le Bois des Pêcheurs
☎ 03 22 90 11 71, www.ville-poix-de-picardie.fr

Pour s'y rendre : rte de Verdun (sortie ouest par D 919, rte de Formerie, au bord d'un ruisseau)

Ouverture : de déb. avr. à fin sept.

2 ha (88 empl.) plat, herbeux

Empl. camping : (Prix 2017) 14 € ✶✶ ⇔ 🅴 🅿 (10A) - pers. suppl. 2 €

420

PICARDIE

Location : (Prix 2017) (de déb. avr. à fin sept.) - 2 🚐. Nuitée 100€ - Sem. 250 à 300€
- borne AireService 8€

De beaux emplacements bien délimités.

Nature : 🌳
Loisirs : 🏠 🏊 🚲
Services : 🔑 🚻 🚿 📶 laverie
À prox. : 🍴

	GPS
	E : 1.9743
	N : 49.75

RESSONS-LE-LONG

02290 - Carte Michelin **306** A6 - 756 h. - alt. 72
▶ Paris 97 - Compiègne 26 - Laon 53 - Noyon 31

⚠ La Halte de Mainville

📞 03 23 74 26 69, www.lahaltedemainville.com - peu d'emplacements pour tentes et caravanes

Pour s'y rendre : 18 r. du Routy (sortie nord-est)

5 ha (150 empl.) plat, herbeux, petit étang

Location : 2 🚐 - 2 🏠.

Au bord d'un étang de pêche avec canards et cygnes.

Nature : 🌳
Loisirs : 🏠 🏊 🏓 🎣
Services : 🔑 🚻 🚿 📶 laverie

	GPS
	E : 3.15186
	N : 49.39277

RUE

80120 - Carte Michelin **301** D6 - 3 095 h. - alt. 9
▶ Paris 212 - Abbeville 28 - Amiens 77 - Berck-Plage 22

⚠ Les Oiseaux

📞 03 22 25 73 44, www.campingbaiesomme.com - peu d'emplacements pour tentes et caravanes

Pour s'y rendre : 3,2 km au sud par D 940, rte du Crotoy et chemin de Favières à gauche, près d'un ruisseau

Ouverture : de déb. fév. à fin nov.

1,2 ha (71 empl.) plat, herbeux

Empl. camping : (Prix 2017) 28€ ★★ 🚗 🗐 ⚡ (16A) - pers. suppl. 6,50€
Location : (Prix 2017) (de déb. mars à fin oct.) - 5 🚐. Nuitée 70 à 100€ - Sem. 400 à 680€
- borne artisanale 18€ - 2 🗐 18€

Nature : 🌳
Loisirs : 🏠
Services : 🔑 🚻 📶 🍴

	GPS
	E : 1.66872
	N : 50.25264

ST-LEU-D'ESSERENT

60340 - Carte Michelin **305** F5 - 4 708 h. - alt. 50
▶ Paris 57 - Beauvais 38 - Chantilly 7 - Creil 9

⛰ Campix

📞 03 44 56 08 48, www.campingcampix.com

Pour s'y rendre : r. Pasteur (sortie nord par D 12, rte de Cramoisy puis 1,5 km par r. à dr. et chemin

Ouverture : de mi-mars à fin nov.

6 ha (160 empl.) vallonné, en terrasses, plat, herbeux, pierreux

Empl. camping : (Prix 2017) ★ 7,25€ 🚗 🗐 7,50€ – ⚡ (6A) 4€

Location : (Prix 2017) Permanent - 7 🚐 - 7 🏠 - 4 roulottes. Nuitée 45 à 115€ - Sem. 315 à 805€
- borne eurorelais 6€

Dans une ancienne carrière ombragée d'acacias et de bouleaux

Nature : 🌳 🌊
Loisirs : 🍴 🏠 🏊 🎣
Services : 🔑 🚻 🚿 📶 laverie 🍴

	GPS
	E : 2.42722
	N : 49.22492

ST-QUENTIN-EN-TOURMONT

80120 - Carte Michelin **301** C6 - 305 h.
▶ Paris 218 - Abbeville 29 - Amiens 83 - Berck-sur-Mer 24

⛰ Le Champ Neuf

📞 03 22 25 07 94, www.camping-lechampneuf.com - peu d'emplacements pour tentes et caravanes

Pour s'y rendre : 8 r. du Champ-Neuf

Ouverture : de déb. avr. à fin oct.

8 ha/4,5 campables (161 empl.) plat, herbeux, bois

Empl. camping : (Prix 2017) 33,50€ ★★ 🚗 🗐 ⚡ (10A) - pers. suppl. 6,90€ - frais de réservation 10€
Location : (Prix 2017) (de déb. avr. à fin oct.) - 38 🚐 - 2 🏠 - 4 gîtes. Nuitée 58 à 110€ - Sem. 270 à 910€ - frais de réservation 10€
- borne artisanale - 🚐 32,50€

Autour d'un bel espace aquatique couvert.

Nature : 🌳
Loisirs : 🍴 🏠 salle d'animations 🎣 🏊 jacuzzi 🚲 🏓 parcours de santé terrain multisports
Services : 🔑 🚻 🚿 📶 laverie
À prox. : 🍴

	GPS
	E : 1.60153
	N : 50.26978

*To make the best possible use of this Guide,
READ CAREFULLY THE EXPLANATORY NOTES.*

ST-VALERY-SUR-SOMME

80230 - Carte Michelin **301** C6 - 2 873 h. - alt. 27
▶ Paris 206 - Abbeville 18 - Amiens 71 - Blangy-sur-Bresle 45

⛰ Club Airotel Le Walric

📞 03 22 26 81 97, www.campinglewalric.com - peu d'emplacements pour tentes et caravanes

Pour s'y rendre : rte d'Eu (à l'ouest par D 3)

Ouverture : de déb. mars à déb. nov.

5,8 ha (263 empl.) plat, herbeux, bois

Empl. camping : (Prix 2017) 32€ ★★ 🚗 🗐 ⚡ (6A) - pers. suppl. 7€ - frais de réservation 12€
Location : (Prix 2017) (de déb. avr. à déb. nov.) - ❌ - 66 🚐. Nuitée 64 à 116€ - Sem. 238 à 805€ - frais de réservation 12€
- borne flot bleu

Agréable terrain avec toutefois beaucoup de mobile homes et caravanes de propriétaires-résidents.

Nature : 🌳
Loisirs : 🍴 🏠 🎣 🏊 🍴 🏓 (découverte en saison)
Services : 🔑 🚻 🚿 📶 laverie
À prox. : 🚤

	GPS
	E : 1.61791
	N : 50.1839

421

PICARDIE

Les Castels Le Domaine de Drancourt

☎ 03 22 26 93 45, www.chateau-drancourt.fr

Pour s'y rendre : à Estréboeuf, lieu-dit : Drancourt (3,5 km au sud par D 48 et rte à gauche apr. avoir traversé le CD 940)

Ouverture : de mi-avr. à mi-sept.

5 ha (326 empl.) plat et peu incliné, herbeux

Empl. camping : (Prix 2017) 34,20 € ✶✶ ⊖ 🔲 ⚡ (10A) - pers. suppl. 8,30 €

Location : (Prix 2017) (de mi-avr. à mi-sept.) - 🔀 - 42 🏠 - 5 🏡. Nuitée 42 à 179 € - Sem. 294 à 1 253 € - frais de réservation 25 €

Dans l'agréable domaine du château avec un petit parc aquatique en partie couvert.

Nature : 🌊 ⛺ ♤
Loisirs : 🍴 🍽 🏠 🏊 🏇 🚴 ⛳ 🎱 🏐
Services : 🔑 🏪 🚿 📶 laverie 🧺 ⛽

GPS : E : 1.63598 / N : 50.15277

SERAUCOURT-LE-GRAND

02790 - Carte Michelin **306** B4 - 787 h. - alt. 102

▶ Paris 148 - Chauny 26 - Ham 16 - Péronne 28

⚠ Le Vivier aux Carpes

☎ 03 23 60 50 10, www.camping-picardie.com

Pour s'y rendre : 10 r. Charles-Voyeux (au nord par D 321, près de la poste, à 200 m de la Somme)

Ouverture : de fin mars à fin oct.

2 ha (60 empl.) plat, herbeux

Empl. camping : (Prix 2017) 21,52 € ✶✶ ⊖ 🔲 ⚡ (10A) - pers. suppl. 4,56 €

Location : (Prix 2017) (de fin mars à fin oct.) - 1 🏠 - 4 🏡. Nuitée 47 à 90 € - Sem. 282 à 540 €

🚐 borne artisanale 4 €

Pour les amoureux de la pêche et de la nature, quiétude assurée au bord d'un étang.

Nature : 🌊 ⛺ ♤♤
Loisirs : 🏠 🎣
Services : 🔑 ✉ 🚿 📶 laverie
À prox. : 🧺 ♨

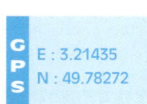

GPS : E : 3.21435 / N : 49.78272

VILLERS-SUR-AUTHIE

80120 - Carte Michelin **301** D6 - 411 h. - alt. 5

▶ Paris 215 - Abbeville 31 - Amiens 80 - Berck-sur-Mer 16

Sites et paysages Le Val d'Authie

☎ 03 22 29 92 47, www.valdauthie.fr
- peu d'emplacements pour tentes et caravanes

Pour s'y rendre : 20 rte de Vercourt (sortie sud du bourg)

Ouverture : de déb. avr. à fin sept.

7 ha/4 campables (170 empl.) peu incliné, plat, herbeux

Le Val d'Authie

Empl. camping : (Prix 2017) 34 € ✶✶ ⊖ 🔲 ⚡ (10A) - pers. suppl. 6,50 €

Location : (Prix 2017) (de déb. avr. à fin sept.) - 25 🏠. Nuitée 55 à 120 € - Sem. 385 à 840 €

🚐 8 🔲 26 € - 🚙 ⚡ 18,20 €

Agréables plantations arbustives.

Nature : 🌊 ⛺ ♤♤
Loisirs : 🍴 🍽 🏠 🎪 salle d'animations 🏃 🚵 🏊 hammam jacuzzi 🏸 🚴 ⚙ 🏠 (découverte en saison) parcours de santé terrain multisports
Services : 🔑 ✉ 🚿 🚻 📶 laverie

GPS : E : 1.69486 / N : 50.31356

POITOU-CHARENTES

🇫🇷 Avec l'eau pour compagnon de voyage, les délices de la région Poitou-Charentes se consomment sans modération. Commencez par paresser sur une des plages de sable fin bordant la Côte de Beauté : vous y ferez provision d'air pur mêlé d'iode et d'essences de pins. Puis offrez-vous une cure de remise en forme dans la station balnéaire de votre choix, suivie d'une cure d'huîtres de Marennes-Oléron accompagnées de tartines au beurre de Surgères. Requinqué ? Alors, parcourez à vélo les îles, havres de paix aux maisons fleuries de glycines et de roses trémières, et explorez à bord d'une barque manœuvrée à la « pigouille » les mille et une conches de la « Venise verte ». Puis, après une mini-dégustation de cognac, cette eau… de-vie aux reflets ambrés, cap sur le Futuroscope et ses images à couper le souffle !

🇬🇧 Names such as Cognac, Angoulême or La Rochelle all echo through France's history, but there's just as much to appreciate in the here and now. Visit a thalassotherapy resort to revive your spirits, or just laze on the sandy beaches, where the scent of pine trees mingles with the fresh sea air. A bicycle is the best way to discover the region's coastal islands, their country lanes lined with tiny blue and white cottages and multicoloured hollyhocks. Back on the mainland, explore the canals of the marshy, and mercifully mosquito-free, « Green Venice ». You will have earned yourself a drop of Cognac or a glass of the local apéritif, the fruity, ice-cold Pineau. If this seems just too restful, head for Futuroscope, a theme park of the moving image, and enjoy an action-packed day of life in the future.

Légende

- ● Localité citée avec camping
- ■ Localité citée avec camping et locatif
- Vannes — Localité disposant d'un camping avec aire de services camping-car
- Moyaux — Localité disposant d'au moins un terrain agréable
- 🚐 Aire de service pour camping-car sur autoroute

Localités (Pays de la Loire / Vendée / Charente-Maritime / Gironde)

Pornichet · St-Brévin-les-Pins · NANTES · Ste-Luce-s-L · St-Julien-de-Concelles · Brissac-Quincé · TRÉMENTINES · Chemillé · St-Georges-s-Layon · Vihiers · Concourson-s-Layon · TRÉMENTINES · Cholet · Maulévrier · Argentonnay · Guyonnière · LES HERBIERS · St-Laurent-s-Sèvre · Chambretaud · Les Epesses · Bressuire · St-Étienne-du-Bois · Apremont · Maché · Vendrennes · Mouchamps · Commequiers · Coëx · Aizenay · Mouilleron-le-Captif · DEUX-SÈVRES · St-Révérend · La Chapelle-Hermier · La Roche-s-Yon · Givrand · La Chaize-Giraud · Landevielle · Brétignolles-s-M. · Brem-s-M. · Vairé · St-Julien-des-Landes · Aubigny-Les Clouzeaux · VENDÉE · Secondigny · L'Île d'Olonne · Olonne-s-M. · Château-d'Olonne · Mervent · Les Sables-d'Olonne · Avrillé · Le Givre · Luçon · Fontenay-le-Comte · LA CANEPETIÈRE · Talmont-St-Hilaire · St-Hilaire-la-Forêt · Longeville-s-M. · Maillezais · Jard-s-Mer · Angles · Chaillé-les-Marais · Coulon · LA CHATEAUDRIE · St-Vincent-s-Jard · Les Conches · Triaize · le Mazeau · Niort · La Tranche-s-M. · La Faute-s-M. · St-Michel-en-l'Herm · Marans · POITOU-CHARENTES NORD · St-Clément-des-Baleines · Loix · Île de Ré · l'Houmeau · Dompierre-s-Mer · St-Hilaire-la-Palud · POITOU-CHARENTES S · Ars-en-Ré · St-Martin-de-Ré · Mauzé-s-le-Mignon · La Couarde-s-Mer · La Flotte · Le Bois-Plage-en-Ré · LA ROCHELLE · Aigrefeuille-d'Aunis · Angoulins · Châtelaillon-Plage · Landrais · St-Denis-d'Oléron · Île d'Aix · St-Laurent-de-la-Prée · CHARENTE- · St-Georges-d'Oléron · St-Pierre-d'Oléron · Fouras · Île d'Oléron · Dolus-d'Oléron · Île d'Oléron · St-Nazaire-s-Charente · Rochefort · St-Jean-d'Angély · Le Château-d'Oléron · Pont-l'Abbé-d'Arnoult · St-Savinien · MARITIM · St-Trojan-les-Bains · Marennes · FENIOUX EST · Ronce-les-Bs · St-Just-Luzac · Saintes · Arvert · St-Sornin · ST-LÉGER OUEST · Les Mathes · La Palmyre · St-Augustin · Cognac · St-Palais-s-M. · Saujon · Vaux-s-M. · Médis · Royan · Semussac · Pons · St-Georges-de-Didonne · Cozes · Le Verdon-sur-Mer · Mortagne-s-Gironde · Mosnac · Soulac-s-M. · Archiac · Jonzac · Vendays-Montalivet · Lesparre-Médoc · SAUGON EST · Hourtin-Plage · Pauillac · Hourtin · SAUGON OUEST · St-Laurent-Médoc · Lacanau-Océan · Lacanau · L'ESTALOT · Petit-Palais-et-Co · GIRONDE

INDRE-ET-LOIRE
INDRE
VIENNE
HAUTE-VIENNE
CHARENTE
CORRÈZE
DORDOGNE
B
Saumur
Varennes-s-L.
Montsoreau
Montreuil-Bellay
Rigny-Ussé
Azay-le-Rideau
Savigny-en-Véron
Chinon
L'Île-Bouchard
JARDINS DE VILLANDRY
Bléré
Veigné
Ste-Catherine-de-Fierbois
Ste-Maure-de-Touraine
Loches
Marcilly-s-Vienne
Descartes
Loudun
Chemillé-s-Indrois
Seigy
Valençay
Mennetou-s-Cher
Luçay-le-Mâle
LES CHAMPS D'AMOUR
Vatan
Issou
Preuilly-s-Claise
Ingrandes
Buzançais
Châteauroux
MILLE ÉTANGS
Rosnay
VAL DE L'INDRE
la Roche-Posay
St-Cyr
arthenay
Avanton
Vouillé
St-Georges-lès-Baillargeaux
Bonnes
POITIERS
ROUILLÉ-PAMPROUX NORD
ROUILLÉ-PAMPROUX SUD
Chauvigny
Dienné
Montmorillon
Neuvy-St-Sépulchre
Gargilesse-Dampierre
Baraize
Éguzon
St-Plantaire
Chaillac
Prailles
Couhé
Cromac
BOIS MANDÉ EST
BOIS MANDÉ OUEST
la Celle-Dunoise
le Bourg-d'Hem
Magnac-Laval
Availles-Limouzine
Pressac
Châteauponsac
Bellac
St-Pardoux
Guér
Confolens
BEAUNE-LES-MINES
Bonnac-la-Côte
LIMOGES
Cognac-la-Forêt
Rochechouart
Aixe-s-Vienne
Montignac-Charente
Rivières
Le Lindois
Bujaleuf
Eymoutiers
Saint-Yrieix-sur-Charente
Montbron
ANGOULÊME
Sireuil
Nexon
Châteauneuf-la-Fôret
Bussière-Galant
St-Germain-les-Belles
Chamberet
St-Saud-Lacoussière
Mialet
St-Yrieix-la-Perche
Masseret
Nontron
PORTE DE CORRÈZE
Thiviers
Angoisse
St-Sornin-Lavolps
Lanouaille
Brantôme
Seilhac
Corrèze
Vigeois
Tocane-St-Apre
Antonne-et-Trigonant
Objat
Laguenne
Tulle
St-Antoine-d'Auberoche
LE MANOIRE
PAYS DE BRIVE
Peyrignac
Donzenac
Périgueux
Aubazines
La Roche-Chalais
Atur
Thenon
Brive-la-Gaillarde
Beynat
LE MANOIRE
Montignac
Lissac-s-Couze
Montpon-Ménestérol
Terrasson-Lavilledieu
Reygade
St-Amand-de-Coly
Beaulieu-s-D.
Douville
PECH-MONTAT
Puybrun
Camp
St-Rémy
A 85
A 10
A 20
A 89
N 10
N 21
N 120
N 141
N 145
N 147
N 149
N 151
D 347
D 148
D 939
D 943
D 948
D 951
Vienne
Creuse
Indre
Cher
Clain
Gartempe
Thouet
Sèvre Niortaise
Charente
Dronne
Isle
Auvézère
Vézère
Taurion

POITOU-CHARENTES

AIGREFEUILLE-D'AUNIS

17290 - Carte Michelin **324** E3 - 3 682 h. - alt. 20
▶ Paris 457 - Niort 50 - Rochefort 22 - La Rochelle 25

▲ La Taillée

📞 05 46 35 50 88, www.lataillee.com

Pour s'y rendre : 3 r. du Bois-Gaillard (à l'est du bourg, près de la piscine)

Ouverture : de déb. avr. à fin sept.

2 ha (80 empl.) plat, herbeux

Empl. camping : 21,90 € - pers. suppl. 5 € - frais de réservation 10 €

Location : 🅿️ - 28 - 8 bungalows toilés. Sem. 240 à 730 € - frais de réservation 10 €

borne artisanale

Agréable cadre ombragé de platanes et frênes centenaires.

Nature :	GPS
Loisirs :	W : 0.92682
Services : laverie	N : 46.11514
À prox. :

ANGOULINS

17690 - Carte Michelin **324** D3 - 3 720 h. - alt. 15
▶ Paris 481 - Poitiers 148 - La Rochelle 12 - Niort 73

▲ Les Chirats - La Platère

📞 05 46 56 94 16, www.campingleschirats.fr

Pour s'y rendre : r. du Chay (1,7 km à l'ouest par r. des Salines et rte de la douane, à 100 m de la plage)

Ouverture : de déb. avr. à fin sept.

4 ha (232 empl.) plat et peu incliné, pierreux, herbeux

Empl. camping : (Prix 2017) 25,10 € (12A) - pers. suppl. 5,65 € - frais de réservation 20 €

Location : (Prix 2017) Permanent - 5 - 35 . Nuitée 51 à 91 € - Sem. 264 à 713 € - frais de réservation 20 €

Terrain en deux parties distinctes avec une piscine couverte réservée à la balnéo en saison et du locatif chalets maintenant un peu ancien.

Nature :	GPS
Loisirs : centre balnéo jacuzzi (petite piscine)	W : 1.13076
Services :	N : 46.104
À prox. :

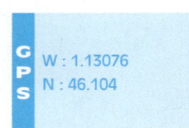

ARCHIAC

17520 - Carte Michelin **324** I6 - 812 h. - alt. 111
▶ Paris 514 - Angoulême 49 - Barbezieux 15 - Cognac 22

▲ Municipal

📞 05 46 49 10 46, www.archiac.fr

Pour s'y rendre : 7 r. des Voituriers

Ouverture : de déb. juin à fin sept.

1 ha (44 empl.) en terrasses, plat, herbeux

Empl. camping : (Prix 2017) 2,40 € 1,70 € 1,70 € – (10A) 4,30 €

Près des installations sportives municipales.

Nature :	GPS
Loisirs :	W : 0.30467
Services :	N : 45.52322
À prox. :

ARGENTONNAY

79150 - Carte Michelin **322** D3 - 1 588 h.
▶ Paris 367 - Poitiers 100 - Niort 89 - Nantes 102

▲ Municipal Le Lac d'Hautibus

📞 06 16 10 10 96, www.argentonnay.fr

Pour s'y rendre : r. de la Sablière (à l'ouest du bourg - accès près du rond-point de la D 748 et D 759)

Ouverture : de déb. avr. à fin sept.

1,5 ha (64 empl.) en terrasses, peu incliné, herbeux

Empl. camping : (Prix 2017) 3,50 € 11 € – (6A) 3 €

Location : (Prix 2017) Permanent - 6 . Nuitée 40 à 70 € - Sem. 290 à 450 €

borne artisanale 2,60 € 9 €

Beaux emplacements délimités et un peu ombragés, à 150 m du lac avec accès direct (site pittoresque).

Nature :	GPS
Loisirs :	W : 0.45164
Services : laverie	N : 46.98764
À prox. : barques

Avant de vous installer, consultez les tarifs en cours, affichés obligatoirement à l'entrée du terrain, et renseignez-vous sur les conditions particulières de séjour. Les indications portées dans le guide ont pu être modifiées depuis la mise à jour.

ARVERT

17530 - Carte Michelin **324** D5 - 3 100 h. - alt. 20
▶ Paris 513 - Marennes 16 - Rochefort 37 - La Rochelle 74

▲ Le Presqu'Île

📞 05 46 36 81 76, www.campinglepresquile.com

Pour s'y rendre : 7 r. des Aigrettes (au nord du bourg, à 150 m de la D 14)

Ouverture : de déb. avr. à fin sept.

0,8 ha (60 empl.) plat, herbeux

Empl. camping : (Prix 2017) 22 € (16A) - pers. suppl. 5 €

Location : (Prix 2017) Permanent (de déb. sept. à fin juin) - 3 - 1 . Nuitée 60 à 70 € - Sem. 230 à 690 €

borne artisanale

Bel ombrage mais beaucoup de mobile homes de propriétaires-résidents.

Nature :	GPS
Loisirs :	W : 1.12725
Services :	N : 45.74526
À prox. :

POITOU-CHARENTES

AVAILLES-LIMOUZINE

86460 - Carte Michelin **322** J8 - 1 314 h. - alt. 142
▶ Paris 410 - Confolens 14 - L'Isle-Jourdain 15 - Niort 100

⚠ le Parc

📞 05 49 48 51 22, www.camping-le-parc-availles.fr

Pour s'y rendre : lieu-dit : Les Places (sortie est par D 34, à gauche apr. le pont, au bord de la Vienne)

Ouverture : de déb. avr. à fin oct.

2,7 ha (102 empl.) plat, herbeux **Empl. camping** : (Prix 2017) 16,50 € ✶✶ 🚗 🔲 ⚡ (10A) - pers. suppl. 4,40 €

Location : (Prix 2017) (de déb. avr. à fin oct.) - ♿ (2 chalets) - 6 🏠 - 3 🏡. Nuitée 46 à 56 € - Sem. 300 à 460 €

🚐 borne Sanistation 2 € - 🔲 🅿 8 €

Cadre agréable au bord de la Vienne avec des locatifs anciens à très anciens.

Nature : 🌳 ≤≤
Loisirs : 🍹 🐄 🎯 🚴 🛶 pédalos
Services : 🔌 🍽 🚿 📶 🛒
À prox. : 🎣 🛶 pédalos, bateaux électriques

GPS E : 0.65829 N : 46.12401

AVANTON

86170 - Carte Michelin **322** H5 - 1 819 h. - alt. 110
▶ Paris 337 - Poitiers 12 - Niort 84 - Châtellerault 37

⚠ Du Futur

📞 05 49 54 09 67, www.camping-du-futur.com

Pour s'y rendre : 9 r. des Bois (1,3 km au sud-ouest par D 757, rte de Poitiers et rte à dr. apr. le passage à niveau)

Ouverture : de déb. avr. à déb. nov.

4 ha/1,5 (68 empl.) plat, herbeux

Empl. camping : (Prix 2017) 19 € ✶✶ 🚗 🔲 ⚡ (10A) - pers. suppl. 4 € - frais de réservation 10 €

Location : (Prix 2017) (de déb. avr. à déb. nov.) - 14 🏠 - 5 tentes lodges - 1 roulotte. frais de réservation 15 €

🚐 borne artisanale - 3 🔲 19 €

Beaucoup d'espaces verts dédiés à la détente, aux sports, aux jeux.

Nature : 🌳 ≤ 🎯
Loisirs : 🍹 🎯 🏊
Services : 🔌 🚿 📶 laverie

GPS E : 0.30192 N : 46.65096

BONNES

86300 - Carte Michelin **322** J5 - 1 688 h. - alt. 70
▶ Paris 331 - Châtellerault 25 - Chauvigny 7 - Poitiers 25

⚠ Municipal

📞 05 49 56 44 34, www.campingbonnes86.fr

Pour s'y rendre : r. de La Varenne

Ouverture : de déb. juin à fin août - 🚐

1,2 ha (56 empl.) non clos, plat, herbeux

Empl. camping : (Prix 2017) ✶ 2,60 € 🚗 1,60 € 🔲 2,30 € – ⚡ (15A) 3 €

Location : (Prix 2017) Permanent♿ (1 mobile home) - 6 gîtes. Nuitée 43 à 68 € - Sem. 178 à 309 €

🚐 borne artisanale 3,10 €

Emplacements ombragés au bord de la Vienne et contigus aux installations sportives municipales.

Nature : 🌳 🏞 ≤≤
Loisirs : 🏠 🎯 🏊
Services : 🔌 📶 laverie
À prox. : 🎣 🏊 🛶 terrain multisports

GPS E : 0.59856 N : 46.60182

CHÂTELAILLON-PLAGE

17340 - Carte Michelin **324** D3 - 6 081 h. - alt. 3
▶ Paris 482 - Niort 74 - Rochefort 22 - La Rochelle 19

⛰ Port Punay 👥

📞 05 17 81 00 00, www.camping-port-punay.com

Pour s'y rendre : quartier des Bouchoureurs, allée Bernard-Moreau

Ouverture : de déb. mai à fin sept.

3 ha (157 empl.) plat, herbeux

Empl. camping : (Prix 2017) 36,50 € ✶✶ 🚗 🔲 ⚡ (10A) - pers. suppl. 7,50 € - frais de réservation 18 €

Location : (Prix 2017) (de déb. mai à fin sept.) - ♿ (1 mobile home) - 🚐 - 36 🏠 - 4 tentes lodges. Sem. 299 à 999 € - frais de réservation 18 €

🚐 borne eurorelais

Emplacements ombragés ou plus ensoleillés à 200 m de la plage et du port.

Nature : 🌳 🏞 ≤≤
Loisirs : 🍹 🍽 🎯 🏠 🏊 🚴 🛶
Services : 🔌 🚿 📶 laverie 🛒

GPS W : 1.0846 N : 46.05352

⛰ Club Airotel Village Corsaire des 2 Plages

📞 05 46 56 27 53, www.2plages.com

Pour s'y rendre : av. d'Angoulins (rte de La Rochelle, à 300 m. de la plage)

Ouverture : de mi-avr. à mi-sept.

4,5 ha (265 empl.) plat, herbeux

Empl. camping : (Prix 2017) 31 € ✶✶ 🚗 🔲 ⚡ (10A) - pers. suppl. 7 € - frais de réservation 18 €

Location : (Prix 2017) (de mi-avr. à mi-sept.) - ♿ (1 mobile home) - 115 🏠. Nuitée 50 à 145 € - Sem. 300 à 1 008 € - frais de réservation 18 €

🚐 borne artisanale

Préférer les emplacements éloignés de la route et de la voie ferrée.

Nature : 🏞 ≤≤
Loisirs : 🍹 🍽 🎯 🏠 🏊 terrain multisports
Services : 🔌 🚿 📶 laverie 🛒
À prox. : 🚴

GPS W : 1.09344 N : 46.08441

⛰ L'Océan

📞 05 46 56 87 97, www.campingocean17.com

Pour s'y rendre : av. d'Angoulins (1,3 km au nord par D 202, rte de La Rochelle et à dr.)

Ouverture : de fin mai à fin sept.

3 ha (97 empl.) plat, herbeux

Empl. camping : (Prix 2017) 32 € ✶✶ 🚗 🔲 ⚡ (10A) - pers. suppl. 6,60 € - frais de réservation 18 €

🚐 borne artisanale

Joli plan d'eau paysagé, filtré naturellement.

Nature : 🌳 ≤≤
Loisirs : 🏠 salle d'animations 🎯 🏊 (plan d'eau)
Services : 🔌 📶 laverie

GPS W : 1.09412 N : 46.08818

427

POITOU-CHARENTES

CHAUVIGNY

86300 - Carte Michelin **322** J5 - 6 848 h. - alt. 65
▶ Paris 333 - Bellac 64 - Le Blanc 36 - Châtellerault 30

⚠ Municipal de la Fontaine

☎ 05 49 46 31 94, www.chauvigny.fr

Pour s'y rendre : r. de la Fontaine (sortie nord par D 2, rte de la Puye et rte à dr., au bord d'un ruisseau)
Ouverture : de déb. avr. à fin sept.
2,8 ha (104 empl.) plat, herbeux, gravillons
Empl. camping : (Prix 2017) ⚲ 3€ ⛺ 2,20€ 🅿 2,20€ – ⚡ (16A) 3,70€
Location : (Prix 2017) Permanent ♿ (1 chalet) - 4 ⛺ - 6 studios. Nuitée 23 à 80€ - Sem. 161 à 450€
🚐 borne artisanale 9€

Emplacements soignés et fleuris avec un jardin public attenant agrémenté d'une pièce d'eau.

Nature : ≤ Ville haute et château 🌳
Loisirs : 🛝 🎣
Services : ⚙ 🛎 🚿 ♿ 🔌 laverie

GPS E : 0.65349 N : 46.57095

Renouvelez votre guide chaque année.

COGNAC

16100 - Carte Michelin **324** I5 - 18 729 h. - alt. 25
▶ Paris 478 - Angoulême 45 - Bordeaux 120 - Libourne 116

⚠ Municipal

☎ 05 45 32 13 32, www.campingdecognac.com

Pour s'y rendre : bd de Châtenay (2,3 km au nord par D 24, rte de Boutiers, entre la Charente et le Solençon)
Ouverture : de fin avr. à déb. sept.
2 ha (160 empl.) plat, herbeux
Empl. camping : ⚲ 6€ ⛺ 6€ – ⚡ (6A) 3,40€
Location : (de fin avr. à déb. sept.) ♿ (1 mobile home) - 8 ⛺ - 2 bungalows toilés. Sem. 175 à 500€
🚐 borne artisanale

Belle pelouse en partie bien ombragée.

Nature : 🏞 🌳
Loisirs : 🛝 🎣
Services : ⚙ (juil.-août) 🛎 🚿 ♿ 🔌
À prox. : 🍽 🍴

GPS W : 0.30726 N : 45.70926

COUHÉ

86700 - Carte Michelin **322** H7 - 1 885 h. - alt. 140
▶ Paris 370 - Confolens 58 - Montmorillon 61 - Niort 65

⚠ Sites et Paysages Les Peupliers 🏕

☎ 05 49 59 21 16, www.lespeupliers.fr

Pour s'y rendre : av. de Paris (1 km au nord rte de Poitiers, à Valence)
Ouverture : de déb. mai à fin sept.
16 ha/6 campables (187 empl.) en terrasses, plat, herbeux, étang, bois
Empl. camping : (Prix 2017) ⚲ 8,50€ ⛺ 14€ – ⚡ (10A) 5,30€
Location : (Prix 2017) Permanent ♿ (1 chalet) - 25 ⛺ - 18 ⛺. Nuitée 30 à 160€ - Sem. 255 à 1 275€
🚐 borne artisanale - ♿ 14€

Joli cadre verdoyant, fleuri et en partie boisé, traversé par une rivière pittoresque.

Nature : 🏞 🌳
Loisirs : 🍽 🍴 🏊 🎣 jacuzzi 🚴 🛝 🏓 🎣
Services : ⚙ 🛎 🚿 – 4 sanitaires individuels (🚿 🚽 wc) ♿ 🔌 laverie 🧺

GPS E : 0.18222 N : 46.31222

COULON

79510 - Carte Michelin **322** C7 - 2 211 h. - alt. 6
▶ Paris 418 - Fontenay-le-Comte 25 - Niort 11 - La Rochelle 63

⚠ Flower La Venise Verte 🏕

☎ 05 49 35 90 36, www.camping-laveniseverte.fr

Pour s'y rendre : 178 rte des Bords-de-Sèvre (2,2 km au sud-ouest par D 123, rte de Vanneau)
Ouverture : de déb. avr. à mi-oct.
2,2 ha (120 empl.) plat, herbeux
Empl. camping : (Prix 2017) 30€ ⚲⛺🅿 – ⚡ (10A) - pers. suppl. 7€
Location : (Prix 2017) (de déb. avr. à mi-oct.) - ♿ (2 chalets) - 3 ⛺ - 17 ⛺ - 2 tentes lodges. Nuitée 52 à 127€ - Sem. 260 à 889€ - frais de réservation 10€
🚐 borne artisanale

Locatif de bon confort tout près du canal et de la Sèvre Niortaise.

Nature : 🏞 🌳
Loisirs : 🍽 🍴 🏊 🛝 🚴 🎣
Services : ⚙ 🛎 🚿 ♿ 🔌 laverie 🧺
À prox. : 🎣

GPS W : 0.60889 N : 46.31444

*The classification (1 to 5 tents, **black** or **red**) that we award to selected sites in this Guide is a system that is our own. It should not be confused with the classification (1 to 5 stars) of official organisations.*

COZES

17120 - Carte Michelin **324** E6 - 1 973 h. - alt. 43
▶ Paris 494 - Marennes 41 - Mirambeau 35 - Pons 26

⚠ Municipal Le Sorlut

☎ 05 46 90 75 99, www.villedecozes.fr

Pour s'y rendre : r. des Chênes (au nord, près de l'ancienne gare, derrière le supermarché)
Ouverture : de mi-avr. à mi-oct.
1,4 ha (120 empl.) plat, herbeux
Empl. camping : ⚲ 2,75€ ⛺ 2,90€ – ⚡ (5A) 2,85€
Location : (de mi-avr. à mi-oct.) ♿ (1 chalet) - 8 ⛺. Sem. 416 à 575€

Bel ombrage des emplacements, chalets de bon confort et piscine municipale contiguë au camping.

Nature : 🏞 🌳
Loisirs : 🎣
Services : ⚙ (juil.-août) 🔌 🧺
À prox. : 🏊 🛝

GPS W : 0.83728 N : 45.58649

428

POITOU-CHARENTES

DIENNÉ

86410 - Carte Michelin **322** J6 - 508 h. - alt. 112
▶ Paris 362 - Poitiers 26 - Niort 107 - Limoges 107

▲ DéfiPlanet à Dienné

✆ 05 49 45 87 63, www.defiplanet.com

Pour s'y rendre : lieu-dit : La Boquerie (RN 147)

47 ha (100 empl.) vallonné, plat, herbeux, lac, forêt

Empl. camping : (Prix 2017) 39 € ✦✦ ⇔ 🅟 (16A) - pers. suppl. 7,50 €

Location : (Prix 2017) Permanent ♿ (1 gîte, 1 chalet, 1 yourte) - 🅿 - 7 🏠 - 8 yourtes - 22 roulottes - 26 cabanes perchées - 2 gîtes - 24 chambres (hôtel) - 5 maisons champignons - 1 château perché. Nuitée 73 à 319 € - Sem. 495 à 1 595 €

🚐 borne eurorelais

Vaste domaine boisé qui propose de nombreuses animations. Près d'une centaine d'hébergements des plus insolites et une dizaine d'emplacements pour tentes, caravanes et camping-cars.

Nature : 🌳 ♤♤
Loisirs : 🍽 ✕ 🏠 ☺ salle d'animations centre balnéo ♨ hammam jacuzzi 🏃 🚴 🏊 🐎 parc-aventure centre équestre, tyrolienne, tir à l'arc
Services : ⚷ 🅿 🚻 🗑 ⟨⟩ laverie 🧊
GPS : E : 0.56024 N : 46.44614

DOMPIERRE-SUR-MER

17139 - Carte Michelin **324** H5 - 5 337 h. - alt. 30
▶ Paris 465 - Poitiers 132 - La Rochelle 9 - La Roche-sur-Yon 84

▲ Aire Naturelle Le Verger

✆ 05 46 34 91 00, www.campingleverger17.com

Pour s'y rendre : 27 r. Jean-Pierre-Pigot (2 km au nord-ouest par D 107)

Ouverture : de mi-juin à fin août

1,5 ha (60 empl.) plat, herbeux

Empl. camping : (Prix 2017) ✦ 6 € ⇔ 🅟 7 € – ⟨⟩ (6A) 5 € - frais de réservation 10 €

Emplacements à l'ombre de jeunes abricotiers, cerisiers, pommiers...

Nature : 🌳 ♤
Services : ⚷ ⟨⟩
GPS : W : 1.05428 N : 46.17787

FOURAS

17450 - Carte Michelin **324** D4 - 4 092 h. - alt. 5
▶ Paris 485 - Châtelaillon-Plage 18 - Rochefort 15 - La Rochelle 34

▲▲▲ Municipal le Cadoret ♿

✆ 05 46 82 19 19, www.campings-fouras.com

Pour s'y rendre : bd de Chaterny (côte Nord, au bord de l'Anse de Fouras, à 100 m de la plage)

Ouverture : Permanent

7,5 ha (498 empl.) plat, herbeux, sablonneux

Empl. camping : (Prix 2017) 30,20 € ✦✦ ⇔ 🅟 (10A) - pers. suppl. 6,20 € - frais de réservation 25 €

Location : (Prix 2017) (de fin mars à déb. nov.) - ♿ (2 mobile homes) - 23 🏠. Sem. 285 à 685 € - frais de réservation 25 €

Au bord de l'eau, bordé par les carrelets des pêcheurs. La belle et grande plage est à 50 m.

Nature : ⛱ ♤♤
Loisirs : 🍽 ✕ 🏠 ☺ 🏃 🚴 🏊 ⛵ terrain multisports
Services : ⚷ 🚻 ⟨⟩ laverie 🧊
À prox. : ✕ 🍽 ⛵
GPS : W : 1.08714 N : 45.99296

L'HOUMEAU

17137 - Carte Michelin **324** C2 - 2 073 h. - alt. 19
▶ Paris 478 - Poitiers 145 - La Rochelle 6 - Niort 83

▲▲ Au Petit Port de l'Houmeau

✆ 05 46 50 90 82, www.aupetitport.com

Pour s'y rendre : r. des Sartières (sortie nord-est par D 106, rte de Nieul-sur-Mer, par le périphérique, dir. Île-de-Ré et sortie Lagord-l'Houmeau)

Ouverture : de déb. avr. à fin sept.

2 ha (132 empl.) peu incliné, plat, herbeux

Empl. camping : (Prix 2017) 32 € ✦✦ ⇔ 🅟 (16A) - pers. suppl. 7 € - frais de réservation 17 €

Location : (Prix 2017) Permanent ♿ (1 mobile home) - 149 🏠 - 1 roulotte. Nuitée 62 à 233 € - Sem. 310 à 1 398 € - frais de réservation 17 €

Nombreux locatifs, anciens pour les chalets, neufs et de bon confort pour les mobile homes bardés de bois.

Nature : ⛱ ♤♤
Loisirs : 🍽 ✕ 🏠 🏃 🚴
Services : ⚷ 🚻 ⟨⟩ laverie 🧊
À prox. : ✕ 🍽
GPS : W : 1.1883 N : 46.19566

En juillet et août, beaucoup de terrains affichent complets et leurs emplacements retenus longtemps à l'avance. N'attendez pas le dernier moment pour réserver.

ÎLE-D'AIX

17123 - Carte Michelin **324** C3 - 227 h. - alt. 10
▶ Paris 486 - Poitiers 152 - La Rochelle 31 - Niort 78

▲ Le Fort de la Rade

✆ 05 46 84 28 28, www.iledaix.fr/-Office-de-tourisme

Pour s'y rendre : à la Pointe Ste-Catherine, à 300 m de la plage de l'Anse de la Croix

Ouverture : de déb. mai à fin sept.

3 ha (73 empl.) plat, herbeux

Empl. camping : (Prix 2017) 20 € ✦✦ ⇔ 🅟 - pers. suppl. 4,50 €

Dans le parc du Fort de la Rade entouré d'une enceinte fortifiée. Réservé aux tentes.

Nature : 🌳
Loisirs : ✕ 🏠 🏊 ⛵
Services : ⚷ 🚻 🗑 pas de branchement électrique
À prox. : 🚴 🍽 🚲
GPS : W : 1.17657 N : 46.00935

429

POITOU-CHARENTES

Ce guide n'est pas un répertoire de tous les terrains de camping mais une sélection des meilleurs campings dans chaque catégorie.

ÎLE-DE-RÉ

17 - Carte Michelin **324**
Pont de l'Île de Ré : péage en 2017 : 8/16 € autos (AR), 8/16 € caravanes (AR), 18/40 € P. L., 3 € motos, gratuit pour vélos et piétons - Renseignements par Régie d'Exploitation des Ponts ✆ 05 46 00 51 10

Ars-en-Ré 17590 - Carte Michelin **324** A2 - 1 321 h. - alt. 4
▶ Paris 506 - Fontenay-le-Comte 85 - Luçon 75 - La Rochelle 34

▲ Le Cormoran

✆ 05 46 29 46 04, www.cormoran.com
Pour s'y rendre : rte de Radia (1 km à l'ouest)
Ouverture : de déb. avr. à fin sept.
3 ha (142 empl.) plat, herbeux
Empl. camping : (Prix 2017) 53 € ★★ 🚗 🔲 🔥 (10A) - pers. suppl. 12,50 € - frais de réservation 25 €
Location : (Prix 2017) (de déb. avr. à fin sept.) - ♿ (1 mobile home) - 88 🏠 - 5 tentes lodges. Nuitée 84 à 249 € - Sem. 240 à 1 743 € - frais de réservation 35 €
🚐 borne artisanale 4 €
Cadre fleuri entre vignes, forêt et marais salants.

Nature : 🌳 🦆 🌿
Loisirs : 🍽 ✕ 🎮 🏊 🎣 🛶 hammam 🚣 🚴 🏊 terrain multisports
Services : 🔑 🏪 ♿ ♨ 📶 laverie 🧺

G P S W : 1.53026 N : 46.21136

Le Bois-Plage-en-Ré 17580 - Carte Michelin **324** B2 - 2 364 h. - alt. 5
▶ Paris 494 - Fontenay-le-Comte 74 - Luçon 64 - La Rochelle 23

▲ Sunêlia Interlude

✆ 05 46 09 18 22, www.interlude.fr
Pour s'y rendre : 8 rte de Gros-Jonc (2,3 km au sud-est)
Ouverture : de fin mars à fin sept.
7,5 ha (387 empl.) vallonné, plat, herbeux, sablonneux
Empl. camping : (Prix 2017) 59 € ★★ 🚗 🔲 🔥 (10A) - pers. suppl. 10 € - frais de réservation 30 €
Location : (Prix 2017) (de fin mars à fin sept.) - ♿ (1 mobile home) - 194 🏠 - 2 bungalows toilés - 3 tentes lodges. Nuitée 75 à 380 € - Sem. 525 à 2 660 € - frais de réservation 30 €
🚐 borne artisanale - 🚿 🔥 11 €
À 150 m de la plage.

Nature : 🌳 🦆 🌿
Loisirs : 🍽 ✕ 🎮 🏊 🎣 🛶 centre balnéo 🛁 hammam jacuzzi 🚣 🚴 🏊 terrain multisports
Services : 🔑 🏪 ♿ ♨ 📶 laverie 🧺
À prox. : ✕ 🍴

G P S W : 1.3793 N : 46.17472

▲ Les Varennes

✆ 05 46 09 15 43, www.les-varennes.com
Pour s'y rendre : lieu-dit : Raise Maritaise (1,7 km au sud-est, à 300 m de la plage)
Ouverture : de déb. avr. à fin sept.
2,5 ha (145 empl.) plat, herbeux
Empl. camping : (Prix 2017) 41,90 € ★★ 🚗 🔲 🔥 (10A) - pers. suppl. 8 €

Location : (Prix 2017) (de déb. avr. à fin sept.) - 85 🏠. Sem. 336 à 854 €
🚐 borne artisanale
Emplacements et mobile homes à l'ombre d'une jolie pinède.

Nature : 🌳 🌿
Loisirs : 🍽 🚣 🚴 🏊 (découverte en saison)
Services : 🔑 🏪 ♿ ♨ 📶 laverie 🧺
À prox. : ✕

G P S W : 1.38306 N : 46.17829

La Couarde-sur-Mer 17670 - Carte Michelin **324** B2 - 1 248 h. - alt. 1
▶ Paris 497 - Fontenay-le-Comte 76 - Luçon 66 - La Rochelle 26

▲ L'Océan

✆ 05 46 29 87 70, www.campingocean.com
Pour s'y rendre : 50 r. d'Ars (au lieu-dit : la Passe)
Ouverture : de déb. avr. à fin sept.
9 ha (338 empl.) plat, herbeux
Empl. camping : (Prix 2017) 26 € ★★ 🚗 🔲 🔥 (10A) - pers. suppl. 7 € - frais de réservation 5 €
Location : (Prix 2017) (de déb. avr. à fin sept.) - ♿ (1 mobile home) - 🚿 - 150 🏠 - 10 tentes lodges. Nuitée 50 à 214 € - Sem. 350 à 1 298 € - frais de réservation 32 €
🚐 borne eurorelais
Locatif de qualité autour d'un agréable centre balnéo. Au fond du terrain, deux plans d'eau salée, naturels, idéals pour la pêche.

Nature : 🌳 🦆 🌿
Loisirs : 🍽 ✕ 🎮 🏊 salle d'animations 🚣 centre balnéo 🛁 hammam jacuzzi 🚴 🏊 🍴 🛶 terrain multisports
Services : 🔑 🏪 ♿ ♨ 📶 laverie 🧺 🚿

G P S W : 1.46737 N : 46.20447.

▲ La Tour des Prises

✆ 05 46 29 84 82, www.lesprises.com
Pour s'y rendre : chemin de la Griffonerie (1,8 km au nord-ouest par D 735 et chemin à dr.)
2,5 ha (140 empl.) plat, herbeux
Location : 60 🏠 - 3 bungalows toilés - 3 tentes lodges.
🚐 borne AireService - 30 🔲
Au milieu des vignes et entouré d'un joli mur en pierre du pays.

Nature : 🌳 🦆 🌿
Loisirs : 🎮 🚣 🚴 🏊 (découverte en saison)
Services : 🔑 🏪 ♿ ♨ 📶 laverie 🧺 🚿

G P S W : 1.4447 N : 46.20473

La Flotte 17630 - Carte Michelin **324** C2 - 2 918 h. - alt. 4
▶ Paris 489 - Fontenay-le-Comte 68 - Luçon 58 - La Rochelle 17

▲ Camp'Atlantique Les Peupliers

✆ 02 51 20 41 94, www.les-peupliers.com - peu d'emplacements pour tentes et caravanes
Pour s'y rendre : RD 735, rte de Rivedoux (1,3 km au sud-est)
Ouverture : de déb. avr. à déb. nov.
4,5 ha (220 empl.) plat, herbeux
Empl. camping : (Prix 2017) 43 € ★★ 🚗 🔲 🔥 (10A) - pers. suppl. 9 € - frais de réservation 25 €
Location : (Prix 2017) (de déb. avr. à déb. nov.) - ♿ (2 mobile homes) - 139 🏠. Nuitée 50 à 246 € - Sem. 350 à 1 722 € - frais de réservation 25 €
🚐 borne artisanale

430

POITOU-CHARENTES

À l'entrée du village de La Flotte, avec beaucoup de mobile homes, des propriétaires-résidents et peu d'emplacements tentes ou caravanes.

Nature : 🌳 🏞️	
Loisirs : 🍽️ ✖️ 🏠 salle d'animations 🏃 🎿 ♨️ hammam jacuzzi 🚴 🏓 ⛹️ terrain multisports	**GPS** W : 1.308 N : 46.1846
Services : 🔑 🚿 📶 laverie ♻️	

🏕️ La Grainetière

📞 05 46 09 68 86, www.la-grainetiere.com

Pour s'y rendre : chemin des Essards (à l'ouest du bourg, rte de St-Martin-de-Ré - accès conseillé par D 735)

Ouverture : de déb. avr. à fin sept.

2,3 ha (140 empl.) plat, sablonneux

Empl. camping : (Prix 2017) 25€ ✱✱ 🚗 📧 ⚡ (10A) - pers. suppl. 6€ - frais de réservation 15€

Location : (Prix 2017) (de déb. avr. à fin sept.) - 70 🛖 - 3 roulottes. Nuitée 70 à 115€ - Sem. 285 à 1 160€ - frais de réservation 15€

🚐 borne artisanale 19€

Préférer les emplacements les plus éloignés de la route.

Nature : 🌳🌳	
Loisirs : ✖️ 🏠 🏃 jacuzzi 🏊 🚴 🎿 ⛹️ (découverte en saison) terrain multisports	**GPS** W : 1.34412 N : 46.18747
Services : 🔑 🚿 📶 laverie ♻️	

Loix 17111 - Carte Michelin **324** B2 - 731 h. - alt. 4
▶ Paris 505 - Fontenay-le-Comte 84 - Luçon 74 - La Rochelle 33

🏕️ Flower Les Ilates

📞 05 46 29 05 43, www.camping-loix.com

Pour s'y rendre : lieu-dit : le Petit Boucheau, rte du Grouin (sortie est, à 500 m de l'océan)

Ouverture : de fin mars à fin sept.

4,5 ha (228 empl.) plat, herbeux

Empl. camping : (Prix 2017) 46€ ✱✱ 🚗 📧 ⚡ (10A) - pers. suppl. 9,50€ - frais de réservation 15€

Location : (Prix 2017) (de fin mars à fin sept.) - ♿ (2 chalets) - 78 🛖 - 34 🏠 - 11 bungalows toilés - 14 tentes lodges. Nuitée 44 à 179€ - Sem. 220 à 1 253€ - frais de réservation 20€

🚐 borne eurorelais 4€ - 🚐 ⚡ 20€

Locatif varié en confort et en conception, parfois original et adapté aux grandes familles.

Nature : 🌳 🏞️	
Loisirs : 🍽️ ✖️ 🏠 jacuzzi 🏊 🚴 🎿 ⛹️	**GPS** W : 1.42608 N : 46.22756
Services : 🔑 🚿 🚿 📶 laverie ♻️	

St-Martin-de-Ré 17410 - Carte Michelin **324** B2 - 2 585 h. - alt. 14
▶ Paris 493 - Fontenay-le-Comte 72 - Luçon 62 - La Rochelle 22

🏕️ Municipal

📞 05 46 09 21 96, www.saint-martin-de-re.fr

Pour s'y rendre : r. du Rempart (au village)

3 ha (200 empl.) en terrasses, plat, herbeux

Location : 21 🛖.

🚐 borne artisanale

Sur les remparts tout proches du bourg.

Nature : 🌳🌳	
Loisirs : ✖️ 🏠 🏃	**GPS** W : 1.36758 N : 46.19521
Services : 🔑 🏛️ 📶 laverie	

ÎLE-D'OLÉRON

17 - Carte Michelin **324**
par le pont viaduc : passage gratuit

Le Château-d'Oléron 17480 - Carte Michelin **324** C4 - 3 930 h. - alt. 9
▶ Paris 507 - Marennes 12 - Rochefort 33 - La Rochelle 70

🏕️ La Brande

📞 05 46 47 62 37, www.camping-labrande.com

Pour s'y rendre : rte des Huîtres (2,5 km au nord-ouest, à 250 m de la mer)

Ouverture : de fin mars à déb. nov.

4 ha (199 empl.) plat, herbeux

Empl. camping : (Prix 2017) 49€ ✱✱ 🚗 📧 ⚡ (10A) - pers. suppl. 10€ - frais de réservation 25€

Location : (Prix 2017) (de fin mars à déb. nov.) - ♿ (4 chalets) - 40 🛖 - 40 🏠 - 2 tentes lodges. Nuitée 57 à 250€ - Sem. 285 à 1 400€ - frais de réservation 25€

🚐 borne artisanale 7,50€

Emplacements ombragés ou très ensoleillés.

Nature : 🌳🌳	
Loisirs : 🍽️ ✖️ 🏠 🏃 ♨️ hammam jacuzzi 🏊 🚴 🏓 ⛹️ (découverte en saison) 🎿 terrain multisports	**GPS** W : 1.21607 N : 45.90464
Services : 🔑 🚿 – 6 sanitaires individuels (🚿 wc) 🚿 📶 laverie ♻️	

🏕️ Fief-Melin

📞 05 46 47 60 85, www.campingfiefmelin.com

Pour s'y rendre : r. des Alizés (1,7 km à l'ouest par rte de St-Pierre-d'Oléron puis 600 m à dr.)

Ouverture : de déb. mai à fin sept.

2,2 ha (144 empl.) plat, herbeux

Empl. camping : (Prix 2017) 36,60€ ✱✱ 🚗 📧 ⚡ (10A) - pers. suppl. 5,10€

Location : (Prix 2017) (de déb. avr. à fin oct.) - 30 🛖. Nuitée 120 à 180€ - Sem. 265 à 770€

Nature : 🌳 🌳🌳	
Loisirs : 🏠 🏃 🚴 ⛹️ (découverte en saison) terrain multisports	**GPS** W : 1.21408 N : 45.89371
Services : 🔑 📶 📧	

Dolus-d'Oléron 17550 - Carte Michelin **324** C4 - 3 176 h. - alt. 7
▶ Paris 511 - Marennes 17 - Rochefort 39 - La Rochelle 75

🏕️ Ostréa

📞 05 46 47 62 36, www.camping-ostrea.com

Pour s'y rendre : rte des Huîtres (3,5 km à l'est)

Ouverture : de mi-mars à fin sept.

2 ha (110 empl.) plat, herbeux

Empl. camping : (Prix 2017) 37,10€ ✱✱ 🚗 📧 ⚡ (6A) - pers. suppl. 9,30€ - frais de réservation 20€

Location : (Prix 2017) (de mi-mars à fin sept.) - 26 🛖. Sem. 253 à 910€ - frais de réservation 20€

🚐 borne flot bleu 5€ - 🚐 ⚡ 17€

Sur la côte est, tout proche de l'océan. Préférer les emplacements éloignés de la route.

Nature : 🌳 🌳🌳	
Loisirs : 🏠 🏃 🎿 (découverte en saison)	**GPS** W : 1.22402 N : 45.91299
Services : 🔑 🚿 📶 laverie ♻️	

431

POITOU-CHARENTES

▲ Huttopia Oléron Les Chênes Verts

📞 05 46 75 32 88, www.huttopia.com

Pour s'y rendre : 9 Passe de l'Écuissière (Côte Ouest, 3,2 km au sud-ouest par D 126)

Ouverture : de déb. juin à fin sept.

3 ha (120 empl.) vallonné, plat, herbeux

Empl. camping : (Prix 2017) 38,20 € ✦✦ 🚗 🔲 (10A) - pers. suppl. 6,60 €

Location : (Prix 2017) (de déb. juin à fin sept.) - 45 tentes lodges. Nuitée 50 à 120 € - Sem. 280 à 672 €

Cadre boisé, vallonné, tout proche de l'océan.

Nature : 🌳 ⚘	
Loisirs : ✗ 🍴 nocturne 🏃 🎣 🚴 tir à l'arc	**GPS** W : 1.27575
Services : 🔑 🚿 📶 laverie ✈	N : 45.88727

▲ La Perroche Plage

📞 05 46 75 37 33, www.oleron-camping.eu

Pour s'y rendre : 18 r. du Renclos-de-la-Perroche (4 km au sud-ouest à la Perroche)

Ouverture : de fin mars à fin sept.

1,5 ha (100 empl.) plat, herbeux

Empl. camping : (Prix 2017) 15 € ✦✦ 🚗 🔲 (10A) - pers. suppl. 7,50 € - frais de réservation 15 €

Location : (Prix 2017) (de fin mars à fin sept.) - 30 🛏 - 2 bungalows toilés - 3 tentes lodges. Sem. 150 à 790 € - frais de réservation 15 €

🚰 borne eurorelais - 10 🔲 15 € - 🚐 11 €

Sur la côte ouest, tout près de l'océan, avec des emplacements ombragés ou ensoleillés.

Nature : 🌳 ⚘	
Loisirs : centre balnéo 💧 hammam jacuzzi 🎣	**GPS** W : 1.3031
Services : 🔑 🚿 📶 🔲	N : 45.9016
À prox. : 🍷 ✗	

St-Denis-d'Oléron 17650 - Carte Michelin 324 B3 - 1 336 h. - alt. 9
▶ Paris 527 - Marennes 33 - Rochefort 55 - La Rochelle 92

▲ Village Vacances Les Hameaux des Marines

(pas d'emplacement tentes et caravanes)

📞 05 55 84 34 48, www.terresdefrance.com

Pour s'y rendre : r. de Seulières (à 300 m de la plage)

2,5 ha plat

Location : (Prix 2017) Permanent ♿ (1 chalet) - 45 🏠. Nuitée 59 à 199 € - Sem. 199 à 999 €

Agréable petit village de chalets tous équipés de belles et grandes terrasses couvertes.

Nature : 🌳 ♀	
Loisirs : 🏊 🏃 🎣 🏐 (découverte en saison)	**GPS** W : 1.39169
Services : 🔑 🏧 📶 laverie	N : 46.01354

▲ Les Seulières

📞 05 46 47 90 51, www.campinglesseulieres.com

Pour s'y rendre : 1371 rte des Seulières, Les Huttes (3,5 km au sud-ouest, rte de Chaucre, à 400 m de la plage)

2,4 ha (120 empl.) plat, herbeux

Location : 13 🛏 - 8 🏠 - 6 mobile homes (sans sanitaire).

Emplacements ombragés ou plein soleil sur un terrain calme et familial.

Nature : 🌳 ⚘	
Loisirs : 🍷 🍴	**GPS** W : 1.38512
Services : 🔑 🚿 📶 laverie	N : 46.0034
À prox. : ✗	

St-Georges-d'Oléron 17190 - Carte Michelin 324 C4 - 3 497 h. - alt. 10
▶ Paris 527 - Marennes 27 - Rochefort 49 - La Rochelle 85

▲▲▲ Club Airotel Les Gros Joncs

📞 05 46 76 52 29, www.camping-les-gros-joncs.com - peu d'emplacements pour tentes et caravanes

Pour s'y rendre : 850 rte de Ponthezière, Les Sables Vignier, Côte Ouest (5 km au sud-ouest, à 300 m de la mer)

Ouverture : de déb. fév. à fin déc.

5 ha (253 empl.) en terrasses, plat, sablonneux

Empl. camping : (Prix 2017) 51 € ✦✦ 🚗 🔲 (16A) - pers. suppl. 9,40 € - frais de réservation 8 €

Location : (Prix 2017) (de déb. fév. à fin déc.) - ♿ (5 chalets) - 153 🛏 - 50 🏠. Nuitée 90 à 215 € - Sem. 350 à 1 500 € - frais de réservation 8 €

🚰 borne artisanale - 🚐 🔲 17,40 €

Espace aquatique en partie couvert, locatif de qualité et encore quelques emplacements pour tentes et caravanes avec un confort sanitaire ancien.

Nature : 🌳 ⚘	
Loisirs : 🍷 ✗ 🍴 🎬 salle d'animations 🏃 🎣 centre balnéo hammam jacuzzi 🏊 🚴 🏐 🎣	**GPS** W : 1.379 N : 45.95342
Services : 🔑 🚿 📶 laverie 🧺	

▲▲ Camping-Club Verébleu

📞 05 46 76 57 70, www.verebleu.tm.fr

Pour s'y rendre : lieu-dit : La Jousselinière (1,7 km au sud-est par D 273 et rte de Sauzelle à gauche)

Ouverture : de mi-juin à mi-sept.

7,5 ha (324 empl.) plat, herbeux

Empl. camping : (Prix 2017) 🚗 🔲 47 € – 🔲 (13A) 9 € - frais de réservation 25 €

Location : (Prix 2017) (de mi-juin à mi-sept.) - ♿ (1 chalet) - 🚴 - 84 🛏 - 46 🏠. Sem. 410 à 1 450 € - frais de réservation 25 € – 🚰 borne artisanale - 160 🔲 39 €

En deux parties distinctes avec tentes et caravanes ou locatif autour d'un espace aquatique et ludique reprenant le thème de Fort Boyard.

Nature : 🌳 🛏 ⚘	
Loisirs : 🎬 🏃 🎣 🎱 🏊 🏐 terrain multisports 🚴	**GPS** W : 1.31759 N : 45.97111
Services : 🔑 🚿 📶 laverie 🧺	

▲▲▲ Domaine des 4 Vents

📞 05 46 76 65 47, www.camping-oleron-4vents.com

Pour s'y rendre : lieu-dit : La Jousselinière (2 km au sud-est par D 273 et rte de Sauzelle à gauche)

Ouverture : de mi-juin à mi-sept.

7 ha (300 empl.) plat, herbeux

Empl. camping : (Prix 2017) 32,80 € ✦✦ 🚗 🔲 (10A) - pers. suppl. 6,90 € - frais de réservation 25 €

432

POITOU-CHARENTES

Camping-Club Verébleu ★★★★★
Ile d'Oléron

EMBARQUEMENT IMMÉDIAT POUR DES VACANCES FAMILIALES RÉUSSIES

www.verebleu.tm.fr — 05 46 76 57 70

Location : (Prix 2017) (de mi-juin à mi-sept.) - 80. Nuitée 70 à 120€ - Sem. 320 à 830€ - frais de réservation 25€
borne AireService 4€ - 10 15€

Emplacements ombragés ou plein soleil et beaucoup de mobile homes de propriétaires-résidents.

Nature :
Loisirs : jacuzzi, terrain multisports
Services : laverie
GPS W : 1.31995 N : 45.96973

Location : (Prix 2017) Permanent (1 chalet) - 25 - 17 - 2 bungalows toilés - 3 tentes lodges. Nuitée 42 à 100€ - Sem. 315 à 845€ - frais de réservation 23€
borne artisanale 12€

Cadre agréable et fleuri avec du locatif de bon confort.

Nature :
Loisirs : (découverte en saison)
Services : laverie
GPS W : 1.29226 N : 45.91815

St-Trojan-les-Bains 17370 - Carte Michelin **324** C4 - 1 471 h. - alt. 5
Paris 509 - Marennes 16 - Rochefort 38 - La Rochelle 74

Flower Saint-Trop'Park
05 46 76 00 47, www.st-tro-park.com

Pour s'y rendre : 36 av. des Bris (1,5 km au sud-ouest)
Ouverture : de mi-avr. à fin sept.

4 ha (208 empl.) vallonné, plat, herbeux, sablonneux

Empl. camping : (Prix 2017) 39€ (10A) - pers. suppl. 9,70€ - frais de réservation 20€
Location : (Prix 2017) (de déb. avr. à mi-oct.) - 45 - 16 - 4 tentes lodges - 9 studios. Nuitée 98 à 230€ - Sem. 196 à 1 145€ - frais de réservation 20€
borne AireService 17€

Terrain vallonné, ombragé avec des services de qualité.

Nature :
Loisirs : hammam jacuzzi, terrain multisports
Services :
À prox. :
GPS W : 1.2159 N : 45.82958

La Campière
05 46 76 72 25, www.la-campiere.com

Pour s'y rendre : chemin de l'Achenau (5,4 km au sud-ouest par rte de Chaucre et chemin à gauche)
Ouverture : de déb. avr. à fin sept.

1,7 ha (66 empl.) plat, herbeux

Empl. camping : (Prix 2017) 35€ (10A) - pers. suppl. 9€ - frais de réservation 17€
Location : (Prix 2017) (de déb. avr. à fin sept.) - 1 - 12 - 6 tentes lodges. Sem. 240 à 920€ - frais de réservation 19€
borne artisanale

Agréable cadre boisé et petit bar à vin pour découvrir les produits locaux.

Nature :
Loisirs : (petite piscine)
Services : laverie
GPS W : 1.38198 N : 45.99108

St-Pierre-d'Oléron 17310 - Carte Michelin **324** C4 - 6 532 h. - alt. 8
Paris 522 - Marennes 22 - Rochefort 44 - La Rochelle 80

Aqua 3 Masses
05 46 47 23 96, www.campingles3masses.com - peu d'emplacements pour tentes et caravanes

Pour s'y rendre : lieu-dit : Le Marais-Doux (4,3 km au sud-est)
Ouverture : de déb. avr. à fin sept.

3 ha (130 empl.) plat, herbeux

Empl. camping : (Prix 2017) 39,80€ (10A) - pers. suppl. 5,90€ - frais de réservation 23€

*De categorie (1 tot 5 tenten, in **zwart** of **rood**) die wij aan de geselekteerde terreinen in deze gids toekennen, is onze eigen indeling. Niet te verwarren met de door officiële instanties gebruikte classificatie (1 tot 5 sterren).*

433

POITOU-CHARENTES

▲ Huttopia Oléron Les Pins

☎ 05 46 76 02 39, www.huttopia.com

Pour s'y rendre : 11 av. des Bris (au sud-ouest)

Ouverture : de déb. mai à fin sept.

5 ha (160 empl.) vallonné, plat, herbeux, sablonneux

Empl. camping : (Prix 2017) 32,90€ (10A) - pers. suppl. 6,60€

Location : (Prix 2017) (de déb. mai à fin sept.) - 64 tentes lodges. Nuitée 50 à 130€ - Sem. 280 à 728€

Cadre naturel mais préférer les emplacements éloignés de la route.

Nature :
Loisirs :
Services : laverie

GPS W : 1.21413 N : 45.83128

INGRANDES

86220 - Carte Michelin **322** J3 - 1 784 h. - alt. 50
▶ Paris 305 - Châtellerault 7 - Descartes 18 - Poitiers 41

▲ Les Castels Le Petit Trianon de Saint Ustre

☎ 05 49 02 61 47, www.petit-trianon.com

Pour s'y rendre : 1 r. du Moulin-de-St-Ustre (3 km au nord-est, à St-Ustre)

Ouverture : de déb. avr. à fin sept.

4 ha (116 empl.) plat et peu incliné, herbeux

Empl. camping : (Prix 2017) 34€ (10A) - pers. suppl. 8,50€

Location : (Prix 2017) (de déb. avr. à fin sept.) - 31 - 2 - 6 tentes lodges - 6 tipis - 2 cabanes perchées - 2 cabanons - 1 gîte - 1 studio. Nuitée 35 à 145€ - Sem. 220 à 1 015€

borne artisanale - 14€

Cadre agréable autour d'un petit château avec du locatif varié simple en confort, emplacements ombragés ou plein soleil.

Nature :
Loisirs : jacuzzi
Services : laverie
À prox. :

GPS E : 0.58653 N : 46.88779

Dieser Führer stellt kein vollständiges Verzeichnis aller Campingplätze dar, sondern nur eine Auswahl der besten Plätze jeder Kategorie.

JONZAC

17500 - Carte Michelin **324** H7 - 3 488 h. - alt. 40
▶ Paris 512 - Angoulême 59 - Bordeaux 84 - Cognac 36

▲ Les Castors

☎ 05 46 48 25 65, www.campingcastors.com

Pour s'y rendre : 8 r. de Clavelaud (1,5 km au sud-ouest par D 19, rte de Montendre et chemin à dr.)

Ouverture : de mi-mars à mi-nov.

3 ha (120 empl.) peu incliné, plat, herbeux

Empl. camping : (Prix 2017) 5,80€ 6,30€ – (10A) 5,80€ - frais de réservation 8,50€

Location : (Prix 2017) (de mi-mars à mi-nov.) - 60 - 6 - 1 bungalow toilé. Nuitée 49 à 123€ - Sem. 280 à 673€ - frais de réservation 10€

Une partie bien ombragée près des piscines et une autre plus ensoleillée avec des mobile homes de bon confort.

Nature :
Loisirs : jacuzzi terrain multisports
Services : laverie

GPS W : 0.44712 N : 45.43009

LANDRAIS

17290 - Carte Michelin **324** E3 - 680 h. - alt. 12
▶ Paris 455 - Niort 48 - Rochefort 23 - La Rochelle 32

▲ le Pré Maréchat

☎ 05 46 27 73 69, landrais.e-monsite.com

Pour s'y rendre : sortie nord-ouest par D 112, rte d'Aigrefeuille-d'Aunis et chemin à gauche, à 120 m d'un étang

Ouverture : de mi-juin à mi-sept.

0,6 ha (37 empl.) plat, herbeux

Empl. camping : (Prix 2017) 11,94€ (30A) - pers. suppl. 2,50€

Location : (Prix 2017) (de déb. juin à fin sept.) - 1 yourte. Sem. 350 à 450€

Nature :
Loisirs :
Services :
À prox. :

GPS W : 0.86536 N : 46.06963

LE LINDOIS

16310 - Carte Michelin **324** N5 - 343 h. - alt. 270
▶ Paris 453 - Angoulême 41 - Confolens 34 - Montbron 12

▲ L'Étang

☎ 05 45 65 02 67, www.campingdeletang.com

Pour s'y rendre : rte de Rouzède (500 m au sud-ouest par D 112)

Ouverture : de déb. avr. à fin oct.

10 ha/1,5 (29 empl.) peu incliné, herbeux, étang

Empl. camping : (Prix 2017) 5€ 3€ 6€ – (16A) 5€

Agréable cadre naturel, sauvage et boisé au bord d'un étang.

Nature :
Loisirs : (plage) barques
Services :

GPS E : 0.58555 N : 45.73974

LOUDUN

86200 - Carte Michelin **322** G2 - 7 089 h. - alt. 120
▶ Paris 311 - Angers 79 - Châtellerault 47 - Poitiers 55

▲ Municipal de Beausoleil

☎ 05 49 98 15 38, www.ville-loudun.fr

Pour s'y rendre : chemin de l'Étang (2,5 km sortie nord par D 347, dir. Angers et chemin à gauche après le passage à niveau, au bord d'un ruisseau et près d'un étang)

0,6 ha (33 empl.) terrasse, plat, herbeux

borne artisanale

Vrais emplacements bien délimités et très ombragés.

Nature :
Loisirs :
Services :

GPS E : 0.06175 N : 47.00334

434

POITOU-CHARENTES

MARANS
17230 - Carte Michelin **324** E2 - 4 623 h. - alt. 1
▶ Paris 461 - Fontenay-le-Comte 28 - Niort 56 - La Rochelle 24

▲ Municipal du Bois Dinot
📞 05 46 01 10 51, www.ville-marans.fr
Pour s'y rendre : rte de Nantes (500 m au nord par N 137, à 80 m du canal de Marans à la Rochelle)
Ouverture : de mi-mars à mi-oct.
7 ha/3 campables (170 empl.) plat, herbeux
Empl. camping : (Prix 2017) 17,80€ ✶✶ 🚗 📧 ⚡ (10A) - pers. suppl. 3,75€
Location : (Prix 2017) (de mi-mars à mi-oct.) - ♿ (1 chalet) - 12 🏠 - 5 bungalows toilés. Sem. 220 à 570€
🚐 10 📧

Au cœur d'un parc boisé avec un ancien vélodrome pour les amateurs de deux-roues.

Nature : 🌳 ◐◐
Loisirs : 🏇
Services : 🛒 📶 laverie
À prox. : 🛶 🚣 pédalos

GPS : W : 0.98945 N : 46.31583

MARENNES
17320 - Carte Michelin **324** D5 - 5 608 h. - alt. 10
▶ Paris 494 - Pons 61 - Rochefort 22 - Royan 31

▲ Au Bon Air
📞 05 46 85 02 40, www.aubonair.com
Pour s'y rendre : 9 av. Pierre-Voyer (2,5 km à l'ouest, à Marennes-Plage)
Ouverture : de déb. avr. à fin sept.
2,4 ha (126 empl.) plat, herbeux, sablonneux
Empl. camping : (Prix 2017) 29,80€ ✶✶ 🚗 📧 ⚡ (16A) - pers. suppl. 6,20€ - frais de réservation 18€
Location : (Prix 2017) (de déb. avr. à fin sept.) - 25 🚐 - 5 🏠 - 4 cabanons. Nuitée 35 à 79€ - Sem. 199 à 834€ - frais de réservation 18€
🚐 borne artisanale 2€ - 🚿 12,10€

À 200 m de la plage, emplacements ombragés avec quelques mobile homes de propriétaires-résidents.

Nature : 🌳 ◐◐
Loisirs : 🍽 🏠 🛋 🏊
Services : 🛒 🚿 ♿ 📶 laverie

GPS : W : 1.13442 N : 45.81882

LES MATHES
17570 - Carte Michelin **324** D5 - 1 719 h. - alt. 10
▶ Paris 514 - Marennes 18 - Rochefort 40 - La Rochelle 76

▲ La Pinède
📞 05 35 37 14 12, www.campinglapinede.com - peu d'emplacements pour tentes et caravanes
Pour s'y rendre : 2103 rte de la Fouasse (3 km au nord-ouest)
Ouverture : de déb. avr. à fin sept.
10 ha (501 empl.) plat et peu incliné, herbeux
Empl. camping : (Prix 2017) 58€ ✶✶ 🚗 📧 ⚡ (10A) - pers. suppl. 9€ - frais de réservation 30€

Location : (Prix 2017) (de déb. avr. à fin sept.) - ♿ - 271 🚐 - 12 🏠 - 10 tentes lodges - 2 roulottes. Nuitée 25 à 285€ - Sem. 175 à 1 995€ - frais de réservation 30€
🚐 borne artisanale - 9 📧 58€

Grand espace aquatique en partie couvert et encore quelques emplacements tentes ou caravanes mais préférer les plus éloignés de la route.

Nature : 🌊 🌳 ◐◐
Loisirs : 🍽 🍸 🏠 🎣 🏇 🎿 🏊 hammam 🚴 🛶 🏊 🎯 tir à l'arc terrain multisports
Services : 🛒 🚿 ♿ - 4 sanitaires individuels (🚿 🚽 wc) 🚿 📶 laverie 🧊 ♿
À prox. : parc d'attractions mini ferme

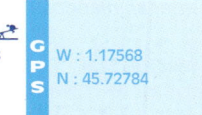

GPS : W : 1.17568 N : 45.72784

▲ L'Estanquet
📞 05 46 22 47 32, www.campinglestanquet.com
Pour s'y rendre : rte de la Fouasse (3,5 km au nord-ouest)
Ouverture : de déb. avr. à fin sept.
6 ha (387 empl.) plat, sablonneux
Empl. camping : 43,50€ ✶✶ 🚗 📧 ⚡ (6A) - pers. suppl. 7,40€ - frais de réservation 20€
Location : (de déb. avr. à fin sept.) - 139 🚐 - 10 🏠 - 20 bungalows toilés. Sem. 162 à 1 155€ - frais de réservation 20€

Beaucoup de mobile homes autour du parc aquatique et un accès libre à la piscine couverte et ludique du camping Les Sables de Cordouan, à 200 m.

Nature : 🌳 ◐◐
Loisirs : 🍽 🍸 🏠 🎣 🏇 🎿 🚴 🏊 🎯 terrain multisports
Services : 🛒 🚿 ♿ 📶 laverie 🧊 ♿
À prox. : parc d'attractions

GPS : W : 1.17661 N : 45.73214

▲ L'Orée du Bois
📞 05 46 22 42 43, www.camping-oree-du-bois.fr - peu d'emplacements pour tentes et caravanes
Pour s'y rendre : 225 rte de la Bouverie (3,5 km au nord-ouest, à la Fouasse)
Ouverture : de déb. mai à mi-sept.
6 ha (429 empl.) plat, herbeux
Empl. camping : (Prix 2017) 48€ ✶✶ 🚗 📧 ⚡ (12A) - pers. suppl. 12,60€ - frais de réservation 25€
Location : (Prix 2017) (de déb. mai à mi-sept.) - 200 🚐. Sem. 240 à 1 410€ - frais de réservation 25€

Emplacements tentes et caravanes avec des sanitaires individuels rénovés et quelques mobile homes très grand confort.

Nature : 🌳 ◐◐
Loisirs : 🍽 🍸 🏠 🎣 🏇 🎿 🚴 🏊 🎯 terrain multisports
Services : 🛒 ♿ - 40 sanitaires individuels (🚿 🚽 wc) 📶 laverie 🧊 ♿

GPS : W : 1.17905 N : 45.72998

Créez votre voyage sur **voyages.michelin.fr**

POITOU-CHARENTES

Les Sables de Cordouan

☎ 05 32 09 04 08, www.campingsablesdecordouan.com - peu d'emplacements pour tentes et caravanes

Pour s'y rendre : rte de la Fouasse (3,6 km au nord-ouest)

3 ha (150 empl.) plat, herbeux

Location : 45 🏠.

Accès libre au camping L'Estanquet à 200 m pour tous les services et animations. Peu de places pour tentes et caravanes.

Nature :
Loisirs :
Services : laverie
À prox. : parc d'attractions terrain multisports

GPS : W : 1.17563   N : 45.73022

Monplaisir

☎ 05 46 22 50 31, www.campingmonplaisirlesmathes.fr

Pour s'y rendre : 26 av. de La Palmyre (sortie sud-ouest)

Ouverture : de déb. avr. à fin sept.

2 ha (114 empl.) plat, herbeux

Empl. camping : (Prix 2017) 26,50€ ✶✶ 🚗 🔌 (10A) - pers. suppl. 7,50€

🚐 borne artisanale 4€

Uniquement des emplacements tentes ou caravanes, pas de locatif.

Nature :
Loisirs :
Services : laverie
À prox. :

GPS : W : 1.15563   N : 45.71541

MAUZÉ-SUR-LE-MIGNON

79210 - Carte Michelin **322** B7 - 2 758 h. - alt. 30
▶ Paris 430 - Niort 23 - Rochefort 40 - La Rochelle 43

Municipal le Gué de la Rivière

☎ 05 49 26 30 35, www.ville-mauze-mignon.fr

Pour s'y rendre : r. du Port (1 km au nord-ouest par D 101, rte de St-Hilaire-la-Palud et à gauche)

Ouverture : de fin mai à déb. sept.

1,5 ha (75 empl.) plat, herbeux

Empl. camping : (Prix 2017) ✶ 3,10€ 🚗 🔌 3,10€ – 🔌 (10A) 4,10€

🚐 borne flot bleu 4€ - 10 🔌

Cadre verdoyant entre le canal et le Mignon.

Nature :
Loisirs :
Services :

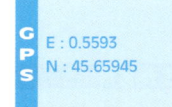

GPS : W : 0.67959   N : 46.19568

MÉDIS

17600 - Carte Michelin **324** E6 - 2 698 h. - alt. 29
▶ Paris 498 - Marennes 28 - Mirambeau 48 - Pons 39

Sites et Paysages Le Clos Fleuri

☎ 05 46 05 62 17, www.le-clos-fleuri.com

Pour s'y rendre : 8 impasse du Clos-Fleuri (2 km au sud-est par D 117E 3)

Ouverture : de déb. juin à mi-sept.

3 ha (120 empl.) plat et peu incliné, herbeux

Empl. camping : (Prix 2017) 40,50€ ✶✶ 🚗 🔌 (10A) - pers. suppl. 9,50€ - frais de réservation 20€

Location : (Prix 2017) (de déb. juin à mi-sept.) - 4 🏠 - 10 🏠 - 3 cabanons. Sem. 230 à 790€ - frais de réservation 20€

Agréable cadre champêtre et bel ombrage d'une grande variété d'arbres.

Nature :
Loisirs :
Services : laverie

GPS : W : 0.94633   N : 45.63003

The Guide changes, so renew your guide every year.

MONTBRON

16220 - Carte Michelin **324** N5 - 2 161 h. - alt. 141
▶ Paris 460 - Angoulême 29 - Nontron 25 - Rochechouart 38

Yelloh! Village Les Gorges du Chambon

☎ 05 45 70 71 70, www.camping-gorgesduchambon.com

Pour s'y rendre : lieu-dit : Le Chambon (4,4 km à l'est par D 6, rte de Piégut-Pluviers, puis à gauche 3,2 km par D 163, rte d'Ecuras et chemin à dr., à 80 m de la Tardoir (accès direct))

Ouverture : de déb. mai à mi-sept.

28 ha/7 campables (132 empl.) plat, herbeux

Empl. camping : (Prix 2017) 40€ ✶✶ 🚗 🔌 (10A) - pers. suppl. 8€

Location : (Prix 2017) (de fin avr. à mi-sept.) - ♿ (1 mobile home) - 🏠 23 🏠 - 4 🏠 - 5 bungalows toilés - 4 tentes lodges - 1 gîte. Nuitée 28 à 148€ - Sem. 196 à 1 036€

Joli cadre verdoyant et boisé autour d'une ancienne ferme restaurée.

Nature :
Loisirs : terrain multisports
Services : laverie
À prox. :

GPS : E : 0.5593   N : 45.65945

MONTIGNAC-CHARENTE

16330 - Carte Michelin **324** K5 - 731 h. - alt. 50
▶ Paris 432 - Angoulême 17 - Cognac 42 - Rochechouart 66

Municipal les Platanes

☎ 05 45 39 70 09, www.montignac-charente.fr

Pour s'y rendre : 25 av. de la Boixe (200 m au nord-ouest par D 115, rte d'Aigré)

Ouverture : de fin mai à fin août

1,5 ha (100 empl.) plat, herbeux

Empl. camping : (Prix 2017) ✶ 5,40€ 🚗 🔌 – 🔌 (12A) 6,30€

436

POITOU-CHARENTES

Préférer les emplacements ombragés les plus éloignés de la route.

Nature : ♤♤
Loisirs : 🛶
Services : 🚐 🛜
À prox. : 🚣 🐎

GPS E : 0.11797 N : 45.78189

MONTMORILLON

86500 - Carte Michelin **322** L6 - 6 410 h. - alt. 100
▶ Paris 354 - Bellac 43 - Le Blanc 32 - Chauvigny 27

⚠ Municipal de l'Allochon

📞 05 49 91 02 33, www.ville-montmorillon.fr
Pour s'y rendre : 31 av. Fernand-Tribot (sortie sud-est par D 54, rte du Dorat)
Ouverture : de déb. mars à fin oct.
2 ha (75 empl.) non clos, plat, herbeux
Empl. camping : (Prix 2017) ♦ 2€ ⇔ 1,18€ 🅴 1,18€ – 🕭 (10A) 4,16€
🚐 borne artisanale

Beaux emplacements à 50 m de la Gartempe et au bord d'un ruisseau.

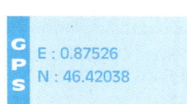

Nature : ♤♤
Loisirs : 🛶 🎣
Services : 🔑 🍴 🧊 🛜 🧺
À prox. : 🏊 🎿

GPS E : 0.87526 N : 46.42038

MORTAGNE-SUR-GIRONDE

17120 - Carte Michelin **324** F7 - 1 027 h. - alt. 51
▶ Paris 509 - Blaye 59 - Jonzac 30 - Pons 26

⚠ Municipal Bel Air

📞 06 42 01 17 62, www.mortagne-sur-gironde
Pour s'y rendre : dir. le Port
Ouverture : de déb. mai à fin sept.
1 ha (20 empl.) en terrasses, plat, herbeux **Empl. camping** : (Prix 2017) 12,50€ ♦♦ ⇔ 🅴 (12A) - pers. suppl. 3,50€
🚐 borne artisanale 12,50€

Quelques emplacements ont une vue panoramique sur l'estuaire et le port de plaisance.

Nature : 🏞 ≤ 🏠 ♤♤
Loisirs : 🎣
Services : 🚐 🧊 🛜

GPS W : 0.79147 N : 45.47974

MOSNAC

17240 - Carte Michelin **324** G6 - 476 h. - alt. 23
▶ Paris 501 - Cognac 34 - Gémozac 20 - Jonzac 11

⚠ Municipal les Bords de la Seugne

📞 05 46 70 48 45, mosnac@mairie17.com
Pour s'y rendre : 34 r. de la Seugne (au bourg, au bord de la rivière)
Ouverture : de déb. mai à fin sept.
0,9 ha (33 empl.) plat, herbeux
Empl. camping : (Prix 2017) 10€ ♦♦ ⇔ 🅴 (6A) - pers. suppl. 3€

Au bourg, agréable terrain au pied de la petite église.

Nature : 🏞 ≤ l'église ♤♤
Loisirs :
Services : 🚐 🍴 🧊

GPS W : 0.52293 N : 45.5058

LA PALMYRE

17570 - Carte Michelin **324** C5
▶ Paris 524 - Poitiers 191 - La Rochelle 77 - Rochefort 46

⛺ Siblu Villages Bonne Anse Plage

(pas d'emplacement tentes et caravanes)
📞 05 46 22 40 90, www.siblu.fr/bonneanse
Pour s'y rendre : av. de la Coubre (2 km à l'ouest par D 25, à 400 m de la plage)
18 ha (613 empl.) vallonné, plat, herbeux
Location : (Prix 2017) (de mi-mai à mi-sept.) - 200 🏠. Nuitée 60 à 235€ - Sem. 415 à 640€ - frais de réservation 15€

Parc de mobile homes dont la majorité appartienent à des propriétaires-résidents.

Nature : 🏠 ♤♤
Loisirs : 🍴 🍽 🎮 🏃 🎠 🏊 🚴 🎿 🏊 mur d'escalade terrain multisports
Services : 🔑 🛜 laverie 🧺 🚐

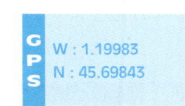

GPS W : 1.19983 N : 45.69843

⛺ Yelloh! Village Parc de la Côte Sauvage 👥

📞 05 46 22 40 18, www.yellohvillage-parcdelacotesauvage.com
Pour s'y rendre : Lieu-dit : la Coubre (3 km à l'ouest par D 25)
Ouverture : de déb. avr. à mi-sept.
14 ha (400 empl.) vallonné, plat, peu incliné, herbeux, sablonneux
Empl. camping : 55€ ♦♦ ⇔ 🅴 (10A) - pers. suppl. 9€
Location : (de déb. avr. à mi-sept.) - 144 🏠. Nuitée 39 à 251€ - Sem. 273 à 1 757€
🚐 borne artisanale

Cadre boisé tout près de la plage et du phare de la Coubre.

Nature : 🏞 🏠 ♤♤
Loisirs : 🍴 🍽 🛶 🎮 🏃 🎠 🚴 🎿 🏊 terrain multisports
Services : 🔑 🍴 🧊 🛜 laverie 🧺 🚐

GPS W : 1.22769 N : 45.69584

⚠ Beausoleil

📞 05 46 22 30 03, www.campingbeausoleil.com
Pour s'y rendre : 20 av. de la Coubre (sortie nord-ouest, à 500 m de la plage)
Ouverture : de déb. avr. à déb. sept.
4 ha (244 empl.) vallonné, plat, herbeux, sablonneux
Empl. camping : (Prix 2017) 37€ ♦♦ ⇔ 🅴 - pers. suppl. 6€ - frais de réservation 19€
Location : (Prix 2017) (de déb. avr. à déb. sept.) - 20 🏠 - 4 bungalows toilés. Sem. 190 à 845€ - frais de réservation 19€

Adresse familiale, calme avec des propriétaires-résidents et encore plus d'une centaine d'emplacements tentes ou caravanes.

Nature : ♤♤
Loisirs : 🛶 🎣 🏊 (petite piscine)
Services : 🔑 🧊 🛜 laverie 🧺 🚐

GPS W : 1.18301 N : 45.69242

Gebruik de gids van het lopende jaar.

437

POITOU-CHARENTES

PARTHENAY

79200 - Carte Michelin **322** E5 - 10 338 h. - alt. 175
▶ Paris 377 - Bressuire 32 - Châtellerault 79 - Fontenay-le-Comte 69

Flower Le Bois Vert

☎ 05 49 64 78 43, www.camping-boisvert.com

Pour s'y rendre : 14 r. Boisseau (sortie sud-ouest rte de la Roche-sur-Yon et à droite après le pont sur le Thouet, près d'un plan d'eau)

Ouverture : de déb. avr. à fin oct.

2 ha (90 empl.) plat, herbeux, gravier

Empl. camping : (Prix 2017) 28,50€ ✶✶ ⛺ 🚗 (16A) - pers. suppl. 4€ - frais de réservation 10€

Location : (Prix 2017) (de déb. avr. à fin oct.) - 🚻 (1 mobile home) - 10 🛖 - 4 🏠 - 4 bungalows toilés. Nuitée 36 à 110€ - Sem. 196 à 861€ - frais de réservation 10€

🚰 borne artisanale - 4 📧 9€ - 🚻 9€

Cadre verdoyant avec un bon confort sanitaire.

Nature : 🌿 ⛰ 🌳
Loisirs : 🍴 🎮 🎯 🚴
Services : 🔑 🏪 ♿ 📶 📶 laverie 🧺
À prox. : 🏂 ⚔ 🏇

GPS W : 0.2675 N : 46.64194

PONS

17800 - Carte Michelin **324** G6 - 4 446 h. - alt. 39
▶ Paris 493 - Blaye 64 - Bordeaux 97 - Cognac 24

Les Moulins de la Vergne

☎ 05 46 90 02 80, www.lesmoulinsdelavergne.coml

Pour s'y rendre : 9 impasse du Moulin-de-la-Vergne (2 km au nord par D 234, dir. Colombiers)

3 ha/1 campable (51 empl.) plat, herbeux

🚰 20 📧

Agréable terrasse du bar-restaurant aménagé dans l'ancien moulin.

Nature : 🌿 🌳
Loisirs : 🍴 🎮 🎯
Services : 🔑 📶 laverie 🧺

GPS W : 0.53906 N : 45.59444

⚠ Municipal le Paradis

☎ 05 46 91 36 72, www.pons-ville.fr/vie-municipale/camping-municipale-le-paradis

Pour s'y rendre : av. du Paradis (à l'ouest près de la piscine)

Ouverture : de déb. mai à fin sept.

1 ha (60 empl.) plat, herbeux

Empl. camping : (Prix 2017) ✶ 5,22€ 🚗 📧 10€ – 🚻 (10A) 2€

🚰 borne eurorelais 4€

Belle pelouse, bon ombrage pour un terrain simple mais très agréable.

Nature : 🌳
Loisirs : 🎮
Services : 🔑 ♿ 📶 📶 📶
À prox. : 🏂 ⚔

GPS W : 0.5553 N : 45.57793

PONT-L'ABBÉ-D'ARNOULT

17250 - Carte Michelin **324** E5 - 1 716 h. - alt. 20
▶ Paris 474 - Marennes 23 - Rochefort 19 - La Rochelle 59

Parc de la Garenne

☎ 05 46 97 01 46, www.lagarenne.net

Pour s'y rendre : 24 av. Bernard-Chambenoit (sortie sud-est par D 125, rte de Soulignonne)

2,7 ha (111 empl.) plat, herbeux

Location : 30 🛖 - 2 bungalows toilés.

Bel ombrage pour une partie, quelques loisirs et un confort sanitaire très simple.

Nature : 🌿 ⛰ 🌳
Loisirs : 🎮 🎯 🚴 terrain multisports
Services : 🔑 🏪 ♿ 📶 laverie 🧺
À prox. : 🏊

GPS W : 0.87096 N : 45.82729

Benutzen Sie den Hotelführer des laufenden Jahres.

PRAILLES

79370 - Carte Michelin **322** E7 - 666 h. - alt. 150
▶ Paris 394 - Melle 15 - Niort 23 - St-Maixent-l'École 13

⚠ Municipal Le Lambon

☎ 05 49 32 85 11, www.lelambon.com

Pour s'y rendre : au plan d'eau du Lambon (2,8 km au sud-est)

Ouverture : de déb. avr. à fin oct.

1 ha (50 empl.) en terrasses, incliné, peu incliné, herbeux

Empl. camping : (Prix 2017) 11€ ✶✶ 🚗 📧 🚻 (13A) - pers. suppl. 4,50€

Location : (Prix 2017) Permanent - 7 🛖 - 39 gîtes. Nuitée 67 à 108€ - Sem. 186 à 471€

À 200 m de la base nautique aux nombreuses activités.

Nature : 🌿 🌳
Services : 🔑 ♿ 📶 laverie
À prox. : 🍴 ✗ 🏂 ⚔ 🎯 🎣 🛶 (plage) 🏊 parcours sportif

GPS W : 0.20753 N : 46.30055

PRESSAC

86460 - Carte Michelin **322** J8 - 644 h. - alt. 162
▶ Paris 402 - Angoulême 76 - Limoges 73 - Poitiers 60

Le Village Flottant

(pas d'emplacement tentes et caravanes)

☎ 05 86 16 02 25, www.village-flottant-pressac.com

Pour s'y rendre : Étang du Ponteil (3 km au nord-ouest par D 741 et chemin à drte)

12 ha (21 empl.)

Location : (Prix 2017) (de mi-fév. à mi-nov.) - 🚻 (2 cabanes) - 5 🛖 - 22 cabanons. Nuitée 109 à 195€ - Sem. 549 à 849€

Hébergements insolites en partie sur le lac de 7 ha avec restaurant ou paniers repas.

Loisirs : 🍴 ✗ 🚴 🏂 🛶 barques
Services : 🔑 🏪 📶 🧺

GPS E : 0.55299 N : 46.12406

Deze gids is geen overzicht van alle kampeerterreinen maar een selektie van de beste terreinen in iedere categorie.

POITOU-CHARENTES

RIVIÈRES

16110 - Carte Michelin **324** M5 - 1 833 h. - alt. 75
▶ Paris 445 - Poitiers 108 - Angoulême 26 - Limoges 84

⚠ des Flots

📞 06 48 51 18 90, www.campinglesflots.16.hebergratuit.com

Pour s'y rendre : 714 r. des Flots

1 ha (25 empl.) plat, herbeux, pierreux

Location : 2.

borne eurorelais - 5

Au bord de la rivière et tout près du château de La Rochefoucauld.

Nature :
Loisirs :
Services :
À prox. :

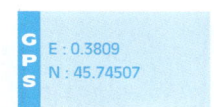

GPS E : 0.3809
N : 45.74507

ROCHEFORT

17300 - Carte Michelin **324** E4 - 25 317 h. - alt. 12
Pont de Martrou : gratuit
▶ Paris 475 - Limoges 221 - Niort 62 - La Rochelle 38

⚠ Le Bateau

📞 05 46 99 41 00, www.campinglebateau.com

Pour s'y rendre : r. des Pêcheurs-d'Islande (près de la Charente, par rocade ouest (bd Bignon) et rte du Port Neuf, près du centre nautique).

Ouverture : de déb. avr. à déb. nov.

5 ha/1,5 (133 empl.) plat, herbeux, pierreux

Empl. camping : (Prix 2017) 16€ ♣♣ ⇌ 🔌 (13A) - pers. suppl. 4,70€ - frais de réservation 15€

Location : (Prix 2017) (de déb. avr. à déb. nov.) - 39. Nuitée 27 à 111€ - Sem. 299 à 649€ - frais de réservation 15€

Nombreux curistes qui recherchent le calme sur ce camping entouré d'eau.

Nature :
Loisirs :
Services :
À prox. :

GPS W : 0.9962
N : 45.94834

⚠ Municipal Le Rayonnement

📞 05 46 82 67 70, www.ville-rochefort.fr/decouvrir/camping-le-rayonnement

Pour s'y rendre : 3 av. de la Fosse-aux-Mâts (proche du centre ville)

Ouverture : de déb. mars à fin nov.

2 ha (138 empl.) plat, gravillons, herbeux

Empl. camping : (Prix 2017) 17€ ♣♣ ⇌ 🔌 (16A) - pers. suppl. 3€

Location : (Prix 2017) (de déb. mars à fin nov.) - ♿ (1 mobile home) - 19. Sem. 272 à 373€

borne eurorelais - 100 17€

Emplacements ombragés proche du centre-ville. Borne camping-car à proximité immédiate.

Nature :
Loisirs :
Services :

GPS W : 0.95835
N : 45.93

LA ROCHE-POSAY

86270 - Carte Michelin **322** K4 - 1 556 h. - alt. 112
▶ Paris 325 - Le Blanc 29 - Châteauroux 76 - Châtellerault 23

🏕 Club Airotel La Roche-Posay Vacances

📞 05 49 86 21 23, www.larocheposay-vacances.com

Pour s'y rendre : rte de Lésigny (1,5 km au nord par D 5, près de l'hippodrome)

Ouverture : de déb. avr. à fin sept.

7 ha (200 empl.) plat et peu incliné, herbeux

Empl. camping : (Prix 2017) 36€ ♣♣ ⇌ 🔌 (10A) - pers. suppl. 6€

Location : (Prix 2017) (de déb. avr. à fin sept.) - 80. - 5 bungalows toilés. Nuitée 49 à 136€ - Sem. 343 à 952€

Belle délimitation des emplacements autour d'un parc aquatique en partie couvert au bord de la Creuse.

Nature :
Loisirs :
Services : laverie
À prox. : hippodrome

GPS E : 0.80963
N : 46.7991

---

*Des vacances réussies sont des vacances bien préparées !
Ce guide est fait pour vous y aider... mais :
– n'attendez pas le dernier moment pour réserver
– évitez la période critique du 14 juillet au 15 août.
Pensez aux ressources de l'arrière-pays,
à l'écart des lieux de grande fréquentation.*

RONCE-LES-BAINS

17390 - Carte Michelin **324** D5
▶ Paris 505 - Marennes 9 - Rochefort 31 - La Rochelle 68

🏕 La Clairière

📞 05 46 36 36 63, www.camping-la-clairiere.com - peu d'emplacements pour tentes et caravanes

Pour s'y rendre : r. du Bois-de-la-Pesse (3,6 km au sud par D 25, rte d'Arvert et rte à dr.)

Ouverture : de fin avr. à mi-sept.

12 ha/4 campables (292 empl.) vallonné, plat, herbeux, sablonneux

Empl. camping : (Prix 2017) 43,50€ ♣♣ ⇌ 🔌 (10A) - pers. suppl. 8,50€ - frais de réservation 22€

Location : (Prix 2017) - 25 - 8. Sem. 190 à 955€ - frais de réservation 22€

Beaucoup d'espace dans un cadre ombragé, vallonné et parfois resté un peu nature.

Nature :
Loisirs : nocturne, massages
Services : – 10 sanitaires individuels (wc) laverie
À prox. :

GPS W : 1.16844
N : 45.77502

The Guide changes, so renew your guide every year.

POITOU-CHARENTES

Campéole — NOS CAMPINGS EN CHARENTE-MARITIME — www.campeole.com

CLAIREFONTAINE ★★★★
Dans un parc à Royan, à 300 m de l'océan
6 rue du Colonel Lachaud
17200 Royan-Pontaillac
+33 (0)5 46 39 08 11
clairefontaine@campeole.com

LES AMIS DE LA PLAGE ★★★
Tout le plaisir d'un accès direct à une plage de sable fin
68, avenue du Pas des Bœufs
17580 Le Bois Plage-en-Ré
+33 (0)5 46 09 24 01
les-amis-de-la-plage@campeole.com

LE PLATIN - LA REDOUTE ★★★ ★★★
Plage à mes pieds et piscine chauffée
125 avenue Gustave Perreau
17940 Rivedoux-Plage
+33 (0)5 46 09 84 10
platin@campeole.com / redoute@campeole.com

Activ'Loisirs Les Pins
✆ 05 46 36 07 75, www.activ-loisirs.com - peu d'emplacements pour tentes et caravanes
Pour s'y rendre : 16 av. Côte-de-Beauté (1 km au sud)
Ouverture : de déb. avr. à fin sept.
1,5 ha (89 empl.) plat, sablonneux
Empl. camping : (Prix 2017) 38,10 € ⛺⛺ 🚗 🏠 ⚡ (10A) - pers. suppl. 6,80 € - frais de réservation 10 €
Location : (Prix 2017) (de déb. avr. à fin sept.) - 41 🏠 - 17 🏠 - 2 tipis. Nuitée 99 à 154 € - Sem. 264 à 923 € - frais de réservation 20 €
Locatif divers et varié en confort et en prix.

Nature : 🌳🌳
Loisirs : 🏛 salle d'animations 🚴 🏊 (découverte en saison)
Services : 🔑 👶 📶 laverie 🧺
À prox. : 🍴

GPS W : 1.15862 N : 45.78875

ROYAN
17200 - Carte Michelin **324** D6 - 18 259 h. - alt. 20
▶ Paris 504 - Bordeaux 121 - Périgueux 183 - Rochefort 40

Le Royan
✆ 05 46 39 09 06, www.le-royan.com
Pour s'y rendre : 10 r. des Bleuets
3,5 ha (194 empl.) peu incliné, herbeux
Location : 38 🏠 - 13 🏠 - 12 Mobile homes (sans sanitaire).
Locatif divers et varié en confort, emplacements bien délimités mais préférer les plus éloignés de la route.

Nature : 🌳🌳
Loisirs : 🍴 🏛 🏊 🎾 🏊
Services : 🔑 👶 📶 laverie 🧺

GPS W : 1.04207 N : 45.64456

Campéole Clairefontaine
✆ 05 46 39 08 11, www.campeole.com
Pour s'y rendre : à Pontaillac, r. du Col.-Lachaux (à 400 m de la plage)
Ouverture : de fin mars à fin sept.
5 ha (246 empl.) plat, herbeux
Empl. camping : (Prix 2017) 41,10 € ⛺⛺ 🚗 🏠 ⚡ (10A) - pers. suppl. 11 € - frais de réservation 25 €
Location : (Prix 2017) (de fin mars à fin sept.) - ♿ (1 mobile home) - 33 🏠 - 40 🏠 - 30 bungalows toilés - 10 tentes lodges. Nuitée 42 à 194 € - Sem. 221 à 1 358 € - frais de réservation 25 €
🚐 borne artisanale
Agréable site verdoyant, bel espace jeux et tout proche des commerces (300 m).

Nature : 🌊 🌳🌳
Loisirs : 🍴 🍹 🏛 🏊 🚴 🏊 🎾 terrain multisports
Services : 🔑 👶 📶 laverie 🧺 🧺
À prox. : casino

GPS W : 1.04977 N : 45.63094

Le Chant des Oiseaux
✆ 05 46 39 47 47, www.camping-royan-chantdesoiseaux.com
Pour s'y rendre : 19 r. des Sansonnets (2,3 km au nord-ouest)
Ouverture : de déb. mai à mi-sept.
2,5 ha (150 empl.) plat, herbeux, bois
Empl. camping : (Prix 2017) 39,50 € ⛺⛺ 🚗 🏠 ⚡ (10A)
Location : (Prix 2017) (de déb. avr. à fin sept.) - 32 🏠. Sem. 199 à 940 € - frais de réservation 16 €
🚐 3 🏠
Quelques locatifs mobile homes grand confort avec pour certains la possibilité d'une formule hôtelière.

Nature : 🌊 🌳🌳
Loisirs : 🏊 🏛 nocturne 🎾 🏊
Services : 🔑 👶 📶 laverie 🧺

GPS W : 1.02872 N : 45.6466

POITOU-CHARENTES

ST-AUGUSTIN-SUR-MER
17570 - Carte Michelin **324** D5 - 1 219 h. - alt. 10
▶ Paris 512 - Marennes 23 - Rochefort 44 - La Rochelle 81

Le Logis du Breuil
✆ 05 46 23 23 45, www.logis-du-breuil.com
Pour s'y rendre : 36 r. du Centre (au sud-est par D 145, rte de Royan)
Ouverture : de déb. mai à fin sept.
30 ha/8,5 campables (390 empl.) vallonné, plat, herbeux, bois
Empl. camping : (Prix 2017) 37,50 € ✶✶ ⛙ 🅴 ⚡ (10A) - pers. suppl. 9 € - frais de réservation 12,50 €
Location : (Prix 2017) (de mi-avr. à fin sept.) - 11 🏠 - 1 🛖. Sem. 310 à 1 240 € - frais de réservation 20 €
🚐 borne raclet

À l'orée de la forêt de St-Augustin, avec d'immenses espaces verts en prairies. Idéal pour la détente ou les jeux de ballon.

Nature : 🌳 ◯◯
Loisirs : 🍴 ✕ 🏛 jacuzzi 🏊 🚴 🎯 🛶 terrain multisports
Services : ⚿ 🚿 – 4 sanitaires individuels (🚽 wc) 📶 laverie 🧺 ✈

GPS : W : 1.09612 N : 45.67445

ST-CYR
86130 - Carte Michelin **322** I4 - 1 024 h. - alt. 62
▶ Paris 321 - Poitiers 18 - Tours 85 - Joué 82

Lac de St-Cyr
✆ 05 49 62 57 22, www.campinglacdesaintcyr.fr/
Pour s'y rendre : parc de St-Cyr (1,5 km au nord-est par D 4 et D 82 rte de Bonneuil-Matour)
Ouverture : de déb. avr. à fin sept.
5,4 ha (198 empl.) plat, herbeux
Empl. camping : (Prix 2017) 30 € ✶✶ ⛙ 🅴 ⚡ (10A) - pers. suppl. 6 €
Location : (Prix 2017) (de déb. avr. à fin sept.) ♿ (1 mobile home) - 36 🏠 - 3 bungalows toilés - 4 yourtes. Sem. 225 à 910 €
🚐 borne AireService

Cadre verdoyant et bien ombragé au bord du lac et tout proche de la base de loisirs.

Nature : 🌳 ≤ ◯◯ ♒
Loisirs : ✕ 🏛 🏊 🚴 🎯 🛶
Services : ⚿ 🏛 🚿 📶 laverie 🧺 ✈
À prox. : 🍴 🛶 🛥 pédalos, réserve ornithologique, golf (9 et 18 trous)

GPS : E : 0.44782 N : 46.72056

ST-GEORGES-DE-DIDONNE
17110 - Carte Michelin **324** D6 - 5 055 h. - alt. 7
▶ Paris 505 - Blaye 84 - Bordeaux 117 - Jonzac 56

Bois-Soleil 👫
✆ 05 46 05 05 94, www.bois-soleil.com 🚭
Pour s'y rendre : 2 av. de Suzac (au sud par D 25, rte de Meschers-sur-Gironde)
Ouverture : de déb. avr. à fin sept.
10 ha (453 empl.) vallonné, en terrasses, plat, herbeux
Empl. camping : (Prix 2017) 50 € ✶✶ ⛙ 🅴 ⚡ (16A) - pers. suppl. 10 € - frais de réservation 20 €
Location : (Prix 2017) (de déb. avr. à fin sept.) - 🚭 - 100 🏠 - 8 🛖 - 7 studios. Nuitée 52 à 54 € - Sem. 210 à 1 500 € - frais de réservation 30 €

En trois parties, une avec 200 mobile homes de propriétaires-résidents, une bien ombragée avec quelques emplacements près de la route et une au calme, équipée de locatif avec terrasse et vue panoramique sur l'océan.

Nature : 🏝 ◯◯ ♒
Loisirs : 🍴 ✕ 🏛 🏊 🚴 🎯 hammam jacuzzi 🛶 🎯 🎿 terrain multisports
Services : ⚿ 🏛 🚿 – 6 sanitaires individuels (🚽 wc) 🚿 📶 laverie 🧺 ✈
À prox. : 🐎

GPS : W : 0.98629 N : 45.58371

To visit a town or region : use the **MICHELIN Green Guides.**

441

POITOU-CHARENTES

ST-GEORGES-LÈS-BAILLARGEAUX

86130 - Carte Michelin **322** I4 - 3 888 h. - alt. 100
▶ Paris 329 - Poitiers 12 - Joué 89 - Châtellerault 23

▲▲▲ Le Futuriste

📞 05 49 52 47 52, www.camping-le-futuriste.fr

Pour s'y rendre : r. du Château (au sud du bourg, accès par D 20)

Ouverture : Permanent

2 ha (112 empl.) plat, peu incliné, herbeux, pierreux, petit étang

Empl. camping : (Prix 2017) 32,62 € ♦♦ 🚗 🏠 ⚡ (6A) - pers. suppl. 3,90 € - frais de réservation 15 €

Location : (Prix 2017) Permanent - 10 - 6. Nuitée 69 à 155 € - Sem. 475 à 1 100 € - frais de réservation 15 €

🚐 borne artisanale 6 €

Très agréable cadre verdoyant. De la piscine, vue panoramique sur le Futuroscope.

Nature : ≤ Futuroscope 🌳
Loisirs : 🍽 🍴 🏠 🎣 🚴 🏊 (découverte en saison) 🎾 terrain multisports
Services : 🔑 🛒 ♿ 🚿 📶 laverie 🛒

GPS : E : 0.39543 / N : 46.66468

ST-HILAIRE-LA-PALUD

79210 - Carte Michelin **322** B7 - 1 603 h. - alt. 15
▶ Paris 436 - Poitiers 104 - Niort 24 - La Rochelle 41

▲▲▲ Le Lidon

📞 05 49 35 33 64, www.le-lidon.com

Pour s'y rendre : lieu-dit : Lidon (3 km à l'ouest par D 3 rte de Courçon et chemin à gauche, à la base de canoë)

Ouverture : de déb. avr. à mi-oct.

3 ha (140 empl.) plat, herbeux

Empl. camping : (Prix 2017) 28,90 € ♦♦ 🚗 🏠 ⚡ (10A) - pers. suppl. 6,80 € - frais de réservation 10 €

Location : (Prix 2017) (de fin mars à fin sept.) - 8 - 3 - 4 bungalows toilés - 9 tentes lodges - 1 roulotte. Nuitée 44 à 109 € - Sem. 150 à 707 € - frais de réservation 10 €

🚐 borne artisanale 5 €

Accueil, bar et restaurant au bord du petit ruisseau, près de l'embarcadère.

Nature : 🌳
Loisirs : 🍽 🍴 🏠 🚴 🏊 🚣 barques
Services : 🔑 🛒 🚿 📶 laverie 🛒

GPS : W : 0.74324 / N : 46.28379

ST-JEAN-D'ANGÉLY

17400 - Carte Michelin **324** G4 - 7 581 h. - alt. 25
▶ Paris 444 - Angoulême 70 - Cognac 35 - Niort 48

▲▲ Val de Boutonne

📞 05 46 32 26 16, www.campingcharentemaritime17.com

Pour s'y rendre : 56 quai de Bernouet (sortie nord-ouest, rte de la Rochelle, puis à gauche av. du Port, D 18)

Ouverture : de déb. avr. à fin sept.

1,8 ha (99 empl.) plat, herbeux

Empl. camping : (Prix 2017) 22,50 € ♦♦ 🚗 🏠 ⚡ (10A) - pers. suppl. 5 € - frais de réservation 5 €

Location : (Prix 2017) (de déb. avr. à fin sept.) - 12 - 2 tentes lodges - 2 cabanons. Nuitée 45 à 90 € - Sem. 230 à 650 € - frais de réservation 10 €

Agréable structure simple, avec un faible confort sanitaire et proche d'une base nautique de qualité.

Nature : 🌳
Loisirs : 🍴 🏠 🚴 🏊
Services : 🔑 🛒 🚿 📶 laverie
À prox. : 🍽 🍴 🏠 🚣 base nautique

GPS : W : 0.53638 / N : 45.94877

ST-JUST-LUZAC

17320 - Carte Michelin **324** D5 - 1 838 h. - alt. 5
▶ Paris 502 - Rochefort 23 - La Rochelle 59 - Royan 26

▲▲▲▲▲ Le Séquoia Parc 👥

📞 05 46 85 55 55, www.sequoiaparc.com

Pour s'y rendre : lieu-dit : la Josephtrie (2,7 km au nord-ouest par D 728, rte de Marennes et chemin à dr.)

Ouverture : de déb. mai à déb. sept.

45 ha/28 campables (460 empl.) plat, herbeux

Empl. camping : (Prix 2017) 60 € ♦♦ 🚗 🏠 ⚡ (10A) - pers. suppl. 12 € - frais de réservation 30 €

Location : (Prix 2017) (de déb. mai à déb. sept.) - ♣ (1 mobile home) - 360 - 40 - 2 tentes lodges. Nuitée 46 à 171 € - Sem. 322 à 1 197 €

Bel espace aquatique autour des dépendances d'un château dans un parc agrémenté de nombreuses variétés d'arbres et de fleurs.

Nature : 🌳
Loisirs : 🍽 🍴 🏠 🎣 🚴 🏊 centre balnéo hammam jacuzzi ⚕ 🏇 mini ferme point d'informations touristiques terrain multisports
Services : 🔑 🛒 🚿 📶 laverie 🛒

GPS : W : 1.06046 / N : 45.81173

Camping Sequoia Parc

ST-LAURENT-DE-LA-PRÉE

17450 - Carte Michelin **324** D4 - 1 814 h. - alt. 7
▶ Paris 483 - Rochefort 10 - La Rochelle 31

▲▲▲▲ Club Airotel Domaine des Charmilles 👥

📞 06 72 15 52 63, www.domainelescharmilles.com

Pour s'y rendre : à Fouras, 1541 rte de l'Océan (2,2 km au nord-ouest par D 214E 1 et D 937 à dr., rte de la Rochelle)

Ouverture : de déb. avr. à mi-sept.

5 ha (270 empl.) plat, herbeux

Empl. camping : (Prix 2017) 15 € ♦♦ 🚗 🏠 ⚡ (10A) - pers. suppl. 5 € - frais de réservation 25 €

Location : (Prix 2017) (de mi-avr. à mi-sept.) - 70 - 20 - 6 bungalows toilés. Nuitée 28 à 171 € - Sem. 195 à 1 195 € - frais de réservation 25 €

Encore quelques emplacements pour tentes ou caravanes.

Nature : 🌳
Loisirs : 🍴 🏠 nocturne 🚴 🏊 terrain multisports
Services : 🔑 🛒 🚿 📶 laverie 🛒

GPS : W : 1.05034 / N : 45.99052

POITOU-CHARENTES

Séquoia Parc — Camping Village

Vacances 5 étoiles inoubliables pour toute la famille sur la Côte Atlantique !

Nouveau ! Piscine couverte, balnéo & fitness

Leading Campings — BEST 2017 — Qualité Tourisme

Réservations en ligne :
www.sequoiaparc.com
Tél. : 05 46 85 55 55
17320 Saint Just-Luzac
Ouvert 2018 : 05/05 - 05/09

Le Pré Vert
📞 05 46 84 89 40, www.camping-prevert.com
Pour s'y rendre : r. du Petit-Loir (2,3 km au nord-est par D 214, rte de la Rochelle, au lieu-dit St-Pierre - par voie rapide : sortie Fouras)
3 ha (168 empl.) en terrasses, plat, herbeux
Location : 50
Nombreux mobile homes et peu d'emplacements pour tentes et caravanes autour du bassin filtré naturellement.

Nature :
Loisirs : (bassin)
Services : laverie

GPS : W : 1.01917 N : 45.99046

ST-NAZAIRE-SUR-CHARENTE
17780 - Carte Michelin **324** D4 - 1 124 h. - alt. 14
▶ Paris 491 - Fouras 27 - Rochefort 13 - La Rochelle 49

Flower L'Abri-Cotier
📞 05 46 84 81 65, www.camping-la-rochelle.net
Pour s'y rendre : 26 La Bernardière (1 km au sud-ouest par D 125E1)
Ouverture : de déb. avr. à fin sept.
1,8 ha (100 empl.) peu incliné, plat, herbeux
Empl. camping : (Prix 2017) 33 € (16A) - pers. suppl. 6 € - frais de réservation 20 €
Location : (Prix 2017) (de déb. avr. à fin sept.) - (1 mobile home) - 44 - 5 - 5 tentes lodges - 2 tentes sur pilotis. Nuitée 49 à 125 € - Sem. 196 à 875 € - frais de réservation 20 €
borne artisanale 5 € - 8 €

Ombrage, emplacements délimités et du locatif plus ou moins neuf.

Nature :
Loisirs : (découverte en saison)
Services : laverie réfrigérateurs

GPS : W : 1.05856 N : 45.93349

ST-PALAIS-SUR-MER
17420 - Carte Michelin **324** D6 - 3 926 h. - alt. 5
▶ Paris 512 - La Rochelle 82 - Royan 6

Côte de Beauté
📞 05 46 23 20 59, www.camping-cote-de-beaute.com
Pour s'y rendre : 157 av. de la Grande-Côte (2,5 km au nord-ouest, à 50 m de la mer)
Ouverture : de mi-avr. à déb. oct.
1,7 ha (115 empl.) plat, herbeux
Empl. camping : (Prix 2017) 33,80 € (6A) - pers. suppl. 5,50 € - frais de réservation 25 €
Location : (Prix 2017) (de déb. avr. à mi-oct.) - 16 - 4 bungalows toilés - 4 appartements. Nuitée 45 à 95 € - Sem. 250 à 685 € - frais de réservation 25 €
borne artisanale
Quelques emplacements au-dessus de la route ont une vue panoramique sur l'océan. Navette pour le centre-ville.

Nature :
Loisirs :
Services :
À prox. :

GPS : W : 1.1191 N : 45.64973

ATTENTION :
these facilities are not necessarily available throughout the entire period that the camp is open - some are only available in the summer season.

443

POITOU-CHARENTES

ST-SAVINIEN

17350 - Carte Michelin **324** F4 - 2 413 h. - alt. 18
▶ Paris 457 - Rochefort 28 - La Rochelle 62 - St-Jean-d'Angély 15

L'Île aux Loisirs

☎ 05 46 90 35 11, www.ilesauxloirs.com

Pour s'y rendre : 102 r. de St-Savinien (500 m à l'ouest par D 18, rte de Pont-l'Abbé-d'Arnoult, entre la Charente et le canal, à 200 m d'un plan d'eau)

Ouverture : de déb. avr. à fin sept.

1,8 ha (82 empl.) plat, herbeux

Empl. camping : (Prix 2017) 23,70€ ✶✶ ⇌ 🅿 [ǿ] (10A) - pers. suppl. 5,30€ - frais de réservation 16€

Location : (Prix 2017) (de déb. avr. à fin sept.) - 16 🏠 - 1 🏕 - 2 tentes lodges - 4 cabanons. Nuitée 71 à 96€ - Sem. 255 à 651€ - frais de réservation 16€

Nature : 🌳 ⚬⚬
Loisirs : 🍴✕ 🎠 🚴 ✈
Services : 🔑 🛒 🛜 laverie 🧺
À prox. : ✂ 🏛 🛶 ⚓ parcours sportif

GPS : W : 0.68427 N : 45.87786

ST-SORNIN

17600 - Carte Michelin **324** E5 - 303 h. - alt. 16
▶ Paris 495 - Marennes 13 - Rochefort 24 - La Rochelle 60

⚠ Le Valerick

☎ 05 46 85 15 95, www.camping-le-valerick.fr

Pour s'y rendre : 1 La Mauvinière (1,3 km au nord-est par D 118, rte de Pont-l'Abbé)

Ouverture : de déb. avr. à fin sept.

1,5 ha (50 empl.) peu incliné, plat, herbeux, bois

Empl. camping : (Prix 2017) 23,50€ ✶✶ ⇌ 🅿 [ǿ] (6A) - pers. suppl. 5€

Location : (Prix 2017) (de déb. avr. à fin sept.) - ✈ - 4 🏠. Sem. 330 à 650€

Terrain vallonné, très bien tenu, avec un confort sanitaire simple.

Nature : ⚬
Loisirs : ✕ 🎠
Services : 🔑 🛒 🛜 📺

GPS : W : 0.96521 N : 45.77446

To make the best possible use of this Guide,
READ CAREFULLY THE EXPLANATORY NOTES.

ST-YRIEIX-SUR-CHARENTE

16710 - Carte Michelin **324** K5 - 7 025 h. - alt. 53
▶ Paris 451 - Poitiers 114 - Angoulême 7 - La Rochelle 142

du Plan d'Eau

☎ 05 45 92 14 64, www.campingduplandeau.fr

Pour s'y rendre : 1 r. du Camping

Ouverture : de déb. avr. à fin oct.

6 ha (148 empl.) plat, herbeux, pierreux

Empl. camping : (Prix 2017) 21,75€ ✶✶ ⇌ 🅿 [ǿ] (10A) - pers. suppl. 4,90€

Location : (Prix 2017) (de déb. avr. à fin oct.) - ♿ (1 mobile home) - 17 🏠 - 2 tentes lodges. Nuitée 25 à 105€ - Sem. 159 à 679€
🚐 borne artisanale 2,50€ - 14 🏕 8€ - 🚐 8€

Proche du centre-ville avec arrêt de bus pour Angoulême.

Nature : 🌳
Loisirs : 🎠 🚴 ✈ terrain multisports
Services : 🏛 🛒 🛜 laverie
À prox. : 🧖 hammam jacuzzi 🏖 (plage) 🏊 🛶 base nautique

GPS : E : 0.13808 N : 45.67652

SAUJON

17600 - Carte Michelin **324** E5 - 6 636 h. - alt. 7
▶ Paris 499 - Poitiers 165 - La Rochelle 71 - Saintes 28

Lac de Saujon ♨♨

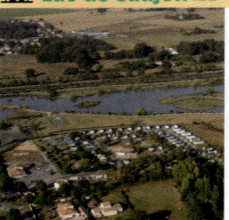

☎ 05 46 06 82 99, www.campingsaujon.com

Pour s'y rendre : voie des Tourterelles

Ouverture : de déb. mars à fin oct.

3,7 ha (150 empl.) plat, herbeux

Empl. camping : (Prix 2017) 23€ ✶✶ ⇌ 🅿 [ǿ] (10A) - pers. suppl. 5,50€

Location : (Prix 2017) (de déb. mars à fin oct.) - ✈ - 41 🏠 - 4 🏕. Nuitée 36 à 92€ - Sem. 180 à 720€
🚐 borne artisanale 5€ - 15 🏕 10€

Site agréable au bord d'un grand lac avec du locatif de qualité.

Nature : 🌊
Loisirs : 🍴✕ 🏛 🎠 🚴 ✈
Services : 🔑 🛒 🛜 laverie 🧺 ❄
À prox. : 🏖 🏊 🛶 🐎 parcours de santé terrain multisports

GPS : W : 0.93848 N : 45.68282

Ihre Meinung über die von uns empfohlenen Campingplätze interessiert uns. Teilen Sie uns Ihre Erfahrungen mit und schreiben Sie uns auch, wenn Sie eine gute Entdeckung gemacht haben.

SECONDIGNY

79130 - Carte Michelin **322** D5 - 1 773 h. - alt. 177
▶ Paris 391 - Bressuire 27 - Champdeniers 15 - Coulonges-sur-l'Autize 22

Le Moulin des Effres

☎ 05 49 95 61 97, www.camping-lemoulindeseffres.com

Pour s'y rendre : sortie sud par D 748, rte de Niort et chemin à gauche, près d'un plan d'eau

Ouverture : de déb. avr. à mi-sept.

2 ha (90 empl.) peu incliné, plat, herbeux

Empl. camping : (Prix 2017) 24€ ✶✶ ⇌ 🅿 [ǿ] (6A) - pers. suppl. 5€ - frais de réservation 10€

Location : (Prix 2017) (de déb. avr. à mi-sept.) - 30 🏠 - 5 🏕 - 2 tentes lodges - 3 tipis. Nuitée 40 à 90€ - Sem. 196 à 630€ - frais de réservation 20€
🚐 borne AireService 5€ - 5 🏕 17€

Emplacements bien délimités et ombragés.

Nature : 🌊 🌳 ⚬⚬
Loisirs : 🏛 🎠 🚴 ✈
Services : 🔑 (juin-août) 🛜 laverie
À prox. : 🍴✕ ✂ 🏛 pédalos

GPS : W : 0.41418 N : 46.60421

POITOU-CHARENTES

SEMUSSAC
17120 - Carte Michelin 324 E6 - 1 998 h. - alt. 36
▶ Paris 520 - Poitiers 187 - La Rochelle 85 - Angoulême 111

Le 2 B
☎ 05 46 05 95 16, www.camping-2b.com
Pour s'y rendre : 9 chemin des Bardonneries (3,8 km à l'est par D 730, rte de St-Georges-de-Didonne).
Ouverture : de déb. mai à fin sept.
1,8 ha (93 empl.) peu incliné, plat, herbeux
Empl. camping : (Prix 2017) 27 € ✶✶ 🚗 🔲 ⚡ (10A) - pers. suppl. 5,50 € - frais de réservation 14 €
Location : (Prix 2017) (de déb. avr. à fin sept.) - 20 🏠 - 10 tentes lodges. Nuitée 39 à 95 € - Sem. 219 à 695 € - frais de réservation 14 €

Préférer les emplacements les plus éloignés de la route.

Nature : 🌳🌳
Loisirs : 🍽 🏛 🏊 🚴 🎯
Services : 🔑 👤 📶 laverie

GPS : W : 0.94793 N : 45.6041

SIREUIL
16440 - Carte Michelin 324 K6 - 1 189 h. - alt. 26
▶ Paris 460 - Angoulême 16 - Barbezieux 24 - Cognac 35

Nizour
☎ 05 45 90 56 27, www.campingdunizour.com
Pour s'y rendre : 2 rte de la Charente (1,5 km au sud-est par D 7, rte de Blanzac, à gauche avant le pont, à 120 m de la Charente (accès direct))
Ouverture : de mi-avr. à déb. nov.
1,6 ha (56 empl.) plat, herbeux
Empl. camping : (Prix 2017) 23 € ✶✶ 🚗 🔲 ⚡ (10A) - pers. suppl. 5,40 €
Location : (Prix 2017) (de mi-avr. à déb. nov.) - 6 🏠 - 5 cabanons. Nuitée 43 à 63 € - Sem. 300 à 540 € - frais de réservation 8 €
🚐 borne artisanale

Préférer les emplacements les plus éloignés de la route.

Nature : 🏞 🌳🌳
Loisirs : 🍽 🏛 🏊 🚴 🎯 ✈
Services : 🔑 👤 📶 laverie
À prox. : 🎣 ⚓

GPS : E : 0.02418 N : 45.60688

VAUX-SUR-MER
17640 - Carte Michelin 324 D6 - 3 835 h. - alt. 12
▶ Paris 514 - Poitiers 181 - La Rochelle 75 - Rochefort 44

Le Nauzan-Plage
☎ 05 46 38 29 13, www.campinglenauzanplage.com
Pour s'y rendre : 39 av. de Nauzan-Plage (500 m de la plage)
3,9 ha (239 empl.) plat, herbeux
Location : 41 🏠.

En bordure d'un joli parc traversé par un ruisseau.

Nature : 🏞 🌳
Loisirs : 🍽 🍴 🏛 diurne 🏊 🚴
Services : 🔑 👤 📶 laverie 🧺 🚿
À prox. : 🍴 🎣 🚤

GPS : W : 1.07196 N : 45.64295

Le Val-Vert
☎ 05 46 38 25 51, www.val-vert.com
Pour s'y rendre : 108 av. Fréderic-Garnier (au sud-ouest du bourg)
Ouverture : de mi-avr. à fin sept.
3 ha (181 empl.) en terrasses, plat, herbeux, pierreux
Empl. camping : (Prix 2017) 39,70 € ✶✶ 🚗 🔲 ⚡ (10A) - pers. suppl. 8 € - frais de réservation 16 €
Location : (Prix 2017) (de mi-avr. à fin sept.) - 27 🏠 - 36 🏕. Sem. 250 à 823 € - frais de réservation 16 €
🚐 borne artisanale

En bordure d'un joli parc, d'un étang et d'un ruisseau !

Nature : 🏞 🌳🌳
Loisirs : 🍴 🏛 🏊 🚴
Services : 🔑 👤 📶 laverie 🚿
À prox. : 🍴 🎣 🚤

GPS : W : 1.06299 N : 45.64357

VOUILLÉ
86190 - Carte Michelin 322 G5 - 3 498 h. - alt. 118
▶ Paris 345 - Châtellerault 46 - Parthenay 34 - Poitiers 18

Municipal
☎ 05 49 51 90 10, www.vouille86.fr
Pour s'y rendre : chemin de la Piscine (au bourg, au bord de l'Auxance)
Ouverture : de déb. juin à déb. sept.
0,5 ha (48 empl.) plat, herbeux
Empl. camping : (Prix 2017) 18 € ✶✶ 🚗 🔲 ⚡ (10A) - pers. suppl. 3,80 €

Emplacements délimités et ombragés au pied d'un imposant bâtiment d'accueil, tout proche du bourg et des commerces.

Nature : 🏊 🏞 🌳🌳
Loisirs : 🛝 🚴
Services : 🚿 🧺
À prox. : 🍴

GPS : E : 0.16417 N : 46.64016

Si vous recherchez :
- 🏞 un terrain très tranquille,
- P un terrain ouvert toute l'année,
- 👥 des équipements et des loisirs adaptés aux enfants,
- 🏊 un parc aquatique,
- B un centre balnéo,
- 🎭 des animations sportives, culturelles ou de détente,

consultez la liste thématique des campings.

445

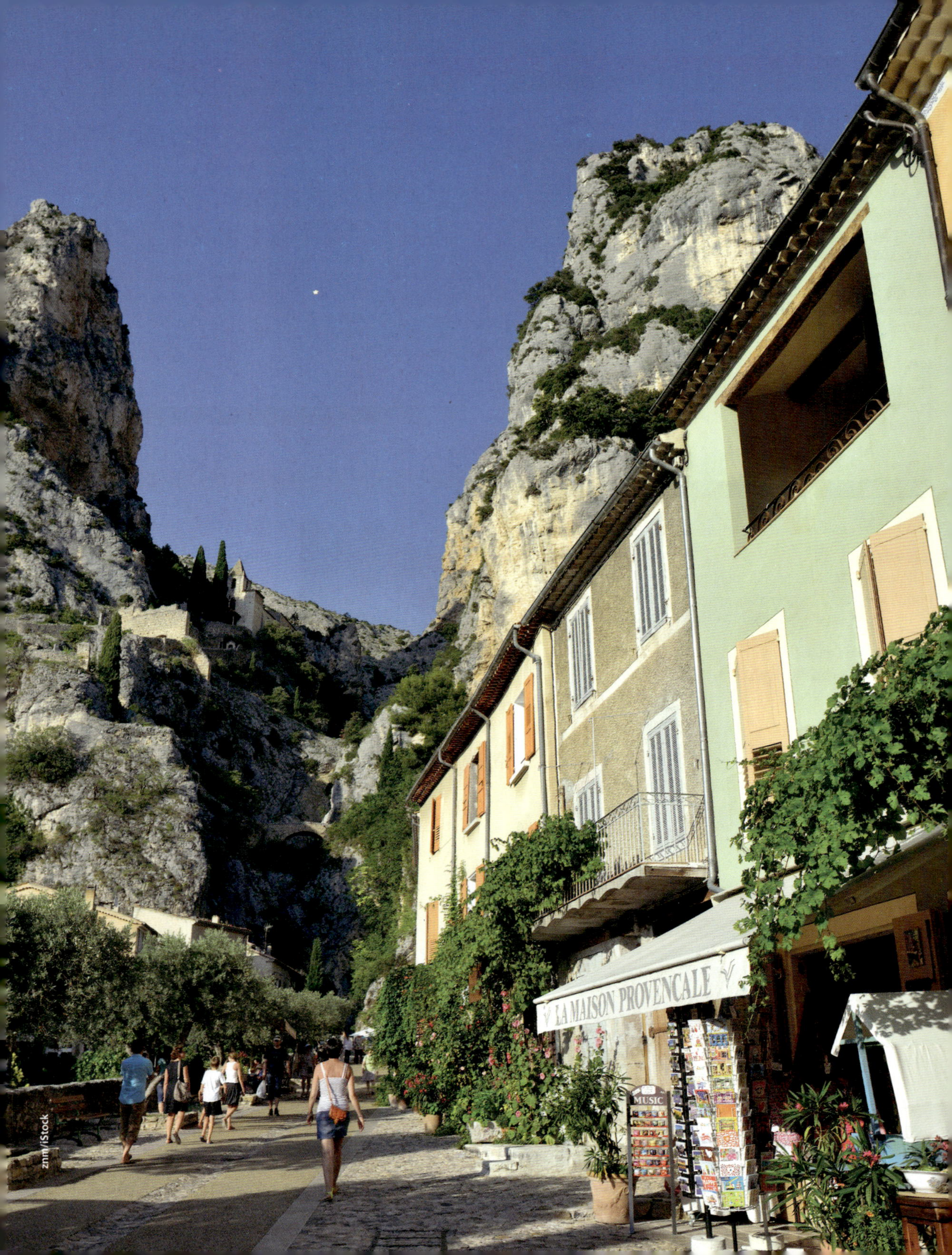

znm/iStock

PROVENCE-ALPES-CÔTE D'AZUR

Le jour se lève en Provence. Sur les marchés colorés les « partisanes » vantent avec une faconde proverbiale la fraîcheur de leur étal. Tsitt… tsitt, face à la « grande bleue », les cigales entament leur chant obsédant, et les sonnailles des moutons transhumants tintent du côté de l'Ubaye. Le soleil darde ses rayons sur les villages perchés, exalte la senteur des lavandes et confine à l'ombre des platanes les gourmands qui dégustent un aïoli ou une bouillabaisse… Puis vient l'heure de la sieste, pratiquée dans les bastides de l'arrière-pays comme dans les cabanons nichés au creux des calanques. À la fraîche entrent en scène les joueurs de pétanque : après force querelles, ils rivaliseront jusqu'à la nuit de galéjades devant une tournée de pastis, « avec l'accent qui se promène et qui n'en finit pas ».

As the fishmongers joke, chat, and cry their wares under clear blue skies, you cannot help but fall in love with the happy-go-lucky spirit of Marseilles. Elsewhere, the sun is climbing higher above the ochre walls of a hilltop village and its fields of lavender below; the steady chirring of the cicadas is interrupted only by the sheep-bells ringing in the hills. Slow down to the gentle pace of the villagers and join them as they gather by the refreshingly cool walls of the café. However, come 2pm, you may begin to wonder where everyone is. On hot afternoons, everyone exercises their God-given right to a nap, from the fashionable Saint Tropez beaches to the seaside cabins of the Camargue, but soon it's time to wake up and get ready for a hotly-disputed game of pétanque and a cool glass of pastis!

St-Didier-en-Velay
Ste-Sigolène
Vorey
Yssingeaux
LOIRE
le Chambon-s-Lignon
St-Agrève
Lalouvesc
Satillieu
Eclassan
Vion
St-Jean-de-Muzols
St-Vallier
St-Donat-s-l'H.
St-Avit
Châteauneuf-de-Galaure
Montrigaud
ST-RAMBERT D'ALBON OUEST
PORTE DE LA DRÔME
LATITUDE 45
Châteauneuf-sur-Isère
ROYANS-VERCORS
Choranche
Autrans
Méaudre
Villard-de-Lans
St-Martin-en-Vercors
Gresse-en-V.
Vizille
Mars
Lamastre
Le Cheylard
St-Sauveur-de-Montagut
Les Ollières-s-Eyrieux
Issarlès
VALENCE
Barbières
Chabeuil
PORTES-LÈS-VALENCE EST
DRÔME
Crest
Mirabel-et-Blacons
Die
Châtillon-en-Diois
St-Martin-de Clelles
La Salle-en-Beaumont
Lalley
Lus-la-Croix-Haute
Naussac
Rocles
ARDÈCHE
Privas
Grane
SAULCE
Aubenas
Largentière
Montélimar
MONTÉLIMAR OUEST
MONTÉLIMAR EST
Le Poët-Célard
Bourdeaux
Le Pöet-Laval
Dieulefit
Menglon
St-Ferréol-Trente-Pas
Grignan
Grillon
Visan
84
Nyons
Sahune
Vinsobres
Bénivay-Ollon
Serres
Orpierre
Villefort
Tulette
Faucon
Buis-les-Baronnies
Barret-s-Méouge
Vaison-la-Romaine
Beaumont-du-Ventoux
Violès
Beaumes-de-Venise
Bédoin
C
Cendras
Alès
Allègre-les-Fumades
la Roque-s-C.
Bagnols-s-Cèze
St-Jean-du-Gard
Anduze
St-Jean-de-Ceyrargues
Connaux
Aubignan
Carpentras
Mazan
Villes-s-Auzon
Malemort-du-Comtat
Boisset-et-Gaujac
GARD
Uzès
Vers-Pont-du-Gard
Villeneuve-lès-A.
Sorgues
Le Pontet
Pernes-les-Fontaines
VAUCLUSE
Forcalquier
Massillargues-Attuech
Collias
TAVEL SUD
Le Thor
L'Isle-s-la-Sorgue
St-Hippolyte-du-Fort
Remoulins
AVIGNON
MARGUERITTES NORD
MORIÈRES
Châteauneuf-de-Gadagne
Crespian
NÎMES
Vallabrègues
Apt
Brissac
MARGUERITTES SUD
Graveson
Châteaurenard
Maubec
Lourmarin
Sommières
Orgon
Charleval
Cucuron
Junas
Cadenet
St-Rémy-de-P.
AMBRUSSUM NORD
Mallemort
Pertuis
Castries
Gallargues-le-M.
La Roque-d'Anthéron
Maussane-les-Alpilles
Salon-de-Provence
St-Gilles
Arles
MONTPELLIER
AMBRUSSUM SUD
la Grande-Motte
Aigues-Mortes
Lattes
LANÇON DE PROVENCE OUEST
Istres
AIX-EN-PROVENCE
ROUSSET
le Grau-du-Roi
Carnon-Plage
Palavas-les-Flots
Port-Camargue
BOUCHES-DU-RHÔNE
MONTPELLIER-FABREGUES SUD
Stes-Maries-de-la-Mer
L'ARC
Frontignan-Plage
la Couronne
Carro
MARSEILLE
Ceyreste
St-Cyr-s-M
Lion
du
SUD
A 7
A 9
A 49
A 51
A 54
A 8
A 55
A 52
A 50
N 88
N 85
N 102
N 106
N 113
N 568
D 906
D 104
D 111
D 93
D 94
D 994
D 1075
D 904
D 6110
D 610
D 900
D 4100
Rhône
Loire
Allier
Ardèche
Cèze
Gard
Drôme
Ouvèze
Durance
Isère
Eyrieux
Grd-Rhône
Petit Rhône

Légende

- ● Localité citée avec camping
- ■ Localité citée avec camping et locatif
- Vannes : Localité disposant d'un camping avec aire de services camping-car
- Moyaux : Localité disposant d'au moins un terrain agréable
- 🚐 Aire de service pour camping-car sur autoroute

Hautes-Alpes

- La Toussuire
- Bramans
- Le Bourg-d'Oisans
- la Grave
- Le Bourg-d'Arud
- St-Christophe-en-Oisans
- St-Laurent-en-Beaumont
- Montgenèvre
- Vallouise
- Briançon
- St-Martin-de-Queyrières
- Villar-Loubière
- Les Vigneaux
- L'Argentière-la-Bessée
- La Roche-de-Rame
- Ceillac
- Pont-du-Fossé
- Guillestre
- la Roche-des-Arnaud
- Ancelle
- St-Apollinaire
- St-Clément-s-Durance
- Gap
- Embrun
- Veynes
- Chorges
- Baratier
- Rousset
- Prunières
- le Sauzé-du-Lac
- Larche
- St-Pons

Alpes-de-Haute-Provence

- Curbans
- Col St-Jean
- Méolans-Revel
- Les Thuiles
- Seyne
- Clamensane
- le Vernet
- St-Étienne-de-Tinée
- Sisteron
- AUBIGNOSC-EST
- Volonne
- Villars-Colmars
- Isola
- AUBIGNOSC-OUEST
- St-Martin-d'Entraunes
- St-Martin-Vésubie
- Digne-les-Bains
- St-André-les-Alpes

Alpes-Maritimes

- Niozelles
- Sospel
- Moustiers-Ste-Marie
- Castellane
- Riez
- Contes
- Gréoux-les-Bains
- Ste-Croix-de-Verdon
- Montpezat
- la Colle-s-Loup
- Vence
- Monaco
- les Salles-s-Verdon
- le Bar-s-Loup
- NICE
- Esparron-de-Verdon
- St-Laurent-du-Verdon
- Grasse
- Cagnes-s-Mer
- Régusse
- Auribeau-s-S.
- Cros-de-Cagnes
- Callas
- St-Paul-en-Forêt
- Villeneuve-Loubet-Plage
- Villecroze
- Le Cannet
- Draguignan
- CANAVER
- les Adrets-de-l'Esterel
- CANNES
- Taradeau
- Le Muy
- Mandelieu-la-Napoule

Var

- Nans-les-Pins
- Brignoles
- Roquebrune-s-Argens
- Agay
- TERRASSES DE PROVENCE
- Puget-s-A.
- St-Raphaël
- VIDAUBAN SUD
- Fréjus
- St-Aygulf
- LA CHABERTE
- Grimaud
- Bormes-les-Mimosas
- Ramatuelle
- La Croix-Valmer
- Cavalaire-s-Mer
- Le Lavandou
- TOULON
- La Londe-les-Maures
- Hyères
- St-Mandrier-s-Mer
- Sanary-s-M.
- Giens
- Îles d'Hyères

PROVENCE-ALPES-CÔTE D'AZUR

LES ADRETS-DE-L'ESTEREL

83600 - Carte Michelin 340 P4 - 2 063 h. - alt. 295
▶ Paris 881 - Cannes 26 - Draguignan 44 - Fréjus 17

Les Philippons

✆ 04 94 40 90 67, www.lesphilippons.com

Pour s'y rendre : 378 rte de l'Argentière (3 km à l'est par D 237)

Ouverture : de déb. avr. à fin sept.

5 ha (120 empl.) fort dénivelé, en terrasses, plat, herbeux, pierreux

Empl. camping : (Prix 2017) 35 € (10A) - pers. suppl. 7 €

Location : (Prix 2017) (de déb. avr. à fin sept.) - 18 - 2 cabanons. Nuitée 35 à 134 € - Sem. 245 à 938 €

En deux parties distinctes dans un cadre méditerranéen sous les oliviers, eucalyptus, chênes-lièges et mimosas.

Nature :
Loisirs : laverie, réfrigérateurs
Services :

GPS E : 6.84002 N : 43.52876

AGAY

83530 - Carte Michelin 340 Q5 - alt. 20
▶ Paris 880 - Cannes 34 - Draguignan 43 - Fréjus 12

Esterel Caravaning

✆ 04 94 82 03 28, www.esterel-caravaning.fr

Pour s'y rendre : av. des Golfs (4 km au nord-ouest)

Ouverture : de fin mars à fin sept.

15 ha (495 empl.) en terrasses, peu incliné, plat, herbeux, pierreux

Empl. camping : (Prix 2017) 67 € (16A) - pers. suppl. 12 € - frais de réservation 40 €

Location : (Prix 2017) (de fin mars à fin sept.) - 331 . Nuitée 30 à 340 € - Sem. 210 à 2 310 € - frais de réservation 40 €
borne AireService 23 €

Piscine ludique couverte pour les enfants, nurserie et quelques emplacements très grand confort (jacuzzi, cuisinette ou sanitaires privés).

Nature :
Loisirs : centre balnéo hammam discothèque squash terrain multisports skate parc
Services : – 18 sanitaires individuels wc laverie

GPS E : 6.83256 N : 43.45419

Campéole Le Dramont

✆ 04 94 82 07 68, www.campeole.com

Pour s'y rendre : 986 bd de la 36e-Division-du-Texas

Ouverture : de déb. avr. à fin sept.

6,5 ha (374 empl.) vallonné, plat, sablonneux, pierreux

Empl. camping : (Prix 2017) 30,40 € (6A) - pers. suppl. 7,30 €

Location : (Prix 2017) (de déb. avr. à fin sept.) - 87 - 66 bungalows toilés - 11 tentes lodges - 36 cabanons. Nuitée 32 à 184 € - Sem. 224 à 1 288 €
borne eurorelais 7,50 €

Agréable pinède avec des emplacements face à la mer et du locatif varié en confort.

Nature :
Loisirs : plongée terrain multisports
Services : laverie
À prox. :

GPS E : 6.84835 N : 43.41782

---

www.esterel-caravaning.fr

Esterel Since 1976

450

PROVENCE-ALPES-CÔTE D'AZUR

Campéole
www.campeole.com

LE DRAMONT ★★★

Face à l'île d'Or, la plage en accès direct

Emplacements campeurs, mobil-homes, chalets, Pagans Lodges Maasaï. Piscine de 230 m² et solarium, Espace bien-être, Centre de plongée international sur place.

986 boulevard de la 36ᵉ division du Texas
83530 Agay-Saint-Raphaël
+33 (0)4 94 82 07 68
dramont@campeole.com

Sud Est Vacances La Vallée du Paradis

04 94 82 16 00, www.camping-vallee-du-paradis.fr - peu d'emplacements pour tentes et caravanes

Pour s'y rendre : av. du Gratadis (1 km au nord-ouest, au bord de l'Agay)

Ouverture : de fin mars à fin oct.

3 ha (184 empl.) plat

Empl. camping : (Prix 2017) 65,50€ ★★ 🚗 📧 (16A) - pers. suppl. 10€ - frais de réservation 5€

Location : (Prix 2017) (de fin mars à fin oct.) - 168. Nuitée 48 à 228€ - Sem. 288 à 1 596€ - frais de réservation 5€

Village de mobile homes bordé par la rivière avec pontons d'amarrage.

Nature :
Loisirs :
Services : laverie
À prox. :

GPS E : 6.85285 N : 43.43546

Les Rives de l'Agay

04 94 82 02 74, www.lesrivesdelagay.com

Pour s'y rendre : 575 av. du Gratadis (700 m au nord-ouest, au bord de l'Agay et à 500 m de la plage)

Ouverture : de mi-mars à déb. nov.

2 ha (171 empl.) plat, herbeux, sablonneux

Empl. camping : (Prix 2017) 42,60€ ★★ 🚗 📧 (6A) - pers. suppl. 8€ - frais de réservation 20€

Location : (Prix 2017) (de mi-mars à déb. nov.) - 48. Nuitée 39 à 145€ - Sem. 273 à 1 015€ - frais de réservation 20€

Bordé par la rivière avec ponton d'amarrage et mise à l'eau des bateaux.

Nature :
Loisirs : plongée
Services : laverie
À prox. :

GPS E : 6.85263 N : 43.43408

Agay-Soleil

04 94 82 00 79, www.agay-soleil.com (de déb. juil. à déb. sept.)

Pour s'y rendre : 1152 bd de la Plage (700 m à l'est sur la D 559, rte de Cannes)

Ouverture : de fin mars à déb. nov.

0,7 ha (53 empl.) en terrasses, peu incliné, plat, sablonneux

Empl. camping : (Prix 2017) 36,50€ ★★ 🚗 📧 (10A) - pers. suppl. 7€ - frais de réservation 20€

Location : (Prix 2017) (de fin mars à déb. nov.) - 5 - 2 - 1 appartement. Sem. 325 à 1 000€

borne artisanale 10€

Nature :
Loisirs :
Services :
À prox. : base nautique

GPS E : 6.86822 N : 43.43333

Royal-Camping

04 94 82 00 20, www.royalcamping.net

Pour s'y rendre : r. Louise-Robinson (1,5 km à l'ouest par D 559, rte de St-Raphael et r. à gauche)

Ouverture : de mi-fév. à mi-nov.

0,6 ha (45 empl.) plat, herbeux, gravier

Empl. camping : (Prix 2017) 34€ ★★ 🚗 📧 (6A) - pers. suppl. 7€ - frais de réservation 20€

Location : (Prix 2017) (de mi-mars à mi-nov.) - 9. Nuitée 50 à 90€ - Sem. 350 à 810€ - frais de réservation 20€

Nature :
Loisirs :
Services :
À prox. :

GPS E : 6.85707 N : 43.42027

Campeurs... N'oubliez pas que le feu est le plus terrible ennemi de la forêt.
Soyez prudents !

PROVENCE-ALPES-CÔTE D'AZUR

AIX-EN-PROVENCE

13100 - Carte Michelin **340** H4 - 141 895 h. - alt. 206
▶ Paris 752 - Aubagne 39 - Avignon 82 - Manosque 57

⛰ Chantecler

📞 04 42 26 12 98, www.campingchantecler.com

Pour s'y rendre : 41 av. du Val-St-André (2,5 km au sud-est, accès par cours Gambetta - par A8 : sortie 31, Aix - Val-St-André)

Ouverture : Permanent

8 ha (240 empl.) fort dénivelé, vallonné, en terrasses, plat, herbeux, pierreux

Empl. camping : (Prix 2017) 28,70€ ✶✶ 🚗 🔲 ⚡ (6A) - pers. suppl. 7,50€

Location : (Prix 2017) Permanent - 39 🏠 - 13 🏕. Nuitée 134 à 240€ - Sem. 434 à 807€

⛽ borne artisanale 5€

Préférer les emplacements les plus éloignés de la nuisance sonore de l'autoroute.

Nature : 🌲 ⚡	**GPS** E : 5.47416
Loisirs : 🍴 ✖ 🏠 👥 🏊	N : 43.51522
Services : 🔑 🚻 ♿ 📶 laverie	

ANCELLE

05260 - Carte Michelin **334** F5 - 854 h. - alt. 1 340 - Sports d'hiver : 1 350/1 807 m
▶ Paris 665 - Gap 17 - Grenoble 103 - Orcières 18

⛰ Les Auches

📞 04 92 50 80 28, www.lesauches.com

Pour s'y rendre : Lieu-dit : Les Auches (sortie nord par rte de Pont du Fossé et à dr.)

Ouverture : de déb. avr. à fin oct.

2 ha (100 empl.) non clos, en terrasses, peu incliné, herbeux

Empl. camping : (Prix 2017) 25€ ✶✶ 🚗 🔲 ⚡ (6A) - pers. suppl. 5€

Location : (Prix 2017) Permanent ♿ (1 chalet) - 🏊 - 12 🏠 - 11 🏕 - 2 cabanons - 2 gîtes - 2 studios. Sem. 210 à 735€ - frais de réservation 15€

⛽ borne artisanale 13,50€

Emplacements en terrasses avec vue sur la montagne, les pistes de ski et les remontées mécaniques.

Nature : 🌲 ⚡	**GPS** E : 6.21075
Loisirs : ✖ 🏠 👥 jacuzzi 🏊	N : 44.62435
Services : 🔑 🚻 ♿ 📶 laverie	

APT

84400 - Carte Michelin **332** F10 - 11 405 h. - alt. 250
▶ Paris 728 - Aix-en-Provence 56 - Avignon 54 - Carpentras 49

⛰ Le Lubéron

📞 04 90 04 85 40, www.campingleluberon.com

Pour s'y rendre : av. de Saignon (2 km au sud-est par D 48)

Ouverture : de déb. avr. à fin sept.

5 ha (110 empl.) en terrasses, plat et peu incliné, herbeux, gravillons

Empl. camping : (Prix 2017) 34,60€ ✶✶ 🚗 🔲 ⚡ (6A) - pers. suppl. 9,50€ - frais de réservation 18€

Location : (Prix 2017) (de déb. avr. à fin sept.) - 9 🏠 - 17 🏕 - 6 tentes lodges - 2 gîtes. Nuitée 120 à 185€ - Sem. 581 à 996€ - frais de réservation 18€

⛽ borne artisanale 6€

Nature : 🌲 ⚡	**GPS** E : 5.41327
Loisirs : 🍴 ✖ 🏊 👥	N : 43.86632
Services : 🔑 🚻 ♿ 📶 laverie réfrigérateurs	

⛰ Les Cèdres

📞 04 90 74 14 61, www.camping-les-cedres.eu

Pour s'y rendre : 63 imp. de La Fantaisie (sortie nord-ouest par D 22, rte de Rustrel)

Ouverture : de mi-mars à mi-nov.

1,8 ha (110 empl.) plat, herbeux, pierreux

Empl. camping : (Prix 2017) ✶ 3€ 🚗 2,40€ 🔲 – ⚡ (10A) 3,70€

⛽ borne eurorelais 4€

Un petit chemin aménagé mène à la rivière.

Nature : 🌲 ⚡	**GPS** E : 5.4013
Loisirs : 🏠 👥 mur d'escalade	N : 43.87765
Services : 🔑 🚻 📶 🏠 👥 🏊 réfrigérateurs	
À prox. : 🏊	

L'ARGENTIÈRE-LA-BESSÉE

05120 - Carte Michelin **334** H4 - 2 328 h. - alt. 1 024
▶ Paris 696 - Briançon 17 - Embrun 33 - Gap 74

⛰ Les Écrins

📞 04 92 23 03 38, www.camping-les-ecrins.com

Pour s'y rendre : av. Pierre-Ste (2,3 km au sud par N 94, rte de Gap, et D 104 à dr.)

Ouverture : de mi-avr. à mi-sept.

3 ha (71 empl.) plat, herbeux, pierreux

Empl. camping : (Prix 2017) 18,10€ ✶✶ 🚗 🔲 ⚡ (10A) - pers. suppl. 5,75€ - frais de réservation 3€

⛽ borne artisanale 2€ - 1 🔲 12€ - 🔌 ⚡12€

Clientèle jeune et sportive, groupes et colonies, attirée par les nombreuses activités en eaux vives.

Nature : 🌲 ⚡	**GPS** E : 6.55823
Loisirs : 🏠 👥	N : 44.77687
Services : 🔑 🚻 ♿ 📶 🏠	
À prox. : ✖ 🏊 🏕 (plan d'eau) 🚣 sports en eaux vives	

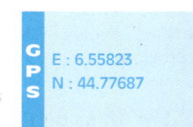

ARLES

13200 - Carte Michelin **340** C3 - 52 439 h. - alt. 13
▶ Paris 719 - Aix-en-Provence 77 - Avignon 37 - Cavaillon 44
Ouest : **14 km** par N 572 rte de St-Gilles et D 37 à gauche

⛰ Crin Blanc

📞 04 66 87 48 78, www.campingcrinblanc.com

Pour s'y rendre : au hameau des Saliers (au sud-ouest de Saliers par D 37)

Ouverture : de déb. avr. à fin sept.

4,5 ha (170 empl.) plat, herbeux, pierreux

Empl. camping : (Prix 2017) 26€ ✶✶ 🚗 🔲 ⚡ (10A) - pers. suppl. 5,50€ - frais de réservation 10€

Location : (Prix 2017) Permanent - 120 🏠 - 1 🏕. Nuitée 35 à 85€ - Sem. 150 à 950€ - frais de réservation 19€

452

PROVENCE-ALPES-CÔTE D'AZUR

Quelques emplacements ombragés par un préau, entouré de rizières et d'une manade.

Nature :
Loisirs :
Services : laverie
À prox. :

GPS : E : 4.47392 / N : 43.66149

AUBIGNAN

84810 - Carte Michelin **332** D9 - 4 861 h. - alt. 65
▶ Paris 675 - Avignon 31 - Carpentras 7 - Orange 21

⚠ Le Brégoux

📞 04 90 62 62 50, www.camping-lebregoux.fr

Pour s'y rendre : 410 chemin du Vas (800 m au sud-est par D 55, rte de Caromb et chemin à dr.)

Ouverture : de mi-mars à fin oct.

3,5 ha (160 empl.) plat, herbeux, gravillons

Empl. camping : (Prix 2017) ✶ 6,30€ ⬜ 6,40€ – (10A) 5€
Location : (Prix 2017) (de mi-mars à fin oct.) - 5 🏠. Sem. 340 à 750€

Cadre agéable et confort sanitaires très satisfaisant.

Nature :
Loisirs :
Services : – 3 sanitaires individuels (wc) laverie

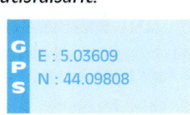

GPS : E : 5.03609 / N : 44.09808

AURIBEAU-SUR-SIAGNE

06810 - Carte Michelin **341** C6 - 2 945 h. - alt. 85
▶ Paris 900 - Cannes 15 - Draguignan 62 - Grasse 9

⚠ Le Parc des Monges

📞 04 93 60 91 71, www.parcdesmonges.com

Pour s'y rendre : 635 chemin du Gabre (1,4 km au nord-ouest par D 509, rte de Tanneron)

Ouverture : de déb. avr. à fin sept.

1,3 ha (55 empl.) en terrasses, plat, herbeux, pierreux

Empl. camping : (Prix 2017) 25€ ✶✶ ⬜ (6A) - pers. suppl. 6,20€
Location : (Prix 2017) (de déb. avr. à fin sept.) - 32 🏠 - 5 🏠. Nuitée 30 à 160€ - Sem. 210 à 1 120€
🚐 borne artisanale 7€

Emplacements délimités par les lauriers roses, au bord de la Siagne.

Nature :
Loisirs : jacuzzi
Services :
À prox. :

GPS : E : 6.90252 / N : 43.60659

AVIGNON

84000 - Carte Michelin **332** B10 - 89 592 h. - alt. 21
▶ Paris 682 - Aix-en-Provence 82 - Arles 37 - Marseille 98

⚠ Aquadis Loisirs Le Pont d'Avignon

📞 04 90 80 63 50, www.aquadis-loisirs.com/camping-du-pont-d-avignon

Pour s'y rendre : île-de-la-Barthelasse, 10 chemin de la Barthelasse (au nord-ouest, rte de Villeneuve-lès-Avignon par le pont Édouard-Daladier et à dr.)

Ouverture : de déb. mars à mi-nov.

8 ha (300 empl.) plat, herbeux, gravillons

Empl. camping : (Prix 2017) 38€ ✶✶ ⬜ (10A) - pers. suppl. 6,50€ - frais de réservation 10€
Location : (Prix 2017) (de déb. mars à mi-nov.) - 30 🏠 - 11 bungalows toilés. Nuitée 35 à 72€ - Sem. 200 à 979€ - frais de réservation 10€
🚐 borne artisanale

Sur l'île de la Barthelasse avec vue sur le Pont et à la Cité pour quelques emplacements.

Nature :
Loisirs :
Services : laverie

GPS : E : 4.7971 / N : 43.95331

BARATIER

05200 - Carte Michelin **334** G6 - 520 h. - alt. 855
▶ Paris 704 - Marseille 214 - Gap 39 - Digne 90

⚠ Les Airelles

📞 04 92 43 11 57, www.lesairelles.com

Pour s'y rendre : rte des Orres (1,2 km au sud-est par D 40, rte des Orres et rte à dr.)

Ouverture : de mi-juin à mi-sept.

5 ha/4 campables (143 empl.) en terrasses, plat et peu incliné, herbeux, pierreux

Empl. camping : (Prix 2017) ✶ 7,80€ ⬜ 8,80€ – (10A) 5,50€
Location : (Prix 2017) (de mi-juin à mi-sept.) - 18 🏠 - 35 🏠 - 5 tentes lodges - 8 roulottes. Nuitée 65 à 150€ - Sem. 280 à 980€

Cadre soigné avec du locatif varié souvent de grand confort et équipé de grandes terrasses en partie couvertes.

Nature :
Loisirs : diurne piste de skate terrain multisports
Services :

GPS : E : 6.50164 / N : 44.5291

⚠ Les Deux Bois

📞 04 92 43 54 14, www.camping-les2bois.com

Pour s'y rendre : rte de Pra-Fouran (accès au bourg par D 204)

Ouverture : de mi-mai à mi-sept.

2,5 ha (100 empl.) en terrasses, incliné, plat, herbeux, pierreux

Empl. camping : (Prix 2017) 24€ ✶✶ ⬜ (10A) - pers. suppl. 5,90€ - frais de réservation 15€
Location : (Prix 2017) Permanent 🅿 - 4 🏠. Nuitée 75 à 150€ - Sem. 399 à 1 100€

Petit village de mobile homes grand confort ouvert à l'année.

Nature :
Loisirs :
Services : laverie
À prox. :

GPS : E : 6.49207 / N : 44.53837

---

*Die Klassifizierung (1 bis 5 Zelte, **schwarz** oder **rot**), mit der wir die Campingplätze auszeichnen, ist eine Michelin-eigene Klassifizierung. Sie darf nicht mit der staatlich-offiziellen Klassifizierung (1 bis 5 Sterne) verwechselt werden.*

PROVENCE-ALPES-CÔTE D'AZUR

BARRET-SUR-MÉOUGE

05300 - Carte Michelin **334** C7 - 220 h. - alt. 640
▶ Paris 700 - Laragne-Montéglin 14 - Sault 46 - Séderon 21

▲ Les Gorges de la Méouge

✆ 04 92 65 08 47, www.camping-meouge.com

Pour s'y rendre : lieu-dit : Le Serre (sortie est par D 942, rte de Laragne-Montéglin et chemin à dr., près de la Méouge)

Ouverture : de déb. avr. à fin sept.

3 ha (115 empl.) plat, herbeux

Empl. camping : (Prix 2017) 20,90€ ✶✶ ⇌ 🅴 (10A) - pers. suppl. 6,40€

Location : (Prix 2017) (de déb. mai à fin sept.) - 13 🚐. Nuitée 67 à 95€ - Sem. 469 à 665€

🚐 borne artisanale - 🛒 12€

Cadre ombragé avec des gîtes sur le haut du terrain.

Nature : 🌳 🌲
Loisirs : 🛝 🏊
Services : ⚬ ♿ 📶 laverie

GPS : E : 5.73822 N : 44.26078

LE BAR-SUR-LOUP

06620 - Carte Michelin **341** C5 - 2 805 h. - alt. 320
▶ Paris 916 - Cannes 22 - Grasse 10 - Nice 31

▲ Les Gorges du Loup

✆ 04 93 42 45 06, www.lesgorgesduloup.com

Pour s'y rendre : 965 chemin des Vergers (1 km au nord-est par D 2210)

Ouverture : de mi-avr. à fin sept.

1,6 ha (70 empl.) fort dénivelé, en terrasses, plat, herbeux, pierreux

Empl. camping : (Prix 2017) 31,80€ ✶✶ ⇌ 🅴 (10A) - pers. suppl. 6€ - frais de réservation 15€

Location : (Prix 2017) (de mi-avr. à fin sept.) - 5 🚐 - 10 🏠 - 1 appartement. Sem. 340 à 760€ - frais de réservation 15€

Petites terrasses souvent à l'ombre d'oliviers centenaires avec pour certaines une vue sur les gorges du Loup.

Nature : 🌳 ≤ 🏔
Loisirs : 🏊 🎣 🛝
Services : ⚬ 🅿 📶 🧊 🛒

GPS : E : 6.99527 N : 43.70183

BEAUMES-DE-VENISE

84190 - Carte Michelin **332** D9 - 2 283 h. - alt. 100
▶ Paris 666 - Avignon 34 - Nyons 39 - Orange 23

▲ Municipal de Roquefiguier

✆ 04 90 62 95 07, www.mairie-de-beaumes-de-venise.fr

Pour s'y rendre : rte de Lafare (sortie nord par D 90, rte de Malaucène et à dr., au bord de la Salette)

Ouverture : de déb. mars à fin oct. - 🅿

1,5 ha (63 empl.) en terrasses, peu incliné, herbeux, pierreux

Empl. camping : (Prix 2017) 15,60€ ✶✶ ⇌ 🅴 (16A) - pers. suppl. 3,50€

Nature : ≤ 🌲
Loisirs : 🎣 🛝
Services : ⚬ 🅿 📶 🧊 réfrigérateurs
À prox. : ✂ 🏊

GPS : E : 5.03448 N : 44.12244

BEAUMONT-DU-VENTOUX

84340 - Carte Michelin **332** E8 - 317 h. - alt. 360
▶ Paris 676 - Avignon 48 - Carpentras 21 - Nyons 28

⛰ Mont-Serein

✆ 04 90 60 49 16, www.camping-ventoux.com - alt. 1 400

Pour s'y rendre : à la station de ski du Mont-Serein (20 km à l'est par D 974 et D 164a, r. du Mont-Ventoux par Malaucène)

Ouverture : Permanent

1,2 ha (60 empl.) plat, pierreux, herbeux

Empl. camping : (Prix 2017) ✶ 12€ ⇌ – 🅴 (16A) 4€

Location : (Prix 2017) Permanent - 7 🏠 - 3 chalets sur pilotis - 2 cabanons - 5 gîtes. Nuitée 16 à 65€ - Sem. 350 à 620€

🚐 borne AireService - 30 🛒 12€

Agréable situation dominante au pied des pistes, avec une petite piscine hors sol.

Nature : 🌳 ≤ Mont-Ventoux et chaîne des Alpes 🌲
Loisirs : 🍴 ✗ 🏊 🎣 jacuzzi
Services : ⚬ 🏪 🅿 📶 🧊

GPS : E : 5.25898 N : 44.1811

BÉDOIN

84410 - Carte Michelin **332** E9 - 3 132 h. - alt. 295
▶ Paris 692 - Avignon 43 - Carpentras 16 - Vaison-la-Romaine 21

▲ Municipal la Pinède

✆ 04 90 65 61 03, camping.municipal@bedoin.fr

Pour s'y rendre : chemin des Sablières (sortie ouest par rte de Crillon-le-Brave et chemin à dr., à côté de la piscine municipale)

Ouverture : de mi-mars à fin oct.

6 ha (117 empl.) fort dénivelé, en terrasses, pierreux, herbeux

Empl. camping : (Prix 2017) 18,50€ ✶✶ ⇌ 🅴 (16A) - pers. suppl. 3,90€

Location : (Prix 2017) (de mi-mars à fin oct.) - 1 🚐 - 3 🏠. Sem. 360 à 650€

🚐 10 🛒 15€

Végétation très méditerranéenne pour ce terrain au très fort dénivelé.

Nature : 🌳 🌲
Services : ⚬ 📶 🧊
À prox. : ✂ 🏊

GPS : E : 5.17261 N : 44.12486

BOLLÈNE

84500 - Carte Michelin **332** B8 - 13 885 h. - alt. 40
▶ Paris 634 - Avignon 53 - Montélimar 34 - Nyons 35

⛰ La Simioune

✆ 04 90 63 17 91, www.la-simioune.fr

Pour s'y rendre : quartier de Guffiage (5 km au nord-est par rte de Lambisque (accès sur D 8 par ancienne rte de Suze-la-Rousse longeant le Lez) et chemin à gauche)

Ouverture : de déb. mars à fin oct.

3 ha (80 empl.) vallonné, en terrasses, plat, sablonneux

Empl. camping : (Prix 2017) 25€ ✶✶ ⇌ 🅴 (10A) - pers. suppl. 5,50€

Location : (Prix 2017) (de déb. mars à fin oct.) - 10 🚐 - 3 🏠 - 3 tentes lodges. Sem. 250 à 730€

🚐 borne artisanale - 🛒 13€

PROVENCE-ALPES-CÔTE D'AZUR

Agréable pinède vallonnée perdue au milieu des vignes.

- Nature :
- Loisirs : mini ferme terrain multisports
- Services :
- À prox. : parcours dans les arbres

GPS : E : 4.74848 / N : 44.28203

BORMES-LES-MIMOSAS

83230 - Carte Michelin 340 N7 - 7 321 h. - alt. 180
▶ Paris 871 - Fréjus 57 - Hyères 21 - Le Lavandou 4

Le Camp du Domaine

☎ 04 94 71 03 12, www.campdudomaine.com (de mi-juil. à mi-août)

Pour s'y rendre : à La Favière, 2581 rte de Bénat (2 km au sud près du port)

Ouverture : de fin mars à fin oct.

38 ha (1300 empl.) fort dénivelé, en terrasses, plat, pierreux, rochers

Empl. camping : (Prix 2017) 57€ (16A) - pers. suppl. 12,50€ - frais de réservation 27€

Location : (Prix 2017) (de fin mars à fin oct.) - 111 - 80 - 4 tentes lodges. Nuitée 65 à 286€ - Sem. 455 à 2 350€ - frais de réservation 27€

borne artisanale - 100 24€

Site privilégié sur une presqu'île vallonnée et boisée au bord de la plage. Hors saison, excursions organisées avec chauffeur.

- Nature :
- Loisirs : terrain multisports
- Services : laverie cases réfrigérées
- À prox. : pédalos ski nautique

GPS : E : 6.35129 / N : 43.11788

Manjastre

☎ 04 94 71 03 28, www.campingmanjastre.com (de fin août à déb. juil.)

Pour s'y rendre : 150 chemin des Girolles (5 km au nord-ouest sur N 98, rte de Cogolin)

Ouverture : Permanent

3,5 ha (120 empl.) en terrasses, plat et peu incliné, pierreux

Empl. camping : (Prix 2017) 30,70€ (10A) - pers. suppl. 7,10€ - frais de réservation 15,50€

borne artisanale 6€ - 8 20,80€

Bel ensemble de terrasses parmi les mimosas et les chênes-lièges.

- Nature :
- Loisirs :
- Services : laverie

GPS : E : 6.32153 / N : 43.16258

BRIANÇON

05100 - Carte Michelin 334 H2 - 11 574 h. - alt. 1 321 - Sports d'hiver : 1 200/2 800 m
▶ Paris 681 - Digne-les-Bains 145 - Embrun 48 - Grenoble 89

Les 5 Vallées

☎ 04 92 21 06 27, www.camping5vallees.com

Pour s'y rendre : lieu-dit : St-Blaise (2 km au sud par N 94)

Ouverture : de fin mai à fin sept.

5 ha (210 empl.) plat, herbeux, pierreux

Empl. camping : (Prix 2017) 8€ 2,90€ 4,95€ – (10A) 5,80€

Location : (Prix 2017) (de mi-déc. à fin sept.) - 31 . Nuitée 60 à 80€ - Sem. 430 à 607€

borne eurorelais 5€

Emplacements en sous-bois avec un joli village de mobile homes, proche de la Durance.

- Nature :
- Loisirs :
- Services : laverie
- À prox. :

GPS : E : 6.61655 / N : 44.87748

CADENET

84160 - Carte Michelin 332 F11 - 4 061 h. - alt. 170
▶ Paris 734 - Aix-en-Provence 33 - Apt 23 - Avignon 63

Homair Vacances Val de Durance

☎ 04 90 68 37 75, www.homair.com - peu d'emplacements pour tentes et caravanes

Pour s'y rendre : 570 av. du Club-Hippique (2,7 km au sud-ouest par D 943, rte d'Aix, D 59 à dr. et chemin à gauche)

Ouverture : de déb. avr. à fin sept.

10 ha/2,4 campables (244 empl.) plat, herbeux, pierreux

Empl. camping : (Prix 2017) 36€ (10A) - pers. suppl. 8€ - frais de réservation 10€

Location : (Prix 2017) (de déb. avr. à fin sept.) - 185 - 2 cabanes flottantes. Sem. 140 à 1 344€ - frais de réservation 10€

Beaucoup de mobile homes de bon confort au bord du plan d'eau.

- Nature :
- Loisirs : terrain multisports
- Services :

GPS : E : 5.35515 / N : 43.71957

Renouvelez votre guide chaque année.

CAGNES-SUR-MER

06800 - Carte Michelin 341 D6 - 48 024 h. - alt. 20
▶ Paris 915 - Antibes 11 - Cannes 21 - Grasse 25

La Rivière

☎ 04 93 20 62 27, www.campinglariviere06.fr

Pour s'y rendre : 168 chemin des Salles (3,5 km au nord, au bord de la Cagne)

Ouverture : de déb. avr. à fin sept.

1,2 ha (90 empl.) plat, herbeux, gravier

Empl. camping : (Prix 2017) 27,50€ (6A) - pers. suppl. 4€

Location : (Prix 2017) (de déb. avr. à fin sept.) - 4 . Sem. 240 à 430€

Terrain avec peu de mobile homes.

- Nature :
- Loisirs :
- Services :

GPS : E : 7.14283 / N : 43.69581

PROVENCE-ALPES-CÔTE D'AZUR

Le Colombier

04 93 73 12 77, www.campinglecolombier.com

Pour s'y rendre : 35 chemin Ste-Colombe (2 km au nord en dir. des collines de la rte de Vence)

0,5 ha (33 empl.) plat et peu incliné, herbeux, gravier

borne artisanale

Confort sanitaire faible et ancien. Piscine de l'autre côté de la route.

Nature :
Loisirs : (petite piscine)
Services : laverie réfrigérateurs

GPS E : 7.13893 N : 43.67107

CALLAS

83830 - Carte Michelin 340 O4 - 1 813 h. - alt. 398

Paris 872 - Castellane 51 - Draguignan 14 - Toulon 94

Les Blimouses

04 94 47 83 41, www.campinglesblimouses.com

Pour s'y rendre : 3 km au sud par D 25 et D 225, rte de Draguignan

Ouverture : de mi-mars à mi-oct.

6 ha (170 empl.) en terrasses, plat et peu incliné, herbeux, pierreux

Empl. camping : (Prix 2017) 32€ ✶✶ ⇌ 🅿 (10A) - pers. suppl. 4€

Location : (Prix 2017) (de mi-mars à mi-oct.) - 32 🚐 - 7 🏠 - 5 tentes lodges. Nuitée 44 à 125€ - Sem. 259 à 799€ - frais de réservation 25€

borne AireService 10€ - 20 🅿 16€

Emplacements ombragés dont beaucoup sont occupés par des mobile homes de propriétaires-résidents.

Nature :
Loisirs :
Services :

GPS E : 6.53242 N : 43.57456

CANNES

06400 - Carte Michelin 341 D6 - 73 372 h. - alt. 2

Paris 898 - Aix-en-Provence 149 - Marseille 160 - Nice 33

Le Parc Bellevue

04 93 47 28 97, www.parcbellevue.com

Pour s'y rendre : à la Bocca, 67 av. Maurice-Chevalier (au nord, derrière le stade municipal)

Ouverture : de déb. avr. à fin sept.

5 ha (250 empl.) fort dénivelé, en terrasses, plat, herbeux, gravier

Empl. camping : (Prix 2017) 32€ ✶✶ ⇌ 🅿 (6A) - pers. suppl. 5€

Location : (Prix 2017) (de déb. avr. à fin sept.) - 60 🚐. Nuitée 70€ - Sem. 250 à 800€

borne artisanale

Cadre ombragé, mais préférer les emplacements éloignés de la route.

Nature :
Loisirs :
Services :

GPS E : 6.96042 N : 43.55617

LE CANNET

06110 - Carte Michelin 341 C6 - 41 725 h. - alt. 80

Paris 909 - Marseille 180 - Nice 39 - Monaco 54

Le Ranch

04 93 46 00 11, www.leranchcamping.fr

Pour s'y rendre : lieu-dit : Aubarède, chemin St-Joseph (1,5 km au nord-ouest par D 9 puis bd de l'Esterel à dr.)

Ouverture : de mi-avr. à mi-oct.

2 ha (128 empl.) en terrasses, peu incliné, plat, herbeux, pierreux

Empl. camping : (Prix 2017)

25€ ✶✶ ⇌ 🅿 (6A) - pers. suppl. 7€ - frais de réservation 15€

Location : (Prix 2017) Permanent - 18 🚐 - 5 🏠 - 2 🛏 - 1 appartement. Nuitée 40 à 75€ - Sem. 205 à 480€ - frais de réservation 15€

borne AireService 5€

En zone urbaine ; préférer les emplacements éloignés de la route.

Nature :
Loisirs : (découverte en saison)
Services : laverie

GPS E : 6.97698 N : 43.56508

CARPENTRAS

84200 - Carte Michelin 332 D9 - 29 271 h. - alt. 102

Paris 679 - Avignon 30 - Cavaillon 28 - Orange 24

Flower Municipal Lou Comtadou

04 90 67 03 16, www.campingloucomtadou.com

Pour s'y rendre : 881 av. Pierre-de-Coubertin (1,5 km au sud-est par D 4, rte de St-Didier et rte à dr., près du complexe sportif)

Ouverture : de mi-mars à mi-oct.

1 ha (97 empl.) plat, herbeux, pierreux, petit plan d'eau

Empl. camping : (Prix 2017) 28,50€ ✶✶ ⇌ 🅿 (6A) - pers. suppl. 6,50€ - frais de réservation 10€

Location : (Prix 2017) (de déb. mars à fin sept.) - 25 🚐 - 2 bungalows toilés - 3 tentes lodges. Nuitée 33 à 134€ - Sem. 165 à 938€ - frais de réservation 15€

borne artisanale

Bel ombrage sous les platanes avec des emplacements bien délimités.

Nature :
Loisirs :
Services :
À prox. :

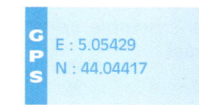

GPS E : 5.05429 N : 44.04417

CARRO

13500 - Carte Michelin 340 F6

Paris 787 - Marseille 44 - Aix-en-Provence 51 - Martigues 13

Village Vacances Les Chalets de la Mer

(pas d'emplacement tentes et caravanes)

04 42 80 73 46, www.semovim-martigues.com

Pour s'y rendre : r. de la Tramontane

3 ha plat

Choisissez votre restaurant sur **restaurant.michelin.fr**

PROVENCE-ALPES-CÔTE D'AZUR

Location : (de déb. avr. à fin sept.) - (8 chalets) - 78. Nuitée 55 à 200€ - Sem. 385 à 1 400€

Sous une jolie pinède.

Nature :
Loisirs : nocturne
Services : laverie point d'informations touristiques

GPS E : 5.04117 N : 43.33291

CASTELLANE

04120 - Carte Michelin **334** H9 - 1 553 h. - alt. 730

▶ Paris 797 - Digne-les-Bains 54 - Draguignan 59 - Grasse 64

Les Castels Le Domaine du Verdon

☎ 0492836129, www.camp-du-verdon.com

Pour s'y rendre : lieu-dit : Domaine de la Salaou (2 km au sud-ouest par D 952, rte de Moustier-Ste-Marie)

Ouverture : de mi-mai à mi-sept.

9 ha (500 empl.) plat, herbeux

Empl. camping : (Prix 2017) 49€ (16A) - pers. suppl. 14€ - frais de réservation 20€

Location : (Prix 2017) (de mi-mai à mi-sept.) - (1 mobile home) - 142. Nuitée 52 à 93€ - Sem. 854 à 1 281€ - frais de réservation 20€

borne flot bleu

Belle structure côté locatif mais qui propose pour les tentes et caravanes des sanitaires sans réel confort, limite vétustes.

Nature :
Loisirs : salle d'animations
Services : laverie cases réfrigérées
À prox. : sports en eaux vives

GPS E : 6.49402 N : 43.83895

RCN Les Collines de Castellane

☎ 0625887801, www.rcn.fr/collinesdecastellane - accès aux emplacements par forte pente, mise en place et sortie des caravanes à la demande - alt. 1 000

Pour s'y rendre : rte de Grasse (7 km au sud-est par N 85, à La Garde)

Ouverture : de fin avr. à fin sept.

7 ha (200 empl.) en terrasses, peu incliné, pierreux, plat, herbeux, bois

Empl. camping : (Prix 2017) 51€ (16A) - pers. suppl. 8€ - frais de réservation 20€

Location : (Prix 2017) (de fin avr. à fin sept.) - 36 - 4 - 6 tentes lodges. Nuitée 53 à 195€ - Sem. 371 à 1 365€ - frais de réservation 20€

Nature :
Loisirs : parcours dans les arbres
Services : laverie réfrigérateurs

GPS E : 6.56994 N : 43.8244

LET OP :
deze gegevens gelden in het algemeen alleen in het seizoen, wat de openingstijden van het terrein ook zijn.

Calme et Nature La Colle

☎ 0492836157, www.campingcastellane.com

Pour s'y rendre : 2,5 km au sud-ouest par D 952, rte de Moustiers-Ste-Marie et rte à drte (GR 4)

Ouverture : de déb. avr. à fin sept.

3 ha/1,5 (41 empl.) fort dénivelé, en terrasses, plat et peu incliné, herbeux, pierreux

Empl. camping : (Prix 2017) 20€ (10A) - pers. suppl. 6€

Location : (Prix 2017) (de déb. avr. à fin sept.) - 12 - 2 - 1 bungalow toilé - 4 tentes lodges. Nuitée 50 à 95€ - Sem. 350 à 600€

En terrasses, traversé par un petit ruisseau.

Nature :
Loisirs : petite ferme animalière
Services :
À prox. :

GPS E : 6.49312 N : 43.83864

Notre-Dame

☎ 0492836302, www.camping-notredame.com

Pour s'y rendre : rte des Gorges-du-Verdon (500 m au sud-ouest par D 952, rte de Moustiers-Ste-Marie, au bord d'un ruisseau)

Ouverture : de déb. avr. à mi-oct.

0,6 ha (44 empl.) plat, herbeux

Empl. camping : (Prix 2017) 25€ (10A) - pers. suppl. 6,50€ - frais de réservation 9€

Location : (Prix 2017) (de déb. avr. à mi-oct.) - 13. Nuitée 47 à 99€ - Sem. 329 à 630€

borne artisanale 6€ - 11€

À l'entrée du village et au bord de la route.

Nature :
Loisirs :
Services : laverie
À prox. : parc-aventure

GPS E : 6.50425 N : 43.84545

En juin et septembre les campings sont plus calmes, moins fréquentés et pratiquent souvent des tarifs « hors saison ».

CAVALAIRE-SUR-MER

83240 - Carte Michelin **340** 06 - 6 731 h. - alt. 2

▶ Paris 880 - Draguignan 55 - Fréjus 41 - Le Lavandou 21

Cros de Mouton

☎ 0494641087, www.crosdemouton.com - accès aux emplacements par forte pente, mise en place et sortie des caravanes à la demande

Pour s'y rendre : chemin du Cros-de-Mouton (1,5 km au nord-ouest)

Ouverture : de fin mars à fin oct.

5 ha (199 empl.) fort dénivelé, en terrasses, plat, pierreux

Empl. camping : (Prix 2017) 37€ (10A) - pers. suppl. 10,50€ - frais de réservation 20€

Location : (Prix 2017) (de fin mars à fin oct.) - 77 - 9. Nuitée 59 à 155€ - Sem. 410 à 1 090€ - frais de réservation 20€

Emplacements sur une colline avec vue panoramique sur la mer pour certains et de la terrasse du restaurant.

Nature : la baie de Cavalaire
Loisirs : jacuzzi
Services :

GPS E : 6.51662 N : 43.18243

457

PROVENCE-ALPES-CÔTE D'AZUR

CEILLAC

05600 - Carte Michelin **334** I4 - 307 h. - alt. 1 640 - Sports d'hiver : 1 700/2 500 m
▶ Paris 729 - Briançon 50 - Gap 75 - Guillestre 14

⚠ Les Mélèzes

☎ 04 92 45 21 93, www.campingdeceillac.com

Pour s'y rendre : lieu-dit : La Rua des Reynauds (1,8 km au sud-est)

Ouverture : de déb. juin à fin août

3 ha (100 empl.) en terrasses, peu incliné, pierreux, herbeux

Empl. camping : (Prix 2017) ♣ 6,90€ ⇌ 7,20€ – (16A) 5€

Site et cadre agréables avec les emplacements le long du torrent Le Mélezet.

Nature :	GPS
Loisirs :	E : 6.78843
Services : laverie	N : 44.65389

CEYRESTE

13600 - Carte Michelin **340** I6 - 4 139 h. - alt. 60
▶ Paris 804 - Aubagne 18 - Bandol 18 - La Ciotat 5

Ceyreste

☎ 04 42 83 07 68, www.campingceyreste.com

Pour s'y rendre : av. Eugène-Julien (1 km au nord)

2,7 ha (160 empl.) en terrasses, peu incliné, plat, gravillons, rochers

Location : 91

Emplacements en terrasses sous les pins avec vue mer pour quelques uns.

Nature :	GPS
Loisirs :	E : 5.62846
Services : laverie	N : 43.22044
À prox. : parcours de santé terrain multisports	

CHARLEVAL

13350 - Carte Michelin **340** G3 - 2 080 h. - alt. 136
▶ Paris 729 - Avignon 51 - Digne-les-Bains 117 - Marseille 63

Yelloh! Village Le Luberon Parc

☎ 04 42 96 60 60, www.campingluberonparc.fr

Pour s'y rendre : av. des Bois

Ouverture : de mi-mai à mi-sept.

6 ha (180 empl.) peu incliné, plat, pierreux, gravillons

Empl. camping : 51€ ♣♣ ⇌ 📧 (16A) - pers. suppl. 9€

Location : (de mi-mai à mi-sept.) - (1 mobile home) - 139 . Nuitée 39 à 265€ - Sem. 273 à 1 855€

🚐 borne artisanale

Emplacements agréablement ombragés entre le canal de Marseille et le canal de Provence.

Nature :	GPS
Loisirs : parcours dans les arbres paintball terrain multisports	E : 5.24555
Services : laverie	N : 43.7139
À prox. :	

CHÂTEAUNEUF-DE-GADAGNE

84470 - Carte Michelin **332** C10 - 3 249 h. - alt. 90
▶ Paris 701 - Marseille 95 - Avignon 14 - Nîmes 58

⚠ Le Fontisson

☎ 04 90 22 59 77, www.campingfontisson.com

Pour s'y rendre : 1125 rte d'Avignon (à la sortie du bourg par rte d'Avignon et chemin à drte)

Ouverture : de déb. avr. à déb. nov.

2 ha (55 empl.) peu incliné, pierreux, herbeux

Empl. camping : (Prix 2017) 30€ ♣♣ ⇌ 📧 (10A) - pers. suppl. 8€ - frais de réservation 10€

Location : (Prix 2017) (de déb. avr. à déb. nov.) - 21 - 1 tente lodge - 1 cabanon. Nuitée 50 à 140€ - Sem. 230 à 980€ - frais de réservation 15€

🚐 borne AireService 5€

Emplacements éloignés de la piscine pour plus de calme.

Nature :	GPS
Loisirs : terrain multisports	E : 4.93297
Services :	N : 43.92846

This Guide is not intended as a list of all the camping sites in France ; its aim is to provide a selection of the best sites in each category.

CHÂTEAURENARD

13160 - Carte Michelin **340** E2 - 14 971 h. - alt. 37
▶ Paris 692 - Avignon 10 - Carpentras 37 - Cavaillon 23

⚠ La Roquette

☎ 04 90 94 46 81, www.camping-la-roquette.com

Pour s'y rendre : 745 av. Jean-Mermoz (1,5 km à l'est par D 28, rte de Noves et à dr., près de la piscine - par A 7 sortie Avignon-Sud)

Ouverture : de déb. avr. à fin oct.

2 ha (74 empl.) plat, herbeux

Empl. camping : (Prix 2017) 26€ ♣♣ ⇌ 📧 (10A) - pers. suppl. 6€ - frais de réservation 12€

Location : (Prix 2017) (de déb. avr. à déb. oct.) - (1 mobile home) - 17 . Nuitée 39 à 120€ - Sem. 267 à 845€ - frais de réservation 12€

🚐 borne artisanale 3€ - 8€

Préférer les emplacements les plus éloignés de la route.

Nature :	GPS
Loisirs :	E : 4.87013
Services :	N : 43.88398

CHORGES

05230 - Carte Michelin **334** F5 - 2 567 h. - alt. 864
▶ Paris 676 - Embrun 23 - Gap 18 - Savines-le-Lac 12

⚠ Municipal

☎ 04 92 50 67 72, www.baiestmichel.com

Pour s'y rendre : baie St-Michel (4,5 km au sud-est par N 94, rte de Briançon, à 200 m du lac de Serre-Ponçon)

2 ha (110 empl.) fort dénivelé, en terrasses, plat, herbeux, pierreux, bois

458

PROVENCE-ALPES-CÔTE D'AZUR

Location : ♿ (2 chalets) - 10 🏠.
Emplacements en terrasses avec vue sur le lac de Serre-Ponçon pour certains. À 200 m de la plage et de la base nautique.

Nature : 🌳 ≤ ♀
Loisirs : 🎱 🐎 ⛵
Services : 🔑 📶
À prox. : 🍽 ✖ 🚣 🐎 ⛵ pédalos

GPS
E : 6.32379
N : 44.5283

CLAMENSANE

04250 - Carte Michelin 334 E7 - 166 h. - alt. 694
▶ Paris 720 - Avignon 180 - Grenoble 158 - Marseille 152

⛰ Le Clot du Jay en Provence 👥

📞 04 92 68 35 32, www.clotdujay.com
Pour s'y rendre : rte de Bayons (1 km à l'est par D 1, rte de Bayons, près du Sasse)
Ouverture : de mi-avr. à fin sept.
6 ha/3 campables (50 empl.) fort dénivelé, en terrasses, plat, herbeux, pierreux
Empl. camping : (Prix 2017) 28 € ✱✱ 🚗 📧 ⚡ (10A) - pers. suppl. 4 € - frais de réservation 9 €
Location : (Prix 2017) (de mi-avr. à fin sept.) - 10 🚐 - 12 🏠. Nuitée 45 à 110 € - Sem. 280 à 800 € - frais de réservation 9 €

Préférer les emplacements à l'orée de la forêt domaniale du Grand Vallon, plus éloignés de la route.

Nature : 🌲 ♀♀
Loisirs : 🍽 ✖ 🎱 🐎 ⛵ 🏊
Services : 🔑 🛒 🚿 📶 📧 🧺

GPS
E : 6.0845
N : 44.3226

LA COLLE-SUR-LOUP

06480 - Carte Michelin 341 D5 - 7 640 h. - alt. 90
▶ Paris 919 - Antibes 15 - Cagnes-sur-Mer 7 - Cannes 26

⛰ Sites et Paysages Les Pinèdes 👥

📞 04 93 32 98 94, www.lespinedes.com
Pour s'y rendre : rte du Pont-de-Pierre (1,5 km à l'ouest par D 6, rte de Grasse, à 50 m du Loup)
Ouverture : de déb. avr. à fin sept.
3,8 ha (149 empl.) fort dénivelé, en terrasses, plat, herbeux, gravillons
Empl. camping : (Prix 2017) 47,60 € ✱✱ 🚗 📧 ⚡ (10A) - pers. suppl. 6,70 € - frais de réservation 20 €
Location : (Prix 2017) (de déb. avr. à fin sept.) - 35 🚐 - 5 🏠 - 2 tentes lodges. Nuitée 50 à 200 € - Sem. 350 à 1 400 € - frais de réservation 20 €
🚐 borne artisanale 17 € - 🚐 14 €

Terrain en terrasses ombragées avec du locatif de bon confort.

Nature : 🌲 ♀♀
Loisirs : 🍽 ✖ 🎱 🐎 ⛵ 🏊 terrain multisports
Services : 🔑 📧 🛒 🚿 📶 🧺 cases réfrigérées
À prox. : 🐎 parc de loisirs

GPS
E : 7.08337
N : 43.68177

⛰ Flower Le Vallon Rouge

📞 04 93 32 86 12, www.auvallonrouge.com - peu d'emplacements pour tentes et caravanes 🚫
Pour s'y rendre : rte de Gréolières (3,5 km à l'ouest par D 6, rte de Grasse)
Ouverture : de déb. avr. à fin sept.
3 ha (103 empl.) en terrasses, plat, herbeux, sablonneux, gravillons
Empl. camping : (Prix 2017) 17 € ✱✱ 🚗 📧 ⚡ (10A) - pers. suppl. 2,60 € - frais de réservation 20 €
Location : (Prix 2017) (de déb. avr. à fin sept.) - 🚫 - 45 🚐 - 19 🏠 - 7 bungalows toilés - 7 tentes lodges. Nuitée 50 à 189 € - Sem. 170 à 990 € - frais de réservation 20 €
🚐 borne eurorelais 4 €

Préférer les emplacements au bord du Loup plus éloignés de la route.

Nature : 🌳 🌲 ♀♀
Loisirs : ✖ 🎱 🐎 ⛵ terrain multisports
Services : 🔑 🚿 🛒 📶 laverie

GPS
E : 7.07324
N : 43.68452

COL-ST-JEAN

04340 - Carte Michelin 334 G6 - alt. 1 333 - Sports d'hiver : 1 300/2 500 m
▶ Paris 709 - Barcelonnette 34 - Savines-le-Lac 31 - Seyne 10

⛰ Yelloh! Village L'Étoile des Neiges 👥

📞 04 92 35 07 08, www.etoile-des-neiges.com - alt. 1 300
Pour s'y rendre : à la station de ski du Col St-Jean (800 m au sud par D 207 et D 307 à dr.)
Ouverture : de déb. mai à mi-sept.
3 ha (150 empl.) en terrasses, plat, herbeux, pierreux
Empl. camping : (Prix 2017) 19 € ✱✱ 🚗 📧 ⚡ (6A) - pers. suppl. 7 €
Location : (Prix 2017) (de déb. mai à mi-sept.) - 🚫 - 🅿 - 70 🚐 - 25 🏠 - 1 🛏. Nuitée 31 à 209 € - Sem. 224 à 1 463 €
🚐 borne artisanale 8 €

Locatif varié avec certains chalets de grand confort.

Nature : 🌳 ≤ ♀♀
Loisirs : 🍽 ✖ 🎱 🐎 🎣 centre balnéo 🚿 hammam jacuzzi 🏊 ✖ 📧 🏊 terrain multisports
Services : 🔑 📧 🛒 🚿 📶 laverie 🧺
À prox. : 🚴 🐎 parc-aventure

GPS
E : 6.348
N : 44.40927

CONTES

06390 - Carte Michelin 341 E5 - 7 095 h. - alt. 250
▶ Paris 954 - Marseille 208 - Monaco 30 - Nice 19

⛰ La Ferme Riola

📞 04 93 79 03 02, www.campinglafermeriola.com
Pour s'y rendre : 5309 rte de Sclos
Ouverture : de déb. avr. à fin sept.
3 ha (25 empl.) en terrasses, plat, herbeux, pierreux
Empl. camping : (Prix 2017) 25,50 € ✱✱ 🚗 📧 ⚡ (10A) - pers. suppl. 10,50 €
Location : (Prix 2017) Permanent 🚫 - 2 🏠 - 3 gîtes - 2 studios. Sem. 250 à 660 € – 🚐 4 📧 25,50 €

Petit musée des outils agricoles et vente d'huile d'olive de l'exploitation.

Nature : 🌳 ♀♀
Loisirs : 🎱 🐎 🏊
Services : 🔑 🚿 📶 🧺

GPS
E : 7.34379
N : 43.8152

PROVENCE-ALPES-CÔTE D'AZUR

LA COURONNE

13500 - Carte Michelin **340** F5
▶ Paris 786 - Marseille 42 - Aix-en-Provence 49 - Martigues 11

Le Mas

☏ 0442807034, www.camping-le-mas.com - peu d'emplacements pour tentes et caravanes

Pour s'y rendre : chemin de Ste-Croix (4 km au sud-est par D 49, rte de Sausset-les-Pins et à dr., près de la plage de Ste-Croix)

Ouverture : de mi-mars à fin oct.

5,5 ha (300 empl.) en terrasses, plat, herbeux, pierreux

Empl. camping : (Prix 2017) 48€ ✶✶ 🚗 🔌 (10A) - pers. suppl. 9€ - frais de réservation 20€

Location : (Prix 2017) (de mi-mars à fin oct.) - 152 🏠 - 45 🏡. Sem. 224 à 1 512€ - frais de réservation 20€

🚐 borne raclet

Vue sur mer pour quelques emplacements et du locatif de bon confort.

Nature : 🌊 🌳🌳
Loisirs : 🍴 ✗ 🏠 🎮 ✶✶ 🏊 terrain multisports
Services : 🔑 🚿 📶 laverie 🧺
À prox. : 🚤

GPS : E : 5.07349 / N : 43.33168

L'Arquet - Côte Bleue

☏ 0442428100

Pour s'y rendre : chemin de la Batterie (accès direct à la plage par sentier(400 m))

Ouverture : de déb. avr. à fin sept.

6 ha (190 empl.) en terrasses, plat, pierreux, sablonneux

Empl. camping : (Prix 2017) 43€ ✶✶ 🚗 🔌 (10A) - pers. suppl. 8€

Location : (Prix 2017) (de déb. avr. à fin sept.) - ♿ (1 mobile home) - 80 🏠. Nuitée 45 à 250€ - Sem. 315 à 1 750€

🚐 borne artisanale 13€

Lieu de tournage du télé-film "Camping Paradis" en avant et après saison.

Nature : 🌊 🌳🌳
Loisirs : 🍴 ✗ 🏠 🎮 ✶✶ 🏊
Services : 🔑 🚿 📶 laverie 🧺 🚗

GPS : E : 5.05639 / N : 43.33067

Le Marius

☏ 0442807029, www.camping-marius.com

Pour s'y rendre : plage de la Saulce (3 km au sud-est par D 49)

Ouverture : de déb. avr. à mi-oct.

2 ha (100 empl.) plat, herbeux, gravier

Empl. camping : (Prix 2017) 42€ ✶✶ 🚗 🔌 (10A) - pers. suppl. 9€

Location : (Prix 2017) Permanent 🏠 (2 chalets) - 14 🏠 - 36 🏡 - 16 bungalows toilés. Nuitée 37 à 227€ - Sem. 259 à 1 589€

Ensemble soigné avec du locatif grand confort pour certains.

Nature : 🌊 🌳🌳
Loisirs : 🍴 ✗ 🏠 hammam 🚴 🐎
Services : 🔑 🚿 📶 laverie 🧺

GPS : E : 5.06744 / N : 43.33512

Les Mouettes

☏ 0442807001, www.campinglesmouettes.com - peu d'emplacements pour tentes et caravanes

Pour s'y rendre : 16 chemin de la Quiétude (4 km au sud-est par D 49, rte de Sausset, par r. du Tamaris, près de la plage de Ste-Croix)

Ouverture : de déb. avr. à fin sept.

2 ha (131 empl.) terrasse, plat, pierreux

Empl. camping : (Prix 2017) 35€ ✶✶ 🚗 🔌 (6A) - pers. suppl. 8€ - frais de réservation 10€

Location : (Prix 2017) (de déb. avr. à fin sept.) - 47 🏠 - 9 🏡. Sem. 210 à 959€ - frais de réservation 10€

Vue sur mer pour quelques emplacements.

Nature : 🌊 🌳🌳
Loisirs : 🍴 ✗
Services : 🔑 🚿 📶 laverie
À prox. : 🚤

GPS : E : 5.07618 / N : 43.33024

Créez votre voyage sur **voyages.michelin.fr**

Accès direct à la plage - www.camping-marius.com - Espace Bien être - Club enfant - Restaurant
Camping Marius 7 route de la saulce 13500 Martigues 0442807029 Gps 43.335155 N 5.066491 O

PROVENCE-ALPES-CÔTE D'AZUR

LA CROIX-VALMER

83420 - Carte Michelin **340** O6 - 3 351 h. - alt. 120
▶ Paris 873 - Brignoles 70 - Draguignan 48 - Fréjus 35

Sélection Camping

☎ 04 94 55 10 30, www.selectioncamping.com (de déb. juil. à fin août)

Pour s'y rendre : 12 bd de la Mer (2,5 km au sud-ouest par D 559, rte de Cavalaire et au rd-pt. chemin à dr.)

Ouverture : de mi-mars à mi-oct.

4 ha (185 empl.) en terrasses, plat, herbeux, pierreux

Empl. camping : (Prix 2017) 48€ ✶✶ 🚗 🔲 (10A) - frais de réservation 33€

Location : (Prix 2017) (de mi-mars à mi-oct.) - 🏕 - 53 🏠 - 2 bungalows toilés - 15 gîtes. Nuitée 60 à 192€ - Sem. 385 à 1 350€ - frais de réservation 33€

🚐 borne artisanale

En terrasses ombragées sous les eucalyptus, mimosas et autres végétaux méditerranéens.

Nature : 🌳 🌊 👁
Loisirs : 🍽 ✗ 🎭 diurne salle d'animations 🏃 🚴 🏊 terrain multisports
Services : 🔑 🚻 🛁 📶 laverie 🧺 ♨

GPS : E : 6.55501 N : 43.19439

CROS-DE-CAGNES

06800 - Carte Michelin **341** D6 - 13 041 h. - alt. 11
▶ Paris 923 - Marseille 194 - Nice 12 - Antibes 11

Homair Vacances Green Park

☎ 04 93 07 09 96, www.homair.com - peu d'emplacements pour tentes

Pour s'y rendre : 159bis chemin du Vallon-de-Vaux (3,8 km au nord)

Ouverture : de déb. avr. à fin sept.

5 ha (156 empl.) fort dénivelé, en terrasses, plat, herbeux, gravillons

Empl. camping : (Prix 2017) 38€ ✶✶ 🚗 🔲 (16A) - pers. suppl. 10€

Location : (Prix 2017) (de déb. avr. à fin sept.) - ♿ (2 chalets) - 92 🏠 - 20 🏘. Nuitée 25 à 200€ - Sem. 170 à 1 370€

Village de mobile homes et chalets avec quelques places pour tentes mais pas pour caravanes. Bus pour les plages.

Nature : 🌳 🌊
Loisirs : 🍽 ✗ 🎭 🏃 🏊 🚴 🎾 terrain multisports
Services : 🔑 🛁 📶 laverie 🧺 ♨
À prox. : ✂ practice de golf

GPS : E : 7.1569 N : 43.68904

Le Val Fleuri

☎ 04 93 31 21 74, www.campingvalfleuri.fr

Pour s'y rendre : 139 chemin du Vallon-de-Vaux (3,5 km au nord)

Ouverture : de déb. avr. à fin sept.

1,5 ha (87 empl.) fort dénivelé, en terrasses, plat, herbeux, pierreux

Empl. camping : (Prix 2017) 33,50€ ✶✶ 🚗 🔲 (10A) - pers. suppl. 4€

Location : (Prix 2017) (de déb. avr. à mi-sept.) - 13 🏠 - 1 appartement - 1 studio. Nuitée 50 à 65€ - Sem. 300 à 600€

🚐 borne artisanale

En deux parties distinctes. Bus pour la plage.

Nature : 🌳 🌊 👁
Loisirs : 🍽 🏃 🏊
Services : 🔑 🚻 📶 🧺
À prox. : ✂ practice de golf

GPS : E : 7.15577 N : 43.68745

CUCURON

84160 - Carte Michelin **332** F11 - 1 844 h. - alt. 350
▶ Paris 739 - Aix-en-Provence 34 - Apt 25 - Cadenet 9

⚠ Le Moulin à Vent

☎ 04 90 77 25 77, www.le-moulin-a-vent.com

Pour s'y rendre : chemin de Gastoule (1,5 km au sud par D 182, rte de Villelaure puis 800 m par rte à gauche)

Ouverture : de fin mars à déb. oct.

2,2 ha (80 empl.) en terrasses, peu incliné, plat, pierreux

Empl. camping : (Prix 2017) 20,60€ ✶✶ 🚗 🔲 (10A) - pers. suppl. 5,20€

Location : (Prix 2017) (de fin mars à déb. oct.) - 🏕 - 3 🏠 - 2 🏘. Nuitée 45 à 52€ - Sem. 290 à 520€

🚐 borne eurorelais 5€

Entouré par les vignes et les cerisiers.

Nature : 🌳 🌊 👁
Loisirs : 🎭 🏃
Services : 🔑 🚻 🛁 📶 🧺 ♨ réfrigérateurs

GPS : E : 5.44484 N : 43.75641

---

*Pour choisir et suivre un itinéraire, pour calculer un kilométrage, pour situer exactement un terrain (en fonction des indications fournies dans le texte) : utilisez les **cartes MICHELIN**, compléments indispensables de cet ouvrage.*

CURBANS

05110 - Carte Michelin **334** E6 - 418 h. - alt. 650
▶ Paris 717 - Marseille 171 - Digne-les-Bains 78 - Gap 20

Le Lac

☎ 04 92 54 23 10, www.au-camping-du-lac.com - peu d'emplacements pour tentes et caravanes

Pour s'y rendre : lieu-dit : Le Fangeas

Ouverture : de déb. avr. à fin oct.

5,2 ha (180 empl.) peu incliné, plat, herbeux

Empl. camping : (Prix 2017) 30,50€ ✶✶ 🚗 🔲 (16A) - pers. suppl. 7€ - frais de réservation 16€

Location : (Prix 2017) Permanent - 55 🏠 - 7 🏘. Nuitée 34 à 165€ - Sem. 238 à 1 155€ - frais de réservation 16€

Code postal dans les Hautes-Alpes (05) mais terrain situé dans les Alpes-de-Haute-Provence (04). Bel espace aquatique.

Nature : 🌊 ≤ 👁
Loisirs : 🍽 ✗ 🎭 nocturne 🏃 jacuzzi 🏊 🚴 🏂 terrain multisports
Services : 🔑 📶 laverie 🧺

GPS : E : 6.0299 N : 44.42452

461

PROVENCE-ALPES-CÔTE D'AZUR

DIGNE-LES-BAINS

04000 - Carte Michelin 334 F8 - 17 172 h. - alt. 608 -
▶ Paris 744 - Aix-en-Provence 109 - Antibes 140 - Avignon 167

▲ Les Eaux Chaudes

☎ 04 92 32 31 04, www.campingleseauxchaudes.com
Pour s'y rendre : 32 av. des Thermes (1.5 km au sud-est par D 20)
Ouverture : de déb. avr. à fin oct.
3,7 ha (90 empl.) plat et peu incliné, herbeux
Empl. camping : (Prix 2017) 26,50€ ✶✶ 🚗 🔲 ⚡ (4A) - pers. suppl. 7,50€ - frais de réservation 15€
Location : (Prix 2017) (de déb. avr. à fin oct.) - 59 🏠 - 4 🏡 - 3 tentes lodges. Nuitée 49 à 133€ - frais de réservation 18€
🚐 borne eurorelais
Au bord d'un ruisseau avec du locatif neuf ou plus ancien, de confort variable.

Nature : 🌳🌳
Loisirs : 🎮 🛝 🏊
Services : 🔌 ♿ 🚿 📶 laverie

GPS
E : 6.2507
N : 44.08566

Donnez-nous votre avis sur les terrains que nous recommandons.
Faites-nous connaître vos observations et vos découvertes par mail à l'adresse : leguidecampingfrance@tp.michelin.com.

EMBRUN

05200 - Carte Michelin 334 G5 - 6 188 h. - alt. 871
▶ Paris 706 - Barcelonnette 55 - Briançon 48 - Digne-les-Bains 97

▲ Les Grillons

☎ 06 38 58 92 43, www.lesgrillons.com
Pour s'y rendre : rte de la Madeleine (4.3 km au sud sur la D 340 et chemin à droite.)
Ouverture : de mi-mai à mi-sept.
1,5 ha (86 empl.) peu incliné, herbeux, pierreux
Empl. camping : (Prix 2017) 23,90€ ✶✶ 🚗 🔲 ⚡ (16A) - pers. suppl. 5,80€ - frais de réservation 10€
Location : (Prix 2017) (de mi-mai à mi-sept.) - 16 🏠 - 5 tentes lodges. Nuitée 59 à 89€ - Sem. 255 à 749€ - frais de réservation 13€
Emplacements bien ombragés avec un confort sanitaire ancien et du locatif varié.

Nature : 🌳 🌿
Loisirs : 🍴
Services : 🔌 ♿ 📶 laverie

GPS
E : 6.49643
N : 44.54812

▲ Municipal de la Clapière 👥

☎ 04 92 43 01 83, www.camping-embrun-clapiere.com
Pour s'y rendre : av. du Lac (2,5 km au sud-ouest par N 94, rte de Gap et à dr., à la base de loisirs)
Ouverture : de fin avr. à fin sept.
6,5 ha (291 empl.) en terrasses, plat, herbeux, gravillons
Empl. camping : (Prix 2017) 24,74€ ✶✶ 🚗 🔲 ⚡ (10A) - pers. suppl. 6,30€
Location : (Prix 2017) Permanent 🏠 (1 chalet) - 6 🏠 - 14 🏡. Nuitée 94 à 105€ - Sem. 360 à 820€
🚐 borne artisanale

Tout proche de la base de loisirs avec accès direct au plan d'eau en saison (rue piétonne).

Nature : 🌳🌳
Loisirs : 🛝 nocturne 🏃 ⛵
Services : 🔌 ♿ 📶 laverie
À prox. : 🍴 ✗ 🍖 🏊 ⛵ 🚣 (plan d'eau) 🚴 🏇 ⛵ pédalos

GPS
E : 6.47875
N : 44.55075

ESPARRON-DU-VERDON

04800 - Carte Michelin 334 D10 - 433 h. - alt. 397
▶ Paris 795 - Barjols 31 - Digne-les-Bains 58 - Gréoux-les-Bains 13

▲ Le Soleil

☎ 04 92 77 13 78, www.camping-esparron-verdon.fr 📧
Pour s'y rendre : 1000 chemin de La Tuilerie
Ouverture : de mi-avr. à mi-oct.
2 ha (100 empl.) fort dénivelé, en terrasses, pierreux, gravillons
Empl. camping : (Prix 2017)
✶ 7,50€ 🚗 🔲 10€ – ⚡ (6A) 3,70€ - frais de réservation 15€
Location : (Prix 2017) (de mi-avr. à mi-oct.) - 📧 - 12 🏠 - 2 bungalows toilés - 3 tentes lodges. Nuitée 41 à 95€ - Sem. 155 à 670€ - frais de réservation 20€
🚐 borne artisanale 8€
Cadre agréable au bord d'un lac.

Nature : 🏞️ 🏕️ 🌳🌳 🏊
Loisirs : 🍴 ✗ 🛝 🏃 ⛵
Services : 🔌 ♿ ⓟ 🚿 📶 🏪 🧺 ⛵
À prox. : ⛵ pédalos

GPS
E : 5.97062
N : 43.73439

De gids wordt jaarlijks bijgewerkt.
Doe als wij, vervang hem, dan blijf je bij.

FAUCON

84110 - Carte Michelin 332 D8 - 414 h. - alt. 350
▶ Paris 677 - Marseille 152 - Avignon 59 - Montélimar 68

▲ L'Ayguette

☎ 04 90 46 40 35, www.ayguette.com
Pour s'y rendre : sortie est par D 938, rte de Nyons et 4,1 km par D 71 à dr., rte de St-Romains-Viennois puis D 86
Ouverture : de mi-avr. à fin sept.
2,8 ha (99 empl.) non clos, en terrasses, plat, herbeux, pierreux
Empl. camping : (Prix 2017) 33€ ✶✶ 🚗 🔲 ⚡ (10A) - pers. suppl. 6,50€
Location : (Prix 2017) (de mi-avr. à fin sept.) - ♿ (1 mobile home) - 24 🏠. Nuitée 37 à 104€ - Sem. 233 à 728€
🚐 borne artisanale
Entre vignes et oliviers, emplacements bien ombragés traversés par un chemin communal qui mène au village.

Nature : 🏞️ 🏕️ 🌳🌳
Loisirs : 🍴 ✗ 🛝 🏃 ⛵
Services : 🔌 ♿ 🚿 📶 🏪 🧺

GPS
E : 5.12933
N : 44.26215

PROVENCE-ALPES-CÔTE D'AZUR

FORCALQUIER

04300 - Carte Michelin 334 C9 - 4 640 h. - alt. 550
▶ Paris 747 - Aix-en-Provence 80 - Apt 42 - Digne-les-Bains 50

Huttopia Forcalquier

☎ 04 92 75 27 94, camping-forcalquier.com

Pour s'y rendre : rte de Sigonce (sortie est sur D 16)

Ouverture : de déb. avr. à mi-oct.

2,9 ha (130 empl.) en terrasses, peu incliné, plat, herbeux, pierreux

Empl. camping : (Prix 2017) 30,50€ ✝✝ 🚗 📧 ⚡ (10A) - pers. suppl. 6,90€ - frais de réservation 15€

Location : (Prix 2017) (de déb. avr. à mi-oct.) - 🅿 - 25 🚐 - 5 🏠 - 25 tentes lodges. Nuitée 48 à 122€ - Sem. 269 à 854€ - frais de réservation 15€

🚙 borne artisanale 7€

Locatif nombreux et varié.

Nature : 🌳 ♤♤
Loisirs : ✕ 🏛 ♣ 🚴 🏊
Services : 🔑 🚻 ♿ 📶 🛒
À prox. : ✕

GPS E : 5.78723 N : 43.96218

FRÉJUS

83600 - Carte Michelin 340 P5 - 52 203 h. - alt. 20
▶ Paris 868 - Brignoles 64 - Cannes 40 - Draguignan 31

La Baume - La Palmeraie 👥

☎ 04 94 19 88 88, www.labaume-lapalmeraie.com - peu d'emplacements pour tentes et caravanes

Pour s'y rendre : 3775 r. des Combattants-d'Afrique-du-Nord (4,5 km au nord par D 4, rte de Bagnols-en-Forêt)

Ouverture : de déb. avr. à fin sept.

26 ha/20 campables (780 empl.) peu incliné, plat, pierreux, sablonneux **Empl. camping** : (Prix 2017) 57€ ✝✝ 🚗 📧 ⚡ (6A) - pers. suppl. 15€ - frais de réservation 33€

Location : (Prix 2017) (de déb. avr. à fin sept.) - ♿ (11 gîtes) - 180 🚐 - 196 appartements - 11 Villas. Nuitée 40 à 500€ - Sem. 280 à 3 500€ - frais de réservation 33€

Deux espaces aquatiques dont un en partie couvert et du locatif varié parfois de très grand confort. Préférer les emplacements les plus éloignés des routes.

Nature : 🌳 ♤♤
Loisirs : ✕ 🏛 ♣ (théâtre de plein air) 🏃 hammam jacuzzi 🏊 🚴 🏊 ♠ discothèque skate parc
Services : 🔑 🚻 ♿ 📶 🛒 laverie 🧊 🛒

GPS E : 6.72319 N : 43.46655

Yelloh! Village Domaine du Colombier 👥

☎ 04 94 51 56 01, www.domaine-du-colombier.com - peu d'emplacements pour tentes et caravanes

Pour s'y rendre : 1052 r. des Combattants-d'Afrique-du-Nord (2 km au nord par D 4, rte de Bagnols-en-Forêt)

Ouverture : de fin mars à fin sept.

10 ha (400 empl.) fort dénivelé, en terrasses, vallonné, plat, herbeux

Empl. camping : (Prix 2017) 66€ ✝✝ 🚗 📧 ⚡ (16A) - pers. suppl. 9€

Location : (Prix 2017) (de fin mars à déb. oct.) - 362 🚐. Nuitée 39 à 435€ - Sem. 273 à 3 045€

🚙 borne artisanale

Villages de mobile homes à thèmes dont certains de grand confort avec un espace balnéo en partie couvert. Préférer les emplacements les plus éloignés de la route.

Nature : 🌲 🏞
Loisirs : 🍹 ✕ 🏛 ♣ salle d'animations 🏃 🏊 centre balnéo hammam jacuzzi 🏊 🚴 🏊 discothèque
Services : 🔑 🚻 ♿ 📶 🛒 laverie 🧊 🛒

GPS E : 6.72688 N : 43.44588

Use this year's Guide.

463

PROVENCE-ALPES-CÔTE D'AZUR

Sunêlia Holiday Green

☎ 04 94 19 88 30, www.holidaygreen.com - peu d'emplacements pour tentes et caravanes

Pour s'y rendre : 1900 rte départementale D 4 (rte de Bagnols-en-Forêt)

Ouverture : de déb. avr. à fin sept.

15 ha (640 empl.) fort dénivelé, en terrasses, plat, herbeux, pierreux

Empl. camping : (Prix 2017) 50€ ✶✶ ⛟ 🅿 ⚡ (12A) - pers. suppl. 10€ - frais de réservation 40€

Location : (Prix 2017) (de déb. avr. à fin sept.) - ♿ (1 mobile home) - 330 🏠 - 14 🏠. Nuitée 65 à 300€ - Sem. 345 à 2 800€ - frais de réservation 40€

Bel espace aquatique en partie couvert. Préférer les emplacements les plus éloignés de la route.

Nature : 🌲 🌳 🌿🌿	G
Loisirs : 🍴 ✕ 🍽 🎣 🏊 centre balnéo hammam jacuzzi 🚴 🎳 🏊 ⛷ discothèque terrain multisports	P S	E : 6.71683 N : 43.48481
Services : 🔑 👤 🚿 laverie 🧺 🛏		

La Pierre Verte 👥

☎ 04 94 40 88 30, www.campinglapierreverte.com

Pour s'y rendre : 1880 rte départementale D 4 (6,5 km au nord, rte de Bagnols-en-Forêt et chemin à dr.)

Ouverture : de déb. avr. à fin sept.

28 ha/15 campables (450 empl.) fort dénivelé, en terrasses, plat, herbeux, pierreux, rochers

Empl. camping : (Prix 2017) 55€ ✶✶ ⛟ 🅿 ⚡ (10A) - pers. suppl. 10€ - frais de réservation 25€

Location : (Prix 2017) (de déb. avr. à fin sept.) - 200 🏠 - 12 chalets sur pilotis - 4 tentes lodges - 3 cabanons. Nuitée 40 à 220€ - Sem. 280 à 1 540€ - frais de réservation 25€

Sur deux petites collines avec beaucoup d'espace et des emplacements au calme autour d'un agréable lagon.

Nature : 🌲 🌳 🌿🌿	G
Loisirs : 🍴 ✕ 🍽 🎣 🏊 🚴 🎳 🏊 ⛷ terrain multisports	P S	E : 6.72054 N : 43.48382
Services : 🔑 👤 🚿 📶 laverie 🧺 🛏		

La Plage d'Argens

☎ 04 82 75 10 41, www.laplagedargens.fr

Pour s'y rendre : 541 RD 559 (3 km au sud par N 98, accès direct à la plage)

Ouverture : de fin mars à mi-oct.

7 ha (436 empl.) plat, herbeux, sablonneux

Empl. camping : (Prix 2017) 53€ ✶✶ ⛟ 🅿 ⚡ (6A) - pers. suppl. 8€ - frais de réservation 30€

Location : (Prix 2017) (de fin mars à mi-oct.) - 223 🏠 - 2 chalets sur pilotis - 8 tentes sur pilotis. Nuitée 37 à 344€ - Sem. 217 à 2 093€ - frais de réservation 35€

🛐 borne artisanale 10€

Au bord de l'Argens avec accès direct à la plage. Préférer les emplacements éloignés de la route.

Nature : 🌿🌿	G
Loisirs : 🍴 ✕ 🍽 🎣 🚴 🏊 plongée terrain multisports	P S	E : 6.72489 N : 43.4087
Services : 🔑 👤 📶 laverie 🧺 🛏 réfrigérateurs		
À prox. : parc aquatique		

Les Pins Parasols

☎ 04 94 40 88 43, www.facebook.com/Camping-Les-Pins-Parasols-130499793785143

Pour s'y rendre : 3360 r. des Combattants-d'Afrique-du-Nord (4 km au nord par D 4, rte de Bagnols-en-Forêt)

Ouverture : de fin avr. à fin sept.

4,5 ha (200 empl.) en terrasses, vallonné, plat, herbeux, pierreux

Empl. camping : (Prix 2017) 34,10€ ✶✶ ⛟ 🅿 ⚡ (10A) - pers. suppl. 6,80€

Location : (Prix 2017) (de fin avr. à fin sept.) - 15 🏠. Sem. 239 à 789€

Des emplacements équipés de sanitaires individuels au milieu des pins parasols avec beaucoup d'espace.

Nature : 🌳 🌿🌿	G
Loisirs : ✕ 🍽 🎣 🏊 ⛷	P S	E : 6.7253 N : 43.464
Services : 🔑 🚿 – 48 sanitaires individuels (🛁🚽 wc) 📶 🧺 🛏		

GAP

05000 - Carte Michelin **334** E5 - 39 243 h. - alt. 735
▶ Paris 665 - Avignon 209 - Grenoble 103 - Sisteron 52

Alpes-Dauphiné 👥

☎ 04 92 51 29 95, www.alpesdauphine.com - alt. 850

Pour s'y rendre : rte Napoleon (3 km au nord par N 85, rte de Grenoble)

Ouverture : de mi-avr. à mi-oct.

10 ha/6 campables (185 empl.) fort dénivelé, en terrasses, herbeux, incliné, peu incliné

Empl. camping : (Prix 2017) 28,20€ ✶✶ ⛟ 🅿 ⚡ (6A) - pers. suppl. 7,70€ - frais de réservation 20€

Location : (Prix 2017) (de déb. mai à fin sept.) - 48 🏠 - 17 🏠 - 4 appartements. Nuitée 50 à 115€ - Sem. 310 à 820€ - frais de réservation 20€

🛐 borne artisanale

Préférer les nombreux emplacements éloignés de la route.

Nature : 🌿🌿	G
Loisirs : 🍴 ✕ 🍽 🎣 jacuzzi 🏊 ⛷	P S	E : 6.08255 N : 44.58022
Services : 🔑 👤 🚿 📶 laverie 🧺 🛏		

The Guide changes, so renew your guide every year.

GIENS

83400 - Carte Michelin **340** L7 - alt. 34
▶ Paris 869 - Marseille 93 - Toulon 29 - La Seyne-sur-Mer 37

La Presqu'Île de Giens 👥

☎ 04 94 58 22 86, www.camping-giens.com

Pour s'y rendre : 153 rte de la Madrague

Ouverture : de fin mars à déb. oct.

7 ha (427 empl.) fort dénivelé, en terrasses, plat, herbeux, pierreux

Empl. camping : (Prix 2017) 37,92€ ✶✶ ⛟ 🅿 ⚡ (15A) - pers. suppl. 9,20€ - frais de réservation 19€

Location : (Prix 2017) (de fin mars à déb. oct.) - 93 🏠 - 30 🏠 - 7 tentes lodges. Nuitée 49 à 187€ - Sem. 245 à 1 309€ - frais de réservation 19€

🛐 borne artisanale 19,22€ - ⛟ ⚡ 22,25€

PROVENCE-ALPES-CÔTE D'AZUR

Nombreuses petites terrasses et un bon confort sanitaire.

Nature :
Loisirs : diurne
Services : laverie

GPS E : 6.14332 N : 43.04084

▲ La Tour Fondue

☎ 04 94 58 22 86, www.camping-latourfondue.com

Pour s'y rendre : à La Tour Fondue, av. des Arbanais

Ouverture : de mi-mars à déb. nov.

2 ha (146 empl.) en terrasses, peu incliné, plat, herbeux

Empl. camping : (Prix 2017) 35,14€ ✶✶ ⇔ 🅔 ⚡ (15A) - pers. suppl. 9,20€

Location : (Prix 2017) (de mi-mars à déb. nov.) - 21 🚐. Nuitée 78 à 135€ - Sem. 315 à 945€

🚏 borne artisanale 18,44€

Emplacements à la pointe de la presqu'île, face à l'île de Porquerolles.

Nature :
Loisirs :
Services : laverie
À prox. : plongée

GPS E : 6.15569 N : 43.02971

▲ Olbia

☎ 04 94 58 21 96, www.camping-olbia.com

Pour s'y rendre : 545 av. René-de-Knyff (rte du port de La Madrague)

Ouverture : de fin mars à déb. oct.

1,5 ha (100 empl.) en terrasses, peu incliné, plat, pierreux, gravillons

Empl. camping : (Prix 2017) 36,92€ ✶✶ ⇔ 🅔 ⚡ (15A) - pers. suppl. 7,90€ - frais de réservation 19€

Location : (Prix 2017) (de fin mars à déb. oct.) - ✈ - 1 appartement. Nuitée 86 à 145€ - Sem. 448 à 1 015€ - frais de réservation 19€

🚏 borne artisanale 30,20€ - 🚽 21,15€

Emplacements sous les eucalyptus, pins maritimes et palmiers.

Nature :
Loisirs :
Services :

GPS E : 6.10325 N : 43.03966

LA GRAVE

05320 - Carte Michelin **334** F2 - 493 h. - alt. 1 526 - Sports d'hiver : 1 450/3 250 m

▶ Paris 642 - Briançon 38 - Gap 126 - Grenoble 80

▲ La Meije

☎ 06 08 54 30 84, www.camping-delameije.com

Pour s'y rendre : à l'est, dir. Briançon par D 1091, au bord de la Romanche

Ouverture : de mi-mai à déb. sept.

2,5 ha (50 empl.) terrasse, plat et peu incliné, herbeux

Empl. camping : (Prix 2017) 20,60€ ✶✶ ⇔ 🅔 ⚡ (6A) - pers. suppl. 3€

Magnifique panorama sur les glaciers de la Meije et du Tabuchet, au bord du torrent La Romanche.

Nature : les glaciers
Loisirs :
Services :
À prox. : sports en eaux vives

GPS E : 6.30911 N : 45.04526

▲ Le Gravelotte

☎ 04 76 79 93 14, www.camping-le-gravelotte.com

Pour s'y rendre : 1,2 km à l'ouest par D 1091, rte de Grenoble et chemin à gauche, au bord de la Meije

Ouverture : de déb. juin à mi-sept.

4 ha (75 empl.) plat, herbeux

Empl. camping : (Prix 2017) 18,60€ ✶✶ ⇔ 🅔 ⚡ (10A) - pers. suppl. 3,70€

Agréable situation au pied du glacier La Meije et au bord du torrent la Romanche.

Nature :
Loisirs :
Services :

GPS E : 6.29697 N : 45.04328

GRAVESON

13690 - Carte Michelin **340** D2 - 3 875 h. - alt. 14

▶ Paris 696 - Arles 25 - Avignon 14 - Cavaillon 30

▲ Les Micocouliers

☎ 04 90 95 81 49, www.lesmicocouliers.fr

Pour s'y rendre : 445 rte de Cassoulen (1,2 km au sud-est par D 28, rte de Châteaurenard et D 5 à dr., rte de Maillane)

Ouverture : de mi-mars à mi-oct.

3,5 ha (118 empl.) plat, herbeux

Empl. camping : (Prix 2017) 29,90€ ✶✶ ⇔ 🅔 ⚡ (6A) - pers. suppl. 8€ - frais de réservation 5€

Location : (Prix 2017) (de mi-mars à mi-oct.) - 6 🚐. Nuitée 63 à 98€ - Sem. 440 à 680€ - frais de réservation 10€

🚏 borne artisanale 5€ - 🚽 11€

Emplacements entre ombre et soleil autour d'espaces verts dédiés à la détente.

Nature :
Loisirs :
Services : laverie

GPS E : 4.78111 N : 43.84389

GRÉOUX-LES-BAINS

04800 - Carte Michelin **334** D10 - 2 510 h. - alt. 386

▶ Paris 783 - Aix-en-Provence 55 - Brignoles 52 - Digne-les-Bains 69

▲▲▲ Le Verdon Parc

☎ 0826 96 57 76, www.campingverdonparc.fr

Pour s'y rendre : domaine de la Paludette (600 m au sud par D 8, rte de St-Pierre et à gauche apr. le pont, au bord du Verdon)

Ouverture : de fin mars à déb. nov.

8 ha (324 empl.) en terrasses, plat, herbeux, pierreux, gravier

Empl. camping : (Prix 2017) 45€ ✶✶ ⇔ 🅔 ⚡ (16A) - pers. suppl. 8€ - frais de réservation 30€

Location : (Prix 2017) (de fin mars à déb. nov.) - (2 mobile homes) - 248 🚐 - 1 🏠 - 11 tentes lodges. Nuitée 31 à 322€ - Sem. 196 à 1 960€ - frais de réservation 30€

Le long du Verdon avec une petite plage aménagée et certains locatifs de grand confort.

Nature :
Loisirs : terrain multisports
Services : 4 sanitaires individuels wc laverie réfrigérateurs

GPS E : 5.89407 N : 43.75188

465

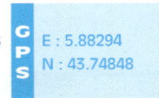

PROVENCE-ALPES-CÔTE D'AZUR

La Pinède
☏ 04 92 78 05 47, www.camping-lapinede-04.com
Pour s'y rendre : rte de St-Pierre (1,5 km au sud par D 8, à 200 m du Verdon)
Ouverture : de mi-mars à mi-nov.
3 ha (166 empl.) en terrasses, plat et peu incliné, pierreux, gravillons
Empl. camping : (Prix 2017) 31€ ✦✦ 🚗 📧 ⚡ (10A) - pers. suppl. 7€
Location : (Prix 2017) (de mi-mars à mi-nov.) - 74 🏠 - 10 🏕. Nuitée 47 à 136€ - Sem. 329 à 952€
🚐 borne AireService 4€

Belles terrasses ombragées et bon confort sanitaire.

Nature : 🌳 ⬅ 🏞 ♨♨	GPS
Loisirs : 🍴 ✗ 🏛 🔛 🏊 terrain multisports	E : 5.88294
Services : 🔑 🚻 📶 laverie	N : 43.74848
À prox. : 🐟	

Verseau
☏ 04 92 77 67 10, www.camping-le-verseau.com
Pour s'y rendre : 113 chemin Gaspard-de-Besse (1,2 km au sud par D 8, rte de St-Pierre et chemin à dr., près du Verdon)
Ouverture : de déb. mars à fin nov.
2,5 ha (120 empl.) plat et peu incliné, herbeux, pierreux
Empl. camping : (Prix 2017) 18,80€ ✦✦ 🚗 📧 ⚡ (16A) - pers. suppl. 5€ - frais de réservation 10€
Location : (Prix 2017) (de déb. mars à fin nov.) - ♿ (1 chalet) - 51 🏠 - 14 🏕 - 3 chalets sur pilotis - 2 cabanons. Nuitée 30 à 101€ - Sem. 210 à 707€ - frais de réservation 10€

Tout près du Verdon et du barrage.

Nature : 🌳 ⬅ 🏞 ♨♨	GPS
Loisirs : 🍴 🏛 salle d'animations 🔛 🏊	E : 5.88199
Services : 🔑 🚿 🚻 📶 réfrigérateurs	N : 43.75152
À prox. : 🐟	

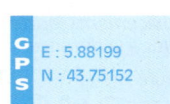

GRILLON
84600 - 1 705 h. - alt. 190
▶ Paris 642 - Marseille 159 - Avignon 71 - Valence 82

Garrigon ♿
☏ 04 90 28 72 94, www.camping-garrigon.com
Pour s'y rendre : chemin de Visan (1.6 km au sud par D 20)
Ouverture : de mi-mars à mi-nov.
1 ha (151 empl.) plat, herbeux, pierreux
Empl. camping : (Prix 2017) 16€ ✦✦ 🚗 📧 ⚡ (16A) - pers. suppl. 5€ - frais de réservation 20€
Location : (Prix 2017) Permanent - 50 🏠. Sem. 193 à 860€ - frais de réservation 20€

Situé dans "l'Enclave des Papes", au beau milieu des vignes.

Nature : 🌳 ⬅ 🏞 ♨♨	GPS
Loisirs : ✗ 🏛 🔛 🏊 🎱	E : 4.93043
Services : 🔑 🚻 📶 🚐	N : 44.38322
À prox. : 🍴	

De gids wordt jaarlijks bijgewerkt.
Doe als wij, vervang hem, dan blijf je bij.

GRIMAUD
83310 - Carte Michelin **340** O6 - 4 309 h. - alt. 105
▶ Paris 861 - Brignoles 58 - Fréjus 32 - Le Lavandou 32

Les Prairies de la Mer ♿
☏ 04 94 79 09 09, www.riviera-villages.com
Pour s'y rendre : à St-Pons-les-Mûres (RN 98)
Ouverture : de déb. avr. à mi-oct.
30 ha (1400 empl.) non clos, plat, sablonneux
Empl. camping : (Prix 2017) 63€ ✦✦ 🚗 📧 ⚡ (6A) - pers. suppl. 6€
Location : (Prix 2017) (de déb. avr. à mi-oct.) - 🅿 - 150 🏠 - 150 🏕. Sem. 365 à 3 085€
🚐 borne artisanale

Immense domaine divisé en plusieurs villages : tentes et caravanes, propriétaires-résidents, mobile homes classiques et locatifs de très grand confort face à la plage pour certains.

Nature : 🌳 ⬅ St-Tropez et son golfe ♨♨ ⛱	GPS
Loisirs : 🍴 ✗ 🏛 🏊 🚴 🔛 centre balnéo 🛁 hammam jacuzzi 🏋 🎾 🏌 discothèque conciergerie plongée terrain multisports	E : 6.58241
Services : 🔑 🚻 🚿 📶 laverie 🛒 🚐	N : 43.28086

Domaine des Naïades ♿
(pas d'emplacement tentes et caravanes)
☏ 04 94 55 67 80, www.lesnaiades.com
Pour s'y rendre : à St-Pons-les-Mûres, chemin des Mûres (RN 98 et chemin à gauche)
27 ha/14 campables (470 empl.) fort dénivelé, en terrasses, plat, herbeux, sablonneux
Location : (Prix 2017) (de déb. avr. à fin sept.) - 166 🏠. Nuitée 60 à 270€ - Sem. 420 à 1 890€

Terrain tout en longueur avec une partie très au calme et du locatif de grand confort.

Nature : 🌳 ⬅ ♨♨	GPS
Loisirs : 🍴 ✗ 🏛 🏊 🚴 🔛 🏌	E : 6.57937
Services : 🔑 🚻 🚿 📶 laverie 🛒 🚐	N : 43.28517

Jährlich eine neue Ausgabe.
Aktuellste Informationen, jährlich für Sie.

GUILLESTRE
05600 - Carte Michelin **334** H5 - 2 308 h. - alt. 1 000
▶ Paris 715 - Barcelonnette 51 - Briançon 36 - Digne-les-Bains 114

St-James-les-Pins
☏ 04 92 45 08 24, www.lesaintjames.com
Pour s'y rendre : rte des Campings (1,5 km à l'ouest par rte de Risoul et rte à dr.)
Ouverture : Permanent
2,5 ha (100 empl.) terrasse, peu incliné, plat, herbeux, pierreux, bois
Empl. camping : (Prix 2017) 20,30€ ✦✦ 🚗 📧 ⚡ (10A) - pers. suppl. 3,70€
Location : (Prix 2017) Permanent - 10 🏠 - 13 🏕 - 10 🛖. Nuitée 74 à 120€ - Sem. 325 à 690€
🚐 borne artisanale 4,60€

466

PROVENCE-ALPES-CÔTE D'AZUR

Traversé par le torrent le Chagne. Agréable espace bar-restaurant.

Nature : ❄ 〰
Loisirs : 🍽 🏛 🏊 terrain multisports
Services : ⚿ 🏛 ♿ 📶 laverie
À prox. : ✂ 🏊

▲ Parc Le Villard

📞 04 92 45 06 54, www.camping-levillard.com

Pour s'y rendre : rte des Campings, lieu-dit : Le Villard (2 km à l'ouest par D 902a, rte de Gap, au bord du Chagne)

Ouverture : Permanent

3,2 ha (90 empl.) plat et peu incliné, herbeux, pierreux

Empl. camping : (Prix 2017) 22€ ✱✱ 🚗 🔲 ⚡ (10A) - pers. suppl. 6€ - frais de réservation 8€

Location : (Prix 2017) Permanent - 16 🏠 - 6 🏡 - 4 tentes lodges. Nuitée 45 à 80€ - Sem. 310 à 790€ - frais de réservation 8€

En deux parties distinctes traversées par une petite route.

Nature : 〰
Loisirs : 🍽 🏛 ♿ 🏊 ⚽ 🏊
Services : ⚿ ♿ 📶 laverie 🧺 réfrigérateurs

GPS
E : 6.62687
N : 44.65895

▲ La Rochette

📞 04 92 45 02 15, www.campingguillestre.com

Pour s'y rendre : rte des Campings (1 km à l'ouest par rte de Risoul et rte à dr.)

Ouverture : de mi-mai à mi-oct.

4 ha (185 empl.) plat et peu incliné, pierreux, herbeux

Empl. camping : (Prix 2017) 15,70€ ✱✱ 🚗 🔲 ⚡ (10A) - pers. suppl. 4€ - frais de réservation 9€

Location : (Prix 2017) (de fin mai à fin sept.) - 5 tentes lodges - 6 roulottes. Nuitée 36 à 58€ - Sem. 265 à 415€ - frais de réservation 9€

🚐 borne artisanale

Emplacements autour des installations sportives municipales (piscine, tennis).

Nature : 〰
Loisirs : 🏛 ♿ 🏊
Services : ⚿ ♿ 📶 laverie 🧺
À prox. : ✂ ♿ ✂ 🏊

GPS
E : 6.63845
N : 44.65895

HYÈRES

83400 - Carte Michelin **340** L7 - 54 686 h. - alt. 40

▶ Paris 851 - Aix-en-Provence 102 - Cannes 123 - Draguignan 78

▲ Sud Est Vacances Les Palmiers 👥

(pas d'emplacement tentes et caravanes)

📞 04 94 66 39 66, www.camping-les-palmiers.fr

Pour s'y rendre : r. du Ceinturon, lieu-dit : L'Ayguade

5,5 ha plat, herbeux, pierreux

Location : (Prix 2017) (de fin mars à fin oct.) - 🚳 - 350 🏠. Nuitée 48 à 235€ - Sem. 336 à 1 645€ - frais de réservation 5€

Bel alignement des nombreux mobile homes autour du parc aquatique.

Nature : 🌳 🏕 〰
Loisirs : 🍽 🏛 🎭 nocturne 🚴 ⛳ 🏊 hammam 🚵 🚴 ✂ 🏊 🏊
Services : ⚿ ♿ 📶 laverie 🧺 🌊

GPS
E : 6.16725
N : 43.10344

▲ Le Ceinturon 3

📞 04 94 66 32 65, www.ceinturon3.fr

Pour s'y rendre : à Ayguade-Ceinturon, 2 r. des Saraniers (5 km au sud-est, à 100 m de la mer)

Ouverture : de déb. avr. à fin sept.

2,5 ha (200 empl.) plat, herbeux, sablonneux

Empl. camping : (Prix 2017) ✱ 6,40€ 🚗 6,20€ 🔲 – ⚡ (10A) 4,20€

Location : (Prix 2017) (de déb. avr. à fin sept.) - ♿ (1 mobile home) - 1 🏠 - 40 🏡. Sem. 365 à 840€

Emplacements ombragés et un bon confort sanitaire.

Nature : 🌳 〰
Loisirs : 🍽 🏛 ♿ 🏊 terrain multisports
Services : ⚿ 🏛 ♿ 📶 laverie 🧺 🌊
À prox. : ✂

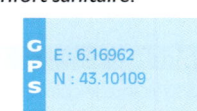

GPS
E : 6.16962
N : 43.10109

L'ISLE-SUR-LA-SORGUE

84800 - Carte Michelin **332** D10 - 18 936 h. - alt. 57

▶ Paris 693 - Apt 34 - Avignon 23 - Carpentras 18

▲ Club Airotel La Sorguette

📞 04 90 38 05 71, www.camping-sorguette.com

Pour s'y rendre : 871 rte d'Apt (1,5 km au sud-est par N 100, près de la Sorgue)

Ouverture : de mi-mars à mi-oct.

2,5 ha (164 empl.) plat, herbeux, pierreux

Empl. camping : (Prix 2017) 30,70€ ✱✱ 🚗 🔲 ⚡ (10A) - pers. suppl. 8,75€ - frais de réservation 20€

Location : (Prix 2017) (de mi-mars à mi-oct.) - ♿ (1 mobile home) - 30 🏠 - 2 bungalows toilés - 3 tentes lodges - 3 yourtes - 2 cabanes perchées - 3 cabanons. Nuitée 49 à 140€ - Sem. 308 à 945€ - frais de réservation 20€

🚐 borne artisanale 7€

Quelques hébergements insolites, au bord de la Sorgue, idéal pour le canoë.

Nature : 〰
Loisirs : ✂ 🏛 ♿ 🚴 🏊
Services : ⚿ ♿ 📶 laverie 🧺 🌊 cases réfrigérées

GPS
E : 5.07192
N : 43.9146

Avant de vous installer, consultez les tarifs en cours,
affichés obligatoirement à l'entrée du terrain,
et renseignez-vous sur les conditions particulières de séjour.
Les indications portées dans le guide ont pu être modifiées depuis la mise à jour.

PROVENCE-ALPES-CÔTE D'AZUR

ISOLA

06420 - Carte Michelin 341 D2 - 748 h. - alt. 873
▶ Paris 897 - Marseille 246 - Nice 76 - Cuneo 79

⚠ Le Lac des Neiges

✆ 04 93 02 18 16, www.princiland.fr - alt. 875

Pour s'y rendre : rte de St-Étienne-de-Tinée (1 km au nord du bourg par D 2205)

Ouverture : Permanent

3 ha (98 empl.) plat, herbeux, pierreux

Empl. camping : (Prix 2017) 23 € ✶✶ 🚗 🔌 (16A) - pers. suppl. 5 €

Location : (Prix 2017) Permanent 🏠 - 12 🚐. Nuitée 50 à 150 € - Sem. 350 à 480 €

🚐 borne artisanale

En deux parties distinctes un peu éloignées l'une de l'autre.

Nature : 🏕 ♀
Loisirs : 🍽 ✕ 🐎 🏊 m
Services : 🔑 🛒 ♿ ♻ 🛁 📶 🚿 🏪
À prox. : ✕ terrain multisports

GPS : E : 7.03912 N : 44.18898

LARCHE

04530 - Carte Michelin 334 J6 - 74 h. - alt. 1 691
▶ Paris 760 - Barcelonnette 28 - Briançon 81 - Cuneo 70

⚠ Domaine des Marmottes

✆ 09 88 18 46 40, www.camping-marmottes.fr

Pour s'y rendre : lieu-dit : Malboisset (800 m au sud-est par rte à dr., au bord de l'Ubayette)

Ouverture : de déb. juin à fin sept.

2 ha (52 empl.) non clos, plat, herbeux

Empl. camping : (Prix 2017) ✶ 🚗 🔌 9,50 € – 🔌 (10A) 4 €

🚐 borne artisanale 4 €

Au pied d'une jolie cascade, terrain aménagé pour accueillir les randonneurs.

Nature : 🏊 ⛰ 🏕 ♀♀
Loisirs : ✕
Services : 🔑 🛒 📶 laverie point d'informations touristiques
À prox. : 🍷

GPS : E : 6.85257 N : 44.44615

LE LAVANDOU

83980 - Carte Michelin 340 N7 - 5 747 h. - alt. 1
▶ Paris 873 - Cannes 102 - Draguignan 75 - Fréjus 61

⚠ Beau Séjour

✆ 04 94 71 25 30, caravaning-beau-sejour.jimdo.com

Pour s'y rendre : lieu-dit : la Grande Bastide (1,5 km au sud-ouest)

Ouverture : de mi-avr. à fin sept.

1,5 ha (135 empl.) plat, gravier

Empl. camping : (Prix 2017) ✶ 7,10 € 🚗 🔌 5,90 € – 🔌 (10A) 8,50 €

Beaux emplacements délimités et ombragés. Préférer les plus éloignés de la route.

Nature : 🏕 ♀♀
Loisirs : 🍽 ✕
Services : 🔑 🛒 📶 🛁 🚿
À prox. : 🏊

GPS : E : 6.35165 N : 43.13497

LA LONDE-LES-MAURES

83250 - Carte Michelin 340 M7 - 9 910 h. - alt. 24
▶ Paris 861 - Bormes-les-Mimosas 11 - Cuers 31 - Hyères 10

⚠ Les Moulières

✆ 04 94 01 53 21, www.campinglesmoulieres.com

Pour s'y rendre : 15 chemin de la Garenne, lieu-dit : Le Puits de Magne (2,5 km au sud-est par rte de Port-de-Miramar et rte à droite)

Ouverture : de déb. juin à fin sept.

3 ha (250 empl.) plat, herbeux

Empl. camping : (Prix 2017) 38,50 € ✶✶ 🚗 🔌 (6A) - pers. suppl. 9 € - frais de réservation 10 €

Location : (Prix 2017) (de déb. juin à fin sept.) - 🏠 - 7 tentes lodges. Sem. 360 à 650 € - frais de réservation 15 €

🚐 borne flot bleu - 6 🔌 22 €

Nature : 🏊 ♀
Loisirs : 🍽 ✕ 🏊 🎾 parcours de santé terrain multisports
Services : 🔑 🛒 📶 🛁

GPS : E : 6.23526 N : 43.12236

Gebruik de gids van het lopende jaar.

LOURMARIN

84160 - Carte Michelin 332 F11 - 1 000 h. - alt. 224
▶ Paris 732 - Aix-en-Provence 37 - Apt 19 - Cavaillon 73

⚠ Campasun Les Hautes Prairies 👥

✆ 04 90 68 02 89, www.campasun-lourmarin.eu

Pour s'y rendre : rte de Vaugines (700 m à l'est par D 56)

Ouverture : de déb. avr. à fin sept.

3,6 ha (160 empl.) plat et peu incliné, herbeux, pierreux

Empl. camping : (Prix 2017) 43 € ✶✶ 🚗 🔌 (10A) - pers. suppl. 9 € - frais de réservation 25 €

Location : (Prix 2017) (de déb. avr. à fin sept.) - 40 🚐 - 18 🏠 - 6 🛌. Nuitée 56 à 243 € - Sem. 230 à 1 450 € - frais de réservation 25 €

🚐 borne eurorelais 5 €

Locatif varié avec quelques chalets de grand confort.

Nature : 🏕 ♀
Loisirs : 🍽 ✕ 🐎 🏊 🎣
Services : 🔑 🛒 ♿ 🛁

GPS : E : 5.37291 N : 43.76784

MALEMORT-DU-COMTAT

84570 - Carte Michelin 332 D9 - 1 461 h. - alt. 208
▶ Paris 688 - Avignon 33 - Carpentras 11 - Malaucène 22

⚠ Font Neuve

✆ 04 90 69 90 00, www.campingfontneuve.com

Pour s'y rendre : quartier Font-Neuve (1,6 km au sud-est par D 5, rte de Méthanis et chemin à gauche)

Ouverture : de déb. avr. à fin sept.

2 ha (65 empl.) en terrasses, peu incliné, plat, herbeux, pierreux

Empl. camping : (Prix 2017) 23 € ✶✶ 🚗 🔌 (6A) - pers. suppl. 5,10 € - frais de réservation 10 €

468

PROVENCE-ALPES-CÔTE D'AZUR

Location : (Prix 2017) (de déb. avr. à fin sept.) - 4 🚐 - 5 🏠. Nuitée 80 à 100€ - Sem. 250 à 700€ - frais de réservation 10€

Dans un nouveau quartier résidentiel, au calme.

Nature :
Loisirs :
Services :

GPS E : 5.17098 N : 44.0142

MALLEMORT

13370 - Carte Michelin **340** G3 - 5 925 h. - alt. 120
▶ Paris 716 - Aix-en-Provence 34 - Apt 38 - Cavaillon 20

⚠ Durance Luberon

📞 04 90 59 13 36, www.campingduranceluberon.com - pour les caravanes, l'accès par le centre ville est déconseillé, accès par N 7 et D 561, rte de Charleval

Pour s'y rendre : au Domaine du Vergon (2,8 km au sud-est par D 23, à 200 m du canal, vers la centrale E.D.F. - par A 7 sortie 26 et 7)

Ouverture : de déb. avr. à fin sept.

4 ha (135 empl.) plat, herbeux

Empl. camping : (Prix 2017) 24,50€ ✶✶ 🚗 🔲 ⚡ (10A) - pers. suppl. 15€ - frais de réservation 15€

Location : (Prix 2017) (de déb. avr. à fin sept.) - 8 🚐. Sem. 390 à 720€ - frais de réservation 15€

🚐 borne artisanale 5€

Beaux emplacements bien délimités et ombragés.

Nature :
Loisirs : terrain multisports
Services :
À prox. :

GPS E : 5.20492 N : 43.72091

MANDELIEU-LA-NAPOULE

06210 - Carte Michelin **341** C6 - 21 764 h. - alt. 4
▶ Paris 890 - Brignoles 86 - Cannes 9 - Draguignan 53

⚠ Les Cigales

📞 04 93 49 23 53, www.lescigales.com

Pour s'y rendre : 505 av. de la Mer (à Mandelieu)

Ouverture : de déb. janv. à mi-nov.

1 ha (62 empl.) plat, herbeux, gravier

Empl. camping : (Prix 2017) 50€ ✶✶ 🚗 🔲 ⚡ (10A) - pers. suppl. 8,60€ - frais de réservation 25€

Location : (Prix 2017) (de déb. mars à mi-nov.) - 22 🚐 - 7 studios. Nuitée 60 à 150€ - Sem. 415 à 1 050€ - frais de réservation 25€

🚐 borne

Îlot de verdure en ville, au bord de la Siagne aménagé avec le ponton.

Nature :
Loisirs :
Services : laverie
À prox. :

GPS E : 6.9424 N : 43.53883

⚠ Les Pruniers - Les Bungalows du Golfe

📞 04 93 49 99 23, www.bungalow-camping.com

Pour s'y rendre : 118 r. de la Pinéa (par av. de la Mer)

Ouverture : de mi-fév. à mi-nov.

0,8 ha (64 empl.) plat, herbeux, gravier

Empl. camping : (Prix 2017) 34,40€ ✶✶ 🚗 🔲 ⚡ (10A) - pers. suppl. 5,20€

Location : (Prix 2017) (de mi-fév. à mi-nov.) - 36 🚐. Sem. 290 à 700€

Avec piscine au bord de la Siagne.

Nature :
Loisirs :
Services :
À prox. :

GPS E : 6.94349 N : 43.53503

MAUBEC

84660 - Carte Michelin **332** D10 - 1 877 h. - alt. 120
▶ Paris 706 - Aix-en-Provence 68 - Apt 25 - Avignon 32

⚠ Municipal Les Roÿères du Prieuré

📞 04 90 76 50 34, www.campingmaubec-luberon.com

Pour s'y rendre : 52 chemin de la Combe-St-Pierre (au sud du bourg)

Ouverture : de déb. avr. à mi-oct.

1 ha (93 empl.) en terrasses, plat, herbeux, pierreux

Empl. camping : (Prix 2017) ✶ 4€ 🚗 2,50€ 🔲 2,50€ – ⚡ (10A) 5€

Location : (Prix 2017) (de déb. avr. à mi-oct.) - 3 🚐 - 1 gîte. Sem. 300 à 550€

Espace, nature et calme pour tous les emplacements.

Nature :
Services :

GPS E : 5.1326 N : 43.84032

Avant de prendre la route, consultez www.viamichelin.fr : votre meilleur itinéraire, le choix de votre hôtel, restaurant, des propositions de visites touristiques.

MAUSSANE-LES-ALPILLES

13520 - Carte Michelin **340** D3 - 2 076 h. - alt. 32
▶ Paris 712 - Arles 20 - Avignon 30 - Marseille 81

⚠ Municipal les Romarins

📞 04 90 54 33 60, www.maussane.com

Pour s'y rendre : av. des Alpilles (sortie nord par D 5, rte de St-Rémy)

Ouverture : de mi-mars à fin oct.

3 ha (145 empl.) plat, herbeux, pierreux

Empl. camping : (Prix 2017) 27,80€ ✶✶ 🚗 🔲 ⚡ (10A) - pers. suppl. 5,20€

Beaux emplacements autour de sanitaires de vrai bon confort.

Nature :
Loisirs :
Services : laverie
À prox. :

GPS E : 4.8093 N : 43.72104

469

PROVENCE-ALPES-CÔTE D'AZUR

MAZAN

84380 - Carte Michelin **332** D9 - 5 641 h. - alt. 100

▶ Paris 684 - Avignon 35 - Carpentras 9 - Cavaillon 30

▲ Le Ventoux

☎ 04 90 69 70 94, www.camping-le-ventoux.com

Pour s'y rendre : 1348 chemin de la Combe (3 km au nord par D 70, rte de Caromb puis chemin à gauche, de Carpentras, itinéraire conseillé par D 974)

Ouverture : de mi-mars à fin oct.

1,4 ha (62 empl.) plat, herbeux, gravillons

Empl. camping : (Prix 2017) 25,50€ ✶✶ 🚗 🏠 ⚡ (10A) - pers. suppl. 5,50€ - frais de réservation 10€

Location : (Prix 2017) (de mi-mars à fin oct.) - 16 🏠. Nuitée 75 à 120€ - Sem. 450 à 835€ - frais de réservation 10€

Au milieu des vignes, beaucoup d'emplacements bénéficient d'une vue imprenable sur le Mont-Ventoux.

| Nature : 🌿 ≤ Le Mont Ventoux 🌳🌳
Loisirs : 🍹 ✗ 🏊 🎣
Services : 🔑 🚻 ♿ 🚿 laverie 🧺 | **GPS** E : 5.11378
N : 44.0805 |

MÉOLANS-REVEL

04340 - Carte Michelin **334** H6 - 333 h. - alt. 1 080

▶ Paris 787 - Marseille 216 - Digne-les-Bains 74 - Gap 64

▲ Le Rioclar ♨

☎ 04 92 81 10 32, www.rioclar.fr - alt. 1 073

Pour s'y rendre : D 900 (1,5 km à l'est, rte de Barcelonnette, près de l'Ubaye et d'un petit plan d'eau)

Ouverture : de déb. mai à mi-août

8 ha (200 empl.) en terrasses, plat, herbeux, pierreux

Empl. camping : (Prix 2017) 27€ ✶✶ 🚗 🏠 ⚡ (10A) - pers. suppl. 7€ - frais de réservation 18€

Location : (Prix 2017) (de déb. mai à mi-sept.) - 26 🏠 - 3 🏡. Nuitée 50 à 100€ - Sem. 430 à 730€ - frais de réservation 18€

Cadre très nature et mobile homes équipés de très grandes terrasses.

| Nature : 🌿 ⛺ 🌳🌳
Loisirs : 🍹 ✗ 🏊 🎡 🤸 🎣 🚴 🏓 🏊
sports en eaux vives terrain multisports
Services : 🔑 ♿ 🚿 laverie 🧺 🚰
À prox. : 🚣 (plan d'eau) | **GPS** E : 6.53172
N : 44.39928 |

▲ Domaine Loisirs de l'Ubaye

☎ 04 92 81 01 96, www.domaineubaye.com - alt. 1 073

Pour s'y rendre : D 900 (3 km à l'est, rte de Barcelonnette, au bord de l'Ubaye)

Ouverture : de déb. juin à fin sept.

9,5 ha (267 empl.) en terrasses, plat, pierreux, herbeux

Empl. camping : (Prix 2017) 29,50€ ✶✶ 🚗 🏠 ⚡ (6A) - pers. suppl. 6,50€ - frais de réservation 15€

Location : (Prix 2017) (de déb. juin à fin sept.) - 29 🏠 - 19 🏡 - 2 tentes lodges - 2 cabanons. Nuitée 50 à 131€ - Sem. 360 à 920€ - frais de réservation 15€

🚐 borne artisanale

Préférer les emplacements qui dominent ou près de la rivière.

| Nature : 🌿 🌳🌳
Loisirs : ✗ 🏠 🎡diurne 🤸 🎣 🚴 🏊
Services : 🔑 🚻 ♿ 🚿 laverie 🧺 🚰
À prox. : sports en eaux vives | **GPS** E : 6.54638
N : 44.39645 |

MONDRAGON

84430 - Carte Michelin **332** B8 - 3 363 h. - alt. 40

▶ Paris 640 - Avignon 45 - Montélimar 40 - Nyons 41

▲ La Pinède en Provence ♨

☎ 04 90 40 82 98, www.camping-pinede-provence.com

Pour s'y rendre : quartier Rieu de Colin, Les Massanes Ouest (1,5 km au nord-est par D 26, rte de Bollène et deux fois à droite)

Ouverture : Permanent

4 ha (134 empl.) en terrasses, peu incliné, plat, herbeux, gravier

Empl. camping : (Prix 2017) 27€ ✶✶ 🚗 🏠 ⚡ (10A) - pers. suppl. 5,50€ - frais de réservation 9€

Location : (Prix 2017) Permanent - 24 🏠 - 3 bungalows toilés. Sem. 259 à 749€ - frais de réservation 18€

🚐 borne artisanale 4€

Agréable pinède et un camping qui s'améliore.

| Nature : 🌳🌳
Loisirs : 🍹 ✗ 🏠 🤸 🎣 🚴 🏊 terrain multisports
Services : 🔑 🚻 ♿ 🚿 laverie 🧺 | **GPS** E : 4.72898
N : 44.24346 |

Avant de vous installer, consultez les tarifs en cours, affichés obligatoirement à l'entrée du terrain, et renseignez-vous sur les conditions particulières de séjour. Les indications portées dans le guide ont pu être modifiées depuis la mise à jour.

MONTGENÈVRE

05100 - Carte Michelin **334** I3 - 530 h. - alt. 1 850

▶ Paris 716 - Chambéry 150 - Gap 99 - Marseille 274

▲ Municipal Le Bois des Alberts

☎ 04 92 21 16 11, www.resto-du-lac.com/camping.html

Pour s'y rendre : lieu-dit : Les Alberts (8 km au sud-ouest, par N 94 et D 201, rte de Briançon, au bas de la station)

Ouverture : Permanent

7 ha (200 empl.) plat, herbeux, étang

Empl. camping : (Prix 2017) ✶ 4,20€ – 🚗 2,50€ – ⚡ (10A) 5€

🚐 borne artisanale

Sous une agréable pinède et avec un petit étang pour la pêche.

| Nature : ❄ 🌿 🌳🌳
Loisirs : 🍹 ✗ 🏠 🎣
Services : 🚻 ♿ 🚿 🧺
À prox. : 🍴 | **GPS** E : 6.68248
N : 44.9302 |

470

PROVENCE-ALPES-CÔTE D'AZUR

MONTPEZAT

04500 - Carte Michelin 334 E10
▶ Paris 806 - Digne-les-Bains 54 - Gréoux-les-Bains 23 - Manosque 37

Tohapi Côteau de la Marine

☎ 08 25 00 20 30, www.tohapi.fr/126
Pour s'y rendre : à Vauvert, rte de Baudinard (2 km au sud-est)
Ouverture : de fin avr. à mi-sept.
12 ha (251 empl.) fort dénivelé, en terrasses, gravier, pierreux
Empl. camping : (Prix 2017) 50 € (6A) - pers. suppl. 4 € - frais de réservation 15 €
Location : (Prix 2017) (de fin avr. à mi-sept.) - 177 - 54 tentes lodges. Nuitée 19 à 255 € - Sem. 133 à 1 785 € - frais de réservation 15 €

Quelques emplacements bénéficient d'une vue sur le Verdon.

Nature :
Loisirs : pédalos bateaux électriques
Services : laverie

GPS : E : 6.09818 N : 43.74765

MORNAS

84550 - Carte Michelin 332 B8 - 2 374 h. - alt. 37
▶ Paris 652 - Avignon 40 - Marseille 125 - Nîmes 64

Capfun Domaine de Beauregard

☎ 04 90 37 02 08, www.campings-franceloc.fr
Pour s'y rendre : 1685 rte d'Uchaux (2,3 km à l'est sur D74)
Ouverture : de fin mars à mi-sept.
14 ha (276 empl.) vallonné, en terrasses, plat, pierreux
Empl. camping : (Prix 2017) 36 € (10A) - pers. suppl. 7 € - frais de réservation 27 €
Location : (Prix 2017) (de fin mars à mi-sept.) - (2 mobile homes) - 176 - 17 - 2 cabanes perchées - 1 studio. Nuitée 37 à 103 € - Sem. 147 à 1 960 € - frais de réservation 27 €

Agréable sous-bois en partie sous des pins et nombreux toboggans aquatiques pour tous les âges.

Nature :
Loisirs : cinéma terrain multisports
Services : – 3 sanitaires individuels () laverie

GPS : E : 4.74535 N : 44.21511

MOUSTIERS-STE-MARIE

04360 - Carte Michelin 334 F9 - 718 h. - alt. 631
▶ Paris 783 - Aix-en-Provence 90 - Castellane 45 - Digne-les-Bains 47

St-Jean

☎ 04 92 74 66 85, www.camping-st-jean.fr
Pour s'y rendre : quartier St-Jean (1 km au sud-ouest par D 952, rte de Riez, au bord de la Maïre)
1,6 ha (125 empl.) peu incliné, plat, herbeux
Location : 14
borne artisanale

Bordé par un ruisseau et proposant un bon confort sanitaire.

Nature :
Loisirs :
Services : cases réfrigérées

GPS : E : 6.21496 N : 43.84366

⚠ Le Vieux Colombier

☎ 04 92 74 61 89, campinglevieuxcolombier.com
Pour s'y rendre : quartier St-Michel (800 m au sud)
Ouverture : de fin avr. à mi-sept.
2,7 ha (70 empl.) fort dénivelé, en terrasses, peu incliné, herbeux, pierreux
Empl. camping : (Prix 2017) 23,30 € (10A) - pers. suppl. 6,50 € - frais de réservation 9 €
Location : (Prix 2017) (de mi-avr. à mi-sept.) - 14 - 2 . Nuitée 58 à 98 € - Sem. 308 à 686 € - frais de réservation 9 €
borne artisanale 7 €

En terrasses, au calme avec quelques emplacements bien délimités.

Nature :
Loisirs :
Services : laverie
À prox. :

GPS : E : 6.22166 N : 43.83956

⚠ Manaysse

☎ 04 92 74 66 71, www.camping-manaysse.com
Pour s'y rendre : quartier Manaysse (900 m au sud-ouest par D 952, rte de Riez)
Ouverture : de déb. avr. à fin oct.
1,6 ha (97 empl.) en terrasses, incliné, plat, herbeux, gravier
Empl. camping : (Prix 2017) 17,50 € (10A) - pers. suppl. 4,50 €
borne artisanale - 50 13,50 €

Quelques emplacements ont une vue sur le village.

Nature :
Loisirs :
Services :

GPS : E : 6.21494 N : 43.84452

LE MUY

83490 - Carte Michelin 340 O5 - 8 983 h. - alt. 27
▶ Paris 853 - Les Arcs 9 - Draguignan 14 - Fréjus 17

Sud Est Vacances Les Cigales

☎ 04 94 45 12 08, www.camping-les-cigales-sud.fr
Pour s'y rendre : 4 chemin de Jas-de-la-Paro (3 km au sud-ouest, accès par l'échangeur de l'A 8 et chemin à dr. av. le péage)
Ouverture : de mi-mars à mi-oct.
22 ha (437 empl.) fort dénivelé, en terrasses, plat, herbeux, pierreux, rochers
Empl. camping : (Prix 2017) 46,20 € (10A) - pers. suppl. 9,50 €
Location : (Prix 2017) Permanent - 450 - 50 . Nuitée 44 à 270 € - Sem. 308 à 1 890 € - frais de réservation 5 €

Cadre vallonné avec des emplacements ombragés ou plein soleil.

Nature :
Loisirs : jacuzzi parcours dans les arbres terrain multisports
Services : laverie réfrigérateurs

GPS : E : 6.54355 N : 43.46225

Benutzen Sie den Hotelführer des laufenden Jahres.

471

PROVENCE-ALPES-CÔTE D'AZUR

RCN Le Domaine de la Noguière

04 94 45 13 78, www.rcn.nl/fr

Pour s'y rendre : 1617 rte de Fréjus

Ouverture : de fin mars à déb. oct.

11 ha (350 empl.) vallonné, plat, pierreux, herbeux

Empl. camping : (Prix 2017) 57€ (6A) - pers. suppl. 8€ - frais de réservation 20€

Location : (Prix 2017) (de fin mars à déb. oct.) - 37 - 4 tentes lodges. Nuitée 30 à 229€ - frais de réservation 20€

Emplacements ombragés ou ensoleillés et locatif de bon confort avec un petit lac pour la détente.

Nature :
Loisirs : terrain multisports
Services : laverie

GPS E : 6.59222 N : 43.46828

NANS-LES-PINS

83860 - Carte Michelin 340 J5 - 4 123 h. - alt. 380

Paris 794 - Aix-en-Provence 44 - Brignoles 26 - Marseille 42

Tohapi Domaine de La Sainte Baume

04 94 78 92 68, www.saintebaume.com - peu d'emplacements pour tentes et caravanes

Pour s'y rendre : quartier Delvieux Sud (900 m au nord par D 80 et à dr., par A 8 : sortie St-Maximin-la-Ste-Baume)

Ouverture : de déb. avr. à fin sept.

8 ha (250 empl.) peu incliné, plat, herbeux, pierreux

Empl. camping : (Prix 2017) 41€ (6A) - pers. suppl. 7€

Location : (Prix 2017) (de déb. avr. à fin sept.) - 230 . Nuitée 41 à 247€ - Sem. 147 à 1 729€

Emplacements bien ombragés autour du parc aquatique.

Nature :
Loisirs : salle d'animations, jacuzzi, terrain multisports
Services : laverie
À prox. :

GPS E : 5.78808 N : 43.37564

NIOZELLES

04300 - Carte Michelin 334 D9 - 237 h. - alt. 450

Paris 745 - Digne-les-Bains 49 - Forcalquier 7 - Gréoux-les-Bains 33

L'Oasis de Provence

04 92 78 63 31, www.oasis-de-provence.com

Pour s'y rendre : 2,5 km à l'est par N 100, rte de la Brillanne

Ouverture : de déb. avr. à déb. oct.

28 ha/3 campables (124 empl.) en terrasses, plat et peu incliné, herbeux

Empl. camping : (Prix 2017) 33,80€ (6A) - pers. suppl. 7€ - frais de réservation 8€

Location : (Prix 2017) (de mi-fév. à mi-nov.) - 25 - 3 - 1 tente lodge - 2 appartements. Nuitée 50 à 75€ - Sem. 380 à 800€ - frais de réservation 12€

Au bord du Lauzon et d'un petit lac.

Nature :
Loisirs : diurne, pédalos
Services : laverie

GPS E : 5.86798 N : 43.9333

ORGON

13660 - Carte Michelin 340 F3 - 3 055 h. - alt. 90

Paris 709 - Marseille 72 - Avignon 29 - Nîmes 98

La Vallée Heureuse

04 84 80 01 71, www.valleeheureuse.com

Pour s'y rendre : quartier Lavau (2 km au sud, rte de Sénas puis à gauche par la D 73D)

Ouverture : de déb. avr. à fin oct.

8 ha (192 empl.) en terrasses, plat, pierreux, herbeux

Empl. camping : (Prix 2017) 26,50€ (10A) 3,50€ - pers. suppl. 7€ - frais de réservation 20€

Location : (Prix 2017) (de déb. avr. à fin oct.) - 16 - 2 tentes sur pilotis - 2 gîtes. Nuitée 54 à 144€ - Sem. 355 à 1 008€ - frais de réservation 20€

Dans un site remarquable au milieu du Parc Naturel Régional des Alpilles.

Nature :
Loisirs :
Services : laverie cases réfrigérées
À prox. : (plan d'eau) télé-ski, paddle

GPS E : 5.03956 N : 43.7817

ORPIERRE

05700 - Carte Michelin 334 C7 - 326 h. - alt. 682

Paris 689 - Château-Arnoux 47 - Digne-les-Bains 72 - Gap 55

Les Castels Les Princes d'Orange

04 92 66 22 53, www.campingorpierre.com

Pour s'y rendre : lieu-dit : Le Flonsaine (300 m au sud du bourg, à 150 m du Céans)

Ouverture : de déb. avr. à fin oct.

20 ha/4 campables (124 empl.) fort dénivelé, en terrasses, plat, herbeux, pierreux

Empl. camping : (Prix 2017) 24€ (10A) - pers. suppl. 8,90€

Location : (Prix 2017) (de déb. avr. à fin oct.) - 58 - 1 - 2 bungalows toilés - 4 tentes lodges. Nuitée 50 à 250€ - Sem. 350 à 2 800€

borne artisanale 4€ - 11€

Emplacements en terrasses et pour beaucoup une vue panoramique sur le village et les montagnes.

Nature : Orpierre et les montagnes
Loisirs : mur d'escalade en salle
Services : laverie
À prox. :

GPS E : 5.69652 N : 44.31077

PERNES-LES-FONTAINES

84210 - Carte Michelin 332 D10 - 10 454 h. - alt. 75

Paris 685 - Apt 43 - Avignon 23 - Carpentras 6

Municipal de la Coucourelle

04 90 66 45 55, camping@perneslesfontaines.fr

Pour s'y rendre : 391 av. René-Char (1 km à l'est par D 28, rte de St-Didier, au complexe sportif)

Ouverture : de déb. avr. à fin sept.

1 ha (40 empl.) plat, herbeux

Empl. camping : (Prix 2017) 15,90€ (10A)

472

PROVENCE-ALPES-CÔTE D'AZUR

🚰 borne flot bleu

Emplacements ombragés ou plein soleil avec un accès gratuit à la piscine municipale toute proche.

Nature :
Loisirs :
Services :
À prox. :

GPS
E : 5.0677
N : 43.99967

PERTUIS

84120 - Carte Michelin 332 G11 - 18 706 h. - alt. 246
▶ Paris 747 - Aix-en-Provence 23 - Apt 36 - Avignon 76

⛰ Capfun Domaine les Pinèdes du Luberon 👥

📞 04 90 79 10 98, www.campings-franceloc.fr/accueil-camping-les_pinedes_du_luberon

Pour s'y rendre : av. Pierre-Augier (2 km à l'est par D 973)

Ouverture : de mi-mars à mi-oct.

5 ha (220 empl.) en terrasses, plat, herbeux, pierreux

Empl. camping : (Prix 2017) 28€ ✶✶ 🚗 📧 ⚡ (10A) - pers. suppl. 7€ - frais de réservation 27€

Location : (Prix 2017) (de mi-mars à mi-oct.) - ♿ (2 mobile homes) - 159 🏕 - 6 🏠 - 8 tentes lodges. Sem. 133 à 1 883€ - frais de réservation 27€

🚰 borne artisanale 6€

Situation dominante sous une belle pinède avec jolie vue pour quelques emplacements.

Nature :
Loisirs : 🍴 🍽 🏛 🏊 🚴 🏇 🎣 terrain multisports
Services : 🔑 🚻 🚿 🧺 📶 laverie
À prox. : 🍴

GPS
E : 5.5253
N : 43.68979

PONT-DU-FOSSÉ

05260 - Carte Michelin 334 F4 - 980 h.
▶ Paris 673 - Marseille 204 - Gap 24 - Grenoble 102

⚠ Le Diamant

📞 04 92 55 91 25, www.campingdiamant.com

Pour s'y rendre : à Pont du Fossé (800 m au sud-ouest par D 944, rte de Gap)

Ouverture : Permanent

4 ha (100 empl.) plat, herbeux

Empl. camping : (Prix 2017) 24,40€ ✶✶ 🚗 📧 ⚡ (10A) - pers. suppl. 5€

Location : (Prix 2017) (de déb. mai à fin sept.) - ♿ (1 mobile home) - 16 🏕. Nuitée 70 à 90€ - Sem. 220 à 570€

🚰 borne artisanale 20,40€

Au bord du Drac avec un bassin à truites et des emplacements en sous-bois ou en prairie.

Nature :
Loisirs : 🏛 salle d'animations 🏊 🏇 mur d'escalade
Services : 🔑 🚻 🚿 🧺 📶 laverie

GPS
E : 6.2197
N : 44.66535

LE PONTET

84130 - Carte Michelin 332 C10 - 16 891 h. - alt. 40
▶ Paris 688 - Marseille 100 - Avignon 5 - Aix 83

⚠ Le Grand Bois

📞 04 90 31 37 44, www.campinglegrandbois.fr

Pour s'y rendre : 1340 chemin du Grand-Bois (3 km au nord-est par D 62, rte de Vedène et rte à gauche, au lieu-dit la Tapy - par A 7 : sortie Avignon-Nord)

Ouverture : de mi-mai à déb. sept.

1,5 ha (100 empl.) plat, herbeux

Empl. camping : (Prix 2017) 26€ ✶✶ 🚗 📧 ⚡ (5A) - pers. suppl. 6€

🚰 borne artisanale 4€

Emplacements ombragés d'arbres centenaires dans une structure bien sécurisée.

Nature :
Loisirs : 🏛 🏊
Services : 🔑 🚻 🚿 🧺 📶

GPS
E : 4.8836
N : 43.97455

PRUNIÈRES

05230 - Carte Michelin 334 F5 - 287 h. - alt. 1 018
▶ Paris 681 - Briançon 68 - Gap 23 - Grenoble 119

⛰ Le Roustou

📞 04 92 50 62 63, www.campingleroustou.com

Pour s'y rendre : 4 km au sud par N 94

Ouverture : de mi-mai à fin sept.

11 ha/6 campables (227 empl.) fort dénivelé, en terrasses, vallonné, incliné, peu incliné, plat, herbeux, gravillons

Empl. camping : (Prix 2017) 39,20€ ✶✶ 🚗 📧 ⚡ (6A) - pers. suppl. 7,70€

Location : (Prix 2017) (de mi-mai à fin sept.) - 30 🏕 - 1 gîte. Sem. 172 à 909€

Sur un site exceptionnel, avec certains emplacements et la piscine qui offrent une vue panoramique sur le lac de Serre-Ponçon.

Nature :
Loisirs : 🍴 🍽 🏛 🏊 🎣 🚣
Services : 🔑 🚻 🚿 🧺 📶
À prox. : ⚓

GPS
E : 6.34111
N : 44.5225

PUGET-SUR-ARGENS

83480 - Carte Michelin 340 P5 - 6 722 h. - alt. 17
▶ Paris 863 - Les Arcs 21 - Cannes 41 - Draguignan 26

⛰ Yelloh! Village La Bastiane 👥

📞 04 94 55 55 94, www.labastiane.com

Pour s'y rendre : 1056 chemin de Suvière (2,50 km au nord)

Ouverture : de mi-avr. à déb. oct.

4 ha (180 empl.) en terrasses, plat, herbeux, pierreux

Empl. camping : (Prix 2017) 55€ ✶✶ 🚗 📧 ⚡ (10A) - pers. suppl. 8€

Location : (Prix 2017) (de mi-avr. à déb. oct.) - 94 🏕 - 6 🏠 - 10 cabanons. Nuitée 33 à 319€ - Sem. 231 à 2 233€

🚰 borne AireService - 1 📧 15€ - 🚰 ⚡ 15€

Agréable ombrage sous les pins.

Nature :
Loisirs : 🍴 🍽 🏛 🏊 🚴 🏇 🎣 discothèque terrain multisports
Services : 🔑 🚻 🚿 📶 laverie
À prox. : 🏇

GPS
E : 6,67837
N : 43.46975

473

PROVENCE-ALPES-CÔTE D'AZUR

RAMATUELLE

83350 - Carte Michelin **340** O6 - 2 240 h. - alt. 136
▶ Paris 873 - Fréjus 35 - Hyères 52 - Le Lavandou 34

▲▲▲ Yelloh! Village les Tournels

📞 04 94 55 90 90, www.tournels.com
Pour s'y rendre : rte de Camarat
Ouverture : de mi-mars à fin oct.
20 ha (890 empl.) fort dénivelé, en terrasses, plat, herbeux, pierreux
Empl. camping : (Prix 2017) 70€ ✶✶ 🚗 🏠 (10A) - pers. suppl. 9€
Location : (Prix 2017) (de mi-mars à fin oct.) - ♿ (2 mobile homes) - 356 🏠 - 22 🏠. Nuitée 59 à 599€
🚰 borne flot bleu 5€

Sur une colline ombragée avec un espace forme aquatique couvert de qualité et vue panoramique sur la plage de Pampelonne pour quelques uns. Quelques locatifs de très grand confort.

Nature : 🌳 ≤ 🌊
Loisirs : 🍴 ✗ 🏠 🎭 (amphithéâtre) 🚴 🏃 centre balnéo 🛁 hammam jacuzzi 🎱 🎶 discothèque terrain multisports
Services : 🔑 🚻 🚿 🛒 📶 laverie 🧺 cases réfrigérées

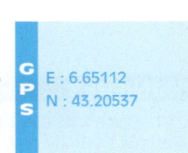

GPS : E : 6.65112 / N : 43.20537

▲▲▲ Village Vacances La Toison d'Or

(pas d'emplacement tentes et caravanes)
📞 04 94 79 83 54, www.riviera-villages.com
Pour s'y rendre : rte des Tamaris (plage de Pampelonne)
5 ha (500 empl.) non clos, plat, herbeux, sablonneux
Location : 220 🏠.

Plusieurs villages de mobile homes avec une décoration à thème, très réussie.

Nature : 🌳 🌊 ⛱
Loisirs : 🍴 ✗ 🏠 🎭 🚴 🏃 centre balnéo 🛁 hammam jacuzzi 🎱 conciergerie
Services : 🔑 🚻 📶 laverie 🧺
À prox. : ⛳

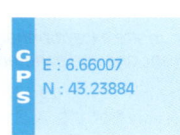

GPS : E : 6.66007 / N : 43.23884

▲ La Croix du Sud

📞 04 94 55 51 23 - peu d'emplacements pour tentes et caravanes
Pour s'y rendre : rte des Plages (3.1 km à l'est par la D 61 et D 93)
3 ha (120 empl.) en terrasses, plat, herbeux, pierreux, sablonneux
Location : 17 🏠 - 11 🏠.

Au milieu des vignes, emplacements à l'ombre des pins.

Nature : 🌳 🌊
Loisirs : 🍴 ✗ 🏃 🚴 🏊
Services : 🔑 🧺 📶 🏠

GPS : E : 6.64104 / N : 43.21426

RÉGUSSE

83630 - Carte Michelin **340** L5 - 2 067 h. - alt. 545
▶ Paris 838 - Marseille 113 - Toulon 94 - Digne-les-Bains 75

▲▲▲ Homair Vacances Les Lacs du Verdon

📞 04 94 70 17 95, www.homair.com - peu d'emplacements pour tentes et caravanes
Pour s'y rendre : domaine de Roquelande
17 ha (444 empl.) plat, herbeux, pierreux

Location : 428 🏠 - 10 tentes lodges.
🚰 borne artisanale - 8 🏠

En deux parties distinctes de part et d'autre d'une petite route.

Nature : 🌳 🌊
Loisirs : 🍴 ✗ 🏠 🎭 🚴 🏃 🎱 🏊 terrain multisports
Services : 🔑 🚻 📶 laverie 🧺
À prox. : 🏇

GPS : E : 6.15073 / N : 43.66041

RIEZ

04500 - Carte Michelin **334** E10 - 1 783 h. - alt. 520
▶ Paris 792 - Marseille 105 - Digne-les-Bains 41 - Draguignan 64

▲ Rose de Provence

📞 04 92 77 75 45, www.rose-de-provence.com
Pour s'y rendre : r. Edouard-Dauphin
Ouverture : de fin avr. à déb. oct.
1 ha (81 empl.) terrasse, plat, herbeux, gravier
Empl. camping : (Prix 2017) 27,90€ ✶✶ 🚗 🏠 (10A) - pers. suppl. 6,90€ - frais de réservation 10€
Location : (Prix 2017) (de déb. avr. à mi-oct.) - 12 🏠 - 2 🏠 - 2 bungalows toilés - 2 roulottes - 1 gîte. Nuitée 45 à 118€ - Sem. 245 à 758€ - frais de réservation 15€

Locatif varié et de bon confort.

Nature : 🌳 🌊
Loisirs : 🎭 🏃
Services : 🔑 🚻 🧺 🏠 cases réfrigérées
À prox. : 🍴✗

GPS : E : 6.09922 / N : 43.81307

Give us your opinion of the camping sites we recommend.
Let us know of your remarks and discoveries :
leguidecampingfrance@tp.michelin.com

LA ROCHE-DE-RAME

05310 - Carte Michelin **334** H4 - 830 h. - alt. 1 000
▶ Paris 701 - Briançon 22 - Embrun 27 - Gap 68

▲ Le Verger

📞 04 92 20 92 23, www.campingleverger.com
Pour s'y rendre : lieu-dit : Les Gillis (1,2 km au nord-ouest par N 94, rte de Briançon)
Ouverture : Permanent
1,6 ha (50 empl.) en terrasses, peu incliné, herbeux
Empl. camping : (Prix 2017) 20,50€ ✶✶ 🚗 🏠 (10A) - pers. suppl. 5,50€ - frais de réservation 30€
Location : (Prix 2017) (de déb. mai à fin sept.) - 6 🏠 - 1 🏠 - 1 gîte. Nuitée 50 à 75€ - Sem. 330 à 520€ - frais de réservation 90€
🚰 borne artisanale 4,50€

Emplacements à l'ombre des arbres fruitiers : cerisiers, abricotiers, pommiers, arrosés par le système très ancien des canaux. Locatif parfois très ancien.

Nature : 🌳 ≤ 🌳
Loisirs : 🏠 🏃
Services : 🔑 🚻 🧺 📶 laverie

GPS : E : 6.57959 / N : 44.75747

474

PROVENCE-ALPES-CÔTE D'AZUR

▲ Municipal du Lac
☎ 06 82 04 70 71, www.camping-du-lac-05.fr
Pour s'y rendre : RN 94 (sortie sud)
Ouverture : de mi-mai à fin sept.
1 ha (81 empl.) peu incliné, plat, herbeux
Empl. camping : (Prix 2017) 21,50€ ✦✦ ⛌ 🅴 🛉 (10A) - pers. suppl. 5,60€
Location : (Prix 2017) (de mi-mai à fin sept.) - 3 🏠 - 1 tente lodge. Nuitée 45 à 100€ - Sem. 320 à 670€
🚐 borne artisanale
Au bord du joli plan d'eau et de sa petite base de loisirs.

Nature : ≤ 🌳🌳
Services : 🔑 🚻 📶 📞
À prox. : 🍴 ✗ 🍺 ⛱ (plan d'eau) 🎣 pédalos, paddle

GPS E : 6.58145 N : 44.74673

LA ROCHE DES ARNAUDS
05400 - Carte Michelin **334** D5 - 1 372 h. - alt. 945
▶ Paris 672 - Corps 49 - Gap 15 - St-Étienne-en-Dévoluy 33

▲ Au Blanc Manteau
☎ 04 92 57 82 56, www.campingaublancmanteau.fr - alt. 900
Pour s'y rendre : rte de Ceuze (1,3 km au sud-ouest par D 18, au bord d'un torrent)
Ouverture : Permanent
4 ha (40 empl.) plat, herbeux, pierreux
Empl. camping : (Prix 2017) 18€ ✦✦ ⛌ 🅴 🛉 (10A) - pers. suppl. 4,50€
Beaucoup d'espaces pour chaque emplacement dans un cadre un peu naturel et sauvage.

Nature : ❄ 🍃 ≤ 🌳🌳
Loisirs : 🍴 🍺 ⛱ 🚲 ✗ 🎣
Services : 🔑 🚻 🛉 ♨ 🧺

GPS E : 5.95085 N : 44.54962

ROQUEBRUNE-SUR-ARGENS
83520 - Carte Michelin **340** O5 - 12 708 h. - alt. 13
▶ Paris 862 - Les Arcs 18 - Cannes 49 - Draguignan 23

▲▲▲▲ Les Castels Domaine de la Bergerie 👥
☎ 04 98 11 45 45, www.domainelabergerie.com
Pour s'y rendre : Vallée du Fournel, rte du Col-de-Bougnon (8 km au sud-est par D 7, rte de St-Aygulf et D 8 à dr., au bord d'étangs)
Ouverture : de fin avr. à déb. nov.
60 ha (700 empl.) fort dénivelé, en terrasses, plat, herbeux, pierreux
Empl. camping : (Prix 2017) 61€ ✦✦ ⛌ 🅴 🛉 (10A) - pers. suppl. 12,50€ - frais de réservation 25€
Location : (Prix 2017) (de déb. mars à déb. nov.) - 500 🏠. Sem. 420 à 2 205€
Beaux emplacements en partie sur une colline boisée.

Nature : 🍃 🌳🌳
Loisirs : 🍴 ✗ 🍺 ⛲ (théâtre de plein air) salle d'animations ✦ 🎯 centre balnéo 🏊 hammam jacuzzi ✗ 🚲 ✗ ⛳ 🎱 🎣 discothèque paintball ferme animalière poneys terrain multisports
Services : 🔑 🚻 🛉 ♨ 📶 laverie 🧺 🚐

GPS E : 6.67535 N : 43.39879

▲▲▲ Les Pêcheurs 👥
☎ 04 94 45 71 25, www.camping-les-pecheurs.com
Pour s'y rendre : 700 m au nord-ouest par D 7
Ouverture : de déb. avr. à fin sept.
3,3 ha (190 empl.) plat, herbeux
Empl. camping : (Prix 2017) 52€ ✦✦ ⛌ 🅴 🛉 (10A) - pers. suppl. 9,90€ - frais de réservation 25€
Location : (Prix 2017) (de déb. avr. à fin sept.) - 47 🏠 - 20 chalets sur pilotis. Nuitée 50 à 220€ - Sem. 300 à 1 540€ - frais de réservation 25€
Espace balnéo découvert et accès par tunnel à la petite base nautique de l'autre côté de la route.

Nature : 🍃 🌳🌳
Loisirs : 🍴 ✗ 🍺 ⛲ diurne ✦ 🏊 jacuzzi ✗ 🚲 ✗ 🎣 terrain multisports
Services : 🔑 🚻 🛉 ♨ laverie 🧺 🚐
À prox. : 🎣 base nautique pédalos

GPS E : 6.63354 N : 43.45094

▲▲▲ Lei Suves
☎ 04 94 45 43 95, www.lei-suves.com - peu d'emplacements pour tentes et caravanes
Pour s'y rendre : quartier du Blavet (4 km au nord par D 7 et passage sous A 8)
Ouverture : de déb. avr. à mi-oct.
7 ha (309 empl.) en terrasses, plat, herbeux, pierreux
Empl. camping : (Prix 2017) 55,75€ ✦✦ ⛌ 🅴 🛉 (6A) - pers. suppl. 11,60€ - frais de réservation 25€
Location : (Prix 2017) (de déb. avr. à mi-oct.) - ⛌ - 25 🏠. Nuitée 57 à 168€ - Sem. 395 à 1 170€ - frais de réservation 25€
🚐 borne artisanale
Agréable cadre boisé sous les pins et chênes-lièges.

Nature : 🍃 🌳🌳
Loisirs : 🍴 ✗ ⛲ (théâtre de plein air) ✦ 🎯 ✗ 🏊 terrain multisports
Services : 🔑 🚻 ♨ 📶 laverie 🧺 🚐

GPS E : 6.63882 N : 43.47821

▲ Moulin des Iscles
☎ 04 94 45 70 74, www.campingdesiscles.com
Pour s'y rendre : chemin du Moulin-des-Iscles (1,8 km à l'est par D 7, rte de St-Aygulf et chemin à gauche)
Ouverture : de déb. avr. à fin sept.
1,5 ha (90 empl.) plat, herbeux
Empl. camping : (Prix 2017) 28,80€ ✦✦ ⛌ 🅴 🛉 (6A) - pers. suppl. 3,60€ - frais de réservation 15€
Location : (Prix 2017) (de déb. avr. à fin sept.) - ♿ (1 mobile home) - 6 🏠 - 1 🛏 - 5 appartements. Nuitée 70 à 120€ - Sem. 420 à 820€ - frais de réservation 15€
Au bord de l'Argens et au calme.

Nature : 🍃 🌳🌳
Loisirs : ✗ 🍺 🚲 ✗ 🎣
Services : 🔑 🚻 🛉 ♨ 📶 laverie 🧺

GPS E : 6.65784 N : 43.44497

Ce guide n'est pas un répertoire de tous les terrains de camping mais une sélection des meilleurs campings dans chaque catégorie.

475

PROVENCE-ALPES-CÔTE D'AZUR

LA ROQUE-D'ANTHÉRON

13640 - Carte Michelin **340** G3 - 5 143 h. - alt. 183
▶ Paris 726 - Aix-en-Provence 29 - Cavaillon 34 - Manosque 60

Tohapi Les Iscles

(pas d'emplacement tentes et caravanes)

📞 04 42 50 44 25, www.tohapi.fr

Pour s'y rendre : lieu-dit : la Durance (3 km au sud par D 23)

10 ha (264 empl.) plat, herbeux, pierreux

Location : (Prix 2017) (de déb. avr. à mi-sept.) - 200 🏠. Nuitée 42 à 138€ - Sem. 245 à 980€ - frais de réservation 10€

Nombreux mobile homes de propriétaires-résidents, proche de la Durance.

Nature : 🌳 ୦୦
Loisirs : 🍴✖ 🎯 🚴 🚣 🚵 ✳ 🏊 🏖 (plan d'eau) ⛵ 🛶
Services : ⚙ 🚿 📶 laverie 🧺 🔌
À prox. : terrain multisports

GPS E : 5.32099
N : 43.72819

ROUSSET

05190 - Carte Michelin **334** F6 - 155 h. - alt. 1 025
▶ Paris 702 - Digne-les-Bains 80 - Gap 32 - Marseille 193

La Viste

📞 04 92 54 43 39, www.laviste.fr - alt. 900

Pour s'y rendre : le Belvédère de Serre-Ponçon (1,5 km à l'est par D 103)

Ouverture : de mi-mai à mi-sept.

4,5 ha/2,5 campables (170 empl.) en terrasses, vallonné, plat, herbeux, pierreux

Empl. camping : (Prix 2017) 👤 8€ 🚗 🅿 8,50€ – ⚡ (5A) 4,40€ - frais de réservation 15€

Location : (Prix 2017) (de mi-mai à mi-sept.) - 10 🏠 - 30 🏕.
Nuitée 62 à 150€ - Sem. 419 à 1 046€ - frais de réservation 15€
🚐 borne eurorelais

Belle situation dominant le barrage et le lac de Serre-Ponçon avec vue panoramique pour quelques chalets et de la piscine.

Nature : 🌳 ୦୦
Loisirs : 🍴✖ 🎯 diurne 🚣 🚵 🏊 terrain multisports
Services : ⚙ 🚿 📶 laverie 🧺 🔌
À prox. : 🏖 (plan d'eau) 🛶 ski nautique

GPS E : 6.26832
N : 44.47613

ST-ANDRÉ-LES-ALPES

04170 - Carte Michelin **334** H9 - 930 h. - alt. 914
▶ Paris 786 - Castellane 20 - Colmars 28 - Digne-les-Bains 43

▲ Municipal les Iscles

📞 04 92 89 02 29, www.camping-les-iscles.com - alt. 894

Pour s'y rendre : chemin des Iscles (1 km au sud par N 202, rte d'Annot et à gauche, à 300 m du Verdon)

Ouverture : de déb. avr. à mi-oct.

2,5 ha (200 empl.) plat, herbeux, pierreux

Empl. camping : (Prix 2017) 16,70€ 👤👤 🚗 🅿 ⚡ (10A) - pers. suppl. 4,50€

Location : (Prix 2017) (de déb. avr. à fin oct.) - ♿ (1 mobile home) - 🏠 16 🏕. Nuitée 32 à 80€ - Sem. 224 à 560€

Agréable pinède.

Nature : 🌳 ୦୦
Loisirs : 🎠 🛝
Services : ⚙ 🚿 📶 laverie
À prox. : ✂ 🥾 parcours sportif

GPS E : 6.50844
N : 43.9612

ST-APOLLINAIRE

05160 - Carte Michelin **334** G5 - 117 h. - alt. 1 285
▶ Paris 684 - Embrun 19 - Gap 27 - Mont-Dauphin 37

▲ Campéole Le Clos du Lac

📞 04 92 44 27 43, www.camping-closdulac.com - croisement difficile pour caravanes et camping-cars - alt. 1 450

Pour s'y rendre : rte des Lacs (2,3 km au nord-ouest par D 509, à 50 m du petit lac de St-Apollinaire)

Campéole
www.campeole.com

LE CLOS DU LAC ★★★

Massif des Écrins et Lac de Serre-Ponçon : un panorama unique !

Emplacements campeurs et mobil-homes. Convivialité du camping en montagne. Activités à proximité : randonnées, astronomie, mini-golf...

Route des Lacs
05160 Saint-Apollinaire
+33 (0)4 92 44 27 43
clos-du-lac@campeole.com

476

PROVENCE-ALPES-CÔTE D'AZUR

Ouverture : de mi-juin à mi-sept.

2 ha (65 empl.) en terrasses, peu incliné, herbeux

Empl. camping : (Prix 2017) 23,30 € ♦♦ 🚗 🅴 [½] (6A) - pers. suppl. 6 €

Location : (Prix 2017) (de déb. juin à mi-sept.) - 18 🏠. Nuitée 47 à 102 € - Sem. 329 à 714 € - frais de réservation 25 €

Belle situation dominant le lac de Serre-Ponçon au loin.

Nature : 🌳 ≤ lac de Serre-Ponçon et montagnes ♀
Loisirs : 🏊
Services : 🔑 🧺 🛒 📶 🔌
À prox. : 🍴 🍽 🛒 🏖 (plan d'eau) 🤿

GPS : E : 6.34642 / N : 44.56127

ST-AYGULF

83370 - Carte Michelin **340** P5

▶ Paris 872 - Brignoles 69 - Draguignan 35 - Fréjus 6

⛺ L'Étoile d'Argens 👫

📞 04 94 81 01 41, www.etoiledargens.com

Pour s'y rendre : chemin des Étangs (5 km au nord-ouest par D 7, rte de Roquebrune-sur-Argens et D 8 à dr., au bord de l'Argens)

Ouverture : de mi-fév. à fin déc.

11 ha (493 empl.) plat, herbeux

Empl. camping : (Prix 2017) 65 € ♦♦ 🚗 🅴 [½] (10A) - pers. suppl. 10 €

Location : (Prix 2017) (de mi-fév. à fin déc.) - 107 🏠. Sem. 245 à 2 800 €

Beaux emplacements spacieux et ombragés. Navette fluviale pour les plages (durée : 30 mn).

Nature : 🌳 🌿 ♀
Loisirs : 🍴 🍽 💆 🏊 jacuzzi 🚴 🎯 🏓 discothèque terrain multisports
Services : 🔑 🧺 ♿ 🛒 📶 🔌 laverie 🧺 🚐
À prox. : ⚓ plongée

GPS : E : 6.70562 / N : 43.41596

⛺ Sandaya Riviera d'Azur

📞 04 94 81 01 59, www.sandaya.fr

Pour s'y rendre : 189.Les Grands Châteaux-de-Villepey (3 km au nord-ouest par D 7, rte de Roquebrune-sur-Argens)

Ouverture : de mi-avr. à mi-oct.

10 ha (451 empl.) plat, gravier

Empl. camping : 73 € ♦♦ 🚗 🅴 [½] (10A) - pers. suppl. 9 €

Location : (de mi-avr. à mi-oct.) - 288 🏠 - 20 tentes sur pilotis. Nuitée 35 à 289 € - Sem. 245 à 2 023 €

🚐 borne AireService

Locatif varié, de bon confort et sanitaires individuels sur chaque emplacement.

Nature : 🌳 🌿 ♀
Loisirs : 🍴 🍽 💆 🏊 🚴 🎯 🏓 terrain multisports
Services : 🔑 – 451 sanitaires individuels (🚿 wc) 🛒 📶 🔌 laverie 🧺 🚐

GPS : E : 6.70875 / N : 43.40867

⛺ Au Paradis des Campeurs

📞 06 27 30 52 68, www.paradis-des-campeurs.com

Pour s'y rendre : lieu-dit : La Gaillarde-Plage (2,5 km au sud par N 98, rte de Ste-Maxime)

Ouverture : de déb. avr. à fin sept.

6 ha/3,5 campables (180 empl.) terrasse, plat, herbeux

Empl. camping : (Prix 2017) 36 € ♦♦ 🚗 🅴 [½] (6A) - pers. suppl. 7 €

Location : (Prix 2017) (de déb. avr. à fin sept.) - ♿ (1 mobile home) - 🏠 - 17 🏠. Sem. 290 à 790 €

Vue sur mer pour quelques emplacements et accès direct à la plage par tunnel. Préférer les places les plus éloignées de la route.

Nature : 🌿 ♀
Loisirs : 🍴 🍽 💆 🏊
Services : 🔑 🧺 ♿ 🛒 📶 laverie 🧺 🚐
À prox. : discothèque

GPS : E : 6.71235 / N : 43.366

ST-CLÉMENT-SUR-DURANCE

05600 - Carte Michelin **334** H5 - 285 h. - alt. 872

▶ Paris 715 - L'Argentière-la-Bessée 21 - Embrun 13 - Gap 54

⛺ Les Mille Vents

📞 04 92 45 10 90, www.camping-les-mille-vents.com

Pour s'y rendre : rte de St-André (1 km à l'est par N 94, rte de Briançon et D 994D à dr. apr. le pont et la base de sports en eaux vives)

Ouverture : de mi-juin à déb. sept.

3,5 ha (100 empl.) terrasse, plat, herbeux

Empl. camping : (Prix 2017) 16,20 € ♦♦ 🚗 🅴 [½] (6A) - pers. suppl. 3,20 €

Location : (Prix 2017) (de mi-juin à déb. sept.) - 4 🏠. Sem. 450 €

Emplacements bien ombragés dans un cadre qui garde un côté nature, à proximité d'une base de loisirs en eaux vives.

Nature : ≤ ♀
Loisirs : 💆 🏊
Services : 🔑 🧺 🛒 📶
À prox. : 🍴 sports en eaux vives

GPS : E : 6.6618 / N : 44.66362

ST-CYR-SUR-MER

83270 - Carte Michelin **340** J6 - 11 865 h. - alt. 10

▶ Paris 810 - Bandol 8 - Brignoles 70 - La Ciotat 10

⛺ Le Clos Ste-Thérèse

📞 04 94 32 12 21, www.clos-therese.com - accès aux emplacements par forte pente, mise en place et sortie des caravanes à la demande - peu d'emplacements pour tentes et caravanes

Pour s'y rendre : 3,5 km au sud-est par D 559

Ouverture : de déb. avr. à fin sept.

4 ha (123 empl.) fort dénivelé, en terrasses, plat, herbeux, pierreux

Empl. camping : (Prix 2017) 37 € ♦♦ 🚗 🅴 [½] (10A) - pers. suppl. 7,10 € - frais de réservation 24 €

Location : (Prix 2017) (de déb. avr. à fin sept.) - 4 🏠 - 29 🏠 - 5 bungalows toilés. Nuitée 36 à 184 € - Sem. 252 à 1 293 € - frais de réservation 24 €

🚐 borne artisanale

Préférer les emplacements les plus éloignés de la route.

Nature : 🌿 ♀
Loisirs : 🍴 🍽 💆 🏊 terrain multisports
Services : 🔑 🧺 ♿ 🛒 📶

GPS : E : 5.72951 / N : 43.15955

477

PROVENCE-ALPES-CÔTE D'AZUR

ST-ÉTIENNE-DE-TINÉE

06660 - Carte Michelin **341** C2 - 1 311 h. - alt. 1 147
▶ Paris 788 - Grenoble 226 - Marseille 262 - Nice 90

⚠ Municipal du Plan d'Eau

📞 04 93 02 41 57, www.campingduplandeau.com
Pour s'y rendre : rte du Col-de-la-Bonette (500 m au nord du bourg)
Ouverture : de déb. juin à fin sept.
0,5 ha (23 empl.) en terrasses, plat, pierreux
Empl. camping : (Prix 2017) 👤 3,50€ 🚗 8€ – 📐 (13A) 2,50€
🚐 borne artisanale 3€ - 6 📐 15,40€

Dominant un joli petit plan d'eau, emplacements réservés aux tentes. À l'entrée du camping, au bord de la Tinée, branchements électriques uniquement pour les camping-cars.

Nature : 🌳 ≤ 🏞
Loisirs : 🏖 ≅ (plage) 🐟 ✈
Services : 🔑 Ⓟ 📶
À prox. : parcours de santé

GPS E : 6.92299 N : 44.25858

ST-LAURENT-DU-VERDON

04500 - Carte Michelin **334** E10 - 92 h. - alt. 468
▶ Paris 797 - Marseille 118 - Digne-les-Bains 59 - Avignon 166

⛰ La Farigoulette 👥

📞 04 92 74 41 62, www.lafarigoulette.cielavillage.fr
Pour s'y rendre : lac de St-Laurent (1 km au nord rte par C 1 de Montpezat)
Ouverture : de mi-avr. à fin sept.
14 ha (219 empl.) peu incliné, herbeux, pierreux
Empl. camping : (Prix 2017) 47€ 👫 🚗 📐 (10A) - pers. suppl. 11€ - frais de réservation 18€
Location : (Prix 2017) (de mi-avr. à fin sept.) - 159 🏠 - 10 tentes lodges. Nuitée 39 à 240€ - Sem. 1 680€ - frais de réservation 25,50€
🚐 borne artisanale

Agréable pinède qui descend jusqu'au bord du lac.

Nature : ! 🏞 🌳
Loisirs : ✕ 🌞diurne 🚴 🏊 ≅ 🎣 pédalos bateaux électriques terrain multisports
Services : 🔑 🚿 📶 laverie 🧺 ✈

GPS E : 6.0777 N : 43.73407

ST-MANDRIER-SUR-MER

83430 - Carte Michelin **340** K7 - 5 773 h. - alt. 1
▶ Paris 836 - Bandol 20 - Le Beausset 22 - Hyères 30

⛰ Homair Vacances La Presqu'île
(pas d'emplacement tentes et caravanes)
📞 04 94 30 74 70, www.homair.com
Pour s'y rendre : quartier Pin Rolland (2,5 km à l'ouest, carr. D 18 et rte de la Pointe de Marégau, près du port de plaisance)
2,5 ha fort dénivelé, en terrasses

Location : 125 🏠.
Préférer les terrasses ombragées d'eucalyptus et plus éloignées de la route.

Nature : 🌳
Loisirs : 🍽 ✕ 🏊 🚴 🐟
Services : 🔑 📶 📐 ✈
À prox. : ✂

GPS E : 5.90577 N : 43.07655

ST-MARTIN-DE-QUEYRIERES

05120 - Carte Michelin **334** H3 - 1 073 h. - alt. 1 169
▶ Paris 694 - Chambéry 171 - Gap 78 - Marseille 253

⚠ L'Iscle de Prelles 👥

📞 04 92 20 28 66, www.camping-iscledeprelles.com
Pour s'y rendre : hameau de Prelles (3 km au nord par N 94, rte de Briançon)
Ouverture : Permanent
4 ha (100 empl.) plat, herbeux, pierreux
Empl. camping : (Prix 2017) 18,40€ 👫 🚗 📐 (10A) - pers. suppl. 4,50€
Location : (Prix 2017) Permanent - 10 🏠 - 7 🏡 - 7 cabanons. Nuitée 49 à 133€ - Sem. 310 à 863€
🚐 1 📐 18,40€ - 🚰 11€

Emplacements bien ombragés avec du locatif varié. Espace bien être avec kota et bain nordique traditionnel.

Nature : 🌲 🌳
Loisirs : 🍽 ✕ 🏖 🏊 🚴 ✂ 🎣
Services : 🔑 🚽 🚿 📶 📐
À prox. : 🐎

GPS E : 6.59018 N : 44.85716

Avant de vous installer, consultez les tarifs en cours, affichés obligatoirement à l'entrée du terrain, et renseignez-vous sur les conditions particulières de séjour. Les indications portées dans le guide ont pu être modifiées depuis la mise à jour.

ST-MARTIN-D'ENTRAUNES

06470 - Carte Michelin **341** B3 - 83 h. - alt. 1 050
▶ Paris 778 - Annot 39 - Barcelonnette 50 - Puget-Théniers 44

⛰ Le Prieuré

📞 04 93 05 54 99, www.le-prieure.com - alt. 1 070 🚫
Pour s'y rendre : rte des Blancs (1 km à l'est par D 2202, rte de Guillaumes puis 1,8 km par chemin à gauche, apr. le pont du Var)
Ouverture : de déb. mai à mi-oct.
12 ha/1,5 (35 empl.) en terrasses, peu incliné, plat, herbeux
Empl. camping : (Prix 2017) 👤 5€ 🚗 10€ – 📐 (10A) 3,50€
Location : (Prix 2017) (de déb. avr. à fin oct.) - 🛶 - 5 🏠 - 4 bungalows toilés - 2 tentes lodges - 2 tentes sur pilotis - 9 gîtes. Nuitée 33 à 95€ - Sem. 198 à 660€
Terrain de montagne avec du locatif simple mais varié.

Nature : 🌳 ≤ 🏞 🌳
Loisirs : ✕ 🏖 🚴 🏊 (petite piscine)
Services : 🔑 🚽 📶 📐 ✈

GPS E : 6.76283 N : 44.14895

478

PROVENCE-ALPES-CÔTE D'AZUR

ST-MARTIN-VESUBIE

06450 - Carte Michelin **341** E3 - 1 325 h. - alt. 1 000
▶ Paris 899 - Marseille 235 - Nice 65 - Cuneo 140

À la Ferme St-Joseph

📞 06 70 51 90 14, www.camping-alafermestjoseph.com

Pour s'y rendre : au sud-est du bourg par la D 2565 rte de Roquebillière, près de la Vésubie

Ouverture : de fin avr. à fin sept.

0,6 ha (50 empl.) incliné, plat, herbeux

Empl. camping : (Prix 2017) 26€ ✦✦ 🚗 ▣ ⚡ (6A) - pers. suppl. 5€ - frais de réservation 10€

Location : (Prix 2017) (de fin avr. à fin sept.) - 3 🏠. Nuitée 51 à 59€ - Sem. 363 à 401€

🚐 borne artisanale

En terrasses ombragées le plus souvent sous les poiriers.

Nature : 🌳 ≤ 🌲
Services : ⚙ (juil.-août) 🍴 📶 🔥
À prox. : ✂ 🏊

GPS
E : 7.25711
N : 44.06469

ST-PAUL-EN-FORÊT

83440 - Carte Michelin **340** P4 - 1 616 h. - alt. 310
▶ Paris 884 - Cannes 46 - Draguignan 27 - Fayence 10

Le Parc ⛺

📞 04 94 76 15 35, www.campingleparc.com

Pour s'y rendre : 408 quartier Trestaure (3 km au nord par D 4, rte de Fayence puis chemin à dr.)

Ouverture : de déb. avr. à fin oct.

3 ha (110 empl.) en terrasses, plat, herbeux, pierreux

Empl. camping : (Prix 2017) 32€ ✦✦ 🚗 ▣ ⚡ (10A) - pers. suppl. 7€

Location : (Prix 2017) (de mi-mars à fin oct.) - 22 🛏 - 4 🏠 - 4 tentes lodges. Nuitée 35 à 130€ - Sem. 190 à 900€ - frais de réservation 15€

🚐 borne artisanale

Emplacements au calme, bien ombragés.

Nature : 🌳 🌲
Loisirs : ✂ 🏊 ⛹ 🎯 ✂ 🐎
Services : ⚙ 🍴 🏪 📶 laverie 🧺

GPS
E : 6.68979
N : 43.58445

ST-PONS

04400 - Carte Michelin **334** H6 - 742 h. - alt. 1 157
▶ Paris 797 - Marseille 227 - Digne-les-Bains 84 - Gap 74

Village Vacances Le Loup Blanc du Riou

(pas d'emplacement tentes et caravanes)

📞 04 92 81 44 97, www.leloupblanc.com

Pour s'y rendre : 1 km au sud-ouest, derrière l'aérodrome de l'Ubaye

2 ha en terrasses, plat

Location : (Prix 2017) Permanent ♿ (1 chalet) - 9 🏠. Nuitée 80 à 120€ - Sem. 340 à 750€

Sous une pinède, village de chalets à la location ou de propriétaires-résidents.

Nature : 🌳 ≤ 🌲🌲
Loisirs : 🐎 ⛹ 🎿
Services : ⚙ 🅿 🍴 📶 laverie
À prox. : ✂ 🐎 parc-aventure

GPS
E : 6.6122
N : 44.39107

ST-RAPHAËL

83700 - Carte Michelin **340** P5 - 34 269 h.
▶ Paris 870 - Aix-en-Provence 121 - Cannes 42 - Fréjus 4

⛰ Sandaya Douce Quiétude ⛺

📞 04 94 44 30 00, www.sandaya.fr/dou - peu d'emplacements pour tentes et caravanes

Pour s'y rendre : 3435 bd Jacques-Baudino (sortie nord-est vers Valescure puis 3 km - par A8 sortie 38)

Ouverture : de mi-avr. à mi-sept.

10 ha (440 empl.) en terrasses, vallonné, plat, herbeux, pierreux

Empl. camping : 87€ ✦✦ 🚗 ▣ ⚡ (10A) - pers. suppl. 9€

Location : (de mi-avr. à mi-sept.) - 276 🛏 - 2 bungalows toilés. Nuitée 29 à 428€ - Sem. 203 à 2 996€

🚐 borne AireService

Quelques emplacements et locatifs grand confort. Navettes pour les plages.

Nature : 🌳 🌲🌲
Loisirs : 🍴 ✂ 🏊 🎯 🛝 🚲 🏇 hammam jacuzzi 🧖 🚴 ✂ 🏓 discothèque pateaugeoire couverte terrain multisports
Services : ⚙ 🍴 🏪 🧺 - 6 sanitaires individuels (🚿🛁 wc) 🚐 🧊 📶 laverie 🧺 🧊

GPS
E : 6.80587
N : 43.44734

Use this year's Guide.

ST-RÉMY-DE-PROVENCE

13210 - Carte Michelin **340** D3 - 10 458 h. - alt. 59
▶ Paris 702 - Arles 25 - Avignon 20 - Marseille 89

⛰ Monplaisir

📞 04 90 92 22 70, www.camping-monplaisir.fr

Pour s'y rendre : chemin de Monplaisir (800 m au nord-ouest par D 5, rte de Maillane et chemin à gauche)

Ouverture : de déb. mars à fin oct.

2,8 ha (140 empl.) plat, herbeux, pierreux

Empl. camping : (Prix 2017) 39,80€ ✦✦ 🚗 ▣ ⚡ (10A) - pers. suppl. 8€ - frais de réservation 20€

Location : (Prix 2017) (de déb. mars à fin oct.) - 16 🛏. Nuitée 57 à 134€ - Sem. 400 à 940€

🚐 borne eurorelais 5€

Agréable cadre fleuri, très bon entretien, sanitaires de qualité autour d'un mas provençal.

Nature : 🌳 🌲🌲
Loisirs : 🍴 ✂ 🏊 🛝 🚲 🏇
Services : ⚙ 🏪 🧺 📶 laverie 🧺 🧊
À prox. : 🛒

GPS
E : 4.82428
N : 43.7972

479

PROVENCE-ALPES-CÔTE D'AZUR

▲ Pégomas

☎ 04 90 92 01 21, www.campingpegomas.com

Pour s'y rendre : 3 av. Jean-Moulin (sortie est par D 99a, rte de Cavaillon et à gauche, à l'intersection du chemin de Pégomas et av. Jean-Moulin (vers D 30, rte de Noves))

Ouverture : de mi-mars à mi-oct.

2 ha (110 empl.) plat, herbeux

Empl. camping : (Prix 2017) 33,72€ ✶✶ ⛺ 🔌 (6A) - pers. suppl. 9€ - frais de réservation 17€

Location : (Prix 2017) (de mi-mars à mi-oct.) - 🚿 - 10 🏠. Nuitée 40 à 125€ - Sem. 280 à 870€ - frais de réservation 10€

🚰 borne artisanale - 🚿 11€

De beaux emplacements bien délimités avec un bon confort sanitaire.

Nature : 🌳 🌲🌲
Loisirs : 🍹 ⛱ 🏊
Services : 🔑 🏛 ♿ 📶 laverie cases réfrigérées
À prox. : 🍴

GPS E : 4.84099 N : 43.78838

▲ Parc de la Bastide

☎ 04 32 61 94 86, www.parcdelabastide.com

Pour s'y rendre : 12 av. Jean-Moulin (sortie est par D 99a, rte de Cavaillon)

Ouverture : de déb. mars à déb. nov.

3 ha (70 empl.) plat, herbeux

Empl. camping : (Prix 2017) 28,70€ ✶✶ ⛺ 🔌 (10A) - pers. suppl. 8,50€

Location : (Prix 2017) (de déb. mars à déb. nov.) - 5 🏠 - 1 gîte. Sem. 350 à 780€

🚰 borne artisanale

Des espaces verts pour la détente..

Nature : 🌳 🌲
Loisirs : 🏊
Services : 🔑 🚐 🏛 ♿ 📶 laverie

GPS E : 4.84533 N : 43.78926

STE-CROIX-DU-VERDON

04500 - Carte Michelin **334** E10 - 124 h. - alt. 530

▶ Paris 780 - Brignoles 59 - Castellane 59 - Digne-les-Bains 51

▲ Municipal les Roches

☎ 04 92 77 78 99, www.campingmunicipallesroches.blog4ever.com

Pour s'y rendre : rte du Lac (1 km au nord-est du bourg, à 50 m du lac de Ste-Croix - pour les caravanes, le passage par le village est interdit)

Ouverture : de déb. avr. à fin oct.

6 ha (199 empl.) en terrasses, vallonné, plat, herbeux, gravillons

Empl. camping : (Prix 2017) 19,80€ ✶✶ ⛺ 🔌 (10A) - pers. suppl. 4,30€ - frais de réservation 30€

Location : (Prix 2017) (de mi-avr. à mi-oct.) - 🚿 - 6 🏠. Nuitée 44 à 146€ - Sem. 308 à 1 024€ - frais de réservation 90€

🚰 borne artisanale

Bel ombrage sous les oliviers et amandiers avec pour certains emplacements vue sur le lac ou le village.

Nature : 🌊 ≤ 🌲
Services : 🔑 📶 laverie cases réfrigérées
À prox. : 🍴 🏖 🚣 pédalos terrain multisports

GPS E : 6.15381 N : 43.76043

STES-MARIES-DE-LA-MER

13460 - Carte Michelin **340** B5 - 2 308 h. - alt. 1

▶ Paris 761 - Aigues-Mortes 31 - Arles 40 - Marseille 131

▲▲▲ Sunêlia Le Clos du Rhône 👪

☎ 04 90 97 85 99, www.camping-leclos.fr

Pour s'y rendre : rte d'Aigues-Mortes (2 km à l'ouest par D 38 et à gauche)

Ouverture : de fin mars à déb. nov.

7 ha (376 empl.) plat, sablonneux, pierreux

Empl. camping : (Prix 2017) 32,20€ ✶✶ ⛺ 🔌 (16A) - pers. suppl. 9€

Location : (Prix 2017) (de fin mars à déb. nov.) - ♿ (1 mobile home) - 110 🏠 - 12 tentes lodges. Sem. 170 à 1 342€

🚰 borne AireService

Près du petit Rhône avec accès direct à la plage.

Nature : 🌊 🌴
Loisirs : 🍹 🍴 🏛 🏊 ⛹ 🎣 hammam jacuzzi ⛱ 🚣 🏓 terrain multisports
Services : 🔑 🚐 🏛 ♿ 📶 laverie 🧺 🚿 cases réfrigérées
À prox. : 🐎 bateau promenade sur le Rhône

GPS E : 4.40231 N : 43.44996

LES SALLES-SUR-VERDON

83630 - Carte Michelin **340** M3 - 231 h. - alt. 440

▶ Paris 790 - Brignoles 57 - Digne-les-Bains 60 - Draguignan 49

▲ Les Pins

☎ 04 98 10 23 80, www.campinglespins.com 🚫

Pour s'y rendre : sortie sud par D 71 puis 1,2 km par chemin à dr., à 100 m du lac de Ste-Croix

Ouverture : de déb. avr. à mi-oct.

3 ha/2 campables (104 empl.) en terrasses, fort dénivelé, plat, herbeux, pierreux

Empl. camping : (Prix 2017) 27,60€ ✶✶ ⛺ 🔌 (6A) - pers. suppl. 6,90€ - frais de réservation 25€

🚰 borne artisanale

Agréable cadre ombragé, petite pinède attenante avec accès direct au bourg.

Nature : 🌊 🌳 🌲🌲
Loisirs : 🏛 🏊
Services : 🔑 ♿ 📶 laverie cases réfrigérées
À prox. : 🏖 🚣 🏓 parcours de santé

GPS E : 6.2084 N : 43.77603

▲ La Source

☎ 04 94 70 20 40, www.camping-la-source.eu

Pour s'y rendre : chemin du Lac (sortie Sud par D 71 puis 1 km par chemin à dr., à 100 m du lac de Ste-Croix, accès direct pour piétons du centre bourg)

Ouverture : de mi-avr. à déb. oct.

2 ha (89 empl.) en terrasses, fort dénivelé, peu incliné, plat, pierreux, gravillons

Empl. camping : (Prix 2017) 30,30€ ✶✶ ⛺ 🔌 (10A) - pers. suppl. 7,50€ - frais de réservation 5€

🚰 borne artisanale

Tout près du lac et du bourg.

Nature : 🌊 🌳 🌲🌲
Loisirs : ✕ 🏛 🏊
Services : 🔑 🚐 ♿ 📶 laverie 🧺
À prox. : 🏖 🚣 🏓 paddle, parcours de santé

GPS E : 6.20737 N : 43.77547

PROVENCE-ALPES-CÔTE D'AZUR

SALON-DE-PROVENCE
13300 - Carte Michelin **340** F4 - 42 440 h. - alt. 80
▶ Paris 720 - Aix-en-Provence 37 - Arles 46 - Avignon 50

Nostradamus
☎ 04 90 56 08 36, www.camping-nostradamus.com

Pour s'y rendre : rte d'Eyguières (5,8 km au nord-ouest par D 17 et D 72D à gauche)

2,7 ha (83 empl.) plat, herbeux

Location : 20 🚐 - 3 gîtes.
borne artisanale

Sur les terres de la ferme, au bord d'un petit canal.

Nature : 🌳
Loisirs : 🍴❌🏠👫🏊
Services : 🔑🚿♿🛜 laverie

GPS : E : 5.0645 N : 43.6777

SANARY-SUR-MER
83110 - Carte Michelin **340** J7 - 16 806 h. - alt. 1
▶ Paris 824 - Aix-en-Provence 75 - La Ciotat 23 - Marseille 55

Campasun Parc Mogador 👥
☎ 04 94 74 53 16, www.campasun.eu

Pour s'y rendre : 167 chemin de Beaucours

Ouverture : de déb. mars à fin déc.

3 ha (160 empl.) en terrasses, plat, herbeux, pierreux

Empl. camping : (Prix 2017) 54€ 👫🚗📧⚡(10A) - pers. suppl. 11€ - frais de réservation 25€

Location : (Prix 2017) (de déb. mars à fin déc.) - 85 🚐 - 5 🏠. Nuitée 50 à 200€ - Sem. 240 à 1 200€ - frais de réservation 25€
borne eurorelais 5,50€

Au calme en zone pavillonnaire avec du locatif et des sanitaires de bon confort.

Nature : 🌳
Loisirs : 🍴❌🏠👫 jacuzzi 🏊 bowling
Services : 🔑♿🛜 laverie

GPS : E : 5.78777 N : 43.12367

Campasun Mas de Pierredon 👥
☎ 04 94 74 25 02, www.campasun.eu

Pour s'y rendre : 652 chemin Raoul-Coletta (3 km au nord, rte d'Ollioules et à gauche apr. le pont de l'autoroute)

Ouverture : de mi-avr. à fin sept.

6 ha/2,5 campables (120 empl.) fort dénivelé, en terrasses, plat, herbeux, pierreux

Empl. camping : (Prix 2017) 54€ 👫🚗📧⚡(10A) - pers. suppl. 11€ - frais de réservation 25€

Location : (Prix 2017) (de mi-avr. à fin sept.) - 60 🚐 - 20 🏠. Nuitée 76 à 300€ - Sem. 320 à 1 700€ - frais de réservation 25€
borne eurorelais 5,50€

Les emplacements sur le haut du terrain sont plus impactés par le bruit de l'autoroute.

Nature : 🌳
Loisirs : 🍴❌🏠👫🏊🎣
Services : 🔑♿-12 sanitaires individuels (🚿 wc) 🛜

GPS : E : 5.81452 N : 43.13159

LE SAUZÉ-DU-LAC
05160 - Carte Michelin **334** F6 - 129 h. - alt. 1 052
▶ Paris 697 - Barcelonette 35 - Digne-les-Bains 74 - Gap 40

La Palatrière
☎ 04 92 44 20 98, www.lapalatriere.com

Pour s'y rendre : site des Demoiselles Coiffées (4,6 km au sud par D 954, rte de Savines-Lac)

Ouverture : de déb. mai à mi-sept.

3 ha (50 empl.) fort dénivelé, en terrasses, plat, herbeux, pierreux

Empl. camping : (Prix 2017) 23,50€ 👫🚗📧⚡(12A) - pers. suppl. 7,50€ - frais de réservation 8€

Location : (Prix 2017) (de déb. avr. à fin sept.) - 8 🚐 - 10 🏠. Nuitée 55 à 115€ - Sem. 290 à 890€ - frais de réservation 8€

Belle situation dominant le lac de Serre-Ponçon. Préférer les emplacements les plus éloignés de la route.

Nature : ≤ lac de Serre-Ponçon et les montagnes 🌳
Loisirs : 🍴❌🏠 jacuzzi 🏊🎣
Services : 🔑🛜📧

GPS : E : 6.34543 N : 44.49909

SERRES
05700 - Carte Michelin **334** C6 - 1 308 h. - alt. 670
▶ Paris 670 - Die 68 - Gap 41 - Manosque 89

Flower Domaine des Deux Soleils 👥
☎ 04 92 67 01 33, www.domaine-2soleils.com - alt. 800

Pour s'y rendre : av. des Pins, La Flamenche (800 m au sud-est par N 75, rte de Sisteron puis 1 km par rte à gauche, à Super-Serres)

Ouverture : de déb. avr. à déb. oct.

18 ha/10 campables (98 empl.) fort dénivelé, en terrasses, plat, herbeux, pierreux

Empl. camping : (Prix 2017) 34€ 👫🚗📧⚡(10A) - pers. suppl. 4,50€ - frais de réservation 15€

Location : (Prix 2017) (de déb. avr. à déb. oct.) - 5 🚐 - 18 🏠 - 4 tentes lodges. Nuitée 53 à 87€ - sem. 265 à 798€ - frais de réservation 15€

Emplacements souvent en sous-bois, dans un cadre naturel et sauvage.

Nature : 🌳
Loisirs : ❌👫🏊 terrain multisports
Services : 🔑♿🛜📧

GPS : E : 5.72767 N : 44.4203

SEYNE
04140 - Carte Michelin **334** G6 - 1 434 h. - alt. 1 200
▶ Paris 719 - Barcelonnette 43 - Digne-les-Bains 43 - Gap 54

Sites et Paysages Les Prairies
☎ 04 92 35 10 21, www.campinglesprairies.com

Pour s'y rendre : à Haute Gréyère, chemin Charcherie (1 km au sud par D 7, rte d'Auzet et chemin à gauche, au bord de la Blanche)

Ouverture : de mi-mai à mi-sept.

3,6 ha (100 empl.) non clos, plat, herbeux, pierreux

Empl. camping : (Prix 2017) 22€ 👫🚗📧⚡(10A) - pers. suppl. 6€ - frais de réservation 16€

Location : (Prix 2017) (de mi-mai à mi-sept.) - 8 🚐 - 8 🏠. Sem. 250 à 635€ - frais de réservation 16€

Cadre agréable en partie boisé, bordé par le ruisseau.

Nature : 🌳 ≤
Loisirs : 🍴❌🏠🏊
Services : 🔑♿🛜 laverie
À prox. : ✂️🎣

GPS : E : 6.35972 N : 44.34262

Deze gids is geen overzicht van alle kampeerterreinen maar een selektie van de beste terreinen in iedere categorie.

PROVENCE-ALPES-CÔTE D'AZUR

SISTERON

04200 - Carte Michelin **334** D7 - 7 427 h. - alt. 490
▶ Paris 704 - Barcelonnette 100 - Digne-les-Bains 40 - Gap 52

▲ Municipal des Prés-Hauts

📞 04 92 61 19 69, www.sisteron.fr

Pour s'y rendre : 44 chemin des Prés-Hauts (3 km au nord par rte de Gap et D 951 à dr., rte de la Motte-du-Caire, près de la Durance)

4 ha (145 empl.) plat et peu incliné, herbeux

Location : 10 🏠.

🚐 24 📧

Navette bus pour le centre-ville.

Nature : 🌳 ≤ ♀
Loisirs : 🎮 🏊 🎯
Services : ⚙ 🚻 🚿 📶 🗑

GPS : E : 5.93645 N : 44.21432

SORGUES

84700 - Carte Michelin **332** C9 - 18 473 h. - alt. 24
▶ Paris 680 - Avignon 13 - Marseille 102 - Nîmes 56

▲ La Montagne

📞 04 90 83 36 66, www.campinglamontagne.com

Pour s'y rendre : 944 chemin de La Montagne

Ouverture : de mi-janv. à mi-déc.

1,8 ha (50 empl.) plat, herbeux

Empl. camping : (Prix 2017) 30 € ✱✱ 🚗 📧 🔌 (16A) - pers. suppl. 7,80 € - frais de réservation 15 €

Location : (Prix 2017) Permanent 🏠 (de déb. juil. à fin août) - 19 🏠 - 6 🏠 - 1 roulotte. Nuitée 55 à 250 € - Sem. 154 à 483 € - frais de réservation 15 €

🚐 borne artisanale - 🚐 18 €

Ensemble agréable, bien entretenu avec un bon confort sanitaire.

Loisirs : 🍴 🎮 🏊 🎯 🎣
Services : ⚙ 🚻 🚿 📶 laverie

GPS : E : 4.8919 N : 44.02118

SOSPEL

06380 - Carte Michelin **341** F4 - 3 523 h. - alt. 360
▶ Paris 967 - Breil-sur-Roya 21 - L'Escarène 22 - Lantosque 42

▲ Domaine Ste-Madeleine

📞 04 93 04 10 48, www.camping-sainte-madeleine.com

Pour s'y rendre : rte de Moulinet (4,5 km au nord-ouest par D 2566, rte du col de Turini)

Ouverture : de déb. avr. à fin sept.

3 ha (90 empl.) fort dénivelé, en terrasses, pierreux, herbeux

Empl. camping : (Prix 2017) 29,50 € ✱✱ 🚗 📧 🔌 (10A) - pers. suppl. 5 €

Location : (Prix 2017) (de déb. avr. à fin sept.) - 🛏 - 3 🏠 - 10 🏠. Sem. 320 à 695 €

🚐 borne artisanale 4 €

En terrasses ombragées sous les oliviers. Sanitaires et locatifs anciens.

Nature : 🌳 ≤ ♀♀
Loisirs : 🏊
Services : ⚙ 🚻 📶 🗑

GPS : E : 7.41575 N : 43.8967

TARADEAU

83460 - Carte Michelin **340** N5 - 1 694 h. - alt. 74
▶ Paris 853 - Marseille 107 - Toulon 66 - Monaco 111

▲ La Vallée de Taradeau

📞 04 94 73 09 14, www.campingdetaradeau.fr

Pour s'y rendre : chemin de la Musardière (rte de Vidauban, D 73)

Ouverture : Permanent

1,5 ha (80 empl.) plat, pierreux, gravier

Empl. camping : (Prix 2017) 26,50 € ✱✱ 🚗 📧 🔌 (6A) - pers. suppl. 10 €

Location : (Prix 2017) Permanent - 14 🏠 - 13 🏠 - 3 bungalows toilés - 6 tentes lodges. Nuitée 40 à 170 € - Sem. 259 à 1 194 € - frais de réservation 18 €

🚐 borne artisanale 5 € - 🚐 8 €

Locatif varié et de bon confort.

Nature : 🌳 🌴 ♀♀♀
Loisirs : 🍴 🏊 🎮 🎯 hammam jacuzzi 🎣 spa
Services : ⚙ 🚻 📶 laverie 🗑

GPS : E : 6.42755 N : 43.44118

LE THOR

84250 - Carte Michelin **332** C10 - 8 099 h. - alt. 50
▶ Paris 688 - Avignon 18 - Carpentras 16 - Cavaillon 14

▲▲ Capfun Domaine Le Jantou 👥

📞 04 90 33 90 07, www.capfun.com/camping-france-provence_alpes_cote_d_azur-jantou-FR

Pour s'y rendre : 535 chemin des Coudelières (1,2 km à l'ouest par sortie nord vers Bédarrides, accès conseillé par D 1 (contournement))

Ouverture : de déb. avr. à mi-sept.

6 ha/4 campables (230 empl.) plat, herbeux

Empl. camping : (Prix 2017) 33 € ✱✱ 🚗 📧 🔌 (10A) - pers. suppl. 7 € - frais de réservation 11 €

Location : (Prix 2017) (de déb. avr. à mi-sept.) - ♿ (1 mobile home) - 159 🏠 - 6 🏠 - 6 tentes lodges - 9 roulottes. Sem. 133 à 1 232 €

Cadre agréable avec quelques emplacements près de la Sorgue et des animations adaptées aux jeunes enfants.

Nature : 🌳 🌴 ♀♀
Loisirs : 🍴 🏊 🎮 🎯 🎣 🏸 🎯 🎣
Services : ⚙ 🚻 🍳 🚿 📶 laverie 🗑 réfrigérateurs
À prox. : 🎣

GPS : E : 4.98282 N : 43.92969

LES THUILES

04400 - Carte Michelin **334** H6 - 374 h. - alt. 1 130
▶ Paris 752 - Marseille 221 - Digne-les-Bains 82 - Gap 62

▲ Le Fontarache

📞 04 92 81 90 42, www.camping-fontarache.fr - alt. 1 108

Pour s'y rendre : lieu-dit : Les Thuiles Basses (sortie est du bourg, D 900 rte de Barcelonnette)

Ouverture : de déb. juin à mi-sept.

6 ha (150 empl.) non clos, plat, gravier, pierreux, herbeux

Empl. camping : (Prix 2017) 27,50 € ✱✱ 🚗 📧 🔌 (10A) - pers. suppl. 6 € - frais de réservation 15 €

Location : (Prix 2017) (de déb. juin à mi-sept.) - 🛏 - 22 🏠 - 2 🏠 - 1 roulotte. Nuitée 30 à 108 € - Sem. 210 à 756 € - frais de réservation 15 €

🚐 borne artisanale 5 €

482

PROVENCE-ALPES-CÔTE D'AZUR

Préférer les emplacements près de la rivière, plus éloignés de la route.

Nature :
Loisirs : terrain multisports
Services : laverie
À prox. : (plan d'eau) sports en eaux vives

GPS E : 6.57537 N : 44.3924

VAISON-LA-ROMAINE

84110 - Carte Michelin **332** D8 - 6 153 h. - alt. 193
▶ Paris 664 - Avignon 51 - Carpentras 27 - Montélimar 64

▲▲▲ Capfun Le Carpe Diem

☏ 04 90 36 02 02, www.camping-carpe-diem.com
Pour s'y rendre : rte de St-Marcellin (2 km au sud-est à l'intersection du D 938, rte de Malaucène et du D 151)
Ouverture : de mi-mars à fin oct.
10 ha/6,5 campables (356 empl.) en terrasses, peu incliné, plat, herbeux
Empl. camping : (Prix 2017) 44€ ✶✶ 🚗 🔌 (10A) - pers. suppl. 7€ - frais de réservation 27€
Location : (Prix 2017) (de mi-mars à fin oct.) - ♿ (1 mobile home) - 359 🚐 - 1 cabane perchée. Nuitée 37 à 98€ - Sem. 147 à 1 400€ - frais de réservation 27€
🚐 borne artisanale
Originale reconstitution d'un amphythéâtre autour de la piscine et nombreuses activités pour les enfants.

Nature :
Loisirs :
Services : laverie

GPS E : 5.08945 N : 44.23424

▲▲▲ Le Soleil de Provence

☏ 04 90 46 46 00, www.camping-soleil-de-provence.fr
Pour s'y rendre : à St-Romain-en-Viennois (3,5 km au nord-est par D 938, rte de Nyons et chemin à drte.)
Ouverture : de déb. avr. à mi-oct.
4 ha (194 empl.) en terrasses, peu incliné, plat, herbeux, pierreux
Empl. camping : (Prix 2017) 34,40€ ✶✶ 🚗 🔌 (10A) - pers. suppl. 8,35€ - frais de réservation 10€
Location : (Prix 2017) (de déb. avr. à fin oct.) - 26 🚐. Sem. 250 à 890€ - frais de réservation 10€
🚐 borne eurorelais 2€ - 3 ▣ 16,80€

Préférer les emplacements côté Mont-Ventoux, plus calmes, plus ombragés.

Nature : ≤ Ventoux et montagnes de Nyons
Loisirs : diurne
Services : laverie

GPS E : 5.10527 N : 44.26786

▲▲▲ Théâtre Romain

☏ 04 90 28 78 66, www.camping-theatre.com
Pour s'y rendre : quartier des Arts, chemin du Brusquet (au nord-est de la ville, accès conseillé par rocade)
Ouverture : de mi-mars à déb. nov.
1,2 ha (82 empl.) plat, herbeux, gravillons
Empl. camping : (Prix 2017) 31,90€ ✶✶ 🚗 ▣ 🔌 (10A) - pers. suppl. 9€ - frais de réservation 11€

Location : (Prix 2017) (de mi-mars à déb. nov.) - 16 🚐. Sem. 220 à 730€ - frais de réservation 11€
🚐 borne artisanale 5€ - 🚿 14€
Dans un quartier pavillonnaire, avec des emplacements bien ombragés.

Nature :
Loisirs :
Services :
À prox. :

GPS E : 5.07843 N : 44.24505

VALLOUISE

05290 - Carte Michelin **334** G3 - 728 h. - alt. 1 123
▶ Paris 747 - Gap 81 - Chambéry 182 - Marseille 256

▲▲▲ Huttopia Vallouise

☏ 04 92 23 30 26, www.huttopia.com
Pour s'y rendre : chemin des Chambonnettes (à 100 m du bourg)
Ouverture : de fin mai à fin sept.
6 ha (160 empl.) plat, herbeux, pierreux
Empl. camping : (Prix 2017) 30,50€ ✶✶ 🚗 ▣ 🔌 (10A) - pers. suppl. 6,80€
Location : (Prix 2017) (de fin mai à fin sept.) - ♿ (1 chalet) - 20 🏠 - 29 tentes lodges. Nuitée 41 à 135€ - Sem. 231 à 945€
🚐 borne artisanale
Bordé par deux torrents et proche de la station avec des emplacements ombragés ou plein soleil.

Nature :
Loisirs :
Services : laverie
À prox. :

GPS E : 6.49 N : 44.84388

Geef ons uw mening over de kampeerterreinen die wij aanbevelen. Schrijf ons over uw ervaringen en ontdekkingen.

VENCE

06140 - Carte Michelin **341** D5 - 19 183 h. - alt. 325
▶ Paris 923 - Antibes 20 - Cannes 30 - Grasse 24

▲▲▲ Domaine de la Bergerie

☏ 04 93 58 09 36, www.camping-domainedelabergerie.com
Pour s'y rendre : 1330 chemin de la Sine (4 km à l'ouest par D 2210, rte de Grasse et chemin à gauche)
Ouverture : de fin mars à mi-oct.
30 ha/13 campables (450 empl.) en terrasses, plat, herbeux, pierreux
Empl. camping : (Prix 2017) 41€ ✶✶ 🚗 ▣ 🔌 (10A) - pers. suppl. 5,50€ - frais de réservation 20€
Location : (Prix 2017) (de fin mars à mi-oct.) - 4 🚐 - 2 🏠 - 8 cabanons. Sem. 224 à 880€ - frais de réservation 20€
🚐 borne artisanale 5€
Très agréable cadre naturel autour d'une ancienne bergerie joliment restaurée.

Nature :
Loisirs :
Services : 4 sanitaires individuels (🚿 wc) laverie
À prox. : parcours sportif

GPS E : 7.08981 N : 43.71253

483

PROVENCE-ALPES-CÔTE D'AZUR

LE VERNET

04140 - Carte Michelin **334** G7 - 123 h. - alt. 1 200
▶ Paris 729 - Digne-les-Bains 32 - La Javie 16 - Gap 68

⚠ Lou Passavous

📞 04 92 35 14 67, www.loupassavous.com

Pour s'y rendre : rte Roussimal (800 m au nord)

Ouverture : de déb. mai à mi-sept.

1,5 ha (60 empl.) non clos, peu incliné, plat, herbeux, pierreux

Empl. camping : (Prix 2017) 24€ ✶✶ 🚗 🔲 (6A) - pers. suppl. 5,50€ - frais de réservation 14,50€

Location : (Prix 2017) (de déb. mai à mi-sept.) - 🛏 - 2 🏠 - 4 bungalows toilés - 2 tentes lodges. Sem. 450 à 640€ - frais de réservation 14,50€

Cadre verdoyant traversé par un petit ruisseau, le Bès.

Nature : 🌳 🏞	**GPS**
Loisirs : 🍴 🗡 🏊	E : 6.39139
Services : 🔑 🛒 🚿 📶 🧺	N : 44.28194
À prox. : 🍴 🏊	

VEYNES

05400 - Carte Michelin **334** O5 - 3 166 h. - alt. 827
▶ Paris 660 - Aspres-sur-Buëch 9 - Gap 25 - Sisteron 51

⚠ Les Prés

📞 04 92 65 20 24, www.camping-les-pres.com - alt. 960

Pour s'y rendre : lieu-dit : le Petit Vaux (3,4 km au nord-est par D 994 rte de Gap, puis 5,5 km par D 937 rte de Superdevoluy et chemin à gauche par le pont sur la Béoux)

Ouverture : de déb. mai à fin sept.

0,35 ha (22 empl.) non clos, plat et peu incliné, herbeux

Empl. camping : (Prix 2017) 17,30€ ✶✶ 🚗 🔲 (10A) - pers. suppl. 4€

Location : (Prix 2017) (de déb. mai à fin sept.) - 4 🏠 - 3 bungalows toilés - 3 tentes lodges. Sem. 230 à 465€

Au calme, ambiance familiale avec des espaces verts pour les jeux et la détente.

Nature : 🌳 🏞	**GPS**
Services : 🔑 📶 🧺	E : 5.84995
	N : 44.58842

LES VIGNEAUX

05120 - Carte Michelin **334** H4 - 491 h. - alt. 1 125
▶ Paris 740 - Chambéry 176 - Gap 76 - Marseille 251

⛰ Campéole Le Courounba

📞 04 92 23 02 09, www.campeole.com/etablissement/post/le-courounba-les-vigneaux

Pour s'y rendre : lieu-dit : Le Pont-du-Rif (1 km à l'ouest)

Ouverture : de mi-mai à mi-sept.

12 ha/7 campables (250 empl.) plat, herbeux, pierreux, étang

Empl. camping : (Prix 2017) 34,50€ ✶✶ 🚗 🔲 (6A) - pers. suppl. 8,30€ - frais de réservation 25€

Location : (Prix 2017) (de mi-mai à mi-sept.) - ♿ (1 mobile home) - 90 🏠. Nuitée 37 à 153€ - Sem. 259 à 1 071€ - frais de réservation 25€

🚐 borne AireService

Piscine écologique. Entre le torrent et la forêt, les mobile homes sont équipés de grandes terrasses.

Nature : 🏞	**GPS**
Loisirs : 🍴 🗡 🏊 🎮 🏃 🚣 jacuzzi 🎣 🏊 🚴 parcours VTT terrain multisports	E : 6.52594
Services : 🔑 🛒 🚿 📶 laverie 🧺	N : 44.82452

De gids wordt jaarlijks bijgewerkt.
Doe als wij, vervang hem, dan blijft je bij.

Campéole — www.campeole.com

LE COUROUNBA ★★★

Dans le Parc des Écrins, au plus près de la nature

Emplacements campeurs et mobil-homes. Piscine écologique chauffée, spa, sauna et jacuzzi. Activités variées : randonnées, parapente, sports d'eaux vives...

Le Pont du Rif
05120 Les Vigneaux
+33 (0)4 92 23 02 09
courounba@campeole.com

PROVENCE-ALPES-CÔTE D'AZUR

VILLAR-LOUBIÈRE

05800 - Carte Michelin 334 E4 - 48 h. - alt. 1 026
▶ Paris 648 - La Chapelle-en-Valgaudémar 5 - Corps 22 - Gap 43

⚠ Municipal Les Gravières

☎ 04 92 55 35 35, www.eauvivepassion.fr/camping-villar-loubiere.html

Pour s'y rendre : 700 m à l'est par rte de la Chapelle-en-Valgaudémar et chemin à dr.

Ouverture : de mi-mai à mi-sept.

2 ha (50 empl.) non clos, plat, herbeux, pierreux, bois

Empl. camping : (Prix 2017) ♣ 2,90€ ⇔ 3,20€ 🅴 3,80€ – 🅖 (3A) 4,50€

Adresse idéale pour les amateurs de sports en eaux vives, dans un cadre boisé au bord de deux ruisseaux.

Nature : 🌊 ♤♤
Loisirs : 🏠 ✂ 🏊 sports en eaux vives
Services : (juil.-août) 🚿

GPS : E : 6.1464 N : 44.82373

VILLARS-COLMARS

04370 - Carte Michelin 334 H7 - 246 h. - alt. 1 225
▶ Paris 774 - Annot 37 - Barcelonnette 46 - Colmars 3

⚠ Le Haut-Verdon

☎ 04 92 83 40 09, www.lehautverdon.com - accès très déconseillé par le col d'Allos

Pour s'y rendre : 0,6 km au sud par D 908 rte de Castellane

Ouverture : Permanent

3,5 ha (109 empl.) non clos, plat, pierreux

Empl. camping : (Prix 2017) 25€ ♣♣ ⇔ 🅴 🅖 (10A) - pers. suppl. 5€ - frais de réservation 15€

Location : (Prix 2017) Permanent - 8 🛖 - 4 🏠. Nuitée 55 à 100€ - Sem. 270 à 700€ - frais de réservation 15€

🚐 borne AireService 3€

Préférer les emplacements au bord du Verdon.

Nature : ≤ ⌂ ♤♤
Loisirs : 🍴 ✕ 🏠 🏊 ✂ 🏊 🏊
Services : 🔑 🚻 🚿 🛒 🔧

GPS : E : 6.60573 N : 44.1604

VILLECROZE

83690 - Carte Michelin 340 M4 - 1 128 h. - alt. 300
▶ Paris 835 - Aups 8 - Brignoles 38 - Draguignan 21

⚠ Le Ruou ♣♣

☎ 04 94 70 67 70, www.leruou.com - peu d'emplacements pour tentes et caravanes

Pour s'y rendre : lieu-dit : Les Esparrus (5,4 km au sud-est par D 251, rte de Barbebelle et D 560, rte de Flayosc, accès conseillé par D 560)

Ouverture : de déb. juin à déb. sept.

4,3 ha (134 empl.) fort dénivelé, en terrasses, plat, herbeux

Empl. camping : (Prix 2017) 40€ ♣♣ ⇔ 🅴 🅖 (10A) - pers. suppl. 7€ - frais de réservation 25€

Location : (Prix 2017) (de déb. juin à déb. sept.) - 71 🛖 - 16 🏠 - 12 bungalows toilés. Nuitée 40 à 165€ - Sem. 280 à 1 155€ - frais de réservation 25€

🚐 borne artisanale 5€

Emplacements en terrasses sous les pins avec vue sur le parc aquatique pour certains.

Nature : ♤♤
Loisirs : 🍴 ✕ 🏠 🏊 ✂ 🏊 🏊
Services : 🔑 🚿 🛒 laverie 🔧

GPS : E : 6.29795 N : 43.55542

VILLENEUVE-LOUBET-PLAGE

06270 - Carte Michelin 341
▶ Paris 919 - Marseille 191 - Nice 24 - Monaco 38

⚠ La Vieille Ferme

☎ 04 93 33 41 44, www.vieilleferme.com

Pour s'y rendre : 296 bd des Groules (2,8 km au sud par N 7, rte d'Antibes et à dr.)

Ouverture : de fin déc. à déb. nov.

2,9 ha (153 empl.) en terrasses, plat, herbeux, gravillons

Empl. camping : (Prix 2017) 42,50€ ♣♣ ⇔ 🅴 🅖 (10A) - pers. suppl. 6€ - frais de réservation 28€

Location : (Prix 2017) Permanent - 32 🏠. Nuitée 55 à 80€ - Sem. 365 à 960€ - frais de réservation 28€

Nature : ⌂ ♤♤
Loisirs : 🏠 ⚙diurne jacuzzi 🏊 🏊 (découverte en saison)
Services : 🔑 🚻 🚿 🛒 🔧 laverie 🔧 cases réfrigérées

GPS : E : 7.12579 N : 43.61967

⚠ Parc des Maurettes

☎ 04 93 20 91 91, www.parcdesmaurettes.com

Pour s'y rendre : 730 av. du Dr-Lefèbvre, à 300 m de la gare et 500 m de la plage (par N 7)

Ouverture : de déb. janv. à mi-nov.

2 ha (108 empl.) en terrasses, plat, herbeux, gravier, pierreux

Empl. camping : (Prix 2017) 39€ ♣♣ ⇔ 🅴 🅖 (10A) - pers. suppl. 6,10€ - frais de réservation 26€

Location : (Prix 2017) (de déb. janv. à mi-nov.) - 14 🏠 - 2 🛏 - 3 bungalows toilés - 2 cabanons - 3 studios. Nuitée 49 à 148€ - Sem. 326 à 890€ - frais de réservation 26€

🚐 borne artisanale 6€ - 5 🅴 21€

En zone urbaine, bien ombragé, avec un agréable espace relax'balnéo.

Nature : ⌂ ♤♤
Loisirs : 🏠 ⚙ jacuzzi 🏊 🏊
Services : 🔑 🅿 🚻 🚿 🛒 laverie
À prox. : 🛒

GPS : E : 7.12964 N : 43.63111

⚠ L'Hippodrome

☎ 04 93 20 02 00, www.camping-hippodrome.com

Pour s'y rendre : 5 av. des Rives (à 400 m de la plage, derrière le centre commercial Géant Casino)

0,8 ha (57 empl.) plat, herbeux, gravillons

Location : 15 studios.

🚐 borne flot bleu

En zone urbaine et en deux parties distinctes.

Nature : ⌂ ♤♤
Loisirs : 🏠 🏊 🏊 (découverte en saison)
Services : 🔑 🚻 🚿 🛒 🔧 laverie réfrigérateurs
À prox. : 🛒 ✕

GPS : E : 7.13771 N : 43.64199

485

PROVENCE-ALPES-CÔTE D'AZUR

VILLES-SUR-AUZON

84570 - Carte Michelin **332** E9 - 1 296 h. - alt. 255
▶ Paris 694 - Avignon 45 - Carpentras 19 - Malaucène 24

Les Verguettes

📞 04 90 61 88 18, www.provence-camping.com

Pour s'y rendre : rte de Carpentras (sortie ouest par D 942)

Ouverture : de déb. avr. à déb. oct.

2 ha (78 empl.) en terrasses, peu incliné, plat, herbeux, pierreux

Empl. camping : (Prix 2017) 34,40€ ✶✶ 🚗 🅿 (10A) - pers. suppl. 7,90€ - frais de réservation 19€

Location : (Prix 2017) (de déb. avr. à déb. oct.) - 9 🏠 - 4 🏡 - 2 tentes lodges. Nuitée 50 à 135€ - Sem. 250 à 950€ - frais de réservation 19€

🚐 borne artisanale

Cadre agréable avec pour plusieurs emplacements vue sur le Mont-Ventoux.

Nature : 🌿 ← le Mont-Ventoux 🌳🌳
Loisirs : 🍽 ✕ 🏛 🛶 🏊 terrain multisports
Services : 🔑 🏛 👤 🚿 📶 réfrigérateurs

GPS : E : 5.22834 / N : 44.05686

VIOLÈS

84150 - Carte Michelin **332** C9 - 1 546 h. - alt. 94
▶ Paris 659 - Avignon 34 - Carpentras 21 - Nyons 33

Les Favards

📞 04 90 70 90 93, www.camping-favards.com

Pour s'y rendre : rte d'Orange (1,2 km à l'ouest par D 67)

20 ha/1,5 (49 empl.) plat, herbeux

Sur les terres d'un vignoble avec vente au caveau : vin, confit de vin et autres produits très locaux.

Nature : 🌿 ← 🌳 🌳🌳
Loisirs : 🍽 🏊
Services : 📶 🏛 👤 cases réfrigérées

GPS : E : 4.93528 / N : 44.16229

VISAN

84820 - Carte Michelin **332** C8 - 1 956 h. - alt. 218
▶ Paris 652 - Avignon 57 - Bollène 19 - Nyons 20

L'Hérein

📞 04 90 41 95 99, www.campingvisan.com

Pour s'y rendre : rte de Bouchet (1 km à l'ouest par D 161, rte de Bouchet, près d'un ruisseau)

Ouverture : de déb. avr. à mi-oct.

3,3 ha (75 empl.) plat, herbeux, pierreux

Empl. camping : (Prix 2017) 21,90€ ✶✶ 🚗 🅿 (16A) - pers. suppl. 4,90€ - frais de réservation 10€

Location : (Prix 2017) (de déb. avr. à mi-oct.) - 5 🏠. Nuitée 45 à 75€ - Sem. 285 à 380€ - frais de réservation 10€

🚐 110 🅿 12€

Situé dans " l'Enclave des Papes", avec un bon confort sanitaire et aussi la vente de fruits et légumes de producteurs locaux.

Nature : 🌿 🌳 🌳🌳
Loisirs : 🍽 ✕ 🏛 🛶 🏊
Services : 🔑 🅿 👤 🚿 📶 laverie 🧺

GPS : E : 4.93601 / N : 44.31236

VOLONNE

04290 - Carte Michelin **334** E8 - 1 658 h. - alt. 450
▶ Paris 718 - Château-Arnoux-St-Aubin 4 - Digne-les-Bains 29 - Forcalquier 33

Sunêlia L'Hippocampe 👥

📞 04 92 33 50 00, www.l-hippocampe.com

Pour s'y rendre : rte Napoléon (500 m au sud-est par D 4)

Ouverture : de mi-avr. à mi-sept.

8 ha (447 empl.) plat, herbeux, verger

Empl. camping : (Prix 2017) 38€ ✶✶ 🚗 🅿 (10A) - pers. suppl. 8€ - frais de réservation 30€

Location : (Prix 2017) (de mi-avr. à mi-sept.) - 212 🏠 - 30 🏡 - 16 bungalows toilés - 12 tentes lodges. Nuitée 42 à 254€ - Sem. 252 à 1 778€

🚐 borne artisanale 5€ - 9 🅿 24€ - 🚿 11€

Au bord de la Durance avec du locatif varié et de très bon confort pour certains mobile homes ou chalets.

Nature : 🌿 ← 🌳 🌳🌳
Loisirs : 🍽 ✕ 🏛 🛶 salle d'animations 🏊 🚴 🏊 discothèque pédalos terrain multisports
Services : 🔑 👤 🚿 📶 laverie 🧺

GPS : E : 6.0173 / N : 44.1054

RHÔNE-ALPES

🇫🇷 Terre de contrastes et carrefour d'influences, la région Rhône-Alpes offre mille et une facettes. Du haut des montagnes alpines, la beauté touche au sublime : ce paradis des skieurs dominé par le montBlanc, toit de l'Europe, déploie un spectacle unique de cimes immaculées et glaciers éblouissants. Quittez cette nature préservée, et vous plongez dans l'intense animation de la vallée du Rhône, symbolisée par la course puissante du fleuve. Des voies romaines au TGV, la principale artère de circulation entre Nord et Midi s'est forgé une réputation de locomotive économique. Sur cette « grand-route des vacances », les touristes bien inspirés s'échappent des bouchons routiers pour goûter la cuisine des bouchons lyonnais et celle des tables renommées qui ont fait de la capitale des Gaules un royaume du palais.

🇬🇧 Rhône-Alpes is a land of contrasts and a crossroads of culture. Its lofty peaks are heaven on earth to skiers, climbers and hikers are drawn by the beauty of its glittering glaciers and tranquil lakes, and stylish Chamonix and Courchevel set the tone in alpine chic. Step down from the roof of Europe, past herds of cattle on the mountain pastures, and into the bustle of the Rhône valley: from Roman roads to TGVs, the main arteries between north and south have forged the region's reputation for economic drive. Holidaymakers rush through Rhône-Alpes in their millions every summer, but those in the know always stop to taste its culinary specialities. The region abounds in restaurants, the three-star trend-setters and Lyon's legendary neighbourhood bouchons making it a true kingdom of cuisine.

SAÔNE-ET-LOIRE
RHÔNE
LOIRE
AIN
ISÈRE
HAUTE-LOIRE
ARDÈCHE
DRÔME
LOZÈRE
Gueugnon
Bourbon-Lancy
Dompierre-s-Besbre
Pierrefitte-s-Loire
Digoin
Palinges
Salornay-s-Guye
Cormatin
Tournus
Louhans-Châteaurenaud
Mesnois
la Tour-du-Meix
Paray-le-Monial
Charolles
Cluny
MÂCON-ST ALBAIN
Pont-de-Vaux
Montrevel-en-Bresse
Dompierre-les-Ormes
St-Point
Mâcon
Matour
Chambilly
Lapalisse
Crêches-s-Saône
Cormoranche-s-Saône
Matafelon-Granges
Chauffailles
Fleurie
Hautecourt
Nantua
Vichy
Abrest
Bellerive-sur-Allier
La Pacaudière
Pouilly-s/s-Charlieu
Belmont-de-la-Loire
Poule-les-Écharmeaux
DRACÉ
Châtillon-s-Chalaronne
Cublize
Roanne
Villefranche-s-Saône
Trévoux
Villars-les-Dombes
Champdor
Guillaume
St-Rémy-s-Durolle
HAUT-FOREZ NORD
Cordelle
St-Paul-de-Vézelin
LA LOIRE
Anse
Orléat
HAUT-FOREZ SUD
Balbigny
Serrières de-Briord
Dardilly
LYON
MANISSIEUX
L'ISLE-D'ABEAU NORD
Trept
Belley
Billom
Courpière
Poncins
Mornant
Murs-et-Gélignieux
ROMAGNIEU
la Tour-du-Pin
PLAINE-DU-FOREZ-OUEST
Ste-Catherine
COMMUNAY SUD
L'ISLE-D'ABEAU SUD
Vienne
St-Galmier
les Abrets
Paladru
Bilieu
Ambert
St-Germain-l'Herm
Nonette
ST-ÉTIENNE
St-Clair-du-Rhône
Vernioz
Faramans
Usson-en-Forez
Pélussin
LA FAYETTE
Champagnac-le-Vieux
La Chaise-Dieu
St-Genest-Malifaux
Félines
ST-RAMBERT D'ALBON EST
St-Didier-en-Velay
ST-RAMBERT D'ALBON OUEST
Châteauneuf-de-Galaure
Montrigaud
Ste-Sigolène
St-Vallier
St-Avit
Autrans
Paulhaguet
Vorey
Satillieu
Eclassan
St-Donat-s-l'H.
PORTE DE LA DRÔME
Méaudre
St-Paulien
Yssingeaux
Vion
LATITUDE 45
Langeac
Lalouvesc
St-Jean-de-Muzols
Choranche
Villard-de-Lans
le Chambon-s-Lignon
St-Agrève
Châteauneuf-sur-Isère
St-Martin-en-Vercors
ROYANS-VERCORS
Monistrol-d'Allier
Mars
Lamastre
Barbières
Saugues
Le Cheylard
VALENCE
Gresse-en-V.
Chabeuil
Alleyras
St-Martin-de Clelles
PORTES-LÈS-VALENCE EST
Issarlès
St-Sauveur-de-Montagut
Les Ollières-s-Eyrieux
Die
Naussac
Crest
Mirabel-et-Blacons
Châtillon-en-Diois
Chastanier
Grane
SAULCE
Privas
Rocles
Aubenas
Menglon
Le Poët-Célard
Bourdeaux
Montélimar
Largentière
Le Pöet-Laval
Dieulefit
Mende
MONTÉLIMAR OUEST
MONTÉLIMAR EST
St-Ferréol-Trente-Pas
St-Bauzile
Grignan
Villefort
Ispagnac
Grillon
Visan
Nyons
Sahune
Bédouès
Vinsobres
Bénivay-Ollon
Florac
Tulette
Faucon
Buis-les-Baronnies
Vaison-la-Romaine
Meyrueis
Cendras
Allègre-les-Fumades
la Roque-s-C.
Bagnols-s-Cèze
Violès
Beaumes-de-Venise
Beaumont-du-Ventoux
Bédoin
Les Plantiers
Alès
St-Jean-du-Gard
Anduze
St-Jean-de-Ceyrargues
Connaux
Aubignan
Carpentras
Mazan
Villes-s-Auzon
Valleraugue
Sorgues
Malemort-du-Comtat
C
84

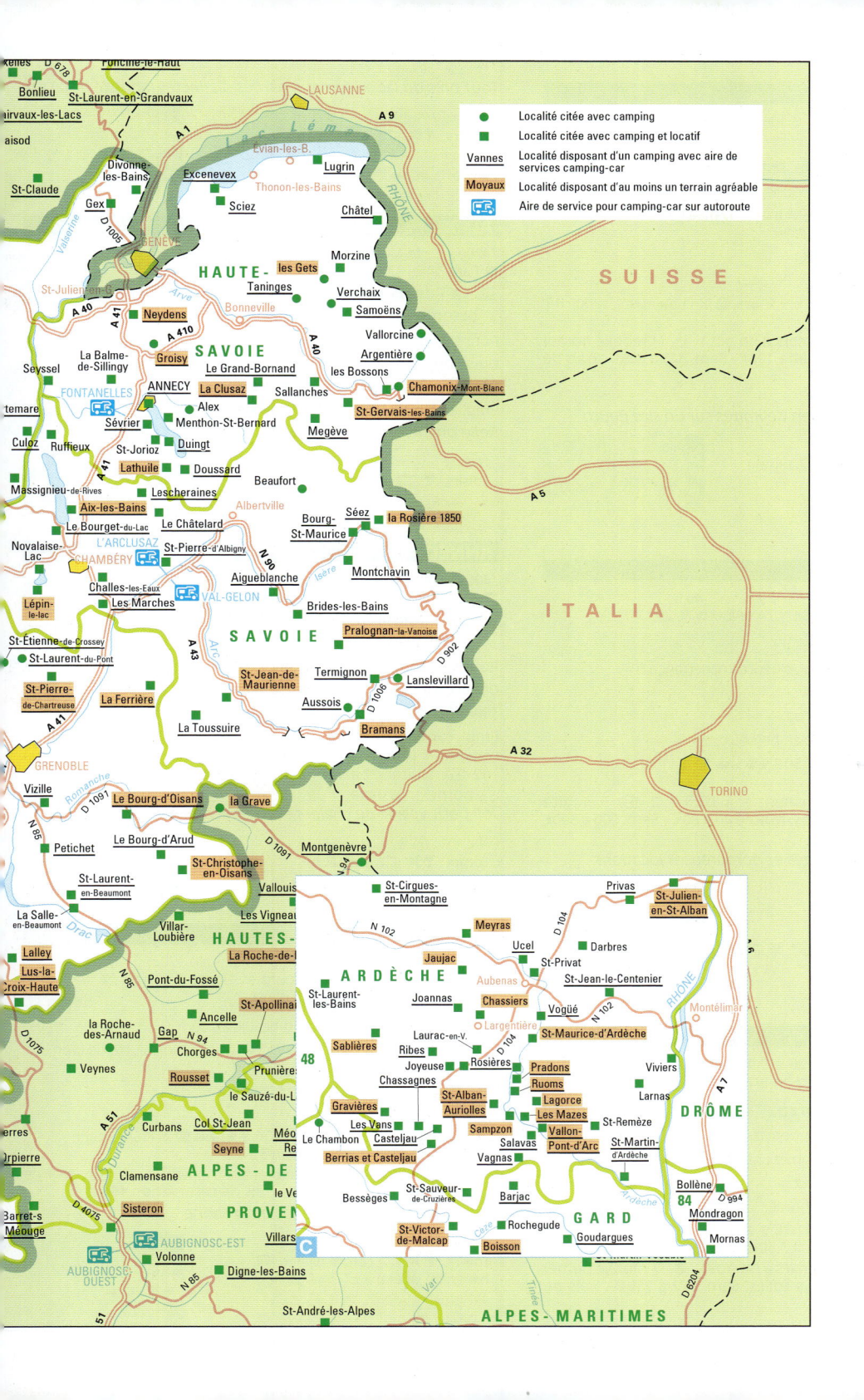

Légende

- ● Localité citée avec camping
- ■ Localité citée avec camping et locatif
- Vannes — Localité disposant d'un camping avec aire de services camping-car
- Moyaux — Localité disposant d'au moins un terrain agréable
- 🚐 Aire de service pour camping-car sur autoroute

Localités

Haute-Savoie / Savoie / Isère / région alpine:

Poncine-le-Haut, Bonlieu, St-Laurent-en-Grandvaux, irvaux-les-Lacs, aisod, St-Claude, Divonne-les-Bains, Gex, Excenevex, Lugrin, Evian-les-B., Sciez, Thonon-les-Bains, Châtel, Morzine, les Gets, Taninges, Verchaix, Samoëns, Vallorcine, Argentière, les Bossons, Chamonix-Mont-Blanc, Neydens, Bonneville, La Balme-de-Sillingy, Groisy, Le Grand-Bornand, Sallanches, St-Gervais-les-Bains, Seyssel, FONTANELLES, ANNECY, La Clusaz, Alex, Menthon-St-Bernard, Megève, temare, Sévrier, St-Jorioz, Duingt, Culoz, Ruffieux, Lathuile, Doussard, Beaufort, Massignieu-de-Rives, Lescheraines, Albertville, Aix-les-Bains, Bourg-St-Maurice, Séez, la Rosière 1850, Le Bourget-du-Lac, Le Châtelard, Novalaise-Lac, L'ARCLUSAZ, St-Pierre-d'Albigny, CHAMBÉRY, Aigueblanche, Montchavin, Lépin-le-lac, Challes-les-Eaux, VAL-GELON, Les Marches, Brides-les-Bains, St-Étienne-de-Crossey, Pralognan-la-Vanoise, St-Laurent-du-Pont, St-Pierre-de-Chartreuse, La Ferrière, St-Jean-de-Maurienne, Termignon, Lanslevillard, Aussois, La Toussuire, Bramans, GRENOBLE, Vizille, Le Bourg-d'Oisans, la Grave, TORINO, Le Bourg-d'Arud, Montgenèvre, Petichet, St-Christophe-en-Oisans, St-Laurent-en-Beaumont, Vallouis, La Salle-en-Beaumont, Les Vigneaux, Villar-Loubière, La Roche-de-..., Lalley, Pont-du-Fossé, Lus-la-Croix-Haute, St-Apollinai..., Ancelle, la Roche-des-Arnaud, Gap, Chorges, Prunières, Veynes, Rousset, le Sauzé-du-L..., Curbans, Col St-Jean, Méo..., Seyne, Re..., Clamensane, ALPES-DE-..., le Ve..., Barret-s-Méouge, PROVEN..., Sisteron, Villars, AUBIGNOSC-EST, Volonne, AUBIGNOSC-OUEST, Digne-les-Bains, St-André-les-Alpes, ALPES-MARITIMES

Encart Ardèche (48):

St-Cirgues-en-Montagne, Privas, Meyras, Jaujac, Ucel, Darbres, St-Julien-en-St-Alban, St-Laurent-les-Bains, Aubenas, St-Privat, St-Jean-le-Centenier, ARDÈCHE, Joannas, Chassiers, Vogüé, Sablières, Largentière, St-Maurice-d'Ardèche, Ribes, Laurac-en-V., Joyeuse, Rosières, Pradons, Viviers, Chassagnes, Ruoms, Lagorce, Larnas, Gravières, St-Alban-Auriolles, Les Mazes, Les Vans, Le Chambon, Casteljau, Sampzon, Salavas, St-Remèze, DRÔME, Berrias et Casteljau, Vagnas, Vallon-Pont-d'Arc, St-Martin-d'Ardèche, Bessèges, St-Sauveur-de-Cruzières, Barjac, Bollène, St-Victor-de-Malcap, Rochegude, Mondragon, GARD, Boisson, Goudargues, Mornas

RHÔNE-ALPES

LES ABRETS
38490 - Carte Michelin **333** G4 - 3 186 h. - alt. 398
▶ Paris 514 - Aix-les-Bains 45 - Belley 31 - Chambéry 38

"C'est si bon" Le Coin Tranquille
☎ 04 76 32 13 48, www.coin-tranquille.com

Pour s'y rendre : 6 chemin de Vignes (2.3 km à l'est par RN 6, rte du Pont-de-Beauvoisin et rte à gauche)

Ouverture : de fin mars à fin oct.

4 ha (196 empl.) peu incliné, plat, herbeux

Empl. camping : (Prix 2017) 39€ ✶✶ 🚗 🏠 ⚡ (10A) - pers. suppl. 8€ - frais de réservation 16€

Location : (Prix 2017) (de fin mars à fin oct.) - ♿ (1 mobile home) - 🅿 - 1 🚐 - 14 🏠. Nuitée 87 à 127€ - Sem. 343 à 889€ - frais de réservation 31€

🚐 borne artisanale

De beaux emplacements bien délimités sur un site fleuri.

Nature : 🌳 ≤ 🏞 ♤♤
Loisirs : 🍽 ✖ 🏠 🎠 🚲 🏊 terrain multisports
Services : ⚷ 🏪 ♨ 📶 laverie 🚐 ⛽

GPS : E : 5.60814 N : 45.5414

AIGUEBLANCHE
73260 - Carte Michelin **333** M4 - 3 129 h. - alt. 461
▶ Paris 641 - Lyon 174 - Chambéry 74 - Albertville 25

Marie-France
☎ 06 09 47 32 30, www.campingresidencesmariefrance.fr

Pour s'y rendre : 453 av. de Savoie

Ouverture : de déb. mars à fin oct.

0,5 ha (30 empl.) en terrasses, plat, herbeux

Empl. camping : (Prix 2017) 17,50€ ✶✶ 🚗 🏠 ⚡ (10A) - pers. suppl. 3,90€

Location : (Prix 2017) Permanent - 4 🚐 - 2 🏠 - 1 gîte - 10 appartements - 10 studios. Nuitée 40 à 80€ - Sem. 200 à 390€

🚐 4 📧 12,70€ - 🏕 11,43€

Emplacements bien ombragés et nombreuses locations.

Nature : ≤ 🏞 ♤♤
Loisirs : 🏠 🎣
Services : ⚷ 📶 🏪
À la base de loisirs : 🍽 ✖ 🚣 🏄 🎿 ※ m 🏊 ⛵ 🚵 parcours sportif

GPS : E : 6.489 N : 45.50717

AIX-LES-BAINS
73100 - Carte Michelin **333** I3 - 26 819 h. - alt. 200 - ♨
▶ Paris 539 - Annecy 34 - Bourg-en-Bresse 115 - Chambéry 18

International du Sierroz
☎ 04 79 61 89 89, www.camping-sierroz.com

Pour s'y rendre : bd Robert-Barrier (2,5 km au nord-ouest)

Ouverture : de déb. avr. à fin oct.

5 ha (255 empl.) plat, herbeux, gravier

Empl. camping : (Prix 2017) 25,80€ ✶✶ 🚗 🏠 ⚡ (10A) - pers. suppl. 5,20€ - frais de réservation 3,50€

Location : (Prix 2017) (de mi-mars à mi-nov.) - ♿ (1 mobile home) - 🅿 - 36 🚐 - 7 bungalows toilés. Sem. 372 à 719€ - frais de réservation 3,50€

🚐 borne AireService 5€

Tout près du lac et en deux parties distinctes (annexe à 500 m).

Nature : 🏞 ♤♤
Loisirs : 🍽 ✖ 🏠 🎠 🏊
Services : ⚷ 🏪 ♨ 🚐 📶 laverie ⛽
À prox. : 🚣 🏄 🛶

GPS : E : 5.88628 N : 45.70104

ALEX
74290 - Carte Michelin **328** K5 - 980 h. - alt. 589
▶ Paris 545 - Albertville 42 - Annecy 12 - La Clusaz 20

La Ferme des Ferrières
☎ 04 50 02 87 09, www.camping-des-ferrieres.com

Pour s'y rendre : 1,5 km à l'ouest par D 909, rte d'Annecy et chemin à dr.

Ouverture : de déb. juin à fin sept.

5 ha (200 empl.) peu incliné, plat, herbeux

Empl. camping : (Prix 2017) 17,50€ ✶✶ 🚗 🏠 ⚡ (6A) - pers. suppl. 3€

Belle prairie ombragée pour ce camping à la ferme.

Nature : 🌳 ≤ ♤♤
Loisirs : 🍽 🏠 🎠
Services : ⚷ 🏪 ♨ 🚐

GPS : E : 6.22346 N : 45.89015

ANNECY
74000 - Carte Michelin **328** J5 - 51 012 h. - alt. 448
▶ Paris 544 - Chambéry 51 - Genève 42 - Lyon 138

Municipal Le Belvédère
☎ 04 50 45 48 30, www.annecy.fr

Pour s'y rendre : 8 rte du Semnoz (au sud par la D 41)

Ouverture : de fin mars à mi-oct.

3 ha (102 empl.) en terrasses, plat, herbeux, gravier

Empl. camping : (Prix 2017) 29€ ✶✶ 🚗 🏠 ⚡ (16A) - pers. suppl. 7€

Location : (Prix 2017) (de fin mars à mi-oct.) - ♿ (10 chalets) - 12 🏠. Nuitée 77 à 99€ - Sem. 450 à 720€

🚐 borne artisanale

Joli petit village de chalets et forêt attenante.

Nature : 🌳 ♤♤
Loisirs : 🍽 ✖ 🏠 🎠 m
Services : ⚷ 🏪 ♨ 🚐 📶 laverie

GPS : E : 6.13237 N : 45.89025

ANSE
69480 - Carte Michelin **327** H4 - 5 604 h. - alt. 170
▶ Paris 436 - L'Arbresle 17 - Bourg-en-Bresse 57 - Lyon 27

Les Portes du Beaujolais
☎ 04 74 67 12 87, www.camping-beaujolais.com

Pour s'y rendre : 495 av. Jean-Vacher (sortie sud-est, rte de Lyon et 600 m par chemin à gauche av. le pont)

Ouverture : de déb. mars à fin oct.

7,5 ha (198 empl.) plat, herbeux

Empl. camping : (Prix 2017) 31,90€ ✶✶ 🚗 🏠 ⚡ (16A) - pers. suppl. 5,40€ - frais de réservation 3€

Location : (Prix 2017) Permanent - 22 🚐 - 41 🏠. Nuitée 60 à 190€ - Sem. 299 à 1 190€ - frais de réservation 15€

Au confluent de l'Azergues et de la Saône.

Nature : ♤♤
Loisirs : 🍽 ♀ 🏠 centre balnéo 🛁 hammam jacuzzi 🎠 🚲 🏊
Services : ⚷ 🏪 ♨ 🚐 📶 laverie
À prox. : 🛶

GPS : E : 4.72616 N : 45.94106

490

RHÔNE-ALPES

ARGENTIÈRE

74400 - Carte Michelin **328** O5 - alt. 1 252
▶ Paris 619 - Annecy 106 - Chamonix-Mont-Blanc 10 - Vallorcine 10

⚠ Le Glacier d'Argentière

📞 04 50 54 17 36, www.campingchamonix.com

Pour s'y rendre : 161 chemin des Chosalets (1 km au sud par rte de Chamonix, à 200 m de l'Arve)

Ouverture : de mi-mai à fin sept.

1 ha (80 empl.) incliné, herbeux

Empl. camping : (Prix 2017) ✤ 5,80 € ⇌ 2,20 € 🅴 6,30 € – ⚡ (10A) 4,50 €

Location : (Prix 2017) (de mi-mai à fin sept.) - 1 bungalow toilé - 2 tentes lodges. Sem. 273 €

🚐 borne artisanale 10 € - 30 🅴 18,30 €

Nature : ≤ ♀
Loisirs : ✖ 🏠
Services : ⛽ (juil.-août) 🚿 📶 laverie

GPS : E : 6.92363 / N : 45.9747

ARTEMARE

01510 - Carte Michelin **328** H5 - 1 112 h. - alt. 245
▶ Paris 506 - Aix-les-Bains 33 - Ambérieu-en-Bugey 47 - Belley 18

🏕 Sites et Paysages Le Vaugrais

📞 04 79 87 37 34, www.camping-savoie-levaugrais.com

Pour s'y rendre : à Cerveyrieu, 2 chemin le Vaugrais (700 m à l'ouest par D 69d, rte de Belmont)

Ouverture : de déb. mars à déb. nov.

1 ha (54 empl.) plat, herbeux

Empl. camping : (Prix 2017) 26,10 € ✤✤ ⇌ 🅴 ⚡ (10A) - pers. suppl. 7,40 € - frais de réservation 7 €

Location : (Prix 2017) (de déb. mars à mi-oct.) - 5 🚍 - 2 🏠. Nuitée 85 à 125 € - Sem. 200 à 695 € - frais de réservation 7 €

🚐 2 🅴 27,90 €

Au bord du Séran avec accès par un petit pont.

Nature : 🌳 ≤ 🏞 ♀
Loisirs : 🍹 🏠 🚴 🏊 ♨
Services : ⛽ 🚿 🚻 🚰 📶 laverie 🧺

GPS : E : 5.68483 / N : 45.87465

AUSSOIS

73500 - Carte Michelin **333** N6 - 677 h. - alt. 1 489
▶ Paris 670 - Albertville 97 - Chambéry 110 - Lanslebourg-Mont-Cenis 17

⚠ Municipal la Buidonnière

📞 04 79 20 35 58, www.camping-aussois.com

Pour s'y rendre : rte de Cottériat (sortie sud par D 215, rte de Modane et chemin à gauche)

Ouverture : Permanent

4 ha (160 empl.) en terrasses, peu incliné, herbeux, pierreux

Empl. camping : (Prix 2017) 23 € ✤✤ ⇌ 🅴 ⚡ (10A) - pers. suppl. 7 €

🚐 borne eurorelais 2 €

Vue panoramique et beaucoup de caravanes de propriétaires-résidents.

Nature : ❄ 🏞 ≤ Parc de la Vanoise 🏞 ♀
Loisirs : 🏠 🎾 ✖ ⛳ 🏊 (bassin) parcours sportif
Services : ⛽ 🚻 🚰 📶 laverie

GPS : E : 6.74586 / N : 45.22432

AUTRANS

38880 - Carte Michelin **333** G6 - 1 676 h. - alt. 1 050 - Sports d'hiver : 1 050/1 650 m
▶ Paris 586 - Grenoble 36 - Romans-sur-Isère 58 - St-Marcellin 47

🏕 Yelloh! Village au Joyeux Réveil 👫

📞 04 76 95 33 44, www.camping-au-joyeux-reveil.fr

Pour s'y rendre : lieu-dit : le Château (sortie nord-est par rte de Montaud et à dr.)

Ouverture : de fin avr. à mi-sept.

1,5 ha (100 empl.) plat, herbeux

Empl. camping : (Prix 2017) 48 € ✤✤ ⇌ 🅴 ⚡ (6A) - pers. suppl. 8 €

Location : (Prix 2017) (de fin avr. à mi-sept.) - 🏠 - 44 🚍 - 6 cabanons. Nuitée 32 à 203 € - Sem. 224 à 1 421 €

Quelques locatifs grand confort autour de piscines et toboggans adaptés aux jeunes enfants.

Nature : 🏞 ≤ ♀
Loisirs : 🍹 ✖ 🏠 🎮 🏊 🚴 centre balnéo ♨ hammam jacuzzi 🎾 ⛳ 🏓
Services : ⛽ 🚻 🚰 🧺 📶 laverie 🛒

GPS : E : 5.54844 / N : 45.17555

BALBIGNY

42510 - Carte Michelin **327** E5 - 2 809 h. - alt. 331
▶ Paris 423 - Feurs 10 - Noirétable 44 - Roanne 29

🏕 La Route Bleue

📞 04 77 27 24 97, www.campingdelaroutebleue.com

Pour s'y rendre : lieu-dit : Pralery (2,8 km au nord-ouest par N 82 et D 56 à gauche, rte de St-Georges-de-Baroille)

Ouverture : de mi-mars à fin oct. - 🚫

2 ha (100 empl.) peu incliné, plat, herbeux

Empl. camping : (Prix 2017) 21 € ✤✤ ⇌ 🅴 ⚡ (10A) - pers. suppl. 6 €

Location : (Prix 2017) (de mi-avr. à fin sept.) - 2 🚍. Nuitée 50 à 80 € - Sem. 270 à 540 €

Emplacements ombragés ou ensoleillés en bord de la Loire.

Nature : 🏞 ♀♀
Loisirs : 🍹 ✖ 🏊
Services : ⛽ 🚿 📶 laverie
À prox. : 🎣

GPS : E : 4.15725 / N : 45.82719

LA BALME-DE-SILLINGY

74330 - Carte Michelin **328** J5 - 4 891 h. - alt. 480
▶ Paris 524 - Dijon 250 - Grenoble 111 - Lons-le-Saunier 136

🏕 La Caille

📞 04 50 68 85 21, www.domainedelacaille.com

Pour s'y rendre : 18 chemin de la Caille (4 km au nord sur N 508 dir. Frangy et chemin à dr.)

Ouverture : de déb. mai à fin sept.

4 ha/1 campable (50 empl.) peu incliné, plat, herbeux

Empl. camping : (Prix 2017) 23 € ✤✤ ⇌ 🅴 ⚡ (13A) - pers. suppl. 6 €

Location : (Prix 2017) Permanent 🅿 - 8 🚍 - 13 🏠 - 7 🛏 - 2 gîtes. Sem. 257 à 670 € - frais de réservation 20 €

Autour de l'auberge sont disposés les gîtes, les chalets en bois, les mobile homes et le camping.

Nature : 🏞 🏞 ♀
Loisirs : 🍹 ✖ 🏠 🚴 🏊
Services : ⛽ 📶 laverie 🧺

GPS : E : 6.03609 / N : 45.97828

491

RHÔNE-ALPES

BARBIÈRES

26300 - Carte Michelin **332** D4 - 771 h. - alt. 426
▶ Paris 586 - Lyon 124 - Valence 23 - Grenoble 79

▲ Le Gallo-Romain

☎ 0475474407, www.legalloromain.net

Pour s'y rendre : rte du Col-de-Tourniol (1,2 km au sud-est par D 101)

Ouverture : de fin avr. à mi-sept.

4 ha (75 empl.) en terrasses, plat et peu incliné, herbeux, pierreux

Empl. camping : (Prix 2017) 33 € ✶✶ ⇆ 🅴 ⚡ (6A) - pers. suppl. 7,50€ - frais de réservation 15€

Location : (Prix 2017) Permanent - 14 🛖. Nuitée 45 à 110€ - Sem. 315 à 770€ - frais de réservation 15€

Emplacements en terrasses ombragées au bord de la Barberolle.

Nature : 🌳 ≤ 🌊 ♤♤
Loisirs : 🍴 ✖ ⛱ ♬ ♬
Services : 🗝 🚿 📶 laverie ❄ réfrigérateurs

GPS
E : 5.15092
N : 44.94456

BEAUFORT

73270 - Carte Michelin **333** M3 - 2 206 h. - alt. 750
▶ Paris 601 - Albertville 21 - Chambéry 72 - Megève 37

▲ Municipal Domelin

☎ 0479383388, www.mairie-beaufort73.com

Pour s'y rendre : au bourg (RD 925)

2 ha (100 empl.) peu incliné, plat, herbeux

Belle pelouse en partie ombragée mais un des sanitaires bien faible en confort.

Nature : 🌳 ≤ 🍃
Services : 🗝 📶 laverie

GPS
E : 6.56403
N : 45.7218

BELMONT-DE-LA-LOIRE

42670 - Carte Michelin **327** F3 - 1 515 h. - alt. 525
▶ Paris 405 - Chauffailles 6 - Roanne 35 - St-Étienne 108

▲ Municipal les Écureuils

☎ 0477637225, www.belmontdelaloire.fr

Pour s'y rendre : au petit parc de loisirs du plan d'eau (1,4 km à l'ouest par D 4, rte de Charlieu et chemin à gauche)

0,6 ha (28 empl.) en terrasses, peu incliné à incliné, herbeux, gravier

Location : 9 🛖.

🚐 borne artisanale - 2 🅴

En terrasses au-dessus du petit parc de loisirs avec des emplacements délimités, des chalets bois entourés de grands sapins.

Nature : 🌳 ⇆ 🍃
Loisirs : 🐎 poneys
Services : 📶
À prox. : laverie ✖ 🐎 terrain multisports

GPS
E : 4.33819
N : 46.1662

BENIVAY-OLLON

26170 - Carte Michelin **332** E8 - 66 h. - alt. 450
▶ Paris 689 - Lyon 227 - Valence 126 - Avignon 71

▲ Domaine de l'Écluse

☎ 0475280732, www.campecluse.com

Pour s'y rendre : lieu-dit : Barastrage (1 km au sud sur D 347)

Ouverture : de mi-avr. à mi-sept.

4 ha (88 empl.) en terrasses, plat, herbeux, pierreux, gravillons

Empl. camping : (Prix 2017) 28€ ✶✶ ⇆ 🅴 ⚡ (6A) - pers. suppl. 7€ - frais de réservation 30€

Location : (Prix 2017) (de mi-avr. à mi-sept.) - ♿ (1 chalet) - 🚲 (de déb. juil. à fin août) - 10 🛖 - 10 🏠 - 2 gîtes. Nuitée 100 à 150€ - Sem. 315 à 840€ - frais de réservation 30€

Jolie vue sur le Mont-Ventoux de la piscine et de la terrasse du bar-restaurant. Bon confort sanitaire avec un espace enfant complet.

Nature : 🌳 ≤ 🌊 ♤♤
Loisirs : 🍴 ✖ ⛱ ♬ ♬ ♬
Services : 🗝 🚿 📶

GPS
E : 5.19185
N : 44.28971

*To visit a town or region : use the **MICHELIN** Green Guides.*

BERRIAS-ET-CASTELJAU

07460 - Carte Michelin **331** H7 - 643 h. - alt. 126
▶ Paris 668 - Aubenas 40 - Largentière 29 - St-Ambroix 18

▲ La Source 👥

☎ 0475393913, www.camping-source-ardeche.com

Pour s'y rendre : lieu-dit : La Rouvière (1,5 km nord-est, rte de Casteljau)

Ouverture : de fin avr. à mi-sept.

2,5 ha (93 empl.) plat, herbeux, pierreux

Empl. camping : (Prix 2017) 28,50€ ✶✶ ⇆ 🅴 ⚡ (6A) - pers. suppl. 9€

Location : (Prix 2017) (de fin avr. à mi-sept.) - 22 🛖 - 4 🏠 - 1 tente lodge - 2 cabanes perchées - 2 cabanons. Sem. 262 à 895€

Locatif varié avec des chalets de bon confort, un espace piscine agréable et un petit ruisseau, le Gravierou, qui borde le terrain.

Nature : 🌳 ⇆ ♤♤
Loisirs : ✖ ⛱ ♬ ♬ ♬ spa ferme animalière
Services : 🗝 🚐 🚿 📶 🅴

GPS
E : 4.20646
N : 44.37725

▲ Les Cigales

☎ 0475393033, www.camping-cigales-ardeche.com

Pour s'y rendre : lieu-dit : La Rouvière (1 km au nord-est, rte de Casteljau)

Ouverture : de déb. avr. à fin sept.

3 ha (110 empl.) en terrasses, peu incliné, plat, herbeux

Empl. camping : (Prix 2017) 30€ ✶✶ ⇆ 🅴 ⚡ (10A) - pers. suppl. 7€

Location : (Prix 2017) (de déb. avr. à fin sept.) - 24 🛖 - 7 🏠 - 3 gîtes. Nuitée 60 à 100€ - Sem. 250 à 620€

Emplacements ombragés, en terrasses avec une agréable piscine.

Nature : 🌳 ♤♤
Loisirs : 🍴 ⛱ ♬ ♬ ♬
Services : 🗝 🚐 🚿 📶 🅴

GPS
E : 4.21133
N : 44.37829

*Utilisez les **cartes MICHELIN**, complément indispensable de ce guide.*

RHÔNE-ALPES

BILIEU
38850 - Carte Michelin 333 G5 - 1 232 h. - alt. 580
▶ Paris 526 - Belley 44 - Chambéry 47 - Grenoble 38

Municipal Bord du Lac
✆ 04 76 06 67 00, camping-leborddulac-bilieu.fr - peu d'emplacements pour tentes et caravanes

Pour s'y rendre : lieu-dit : le Petit Bilieu (1,9 km à l'ouest, rte de Charavines - accès conseillé par D 50d et D 90)

1,3 ha (65 empl.) en terrasses, plat, herbeux, gravillons

Location : 3.
borne artisanale

Le long de la Voie Verte, emplacements en terrasses qui dominent le lac.

Nature :
Loisirs :
Services :
À prox. :

GPS
E : 5.5312
N : 45.44615

BOURDEAUX
26460 - Carte Michelin 332 D6 - 621 h. - alt. 426
▶ Paris 608 - Crest 24 - Montélimar 42 - Nyons 40

Yelloh! Village Les Bois du Châtelas
✆ 04 75 00 60 80, www.chatelas.com

Pour s'y rendre : rte de Dieulefit (1,4 km au sud-ouest par D 538)

Ouverture : de déb. avr. à mi-sept.

17 ha/7 campables (169 empl.) fort dénivelé, en terrasses, peu incliné, pierreux, herbeux

Empl. camping : (Prix 2017) 42 € ✶✶ 🚗 🏠 (10A) - pers. suppl. 9 €
Location : (Prix 2017) (de déb. avr. à mi-sept.) - 59 🏠 - 26 🏠 - 1 chalet sur pilotis - 7 tentes lodges - 3 tipis - 1 cabane perchée - 1 gîte.
40

Vue panoramique sur les montagnes environnantes pour de nombreux emplacements avec du locatif varié et de bon confort.

Nature :
Loisirs : centre balnéo hammam jacuzzi tir à l'arc terrain multisports
Services : laverie
À prox. :

GPS
E : 5.12783
N : 44.57832

LE BOURG-D'ARUD
38520 - Carte Michelin 333 J8
▶ Paris 628 - L'Alpe-d'Huez 25 - Le Bourg-d'Oisans 15 - Les Deux-Alpes 29

Le Champ du Moulin
✆ 04 76 80 07 38, www.champ-du-moulin.com

Pour s'y rendre : sortie ouest par D 530

Ouverture : de mi-déc. à mi-sept.

1,5 ha (80 empl.) non clos, plat, herbeux, pierreux

Empl. camping : (Prix 2017) 30,90 € ✶✶ 🚗 🏠 (10A) - pers. suppl. 6,10 € - frais de réservation 17 €

Location : (Prix 2017) (de mi-déc. à mi-sept.) - 4 🏠 - 10 🏠 - 2 bungalows toilés - 1 gîte - 3 appartements. Sem. 330 à 630 € - frais de réservation 17 €
borne artisanale

Entouré par les montagnes de l'Oisans, au bord du Vénéon et à 500 m du téléphérique pour monter à la station Les 2 Alpes.

Nature :
Loisirs : laverie
Services :
à la base de loisirs : : sports en eaux vives

GPS
E : 6.11986
N : 44.98596

LE BOURG-D'OISANS
38520 - Carte Michelin 333 J7 - 3 381 h. - alt. 720
▶ Paris 614 - Briançon 66 - Gap 95 - Grenoble 52

Les Castels Le Château de Rochetaillée
✆ 04 76 11 04 40, www.camping-le-chateau.fr

Pour s'y rendre : à Rochetaillée, chemin de Bouthéon (7 km au nord par D1091 et à drte par D 526)

Ouverture : de fin avr. à mi-sept.

2,6 ha (143 empl.) plat, herbeux

Empl. camping : (Prix 2017) 47 € ✶✶ 🚗 🏠 (10A) - pers. suppl. 10 € - frais de réservation 10 €
Location : (Prix 2017) (de fin avr. à mi-sept.) - (1 mobile home) - 51 🏠 - 3 🏠 - 1 cabanon. Nuitée 34 à 152 € - Sem. 240 à 1 070 € - frais de réservation 10 €
borne artisanale - 5 46 € - 14 €

Autour d'une jolie demeure bourgeoise avec des installations adaptées aux enfants et jeunes adolescents.

Nature :
Loisirs : hammam jacuzzi mur d'escalade terrain multisports
Services : laverie

GPS
E : 6.00512
N : 45.11543

RCN Belledonne
✆ 04 76 80 07 18, www.rcn.fr

Pour s'y rendre : à Rochetaillée (7,1 km au nord par D1091 et à drte par D 44 rte de Vaujauny)

Ouverture : de déb. mai à fin sept.

3,5 ha (180 empl.) plat, herbeux

Empl. camping : (Prix 2017) 39 € ✶✶ 🚗 🏠 (10A) - pers. suppl. 7 € - frais de réservation 20 €
Location : (Prix 2017) (de déb. mai à fin sept.) - 32 🏠 - 6 cabanons. Nuitée 40 à 190 € - Sem. 315 à 1 365 € - frais de réservation 20 €

Ensemble très verdoyant et bien ombragé.

Nature :
Loisirs : hammam
Services : laverie

GPS
E : 6.01095
N : 45.11331

Dieser Führer stellt kein vollständiges Verzeichnis aller Campingplätze dar, sondern nur eine Auswahl der besten Plätze jeder Kategorie.

RHÔNE-ALPES

▲ Le Colporteur

✆ 04 92 20 92 23, www.campingleverger.com

Pour s'y rendre : lieu-dit : Le Mas du Plan (au sud de la localité, accès par r. de la Piscine)

Ouverture : Permanent

3,3 ha (135 empl.) plat, herbeux

Empl. camping : (Prix 2017) 20,50€ ✝✝ ⇔ 🅴 (10A) - pers. suppl. 5,50€ - frais de réservation 30€

Location : (Prix 2017) (de déb. mai à déb. nov.) - ♿ (1 chalet) - 6 🏠 - 1 🏘 - 1 gîte. Nuitée 50 à 75€ - Sem. 350 à 520€ - frais de réservation 90€

🚐 borne artisanale 4€

Au bord d'une petite rivière avec du locatif varié et pour certains de bon confort.

Nature : 🌳 🌲 ♤♤
Loisirs : 🍴✗ 🏠 👫 🏊
Services : ⚬🛒 🚻 ♿ 🛜 laverie 🧺
À prox. : 🛒 🛁

GPS
E : 6.03546
N : 45.0527

▲ Sites et Paysages À la Rencontre du Soleil

✆ 04 76 79 12 22, www.rencontre-du-soleil.com

Pour s'y rendre : hameau de Bassey (1,7 km au nord-est, rte de l'Alpe d'Huez sur D 211)

Ouverture : de déb. mai à fin sept.

1,6 ha (77 empl.) plat, herbeux

Empl. camping : (Prix 2017) ⇔🅴 37,10€ – 🌀 (10A) 7,50€ - frais de réservation 20€

Location : (Prix 2017) Permanent 🅿 - 12 🏠 - 11 🏘 - 4 roulottes - 1 appartement. Nuitée 90 à 120€ - Sem. 520 à 900€ - frais de réservation 20€

Emplacements ombragés et locatif de bon confort installé en petits villages paysagés, fleuris.

Nature : 🌳 🌲 ♤♤
Loisirs : ✗ 🏠 👫 🏊 (découverte en saison) terrain multisports
Services : ⚬🛒 🍴 ♿ 🛜 laverie 🧺
À prox. : 🛒

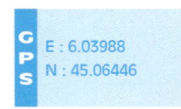

GPS
E : 6.03716
N : 45.06296

▲ La Cascade

✆ 04 76 80 02 42, www.lacascadesarenne.com

Pour s'y rendre : hameau de Bassey (1,5 km au nord-est sur D 211 rte de l'Alpe-d'Huez, près de la Sarennes)

Ouverture : de mi-déc. à fin sept.

2,4 ha (140 empl.) plat, herbeux, pierreux

Empl. camping : (Prix 2017) 34,50€ ✝✝ ⇔ 🅴 🌀 (16A) - pers. suppl. 8,50€

Location : (Prix 2017) (de mi-déc. à fin sept.) - 18 🏘. Nuitée 57 à 108€ - Sem. 364 à 756€

Au pied de la belle cascade avec des chalets paysagés de bon confort.

Nature : ❄ 🌳 🌲 ♤♤
Loisirs : 🏠 👫 🏊
Services : ⚬🛒 🍴 ♿ 🛜 laverie 🧺
À prox. : 🛒

GPS
E : 6.03988
N : 45.06446

Créez votre voyage sur **voyages.michelin.fr**

LE BOURGET-DU-LAC

73370 - Carte Michelin **333** I4 - 4 277 h. - alt. 240
▶ Paris 531 - Aix-les-Bains 10 - Annecy 44 - Chambéry 13

▲ International l'Île aux Cygnes

✆ 04 79 25 01 76, camping@lebourgetdulac.fr

Pour s'y rendre : 501 bd E.-Coudurier (1 km au nord, au bord du lac)

Ouverture : de déb. avr. à déb. oct.

2,5 ha (267 empl.) plat, gravillons, herbeux

Empl. camping : (Prix 2017) 24€ ✝✝ ⇔ 🅴 🌀 (6A) - pers. suppl. 5€ - frais de réservation 10€

Location : (Prix 2017) (de déb. avr. à déb. oct.) - ♿ (1 mobile home) - 10 🏠. Sem. 277 à 796€ - frais de réservation 10€

🚐 borne artisanale 2,10€ - 29 🅴 13€ - 🚰 13€

Les emplacements camping-cars sont à l'entrée du camping.

Nature : 🌳 ≤ ♤♤ △
Loisirs : ✗ 🏠 🎭 diurne 👫 🚴 🏊 (plage) 🌀
Services : ⚬🛒 ♿ 🛜 laverie 🧺
À prox. : 🛒 🛁 ⚓

GPS
E : 5.86308
N : 45.65307

BOURG-ST-MAURICE

73700 - Carte Michelin **333** N4 - 7 650 h. - alt. 850 - Sports d'hiver : aux Arcs : 1 600/3 226 m
▶ Paris 635 - Albertville 54 - Aosta 79 - Chambéry 103

▲ Huttopia Bourg-St-Maurice

✆ 04 79 07 03 45, www.huttopia.com

Pour s'y rendre : rte des Arcs, RD 119 (sortie nord-est par N 90, rte de Séez puis 500 m par rte à dr., près d'un torrent)

Ouverture : de fin mai à mi-oct.

3,5 ha (153 empl.) plat, herbeux, pierreux, bois, goudronné

Empl. camping : (Prix 2017) 28€ ✝✝ ⇔ 🅴 🌀 (10A) - pers. suppl. 6,50€

Location : (Prix 2017) Permanent - 6 🏠 - 37 🏘 - 4 roulottes - 20 Tentes lodges (avec et sans sanitaires). Nuitée 41 à 129€ - Sem. 231 à 903€

🚐 borne flot bleu 7€ - 25 🅴 23€ - 🚰 23€

Navette gratuite pour le funiculaire.

Nature : ❄ 🌳 ≤ ♤♤
Loisirs : 🏠 👫
Services : ⚬🛒 🍴 🛜 laverie
Au parc de loisirs : 🛒 🛁 🌀 🏊 🐎 parcours sportif

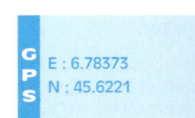

GPS
E : 6.78373
N : 45.6221

BRAMANS

73500 - Carte Michelin **333** N6 - 388 h. - alt. 1 200
▶ Paris 673 - Albertville 100 - Briançon 71 - Chambéry 113

▲ Le Val d'Ambin

✆ 04 79 05 03 05, www.camping-bramansvanoise.com

Pour s'y rendre : 602 rte de l'Église (700 m au nord-est - accès conseillé par le Verney, sur N6)

Ouverture : de déb. déc. à fin oct.

6 ha (166 empl.) non clos, vallonné, en terrasses, plat, herbeux, étang

Empl. camping : (Prix 2017) 16,95€ ✝✝ ⇔ 🅴 🌀 (6A) - pers. suppl. 3,60€

Location : (Prix 2017) Permanent ♿ (1 chalet) - 10 🏘 - 5 bungalows toilés - 2 tentes lodges - 1 roulotte. Nuitée 39 à 159€ - Sem. 139 à 779€

🚐 borne eurorelais 2€

RHÔNE-ALPES

Belle situation au pied de l'église, avec du locatif de qualité.

Nature :
Loisirs :
Services : laverie
À prox. :

GPS : E : 6.78144 / N : 45.22787

BRIDES-LES-BAINS

73570 - Carte Michelin **333** M5 - 560 h. - alt. 580
▶ Paris 612 - Albertville 32 - Annecy 37 - Chambéry 81

⚠ La Piat

📞 04 79 55 22 74, www.camping-brideslesbains.com

Pour s'y rendre : av. du Comte-Greyfié-de-Bellecombe
2 ha (80 empl.) en terrasses, plat, herbeux
Location : 5 ⛺ - 2 roulottes.
🚐 borne artisanale

En terrasses un peu ombragées, proche du centre-ville.

Nature :
Services : laverie

GPS : E : 6.56172 / N : 45.453

BUIS-LES-BARONNIES

26170 - Carte Michelin **332** E8 - 2 291 h. - alt. 365
▶ Paris 685 - Carpentras 39 - Nyons 29 - Orange 50

🏔 La Fontaine d'Annibal

📞 04 75 28 03 12, www.vacances-baronnies.com

Pour s'y rendre : rte de Séderon (1 km au nord, chemin à gauche juste après le pont sur l'Ouvèze.)
Ouverture : de déb. mars à mi-oct.
(50 empl.) en terrasses, peu incliné, herbeux, pierreux
Empl. camping : (Prix 2017) 27 € ✶✶ 🚗 🗲 (10A) - pers. suppl. 6 €
Location : (Prix 2017) (de déb. avr. à mi-oct.) - ♿ (chambres) - 3 ⛺ - 8 🏠 - 36 🛏 - 4 bungalows toilés - 2 tentes lodges - 8 appartements. Nuitée 50 à 95 € - Sem. 299 à 910 €

Possibilité de restauration au village vacances avec réservation.

Nature :
Loisirs :
Services : laverie
À prox. :

GPS : E : 5.28187 / N : 44.28438

🏔 Sites et Paysages L'Orée de Provence

📞 04 75 28 10 78, www.loree-de-provence.com

Pour s'y rendre : rte du Col-d'Ey (6.5 km au nord par D 546 et D 108)
Ouverture : de mi-avr. à mi-oct.
130 ha (113 empl.) fort dénivelé, en terrasses, plat, pierreux
Empl. camping : (Prix 2017) 29,50 € ✶✶ 🚗 🗲 (6A) - pers. suppl. 9 € - frais de réservation 12 €
Location : (Prix 2017) (de mi-avr. à mi-oct.) - 4 🏠 - 2 chalets sur pilotis - 6 cabanons - 20 gîtes. Nuitée 25 à 154 € - Sem. 175 à 1 078 € - frais de réservation 12 €
🚐 borne artisanale 5 €

Emplacements bien ombragés sous une pinède au calme, éloignés des différentes activités et loisirs. Confort sanitaires simple et ancien.

Nature :
Loisirs : salle d'animations, hammam jacuzzi
Services : laverie

GPS : E : 5.27366 / N : 44.30327

⚠ La Via Natura Les Éphélides

📞 04 75 28 10 15, www.ephelides.com

Pour s'y rendre : chemin des Tuves (1,4 km au sud-ouest par av. de Rieuchaud)
Ouverture : de déb. mai à mi-sept.
2 ha (40 empl.) plat, herbeux, pierreux
Empl. camping : (Prix 2017) 27,20 € ✶✶ 🚗 🗲 (16A) - pers. suppl. 5 € - frais de réservation 12 €
Location : (Prix 2017) (de déb. avr. à mi-oct.) - ♿ (2 chalets) - 6 ⛺ - 5 🏠 - 1 roulotte. Nuitée 36 à 90 € - Sem. 220 à 700 € - frais de réservation 12 €

En partie sous les cerisiers, près de l'Ouvèze. Espace accueil chevaux.

Nature :
Loisirs :
Services :
À prox. : skate-board

GPS : E : 5.26793 / N : 44.21875

⚠ Domaine de la Gautière

📞 04 75 28 02 68, www.camping-lagautiere.com

Pour s'y rendre : lieu-dit : La Gautière (5 km au sud-ouest par D 5, puis à dr.)
Ouverture : de fin mars à fin oct.
6 ha/3 campables (40 empl.) en terrasses, peu incliné, herbeux, pierreux
Empl. camping : (Prix 2017) ✶ 7,50 € 🚗 7,80 € – 🗲 (10A) 5,10 € - frais de réservation 10 €
Location : (Prix 2017) (de fin mars à fin oct.) - 7 ⛺ - 4 🏠. Nuitée 80 à 130 € - Sem. 340 à 850 € - frais de réservation 15 €
🚐 borne artisanale 3 €

En grande partie sous les oliviers.

Nature :
Loisirs :
Services :

GPS : E : 5.24258 / N : 44.2517

CASTELJAU

07460 - Carte Michelin **331** H7
▶ Paris 665 - Aubenas 38 - Largentière 28 - Privas 69

🏔 La Rouveyrolle

📞 04 75 39 00 67, www.campingrouveyrolle.fr - peu d'emplacements pour tentes et caravanes

Pour s'y rendre : Hameau : La Rouveyrolle (à l'est du bourg)
3 ha (100 empl.) plat, herbeux, pierreux
Location : 75 ⛺.
🚐 3 🗲

De grands espaces nature au bord de la rivière, des mobile homes grand et très grand confort mais aussi des sanitaires très anciens.

Nature :
Loisirs : jacuzzi
Services : laverie
À prox. :

GPS : E : 4.22222 / N : 44.39583

To visit a town or region : use the **MICHELIN Green Guides.**

RHÔNE-ALPES

⛰ Bel Air

☏ 04 75 39 36 39, www.camping-belair-ardeche.com

Pour s'y rendre : lieu-dit : Les Tournaires (500 m au nord, rte de Chaulet-Plage)

Ouverture : de mi-avr. à fin sept.

1,5 ha (60 empl.) plat et peu incliné, herbeux

Empl. camping : (Prix 2017) 35€ ✶✶ 🚗 🗐 ⚡ (20A)

Location : (Prix 2017) (de mi-avr. à fin sept.) – 45 🏠. Nuitée 40 à 90€ - Sem. 210 à 990€

Important parc de mobile homes pour certains de grand confort ainsi que quelques propriétaires-résidents, parfois un peu proches les uns des autres.

Nature : 🌳 ♒	
Loisirs : 🍹 ✗ 🎰 🎯 ⛱	**GPS**
Services : ⚷ 🛁 📶 🧺 🎮	E : 4.21574
À prox. : 🏊	N : 44.4006

⛺ Chaulet Plage

☏ 04 75 39 30 27, www.chaulet-plage.com

Pour s'y rendre : Terres du Moulin (600 m au nord, rte de Chaulet-Plage)

Ouverture : de mi-mars à fin oct.

1,5 ha (62 empl.) en terrasses, plat, herbeux, pierreux

Empl. camping : (Prix 2017) 23,30€ ✶✶ 🚗 🗐 ⚡ (6A) - pers. suppl. 5,30€

Location : (Prix 2017) (de mi-mars à fin oct.) – 6 🏠 - 6 appartements. Nuitée 69 à 79€ - Sem. 469 à 686€

Emplacements en terrasses qui descendent jusqu'au snack-bar au bord de la rivière le Chassezac.

Nature : 🌳 ♒	
Loisirs : 🍹 ✗ 🎰 🎯	**GPS**
Services : ⚷ 🛁 📶 🧺 🎮	E : 4.21528
	N : 44.40453

⛺ Le Pousadou

☏ 04 75 39 04 05, www.pousadou.fr

Pour s'y rendre : Domaine de Cassagnole, lieu-dit : Les Tournaires

Ouverture : de déb. mai à mi-sept.

23 ha/1,7 (52 empl.) plat, herbeux

Empl. camping : (Prix 2017) 25,50€ ✶✶ 🚗 🗐 ⚡ (10A) - pers. suppl. 5€

Au milieu des vignes du domaine, près de la rivière avec le bureau d'accueil directement au caveau.

Nature : 🌳 ⛰ ♒	
Loisirs : 🎯 🎰	**GPS**
Services : – 52 sanitaires individuels 🚿🚻 wc).	E : 4.21788
À prox. : 🚴	N : 44.40158

CHABEUIL

26120 - Carte Michelin **332** D4 - 6 568 h. - alt. 212
▶ Paris 569 - Crest 21 - Die 59 - Romans-sur-Isère 18

⛰ Capfun Le Grand Lierne 👥

☏ 04 75 59 83 14, www.grandlierne.com 🐕 (de déb. juil. à fin août)

Pour s'y rendre : 5 km au nord-est par D 68, rte de Peyrus, D 125 à gauche et D 143 à dr. - par A 7 sortie Valence-Sud et dir. Grenoble

Ouverture : de mi-avr. à mi-sept.

3,6 ha (320 empl.) plat, herbeux, pierreux

Empl. camping : (Prix 2017) 42€ ✶✶ 🚗 🗐 ⚡ (10A) - pers. suppl. 7€ - frais de réservation 27€

Location : (Prix 2017) (de mi-avr. à mi-sept.) - ♿ (1 mobile home) - 🏠 279 🏠 - 3 🏠 - 11 tentes lodges. Nuitée 40 à 194€ - Sem. 161 à 1 358€ - frais de réservation 27€

⛽ borne Sanistation

Beaucoup de locatifs dans un cadre boisé avec des aménagements de qualité adaptés aux familles.

Nature : 🌳 ♒	
Loisirs : 🍹 ✗ 🎰 🎯 ⛱ 🎮 🏊 ⛲	**GPS**
terrain multisports	E : 5.065
Services : ⚷ 🛁 📶 🧺 🎮 - cases réfrigérées	N : 44.91572

CHALLES-LES-EAUX

73190 - Carte Michelin **333** I4 - 5 073 h. - alt. 310 - ♨
▶ Paris 566 - Albertville 48 - Chambéry 6 - Grenoble 52

⛰ Municipal le Savoy

☏ 04 79 72 97 31, www.camping-challeseseaux.com

Pour s'y rendre : av. du Parc (par r. Denarié, à 100 m de la N 6)

Ouverture : de déb. avr. à fin sept.

2,8 ha (88 empl.) plat, herbeux, gravillons

Empl. camping : (Prix 2017) 18,90€ ✶✶ 🚗 🗐 ⚡ (10A) - pers. suppl. 4,25€ - frais de réservation 10€

Location : (Prix 2017) (de déb. avr. à fin sept.) - ♿ (2 chalets) - 4 🏠 - 8 🏠 - 2 cabanons. Sem. 250 à 580€ - frais de réservation 10€

⛽ borne flot bleu 4€ - 22 🗐 18,90€

Beaux emplacements bordés de haies, à proximité d'un plan d'eau.

Nature : 🌳 ⛰ 🚲	
Loisirs : 🎰 🎯 🚴	**GPS**
Services : ⚷ 🛁 📶 🧺	E : 5.98418
À prox. : ✗ 🏊 (plage) 🎣	N : 45.55152

Pour une meilleure utilisation de cet ouvrage, LISEZ ATTENTIVEMENT les premières pages du guide.

CHAMONIX-MONT-BLANC

74400 - Carte Michelin **328** O5 - 9 054 h. - alt. 1 040
Tunnel du Mont-Blanc : péage en 2017 : aller simple : 43,50 € autos, 57,60 € caravanes, 158/317,50 € P. L., 28,80 € motos - Renseignements ATMB/GEIE ☏ 04 50 55 55 00
▶ Paris 610 - Albertville 65 - Annecy 97 - Aosta 57

⛰ La Mer de Glace

☏ 04 50 53 44 03, www.chamonix-camping.com

Pour s'y rendre : à Les-Praz-de-Chamonix, 200 chemin de la Bagna (aux Bois, à 80 m de l'Arveyron (accès direct))

Ouverture : de déb. mai à déb. oct. - 🚫

2 ha (150 empl.) plat, herbeux, pierreux

Empl. camping : (Prix 2017) ✶ 9,80€ 🚗 🗐 10,80€ – ⚡ (10A) 4,50€

⛽ borne artisanale

Dans un cadre boisé avec des emplacements délimités ou plus naturels en sous-bois.

Nature : 🌳 ⛰ massif du Mont-Blanc ♒	
Loisirs : 🎰 🎯	**GPS**
Services : ⚷ 🛁 📶 🧺	E : 6.89142
	N : 45.93846

RHÔNE-ALPES

CHAMPDOR

01110 - Carte Michelin 328 G4 - 462 h. - alt. 833
▶ Paris 486 - Ambérieu-en-Bugey 38 - Bourg-en-Bresse 51 - Hauteville-Lompnes 6

▲ Municipal le Vieux Moulin

☎ 06 50 54 28 98, www.champdor.jimdo.com

Pour s'y rendre : rte de Corcelles (800 m au nord-ouest par D 57a)

Ouverture : Permanent

1,6 ha (62 empl.) plat, herbeux

Empl. camping : (Prix 2017) ★ 6,50 € 🚗 🔲 – 🚰 (15A) 5 €

Location : (Prix 2017) Permanent♿ (2 chalets) - 2 yourtes - 3 cabanons. Sem. 280 à 380 €

🚐 borne artisanale

Dans les hauteurs du Bugey, près de deux plans d'eau naturels, l'un pour la baignade, l'autre pour la pêche.

Nature : 🌊 🌲
Loisirs : 🏛️ 🛷
Services : (juil.-août) 🔑 🏠 🎒 🛜 🧊
À prox. : 🎣 🏊 (bassin) 🚣

GPS
E : 5.59138
N : 46.023

CHASSAGNES

07140 - Carte Michelin 331 H7
▶ Paris 644 - Lyon 209 - Privas 67 - Nîmes 85

▲▲ Domaine des Chênes

☎ 04 75 37 34 35, www.domaine-des-chenes.fr - peu d'emplacements pour tentes et caravanes

Pour s'y rendre : à Chassagnes-Haut

Ouverture : de déb. avr. à fin sept.

2,5 ha (122 empl.) plat, herbeux, pierreux

Empl. camping : (Prix 2017) 35 € ★★ 🚗 🔲 🚰 (10A) - pers. suppl. 8 € - frais de réservation 25 €

Location : (Prix 2017) (de déb. avr. à fin sept.) - 38 🏠 - 13 🏡 - 5 bungalows toilés. Nuitée 43 à 215 € - Sem. 290 à 1 505 € - frais de réservation 25 €

🚐 4 🔲 20 €

Locatif varié dont certains mobile homes grand confort, des propriétaires-résidents et peu d'emplacements pour tentes et caravanes.

Nature : 🌊 🌲 🏞️ 🌿🌿
Loisirs : 🍽️ ✖️ 🏛️ 🏊‍♂️ 🛀 hammam jacuzzi 🏊
Services : 🔑 🏠 🛜 🧊
À prox. : 🚣 🚤

GPS
E : 4.13218
N : 44.39899

CHASSIERS

07110 - Carte Michelin 331 H6 - 1 008 h. - alt. 340
▶ Paris 643 - Aubenas 16 - Largentière 4 - Privas 48

▲▲ Sunêlia Domaine Les Ranchisses ♿

☎ 04 75 88 31 97, www.lesranchisses.fr

Pour s'y rendre : rte de Rocher (1,6 km au nord-ouest, accès par D 5, rte de Valgorge)

Ouverture : de mi-avr. à fin sept.

6 ha (226 empl.) en terrasses, peu incliné, plat, herbeux

Empl. camping : (Prix 2017) 59 € ★★ 🚗 🔲 🚰 (10A) - pers. suppl. 12 € - frais de réservation 15 €

Location : (Prix 2017) (de mi-avr. à fin sept.) - 113 🏠. Nuitée 43 à 256 € - Sem. 301 à 1 792 € - frais de réservation 30 €

En deux parties distinctes de part et d'autre de la route, reliées par un tunnel. Préférer les emplacements proches de la rivière, plus calmes, plus ombragés. Espace balnéo très complet.

Nature : 🌲 🌿🌿 🏞️
Loisirs : 🍽️ ✖️ 🏛️ 🏊‍♂️ 🏊 🚴 centre balnéo 🏊‍♀️ hammam jacuzzi 🛀 🎣 🏐 🎿 🏊 🐎 terrain multisports skate parc
Services : 🔑 🏠 🗄️ 🎒 🛜 laverie 🧊 🚿

GPS
E : 4.28536
N : 44.56137

CHÂTEAUNEUF-DE-GALAURE

26330 - Carte Michelin 332 C2 - 1 557 h. - alt. 253
▶ Paris 531 - Annonay 29 - Beaurepaire 19 - Romans-sur-Isère 27

▲▲ Iris Parc Le Château de Galaure ♿

☎ 04 75 68 65 22, www.irisparc.fr/camping-le-chateau-de-galaure/

Pour s'y rendre : rte de St-Vallier (800 m au sud-ouest par D 51)

Ouverture : de fin avr. à fin sept.

12 ha (400 empl.) plat, herbeux

Empl. camping : (Prix 2017) 45 € ★★ 🚗 🔲 🚰 (10A) - pers. suppl. 8 € - frais de réservation 20 €

Location : (Prix 2017) (de fin avr. à fin sept.) - ♿ (4 mobile homes) - 🏠 - 192 🏡 - 110 tentes lodges. Nuitée 36 à 150 € - Sem. 252 à 1 050 € - frais de réservation 20 €

🚐 borne Sanistation 2 €

Plaisant domaine verdoyant et ombragé.

Nature : 🌿🌿
Loisirs : 🍽️ ✖️ 🏛️ 🏊‍♂️ 🏊 🚴 🏊 (plage) 🛷 skate-board
Services : 🔑 🗄️ 🎒 🛜 🧊 🚿
À prox. : 🎣 🏞️ 🚣 parcours de santé

GPS
E : 4.95194
N : 45.22512

Utilisez le guide de l'année.

CHÂTEAUNEUF-SUR-ISÈRE

26300 - Carte Michelin 332 C3 - 3 707 h. - alt. 118
▶ Paris 561 - Lyon 98 - Valence 13 - Privas 55

▲▲ Sunêlia Le Soleil Fruité ♿

☎ 04 75 84 19 70, www.lesoleilfruite.com ❄️ (de déb. juil. à fin août)

Pour s'y rendre : lieu-dit : Les Pêches (4 km, sortie Valence nord n° 14, direction Châteauneuf sur Isère, par D 877 proche du cabaret "les Folies du Lac")

Ouverture : de fin avr. à mi-sept.

4 ha (138 empl.) plat, herbeux

Empl. camping : (Prix 2017) 37 € ★★ 🚗 🔲 🚰 (10A) - pers. suppl. 8 € - frais de réservation 16 €

Location : (Prix 2017) (de fin avr. à mi-sept.) - ❄️ - 34 🏠. Sem. 330 à 925 € - frais de réservation 16 €

🚐 borne artisanale 3 €

De beaux emplacements rectilignes, ombragés autour d'un sanitaire de bon confort.

Nature : 🌊 🏞️ 🌿🌿
Loisirs : 🍽️ ✖️ 🏛️ 🏊‍♂️ 🏊 🚴 🎿 🏊 🛷
Services : 🔑 🎒 🛜 laverie 🚿

GPS
E : 4.89372
N : 44.99707

497

RHÔNE-ALPES

CHÂTEL

74390 - Carte Michelin 328 O3 - 1 213 h. - alt. 1 180 - Sports d'hiver : 1 200/2 100 m
▶ Paris 578 - Annecy 113 - Évian-les-Bains 34 - Morzine 38

▲▲▲ L'Oustalet ♛♛

☏ 0450732197, www.oustalet.com - alt. 1 110

Pour s'y rendre : 1428 rte des Freinets (2 km au sud-ouest par la rte du col de Bassachaux, au bord de la Dranse)

Ouverture : de fin juin à mi-sept.

3 ha (100 empl.) plat et peu incliné, gravillons, herbeux, pierreux

Empl. camping : (Prix 2017) 36€ ✹✹ ⇌ 🅔 (10A) - pers. suppl. 7,20€ - frais de réservation 12€

Location : (Prix 2017) (de mi-juin à mi-sept.) - 🌂 - 16 🚐 - 1 appartement. Sem. 270 à 810€ - frais de réservation 12€

borne flot bleu 6€

En deux parties distinctes de part et d'autre de la petite route avec une jolie vue sur la vallée de l'Abondance.

Nature : ❄ 🌳 ≤ ♀
Loisirs : 🏠 diurne 🚶‍♂️ 🏊 🎿 🎯
Services : ☎ 🚿 🍽 laverie
À prox. : 🍴 🍽 🚲 🚵

GPS
E : 6.82981
N : 46.25755

LE CHÂTELARD

73630 - Carte Michelin 333 J3 - 645 h. - alt. 750
▶ Paris 562 - Aix-les-Bains 30 - Annecy 30 - Chambéry 35

▲ Les Cyclamens

☏ 0479548019, www.camping-cyclamens.com

Pour s'y rendre : vers sortie nord-ouest et chemin à gauche, rte du Champet

Ouverture : de déb. avr. à fin oct.

0,7 ha (34 empl.) plat, herbeux

Empl. camping : (Prix 2017) 18,60€ ✹✹ ⇌ 🅔 (10A) - pers. suppl. 4,50€ - frais de réservation 4€

Location : (Prix 2017) Permanent - 1 🛏 - 1 cabane perchée - 1 gîte. Sem. 525€

borne artisanale 3€ - 4 🅔 15,20€

Une partie ombragée et une prairie ensoleillée.

Nature : 🌳 ♀♀
Loisirs : 🏠 🎯
Services : ☎ 🚿 laverie

GPS
E : 6.13263
N : 45.68782

CHÂTILLON-EN-DIOIS

26410 - Carte Michelin 332 F5 - 561 h. - alt. 570
▶ Paris 637 - Die 14 - Gap 79 - Grenoble 97

▲▲▲ Le Lac Bleu

☏ 0475218530, www.lacbleu-diois.com

Pour s'y rendre : quartier la Touche (4 km au sud-ouest par D 539, rte de Die et D 140, de Menglon, chemin à gauche, av. le pont)

Ouverture : de mi-avr. à mi-sept.

10 ha/3 campables (120 empl.) plat, herbeux, pierreux

Empl. camping : (Prix 2017) 19€ ✹✹ ⇌ 🅔 (6A) - pers. suppl. 5€ - frais de réservation 15€

Location : (Prix 2017) (de mi-avr. à mi-sept.) - ♿ (1 mobile home) - 53 🚐 - 6 bungalows toilés - 2 tipis. Nuitée 45 à 125€ - Sem. 161 à 875€ - frais de réservation 25€

borne artisanale - 6 🅔 13€

Emplacements autour du plan d'eau avec du locatif varié et un confort sanitaire faible.

Nature : ! ≤ ♀♀ ▲
Loisirs : 🍴 🍽 🏠 🚶‍♂️ jacuzzi 🚲 🏊 🎯 (plan d'eau) 🛶 🎣
Services : ☎ 🚿 🍽
À prox. : parcours dans les arbres

GPS
E : 5.45332
N : 44.68457

CHÂTILLON-SUR-CHALARONNE

01400 - Carte Michelin 328 C4 - 4 899 h. - alt. 177
▶ Paris 418 - Bourg-en-Bresse 28 - Lyon 55 - Mâcon 28

▲ Municipal du Vieux Moulin

☏ 0474550479, www.camping-vieuxmoulin.com

Pour s'y rendre : r. Jean-Jaurès (sortie sud-est par D 7, rte de Chalamont, au bord de la Chalaronne, à 150 m d'un étang - accès direct)

Ouverture : de mi-avr. à fin sept.

3 ha (125 empl.) plat, herbeux

Empl. camping : (Prix 2017) 19,90€ ✹✹ ⇌ 🅔 (10A) - pers. suppl. 4€ - frais de réservation 15€

Location : (Prix 2017) (de mi-avr. à fin sept.) - ♿ (1 chalet) - 5 🏠. Sem. 339 à 465€ - frais de réservation 15€

borne flot bleu - 19 🅔 14,90€

Cadre verdoyant et ombragé bordé par un ruisseau et en face d'un important parc aquatique-balnéo en partie couvert.

Nature : 🌳 ♀♀
Loisirs : 🐎 🚶‍♂️ 🏊
Services : ☎ 🚿 laverie
À prox. : 🍽 centre balnéo 🧖 hammam jacuzzi 🎯 🏊 🎿 terrain multisports

GPS
E : 4.96228
N : 46.11654

Renouvelez votre guide chaque année.

CHAUZON

07120 - Carte Michelin 331 I7 - 341 h. - alt. 128
▶ Paris 649 - Aubenas 20 - Largentière 14 - Privas 51

▲▲▲ La Digue

☏ 0475396357, www.camping-la-digue.fr - croisement difficile pour caravanes

Pour s'y rendre : lieu-dit : Les Aires (1 km à l'est du bourg, à 100 m de l'Ardèche (accès direct))

Ouverture : de fin mars à mi-sept.

7 ha/3 campables (141 empl.) en terrasses, plat, herbeux

Empl. camping : (Prix 2017) 13,90€ ✹✹ ⇌ 🅔 (6A) - pers. suppl. 4,30€ - frais de réservation 11€

Location : (Prix 2017) (de fin mars à mi-sept.) - 37 🚐 - 8 🏠. Nuitée 43 à 152€ - Sem. 301 à 1 064€ - frais de réservation 11€

Emplacements ombragés avec du locatif grand confort pour certains mobile homes.

Nature : 🌳 ♀♀
Loisirs : 🍴 🍽 🚶‍♂️ 🎯 🏊 🛶 🎣
Services : ☎ 🚿 🍽 🚰

GPS
E : 4.37337
N : 44.48437

498

RHÔNE-ALPES

LE CHEYLARD

07160 - Carte Michelin 331 I4 - 3 289 h. - alt. 450
▶ Paris 598 - Aubenas 50 - Lamastre 21 - Privas 47

▲ Municipal Le Cheylard

☏ 04 75 29 09 53, www.camping-le-cheylard.com

Pour s'y rendre : lieu-dit : Le Vialon (1,7 km au nord par D 120 rte de St Agrève, au bord de l'Eynieux)

Ouverture : de déb. avr. à fin sept.

1,5 ha (61 empl.) peu incliné, plat, herbeux

Empl. camping : (Prix 2017) 15€ ✶✶ ⛟ 📧 – (16A) 3,20€

Location : (Prix 2017) (de déb. avr. à fin sept.) - 4 🏠 - 4 bungalows toilés - 1 gîte. Nuitée 45 à 70€ - Sem. 180 à 310€

🚐 borne artisanale 5€

Au bord d'un petit plan d'eau de la rivière.

Nature : 🌳 ♀♀
Loisirs : 🛶 🐟
Services : 🔑 🛜 🧺 🚿
GPS E : 4.42011
N : 44.9155

CHORANCHE

38680 - Carte Michelin 333 F7 - 132 h. - alt. 280
▶ Paris 588 - La Chapelle-en-Vercors 24 - Grenoble 52 - Romans-sur-Isère 32

▲ Le Gouffre de la Croix

☏ 04 76 36 07 13, www.camping-vercors-choranche.fr

Pour s'y rendre : lieu-dit : Combe Bernard (au sud-est du bourg, rte de Chatelas)

Ouverture : de déb. mai à mi-sept.

2,5 ha (52 empl.) non clos, en terrasses, plat, herbeux

Empl. camping : (Prix 2017) 25,50€ ✶✶ ⛟ 📧 ⚡ (10A) - pers. suppl. 5€ - frais de réservation 15€

Location : (Prix 2017) (de déb. mai à mi-sept.) - 4 🏠 - 1 tente lodge. Nuitée 45 à 65€ - Sem. 200 à 520€ - frais de réservation 15€

Cadre naturel et boisé au fond de la vallée bordée par la rivière : La Bourne.

Nature : 🌳 ≤ ♀♀
Loisirs : 🍽 ✕ 🛶 🐟
Services : 🔑 🛁 🛜 laverie 🧺
GPS E : 5.39647
N : 45.06452

LA CLUSAZ

74220 - Carte Michelin 328 L5 - 1 876 h. - alt. 1 040 - Sports d'hiver : 1 100/2 600 m
▶ Paris 564 - Albertville 40 - Annecy 32 - Bonneville 26

▲ Capfun Le Plan du Fernuy

☏ 04 50 02 44 75, www.capfun.com

Pour s'y rendre : 1800 rte des Confins (1,5 km à l'est)

Ouverture : de mi-déc. à déb. sept.

1,3 ha (80 empl.) en terrasses, peu incliné, plat, herbeux, gravier

Empl. camping : (Prix 2017) 28€ ✶✶ ⛟ 📧 ⚡ (13A) - pers. suppl. 4,70€ - frais de réservation 27€

Location : (Prix 2017) (de mi-déc. à mi-sept.) - 🏊 - 23 🏠 - 12 🏕 - 3 appartements - 1 studio. Nuitée 58 à 158€ - Sem. 231 à 2 387€ - frais de réservation 27€

🚐 borne artisanale 10€

Locatif de qualité pour les saisons d'été et d'hiver autour d'une piscine couverte.

Nature : ❄️ 🌳 ≤ chaîne des Aravis 🏔 ♀
Loisirs : 🍽 🛶 🏊 🎱
Services : 🔑 🛒 🛁 🛜 laverie
GPS E : 6.45174
N : 45.90948

CORDELLE

42123 - Carte Michelin 327 D4 - 896 h. - alt. 450
▶ Paris 409 - Feurs 35 - Roanne 14 - St-Just-en-Chevalet 27

▲ Flower Le Mars

☏ 04 77 64 94 42, www.camping-de-mars.com

Pour s'y rendre : presqu'île de Mars (4,5 km au sud par D 56 et chemin à dr.)

Ouverture : de déb. avr. à mi-oct.

1,2 ha (63 empl.) en terrasses, peu incliné, plat, herbeux

Empl. camping : (Prix 2017) 30€ ✶✶ ⛟ 📧 ⚡ (10A) - pers. suppl. 7€

Location : (Prix 2017) (de déb. avr. à mi-oct.) - ♿ (1 mobile home) - 9 🏠 - 2 🏕 - 2 bungalows toilés. Nuitée 45 à 114€ - Sem. 196 à 798€

Emplacements bien délimités, ombragés et pour certains superbe vue dominant la vallée de la Loire.

Nature : 🌳 ≤ 🏔 ♀♀
Loisirs : 🍽 ✕ 🛶 🛶 🐟 🏊
Services : 🔑 🛁 🛜 🚿 laverie 🧺
À prox. : 🛶
GPS E : 4.06101
N : 45.91668

---

*De categorie (1 tot 5 tenten, in **zwart** of **rood**) die wij aan de geselekteerde terreinen in deze gids toekennen, is onze eigen indeling. Niet te verwarren met de door officiële instanties gebruikte classificatie (1 tot 5 sterren).*

CORMORANCHE-SUR-SAÔNE

01290 - Carte Michelin 328 B3 - 1 051 h. - alt. 172
▶ Paris 399 - Bourg-en-Bresse 44 - Châtillon-sur-Chalaronne 23 - Mâcon 10

▲ Le Lac 👥

☏ 03 85 23 97 10, www.lac-cormoranche.com

Pour s'y rendre : lieu-dit : Les Luizants (sortie ouest par D 51a et 1,2 km par rte à dr., à la base de loisirs)

Ouverture : de déb. mai à fin sept.

48 ha/4,5 campables (117 empl.) plat, herbeux, sablonneux, bois

Empl. camping : (Prix 2017) 23€ ✶✶ ⛟ 📧 ⚡ (10A) - pers. suppl. 6€ - frais de réservation 8€

Location : (Prix 2017) (de déb. mai à fin sept.) - ♿ (1 mobile home) - 10 🏠 - 12 🏕 - 6 tipis - 3 cabanes perchées. Nuitée 25 à 127€ - Sem. 173 à 618€ - frais de réservation 8€

🚐 borne artisanale 5,30€

Emplacements bien ombragés avec du locatif varié face à une agréable petite base nautique.

Nature : 🏔 ♀
Loisirs : 🍽 ✕ 🛶 salle d'animations 🎱 🐟 🛶 🏊 (plage) 🎣
Services : 🔑 🛁 🛜 laverie 🧺
GPS E : 4.82573
N : 46.25105

499

RHÔNE-ALPES

Campéole

LE LAC DES SAPINS ★★★★

La plus grande baignade écologique d'Europe !

Emplacements campeurs, chalets, mobil-homes.

Animations en haute saison.
À 100 m du lac : sports nautiques, pédalos... Randonnées : circuits pédestres, VTT et équestres.

Rue du stade
69550 Cublize
+33 (0)4 74 89 52 83
lacdessapins@campeole.com

www.campeole.com

CREST

26400 - Carte Michelin **332** D5 - 7 857 h. - alt. 196
▶ Paris 585 - Die 37 - Gap 129 - Grenoble 114

Les Clorinthes

📞 04 75 25 05 28, www.lesclorinthes.com

Pour s'y rendre : quai Soubeyran (sortie sud par D 538 puis chemin à gauche apr. le pont, près du complexe sportif municipal.)

Ouverture : de fin avr. à mi-sept.

4 ha (170 empl.) peu incliné, plat, herbeux

Empl. camping : (Prix 2017) 32,30€ ✶✶ 🚗 🅴 [½] (6A) - pers. suppl. 7,60€ - frais de réservation 21€

Location : (Prix 2017) (de fin avr. à mi-sept.) - 🚻 (1 chalet) - 10 🚐 - 4 🏠 - 2 bungalows toilés. Sem. 350 à 707€ - frais de réservation 21€

Bel ombrage de platanes et tilleuls, près de la Drôme.

Nature : 🌳🌳
Loisirs : 🍴 ✕ 🛏 🎭 diurne 🏊 🛶 🚴
Services : ⚡ 🚿 📶 laverie 🧺
À prox. : 🍴 🐴 skate parc

GPS
E : 5.0277
N : 44.724

CUBLIZE

69550 - Carte Michelin **327** F3 - 1 242 h. - alt. 452
▶ Paris 422 - Amplepuis 7 - Chauffailles 29 - Roanne 30

Campéole le Lac des Sapins

📞 04 74 89 52 83, www.campinglacdessapins.com - peu d'emplacements pour tentes et caravanes

Pour s'y rendre : r. du Lac (800 m au sud, au bord du Reins et à 300 m du lac (accès direct))

Ouverture : de déb. avr. à fin sept.

4 ha (182 empl.) plat, herbeux

Empl. camping : (Prix 2017) 26,50€ ✶✶ 🚗 🅴 [½] (10A) - pers. suppl. 5,90€ - frais de réservation 25€

Location : (Prix 2017) (de déb. avr. à fin sept.) - 24 🚐 - 26 🏠 - 6 tentes lodges. Nuitée 56 à 163€ - Sem. 392 à 1 141€ - frais de réservation 25€

🚐 borne AireService - 🚐 [½] 18,81€

Nature : 🌊 🌳
Loisirs : ✕ 🛏 🚴 ✕ terrain multisports
Services : ⚡ 🚿 📶 laverie
À la base de loisirs : 🎣 🏊 🛶

GPS
E : 4.37849
N : 46.0132

CULOZ

01350 - Carte Michelin **328** H5 - 2 920 h. - alt. 248
▶ Paris 512 - Aix-les-Bains 24 - Annecy 55 - Bourg-en-Bresse 88

⚠ Le Colombier

📞 04 79 87 19 00, www.camping-alpes.net

Pour s'y rendre : Île de Verbaou (1,3 km à l'est, au carr. du D 904 et D 992, au bord d'un ruisseau)

Ouverture : de fin mars à fin sept.

1,5 ha (81 empl.) plat, herbeux, gravillons

Empl. camping : (Prix 2017) 23€ ✶✶ 🚗 🅴 [½] (10A) - pers. suppl. 8€ - frais de réservation 15€

Location : (Prix 2017) (de déb. avr. à fin sept.) - 9 🚐 - 3 bungalows toilés. Sem. 150 à 580€ - frais de réservation 25€

🚐 8 🅴

Emplacements ombragés et délimités tout prêt d'un petit plan d'eau réservé à la baignade.

Nature : 🌊 🌳🌳
Loisirs : 🍴 🛏 🚴
Services : ⚡ 🚿 📶 laverie 🧺
À prox. : ✕ 🍴

GPS
E : 5.79346
N : 45.85158

⛺ ... ⚠ *Terrains particulièrement agréables dans leur ensemble et dans leur catégorie.*

RHÔNE-ALPES

DARBRES

07170 - Carte Michelin **331** J6 - 252 h. - alt. 450
▶ Paris 618 - Aubenas 18 - Montélimar 34 - Privas 21

Les Lavandes

☎ 04 75 94 20 65, www.les-lavandes-darbres.com

Pour s'y rendre : au bourg

Ouverture : de mi-avr. à mi-sept.

1,5 ha (70 empl.) en terrasses, plat, herbeux, pierreux

Empl. camping : (Prix 2017) 31,40€ ✸✸ 🚗 🔌 (10A) - pers. suppl. 4,80€ - frais de réservation 15€

Location : (Prix 2017) (de mi-avr. à mi-sept.) - 12 🏠. Nuitée 55 à 98€ - Sem. 270 à 680€ - frais de réservation 15€

Presque au centre du bourg avec jolie vue de la terrasse du bar, de la piscine et de quelques emplacements sur la hauteur.

Nature : 🌳 ♨
Loisirs : 🍴 ✕ 🏊
Services : 🔑 ♨ 📶 laverie ♨

GPS E : 4.50402 N : 44.64701

DARDILLY

69570 - Carte Michelin **327** H5 - 8 384 h. - alt. 338
▶ Paris 457 - Lyon 13 - Villeurbanne 21 - Vénissieux 26

Indigo International Lyon

☎ 04 78 35 64 55, www.citykamp.com

Pour s'y rendre : Porte de Lyon (10 km au nord-ouest par N 6, rte de Mâcon - par A 6 : sortie Limonest)

Ouverture : Permanent

6 ha (150 empl.) plat, herbeux

Empl. camping : (Prix 2017) 28,40€ ✸✸ 🚗 🔌 (10A) - pers. suppl. 5,40€

Location : (Prix 2017) Permanent - 57 🚐 - 8 tentes lodges - 6 roulottes. Nuitée 46 à 118€ - Sem. 225 à 661€

🚰 borne flot bleu 8€

Nature : ♨
Loisirs : 🍴 ✕ 🏊
Services : 🔑 ♨ 📶 laverie

GPS E : 4.76125 N : 45.81817

DIE

26150 - Carte Michelin **332** F5 - 4 357 h. - alt. 415
▶ Paris 623 - Gap 92 - Grenoble 110 - Montélimar 73

La Pinède 🏕

☎ 04 75 22 17 77, www.camping-pinede.com - accès par pont étroit

Pour s'y rendre : 1,7 à l'ouest km par D 93, rte de Crest puis 1 km par chemin à gauche

Ouverture : de fin avr. à mi-sept.

8,5 ha/2,5 campables (163 empl.) fort dénivelé, en terrasses, plat, pierreux, gravillons, herbeux, rochers

Empl. camping : (Prix 2017) 25€ ✸✸ 🚗 🔌 (10A) - pers. suppl. 9€ - frais de réservation 30€

Location : (Prix 2017) (de fin avr. à mi-sept.) - ♿ (1 chalet) - 56 🚐 - 22 🏠. Nuitée 75 à 150€ - Sem. 261 à 825€ - frais de réservation 30€

Emplacements bien ombragés au bord de la Drôme avec une base de canoë-kayak. Vente de "Clairette de Die".

Nature : 🌳 ♨
Loisirs : 🍴 ✕ 🏊 centre balnéo 💆 hammam jacuzzi ♨
Services : 🔑 ♨ 📶 laverie ♨ réfrigérateurs

GPS E : 5.35354 N : 44.7573

Le Glandasse

☎ 04 75 22 02 50, www.camping-glandasse.com - Hauteur maxi 2.80 m (tunnel)

Pour s'y rendre : 550 rte de Gap (1 km au sud-est par D 93, puis chemin à dr.)

Ouverture : de mi-avr. à fin sept.

3,5 ha (120 empl.) peu incliné, plat, herbeux, pierreux, gravier

Empl. camping : (Prix 2017) 28,50€ ✸✸ 🚗 🔌 (10A) - pers. suppl. 6,50€ - frais de réservation 10€

Location : (Prix 2017) (de mi-avr. à fin sept.) - 2 🚐 - 15 🏠. Nuitée 45 à 82€ - Sem. 280 à 574€ - frais de réservation 10€

Préférer les emplacements au bord de la Drôme, plus au calme et bien ombragés.

Nature : 🌳 ♨
Loisirs : 🍴 ✕ 🏊 jacuzzi 💆 terrain multisports
Services : 🔑 ♨ 📶 laverie ♨

GPS E : 5.38403 N : 44.73993

Le Riou Merle

☎ 04 75 22 21 31, www.camping-lerioumerle-drome.com

Pour s'y rendre : rte de Romeyer (au nord, par D 742)

Ouverture : de déb. avr. à mi-oct.

2,5 ha (97 empl.) plat, herbeux, bois

Empl. camping : (Prix 2017) 27,50€ ✸✸ 🚗 🔌 (10A) - pers. suppl. 6,80€

Location : (Prix 2017) (de déb. avr. à mi-oct.) - 9 🚐 - 3 🏠. Nuitée 55 à 92€ - Sem. 266 à 640€

🚰 borne artisanale

Tout proche du centre ville avec un restaurant ouvert sur l'extérieur.

Nature : ♨
Loisirs : 🍴 ✕ 🏊
Services : 🔑 ♨ 📶 ♨

GPS E : 5.37776 N : 44.75441

DIEULEFIT

26220 - Carte Michelin **332** D6 - 3 028 h. - alt. 366
▶ Paris 614 - Crest 30 - Montélimar 29 - Nyons 30

Le Domaine des Grands Prés

☎ 06 30 57 08 43, www.lesgrandspres-dromeprovencale.com

Pour s'y rendre : quartier les Grands-Prés (sortie ouest par D 540, rte de Montélimar, près du Jabron - accès direct au bourg par chemin piétonnier)

1,8 ha (81 empl.) plat, herbeux

Location : 8 🏠 - 3 bungalows toilés - 8 tentes lodges - 2 tipis - 6 yourtes - 9 roulottes - 4 cabanes perchées - 1 gîte.

Bel ensemble avec du locatif varié, insolite et souvent de grand confort.

Nature : 🌳 ♨
Loisirs : 🏊
Services : 🔑 ♨ 📶 laverie
À prox. : 🍴 ✕

GPS E : 5.06149 N : 44.52141

*Pour visiter une ville ou une région : utilisez le **Guide Vert MICHELIN**.*

RHÔNE-ALPES

▲ Huttopia Dieulefit
☎ 0475546394, www.huttopia.com
Pour s'y rendre : quartier d'Espeluche (3 km au nord par D 540 rte de Bourdeaux puis chemin à gauche)
Ouverture : de mi-avr. à mi-oct.
17 ha/5 campables (164 empl.) en terrasses, vallonné, plat, herbeux
Empl. camping : (Prix 2017) 49,80€ ✶✶ 🚗 🏠 (10A) - pers. suppl. 8,40€
Location : (Prix 2017) (de mi-avr. à mi-oct.) - 20 🏠 - 64 tentes lodges. Nuitée 40 à 195€ - Sem. 224 à 1 365€
Site agréable avec un champ de lavande !

Nature : 🌳 ≤ 🌲🌲	**G** E : 5.05826
Loisirs : 🍴✗ 🏠 🎠 🚣 🚲 🏊 (étang) 🎣	**P** N : 44.53987
Services : 🔑 🅿 🚻 🚿 laverie 🧺	**S**

DIVONNE-LES-BAINS
01220 - Carte Michelin **328** J2 - 7 926 h. - alt. 486 - 🌳
▶ Paris 488 - Bourg-en-Bresse 129 - Genève 18 - Gex 9

▲ Huttopia Divonne-Les-Bains
☎ 0450200195, www.huttopia.com
Pour s'y rendre : 2465 Vie de L'Etraz (3 km au nord, après Villard)
Ouverture : Permanent
8 ha (253 empl.) fort dénivelé, en terrasses, plat et peu incliné, pierreux, herbeux
Empl. camping : (Prix 2017) 30,90€ ✶✶ 🚗 🏠 (10A) - pers. suppl. 6,30€
Location : (Prix 2017) Permanent - 38 🏠 - 15 🏠 - 28 tentes lodges - 12 roulottes. Nuitée 45 à 122€ - Sem. 252 à 684€
Cadre boisé avec un confort sanitaire simple et du locatif varié et souvent de bon confort.

Nature : 🌳 🌲🌲	**G** E : 6.1178
Loisirs : 🍴✗ 🏠 🎠 🚣 🚲 🚤	**P** N : 46.37137
Services : 🔑 🚻 🚿 laverie 🧺	**S**

DOUSSARD
74210 - Carte Michelin **328** K6 - 3 473 h. - alt. 456
▶ Paris 555 - Albertville 27 - Annecy 20 - La Clusaz 36

▲ Campéole la Nublière
☎ 0450443344, www.campeole.com/fr/la-nubliere
Pour s'y rendre : 30 allée de la Nublière (1,8 km au nord)
Ouverture : de fin avr. à fin sept.
9,2 ha (467 empl.) plat, herbeux, pierreux
Empl. camping : (Prix 2017) 29,60€ ✶✶ 🚗 🏠 (6A) - pers. suppl. 8,10€ - frais de réservation 25€
Location : (Prix 2017) (de fin avr. à fin sept.) - 56 🏠 - 10 🏠 - 40 bungalows toilés. Nuitée 22 à 157€ - Sem. 154 à 1 099€ - frais de réservation 25€
🚐 borne AireService
Situation agréable au bord du lac (plage) avec du locatif varié.

Nature : 〰〰 ⛰	**G** E : 6.21763
Loisirs : salle d'animations 🎠 🚣 🏊 terrain multisports	**P** N : 45.79014
Services : 🔑 🚿 🧺 laverie	**S**
À prox. : 🚻 🍴✗ 🏠 🎠 🚲 ⚓ ⛵ parapente	

▲ La Ferme de Serraz
☎ 0450443068, www.lafermedelaserraz.com
Pour s'y rendre : r. de la Poste (au bourg, sortie est près de la poste)
Ouverture : de déb. mai à mi-sept.
3,5 ha (197 empl.) peu incliné, plat, herbeux
Empl. camping : (Prix 2017) 38€ ✶✶ 🚗 🏠 (16A) - pers. suppl. 7€ - frais de réservation 20€
Location : (Prix 2017) (de déb. mai à mi-sept.) - 40 🏠. Nuitée 60 à 195€ - Sem. 250 à 1 350€ - frais de réservation 20€
🚐 borne artisanale 5€
Ensemble bien ombragé avec de nombreux emplacements de tour-opérateurs.

Nature : 🌲🌲	**G** E : 6.22588
Loisirs : 🍴✗ 🏠 🎠 🚲 🏊	**P** N : 45.77508
Services : 🔑 🚿 🚻 🧺 laverie	**S**

Choisissez votre restaurant sur **restaurant.michelin.fr**

Campéole
www.campeole.com

LA NUBLIÈRE ★★★

Mon plus beau raccourci pour le Lac d'Annecy !

Emplacements campeurs, chalets, mobil-homes. Des activités pour tous les goûts : via ferrata, parapente, deltaplane, canyoning, terrains multisports sur place.

30 Allée de la Nublière
74210 Doussard
+33 (0)4 50 44 33 44
nubliere@campeole.com

RHÔNE-ALPES

Campéole
www.campeole.com

LA PINÈDE ★★★

L'accès direct au Lac Léman... passionnément !

Des activités pour tous : petit port de 65 anneaux, rafting, canyoning... Piscines chauffées, espace bien-être, salle de massage.

10 avenue de la Plage
74140 Excenevex-Plage
+33 (0)4 50 72 85 05
pinede@campeole.com

DUINGT

74410 - Carte Michelin **328** K6 - 891 h. - alt. 450
▶ Paris 548 - Albertville 34 - Annecy 12 - Megève 48

▲ Municipal les Champs Fleuris

☎ 04 50 68 57 31, www.camping-duingt.com
Pour s'y rendre : 631 voie Romaine, Les Perris (1 km à l'ouest)
Ouverture : de mi-avr. à mi-sept.
1,3 ha (112 empl.) en terrasses, peu incliné, plat, herbeux
Empl. camping : (Prix 2017) 30€ ✶✶ 🚗 ▣ ⚡ (10A) - pers. suppl. 6,50€ - frais de réservation 5€
Location : (Prix 2017) (de mi-avr. à mi-sept.) - 6 🏠 - 3 tentes lodges. Nuitée 100 à 140€ - Sem. 400 à 950€ - frais de réservation 5€
🚐 borne flot bleu 3,50€ - 20 ▣ 30€

Emplacements en terrasses, parfois ombragés et du locatif varié.

Nature : 🌳 ≤ 🌲🌲
Loisirs : 🛶
Services : 🔑 🛒 🛜 laverie

GPS E : 6.18882
N : 45.82658

ÉCLASSAN

07370 - Carte Michelin **331** K3 - 910 h. - alt. 420
▶ Paris 534 - Annonay 21 - Beaurepaire 46 - Condrieu 42

▲ L'Oasis

☎ 04 75 34 56 23, www.oasisardeche.com - accès aux emplacements par forte pente, mise en place et sortie des caravanes à la demande
Pour s'y rendre : lieu-dit : Le Petit Chaléat (4,5 km au nord-ouest par rte de Fourany et chemin à gauche)
Ouverture : de fin avr. à fin août
4 ha (63 empl.) en terrasses, plat, herbeux, pierreux
Empl. camping : (Prix 2017) 24€ ✶✶ 🚗 ▣ (6A) - pers. suppl. 5€
Location : (Prix 2017) (de fin avr. à fin août) - 4 🏠 - 14 🏕 - 12 tentes lodges. Nuitée 60 à 130€ - Sem. 240 à 840€ - frais de réservation 14€

Emplacements en terrasses qui ont gardé un côté nature, au bord de l'Ay pour certains.

Nature : 🌳 ≤ 🏞 🍃
Loisirs : 🍽 🍴 🏖 ⛱ 🏊
Services : 🔑 🚿 🔥 🛜 🛒

GPS E : 4.73944
N : 45.17889

EXCENEVEX

74140 - Carte Michelin **328** L2 - 988 h. - alt. 375
▶ Paris 564 - Annecy 71 - Bonneville 42 - Douvaine 9

▲ Campéole La Pinède

☎ 04 50 72 85 05, www.campeole.com/fr/la-pinede - peu d'emplacements pour tentes et caravanes
Pour s'y rendre : 10 av. de la Plage (1 km au sud-est par D 25)
Ouverture : de fin avr. à fin sept.
12 ha (501 empl.) vallonné, peu incliné, plat, herbeux, sablonneux
Empl. camping : (Prix 2017) 34,50€ ✶✶ 🚗 ▣ (16A) - pers. suppl. 8,10€ - frais de réservation 25€
Location : (Prix 2017) (de fin avr. à fin sept.) - ♿ (2 mobile homes) - 73 🏠 - 20 🏕 - 57 bungalows toilés - 6 tentes lodges. Nuitée 34 à 157€ - Sem. 238 à 1 099€ - frais de réservation 25€
🚐 borne artisanale

Agréable site boisé en bordure d'une plage du lac Léman mais préférer les emplacements les plus éloignés de la route.

Nature : 🌲 🌲🌲
Loisirs : 🍽 🎭 salle d'animations 🏓 🚲
jacuzzi 🛶 🚴 🏖 🏊 terrain multisports
Services : 🔑 🛒 🛜 laverie 🏪
À prox. : 🍽 🍴 🛶 ✂ 🛒 🎣 pédalos

GPS E : 6.35799
N : 46.34543

503

RHÔNE-ALPES

FARAMANS

38260 - Carte Michelin **333** D5 - 906 h. - alt. 375
▶ Paris 518 - Beaurepaire 12 - Bourgoin-Jallieu 35 - Grenoble 60

▲ Les Eydoches

✆ 04 74 54 21 78, www.camping-bievre-isere.com - peu d'emplacements pour tentes et caravanes

Pour s'y rendre : 515 av. des Marais (sortie est par D 37, rte de la Côte-St-André)

1 ha (60 empl.) plat, herbeux

Location : 2 🏠 - 2 🏡 - 3 tentes lodges.
🅿 1 🅿

Au milieu des installations sportives municipales.

Nature : 🌳
Services : ⚙ 🚿 ♿ 📶 📡
À prox. : ✕ 🚴 🎾 terrain multisports, golf (4 trous), practice

GPS E : 5.17562 N : 45.39348

FÉLINES

07340 - Carte Michelin **331** K2 - 1 475 h. - alt. 380
▶ Paris 520 - Annonay 13 - Beaurepaire 31 - Condrieu 24

▲ Bas-Larin

✆ 04 75 34 87 93, www.camping-bas-larin.com

Pour s'y rendre : 88 rte de Larin-le-Bas (2 km au sud-est, par N 82, rte de Serrières et chemin à dr.)

Ouverture : de déb. avr. à fin sept.

1,5 ha (67 empl.) en terrasses, peu incliné à incliné, herbeux

Empl. camping : (Prix 2017) 21,80€ ✶✶ 🚗 📧 💡 (10A) - pers. suppl. 3,50€

Location : (Prix 2017) (de déb. avr. à fin sept.) - 11 🏠 - 1 🏡 - 3 bungalows toilés. Nuitée 65 à 67€ - Sem. 299 à 529€

Bel ombrage sur des emplacements en terrasses mais préférer les plus éloignés de la route (ancienne nationale).

Nature : 🌳
Loisirs : 🍴 ✕ 🏠 🎮 🏊 🐟
Services : ⚙ 🚿 ♿ 📶 📡 📧 💼

GPS E : 4.74665 N : 45.3086

LA FERRIÈRE

38580 - Carte Michelin **333** J6 - 226 h. - alt. 926
▶ Paris 613 - Lyon 146 - Grenoble 52 - Chambéry 47

▲ Neige et Nature

✆ 04 76 45 19 84, www.neige-nature.fr - alt. 900

Pour s'y rendre : chemin de Montarmand (à l'ouest du bourg, au bord du Bréda)

Ouverture : de mi-mai à mi-sept.

1,2 ha (44 empl.) en terrasses, peu incliné, plat, herbeux

Empl. camping : (Prix 2017) 23,40€ ✶✶ 🚗 📧 💡 (10A) - pers. suppl. 5,90€

Location : (Prix 2017) Permanent - 2 🏠 - 2 🏡. Nuitée 65 à 99€ - Sem. 350 à 690€

🅿 borne artisanale 18,90€ - 20 📧 18,90€

Cadre soigné dominant le petit ruisseau et la piscine gonflable.

Nature : 🌳
Loisirs : 🏠 🏊 (bassin)
Services : ⚙ 🚿 ♿ 📶 📡 📧 💼

GPS E : 6.08331 N : 45.3184

FLEURIE

69820 - Carte Michelin **327** H2 - 1 250 h. - alt. 320
▶ Paris 410 - Bourg-en-Bresse 46 - Chauffailles 44 - Lyon 58

▲ La Grappe Fleurie

✆ 04 74 69 80 07, www.beaujolais-camping.com

Pour s'y rendre : r. de la Grappe-Fleurie (600 m au sud du bourg par D 119E et à dr.)

Ouverture : de déb. avr. à mi-oct.

2,5 ha (85 empl.) plat, herbeux

Empl. camping : (Prix 2017) 27,50€ ✶✶ 🚗 📧 💡 (10A) - pers. suppl. 7€ - frais de réservation 5€

Location : (Prix 2017) (de déb. avr. à mi-oct.) - 20 🏠 - 4 🏡 - 3 bungalows toilés - 2 tonneaux. Nuitée 30 à 110€ - Sem. 350 à 700€ - frais de réservation 15€

Au cœur du vignoble avec quelques locatifs très régionaux.

Nature : 🌳
Loisirs : 🏠 🏊 🎾 🐟
Services : ⚙ 🚿 ♿ 📶 📡 laverie
À prox. : 🚴 ✕

GPS E : 4.7001 N : 46.18854

*Créez votre voyage sur **voyages.michelin.fr***

LES GETS

74260 - Carte Michelin **328** N4 - 1 254 h. - alt. 1 170 - Sports d'hiver : 1 170/2 000 m
▶ Paris 579 - Annecy 77 - Bonneville 33 - Chamonix-Mont-Blanc 60

▲ Le Frêne

✆ 04 50 75 80 60, www.alpensport-hotel.com - alt. 1 315

Pour s'y rendre : lieu-dit : Les Cornus (sortie sud-ouest par D 902 puis 2,3 km par rte des Platons à dr.)

Ouverture : de fin juin à déb. sept. - 🚫

0,3 ha (40 empl.) fort dénivelé, non clos, en terrasses, plat, herbeux

Empl. camping : (Prix 2017) 28,50€ ✶✶ 🚗 📧 💡 (4A) - pers. suppl. 8€

Une petite route très peu fréquentée traverse le camping.

Nature : 🌳 ≤ Aiguille du Midi, massif du Mt-Blanc 🌳
Loisirs : 🏠 jacuzzi 🏊 🐟
Services : ⚙ 🚿 ♿ 📶 📡

GPS E : 6.64296 N : 46.15065

GEX

01170 - Carte Michelin **328** J3 - 9 882 h. - alt. 626
▶ Paris 490 - Genève 19 - Lons-le-Saunier 93 - Pontarlier 110

▲ Municipal les Genêts

✆ 04 50 42 84 57, www.auxamisdugolin.com

Pour s'y rendre : chemin des Genêts (1 km à l'est par D 984 rte de Divonne-les-Bains et chemin à dr.)

Ouverture : de déb. mars à fin oct.

3,3 ha (140 empl.) plat et peu incliné, gravillons, herbeux

Empl. camping : (Prix 2017) 18,50€ ✶✶ 🚗 📧 💡 (16A) - pers. suppl. 4,20€

Location : (Prix 2017) (de déb. mars à fin oct.) - 9 🏠 - 2 tipis - 2 cabanons. Nuitée 31 à 86€ - Sem. 180 à 513€ - frais de réservation 15€

🅿 borne artisanale 4€ - 🚰 11€

RHÔNE-ALPES

Cadre verdoyant, parfois ombragé avec un confort sanitaire ancien et modeste.

Nature :
Loisirs : mini ferme
Services : laverie
À prox. :

GPS : E : 6.06841 - N : 46.33564

LE GRAND-BORNAND

74450 - Carte Michelin **328** L5 - 2 195 h. - alt. 934 - Sports d'hiver : 1 000/2 100 m

▶ Paris 564 - Albertville 47 - Annecy 31 - Bonneville 23

▲ L'Escale

☎ 0450022069, www.campinglescale.com

Pour s'y rendre : rte de la Patinoire (à l'est du bourg, à prox. de l'église, près du Borne)

Ouverture : de mi-déc. à fin sept.

2,8 ha (149 empl.) en terrasses, peu incliné, plat, herbeux, pierreux

Empl. camping : (Prix 2017) 37,40€ ✶✶ ⛟ 🏠 🔌 (10A) - pers. suppl. 7,10€ - frais de réservation 12€

Location : (Prix 2017) Permanent - 24 🚐 - 30 🏠 - 2 🛏 - 1 gîte - 20 appartements - 6 studios. Nuitée 45 à 130€ - Sem. 290 à 890€ - frais de réservation 12€

🚐 borne artisanale 27,20€

Nombreux locatifs autour d'un petit espace aquatique en partie couvert.

Nature :
Loisirs :
Services : laverie
À prox. : parcours sportif

GPS : E : 6.42817 - N : 45.94044

▲ Le Clos du Pin

☎ 0450022761, www.le-clos-du-pin.com - alt. 1 015 - peu d'emplacements pour tentes et caravanes

Pour s'y rendre : 1,3 km à l'est par rte du Bouchet, au bord du Borne

Ouverture : de mi-juin à mi-sept.

1,3 ha (61 empl.) peu incliné, herbeux

Empl. camping : (Prix 2017) 24,70€ ✶✶ ⛟ 🏠 🔌 (10A) - pers. suppl. 5,50€ - frais de réservation 8€

Location : (Prix 2017) (de mi-juin à mi-sept.) - 1 🚐 - 1 appartement. Nuitée 55 à 90€ - Sem. 300 à 600€

🚐 borne artisanale 18,50€

Nombreux mobile homes de propriétaires-résidents. Préférer les emplacements les plus éloignés de la route.

Nature : chaîne des Aravis
Loisirs :
Services : laverie

GPS : E : 6.44281 - N : 45.93971

GRANE

26400 - Carte Michelin **332** C5 - 1 730 h. - alt. 175

▶ Paris 583 - Crest 10 - Montélimar 34 - Privas 29

▲ Hip Village Les 4 Saisons

☎ 0475626417, www.camping-4saisons.com

Pour s'y rendre : sortie sud-est, 900 m par D 113, rte de la Roche-sur-Grâne

Ouverture : de déb. avr. à fin sept.

2 ha (80 empl.) en terrasses, peu incliné, plat, herbeux, sablonneux

Empl. camping : (Prix 2017) 31,50€ ✶✶ ⛟ 🏠 🔌 (6A) - pers. suppl. 6€

Location : (Prix 2017) (de déb. avr. à fin sept.) - 6 🚐 - 10 🏠 - 4 tentes lodges. Nuitée 42 à 121€ - Sem. 210 à 847€

Emplacements en terrasses souvent bien ombragées avec une vue sur la campagne et les montagnes pour quelques uns.

Nature :
Loisirs :
Services :
À prox. :

GPS : E : 4.92671 - N : 44.72684

GRAVIÈRES

07140 - Carte Michelin **331** G7 - 391 h. - alt. 220

▶ Paris 636 - Lyon 213 - Privas 71 - Nîmes 92

▲ Le Mas du Serre

☎ 0475373384, www.campinglemasduserre.com

Pour s'y rendre : lieu-dit : Le Serre (1,3 km au sud-est par D 113 et chemin à gauche, à 300 m du Chassezac)

Ouverture : de déb. avr. à déb. oct.

1,5 ha (75 empl.) en terrasses, peu incliné, plat, herbeux

Empl. camping : (Prix 2017) 25€ ✶✶ ⛟ 🏠 🔌 (7A) - pers. suppl. 7€

Location : (Prix 2017) (de déb. avr. à déb. oct.) - 6 🚐 - 1 gîte. Nuitée 55 à 98€ - Sem. 390 à 690€

🚐 borne artisanale 3€

Belle situation autour d'un ancien mas.

Nature :
Loisirs :
Services :
À prox. :

GPS : E : 4.1016 - N : 44.41475

ATTENTION...
ces prestations ne fonctionnent généralement qu'en saison, quelles que soient les dates d'ouverture du terrain.

GRESSE-EN-VERCORS

38650 - Carte Michelin **333** G8 - 394 h. - alt. 1 205 - Sports d'hiver : 1 300/1 700 m

▶ Paris 610 - Clelles 22 - Grenoble 48 - Monestier-de-Clermont 14

▲ Les 4 Saisons

☎ 0476343027, www.camping-les4saisons.com

Pour s'y rendre : 1,3 km au sud-ouest, au lieu-dit la Ville

Ouverture : de fin déc. à mi-mars et de déb. mai à mi-oct.

2,2 ha (85 empl.) en terrasses, plat, herbeux, gravillons, pierreux

Empl. camping : (Prix 2017) 26,10€ ✶✶ ⛟ 🏠 🔌 (10A) - pers. suppl. 5,20€ - frais de réservation 6€

Location : (Prix 2017) (de fin déc. à mi-mars et de déb. mai à mi-oct.) - 9 🚐 - 3 🏠. Sem. 409 à 740€ - frais de réservation 16€

🚐 borne artisanale 5€

Situation agréable au pied du massif du Vercors.

Nature : massif du Vercors
Loisirs :
Services : laverie
À prox. :

GPS : E : 5.55559 - N : 44.8965

RHÔNE-ALPES

GRIGNAN

26230 - Carte Michelin 332 C7 - 1 564 h. - alt. 198
▶ Paris 629 - Crest 46 - Montélimar 25 - Nyons 25

▲ Les Truffières

℡ 04 75 46 93 62, www.lestruffieres.com

Pour s'y rendre : 1100 chemin Belle-Vue-d'Air, quartier Nachony (2 km au sud-ouest par D 541, rte de Donzère et D 71, rte de Chamaret)

Ouverture : de fin avr. à mi-sept.

1 ha (85 empl.) plat, herbeux, pierreux, bois

Empl. camping : (Prix 2017) 21,50€ ✶✶ ⇔ 🅴 ⚡ (10A) - pers. suppl. 5€ - frais de réservation 15€

Location : (Prix 2017) (de fin avr. à mi-sept.) ⚡ - 12 🏠. Nuitée 55 à 110€ - Sem. 230 à 760€ - frais de réservation 15€

Emplacements en sous-bois avec beaucoup d'espaces ombragés pour la détente.

Nature : 🌳 ⛰ 🌲
Loisirs : ✗ 🍴 🛝 ♨
Services : 🔑 🚗 📶 laverie
À prox. : 🐎

GPS : E : 4.89121 N : 44.41163

GROISY

74570 - Carte Michelin 328 K4 - 2 976 h. - alt. 690
▶ Paris 534 - Dijon 228 - Grenoble 120 - Lons-le-Saunier 146

▲ Le Moulin Dollay

℡ 04 50 68 00 31, www.moulindollay.fr

Pour s'y rendre : 206 r. du Moulin-Dollay (2 km au sud-est, intersection D 2 et N 203, au bord d'un ruisseau, au lieu-dit Le Plot)

Ouverture : de déb. mai à déb. oct.

3 ha (30 empl.) plat, herbeux, pierreux, bois

Empl. camping : (Prix 2017) 20€ ✶✶ ⇔ 🅴 ⚡ (6A) - pers. suppl. 5€
🚐 borne artisanale 5€ - 6 🅴 18€ - 🚽 16€

Nature : ⛰ 🌲
Loisirs : 🎣
Services : 🔑 🚗 🍴 ⛴ ♨ 📶 laverie

GPS : E : 6.19076 N : 46.00224

HAUTECOURT

01250 - Carte Michelin 328 F4 - 760 h. - alt. 370
▶ Paris 442 - Bourg-en-Bresse 20 - Nantua 24 - Oyonnax 33

▲ L'Île de Chambod

℡ 04 74 37 25 41, www.campingilechambod.com

Pour s'y rendre : 3232 rte du Port (4,5 km au sud-est par D 59, rte de Poncin puis rte à gauche, à 300 m de l'Ain (plan d'eau))

Ouverture : de mi-avr. à mi-sept.

2,4 ha (110 empl.) plat, herbeux

Empl. camping : (Prix 2017) ✶ 5,90€ ⇔ 3,30€ 🅴 3,90€ - ⚡ (10A) 4,40€

Location : (Prix 2017) (de mi-avr. à mi-sept.) - 7 🏠 - 4 bungalows toilés. Nuitée 35 à 92€ - Sem. 245 à 644€ - frais de réservation 20€
🚐 borne artisanale

Nature : ≤ 🌳 🌲
Loisirs : 🍽 ✗ 🎣 🚴 🛶 ♨
Services : 🔑 ⛴ 📶 laverie
À prox. : 🛥

GPS : E : 5.42819 N : 46.12761

ISSARLÈS

07470 - Carte Michelin 331 G4 - 165 h. - alt. 946
▶ Paris 574 - Coucouron 16 - Langogne 36 - Le Monastier-sur-Gazeille 18

▲ La Plaine de la Loire

℡ 06 24 49 22 79, www.campinglaplainedelaloire.fr - alt. 900

Pour s'y rendre : Le Moulin du Lac, pont de Laborie (3 km à l'ouest par D 16, rte de Coucouron et chemin à gauche av. le pont, au bord de la Loire)

Ouverture : de déb. mai à fin sept.

1 ha (50 empl.) plat, herbeux

Empl. camping : (Prix 2017) 16,50€ ✶✶ ⇔ 🅴 ⚡ (10A) - pers. suppl. 4,10€

Idéal pour qui cherche le calme, la nature, la pêche !

Nature : ! ≤ 🌲
Loisirs : ✗ 🛝 🎣 ⛴ 🛶
Services : 🔑 📶

GPS : E : 4.05207 N : 44.818

JAUJAC

07380 - Carte Michelin 331 H6 - 1 212 h. - alt. 450
▶ Paris 612 - Privas 44 - Le Puy-en-Velay 81

▲ Bonneval

℡ 04 75 93 27 09, www.campingbonneval.com ✉ 07380 Fabras

Pour s'y rendre : lieu-dit : Les Plots à Fabras (2 km au nord-est par D 19 et D 5, rte de Pont-de-Labeaume, à 100 m du Lignon et des coulées basaltiques)

Ouverture : de déb. avr. à fin sept.

3 ha (60 empl.) en terrasses, peu incliné, plat, herbeux

Empl. camping : (Prix 2017) 30,20€ ✶✶ ⇔ 🅴 ⚡ (10A) - pers. suppl. 6,30€

Location : (Prix 2017) Permanent - 4 🏠 - 4 🏡 - 1 tente lodge - 2 gîtes. Sem. 320 à 695€ - frais de réservation 10€

Emplacements ombragés ou ensoleillés, locatif varié et un bon confort sanitaire adapté aux familles.

Nature : 🌳 ≤ la chaîne du Tanargue 🌲
Loisirs : 🍽 🛝 🏓 🎣
Services : 🔑 (saison) 🚗 ⛴ 📶 🅴
À prox. : 🛶

GPS : E : 4.25825 N : 44.64168

JOANNAS

07110 - Carte Michelin 331 H6 - 342 h. - alt. 430
▶ Paris 650 - Aubenas 23 - Largentière 8 - Privas 55

▲ Sites et Paysages La Marette

℡ 04 75 88 38 88, www.lamarette.com

Pour s'y rendre : rte de Valgorge (2,4 km à l'ouest par D 24, après le lieu-dit : La Prade)

4 ha (97 empl.) vallonné, en terrasses, plat, herbeux, bois

Empl. camping : (Prix 2017) 29,70€ ✶✶ ⇔ 🅴 ⚡ (10A) - pers. suppl. 5,80€

Location : (Prix 2017) (de déb. mai à déb. sept.) - 21 🏠 - 19 🏡 - 2 roulottes. Sem. 212 à 860€

Nombreuses petites terrasses individuelles dans un cadre naturel et bien ombragé.

Nature : 🌳 ⛰ 🌲
Loisirs : 🍽 ✗ 🛝 🏓 🎣
Services : 🔑 ⛴ 📶 🅴

GPS : E : 4.22913 N : 44.56662

RHÔNE-ALPES

Le Roubreau

04 75 88 32 07, www.leroubreau.com

Pour s'y rendre : rte de Valgorge (1,4 km à l'ouest par D 24 et chemin à gauche)

Ouverture : de déb. avr. à mi-sept.

3 ha (100 empl.) peu incliné, plat, herbeux, pierreux

Empl. camping : 32 € (4A) - pers. suppl. 6 € - frais de réservation 9 €

Location : (de déb. avr. à mi-sept) - 13 - 16 - 5 tentes lodges. Nuitée 30 à 117 € - sem. 200 à 820 € - frais de réservation 9 €

borne eurorelais 4 €

Emplacements et locatif bien ombragés au bord du Roubreau et un bon confort sanitaire.

Nature :
Loisirs :
Services :
À prox. :

GPS : E : 4.23865 N : 44.55964

JOYEUSE

07260 - Carte Michelin 331 H7 - 1 640 h. - alt. 180

▶ Paris 650 - Alès 54 - Mende 97 - Privas 55

La Nouzarède

04 75 39 92 01, www.camping-nouzarede.fr

Pour s'y rendre : au nord du bourg par rte du Stade, à 150 m de la Beaume (accès direct)

Ouverture : de mi-avr. à mi-sept.

2 ha (103 empl.) plat, herbeux, pierreux

Empl. camping : (Prix 2017) 35 € (10A) - pers. suppl. 6,70 € - frais de réservation 14,50 €

Location : (Prix 2017) (de mi-avr. à mi-sept.) - 48 - 1. Nuitée 65 à 130 € - Sem. 280 à 910 € - frais de réservation 14,50 €

En face d'un centre équestre (chevaux et poneys) bien équipé et un bon confort sanitaire.

Nature :
Loisirs :
Services :
À prox. :

GPS : E : 4.23526 N : 44.48368

LAGORCE

07150 - Carte Michelin 331 I7 - 700 h. - alt. 120

▶ Paris 648 - Aubenas 23 - Bourg-St-Andéol 34 - Privas 54

Village Vacances Les Castels Domaine de Sévenier

(pas d'emplacement tentes et caravanes)

04 75 88 29 44, www.sevenier.net

Pour s'y rendre : quartier Sévenier (1,6 km au sud par la D 1 rte de Vallon-Pont-d'Arc)

4 ha vallonné

Location : (Prix 2017) (de fin mars à mi-nov.) - (3 chalets) - 56. Nuitée 49 à 357 € - Sem. 322 à 2 324 € - frais de réservation 20 €

Bel ensemble de chalets dont certains sont équipés pour accueillir les jeunes enfants ou les grandes familles. Formule hôtelière sur demande.

Nature :
Loisirs : jacuzzi
Services :

GPS : E : 4.41153 N : 44.4338

Sites which are particularly pleasant in their own right and outstanding in their class.

LES CASTELS
Campings d'exception en France

Domaine de Sévenier & Spa

Location chalets tout confort, piscine chauffée - Bar, Glacier, Restaurant, Aires de jeux

Au sommet d'une colline offrant une vue imprenable sur la garrigue ardéchoise, se niche un petit coin de Paradis. Le Domaine de Sévenier, village de chalets confortables et respectant l'environnement, est situé à 4 km des Gorges de l'Ardèche et de la Caverne du Pont d'Arc.

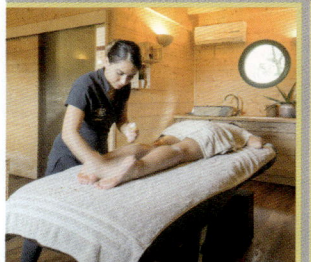

Village de Chalets - Quartier Sévenier - 07150 Lagorce • www.sevenier.net • domainedesevenier@orange.fr • Ardèche Sud - Vallon Pont d'Arc

507

RHÔNE-ALPES

LALLEY

38930 - Carte Michelin 333 H9 - 205 h. - alt. 850
▶ Paris 626 - Grenoble 63 - La Mure 30 - Sisteron 80

⛰ Sites et Paysages Belle Roche

☏ 0476347533, www.campingbelleroche.com - alt. 860

Pour s'y rendre : chemin de Combe-Morée (au sud du bourg par rte de Mens et chemin à dr.)

Ouverture : de déb. avr. à mi-oct.

2,4 ha (60 empl.) terrasse, plat, herbeux, pierreux

Empl. camping : (Prix 2017) 28,20€ ✶✶ 🚗 🔌 (10A) - pers. suppl. 8€

Location : (Prix 2017) (de déb. avr. à mi-oct.) - 6 🏠 - 1 tente lodge - 1 roulotte - 1 cabanon. Nuitée 35 à 101€ - Sem. 150 à 700€ - frais de réservation 13€

🚐 borne AireService 5€ - 🚐 11€

Situation agréable face au village.

Nature : 🌳 ≤ 🌿
Loisirs : 🍴 ✗ 🏛 🚲 🏊
Services : ⚡ 🚿 📶 🏧
À prox. : ✂ terrain multisports

GPS : E : 5.67889 / N : 44.75472

LALOUVESC

07520 - Carte Michelin 331 J3 - 496 h. - alt. 1 050
▶ Paris 553 - Annonay 24 - Lamastre 25 - Privas 80

⚠ Municipal le Pré du Moulin

☏ 0475678486, www.lalouvesc.com

Pour s'y rendre : chemin de l'Hermuzière (au nord de la localité)

Ouverture : de déb. mai à fin sept.

2,5 ha (70 empl.) en terrasses, peu incliné, herbeux

Empl. camping : (Prix 2017) ✶ 2,60€ 🚗 1,80€ 🔌 2,80€ – 🔌 (10A) 3,30€

Location : (Prix 2017) (de déb. mai à fin sept.) - 5 🏠 - 10 🏡 - 5 cabanes perchées. Nuitée 40 à 45€ - Sem. 190 à 350€

Locatif varié mais d'un confort modeste et ancien pour certains.

Nature : 🌳 🌿
Loisirs : 🏛 🚲 ✂
Services : ⚡ 🚿 🚽 📶 🏧

GPS : E : 4.53392 / N : 45.12388

This Guide is not intended as a list of all the camping sites in France ; its aim is to provide a selection of the best sites in each category.

LAMASTRE

07270 - Carte Michelin 331 J4 - 2 501 h. - alt. 375
▶ Paris 577 - Privas 55 - Le Puy-en-Velay 72 - Valence 38

⛰ Le Retourtour

☏ 0475064071, www.campingderetourtour.com

Pour s'y rendre : 1 r. de Retourtour

Ouverture : de déb. avr. à fin sept.

2,9 ha (130 empl.) plat et peu incliné, gravillons, herbeux

Empl. camping : (Prix 2017) 25,96€ ✶✶ 🚗 🔌 (13A) - pers. suppl. 4,98€ - frais de réservation 10€

Location : (Prix 2017) (de déb. avr. à fin sept.) - 21 🏠 - 3 🏡 - 3 bungalows toilés - 2 tentes lodges. Nuitée 40 à 125€ - Sem. 205 à 650€ - frais de réservation 10€

Emplacements bien ombragés, près d'un plan d'eau.

Nature : 🌳 🌿
Loisirs : 🍴 ✗ 🏛 🚲 🏊
Services : ⚡ 🚿 📶 🏧
À prox. : 🏖 (plage)

GPS : E : 4.56483 / N : 44.99164

LANSLEVILLARD

73480 - Carte Michelin 333 O6 - 457 h. - alt. 1 500 - Sports d'hiver : 1 400/2 800 m
▶ Paris 689 - Albertville 116 - Briançon 87 - Chambéry 129

⚠ Caravaneige de Val Cenis

☏ 0479059052, www.camping-valcenis.com

Pour s'y rendre : r. sous l'Église (sortie sud-ouest, rte de Lanslebourg, au bord d'un torrent)

Ouverture : de mi-déc. à mi-avr.

3 ha (100 empl.) plat, herbeux, pierreux

Empl. camping : (Prix 2017) 24,60€ ✶✶ 🚗 🔌 (10A) - pers. suppl. 8,30€

🚐 borne flot bleu 4,60€

Un vrai bon confort sanitaire.

Nature : ❄ ≤ 🌿
Loisirs : 🍴 ✗ 🏛 🚲 🏊
Services : ⚡ 🚿 🧺 laverie
À prox. : ✂ 🎿

GPS : E : 6.90928 / N : 45.29057

🏊 ✗ 🚲 🏊 🐎

LET OP :
deze gegevens gelden in het algemeen alleen in het seizoen, wat de openingstijden van het terrein ook zijn.

LARNAS

07220 - Carte Michelin 331 J7 - 97 h. - alt. 300
▶ Paris 631 - Aubenas 41 - Bourg-St-Andéol 12 - Montélimar 24

⛰ Capfun Le Domaine d'Imbours 👥

☏ 0475543950, www.domaine-imbours.com

Pour s'y rendre : 2,5 km au sud-ouest par D 262 - pour caravanes, de Bourg-St-Andéol passer par St-Remèze et Mas du Gras (D 4, D 362 et D 262)

Ouverture : de déb. avr. à fin sept.

270 ha/10 campables (694 empl.) peu incliné, plat, herbeux, pierreux

Empl. camping : (Prix 2017) 40€ ✶✶ 🚗 🔌 (6A) - pers. suppl. 7€ - frais de réservation 27€

Location : (Prix 2017) (de déb. avr. à fin sept.) - 412 🏠 - 64 🏡 - 100 🛏 - 32 tentes lodges - 6 roulottes - 100 gîtes. Nuitée 32 à 221€ - Sem. 126 à 2 695€ - frais de réservation 27€

Nature : 🌳 🌿
Loisirs : 🍴 ✗ 🏛 🎳 🚲 🏊 ✂ 🎿 terrain multisports
Services : ⚡ 🚿 📶 🏧
À prox. : 🐎

GPS : E : 4.5764 / N : 44.4368

508

RHÔNE-ALPES

LATHUILE

74210 - Carte Michelin **328** K6 - 960 h. - alt. 510
▶ Paris 554 - Albertville 30 - Annecy 18 - La Clusaz 38

▲▲▲ L'Idéal

📞 04 50 44 32 97, www.campingideal.com

Pour s'y rendre : 715 rte de Chaparon (1,5 km au nord)

3,2 ha (300 empl.) plat et peu incliné, herbeux

Location : ♿ (1 mobile home) - 78 🚐 - 6 appartements - 4 studios.

Beaucoup d'espace et du locatif varié autour d'un espace aquatique complet.

Nature :		GPS	E : 6.20582
Loisirs : 🍽 ✕ 🏠 ♨ jacuzzi 🚣 ✂ 🎣 🏊 terrain multisports			N : 45.79537
Services : 🔑 🏠 📶 laverie 🔧 🛒			

▲▲▲ Les Fontaines 👥

📞 04 50 44 31 22, www.campinglesfontaines.com

Pour s'y rendre : 1295 rte de Chaparon (2 km au nord, à Chaparon)

Ouverture : de déb. mai à mi-sept.

3 ha (170 empl.) en terrasses, incliné, plat, herbeux

Empl. camping : (Prix 2017) 42,90€ ★★ 🚗 🏠 ⚡ (6A) - pers. suppl. 8€ - frais de réservation 16€

Location : (Prix 2017) (de déb. mai à mi-sept.) - 59 🚐 - 3 🏠 - 4 bungalows toilés - 8 tipis. Nuitée 28 à 174€ - Sem. 190 à 1 040€ - frais de réservation 16€

Du locatif varié, parfois insolite.

Nature :		GPS	E : 6.20444
Loisirs : 🍽 ✕ 🏠 ♨ 🚣 ✂ 🎣 🏊 (découverte en saison) 🏊 terrain multisports			N : 45.80037
Services : 🔑 🏠 ♿ 📶 laverie 🔧 🛒			

▲▲ La Ravoire

📞 04 50 44 37 80, www.camping-la-ravoire.fr

Pour s'y rendre : rte de la Ravoire (2,5 km au nord)

Ouverture : de mi-mai à mi-sept.

2 ha (124 empl.) plat, herbeux **Empl. camping :** (Prix 2017) 39€ ★★ 🚗 🏠 ⚡ (5A) - pers. suppl. 8€ - frais de réservation 16€

Location : (Prix 2017) (de mi-mai à mi-sept.) - 22 🚐 - 4 🏠. Sem. 260 à 1 390€ - frais de réservation 16€

Agréable cadre de verdure près du lac.

Nature :		GPS	E : 6.20975
Loisirs : 🍽 ✕ 🏠 🚣 🏊 terrain multisports			N : 45.80244
Services : 🔑 🏠 ♿ 📶 laverie			
À prox. : 🎣			

▲ Le Taillefer

📞 04 50 44 30 30, www.campingletaillefer.com

Pour s'y rendre : 1530 rte de Chaparon (2 km au nord, à Chaparon)

Ouverture : de déb. mai à fin sept.

1 ha (32 empl.) non clos, en terrasses, incliné, plat, herbeux

Empl. camping : (Prix 2017) 24€ ★★ 🚗 🏠 ⚡ (6A) - pers. suppl. 6€

Pelouse légèrement ombragée et un sanitaire propre mais très ancien.

Nature :		GPS	E : 6.20565
Loisirs : 🍽 🏠 🚣 🚲			N : 45.80231
Services : 🔑 🔧 📶			

LAURAC-EN-VIVARAIS

07110 - Carte Michelin **331** H6 - 885 h. - alt. 182
▶ Paris 646 - Alès 60 - Mende 102 - Privas 50

▲ Les Châtaigniers

📞 06 30 81 66 38, www.chataigniers-laurac.com

Pour s'y rendre : lieu-dit : Prends-toi Garde (au sud-est du bourg, accès conseillé par D 104)

Ouverture : de déb. avr. à fin sept.

1,2 ha (71 empl.) peu incliné, plat, herbeux

Empl. camping : (Prix 2017) 26€ ★★ 🚗 🏠 ⚡ (10A) - pers. suppl. 4€

Location : (Prix 2017) (de déb. avr. à fin sept.) - 14 🚐. Nuitée 55 à 97€ - Sem. 200 à 680€

Partie haute plus ombragée, partie basse ensoleillée avec emplacements délimités.

Nature :		GPS	E : 4.29497
Loisirs : 🏠 🚣 🏊			N : 44.50429
Services : 🔑 🏠 📶 🔧			

LÉPIN-LE-LAC

73610 - Carte Michelin **333** H4 - 407 h. - alt. 400
▶ Paris 555 - Belley 36 - Chambéry 24 - Les Échelles 17

▲ Le Curtelet

📞 04 79 44 11 22, www.camping-le-curtelet.com

Pour s'y rendre : 1,4 km au nord-ouest

Ouverture : de mi-avr. à fin sept.

1,3 ha (91 empl.) peu incliné, plat, herbeux

Empl. camping : (Prix 2017) 25,20€ ★★ 🚗 🏠 ⚡ (10A) - pers. suppl. 5,70€ - frais de réservation 10€

Location : (Prix 2017) (de mi-avr. à fin sept.) - ✂ - 2 🚐. Nuitée 60 à 89€ - Sem. 420 à 623€ - frais de réservation 10€

Nature :		GPS	E : 5.77916
Loisirs : 🍽 🚣 🏊 (plage) 🎣			N : 45.54002
Services : 🔑 (juil.-sept.) ♿ laverie			
À prox. : ✕ 🍴			

LESCHERAINES

73340 - Carte Michelin **333** J3 - 731 h. - alt. 649
▶ Paris 557 - Aix-les-Bains 26 - Annecy 26 - Chambéry 29

▲ Municipal l'Île

📞 04 79 63 80 00, www.savoie-camping.com

Pour s'y rendre : à la base de loisirs Les Îles du Chéran (2,5 km au sud-est par D 912, rte d'Annecy et rte à dr., à 200 m du Chéran)

Ouverture : de mi-avr. à fin sept.

7,5 ha (215 empl.) non clos, en terrasses, peu incliné, plat, herbeux

Empl. camping : (Prix 2017) 21,70€ ★★ 🚗 🏠 ⚡ (10A) - pers. suppl. 5€ - frais de réservation 10€

Location : (Prix 2017) (de mi-avr. à fin sept.) - 12 🚐 - 5 🏠. Nuitée 40 à 93€ - Sem. 275 à 651€

🚐 borne eurorelais 1,50€

Près d'un plan d'eau, bordé par la rivière et la forêt.

Nature :		GPS	E : 6.11207
Loisirs : 🏠			N : 45.70352
Services : 🔑 🏠 ♿ 📶 laverie			
À la base de loisirs : 🍽 ✕ 🚣 ✂ 🎣 🏊 parcours dans les arbres terrain multisports			

RHÔNE-ALPES

LUGRIN

74500 - Carte Michelin **328** N2 - 2 260 h. - alt. 413
▶ Paris 584 - Annecy 91 - Évian-les-Bains 8 - St-Gingolph 12

▲ Vieille Église

☎ 04 50 76 01 95, www.campingvieilleeglise.fr

Pour s'y rendre : 53 rte des Préparraux (2 km à l'ouest, à Vieille-Église)

Ouverture : de déb. avr. à fin oct.

1,6 ha (97 empl.) en terrasses, peu incliné, plat, herbeux

Empl. camping : (Prix 2017) 28€ ✳✳ 🚗 🔌 (10A) - pers. suppl. 7,70€ - frais de réservation 5€

Location : (Prix 2017) (de déb. avr. à fin oct.) - ♿ (1 mobile home) - 30 🏠 - 1 tente lodge - 1 appartement - 1 studio. Nuitée 45 à 90€ - Sem. 315 à 840€ - frais de réservation 5€

🚐 borne artisanale 7€ - 🚐 17€

Vue sur le lac Léman pour quelques emplacements.

Nature : ≤ 🌳 ○○
Loisirs : 🏠 🛶 m 🏊
Services : 🔑 🚿 🛒 laverie ♿

GPS
E : 6.64655
N : 46.40052

LUS-LA-CROIX-HAUTE

26620 - Carte Michelin **332** H6 - 507 h. - alt. 1 050
▶ Paris 638 - Alès 207 - Die 45 - Gap 49

▲ "C'est si bon" Champ la Chèvre

☎ 04 92 58 50 14, www.campingchamplachevre.com

Pour s'y rendre : au sud-est du bourg, près de la piscine

Ouverture : de déb. avr. à fin sept.

3,6 ha (110 empl.) en terrasses, peu incliné, plat, herbeux

Empl. camping : (Prix 2017) 29,10€ ✳✳ 🚗 🔌 (6A) - pers. suppl. 7,50€ - frais de réservation 5€

Location : (Prix 2017) (de déb. avr. à fin sept.) - 8 🏠 - 9 🏡 - 3 bungalows toilés - 5 tentes lodges - 3 cabanons. Nuitée 30 à 125€ - Sem. 150 à 875€ - frais de réservation 5€

🚐 4 🔌 29,10€

Proche du centre du village avec du locatif varié.

Nature : 🌳 ≤ ♀
Loisirs : 🍴 ✗ 🏠 🛶 🚴 🏊
Services : 🔑 🚿 🛒 🚿 ♿
À prox. : 🚴 ✗

GPS
E : 5.70998
N : 44.6629

LES MARCHES

73800 - Carte Michelin **333** I5 - 2 453 h. - alt. 328
▶ Paris 572 - Albertville 43 - Chambéry 12 - Grenoble 44

▲ La Ferme du Lac

☎ 04 79 28 13 48, www.campinglafermedulac.fr

Pour s'y rendre : 1 km au sud-ouest par N 90, rte de Pontcharra et D 12 à dr.

Ouverture : de mi-avr. à mi-sept.

2,6 ha (100 empl.) plat, herbeux

Empl. camping : (Prix 2017) ✳ 4,80€ 🚗 🔌 5,70€ – 🔌 (10A) 3,90€

Location : (Prix 2017) (de mi-avr. à mi-sept.) - 10 🏠 - 1 🏡. Nuitée 60€ - Sem. 250 à 400€

🚐 borne artisanale - 8 🔌 11€ - 🚐 11€

Préférer les emplacements les plus éloignés de la route.

Nature : 🌳 ○○
Loisirs : 🏠 🏊
Services : 🔑 🚿 🛒 🛒

GPS
E : 5.99327
N : 45.49595

MARS

07320 - Carte Michelin **331** H3 - 279 h. - alt. 1 060
▶ Paris 579 - Annonay 49 - Le Puy-en-Velay 44 - Privas 71

▲ La Prairie

☎ 04 75 30 24 47, www.camping-laprairie.com

Pour s'y rendre : lieu-dit : Laillier (au nord-est du bourg par D 15, rte de St-Agrève et chemin à gauche)

Ouverture : de mi-mai à mi-sept.

0,6 ha (30 empl.) plat, sablonneux, herbeux

Empl. camping : (Prix 2017) ✳ 3,50€ 🚗 1,60€ 🔌 4,70€ – 🔌 (6A) 3,30€

Location : (Prix 2017) (de mi-mai à mi-sept.) - 2 🏠 - 1 🏡. Sem. 210 à 600€

🚐 borne artisanale 4€

Emplacements soignés autour de la maison d'habitation.

Nature : 🌳 ≤
Loisirs : ✗ 🛶 🚴
Services : 🔑 🛒 🚿
À prox. : ✗ golf (18 trous)

GPS
E : 4.32632
N : 45.02393

*Donnez-nous votre avis
sur les terrains que nous recommandons.
Faites-nous connaître vos observations et vos découvertes
par mail à l'adresse : leguidecampingfrance@tp.michelin.com.*

MASSIGNIEU-DE-RIVES

01300 - Carte Michelin **328** H6 - 591 h. - alt. 295
▶ Paris 516 - Aix-les-Bains 26 - Belley 10 - Morestel 37

▲ Le Lac du Lit du Roi

☎ 04 79 42 12 03, www.camping-savoie.com

Pour s'y rendre : lieu-dit : La Tuillère (2,5 km au nord par rte de Belley et chemin à dr.)

Ouverture : de déb. avr. à fin sept.

4 ha (132 empl.) en terrasses, plat, herbeux

Empl. camping : (Prix 2017) 31€ ✳✳ 🚗 🔌 🔌 (16A) - pers. suppl. 7,50€

Location : (Prix 2017) (de déb. avr. à fin sept.) - 24 🏠 - 5 🏡 - 3 bungalows toilés - 2 tipis. Nuitée 27 à 122€ - Sem. 186 à 805€ - frais de réservation 25€

Au bord du plan d'eau formé par le canal du Rhône, avec les cygnes qui observent la petite plage. Bordé par la Via-Rhôna (Genève-Marseille).

Nature : 🌳 ≤ Canal du Rhône, collines et village 🏠 ♀
Loisirs : 🍴 ✗ 🛶 🚴 🏊 🎣 🚣 paddle
Services : 🔑 🚿 🛒 🚿 laverie
À prox. : ⚓

GPS
E : 5.77001
N : 45.76861

RHÔNE-ALPES

MATAFELON-GRANGES

01580 - Carte Michelin 328 G3 - 653 h. - alt. 453

▶ Paris 460 - Bourg-en-Bresse 37 - Lons-le-Saunier 56 - Mâcon 75

Les Gorges de l'Oignin

☎ 0474768097, www.camping-ain-jura.com

Pour s'y rendre : r. du Lac (900 m au sud du bourg par chemin, au bord du Lac de L'Oignin)

Ouverture : de mi-avr. à fin sept.

2,6 ha (128 empl.) en terrasses, plat, herbeux, gravier

Empl. camping : (Prix 2017) 18€ ✶✶ ⛌ 🅴 🅹 (10A) - pers. suppl. 4,20€ - frais de réservation 8€

Location : (Prix 2017) (de mi-avr. à fin sept.) - ♿ (1 chalet) - 2 🏠 - 10 🏠. Sem. 290 à 692€ - frais de réservation 8€

Emplacements en terrasses en partie ombragées dominant le lac.

Nature : 🌳 ⇐ ♋
Loisirs : 🍷 ✕ 🛖 🏊
Services : ⚲ 👥 🚿 📶 laverie
À prox. : 🚣

GPS
E : 5.55723
N : 46.25534

LES MAZES

07150 - Carte Michelin 331 I7

▶ Paris 669 - Lyon 207 - Privas 58 - Nîmes 83

La Plage Fleurie

☎ 0475880115, www.laplagefleurie.com

Pour s'y rendre : 3,5 km à l'ouest

Ouverture : de fin avr. à déb. sept.

12 ha/6 campables (300 empl.) en terrasses, plat et peu incliné, herbeux

Empl. camping : (Prix 2017) 55€ ✶✶ ⛌ 🅴 🅹 (10A) - pers. suppl. 9€ - frais de réservation 20€

Location : (Prix 2017) (de fin avr. à déb. sept.) - 203 🏠 - 6 🏠. Nuitée 42 à 293€ - Sem. 294 à 2 051€ - frais de réservation 25€

🚐 borne eurorelais

Au bord de l'Ardèche avec plage de sable ou belle pelouse et quelques mobile homes de très grand confort.

Nature : 🌳 ⇐ ♋
Loisirs : 🍷 ✕ 🛖 🏊 🐎 🏊 🌊 (plage) 🏖 🦆 pataugeoire
Services : ⚲ 👥 🚿 📶 ♻

GPS
E : 4.3546
N : 44.40837

Beau Rivage

☎ 0475880354, www.beaurivage-camping.fr

Pour s'y rendre : par la D 579

Ouverture : de fin avr. à déb. sept.

2 ha (100 empl.) en terrasses, plat, herbeux

Empl. camping : (Prix 2017) 42€ ✶✶ ⛌ 🅴 🅹 (10A) - pers. suppl. 7,50€ - frais de réservation 18€

Location : (Prix 2017) (de fin avr. à déb. sept.) - 🚲 - 14 🏠. Nuitée 75€ - Sem. 310 à 645€ - frais de réservation 25€

Situé au milieu des vignes et au bord de l'Ardèche, idéal pour le calme.

Nature : 🌳 ⇌ ♋
Loisirs : ✕ 🛖 🏊 🌊
Services : ⚲ 👥 🚿 📶 ♻

GPS
E : 4.3502
N : 44.4103

Arc-en-Ciel

☎ 0475880465, www.arcenciel-camping.com

Pour s'y rendre : par la D 579

Ouverture : de fin avr. à fin sept.

5 ha (218 empl.) plat et peu incliné, pierreux, herbeux

Empl. camping : (Prix 2017) 41,50€ ✶✶ ⛌ 🅴 🅹 (10A) - pers. suppl. 8€ - frais de réservation 20€

Location : (Prix 2017) (de fin avr. à fin sept.) - 66 🏠 - 21 bungalows toilés - 2 tentes sur pilotis. Nuitée 30 à 132€ - Sem. 210 à 924€ - frais de réservation 20€

🚐 borne artisanale

Au bord de l'Ardèche avec plage de sable ou pelouse. Offre locative diverse en variété comme en confort.

Nature : 🌳 ♋
Loisirs : 🍷 ✕ 🛖 🏊 🐎 🌊 (plage) 🦆
Services : ⚲ 👥 🚿 📶 ♻

GPS
E : 4.3512
N : 44.41177

MÉAUDRE

38112 - Carte Michelin 333 G7 - 1 321 h. - alt. 1 012 - Sports d'hiver : 1 000/1 600 m

▶ Paris 588 - Grenoble 38 - Pont-en-Royans 26 - Tullins 53

Les Eymes

☎ 0476952485, www.camping-les-eymes.com

Pour s'y rendre : 3,8 km au nord par D 106c, rte d'Autrans et rte à gauche

Ouverture : de fin avr. à fin sept.

1,3 ha (44 empl.) non clos, en terrasses, peu incliné, plat, herbeux, pierreux, bois

Empl. camping : (Prix 2017) 26€ ✶✶ ⛌ 🅴 🅹 (10A) - pers. suppl. 4€

Location : (Prix 2017) (de fin avr. à fin sept.) - 9 🏠 - 5 🏠. Nuitée 55 à 120€ - Sem. 530 à 720€ - frais de réservation 10€

🚐 borne artisanale 5€

Jolie vue sur la vallée et les montagnes boisées et vente de produits locaux.

Nature : 🌳 ⇐ ♀
Loisirs : ✕ 🌊
Services : ⚲ 👥 📶 laverie ♻

GPS
E : 5.51574
N : 45.14468

Les Buissonnets

☎ 0476952104, www.camping-les-buissonnets.com - peu d'emplacements pour tentes et caravanes

Pour s'y rendre : lieu-dit : Les Grangeons (500 m au nord-est par D 106 et rte à dr., à 200 m du Méaudret)

Ouverture : de mi-déc. à fin oct.

2,8 ha (109 empl.) peu incliné, plat, herbeux

Empl. camping : (Prix 2017) 23,40€ ✶✶ ⛌ 🅴 🅹 (10A) - pers. suppl. 6,50€

Location : (Prix 2017) (de mi-déc. à fin oct.) - 🅿 - 17 🏠. Sem. 305 à 759€

🚐 borne artisanale 5€ - 2 🅴 17,10€

Emplacements souvent sans véhicule, stationnés sur le parking. De grands espaces verts pour la détente ou les jeux collectifs.

Nature : ❄ 🌳 ⇐ ♋
Loisirs : 🛖 🐎
Services : ⚲ 🚿 👥 📶 laverie
À prox. : ✂ 🌊

GPS
E : 5.53243
N : 45.12955

511

RHÔNE-ALPES

MEGÈVE

74120 - Carte Michelin **328** M5 - 3 907 h. - alt. 1 113 - Sports d'hiver : 1 113/2 350 m

▶ Paris 598 - Albertville 32 - Annecy 60 - Chamonix-Mont-Blanc 33

▲ Bornand

📞 04 50 93 00 86, www.camping-megeve.com - alt. 1 060

Pour s'y rendre : à Demi Quartier, 57 rte du Grand-Bois (3 km au nord-est par N 212, rte de Sallanches et rte de la télécabine à dr.)

Ouverture : de fin juin à fin août

1,5 ha (55 empl.) non clos, en terrasses, incliné, plat, herbeux

Empl. camping : (Prix 2017) ⚹ 4,40 € 🚗 4,80 € – ⚡ (6A) 4,20 €

Location : (Prix 2017) Permanent – 4 🏠. Sem. 340 à 605 €

🚐 borne artisanale 5 €

Ensemble de vrais chalets en bois très savoyards !

Nature : 🌳 ≤ 🏞
Loisirs : 🎱
Services : 🔑 🚿 🛠 📶 laverie

GPS E : 6.64161
N : 45.87909

MENGLON

26410 - Carte Michelin **332** F6 - 406 h. - alt. 550

▶ Paris 645 - Lyon 183 - Valence 80 - Grenoble 90

▲ L'Hirondelle 👥

📞 04 75 21 82 08, www.campinghirondelle.com

Pour s'y rendre : bois de St-Ferréol (2,8 km au nord-ouest par D 214 et D 140, rte de Die, près de la D 539 (accès conseillé))

Ouverture : de mi-avr. à fin sept.

7,5 ha (180 empl.) non clos, plat, herbeux, pierreux

Empl. camping : (Prix 2017) 42 € ⚹⚹ 🚗 🍽 ⚡ (10A) - pers. suppl. 12 € - frais de réservation 20 €

Location : (Prix 2017) (de mi-avr. à fin sept.) - 20 🚐 - 20 🏠 - 20 bungalows toilés - 10 tentes lodges - 8 tentes sur pilotis. Sem. 310 à 1 300 € - frais de réservation 20 €

Cadre naturel et sauvage au bord du Bez avec des petites plages aménagées. Certains locatifs sont grand confort.

Nature : 🌳 ≤ 🌊
Loisirs : 🍽 🎱 nocturne 🏊 🚴 🎯 🏓 terrain multisports
Services : 🔑 🚿 5 sanitaires individuels (🚿 🚽 wc) 📶 laverie
À prox. : parcours dans les arbres

GPS E : 5.44746
N : 44.68143

MENTHON-ST-BERNARD

74290 - Carte Michelin **328** K5 - 1 876 h. - alt. 482

▶ Paris 552 - Lyon 148 - Annecy 9 - Genève 51

▲ Le Clos Don Jean

📞 04 50 60 18 66, www.campingclosdonjean.com

Pour s'y rendre : 435 rte du Clos-Don-Jean

Ouverture : de déb. juin à fin août

1 ha (64 empl.) peu incliné, plat, herbeux

Empl. camping : (Prix 2017) 22 € ⚹⚹ 🚗 🍽 ⚡ (6A) - pers. suppl. 4,80 €

Location : (Prix 2017) (de mi-mai à mi-sept.) - 9 🚐. Nuitée 62 à 82 € - Sem. 279 à 533 €

Vue sur l'imposant château de Menthon.

Nature : 🌳 ≤ 🏞
Loisirs : 🎱
Services : 🔑 🚿 📶 🏠

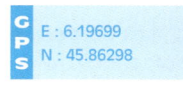

GPS E : 6.19699
N : 45.86298

MEYRAS

07380 - Carte Michelin **331** H5 - 842 h. - alt. 450

▶ Paris 609 - Aubenas 17 - Le Cheylard 54 - Langogne 49

▲ Sites et Paysages Domaine de La Plage

📞 04 75 36 40 59, www.lecampingdelaplage.com - peu d'emplacements pour tentes et caravanes

Pour s'y rendre : lieu-dit : Neyrac-les-Bains (3 km au sud-ouest par N 102, rte du Puy-en-Velay)

Ouverture : de déb. avr. à fin oct.

0,8 ha (45 empl.) en terrasses, plat, pierreux, herbeux

Empl. camping : (Prix 2017) 40 € ⚹⚹ 🚗 🍽 ⚡ (10A) - pers. suppl. 8 €

Location : (Prix 2017) Permanent - 25 🚐 - 12 🏠 - 3 gîtes. Nuitée 65 à 140 € - Sem. 250 à 990 €

En contrebas de la route ; préférer les emplacements au bord de l'Ardèche.

Nature : ≤ 🌳 ♨♨
Loisirs : 🍽 🎱 salle d'animations 🏊 🚴 🎯 terrain multisports
Services : 🔑 🚿 🍽 🛠 📶 laverie
À prox. : 🎣

GPS E : 4.26067
N : 44.67315

▲ Le Ventadour

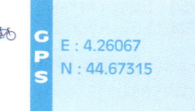

📞 04 75 94 18 15, www.leventadour.com

Pour s'y rendre : au Pont de Rolandy (3,5 km au sud-est, par N 102, rte d'Aubenas, au bord de l'Ardèche)

Ouverture : de mi-avr. à mi-oct.

3 ha (115 empl.) plat et peu incliné, herbeux

Empl. camping : (Prix 2017) 30,80 € ⚹⚹ 🚗 🍽 ⚡ (10A) - pers. suppl. 6,50 € - frais de réservation 18 €

Location : (Prix 2017) (de mi-avr. à mi-oct.) - 19 🚐 - 1 🏠. Nuitée 89 à 179 € - Sem. 209 à 790 € - frais de réservation 15 €

Préférer les emplacements au bord de la rivière, plus éloignés de la route.

Nature : 🌳 🏞
Loisirs : 🍽 🎱 🚴 🏊 (plage) 🎣
Services : 🔑 🚿 🍽 📶 laverie
À prox. : 🎣

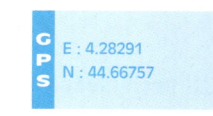

GPS E : 4.28291
N : 44.66757

MIRABEL-ET-BLACONS

26400 - Carte Michelin **332** D5 - 904 h. - alt. 225

▶ Paris 595 - Crest 7 - Die 30 - Dieulefit 33

▲ Gervanne

📞 04 75 40 00 20, www.gervanne-camping.com

Pour s'y rendre : quartier Bellevue (à Blacons)

Ouverture : de déb. avr. à fin sept.

5 ha (174 empl.) plat et peu incliné, herbeux

Empl. camping : (Prix 2017) 33 € ⚹⚹ 🚗 🍽 ⚡ (6A) - pers. suppl. 7,80 € - frais de réservation 15 €

RHÔNE-ALPES

Location : (Prix 2017) (de déb. avr. à fin sept.) - ♿ (1 chalet) - 🚐 - 3 🏠 - 18 🏠 - 7 tentes lodges - 4 roulottes - 1 cabane perchée. Nuitée 69 à 129€ - Sem. 343 à 903€ - frais de réservation 15€
🚐 borne artisanale 4€ - 3 🅿 28,50€ - 🚿 14€

Cadre verdoyant au confluent de la Gervanne et la Drôme avec du locatif varié de bon confort et la terrasse du bar face à la petite cascade.

Nature : 🌊 ♧ ▲
Loisirs : 🍽 ✕ 🏛 🎠 🚴 🌊 ✈
Services : 🔑 👤 📶 laverie 🚿 👕
À prox. : parcours de santé

GPS E : 5.08917 N : 44.71083

MONTCHAVIN

73210 - Carte Michelin 333 N4 - alt. 1 206
▶ Paris 672 - Lyon 206 - Chambéry 106 - Albertville 57

▲ Caravaneige de Montchavin

📞 0479078323, www.campingmontchavin.com - alt. 1 250
Pour s'y rendre : lieu-dit : Montchavin
Ouverture : de déb. nov. à fin sept.
1,33 ha (90 empl.) en terrasses, plat, herbeux **Empl. camping :** (Prix 2017) ✝ 8,50€ ⛺ 3,20€ 🅿 17€ – ⚡ (10A) 10€
Location : (Prix 2017) (de déb. nov. à fin sept.) - 2 🏠. Nuitée 50 à 99€ - Sem. 300 à 700€
🚐 borne artisanale 5€
Superbe situation dominante.

Nature : ❄ 🌲 ≤ vallée de la Tarentaise, Bourg-St-Maurice et le Mt-Blanc ♧
Loisirs : 🏛
Services : 🔑 🏧 📶 laverie
À prox. : 🏛 🍽 ✕ ✗ 🛷 🎿 parc aquatique

GPS E : 6.73933 N : 45.56058

MONTREVEL-EN-BRESSE

01340 - Carte Michelin 328 D2 - 2 363 h. - alt. 215
▶ Paris 395 - Bourg-en-Bresse 18 - Mâcon 25 - Pont-de-Vaux 22

▲▲▲ La Plaine Tonique 👥

© Marc Chatelain

📞 0474308052, www.laplainetonique.com
Pour s'y rendre : 599 rte d'Etrez, à la base de loisirs (500 m à l'est par D 28, à la base de plein air)
Ouverture : de fin avr. à déb. sept.
27 ha/15 campables (548 empl.) peu incliné, plat, herbeux
Empl. camping : (Prix 2017) ✝ 7,60€ ⛺ 🅿 17€ ⚡ (10A) - frais de réservation 13€
Location : (Prix 2017) (de fin avr. à déb. sept.) - ♿ (2 chalets) - 🚐 - 37 🏠 - 43 🏠 - 54 🏠 - 10 tentes lodges - 8 tipis - 1 gîte. Sem. 389 à 899€ - frais de réservation 13€
🚐 borne eurorelais 3€ - 6 🅿 8€
Sur les terres d'une très importante base de loisirs, emplacements ombragés et locatif varié.

Nature : 🏞 ♧ ▲
Loisirs : 🍽 ✕ 🏛 🎱 🚣 🏊 🚴 ✕
🛶 🚤 🎣 parcours sportif pédalos paddle
Services : 🔑 👤 🏧 📶 laverie 🚿 👕 point d'informations touristiques

GPS E : 5.136 N : 46.33902

MONTRIGAUD

26350 - Carte Michelin 332 D2 - 496 h. - alt. 462
▶ Paris 560 - Lyon 97 - Valence 51 - Grenoble 75

▲ La Grivelière

📞 0475717071, www.lagriveliere.com
Pour s'y rendre : rte de Roybon (3 km à l'est par D 228 et rte à droite, au bord de la Verne)
2,6 ha (59 empl.) plat, herbeux
Location : 5 🏠 - 1 🏠 - 2 tentes lodges.
🚐 borne artisanale
Emplacements au bord d'un petit ruisseau.

Nature : 🌊 ⛱ ♧
Loisirs : 🍽 ✕ 🏛 🎠 🏊
Services : 🔑 👤 🏧 📶 🅿 🚿

GPS E : 5.16711 N : 45.22176

MORNANT

69440 - Carte Michelin 327 H6 - 5 438 h. - alt. 380
▶ Paris 478 - Givors 12 - Lyon 26 - Rive-de-Gier 13

▲ Municipal de la Trillonière

📞 0478441647, www.la-trillonniere.fr
Pour s'y rendre : bd Gén.-de-Gaulle (sortie sud, carr. D 30 et D 34, près d'un ruisseau)
Ouverture : de déb. juin à fin sept.
1,5 ha (60 empl.) peu incliné, plat, herbeux
Empl. camping : (Prix 2017) 24,90€ ✝✝ 🚗 🅿 ⚡ (10A) - pers. suppl. 5€
Location : (Prix 2017) Permanent 🚐 - 6 🏠. Nuitée 125€ - Sem. 600€
🚐 borne AireService 5€
Au pied de la cité médiévale. Arrêt de bus pour Lyon.

Services : 📶 🅿
À prox. : ✕ 🏊

GPS E : 4.67073 N : 45.61532

Gebruik de gids van het lopende jaar.

MORZINE

74110 - Carte Michelin 328 N3 - 2 930 h. - alt. 960 - Sports d'hiver : 1 000/2 100 m
▶ Paris 586 - Annecy 84 - Chamonix-Mont-Blanc 67 - Cluses 26

▲ Les Marmottes

📞 0450757444, www.campinglesmarmottes.com - alt. 938
Pour s'y rendre : lieu-dit : Essert-Romand (3,7 km au nord-ouest par D 902, rte de Thonon-les-Bains et D 329 à gauche)
Ouverture : de mi-juin à déb. sept.
0,5 ha (26 empl.) plat, herbeux, gravier
Empl. camping : (Prix 2017) 28€ ✝✝ 🚗 🅿 ⚡ (6A) - pers. suppl. 8€
Location : (Prix 2017) (de mi-juin à déb. sept.) - 🚐 - 2 🏠 - 1 🏠 - 1 studio. Sem. 370 à 609€ - frais de réservation 10€
Préférer les emplacements les plus éloignés de la route très fréquentée en journée. Bus pour Morzine.

Nature : ❄ ≤ ♧
Loisirs : 🏛
Services : 🔑 🚐 🏧 📶 laverie

GPS E : 6.67725 N : 46.19487

513

RHÔNE-ALPES

MURS-ET-GELIGNIEUX

01300 - Carte Michelin **328** G7 - 236 h. - alt. 232
▶ Paris 509 - Aix-les-Bains 37 - Belley 17 - Chambéry 42

▲ Île de la Comtesse

📞 0479872333, www.ile-de-la-comtesse.com

Pour s'y rendre : 1 km au sud-ouest sur D 992
Ouverture : de fin avr. à mi-sept.
3 ha (120 empl.) pierreux, plat, herbeux
Empl. camping : (Prix 2017) 19,50€ ✶✶ 🚗 🔌 (6A) - pers. suppl. 7,50€
Location : (Prix 2017) (de fin avr. à mi-sept.) - 🛠 (1 chalet) - 16 🏠 - 16 🛖 - 8 bungalows toilés. Nuitée 55 à 120€ - Sem. 189 à 890€ - frais de réservation 28€
borne eurorelais 6€

Près du Rhône avec un plan d'eau pour la baignade et un petit port de plaisance.

Nature : 🌊 ← 🏞 🌳
Loisirs : 🍴 🍽 🏕 🎣 🚴 🏊
Services : 🔑 🚿 📶 laverie
À prox. : 🏄 ⛵ ⚡ ski nautique, bateaux électriques

GPS E : 5.64876 N : 45.63993

NEYDENS

74160 - Carte Michelin **328** J4 - 1 486 h. - alt. 560
▶ Paris 525 - Annecy 36 - Bellegarde-sur-Valserine 33 - Bonneville 34

▲ Sites et Paysages La Colombière

📞 0450351314, www.camping-la-colombiere.com

Pour s'y rendre : 166 chemin Neuf (à l'est du bourg)
Ouverture : de déb. avr. à fin oct.
2,5 ha (156 empl.) peu incliné, plat, herbeux, gravier
Empl. camping : (Prix 2017) 43€ ✶✶ 🚗 🔌 (10A) - pers. suppl. 7€
Location : (Prix 2017) Permanent - 35 🏠 - 8 🛖 - 2 Gîtes d'étapes. Sem. 315 à 1 100€
borne artisanale 5€ - 6 📍 14€ - 🚐 14€

Emplacements bien délimités et vrais chalets en bois à la location.

Nature : 🌊 ← 🏞 🌳
Loisirs : 🍴 🍽 🏕 🕐 diurne 🏊 hammam 🏇 🚴 🏊
Services : 🔑 🚽 🚿 – 4 sanitaires individuels (🚿 🚽 wc) 🚲 📶 laverie 🧺

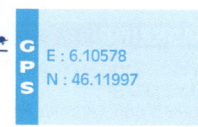

GPS E : 6.10578 N : 46.11997

NOVALAISE-LAC

73470 - Carte Michelin **328** H4 - 1 712 h. - alt. 427
▶ Paris 524 - Belley 24 - Chambéry 21 - Les Échelles 24

▲ Le Grand Verney

📞 0479360254, www.camping-legrandverney.info - peu d'emplacements pour tentes et caravanes

Pour s'y rendre : Le Neyret (1,2 km au sud-ouest par C 6)
Ouverture : de déb. avr. à fin oct.
2,5 ha (116 empl.) en terrasses, peu incliné, plat, herbeux
Empl. camping : (Prix 2017) 20,30€ ✶✶ 🚗 📍 🔌 (10A) - pers. suppl. 5,15€

Location : (Prix 2017) (de déb. avr. à fin oct.) - ♿ (2 mobile homes) - 20 🏠. Nuitée 75 à 80€ - Sem. 355 à 640€

Nombreux propriétaires-résidents et encore quelques places pour tentes et caravanes.

Nature : 🌊 ← 🏞 🌳
Loisirs : 🏊
Services : 🔑 🚿 📶 🧺

GPS E : 5.78371 N : 45.5683

NYONS

26110 - Carte Michelin **332** D7 - 7 104 h. - alt. 271
▶ Paris 653 - Alès 109 - Gap 106 - Orange 43

▲ Les Terrasses Provençales

📞 0475279236, www.lesterrassesprovencales.com

Pour s'y rendre : à Ventérol, Les Barroux - Novezan (7 km au nord-ouest par D 538, puis D 232 à dr.)
2,5 ha (70 empl.) fort dénivelé, en terrasses, plat, pierreux, gravillons, herbeux, rochers
Location : 9 🏠 - 40 tentes lodges.
borne artisanale - 6 📍

Emplacements sur de nombreuses terrasses, parfois individuelles.

Nature : 🌊 ← 🏞 🌳
Loisirs : 🍴 🍽 🏕 🚴 🏊
Services : 🔑 🚿 🚲 📶 laverie

GPS E : 5.08047 N : 44.40949

▲ L'Or Vert

📞 0475262485, www.camping-or-vert.com 🚫 (de déb. avr. à fin juin)

Pour s'y rendre : à Aubres, quai de la Charité (3 km au nord-est par D 94, rte de Serres, au bord de l'Eygues)
Ouverture : de déb. avr. à fin sept.
1 ha (79 empl.) en terrasses, plat, herbeux, gravillons, pierreux, petit verger
Empl. camping : (Prix 2017) 27,50€ ✶✶ 🚗 🔌 (6A) - pers. suppl. 7,80€
Location : (Prix 2017) Permanent 🚫 - 7 🏠. Nuitée 45 à 120€ - Sem. 280 à 815€ - frais de réservation 10€

Emplacements dominant la rivière et ses piscines naturelles idéales pour la baignade. Bon confort sanitaire.

Nature : 🌊 ← 🏞 🌳
Loisirs : 🍽 🏕 🏇 🎣
Services : 🔑 🚿 🚲 📶 📍 réfrigérateurs

GPS E : 5.16272 N : 44.37273

*Benutzen Sie die **Grünen MICHELIN**-Reiseführer, wenn Sie eine Stadt oder Region kennenlernen wollen.*

LES OLLIÈRES-SUR-EYRIEUX

07360 - Carte Michelin **331** J5 - 927 h. - alt. 200
▶ Paris 593 - Le Cheylard 28 - Lamastre 33 - Montélimar 53

▲ Capfun Domaine des Plantas

📞 0475662153, campingplantas.franceloc.fr/fr/accueil.htm

Pour s'y rendre : 3 km à l'est du bourg par rte étroite, accès près du pont, au bord de l'Eyrieux
27 ha/7 campables (172 empl.) en terrasses, plat, pierreux, herbeux

514

RHÔNE-ALPES

Location : (Prix 2017) (de mi-avr. à mi-sept.) - 144 🚐 - 21 🏠 - 8 tentes lodges - 2 roulottes. Nuitée 42 à 185 € - Sem. 186 à 1 295 € - frais de réservation 27 €

Locatif varié en mode d'hébergement comme en confort.

Nature : 🌳 ≤ 🌳🌳
Loisirs : 🍴✕ 🏠 👥 🏊 🎣 🚴 🎾 🛶
Services : ⚡ 🚿 📶 laverie 🧺
À prox. : 🐎

G P S   E : 4.63565
N : 44.8087

⛺ Le Mas de Champel 👥

📞 04 75 66 23 23, www.masdechampel.com

Pour s'y rendre : au Domaine de Champel (au nord du bourg par D 120, rte de la Voulte-sur-Rhône et chemin à gauche, près de l'Eyrieux)

Ouverture : de fin avr. à mi-sept.

4 ha (95 empl.) en terrasses, plat, herbeux

Empl. camping : (Prix 2017) 32 € ✶✶ 🚗 🔌 (6A) - pers. suppl. 8 € - frais de réservation 15 €

Location : (Prix 2017) (de fin avr. à mi-sept.) - 38 🚐 - 12 bungalows toilés - 3 tentes sur pilotis - 1 tipi. Nuitée 60 à 145 € - Sem. 175 à 1 010 € - frais de réservation 25 €

Divers locatifs de confort variable et agréable petite plage au bord de la rivière.

Nature : 🌳 ≤ 🌳🌳
Loisirs : 🍴✕ 🏠 🌙nocturne 🏊 🛁 jacuzzi 🎣 🚴 🎾 🛶
Services : ⚡ 🚿 📶 laverie 🧺

G P S   E : 4.6146
N : 44.80603

⛺ Eyrieux-Camping 👥

📞 04 75 66 30 08, www.eyrieuxcamping.com

Pour s'y rendre : lieu-dit : La Feyrère (sortie est par D 120, rte de la Voulte-sur-Rhône et chemin à dr., à 100 m de l'Eyrieux (accès direct))

Ouverture : Permanent

3 ha (94 empl.) en terrasses, plat, herbeux

Empl. camping : (Prix 2017) 15 € ✶✶ 🚗 🔌 (10A) - pers. suppl. 4 €

Location : (Prix 2017) Permanent♿ (1 mobile home) - 41 🚐 - 29 🏠. Nuitée 58 à 150 € - Sem. 170 à 1 050 € - frais de réservation 15 €

Locatif varié de confort simple à grand confort.

Nature : 🌳 ≤ 🌳🌳
Loisirs : 🍴✕ 🏃 🏊 🚴 🎾 🛶 terrain multisports
Services : ⚡ 🚿 📶 laverie 🧺 réfrigérateurs

G P S   E : 4.63072
N : 44.80764

LA PACAUDIÈRE

42310 - Carte Michelin **327** C2 - 1 078 h. - alt. 363
▶ Paris 370 - Lapalisse 24 - Marcigny 21 - Roanne 25

⛺ Municipal Beausoleil

📞 04 77 64 11 50, www.la-pacaudiere.fr

Pour s'y rendre : lieu-dit : Beausoleil (700 m à l'est par D 35, rte de Vivans et à dr., près du terrain de sports et du collège)

Ouverture : de déb. mai à fin sept.

1 ha (35 empl.) peu incliné, herbeux

Empl. camping : (Prix 2017) ✶ 4 € 🚗 2 € 🔌 2,30 € – 🚿 (6A) 3,30 €

Location : (Prix 2017) (de déb. mai à fin sept.) - ♿ (1 chalet) - 5 🏠 - 1 appartement. Nuitée 58 à 77 € - Sem. 270 à 367 €
🚐 30 🔌 15 €

Joli petit village de chalets et emplacements tous près des installations sportives municipales.

Nature : 🌳 🏡 🌳
Loisirs : 🏠 🏃 🚴 📶 🎣
Services : ⚡ 🚿 🛒 📶 🧺 🔌
À prox. : ✂ 🛒 🏊

G P S   E : 3.87236
N : 46.17562

PALADRU

38850 - Carte Michelin **333** G5 - 1 044 h. - alt. 503
▶ Paris 523 - Annecy 84 - Chambéry 47 - Grenoble 43

⛺ Le Calatrin

📞 04 76 32 37 48, www.camping-paladru.fr

Pour s'y rendre : 799 r. de la Morgerie (à la sortie du bourg, dir. Charavines)

2 ha (60 empl.) en terrasses, plat, herbeux

Location : 4 🏠 - 2 tentes lodges.

Emplacements en terrasses ombragés ou ensoleillés qui descendent jusqu'au bord du lac.

Nature : 🌳 ≤ 🌳🌳
Loisirs : 🏠 🛶
Services : ⚡ 🔌 📶 🧺
À prox. : 🍴✕ 🛥 (plage) ⚓ base nautique

G P S   E : 5.54673
N : 45.47077

⛺⛺⛺ ... ⛺
Besonders angenehme Campingplätze, ihrer Kategorie entsprechend.

PÉLUSSIN

42410 - Carte Michelin **327** - 3 511 h. - alt. 420
▶ Paris 515 - Grenoble 112 - Lyon 53 - Saint-Étienne 40

⛺ Sites et Paysages Bel'Epoque du Pilat 👥

📞 04 74 87 66 60, www.camping-belepoque.fr

Pour s'y rendre : au lieu-dit : La Vialle, rte de Malleval (2.7 km au sud par la D 79)

Ouverture : de déb. avr. à fin sept.

3,5 ha (80 empl.) vallonné, en terrasses, peu incliné à incliné, plat, pierreux, herbeux

Empl. camping : (Prix 2017)
28 € ✶✶ 🚗 🔌 (6A) - pers. suppl. 6 € - frais de réservation 10 €

Location : (Prix 2017) (de déb. avr. à fin sept.) - 5 🚐 - 1 🏠 - 2 tentes lodges. Sem. 275 à 693 € - frais de réservation 10 €
🚐 borne eurorelais 🔌 11 €

Emplacements en sous-bois avec du locatif varié et de bon confort.

Nature : 🌳 🏡 🌳
Loisirs : 🍴 🏃 🏊 🚴 ✂ 🎣
Services : ⚡ 🚿 📶 🧺 🔌
À prox. : 🐎

G P S   E : 4.69147
N : 45.41388

© Kinaphoto
Camping le Calatrin

RHÔNE-ALPES

PÉTICHET

38119 - Carte Michelin **333** H7
▶ Paris 592 - Le Bourg-d'Oisans 41 - Grenoble 30 - La Mure 11

▲▲▲ Ser-Sirant

📞 04 76 83 91 97, www.campingsersirant.fr

Pour s'y rendre : à St-Théoffrey, au lac de Laffrey (sortie est et chemin à gauche)

Ouverture : de fin avr. à fin sept.

2 ha (100 empl.) en terrasses, plat, herbeux, pierreux, bois

Empl. camping : (Prix 2017) 27,90 € ✶✶ 🚗 🏠 (10A) - pers. suppl. 6 € - frais de réservation 10 €

Location : (Prix 2017) (de fin avr. à fin sept.) - 7 🏠 - 6 🏠. Sem. 290 à 735 € - frais de réservation 10 €

🚐 borne artisanale 5 € - 5 🏠 27,90 €

Au bord du lac avec de grands espaces verts et à côté d'une jolie petite base nautique.

Nature : 🌳 🌊 ⛰
Loisirs : 🍽 🏠 🏊 🚴 barques
Services : 🔑 🚻 📶 laverie
À prox. : 🍴 ⚓

GPS
E : 5.77759
N : 45.00038

LE POËT-CÉLARD

26460 - Carte Michelin **332** D6 - 133 h. - alt. 590
▶ Paris 618 - Lyon 156 - Valence 53 - Avignon 114

▲▲▲ Yelloh! Village Le Couspeau

📞 04 75 53 30 14, www.couspeau.com - alt. 600

Pour s'y rendre : quartier Bellevue (1,3 km au sud-est par D 328A)

Ouverture : de fin avr. à déb. sept.

6 ha (133 empl.) en terrasses, peu incliné, plat, herbeux

Empl. camping : (Prix 2017) 34 € ✶✶ 🚗 🏠 (10A) - pers. suppl. 8 €

Location : (Prix 2017) (de fin avr. à déb. sept.) - 36 🏠 - 31 🏠 - 6 tentes lodges. Nuitée 57 à 185 € - Sem. 280 à 1 295 €

🚐 borne artisanale 1 €

Situation dominante et panoramique.

Nature : 🌳 ⛰ 🌊
Loisirs : 🍽 🍴 🏊 🚴 ✂ 🏊 (petite piscine) 🛶 ⛱ terrain multisports parc aquatique
Services : 🔑 🚻 🧺 📶 laverie 🧺

GPS
E : 5.11152
N : 44.59541

LE POËT-LAVAL

26160 - Carte Michelin **332** D6 - 922 h. - alt. 311
▶ Paris 619 - Crest 35 - Montélimar 25 - Nyons 35

▲ Municipal Lorette

📞 04 75 91 00 62, www.campinglorette.fr

Pour s'y rendre : quartier Lorette (1 km à l'est par D 540, rte de Dieulefit)

Ouverture : de déb. mai à fin sept.

2 ha (60 empl.) peu incliné à incliné, herbeux

Empl. camping : (Prix 2017) 16 € ✶✶ 🚗 🏠 (6A) - pers. suppl. 4 €

🚐 borne artisanale

Emplacements plus ou moins ombragés au bord du Jabron (sans eau l'été).

Nature : 🌳 ≤ 🌊
Loisirs : 🏊 🚴 🛶
Services : 🚻 🧺 🔑 📶 🧺
À prox. : ✂

GPS
E : 5.02277
N : 44.52922

PONCINS

42110 - Carte Michelin **327** D5 - 869 h. - alt. 339
▶ Paris 446 - Lyon 77 - St-Étienne 50 - Clermont-Ferrand 109

△ Village Vacances Le Nid Douillet

(pas d'emplacement tentes et caravanes)
📞 04 77 27 80 36, www.le-nid-douillet.com

Pour s'y rendre : lieu-dit : Les-Baraques-des-Rotis (rte de Montbrison-les-Baraques-des-Rotis)

2 ha plat, herbeux

Location : ♿ (1 chalet) - 6 🏠.

Tout petit village de chalets dans un paysage verdoyant et fleuri.

Nature : 🌳 🌊
Loisirs : 🏠 🚴 🛶
Services : 🔑 📶
À prox. : 🐎

GPS
E : 4.1615
N : 45.7123

Benutzen Sie den Hotelführer des laufenden Jahres.

PONT-DE-VAUX

01190 - Carte Michelin **328** C2 - 2 187 h. - alt. 177
▶ Paris 380 - Bourg-en-Bresse 40 - Lons-le-Saunier 69 - Mâcon 24

▲▲▲ Aux Rives du Soleil 👥

📞 03 85 30 33 65, www.rivesdusoleil.com

Pour s'y rendre : lieu-dit : le Port (3.7 km au nord-ouest par D 933A, rte de Cluny.)

Ouverture : de mi-avr. à mi-oct.

8 ha (160 empl.) plat, herbeux

Empl. camping : (Prix 2017) 32 € ✶✶ 🚗 🏠 (6A) - pers. suppl. 7 € - frais de réservation 19 €

Location : (Prix 2017) (de mi-avr. à mi-oct.) - 10 🏠 - 12 bungalows toilés - 1 roulotte. Sem. 225 à 910 € - frais de réservation 19 €

Sur une presqu'île au confluent de la Saône et du Reyssouze, au bord de l'écluse avec de grands espaces verts idéaux pour la détente ou les jeux collectifs.

Nature : 🌊 🌳
Loisirs : 🍽 🍴 🏠 🎣 🚴 🛶 🏊 mini ferme
Services : 🔑 🚻 🧺 📶 laverie 🧺
À prox. : ⚓

GPS
E : 4.89892
N : 46.44701

▲▲▲ Champ d'Été

📞 03 85 23 96 10, www.camping-champ-dete.com

Pour s'y rendre : lieu-dit : Reyssouze-Les-Quatre-Vents (à 800m au nord-ouest par D 933)

Ouverture : de fin mars à mi-oct.

3,5 ha (140 empl.) plat, herbeux

Empl. camping : (Prix 2017) ✶ 7 € 🚗 🏠 9 € – 🏠 (10A) 4 €

Location : (Prix 2017) (de déb. mars à fin nov.) - ♿ (1 chalet) - 3 🏠 - 30 🏠 - 1 tente lodge - 2 roulottes - 1 gîte. Nuitée 60 à 110 € - Sem. 395 à 795 €

🚐 borne artisanale 4 € - 5 🏠 21 €

De grands espaces verts près d'un plan d'eau dédié à la pêche.

Nature : 🌳 ≤ 🌊
Loisirs : 🏠 🚴 terrain multisports
Services : 🔑 🧺 📶 laverie
À prox. : ✂ 🍴 🏊 🛶 🎣

GPS
E : 4.93301
N : 46.42966

516

RHÔNE-ALPES

▲ Les Ripettes

☎ 03 85 30 66 58, www.camping-les-ripettes.com

Pour s'y rendre : lieu-dit : Les Tourtes (4 km à l'est p D 46, rte de Chavannes-sur-Reyssouze)

Ouverture : de déb. avr. à fin sept.

2,5 ha (54 empl.) plat, herbeux

Empl. camping : (Prix 2017) 24€ ✦✦ ⇌ 🔲 ⚡ (10A) - pers. suppl. 5€

Location : (Prix 2017) (de mi-avr. à mi-sept.) - ⛺ - 1 tente lodge. Nuitée 40 à 60€ - Sem. 280 à 420€

🚐 3 🔲 20€

De grands emplacements ombragés, de 300 à 400 m2 pour certains.

Nature : 🌳 ⇌ ♀♀
Loisirs : 🏊
Services : 🔑 ⊠ 📶 laverie

GPS : E : 4.98073 — N : 46.44449

POUILLY-SOUS-CHARLIEU

42720 - Carte Michelin **327** D3 - 2 582 h. - alt. 264

▶ Paris 393 - Charlieu 5 - Digoin 43 - Roanne 15

▲ Municipal les Ilots

☎ 04 77 60 80 67, www.pouillysouscharlieu.fr

Pour s'y rendre : rte de Marcigny (sortie nord par D 482, rte de Digoin et à dr., au bord du Sornin)

Ouverture : de mi-mai à mi-sept. - 🚏

1 ha (50 empl.) plat, herbeux

Empl. camping : (Prix 2017) 14€ ✦✦ ⇌ 🔲 ⚡ (15A) - pers. suppl. 3€

Petite prairie en partie ombragée bordée par la rivière avec un confort sanitaire faible ancien mais bien tenu.

Nature : 🌳 ♀♀
Loisirs : 🎣 🐟
Services : ⚒ 🚽 📶 🔲
À prox. : 🍴

GPS : E : 4.11135 — N : 46.15101

POULE-LES-ÉCHARMEAUX

69870 - Carte Michelin **327** F3 - 1 045 h. - alt. 570

▶ Paris 446 - Chauffailles 17 - La Clayette 25 - Roanne 47

▲ Municipal les Écharmeaux

☎ 06 79 30 46 62, www.poulelesecharmeaux.fr/tourisme/camping-municipal

Pour s'y rendre : à l'ouest du bourg

Ouverture : de déb. mai à fin sept.

0,5 ha (24 empl.) en terrasses, plat, herbeux

Empl. camping : (Prix 2017) 12,40€ ✦✦ ⇌ 🔲 ⚡ (10A) - pers. suppl. 4,20€

Emplacements en terrasses individuelles surplombant un étang.

Nature : 🌳 ≤ ⇌
Loisirs : 🍴
Services : ⚒ ⊠ 🔲
À prox. : 🎣

GPS : E : 4.4598 — N : 46.14871

PRADONS

07120 - Carte Michelin **331** I7 - 421 h. - alt. 124

▶ Paris 647 - Aubenas 20 - Largentière 16 - Privas 52

▲▲▲ Les Coudoulets 👪

☎ 04 75 93 94 95, www.coudoulets.com

Pour s'y rendre : chemin de l'Ardèche (au nord-ouest du bourg)

Ouverture : de mi-avr. à mi-sept.

3,5 ha/2,5 campables (123 empl.) plat et peu incliné, herbeux, pierreux

Empl. camping : (Prix 2017) 40€ ✦✦ ⇌ 🔲 ⚡ (16A) - pers. suppl. 7,50€ - frais de réservation 10€

Location : (Prix 2017) (de mi-avr. à mi-sept.) - 35 🏠 - 2 cabanons - 4 gîtes. Nuitée 48 à 139€ - Sem. 310 à 970€ - frais de réservation 10€

🚐 borne artisanale

Bel ombrage au bord de la rivière avec un bon confort sanitaire et des animations adaptées aux familles.

Nature : 🌳 ⇌ ♀♀
Loisirs : 🍴 🍹 diurne 🧒 jacuzzi 🎣 🏊 🐟
Services : 🔑 🚽 🛁 - 4 sanitaires individuels (🚿 🚽 🛁 wc) 📶 laverie

GPS : E : 4.3572 — N : 44.47729

▲▲ Le Pont

☎ 04 75 93 93 98, www.campingdupontardeche.com

Pour s'y rendre : 225 rte du Cirque-de-Gens (300 m à l'ouest par D 308, rte de Chauzon)

Ouverture : de mi-mars à mi-sept.

2 ha (80 empl.) plat, herbeux, pierreux

Empl. camping : (Prix 2017) 37,90€ ✦✦ ⇌ 🔲 ⚡ (10A) - pers. suppl. 8€ - frais de réservation 12€

Location : (Prix 2017) (de mi-mars à mi-sept.) - 20 🏠 - 3 🏡 - 2 tentes lodges. Nuitée 36 à 92€ - Sem. 210 à 644€ - frais de réservation 12€

🚐 borne eurorelais

Préférer les emplacements côté escalier pour accéder à l'Ardèche, plus éloignés de la route.

Nature : ⇌ ♀♀
Loisirs : 🍴 🍹 🎣 🏊 🐟
Services : 🔑 📶 🔲
À prox. : 🐟

GPS : E : 4.35337 — N : 44.47392

▲▲▲ Laborie 👪

☎ 04 75 89 18 37, www.campingdelaborie.com

Pour s'y rendre : rte de Ruoms (1,8 km au nord-est par rte d'Aubenas)

Ouverture : de mi-avr. à mi-sept.

3 ha (100 empl.) plat, herbeux

Empl. camping : (Prix 2017) 33,10€ ✦✦ ⇌ 🔲 ⚡ (10A) - pers. suppl. 6,70€ - frais de réservation 10€

Location : (Prix 2017) (de mi-avr. à mi-sept.) - ⛺ - 15 🏠 - 5 cabanons. Sem. 165 à 820€ - frais de réservation 10€

Préférer les emplacements côté rivière, plus éloignés de la route.

Nature : ♀♀♀
Loisirs : 🍴 🧒 🎣 🏊 🐟
Services : 🔑 🛁 📶 🔲
À prox. : 🐟

GPS : E : 4.3783 — N : 44.48161

Benutzen Sie den Hotelführer des laufenden Jahres.

RHÔNE-ALPES

PRALOGNAN-LA-VANOISE

73710 - Carte Michelin **333** N5 - 754 h. - alt. 1 425 - Sports d'hiver : 1 410/2 360 m
▶ Paris 634 - Albertville 53 - Chambéry 103 - Moûtiers 28

▲ Alpes Lodges - Le Parc Isertan
☎ 0479087524, www.alpes-lodges.com
Pour s'y rendre : quartier Isertan (au sud du bourg)
Ouverture : de mi-déc. à fin mars et de déb. juin à mi-sept.
4,5 ha (152 empl.) non clos, en terrasses, plat, herbeux, pierreux

Empl. camping : (Prix 2017) 37,50€ ★★ ⇔ 🅴 🛆 (10A) - pers. suppl. 7€ - frais de réservation 7,50€
Location : (Prix 2017) (de mi-déc. à fin mars et de déb. juin à mi-sept.) - 3 🏠 - 4 🏠 - 8 tentes lodges - 2 roulottes - 12 appartements - 4 studios. Nuitée 35 à 150€ - Sem. 170 à 1 080€ - frais de réservation 15€
🚐 borne artisanale 5€ - 7 🛆 22,50€ - 🚛 22,50€

Agréable domaine au bord d'un torrent.

Nature : ❄ 🏔 ≤
Loisirs : 🍸 ✖ 🍴 🏊
Services : 🔑 🚽 👶 📶 🧺
À prox. : 🚴 ⛷ ✂ 🐎 🛆 escalade patinoire terrain multisports

GPS : E : 6.72883 N : 45.37189

PRIVAS

07000 - Carte Michelin **331** J5 - 8 461 h. - alt. 300
▶ Paris 596 - Alès 107 - Mende 140 - Montélimar 34

▲ "C'est si bon" Ardèche Camping 👥
☎ 0475640580, www.ardechecamping.fr
Pour s'y rendre : bd de Paste (1,5 km au sud par D 2, rte de Montélimar, au bord de l'Ouvèze)
Ouverture : de mi-avr. à fin sept.
5 ha (170 empl.) en terrasses, peu incliné, plat, herbeux

Empl. camping : (Prix 2017) 35€ ★★ ⇔ 🅴 🛆 (10A) - pers. suppl. 8,50€ - frais de réservation 20€
Location : (Prix 2017) (de mi-avr. à fin sept.) - 20 🏠 - 20 🏠 - 4 bungalows toilés - 2 roulottes. Nuitée 38 à 142€ - Sem. 266 à 994€ - frais de réservation 20€
🚐 borne artisanale 10€

Proche du centre-ville avec des installations adaptées aux familles avec de jeunes enfants.

Nature : 🏔 ≤ ♨
Loisirs : 🏆 🍸 🍴 🏊 🎮 🛆 🛶 terrain multisports
Services : 🔑 👶 📶 🧺 🚿
À prox. : 🛒

GPS : E : 4.59698 N : 44.72597

RIBES

07260 - Carte Michelin **331** H7 - 266 h. - alt. 380
▶ Paris 656 - Aubenas 30 - Largentière 19 - Privas 61

▲ Les Cruses
☎ 0475395469, www.campinglescruses.com
Pour s'y rendre : lieu-dit : Le Champcros (1 km au sud-est du bourg, par D 450)
Ouverture : de déb. avr. à mi-sept.
0,7 ha (47 empl.) en terrasses, plat, pierreux

Empl. camping : 31€ ★★ ⇔ 🅴 🛆 (6A) - pers. suppl. 7€ - frais de réservation 16,50€

Location : (de déb. avr. à mi-sept.) - 8 🏠 - 18 🏠 - 2 roulottes - 2 gîtes. Nuitée 55 à 75€ - Sem. 280 à 943€ - frais de réservation 16,50€
🚐 borne raclet - 5 🛆

En deux parties distinctes de part et d'autre d'un petit chemin. Emplacements dominant les vignes ardéchoises.

Nature : 🏔 ♨♨
Loisirs : ✖ 🍴 jacuzzi 🏊 🛆
Services : 🔑 (juil.-août) 👶 📶 🧺 🚿
À prox. : 🍴

GPS : E : 4.20757 N : 44.4927

LA ROSIÈRE 1850

73700 - Carte Michelin **333** O4 - alt. 1 850 - Sports d'hiver : 1 100/2 600 m
▶ Paris 657 - Albertville 76 - Bourg-St-Maurice 22 - Chambéry 125

▲ La Forêt
☎ 0479068621, www.campinglarosiere.fr - alt. 1 730
Pour s'y rendre : 2 km au sud par N 90, rte de Bourg-St-Maurice - accès direct au village
Ouverture : de fin mai à fin sept.
1,5 ha (67 empl.) non clos, en terrasses, peu incliné, plat, herbeux, pierreux

Empl. camping : (Prix 2017) 26€ ★★ ⇔ 🅴 🛆 (10A) - pers. suppl. 5,50€
Location : (Prix 2017) (de mi-déc. à fin avr. et de fin mai à fin sept.) - 3 🏠 - 1 🏠. Sem. 370 à 760€

Agréable situation au milieu des pins avec vue panoramique.

Nature : ❄ 🏔 ≤ Mt-Pourri, Aiguille Rouge, Arc 2000 ♨♨
Loisirs : 🍸 ✖ ⛷ 🛆 (petite piscine)
Services : 🔑 🚽 📶 laverie
À prox. : ✂

GPS : E : 6.85425 N : 45.6234

Use this year's Guide.

ROSIÈRES

07260 - Carte Michelin **331** H7 - 1 121 h. - alt. 175
▶ Paris 649 - Aubenas 22 - Largentière 12 - Privas 54

▲ Arleblanc
☎ 0475395311, www.arleblanc.com
Pour s'y rendre : sortie nord-est, rte d'Aubenas et 2,8 km par chemin à dr., longeant le centre commercial Intermarché
Ouverture : de mi-mars à fin oct.
10 ha/6 campables (167 empl.) plat, herbeux

Empl. camping : (Prix 2017) 21€ ★★ ⇔ 🅴 🛆 (6A) - pers. suppl. 4,50€ - frais de réservation 16€
Location : (Prix 2017) (de mi-mars à fin oct.) - ♿ (1 mobile home) - 34 🏠 - 6 🏠 - 4 gîtes - 4 appartements. Nuitée 65 à 101€ - Sem. 370 à 710€ - frais de réservation 16€

Vaste domaine autour d'un ancien prieuré du 12e s. et au bord de la Beaume. Idéal pour la baignade ou la pêche.

Nature : 🏔 ♨♨
Loisirs : 🏆 🍸 🍴 🏊 ✂ 🎣 🛆 🚴
Services : 🔑 🚽 👶 📶 laverie 🧺 🚿
À prox. : 🐎

GPS : E : 4.27221 N : 44.46552

518

RHÔNE-ALPES

▲ La Plaine
☎ 04 75 39 51 35, www.campinglaplaine.com
Pour s'y rendre : lieu-dit : Les Plaines (700 m au nord-est par D 104)
Ouverture : de déb. avr. à mi-sept.
4,5 ha/3,5 campables (128 empl.) plat, herbeux, peu incliné
Empl. camping : (Prix 2017) 34€ ✴✴ 🚗 🏠 ⚡ (10A) - pers. suppl. 6,50€ - frais de réservation 20€
Location : (Prix 2017) (de déb. avr. à mi-sept.) - 52 🏠 - 2 🏠. Sem. 210 à 820€ - frais de réservation 20€
Bon ombrage des emplacements délimités et petit étang pour les amateurs de pêche.

Nature : 🌳 🌲🌲
Loisirs : 🏊 🛋 🎣 🚴 🎯 🛶
Services : 🔑 🚿 📶 🛒
À prox. : 🛒 🚲

GPS : E : 4.26677 / N : 44.48608

▲ Les Platanes
☎ 04 75 39 52 31, www.campinglesplatanesardeche.com
Pour s'y rendre : lieu-dit : La Charve (sortie nord-est, rte d'Aubenas et 3,7 km par chemin à dr., longeant le centre commercial Intermarché)
Ouverture : de déb. avr. à mi-oct.
2 ha (90 empl.) plat, herbeux
Empl. camping : (Prix 2017) 31,70€ ✴✴ 🚗 🏠 ⚡ (16A) - pers. suppl. 5,70€
Location : (Prix 2017) (de déb. avr. à fin sept.) - 28 🏠. Nuitée 50 à 55€ - Sem. 275 à 840€
🚰 borne artisanale
Emplacements tentes et caravanes au bord de la rivière sous les micocouliers, mobile homes de l'autre côté de la petite route.

Nature : 🏊 ≤ 🌲🌲
Loisirs : 🍴 🍽 🎱 🎣 🛶 🏊
Services : 🔑 🚿 📶 🛒 🚰

GPS : E : 4.27766 / N : 44.45702

Dans notre guide, les indications d'accès à un terrain sont généralement indiquées à partir du centre de la localité.

▲ Les Hortensias
☎ 04 75 39 91 38, www.leshortensias.com
Pour s'y rendre : quartier Ribeyre-Bouchet (1,8 km au nord-ouest par D 104, rte de Joyeuse, D 303, rte de Vernon à dr., et chemin à gauche)
Ouverture : de mi-avr. à fin sept.
1 ha (43 empl.) plat, herbeux, sablonneux
Empl. camping : (Prix 2017) 28,80€ ✴✴ 🚗 🏠 ⚡ (10A) - pers. suppl. 5€
Location : (Prix 2017) (de mi-avr. à fin sept.) - 20 🏠 - 2 bungalows toilés - 1 gîte. Sem. 160 à 820€
🚰 borne artisanale - 4 🏠 11€ - 🏠 10€
Au milieu des vignes, terrain calme, locatif varié et peu de places pour tentes et caravanes.

Nature : 🌳 🌲🌲
Loisirs : 🏊
Services : 🔑 📶 🛒
À prox. : 🛶 (plan d'eau) 🎣

GPS : E : 4.23976 / N : 44.48755

RUFFIEUX
73310 - Carte Michelin **333** I2 - 800 h. - alt. 282
▶ Paris 517 - Aix-les-Bains 20 - Ambérieu-en-Bugey 58 - Annecy 51

▲ Saumont
☎ 04 79 54 26 26, www.campingsaumont.com
Pour s'y rendre : lieu-dit : Saumont (1,2 km à l'ouest, accès sur D 991, près du carr. du Saumont, vers Aix-les-Bains)
Ouverture : de déb. mai à fin sept.
1,6 ha (66 empl.) non clos, plat, herbeux, gravier
Empl. camping : (Prix 2017) 25€ ✴✴ 🚗 🏠 ⚡ (10A) - pers. suppl. 4,70€ - frais de réservation 10€
Location : (Prix 2017) (de déb. avr. à fin sept.) - 18 🏠 - 1 🏠 - 2 appartements. Nuitée 30 à 110€ - Sem. 170 à 740€ - frais de réservation 10€
Quelques emplacements en sous-bois, au bord d'un ruisseau.

Nature : 🌳 🌲🌲
Loisirs : 🍴 🛋 🚴 🎯 🛶 🏊
Services : 🔑 🚿 🛒 🚰 📶 laverie

GPS : E : 5.83663 / N : 45.8486

RHÔNE-ALPES

RUOMS

07120 - Carte Michelin **331** I7 - 2 249 h. - alt. 121
▶ Paris 651 - Alès 54 - Aubenas 24 - Pont-St-Esprit 49

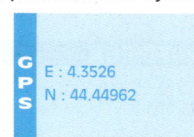

Sunêlia Aluna Vacances

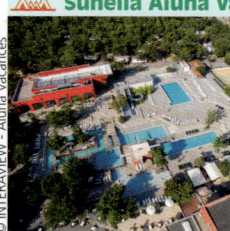

☎ 04 75 93 93 15, www.alunavacances.fr
Pour s'y rendre : rte de Lagorce (2 km à l'est par D 559)
Ouverture : de fin mars à déb. nov.
10 ha (430 empl.) en terrasses, peu incliné, plat, herbeux, pierreux
Empl. camping : (Prix 2017) 56,10 € ★★ 🚗 🔌 (10A) - pers. suppl. 13,60 € - frais de réservation 30 €
Location : (Prix 2017) (de fin mars à déb. nov.) - ♿ (2 mobile-homes) - 262 🛏. - 2 tentes lodges. Nuitée 44 à 268 € - Sem. 539 à 1 876 € - frais de réservation 30 €
Festival de musique Aluna chaque année à la mi-juin, avec 4 à 7 concerts par soir, qui attire plus de 30 000 personnes sur 3 jours.

Nature : 🌳 ⛰ ❀❀
Loisirs : 🍴 ✖ 🏠 👶 🏊 🏋 centre balnéo hammam jacuzzi 🚣 🎯 🎣 🏓 terrain multisports
Services : 🔑 🛒 🚿 📶 laverie 🛒 🚲
À prox. : 🐎
GPS : E : 4.3526 N : 44.44962

Yelloh! Village La Plaine

☎ 04 75 39 65 83, www.yellohvillage-la-plaine.com
Pour s'y rendre : quartier la Grand-Terre (3,5 km au sud)
Ouverture : de mi-avr. à mi-sept.
4,5 ha (212 empl.) peu incliné, plat, herbeux, sablonneux
Empl. camping : (Prix 2017) 53 € ★★ 🚗 🔌 (8A) - pers. suppl. 9 €
Location : (Prix 2017) (de mi-avr. à mi-sept.) - ♿ - 🅿 - 88 🛏.
Nuitée 43 à 267 € - Sem. 301 à 1 869 €
Entre les vignes et l'Ardèche, emplacements bien ombragés avec quelques locatifs grand confort.

Nature : 🌳 ⛰ ❀❀
Loisirs : 🍴 ✖ 🏠 👶 🏊 🏋 🚴 🎯 🏓 🎣 terrain multisports
Services : 🔑 🛒 🚿 📶 laverie 🛒
GPS : E : 4.33596 N : 44.42666

Tohapi Domaine de Chaussy

(pas d'emplacement tentes et caravanes)
☎ 04 75 93 99 66, www.domainedechaussy.com
Pour s'y rendre : quartier du Petit-Chaussy (2,3 km à l'est par D 559, rte de Lagorce)
18 ha/5,5 campables (250 empl.) vallonné
Location : (Prix 2017) (de déb. avr. à fin sept.) - 252 🛏 - 17 gîtes. Nuitée 53 à 281 € - Sem. 371 à 1 967 € - frais de réservation 10 €
Nombreuses activités sportives pour la famille.

Nature : 🌳 ❀❀
Loisirs : 🍴 ✖ 🏠 👶 🏊 🏋 hammam jacuzzi 🚣 🎯 🏓 parcours de santé parcours VTT
Services : 🔑 🚿 📶 laverie
GPS : E : 4.36913 N : 44.4472

RCN La Bastide en Ardèche

☎ 04 75 39 64 72, www.rcn.nl/fr
Pour s'y rendre : rte d'Alès, D111, au pont (4 km au sud-ouest, à Labastide)
Ouverture : de fin mars à mi-sept.
7 ha (300 empl.) plat, herbeux, pierreux
Empl. camping : (Prix 2017) 58 € ★★ 🚗 🔌 (6A) - pers. suppl. 8 € - frais de réservation 20 €
Location : (Prix 2017) (de fin mars à mi-sept.) - 53 🛏. Nuitée 39 à 208 € - Sem. 287 à 1 456 € - frais de réservation 20 €
Belle situation au bord de l'Ardèche avec plage de sable mais préférer les emplacements les plus éloignés de la route.

Nature : ≤ ❀❀
Loisirs : 🍴 ✖ 🏠 👶 🏊 🏋 🎯 🎣 🏓 (plage) 🚣
Services : 🔑 🛒 🚿 📶 laverie 🛒 🚲
GPS : E : 4.32524 N : 44.42326

La Grand'Terre

☎ 04 75 39 64 94, www.camping-lagrandterre.com
Pour s'y rendre : 3,5 km au sud
Ouverture : de mi-avr. à mi-sept.
10 ha (296 empl.) plat, pierreux, sablonneux
Empl. camping : (Prix 2017) 45 € ★★ 🚗 🔌 (10A) - pers. suppl. 9,30 € - frais de réservation 10 €
Location : (Prix 2017) (de mi-avr. à mi-sept.) - ♿ - 73 🛏. Nuitée 44 à 185 € - Sem. 308 à 1 295 € - frais de réservation 10 €
🅿 borne AireService
Cadre très boisé pour la majorité des emplacements et agrémenté d'une belle plage de sable au bord de l'Ardèche.

Nature : 🌳 ❀❀
Loisirs : 🍴 ✖ 🏠 👶 🏊 🏋 🚴 🎯 🏓 (plage) 🚣 terrain multisports
Services : 🔑 🛒 🚿 📶 laverie 🛒 🚲
GPS : E : 4.33192 N : 44.42522

La Chapoulière

☎ 04 75 39 64 98, www.lachapouliere.com
Pour s'y rendre : 3,5 km au sud
Ouverture : de fin mars à fin oct.
2,5 ha (164 empl.) plat et peu incliné, herbeux
Empl. camping : (Prix 2017) 39,80 € ★★ 🚗 🔌 (6A) - pers. suppl. 9,30 €
Location : (Prix 2017) (de fin mars à fin oct.) - ♿ - 19 🛏 - 10 🛏 - 1 gîte. Nuitée 44 à 171 € - Sem. 311 à 1 195 €
🅿 borne artisanale
Belle pelouse au bord de l'Ardèche avec quelques emplacements surplombant la rivière.

Nature : 🌳 ❀❀
Loisirs : 🍴 ✖ 🏠 👶 🏊 🏋 hammam 🚣 🎯 massages terrain multisports
Services : 🔑 🛒 🚿 📶 🛒 🚲
GPS : E : 4.32972 N : 44.43139

Bijzonder prettige terreinen die bovendien opvallen in hun categorie.

RHÔNE-ALPES

▲ Sites et Paysages Le Petit Bois

✆ 04 75 39 60 72, www.campingpetitbois.fr

Pour s'y rendre : 87 r. du Petit-Bois (800 m au nord du bourg, à 80 m de l'Ardèche)

Ouverture : de déb. avr. à fin sept.

2,5 ha (110 empl.) en terrasses, plat et peu incliné, herbeux, pierreux, rochers

Empl. camping : (Prix 2017) 40€ ✶✶ 🚗 📧 ⚡ (10A) - pers. suppl. 8€ - frais de réservation 20€

Location : (Prix 2017) (de déb. avr. à fin sept.) - ❋ - 17 🛏 - 17 🛖 - 3 tentes lodges - 2 roulottes - 1 gîte. Nuitée 40 à 250€ - Sem. 150 à 1 750€ - frais de réservation 20€

Vue panoramique sur l'Ardèche et la falaise pour quelques locatifs, grand confort pour certains et accès à la rivière par chemin à forte pente.

Nature : 🌊 🌳 🌿
Loisirs : 🍴 ✗ 🏊 ⛹ 🎣 hammam 🚴 🎿 (découverte en saison) ⛴ 🛶 🏄 terrain multisports
Services : 🔑 🚿 📶 laverie
GPS : E : 4.33789 N : 44.45882

▲ Les Paillotes en Ardèche

✆ 04 75 39 62 05, www.campinglespaillotes.com - peu d'emplacements pour tentes et caravanes

Pour s'y rendre : chemin de l'Espédès (600 m au nord par D 579, rte de Pradons et chemin à gauche)

1 ha (45 empl.) plat, herbeux Location : 30 🛏 - 2 🛖 - 5 tentes lodges - 2 gîtes.

Emplacements bien délimités autour d'une importante base de canoës, mais peu de places pour tentes et caravanes.

Nature : 🏕 🌿
Loisirs : 🍴 ✗ 🚴 🎿 🛶 🏄
Services : 🔑 🚿 📶 📶 📧
GPS : E : 4.34184 N : 44.45938

△ Le Carpenty

✆ 04 75 39 74 29, www.camping-ruoms-ardeche.com

Pour s'y rendre : 3,6 km au sud par D 111

Ouverture : de déb. avr. à fin sept.

0,7 ha (45 empl.) plat, herbeux, pierreux

Empl. camping : (Prix 2017) 36€ ✶✶ 🚗 📧 ⚡ (16A) - pers. suppl. 6€ - frais de réservation 10€

Location : (Prix 2017) (de déb. avr. à fin sept.) - 32 🛏 - 2 appartements. Nuitée 36 à 122€ - Sem. 220 à 880€ - frais de réservation 10€

Bel espace vert au bord de l'Ardèche, mais préférer les emplacements les plus éloignés de la route et du pont.

Nature : 🏕 🌿
Loisirs : 🍴 ✗ 🚴 🎿 🛶 terrain multisports
Services : 🔑 📶 📧 📶
GPS : E : 4.32842 N : 44.42695

Benutzen Sie
– zur Wahl der Fahrtroute
– zur Berechnung der Entfernungen
– zur exakten Lokalisierung eines Campingplatzes (mit Hilfe der Angaben im Ortstext) die für diesen Führer unentbehrlichen
MICHELIN-Karten.

SABLIÈRES

07260 - Carte Michelin **331** G6 - 144 h. - alt. 450
▶ Paris 629 - Aubenas 48 - Langogne 58 - Largentière 38

▲ La Drobie

✆ 04 75 36 95 22, www.ladrobie.com

Pour s'y rendre : lieu-dit : Le Chambon (3 km à l'ouest par D 220 et rte de rivière - pour caravanes : itinéraire conseillé depuis Lablachère par D 4)

Ouverture : de déb. avr. à fin sept.

1,5 ha (80 empl.) en terrasses, peu incliné, pierreux, herbeux

Empl. camping : (Prix 2017) 21€ ✶✶ 🚗 📧 ⚡ (10A) - pers. suppl. 6,50€ - frais de réservation 5€

Location : (Prix 2017) (de déb. avr. à fin oct.) - 3 🛏 - 10 🛖 - 1 gîte. Nuitée 45 à 87€ - Sem. 315 à 605€ - frais de réservation 5€

Emplacements en bord de rivière avec un bon confort sanitaire. Restaurant de qualité ouvert à l'année.

Nature : 🌊 🌿
Loisirs : 🍴 ✗ 🚴 🎿 🛶 🏄
Services : 🔑 🚿 📧 📶 📧
GPS : E : 4.04863 N : 44.54368

SAHUNE

26510 - Carte Michelin **332** E7 - 322 h. - alt. 330
▶ Paris 647 - Buis-les-Baronnies 27 - La Motte-Chalancon 22 - Nyons 16

▲ Yelloh! Village Les Ramières

✆ 04 75 27 40 45, www.lesramieres.com

Pour s'y rendre : lieu-dit : Le Moulin (2.5 km au sud par petit chemin après le pont)

Ouverture : de déb. avr. à déb. sept.

20 ha/10 campables (83 empl.) fort dénivelé, en terrasses, plat, pierreux, herbeux

Empl. camping : (Prix 2017) 43€ ✶✶ 🚗 📧 ⚡ (10A) - pers. suppl. 8€

Location : (Prix 2017) (de déb. avr. à déb. sept.) - 45 🛏 - 11 🛖 - 11 tentes lodges - 1 studio. Nuitée 35 à 187€ - Sem. 245 à 1 309€

Emplacements en terrasses ensoleillées avec jolie vue sur la vallée et certains locatifs de grand confort.

Nature : 🌿 🏕 🌳
Loisirs : 🍴 ✗ 🏊 ⛱ 🎣 jacuzzi 🚴 🚲 🎿 🛶 terrain multisports
Services : 🔑 🚿 📧 📶 📧
À prox. : parcours dans les arbres
GPS : E : 5.25001 N : 44.39913

▲ Vallée Bleue

✆ 04 75 27 44 42, www.lavalleebleue.com

Pour s'y rendre : sortie sud-ouest par D 94, rte de Nyons, au bord de l'Eygues

Ouverture : de déb. avr. à fin sept.

3 ha (60 empl.) plat, pierreux, herbeux

Empl. camping : (Prix 2017) ✶ 7,50€ 🚗 📧 12€ – ⚡ (10A) 4€

Location : (Prix 2017) (de déb. avr. à fin sept.) - 2 🛖. Sem. 400 à 900€

Préférer les emplacements en bord de rivière plus éloignés de la route.

Nature : 🌿 🌳
Loisirs : 🍴 ✗ 🎿 🎣 🛶 terrain multisports
Services : 🔑 🚿 📧 📶 📧
GPS : E : 5.26139 N : 44.41148

521

RHÔNE-ALPES

ST-AGRÈVE

07320 - Carte Michelin **331** I3 - 2 522 h. - alt. 1 050
▶ Paris 582 - Aubenas 68 - Lamastre 21 - Privas 64

⛺ Le Riou la Selle

☎ 04 75 30 29 28, www.camping-riou.com

Pour s'y rendre : 2,8 km au sud-est par D 120, rte de Cheylard, D 21, rte de Nonières à gauche et chemin de la Roche, à dr.

Ouverture : de mi-avr. à mi-oct.

1 ha (29 empl.) en terrasses, peu incliné, plat, herbeux

Empl. camping : (Prix 2017) 23,40 € ✶✶ 🚗 🔌 (14A) - pers. suppl. 6 €

Location : (Prix 2017) (de mi-avr. à mi-oct.) - 2 🏠 - 2 🏡. Nuitée 87 à 133 € - Sem. 313 à 609 €

Au calme, agréable sous-bois avec du locatif simple en confort.

Nature : 🌳 🌿
Loisirs : 🍴 🏛 🛝
Services : 🔑 (juil.-août) 🚿 🛁 📶 🧺

GPS E : 4.40462 N : 44.98521

ST-ALBAN-AURIOLLES

07120 - Carte Michelin **331** H7 - 994 h. - alt. 108
▶ Paris 656 - Alès 49 - Aubenas 28 - Pont-St-Esprit 55

⛺ Sunêlia Le Ranc Davaine 👥

☎ 04 75 39 60 55, www.camping-ranc-davaine.fr

Pour s'y rendre : rte de Chandolas (2,3 km au sud-ouest par D 208)

Ouverture : de déb. avr. à mi-sept.

13 ha (435 empl.) plat et peu incliné, herbeux, pierreux

Empl. camping : (Prix 2017) 57,20 € ✶✶ 🚗 🔌 (10A) - pers. suppl. 13,60 € - frais de réservation 30 €

Location : (Prix 2017) (de déb. avr. à mi-sept.) - ♿ (1 mobile home) - 316 🏠 - 2 tentes lodges. Nuitée 48 à 247 € - Sem. 336 à 1 729 € - frais de réservation 30 €

Bel ombrage sous les chênes verts autour d'un parc aquatique et ludique en partie couvert et accès direct à la rivière.

Nature : 🌳 🌿
Loisirs : 🍴 🏛 🛝 🏊 🚴 centre balnéo 🧖 hammam jacuzzi 🏓 🎱 🏸 discothèque
Services : 🔑 🚿 🛁 🚻 📶 laverie 🧊 🔥

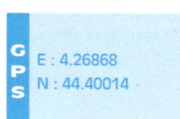

GPS E : 4.26868 N : 44.40014

⛺ Le Mas du Sartre

☎ 04 75 39 71 74, masdusartre.fr

Pour s'y rendre : à Auriolles, 5 chemin de la Vignasse (1,8 km au nord-ouest par la D 208)

1,6 ha (49 empl.) en terrasses, plat et peu incliné, herbeux, pierreux

Location : 10 🏠 - 4 🏡.

🚰 borne artisanale - 6 🅿

Préférer les emplacements en sous-bois plus éloignés de la route.

Nature : 🌿
Loisirs : 🍴 🏛 🏊 🏃 terrain multisports
Services : 🔑 🛁 📶 🧊 🔥 réfrigérateurs
À prox. : 🎣

GPS E : 4.31477 N : 44.43518

ST-AVIT

26330 - Carte Michelin **332** C2 - 326 h. - alt. 348
▶ Paris 536 - Annonay 33 - Lyon 81 - Romans-sur-Isère 22

⛺ Domaine la Garenne 👥

☎ 04 75 68 62 26, www.domaine-la-garenne.com

Pour s'y rendre : 156 chemin de Chablezin

Ouverture : de mi-avr. à fin sept.

14 ha/6 campables (112 empl.) non clos, en terrasses, peu incliné à incliné, plat, herbeux

Empl. camping : (Prix 2017) 35,90 € ✶✶ 🚗 🔌 (6A) - pers. suppl. 7 € - frais de réservation 12 €

Location : (Prix 2017) (de mi-avr. à fin sept.) - 🚫 - 38 🏠 - 8 🏡 - 6 bungalows toilés - 1 tente sur pilotis. Nuitée 52 à 159 € - Sem. 250 à 1 110 € - frais de réservation 12 €

🚰 borne artisanale 🔌 17,50 €

Beaucoup d'espaces verts pour la détente et de grands emplacements fleuris.

Nature : 🌳 ⛰ 🌿
Loisirs : ✗ 🏊 🏃 🛝 🎣
Services : 🔑 🛁 🚿 📶 🧺

GPS E : 4.9549 N : 45.20176

To visit a town or region : use the MICHELIN Green Guides.

ST-CHRISTOPHE-EN-OISANS

38520 - Carte Michelin **333** K8 - 123 h. - alt. 1 470
▶ Paris 635 - L'Alpe-d'Huez 31 - La Bérarde 12 - Le Bourg-d'Oisans 21

⛺ Municipal la Bérarde

☎ 04 76 79 20 45, www.berarde.com - croisement parfois impossible hors garages de dégagement - alt. 1 738

Pour s'y rendre : lieu-dit : La Bérarde (10,5 km au sud-est par D 530, d'accès difficile aux caravanes (forte pente))

Ouverture : de déb. juin à fin sept.

2 ha (115 empl.) non clos, en terrasses, peu incliné, plat, herbeux, pierreux, rochers

Empl. camping : (Prix 2017) ✶ 5 € 🚗 2,50 € – 🔌 (10A) 3 €

Location : (Prix 2017) (de déb. juin à fin sept.) - 1 🏡 - 2 tentes lodges - 2 cabanons. Nuitée 35 à 55 € - Sem. 215 à 330 €

Dans un site exceptionnel et sauvage au bord du torrent Le Vénéon.

Nature : 🌿 ⛰ Parc National des Écrins 🌸
Loisirs : 🏛 🏊
Services : 🔑 🚻 🛁
À prox. : 🍽 🍴 ✗

GPS E : 6.28443 N : 44.93459

ST-CIRGUES-EN-MONTAGNE

07510 - Carte Michelin **331** G5 - 248 h. - alt. 1 044
▶ Paris 586 - Aubenas 40 - Langogne 31 - Privas 68

⛺ Les Airelles

☎ 04 75 38 92 49, www.camping-les-airelles.fr

Pour s'y rendre : rte de Lapalisse (sortie nord par D 160, rte du Lac-d'Issarlès, rive droite du Vernason)

Ouverture : de mi-avr. à mi-oct.

0,7 ha (50 empl.) en terrasses, peu incliné, herbeux, pierreux

Empl. camping : (Prix 2017) 16,50 € ✶✶ 🚗 🔌 (6A) - pers. suppl. 4,50 €

522

RHÔNE-ALPES

Location : (Prix 2017) (de mi-avr. à mi-oct.) - 10 Sem. 250 à 450€.
borne AireService 5€
Nature :
Loisirs :
Services : laverie
À prox. :

ST-CLAIR-DU-RHÔNE

38370 - Carte Michelin 333 B5 - 3 886 h. - alt. 160
▶ Paris 501 - Annonay 35 - Givors 26 - Le Péage-de-Roussillon 10

Le Daxia

☎ 04 74 56 39 20, www.campingledaxia.com
Pour s'y rendre : rte du Péage, 23 av. du Plateau-des-Frères (2,7 km au sud par D 4 et chemin à gauche, accès conseillé par N 7 et D 37)
Ouverture : de déb. avr. à fin sept.
7,5 ha (120 empl.) plat, herbeux
Empl. camping : (Prix 2017) 23,40€ ✦✦ 🚗 🅴 🔌 (6A) - pers. suppl. 4,90€
Location : (Prix 2017) (de déb. avr. à fin sept.) - 5 - 3 - 2 studios. Nuitée 30 à 92€ - Sem. 170 à 500€ - frais de réservation 20€
borne artisanale - 10 🅴 23,40€

Beaux emplacements délimités er beaucoup d'espaces verts au bord de la Varèze.

Nature :
Loisirs : mini ferme
Services : laverie
GPS E : 4.78214 N : 45.4241

ST-DONAT-SUR-L'HERBASSE

26260 - Carte Michelin 332 C3 - 3 825 h. - alt. 202
▶ Paris 545 - Grenoble 92 - Hauterives 20 - Romans-sur-Isère 13

Domaine du Lac de Champos

☎ 04 75 45 17 81, www.lacdechampos.com
Pour s'y rendre : 2 km au nord-est par D 67
Ouverture : de fin avr. à déb. sept.
43 ha/6 campables (98 empl.) terrasse, plat, gravillons, herbeux
Empl. camping : (Prix 2017) 16€ ✦✦ 🚗 🅴 🔌 (10A) - pers. suppl. 3€
Location : (Prix 2017) (de déb. avr. à déb. nov.) - ♿ (2 chalets) - 21 - 4 tentes lodges. Nuitée 99 à 149€ - Sem. 299 à 599€ - frais de réservation 15€
borne artisanale - 5 🅴 12€ - 11€

Sur les terres d'une agréable base de loisirs. Préférer les emplacements et chalets proches de la rivière ou du lac, plus éloignés de la route.

Nature :
Loisirs : diurne (plage) pédalos
Services : laverie
GPS E : 5.00543 N : 45.13615

Ne pas confondre :
△ ... à ... △△△ : appréciation **MICHELIN**
et
★ ... à ... ★★★★★ : classement officiel

Domaine des Ulèzes

☎ 04 75 47 83 20, www.camping-des-ulezes.fr
Pour s'y rendre : rte de Romans (sortie sud-est par D 53 et chemin à dr., près de l'Herbasse)
Ouverture : de déb. avr. à fin oct.
2,5 ha (85 empl.) plat, herbeux
Empl. camping : (Prix 2017) 28,90€ ✦✦ 🚗 🅴 🔌 (10A) - pers. suppl. 5,50€ - frais de réservation 15€
Location : (Prix 2017) (de déb. avr. à fin oct.) - 8 - 3 bungalows toilés. Nuitée 62 à 110€ - Sem. 380 à 790€ - frais de réservation 15€
borne artisanale - 8 🅴 28,90€ - 25€

Nombreux petits sanitaires proches des emplacements très agréables.

Nature :
Loisirs :
Services :
À prox. :
GPS E : 4.99285 N : 45.11914

ST-ETIENNE-DE-CROSSEY

38960 - Carte Michelin 344 D8 - 2 572 h. - alt. 449
▶ Paris 557 - Chambéry 39 - Grenoble 31 - Lyon 91

Municipal de la Grande Forêt

☎ 06 74 97 80 95, www.st-etienne-de-crossey.fr
Pour s'y rendre : rte de St-Nicolas (0.5 km au nord-ouest)
Ouverture : de mi-juin à mi-sept.
0,3 ha (20 empl.) plat, herbeux
Empl. camping : (Prix 2017) 14€ ✦✦ 🚗 🅴 🔌 (6A) - pers. suppl. 4€
borne artisanale 5€

Préférer les emplacements les plus éloignés de la route. Bon confort sanitaire.

Nature :
Services :
À prox. :
GPS E : 5.63255 N : 45.38642

ST-FERRÉOL-TRENTE-PAS

26110 - Carte Michelin 332 E7 - 228 h. - alt. 417
▶ Paris 634 - Buis-les-Baronnies 30 - La Motte-Chalancon 34 - Nyons 14

Le Pilat

☎ 04 75 27 72 09, www.campinglepilat.com
Pour s'y rendre : rte de Bourdeau (1 km au nord par D 70)
Ouverture : de déb. avr. à fin sept.
1 ha (90 empl.) plat, herbeux, pierreux
Empl. camping : (Prix 2017) 30,50€ ✦✦ 🚗 🅴 🔌 (6A) - pers. suppl. 7,50€
Location : (Prix 2017) (de déb. avr. à fin sept.) - 21 - 2 bungalows toilés - 1 gîte. Nuitée 50 à 120€ - Sem. 200 à 850€
borne artisanale - 3 🅴 30,50€

Emplacements en bord de rivière avec un tout petit plan d'eau ou face au champ de lavande au centre du terrain.

Nature :
Loisirs : (plan d'eau)
Services : laverie
GPS E : 5.21195 N : 44.43406

RHÔNE-ALPES

ST-GALMIER

42330 - Carte Michelin 327 E6 - 5 596 h. - alt. 400
▶ Paris 457 - Lyon 82 - Montbrison 25 - Montrond-les-Bains 11

▲ Campéole Val de Coise

☎ 04 77 54 14 82, www.campeole.com/fr/le-val-de-coise - peu d'emplacements pour tentes et caravanes

Pour s'y rendre : rte de la Thiery (2 km à l'est par D 6 et chemin à gauche)
Ouverture : de déb. avr. à fin sept.
3,5 ha (92 empl.) en terrasses, peu incliné, plat, herbeux
Empl. camping : (Prix 2017) 17,80€ ✶✶ 🚗 🔌 (16A) - pers. suppl. 4,30€
Location : (Prix 2017) (de déb. avr. à fin sept.) - 11 🏠 - 5 🏡 - 4 bungalows toilés. Nuitée 32 à 99€ - Sem. 249 à 718€
🚐 borne AireService 1€ - 🏕 16€

Emplacements en terrasses, ombragés qui descendent jusqu'à la rivière la Coise.

Nature : 🌳🌳
Loisirs : 🎭 ♿ 🎮 🎯 🚴
Services : 🔑 🚿 📶 laverie
À prox. : 🎣

GPS E : 4.33552 N : 45.59308

ST-GENEST-MALIFAUX

42660 - Carte Michelin 327 F7 - 2 916 h. - alt. 980
▶ Paris 528 - Annonay 33 - St-Étienne 16 - Yssingeaux 46

▲ Municipal de la Croix de Garry

☎ 06 85 40 95 38, www.st-genest-malifaux.fr - alt. 928 - peu d'emplacements pour tentes et caravanes

Pour s'y rendre : lieu-dit : La Croix de Garry (sortie sud par D 501, rte de Montfaucon-en-Velay, près d'un étang et à 150 m de la Semène)
Ouverture : de mi-avr. à mi-oct. - 🏕
2 ha (85 empl.) en terrasses, peu incliné, plat, herbeux
Empl. camping : (Prix 2017) 17€ ✶✶ 🚗 🔌 (6A) - pers. suppl. 5€

Location : (Prix 2017) Permanent♿ (1 chalet) - 🚫 - 8 🏠 - 1 gîte. Nuitée 110€ - Sem. 300 à 430€

À l'écart du bourg, au bord d'un plan d'eau idéal pour la pêche et le repos, avec un bon confort sanitaire.

Nature : 🌳 ≤ 🌊
Loisirs : 🎭
Services : 🔑 🚿 📶 🔥
À prox. : 🎣

GPS E : 4.42258 N : 45.33357

ST-GERVAIS-LES-BAINS

74170 - Carte Michelin 328 N5 - 5 673 h. - alt. 820 - ⛷ - Sports d'hiver : 1 400/2 000 m
▶ Paris 597 - Annecy 84 - Bonneville 42 - Chamonix-Mont-Blanc 25

▲ Les Dômes de Miage

☎ 04 50 93 45 96, www.natureandlodge.fr - alt. 890

Pour s'y rendre : 197 rte des Contamines (2 km au sud par D 902, au lieu-dit les Bernards)
Ouverture : de mi-mai à mi-sept.
3 ha (150 empl.) plat, herbeux
Empl. camping : (Prix 2017) 32,20€ ✶✶ 🚗 🔌 (10A) - pers. suppl. 6,20€ - frais de réservation 10€
Location : (Prix 2017) Permanent🚫 - 1 🏠 - 1 appartement. Nuitée 130 à 240€ - Sem. 630 à 1 680€
🚐 borne artisanale

Cadre très verdoyant et belle pelouse traversée par un petit ruisseau. À la location, ancien et joli mazot (1828) et un appartement de bon confort.

Nature : ≤ 🌊
Loisirs : 🎭
Services : 🔑 🚿 📶 laverie 🧊
À prox. : 🍽 🍴 🚴

GPS E : 6.72022 N : 45.87355

Utilisez le guide de l'année.

Campéole www.campeole.com

LE VAL DE COISE ★★★★

Au bord de la rivière Coise, le camping au naturel

Emplacements campeurs, chalets, mobil-homes. Piscine et pataugeoire chauffées, terrain multisports. Animations en haute saison.

Route de la Thiery
42330 Saint-Galmier
+33 (0)4 77 54 14 82
val-de-coise@campeole.com

RHÔNE-ALPES

ST-JEAN-DE-MAURIENNE

73300 - Carte Michelin **333** L6 - 8 374 h. - alt. 556
▶ Paris 641 - Lyon 174 - Chambéry 75 - St-Martin-d'Hères 105

⚠ Municipal les Grands Cols

☎ 04 79 64 28 02, www.campingdesgrandscols.com

Pour s'y rendre : 422 av. du Mont-Cenis

2,5 ha (80 empl.) en terrasses, plat, herbeux

Location : ♿ (1 mobile home) - 7 🏠.

Cadre verdoyant et mobile homes en terrasses bien situés.

Nature : 🌳 ≤ montagnes 🏕 ♤♤
Loisirs : ✕ 🍴 terrain multisports
Services : ⚬ 🚿 🚰 📶 laverie
À prox. : 🚴

GPS E : 6.3515 N : 45.2716

ST-JEAN-DE-MUZOLS

07300 - Carte Michelin **331** K3 - 2 444 h. - alt. 123
▶ Paris 541 - Annonay 34 - Beaurepaire 53 - Privas 62

⚠ Le Castelet

☎ 04 75 08 09 48, www.camping-lecastelet.com

Pour s'y rendre : 113 rte du Grand Pont (2,8 km au sud-ouest par D 238, rte de Lamastre, au bord du Doux et à côté de la petite gare de Tournon - St-Jean-de-Muzols)

3 ha (66 empl.) en terrasses, plat, herbeux, pierreux

Location : 3 🏕 - 4 🏠.

🅿 borne AireService

Emplacements en terrasses qui descendent jusqu'à la rivière, en contrebas des vignes et de la route.

Nature : 🌳 ≤ 🏕 ♤♤
Loisirs : 🍴 🍺 🏖 🐟
Services : ⚬ 🚿 📶 🔥

GPS E : 4.78564 N : 45.0681

ST-JEAN-LE-CENTENIER

07580 - Carte Michelin **331** J6 - 668 h. - alt. 350
▶ Paris 623 - Alès 83 - Aubenas 20 - Privas 24

⚠⚠⚠ Les Arches

☎ 04 75 36 75 19, www.camping-les-arches.com

Pour s'y rendre : lieu-dit : Le Cluzel (1,2 km à l'ouest par D 458a et D 258, rte de Mirabel puis chemin à dr.)

Ouverture : de fin avr. à fin sept.

10 ha/5 campables (177 empl.) en terrasses, peu incliné, plat, herbeux

Empl. camping : (Prix 2017) 33,80€ ★★ 🚗 🔌 (10A) - pers. suppl. 6,50€ - frais de réservation 10€

Location : (Prix 2017) Permanent - 29 🏠 - 2 gîtes. Nuitée 58 à 133€ - Sem. 250 à 930€ - frais de réservation 10€

🅿 borne artisanale - 🚿 14€

Emplacements et locatif ensoleillés ou ombragés, avec vue ou au bord du petit plan d'eau naturel, proche d'une cascade.

Nature : 🌳 🏕 💧
Loisirs : 🍴 ✕ 🏖 🚴 🐟 🏊
Services : ⚬ 🚿 📶 🔥

GPS E : 4.52576 N : 44.58759

ST-JORIOZ

74410 - Carte Michelin **328** J5 - 5 716 h. - alt. 452
▶ Paris 545 - Albertville 37 - Annecy 9 - Megève 51

⚠⚠ Europa ♨

☎ 04 50 68 51 01, www.camping-europa.com 🚫

Pour s'y rendre : 1444 rte d'Albertville (1,4 km au sud-est)

Ouverture : de fin avr. à mi-sept.

3 ha (190 empl.) plat, herbeux, pierreux

Empl. camping : (Prix 2017) 45€ ★★ 🚗 🔌 (6A) - pers. suppl. 8,50€ - frais de réservation 25€

Location : (Prix 2017) (de mi-avr. à mi-sept.) - 🚫 - 60 🏕 - 4 🏠. Nuitée 50 à 170€ - Sem. 350 à 1 190€ - frais de réservation 25€

Bel ensemble aquatique et locatif mobile homes de bon confort.

Nature : ≤ ♤♤
Loisirs : 🍴 ✕ 🍺 🏖 🚴 🏊 🌊 terrain multisports
Services : ⚬ 🚿 🚰 📶 laverie 🔥

GPS E : 6.18185 N : 45.83

⚠⚠⚠ International du Lac d'Annecy

☎ 04 50 68 67 93, www.camping-lac-annecy.com

Pour s'y rendre : 1184 rte d'Albertville (1 km au sud-est)

Ouverture : de mi-avr. à mi-sept.

2,5 ha (163 empl.) plat, herbeux

Empl. camping : (Prix 2017) 48€ ★★ 🚗 🔌 (10A) - pers. suppl. 8,50€

Location : (Prix 2017) (de mi-avr. à mi-sept.) - ♿ (1 mobile home) - 🚫 - 42 🏕 - 3 🏠 - 4 tentes lodges. Nuitée 24 à 190€ - Sem. 294 à 1 204€

En deux parties distinctes de part et d'autre de la Voie Verte.

Nature : ♤♤
Loisirs : 🍴 ✕ 🍺 🏖 🚴 🏊 🌊 terrain multisports
Services : ⚬ 🚿 🚰 📶 laverie

GPS E : 6.17845 N : 45.83078

⚠⚠ Le Solitaire du Lac

☎ 04 50 68 59 30, www.campinglesolitaire.com - croisement difficile

Pour s'y rendre : 615 rte de Sales (1 km au nord)

Ouverture : de mi-avr. à fin sept.

3,5 ha (185 empl.) plat, herbeux

Empl. camping : (Prix 2017) 29,30€ ★★ 🚗 🔌 (5A) - pers. suppl. 6,20€ - frais de réservation 10€

Location : (Prix 2017) (de mi-avr. à fin sept.) - 🚫 - 14 🏕 - 1 🏠. Nuitée 61 à 116€ - Sem. 315 à 812€ - frais de réservation 10€

Espace verdoyant qui s'étend en prairie jusqu'au lac.

Nature : 🌳 ♤♤
Loisirs : 🍺 🏖 🚴 🐟
Services : ⚬ 🚿 📶 laverie 🔥

GPS E : 6.14875 N : 45.84177

Guide Michelin (hôtels et restaurants),
Guide Vert (sites et circuits touristiques) et
cartes routières Michelin sont complémentaires.
Utilisez-les ensemble.

RHÔNE-ALPES

ST-JULIEN-EN-ST-ALBAN

07000 - Carte Michelin **331** K5 - 1 311 h. - alt. 131
▶ Paris 587 - Aubenas 41 - Crest 29 - Montélimar 35

⚠ L'Albanou

📞 04 75 66 00 97, www.camping-albanou.com

Pour s'y rendre : chemin de Pampelonne (1,4 km à l'est par N 304, rte de Pouzin et chemin de Celliers à dr., près de l'Ouvèze)

Ouverture : de déb. avr. à fin oct.

1,5 ha (87 empl.) plat, herbeux

Empl. camping : (Prix 2017) 29€ ★★ 🚗 🏠 🔌 (10A) - pers. suppl. 5,50€ - frais de réservation 3€

Location : (Prix 2017) Permanent - 3 🏚. Sem. 495 à 695€ - frais de réservation 5€

🚐 borne artisanale

Beaux emplacements délimités.

Nature : 🌳 🏞 ♨
Loisirs : jacuzzi 🚣 🏊 🌊
Services : 🔑 📶 🏢 🚿

GPS : E : 4.71369 / N : 44.75651

ST-LAURENT-DU-PONT

38380 - Carte Michelin **333** H5 - 4 496 h. - alt. 410
▶ Paris 560 - Chambéry 29 - Grenoble 34 - La Tour-du-Pin 42

⚠ Municipal les Berges du Guiers

📞 04 76 55 20 63, www.camping-chartreuse.com

Pour s'y rendre : av. de la Gare (sortie nord par D 520, rte de Chambéry et à gauche)

Ouverture : de mi-juin à mi-sept.

1 ha (45 empl.) plat, herbeux

Empl. camping : (Prix 2017) 17,50€ ★★ 🚗 🏠 🔌 (5A) - pers. suppl. 5€

🚐 borne AireService

Emplacements au bord du ruisseau avec de grands espaces verts et passerelle reliant le village.

Nature : 🌳 ♨ ♨ ♨
Loisirs : 🌊
Services : 🔑 🏢 📶 🚿
À prox. : 🚣 🏊 🌊

GPS : E : 5.73615 / N : 45.39068

Gebruik de gids van het lopende jaar.

ST-LAURENT-EN-BEAUMONT

38350 - Carte Michelin **333** I8 - 436 h. - alt. 900
▶ Paris 613 - Le Bourg-d'Oisans 43 - Corps 16 - Grenoble 51

⚠ Belvédère de l'Obiou

📞 04 76 30 40 80, www.camping-obiou.com

Pour s'y rendre : lieu-dit : Les Égats (1,3 km au sud-ouest par N 85)

Ouverture : de mi-avr. à mi-oct.

1 ha (45 empl.) en terrasses, peu incliné, plat, herbeux

Empl. camping : (Prix 2017) 28,70€ ★★ 🚗 🏠 🔌 (10A) - pers. suppl. 6,50€ - frais de réservation 12€

Location : (Prix 2017) (de déb. mai à fin sept.) - 5 🏚 - 2 🛏. Nuitée 37 à 102€ - Sem. 259 à 714€ - frais de réservation 16€

🚐 borne artisanale 5€ - 4 🔌 13€

Cadre soigné, fleuri mais préférer les emplacements les plus éloignés de la route.

Nature : ≤ ♨
Loisirs : 🍴 🏠 🚣 🏊 🌊
Services : 🔑 🏢 🚿 📶 laverie 🧺
À prox. : 🍷

GPS : E : 5.83779 / N : 44.87597

ST-LAURENT-LES-BAINS

07590 - Carte Michelin **331** F6 - 156 h. - alt. 840
▶ Paris 603 - Aubenas 64 - Langogne 30 - Largentière 52

⚠ Le Ceytrou

📞 04 66 46 02 03, www.campingleceytrou.free.fr

Pour s'y rendre : 2,1 km au sud-est par D 4

2,5 ha (60 empl.) en terrasses, plat et peu incliné, herbeux, pierreux

Location : 12 🏚.

Agréable situation au cœur des montagnes du Vivarais Cévenol.

Nature : 🏞 ≤ ♨
Loisirs : 🏠 🚣 🏊 🌊
Services : 🔑 🚿 📶 🏢

GPS : E : 3.97962 / N : 44.59922

Utilisez le guide de l'année.

ST-MARTIN-D'ARDÈCHE

07700 - Carte Michelin **331** I6 - 886 h. - alt. 46
▶ Paris 641 - Bagnols-sur-Cèze 21 - Barjac 27 - Bourg-St-Andéol 13

⛰ Le Pontet 👫

📞 04 75 04 63 07, www.campinglepontet.com

Pour s'y rendre : lieu-dit : Le Pontet (1,5 km à l'est par D 290, rte de St-Just et chemin à gauche)

Ouverture : de déb. avr. à fin sept.

1,8 ha (97 empl.) en terrasses, plat, herbeux

Empl. camping : (Prix 2017) 26,10€ ★★ 🚗 🏠 🔌 (10A) - pers. suppl. 5,90€ - frais de réservation 10€

Location : (Prix 2017) (de déb. avr. à fin sept.) - 18 🏚. Nuitée 40 à 108€ - Sem. 210 à 760€ - frais de réservation 26€

🚐 borne artisanale 3€ - 🚐 8€

Entouré de vignes, très bien ombragé, avec la piscine de l'autre côté de la petite route.

Le Pontet

Nature : 🌳 ♨ ♨
Loisirs : 🍷 🍴 🏠 🚴 🚣 🏊 🌊 🚲
Services : 🔑 🏢 🚿 📶 🏢

GPS : E : 4.58453 / N : 44.30409

⛰ Les Gorges

📞 04 75 04 61 09, www.camping-des-gorges.com

Pour s'y rendre : chemin de Sauze (1,5 km au nord-ouest)

Ouverture : de fin avr. à mi-sept.

3 ha (145 empl.) en terrasses, plat, herbeux, pierreux

Empl. camping : (Prix 2017) 43€ ★★ 🚗 🏠 🔌 (10A) - pers. suppl. 9€ - frais de réservation 30€

Location : (Prix 2017) (de fin avr. à mi-sept.) - 26 🏚. Nuitée 45 à 179€ - Sem. 315 à 1 253€ - frais de réservation 30€

🚐 borne artisanale

526

RHÔNE-ALPES

Bien ombragé avec un accès aux bords de l'Ardèche.

Nature : 🏕️
Loisirs : 🍽️❌⛱️🏄🏊🚣 terrain multisports
Services : 🔑🚻🚿📶🏪♨️🚿

GPS
E : 4.55547
N : 44.31155

⛺ Huttopia le Moulin

📞 0475046620, europe.huttopia.com/site/camping-le-moulin

Pour s'y rendre : sortie sud-est par D 290, rte de St-Just et à dr. (D 200), au bord de l'Ardèche

Ouverture : de déb. avr. à déb. oct.

6,5 ha (200 empl.) peu incliné, plat, herbeux, sablonneux

Empl. camping : (Prix 2017) 36€ ✶✶ 🚗 📧 ⚡ (10A) - pers. suppl. 7,50€ - frais de réservation 15€

Location : (Prix 2017) (de déb. avr. à déb. oct.) - 8 🏠 - 10 🏡 - 55 tentes lodges - 16 roulottes. Nuitée 39 à 150€ - Sem. 273 à 1 050€ - frais de réservation 15€

🚐 borne artisanale 7€ - 🚐 20€

Nature : 🏊
Loisirs : ❌⛱️🏄🏊🚣
Services : 🔑🚿📶🏪♨️

GPS
E : 4.57122
N : 44.30035

ST-MARTIN-DE-CLELLES

38930 - Carte Michelin **333** G8 - 157 h. - alt. 750
▶ Paris 616 - Lyon 149 - Grenoble 48 - St-Martin-d'Hères 49

⛺ La Chabannerie

📞 0476340038, www.camping-trieves.com

Pour s'y rendre : Lotissement La Chabannerie (1,2 km au nord par D 252A)

Ouverture : de mi-mars à mi-oct.

2,5 ha (30 empl.) en terrasses, plat et peu incliné, herbeux, pierreux

Empl. camping : (Prix 2017) 23€ ✶✶ 🚗 📧 ⚡ (10A) - pers. suppl. 4€ - frais de réservation 15€

🚐 borne eurorelais 5€ - 🚐 9€

Cadre naturel et sauvage sous une jolie pinède de montagne.

Nature : 🏊⛰️🏕️
Loisirs : 🏠🏊
Services : 🔑🚻🚿📶🏪♨️🚿

GPS
E : 5.62371
N : 44.85125

ST-MARTIN-EN-VERCORS

26420 - Carte Michelin **332** F3 - 378 h. - alt. 780
▶ Paris 601 - La Chapelle-en-Vercors 9 - Grenoble 51 - Romans-sur-Isère 46

⛺ La Porte St-Martin

📞 0475455110, www.camping-laportestmartin.com

Pour s'y rendre : sortie nord par D 103

Ouverture : de déb. mai à fin sept.

1,5 ha (66 empl.) fort dénivelé, en terrasses, incliné, plat, herbeux, pierreux, gravier

Empl. camping : (Prix 2017) 20€ ✶✶ 🚗 📧 ⚡ (10A) - pers. suppl. 7€

Location : (Prix 2017) Permanent - 3 🏡 - 2 appartements. Sem. 340 à 650€

🚐 borne AireService 5€

Quelques emplacements "natures" isolés sur les hauteurs.

Nature : 🏊🏕️
Loisirs : 🍽️❌⛱️🏄🚣 (petite piscine)
Services : 🔑📶🏪

GPS
E : 5.44336
N : 45.02456

ST-MAURICE-D'ARDÈCHE

07200 - Carte Michelin **331** I6 - 312 h. - alt. 140
▶ Paris 639 - Aubenas 12 - Largentière 16 - Privas 44

⛺ Le Chamadou 👥

📞 0475370056, www.camping-le-chamadou.com ✉ 07120 Balazuc

Pour s'y rendre : lieu-dit : Mas de Chaussy (à 500 m d'un étang)

Ouverture : de déb. avr. à fin oct.

1 ha (86 empl.) peu incliné, plat, herbeux

Empl. camping : (Prix 2017) 32,50€ ✶✶ 🚗 📧 ⚡ (10A) - pers. suppl. 7,50€ - frais de réservation 16€

Location : (Prix 2017) (de déb. avr. à fin oct.) - ✈️ - 6 🏠 - 24 🏡 - 3 gîtes. Nuitée 34 à 137€ - Sem. 230 à 960€ - frais de réservation 16€

Autour d'un joli mas en pierre au milieu du vignoble ardéchois.

Nature : 🏊🏕️
Loisirs : 🍽️❌⛱️🏋️🏄🏊🚣 mini ferme terrain multisports
Services : 🔑♨️📶🏪
À prox. : 🎣

GPS
E : 4.40384
N : 44.50826

---

*Om een reisroute uit te stippelen en te volgen,
om het aantal kilometers te berekenen,
om precies de ligging van een terrein te bepalen
(aan de hand van de inlichtingen in de tekst),
gebruikt u de* **Michelinkaarten***,
een onmisbare aanvulling op deze gids.*

ST-PAUL-DE-VÉZELIN

42590 - Carte Michelin **327** D4 - 303 h. - alt. 431
▶ Paris 415 - Boën 19 - Feurs 30 - Roanne 26

⛺ La Via Natura Arpheuilles

📞 0477634343, www.camping-arpheuilles.com

Pour s'y rendre : 4 km au nord, à Port Piset, près du fleuve (plan d'eau)

Ouverture : de fin avr. à mi-sept.

3,5 ha (87 empl.) en terrasses, peu incliné, herbeux

Empl. camping : (Prix 2017) 29,50€ ✶✶ 🚗 📧 ⚡ (10A) - pers. suppl. 6€

Location : (Prix 2017) (de fin avr. à mi-sept.) - ♿ (1 chalet) - 7 🏠 - 8 🏡 - 9 tentes lodges. Nuitée 50 à 140€ - Sem. 170 à 695€

Sur une presqu'île en bord de Loire avec plage, baignade et locatif varié de bon confort.

Nature : 🏊⛰️🏕️💧
Loisirs : 🍽️❌⛱️🌞diurne🏋️🏄🏊🚣🎣 terrain multisports
Services : 🔑♨️📶🏪 laverie 🚿

GPS
E : 4.06314
N : 45.91178

RHÔNE-ALPES

ST-PIERRE-D'ALBIGNY

73250 - Carte Michelin **333** J4 - 3 269 h. - alt. 410
▶ Paris 587 - Aix-les-Bains 43 - Albertville 27 - Annecy 52

⛰ Lac de Carouge

📞 0625913831, www.campinglacdecarouge.fr

Pour s'y rendre : 2,8 km au sud par D 911 et chemin à gauche, à 300 m de la N 6

Ouverture : de mi-avr. à déb. sept.

1,9 ha (81 empl.) plat, herbeux

Empl. camping : (Prix 2017) 19 € ✶✶ 🚗 🅿 (10A) - pers. suppl. 3,50 € - frais de réservation 20 €

Location : (Prix 2017) (de mi-avr. à mi-sept.) - 22 🏠 - 2 bungalows toilés. Nuitée 110 à 150 € - Sem. 350 à 730 € - frais de réservation 20 €

🚐 borne artisanale 4 €

Cadre agréable, ombragé, près de la base nautique.

Nature : 🌳 🌲🌲
Loisirs : 🍴
Services : 🔑 🚿 ♿ 🛜 laverie
À prox. : 🚣 ⛵ (plage) 🛶 pédalos télé-ski nautique, pédalos

GPS : E : 6.17092 / N : 45.56057

ST-PIERRE-DE-CHARTREUSE

38380 - Carte Michelin **333** H5 - 999 h. - alt. 885 - Sports d'hiver : 900/1 800 m
▶ Paris 571 - Belley 62 - Chambéry 39 - Grenoble 28

⛰ Sites et Paysages De Martinière

📞 0476886036, www.campingdemartiniere.com

Pour s'y rendre : rte du Col-de-Porte (3 km au sud-ouest par D 512, rte de Grenoble)

Ouverture : de mi-mai à mi-sept.

1,5 ha (100 empl.) non clos, peu incliné, plat, herbeux

Empl. camping : (Prix 2017) 29 € ✶✶ 🚗 🅿 (10A) - pers. suppl. 7 € - frais de réservation 8 €

Location : (Prix 2017) (de mi-mai à mi-sept.) - 🏠 - 4 🏠 - 3 🏠 - 2 chalets sur pilotis - 2 tentes sur pilotis - 1 cabanon. Nuitée 27 à 115 € - Sem. 189 à 800 € - frais de réservation 8 €

🚐 borne artisanale - 3 🅿 23,50 € - 🚐 11 €

Site agréable au cœur de la Chartreuse avec vue imprenable sur les montagnes.

Nature : 🏔 ⛰ 🌳 🌲🌲
Loisirs : 🍴 🏓 ♨ 🎯
Services : 🔑 🚽 ♿ 🛜 🛒

GPS : E : 5.79717 / N : 45.32583

ST-PRIVAT

07200 - Carte Michelin **331** I6 - 1 588 h. - alt. 304
▶ Paris 631 - Lyon 169 - Privas 26 - Valence 65

⛰ Le Plan d'Eau

📞 0475354498, www.campingleplandeau.fr

Pour s'y rendre : rte de Lussas (2 km au sud-est par D 259, au bord de l'Ardèche)

Ouverture : de fin avr. à mi-sept.

3 ha (100 empl.) plat, herbeux, pierreux

Empl. camping : (Prix 2017) 22,50 € ✶✶ 🚗 🅿 (8A) - pers. suppl. 5 € - frais de réservation 20 €

Location : (Prix 2017) (de fin avr. à mi-sept.) - 25 🏠. Nuitée 50 à 136 € - Sem. 196 à 952 € - frais de réservation 20 €

Bel ombrage avec des emplacements près de l'Ardèche.

Nature : 🌳 🌲🌲
Loisirs : 🍴🍽 🏓 🏊 ♨ 🎯 terrain multisports
Services : 🔑 🚿 🛜 laverie

GPS : E : 4.43296 / N : 44.61872

ST-REMÈZE

07700 - Carte Michelin **331** J7 - 863 h. - alt. 365
▶ Paris 645 - Barjac 30 - Bourg-St-Andéol 16 - Pont-St-Esprit 27

⛰ Domaine de Briange

📞 0475041443, www.campingdebriange.com

Pour s'y rendre : rte de Gras (2 km au nord par D 362)

Ouverture : de déb. mai à mi-sept.

4 ha (80 empl.) peu incliné, plat, herbeux, pierreux, sablonneux

Empl. camping : (Prix 2017) ✶ 12 € 🚗 🅿 38 € – 🅿 (6A) 4,50 €

Location : (Prix 2017) Permanent ♿, (1 chalet) - 25 🏠 - 6 bungalows toilés - 1 roulotte - 1 cabane perchée. Nuitée 60 à 205 € - frais de réservation 25 €

Nombreux locatifs variés, certains de bon confort et pour beaucoup éloignés les uns des autres.

Nature : 🌲 🌲
Loisirs : 🍴 🏓 ♨ 🎯
Services : 🔑 🚿 🚽
À prox. : 🚣

GPS : E : 4.5139 / N : 44.40615

⛺ La Résidence d'Été

📞 0475042687, www.campinglaresidence.com

Pour s'y rendre : r. de la Bateuse

Ouverture : de fin mars à mi-oct.

1,6 ha (60 empl.) en terrasses, peu incliné à incliné, herbeux, pierreux, verger

Empl. camping : (Prix 2017) 30 € ✶✶ 🚗 🅿 (10A) - pers. suppl. 9 €

Location : (Prix 2017) (de fin mars à mi-oct.) - 19 🏠. Nuitée 63 à 97 € - Sem. 351 à 675 €

Tout proche du centre-ville, avec un bel espace nature sous les cerisiers.

Nature : ⛰ 🌲🌲
Loisirs : 🍴 🏓 ♨
Services : 🔑 🛜 🚽 🚐
À prox. : 🚣

GPS : E : 4.50437 / N : 44.39105

ST-SAUVEUR-DE-CRUZIÈRES

07460 - Carte Michelin **331** H8 - 535 h. - alt. 150
▶ Paris 674 - Alès 28 - Barjac 9 - Privas 81

⛰ La Claysse

📞 0475354065, www.campingdelaclaysse.com - Pour caravanes et camping-cars, accès par le haut du village.

Pour s'y rendre : lieu-dit : La Digue (au nord-ouest du bourg, au bord de la rivière)

Ouverture : de mi-avr. à mi-sept.

5 ha/1 campable (60 empl.) en terrasses, plat, herbeux

Empl. camping : (Prix 2017) 30,50 € ✶✶ 🚗 🅿 (10A) - pers. suppl. 4,50 € - frais de réservation 15 €

528

RHÔNE-ALPES

Location : (Prix 2017) (de mi-avr. à mi-sept.) - 13. Sem. 220 à 700€ - frais de réservation 15€

En contrebas de la route et emplacements au bord de la rivière. Production et vente d'huile d'olive.

Nature :
Loisirs :
Services :
À prox. : escalade

GPS E : 4.25085 N : 44.29984

ST-SAUVEUR-DE-MONTAGUT

07190 - Carte Michelin 331 J5 - 1 144 h. - alt. 218
▶ Paris 597 - Le Cheylard 24 - Lamastre 29 - Privas 24

L'Ardéchois

☎ 0475666187, www.ardechois-camping.fr
Pour s'y rendre : 8,5 km à l'ouest par D 102, rte d'Albon
Ouverture : de mi-mai à fin sept.
37 ha/5 campables (107 empl.) en terrasses, plat, herbeux
Empl. camping : (Prix 2017) 37,15€ (10A) - pers. suppl. 7,80€ - frais de réservation 23€
Location (Prix 2017) (de mi-mai à fin sept.) - 19 - 9. Sem. 405 à 830€ - frais de réservation 23€
borne artisanale

En deux parties distinctes de part et d'autre de la route avec des emplacements au bord de la Glueyre.

Nature :
Loisirs : laverie
Services :
À prox. :

GPS E : 4.52294 N : 44.82893

ST-VALLIER

26240 - Carte Michelin 332 B2 - 4 000 h. - alt. 135
▶ Paris 526 - Annonay 21 - St-Étienne 61 - Tournon-sur-Rhône 16

Municipal les Îsles de Silon

☎ 0475232217, www.saintvallier.com
Pour s'y rendre : lieu-dit : Les Îles (au nord, près du Rhône)
Ouverture : de mi-mars à mi-nov.
1,35 ha (77 empl.) plat, herbeux, pierreux
Empl. camping : (Prix 2017) 12,80€ (10A) - pers. suppl. 2,80€
Location (Prix 2017) (de déb. avr. à fin oct.) - 4. Nuitée 40 à 120€ - Sem. 260 à 420€

Bordé par le Rhône et la Via Rhôna.

Nature :
Loisirs :
Services : laverie
À prox. : parc aquatique

GPS E : 4.81237 N : 45.1879

La catégorie (1 à 5 tentes, noires ou rouges) que nous attribuons aux terrains sélectionnés dans ce guide est une appréciation qui nous est propre. Elle ne doit pas être confondue avec le classement (1 à 5 étoiles) établi par les services officiels.

STE-CATHERINE

69440 - Carte Michelin 327 G6 - 911 h. - alt. 700
▶ Paris 488 - Andrézieux-Bouthéon 38 - L'Arbresle 37 - Feurs 43

Municipal du Châtelard

☎ 0478818060, mairie-saintecatherine.fr - alt. 800 - peu d'emplacements pour tentes et caravanes
Pour s'y rendre : lieu-dit : le Châtelard (2 km au sud)
Ouverture : de déb. mars à fin nov.
4 ha (61 empl.) en terrasses, plat, herbeux
Empl. camping : (Prix 2017) 2,45€ 2,80€ – (6A) 3€
borne artisanale 4,50€

Nature : Mont Pilat et Monts du Lyonnais
Loisirs :
Services :

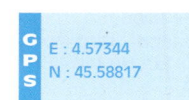

GPS E : 4.57344 N : 45.58817

SALAVAS

07150 - Carte Michelin 331 I7 - 530 h. - alt. 96
▶ Paris 668 - Lyon 206 - Privas 58 - Nîmes 77

Le Péquelet

☎ 0475880449, www.lepequelet.com
Pour s'y rendre : lieu-dit : Le Cros (sortie sud par D 579, rte de Barjac et 2 km par rte à gauche)
Ouverture : de déb. avr. à mi-sept.
2 ha (60 empl.) plat, herbeux
Empl. camping : (Prix 2017) 36€ (10A) - pers. suppl. 8€ - frais de réservation 10€
Location : (Prix 2017) (de déb. avr. à mi-sept.) - 13 - 5 - 2 tentes lodges - 2 appartements. Nuitée 40 à 140€ - frais de réservation 10€
borne artisanale

Au bord de l'Ardèche et bordé par des vignes.

Nature :
Loisirs :
Services :

GPS E : 4.39806 N : 44.39075

SALLANCHES

74700 - Carte Michelin 328 M5 - 15 619 h. - alt. 550
▶ Paris 585 - Annecy 72 - Bonneville 29 - Chamonix-Mont-Blanc 28

Tohapi Les Îles

☎ 0430051504, www.campinglesiles.fr
Pour s'y rendre : 245 chemin de la Cavettaz (2 km au sud-est, au bord d'un ruisseau et à 250 m d'un plan d'eau)
Ouverture : de mi-avr. à mi-sept.
4,6 ha (260 empl.) plat, herbeux, pierreux
Empl. camping : (Prix 2017) 18€ (10A) - pers. suppl. 5€ - frais de réservation 10€
Location : (Prix 2017) (de mi-avr. à mi-sept.) - 80 - 5. Nuitée 50 à 171€ - Sem. 250 à 1 200€ - frais de réservation 10€

Cadre très boisé tout proche d'une importante base de loisirs.

Nature :
Loisirs : diurne
Services : laverie
À prox. : (plage) bateaux électriques

GPS E : 6.65103 N : 45.92404

529

RHÔNE-ALPES

LA SALLE-EN-BEAUMONT

38350 - Carte Michelin 333 I8 - 297 h. - alt. 756
▶ Paris 614 - Le Bourg-d'Oisans 44 - Gap 51 - Grenoble 52

⛰ Le Champ Long

📞 04 76 30 41 81, www.camping-champlong.com - mise en place et sortie des caravanes à la demande

Pour s'y rendre : lieu-dit : Le Champ-Long (2,7 km au sud-ouest par N 85, rte de la Mure et chemin à gauche)

Ouverture : de déb. avr. à déb. oct.

5 ha (88 empl.) non clos, fort dénivelé, en terrasses, plat, herbeux

Empl. camping : (Prix 2017) ✱ 🚗 🏠 24€ – (10A) 5€ - frais de réservation 15€

Location : (Prix 2017) (de déb. avr. à déb. oct.) - 2 🏕 - 10 🏠. Nuitée 45 à 105€ - Sem. 350 à 750€ - frais de réservation 15€

Nombreuses petites terrasses individuelles et locatif parfois ancien.

Nature : Vallée et lac	GPS
Loisirs : 🍴 ✖ 🐕 jacuzzi 🏊	E : 5.85562
Services : 🔑 🚿 📶 laverie	N : 44.84468

SAMOËNS

74340 - Carte Michelin 328 N4 - 2 311 h. - alt. 710
▶ Paris 598 - Lyon 214 - Annecy 82 - Genève 63

⛰ Club Airotel Le Giffre

📞 04 50 34 41 92, www.camping-samoens.com

Pour s'y rendre : lieu-dit : La Glière

Ouverture : Permanent

7 ha (212 empl.) plat, herbeux, pierreux

Empl. camping : (Prix 2017) 32,95€ ✱✱ 🚗 🏠 (10A) - pers. suppl. 4,60€

Location : (Prix 2017) Permanent - 2 🏕 - 6 🏠 - 4 bungalows toilés - 1 tente sur pilotis. Nuitée 47 à 75€ - Sem. 199 à 680€
🚐 borne flot bleu 6€ - 10 🅿 23€

Dans un site agréable, près d'un lac et d'un parc de loisirs.

Nature : 🌲	GPS
Loisirs : 🎣	E : 6.71917
Services : 🔑 🚿 📶 laverie	N : 46.07695
À prox. : 🍴 ✖ 🏊 🚴 ⛵ parcours sportif, practice golf sur eau	

SAMPZON

07120 - Carte Michelin 351 I7 - 224 h. - alt. 120
▶ Paris 660 - Lyon 198 - Privas 56 - Nîmes 85

⛰ Yelloh! Village Soleil Vivarais 👥

📞 04 75 39 67 56, www.soleil-vivarais.com

Pour s'y rendre : au pont (rte de Vallon Pont d'Arc)

Ouverture : de déb. avr. à mi-sept.

12 ha (350 empl.) plat, herbeux, pierreux **Empl. camping** : (Prix 2017) 62€ ✱✱ 🚗 🏠 (10A) - pers. suppl. 9€

Location : (Prix 2017) (de déb. avr. à mi-sept.) - 263 🏕 - 5 🏠. Nuitée 39 à 169€ - Sem. 273 à 1 183€

Bordé par une belle plage de l'Ardèche avec des mobile homes de bon et de très bon confort. Pataugeoire ludique couverte.

Nature : 🌲	GPS
Loisirs : 🍴 ✖ 🐕 jacuzzi 🏊 🚴 ⛵ 🏊 (plage)	E : 4.35528
Services : 🔑 🚿 📶 laverie	N : 44.42916

⛰ Le Mas de la Source

📞 04 75 39 67 98, www.campingmasdelasource.com

Pour s'y rendre : La Tuillière

Ouverture : de mi-avr. à fin sept.

1,2 ha (30 empl.) en terrasses, plat, herbeux

Empl. camping : (Prix 2017) 29€ ✱✱ 🚗 🏠 (6A) - pers. suppl. 6,90€ - frais de réservation 10€

Location : (Prix 2017) (de mi-avr. à fin sept.) - 11 🏕 - 2 bungalows toilés. Sem. 175 à 675€ - frais de réservation 12€

Sur la presqu'île de Sampzon avec un accès à l'Ardèche. Agréable et ombragé.

Nature : ! 🌲	GPS
Loisirs : 🏊 ⛵	E : 4.3466
Services : 🔑 📶 🏠	N : 44.42242

⛰ Sun Camping

📞 04 75 39 76 12, www.suncamping.com

Pour s'y rendre : 10 chemin des Piboux (200 m de l'Ardèche)

Ouverture : de déb. avr. à mi-sept.

1,2 ha (70 empl.) en terrasses, plat, herbeux

Empl. camping : (Prix 2017) 34,50€ ✱✱ 🚗 🏠 (10A) - pers. suppl. 6,50€ - frais de réservation 10€

Location : (Prix 2017) (de déb. avr. à mi-sept.) - 18 🏕 - 2 bungalows toilés. Nuitée 39 à 140€ - Sem. 189 à 900€ - frais de réservation 15€

Sur la presqu'île de Sampzon avec du locatif mobile homes de bon confort.

Nature : 🌲	GPS
Loisirs : 🍴 🏊	E : 4.35352
Services : 🔑 (juil.-août) 🚿 📶 laverie	N : 44.42895
À prox. : 🏊 ✖ ⛵	

SATILLIEU

07290 - Carte Michelin 331 J3 - 1 616 h. - alt. 485
▶ Paris 542 - Annonay 13 - Lamastre 36 - Privas 87

⛰ Municipal le Grangeon

📞 04 75 67 84 86, www.lalouvesc.com

Pour s'y rendre : chemin de l'Hermuzière (1,1 km au sud-ouest par D 578a, rte de Lalouvesc et à gauche)

Ouverture : de déb. mai à fin sept.

1 ha (52 empl.) en terrasses, plat, herbeux

Empl. camping : (Prix 2017) ✱ 2,60€ 🚗 1,80€ 🏠 2,80€ – (10A) 3,30€

Renouvelez votre guide chaque année.

RHÔNE-ALPES

Location : (Prix 2017) (de déb. mai à fin sept.) - 5 🏠 - 10 ⛺. Nuitée 40 à 45€ - Sem. 150 à 350€

Emplacements et chalets bien ombragés, au bord de l'Ay et avec un petit plan d'eau agréable.

Nature : 🌳 🌲 ⚑⚑
Loisirs : 🏊
Services : ⚲ 🚿 📶 📺
À prox. : 🏊 (plan d'eau)

GPS : E : 4.60389 / N : 45.14438

SCIEZ

74140 - Carte Michelin **328** L3 - 5 269 h. - alt. 406
▶ Paris 561 - Abondance 37 - Annecy 69 - Annemasse 24

⛺ Le Chatelet

📞 04 50 72 52 60, www.camping-chatelet.com - peu d'emplacements pour tentes et caravanes

Pour s'y rendre : 658 chemin des Hutins-Vieux (3 km au nord-est par N 5, rte de Thonon-les-Bains et rte du port de Sciez-Plage à gauche, à 300 m de la plage)

Ouverture : de déb. avr. à fin oct.

2,5 ha (121 empl.) plat, herbeux, pierreux

Empl. camping : (Prix 2017) 21€ ★★ ⛁ 🚗 📺 ⚡ (10A) - pers. suppl. 6€ - frais de réservation 8€

Location : (Prix 2017) (de déb. mars à fin oct.) - ♿ (1 chalet) - 12 🏠 - 2 tentes lodges - 2 cabanons. Nuitée 31 à 145€ - Sem. 189 à 1 015€ - frais de réservation 12€

🚰 borne artisanale 4€

Quelques emplacements pour tentes et caravanes mais nombreux mobile homes de propriétaires-résidents.

Nature : 🌳
Loisirs : 🏊 🚴 terrain multisports
Services : ⚲ 📶 🚿 📶 laverie
À prox. : 🍴 🍽 pédalos

GPS : E : 6.39705 / N : 46.34079

SÉEZ

73700 - Carte Michelin **333** N4 - 2 332 h. - alt. 904
▶ Paris 638 - Albertville 57 - Bourg-St-Maurice 4 - Moûtiers 31

⛺ Le Reclus

📞 04 79 41 01 05, www.campinglereclus.com

Pour s'y rendre : rte de Tignes (sortie nord-ouest par N 90, rte de Bourg-St-Maurice, au bord du Reclus)

Ouverture : Permanent

1,5 ha (108 empl.) en terrasses, peu incliné, herbeux, pierreux

Empl. camping : (Prix 2017) 22,50€ ★★ 🚗 📺 ⚡ (10A) - pers. suppl. 5,55€ - frais de réservation 10€

Location : (Prix 2017) Permanent 🏠 - 5 🏠 - 4 🏠 - 4 🛏 - 6 yourtes - 2 roulottes. Nuitée 50 à 85€ - Sem. 350 à 650€ - frais de réservation 10€

🚰 borne artisanale 5€ - 6 🅿 15€

Préférer les emplacements les plus éloignés de la route.

Nature : ❄ ⚑⚑
Loisirs : 🏊 🚴
Services : ⚲ 🚿 📶 laverie

GPS : E : 6.7927 / N : 45.62583

SERRIÈRES-DE-BRIORD

01470 - Carte Michelin **328** F6 - 1 143 h. - alt. 218
▶ Paris 481 - Belley 29 - Bourg-en-Bresse 57 - Crémieu 24

⛺ Le Point Vert

📞 04 74 36 13 45, www.camping-ain-bugey.com - peu d'emplacements pour tentes et caravanes

Pour s'y rendre : rte du Point-Vert (2,5 km à l'ouest, à la base de loisirs)

1,9 ha (137 empl.) plat, herbeux

Location : 5 🏠.

🚰 borne artisanale

Au bord d'un plan d'eau près du Rhône avec de nombreux mobile homes et caravanes de propriétaires-résidents.

Nature : 🌳 ≤ ⚑⚑ 🌲
Loisirs : 🏊 🌙 diurne 🎣 🚴 🏓 🏊 pédalos
Services : ⚲ 🚿 📶 laverie 🏪
À prox. : 🍴 🍽 🥖 ✂ 🏊 (plage) 🚣 ⚓ paddle

GPS : E : 5.42731 / N : 45.81633

Choisissez votre restaurant sur **restaurant.michelin.fr**

SÉVRIER

74320 - Carte Michelin **328** J5 - 3 835 h. - alt. 456
▶ Paris 541 - Albertville 41 - Annecy 6 - Megève 55

⛺ Le Panoramic

📞 04 50 52 43 09, www.camping-le-panoramic.com

Pour s'y rendre : 22 chemin des Bernets (3,5 km au sud)

Ouverture : de mi-avr. à fin sept.

3 ha (189 empl.) plat, peu incliné, herbeux

Empl. camping : (Prix 2017) 30,60€ ★★ 🚗 📺 ⚡ (10A) - pers. suppl. 6€ - frais de réservation 10€

Location : (Prix 2017) (de mi-avr. à fin sept.) - 20 🏠 - 14 🏠 - 3 appartements - 3 studios. Sem. 285 à 980€ - frais de réservation 10€

🚰 borne artisanale 7€

En deux parties distinctes, situation surplombant le lac.

Nature : ≤ ⚑⚑
Loisirs : 🍴 🍽 🏊 🌙 diurne 🎣 🏊
Services : ⚲ 🚿 📶 laverie 🏪 🚣

GPS : E : 6.1417 / N : 45.84308

⛺ Au Cœur du Lac

📞 04 50 52 46 45, www.campingaucoeurdulac.com 🐕 (de déb. juil. à fin août)

Pour s'y rendre : 3233 rte d'Albertville (1 km au sud)

Ouverture : de fin mars à fin sept.

1,7 ha (105 empl.) en terrasses, peu incliné, herbeux, gravillons

Empl. camping : (Prix 2017) 31€ ★★ 🚗 📺 ⚡ (5A) - pers. suppl. 6€

Location : (Prix 2017) (de fin avr. à fin sept.) - 🐕 - 10 🏠. Sem. 290 à 750€ - frais de réservation 12€

🚰 borne artisanale

Situation agréable près du lac (accès direct).

Nature : ≤ 🌳 ♀
Loisirs : 🏊 🌙 diurne 🎣 🚴 🏓
Services : ⚲ 🚿 📶 laverie
À prox. : ✂ 🏊

GPS : E : 6.14399 / N : 45.85487

531

RHÔNE-ALPES

SEYSSEL
74910 - Carte Michelin **328** I5 - 2 262 h. - alt. 252
▶ Paris 517 - Aix-les-Bains 32 - Annecy 40

▲ Le Nant-Matraz
✆ 04 50 48 56 40, www.camping-seyssel.com
Pour s'y rendre : 15 rte de Genève (sortie nord par D 992)
Ouverture : de mi-mai à mi-sept.
1 ha (67 empl.) plat et peu incliné, herbeux
Empl. camping : (Prix 2017) 15,50€ ✶✶ 🚗 ⚡ (16A) - pers. suppl. 3€
Location : (Prix 2017) (de mi-mai à mi-sept.) - 🚐 - 1 🏠 - 3 tipis - 1 yourte - 3 cabanons. Nuitée 35 à 80€ - Sem. 210 à 450€
Préférer les emplacements qui dominent le Rhône.

Nature : 🌲 ≤ 🌳🌳
Loisirs : 🍴 🍽 🏊 (petite piscine)
Services : 🔑 🚿 📶 laverie
À prox. : 🎣

GPS : E : 5.83574 / N : 45.96339

TANINGES
74440 - Carte Michelin **328** M4 - 3 414 h. - alt. 640
▶ Paris 570 - Annecy 68 - Bonneville 24 - Chamonix-Mont-Blanc 51

▲ Municipal des Thézières
✆ 04 50 34 25 59, www.prazdelys-sommand.com
Pour s'y rendre : les Vernays-sous-la-Ville (sortie sud, rte de Cluses, au bord du Foron et à 150 m du Giffre)
Ouverture : Permanent
2 ha (113 empl.) plat, herbeux, pierreux
Empl. camping : (Prix 2017) 19,90€ ✶✶ 🚗 ⚡ (10A) - pers. suppl. 3€
🚐 borne artisanale 5€ - 3 🏠 19,90€
Dans un joli parc verdoyant et ombragé, au bord d'un petit torrent.

Nature : 🌲 ≤ 🌳🌳
Loisirs : 🎣
Services : 🔑 🚿 📶 laverie
À prox. : 🏇 🚴 🍴

GPS : E : 6.58837 / N : 46.09866

Renouvelez votre guide chaque année.

TERMIGNON
73500 - Carte Michelin **333** N6 - 423 h. - alt. 1 290
▶ Paris 680 - Bessans 18 - Chambéry 120 - Lanslebourg-Mont-Cenis 6

▲ Les Mélèzes
✆ 04 79 20 51 41, www.camping-termignon-lavanoise.com
Pour s'y rendre : rte du Doron (au bourg, au bord d'un torrent)
Ouverture : de mi-mai à mi-oct.
0,7 ha (66 empl.) plat, herbeux
Empl. camping : (Prix 2017) 14,75€ ✶✶ 🚗 ⚡ (10A) - pers. suppl. 3,15€
Location : (Prix 2017) (de mi-mai à fin sept.) - 🚐 - 2 🚐 - 2 cabanons. Nuitée 55 à 100€ - Sem. 350 à 460€
🚐 4 🏠 13,20€ - 🍺 9€

Emplacements ombragés le long de l'Arc.

Nature : 🌲 ≤ 🌳🌳
Loisirs : 🍽 🎣
Services : 🔑 (de mi-juin à mi-sept.) 🚿 🚽 📶

GPS : E : 6.81535 / N : 45.27815

LA TOUSSUIRE
73300 - Carte Michelin **333** K6 - alt. 1 690
▶ Paris 651 - Albertville 78 - Chambéry 91 - St-Jean-de-Maurienne 16

▲ Caravaneige du Col
✆ 04 79 83 00 80, www.camping-du-col.com - alt. 1 640
Pour s'y rendre : 1 km à l'est de la station, sur la rte de St-Jean-de-Maurienne
0,8 ha (40 empl.) plat, herbeux
Location : 7 🚐 - 3 🏠 - 2 appartements.
🚐 borne artisanale - 20 🏠
Navette gratuite pour la station.

Nature : ❄ ≤ Les Aiguilles d'Arves 🌳
Loisirs : 🍴 🍽 🍽 🕐 diurne 🎮 🏊 🏊
Services : 🔑 🚿 🚽 📶 laverie

GPS : E : 6.2739 / N : 45.25727

*Créez votre voyage sur **voyages.michelin.fr***

TREPT
38460 - Carte Michelin **333** E3 - 1 741 h. - alt. 275
▶ Paris 495 - Belley 41 - Bourgoin-Jallieu 13 - Lyon 52

▲▲ Les 3 Lacs du Soleil 👥
✆ 04 74 92 92 06, www.camping-les3lacsdusoleil.com
Pour s'y rendre : lieu-dit : La Plaine Serrière (2,7 km à l'est par D 517, rte de Morestel et chemin à dr., près de deux plans d'eau)
Ouverture : de fin avr. à mi-sept.
25 ha/3 campables (160 empl.) plat, herbeux
Empl. camping : (Prix 2017) 38€ ✶✶ 🚗 ⚡ (6A) - pers. suppl. 7,50€
Location : (Prix 2017) (de fin avr. à déb. sept.) - 30 🚐 - 7 🏠 - 20 bungalows toilés - 10 tentes lodges. Sem. 300 à 940€
Beaucoup d'espaces verts pour la détente et un lac dédié à la baignade, aux pédalos et toboggans aquatiques.

Nature : 🌲 ≋ 🏞
Loisirs : 🍴 🍽 🍽 🕐 diurne 🎣 jacuzzi 🎠 🏊 🛶 🚣 (plage) 🛶 barques pédalos parcours de santé
Services : 🔑 🚿 🚽 📶 laverie

GPS : E : 5.33447 / N : 45.69039

TRÉVOUX
01600 - Carte Michelin **328** B5 - 6 702 h. - alt. 177
▶ Paris 444 - Bourg-en-Bresse 51 - Lyon 38 - Mâcon 54

▲▲ Sites et Paysages Kanopée Village
✆ 04 74 08 44 83, www.kanopee-village.com
Pour s'y rendre : r. Robert Baltié
Ouverture : de déb. avr. à fin sept.
3,5 ha (182 empl.) plat, herbeux, gravillons
Empl. camping : (Prix 2017) 31,50€ ✶✶ 🚗 ⚡ (10A) - pers. suppl. 5€

RHÔNE-ALPES

Location : (Prix 2017) Permanent ♿ (4 mobile homes) - 🚐 - 20 🚐 - 10 🏠 - 10 chalets sur pilotis. Nuitée 70 à 240€ - Sem. 380 à 1 249€

🚐 borne eurorelais 3€ - 8 🎫 - 🚿 11€

Sur les bords de la Saône avec du locatif de bon confort dont certains avec de grandes capacités de couchages.

Nature : ⛺ 🌲 ☂
Loisirs : 🎣 👶 🚣 🚴
Services : 🔑 🍴 📶 laverie
À prox. : 🍽 🐎 🏇 🦌 ⚓

GPS
E : 4.76769
N : 45.93984

TULETTE

26790 - Carte Michelin **332** C8 - 1 915 h. - alt. 147
▶ Paris 648 - Avignon 53 - Bollène 15 - Nyons 20

⛰ Les Rives de l'Aygues

📞 04 75 98 37 50, www.lesrivesdelaygues.com

Pour s'y rendre : rte de Cairanne (3 km au sud par D 193 et chemin à gauche)

Ouverture : de déb. mai à déb. oct.

3,6 ha (100 empl.) non clos, plat, herbeux, pierreux, gravillons

Empl. camping : (Prix 2017) ⚑ 6,20€ 🚐 2,70€ 🎫 10,10€ - ⚡ (10A) 5€ - frais de réservation 10€

Location : (Prix 2017) (de déb. mai à déb. oct.) - 3 🚐 - 6 🏠 - 1 tente lodge. Nuitée 90 à 118€ - Sem. 293 à 820€ - frais de réservation 10€

Cadre sauvage et naturel au milieu des vignes et au bord de l'Eygues.

Nature : 🌲 🌳 🎣
Loisirs : 🍴 🍽 🏊 🚣 🚴
Services : 🔑 🍴 🚿 📶 🛒

GPS
E : 4.933
N : 44.2648

UCEL

07200 - Carte Michelin **331** I6 - 1 929 h. - alt. 270
▶ Paris 626 - Aubenas 6 - Montélimar 44 - Privas 31

⛰ Domaine de Gil 👥

📞 04 75 94 63 63, www.domaine-de-gil.com

Pour s'y rendre : rte de Vals (sortie nord-ouest par D 578b)

Ouverture : de fin avr. à mi-sept.

4,8 ha/2 campables (80 empl.) plat, herbeux, pierreux

Empl. camping : (Prix 2017) 41€ ⚑⚑ 🚐 🎫 ⚡ (10A) - pers. suppl. 7,50€ - frais de réservation 22€

Location : (Prix 2017) (de fin avr. à mi-sept.) - 🚐 - 52 🚐. Nuitée 56 à 160€ - Sem. 220 à 1 120€ - frais de réservation 22€

🚐 borne AireService

Bel ombrage des emplacements et des mobile homes avec un espace nature très agréable au bord de l'Ardèche.

Nature : 🌲 🌳 🎣 🌊
Loisirs : 🍴 🍽 🍷 🎭 nocturne 🏇 jacuzzi 🚣 🏊 🚴 🎾 terrain multisports
Services : 🔑 🍴 🚿 📶 laverie ⚓

GPS
E : 4.37959
N : 44.64308

Wilt u een stad of streek bezichtigen ?
Raadpleeg de groene Michelingidsen.

USSON-EN-FOREZ

42550 - Carte Michelin **327** C7 - 1 410 h. - alt. 925
▶ Paris 472 - Issoire 86 - Montbrison 41 - Le Puy-en-Velay 52

⚠ Village Vacances Les Chalets du Haut Forez

(pas d'emplacement tentes et caravanes)

📞 04 27 64 09 35, contact@chaletsduhaut-forez.com

Pour s'y rendre : le plan d'eau, rte d'Apinac (1.3 km à l'est par la D 104)

0,5 ha (19 empl.) en terrasses

Location : ♿ (1 chalet) - 14 🏠 - 1 roulotte - 4 cabanons.

Locatif varié surplombant en partie les 2 plans d'eau.

Nature : 🌊
Loisirs : 🍷 🚣
Services : laverie
À prox. : ⛵ (plan d'eau) 🐎 parcours dans les arbres

GPS
E : 3.95538
N : 45.39223

VAGNAS

07150 - Carte Michelin **331** I7 - 521 h. - alt. 200
▶ Paris 670 - Aubenas 40 - Barjac 5 - St-Ambroix 20

⛰ La Rouvière-Les Pins

📞 04 75 38 61 41, www.rouviere07.com

Pour s'y rendre : lieu-dit : La Rouviere (sortie sud par rte de Barjac puis 1,5 km par chemin à dr.)

Ouverture : de déb. avr. à mi-sept.

2 ha (100 empl.) en terrasses, peu incliné, plat, herbeux

Empl. camping : (Prix 2017) 30€ ⚑⚑ 🚐 🎫 ⚡ (6A) - pers. suppl. 6,90€ - frais de réservation 15€

Location : (Prix 2017) (de mi-mars à fin sept.) - 2 🚐 - 2 🏠 - 3 bungalows toilés - 2 appartements. Sem. 250 à 860€ - frais de réservation 15€

🚐 borne artisanale

Grands espaces au milieu des vignes !

Nature : 🌲 🎣 🌊
Loisirs : 🍴 🍽 🚣 🏊 🚴
Services : 🔑 🚿 📶 🎫 🛒

GPS
E : 4.34194
N : 44.3419

VALLON-PONT-D'ARC

07150 - Carte Michelin **331** I7 - 2 337 h. - alt. 117
▶ Paris 658 - Alès 47 - Aubenas 32 - Avignon 81

⛰ Nature Parc l'Ardéchois 👥

📞 04 75 88 06 63, www.ardechois-camping.com

Pour s'y rendre : rte des Gorges-de-l'Ardèche (1,5 km au sud-est par D 290)

Ouverture : de fin mars à fin sept.

5 ha (240 empl.) plat, herbeux

Empl. camping : (Prix 2017) 60€ ⚑⚑ 🚐 🎫 ⚡ (10A) - pers. suppl. 12€ - frais de réservation 40€

Location : (Prix 2017) (de fin mars à fin sept.) - 🚐 - 23 🚐. Nuitée 78 à 268€ - Sem. 546 à 1 876€ - frais de réservation 40€

🚐 borne artisanale 9€

Cadre verdoyant avec quelques emplacements grand confort et un bel aménagement en terrasses au-dessus de l'Ardèche.

Nature : 🌲 🌳 🎣 🌊
Loisirs : 🍴 🍽 🍷 🎭 🏇 🚣 🏊 🚴 🎾 🎣 terrain multisports
Services : 🔑 🚿 🎫 📶 laverie 🛒
À prox. : 🚣

GPS
E : 4.39673
N : 44.39672

RHÔNE-ALPES

▲▲ La Roubine
☎ 04 75 88 04 56, www.camping-roubine.com
Pour s'y rendre : rte de Ruoms (1,5 km à l'ouest)
Ouverture : de fin avr. à mi-sept.
7 ha/4 campables (135 empl.) plat, herbeux, sablonneux
Empl. camping : (Prix 2017) 58€ ✶✶ 🚗 🔲 ⚡ (10A) - pers. suppl. 11€ - frais de réservation 30€
Location : (Prix 2017) (de fin avr. à mi-sept.) ♿ (1 mobile home) - 🚭 - 38 🚐. Nuitée 59 à 278€ - Sem. 413 à 1 946€ - frais de réservation 30€
🚐 borne artisanale 58€
Bel ensemble au bord de l'Ardèche avec quelques mobile homes grand confort et sanitaires de qualité. Location voiture électrique.

Nature : 🌿 🏞️ 🌳🌳 ⛺
Loisirs : 🍴 ✕ 🏠 🛝 🚶 centre balnéo ⛵ jacuzzi 🏓 🎯 🏊 🎣 terrain multisports
Services : ⚡ 🔲 ♿ 🚿 📶 laverie 🧺
À prox. : 🎣

▲▲ Mondial-Camping
☎ 04 75 88 00 44, www.mondial-camping.com
Pour s'y rendre : rte des Gorges-de-l'Ardèche (1,5 km au sud-est)
Ouverture : de fin mars à fin sept.
4 ha (240 empl.) plat, herbeux
Empl. camping : (Prix 2017) 48€ ✶✶ 🚗 🔲 ⚡ (10A) - pers. suppl. 9,50€ - frais de réservation 30€
Location : (Prix 2017) (de fin mars à fin sept.) - 🚭 - 26 🚐 - 7 bungalows toilés. Nuitée 65 à 115€ - Sem. 370 à 1 140€ - frais de réservation 30€
🚐 borne artisanale
Cadre verdoyant au bord de l'Ardèche avec quelques emplacements bien délimités.

Nature : 🌿 🌳🌳 ⛺
Loisirs : 🍴 ✕ 🏠 🛝 🏓 🎯 🏊 🎣 terrain multisports
Services : ⚡ 🔲 ♿ 🚿 📶 laverie 🧺
À prox. : 🎣

▲▲ International
☎ 04 75 88 00 99, www.internationalcamping07.com
Pour s'y rendre : 65 impasse La Plaine-Salavas (1 km au sud-ouest)
Ouverture : de fin avr. à fin sept.
2,7 ha (120 empl.) peu incliné, plat, herbeux, sablonneux
Empl. camping : (Prix 2017) 40€ ✶✶ 🚗 🔲 ⚡ (10A) - pers. suppl. 8€ - frais de réservation 15€
Location : (Prix 2017) (de fin avr. à fin sept.) - 14 🚐 - 2 🏠. Nuitée 45 à 135€ - Sem. 260 à 935€ - frais de réservation 15€
🚐 borne artisanale
Préférer les emplacements au bord de l'Ardèche, plus éloignés du pont.

Nature : 🏞️ 🌳🌳 ⛺
Loisirs : 🍴 ✕ 🏓 🎯
Services : ⚡ 🔲 ♿ 🚿 📶 🧺

GPS : E : 4.37835 N : 44.40636
GPS : E : 4.40139 N : 44.39695
GPS : E : 4.38203 N : 44.39925

*The classification (1 to 5 tents, **black** or **red**) that we award to selected sites in this Guide is a system that is our own. It should not be confused with the classification (1 to 5 stars) of official organisations.*

▲▲ L'Esquiras
☎ 04 75 88 04 16, www.camping-esquiras.com
Pour s'y rendre : chemin du Fez (2,8 km au nord-ouest par D 579, rte de Ruoms et chemin à dr. apr. la station-service Intermarché)
2 ha (106 empl.) peu incliné, plat, herbeux, pierreux
Location : 40 🚐 - 1 🏠.
🚐 borne artisanale - 6 🔲
Cadre verdoyant avec un grand espace détente et des mobile homes de bon confort.

Nature : 🌿 🏞️ 🌳🌳
Loisirs : ✕ 🏠 🏓 🎯 🏊
Services : ⚡ 🔲 ♿ 📶 📫
À prox. : parcours dans les arbres

GPS : E : 4.37913 N : 44.41536

▲▲ La Rouvière
☎ 04 75 37 10 07, www.campinglarouviere.com
Pour s'y rendre : à Chames, rte des Gorges (6,6 km au sud-est par D 290)
Ouverture : de mi-mars à fin oct.
3 ha (153 empl.) en terrasses, peu incliné, sablonneux
Empl. camping : (Prix 2017) 19€ ✶✶ 🚗 🔲 ⚡ (10A) - pers. suppl. 6€ - frais de réservation 15€
Location : (Prix 2017) (de mi-mars à fin oct.) - 39 🚐 - 3 🏠 - 13 bungalows toilés - 3 cabanons. Nuitée 45 à 119€ - Sem. 260 à 890€ - frais de réservation 18€
En contrebas de la route, au bord de l'Ardèche avec l'activité loisirs canoë très organisée.

Nature : 🌳🌳 ⛺
Loisirs : ✕ 🏓 🎯 🏊 🎣 terrain multisports
Services : ⚡ 🔲 ♿ 📶 🧺

GPS : E : 4.42649 N : 44.37796

▲ Le Midi
☎ 04 75 88 06 78, www.camping-midi.com
Pour s'y rendre : rte des Gorges-de-l'Ardèche (6,5 km au sud-est par D 290, à Chames)
1,6 ha (52 empl.) en terrasses, peu incliné, sablonneux, herbeux
Location : 6 🚐 - 5 Tentes (pour les groupes).
En contrebas de la route, avec l'activité loisirs canoë très organisée et grand espace au bord de la rivière. Accueil de groupes.

Nature : 🌿 🏞️ 🌳🌳 ⛺
Loisirs : 🏓 🏊
Services : ✕ 📶 🔲 🧺
À prox. : ✕

GPS : E : 4.42093 N : 44.37672

VALLORCINE
74660 - Carte Michelin **328** 04 - 419 h. - alt. 1 260 - Sports d'hiver : 1 260/1 400 m
▶ Paris 628 - Annecy 115 - Chamonix-Mont-Blanc 19 - Thonon-les-Bains 96

▲ Les Montets
☎ 06 79 02 18 81, www.camping-montets.fr - alt. 1 300
Pour s'y rendre : 671 rte du Treuil, lieu-dit : Le Montet (2,8 km au sud-ouest par N 506, accès par chemin de la gare, lieu-dit le Buet)
Ouverture : de déb. juin à mi-sept.
1,7 ha (75 empl.) non clos, en terrasses, peu incliné, plat, herbeux, pierreux
Empl. camping : (Prix 2017) ✶ 5,20€ 🚗 2,20€ 🔲 7,30€ - ⚡ (6A) 3,50€

RHÔNE-ALPES

Site agréable au bord d'un ruisseau et longé par la petite voie ferrée reliant St-Gervais au Châtelart (Suisse).

Nature :
Loisirs :
Services :
À prox. :

GPS
E : 6.92376
N : 46.02344

LES VANS

07140 - Carte Michelin **331** G7 - 2 805 h. - alt. 170
▶ Paris 663 - Alès 44 - Aubenas 37 - Pont-St-Esprit 66

▲ Le Pradal

℘ 04 75 37 25 16, www.camping-lepradal.com

Pour s'y rendre : 1,5 km à l'ouest par D 901

Ouverture : de fin mars à mi-oct.

1 ha (36 empl.) en terrasses, peu incliné, pierreux, herbeux

Empl. camping : (Prix 2017) 24€ ✦✦ 🚗 🔲 ⚡ (6A) - pers. suppl. 6,50€

Location : (Prix 2017) (de fin mars à mi-oct.) - 4 🏠 - 1 🏡 - 1 gîte. Nuitée 55 à 80€ - Sem. 220 à 650€

🚐 borne artisanale 5€ - 7 🔲 20€ - 🚽 20€

De nombreux emplacements en petites terrasses individuelles entourées de haies.

Nature :
Loisirs : ⚽ 🎣 ⛷ terrain multisports
Services :

GPS
E : 4.11023
N : 44.40809

VERCHAIX

74440 - Carte Michelin **328** N4 - 661 h. - alt. 800
▶ Paris 580 - Annecy 74 - Chamonix-Mont-Blanc 59 - Genève 52

▲ Municipal Lac et Montagne

℘ 04 50 90 10 12, www.mairie-verchaix.fr - alt. 660

Pour s'y rendre : 1,8 km au sud par D 907, au bord du Giffre

Ouverture : Permanent

2 ha (104 empl.) non clos, plat, herbeux, pierreux

Empl. camping : (Prix 2017) ✦ 3€ 🚗 2,50€ 🔲 4€ – ⚡ (10A) 5€

🚐 4 🔲 12€

Préférer les emplacements les plus éloignés de la route.

Nature :
Loisirs : 🏊 🎣
Services : 🔑 🚻 📶 laverie
À prox. : 🍴 ✂

GPS
E : 6.67527
N : 46.09001

VERNIOZ

38150 - Carte Michelin **333** C5 - 1 182 h. - alt. 250
▶ Paris 500 - Annonay 38 - Givors 25 - Le Péage-de-Roussillon 12

▲▲▲ Le Bontemps

℘ 04 74 57 83 52, www.camping-lebontemps.com

Pour s'y rendre : 5 imp. du Bontemps (4,5 km à l'est par D 37 et chemin à dr. à St-Alban-de-Varèze)

Ouverture : de mi-avr. à fin sept.

6 ha (192 empl.) plat, herbeux, étang

Empl. camping : (Prix 2017) 29€ ✦✦ 🚗 🔲 ⚡ (10A) - pers. suppl. 7€

Location : (Prix 2017) (de mi-avr. à fin sept.) - 🛏 (1 chalet) - 10 🏠 - 1 🏡. Nuitée 30 à 125€ - Sem. 270 à 875€

🚐 borne artisanale

Au bord de la rivière et de deux étangs avec beaucoup d'espaces verts idéaux pour la détente.

Nature :
Loisirs : 🍴 ✂ 🎣 🏊 salle d'animations 🏇 ⚽ 🚴 🎯 (Découverte en saison) 🚣
Services : 🔑 🚻 🍴 🚿 📶 laverie ♨

GPS
E : 4.92836
N : 45.42798

VILLARD-DE-LANS

38250 - Carte Michelin **333** G7 - 4 031 h. - alt. 1 040
▶ Paris 584 - Die 67 - Grenoble 34 - Lyon 123

⛰ Capfun Domaine de L'Oursière

℘ 04 76 95 14 77, www.camping-oursiere.fr

Pour s'y rendre : av. du Gén.-de-Gaulle (sortie nord par D 531, rte de Grenoble, chemin piétonnier reliant le village)

Ouverture : de mi-déc. à mi-mars et de mi-mai à mi-sept.

4 ha (189 empl.) peu incliné, plat, herbeux, gravier, pierreux

Empl. camping : (Prix 2017) 32,30€ ✦✦ 🚗 🔲 ⚡ (10A) - pers. suppl. 5€ - frais de réservation 25€

Location : (Prix 2017) (de mi-déc. à mi-mars et de mi-mai à mi-sept.) - 63 🏠 - 4 🏡. Nuitée 47 à 173€ - Sem. 189 à 693€ - frais de réservation 27€

🚐 borne artisanale 5€ - 30 🔲 24€

Terrain en longueur traversé par un petit ruisseau.

Nature : ❄ 🌳
Loisirs : 🏊 🏇 🎣 🎯 cinéma terrain multisports
Services : 🔑 🚻 🚿 📶 laverie ♨

GPS
E : 5.55639
N : 45.0775

The Guide changes, so renew your guide every year.

VILLARS-LES-DOMBES

01330 - Carte Michelin **328** D4 - 4 328 h. - alt. 281
▶ Paris 433 - Bourg-en-Bresse 29 - Lyon 37 - Villefranche-sur-Saône 29

▲▲ Le Nid du Parc

℘ 04 74 98 00 21, www.lenidduparc.com - peu d'emplacements pour tentes et caravanes

Pour s'y rendre : 164 av. des Nations (sortie sud-ouest, RD 1083 rte de Lyon et à gauche, au pied du château d'eau.)

Ouverture : de déb. avr. à déb. nov.

5 ha (168 empl.) peu incliné, plat, herbeux

Empl. camping : (Prix 2017) 28,60€ ✦✦ 🚗 🔲 ⚡ (10A) - pers. suppl. 5,50€

Location : (Prix 2017) (de déb. avr. à déb. nov.) - 🏠 - 1 🏡 - 2 tentes lodges - 9 tentes sur pilotis - 3 tipis - 4 roulottes. Nuitée 75 à 160€ - Sem. 525 à 1 120€ - frais de réservation 10€

🚐 borne flot bleu 5€ - 🚽 21€

Emplacements en partie ombragé, au bord de la Chalaronne avec du locatif varié.

Nature : 🌳
Loisirs : 🍴 🚗 🔲 ⚡ 🏇 🚴
Services : 🔑 🚿 📶 laverie
À prox. : ✂ 🎣

GPS
E : 5.03039
N : 45.99140

Le parc des oiseaux

535

RHÔNE-ALPES

VENEZ DÉCOUVRIR NOTRE CAMPING NATURE SITUÉ AU CŒUR DU PAYS AUX MILLE ÉTANGS, ET À PROXIMITÉ DU FABULEUX PARC DES OISEAUX !

CAMPING LE NID DU PARC ★★★★

164, avenue des Nations - 01330 VILLARS LES DOMBES - 04 74 98 00 21 - camping@parcdesoiseaux.com - www.lenidduparc.com

VINSOBRES

26110 - Carte Michelin **332** D7 - 1 109 h. - alt. 247
▶ Paris 662 - Bollène 29 - Grignan 24 - Nyons 9

Capfun Le Sagittaire

📞 0475270000, www.campings-franceloc.fr

Pour s'y rendre : lieu-dit : le Pont de Mirabel (angle des D 94 et D 4, près de l'Eygues (accès direct))

Ouverture : de fin mars à déb. oct.

14 ha/8 campables (297 empl.) plat, herbeux, gravillons

Empl. camping : (Prix 2017) 41 € ✱✱ 🚗 🔲 (10A) - pers. suppl. 5 € - frais de réservation 27 €

Location : (Prix 2017) (de fin mars à déb. oct.) - ♿ (1 mobile home) - 193 🏠 - 61 🛖 - 4 tipis - 1 gîte. Nuitée 42 à 239 € - Sem. 168 à 1 673 € - frais de réservation 27 €

Bel ensemble aquatique avec piscines couverte et découverte, toboggans mais aussi lagon avec sa plage de sable blanc. Préférer les emplacements les plus éloignés de la route.

Nature : ⛰ 🌳 ♒
Loisirs : 🍽 ✗ 🏠 🏊 🎣 🏐 🏓 🛶 ⛱ (plage) 🏃 terrain multisports
Services : 🔑 🅿 🚿 – 8 sanitaires individuels (🛁 wc) 📶 laverie 🧊 ♻

GPS : E : 5.0822 / N : 44.3284

Municipal

📞 0475276165, camping-municipal@club-internet.fr

Pour s'y rendre : quartier Champessier (au sud du bourg par D 190, au stade)

1,9 ha (70 empl.) plat, herbeux, pierreux

Location : 1 🏠.

Nature : ♒
Services : 🔑 📶 réfrigérateurs
À prox. : terrain multisports

GPS : E : 5.06594 / N : 44.32912

VION

07610 - Carte Michelin **331** K3 - 905 h. - alt. 128
▶ Paris 537 - Annonay 30 - Lamastre 34 - Tournon-sur-Rhône 7

L'Iserand

📞 0475080173, www.iserandcampingardeche.com

Pour s'y rendre : 1307 r. Royale (1 km au nord par N 86, rte de Lyon)

Ouverture : de mi-avr. à mi-sept.

1,3 ha (60 empl.) en terrasses, pierreux, herbeux

Empl. camping : (Prix 2017) 22 € ✱✱ 🚗 🔲 (10A) - pers. suppl. 6 €

Location : (Prix 2017) (de mi-avr. à mi-sept.) - ✂ - 12 🏠. Nuitée 40 à 100 € - Sem. 200 à 650 €

Préférer les emplacements les plus éloignés de la route.

Nature : ⛰ ♒
Loisirs : ✗ 🏊 🏃
Services : 🔑 📶 🧊 ♻

GPS : E : 4.80027 / N : 45.12117

VIZILLE

38220 - Carte Michelin **333** H7 - 7 592 h. - alt. 270
▶ Paris 582 - Le Bourg-d'Oisans 32 - Grenoble 20 - La Mure 22

Le Bois de Cornage

📞 0683181787, www.campingvizille.com

Pour s'y rendre : chemin du Camping (sortie nord vers N 85, rte de Grenoble et av. de Venaria à dr.)

Ouverture : de déb. avr. à fin oct.

2,5 ha (115 empl.) en terrasses, peu incliné, herbeux

Empl. camping : (Prix 2017) 23 € ✱✱ 🚗 🔲 (10A) - pers. suppl. 5,50 € - frais de réservation 10 €

Location : (Prix 2017) Permanent - 22 🏠 - 6 bungalows toilés. Nuitée 65 à 94 € - Sem. 270 à 495 € - frais de réservation 10 €
🚐 borne artisanale 3,50 €

En partie ombragé d'arbres centenaires.

Nature : 🌊 ⛰ ♒
Loisirs : ✗ 🏊 🏃
Services : 🔑 📶 laverie ♻

GPS : E : 5.76948 / N : 45.08706

▲▲▲ ... ▲
Sites which are particularly pleasant in their own right and outstanding in their class.

RHÔNE-ALPES

VOGÜÉ

07200 - Carte Michelin **331** I6 - 917 h. - alt. 150
▶ Paris 638 - Aubenas 9 - Largentière 16 - Privas 40

Domaine du Cros d'Auzon

📞 04 75 37 75 86, www.domaine-cros-auzon.com
Pour s'y rendre : 2,5 km au sud par D 579 et chemin à dr.
Ouverture : de mi-mars à mi-sept.
18 ha/6 campables (170 empl.) plat, herbeux, sablonneux, pierreux
Empl. camping : (Prix 2017) 50 € ✶✶ 🚗 📧 🛁 (6A) - pers. suppl. 8 €
Location : (Prix 2017) (de mi-mars à déb. oct.) - ♿ (5 mobile homes) - 39 🏠 - 2 🏠. Sem. 280 à 1 050 €
🚐 borne Sanistation 2 €

Une partie basse au bord de la rivière avec des emplacements ombragés et une partie haute avec l'espace vie : parc aquatique, restaurant, hôtel.

Nature : 🌳 🏞 ♤♤
Loisirs : 🍹 🍴 🏠 🎣 🏊 🎿 🐟 🎱 🎳 ⛵ 〰
Services : ⚙ 🔑 ♿ 🚰 📶 laverie 🧊
À prox. : 🏊

GPS E : 4.40678 N : 44.53178

Les Roches

📞 04 75 37 70 45, www.campinglesroches.fr
Pour s'y rendre : quartier Bausson (1,5 km au sud par D 579, à Vogüé-Gare, à 200 m de l'Auzon et de l'Ardèche)
Ouverture : de déb. mai à déb. sept.
2,5 ha (100 empl.) vallonné, herbeux, plat, rochers
Empl. camping : (Prix 2017) 32,50 € ✶✶ 🚗 📧 🛁 (16A) - pers. suppl. 8 €
Location : (Prix 2017) (de déb. mai à déb. sept.) - 8 🏠. Nuitée 50 à 93 € - Sem. 350 à 650 €
🚐 borne artisanale 4 €

Emplacements ombragés sur de nombreuses petites terrasses, dans un cadre sauvage, au milieu des rochers.

Nature : 🌳 ♤♤
Loisirs : 🍹 🏠 🎣 🏊
Services : ⚙ 🔑 ♿ 🚰 📶 laverie réfrigérateurs
À prox. : 🏊

GPS E : 4.41406 N : 44.542

Hip Village Les Peupliers

📞 04 75 37 71 47, www.ardeche-lespeupliers.fr
Pour s'y rendre : lieu-dit : Gourgouran (2 km au sud par D 579 et chemin à dr., à Vogüe-Gare)
Ouverture : de déb. avr. à fin sept.
3 ha (100 empl.) plat, herbeux, pierreux, sablonneux
Empl. camping : (Prix 2017) 33,80 € ✶✶ 🚗 📧 🛁 (16A) - pers. suppl. 7 € - frais de réservation 19 €
Location : (Prix 2017) (de déb. avr. à fin sept.) - 10 🏠 - 11 🏠 - 5 cabanons. Nuitée 36 à 139 € - Sem. 234 à 904 € - frais de réservation 19 €
🚐 borne eurorelais 4 €

Quelques emplacements au bord de l'Ardèche et des locatifs parfois anciens.

Nature : 🌳 ♤♤
Loisirs : 🍹 🍴 🎣 🏊 🎿 〰
Services : ⚙ 🔑 📶 laverie
À prox. :

GPS E : 4.411 N : 44.53765

Les Chênes Verts

📞 04 75 37 71 54, www.camping-chenesverts.com
Pour s'y rendre : Champ Redon (1,7 km au sud-est par D 103)
Ouverture : de déb. avr. à fin sept.
2,5 ha (37 empl.) en terrasses, plat, herbeux, pierreux
Empl. camping : (Prix 2017) 26 € ✶✶ 🚗 📧 🛁 (10A) - pers. suppl. 4 €
Location : (Prix 2017) (de déb. avr. à fin sept.) - 26 🏠. Sem. 285 à 860 € - frais de réservation 25 €

Locatifs bien ombragés, en terrasse au-dessus de la route, mais peu d'emplacements pour tentes et caravanes.

Nature : ♤♤
Loisirs : 🍴 🎣 🏊
Services : ⚙ 🔑 ♿ 📶 📧 🧊

GPS E : 4.42075 N : 44.54425

G. Azumendi / age fotostock

ANDORRE (PRINCIPAUTÉ D')

CANILLO

AD100 - Carte Michelin **343** H9 - 4 826 h. - alt. 1 531
▶ Andorra-la-Vella 13 - Barcelona 207 - Foix 88 - Perpignan 152

⚠ Santa-Creu

✆ (00-376) 85 14 62, www.elsmeners.com

Pour s'y rendre : au bourg (au bord du Valira-del-Orient (rive gauche))

Ouverture : de déb. juin à mi-sept.

0,5 ha en terrasses, peu incliné, herbeux

Empl. camping : (Prix 2017) ⚑ 4,40€ ⛟ 4,40€ 🅴 4,40€ (5A)

Pelouse ombragée proche du centre-ville.

Nature : ≤ ♀
Loisirs : 🍷
Services : 🔑 ⌂ 🛜 🔲

GPS
E : 1.59978
N : 42.56579

⚠ Jan-Ramon

✆ (00-376) 75 14 54, www.elsmeners.com

Pour s'y rendre : ctra. General (400 m au nord-est par rte de Port d'Envalira, au bord du Valira del Orient (rive gauche))

Ouverture : de déb. juin à mi-sept.

0,6 ha plat, herbeux

Empl. camping : (Prix 2017) ⚑ 4,40€ ⛟ 4,40€ 🅴 4,40€ (5A)

Location : (Prix 2017) (de déb. juin à mi-sept.) - 5 🏠 - 15 appartements. Nuitée 62 à 179€ - Sem. 450 à 1 250€

Agréable pelouse partiellement ombragée mais nuisance de la route toute proche.

Nature : ≤ ♀
Loisirs : 🍷 ✗
Services : 🔑 ⌂ 🛜 🔲 🧺

GPS
E : 1.59975
N : 42.56594

LA MASSANA

AD400 - Carte Michelin **343** H9 - 9 744 h. - alt. 1 241
▶ Andorra-la-Vella 6 - Barcelona 204 - Foix 101 - Perpignan 164

⛰ Xixerella

✆ (00-376) 73 86 13, www.xixerellapark.com - alt. 1 450

Pour s'y rendre : à Xixerella (3,5 km au nord-est par CG 4 puis à Erts rte à gauche)

5 ha en terrasses, peu incliné, pierreux, herbeux

Location : 13 🏠 - 28 appartements.

Pelouse ombragée pour tentes et caravanes, locatif varié et de qualité.

Nature : ≤ ♀ ♀
Loisirs : 🍷 ✗ 🏠 ♨ hammam jacuzzi 🐎 🏊 🎣
Services : 🔑 ⌂ 🛜 laverie 🧺 🚿

GPS
E : 1.48882
N : 42.55327

ORDINO

AD300 - Carte Michelin **343** H9 - 4 322 h. - alt. 1 304
▶ Andorra-la-Vella 8 - Barcelona 207 - Foix 105 - Perpignan 168

⛰ Borda d'Ansalonga

✆ (00-376) 85 03 74, www.campingansalonga.com

Pour s'y rendre : ctra. Gal del Serrat (2,3 km au nord-ouest par rte du Circuit de Tristaina, au bord du Valira del Nord)

3 ha plat, herbeux

Pelouse ombragée mais préférer les emplacements près du ruisseau plus éloignés de la route.

Nature : ≤ ♀ ♀
Loisirs : 🍷 ✗ 🏠 🐎 🏊
Services : 🔑 ⌂ 🛜 laverie 🧺

GPS
E : 1.52162
N : 42.56855

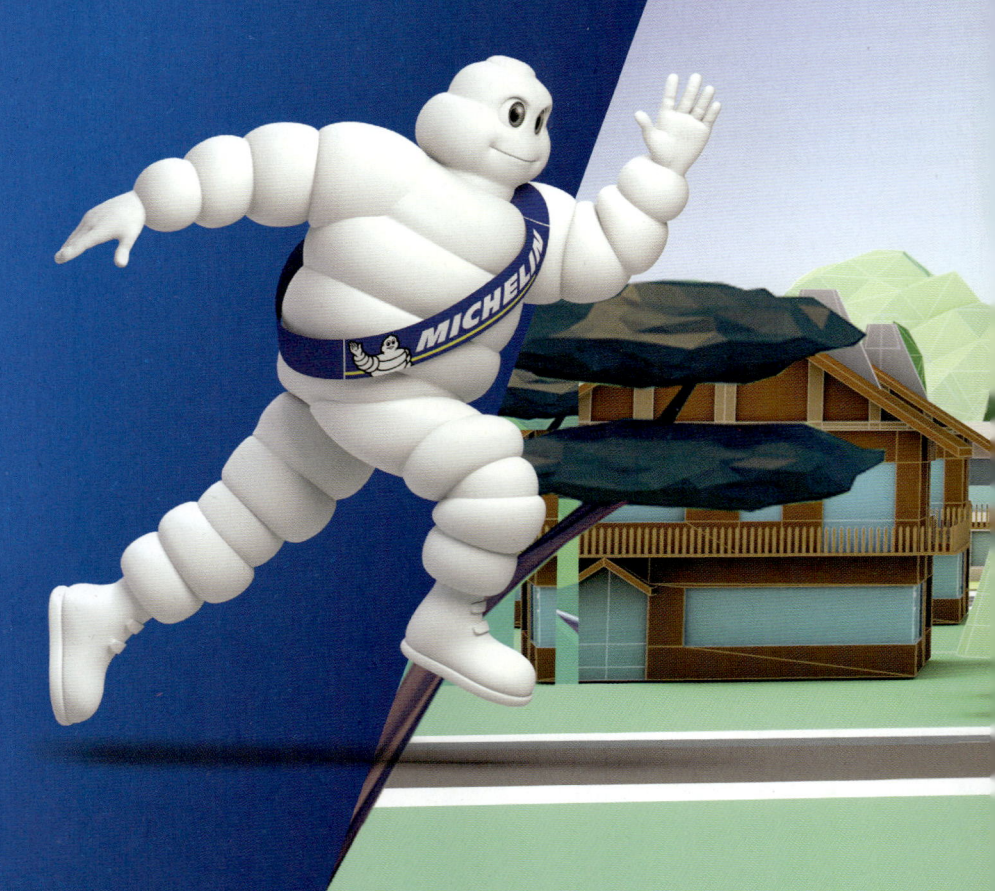

MICHELIN INNOVE SANS CESSE POUR UNE MEILLEURE MOBILITÉ PLUS SÛRE, PLUS ÉCONOME, PLUS PROPRE ET PLUS CONNECTÉE.

Les pneus s'usent plus vite sur les petits trajets en ville...

? VRAI !

La fréquence des freinages et des accélérations en ville use davantage vos pneus ! Dans les embouteillages, armez-vous de patience et conduisez en douceur.

La pression des pneus agit uniquement sur la sécurité...

? FAUX !

Au-delà de la tenue de route et de la consommation de carburant, une sous pression de 0,5 Bar diminue de 8 000 km la durée de vie de vos pneus. Pensez à vérifier la pression environ une fois par mois, surtout avant un départ en vacances ou un long trajet.

*Si vous êtes confrontés à des **conditions hivernales occasionnelles**, allant de la pluie soudaine, aux chutes de neige ou au verglas, vous pouvez opter pour **un seul type de pneu.***

VRAI !

Le pneu révolutionnaire **MICHELIN CrossClimate** vous garantit mobilité et praticité quels que soient les aléas climatiques. C'est le tout premier pneu été avec une certification hiver !

Équiper ma voiture avec **2 pneus hiver** me garantit une sécurité maximum...

FAUX !

En hiver, en dessous de 7°C notamment, pour une meilleure tenue de route, vos quatre pneus doivent être identiques et changés en même temps.

2 PNEUS HIVER SEULEMENT =
la tenue de route de votre véhicule n'est pas optimale.

4 PNEUS HIVER =
c'est le choix d'une **meilleure sécurité** dans les virages, en descente et en cas de freinage.

Si vous êtes régulièrement confrontés à la pluie, à la neige ou au verglas, optez pour un pneu de la gamme **MICHELIN Alpin**. Cette gamme vous offre confort et précision de conduite pour affronter les obstacles de l'hiver.

MICHELIN S'ENGAGE

▶ MICHELIN EST LE **N°1 MONDIAL DES PNEUS ÉCONOMES EN ÉNERGIE** POUR LES VÉHICULES LÉGERS.

▶ POUR **SENSIBILISER LES PLUS JEUNES À LA SÉCURITÉ ROUTIÈRE,** MÊME EN DEUX-ROUES : DES ACTIONS DE TERRAIN ONT ÉTÉ ORGANISÉES DANS **16 PAYS** EN 2015.

QUIZ

1 **POURQUOI BIBENDUM, LE BONHOMME MICHELIN, EST BLANC ALORS QUE LE PNEU EST NOIR ?**

Le personnage de Bibendum a été imaginé à partir d'une pile de pneus, en 1898, à une époque où le pneu était fabriqué avec du caoutchouc naturel, du coton et du soufre et où il est donc de couleur claire. Ce n'est qu'après la Première guerre mondiale que sa composition se complexifie et qu'apparaît le noir de carbone. Mais Bibendum, lui, restera blanc !

2 **SAVEZ-VOUS DEPUIS QUAND LE GUIDE MICHELIN ACCOMPAGNE LES VOYAGEURS ?**

Depuis 1900, il était dit alors que cet ouvrage paraissait avec le siècle, et qu'il durerait autant que lui. Et il fait encore référence aujourd'hui, avec de nouvelles éditions et la sélection sur le site MICHELIN Restaurants dans quelques pays.

3 **DE QUAND DATE « BIB GOURMAND » DANS LE GUIDE MICHELIN ?**

Cette appellation apparaît en 1997 mais dès 1954 le Guide MICHELIN signale les « repas soignés à prix modérés ». Aujourd'hui, on le retrouve sur le site et dans l'application mobile MICHELIN Restaurants.

Si vous voulez en savoir plus sur Michelin en vous amusant, visitez l'Aventure Michelin et sa boutique à Clermont-Ferrand, France :
www.laventuremichelin.com

MICHELIN
Une meilleure façon d'avancer

INDEX

A

Abrest	107
Les Abrets	490
Les Adrets-de-l'Esterel	450
Agay	450
Agde	242
Agen	58
Agon-Coutainville	352
Agos-Vidalos	308
Aguessac	308
Aigrefeuille-d'Aunis	426
Aigueblanche	490
Aigues-Mortes	242
Aigues-Vives	308
L'Aiguillon-sur-Mer	374
Ainhoa	58
Aire-sur-l'Adour	58
Aix-en-Provence	452
Aixe-sur-Vienne	285
Aix-les-Bains	490
Aizenay	374
Ajaccio	209
Albi	308
Alençon	352
Aléria	209
Alet-les-Bains	243
Alex	490
Allègre-les-Fumades	243
Alles-sur-Dordogne	58
Alleyras	107
Allonnes	374
Alrance	308
Ambert	107
Ambrières-les-Vallées	374
Amiens	417
Ancelle	452
Ancenis	374
Andouillé	375
Andryes	125
Anduze	243
Angers	375
Anglars-Juillac	309
Angles	375
Anglet	58
Angoisse	59
Angoulins	426
Annecy	490
Annoville	352
Anould	297
Anse	490
Antonne-et-Trigonant	59
Apremont	375
Apt	452
Aragnouet	309
Aramits	59
Arcachon	59
Archiac	426
Arcizans-Avant	309
Arès	60
Argelès-Gazost	309
Argelès-sur-Mer	244
Argentan	352
Argentat	285
Argentière	491
L'Argentière-la-Bessée	452
Argentonnay	426
Arles	452
Arles-sur-Tech	247
Arnac	107
Arnay-le-Duc	125
Arpajon-sur-Cère	107
Arradon	140
Arras-en-Lavedan	310
Arrens-Marsous	310
Arromanches-les-Bains	352
Artemare	491
Arvert	426
Arvieu	310
Arzano	140
Arzon	140
Asquins	125
Assérac	376
Aston	310
Attichy	417
Atur	60
Aubazines	285
Aubignan	453
Aubigny-Les Clouzeaux	376
Aubigny-sur-Nère	184
Auch	310
Aucun	310
Audenge	60
Augirein	311
Aulus-les-Bains	311
Aumale	353
Auriac	286
Auribeau-sur-Siagne	453
Aurignac	311
Aurillac	108
Aussois	491
Autrans	491
Autun	125
Auxerre	125
Availles-Limouzine	427
Avallon	125
Avanton	427
Avignon	453
Avoise	376
Avrillé	376
Ax-les-Thermes	311
Aydat	108
Ayzac-Ost	312
Azay-le-Rideau	184
Azur	61

B

Baden	140
Bagnac-sur-Célé	312
Bagnères-de-Bigorre	312
Bagnères-de-Luchon	312
Bagnoles-de-l'Orne	353
Bagnols	108
Bagnols-sur-Cèze	247
Balaruc-les-Bains	247
Balbigny	491
Ballan-Miré	184
La Balme-de-Sillingy	491
Bannes	201
Baraize	184
Baratier	453
Barbières	492
Barbotan-les-Thermes	313
Le Barcarès	248
Barjac	249
Barneville-Carteret	353
Barret-sur-Méouge	454
Le Bar-sur-Loup	454
Bassemberg	47
Bastia	209
La Bastide-Clairence	61
La Bastide-de-Sérou	313
Baubigny	353
Baudreix	61
La Baule	376
Bayeux	353
Bazas	61
Bazinval	354
La Bazoche-Gouet	184
Beaufort	492
Beaulieu-sur-Dordogne	286
Beaulieu-sur-Loire	184
Beaumes-de-Venise	454
Beaumont-de-Lomagne	313
Beaumont-du-Ventoux	454
Beaumont-sur-Sarthe	377

INDEX

Beaune	126	Bonlieu	223	Burnhaupt-le-Haut	47
Beauville	62	Bonnac-la-Côte	287	Burtoncourt	297
Beauvoir	354	Bonnal	223	Bussang	298
Le Bec-Hellouin	354	Bonnes	427	Bussière-Galant	287
Bédoin	454	Bordeaux	67	Buysscheure	347
Bédouès	249	Bor-et-Bar	314	Buzançais	186
Béduer	314	Bormes-les-Mimosas	455	Buzancy	201
Bégard	141	Le Bosc	250		
Beg-Meil	141	Bouère	377	**C**	
Belcaire	249	Boulancourt	235	Cadenet	455
Belfort	223	Bourbon-Lancy	126	Cagnes-sur-Mer	455
Belle-Île	141	Bourbonne-les-Bains	201	Cahors	315
Bellême	354	La Bourboule	109	Calacuccia	210
Bellerive-sur-Allier	108	Bourdeaux	493	Calcatoggio	210
Belmont-de-la-Loire	492	Bourg-Achard	355	Callac	143
Bélus	62	Le Bourg-d'Arud	493	Callas	456
Belvès	62	Le Bourg-d'Hem	287	Calmont	315
Belz	142	Le Bourg-d'Oisans	493	Calvi	211
Bénivay-Ollon	492	Bourges	185	Camaret-sur-Mer	143
Bénodet	142	Le Bourget-du-Lac	494	Cambo-les-Bains	68
Bernay	354	Bourg-Sainte-Marie	201	Cambrai	347
La Bernerie-en-Retz	377	Bourg-Saint-Maurice	494	Les Cammazes	315
Berny-Rivière	417	Bourgueil	185	Camors	143
Berrias-et-Casteljau	492	Bourisp	314	Campagne	68
Bertangles	417	Boussac-Bourg	287	Camps	288
Bessais-le-Fromental	185	Bracieux	185	Cancale	144
Bessèges	249	Brain-sur-l'Authion	377	Candé-sur-Beuvron	186
Bessé-sur-Braye	377	Bramans	494	Canet	251
Beynac-et-Cazenac	62	Brantôme	67	Canet-de-Salars	315
Beynat	286	Braucourt	201	Canet-Plage	251
Le Bez	314	Brécey	355	Canilhac	252
Biarritz	63	Bréhal	355	Canillo	539
Bias	63	Brem-sur-Mer	378	Cannes	456
Bidart	63	Bresles	417	Le Cannet	456
Biesheim	47	La Bresse	297	La Canourgue	252
Biganos	64	Brétignolles-sur-Mer	378	Cany-Barville	356
Bilieu	493	Bréville-sur-Mer	355	Cap-d'Agde	252
Billom	108	Briançon	455	Carantec	144
Binic	143	Briare	186	Carcassonne	252
Biron	64	Brides-les-Bains	495	Carennac	316
Biscarrosse	65	Brignogan-Plages	143	Cargèse	212
Biscarrosse-Plage	66	Brioude	109	Carlepont	418
Blangy-le-Château	354	Brissac	250	Carlucet	316
Blangy-sur-Bresle	355	Brissac-Quincé	379	Carnac	144
Blasimon	66	Brousses-et-Villaret	251	Carnac-Plage	145
Blavignac	250	Brusque	314	Carnon-Plage	253
Bléré	185	Le Bugue	67	Carpentras	456
Boisse-Penchot	314	Buis-les-Baronnies	495	Carro	456
Boisset-et-Gaujac	250	Le Buisson-de-Cadouin	67	Carsac-Aillac	68
Boisson	250	Bujaleuf	287	Casaglione	212
Bollène	454	Bulgnéville	297	Cassagnabère-Tournas	316
Bonifacio	209	Bunus	68	Cassagnes	316

INDEX

Casteljaloux	68	La Chapelle-aux-Filtzméens	146	Choranche	499
Casteljau	495			Chorges	458
Castellane	457	La Chapelle-Devant-Bruyères	298	Clairvaux-les-Lacs	224
Castellare-di-Casinca	212			Clamecy	127
Castelmoron-sur-Lot	69	La Chapelle-Hermier	380	Clamensane	459
Castelnau-de-Montmiral	316	La Charité-sur-Loire	126	Clermont-l'Hérault	254
Castelnaud-la-Chapelle	69	Charleval	458	Cloyes-sur-le-Loir	188
Castels	69	Charleville-Mézières	202	Cluny	127
Castéra-Verduzan	317	Charmes	298	La Clusaz	499
Castres	317	Charolles	127	Coëx	381
Castries	253	Chassagnes	497	Cognac	428
Caussade	317	Chassiers	497	Cognac-la-Forêt	289
Cauterets	317	Chastanier	254	La Colle-sur-Loup	459
Cavalaire-sur-Mer	457	Château-d'Olonne	380	Collias	254
Cayeux-sur-Mer	418	Châteaugiron	146	Colmar	48
Caylus	318	Château-Gontier	381	Col-Saint-Jean	459
Cayriech	318	Châteaulin	146	Commequiers	382
Ceillac	458	Châteaumeillant	186	Concarneau	147
La Celle-Dunoise	288	Châteauneuf-de-Gadagne	458	Les Conches	382
Celles	253	Châteauneuf-de-Galaure	497	Concourson-sur-Layon	382
Celles-sur-Plaine	298	Châteauneuf-la-Forêt	288	Condette	347
Cénac-et-Saint-Julien	69	Châteauneuf-sur-Isère	497	Condom	318
Cendras	253	Châteauneuf-sur-Sarthe	381	Connaux	254
Centuri	212	Châteauponsac	288	Conques	318
Cervione	212	Châteaurenard	458	Le Conquet	147
Ceyreste	458	Châteauroux	186	Contes	459
Chabeuil	496	Châtel	498	Contis-Plage	70
Chablis	126	Châtelaillon-Plage	427	Contrexéville	298
Chagny	126	Le Châtelard	498	Corcieux	298
Chaillac	186	Châtelaudren	146	Cordelle	499
Chaillé-les-Marais	379	Châtelguyon	111	Cordes-sur-Ciel	318
La Chaise-Dieu	109	Châtelus-Malvaleix	288	Cormatin	128
La Chaize-Giraud	379	Châtillon	224	Cormoranche-sur-Saône	499
Chalezeule	223	Châtillon-en-Diois	498	Corrèze	289
Challes-les-Eaux	496	Châtillon-en-Vendelais	146	Corte	212
Chalonnes-sur-Loire	380	Châtillon-sur-Chalaronne	498	Cos	319
Châlons-en-Champagne	201	Châtillon-sur-Seine	127	Couhé	428
Chamberet	288	Chaudes-Aigues	111	Coulon	428
Chambilly	126	Chauffailles	127	Courbiac	70
Le Chambon	253	Chaumont-sur-Loire	187	Cournon-d'Auvergne	111
Chambon-sur-Lac	109	Chauvigny	428	La Couronne	460
Le Chambon-sur-Lignon	110	Chaux-des-Crotenay	224	Courpière	111
Chambretaud	380	Chauzon	498	Courseulles-sur-Mer	356
Chamonix-Mont-Blanc	496	Chécy	187	Courtils	356
Champagnac-le-Vieux	110	Chémery	187	Courville-sur-Eure	188
Champagney	223	Chemillé	381	Coutures	383
Champagnole	224	Chemillé-sur-Indrois	187	Coux-et-Bigaroque	70
Champdor	497	Cherrueix	147	Couze-et-Saint-Front	70
Champigny-sur-Marne	235	Cheverny	187	Cozes	428
Champs-sur-Tarentaine	110	Le Cheylard	499	Crach	147
La Chapelle-Aubareil	69	Chinon	188	Craon	383
		Cholet	381	Crayssac	319

INDEX

Crêches-sur-Saône	128	Duingt	503	Fiquefleur-Équainville	358
Creissels	320	Duravel	320	Flagnac	322
Crespian	254	Durtal	383	La Flèche	384
Crest	500			Flers	358
Crèvecœur-en-Brie	235	**E**		Fleurie	504
Creysse	320	Eaux-Puiseaux	202	Florac	256
Le Croisic	383	Éclaron	202	Foncine-le-Haut	225
La Croix-Valmer	461	Eclassan	503	Fontaine-Simon	189
Cromac	289	Égat	255	Font-Romeu	256
Cros-de-Cagnes	461	Eguisheim	48	Forcalquier	463
Le Crotoy	418	Éguzon	188	La Forêt-Fouesnant	150
Crozon	147	Embrun	462	Formiguères	256
Crux-la-Ville	128	Entraygues-sur-Truyère	320	Fort-Mahon-Plage	419
Cublize	500	Éperlecques	347	Fouesnant	151
Cucuron	461	Épernay	202	Fougères	151
Culoz	500	Les Epesses	384	La Fouillade	322
Curbans	461	Épinac	129	Fouras	429
		Épinal	299	Fréjus	463
D		Erdeven	149	Fresnay-sur-Sarthe	384
Dabo	299	Erquy	149	Fresse	225
Daglan	70	Err	255	Fresse-sur-Moselle	299
Damiatte	320	Ervy-le-Châtel	203	Le Fret	152
Dannes	347	Espalion	321	Fromentine	384
Daon	383	Esparron-de-Verdon	462	Frontignan-Plage	256
Darbres	501	Estaing	321	Fuilla	256
Dardilly	501	Estang	321	Fumel	73
Dax	71	Estavar	255		
Deauville	356	Étables-sur-Mer	150	**G**	
Denneville	356	Étampes	235	Gabarret	73
Descartes	188	Étréham	357	Gallargues-le-Montueux	257
Die	501	Étretat	358	Gannat	112
Dienné	429	Excenevex	503	Gap	464
Dienville	202	Eymet	72	Gargilesse	189
Dieppe	357	Eymoutiers	289	Garin	322
Dieulefit	501	Les Eyzies-de-Tayac	72	Gavarnie	322
Digne-les-Bains	462			Geishouse	48
Digoin	128	**F**		Gemaingoutte	299
Dinéault	148	Fabrègues	255	Genêts	358
Dives-sur-Mer	357	Fabrezan	255	Gérardmer	300
Divonne-les-Bains	502	Falaise	358	Les Gets	504
Dol-de-Bretagne	148	Faramans	504	Gex	504
Dole	224	Farinole	213	Ghisonaccia	213
Domme	71	Faucon	462	Gien	189
Dompierre-les-Ormes	128	La Faute-sur-Mer	384	Giens	464
Dompierre-sur-Besbre	111	Feins	150	Giffaumont-Champaubert	203
Dompierre-sur-Mer	429	Félines	504	Gignac	257
Donville-les-Bains	357	La Fère	419	Gigny-sur-Saône	129
Donzenac	289	La Ferrière	504	Girac	322
Douarnenez	148	Figari	213	Givrand	385
Doucier	225	Figeac	321	Le Givre	385
Doussard	502	Fillièvres	347	Gondrin	322
Douville	72				

INDEX

Gouaux	323
Goudargues	257
Gourdon	323
Gradignan	73
Le Grand-Bornand	505
La Grande-Motte	258
Grand-Fort-Philippe	348
Grand-Vabre	323
Grane	505
Granville	359
Le Grau-du-Roi	258
La Grave	465
Graveson	465
Gravières	505
Gréoux-les-Bains	465
Gresse-en-Vercors	505
Le Grez	385
Grignan	506
Grillon	466
Grimaud	466
Groisy	506
Groléjac	73
Gruissan	258
Guémené-Penfao	386
Guérande	386
La Guerche-sur-l'Aubois	190
Guéret	290
Gueugnon	129
Guewenheim	48
Guidel	152
Guillestre	466
Guînes	348
La Guyonnière	386

H

Hautecourt	506
Hèches	323
Heimsbrunn	48
Hendaye	74
Herpelmont	300
Hillion	152
Le Hohwald	49
Honfleur	359
L'Hospitalet-Près-l'Andorre	323
Houlgate	359
L'Houmeau	429
Hourtin	74
Hourtin-Plage	75
Huanne-Montmartin	225
La Hume	75
Hyères	467

I

Île-aux-Moines	152
L'Île-Bouchard	190
Île-d'Aix	429
Île de Noirmoutier	386
Île de Ré	430
Île d'Oléron	431
L'Île-d'Olonne	387
Incheville	359
Ingrandes	434
Isdes	190
Isigny-sur-Mer	359
Isle-et-Bardais	112
L'Isle-sur-la-Sorgue	467
L'Isle-sur-Serein	129
Isola	468
Ispagnac	259
Issarlès	506
Issenheim	49
Issoire	112
Issy-l'Évêque	129
Itxassou	75

J

Jablines	235
Jard-sur-Mer	388
Jaujac	506
Jaulny	300
Joannas	506
Jonzac	434
Josselin	152
Joyeuse	507
Jugon-les-Lacs	152
Jumièges	360
Junas	259

K

Kaysersberg	49
Kervel	153
Kervoyal	153
Kruth	49

L

Labenne-Océan	75
Labergement-Sainte-Marie	225
Lacam-d'Ourcet	324
Lacanau	76
Lacanau-Océan	76
Lacave	324
Lachapelle-sous-Rougemont	226
Lafrançaise	324
Lagorce	507
Laguenne	290
Laguiole	324
Laives	130
Lalley	508
Lalouvesc	508
Lamastre	508
Lamontélarié	324
Lamontjoie	76
Lamonzie-Montastruc	76
Lampaul-Ploudalmézeau	153
Landéda	153
Landevieille	388
Landrais	434
Langeac	112
Langres	203
Lanloup	153
Lannion	154
Lanobre	112
Lanouaille	77
Lanslevillard	508
Lantic	154
Lanuéjols	259
Lapalisse	113
Lapeyrouse	113
Larche	468
Larmor-Baden	155
Larnas	508
Laroque-des-Albères	259
Larrau	77
Laruns	77
Lathuile	509
Lattes	260
Lau-Balagnas	324
Laurac-en-Vivarais	509
Laurens	260
Lauterbourg	49
Le Lavandou	468
Lavaré	389
Lectoure	325
Lège-Cap-Ferret	77
Lempdes-sur-Allagnon	113
Lépin-le-Lac	509
Lescheraines	509
Lesconil	155
Lescun	77
Levier	226
Licques	348

544

INDEX

Lièpvre	49	Maisons-Laffitte	236	Megève	512
Liginiac	290	Malbuisson	227	Mélisey	227
Ligny-le-Châtel	130	Malemort-du-Comtat	468	Melun	236
Limeuil	77	Malicorne-sur-Sarthe	391	Mende	262
Limoges	290	Mallemort	469	Menglon	512
Le Lindois	434	Mamers	391	Ménil	392
Linxe	78	Mandelieu-la-Napoule	469	Mennetou-sur-Cher	191
Lisieux	360	Mandeure	227	Menthon-Saint-Bernard	512
Lissac-sur-Couze	290	Mane	327	Méolans-Revel	470
Lit-et-Mixe	78	Mansigné	391	Mercus-Garrabet	327
Locmaria-Plouzané	156	Marans	435	Merdrignac	157
Locmariaquer	156	Les Marches	510	Mérens-les-Vals	327
Locronan	156	Marcillac-Saint-Quentin	78	Mers-les-Bains	419
Loctudy	156	Marcillé-Robert	157	Mervent	392
Les Loges	360	Marcilly-sur-Vienne	191	Merville-Franceville-Plage	361
La Londe-les-Maures	468	Marennes	435	Mesland	191
Longeau	203	Marigny	227	Mesnil-Saint-Père	203
Longeville-sur-Mer	389	Mars	510	Mesnois	227
Lons-le-Saunier	226	Marseillan-Plage	260	Mesquer	392
Lormes	130	Martigné-Ferchaud	157	Messanges	79
Lorris	190	Martigny	361	Metz	301
Louannec	156	Martragny	361	Meursault	131
Loudéac	157	Martres-Tolosane	327	Meyras	512
Loudenvielle	325	Marvejols	261	Meyronne	328
Loudun	434	Marçon	391	Meyrueis	262
Louhans	130	Masevaux	50	Meyssac	291
Loupiac	325	La Massana	539	Mézières-sous-Lavardin	393
Lourdes	325	Masseret	291	Mézos	79
Lourmarin	468	Massignieu-de-Rives	510	Mialet	80
Luçay-le-Mâle	190	Massillargues-Attuech	262	Miannay	419
Luché-Pringé	389	Matafelon-Granges	511	Miers	328
Luçon	390	Matemale	262	Migennes	131
Luc-sur-Mer	360	Les Mathes	435	Milizac	158
Le Lude	390	Matignon	157	Millau	328
Lugrin	510	Matour	131	Mimizan	80
Lumio	214	Maubec	469	Mimizan-Plage	80
Lunery	190	Maubeuge	348	Mirabel-et-Blacons	512
Lunéville	300	Mauléon-Licharre	78	Mirande	328
Lus-la-Croix-Haute	510	Maulévrier	391	Mirandol-Bourgnounac	329
Luz-Saint-Sauveur	326	Maupertus-sur-Mer	361	Mirepeisset	263
Luzy	130	Maureillas-Las-Illas	262	Mirepoix	329
Lyons-la-Forêt	360	Mauriac	113	Mittlach	50
		Maurs	113	Moissac	329
		Maussane-les-Alpilles	469	Moliets-et-Maa	80
M		Mauzé-sur-le-Mignon	436	Moliets-Plage	80
Maché	390	Mayenne	392	Moltifao	214
Machecoul	390	Mazamet	327	Monclar-de-Quercy	329
Mâcon	130	Mazan	470	Mondragon	470
Magnac-Laval	291	Le Mazeau	392	Monistrol-d'Allier	114
Magnières	300	Les Mazes	511	Monnet-la-Ville	228
Maîche	226	Méaudre	511	Monpazier	81
Maillezais	390	Médis	436	Montagnac	263
Maisod	226				

545

INDEX

Montaigut-le-Blanc	114	Nant	330	Oust	331
Montargis	191	Nantes	394	Ouzous	331
Montbard	131	Narbonne	264		
Montbron	436	Nasbinals	264	**P**	
Montcabrier	329	Naucelle	331	La Pacaudière	515
Montchavin	513	Naussac	264	Padirac	331
Montclar	263	Navarrenx	81	Paimpol	159
Le Mont-Dore	114	Nébouzat	115	Paimpont	159
Monterblanc	158	Nègrepelisse	331	Paladru	515
Montgenèvre	470	Néris-les-Bains	116	Palau-de-Cerdagne	264
Montignac	81	Neufchâteau	301	Palau-Del-Vidre	264
Montignac-Charente	436	Neung-sur-Beuvron	192	Palavas-les-Flots	265
Montigny-en-Morvan	131	Neussargues-Moissac	116	Palinges	132
Montigny-le-Roi	204	Neuvéglise	116	La Palmyre	437
Montlaur	330	Neuvic	291	Pamiers	332
Montlouis-sur-Loire	191	Neuvy-Saint-Sépulchre	192	Paray-le-Monial	132
Montmorillon	437	Nevers	131	Parentis-en-Born	83
Montoire-sur-le-Loir	191	Névez	159	Paris	236
Montpezat	471	Nexon	292	Parthenay	438
Montpezat-de-Quercy	330	Neydens	514	Patrimonio	214
Montpon-Ménestérol	81	Niozelles	472	Pauillac	83
Montreuil-Bellay	393	Le Nizan	81	Paulhaguet	117
Montrevel-en-Bresse	513	Nolay	132	Payrac	332
Montrigaud	513	Nonette	116	Pélussin	515
Montsoreau	393	Nontron	82	Pénestin	159
Moosch	50	Nort-sur-Erdre	394	Penmarch	160
Morée	192	Notre-Dame-de-Monts	394	Pentrez-Plage	160
Morgat	158	Nouan-le-Fuzelier	192	Pernes-les-Fontaines	472
Mornant	513	Le Nouvion-en-Thiérache	420	Péronne	420
Mornas	471	Novalaise-Lac	514	Perros-Guirec	160
Mortagne-sur-Gironde	437	Noyal-Muzillac	159	Pers	117
Morzine	513	Nyoiseau	394	Pertuis	473
Mosnac	437	Nyons	514	Pesmes	229
Mouchamps	393			Petichet	516
Mouilleron-le-Captif	393	**O**		Petit-Palais-et-Cornemps	83
Mousterlin	158	Oberbronn	50	Peyrignac	84
Moustiers-Sainte-Marie	471	Obernai	51	Peyrillac-et-Millac	84
Moyaux	362	Objat	292	Pézenas	265
Moyenneville	420	Olivet	193	Piana	214
Muides-sur-Loire	192	Les Ollières-sur-Eyrieux	514	Pierrefitte-sur-Loire	117
Mulhouse	50	Olmeto	214	Pierrefitte-sur-Sauldre	193
Munster	50	Olonne-sur-Mer	395	Pierrefonds	420
Murat-le-Quaire	114	Omonville-la-Rogue	362	Pietracorbara	215
Murol	114	Ondres	82	Les Pieux	362
Murs-et-Gélignieux	514	Orbec	362	Pinarellu	215
Le Muy	471	Orcet	116	Piriac-sur-Mer	396
		Ordino	539	Pissos	84
N		Orgon	472	La Plaine-sur-Mer	396
Nages	330	Orléat	116	Plaisance	332
Nailloux	330	Ornans	228	Les Plantiers	265
Nampont-Saint-Martin	420	Orpierre	472	Plazac	84
Nans-les-Pins	472	Ounans	228	Pléneuf-Val-André	160

INDEX

Plestin-les-Grèves	161	Portiragnes-Plage	266	Régusse	474		
Pleubian	161	Port-la-Nouvelle	266	Remoulins	267		
Pleumeur-Bodou	162	Port-Manech	167	Rennes	171		
Pléven	162	Porto	215	Ressons-le-Long	421		
Plobannalec-Lesconil	162	Porto-Vecchio	216	Revel	333		
Ploemel	162	Pouancé	397	Revigny-sur-Ornain	301		
Ploéven	163	Pouilly-sous-Charlieu	517	Reygade	292		
Plombières-les-Bains	301	Le Pouldu	167	Rhinau	51		
Plomeur	163	Poule-les-Écharmeaux	517	Rhodes	301		
Plomodiern	163	Poullan-sur-Mer	168	Ribeauvillé	51		
Plouézec	163	Pradons	517	Ribes	518		
Plougasnou	164	Prailles	438	Rieux-de-Pelleport	333		
Plougastel-Daoulas	164	Pralognan-la-Vanoise	518	Riez	474		
Plougoulm	164	Préfailles	398	Rigny-Ussé	193		
Plougoumelen	164	Preixan	267	Rillé	194		
Plougrescant	164	Prémery	132	Rivières	439		
Plouguerneau	165	Pressac	438	Rivière-Saas-et-Gourby	86		
Plouharnel	165	Preuilly-sur-Claise	193	Rivière-sur-Tarn	333		
Plouhinec	165	Primelin	168	Rocamadour	334		
Plouigneau	166	Primel-Trégastel	168	La Roche-Bernard	171		
Plounévez-Lochrist	166	Privas	518	La Roche-Chalais	86		
Plozévet	166	Priziac	168	La Roche-de-Rame	474		
Plurien	166	Propriano	217	La Roche-des-Arnauds	475		
Le Poët-Célard	516	Pruillé	398	Rochefort	439		
Le Poët-Laval	516	Prunières	473	Rochefort-en-Terre	171		
Poilly-lez-Gien	193	Puget-sur-Argens	473	Rochegude	267		
Poix-de-Picardie	420	Pujols	85	La Roche-Posay	439		
Poligny	229	Puybrun	332	Rocles	268		
Pommeuse	236	Puy-Guillaume	117	Le Roc-Saint-André	171		
Pomport	84	Puy-l'Évêque	333	Rodez	334		
Poncins	516	Puysségur	333	Rohan	171		
Pons	332, 438	Pyla-sur-Mer	85	Rombach-le-Franc	51		
Pontarlier	229			La Romieu	335		
Pont-Audemer	363	**Q**		Romorantin-Lanthenay	194		
Pont-de-Salars	332	Quiberon	169	Ronce-les-Bains	439		
Pont-de-Vaux	516	Quiberville	363	Roquebrune-sur-Argens	475		
Pont-du-Casse	84	Quillan	267	La Roque-d'Anthéron	476		
Pont-du-Fossé	473	Quimper	169	Roquefeuil	268		
Le Pontet	473	Quimperlé	169	Roquefort-des-Corbières	268		
Pont-Farcy	363	Quingey	229	La Roque-Gageac	86		
Pontgibaud	117			Roquelaure	335		
Pont-l'Abbé-d'Arnoult	438	**R**		La Roque-sur-Cèze	268		
Pontorson	363	Radon	364	La Rosière-1850	518		
Pontrieux	166	Radonvilliers	204	Rosières	518		
Pont-Scorff	166	Raguenès-Plage	170	Les Rosiers-sur-Loire	398		
Les-Ponts-de-Cé	397	Ramatuelle	474	Rosnay	194		
Pordic	167	Rambouillet	236	Rouffignac	87		
Le Porge	85	Ranspach	51	Rousset	476		
Pornic	397	Rauzan	86	Royan	440		
Pornichet	397	Ravenoville	364	Royat	117		
Port-Camargue	265	Réaup	86	Le Rozel	364		
Port-en-Bessin	363			Le Rozier	268		

INDEX

Roz-sur-Couesnon	172	Saint-Crépin-et-Carlucet	88	Saint-Honoré-les-Bains	132
Rue	421	Saint-Cybranet	88	Saint-Jacques-des-Blats	119
Ruffieux	519	Saint-Cyprien-Plage	269	Saint-Jean-d'Angély	442
Ruoms	520	Saint-Cyr	441	Saint-Jean-de-Ceyrargues	270
Ruynes-en-Margeride	118	Saint-Cyr-sur-Mer	477	Saint-Jean-de-la-Rivière	365
		Saint-Didier-en-Velay	118	Saint-Jean-de-Luz	90
S		Saint-Donat-sur-l'Herbasse	523	Saint-Jean-de-Maurienne	525
Les Sables-d'Olonne	398	Saint-Éloy-les-Mines	118	Saint-Jean-de-Monts	403
Sablé-sur-Sarthe	398	Saint-Émilion	89	Saint-Jean-de-Muzols	525
Sablières	521	Saint-Étienne-de-Baïgorry	89	Saint-Jean-du-Bruel	337
Sabres	87	Saint-Étienne-de-Crossey	523	Saint-Jean-du-Doigt	173
Sahune	521	Saint-Étienne-de-Tinée	478	Saint-Jean-du-Gard	271
Saignes	118	Saint-Étienne-de-Villeréal	89	Saint-Jean-le-Centenier	525
Saint-Agrève	522	Saint-Étienne-du-Bois	400	Saint-Jean-Pied-de-Port	91
Saint-Alban-Auriolles	522	Saint-Évroult-Notre-Dame-du-Bois	365	Saint-Jorioz	525
Saint-Alban-sur-Limagnole	269	Saint-Ferréol-Trente-Pas	523	Saint-Jouan-des-Guérets	173
Saint-Amand-de-Coly	87	Saint-Florent	217	Saint-Julien-de-Concelles	406
Saint-Amans-des-Cots	335	Saint-Galmier	524	Saint-Julien-de-Lampon	92
Saint-André-les-Alpes	476	Saint-Genest-Malifaux	524	Saint-Julien-des-Landes	406
Saint-Antoine-d'Auberoche	87	Saint-Geniès	89	Saint-Julien-en-Born	92
Saint-Antoine-de-Breuilh	88	Saint-Geniez-d'Olt	336	Saint-Julien-en-Saint-Alban	526
Saint-Antonin-Noble-Val	335	Saint-Génis-des-Fontaines	269	Saint-Just	119
Saint-Apollinaire	476	Saint-Georges-de-Didonne	441	Saint-Justin	92
Saint-Aubin-sur-Mer	364	Saint-Georges-de-Lévéjac	270	Saint-Just-Luzac	442
Saint-Augustin	441	Saint-Georges-du-Vièvre	365	Saint-Laurent-de-la-Prée	442
Saint-Avertin	194	Saint-Georges-lès-Baillargeaux	442	Saint-Laurent-du-Pont	526
Saint-Avit	522	Saint-Georges-sur-Layon	400	Saint-Laurent-du-Verdon	478
Saint-Avit-de-Vialard	88	Saint-Germain-du-Bois	132	Saint-Laurent-en-Beaumont	526
Saint-Avold	302	Saint-Germain-du-Teil	270	Saint-Laurent-en-Grandvaux	230
Saint-Aygulf	477	Saint-Germain-les-Belles	292	Saint-Laurent-les-Bains	526
Saint-Bauzile	269	Saint-Germain-l'Herm	118	Saint-Laurent-Médoc	92
Saint-Berthevin	398	Saint-Gérons	119	Saint-Laurent-sur-Sèvre	407
Saint-Bertrand-de-Comminges	336	Saint-Gervais-d'Auvergne	119	Saint-Léger-de-Fougeret	133
Saint-Bonnet-Tronçais	118	Saint-Gervais-les-Bains	524	Saint-Léon-sur-Vézère	92
Saint-Brevin-les-Pins	399	Saint-Gildas-de-Rhuys	173	Saint-Leu-d'Esserent	421
Saint-Briac-sur-Mer	172	Saint-Gilles	270	Saint-Lunaire	174
Saint-Calais	400	Saint-Girons	337	Saint-Malo	174
Saint-Cast-le-Guildo	172	Saint-Girons-Plage	89	Saint-Mandrier-sur-Mer	478
Saint-Christophe-en-Oisans	522	Saint-Hilaire-de-Riez	400	Saint-Marcan	174
Saint-Cirgue	336	Saint-Hilaire-du-Harcouët	365	Saint-Martin-Cantalès	119
Saint-Cirgues-en-Montagne	522	Saint-Hilaire-la-Forêt	403	Saint-Martin-d'Ardèche	526
Saint-Cirq-Lapopie	336	Saint-Hilaire-la-Palud	442	Saint-Martin-de-Clelles	527
Saint-Clair-du-Rhône	523	Saint-Hilaire-Saint-Florent	403	Saint-Martin-d'Entraunes	478
Saint-Claude	229	Saint-Hippolyte	230	Saint-Martin-de-Queyrières	478
Saint-Clément-sur-Durance	477	Saint-Hippolyte-du-Fort	270	Saint-Martin-de-Seignanx	93
Saint-Coulomb	172			Saint-Martin-en-Campagne	365

INDEX

Saint-Martin-en-Vercors	527	de-Cruzières	528	Samoëns	530
Saint-Martin-Valmeroux	120	Saint-Sauveur-		Sampzon	530
Saint-Martin-Vésubie	479	de-Montagut	529	Sanary-sur-Mer	481
Saint-Maurice-d'Ardèche	527	Saint-Sauveur-		Sanchey	302
Saint-Maurice-		en-Puisaye	133	Sanguinet	95
sous-les-Côtes	302	Saint-Sauveur-le-Vicomte	366	Santenay	134
Saint-Maurice-		Saint-Savinien	444	Sare	95
sur-Moselle	302	Saint-Sornin	444	Sarlat-la-Canéda	96
Saint-Michel-Chef-Chef	407	Saint-Sornin-Lavolps	293	Sartène	218
Saint-Michel-en-l'Herm	407	Saint-Symphorien-		Sarzeau	175
Saint-Nazaire-		le-Valois	366	Sassis	339
sur-Charente	443	Saint-Vaast-la-Hougue	366	Satillieu	530
Saint-Nectaire	120	Saint-Valery-en-Caux	366	Saubion	97
Saint-Palais-sur-Mer	443	Saint-Valery-sur-Somme	421	Saugues	121
Saint-Pantaléon	337	Saint-Vallier	529	Saujon	444
Saint-Pardoux	292	Saint-Victor-de-Malcap	271	Saulieu	134
Saint-Paul-de-Vézelin	527	Saint-Vincent-de-Cosse	94	Saulxures-sur-Moselotte	302
Saint-Paul-en-Forêt	479	Saint-Vincent-sur-Jard	408	Saumur	408
Saint-Paulien	120	Saint-Yrieix-la-Perche	293	Sauveterre-la-Lémance	97
Saint-Paul-lès-Dax	93	Saint-Yrieix-sur-Charente	444	Le Sauze-du-Lac	481
Saint-Pée-sur-Nivelle	93	Saint-Yvi	175	Saverne	52
Saint-Père-sur-Loire	194	Sainte-Anne-d'Auray	175	Savigny-en-Véron	195
Saint-Péreuse	133	Sainte-Catherine	529	Savigny-lès-Beaune	134
Saint-Philbert-		Sainte-Catherine-		Savonnières	196
de-Grand-Lieu	407	de-Fierbois	195	Scaër	176
Saint-Philibert	174	Sainte-Croix-de-Verdon	480	Sciez	531
Saint-Pierre-d'Albigny	528	Sainte-Croix-en-Plaine	52	Secondigny	444
Saint-Pierre-		Sainte-Enimie	271	Sées	366
de-Chartreuse	528	Sainte-Eulalie-en-Born	94	Séez	531
Saint-Pierre-de-Trivisy	337	Sainte-Foy-la-Grande	94	Seigy	196
Saint-Pierre-Lafeuille	338	Sainte-Luce-sur-Loire	408	Seilhac	293
Saint-Plantaire	194	Sainte-Lucie-		Seissan	339
Saint-Point	133	de-Porto-Vecchio	218	Sélestat	52
Saint-Point-Lac	230	Sainte-Marie	272	La Selle-Craonnaise	408
Saint-Pol-de-Léon	174	Sainte-Marie-de-Campan	338	Semussac	445
Saint-Pons	479	Sainte-Maure-de-Touraine	195	Sénergues	339
Saint-Privat	528	Sainte-Mère-Église	366	Séniergues	340
Saint-Quentin-		Sainte-Sigolène	121	Senonches	196
en-Tourmont	421	Saintes-Maries-de-la-Mer	480	Seppois-le-Bas	52
Saint-Raphaël	479	Saissac	272	Septfonds	340
Saint-Remèze	528	Salavas	529	Seraucourt-le-Grand	422
Saint-Rémy	94	Salbris	195	Sérent	176
Saint-Rémy-de-Provence	479	Salignac-Eyvigues	95	Sérignan	272
Saint-Rémy-sur-Durolle	120	Salins-les-Bains	230	Sérignan-Plage	273
Saint-Renan	175	Sallanches	529	Serres	481
Saint-Révérend	407	La Salle-en-Beaumont	530	Serrières-de-Briord	531
Saint-Rome-de-Tarn	338	Salles	95	Serviès	340
Saint-Salvadou	338	Salles-Curan	338	Les Settons	134
Saint-Samson-sur-Rance	175	Salles-et-Pratviel	339	Sévérac-l'Église	340
Saint-Satur	195	Les Salles-sur-Verdon	480	Sévrier	531
Saint-Saud-Lacoussière	94	Salon-de-Provence	481	Seyne	481
Saint-Sauveur-		Salornay-sur-Guye	133	Seyssel	532

INDEX

Sézanne	204	Thoux	342	**V**	
Sillé-le-Guillaume	408	Les Thuiles	482	Vagnas	533
Sillé-le-Philippe	409	Thury-Harcourt	367	Vagney	303
Singles	121	Tinténiac	178	Vairé	412
Sireuil	445	Tiuccia	219	Vaison-la-Romaine	483
Sisteron	482	Tocane-Saint-Apre	100	Le Val-d'Ajol	303
Sizun	177	Tonnerre	135	Valençay	197
Solenzara	219	Torigny-les-Villes	367	Vallabrègues	276
Sommières	274	Torreilles-Plage	274	Valleraugue	276
Sonzay	196	Touffreville-sur-Eu	367	Vallon-Pont-d'Arc	533
Sorde-l'Abbaye	97	Touquin	237	Vallorcine	534
Sorèze	340	La Tour-du-Meix	230	Vallouise	483
Sorgeat	341	Le Tour-du-Parc	178	Valras-Plage	276
Sorgues	482	Tournan-en-Brie	237	Vandenesse-en-Auxois	135
Sospel	482	Tournon-d'Agenais	100	Vannes	180
Soubès	274	Tournus	135	Les Vans	535
Souillac	341	Toussaint	367	Varennes-sur-Loire	412
Soulac-sur-Mer	98	La Toussuire	532	Varzy	135
Soulaines-Dhuys	204	Touzac	342	Vatan	197
Soullans	409	La Tranche-sur-Mer	410	Vaux-sur-Mer	445
Soustons	98	Trèbes	275	Vayrac	343
Strasbourg	52	Trébeurden	178	Veigné	197
Suèvres	196	Trédrez	178	Venarey-les-Laumes	135
Sulniac	177	Treffiagat	178	Vence	483
Surrain	367	Trégastel	179	Vendays-Montalivet	101
Surtainville	367	Tréguennec	179	Vendrennes	412
		Trégunc	179	Veneux-les-Sablons	237
T		Treignat	121	Verchaix	535
Taden	177	Le Trein d'Ustou	342	Le Verdon-sur-Mer	102
Talmont-Saint-Hilaire	409	Trélévern	179	Verdun	303
Taninges	532	Le Tréport	368	Vermenton	135
Taradeau	482	Trept	532	Le Vernet	484
Tarascon-sur-Ariège	341	Trévières	368	Vernet-les-Bains	277
Taupont	177	Trévoux	532	Vernioz	535
Tauves	121	Triaize	411	Vers	343
Le Teich	99	La Trinité-sur-Mer	179	Versailles	237
Teillet	341	Troyes	205	Vers-Pont-du-Gard	278
Telgruc-sur-Mer	177	Le Truel	343	Vesoul	231
Tennie	410	Tuchan	275	Veules-les-Roses	368
Termignon	532	Tulette	533	Le Vey	368
Terrasson-Lavilledieu	99	La Turballe	412	Veynes	484
La Teste-de-Buch	99	Turckheim	53	Vézac	102
Tharon-Plage	410	Tursac	100	Vias-Plage	278
Thégra	342			Vic-sur-Cère	122
Theix	178	**U**		Vielle-Aure	343
Thenon	99	Ucel	533	Vielle-Saint-Girons	102
Thérondels	342	Urdos	100	Vierville-sur-Mer	368
Thiviers	100	Urrugne	101	Vieux-Boucau-les-Bains	102
Le Tholy	302	Urt	101	Le Vigan	280
Thonnance-les-Moulins	204	Usson-en-Forez	533	Vigeois	293
Le Thor	482	Uxelles	231	Les Vigneaux	484
Thoré-la-Rochette	197	Uzès	275		

INDEX

Les Vignes	280	Villers-sur-Authie	422	Volvic	122
Vignoles	136	Villers-sur-Mer	369	Vorey	122
Vihiers	413	Villes-sur-Auzon	486	Vouillé	445
Villard-de-Lans	535	Villey-le-Sec	304	Vouvray	198
Villar-Loubière	485	Villiers-Charlemagne	413		
Villars-Colmars	485	Villiers-le-Morhier	198	**W**	
Villars-les-Dombes	535	Villiers-sur-Orge	237	Wasselonne	53
La Ville-aux-Dames	197	Vimoutiers	369	Wattwiller	53
Villecroze	485	Vincelles	136	Wihr-au-Val	53
Villedieu-les-Poêles	369	Vineuil	198	Willies	348
Villefort	280	Vinsobres	536		
Villefranche-de-Panat	344	Violès	486	**X**	
Villefranche-de-Rouergue	344	Vion	536	Xonrupt-Longemer	304
Villegly	281	Visan	486		
Villegusien	205	Vitrac	103	**Y**	
Villeneuve-lès-Avignon	281	Vittel	304	Yvré-l'Évêque	413
Villeneuve-Loubet-Plage	485	Vivario	219		
Villeréal	102	Vizille	536	**Z**	
Villersexel	231	Vogüé	537	Zonza	219
Villers-lès-Nancy	303	Volonne	486		

551

NOTES

NOTES

NOTES

NOTES

NOTES